KB077482

東泉 金鍾源 教授

目的的行爲論과 刑法理論

동천 김종원 교수 산수기념 논문집 간행위원회

위원장 손기식
위 원 강석구 김범식 김성규 김성돈 노명선 노수환
         민만기 박광민 박성민 이경렬 이현정 임상규
         임 웅 윤해성 정용기 정준섭 정진연 (가나다순)

목적적 행위론과 형법이론

초판 1쇄 인쇄 2015년 10월 7일
초판 1쇄 발행 2015년 10월 16일

지은이 | 김종원
펴낸이 | 정규상
펴낸곳 | 성균관대학교 출판부

등 록 | 1975년 5월 21일 제1975-9호
주 소 | 110-745 서울특별시 종로구 성균관로 25-2
전 화 | 760-1252~4
팩 스 | 762-7452
홈페이지 | press.skku.edu

ⓒ 2015, 김종원

ISBN 979-11-5550-135-1 93360

잘못된 책은 구입한 곳에서 교환해드립니다.

目的的行爲論과 刑法理論

金鍾源 著

성균관대학교
출판부

■ 머리말

이 책은 저자가 1956년부터 2010년 사이에 발표한 글을 모은 것이다. 물론 발표한 글을 다 모은 것은 아니고 여러 번 골라서 42편을 싣게 되었다. 너무 '직감적으로' 고르기 작업을 한 탓으로 아쉬움이 남는 글도 더러 있다.

이 42편을 4부로 나누어서 실었다. 〈제1부〉는 목적적 행위론에 관한 글들이다. 여기에는 석사학위논문인 「형법에 있어서의 목적적 행위론 - Hans Welzel의 이론을 중심으로」도 들어 있고, Welzel의 이론의 엣센스라고 생각되는 부분을 번역한 글도 있다. 〈제2부〉는 형법이론에 관한 글들이다. 여기에는 박사학위논문인 「금지착오에 관한 연구」도 들어 있다. 특히 유기천 교수의 형법각론 상권에 대한 서평은 저자가 젊은 패기로 가장 힘 들여서 쓴 작품이라고 생각한다. 〈제3부〉는 우리 형법의 개정과 외국형법의 개정에 관한 글들이다. 마지막으로 〈제4부〉는 나의 생애, 한국형법학회와 형법학계 그리고 한국형법사에 관한 글들이다. 감히 '한국형법사'라고 새로 이름을 붙여 보았는데, 과하지 않을까 생각한다.

햇수로는 4년 전부터 후학들이 뜻을 모아 저자의 '산수기념논문집(傘壽紀念論文集)'을 내기로 계획을 세웠으나, 원문의 수집이 간단치 아니하였고 또 한글화에 따른 어려움, 학술원에서의 2년 간의 보직, 거기에다 저자의 노령화 등의 악재가 겹쳐서, 책의 완성이 너무 늦어진 점에 대하여 관계 여러분에게 죄송하다는 말 밖에 할 말이 없는 것 같다.

끝으로 이 책의 간행에 도움을 준 분들에게 진심으로 감사를 드리고자 한다. 먼저 손기식 위원장·박광민 간사(두분 모두 전 성균관대학교 법학전문대학원장)를 비롯한 「산수기념논문집 간행위원회」 회원들의 다대한 후원에 감사하는 바입니다. 다음으로 이성대 박사, 박웅신·조명화 석사를 위시한 성균관대 형사법전공 대학원생들의 협조에 감사한다. 그리고 훌륭한 제자(題字)를 써준 박병호 대한민국학술원 회원에게 감사한다. 끝으로 성균관대학교 출판부 여러분께 예쁜 책을 만들어 주셔서 고맙습니다.

2015년 8월
저자

차례

제1부

목적적 행위론

1. 현대 범죄론의 변천(초역)*

– 목적적 행위론 서설 –

- - - - - - - - - - 초역자(抄譯者)의 머리말 - - - - - - - - -

이 글의 텍스트인 Moderne Wandlungen der Verbrechenslehre는 본(Bonn)대학 교수 겸
뒤셀도르프 고등법원판사 리하르트 부쉬(Richard Busch)의 저작으로 44면의 소책자이며,
총서 Recht und Staat(137)로서 1949년에 출판된 것이다. 저자가 머리말에서 쓴 바와 같이,
본 텍스트는 1947년 7월 9일의 본대학 취임연설에 약간의 예와 주를 붙여서 이루어진 것이
다. 〈목적적 행위론 서설〉이라는 부제는 초역자가 붙인 것이다.

1. 19세기 말로부터 20세기 초에 걸쳐 얻어진 형법체계의 기초를 이루는 형법이론은
30년 동안 중요한 문제에 있어서 적지 않은 수정을 받았다. 또한 최근 15년 동안에는
새로운 범죄개념이 대두하기 시작하였고, 이와 관련하여 신구성요건론이 나왔으며 이
는 목적적 행위개념에 입각하여 새로운 형법체계를 전개시켰다.

이상의 변천과정과 이에 수반된 여러 문제를 밝히는 것이 본서의 과제이다.

2. 고전적 형법이론(klassische Strafrechtsdogmatik)은 그 체계에 있어서 범죄를 외부
적(객관적) 면과 내부적(주관적) 면으로 나눈다. 외부적 면은 행위(Handlung), 즉 자의
적인 신체적 행태(körperliches Verhalten)와 그것으로 야기된 외적 결과(Aussenerfolg)
이며, 이는 구성요건(Tatbestand)을 나타내고 또 다른 법원칙들(Rechtssätze)이 반대하

---

* 이 글은 법대학보 제3권 제1호(통권 제3호, 서울대학교 법과대학, 1956년 7월) 225면 이하에
실린 것이다.

지 않는 한, 위법성(Rechtswidrigkeit)을 구성한다. 범죄의 내부적 면은 전적으로 책임(Schuld)의 문제이다. 책임은 행위의 외부적 면에 대한 행위자의 심리적 관계(psychische Beziehung)이며, 이 관계는 고의(Vorsatz) 또는 과실(Fahrlässigkeit)로서 존재한다. 양자는 책임의 형식 또는 종류이고, 책임능력(Zurechnungsfähigkeit)은 양자의 전제이다. 객관적-주관적의 대립은 위법성-책임의 대립과 동일시된다. 미수(Versuch)와 기수(Vollendung), 정범(Täterschaft)과 공범(Teilnahme), 죄수(罪數)는 범죄의 발현형태(Erscheinungsformen)로서 총괄된다.

3. 최초로 비판의 대상이 된 것은 심리학적 책임개념이었다. 온갖 노력에도 불구하고 과실에 있어서는, 결과에 대한 행위자의 심리적 관계의 존재를 증명할 수 없었던 것이다. 그래서 고의와 과실이 책임의 택일적 범죄표지로서 종속될 수 있는, 공통의 유표지(類標識, Gattungsmerkmal)를 찾게 되었으며, 「프랑크(Frank)」에 의하여 비난가능성(Vorwerfbarkeit)이라는 규범적 관계개념(normativer Beziehungsbegriff)이 얻어졌다. 프랑크는 책임비난을, 행위의 결과를 알고 있거나 알아야 한다는 데에 의존시킬 뿐 아니라 부수사정(begleitende Umstände)에도 의존시켰다. 왜냐하면 이 부수사정이 행위자로부터 선택의 자유(Freiheit der Wahl)를 빼앗을 수 있고 따라서 행위지배(Herrschaft der Tat)를 제거할 수 있기 때문이다. 프랑크는 이 자유를 항존적(konstant) 책임요소로, 고의와 과실을 단지 부차적(vikariierend) 책임요소로 삼았으며, 책임의 본질을 의사형성(Willensbildung)에 대한 비난가능성에 구한다. 「골트슈미트(Goldschmidt)」는 의무규범설(Pflichtnormentheorie)을 주장하여, 어떤 외부적 태도를 요구하는 법규범(Rechtsnorm) 이외에 행위자가 그의 내부적 태도를 조절하게 하는 특별한 의무범을 인정할 수 있다고 하고, 이 의무규범의 위반으로서 책임이 성립한다고 한다. 이 이론은 프랑크의 항존적 책임요소와 결부하여 발전하였다. 즉 부수적 사정이 행위자로부터 그의 내부적 태도를 규범에 적응시킬 가능성을 제거한다면, 의무는 소멸하며 적법한 태도를 그에게 기대할 수 없다. 이리하여 기대불가능성(Nichtzumutbarkeit)이 책임조각(Schuldausschluss)의 근본사상으로서 나타났다.

이로써 고전적 형법이론의 심리학적 책임개념은 규범적 책임개념 때문에 포기되었다. 그러나 이로부터, 심리학적 요소를 책임개념으로부터 제거하는 필연적 귀결이 초래되지 않았다. 규범적 책임론(normative Schuldlehre)은 '객관적인 요건은 위법성에로, 주관적인 요건은 책임에로'라는 구성원리를 문제삼지 않고, 오히려 이것을 시인하였다.

4. 한편, 주관적 불법요소론(Lehre von den subjektiven Unrechtselementen)이 「헤글러(Hegler)」와 「엠·에·마이어(M. E. Mayer)」에 의하여 기초지워지고, 주로 「메츠거(Mezger)」에 의하여 더욱 발전되었다. 이 이론은, 적지 않은 수의 범죄에 있어서 범죄구성요건의 유형적 불법내용이 주관적 요소(subjetive Merkmale)의 조력 없이는 결정될 수 없다는 인식에 유래한다. 위법성의 관점 하에서 행하여지는 인간행태의 평가는, 그러한 행태를 일으킨 심정(Gesinnung) 또는 그러한 행태를 취하게 한 의도(Intentionen)에 의존하는 경우가 왕왕 있다. 이를테면 타인의 동산(動産)의 취거(Wegnahme)는 그것이 위법한 영득의 목적(Absicht)으로 행하여진 경우에 한하여 절도(Diebstahl)이다(역자 주, 독일형법 제242조 참조). 이 순수한 주관적 계기는 종래에는 부가적 책임요소로 파악되었지만, 이제는 그의 불법결정의 기능이 드러났다.

이로써 고전적 형법체계가 바탕삼고 있던, 객관적 요건과 위법성, 주관적 요건과 책임의 동일성은 유지할 수 없게 되었다.

5. 책임의 규범적 성격과 불법의 주관적 성격의 인식으로써, 바로 범죄론의 수정을 위한 싹은 움트기 시작한 것이었다. 그러나 새로 발견된 현상의 확립으로 만족하고 또 이것을 근본원칙상 모순되는 전래의 체계에 삽입하였다. 이로 말미암아 범죄론은, 이를 이해하는 데에 곤란을 느낄 만치 복잡해졌다.

이러한 이론상의 불안은 드디어, 고전적 형법체계의 초석(Eckstein)인 자연주의적 행위개념(naturalistischer Handlungsbegriff)이 범죄의 상위개념으로서 봉사하고 또 개개 범죄의 본질, 그의 사회적 의의 및 구성요건의 언어상의 의미를 파악할 적격성(適格性, Eignung)을 인정받지 못하게 되므로 말미암아, 더 커지게 되었다.

6. 이러한 사정으로 절실히 필요하게 된 범죄론의 새로운 구성의 기초가 된 것은 목적적 행위론(finale Handlungslehre)이었다. 이 이론은 그 출발점을, 고의의 범죄와 과실의 범죄의 구성요건에 있어서 행위과정이 존재론적으로(ontologisch) 두 개의 독립한 범주를 문제삼지 않으면 안 된다는 인식에 구한다. 이 사실에 최초로 주목한 자는 「베버(von Weber)」였다.

목적적 행위의 본질은, 특정된 목적의 달성에 지향되고 또 행위의 객관적 내용과 분리될 수 없는, 의미에 찬 의사의 실현에 있다. 이에 반하여 인과적 행위(kausale Handlung)의 특징은, 의사에 의하여 진행되지 아니한 맹목적인, 외계변경의 야기에 있다. 인과적 행위는 그것이 회피가능한(vermeidbar) 때에 비로소 형법상의 의미를 갖는 것이며, 이는 과실의 범죄의 경우이다.

고의의 결과범(vorsatzliches Erfolgsdelikt)은 범죄구성요건의 실현에 지향된 의사로써 특징지워진다. 행위를 인도하는 목적활동적인 이 의사는 (모든 윤리적 내용이 벗겨진) 고의와 동일하다. 이리하여 고의는 목적성(Finalität)의 계기로서 행위에 속하고 또 특종의 불법야기로서 형법적 불법에 속한다. 불법(Unrecht)은 좋지 못한(missbilligt) 결과에 의하여 객관적으로 결정될 뿐 아니라, 행위에 표현된 좋지 못한 의사에 의하여 주관적으로도 결정된다. 고의는 행위 내지 불법의 주관적 요소가 되며, 이로써 책임의 영역으로부터는 배제된다.

주관적 불법요소론에서 얻어진 불법의 주관적 성격의 인식을 이와 같이 실제로 활용함으로써, 고전적 형법체계는 분쇄된다. 「도나(Graf Dohna)」, 「베버」, 「벨첼(Welzel)」 등은 이 이론적 기초에 의거하여 − 물론 때로는 그 방법이 전혀 독자적이고 또 상이하지만 − 새로운 체계를 전개시켰다. 「도나」와 「베버」는 목적적 행위와 인과적 행위, 고의범의 구성요건과 과실범의 구성요건을 처음부터 병립시킨다. 이에 반하여 「벨첼」은 고의의 행위와 과실의 행위를 맨 처음에는 목적적 행위라는 공통의 상위개념에 종속시킨다. 전자는 목적활동적 행위이고, 후자는 목적적으로 회피가능한 결과야기이다. 단순한 결과야기는 형법상의 행위개념 일반 속에 들어가지 않는다. 따라서 목적성의 계기 − 과실범의 경우에는 단순한 관계계기로 약화된다 − 는, 고의행위와 과실행위를 동일한 행위개념에 종속시킬 수 있게 한다. 이상과 같이 개념상 총괄하고 나서는 「벨첼」도 역시 고의의 범죄와 과실의 범죄를 곧 분리시킨다. 왜냐하면 양자는 하등 공통의 불법구성요건을 가지고 있지 않기 때문이다.

고의를 불법구성요건에 편입시킴으로써 오랜 논쟁문제의 하나가 해결된다. 고의의 내용은 단지 객관적 구성요건의 실현의 인식 내지 의욕일 뿐이지, 그 외에 위법성의 인식은 아니다. 따라서 행위사정의 착오(Irrtum über Tatumstände)는 고의를 조각한다. 고의 없는 행위는 그것이 가벌적인 한에서만, 즉 과실의 관점 하에서만 책임의 문제가 생길 수 있다. 이에 반하여, 위법성의 착오 − 소위 금지의 착오(Verbotsirrtum) − 는 고의와 무관계하며, 순수한 책임의 문제이다.

고의를 책임의 영역으로부터 제거함으로써, 책임은 무엇인가 라는 문제가 새로이 나온다. 규범적 책임론은 책임비난을 의사형성(Willensbildung)에, 즉 의사 측의 일부분에 제한하는데, 범죄의 실현에 지향된 의사를 행위론 내지 불법론에 속하게 하는 한, 의사형성의 과정을 의사실현의 과정으로부터 분리시킬 수 없고 또 책임이라는 레테르 하에서 다른 가치판단을 받게 할 수 없다. 따라서 우리의 관심사는 위법성과 대립하는 책임의 특색 있는 판단규준(Kriterium)을 발견하는 데에 귀착된다. 그럼에도 불구하고 「도나」와 「벨첼」이 전혀 통설의 의미에서, 행태의 내용에서 책임의 본질을 구하는 것은 놀랍지 않을 수 없다. 즉 「도나」는 『책임은 의무위반의 의사결정이다』라는 명제를 고수하고, 「벨첼」은 책임의 본질을 『법적인 당위요구(의무)의 위반』에 구한다. 그러나 당위요구(의무)의 위반은 의사형성과 의사실현을 포괄하는 행태의 위법성을 의미하는 것이다. 한편 「베버」는, 적법과 불법에 대한 선택의 자유가 있을 경우에 가벌적 행위는 회피가 능하며, 이때에 한하여 책임비난이 생긴다고 한다. 이 선택의 자유는 정상인(normaler Mensch)이 정상상태 하에서 가진다. 따라서 미성숙, 정신병, 의식교란, 격앙, 자기보존의 충동, 금지의 착오, 긴급상태 또는 강제인 경우에는, 이 선택의 자유는 배제 또는 감소될 수 있다. 이들은 책임조각 내지 책임감경사유이다. 이러한 통찰로부터 「베버」는, 위법성과 책임을 구별하기 위하여 『당위(Sollen)와 가능(Können)』이라는 새로운 분배원리(Einteilungsprinzip)를 채택하였다.

규범적 책임론자가 의무위반의 회피가능성 또는 적법한 행태의 기대가능성에 관하여 말한다면, 이는 단지 선택의 자유의 또 다른 표현에 불과한 것이다. 그러나 기대가능성의 사상을 의무위반의 사상과 동일시한다면, 이는 잘못이다. 왜냐하면 의무위반은 규범위반이며, 당위의 문제인 것이다.

당위와 가능에 의한 구별로써, 책임을 조각하는 모든 경우가 판별될 수 있는, 간단하고 어디서나 사용할 수 있는 판단규준이 획득된다. 이로써 책임론을 위한 방법론적 출발점이 얻어진 것이다.

이제는 그 이외의 체계구성, 즉 미수, 공범 및 경합범의 배열분류가 문제가 된다. 미수는 추구된 결과의 불발생을 특색으로 하는 목적적 구성요건이며, 교사(Anstiftung)와 방조(Beihilfe)는 서로 그리고 정범과도 구별되는 특수한 의사내용을 특색으로 하는 목적적 개념이다. 따라서 공범과 미수는 고의범죄론에 들어가야 한다.

공범은 정범과 함께 「베버」와 「벨첼」에 있어서 불법론에서 다루어진다. 즉 「베버」는 주관적 구성요건론에서, 「벨첼」은 불법의 행위자론에서 다루어진다. 미수범은 「베버」에 있어서 독립한 범죄유형으로서 고의결과범 및 과실범과 따로 다루어진다. 이에 반하여 「도나」와 「벨첼」은 근본적으로 전래의 체계를 고수하는데, 미수와 기수를 「도나」는 범죄수행의 양상(Modalitäten)으로서, 「벨첼」은 범죄실현의 단계(Stufen)로서 분류한다.

7. …이 절(節)에서 「부쉬」는 미수, 공범, 만취범(Rauschtat), 긴급피난(Notstand) 및 위법한 구속력있는 명령(rechtswidriger bindender Befehl)에 의한 책임조각, 금지의 착오 등의 형법해석상의 중요문제에 관하여, 목적적 행위론을 적용하여 그 정당성을 논증하고 있다.

8. 과실의 범죄에 있어서는 법을 적용함에 있어서 개개인에게 예견 및 주의를 요구하는 한계를 결정하는 데에 곤란성이 있다. 이 문제의 해결을 위하여 목적적 행위론은 직접 기여하는 바는 없으나, 이 범죄유형의 이론적이고 체계적인 취급을 위한 중요한 인식을 가능케 한다.

당위와 가능에 의한 위법성과 책임의 구별은 「베버」가 관철하는 바와 같이, 과실의 영역에 있어서도 위법요소와 책임요소를 준별하게 한다. 법규범은, 사회에 유해한 결과 야기의 가능성을 고려하여 주의 깊은 행태를 취할 의무를 요구한다. 한편, 이 주의의무(Sorgfaltspflicht)을 다할 구체적인 능력은 가능의 문제이다. 그런데 「도나」는 과실범의 불법구성요건을 결과의 야기와 고의의 결여에 한정한다. 주의의무는 그에게는 책임의 문제이다. 또 「벨첼」은 과실범에 있어서 책임과 구별된 불법구성요건을 밝힐, 가능성 및 이론적 필요를 부정한다. 왜냐하면 책임능력자에게만이, 결과야기가 목적적으로 회피가능하기 때문이다. 「벨첼」은 행위개념을 고의행위와 과실행위의 상위개념으로 이용할 수 있기 위하여, 과실의 개념에게 있어 본질적인, (책임을 기초지우는) 회피가능성이란 계기를 행위개념 속에 넣으므로, 책임과 불법은 분리되지 않고 합치하게 된다. 여기서, 「엥기쉬(Engisch)」가 적절히 표현한 바와 같이, 불법론과 책임론은 행위론에 흡수된다.

[역자 주]

「벨첼」도 역시 그후의 저서(Das neue Bild des Strafrechtssystems, 1951)에서 과실범에 있어서도 위법성과 책임의 구별을 인정하고, 과실은 불법요소로서의 객관적 주의의무의 위반과 책임요소로서의 비난가능성으로써 이루어지는 복합개념이라고 한다. 그리고 책임무능력자도 객관적 주의의무에 위반하여 행위할 수 있다고 한다.

9. 신 구성요건론은 전체로서 아직 완성되어 있지 않으나, 그럼에도 불구하고 이 사상은 실제상 주목할 만한 범위로 채용되었다. 행위(Handlung)는 외계변경의 야기라고만 하여서는 부족하고 의사의 실현이며, 행위 자체는 객관적 면과 주관적 면을 가지고 있고 또 이 양면은 위법성에게 있어 의미를 가진다는 생각이 널리 밝혀졌다. 또한 자연주의적 행위개념으로서는 부족하다는 것을 용인하고, 의미에 찬 사회적 행위개념에 찬성하는데, 이 행위개념은 의사내용을 포함하여서만 따라서 목적적으로만, 얻어질 수 있는 것이다.

규범적 책임론과 주관적 불법요소론의 출현으로 야기된 고전적 형법체계의 내적 모순과 이론적 혼미는 감당할 수 없게 되고, 그 때문에 근본적으로 새로운 집이 필요하게 되었다. 목적적 행위개념은 명쾌하고 간단한 조성으로 새로운 형법체계의 구성을 가능케 하며, 그것에 입각하는 범죄론은 여태까지 미해결인 논쟁문제를 이론적으로는 정연히, 실질적으로는 올바르게, 해결하게 한다. 더욱이 목적적 행위론은 형법의 근저에 있는 불법관을 위하여 유일하고 적절한 기초를 제공한다. 또한 이 새로운 형법이론에 의한 범죄의 파악으로, 책임의 원리는 순화(Verfeinerung)되며 행위 및 행위자에 대한 올바른 판단을 일보 전진시키게 한다.

2. 형법에 있어서의 목적적 행위론*
- Hans Welzel의 이론을 중심으로 -

제1절 서론

전후(戰後)의 독일 형법학계에 있어서 중심적 논쟁은 목적적 행위론(finale Handlungslehre)을 둘러싼 문제라고 하겠다. 이 목적적 행위론은 인과의 '도그마'에 빠져 통일적 전체의 모습을 잃은 행위개념에 대하여 행위를 그대로 의미에 찬 전체로서 파악하려는 노력으로서, 행위를 목적활동으로 파악하고 고의를 행위의 요소로 이해하는 것이며, 이 이론은 단지 행위론에만 그치지 않고 소위 목적적 행위개념을 기초로 하여 새로운 형법체계를 구성하려고 하는 혁명적인 이론이다. 따라서 여기에 관련하여 많은 문제가 일어나게 된다.

이러한 방향에로의 노력은 전전(戰前)에 이미 Hellmuth von Weber,[1] Hans Welzel[2] 기타 여러 학자들[3]에 의하여 시작되었으며, 「나치」의 형법이론과 결합하여 한때 위험한

---

* 이 글은 법학석사학위논문(1956학년도 서울대학교)이며, 법대학보(서울대) 4권 1호(1957년 7월, 통권 제4호) 97면 이하에 실린 것이다(거기서 빠진 서론의 주(註)는 전부 보완하였음).

1 Hellmuth von Weber, Grundriss des tschechoslowakischen Strafrechts, 1929; derselbe, Die garantierende Funktion der Strafgesetze, Deutsche Juristen Zeitung 36. Jg., 1931; derselbe, Zum Aufbau des Strafrechtssystems, 1935.

2 Hans Welzel, Kausalität und Handlung, ZStW 51, 1931; derselbe, Naturalismus und Wertphilosophie im Strafrecht, 1935; derselbe, Studien zum System des Strafrechts, ZStW 58, 1939; derselbe, Der Allgemeine Teil des Deutschen Strafrechts in seinen Grundzügen, 1940.

3 Hans Käpernick, Die Akzessorietät der Teilnahme und die sog. mittelbare Täterschaft, 1932; Hellmuth Mayer, Das Strafrecht des deutschen Volkes, 1936; Erik Wolf, Vom Wesen des Täters, 1932; derselbe, Krisis und Neubau der Strafrechtsreform, 1933; derselbe, Tattypus und Tätertypus, ZAKDR(=Zeitschrift Akademie für Deutsches Recht), Jg. 3, 1936; Berges, Der gegenwärtige Stand der Lehre vom dolosen Werkzeug in Wissenschaft und Rechtsprechung,

이론이 되었다. 그런데 이 이론은 「나치」의 붕괴와 더불어 사라지지 않고, 전후(戰後)에
있어서도 Welzel,[4] Weber[5] 이외에 Richard Busch, Reinhart Maurach, Werner Niese 등[6]
의 찬동자를 얻어 그 세력이 자못 커졌다. 한편 이 이론에 대하여는 Edmund Mezger[7]를
비롯하여 Karl Engisch, Paul Bockelmann, Adolf Schönke 등[8]이 날카로운 비판을 거듭하
고 있어, 찬동자와 비판자 사이의 논쟁은 매우 활발한 바가 있다. 또한 일본에 있어서
도 근래에 점차로 목적적 행위론의 찬동자 내지 공명(共鳴)자가 증가하는 경향을 보이
고 있다.[9] 확실히 목적적 행위론을 둘러싼 문제는 현대형법학의 최대의 관심사가 아닐

1934; Georg Dahm, Verbrechen und Tatstand, 1935; Friedrich Schaffstein, Rechtswidrigkeit und Schuld im Aufbau des neuen Strafrechtssystems, ZStW 57, 1938; Harry Raum, Der rechtswidrige verbindliche Befehl, ZStW, 58, 1938.

4　Welzel, Das Deutsche Strafrecht in seinen Grundzügen, 2. Aufl., 1949, 3. Aufl., 1954; derselbe, Um die finale Handlungslehre, 1949; derselbe, Das neue Bild des Strafrechtssystems, 2. Aufl., 1952; derselbe, Aktuelle Strafrechtsprobleme im Rahmen der finalen Handlungslehre, 1953.

5　Weber, Grundriss des Deutschen Strafrechts, 1946, 2. Aufl., 1948.

6　Richard Busch, Moderne Wandlungen der Verbrechenslehre, 1949; Reinhart Maurach, Schuld und Verantwortung im Strafrecht, 1948; derselbe, Grundriss des Strafrechts, Allg. Teil, 1948; derselbe, Deutsches Strafrecht, Allg. Teil, 1954; Werner Niese, Finalität, Vorsatz und Fahrlässigkeit, 1951; derselbe, Die finale Handlungslehre und ihre praktische Bedeutung, DRiZ(=Deutsche Richterzeitung) 29, Jg., 1951, 30. Jg., 1952.

7　Edmund Mezger, Strafrecht, I. Allg. Teil, Ein Studienbuch, 1948, 5. Aufl., 1954; derselbe, Moderne Wege der Strafrechtsdogmatik, 1950.

8　Karl Engisch, Der finale Handlungsbegriff, in: Probleme der Strafrechtserneuerung(Festschrift für Eduard Kohlrausch), 1944 ; Paul Bockelmann, Über das Verhältnis von Täterschaft und Teilnahme, 1949 ; Adolf Schönke, Strafgesetzbuch, Kommentar, 5. Aufl., 1951, Schönke/Schröder, 7. Aufl., 1954; Kohlrausch-Lange, Strafgesetzbuch, Kommentar, 39-40. Aufl., 1950, 41. Aufl., 1955.

9　平野龍一, 「故意について」, 法学協会雜誌 第67巻 3号・4号, 1949年 ; 井上正治, 「刑事責
任の本質(1) (2)」, 法政研究 17巻 1~4合併号, 1950年, 18巻 1号, 1951年 ; 同, 「故意と過
失の限界」, 刑法雜誌 1巻 2号, 1950年 ; 同, 「目的的行爲論の體系上の地位」, 法政研究
20巻 2・3・4合併号, 1953年 ; 同, 過失犯の實証的研究, 1950年 ; 同, 刑法学(總則), 1951
年 ; 平場安治, 「刑法における行爲概念と行爲論の地位」, 小野博士還暦記念 刑事法の理
論と現實(1) 刑法, 1951年 ; 同, 刑法総論講義, 1952年 ; 中武靖夫, 「主觀的正犯概念」,
法学論叢 56巻 3・4号, 57巻 4号 ; 福田 平, 「目的的行爲論について」, 神戸経済大学創
立50周年記念論文集 法学編(1), 1953年 ; 同, 「法律の錯誤についての一考察」, 瀧川先生還
暦記念 現代刑法学の課題(下), 1955年 ; 木村亀二, 「刑法における目的行爲論」, 季刊法律
学 14号, 1953 ; 同, 「過失犯の構造」, 瀧川先生還暦記念 現代刑法学の課題(下), 1955年.

수 없으며, 형법학에 관심을 가지는 한, 목적적 행위론의 검토는 불가피한 관문이라고 생각된다.

본고의 주안점은 목적적 행위론의 개개의 문제에 대한 비판적 검토에 있지 않고, 오히려 그 이론의 주창자요 대표자인 Hans Welzel의 이론을 중심으로 한 목적적 행위론의 기본적 방향의 파악에 있다.

제 2 절 행위개념

1. 자연주의적 내지 인과적 행위개념

19세기 말엽 이후의 형법학은 실증주의(Positivismus)와 신「칸트」주의 (Neukantianismus)에 의하여 결정적인 영향을 받았으며, 행위개념도 자연주의적 내지 인과적으로 파악되었다. 그러므로 먼저 그 철학적 배경을 살펴보기로 하겠다.

독일관념론의 몰락 후 19세기의 중엽부터는 불란서 및 영국의 철학이 특히 계몽시대에 독일에서 차지하였던 그들의 강력한 지위를 회복하기 시작하였다. 그 철학은, 계몽주의와 Descartes, Bakon, Hobbes, Locke, Hume 등의 자연과학적으로 방향지워진 합리주의 및 경험주의와의 연관이 밀접화하여 19세기의 중엽에 특히 서구정신이라는 새로운 사상으로 된, 실증주의이다. 이 실증주의의 창립자는 사회철학자 Saint-Simon의 영향을 받은 Auguste Comte이며, 그는 『실증철학강의』(6 Vol. 1830~42)에서 실증철학의 기초를 마련하였다.[10] 이 실증주의사상이 19세기 후반부터 독일의 사상계를 풍미하였다. 그런데 이 실증주의의 기본경향은, 첫째로 형이상학에 조금이라도 공명할 수 있는 것이면 모두 단호히 거부하는 부정적인 것이다.[11] 또한 자연과학에 있어서 많은 성과를 낸 기계적인 인과성을 문화의 세계에 확장하고[12] 따라서 정치적이고 윤리적인 사회생

---

10 H. Welzel, Naturalismus und Wertphilosophie im Strafrecht, 1935, S. 2.

11 Welzel, a. a. O., S. 2.

12 Welzel, a. a. O., S. 4.

활 내지 개인생활도 기술적인 합법칙성 하에서 이해하려는 것이다.[13] 이리하여 '인과법칙의 전능(全能)이 실증주의자에게 있어서는 그 세계관의 초석이다'.[14] 형법의 영역에 있어서 실증주의의 영향을 가장 많이 받은 자는 Franz von Liszt이다. 그는 모든 사상(事象)이 예외 없이 인과적으로 결정된다는 근본사상에 입각하여 '형법학의 과학적 임무'는 바로 '범죄 및 형벌의 인과적 설명'이며 따라서 범죄현상도 그 원인은 '자연과학적 방법'에 의하여서만 탐구될 수 있다고 한다.[15]

　아직도 실증주의의 전성시대인 1860년대에「칸트」부흥의 첫 싹이 움트기 시작하였다. 즉 우리들의 인식 그 자체를 검토하고 또 과학이 의거하는 기초를 밝히려는 인식론적 비판주의적 풍조가 일어났으며, 이 풍조가 형이상학의 부정·자연과학의 정초(定礎)라는 업적을 이룩한 Kant와 결부한 것은 당연한 일이겠다.[16] 이리하여 Otto Liebmann(Kant und die Epigonen, 1865. 여기서 그는 Kant에로의 복귀를 주장하였다), Albert Lange(Geschichte des Materialismus, 1866) 등의 초기 신「칸트」학파에 있어서는 일반적으로 Kant의 철학을 생리학적 내지 심리학적으로 이해하여 주관의 선천적 형식이라는 것을 우리의 신체적 내지 심리적 체제(體制 Organisation)에 기초하는 것으로 이해하였으나, 그 후「칸트」연구의 진전과 더불어 19세기 말에서 20세기 초두에 확립을 보게 된 후기 신「칸트」학파에 있어서는 Kant의 선천적 형식이라는 것을 인식론적·논리주의적으로 해석하게 되었다.[17·18] 이 학파는 Hermann Cohen, Paul Natorp 등의「말불크」학파와 Wilhelm Windelband, Heinrich Rickert, Emil Lask 등의 서남독일학파의 둘로 나뉘는데, 전자가 자연학파의 정초(定礎)를 꾀함에 대하

13　Welzel, a. a. O., S. 3.

14　Karl Larenz, Rechts- und Staatsphilosophie der Gegenwart, 2. Aufl., 1939; (大西·伊藤 譯,「現代ドイツ法哲學」, 1942年, 21頁から引用).

15　Franz von Liszt, Strafrechtliche Aufsätze und Vorträge Ⅱ, S. 289 f.(H. Welzel, a. a. O., S. 22에서 인용함).

16　岩崎武雄,「西洋哲學史」, 1955年, 318頁. 參照.

17　岩崎, 前揭, 320頁. 參照.

18　오늘날 일반적으로, 신「칸트」학파라고 하는 것은 이 후기 신「칸트」학파를 말한다(池上鎌三,「哲學概論」, 1954年, 210頁, 註(2)).

여 후자는 역사학 내지 문화과학의 정초를 꾀한다.[19] 법학은 후자 특히 Lask의 법철학(1905)에 의하여 그 방법론적 기초가 주어졌으며, 형법학에 있어서 이 영향을 받은 자로 M. E. Mayer, Gustav Radbruch, Edmund Mezger 등을 들 수 있다. 보통 신「칸트」주의를 실증주의와 절대적으로 대립하는 것으로 보지만, 전자는 다소 수정되어서 후자와 동일한 신조로 성립하며, 따라서 Welzel은 신「칸트」주의를 '실증주의의 보충이론(Komplementärtheorie des Positivismus)'이라고 부른다.[20] 즉 「과학주의적」 태도와 모든 형이상학의 단호한 거부에 있어서 이미 양자는 공통성을 보이고 있으며, 또 훨씬 중요한 것은 양자가 현실개념에 있어서 일치한다는 점이다.[21] 신「칸트」주의는 실증주의와 공통의 기반으로서의 경험적 실재(實在)[22]로부터 출발하여 「아래로」이 기반의 선험적 근거와 '위로' 그의 규제적 가치를 탐구한다. 이리하여 신「칸트」주의는 비현실적 '타당형식(geltende Formen)'이라는 체제에 의하여 현실을 보충하는 것이다.[23 · 24]

실증주의를 그의 보충이론과 결부시키는 공통의 현실기반은 철학에 있어서보다 형법학에 있어서 부분적으로 더욱 순수하게 실증주의적 의미로 유지되어 있는데, 그것이 바로 행위개념(Handlungsbegriff)이다. 즉 행위개념은 형법적 사상(事象)의 실재적(實在的) 기반의 개념으로서 특히 Liszt에 의하여 그의 실증주의적-자연주의적 형태가 변경되지 않은 채 그대로 형법학의 '도그마'가 되었다.[25] 그리하여 행위개념은 Liszt의 시초의 견해인 '물질적인, 감성적으로 지각할 수 있는 외계(外界)의 변경'[26]이

---

19 岩崎, 前揭, 322頁.

20 Welzel, a. a. O., S. 42.

21 Welzel, a. a. O., S. 42.

22 이 경험적 실재는 그의 최중요한 범주가 맹목적·기계적 인과성인 실재적 사물의 몰의미적이고 몰가치적인 소여(所與)이다(Welzel, a. a. O., S. 42).

23 Welzel, a. a. O., S. 43.

24 Welzel에 의하면, 형법학은 주로 서남독일학파의 가치철학의 영향을 받았으며, 그 영향은 구성요건이론을 통해서라고 한다(Welzel, a. a. O., S. 43 Anm. 7, S. 64 ff.).

25 Welzel, a. a. O., S. 64.

26 Liszt, Lehrbuch des deutschen Strafrechts, 2. Aufl., 1884, S. 107(Werner Maihofer, Der Handlungsbegriff im Verbrechenssystem, S. 1. 에서 인용함).

나 Erik Wolf가 제시한 바 '의사표동(意思表動 Willensbetätigung)+결과'(여기서 의사
표동은 신경계의 자극전달에 의한 근육의 동정(動靜)이고, 결과는 물리적 외계의 물
질적 변경이다)[27]와 같이 전적으로 물질적-물리적인, 따라서 순 자연주의적인 것이
아닐지라도, 통설적 견해에 있어서는 '의사에 의하여 야기된 감성적으로 지각할 수
있는 외계의 변경'[28]이라고 파악된다.[29] 환언하면 '행위'를 단지 '의사가 외계에 야기
시킨 순 인과적 경과(Kausalvorgang)'[30]로 파악할 뿐이며, Schönke-Schröder는 '의사
에 의하여 지배되는 신체적 태도'[31]라고 파악한다. 이러한 자연주의적 내지 인과적 행
위개념(naturalistischer oder kausaler Handlungsbegriff)[32]에 있어서 행위의사는 오로
지 인과적 관점 하에서 외계변경의 임의의 원인으로서 고찰되며, 의욕의 의미내용,
즉 의욕된 바는 오로지 책임에 속하는 것으로서 분리된다.[33] 따라서 행위개념에 있어
서 의미가 있는 것은 의욕의 작용이며 의욕의 내용은 의미가 없다.[34] 이상과 같은 행
위개념을 Ernst Beling은 다음과 같이 매우 정확하게 표현하였다. "행위가 있다는 것
을 확정하려면, 행위자가 유의적으로(有意的 willentlich) 행동하였거나 행동하지 않
았다는 것의 확증으로 족하다. 무엇을 그가 의욕하였는가는 여기서는 상관하지 않는
다. 따라서 의사내용은 책임의 문제로서 의미가 있을 뿐이다"[35]라고.

---

27 Erik Wolf, Die Typen der Tatbestandsmässigkeit, 1931, S. 13.

28 Welzel, a, a. O. S. 64.

29 이때 외계에는 인간의 심리적 내계도 포함한다(Welzel, a. a. O., S. 64).

30 Welzel, Strafrechtssystems, S. 12.

31 Schönke/Schröder, Strafgesetzbuch, Kommentar, 7. Aufl., 1954, S. 19.

32 Maihofer는 이러한 행위개념을 '자연적(natürlich) 행위개념'이라고 규정하고, 비판적 입장에서
'자연주의적 내지 인과적 행위개념'이라고 호칭된다고 말한다(Maihofer, a. a. O., S. 2 Anm.
3). 그리고 자연적 행위개념의 구조특징은 거동성(擧動性 Körperlichkeit)과 유의성(有意性
Willkürlichkeit)에 있다고 한다(S. 11).

33 Welzel, Naturalismus, S. 64.

34 Edmund Mezger, Strafrecht, Lehrbuch, 2. Aufl., 1933, S. 108; Schönke/Schröder, a. a. O., S.
19.

35 Ernst Beling, Grundzüge des Reichsstrafrechts, 2. Aufl., 1902, S. 38(Gustav Radbruch, Der
Handlungsbegriff in seiner Bedeutung für das Strafrechtssystem, 1904, S. 130 f에서 인용함).

2. 목적적 행위개념

신 「칸트」주의는 19세기 말로부터 20세기 초두에 걸쳐서 자못 그 세력이 컸으나 그 후 점차로 쇠퇴(衰退)해지고, 그 대신에 융성(隆盛)해진 것이 현상학(現象學, Phänomenologie)이다. 현상학은 Edmund Husserl에 의하여 창립된 것인데, 그는 일체의 이론 이전에 소급하여 모든 학문의 근저(根柢)를 구하려는 의도 하에서 소위 형상적(形相的) 환원 및 선험적(先驗的) 환원(후자 또는 양자를 합쳐서 현상학적 환원(還元)이라고도 한다)의 절차에 의하여 선험적 의식의 영역에 이르고 그의 본질을 하등의 편견(偏見) 없이 직관기술(直觀記述)하는 것이 현상학의 임무라고 생각하고, 이 현상학에 의하여 일체의 학문의 근저로서의 제1철학이 이룩된다고 생각한다.[36] 그리하여 현상학에 있어서는 사유(思惟)는 대상을 창조하는 것이 아니라 대상에 전적으로 침잠(沈潛)하면서 이를 발견하고 이를 소여(所與)된 것으로 하고 그 대상에 「알맞은」 표현을 부여하는 것이다. 그런데 이때 현상학이 문제삼는 대상이란 것은, 감성적 지각(知覺)의 대상이 아니고 현상의 흐름을 물리치고 변하지 않는 구조, 즉 그 구조 속에 또 구조를 통하여 인식되게끔 소여(所與)된 본질이다. 즉 본질직관(本質直觀)이 철학의 절차가 되어야 하는 것이다.[37] 이리하여 현상학은 감성지각에 소여된 실재계(實在界)를 감성지각을 초월하여 직관될 수 있는 의미에 찬 세계로서 파악한다.[38] Husserl의 현상학은 커다란 영향을 미쳤으나, 그 후의 현상학파의 발전의 방향은 대체로 Husserl과 같이 선험적 의식이라는 좁은 입장을 떠나서, '사물(事物) 그 자체에로'(Zu den Sachen selbst!)라는 현상학의 근본적 태도만을 취하고, 여기서부터 널리 여러 종류의 존재영역의 분석기술(分析記述)을 꾀하여 형이상학 내지 존재론을 수립하려는 경향을 보이고 있다. 이를테면 Husserl의 제자 Martin Heidegger도 인간존재를 분석하여 실존철학을 수립하였고, Max Scheler도 현상학의 영향을 받으면서 존재론적 형이상학을 수립하였다. 또한 처음에는 「말불크」학파에서 나온 Nicolai

---

36 池上, 前揭, 213頁.

37 Karl Larenz, Rechts- und Staatsphilosophie der Gegenwart, 2. Aufl., 1935; 大西·伊藤 譯, 前揭, 73頁).

38 尾高朝雄, 「改訂 法哲學槪論」, 1955年, 187頁.

Hartman도 Husserl의 영향을 받고 역시 사물을 있는 그대로 기술한다는 입장에 서서 존재론적 형이상학을 주장하였다.[39] Hans Welzel도 이 경향에 속하며, 목적적 행위개념의 철학적 배경은 여기에 있는 것이다.

자연주의의 형법에로의 침입에 의한 인과성의 '도그마'의 등장으로 말미암아, 전에는― 「헤겔」학파[40] 및 Binding에 있어서도― 통일적 행위였던 것이, 이제는 행위의 주관적 측면은 고의와 과실의 문제로 되어 심리적 책임요소로서 책임론에 흡수되고, 또 행위의 객관적 측면은 그의 개별적 내용에 있어서는 위법성을 기초지우는 적극적 요소로서의 구성요건의 문제로 되어, 단지 겨우 거동과 결과와의 인과관계의 문제만이 행위론으로서 남게 된다. 그런데 이 행위의 객관적 측면마저 행위론으로부터 이탈하는 경향에 있으며, 행위론은 더욱 더 공허화되고 있다.[41] 그리하여 Welzel은 "우리에게는 이제 행위론이 없다. 여기에 전래적(傳來的) 이론의 주요한 결함이 있다"고 갈파(喝破)하고서 "행위는 자연과학적으로 또 법학적으로 해체되기 전에 현실의 사회생활 속에서 본원적(本源的) 통일체, 실재(實在)의 의미에 찬 전체로서 현존하므로, 인과적 및 심리학적 부분으로 분할되어서 법학적으로 해석되기 전에, 행위는 무엇이냐"를 문제삼을 것을 주장한다.[42] 법적 현실은 실제생활의 현실이다. 이 실제적 생활현실은 자연과학적 존재보다도 한없이 훨씬 풍부하다. 이 현실은 자연과학적 개념세계 속에로는 전혀 들어갈 수 없는 구조를 가지고 있으며, 그러나 이 구조가 바로 법에게 있어서 결정적인 의미를 가진다. 그래서 자연주의시대의 여운으로 단순한 '자연적'(즉 자연주의적) 현실이 시초에 소여(所與)되어 있다고 생각한다면, 우리는 처음부터 최 결정적인 존재구조를 그르치는 것이다.[43] 따라서 자연주의적 내지 인과적 행위개념은 이미 행위의 존재구조(Seinsstruktur)를 올바르게 다루지 못한다.[44] 그리하

---

39 岩崎, 前揭, 326頁 以下.

40 「헤겔」학파의 행위개념에 관하여는 : Gustav Radbruch, Der Handlungsbegriff in seiner Bedeutung für das Strafrechtssystem, 1904, S. 85 ff.; 平場安治, 「刑法における行爲槪念と行爲論の地位」, 50頁 以下.

41 平場, 前揭, 33~34頁; Welzel, Studien zum System des Strafrechts, S. 491.

42 Welzel, a. a. O., S. 491.

43 Welzel, a. a. O., S. 496.

44 Welzel, Strafrechtssystems, S. 13.

여 Welzel은 "법의 전 소재(全素材)는 사물논리적 구조(sachlogische Strukturen)로 관철되어 있는데, 이 구조는 과학에게와 마찬가지로 입법자에게도 이미 소여되어 있고 양자는 …각각 자기양식에 따라… 이 구조에 구속되어 있고 또 양자는 이 구조에 적중(的中 treffen) 또는 부적중(不的中 verfehlen) 할 수는 있으나 이 구조를 자의(恣意)로 변경하거나 하물며 '창조'할 수는 없다"[45]는 방법론적 근본사상(현대 자연법사상)에 입각하여, 형법에 있어서의 행위개념을 단지 '발견(auffinden)'하지 않고 '발명(erfinden)'하며 그것을 자기의 '필요'에 따라 창조할 수 있다고 생각하는 실증주의적 방법론의 과학적 자격을 부인하고서[46] 행위의 존재론적 구조(ontologische Struktur)가 모든 평가와 규정에 앞서 소여되어 있고, 또 행위를 규범화하려는 자는 행위의 존재론적 구조를 관찰하지 않으면 안 된다[47]고 주장한다.[48] 그리고서 Welzel은 행위의 존재론적 · 사물논리적인 기본구조를 다음과 같이 파악한다.

"인간의 행위는 목적활동의 수행이다. 그러므로 행위는 '목적적'사상(事象)이며 단순한 '인과적' 사상(事象)이 아니다".[49] 그런데 여기서 '인과성(Kausalität)'과 구별되는 행위의 '목적성(Finalität)'[50]이라는 것은 인간이 자기의 인과의 지식에 의거하여 행동의 가능한 결과를 일정한 범위 내에서 예견할 수 있고, 그리고 여러 목표를 설정하여 자기의 행동을 이들의 목표달성에로 계획적으로 영도(領導)할 수 있다는 데에 기초하고 있다.[51] 따라서 목적을 실현하는 것, 즉 외계의 인자(因子, Ursachfaktoren)를 수단으로 삼아서 목표로서의 일정한 결과를 실현하는 것 – 이것이 인간행위의 가장 본질적인 특성

---

45 Welzel, a. a. O., S. 8.

46 Welzel, a. a. O., S. 8.

47 H. Welzel, Naturrecht und materiale Gerechtigkeit, 2. Aufl., 1955, S. 197.

48 실증주의적 방법론, 특히 '공범개념은 철두철미 법률의 산물이다'라는 M. E. Mayer의 견해에 대한 Welzel의 비판은 : Welzel, Studien, S. 493; derselbe, Um die finale Handlungslehre, S. 10 f.; derselbe, Naturrecht, S. 197.

49 Welzel, Strafrechtssystem, S. 9.

50 목적성은 인과성과 마찬가지로 존재론적 개념이며, 어느 학설의 발명도 아니고 존재의, 즉 인간행위의 대상적 구조법칙이다. 그것은 발명될 수 없으며, 다만 발견될 따름이다. 그 개념은 인간행위의 기본구조를 특징지우는, 엄격히 범주적인 의미에 있어서만 사용되어야 한다(Welzel, Handlungslehre, S. 7).

51 Vgl. Welzel, Strafrechtssystem, S. 9 ; derselbe, Handlungslehre, S. 7.

이다.[52] 목적적 활동은 의식적으로 목표로부터 영도되는 활동이며, 한편 순 인과적 사상(事象)은 목표로부터 조종되지 않고 그때 그때 기존(既存)하는 인자의 우연한 결과이다. 그래서 비유적으로 말하면 목적성은 '선견적(先見的, sehend)'이고 인과성은 '맹목적(盲目的, blind)'이다.[53] 그런데 목적성은 일정한 범위 내에서 인과적 개입의 결과를 예견하고 또 그렇게 함으로써 이 인과적 개입을 목표달성에로 계획적으로 조종할 의사의 능력에 의거하고 있으므로, 인과적 사상(事象)을 영도하는 목표의식적 의사는 목적적 행위의 골간(骨幹)이다. 그 목표의식적 의사는 외부적인 인과적 사상(事象)을 지배하고 또 그렇게 함으로써 그것을 목표지향적 행위로 만드는 조종인자이며, 이 인자 없이는 행위는 그의 즉물적 구조(即物的 構造, sachliche Struktur)가 파괴되어 하나의 맹목적인 인과적 과정으로 떨어지는 것이다. 따라서 목적적 의사(finale Wille)는 현실의 사상(事象)을 객관적으로 형성하는 인자로서 행위에 속한다.[54] 목적적 행위는 '즉자적(即自的)으로(an sich)' 존재하는 것이 아니라, 항상 실현의사에 의하여 설정된 결과에 관련하여서만 존재하는 것이다. 이때 이 유의적(有意的)으로 설정된 결과가 행위의 전 구조에 있어서 달성하려고 한 목표인지 목표달성에 사용된 수단인지 또는 수단의 사용과 필연적으로 결부된 수반결과인지는 상관하지 않는다.[55·56] 물론 목적적 조정의 '결과'가 단순한 거동으로 족할 경우가 있고(이를테면 공술(供述), 승마(乘馬) 등), 또한 산보와 같이 항상적(恒常的) 관행의 결과로 자동화된 거동도 목적적 조정의 행위인 것

---

52 Welzel, Studien, S. 502.

53 Welzel, Strafrechtssystem, S, 9; vgl. derselbe, Naturalismus und Wertphilosophie im Strafrecht, 1935, S. 65(여기서 Nicolai Hartmann의 Ethik를 참조하고 있다) : derselbe, Studien, S. 502.

54 Welzel, Strafrechtssystem, S. 9; vgl. derselbe, Studien, S. 502.

55 Welzel, Strrafrechtssystem, S. 9 f.; vgl. derselbe, Handlungslehre, S. 7 ff.

56 이를테면, 연습을 위하여 박명(薄明) 속에서 나무그루인 줄 생각하고 실은 앉아 있는 사람인 어떤 대상을 향하여 발사하는 자는 틀림없이 목적적 연습사격을 행하는 것이지만 그러나 목적적 살인행위를 행하는 것은 아니다. 이 경우에 의욕되지 아니한 그 이상의 결과(사망)는 목적적 행위에 의하여 맹목적으로 인과적으로 야기된 것이다. 또 목적적 살인행위는 사망이 의사활동의 주목표인 경우뿐 아니라 사망이 단지 그 이상의 목표의 수단이 된 경우(이를테면, 사자의 유산을 상속하기 위한 경우) 또는 사망이 단지 필연적으로 덧붙어 얻은 수반결과인 경우(이를테면, 화재보험에 든 가옥을 소각함에 있어서의 신체불수인 동거여인의 소사(燒死))에도 존재한다(Welzel, Strafrechtssystem, S. 10).

이다.[57 · 58 · 59]

3. 고의 및 과실의 행위

Hellmuth von Weber는 "이전에는 모든 태도를 인과적인 것으로, 이제는 모든 태도를 목적적인 것으로(früher alles Verhalten als kausales, jetzt alles als finales)" 이해하려고 하는 데에 필요 이상의 이론적 난점이 있다고 지적하고서, 목적적 태도(결과의 의욕에 의하여 영도된 행위자의 활동)와 인과적 태도(어떤 결과를 외계에 야기하는 인간의 태도)를

---

57 Welzel, Strafrechtssystem, S. 11.

58 小野 교수는 Welzel의 행위론을 다음과 같이 비판한다. "그의 목적적 행위론은 그가 말하는 자연주의를 해탈하고 있지 않다. 그의 주관적인 목적개념은, 자연주의적인 인과관계를 반전하여 주관에 반영시켰을 뿐인, 대상적인 목적론이며 주체적인 인격에 있어서의 의사의 능동적인 활동[はたらき](業)* 으로서의 행위의 의미를 밝히지 않는다. 나는 그런 의미로 자연주의적이라고 하는 것이다"(小野清一郎, 「犯罪構成要件の理論」, 1958年, 53~54頁). "'목적적」 행위라 하여도, 그것이 인과적 계열에 있어서의 인식예견인 한, 실천적인 행위의 참다운 의미를 밝히는 것이 아니다. …물론 『목적적」…행위라는 개념은, 종래의 전적으로 심리적 · 물리적인 행위론으로부터 윤리적인 행위론에로의 전환을 예고하는 것이다"(同, 前揭, 55~56頁). 그러나 이 비판이 적절한지는 의문이다. 왜냐하면 목적적 행위의사는 결과의 예견뿐이 아니라 오히려 인과적 사상을 목표지향적으로 조종하는 객관적 형성의 인자인 것이다.
또 小野 교수는 「刑法概論」(增訂版)에서 "이 학설은 종래의 행위론이 행위의 주관 면에 있어서의 의사내용을 충분히 고려하지 아니한 결점을 시정하는 의미는 있으나, 고의범과 과실범과를 체계적으로 분열시킬 뿐 아니라, 책임의 통일적인 이해를 방해하는 것이다"라고 논평한다 (1956年, 66頁).
* 業(karman)에 관하여는 : 小野清一郎, 「犯罪構成要件の理論」, 49頁, 57頁; 同, 「刑罰の本質について その他」, 1955年, 38頁 以下, 48頁, 58頁, 94頁 以下, 99頁 以下; 同, 「概論」, 59頁 以下.

59 團藤 교수는 목적적 행위론이 종래의 인과적 행위론에 비(比)하여, 보다 주체적인 행위론을 수립하려고 하는 점에 올바른 핵심을 가지고 있고 또 행위에게 있어 주관적 요소가 본질적이라는 것을 밝힌 점에도 그의 공적을 인정할 수 있다고 하면서, 목적성은 행위의 주체성을 인정하는 데에 과다의 요구라는 점, 그리고 단순한 목적성의 개념에 의해서는 행위와 행위자 인격과의 결합이 희박해짐을 면할 수 없다는 점을 비판한다. 그리고 나서 자기의 행위개념을 다음과 같이 규정한다. "나는 단적으로 행위자 인격의 주체적인 현실화라고 인정되는 행위자의 신체의 동정(動靜)이 행위라고 생각한다. 환언하면 신체의 동정이 그 배후에 있어서 행위자의 주체적인 인격태도와 결합되는 경우에 - 그리고 그러한 경우에 한하여 - 이를 행위라고 이해하는 것이다"(團藤重光, 「刑法」 改訂版, 1955年, 49頁).

병치(竝置)하고 구성요건의 구성에 있어서 고의범과 과실범을 병치한다.[60·61]

이에 반하여 Hans Welzel은 물론 구성요건해당성에 있어서 양자를 구별하지만,[62] 우선 고의 및 과실의 행위를 목적적 행위라는 공통의 상위개념에 종속시키고, 전자는 목적활동적 행위, 후자는 목적활동적으로 회피가능한 야기(惹起, Verursachung)라고 한다.[63] 과실행위는 목표지향적이 아니고 현실로 목적적이 아니나, 다만 목적성의 가능적 개입(可能的 介入, potentieller Einsatz)에 의하여 목적활동적으로 회피가능하였다는 점에서 단순한 자연현상과 구별되는 야기이다.[64] 이리하여 상기 양자를 행위라는 상위개념에 포섭하는 것은 목적성(Finalität)이라는 계기인데, 이것은 현실적 목적활동으로서의 고의행위에 있어서는 현실형성적 인자(현실적 목적성, aktuelle Finalität)이고, 가능적 목적활동으로서의 과실행위에 있어서는 단지 관계계기(잠재적 목적성, potentielle Finalität)이라고 한다.[65]이와 같이 Welzel은 '잠재적 목적성'이라는 개념을 사용함으로써 과실행위에 있어서의 목적적 요소를 발견하고, 유표지(類標識)로서의 '목적성'에 의하여 고의 및 과실의 행위 양자에 통하는 통일적 행위개념을 구성한다. 그런데 이 '잠재적 목적성'을 둘러싸고 Welzel의 이론은 Niese, Mezger, Maurach 등에 의하여 철저한 비판을 받았다. 첫째로 목적성이라는 것은 인과성과 마찬가지로 'Sein이냐 Nichtsein이냐'라는 이자택일의 Seinsverhalt(사실관계)이며, 마치 '위험'을 의미하는 '잠재적 인과성'이 필경 인과성의 부존재와 다름없는 것과 같이 '잠재적 목적성'도 결국은 목적성의 부존재를 의미하는 것 이외의 아무것도 아니라는 것이 Werner Niese의 비판이고,[66] 둘째는 결

---

60 Weber, a. a. O., S. 55, 63, 56, 72 ff.

61 Richard Busch는, 목적적 행위론은 그 출발점을 고의범과 과실범의 구성요건에 있어서, 행위과정이 존재론적 구조의 차이를 나타내는 두 개의 독립한 범주를 문제삼지 않으면 안 된다는 인식에 구한다고 말한다(Busch, Moderne Wandlungen der Verbrechenslehre, S. 7 : 김종원 초역, 「현대범죄론의 변천」, 법대학보 제3권 제1호, 1956, 228면).

62 Welzel, Um die finale Handlungslehre, S. 17.

63 Vgl, Busch, a. a. O., S. 9; 김종원 초역, 전게, 229면.

64 Welzel, a. a. O., S. 17.

65 Welzel, Das deutsche Strafrecht in seinen Grundzügen, 2. Aufl., 1949, S. 23 (Maihofer, a. a. O., S. 44에서 인용함).

66 Werner Niese, Finalität, Vorsatz und Fahrlässigkeit, 1951, S. 43 (中義勝,「刑法における行爲の概念」, 刑法雜誌 第4卷 第4号, 1954年, 492頁에서 인용함).

과의 목적활동적 회피가능성이라는 것은 가치에 관계된 규범적 개념으로서 책임론 상의 문제라는 비판이다.[67] 사실 Welzel은 "과실의 구성요건은 책임능력 있는 행위자에 의하여서만 실현될 수 있는 것이다. 과실범에 있어서 위법성과 책임과를 구별하는 것은 근거가 없고 실질적으로 불가능하다"[68]고 말함으로써, 고의범에 있어서는 객관적 위법론을 취하면서 과실범에 있어서는 주관적 위법론에 빠졌다.[69]

Werner Niese는 '잠재적 목적성'으로써 과실행위를 목적적 행위에 포섭하려는 Welzel의 기도(企圖)에 반대하지만, 그도 목적적 행위론의 입장에서 통일적 행위개념을 구성한다. 즉 행위란 목적적 의사에 의하여 지배된 결과실현으로서 목적적 행위개념 이외의 형태로 존재할 수 없는 것이며, 이 목적적 의사가 형법상 중요한 결과에 지향되어 있는 때에는 이를 지주(支柱)로 하여 성립하는 행위는 고의의 행위이고 그렇지 않는 때에는 비(非)고의의 행위이다. 과실의 결과야기는 이러한 비(非)고의의 행위와 인과적으로 결부된 결과야기이며, 그 핵심적 부분은 비고의의 행위인 점에 있다. "과실범을 고의범과 구별하는 것은 목적성 일반의 흠결 따라서 행위성의 흠결에 있는 것이 아니고, 목적성이 고의범에 있어서는 구성요건해당의 결과에 지향되어 있음에 반하여 과실범에 있어서는 법정(法定)의 구성요건 이외의 결과에 지향되어 있다는 사정에 의한다."(S. 53). 입법자는 고의범에 있어서는 '금지된 목적성을 포함시키고 또한 그 때문에' 전 행위를 구성요건 속에 넣고 있으나, 과실범에 있어서는 '목적성에 있어서는 금지

---

67 Vgl. Niese, a. a. O., S. 44 : Mezger, Moderne Wege der Strafrechtsdogmatik, S. 18; R. Maurach, Grundriss des Strafrechts, Allg. Teil, S. 46 (福田, 「目的的行爲論について」, 162頁에서 인용함).

68 Welzel, Grundzügen, S. 85(福田, 前揭, 163頁에서 인용함). vgl. Welzel, Studien zum System des Strafrechts, S. 562; derselbe, Handlungslehre, S. 22.
中武 조교수도 Welzel의 견해에 따라 "과실행위의 고의행위에 대한 구조 상의 차이는, 고의행위에 대하여 가능하였던 3단계의 평가(구성요건해당성, 위법성, 유책성,-필자 주)를 이제는 불가능하게 만든다"고 하고, "이리하여, 과실행위는 전적으로 가치개념이 되고, 이제는 위법성, 유책성의 명확한 분리는 불가능하게 되어 버린다"고 말한다(中武, 「主觀的 正犯槪念(1)」, 法學論叢, 第57卷 第4号, 69~70頁 中, 前揭, 477~478頁).

69 平場 교수는 목적적 행위론의 입장에서, 과실의 행위성을 부인하고 과실을 '불행위'라고 파악한다. 따라서 범죄의 최외측(最外側)의 '메르크말'도 이제는 행위가 아니고 행위와 불행위를 통일하는 '사회적 사실' 또는 '사람의 사람에 대한 관계'라고 파악한다(平場, 「刑法における行爲槪念と行爲論の地位」, 42頁, 68頁 以下).

되지 않는 행위에 의한 법상(法上) 금지된 결과야기'를 구성요건으로 할 따름이라고 한다.[70] 그리고 Niese는 과실범에 있어서도 위법성과 책임과의 구별은 무의미하지도 불가능하지도 않고 필요하며, 또한 논리적으로 책임판단은 위법성의 판단을 전제로 한다고 말한다. 즉 과실범에 있어서 위법성은 단지 결과의 야기(결과의 반가치)로부터만 유래하는 것이 아니라 제1의적(第一義的)으로는 객관적 주의의무의 위반(행위반가치 Handlungsunwert)으로부터 유래하는 것이며, 그리고 나서 행위자가 그의 개인적 능력 또는 행위시의 사정으로 보아 주의의무를 이행할 수 있었을 경우에 책임비난이 가하여진다고 한다.[71·72]

이상 고찰한 바와 같이 '잠재적 목적성'에 대한 철저한 비판을 받은 Welzel은 근저(近著) "Das neue Bild des Strafrechtssysetms(형법체계의 신구상), 1951, 2. Aufl., 1952"에서 과실에 대한 이전의 논술이 불완전하였다는 것을 용인하고, 새로운 과실이론을 전개함으로써 이전에는 목적적 행위론의 '신경통적(神經痛的) 지점(地點)'이라고 생각되었던 과실은 이제 이 이론의 유용성(有用性)의 증거물이 된다고 자부(自負)한다.[73] 그리하여 '형법의 구성요건 내의 행위'를 고의범과 과실범에 있어서 각각 다음과 같이 파악한다.

인과적 사상(事象)의 목적적 조정은 인간이 그의 문화적이고 문명된 생활을 목적의식적으로 이룩하는 활동인데, 그것 자체는 몰가치적인 것으로서 사회적으로 긍정될 목표의 실현에도 또 사회적으로 부정될 목표의 실현에도 사용될 수 있다. 여기서 형법은 사회적으로 부정될 목표의 목적적 실현을 금함으로써, 즉 사회적으로 부정될 결과의 실현에 지향된 실현의사를 가진 '목적적' 행위를 고의범의 구성요건에 있어서 위법하다고 판단함으로써 개입한다. 따라서 법적 개념으로서의 '고의'(Vorsatz)는 불법구성요건의

---

70 中, 前揭, 493頁 : 福田, 前揭, 167~68頁. 參照.

71 木村, 「過失犯の構造」, 589頁, 591頁; 福田, 前揭, 163~64頁 參照.

72 Weber는 과실은 위법성요소와 책임성요소로 이루어지는 복합개념이라고 하고, 그 위법성은 어떤 결과를 야기한 태도가 의무위반이라는 데에 있고 또 형법상의 과실의 비난은 주의의무를 이행할 행위자의 능력을 전제로 하는데 이것은 당위(Sollen)의 문제가 아니라 가능(Können)의 문제로서 체계상 책임론에 속한다고 한다. 이와 같이 Weber도 과실에 있어서 위법성과 책임을 구별한다(Weber, a. a. O.,. S. 83~87). Busch도 Weber의 견해에 따르고 있다(Busch, a. a. O. S. 34: 김종원 초역, 전게, 231면.

73 Welzel, Strafrechtssystems, S. 7 f.

객관적 표지(標識)의 실현에 지향된 목적적 행위의사이다[그러므로 고의는 책임조건이 아니라 행위 내지 불법의 요소이다. 그리고 목적적 행위론에서 말하는 고의는 위법성의 의식을 포함하지 않는 '사실적 고의'(Tatvorsatz)이다]. 그런데 법이 금하는 것은 그러한 고의의 위법한 행위뿐이 아니며, 목적적으로 설정된 결과에 관하여는 위법하지 않으나 목적적이 아닌 순 인과적인 결과에 관하여 그러한 결과를 회피하기 위하여 객관적으로 사회생활상(im Verkehr) 필요한 최소한의 목적적 조종을 하지 아니한 행위도 사회생활의 질서와 어긋나는 것이다. 그래서 그 인과적 결과에 관하여 법상 명하여진 최소한의 목적적 조종을 하지 아니한 '행위'는 과실범의 구성요건에 의하여 포괄된다(예견 못한 법익침해로서). 이 구성요건에 있어서는 목적적으로 설정된 행위결과는 형법상 중요하지 않으므로 여기에 구체적으로 기술되지 아니하며, 오히려 그의 불법구성요건은 사회생활상 필요한 정도의 목적적 조정(명하여진 주의)을 하지 아니한 행위의 일정한 인과적인 법익침해로써 성립한다고 한다.[74][75][76][77][78][79]

---

74 Welzel, a. a. O., S. 11 f.

75 이를테면, 미리 탄약을 꺼내지 않고 자기의 총을 소제하다가 의욕 없이 제3자를 죽인 자는 목적적 행위(총의 소제)를 행한 것인데, 이 행위가 인과적으로 타인의 사망을 야기한 것이다. 그런데 독일 형법 제222조(과실치사)의 구성요건에 있어서 중요한 것은 목적적 결과(오물의 제거라든가)가 아니라 인과적 결과(타인의 사망)이며, 이는 행위자가 그의 목적적 활동(소제)을 할 때에 그 결과를 회피하기 위하여 법상 요구되는 최소한의 목적적 조종(요컨대, 객관적으로 사회생활 상 필요한 주의)를 하지 않았기 때문이다(Welzel, a. a. O., S. 12).

76 小野·團藤 교수는 구성요건을 위법유형인 동시에 유책유형이라고 파악하여, 고의·과실이 정형화(定型化)에 소용되는 면에 있어서 주관적인 구성요건요소라고 한다. 물론 책임요소로서의 의미도 가지는 것이다(小野淸一郎, 「槪論」, 63頁 以下 : 團藤重光, 「刑法」, 46頁).

77 小野 교수의 "행위 일반은 Welzel와 같이 일정한 구성요건적 목적에 의하여 한정되어야 할 것이 아니다. 과실범도 역시 어떤 목적을 가진 의사적인 '행위'가 아니면 안 된다."(前揭, 66頁)라는 비판은 적절하지 않다고 본다.

78 井上 교수는 "행위란, 행위자인격의 현실화이다. 이것은 인격책임론에 의한 귀결이다. 그래서 우선 행위자인격의 현실화라고 인정되지 않는 것은 형법상의 행위가 아니다. '고의에 의한 행위'에 있어서는, 고의를 행위요소라고 생각하여서만, 행위자인격의 적극적 표현을 인정할 수 있다. 또 '과실에 의한 행위'에 있어서도, 극도의 당황으로 인하여, 행위자인격의 관련이 끊긴 것은 형법에서 생각되는 행위가 아니다. 이리하여 목적적 행위론을 채택하면서도 '고의에 의한 행위' 또는 '과실에 의한 행위'는 행위자인격의 현실화라는 면에서 통일된다"고 한다(不破·井上, 「刑法槪論」 再版, 1956年, 73頁, 註5).

79 中 교수는 "고의·과실을 통한 행위의 핵심적인 개념요소란, 결코 그 현실적인 목적성이 아니고, 외계에 대하여 일정한 변화를 주는 자기의 적극적 내지 소극적인 신체적 태도의 지배가능

또한 Welzel은 과실은 단일개념이 아니라, 불법요소로서의 객관적 주의의무 위반과 책임요소로서의 비난가능성으로 조성된 복합개념이라고 하여 구설(舊說)을 포기한다.[80·81] 그리하여 과실범에 있어서도 행위자가 객관적 주의의무의 위반을 통찰력 있게 인식하여 사려 깊게 회피할 수 있었느냐의 위법성의 확정의 문제는 그를 인격적으로 비난할 수 있느냐의 책임의 문제와 구별되어야 하며, 고의범에 있어서와 같이 책임문제는 여기서도 객관적 위법성의 선행적 확정을 전제로 한다. 즉 이 위법성은 단지 결과의 반가치(법익의 침해 내지 위태)로써 충분하지 않고 일정한 행위의 반가치(명하여진 주의의 위반)도 포괄하므로, 객관적 주의의 위반은 이미 불법구성요건의 테두리 속에서 검토되어야 하고 또 객관적인 부주의의 행위에 대한 인격적 비난가능성인 책임과 구별되어야 한다고 주장한다.[82] 따라서 책임무능력자라도 고의행위는 물론이요, 객관적 주의 위반의 행위도 할 수 있는 것이다.[83·84]

제 3 절 학설사적 지위

1. 고전적 형법체계

19세기 말부터 20세기 초에 걸쳐 확립된 고전적 형법이론(klassische Strafrechtsdogmatik)

성, 환언하면 자기에게 지배가능한 신체적 태도에 의한 일정한 외계의 변화 즉 결과야기라고 할 수 있다"고 말한다(中, 前揭, 488頁).

80 Welzel, Strafrechtssystem, S. 31.

81 井上 교수는 '주의의무'를 결과회피의무와 결과예견의무로 나누어서, 전자를 위법소, 후자를 책임요소라고 한다(井上, 「過失の實證的研究」, 143頁).

82 Welzel, a. a. O., S. 25.

83 Welzel, a. a. O., S. 31.

84 Maihofer는 행위개념의 근본기능으로서 ① 근본요소로서의 기능('행위' 개념의 논리적 의의) ② 결합요소로서의 기능('행위' 개념의 체계적 의의) ③ 한계요소로서의 기능('행위' 개념의 실제적 의의)의 셋으로 나누어, 자연적 및 목적적 행위개념을 각각 비판하고 자기의 사회적 행위개념을 "행위는 형법상 보호된 법익의 침해야기에 지향된 인간의 태도이다" 또는 간단히 "행위는 사회적이익의 침해야기에 지향된 태도이다"라고 규정한다(Maihofer, a. a. O., S. 72).

은 그 체계에 있어서 범죄를 외부적(객관적) 면과 내심적(주관적) 면으로 나눈다.[85] 그리하여 객관적인 것은 위법성에, 주관적인 것은 책임에 관련케 한다. 이때 객관적인 것과 주관적인 것과의 대립은 인간의 외부적 태도와 내심적 태도와의 대립과 동일시하여, 위법성의 대상은 외부적 태도(즉, 자연주의적 내지 인과적으로 파악된 행위)이고, 책임의 대상은 내심적 태도라고 생각하는 것이다.[86]

2. 규범적 책임론

이와 같이 주관적인 것을 책임에 관련케 하는 고전적 형법이론에 있어서는 책임은 행위의 외부적 면(결과)에 대한 행위자의 심리적 관련이고, 이 심리적 관련은 고의와 과실로서 존재하며, 양자는 책임의 형식 내지 종류라고 한다.[87] 이러한 심리적 책임론에 대한 비판의 결과로서 나온 것이 바로 규범적 책임론(normative Schuldlehre)[88]이다. 우선 온갖 노력에도 불구하고 과실(특히 인식 없는 과실)에 있어서는 결과에 대한 행위자의 심리적 관련의 존재를 밝힐 수 없었으며, 이것이 심리주의적 책임개념이 난파(難破)된 최초의 암초(暗礁)였다. 그리하여 고의와 과실이 병존적 책임형식으로서 책임개념 하에 포섭될 수 있는, 양자에 공통된 계기를 구하게 되었다.

이러한 방향에로의 여러 기도(企圖) 가운데서 최초로 성공한 자는, 책임을 '비난가능성'(Vorwerfbarkeit)이라고 본 Reinhard Frank이다. 그는 1907년에 Giessen 대학 창립300년의 축하논문으로서 발표한 「책임개념의 구성에 관하여」라는 논문의 첫머리에서 "현대법학에 있어서 책임은 여러 가지로 파악되지만, 책임의 본질이 오로지 어느 일정한 무엇인가에 대한 심리적 관련 또는 그러한 관련의 가능성에 있다는 데에는 일치

---

85 Busch, Moderne Wandlungen, 1949, S. 3; 김종원 초역, 전게, 226면.

86 위법성의 개념은 객관적으로 파악되어야 한다는 이론을 객관적 위법론이라 하며, 이에 대하여는 행위자에게 귀책가능한 행위만이 위법하다고 하는 주관적 위법론이 대립한다. 따라서 객관적 위법을 책임 없는 불법이라고 할 수 있다(Rudolf Sieverts, Beitrage zur Lehre von den subjektiven Unrechtselementen im Strafrecht, 1934, S. 4, S. 2).

87 Busch, Moderne Wandlungen S. 4: 김종원 초역, 전게, 226면.

88 이 이론의 학설사적 고찰로는 : 佐伯千仭, 「刑法に於ける期待可能性の思想」 再版 1952年; 木村龜二, 「刑事責任に關する規範主義の批判」, 法學志林 第30卷 第6~9号, 1928年.

하고 있다"[89]고 하여 당시의 책임이론을 비판하고, 자기의 견해를 전개한다. 그리하여 "통설은 책임개념을 단지 고의 및 과실의 개념만을 포괄하는 것으로 규정하지만, 그러나 책임개념은 행위에 수반하는 중요한 사정 및 책임능력도 고려하여서 파악되어야 한다"[90]고 주장한다. 그래서 Frank는 이러한 책임능력, 고의나 과실, 수반사정을 '책임요소'(Schuldelemente)라고 부른다.[91] 이리하여 "상술한 책임개념의 모든 구성 부분을 내포하는 간결한 표어를 찾는다면 '비난가능성'이란 말밖에 없다. 책임이란 비난가능성이다"[92]고 규정한다. 그래서 위법행위를 하였다고 하여 사람을 비난할 수 있으려면 다음의 세 가지 전제조건이 필요하다. (1) 행위자의 정상적(normal) 정신상태, 우리는 이것을 책임능력이라고 부른다. (2) 행위자의 당해 결과에 대한 일정한 구체적인 심리 관련 또는 그러한 관련의 가능성, 즉 자기행위가 미치는 영향의 범위의 전망(고의) 또는 전망가능(과실), (3) 행위자가 행위함에 있어서의 여러 사정의 정상성(正常性).[93] 따라서 책임능력자가 고의나 과실로서 어떤 위법행위를 행하였을지라도, 행위 당시의 수반사정이 그 자신 또는 아마 제3자에게도 바로 그 행위에 의하여서만 면할 수 있을 그러한 위험을 포함하고 있을 때에는, 그를 비난할 수 없으며 책임을 지울 수도 없다고 한다. 이상과 같은 Farnk의 견해는 학계에 커다란 반향(反響)을 일으켰으며, 호의적인 비판을 받았다. 이에 따라 Frank는 그의 독일형법주석서(Das Strafgesetzbuch für das Deutsche Reich)에 있어서, 제8~10판에서는 '정상적 수반사정' 대신에 '정상적 동기부여(normale Motivierung)'를 제3의 책임요소라고 하고, 제11~14판에서는 '정상적 동기부여'를 책임조각사유로서 고려하고, 제15~17판에서는 Hegler의 영향을 받아 책임능력과 동기부여의 정상성과를 일괄하여 '자유 또는 행위지배'라는 명칭을 부치고 또 제18판에서는 책임을 '자유, 목적 및 결과인식의 가능성에 비추어서의 위법행위에 대한 비난가능성'이라고 정의한다.[94] 이상 고찰한 바와 같이 Frank는 책임의 개념 속에 '비난가능성'이라는

---

89 Reinhard Frank, Über den Aufbau des Schuldbegriffs, 1907, S. 3.

90 Frank, a. a. O., S. 9~10.

91 Frank, a. a. O., S. 10.

92 Frank, a. a. O., S. 11.

93 Frank, a. a. O., S. 12.

94 佐伯, 前揭, 39~43頁 參照.

규범적 요소를 도입함으로써 책임론에 새로운 방향을 주었다.

Frank에 뒤이어 규범적 책임론의 발전에 크게 기여한 자는 James Goldschmidt이다. 그는 1913년에 「책임문제로서의 긴급피난(Der Notstand, ein Schuldproblem)」이라는 논문에서 긴급피난의 본질을 구명(究明)함으로써 책임요소로는 책임능력, 고의·과실 이외에 의무위반성(Pflichtwidrigkeit)이라는 제3의 규범적 요소가 필요하다는 것을 논증하고, 이것을 규범론에 근거하게 한다. 즉 독일형법 상의 긴급피난은 책임조각사유라는 것을 밝히고, 이 책임조각사유(책임무능력이나 착오와 별개의)에 대응하는 제3의 책임요소가 있어야 하는데, 이것은 Frank가 말한 '수반사정의 정상성' – 후에 '정상적 동기부여'라는 주관화된 표현을 썼지만 – 으로서는 반드시 정확하지 않고 오히려 '의무위반성'이라는 규범적 요소이어야 한다는 것이다. 그러면 이 의무위반성이라는 책임요소는 어디서 유래하느냐 하면, 의무규범에 연원(淵源)한다고 한다. Goldschmidt에 의하면 이 의무규범은 개인에 대하여 일정한 외부적 태도를 요구하는 법률규범과 병존(竝存)하여 개인이 이 법질서가 정립한 외부적 태도에 대한 요구에 적응하도록 그의 내심적 태도를 결정할 의무를 과하는 규범이며, 명시되지 않고 존재하는 것이라고 한다. 따라서 의무규범은 행위자의 내심에 의무관념을 환기시킴으로써 법률규범의 실효성을 보장하는 것이고, 이 보장규범 즉 의무규범은 그것에 의하여 보장되는 규범 즉 법률규범과 전혀 별개의 존재이며, 양자를 혼동하여서는 안된다. 이리하여 법률규범의 위반으로 객관적인 위법성을 인정하고, 의무규범의 위반으로 주관적인 책임비난을 생각할 수 있는 것이다. Goldschmidt는 1930년에 Frank의 환력(還曆)축하논문집에 「규범적 책임개념」이라는 논문을 기고(寄稿)하여, 그의 견해에 대한 비판에 답함과 동시에 그의 근본견해를 견지(堅持)한다.[95]

기대가능성을 책임비난의 요건으로 뚜렷이 내세운 자는 Berthold Freudenthal이며, 이로써 규범적 책임론은 더 한층의 발전을 보게 되었다. 그는 1922년에 「현행형법에 있어서의 책임과 비난(Schuld und Vorwurf im geltenden Strafrecht)」이라는 인간미에 가득찬 논문을 발표하였다. Freudenthal의 출발점은 형사책임에 관한 일반국민의 판단과 재판관의 판단과의 사이에 커다란 간격이 있다는 사실이다. 즉 국민이 '그렇게 하지 않을

---

95 Goldschmidt의 견해에 관하여는 : 佐伯, 前揭, 44~74頁; 木村, 前揭, 800~806頁. 參照.

수 없었다'든가 '그러한 상황 하에 있어서는 누구라도 그렇게 행하였을 것이다'라고 생각하는 경우에도, 종종 형사책임이 있다고 하여 유죄의 선고를 받는 것이다. 따라서 이와 같은 '법률과 국민과의 사이의 간격'을 참으로 올바르게 해결하는 방법은 종래의 책임개념의 구성에 근본적인 반성을 가하지 않을 수 없다는 것이다. 이리하여 Freudenthal은 책임을 비난가능성 또는 의무위반성이라고 규정할 수 있지만, 중요한 것은 명칭이 아니라 그것이 지시하는 실체(實體)라고 하면서, 그 실체는 위법행위의 '행위자가 다른 태도를 마땅히 취하여야 하고(sollen) 또 취할 수 있음(können)에도 불구하고 그러한 태도로 나왔다'는 가치부정(價値否定)이다. 이와 같이 '결과의 표상(表象)이 〈마땅히 반대동기가 되어야 하고 또 될 수 있었다〉는 것'이 책임의 일반적 표지(標識)라고 한다. 그리고 법이 정립한 이 당위(當爲)라는 가치규범은 국민에게 가능한 한도에 있어서 이 규범에 따라 의사결정을 할 것을 요구한다. 환언하면 위법행위를 '마땅히 피하여야 한다는 당위는 〈그것을〉 피할 수 있다는 가능성을 예정하고 있는 것이다'. 그러므로 이 가능성의 한계를 넘는다면, 거기에는 법률상의 비난가능성도 없고, 따라서 법적인 책임도 없다. 그러면 언제 이 가능성이 결여하느냐 하면, 그것은 일반적으로 말할 수 없고 개개의 경우에 있어서 구체적으로 확정될 문제이다. Freudenthal은 여기에 Frank의 수반사정의 관념이 책임에 있어서의 가능성의 한계를 구체적으로 정하는 표준으로서 활용되어야 한다고 말한다, 즉 '행위자가 행위한 사정 하에서 그가 행한 가벌적 행위를 피하기 위하여는 통상 누구에게도 기대하기 어려울 정도의 저항력이 필요했다고 생각될 경우'에는 그 행위 이외의 다른 행위의 가능성은 없는 것이며, 따라서 비난가능성도 책임도 있을 수 없다는 것이다. 이상과 같이 적법행위의 기대가능성은 책임비난에 있어서 불가결의 요건이며, Freudenthal은 이것을 '윤리적 책임요소'라고 부른다. 그에 의하면 이 윤리적 책임요소는 고의 또는 과실의 구성요소로서 그들의 개념 속에 포함되어 있다고 생각해야 할 것이며, 이로부터 고의·과실의 개념을 – Frank의 부정에도 불구하고 – 책임개념에 대하여 종(種)과 류(類)의 관계에 있다고 한다.[96]

Frank로부터 시작한 규범적 책임론은 Eberhard Schmidt에 의하여 일단 이론적 완성을 보았다. 그는 1927년에 Franz von Liszt의 『독일형법 교과서(Lehrbuch des Deutschen

---

96 Freudenthal의 견해에 관하여는 : 佐伯, 前揭, 75~95頁; 木村, 前揭, 806~814頁 參照.

Strafrechts)』제25판을 발행함에 있어서 "책임론은 종래의 심리주의를 탈피하여 규범주의에로의 전향을 이룩하였다"고 하면서 규범주의의 입장에서 그 책임론을 전적으로 개정하였다. Schmidt의 책임론도 일종의 규범론에 입각하고 있다. 그는 Goldschmidt가 외부적 태도에 대하여 적법·위법의 판단을 하는 법률규범과 내심적 태도에 대하여 의무위반성의 판단을 하는 의무규범을 전혀 별개의 규범이라고 한 것은 부당하다고 하고, 양자는 오히려 동일한 법규범의 작용이 서로 다른 두 면에 불과하다고 한다. 그에 의하면 법규범에는 평가규범(Bewertungsnorm)으로서의 작용과 명령규범(또는 결정규범 Bestimmungsnorm)으로서의 작용이 있는데, 전자는 어떤 행위가 적법한가 위법한가의 법적 가치판단을 하는 것이고, 후자는 위법한 태도를 취하지 말 것이며 적법한 태도를 취해야 할 것이라고 의사에 대하여 요청(명령·금지)하는 것으로서 이것의 위반이 곧 책임의 문제라고 한다. 책임개념은 심리적 요소와 규범적 요소와의 합성이며, 따라서 양 요소를 구별하여 고찰하여야 한다. 즉 책임비난의 가능성은 (1) 먼저 심리적으로는 행위자가 적어도 (경험상) 자기의 행위에 의하여 야기될 구성요건해당의 결과를 표상할 수 있었고 동시에 사회생활에 있어서 이 행위가 있어서는 아니된다는 것 즉 그것의 사회침해성을 의식할 수 있었다는 점에 의존하며, (2) 규범적으로는 그때 존재한 여러 사정의 전체로 보아서 실제의 '심리활동'이 결함 있는 것이라고 보이는 점, 실제로 있은 (위법한 결과를 야기하는) 의욕이 '있어서는 아니되는' 의욕이라고 생각되는 점, 동기과정에 의무에 적합한 경과가 기대되는 점, 실제로 있은 위법한 태도 대신에 적법한 태도를 행위자에게 기대하여도 좋다는 점에 의존한다. 따라서 책임은 단순한 심리적 사실도 또한 단순한 가치판단도 아니고, 오히려 책임능력을 전제로 한 심리적 사실과 가치판단과의 관계이다. 그런데 심리적 책임요소는 다음의 두 가지 태양으로 나뉜다. 즉 하나는 행위자가 구성요건적 결과와 그 사회침해성을 실제로 표상하면서 행위한 경우(고의에 있어서)이고 또 하나는 행위자가 그 결과를 실제로 표상(表象)하지는 않았으나 그때의 여러 사정으로 보아 그것을 표상하는 것이 가능하였고 또 그것을 야기하는 것이 허용되지 않는다는 것도 표상할 수 있었으리라고 생각되는 경우(과실에 있어서)이다. 그러나 이들의 심리적 사실만으로는 아직 책임이 성립되지 않으며, 양자를 공통의 지반 위에 서게 하고 또한 양자를 각각 고의와 과실이라는 책임으로 만드는 것이 곧 규범적 책임요소이다. 따라서 고의 또는 과실의 책임비난이 가능하려면 행위 시의 여러 사정으로 보아서 행위자에게 달리 행위할 수 있다는 기대가능성 즉 합규범적인 태도의 기대가능

성이 인정되어야 하는 것이다.[97]

이상 고찰한 바와 같이 Frank에 의하여 시작되고 주로 Goldschmidt, Freudenthal에 의하여 발전되어 온 규범적 책임론은 Schmidt에 이르러 일단의 완성을 보아 독일형법학계에 있어서 확고한 지위를 차지하게 되었으며, 특히 Schmidt에 의한 Liszt의 교과서의 개정 후로는 이를 지지하는 학자의 수가 격증하였다. 다시 말하면 규범적 책임론은 책임의 본질을 비난가능성에 있다고 보고, 이 비난은 위법한 행위를 행한 행위자에게 행위 시의 여러 사정으로 보아 다른 적법한 태도를 취할 수 있었으리라고 기대할 수 있는 경우에 한하여 가능하다는 것이다.

3. 주관적 불법요소론

상술한 바와 같이 위법성을 행위의 객관적 요소에 관련시키는 소박한 사상에 대한 비판의 결과로 나온 것이 바로 주관적 불법요소론(Lehre von den subjektiven Unrechtselementen)[98]이다. 즉 객관적 위법론에 입각하면서 주관적 불법요소를 받아 들이는 것이 가능한가를 문제삼는 것이며,[99] 따라서 주관적 불법요소론의 역사는 동시에 또 객관적 위법론의 발전사라고 할 수 있다.[100]

객관적 위법론의 견지에서 주관적 불법요소의 문제를 정면으로 취급한 자는 우선 Hans Albrecht Fischer이다. 그는 1911년에 「위법성(Die Rechtswidrigkeit, mit besonderer Berücksichtigung des Privatrechts)」이라는 논문에서 행위자의 주관적 요소가 행위의 적

---

97 Schmidt의 견해에 관하여는 : 佐伯, 前揭, 95~108頁; 木村, 前揭, 814~821頁; Rudolf Thierfelder, Normativ und Wert, 1934, S. 54~57 참조.

98 이 이론의 학설사적 연구로는 : Edmund Mezger, Die subjektive Unrechtselemente, Gerichtssaal, Bd. 89, 1924, S. 207 ff.; August Hegler, Subjektive Rechtswidrigkeitsmomente im Rahmen des allgemeinen Verbrechensbegriffs, Festgabe für Reinhard von Frank, Bd. I, 1930, S. 251 ff.; Rudolf Sieverts, Beiträge zur Lehre von den subjektiven Unrechtselementen im Strafrecht, 1934; 佐伯千仞, 「主觀的違法要素」, 法學論叢 第37卷 第1号, 第2号, 1937年; 高橋敏雄, 「客觀的違法性と主觀的違法要素」, 刑法雜誌 第3卷 第2号, 1952年, 240頁 以下.

99 위법성과 책임과의 구별을 인정하지 않는 주관적 위법론에 있어서 주관적 불법요소를 인정하는 것은 자명한 일이다.

100 佐伯, 前揭, 31頁.

법과 위법의 한계를 결정하는 데에 매우 중요한 의미를 가진다는 것을 특히 민법의 영역에서 각개(各個)의 실정법규의 세심한 해석적 연구의 결과로 논증한다. 그는 우선 독일민법 제226조의 '시카네금지(Schikaneverbot)'에서, 즉 "권리의 행사는, 그것이 타인에게 손해를 가할 목적만을 가질 수 있을 뿐인 때에는 허용되지 아니한다"라는 규정에서, "위법성으로부터 주관적 요소를 전적으로 배제할 수는 없다"는 것, 그리고 "행위자의 비난될 목적이 그 자체로서 법상 용인(容認)된 행위를 위법한 행위로 만든다"는 것이 밝혀진다고 주장한다(S.138). 또한 타면에 있어서 "원칙적으로 그 야기(惹起)가 금지되어 있는 결과도 행위자에 의하여 추구된 목적으로 인하여 시인되며, 그뿐더러 행위자에게 (주관적인) 권리까지 주어진다."(S.293)고 하여, 그 예로서 방위의 목적을 가지고 또는 긴급피난을 위하여 하는 훼기(毀棄)나 사무처리 등을 들고 있다. 그러나 Fischer의 견해는 확실한 체계적 기초가 없고 위법론의 논리구성이 박약하여 위법성과 책임을 구별할 표지에 관하여 매우 불명확하다. 그래서 그의 견해는 형법이론에 커다란 영향을 미치지 못하였다고 생각되는 것이다.[101]

그 후 형법의 영역에서 주관적 불법요소의 문제를 처음으로 자세히 논한 자는 August Hegler이다. 1915년에 「범죄의 특징들(犯罪의 特徵들)」[102]이라는 「튀빙겐」대학의 취임강연에서 Rümelin, Heck 등의 소위 '이익법학'의 '목적론적 고찰방법'을 형법에 채용한다.[103] 즉 위법성과 책임과의 구별을 종래의 통설과 같이 자연주의적 인식론적 실재(實在)요소의 상위(相違)의 문제가 아니라 평가적 가치판단의 방법의 상위의 문제라고 한다.[104] 그리하여 위법성은 행위를 '사회유해적(gesellschaftsschädlich)'이라고, 즉 '국가로서 조직된 사회의 생활이익의 침해'[105]라고 평가하는 가치판단이며, 책임은 행위자의

---

101 Fischer의 견해에 관하여는 : Sieverts, a. a. O., S. 6~8; Mezger, Strafrecht, Lehrbuch, 2. Aufl., 1933, S. 168; 佐伯, 前揭, 31~33頁; 高橋, 前揭, 241頁; 竹田眞平, 「違法論に於ける主觀說と客觀說」, 瀧川先生還曆記念論文集(下), 1955年, 412~414頁 참조.

102 Hegler, Die Merkmale des Verbrechens, ZStW 36, 1915, S. 19 ff., S. 184 ff.

103 Hegler는 다음에 논하는 바의 의도는 목적론적 형법체계의 윤곽을 그리는 데에 있다고 한다 (Hegler, a. a. O., S. 20 Anm. 4).

104 高橋, 前揭, 241頁.

105 Hegler, a. a. O., S. 28.

심리에 대하여 비난가능[106]하다고 평가하는 가치판단이다. 이러한 고찰방법에 의하면 "그러한 이익침해를 표시하는 것은 항상 외부적 태도이지만, 그러나 반드시 외부적 태도만이 그러한 것은 아니다".[107] 주관적 사실로서 이익침해성의 요건이 되는 경우가 있는데, 절도 또는 사기가 그 예(例)이다. 즉 절도죄로서의 이익침해행위를 하는 자란 "타인의 동산을 취거(取去)하는 모든 사람이 아니라…단지 불법영득의 목적을 가지고 이를 행하는 자만"을 말하며, 사기죄로서의 이익침해행위를 하는 자란 "기망에 의하여 타인의 재산에 손해를 주는 모든 사람이 아니라…단지 자기 또는 타인에게 불법한 재산상의 이익을 취득케 하려는 목적에 의하여 이를 행하는 자만"을 말한다. Hegler는 이를 '초과적 내심경향의 범죄'라고 부르며, 미수죄도 여기에 속한다고 한다.[108] Hegler는 1년 후의 논문에서 주관적으로 불법을 기초지우는 경우를 '의미를 주는 목적의 경우'로 확장한다.[109]

Max Ernst Mayer도 Hegler와 거의 동시에 그의 『형법총론 교과서(Lehrbuch des allgemeinen Teil des Strafrechts, 1915)』에서 주관적 위법요소를 인정한다. Mayer는 객관적 위법론의 견지에서 객관적 위법성은 행위자에 대한 책임비난의 유무와 독립하여 판단되어야 한다(즉 책임 없는 위법의 존재를 인정하여야 한다)는 것을 의미할 뿐이지, 행위자의 주관적 목적이 위법요소가 아니라는 것을 의미하지는 않는다고 한다. 그리고 주관적 위법요소와 책임요소와를 구별하는데, Mayer에 의하면 위법의 확정은 '규범의 기초에 있는 목적에 의하여 행위를 측정하는 목적론적 고찰'이고, 책임은 비난할 동기로부터 행위가 생겼다는 것에 기인하는 평가로서 '심리적 책임요소에 관한 한 귀책은 인과적 고찰'이므로 위법에는 목적을 속하게 하고 책임에는 동기를 속하게 한다. 그런데 Mayer는 구성요건(Tatbestand)을 행위의 외부적 면에만 한정된 개념이라고 규정하여,

---

106 Hegler, a. a. O., S. 32 Anm. 36.

107 Hegler, a. a. O., S. 31.

108 Hegler, a. a. O., S. 31. 이들의 목적은 그에 의하면 책임요소가 아니다. 그 이유는 협의의 책임으로서의 고의는 객관적 사실의 인식이며 그것에게는 대응하는 객관적 요소가 있다. 그러나 이 목적에게는 객관적 대응물이 없고 단순한 목적에 그쳐도 좋은 점에서 다르다(佐伯, 前揭, 35頁, 註2).

109 Hegler, Die Systematik der Vermögensdelikte, ArchRWirtschPhil. Bd. 9, S. 280 f. (Mezger, Strafrecht, S. 169에서 인용함).

구성요건해당성은 가장 중요한 위법성의 인식근거(ratio cognoscendi)이지만 양자는 결코 동일하지 않다고 함으로 말미암아, 주관적 위법요소를 구성요건에 포함시키는 것이 불가능하게 된다.[110]

Hegler, M. E. Mayer 이후에 Wilhelm Sauer도 1921년의 『형법의 기초(Grundlagen des Strafrechts)』에서 주관적 불법요소를 인정한다. 그러나 형법학상 주관적 불법요소의 문제를 최초로 〈모노그라피〉로서 다룬 자는 Edmund Mezger이며, 그는 1924년에 「주관적 불법요소(Die subjektive Unrechtselemente)」라는 논문을 「법정(法廷 Gerichtssaal; Bd. 89, S. 209~312)」에 발표하였다. 2년 후에는 다시 「형법상의 구성요건의 의미에 관하여(Vom Sinn der strafrechtlichen Tatbestände)」라는 축하논문(Festschrift für Träger)을 발표하여 앞 논문을 보충하였고, 그의 형법 교과서(Strafrecht, Ein Lehrbuch, 1931, 2. Aufl., 1933)에서는 두 논문의 요약을 기술하였다.

첫째의 논문에서 Mezger는 먼저 주관적 위법론과 객관적 위법론과의 논쟁의 학설사적 연구를 하고서 객관적 위법론을 채택할 것을 선언하고, 그리하여 위법성과 책임과의 구별이 확립된 후에 주관적 불법요소의 문제를 다음과 같이 말한다. 즉 "불법은 확실히 원칙적으로 객관적 이익침해이지만, 이 이익침해는 반드시 타인의 이익을 침해하는 자의 '주관적' 의사방향과 관계없이 정하여질 것이 아니다. 섬세하고 복잡한 인간의 이익활동은 그렇게 조잡하게 또 외부적으로 파악될 수는 없다. 최대의 이익만족의 원칙(법의 실질적 이념) 자체는 오히려 주관적 요소를 함께 고려할 것을 요구한다"라고. 그리하여 Mezger는 특히 다음의 세 경우에 있어서 그러하다고 한다. 즉 (1) 법질서가 불법을 확정함에 있어서 불법의 객관적 조건은 일부분으로 만족하고 기타에 있어서는 주관적 조건을 보충하여 고려하는 경우, (2) 법질서가 행위자에게 타인의 이익에의 간섭을 허용하되 '선의(善意)'로서 할 것을 요구하는 경우, (3) 특히 강한 반사회적 의사방향이 이익침해를 절박하게 만드는 경우. 그리고서 Mezger는 주관적 불법요소에 관하여 실정법에 의거하여 고찰하는데, 본 논문에서는 불법조각사유에 있어서의 주관적 요소에 중점을 두고 있다.[111]

---

110 Mayer의 견해에 관하여는 : Sieverts, a. a. O., S. 15~18; 佐伯, 前揭, 36~39頁; 高橋, 前揭, 243頁 참조.

111 Mezger의 첫째 논문에 관하여는 : Sieverts, a. a. O., S. 22~27; 佐伯, 前揭, 41~44頁; 高橋,

둘째의 논문에서 Mezger는 그의 주관적 불법요소론을 더욱 발전시키고 있다. 여기서는 첫째의 논문에서 비교적 간단히 다루어진 개개의 범죄유형에 있어서의 주관적 불법요소를 실정법에 의거하여 상세히 논술한다. Mezger는 구성요건(Tatbestand)을 형법의 목적을 위하여 '특별히 유형화된 불법'을 표현한 것이라고 하여, 그것을 위법성의 인식근거가 아니라 존재근거(ratio essendi)라고 한다. 그리하여 주관적 불법요소는 주관적 구성요건요소라고 불리게 된다. Mezger는 이러한 주관적 구성요건요소를 탐구함에 있어서 모든 범죄실행은 의사에 의하여 이루어지는 것이다. 즉 어디서나 심리적 과정이 범죄실현에 참여한다는 Binding식의 명제로부터 출발하여, 이 심리적 과정 가운데의 무엇이 책임에 또는 이미 위법성에 속하는가는 실정법에 의거하여 이 의사의 내용을 검토함으로써 비로써 구명(究明)된다고 한다. 그리하여 다음의 두 경우로 나눈다. (1) '외부적 행위의 단순한 의욕'만을 요구하는 구성요건, (2) '외부적 행위의 의미 있는 의욕'을 요구하는 구성요건이다. 전자 즉 '단순한 의욕'은 고의범에 있어서의 고의와 같은 것을 말하는데, 이것은 행위의 이익침해성에 새로운 아무것도 부가하지 않고 행위의 인격적 비난가능성 즉 행위자의 책임을 기초지우지만 행위의 특수적 불법을 변경할 수 없으므로 '주관적 구성요건요소'가 아니라고 한다. 오히려 '주관적 불법요소'는 후자 즉 '의미 있는 의욕'을 가진 구성요건 속에서 구하여야 하는데, 여기서는 필요한 외부적 구성요건을 단지 인식과 의욕을 가지고 실현하는 것으로는 부족하고 그 이상으로 행위자의 내심에 있어서의 일정한 부수적(附隨的) 심리과정을 필요로 한다. 즉 외부적 사실이 일정한 심리적 색채, 일정한 정신적 내용, 특수한 주관적 의미를 나타내어야 하며, 이러한 범죄를 Mezger는 표현범(Ausdrucksdelikte)·경향범(Tendenzdelikte)·목적범(Absichtsdelikte)으로 나누어서 각각 상세히 논술한다. 이러한 '의미 있는 의욕'이 불법요소인 이유는 다음과 같다. 외부적 행위의 법익침해성은 그 기초에 특수한 심리적 내용·경향·목적이 있는 경우는, 그렇지 않은 경우와 다르다. 진술된 확신선서, 살인죄의 불신고, 생식기에의 접촉 등이 위법한가의 여부는 전혀 의심할 바 없이 행위의 외형뿐 아니라 행위자의 내심적 태도 즉 그의 진실한 확신, 살인의 사실의 인지, 성적 경향 등에 달려 있는 것이다. 또한 Mezger에 의하면 미수론에 있어서도 주관적 불법요소의

前揭, 244頁 參照.

존재가 증명된다고 한다.[112]

이상 여러 학자의 노력, 특히 Mezger의 연구에 의하여 형법학계는 주관적 불법요소의 문제에 관심을 갖게 되었으며, 그것을 인정하는 범위에 광협(廣狹)은 있을지라도 대부분의 학자가 이를 인정하게 됨으로써 주관적 불법요소론은 통설적 지위를 차지하였다(Hegler는 1930년에 「주관적 위법요소」라는 축하논문(Frank-Festgabe, Bd. 1)을 발표하여 여태껏 이 문제에 관하여 나온 여러 견해의 총청산을 기도하였다. 그러나 자기 자신의 기본적 견해에는 변화가 없다). 그리하여 주관적 불법요소론의 기본적 견해는 위법성의 실질을 법익의 침해 내지 위태라고 보고, 주관적 요소가 그 행위의 법익침해(위태)성에 영향을 미치는 한, 불법요소가 된다고 한다.

4. 새로운 형법체계의 구성

이상 고찰한 바와 같이, 책임의 규범적 성격과 불법의 주관적 성격의 인식으로써 바로 형법체계(내지 범죄론체계)의 수정을 위한 싹이 움튼 것이다. 그럼에도 불구하고 새로 발견된 현상의 확립으로 만족하고 또 이것을 근본원칙상 모순되는 전래의 체계에 삽입할 따름이었으므로, 형법체계 내지 범죄론체계는 이를 이해하는 데에 곤란을 느낄 만큼 복잡화되었다.[113] 그리하여 고전적 형법체계의 '초석(礎石)'인 자연주의적 내지 인과적 행위개념을 비판·극복하고서, 행위의 존재론적 기본구조인 목적적 행위개념을 기초로 하여 새로운 형법체계를 구성하려는 것이 바로 목적적 행위론의 입장이다.

전술한 바와 같이 책임개념이 심리적 책임개념으로부터 규범적 책임개념에로 옮겨짐으로써 책임의 본질은 '비난가능성'에 있다는 것이 확립되었으나, 여전히 이 비난가능성과 '행위자의 결과에 대한 심리적 관련(Beziehung)'과의 관계(Verhältnis)는 명백하지 않았으며, 적어도 고의에 있어서는 '심리적 관련'을 여전히 책임개념에 있어서의 본질적인 것이라고 파악하였다.[114] 그러나 Graf zu Dohna에 이르러 비로소 위법성의 확

---

112 Mezger의 둘째 논문에 관하여는 : Sieverts, a. a. O., S. 27~33; 佐伯, 前揭, 44~49頁; 高橋, 前揭, 244~45頁 參照.

113 Busch, Moderne Wandlungen, S. 6 f.: 김종원 초역, 전게, 227~228면.

114 Welzel, Strafrechtssystems, S. 35.

정에 있어서는 객관적 구성요건이, 책임판단에 있어서는 주관적 구성요건이 평가를 받는다[115]는 것이 인식되었고, 이리하여 주관적 구성요건으로서의 즉 '평가의 객체'로서의 고의와 '객체의 평가'로서의 책임(비난가능성)과를 명확히 구별하고, 책임개념을 객체의 평가에 국한하게 되었다.[116] Welzel도 "고의는 책임평가의 객체이고 이 평가 자체의 일부분이 아니다. … 책임은 고의에 대한 평가이기 때문에, 고의는 동시에 이 평가의 부분일 수 없고, 오히려 책임평가의 피평가물(被評價物), 객체, 대상이다"[117]라고 말한다. 이와 같이 규범적 책임론에 의한 책임의 규범적 심화(深化)와 더불어 심리적 요소로서의 고의는 책임론에 있어서의 주역적(主役的) 역할이 부정되고 비난가능성으로서의 책임에 있어서 그 평가의 객체로서 파악되며, Welzel은 책임을 비로서 책임으로 만드는 구성적 표지(標識)만이 책임요소라고 봄으로써 고의는 그러한 책임의 구성적 표지가 아니므로 책임요소가 아니라고 한다.[118·119] 이리하여 Welzel은 Dohna에 있어서는 객관적 구성요건[120]과 주관적 구성요건이 관련 없이 병존(竝存)함으로써 고의는 자기가 속할 장소 즉 고향이 없게 되었다는 점을 지적하고,[121] 목적적 행위론이 Dohna에 있어서 고향을 잃게 된 고의에게 구성요건해당의 행위 속의 적절한 장소를 지정한다고 말한다.[122] 이와 같이 심리적 요소로서의 고의를 책임으로부터 배제함으로써, 규범적 책임론의 철저화, 즉 불순물이 섞인 책임개념의 순화(醇化)를 가능케 하는 것이 바로 목적적 행위론이다.

한편 전술한 바와 같이 주관적 불법요소론은 위법성의 실질을 법익의 침해 내지 위

---

115 Alexander Graf zu Dohna, Der Aufbau der Verbrechenslehre, 1936, S. 31.

116 Dohna는 그의 범죄론을 평가의 객체와 객체의 평가로 나누며, 전자를 다시 객관적 구성요건과 주관적 구성요건으로 나누고, 후자를 객관적 구성요건의 평가(위법성)와 주관적 구성요건의 평가(책임)로 나눈다.

117 Welzel, Um die finale Handlungslehre, S. 23 f.

118 Welzel, a. a. O., S. 23 ff.

119 그러나 '책임'을 유책의 행위의사, 따라서 책임평가의 대상 '프라스' 그의 반가치성이라고(광의로) 이해한다면, 고의(뿐아니라 전 고의행위)도 〈책임〉에 속한다(Welzel, Strafrechfssystem, S. 33).

120 Dohna에 있어서의 객관적 구성요건은 행위에 관한 것이다(Dohan, a. a. O., S. 5 ff.).

121 Welzel, Handlungslehre, S. 25.

122 Welzel, Strafrechtssystem, S. 35.

태라고 파악하고 주관적 요소가 그 행위의 법익침해(위태)성에 영향을 미치는 한 불법 요소가 된다는 것이었다. 이와 같이 법익의 침해 내지 위태가 행위의 위법판단의 유일 최고의 규준이라는 점이 비판됨으로써 새로운 주관적 불법요소론이 전개되었다. Erik Wolf는 1931년에 「구성요건해당성의 유형(Die Typen der Tatbestandsmässigkeit)」[123]이라 는 논문에서 종래의 법익보호적 영역 이외에 인격적 영역을 법의 세계에 인정하여 행위 의 유형 이외에 행위자의 유형을 인정하려고 기도함으로써 주관적 위법요소의 본질을 행위의 법익침해성을 좌우하는 힘 속에가 아니라 법익침해성과 무관계한 행위자의 법 적 인격의 타락(인격손상) 속에 구하게 되었다.[124] 또 Friedrich Schaffstein은 '법익침해 사상(法益侵害思想)의 적정(適正)한 핵심'을 인정하면서 '형법의 법익보호기능의 절대 화' 즉 소위 '법익침해주의'를 비난하고 '법익침해로부터 의무침해에로의 형법적 강조점 의 추이(推移)'를 주장한다.[125] 첫째로 법익침해의 요소를 포함하지 않는 범죄가 있다고 주장하고, 그 예로서 반역죄·공무원범죄·군형법상의 범죄·위증죄를 든다. 그러나 이 점에 관하여 木村 교수가 적절히 지적하는 바와 같이 그 증명이 불충분하다.[126] 다음 으로 법익침해가 범죄의 위법내용을 결정하는 유일한 요소가 아니라고 주장하고, 그 예 로서 우선 재산죄를 든다. 즉 재산죄가 오로지 법익침해만을 본질로 한다면 왜 그 속에 절도죄·횡령죄·손괴죄 등의 개개의 재산죄가 분화되어 있는가의 설명을 할 수 없고, 그러한 분화는 법익 이외의 요소 즉 행위의 태양(態樣)이나 인격적 구성요건요소 등의 중요한 요소가 기초에 놓여져 있기 때문이라고 한다. 특히 법익침해 이외의 '의무침해 의 요소'의 중요성은 이미 인용한 반역죄·군형법상의 범죄·위증죄·공무원범죄 이외

---

123 본 논문은 부제(Vor Studien zur allgemeinen Lehre vom besonderen Teil des Strafrechts)에 나타 나 있는 바와 같이 「형법의 각칙의 총론」을 수립하려는 것이다.

124 佐伯千仭, 「主觀的 違法要素」, 法學論叢 第37卷 第2号, 1937年, 318頁.

125 木村龜二, 「刑法における法益の槪念」(刑法の基本槪念, 第3版, 1952年, 收錄) 153頁 參照. 同頁에서 木村 교수는 Schaffstein이 마치 범죄의 본질을 오로지 의무의 위반에 있다고 이해하 는 것으로 오해하여서는 안 된다고 한다.
Schaffstein이 법익설을 비판한 대표적 논문은 : Friedrich Schaffstein, Das Verbrechen eine Rechtsgutsverletzung?, Deutsches Strafrecht, N.F. 2. Bd. 1935, S. 97 ff.; derselbe, Das Verbrechen als Pflichtverletzung, Grundfragen, S. 108 ff.; derselbe, Der Streit um das Rechtsgutsverletzungsdogma, Deutsches Strafrecht, N.F. 4. Bd., 1937, S. 335 ff. 등이다.

126 木村, 前揭, 155頁 以下.

에 있어서는 신분범 가운데에 표현되어 있다고 하고, 이를 분류하여 '업무·공무·영업상의 의무침해', '가족 및 혼인에서 생기는 의무의 침해', '법률행위상의 의무의 침해' 및 '일반적 의무의 침해'의 넷을 지적한다.[127] 이와 같이 소위 Kiel학파는 위법의 본질은 법익침해(위태) 보다도 오히려 민족공동체에 대한 의무침해에 있다는 점을 강조하고, 이에 따라 행위의 법익침해성에 관계없는 주관적 불법요소를 인정하여, 이것을 행위자의 심정(心情, Gesinnung)에 기초지우려고 한다. 그러나 이러한 주관적 요소가 왜 불법요소 속에 들어가야만 하는가의 적극적 이유는 아직 내세우지 못하였다.[128]

한편 Hellmuth von Weber 및 그의 제자 Käpernik는 종래의 주관적 불법요소론을 일보 전진시켜서 고의·과실도 모두 주관적 불법요소라고 주장한다. Weber는 의사실현인 '행위'를 의사작용과 결과의 추구로서의 의사내용으로 나누고, 다시 후자를 몰가치적인 심리상태와 규범적 책임요소로 나눈다. 소위 고의·과실은 결과의 예견·인용 또는 예견가능으로서 순(純)심리적이며, 윤리적으로는 무색이다. 이에 반하여 규범적 요소는 행위자가 그 행위를 피할 수 있었다는 것에 의거한 비난가능성이다. 그런데 고의·과실을 책임의 심리적 요소로서 책임 속에 넣고 있었으나, "이것은 비난가능성에 있어서 본질적인 것이 아니며"(Weber), 규범적 책임론의 철저화에 의하여 "심리적 구성요소(고의·과실)는 일단 책임에 속하지 않는다는 소극적 결론에 도달한다"(Käpernik). 그러면 이 순(純)심리적 요소는 어디에 속하느냐 하면, 위법성에 귀속시키지 않을 수 없다는 것이 Weber 등의 결론이다. 또한 범죄행위가 주관적 의도를 무시하고서는 생각할 수 없는 동사(動詞)로서 규정되어 있는 경우(수렵·공격·선동·주장 등등)·종래의 소위 주관적 불법요소의 전부·미수범 등은 명백히 고의가 불법요소인 것을 나타내고 있다. 그런데 이미 미수범에 있어서 고의가 불법요소이므로, 그것은 또 기수범에 있어서도 동일하여야 한다. 그리하여 "심리적 주관적 요소는 오히려 항상 위법성에 넣어야 한다"는 심리적 위법론을 주장하는 것이다.[129] 이러한 견해는, 佐伯 교수가 적절히 비판하고 있는 바와 같이,[130] 위법성의 본질을 종래의 통설과 마찬가지로 법익의 침해 내지 위태에

---

127 木村, 前揭, 159~60頁.

128 주관적 불법요소론에 대한 소위 Kiel학파의 학설에 관하여는 : 佐伯, 前揭, 324頁 以下 參照.

129 Weber 및 Käpernik의 견해에 관하여는 : 佐伯, 前揭, 321~22頁 參照.

130 佐伯, 前揭, 323~324頁.

구하는 한 고의 · 과실이 행위의 법익침해(위태)성에 새로운 무엇을 더하는가에 관하여 당연히 적극적인 증명이 필요하며 또 미수에 있어서 범죄를 수행하려는 고의가 불법요소인 이상 기수에 있어서도 동일하여야 한다는 것은 손쉬운 일반화라고 볼 수밖에 없다. 따라서 고의 · 과실이 불법요소가 되기 위하여는 당연히 새로운 위법성의 전개가 요청되는 것이다.

그리하여 Welzel은 목적적 행위개념에 입각한 새로운 불법관(不法觀) 즉 '인적 불법관(personale Unrechtsauffassung)'을 수립함으로써 고의(사실적 고의) · 과실(객관적 주의위반)을 불법요소로 파악한다.[131] 그런데 법익침해론은 바로 인과의 '도그마'의 위법성의 영역에 있어서의 상관개념이며,[132] 자연주의적 내지 인과적 행위개념에 의거하고 있다. 전술한 바와 같이 의사내용이 배제된 그러한 의사가 외계에 야기시킨 순(純)인과적 경과만을 '행위'라고 파악하는 이 행위개념[133]에 입각하는 한, 위법성의 본질을 금지된 외부적인 결과야기 즉 법익의 침해 내지 위태에 구할 수밖에 없다. 그러나 만약에 법이 정말 모든 법익침해를 객관적 불법으로서 금한다면, 모든 사회생활을 즉각으로 정지(停止)하지 않을 수 없을 것이며, 법익은 박물관의 세계로 옮겨져서 인간의 손에 의하여 침해받지는 않으나 생기 있는 기능을 잃고 열매도 맺지 않는 채 경직(硬直)됨에 틀림없을 것이다.[134] 인간은 항상 작은 부분의 장래만을 예정하여 목적적으로 형성할 수 있고 또 자기관여(自己關與)의 그 이상의 인과적 결과에 대하여는 알 수가 없으므로, 자기의 모든 활동을 중지함으로써만 그가 하등의 법익도 침해하지 않는다는 것을 절대적으로 확신할 수 있을 것이다.[135] 그러므로 법은 모든 법익침해를 금하는 것이 아니고,

---

131 Welzel은 위법성(Rechtswidrigkeit)과 불법(Unrecht)을 구별한다. 즉 "위법성은 행위에 관한 표지, 상론하면 행위와 법질서와의 사이의 부조화를 표현하는 관계이다. 이에 대(對)하여 불법은 위법행위 전체, 따라서 그의 가치속성을 포함한 대상, 즉 평가되어서 위법하다고 된 행위 자체이다. 불법은 실체 즉 위법행위이고, 이에 대하여 위법성은 관계, 즉 행위에 관한 가치론적 관계표지이다"라고 한다(Welzel, Strafrechtssystem, S. 17). 그리고 형법상의 불법을 유형화(類型化)한 것을 구성요건(Tatbestand)이라고 한다(derselbe, a. a. O., S. 18).

132 Welzel, Studien, S. 509.

133 Welzel, Strafrechtssystem, S. 12.

134 Welzel, Studien, S. 516; derselbe, Strafrechtssystem, S. 24.

135 Welzel, Strafrechtssystem, S. 24.

질서 있는 사회생활이 활기 있는 기능을 영위함에 있어서 필연적으로 전제된 침해의 정
도를 넘는 일정한 성질의 작용만을 금하는 것이다.[136] 즉 사회상당성(soziale Adäquanz)
을 넘는 행위가 비로소 위법한 것으로 고려된다.[137 · 138] 이 경우에는 행위의 종류, 방
법, 주관적 요소 등도 고려되어야 하며, 따라서 이들을 도외시하고 결과의 측면만을 강
조하는 낡은 법익침해론은 극복되어야 한다. 행위자(Täterperson)로부터 내적으로 단절
된 결과야기(법익침해)만으로는 불법에 부족하다.[139] 그리하여 Welzel은 "행위자가 어떠
한 목표설정을 하여 목적활동적으로 그 객관적 행위를 하게 하였느냐, 어떠한 마음가짐
(Einstellung)에서 그는 그 행위를 하였느냐, 그때 어떠한 의무가 그에게 있었느냐, 이들
모두는 혹은 일어날지도 모를 법익침해와 더불어 행위의 불법을 결정적으로 정한다. 위
법성은 항상 일정한 행위자에게 관계된 행위의 거부(Missbilligung)이다. 불법은 행위자
관계적 '인적' 행위불법이다"[140]고 말하면서 '인적 불법론'을 주장한다.[141] 주관적 불법요
소의 발견 이후로는 법익의 침해 내지 위태를 불법의 본질로 보는 불법개념은 너무 좁
게 되었으며, 또 불법표지는 법익침해의 표지에 그치지 않고 그 이상의 '주체적인', 행
위자를 특징지우는, 「인적」요소도 포함한다는 것이 밝혀진 것이다.[142] 그럼에도 불구하
고 주관적 불법요소론이 고의가 불법요소인 것을 부정하는 것은 소위 주관적 불법요소
를 설명할 때에는 새로운 불법관을 승인하면서 기타의 경우에는 행위를 외부적인 인과
적 결과야기라고 파악하는 자연주의적 내지 인과적 행위개념을 탈피하지 못하고 낡은

---

136 Welzel, Studien, S. 516.

137 Welzel, a. a. O., S. 518. 따라서 역사적으로 이루어진 사회윤리적인 공동사회생활의 질서의
     테두리 속에 드는 행위는 구성요건에 해당할지라도 위법성을 징표하지 아니하므로 적법하다
     (Welzel, Strafrechtssystem, S. 20).

138 이 점은 특히 과실범에 있어서 큰 의의를 가진다.

139 Welzel, Strafrechtssystem, S. 23.

140 Welzel, a. a. O., S. 23.

141 井上 교수도 "위법판단의 대상이 될 행위는, 잠재적 인격체계의 현실화(현실적 인격태도)로
     서, 주관=객관의 전체이다. 그러므로, 위법판단에 있어서는 객관화한 한에 있어서, 행위자의
     전인격적 요소가 고려되어야 한다"고 주장한다(井上, 「故意と過失の限界」, 230頁; 同, 『過失
     の實證的研究』, 8頁). 그리고 이렇게 이해하여서 비로소, 순심리적 사실로서의 고의 · 과실
     도 주관적 위법요소가 된다고 한다(同, 「限界」, 230頁).

142 Welzel, Handlungslehre, S. 14.

불법관에 사로잡혔기 때문이다. 특히 이 점은 미수범에서 명백히 나타난다. 독일형법 제43조(미수범)에 있어서의 '결의(Entschluss)'—이것은 바로 고의인 것이다—가 주관적 불법요소라는 것은 통설도 인정하는 바이다.[143·144] 미수범에 있어서의 고의가 불법구성요건에 속하고 책임에 속하지 않는다면, 미수범이 기수의 단계로 옮긴 때에도 고의의 이 기능은 유지되어야 한다.[145] 그럼에도 불구하고 통설이 동일한 고의를 미수의 단계에 있어서는 '의미 있는 의욕'으로서 불법요소로 파악하고 그것이 기수가 되자마자 '단순한 의욕'으로서 책임요소로 파악한다는 것은, 자연주의적 내지 인과적 행위개념에 의거한 낡은 불법관에 입각한 이론적 결함(缺陷)을 폭로하는 것이다. 목적적 행위개념에 의거한 새로운 인적 불법관에 입각함으로써만 '고의'를 미수·기수를 통한 일반적 주관적 불법요소로 파악할 수 있는 것이다.[146] 또 과실범에 있어서 불법구성요건은 항상 법익의 침해 내지 위태를 필요로 한다. 그러나 여기서의 불법도 결과반가치 즉 법익의 침해 내지 위태에 그치지 않고, 특히 일정한 행위반가치 즉 객관적 주의의 위반을 요하는 것이다.[147] 그런데 객관적 주의는 사회생활에 있어서 법익침해를 회피하기 위하여 명하

---

143 Vgl. Edmund Mezger, Strafrecht, Kurzlehrbuch, Allg. Teil, 5. Aufl., 1954, S. 82.

144 사실 미수범에 있어서는 순 '객관적으로' 즉 주관적인 행위자의 결의를 고려하지 않고서는 어느 구성요건에 해당하는지 전혀 확정할 수 없다. 어떤 사람이 타인을 쏘아서 명중치 아니한 경우에, 이 외부적인 인과적 경과는 행위자가 품은 결의(고의)에 의하여서만 모살미수 또는 상해미수가 되는 것이다. 여기에 있어서 결의(고의)는 분명히 불법구성요건의 표지이며 고의 없이 외부적 사건의 구성요건해당성을 전혀 확정할 수 없다(Welzel, Strafrechtssystem, S, 22).

145 Welzel, Strafrechtssystem, S. 22.

146 平野 교수는 고의의 심리적 요소를 위법요소라고 하고 이를 다음과 같이 논증한다. 위법이라는 것은 바로, 인간의 행위 자체의 가치·비가치이다. 그리고 법익은 객관적으로 파악할 수 없으며, 그것은 Gallas가 말하는 바와 같이(Gallas, Zur Kritik der Lehre vom Verbrechen als Rechtsgutsverletzung, Gegenwartsfragen der Strafrechtswissenschaft, 1936, S. 61 f.), 침해의 객체가 아니고, 평가의 척도이다. 따라서 법익침해가 위법하다고 말할 때, 법익침해란 요컨대 행위가 법의 객관적인 평가기능에 반한다는 것에 불과하다. 이러한 점에서, 고의는 행위의 법익침해성에 영향을 미친다고 볼 수 있다. 단 이 경우에 고의는 객관적 요소와 일체가 되어서 전체로서 행위를 형성하여, 전체로서 위법판단을 받는 것이다(平野龍一, 「故意について」(二), 法學協會雜誌 第67卷 第4号, 1949年, 63頁 以下, 특히 70頁 以下 〈高橋敏雄, 「客觀的違法性と主觀的違法要素」, 刑法雜誌 第3卷 第2号, 1952年, 247頁 註45 参照〉).

147 Vgl. Welzel, a. a. O., S. 24 f.

여진 정도의(사회상당의) 목적적 조종을 하는 것을 말하며,[148] 그러한 객관적 주의(의무)를 다하였음에도 불구하고 법익침해를 야기한 행위는 사회상당의 행위로서 불법이라고 할 수 없다(이를테면 불가항력의 경우). 이리하여 객관적 주의(의무)의 위반은 과실의 불법요소로서 파악된다.[149 · 150]

이상 고찰한 바와 같이 목적적 행위론은 한편으로는 규범적 책임론을 철저화함으로써 책임개념을 순화하고 다른 한편으로는 주관적 불법요소론을 발전시킴으로써 불법개념을 충실화하여 「사리(事理)에 맞고 모순이 없는 형법체계」(sachgerechtes und widerspruchsfreies Strafrechtssystem)[151]의 구성을 꾀하는 것이다. 이를 표현하여 Welzel은 "역사적으로 목적적 행위론은 주관적 불법요소와 규범적 책임론에 의하여 필연적으로 이루어진 체계신축의 요석(要石)이요, 실질적으로 그것은 모순없는 전(全)형법체계 건물의 초석(礎石)이다"[152]고 말하고, Busch는 목적적 행위개념에 의한 새로운 형법체계의 구성은 규범적 책임론과 주관적 불법요소론의 침입으로 야기된 고전적 형법체계의 내적 모순과 이론적 혼미(混迷)를 극복하는 것이라고 한다.[153]

제4절 결 론

목적적 행위론은 실증주의 내지 신 '칸트'주의를 그의 철학적 배경으로 삼는 자연주의적 내지 인과적 행위개념 및 이를 기초로 한 형법체계를 비판 · 극복함으로써 존재론적 · 사물논리적인 목적적 행위개념을 파악하고 이를 기초로 하여 새로운 형법체계를 구성하려는 것이다.

---

148 Welzel, a. a. O., S. 27.

149 Welzel, a. a. O., S. 31, S. 25.

150 객관적 주의의무의 위반을 불법요소로 보는 견해는 증가하는 경향에 있다(Welzel, a. a. O., S. 25; 木村, 「過失犯の構造」, 590頁).

151 Welzel, a. a. O., S. 14.

152 Welzel, Handlungslehre, S. 29.

153 Busch, a. a. O., S. 36; 김종원 초역, 전게, 232면.

우선, 인간행위를 존재론적으로 해명하여 행위의 목적적 구조(finale Struktur)를 밝힌 점은 목적적 행위론의 최대의 공적이다. 이 점은 이 이론의 비판자들, 특히 Mezger도 시인하는 바이며[154] 그도 자기의 행위개념을 '목적적(final)'이라고 한다. 즉 "모든 행위는 의사를 지닌, 따라서 필연적으로 목표지향적 태도이다. … 모든 행위는 그것의 본성상(따라서 '존재론적으로', 존재법칙상) '목적적' 성격을 지닌다. 그것은 항상 일정한 '목표'에 지향되어 있다"[155]고 한다.[156] 그러나 이러한 행위개념은 필경 목적적 태도를 '유의적인, 즉 의사에 의하여 영도·조정된 거동'이라고 파악하면서, 단지 '유의성(有意性 Willkürlichkeit)'의 개념을 '목적성'이라는 현대어로 호칭한 것에 불과하다.[157] 왜냐하면 실질상 그 행위개념에게 있어서는 무엇인가를 의욕한 것으로 족하고 무엇을 의욕하였느냐는 상관하지 않기 때문이다. 의사내용이 가진, 행위를 결정하고 규정하는 목적적 기능을 밝히지 못하고 있다. (사실적) 고의는 행위결과를 사고(思考)상 예견·예상하고서 인과적 생기(生起)를 지배하여 그것을 목표지향적으로 조종하는 객관적 형성의 인자이며 행위에 속하는 것이다.

다음으로 목적적 행위개념에 상응한 '인적 불법관'을 수립함으로써 불법은 결과반가치(법익의 침해 내지 위태)에 그치지 않고 오히려 행위반가치에 있다는 것을 밝힌 점도 목적적 행위론의 공적이다. 이 불법관에 입각하여 고의는 미수·기수를 통한 일반적인 주관적 불법요소가 되며 또한 과실(객관적 주의의 위반)도 불법요소가 되는 것이다.

그리고 책임으로부터 심리적 요소를 배제함으로써 비난가능성으로서의 규범적 책임개념을 순화한 점도 또한 공적이라 하겠다.[158]

이상 고찰한 바와 같이 목적적 행위론은 규범적 책임론과 주관적 불법요소론의 확립

---

154 Edmund Mezger, Strafrecht, Kurzlehrbuch, Allg. Teil, 5. Aufl., 1954, S. 45 Anm. 1.

155 Mezger, a. a. O., S. 43.

156 Schönke/Schröder도 행위를 '의사에 의하여 지배되는 신체적 태도'라고 이해하고 "이 행위개념은 목적적이다. 목표지향적 의사작용이 요건으로서 그 기초에 있다"고 한다(Schönke/Schröder, Strafgesetzbuch, S. 19).

157 Vgl. Welzel, Um die finale Handlungslehre, S. 6; derselbe, Strafrechtssystems, S. 14 Anm. 1.

158 이 이외에도 목적적 행위론이 특히 자랑삼는 공적은 책임설에 입각한 금지의 착오(Verbotsirrtum)의 올바른 해결(1952년 3월 16일의 연방법원 형사연합부 결정(Beschluss)은 이 책임설을 채택하였다)과 공범론의 새로운 이론구성이다.

으로 인하여 '혼미해진 형법체계'를 양자의 철저화 내지 발전화에 의해서 '사리에 맞고 모순이 없는 형법체계'에로 개조하는 것이며, 목적적 행위론의 앞으로의 발전은 기대되는 바가 매우 크다.

3. 목적적 행위론[*]

一.

　제2차 세계대전 후의 독일형사법학계에 있어서 가장 중심적인 논의의 대상이 되어 있는 것은 목적적 행위론(finale Handlungslehre)을 둘러싼 문제들이라고 하겠다. 물론 이 이론은 전전(戰前)에 이미 주장되었으나, 전후(戰後)에 이르러 비로소 학계의 중심적 관심사가 되었다.

　목적적 행위론은 인간행위를 목적활동이라고 파악하는 목적적 행위개념을 바탕삼아서 기존의 형법체계(정확하게는 범죄론체계)를 재편성하여 '사물에 맞고 모순이 없는 체계'[1]를 새로이 수립하려는 야심적이고 혁신적인 이론이며, 오늘날 「벨첼(Hans Welzel)」을 비롯하여 「베버(Hellmuth von Weber)」, 「부쉬(Richard Busch)」, 「마우라흐(Reinhart Maurach)」, 「니제(Werner Niese)」 등에 의하여 주장되고 있다. 또한 이 이론에 대하여는 「메츠거(Edmund Mezger)」, 「셴케(Adolf Schönke – 1953년 사망)」, 「엔기쉬(Karl Engisch)」, 「복켈만(Paul Bockelmann)」, 「슈뢰더(Horst Schröder)」 등이 날카로운 비판을 거듭하고 있다. 그런데 목적적 행위론을 둘러싼 문제들은 비단 독일에서뿐 아니라 이탈리아, 오스트리아, 프랑스, 스페인, 일본 등에서도 논의의 대상이 되고 있으며, 현대 형법학은 이 이론과의 대결을 면할 수 없게 되었으니, 실로 목적적 행위론은 현대 형법학의 최대의 관심사가 아닐 수 없다.

　이 글은 목적적 행위론의 입장을 이 이론의 주창자요 대표자인 「벨첼」을 중심으로 하

---

[*] 이 글은 법정, 1960년 2월호, 17면 이하에 실린 것이다.

1　Hans Welzel, Das neue Bild des Strafrechtssystems, 2. Aufl., 1952, S. 14.

여 개관해 보려고 한다.

二.

(1) 먼저 19세기 말로부터 20세기 초두에 걸쳐서 독일의 형법학계는 고전학파와 근대학파와의 소위 '학파의 항쟁'에 관심이 집중되었으며, 그 중심적 문제는 물론 형벌론에 관한 것이었다. 한편 범죄론에 있어서는 근대학파의 아버지인 「리스트(Franz von Liszt)」도 형법의 '마그나 · 칼타'적 기능을 강조하여 객관주의적인 입장을 떠나지 않았고 또 양학파가 모두 실증주의적인 사상의 영향 하에 있었기 때문에 그 체계에 있어서는 대체로 비슷했으며, 여기에 범죄론의 '고전적 체계(klassische System)'[2]가 이룩되었다.

이 체계는 범죄의 외부적(객관적) 측면과 내부적(주관적) 측면과의 구별에 기초하고 있으며, 범죄개념은 유표징(類標徵)으로서의 '행위'와 종표징(種標徵)으로서의 '구성요건해당성' · '위법성' · '유책성(책임)'이라는 행위속성(行爲屬性)으로 이루어진다. 범죄의 외부적 측면은 '행위'인데, 이것은 자의적(恣意的)인 신체적 행태(行態, Verhalten)에 의한 외계변경(인과적 야기)이라고 자연주의적으로 이해된다. 이때 의사는 그 인과과정을 일으키는 기능에 있어서만 파악되며, 따라서 행위자가 의욕한 바(의사내용)는 문제가 안 되고 하여튼 그가 무엇인가를 의욕하였다는 것만으로 족하다. 종표징으로서의 구성요건해당성과 위법성에서는 의사의 내용은 고려되지 않는다. 행위의 외부적(객관적) 측면만이 구성요건의 요소가 되고 위법성의 평가를 받는다. 한편 범죄의 내부적 측면(즉 의사의 내용)은 전적으로 책임의 문제가 된다. 책임은 행위의 외부적 측면에 대한 행위자의 심리적 관련이며, 이 심리적 관련은 고의 또는 과실로서 존재하게 된다. 이 양자는 책임의 종류이고, 책임능력은 책임의 전제이다.

이상과 같이 고전적 체계는 외부적(객관적)인 것은 위법성에, 내부적(주관적)인 것은 책임에 할당하는 데에 그 특색이 있으며, 그 체계는 의사에 의하여 외계에 야기시킨 순인과적 경과(Kausalvorgang)만을 행위라고 파악하고, 주관적인 의사내용을 행위로부터

---

2 Vgl. Richard Busch, Moderne Wandlungen der Verbrechenslehre, 1949, S. 3 f.(김종원 초역, 「현대범죄론의 변천」, 법대학보(서울대) 3권 1호 , 1956, 226면); Wilhelm Gallas, Zum gegenwärtigen Stand der Lehre vom Verbrechen, 1955, ZStW. Bd. 67, S. 2.

배제하는 (자연주의적 내지) 인과적 행위개념에 기초하고 있다.[3]

(2) 양 학파의 형벌에 관한 논쟁에 뒤이어 독일형법학계는 범죄론의 개념구성에 그 관심이 집중되었다. 여기서는 실증주의를 비판하면서 등장한 신「칸트」주의의 영향 하에 목적론적–가치관계적 고찰방법이 채용됨으로써 종래에 기술적(記述的)–형식적으로 파악하던 것을 규범적–실질적으로 파악하게 되었다.

그리하여 고전적 체계는 양면에서 비판을 받게 되었다. 즉 위법성을 행위의 객관적(외부적) 측면에만 관계시키는 이론이 비판됨으로써 주관적 불법요소론[4]이 대두하였는데, 이 이론이 드디어 통설적 지위를 차지하게 되었다. 이 이론에 의하면 위법성의 실질은 법익의 침해 내지 위태라고 파악되고, 주관적 요소도 그 행위의 법익침해(위태)성에 영향을 미치는 한 불법요소가 된다. 이로써 위법성판단 그 자체는 객관적이어야 하나, 그 대상은 행위의 객관적 측면에만 한정되는 것이 아니라 주관적 측면도 포함될 수 있게 되었다. 한편 책임을 결과에 대한 행위자의 심리적 관련이라고 파악하는 심리적 책임론도 비판됨으로서 규범적 책임론[5]이 대두하였는데, 이 이론도 드디어 통설적 지위를 차지하게 되었다. 이 이론에 의하면 책임의 본질은 비난가능성이라고 파악되고, 위법행위자에게 적법행위의 기대가능성이 인정되는 경우에 한하여 책임비난이 가능하다.

또한 행위개념도 가치관계적으로 고찰되었으나 의사내용은 행위에 있어서 문제되지 않았으며, 여전히 인과적 행위개념으로부터 떠나지 않았다. 이것은「벨첼」이 지적하는 바와 같이, 신「칸트」주의가 '실증주의의 보충이론' 이어서, 양 이론은 그 현실개념에 있어서 일치하였기 때문이다.[6]

이상과 같이 주관적 불법요소의 발견과 책임의 규범적 파악으로 말미암아 '객관적인 것'은 위법성에, '주관적인 것'은 책임에 배당하던 종래의 체계는 그 초석인 인과적 행위

---

3 Vgl. Welzel, Das neue Bild, 3. Aufl., 1957, S.25, 8; derselbe, Das Deutsche Strafrecht, 6. Aufl., 1958, S. 54, 34.

4 이에 관하여는 김종원,「형법에 있어서의 목적적 행위론」법대학보(서울대), 4권 1호, 1957, 118면 이하 참조.

5 이에 관하여는 김종원, 전게 113면 이하 참조.

6 Vgl. Welzel, Naturalismus und Wertphilosophie im Strafrecht, 1935, S. 42.

개념과 더불어 근본적인 재검토가 요청되었던 것이었다.

三.

(1) 그리하여 신「칸트」주의를 비판하면서 등장한 현상학·존재론·가치윤리학 등의 새로운 철학적 사고방식의 영향 하에 행위의 존재구조를 밝히면서 새로운 형법체계의 수립을 모색하는 것이 바로 목적적 행위론이며, 특히「하르트만(Nicolai Hartmann)」으로부터 강한 영향을 받은「벨첼」의 입장이다.[7]

먼저「벨첼」은 인과적 행위개념이 행위의 '존재'구조를 올바르게 다루지 못한다[8]고 비판하고서, "행위는 자연과학적으로 또 법학적으로 해체되기 '전에' '현실의' 사회생활 속에서 본원적(本源的) '통일체'로서 또 '실재(實在)하는, 의미에 찬 전체'로서 현존하므로, 인과적 부분과 심리적 부분으로 분해되어서 법학적으로 해석되기 '전에' 행위는 무엇이냐"[9]를 문제삼을 것을 주장하면서 행위의 '존재론적' 구조를 파악한다.

(2) 그리고 전후(戰後)에 이르러「벨첼」은 목적적 행위론에게 현대 자연법론적 기반을 부여한다. 그는 목적적 행위론과 통설과의 본질적 차이를, 후자가 법이란 철두철미 입법자의 소산(所産)이고 이때 입법자는 법소재(法素材, Rechtsstoff)와 법규제(法規制, Rechtsregelung)를 자기 마음대로 처리할 수 있다는 법실증주의적(法實証主義的) 입장에 입각하고 있음에 반하여, 전자는 이와 정반대의 입장, 즉 사물피구속적(事物被拘俗的) 방법론에 입각하는 데에 있다고 말한다.[10] 즉, "입법자는 말하자면 물리적 성질의 법칙에 구속될 뿐 아니라 그 규제의 객체에 있어서의 일정한 사물논리적 구조

---

7 「벨첼」이「하르트만」의 영향을 받았다는 점은 자인하고 있다. 또한「마우라흐」도「벨첼」에 의하여 정초된 목적적 행위론은「하르트만」의 철학에 그 기원이 있다고 말한다(Reinhart Maurach, Deutsched Strafrecht, Allg. Teil, 1954, S.139, 2. Aufl., 1958, S.141에서는「셸러」(M. Scheler)의 이름도 병기하고 있다).

8 Welzel, Das neue Bild, 2. Aufl., S. 13.

9 Welzel, Studien zum System des Strafrechts, 1938, ZStW. Bd. 58, S. 491.

10 Vgl. Welzel, Aktuelle Strafrechtsprobleme im Rahmen der finalen Handlungslehre, 1953, S. 3 f.(김종원 역,「목적적 행위론과 형법의 현실적 문제」(상), 법정 12권 12호, 1957, 28면).

(sachlogische Struktur)[11]도 고려하지 않으면 안 된다. 그렇게 하지 않으면 입법자의 규제는 반드시 그르치게 된다"[12]라고 주장하면서, 한편 이 사물논리적 구조가 법학의 항존적(恒存的) 대상이 된다고 논술한다.[13] 그리하여 이러한 사물논리적 구조 가운데서 가장 중요한 것이 법에 있어서는 행위임을 밝히고서, 인간행위의 사물논리적 구조를 살핀다.

(3) 이상과 같은 입장에서 「벨첼」은 모든 평가와 규제에 앞서 소여(所與)되어 있는 행위의 존재론적 · 사물논리적 구조[14]를 다음과 같이 파악한다.[15]

인간의 행위는 목적활동의 수행이다. 그러므로 행위는 단순히 '인과적으로' 생기는 것이 아니라 '목적적으로' 생기는 것이다. 행위의 '목적성(Finalität)'은 인간이 자기가 가진 인과의 지식에 의거하여 자기 활동의 가능한 결과를 일정한 범위 내에서 예견하고, 그래서 여러 목표를 설정하여 자기의 활동을 이 목표달성으로 계획적으로 조종할 수 있다는 데에 의거한다. 이리하여 인과적으로 생기는 것을 조종하는 목표의식적 의사는 목적적 행위의 근간(根幹)이며, 이 목적적 의사는 그것이 외부적으로 생기는 것을 '객관적으로' 형성하기 때문에 또 그러한 한에 있어서 불가결한 요소로서 행위에 속한다. 그런데 행위의 목적적 조종은 두 단계에서 행하여진다. 〈첫째 단계〉는 전적으로 '사고의' 세계에서 진행한다. 즉 행위자가 추구하는 '목표'를 미리 정하고, 그 목표를 초래할 수 있는 '수단' ― 인과적 요소 ― 를 선택하고 또 선택된 수단의 사용과 결부되어 있는, 목표달성 이외(以外)의 '수반(隨伴)결과'도 고려한다. 이러한 수반결과의 고려에 의해서 원치 않는 수반결과를 피하기 위하여 수단선택을 수정하게 되거나 또는 수반결과를 실현의사 속에 산입(算入)하게 된다. 〈둘째 단계〉는 이것들에 맞추어 행위자가 자기의 행위를 실재의 세계에 '실현한다'. 이때 주의할 것은 목적적 조종이 실현하려고 지향한 결과

---

11 Welzel, Naturrecht und materiale Gerechtigkeit, 2. Aufl., 1955, S. 197.

12 '사물논리적 구조'를 고찰한 논문으로는 근년에 Günter Strathenwerth, Das rechtstheoretische Problem der "Natur der Sache" 1957이 나왔는데, 이 논문에 관하여는 이 12월호 85면 이하에서 소개하였다.

13 Welzel, Aktuelle Strafrechtsproblem, S. 4 (김종원 역, 전게, 28면).

14 Welzel, Naturrecht und materiale Gerechtigkeit, 2. Aufl., 1995, S. 197.

15 Vgl. Welzel, Das Deutsche Strafrecht, S. 28 ff.; derselbe, Das neue Bild, 3. Aufl., S. 4 ff.

(목표, 수단 또는 실현의사 속에 채입된 수반결과)만이 목적적으로 야기되었다는 점이다. 그 이외의, 목적적 실현의사에 의하여 포괄되지 아니한 모든 (수반-)결과는 단순히 인과적으로 야기된 것이다. 이를테면 연습을 위하여 나무를 겨누어 사격하였는데 그 나무 뒤에 있던 사람을 죽게 한 자는 물론 목적적 연습사격을 행한 것이지만, 그러나 결코 목적적 살인행위를 행한 것은 아니다. 이와 같이 목적적 행위는 실현의사에 의하여 설정된 결과에 관련하여서만 존재하며, 이 관련이 목적적 행위의 의미내용을 가령 '기술(記述)', '살인', '상해' 등으로 특징지운다.

四.

이상과 같은 행위의 존재구조의 파악이 형법에 어떠한 영향을 미치는가를 「벨첼」에 따라 살펴 보자.

(1) '법정(法定)구성요건의 행위사정'에 관련하는 목적적 실현의사는 고의범에 있어서의 '고의(Vorsatz)'가 되며, 이미 이 고의는 행위의 주관적 요소로서 객관적(외부적) 요소와 주관적(심리적) 요소로 조성된 구성요건적 행위의 구성부분이다.[16]

위법성판단의 대상이 되는 것은 단순한 외부적인 인과적 경과(특히 법익침해)가 아니라 객관적·주관적 요소로 구성되는 구성요건해당적 행위이며, 이 행위가 위법하다고 판단된 경우에 그것은 불법(Unrecht)이라고 불리우므로, 고의는 주관적 불법요소가 된다. 이에 따라 인과적 행위개념에 대응하는 종래의 결과반가치(법익침해·위태)적 불법개념은 유지할 수 없으므로, 「벨첼」은 행위반가치에 중점을 두는 새로운 인적 불법개념(personaler Unrechtsbegriff)[17]을 전개하며, 이로써 주관적 불법요소론은 충실화된다.

이상과 같이 종래에 책임요소라고 파악되던 고의는 행위요소로서 구성요건요소 내지 불법요소가 되는데, 이와 같이 책임평가의 대상인 고의를 평가 그 자체인 책임으로부터 배제함으로써 종래에 평가와 피평가물(책임과 유책적 심리상태)의 불명료한 혼합물이

---

16 Vgl. Welzel, Das Deutsche Strafrecht, 6. Aufl., S. 36; derselbe, Das neue Bild, 3. Aufl., S. 10.

17 Sehe Welzel, Strafrecht, 6. Aufl., S. 56; derselbe, Das neue Biild, 3. Aufl., S. 27.

던 책임[18]은 순화되고, 규범적 책임론은 철저화된다.[19] 따라서 위법성의 의식은 고의의 구성요소가 되지 아니하며, 위법성의 의식가능성은 독립된 책임요소가 된다(책임설).[20] 이 견해는 이미 1952년 3월 18일에 서독의 최고법원인 연방법원(Bundesgerichtshof)이 채택하였다.

(2) 한편 일상생활의 대부분의 행위와 같이, 범죄구성요건의 실현에 지향되어 있지 않는 목적적 행위의사를 가진 행위는 비(非)고의의 행위(unvorsätzliche Handlung)이다.[21] 그래서 목적적인 행위는 구성요건에의 관련 여하에 따라서 비로소 형법상 고의행위 또는 비고의행위로 나타나는데, 특히 과실행위의 행위성의 문제에 있어서 비고의행위 그 자체도 역시 목적적 행위라는 것을 주의해야 한다.

비고의행위에 의하여 초래된 법익침해(위태)는 과실범의 구성요건이 된다.[22] 이때에 있어서 사회생활상(im Verkehr) 필요한(요청된) 주의의 위반이 '과실(Fahrlässigkeit)'이며,[23] 이것은 과실범의 위법성이 된다. 이로써 종래의 결과반가치적 불법개념에 의하여 사회생활상 필요한 주의의 위반이 없는 법익침해(즉 사고)도 위법이라는 부당한 결론이 시정된다. 끝으로 주의위반의 결과로 비고의적으로 초래된 법익침해(위태)에 대한 비난가능성이 과실범의 책임이 된다.[24·25]

---

18 Welzel, Um die finale Handlungslehre, 1949, S. 26.

19 고의의 체계적 지위와 그 형법학설사적 의의에 관하여는 김종원,『「벨첼」의 목적적 행위론(2)』 (고시계, 1959년 3월호, 161면 이하) 참조.

20 「책임과 위법성의 의식」에 관하여는 Welzel, Schuld und Bewusstsein der Rechtswidrigkeit, MDR 1951, S. 65 ff(김종원 역, 「책임과 위법성의 의식」, 경희법학 2권 1호, 1960 158면 이하).

21 Welzel, Das Deutsche Strafrecht, 6. Aufl., 1958, S. 59.

22 Welzel, Strafrecht, 6. Aufl., S. 38; dergelbe, Das neue Bild, 3. Aufl., S. 12.

23 Welzel, Strafrecht, 6. Aufl., S. 113; derselbe, Das neue Bild, 3. Aufl., S. 31.

24 Welzel, Strafrecht, 6. Aufl., S. 38; derselbe, Das neue Bild, 3. Aufl., S. 12.

25 과실행위에 관하여는 Welzel, Die finale Handlungslehre und die fahrlässigen Handlungen, JZ 1956, S. 316 f.(김종원 역, 「목적적 행위론과 과실행위」, 법정학보(이대) 제2집, 1958, 105면 이하).

五.

이상 개관한 바와 같이 목적적 행위론이 현대의 철학과 법사상인 존재론과 자연법사상의 영향 하에 인간행위의 존재구조를 통찰하여 목적적 행위개념을 파악하고 이를 바탕삼아서 주관적 불법요소의 발견과 책임의 규범적 파악으로 말미암아 혼란에 빠진 고전적 체계를 재편성하여 '사물에 맞고 모순이 없는 형법체계'를 새로이 수립하고 있다는 점에서, 우리는 현대형법학에 있어서 목적적 행위론이 차지하는 커다란 의의를 발견한다.[26]

[추가]

「벨첼」은 1960년에 출간된 『독일형법』의 제7판 114면 이하에서, 〈사회생활상 필요한 주의〉라는 개념이 객관적이고 또 규범적인 개념이라고 하면서, 〈사회생활상 필요한 주의의 위반〉을 과실범의 구성요건행위(Tatbestandshandlung)에서 논하고, 그리고 구성요건해당행위의 실행과 이로 인한 법익의 침해 내지 위태의 실현으로 위법성이 추정되는데, 정당화사유에 의하여 위법성이 조각될 수 있다고 한다.

---

26 신독일형법전에 미칠 목적적 행위론의 영향에 관하여는 Welzel, Wie würde sich die finalistische Lehre auf den Allgemeinen Teil eines neuen Strafgesetzbuchs auswirken? 1954,(Mat. I. S. 45 ff) (동 소개, 김종원, 「독일형법개정과 목적적 행위론」, 법조 8권 2호, 1959, 45면 이하) 및 Welzel, Die Regelung von Vorsatz und Irrtum im Strafrecht als legislatorisches Problem, 1955, ZStW. Bd. 67, S. 196 ff.(동 소개, 김종원, 「입법문제로서의 형법에 있어서의 고의와 착오의 규정」, 법대학보(서울대) 6권, 1959, 161면 이하).

4. 목적적 행위론(번역)*

---- 번역자의 말 ----

이 글은 작년 봄(4월 24일–5월3일)에 한국법학원(원장 이태희)의 초청으로 내한한 본 대학의 한스 벨첼(Hans Welzel)교수가 한국에서 강연할 예정으로 작성한 논문(Die finale Handlungslehre)을 번역한 것이다(단 귀국 즉시 몇 줄에 걸친 수정문을 보내 왔으므로, 이에 따랐음). 주지하는 바와 같이 벨첼교수는 자연법론자로서의 대법철학자일 뿐 아니라 또한 목적적 행위론자로서 대형법학자이며, 특히 교수의 목적적 행위론은 전후의 형법학계에서 너무도 커다란 파문을 던져 왔다. 목적적 행위론에 찬성하든 반대하든 오늘의 형법학을 논하면서 목적적 행위론을 논하지 않을 수 없을 만큼 이 이론의 영향은 큰 것이다. 물론 교수 자신의 목적적 행위론도 30여 년 동안에 여러 차례 수정을 겪으면서 발전해 왔으며, 이제는 어느 정도 완성된 체계를 이룬 것이 아닌가 생각된다. 내한에 즈음해서 자기의 이론을 정리하여 그 에센스를 밝혀 낸 것이 바로 이 논문이며, 이러한 의미에서 이 논문은 목적적 행위론연구에 있어서 빼어놓을 수 없는 귀중한 문헌일 뿐 아니라 이 논문을 통해서 목적적 행위론을 정확하게 이해해야 되리라고 생각한다.

벨첼교수는 체한 중에 법철학에 관하여는 「자연법의 진리와 한계」, 「힘과 법」, 형법에 관하여는 「목적적 행위론 입문」(「사법행정」 1967년 4월호에 번역문을 게재함)을 강연하였는데, 강연준비를 했다가 미발표된 것으로는 이 논문 이외에 「지난 백년 동안의 독일에 있어서의 책임론의 발전」과 「독일형법전의 1962년 초안」이 있다. 가까운 시일 내에 이 두 논문도 소개하려고 한다.

벨첼 교수는 체한 중에 대법원장 · 국회의장 · 법무부장관 · 문교부장관 등을 예방하였고, 서울대학교(강연) · 연세대학교(강연) · 고려대학교 · 이화여자대학교 · 경희대학교(강연) · 부산대학교(강연) · 경북대학교(강연) 등을 방문하였고, 한국형법학회의 세미나에 참

---

* 이 글은 법정 1967년 4월호 43면 이하, 6월호 46면 이하에 실린 것이다.

석하였고, 또 해운대 · 경주 · 판문점 · 비원 등을 관광하였을 뿐 아니라, 경희대학교에서 명예법학박사학위를 받았다.

불과 9일 동안의 체한 중에 이상과 같은 바쁜 일정을 마치고 귀국하였는데, 한국의 참모습을 직접 보고 듣고 느끼어 보다 깊게 한국을 이해하였으리라 믿는다. 아무쪼록 한독법률문화교류에 큰 도움이 되었기를 바라는 바이다.

따뜻하고 부드럽고 인정이 넘치는 벨첼 교수의 제63회 생일(3월 15일)을 축복하면서…

본인의 한국 방문 중에 목적적 행위론에 관하여 이야기해 달라는 요청에, 본인은 매우 기꺼이 응했습니다. 우선 본인이 기쁘게 여기는 바는, 목적적 행위론이 이곳 한국에서 커다란 관심사가 되어 있고, 또 그뿐 아니라 많은 찬동자를 얻고 있다는 점입니다. 둘째로 본인이 다행으로 여기는 바는, 바로 이곳 한국에서 이제까지 목적적 행위론에 친근하지 않았던 분들에게도 이 이론의 특색을 말씀드리는 데에 별로 곤란을 느끼지 않는다는 점입니다. 이것은 한국법, 그것도 민법뿐 아니라 형법, 그리고 또한 한국법학이 그동안 두 세대를 넘도록 독일법 및 독일법학과 밀접한 관계를 맺어 왔다는 데에 그 이유가 있습니다. 그래서 독일법학이 연구도구로 삼는 이론 상의 기본개념들은 한국에서 잘 알려져 있습니다. 그리하여 본인은 당장에 그 기본개념들에 언급할 수 있습니다.

주지하는 바와 같이, 불법행위 · 범죄(Delikt)를 정의함에 있어서는, 민법에 있어서도 형법에 있어서도, 세 단계, 즉 구성요건해당성 · 위법성 · 책임을 구별합니다. 구성요건은 법에 의하여 금지된 행위태양의 실질적인 표지를 알립니다. 그러나 그렇게 구성요건 상 한정된 행위의 실현은 반드시 또 항상 위법한 것은 아닙니다. 왜냐하면 법질서는 구성요건해당의 행위의 실현을 허용하는 허용명제를 포함하고 있기 때문입니다. 그래서 구성요건해당성의 확정 이외에 더 나아가서 위법성의 확정이 필요한데, 이것은 무엇보다도 구체적인 사건에 있어서 허용명제(정당화사유)가 관여하지 아니한다는 확정에 의하여 행하여집니다. 위법성이란 법질서가 구체적인 작위 내지 부작위에 대하여 내리는 보편타당한 부정적 가치판단이며, 이때 누가 그 작위 내지 부작위를 행하였는지는 상관없습니다. 어떤 일정한 법적 효과, 말하자면 정당방위의 허용, 행위자에 대한 경찰처분 내지 예방처분의 가능성, 특히 치료소에의 수용 등등은 이미 이 허용단계와 결부되어 있습니다. 그래서 보통 말하기를, 위법성은 객관적인 반가치판단을 내포한다고 합니다. 그런데 형벌 또는 손해배상이 발동되려면, 그 행위는 또 하나의 셋째의 불법행위·범죄단계에 도달하여야 합니다. 즉 행위자를 또한 인격적으로 비난할 수 있어야, 따라서 유책하여야 합니다. 구성요건해당성·위법성 및 책임은, 서로 각 후자가 전자를 전제로 삼는, 이러한 내적 관련 하에 있습니다. 그래서 구성요건해당의 행위만이 위법일 수 있으며, 구성요건에 해당하고 위법한 행위만이 유책일 수 있습니다.

본인이 방금 말씀드린 바가 모든 법학도들이—독일에 있어서와 마찬가지로 틀림없이 한국에 있어서도— 첫 학기에 배우는 불법행위·범죄론의 기본개념들입니다. 이 개념들은 많이 알려져 있고 또 승인되어 있습니다마는, 그것들은 결코 진부한 것이 아니라, 정확히 백년간의 이론적 연구의, 다시 말하면 1867년으로부터 1966년의 오늘에 이르는 시간 동안의, 가장 중요한 성과입니다. 불법행위·범죄를 단계적으로 구성되는 상이한 판단 내지 평가의 단계로 나눔으로써, 법적용에 고도의 합리성을 가져오고, 법적용을 쉽게 하고, 법적용을 자의(恣意)와 내적 모순으로부터 지킵니다. 이리하여 불법행위·범죄의 그러한 단계적 고찰은 고도로 법적 안정성을 가능케 합니다. 그래서 그 방식은 각종각색의 비판에도 불구하고 오늘날 일반적으로 승인되고 있습니다.

목적적 행위론도 역시 지난 백년 동안의 이러한 이론적 통찰로부터 출발하고 있으며, 많은 점에 있어서 다른 학설보다는 오히려 더욱 엄격히 이러한 통찰을 고수하고 있습니다. 목적적 행위론이 이전의 통설과 구별되는 점이 어디에 있는가는, 이전의 학설의 발전사와 관련이 있습니다.

본인은 1867년을 범죄론의 현대이론학의 첫해라고 일컬었습니다. 이것은 오늘날 독일에서도 거의 망각되고 있습니다. 1867년에 루돌프·폰·예링은 현대이론학에로의 제일보를 내디뎠는데, 그때 그는 『로마사법에 있어서의 책임요소』라는 저서에서 '객관적 위법성'이라는 개념을 전개했습니다.[1] 1867년까지는 위법성과 책임의 개념이 분리되지 않은 채 혼합되어 있었습니다(1906년까지, 즉 벨링의 『범죄론』까지, '구성요건'이라는 개념도 범죄의 기본개념이 아니었던 것과 꼭 마찬가지로). 또한 1867년에는 아돌프 메르켈[2]이 '책임 없는 불법은 없다'라는, 그때까지 논박되지 않던 이론을 상세히 근

---

1 이에 관하여는 H. A. Fischer, Die Rechtswidrigkeit, 1911, S. 120 ff.; Edmund Mezger, Die subjektiven Unrechtselemente, GS. 89, 1924, S. 211 ff. 참조.

2 Adolf Merkel, Kriminalistische Abhandlungen, Bd. 1, S, 42 ff.

거지었으며, 후세에도 특히 빈딩(자기의 처녀작[3]에서), 홀트 · 폰 · 페르넥[4] 등등의 수많은 옹호자들이 나왔습니다. 이에 반하여 예링의 이론은 특히 판텍텐파의 민법에서 채용되었지만, 형법에서도 바흐[5]와 헬슈너[6]에 있어서 이미 일찍이 찬동자를 얻었습니다. 더 한층의 발전을 위해서 결정적으로 중요했던 것은, 1880년과 1904년 사이에 리스트,[7] 벨링[8] 및 라드부르흐[9]가 객관적 위법성의 개념을 받아들여서, 메츠거가 50년 후(1931년)[10]에 되돌아 와서 의거할 수 있을 만큼, 그 개념을 완성시켰다는 점입니다. 이것은 다음과 같은 이론으로 나타났습니다. 즉 외계에서 야기된 모든 것, 모든 '외적인 것', '인과적인 것'은 위법성에 속하고 모든 '내적인 것', '심리적인 것'은 책임을 이룬다는 것, 전자의 외부적인 인과적 관련은 행위이고 후자의 심리적 관련은 책임이라는 것입니다. 실제로 '외적인 것'과 '내적인 것' 객관적인 것과 주관적인 것과의 구별에 의해서 위법성과 책임을 분리하는 것은 너무나 단순명료하므로, 그러한 분리가 옳고 적절한 것으로 거의 강요되다시피 했던 것입니다. 그것은 또한 그러한 분리가 한 세대가 넘도록 거의 논쟁되지 않고 적용되었고, 또 오늘날에도 여러 가지로 그 영향이 남아 있다는 이유이기도 했습니다. 그러나 그 분리가 바로 그러한 단순성에 있어서 옳지 않을 수 있다는 것이, 이미 그 분리가 무제한하게 지배하던 시대에 나타났습니다. 왜냐하면 곧 주관적 불법요소[11]가 발견되었고 또 규범적 책임론[12]이 발전되었기 때문입니다. 주관적 불법요소는 주관적인 것이 반드시 모두 책임에 속하는 것이 아니라는 점, 그리고 위법성은 오로

---

3 Karl Binding, Normen und ihre Übertretung, Bd. 1, 1. Aufl., 1872, S. 135.

4 Hold von Ferneck, Die Rechtswidrigkeit, 1903–1905.

5 Wach, GS. 25, 1873, S. 446.

6 Hälschner, Das gemeine deutsche Strafrecht, I, S. 19.

7 Franz von Liszt, Lehrbuch, 2. Aufl., 1884.

8 Ernst Beling, Grundzüge des Strafrechts, 2. Aufl., 1902, S. 38.

9 Gustav Radbruch, Der Handlungsbegriff in seiner Bedeutung für das Strafrechtssystem, 1904.

10 Mezger, Strafrecht, 1931, S. 108 f.

11 H. A. Fischer, Rechtswidrigkeit, 1911; Hegler, Die Merkmale des Verbrechens, ZStW 36, 1914, S. 19 ff.; Mezger, GS. 89, 1924, S. 207.

12 Reinbard Frank, Über den Aufbau des Schuldbegriffs, 1907; Goldschmidt, Notstand, ein Schuldproblem, 1913; Freudenthahl, Schuld und Vorwurf im geltenden Strafrecht, 1922.

지 '객관적—외부적인 것'에만 관계하는 것이 아니라는 점을 밝혀내었습니다. 그리고 규범적 책임론은 책임의 본질이 '주관적—심리적인 것'에 있지 않다는 점, 주관적—심리적인 것은 결할 수도 있다(예컨대 인식 없는 과실의 경우)는 점, 오히려 책임의 본질은 '비난가능성'이라고 부르는, 어떤 다른 것에 있다는 점을 밝혔습니다. 이로써 리스트, 벨링 및 라드부르흐에 의하여 기초지워진 낡은 체계는 근본적으로 흔들리게 되었으나, 그럼에도 불구하고 새로운 인식들은 단순한 예외로서 그 체계 속에로 편입되면서 그 체계는 그대로 유지되었습니다.

그러나 목적적 행위론은 이러한 둔사(遁辭)에 만족하지 못했습니다. 그때 목적적 행위론은 방금 말씀드린 종래의 체계와 모순되었던 이론상의 개개의 인식을 비판의 대상으로 삼지 않고, 이 체계 자체의 기반을 비판의 대상으로 삼았습니다.

리스트—벨링 식의 체계는, 예링에 의하여 발견된 객관적 위법성과 또한 이 위법성과 구별되는 책임을 형법에로 편입시키는 과제를 넘겨받았습니다. 그 체계는 - 푸펜도르프와 뵈머(Böhmer) 이래로 - 수백 년 동안 형법이론이 '형사재판관적 기능의 핵심점'[13]으로 보아온 개념, 즉 귀책(Zurechnung)이라는 개념과 이와 상응하는 인간행위라는 개념을 파괴함으로써, 과거와의 급격한 결별 하에 이 과제를 해결하였습니다. 그 전까지는 어떤 사람에 의하여 야기된 모든 결과가 행위라고 이해되지 않고, 그의 의사에 의하여 좌우되었거나 그에 의하여 지배되었던 결과만이 행위라고 이해되었던 것입니다. 이러한 결과만이 그에게 의사에 의하여 이룩한 것으로서 귀책될 수 있었습니다. 그리하여 행위는 외적 요인과 내적 요인과의 통일체로서 이해되었습니다. 리스트—벨링 식의 체계는 이러한 통일체를 해체시켜서, 행위를 순수한 인과적 과정으로 만들어 버렸고, 이와 더불어 내적 의사는 행위자와는 하등 내적 관련이 없는, 행위자의 심리 속에서의 외부적인 인과적 과정의 단순한 '반영(反映)'[14]이 되어 버렸습니다. 이와 같이 인간행위를 해친 데에 대하여 전 세기 말에 이미 아돌프 메르켈이 맹렬히 저항하면서, 그 이론을 '학문상 가장 저급한 견해'[15]라고 불렀습니다. 그 이론이 이러한 반대에도 불구하고 거의 힘들지 않고 절대적인 통설로 발전할 수 있었던 것은 다음의 두 사정의 덕택입니다.

---

13 Merkel, Lehre von Verbrechen und Strafe, hrsg. von Liepmann, S. 80.

14 So Mezger, Moderne Wege der Strafrechtsdogmatik, 1950, S.27.

15 Merkel, Verbrechen und Strafe, S. 25, 86.

즉 첫째는 그 이론이 그 시대의 인과적·기계론적인 사고방식에 영합했고, 둘째는 그 이론이 객관적 위법성과 주관적 책임과의 분리라는 이론적 과제를 가장 잘 해결하는 것으로 보였던 것입니다.

그런데 그 이론이 바로 이러한 이론적 과제를 해결하지 못한다는 것이, 주관적 불법요소와 규범적 책임론에서 곧 나타났습니다. 그러나 더욱 중대한 것은, 그 이론이 행위를 단순한 인과적 과정으로 저하시킨 근본적 과오입니다. 행위에 있어서는, 의사가 행위자의 심리 속에서의, 외부적으로 생기는 것의 수동적 '반영'에 불과한 것이 아니라, 반대로 행위자의 내적인 것이 외부에 생기는 것을 능동적으로 형성하는 요인이라는 점이, 결코 오인되어서는 안됩니다. 그것이 목적적 행위론의 단순한 근본사상이며, 이 사상은 새로운 것이 아니라 이미 아리스토텔레스가 표명하였고 푸펜돌프가 자연법으로부터 법학에로 받아드렸고 또 19세기 말까지 법학에서 절대적으로 지배하였던, 오래된 진리입니다.

물론 이러한 인식을 되찾는다는 것은 간단한 일이 아니었으며 그것은 이러한 인식이 오늘날도 여전히 받고 있는 오해에 나타나고 있습니다.[16] 그런데 그것보다도 더욱 어려웠던 것은, 이러한 인식으로써 위법성과 책임을 이론적으로 정당하게 구별하는 일입니다. 그것을 달성할 수 없음으로써 낡은 귀책론은 파멸하였고 또 메르켈도 이러한 분리를 하려고 하지 않았기 때문에 역시 실패하였습니다. 목적적 행위론도 역시 첫 술로 곧 이 문제를 해결한 것은 아니었고, 문제해결을 위하여는 시간이 필요했습니다. 올바른 인식에로 이르는 길을 벌써 종래의 이론, 첫째로 주관적 불법요소론이 목적적 행위론을 위하여 마련해 두고 있었습니다. 그때, 주관적 불법요소론에서도 마찬가지로 이미 주장되었던 또 하나의 인식, 즉 미수에 있어서 행위결의, 따라서 고의가 주관적 불법요소라는 인식이, 추가되어야 하겠습니다. 그런데 만약 고의가 미수에 있어서 일반적으로 주관적 불법요소라면, 어떻게 해서 고의는 미수가 기수로 옮아갈 때에 이러한 이론적 기능을 잃어야 합니까. 그리하여 주관적 요건의 일부분이 불법에 속할 뿐 아니라 고의를 포함한 주관적 요건의 전부가 불법에 속한다는 결론이 필연적으로 나오게 됩니다. 더

---

16 Claus Roxin(Zur Kritik der finalen Handlungslehre, ZStW 74, 1962, S. 515)의 최근의 오해에 대하여는, Max Grünhut 추도논문집에의 본인의 기고논문, 1965년 173면 이하(Vom Bleibenden und Vergänglichen in der Strafrechtswissenschaft) 참조.

나아가서, '객관적 · 외적인 것'과 '주관적 · 내적인 것'의 분리에 의하여 객관적 위법성과 책임과를 분리하는 종전의 방식이 그릇됐다는 결론, 즉 위법성에는 외부적으로 생기는 것뿐 아니라 내부적 의사도 속한다는 결론이 나옵니다. 그런데 그때 책임도, 내적인 주관적 · 심리적인 요건으로 규정하는 것과는, 다르게 규정되어야 합니다. 이 점에 관하여 규범적 책임론이 올바른 인식을 위한 사전준비를 해두고 있었습니다. 즉 규범적 책임론은 책임이 일정한 심리상태, 즉 일정한 행위의사가 아니라 의사형성의 '결함성', 내지 '비난가능성'이라는 점을 인식하고 있었는데, 이러한 의사형성의 결함성 내지 비난가능성은 행위자가 위법한 방향으로 동기부여하는 것 대신에 적법한 방향으로 동기부여할 수 있었으리라는 것을 이유로 행위자가 그 의사형성에 대하여 책임이 있는 때에 존재하는 것입니다. 이러한 규범에 맞게 동기부여할 능력에 책임의 본질이 있습니다.

리스트 · 벨링 식의 체계 자체로부터 자라났으나 점차로 그것과는 모순되는 방향으로 자란, 이들의 이론적 인식에 대하여 목적적 행위론은 포괄적으로 설명을 했습니다. 그 때 목적적 행위론은 행위조종과 동기조종과를 구별했습니다. 행위는 결코 단순한 인과적 과정이 아니라 내부적 의사에 의한 외부적 · 인과적으로 생기는 것의 조종이며, 이때 그 의사는 목표를 머리 속에서 미리 정하고 그 목표를 달성하기 위한 수단을 선택하고 그리고 나서 그 수단을 계획에 맞추어 적용해 나갑니다. 그래서 행위는 객관적 요소와 주관적 요소로 조성된 하나의 통일체이며, 이러한 통일체로서 위법성판단을 받게 됩니다. 이와는 달리, 책임은 동기조정, 즉 위법한 행위의사의 형성에로 동기부여하는 것들의 조종에 관계합니다. 책임이란, 행위자가 자기의 행위의사를 법규범에 맞도록 형성하지 않았다고 하는, 행위자의 의사형성의 비난받을 만한 결함입니다.

이러한 기반 위에서 목적적 행위론은 책임비난의 전제조건을 보다 선명하게 만들어 내었습니다. 즉 책임의 본질이 행위자가 자기의 의사를 법에 맞도록 형성할 능력이 있었음에도 불구하고 그렇게 형성하지 않았다는 데에 있다고 한다면, 그가 정신적 결함으로 말미암아 스스로를 규범에 맞게 동기부여할 능력이 없었던 경우(예컨대 책임무능력의 경우)뿐만 아니라, 그가 다른 사유로 말미암아 자기의 구체적 행위의 위법성을 인식할 수 없었던 경우(위법성에 관한 피할 수 없는 착오의 경우)에도, 행위자의 책임은, 조각됩니다. 이 점에서 목적적 행위론은 '법의 착오는 유죄이다'라는 오래되고 낡은 이론을 타파한 '금지착오론'을 완성했습니다. 이 금지착오론은 독일연방법원이(연방법원판결집 제2권 194면에서) 받아들였고 또 독일형법초안〈1962년 초안 제21조〉에서 명문으로 그렇게 규정되었습니다.

목적적 행위론에 의한 범죄행위의 설명이 고의범에 관하여는 인과적 행위개념에 의한 것보다 확실히 더 낫다는 것이, 곧 널리 승인되었습니다. 그런데 목적적 행위론은 과실범도 만족스럽게 설명할까요. 과실범에 있어서는 하여튼 행위자가 추구하는 목표는 항상 형법상 전적으로 중요하지 않으며, 이에 반하여 행위자가 바로 목적적으로 야기하지 아니한 결과가 결정적으로 중요한 것으로 보입니다. 만약에 목적적 행위론이 자기의 행위개념으로부터 제외하는 것이 중요한 것이 된다면, 과실범에 있어서 목적적 행위론은 쓸모없는 것으로 보입니다. 그래서 과실범은, 라드부르흐가 인과적 행위론을 기초지우기 위하여 첫째로 내세웠던, 범죄태양이었습니다. 하여튼, 과실범은 실제에 있어서 고의범과는 반대로 별로 문제가 되지 않았으므로, 과실범의 이론이 수백 년 동안에 전혀 학문적 연구의 변두리에 있었다는 사정이, 아울러 고려되어야 합니다. 그러나 이러한 사정은, 교통의 동력화(動力化)로 말미암아, 특히 자동차교통에 있어서, 과실범이 예상 외의 증가를 보이자, 즉 우리의 20세기에 들어오자, 비로소 달라졌습니다. 그래서 라드부르흐의 논저 『법체계에게 있어서 의미를 가지는 행위개념』(1904년)이 나온 후 얼마 안 되어, 과실범에 있어서의 결과는 도대체 하나의 범죄요소이냐 오히려 단순한 객관적 처벌조건이 아니냐의 여부가 문제시되었습니다. 그런데 어쨌든 또 하나의 다른 계기가 점차로 이론적 관심의 시야 속으로 들어왔는데, 이것이 바로 부적절한, 부주의한 행위입니다. 이미 엑스너[17]는 1910년에 그러한 행위에서 위법성요소를 보았으며, 엥기쉬[18]는 1930년에 이 기능을 더욱 철저히 연구해 내었습니다. 그렇지만 이러한 싹은 지배적인 인과적 체계의 테두리 안에서는 전혀 주목을 받지 못하고 있었습니다. 즉 메츠거의 교과서(1931년 · 1933년)도 리스트 · 슈밋트의 교과서(1930년)도 이러한 싹은 알아차리지 못하고 있습니다. 그런데 이러한 싹은 목적적 행위론[19]에 의하여 비로소 분명한 발현(發現)을 보게 되었습니다. 즉 목적적 행위론을 통하여 이러한 싹은 연방법원

---

17 Franz Exner, Das Wesen der Fahrlässigkeit, 1910, S. 193.

18 Karl Engisch, Untersuchung über Vorsatz und Fahrlässigkeit im Strafrecht, 1930, S. 276 ff., 344 ff.

19 Welzel, Studien zum System des Strafrechts, ZStW 58, S. 558 f.; Neues Bild, 1. Aufl., 1951; Fahrlässigkeit und Verkehrsdelikte, 1961; Werner Niese, Finalität, Vorsatz und Fahrlässigkeit, 1951.

의 판결(연방법원민사부판결집 제24권 21면)에 들어오게 되었으며, 오늘날 아마 거침 없이 통설이라고 불릴 수 있습니다. 이러한 역사적 발전을 고려하고 또 목적적 행위론 이 과실범이론에 작용한 입증할 수 있는 현실적인 유효성을 고려한다면, 목적적 행위 론이 과실범의 경우에는 쓸모없고 또 그 행위론은 그 경우에는 "인과적 행위론이 출발 점으로서 서 있던 그 자리에 다시 도달"[20]하였다는 내용을 몇 번이고 되풀이하여 읽게 될 때에는, 정말 우습기 짝이 없습니다. 도대체 인과적 행위론은 어디에 서 있었으며, 또 결정적인 위법성요소를 어디에서 보았습니까. 바로 결과에서 보았습니다. 그러면 목 적적 행위론과 이와 더불어 오늘날의 이론은 결정적인 위법성요소를 어디에서 봅니까. 바로 행위수행의 태양에서, 즉 행위의 부주의한 수행에서 봅니다. 도대체 이들 두 견해 사이의 커다란 차이점이 보이지 않습니까.

그런데 목적적 행위론을 거부하는 참된 이유는 결코 여기에 있지 않고, 좀 다른 것 에, 즉 사물 자체에 관계하는 것이 아니라 목적적 행위론의 명칭으로부터 유래되는 것 으로 본인은 생각합니다. 이에 관하여 끝으로 몇 말씀 드려두겠습니다.

본인은 1929년ㆍ30년에 본인의 최초의 이론적 논저들에서 요컨대 목적적 행위론이 라고는 말한 바 없었고, '목적성' 대신에 '의미지향성(Sinn-Intentionaliät)'이라는 말을 썼 습니다. 본인은 당시 20세기 초의 인과적ㆍ기계론적인 사고방식을 극복한 철학적 사상 경향에 결부시켰던 것입니다. 그런데 이들의 논저가 나온 후에 비로소 본인은, 매우 조 소적(彫塑的 입체적)으로 또 관조적((觀照的, 직관적)으로 표현된 것으로 여겨지는 니 콜라이 하르트만의 유사한 사상경향에 접하였습니다. 단지 이러한 이유로 본인은 그 사 상경향을 받아들였고 목적적 행위론이라는 말을 썼습니다. 이로써 본인은 훨씬 이해하 기 쉽게 표현한 것으로 생각했습니다. 그동안에 이러한 장점이 단점도 가지고 있다는 사실이 밝혀졌습니다. 왜냐하면 이러한 장점은 그렇게 하지 안 했던들 아마 피하게 되 었을 많은 오해를 초래했기 때문입니다. 예컨대 본인은 니콜라이 하르트만으로부터, 인 과성은 '맹목적(blind)'이고 목적성은 '선견적(sehend)'이라는, 매우 관조적(직관적)인 표 현도 받아들였습니다. 이들의 명칭은, 문자 그대로 받아들여서는 안 될, 하나의 비유 (比喩)에 불과하다는 것은, 명백한 일입니다. 그럼에도 불구하고 사람들은 거기에 머물

---

20 Arthur Kaufmann, Das Schuldprinzip, 1961, S. 173.

지 않고, 그 비유로부터 일정한 실체적인 결론을 내었습니다. 즉 인식 있는 과실의 경우에, 행위자는 일정한 결과발생의 가능성을 '선견'한다는 것입니다. 이로부터, 행위자는 그 가능성을 '선견'하였고 따라서 목적적으로 야기시켰다[21]는, 결론을 내었습니다. 그때 사람들은, '선견적'이라는 말이 목적성을 남김없이 기술하는 것은 아니라는 점을, 간과하였습니다. 만약 사람이 언제나 모든 생각할 수 있는 가능한 수반적 결과의 발생을 행위시에 계획에 넣어야 한다면, 그는 전혀 행위할 수 없을 것입니다. 행위하는 자는 광범위하게, 자기에게 인식되었거나 아직 인식되지 아니한 많은 가능성 있는 일이 불확실하게나마 발생하지 않으리라고, 믿고 있음에 틀림없습니다. 이와 같이 가능한 수반적 결과가 발생하지 않으리라고 믿는다는 것은, 미래를 형성하는 목적적 조종 그 자체와 마찬가지로, 인간행위에 속합니다. 그래서 단지 가능하다고만 생각하였을 뿐 행위자가 그 불발생을 믿고 있는, 모든 수반적 결과는 행위자의 목적적 조종의 내용으로부터 제외되며, 행위자가 그 발생을 계산에 넣고 있는 그러한 수반적 결과만 이 목적적 조종의 내용에 들어갑니다.[22] 보다 더 운 나쁘게 된 것은 사람들이 '목적성' 내지 '목적활동성'이라는 말로부터 도출한 결론이었습니다. 목적적 내지 목적활동적으로 생긴 것이란, 머릿속에서 미리 정해진 행위자의 목표로부터, 즉 행위자의 '고의'로부터 영도되어 생긴 것입니다. 이로부터 사람들은 이제 형법상으로도 역시 미리 설정된 목표가 항상 결정적인 행위요소이어야 한다고 추론하였습니다. 이 결론은 물론 고의범에는 타당했지만, 과실의 경우에는 명백히 맞지 아니했습니다. 왜냐하면 이 경우에는 "법상 중요한 결과는 모든 목적적 관련 밖에 놓여 있고, 그 결과는 목표의식적인 의사에 포함되지 않기"[23] 때문입니다. 그런데 목적적 행위론은 그 점을 한번도 반박한 일도 없고, 따라서 "그 결과를 목적적으로 야기된 것이라고 증명하려고"[24] 결코 노력한 일도 없습니다. 상술한 바와 같이 여러 가지로 주장하고 또 반박하지만, 그럼에도 불구하고 사람들은, 목적적 행위론이 우선 첫째로 결코 특수적·법학적인 이론이 아니라 인간행위의 본질을

---

21 Engisch (Probleme der Strafrechtserneuerung, Kohlrausch-Festschrift, 1943, S. 155 f.) 그후 여기에 Kaufmann, Das Schuldprinzip, 1961, S. 167 f.도 동지(同旨)이다.

22 나의 교과서 9판〈1965년〉 30면 이하, 61면 이하 참조.

23 Kaufmann, Das Schuldprinzip, S. 173.

24 Kaufmann, Das Schuldprinzip, S. 170.

파악하려는 일반적인 행위론이라는 점을, 오해하고 있습니다. 목적적 행위론이 인간행위에 관하여 진술하는 바, 즉 인간행위가 목적활동의 수행이라는 것은, 고대에까지 소급되는 인간사고의 전통에 따르는 입장입니다. 그런데 범죄도 하나의 인간행위이므로, 그것은 마찬가지로 인간행위를 특징지우는 특성을 나타냄에 틀림없습니다. 거기에는, 목표설정뿐만 아니라, 목표달성에 필요한 것도, 따라서 행위수단의 선택, 수반적 결과의 고려 및 끝으로 선택된 행위수단의 목적활동적 · 현실적인 적용도, 포함됩니다. 이러한 목적활동의 과정 전체가 행위입니다. 이러한 전체과정 가운데서 무엇이 형법상 중요한 것이라고 파악되느냐는, 행위론이 결정하는 것이 아니라 형법이 결정합니다. 그것은 구성요건의 기능입니다.

그런데 형법상의 구성요건은 두 개의 커다란 그룹으로 나누어집니다. 그 하나의 그룹에 있어서는 목표설정을 포함하여 행위 전체가 형법상 중요합니다. 이것은 고의범입니다. 다른 하나의 그룹에 있어서는 목표설정은 형법상 중요하지 않습니다. 여기서는 오히려 수단선택과 수단적용만이 중요합니다. 왜냐하면 여기서는 행위자가 고려했어야 했을 일정한 수반적 결과를 고려하지 않았기 때문입니다. 환언하면 그 행위수행이 부주의했기 때문입니다. 이것은 과실범입니다. 목적적 행위에 대한 과실의 위법성 판단에게 있어 결정적인 부분은, 목표설정이 아니라(그런데 발생된 결과도 아니라), 행위수행의 태양(態樣)입니다. 행위자가 추구하는 목표는 전혀 나무랄 데가 없을지 모릅니다. 그런데 행위란 항상 목표설정 이상의 것입니다. 행위는 수단선택과 수단적용도 포함하며, 이들은 일정한 바람직하지 않은 수반적 결과를 고려하면서 수행되어야 합니다. 즉 이들은 일정한 수반적 결과를 피하기 위하여 사회생활상 필요한 주의를 하면서 수행되어야 합니다. 여기에서, 목적적 행위론이 과실범에 쓸모없는 것이 아닐 뿐 아니라 목적적 행위론만이 과실범을 이론적으로 적절하게 파악할 수 있다는 것이, 명백해집니다. 왜냐하면 과실범의 구성요건에 있어서 결정적인 요소는 부주의한 행위의 수행, 즉 (바람직하지 않은 부수적 결과를 피하기 위하여) 사회생활상 필요한 주의를 하지 않는(독일민법 276조 참조) 행위의 수행이기 때문입니다. 이 구성요건 부분은 '법률상 규정'되어 있지 않고 법률 밖에 놓여 있는 요소를, 즉 사회관계를, 보다 정확히 말씀드리면 사회생활상 필요한 주의를, 참조하여야 합니다. 그것이 어떠한 의미를 가지느냐는, 법관이 구체적 사건에 있어서 처음으로 밝혀 내어야 합니다. 그러한 한에 있어서 과실범의 구성요건은 '열린' 내지 '보충을 필요로 하는' 구성요건입니다.

무엇이 '적절한', '사회생활에 맞는', 따라서 '주의 깊은' 행위인가를 확정하기 위하여는, 통찰력 있고 사려 깊은 사람이 행위자가 놓인 상황 하에서는 어떻게 행위하였을 것인가를, 법관이 검토해야 합니다. 이 검토는, 법관이 과실범의 구성요건을 확정하는 경우에 행하여야 하는, 가장 어려운 과제입니다. 사람은 모든 위험한 행위를 안 해야 한다고, 말하는 것으로는 만족스럽지 못합니다. 사회생활에 있어서 무엇인가의 위험을 각오하지 않고 행위한다는 것은 전혀 불가능할 것입니다. 무엇인가의 위험을 각오하지 않고는 전혀 진행할 수 없는 현대의 도로교통이, 이에 대한 예가 됩니다. 오히려 사려 깊은 사람조차도 무엇인가의 '통상의', '사회관행적인' 또는 −보다 잘 말하면− '사회상당한' 위험을 각오하지 않으면 안 됩니다. 즉 이러한 사회상당한 위험의 테두리 안에서 행하여지는 행위는 '적절한', '사회생활에 맞는' 주의 깊은 행위입니다. 이에 반하여 행위자의 행위가 적절한 행위에 못 미친다면, 그 행위는 부주의한 것이고 따라서 과실범의 구성요건에 해당합니다. 물론 이로써 과실범의 구성요건이 항상 충족되는 것은 아니고, 오히려 그 구성요건은 대개 행위의 부주의성이 결과에로 현실화되는 것을 전제로 삼습니다. 과실범은 결과범입니다. 그래서 과실범에게는 행위무가치로는 부주의한 행위의 수행만으로는 불충분하고, 오히려 행위무가치가 외부적 결과에로 표명되어야 합니다. 여기에서도 수행된 행위에 의하여 단순히 결과가 야기된 것으로는 충분하지 않고, 오히려 그 결과를 야기한 것이 바로 행위의 부주의성이어야 합니다. 만약에 주의 깊게 수행된 행위가 역시 동일한 결과를 야기했다면, 그때에는 부주의성이 결과에로 현실화된 것은 아닙니다. 여기에서도 과실범의 구성요건의 형법상 본질적인 부분은 행위의 결과가 아니라 행위의 태양이라는 점이 밝혀집니다.

부주의한 행위 및 이러한 행위에 의한 결과가 확정되면, 과실범의 구성요건이 확정됩니다. 그리고 이렇게 되면 위법성을 징표합니다. 위법성은 정당방위나 초법규적 긴급피난과 같은 정당화사유에 의하여 조각될 수 있습니다. 아무런 정당화사유도 없으면, 책임이 검토되어야 합니다. 행위자에게 자기 행위의 위법성, 따라서 그 부주의성이 비난될 수 있을 때에, 책임이 귀속됩니다. 그것은 다음의 경우입니다. 즉

(ㄱ) 인식 있는 과실에 있어서는, 행위자가 객관적 주의의 위반을 인식하면서 그러나 가능한 결과가 발생하지 않으리라고 믿고서 행위하는 경우.

(ㄴ) 인식 없는 과실에 있어서는, 행위자가 자기 행위의 주의위반을 인식하지 못했으나 인식할 수 있었을 경우.

요컨대, 목적적 행위론이 형법의 이론에 있어서도 실무에 있어서도 깊은 의의(意義)를 갖게 되었다는 점을, 사람들은 승인해야 할 것입니다.

행위론에 있어서 목적적 행위론은, 1900년경에 끊어졌던, 철학, 특히 자연법론의 수천년 동안의 오래된 여러 통찰에의 연결을 다시 수립하였습니다.

위법성에 있어서 목적적 행위론은, 위법성이 인과적인 결과의 야기(법익침해)로써 충분하지 않고, 위법성에게 본질적인 것은 행위수행의 태양이라는 점을, 증명하였습니다. 이것은 고의범에게 타당할 뿐 아니라 과실범에게도 타당합니다. 바로 과실범에 있어서 목적적 행위론은 결정적인 위법성징표는 결과의 야기에 있지 않고 행위수행의 태양에, 즉 행위의 부주의성에 있다는 점을 밝혔습니다.

책임개념에 있어서 목적적 행위론은, 규범적 책임요소를 분명하게 또 순수하게 밝혀내었습니다. 즉 책임은 고의, 즉 주관적 행위요소가 아니고 의사형성에 대한 비난가능성이라는 점을 밝혀내었습니다. 이 비난가능성은, 행위자가 위법하게 동기부여하는 것 대신에 적법하게 동기부여할 수 있었을 때에, 존재합니다.

이상으로써 본인은 목적적 행위론의 가장 중요한 여러 성과에 관한 간단한 개관을 해드렸습니다. 여러분의 호의에 감사합니다.

5. 한스 · 벨첼과 목적적 행위론[*]
- 그의 내한(來韓)에 즈음하여 -

1. 머 리 말

세계적인 법철학자요 형법학자인 「한스 · 벨첼」 교수(Prof. Dr. Hans Welzel)가 금년 봄(4월 24일-5월 3일) 내한함에 즈음하여, 평소에 미력이나마 「벨첼」 교수의 이론을 소개하여 온 필자로서, 다시 한 번 「벨첼」 교수의 약력 · 업적과 그의 목적적 행위론을 소개하여 보려고 한다.

돌이켜 생각해 보면, 필자가 목적적 행위론을 처음 접하게 된 것은 1955년 봄인 대학원 2학년 초였다. 그 당시는 환도한 지 2년째 되는 때라 신간의 독일서적을 구득해 볼 수 없는 상황 하에 있었으며, 서울대학교 중앙도서관에서 福田 平 교수의 「目的的行爲論について」(1953년)를 읽고서 흥미 있는 이론이라고 생각하여, 목적적 행위론에 관한 석사학위논문을 작성하기로 결심하였다. 그래서 곧 당시 미국에서 연구 중이던 유기천 교수에게 부탁해서, 그 이론에 관련된 독일문헌을 구득하게 되었다. 그리하여 맨 처음으로 발표한 것은, 동 년도 제2학기의 리포트로서 노용호 강사에게 제출한 「현대 범죄론의 변천-목적적 행위론 서설」(이것은 Richard Busch, Moderne Wandlungen der Verbrechenslehre, 1949를 초역한 것이며, 법대학보 3권 〈1956년〉 1호에 게재되었다) 이었다. 그 다음으로 발표한 것은, 1956년도의 석사학위논문인 「형법에 있어서의 목적적 행위론-Hans Wezel의 이론을 중심으로」(처음에는 그냥 「목적적 행위론」이라는 제목을 붙였으나 당시 대학원 법학과 주임교수인 정광현 교수의 고견에 따라 「형법에 있어

---

* 이 글은 법정, 1966년 3월호 52면 이하와 4월호 50면 이하에 실린 것이다.

서의」를 부가했으며, 법대학보 4권 〈1957년〉 1호에 게재되었다)이며, 이 논문이 우리나라에 있어서 목적적 행위론에 관한 최초의 모노그래프라고 자부하고 싶다. 그 후 10년이 지나는 동안, 목적적 행위론에 관하여 계속해서 관심을 가져 왔고, 주로 「벨첼」 교수의 이론을 소개 내지 번역하여 왔다.[1] 우리나라에 있어서는 황산덕 교수를 비롯하여, 이건호 교수도 목적적 행위론의 입장에 서고 있다. 또한 유기천 교수는 그 체계의 면에서 「벨첼」 교수의 것과 유사성을 보이고 있다. 필자도 목적적 행위론에 입각한 형법체계를 구상하고 있다. 하여튼 「벨첼」 교수의 모처럼의 내한을 맞이하여 뚜렷한 논문을 써서 선물로 드리려 했으나, 여의치 못하여 본고로써 대신하려고 한다.

2. 약력과 주요 업적

(1) 「벨첼」 교수는 1904년 3월 25일에 튀링겐(Thüringen)의 아르테른(Artern)에서 태어났다. 1923년에서 1928년까지 예나(Jena)대학과 하이델베르크(Heidelberg)대학에서 법학과 철학을 공부하였고, 1928년에 예나대학에서 「자무엘·푸펜도르프의 자연법론의 문화철학적 바탕과 그의 문화사적 의미」라는 논문으로 법학박사학위를 받았다. 그리고 1928년부터 1932년까지, 여러 법원에서 법률실무 수습을 하였는데, 1932년 제2차 국가시험에 합격하였다. 또 1930년부터 1935년까지 쾰른(Köln)대학의 형사학연구소 조수로 있었고, 1935년에 동대학에서 「형법에 있어서의 자연주의와 가치철학」이라는 논문으로 대학교수 자격을 취득하여 동대학의 사강사(私講師)가 되었다. 2년 후인 1937년에 괴팅겐(Göttingen)대학의 형법, 절차법 및 법철학의 조교수가 되었고, 1940

---

1 「목적적 행위론과 형법의 현실적 제문제」(번역), 법정, 1957년 12월호, 1958년 2월호·8월호; 「목적적 행위론에 관하여」, 저스티스, 1958년 2권 1호; 「목적적 행위론과 과실행위」(번역), 법정학보〈이대〉, 1958년 2집; 「벨첼의 목적적 행위론」, 고시계, 1958년 12월호, 1959년 3월호; 「독일형법개정과 목적적 행위론」(「목적주의적 이론은 신형법전의 총칙에 어떠한 영향을 미칠 것인가」의 소개를 겸함), 법조, 1959년 8권 2호; 「입법문제로서의 형법에 있어서의 고의와 착오의 규정」(소개), 법대학보〈서울대〉, 1959년 6권 1호; 「목적적 행위론」, 법정, 1960년 2월호; 「책임과 위법성의 의식」(번역), 경희법학, 1960년 2집; 「한스·벨첼」(위대한 법학자), 법정, 1960년 8월호; 「구성요건해당성과 위법성」(「독일형법」에서의 초역), 경희법학, 1963년 5권 1호; 「한스·벨첼의 목적적 행위론」(「형법체계의 신구상」제4판에서의 머리말과 행위개념 부분의 번역), 법정, 1964년 3·4·6월호; 「과실범이론의 새로운 고찰」, 법정, 1964년 5월호; 「형법과 철학」(번역), 법정, 1965년 5월호.

년에는 동대학에서 정교수가 되었다. 1945/46년에 동대학의 법대 학장이 되었다. 1952년에 「도나」교수(Prof. Dr. Alexander Graf zu Dohna)의 후임으로 본(Bonn)대학에 옮겨, 현재까지 형법 및 법철학의 정교수로 있다. 1954년에서 1959년까지 연방법무부의 대(大) 형법위원회(신 형법초안을 만들기 위한 위원회) 위원으로 있었다. 1954/55년에는 본(Bonn)대학의 법대 학장이 되었다. 1958년에는 하이텔베르크학술원의 위원이 되었다. 1962년 5월 29일 「니하우스(Magnificus Heinrich Niehaus)」 총장의 후임으로 선출되어 1962/63년에 본(Bonn)대학의 총장이 되었다. [추가] 「벨첼」교수는 1977년 5월5일에 본(Bonn)에서 작고하였다.

「벨첼」교수는 1남 3녀를 두었는데, 장남은 물리학 전공이고, 장녀는 여의사, 차녀는 법과대학생, 삼녀는 고등학교 학생이다. 그리고 부인은 「벨첼」교수가 대학교수자격논문을 환갑기념으로 바친 「피셔」교수(Prof. Dr. Hans Albrecht Fischer)의 따님으로서, 당시에 「나글러」교수(Prof. Dr. Nagler) 밑에서 과실범에 관한 논문으로 박사학위를 취득한 분이다.

(2) 주요한 업적을 연대순으로 소개한다. [추가] 이 글 발표 후 것도 추가한다.

1930년- 「형법과 철학(Strafrecht und Philosophie-김종원 역)」, Kölner Universitätszeitung Bd. 12, Nr. 9.

1931년- 「자무엘 · 푸펜도르프의 자연법론의 문화철학적 바탕과 그의 문화사적 의미 (Die kulturphilosophischen Grundlagen der Naturrechtslehre Samuel Pufendorfs und ihre kulturhistorische Bedeutung, Deutsche Vierteljahresschrift für Literatur und Geistesgeschichte, Bd. 9 - 증보신판 1958년)」; 「인과성과 행위(Kausalität und Handlung)」, ZStW Bd. 51.

1933년- 「형법에 있어서의 평가에 관하여(Über Wertungen im Strafrecht)」, GS Bd. 103.

1935년- 「형법에 있어서의 자연주의와 가치철학(Naturalismus und Wertphilosophie im Strafrecht)」.

1939년- 「형법체계의 연구(Studien zum System des Strafrechts)」, ZStW Bd. 58.

1940년- 『독일형법총론 강요(綱要)(Der Allgemeine Teil des Deutschen Strafrechts in seinen Grundzügen)』.

1941년 - 「인격과 책임(Persönlichkeit und Schuld)」.

1944년 - 「형벌법규의 실체적 개념에 관하여(Über den substantiellen Begriff des Strafgesetzes)」, Festschrift für Eduard Kohlrausch.

1947년 - 「독일형법 강요」(Das Deutsche Strafrecht in seinen Grundzügen)」, 단 제3판 (1954년)부터 독일형법(Das Deutsche Strafrecht)」;. 「사회질서의 윤리적 바탕에 관하여(Über die ethische Grundlagen der sozialen Ordnung)」; 「주관적 공범론 비판(Zur Kritik der subjektiven Teilnahmelehre)」, SJZ.

1948년 - 「행위의 위법성에 관한 착오(Der Irrtum über die Rechtswidrigkeit des Handelns)」, SJZ.

1949년 - 「혼란스러운 양심에 관하여(Vom irrenden Gewissen)」; 「목적적 행위론을 둘러싸고(Um die finale Handlungslehre)」.

1950년 - 「형법체계의 신구상(Das neue Bild des Strafrechtssystems - 황산덕 역 「형법체계의 신형상」은 3판 (1957년)을 번역한 것이다)」; 「법에 있어서의 심정요소(Das Gesinnungmoment im Recht)」, Festschrift für Julius von Gierke.

1951년 - 「책임과 위법성의 의식」(Schuld und Bewusstsein der Rechtswidrigkeit - 김종원 역)」, MDR; 「긴급피난의 문제」(Zum Notstandsproblem)」, ZStW Bd. 63;. 「자연법과 실질적 정의 (Naturrecht und materiale Gerechtigkeit - 박은정 역은 4판 (1962년)을 번역한 것이다)」.

1952년 - 「살인의 죄의 체계(Zur Systematik der Tötungsdelikte)」, JZ.; 「관청의 권한에 관한 착오(Der Irrtum über Zuständigkeit einer Behörde)」, JZ.; 「공무상의 의무에 관한 착오」(Der Irrtum über die Amtspflicht)」, JZ.; 「구성요건착오와 금지착오의 한계에 관하여(Zur Abgrenzung des Tatbestandsirrtums vom Verbotsirrtum)」, MDR.

1953년 - 「목적적 행위론의 테두리 안의 형법의 현실적 제문제」(Aktuelle Strafrechtsprobleme im Rahmen der finalen Handlungslehre - 김종원 역)」; 「진정부작위범, 특히 형법 제330조 C의 해석론에 관하여(Zur Dogmatik der echten Unterlassungsdelikte, insbesondere des §330 C StGB)」, NJW. 「자연법과 법실증주의(Naturrecht und Rechtspositivismus)」, Festschrift für H. Niedermeyer.

1954년 - 「목적주의적 이론이 신형법의 총칙에 어떠한 영향을 미칠 것인가(Wie würde sich die finalistische Lehre auf den Allgemenen Teil eines neuen Strafgesetzbuchs auswirken?-김종원 소개」, Materialien zur Strafrechtsreform, Bd. I.

1955년 - 「입법론적 문제로서의 형법에 있어서의 고의 및 착오의 규정(Die Regelung von Vorsatz und Irrtum im Strafrecht als legislatorisches Problem-김종원 소개)」, ZStW Bd. 67.

1956년 - 「특별형법에 있어서의 금지착오(Der Verbotsirrtum im Nebenstrafrecht)」, JZ; 「목적적 행위론과 과실행위(Die finale Handlungslehre und die fahrlässige Handlungen-김종원 역)」, JZ.

1958년 - 「부작위범의 문제에 관하여(Zur Problematik der Unterlassungsdelikte)」, JZ.

1959년 - 「힘과 법(법적 의무와 법적 타당성)」(Macht und Recht, Rechtspflicht und Rechtsgeltung)」, Festschrift für Hugelmann, Bd. Ⅱ.

1960년 - 「법률과 양심(Gesetz und Gewissen)」, Hundert Jahre deutsches Rechtsleben, Bd. I.

1961년 - 『과실과 교통범죄(Fahrlässigkeit und Verkehrsdelikte)』.

1962년 - 「사기죄에 있어서의 이득의 목적(Vorteilsabsicht beim Betrug)」, NJW.

1963년 - 『자연법의 진리와 한계(Wahrheit und Grenze des Naturrechts)』, Bonner Akademische Reden H. 26;. 「살인죄와 상해와의 관계(Das Verhältnis der Tötungsdelikte zu den Körperverletzungen)」.

1964년 - 『형법학에 있어서 항존(恒存)적인 것과 일시적인 것(Bleibendes und Vergängliches in der Strafrechtswissenchaft)』.

1966년 - 「지난 100년 동안의 독일형법학과 목적적 행위론(Die deutsche strafrechtliche Dogmatik der letzten 100 Jahr und die finale Handlungslehre)」, JuS.

1968년 - 「완고한 오해? 목적적 행위론의 해석에 관하여(Ein unausrottbares Missverständnis? Zur Interpretation der finale Handlugslehre)」, NJW.

1969년 - 「'의사자유'에 관한 견해(Gedanken zur 'Willensfreiheit')」, Festschift für Karl Engisch; 「현대적 법개념의 성립(Die Entstehung des modernen Rechtsbegriffs)」, Der Staat.

1970년 - 「'의사자유'에 관한 견해 - 후기(後記)(Gedanken zur 'Willenfreiheit' - Ein

Nachwort)」, JZ.

1971년-『법의 한계에 관하여 - 법효력에 관한 질문(An den Grenzen des Rechts - Die Frage nach der Rechtsgeltung)』.

1972년-「형법에 있어서의 해석학에 관하여(Zur Dogmatik im Strafrecht)」, Festschrift für Reinhart Maurach;「법학에 있어서의 합리성의 한계(Grenzen der Rationalität in der Rechtswissenschaft)」, Festschrift für Ernst Heiniz.

1973년-「법철학의 개념사(概念史)에 관한 견해(Gedanken zur Begriffsgeschichte der Rechtsphilosophie)」, Festschrift für Wilhelm Gallas.

1975년-『형법 및 법철학에 관한 논문집(Abhandlungen zum Strafrecht und zur Fechtsphilosophie)』;「법과 도덕(Recht und Sittlichkeit)」, Festschrift für Friedrich Schafftstein.

1976년-「소질과 쌍둥이 연구에 관하여(Über Anlage und Zwillingsforschung)」, Festschrift für Richard Lange.

3. 근본사상과 행위개념

(1)「벨첼」의 근본사상과 이에 따른 행위개념은, 그가 쾰른대학의 형사학연구소의 조수로 있던 27세 때에 발표한「형법과 철학」(1963)[2]에서 이미 나타나 있다.[3]

즉 "인식한다는 것이란, 결코 우리들의 고찰방법에 의하여 어떤 X를 형성하는 것이라고 규정될 수 없다. 실제로 그것은 대상으로서 주어진 것을 변조하는, 따라서 위조하는 결과가 될 것이다. 인식한다는 것이란 항상 있는 그대로의 대상을 통찰할 수 있을 뿐이다. 그래서 어떤 대상이 여러 학문의 객체가 되는 경우에, 그 대상은 이들 모든 학문

---

2 Hans Welzel, Strafrecht und Philosophie, 1930. 이 논문은 쾰른대학신문(Kölner Universitäts-Zeitung, 12. Jg., 1930, Nr. 9, S. 5 ff.)에 발표되었던 것인데, 다시 Vom Bleibenden und vom Vergänglichen in der Strafrechtswissenschaft, 1964의 부록(동, 27면 이하)으로 실려 있으며, 이 글에서는 이것을 참조하였다. 또한 그 논문(형법과 철학)은 필자가 벨첼 교수의 제61회 생일을 축하하는 뜻에서, 법정 1965년 5월호, 59면 이하에 역출한 바 있다.

3 이 논문은 벨첼 교수의 목적적 행위론의 구상의 배경을 알리고 있을 뿐만 아니라, 그 이론의 착상에 니콜라이 · 하르트만이 아무런 영향도 미치지 않았다는 증거문서로서의 의미도 가진다 (Vom Bleibenden, S. 5, Anm. 2 참조).

에게 있어서 여전히 동일하다. 다만 그 대상은 각각의 학문에 있어서 그 대상이 가지는 측면(側面)들이 전체로서 문제가 되는 것은 아니다. 오히려 어떤 학문에 있어서는, 다른 학문에 있어서와는 다른 측면이 고찰되기도 하고 또는 동일한 측명이 고찰되는 경우에도 그것이 다른 측면과 복합하여 고찰되기도 한다. 그래서 동일한 사격에 대하여, 자연과학자는 그 포물선을 연구하는데, 형법학자는 살인죄로서의 다른 측면을 연구한다. 갖가지의 학문이 어떤 소재를 갖가지로 고쳐서 형성하는, 즉 '변형하는' 것이 아니라, 거꾸로 각 학문은 홀로 또는 다른 학문의 측면과 더불어 그 학문의 객체가 되는 여러 측면으로부터 이미 '형성되어 있는' 대상을 개념화하는(abstrahieren) 것이다"[4]라고 논술하면서, 〈방법의 소재(素材)형성적 기능〉을 거부하고 "대상이 방법에 따라 규정되어야 하는 것이 아니라, 방법이 대상에 따라 규정되어야 하다"[5]는 점을 특히 강조한다.

그리고서, 바로 형법에게 결정적인 경과질서(Ablaufsordung)는 「브렌타노」에 의하여 수립된 정신작용의 지향성(Intentionalität)이라는 개념이 매우 중요한 의미를 가지는데, 그의 지향성은 아직 정태적 성격(靜態的 性格)을 가졌지만, 이 개념을 동태적인 경과질서에로 확장할 싹들이 이미 「에리스만(Theodor Erismann)」[정신적인 것의 특성], 「회닉스발트(Richard Hönigswald)」[사고심리학]에서 싹터 있었다고 지적하고서,[6] 법에 앞서 있는 행위는 "외계에 있어서의 일정한 변경이라는 효과를 수반하는 유의적(有意的)인 신체적 거동"이 아니며, 행위는 단지 인과적으로 야기되는 것이 아니라 지향적(志向的)으로 설정되는 것이라고 주장한다.[7] 그리하여 외계의 인과적 과정은 지향된 목표를 달성하는 데에 유용(有用)하냐를 고려하여 선택되고 또 설정될 뿐 아니라, 그것의 인과적 야기는 목표의식에 의거하여 또 그 수행으로서 행하여진다고 논술한다.[8]

한편 형법의 '고찰방법'은, 새로운 대상을 '창조'하는 것이 아니라, 물리학 · 화학 · 의학 · 정신의학 · 심리학의 객체가 될 수 있는 대상을 단지 이들과는 다른 측면으로 또는 보다 고차의 복합으로서 고찰하기 때문에, 이들 학문의 성과를 간과해서는 안 된다고

---

4 Welzel, Strafrecht und Phi. (Vom Bleibenden, Anhang S. 28 f.).

5 Welzel, Strafrecht und Phi. (Vom Bleibenden, S. 29).

6 Welzel, Strafrecht und Phi. (Vom Bleibenden, S. 29 f.).

7 Welzel, Strafrecht und Phi. (Vom Bleibenden, S. 30).

8 Welzel, Strafrecht und Phi. (Vom Bleibenden, S. 30).

주장하고서,[9] 특히 심층심리학(深層心理學)이 형법상으로도 중요하다고 지적하는 것[10]
은 주목할 만하다.

(2) 이듬해에 「벨첼」은 「인과성과 행위」(1931)[11]를 발표했는데, 이것이 형법에 관한 본
격적인 논문으로서 처음의 것이다.[12]

여기서 「벨첼」은 "인과성과 병존할 뿐 아니라 아마 인과적 계열 그 자체를 조종하면
서 관여할 수 있는 신종의 (그것도 현실적인!) 경과질서(Ablaufsordnung)가 확립될 수
있다면 아마, 그 속에서 형법적 평가를 하기 위해서 우리가 찾는 존재론적 기반이 발견
될지도 모른다"[13]라고 문제제기를 하고서, 우리가 행위경과의 법칙성을 확립하기 위하
여 행위의 구조를 고찰하려면, 필연적으로 행위 속에서 전제된 의욕과 인식의 작용의
본질을 연구하여야 하고, 이러한 작용의 법칙성을 통찰함으로써 비로소 우리는 행위의
특수한 경과질서를 밝힐 수 있다고 논술한다.[14] 이 점에 있어서 근년의 심리학의 가장
중요한 인식의 하나가, 지각 · 표상(表象) · 사고 · 의욕 등의 작용이 자기의 대상으로
서의 무엇인가에 향해져 있다는 점이라는 것을 지적하고서,[15] 특히 사고는 대상에 향해
져 있을 뿐 아니라 바로 그것에 맞추는 것이고, 사고의 질서는 지향된 대상의 의미에 맞
춘 질서, 즉 그 의미의 파악의 질서임을 강조한다.[16] 그리고서 자아가 결의를 넘어서 의
욕된 바의 실현에로 나가는 경우의 의사작용을 추구하여, 우선 정신작용에 접속되는 것
은 물리계의 인과적 과정인데, 여기서의 인과적 연쇄를 진행시키게 하는 의사충동은 결

---

9 Welzel, Strafrecht und Phi. (Vom Bleibenden, S. 29).

10 Welzel, Strafrecht und Phi. (Vom Bleibenden, S. 31).

11 Welzel, Kausalität und Handlung, ZStW 51, 1931, S. 703-720.

12 「벨첼」은 Das neue Bild des Strafrechtssystems, 4. Aufl., 1961의 서문에서, 이 논문(「인과성과 행
위」)이 목적적 행위론의 기본사상을 처음으로 전개한 것이라고 지적하면서, "목적적 행위론의
본질적 요소가 이 논문에서 서술되어 있거나 적어도 시사되어 있고 또 주요문제가 그 후에 발
표된 내 논문의 어느 것보다도 상세히 취급되어 있다"라고 논술한다.

13 Welzel, Kausalität, S. 708.

14 Welzel, a. a. O., S. 709 참조.

15 Welzel, a. a. O., S. 709.

16 Welzel, a. a. O., S. 710 ff.

의에 의거하는 것이고, 그 방향은 순전히 인과적으로 제약될 수 있는 것이 아니라 결의
에 의하여 설정된 목표에 맞추어 의식적으로 결정되어야 하고, 따라서 어떤 결과의 물
리적 원인은 순전히 인과적으로 초래된 것이 아니라, 동시에 의미지향적으로, 즉 계획
된 결과의 야기에의 적합성을 고려하여 '설정'된 것이라고 논술한다.[17] 그래서 결의로부
터 의사충동이 결과에로 이르는 생김(Geschehen)은 설정된 의미통일체이며, 이것을 행
위라고 일컫는다면 결과와 결의와의 사이의 행위 관련은 단순한 인과적 관련이 아니라
합목적적인 의미설정 관련이라는 결론이 나오게 된다고 한다.[18] 이리하여 "인과적 생김
과 나란히 하여 또 이것을 부분적으로 간섭하면서 또 자기 속에 포함시키면서, 인과성
의 질서에가 아니라 의미지향성(Sinn–Intentionalität)의 질서에 복종하는 타종(他種)의
생김이 있다"[19]라고 주장한다.[20]

(3) 「벨첼」의 사상은 그 2년 후에 발표한 「형법에 있어서의 평가에 관하여」(1933)[21]에
서도 잘 나타나 있다. 즉,

"법질서는 어떠한 존재론적 소여(存在論的 所與)를 평가하여 그것에 법적 효과를 결
부시킬 것인가를 스스로 결정한다. 그런데 법질서는 소여(Gegebenheiten)를 구성요건
으로 유형화하는 경우에, 소여 그 자체를 변경시킬 수는 없다. 법질서는 소여를 언어로
표시하고 그 특징을 들어나게 할 수는 있으나, 소여 그 자체는 모든 가능한 법적 평가의
기초를 이루고, 따라서 모든 가능한 법적 규제에 선여(先與)되어 있는, 개성을 지닌 대
상이다. 구성요건은 이 선여된 존재론적 소재를 단지 '반영'할 수 있을 뿐이요. 즉 언어
적 및 개념적으로 그 윤곽을 그릴 수 있을 뿐이요. 그러나 언어적 및 개념적인 '반영'의

---

17 Welzel, a. a. O., S. 717 f.

18 Welzel, a. a. O., S. 718.

19 Welzel, a. a. O., S. 718.

20 물론 이 논문은 "형법상의 평가를 받을 수 있는 대상으로서의 존재기반은, 결과와 주체와의 사
   이의 인과적 연관이 아니라, 지향성이라는 법칙성에 의거하는 양자 사이의 합목적적 관련이다"
   (Welzel, a. a. O., S. 720)라는 논증에 의하여 "행위자에 의하여 의미 있게 설정되었거나 또는
   그 방지를 예견할 수 있어서 의미 있게 조처할 수 있었던, 구성요건상 규정된 결과는 모두 자기
   자신의 소위(所爲) 내지 행위로서 주체에 귀속하고 이러한 의미에서 객관적으로 귀책될 수 있
   다"(동면)라는 결론을 내는 데에, 주된 목적이 있었다.

21 Welzel, Über Wertungen im Strafrecht, Gerichtssaal, 103, S. 340 ff.

실질은 대상이 되는 것 자체의 존재론적인 본질구조를 철저히 검토함으로써 비로서 밝혀 낼 수가 있다. 이로부터 방법론에 관하여, 형법학은 물론 항상 구성요건으로부터 출발해야 한다는 결론이 … , 그러나 개념상 확정된 것의 실질을 이해하기 위하여는, 또 … 법적 평가도 올바르게 하기 위하여는, 형법학이 항상 구성요건을 초월하여 이것에 선여되어 있는 존재론적 영역에로 파내려 가야 한다는 결론이 나온다"[22]라고 논술한다.

(4) 「벨첼」의 근본사상은, 그의 대학교수자격논문인 「형법에 있어서의 자연주의와 가치철학」(1935)[23]에서 뚜렷이 나타나 있다. 즉,

독일관념론의 몰락 후 19세기 후반부터는 실증주의사상이 독일의 사상계를 풍미하게 되었는데, 이 실증주의 기본경향은 우선 형이상학에 조금이라도 공명할 수 있는 것이면 모두 단호히 거부하는 부정적인 것이고[24] 또 자연과학에서 크게 성과를 낸 기계론적 인과성을 이제는 문화의 세계에 확장하여[25] 정치적이고 윤리적인 사회생활 내지 개인생활도 기술적인 합법칙성 하에서 이해하려고 하며,[26] 이러한 실증주의에 결정적인 영향을 받은 「리스트(Franz von Liszt)」는 모든 생김이 예외없이 인과적으로 결정된다는 근본사상 아래 '형법학의 과학적 임무'는 바로 '범죄 및 형벌의 인과적 설명'이고, 따라서 범죄현상도 그 원인을 '자연과학적 방법'에 의해서만 탐구될 수 있다고 주장한 점[27]을 지적한다.

19세기 말엽으로부터 일어난 신 칸트주의를 보통은 실증주의에 대립하는 것으로 보지만, 「벨첼」은 그것을 '실증주의의 보충이론'이라고 본다.[28] 즉 '과학주의적' 태도와 모

---

22 Welzel, a. a. O., S. 349 (Welzel, Das neue Bild des Strafrechtssystems, 4. Aufl., Vorwort에서 인용).

23 Welzel, Naturalismus und Wertphilosophie im Strafrecht, 1935. 여기에는 「형법학의 이데올로기적 바탕에 관한 연구」라는 부제가 붙어 있다. 본서는 「제1부 프란쯔 · 폰 · 리스트와 실증주의적 철학」, 「제2부 현대형법해석학(특히 구성요건이론과 가치철학)」으로써 구성되어 있고, 본문이 89면이다.

24 Welzel, a. a. O., S. 2.

25 Welzel, a. a. O., S. 4.

26 Welzel, a. a. O., S. 3.

27 Welzel, a. a. O., S. 22.

28 Welzel, a. a. O., S. 42.

든 형이상학의 단호한 거부에 있어서 이미 양자는 공통성을 보이고 있을 뿐 아니라, 훨씬 중요한 것으로 양자가 현실개념에 있어서 일치하는데,[29] 신 칸트주의는 실증주의와 공통된 기반으로서의 경험적 실재(實在)[30]로부터 출발하여 '아래로는'이 기반의 선험적 받침과 '위로는'이 기반을 규제하는 가치를 탐구함으로써 비현실적인 '타당형식'이라는 체제에 의하여 현실을 보충한다고 논술한다.[31]

다음으로, 이러한 가치철학적 사상이 형법학에 들어온 것은 무엇보다도 먼저 구성요건이론인데, 마치 가치철학이 일반철학의 영역에 있어서 실증주의의 보충이론인 것과 같이 구성요건이론은 형법에 있어서 실증주의 보충이론이라고 본다.[32] 즉, 형법학의 기반으로서의 행위는 근육에 대한 신경자극 전달로부터 시동된 맹목적 · 기계론적 생김이라고 파악되고서, 이러한 실증주의적 행위는 구성요건이론을 통하여 개념적 측면에서 '보충'되는 실제적 기체(基體)를 이룬다고 본다.[33] 그래서 신 칸트주의의 방법론에 입각하는, 형법학에 있어서의 「리스트」의 자연주의의 극복은 근저(根柢)에 있어서 단지 외관에 불과했는데,[34] 이것은 "법 앞에 놓인 존재를 기계론적 · 인과적으로 연관하고 있는 몰의미적인 실재(實在)라고 보았기 때문"이라고 한다.[35]

여기서 자연주의적인 실증주의를 극복하기 위한 제일보(第1步)를 내디뎌야 하는데, 사회의 생활관계에서 의미가 있는 한, 자연적 · 정신적인 존재 전체를 동반한 사람 및 그를 둘러싼 생활권이 법의 고찰의 대상이 될 수 있다고 주장하면서,[36] 이러한 복합적인 존재는 개념에 의하여 비로서 질서지워지고 형성될 혼돈된 소재가 아니며, 그 존재는 본래부터 자기 속에 질서와 형태를 가지고 있고 그것들을 비실제적 형식으로부터 비

---

29 Welzel, a. a. O., S. 42.

30 이 경험적 실재는, 맹목적 · 기계론적인 인과성을 가장 중요한 범주로 삼는, 실재하는 사물의 몰의미적 · 몰가치적인 소여(所與)이다(Welzel, a. a. O., S. 42).

31 Welzel, a. a. O., S. 43.

32 Welzel, a. a. O., S. 64.

33 Welzel, a. a. O., S. 65 f.

34 Welzel, a. a. O., S. 71.

35 Welzel, a. a. O., S. 72.

36 Welzel, a. a. O., S. 74.

로서 빌려 얻는 것이 아니라고 논술한다.[37] 법률, 법관 및 학자의 개념화에 있어서 형성된, 의미에 찬 현실의 세계가 이미 앞에 놓여져 있고, 그 개념은 무정형(無定形)한 소재의 방법론적 변용(變容)이 아니라, 형성되어 있는 존재의 기술(記述)이라고 논술하면서,[38] 우리의 장래의 법학은 법률적 개념을 통과해서 구체적인 현실의 생활형성에로 파내려가야 할 것이라고 주장한다.[39]

이리하여 「벨첼」은 "행위란 단지 임의의 의사행동에 의하여 맹목적·인과적으로 야기된 것이 아니라, 일정한 성질을 지닌 합목적적인 의사작용에 의하여 객관적인 경과 속에서 형성된 것이다"[40]라고 논술하면서, 인과적 인자(因子)로서의 의사의 특질은 자기의 행동의 가능한 결과를 일정한 범위 내에서 머리 속에서 예상하고 이렇게 함으로써 외계에 대한 자기의 관여를 의미 있게 규제할 수 있다는 데에 있다고 지적한다.[41·42]

─미완(未完)─

---

37 Welzel, a. a. O., S. 74.

38 Welzel, a. a. O., S. 74.

39 Welzel, a. a. O., S. 75.

40 Welzel, a. a. O., S. 78.

41 Welzel, a. a. O., S. 79.

42 「벨첼」은 이 논문에서 처음으로 '의미지향적(sinnintentional)'이라는 표현 대신에 '목적적(final)'이라는 표현을 쓴다(예컨대 a. a. O., S. 79. 또한 Das neue Bild des Strafrechtssysems, 4. Aufl., 1961, Vorwort 참조).

6. 한스 · 벨첼의 목적적 행위론(번역)[*]
- 그의 근본적 입장 -

　본서(Das neue Bild des Strafrechtssystems, 4. Auflage, 1961−역자 주〈註〉)는 내 교과서(Das Deutsche Strafrecht, 7. Auflage, 1960)의 목적적 행위론에 관한 기초적인 여러 장을 요약한 것인데, 이 신판(제4판−역자 주)은 내가 목적적 행위론의 기본사상을 처음으로 전개한 「인과성과 행위」(Kausalität und Handlung, ZStW 51, S. 703)라는 논문을 발표한 후 꼭 30년 만에 출판된다. 나는 최근에 이 논문을 곧잘 상기하는데, 그 이유는 내 이론의 비판자 가운데 내 이론의 근원을 소급 파악하여 그것이 특정한 철학체계, 즉 「니콜라이 하르트만(Nicolai Hartmann)」의 철학체계에 의존하고 있다고 함으로써 내 이론을 해명할 수 있다고 믿는 사람이 요즈음에 증가하고 있기 때문이다. 1944년에 「엥기쉬(Engisch)」가 「하르트만」을 내 '보증인'이라고 불렀는데, 아마 그러한 경향에의 표어(Stichwort)를 만든 사람은 「엥기쉬」일 것이다. 그런데 예를 들면 「할(Hall)」은 「하르트만」을 '목적주의자의 철학선생'이라고 말하고, 「뷔르텐베르거(Würtenberger)」는 나를 암시하면서 「N · 하르트만」의 이론을 "무비판적으로 받아 들였다"고 경고하고, 「클루크(Klug)」는 고의를 구성요건 속에로 편입시키는 것은 「N · 하르트만」의 존재론으로부터 나온다는 것을 '목적주의의 고전적인 명제'라고 생각하고, 「외러(Oehler)」는 고의와 책임과를 분리하는 것이 내가 「하르트만」의 가치론을 받아들인 결과라고 본다. 나는 지금

---

[*] 이 글은 법정, 1964년 3월호 41면 이하에 실린 것이다. 원래는 부제(副題)를 「그의 근본적 입장과 행위개념」이라고 하여, (상)은 법정 1964년 3월호 41면 이하에, (중)은 4월호 59면 이하에, (하)는 6월호 71면 이하에 실었으나, 여기서는 「행위개념」부분은 빼고(「행위의 목적적 구조」 참조), 「근본적 입장」부분만 실었다.
　이 글은 「형법체계의 신 구상(Das neue Bild des Strafrechtssystems, 4. Auflage, 1961)」의 「머리말」의 대부분을 번역한 것이다.

까지 내 이론의 유래를 지적한 주장에 대하여 침묵을 지켜왔다. 왜냐하면 학문에 있어서 문제가 되어야 할 것은 사물을 주장하는 유래가 아니라 오로지 그 내용의 진실성에 있기 때문이다. 그러나 이제, 사물의 주장 그 자체가 폐(弊)를 입고 있고 또 이때 부분적으로는 심히 곡해되어 있다면, 나는 이 이상 침묵을 지킬 필요가 없다고 생각한다.

내 이론이 「니콜라이 하르트만」의 철학에 그 근원을 가진다는 것 ─ 만약 이 주장이 적중하기만 한다면 ─ 을 부끄러워 할 이유는 아마 조금도 없을 것이다. 그러나 이것은 사실에 맞지 않는다. 내가 목적적 행위론을 구상할 자극을 받은 것은 「하르트만」이 아니라 사고심리학이요, 그것도 최초의 동기가 된 것은 최근에 작고한 철학자 「리햐르트 회니히스발트(Richard Hönigswald)」의 『사고심리학의 기초(Grundlagen der Denkpsychologie)』였다. 그 밖에 나에게 자극을 준 것은 심리학자 「칼 뷜러」, 「테오도르 에리스만」, 「에릿히 앤쉬」, 「빌헬름 페터스」 및 현상학자(現象學者) 「P.F. 린케」, 「알렉산더 팬더」 등의 저서였다. 1920년대에 출판된 이들의 서적은 모두 낡은 기계론적인 요소심리학 및 연상심리학과 결별하고 심적 작용의 인과적─기계론적이 아닌 경과방식을 밝혔다. 나의 최초의 논문에서, 나는 이 경과방식을 '의미지향적(sinnintentional)'이라고 불렀으며 또한 이것을 전술한 저자들의 저작에서 밝혀졌던 사고작용이라는 '내적'행위로부터 의사작용과 의사실현(따라서 '외적'행위)에로 추급하였다. 「하르트만」은 전술한 저자들 및 그들의 저작에 영향을 미친 바 없고, 반대로 당시에 융성했고 그러는 동안에 훨씬 전부터 공유재(共有財)가 되어버린 일정한 정신작용의 비인과적인 경과방식에 관한 사고과정을 자기 생각 속에 받아들였다. 즉 「하르트만」은 그 후인 1930년 이후에 비로소 자기의 방대한 존재론에 관한 여러 저작에서 그 사고과정을 존재에 관한 일반 성층이론(成層理論, Schichtentheorie)에까지 확장시켰는데, 여기서 주석을 달아 두어야 할 것은 「하르트만」은 1920년대에는 현상학의 영향 하에서 비판적 실재론의 연구에 종사하고 있는 신 칸트학파의 철학자라고만 생각되었다는 점이다. 「하르트만」이 『윤리학(Ethik)』 및 『정신적 존재의 문제(Problem des geistigen Seins)』에서 행위의 구조를 놀랄 만큼 생생하게 분석한 것에 자극받아, 나는 「형법에 있어서의 자연주의와 가치철학(Naturalismus und Wertphilosophie im Strafrecht, 1935)」이라는 저서에서 내 생각을 새로운 말로 표현했는데, 이때, 의미지향성(Sinnintentionalität)이라는 좀 딱딱한 표현 대신에 '목적성(Finalität)'이라는 비교적 익숙된 말을 사용했다. 그러나 이때 나는 '의미지향성'에서 밝혀 낸 구조법칙성(Strukturgesetzlichkeit)이 여전히 '목적성'의 근본전제라는 점을 크게 강조하였다(Naturalismus S. 79 Anm. 67). 「하르트만」이 1935년 이후에 출간한 '존재론'에 관한 여러 권의 책에서 밝힌 그의 웅대한 체계구상은 — 특히 철학과 거의 인연이 없는 법학에 있어서 — 독일철학이 1930년대에 처하고 있던 상황을 판단하는 데에 지장을 주었다(「하르트만」의 저작 자체가 그러는 동안에 실존주의 때문에 애매하게 되어 버린 것과 같이). 나는 요사이 행위의 목적적 구조에 관한 주장의 진실성을 실증하라고 질문받는다면, 나는 나의 옛 논문에서의 논술과 거기서 인용된 철학 및 심리학의 문헌을 참조하도록 지시하기만 하면 된다고 생각한다. 그 실증은 모든 사물을 통찰하게 되는 방법으로, 즉 내적 경험 및 외적 경험에서 얻어진 자료와 그것의 합리적(범주적) 해명에 의해서 밝혀지는 것이다.

법에 있어서의 '존재론적' 요소에 관한 나의 견해에 대하여 가하여진 반대도, 「하르트만」의 존재론의 배후에 있는 1920년대의 철학적 업적을 간과한 데에 기인함이 분명하다. 이미 「브루노 바우흐」 및 「리하르트 회니히스봘트」의 후기 신「칸트」철학이 (「니콜라이 하르트만」의 『인식의 형이상학』 이전에) "경험 일반의 가능성의 조건은 동시에 경험의 대상의 가능성의 조건이다"라는 「칸트(Kant)」의 '모든 종합적 판단의 최고원칙'을 밝혔다. 이로부터 인식범주는 존재범주이기도 하다는 결론, 즉 인식범주는 인식론적인 범주일 뿐 아니라 (본래적으로) 존재론적인 범주라는 결론이 나온다. '존재론적'이라는 말은 첫째로 이것을 의미하고 있었다(ZStW 51, S. 704 참조). 그것은 (그 후의) 하르트만식인 '존재론'으로부터 나온 것이 아니라, 적어도 옛날의 (전비판적(前批判的)) 형이상학의 존재론과 관계를 가지는 것이다. 그 개념이 특히 형법학을 어떠한 위험으로부터 지키고 또 형법학에 있어서 무엇을 달성할 것인가는, 전게논문(S. 704 ff.) 및 그 2년 후에 발표한 「형법에 있어서의 평가에 관하여」(Über Wertungen im Strafrecht, GS 103, S. 340 ff.)라는 논문에 밝혀져 있다. 여기서 후자를 인용하면, "법질서는 어떠한 존재론적 소여(所與, Gegebenheiten)를 평가하여 그것에 법적 효과를 결부시킬 것인가를 스스로 결정한다. 그러나 법질서는, 소여를 구성요건에 유형화(類型化)하는 경우에, 소여 그 자체를 변경시킬 수는 없다. 법질서는 소여를 언어로써 표시하고 그 특징을 드러내게 할 수는 있으나, 소여 그 자체는 모든 가능한 법적 평가의 기초를 이루고 따라서 모든 가능한 법적규제에 선여(先與)되어 있는, 개성을 지닌 대상이다. 구성요건은 이 선여된 존재론적 소재를 단지 '반영(反映, Wiederspiegelungen)'할 수 있을 따름이요, 즉 언어적 및 개념적으로 그 윤곽을 그릴 수 있을 뿐이요, 그러나 언어적 및 개념적인 '반영'의 실질은 대상이 되는 것 자체의 존재론적인 본질구조를 철저히 검토함으로서 비로소 밝혀 낼 수가 있다. 이로부터 방법론에 관하여, 형법에 관한 학문은 물론 항상 구성요건으로부터 출발해야 한다는 결론 … 그러나 개념적으로 확정된 것의 실질을 이해하고 또 … 법적 평가도 올바르게 하기 위하여는 형법학이 항상 구성요건을 초월하고 이것에 선여된 존재론적 영역에로 파내려 가야 한다는 결론이 나온다"(GS 103, S. 346). 이 '존재 내지 사물에 구속된' 방법은 내가 최근에 – 즉 25년 후에 – 형법학에 있어서의 신 실증주의적(유명론적, 唯名論的) 경향과의 대결에서 또한번 논술하였고(ZStW. 69 S. 634 ff.) 또 목적적 행위론의 본질적 측면의 하나가 되는 것인데, 어떤 특정한 존재론적 체계를 선택하지 않고서도 그 방법을 '존재론적'이라는 언어로써 표현할 수 있을 것이다.

끝으로 이와 관련되는 '사물논리적 구조(sachlogische Strukturen)', 특히 행위의 목적적 구조가 형법에 선여(先與)되어 있다는 명제에 관하여는, 다음의 주지(周知)의 사실을 지적하는 것만으로 족하리라고 본다. 즉 법은 부인에게 임신을 촉진시켜서 6개월 후에는 생존능력 있는 아이를 낳을 것을 명령할 수 없는 것과 마찬가지로 그에게 유산되는 것을 금지할 수도 없다. 그러나 물론 법은 부인에게 유산되지 않도록 처신할 것을 명령할 수 있고 또 유산을 일으키는 것을 금지할 수는 있다. 법의 규범은, 단순한 인과적 과정을 명령 또는 금지할 수는 없고, 오로지 목적적으로 조종된 행동(따라서 작위) 또는 그러한 행동의 부작위만을 명령 또는 금지할 수 있다. 이러한 – 내 생각으로는 – 거의 이론(異論)의 여지가 없는 사실로부터 다른 모든 것이 스스로 결론지워진다. 행위를 '우선(zunächst einmal)' 맹목적인 인과적 과정이라고 보고 후에(책임에서) 비로소 행위의 사를 첨부하고, 여기서 행위의사는 단지 주관적인 부수현상, 즉 '영상(映像)'일 뿐이요 행위의 형성적 인자일 수 없다면, 이는 법이 규제할 토대(Substrat)를 근본부터 그릇 파악하는 것이 된다.

나는 「하르트만」의 행위론에서 내 자신의 견해에 대한 많은 확증(確證)과 해명을 발견할 수 있었지만, 「하르트만」의 가치론, 특히 비실재적(非實在的)인 의미량(意味量 Sinnqualitäten)의 독자적인 세계의 이론에 대하여는 처음부터 반대했다(Kausalität und Handlung, ZStW 51, S. 715 ff.; Über Wertungen im Strafrecht, GS 103 S. 340 ff.; Naturalismus S. 57). 그럼에도 불구하고 「외러(Oehler)」는 내 이론의 '결함'을 바로 「하르트만」의 가치론을 받아들인 데에 돌리고 있다. 나는 「하르트만」의 견해에 찬성하지 않는다고 할지라도, 「외러」의 기이한 서술이 「하르트만」의 가치론과 거의 닮은 데가 없다는 점을 그에게 밝혀 둘 의무가 있다고 생각한다.

지금도 아직 나의 최초의 논문은 목적적 행위론의 기초를 이룬다. 목적적 행위론의 본질적 요소가 이 논문에서 서술되어 있거나 적어도 시사되어 있고 또 주요문제가 그 후에 발표된 내 논문의 어느 것보다도 상세히 취급되어 있다. 법학상의 여러 귀결을 어떻게 낼 것인가에 대한 프로그램(Programm)도 그 논문에서 기안되어 있다(구성요건론 · 책임론 · 착오론). 만약 내가 그 후 그 논문을 참조할 것을 보다 강력이 지시했더라면, 아마 많은 오해를 피했을 것이다. 이러한 사실을 고려에 넣는다면, 오늘날 「뷔르텐베르거」가 바로 나에 관해서 '체계적 사고의 단명'을 말하는데, 나는 이것에 대해서 기껏해야 설명이 부족했다고밖에 해명할 수가 없다. 그런데 하나의 체계를 완성하는 일에 30년간 종사하면서 법학상의 귀결이 하나도 빠짐없이 바로 올바르게 적중되는 것은 아니라는 것, 즉 이러한 위험은 사물의 새로운 통찰로부터 새로운 체계를 전개하는 일에 종사하는 사람이, 유감스럽게도 감수하지 않으면 안 된다. 그러한 이유로 저자에게 비난을 가했다면, 그러한 비판자에게는, 고대희랍인은 아테네의 여신만이 갑옷을 입고 완전한 모습으로 「제우스」신(神)의 머리로부터 나왔다는 신화로 답했을 것이다.

7. 행위의 목적적 구조(번역)[*]

    사람의 행위는 목적활동의 수행(遂行)이다. 그래서 행위는 '목적적으로' 행하여지는 것이지, 단순히 '인과적으로' 행하여지는 것이 아니다. 행위의 '목적성(Finalität)' 내지 합목적성(合目的性)은, 사람이 자기가 알고 있는 인과적 지식을 기초로 해서 자기의 활동이 일으킬 수 있는 결과를 일정한 범위 안에서 예견할 수 있고, 그래서 서로 다른 여러 가지 목표를 설정하여 자기의 활동을 이들 목표의 달성에로 계획적으로 이끌어 갈 수 있다는 데에, 의거하고 있다. 사람은 자기가 알고 있는 인과에 대한 예지(豫知)를 기초로 해서, 외부적으로 일어나는 인과적 사상(事象)을 목표에로 이끌고 또 그렇게 목적적으로 지배결정하도록, 자기 활동의 개개의 동작을 조종할 수 있는 것이다. 목적적 활동은 의식적으로 목표로부터 이끌어진 작용이지만, 순인과적 사상(純因果的 事象)은 목표로부터 조종된 것이 아니라 때마침 존재하는 원인요소들의 우연한 결과이다. 따라서 −비유해서 말하자면− 목적성은 '선견적(先見的, sehend)'이고, 인과성은 '맹목적(盲目的, blind)'이다.

    한 예를 들어서 이것을 설명해 보자. 번개가 들에서 일하고 있는 사람을 맞추어 죽인 경우에, 이 사상(事象)은 그 사람과 구름 사이에 매우 강한 전압이 발생하여 방전하게 된 데에 기인한다. 이러한 전압방전은 그 사람 외의, 어떤 높게 서 있는 다른 대상과 구름 사이에서도 곧잘 발생할 수 있을 것이다. 그것이 확실히 사상(事象)의 무한한 연쇄 속에서 인과적으로 바로 그 사람에게 발생하였지만, 그렇다고 해서 그렇게 된 것이 목표지향적이었던 것은 아니다. 그러나 사람의 행위의 경우는 전혀 다르다. 타인을 죽

---

* 이 글은 사법행정 1971년 4월호 39면 이하에 실린 것이다.

이려는 자는 이에 따라서 의식적으로 인과적 인자(因果的 因子)들을 선택하여 미리 정해진 목표를 달성하도록 그것들을 설정한다. 여기서 원인요소들은 목표달성에로 배치되는 것이다. 즉 무기의 구입, 기회의 탐지, 잠복, 조준, 발사, 이들 모두가 하나의 전체계획에 따른, 목표에 지향된 동작들이다.

목적성이란 일정한 범위 내에서 인과적 연쇄의 결과를 예견함으로써 목표달성에로 인과적 연쇄를 계획적으로 조종하는 의사능력에 의거하고 있으므로, 인과적 사상을 이끄는 목표의식적인 의사는 목적적 행위의 골간(骨幹)이다. 이 의사는 외부적인 인과적 사상을 지배결정함으로써 이것을 목표에로 이끌어진 행위로 만드는 조종인자이다. 이 의사 없이는 행위는 그의 즉물적 구조(卽物的 構造)가 파괴되어 맹목적인 인과적 진행이 되어버릴 것이다. 그래서 목적적 의사는, 외부적 사상을 객관적으로 형성하므로 또 그러한 한(限), 불가결한 인자로서 행위에 속한다.

一. 행위의 목적적 조종(目的的 操縱, finale Steuerung)은 두 단계로 행하여 지는데, 이 두 단계는 간단한 일상적인 행위에 있어서 서로 얽혀 있고, 단지 개념상으로만 구별될 수 있다.

(1) 첫째 단계는 전적으로 머리 속에서(in der gedanklichen Sphäre) 진행된다. 이 단계는 행위자가 실현하려는

(ㄱ) 목표(Ziel)의 선정(先定)으로 시작한다. 다음으로는 ―목표로부터― 목표달성에 필요한

(ㄴ) 행위수단(Handlungsmittel)을 선택한다. 이때 행위자는 자기가 알고 있는 인과적 지식을 기초로 해서, 목표로부터 역행하여 전인과적 계열(全因果的 系列)을 진행시킬 수 있는 신체적 거동에 이르기까지, 목표달성에 필요한 인과적 인자들(행위수단)을 결정한다. 그래서 이와 같이 머리 속에서 생각하는 과정은, 목표가 확정되고 나서 이로부터 필요한 인과적 인자들이 행위수단으로서 선택되므로, '역행적(逆行的, rückläufig)'이라고 일컬어진다.

그런데 수단으로서 선택된 인과적 인자들은 항상 추구된 목표 이외의 결과들과도 결부되어 있다. 목표는 항상 진행된 인과적 인자들에 의하여 야기되는 결과들 가운데의 한 단편(斷片)에 불과하다. 그래서 목표달성과 나란히 하여 계획된 인과적 인자들과 결

부되어 있는

　(ㄷ) 수반적 결과(隨伴的 結果, Nebenfolge)도 수단을 선택함에 있어서 고려될 필요
가 있다. 여기서 머리 속에서 생각되는 과정은, 목표로부터 역행적으로 진행되는 것이
아니라, 수단으로서 선택된 인과적 인자로부터 야기되거나 야기될 수 있는 결과들에
로 전진적(前進的)으로(vorlaufend) 진행된다. 이때 수반적 결과를 고려하는 것이 계기
가 되어서, 행위자는 이미 선택된 수단을 제한하거나, 수반적 결과의 발생을 저지할 반
대인자를 추가해서 선택하거나, 그렇지 않으면 수반적 결과를 회피하도록 행위를 조종
하는 수가 있다. 이 경우에 목표달성에 지향(志向)된 행위의사는 동시에 수반적 결과의
회피에로 향하게 된다. 다른 한편으로 수반적 결과를 고려함으로써, 또한 행위자는 선
택된 수단을 적용하는 경우에 수반적 결과가 발생한다는 것을 확신하거나 적어도 그 발
생을 계산에 넣음(rechnen)으로써, 수반적 결과의 실현을 자기의 행위의사 속으로 포함
시키게 되는 수도 있다. 이 두 경우에 있어서 목적적 실현의사는 수반적 결과의 실현도
포함한다. 이에 반하여 행위자가 가능한 것으로는 생각했지만 발생하지 않을 것으로 확
신한 모든 수반적 결과는 목적적 관련으로부터 제외된다.

　(2) 머리 속에서 목표를 미리 정하고 수단을 선택하고 또 수반적 결과를 계산에 넣음
으로써, 이에 따라 행위자는 현실의 세계에서(in der Realwelt) 자기의 행위를 실현한다.
행위자는 목표뿐 아니라 실현될 전체 속으로 채입된 수반적 결과도 함께 야기시킬, 미
리 선택된 행위수단(인과적 인자들)을 계획적으로 적용한다.

　독일 연방법원의 판례(BGH. 7 363)를 예로 들자. A와 B는 X를 먼저 반항불능케 만
든 후에 그의 재물을 강취하려고 했다. 이를 위한 수단으로서 그들은 맨 처음에 가죽
끈을 생각했는데, 이것을 희생자의 목에 매려고 했다. 그러나 이러한 조치로는 희생자
가 교살될 것이 예상되므로, 그래서 이 결과를 회피하고자 그들은 이 수단을 포기하고
서 자그마한 모래주머니를 택하여 이것으로써 X를 실신시키려고 했다. 그래서 그들은
이 범행을 먼저 실행했다. 그러므로 그들의 실행은 목표(재물의 강취)의 달성에로뿐 아
니라 수반적 결과(X의 사망)의 회피에로도 조종되어 있었다 - 그러나 모래주머니로써
는 X가 실신하지 아니하자, 그들은 첫 수단으로 돌아왔다. 그들은 X가 의식을 잃을 때
까지 가죽끈으로 조르고서, 강취물을 모아서 포장하는 동안, X의 목을 조르고 있는 가
죽끈을 죔틀에 고정시킨 채로 두었다. 그리고 나서 가죽끈을 풀었을 때에는, X는 질식

사하고 있었다 - 그들의 시초(始初)의 계획에서 보는 바와 같이, 그들은 가죽끈을 사용하는 경우에 사망의 결과가 발생하리라는 것을 계산에 넣었으므로, 이러한 범행에 대한 그들의 실현의사는 이 범행과 결부된 수반적 결과에도 미친다. 여기서 행위자들은 X의 사망을 회피하면서 목표달성에로 지향한 처음의 행위조종을 변경하고서, 그 발생이 가능한 수반적 결과를, 목표달성을 위해서 실현될 전체 결과의 한 부분으로 생각하고 그들의 실현의사 속으로 채입하였던 것이다.

목적적 조종의 둘째 단계는 현실의 세계(in der Realwelt)에서 진행된다. 즉 이 단계는 머리 속에서의 수단-목적-결정에 의하여 지배결정된, 현실세계에서의 인과적 진행(因果的 進行, Kausalprozess)이다. 현실세계에서의 목적적인 지배결정이 성공하지 아니하는 한 - 예컨대 결과가 무엇인가의 이유로 발생하지 아니하는 경우에는 - 당해 목적적 행위는 미수에 불과하다.

행위 관련의 범위는 용어상의 고려에서 여러 가지로, 일부는 너무 좁게 일부는 너무 넓게 그어진다. 전자의 경향에서는 낱말의 언어적 유래에 비추어 'final'은 finis(목적·목표)에서 유래되므로, '목적적인' 행위관련은 수단-목적-관계에 국한되고 또 수반적 결과는 기껏해야 확실성을 가지고 예상된 것만이 그것에 포함되지만, 이에 반하여 개연성이 있다고 하여 예상되는 것은 그것에 포함되지 아니한다(예컨대 Hardwig, Die Zurechnung, 1957).

이점에 관하여 용어학적 면에서 다음과 같이 답변할 수 있다. 즉 대상에 대하여 이름을 지어 주는 경우에 언제나 그 이름은, 아마 본질적인 것은 나타내어야 하겠지만 그러나 모든 관계를 망라할 수는 없는 약어인 것이다. 미리 생각되는 모든 행위의 결과 관련은 항상 수단-목적-구조 이상의 것을 포함시키고 또 그래서 결심을 함에 있어서는 항상 그 구조 이상의 것을 고려해야 한다는 것을 바로 지적하지 않을 수 없다.

반대로 '맹목적인(blind)' 인과성과 구별하는 뜻에서 목적성을 '선견적(sehend)'이란 규정방식으로 비유해서 특징지웠다고 해서, 어떤 사람은 '발생가능한(möglich eintretend)'것으로 행위자의 의식 속에 들어간 모든 결과는 목적적인 행위 관련에 속한다고 추론했다(예컨대 Engisch, Der finale Handlungsbegriff, Kohlrausch-Festschrift, 1944, S. 155; Gallas, Zum gegenwärtigen Stand der Lehre vom Verbrechen, ZStW 67(1955), S. 43 기타). 이러한 생각은 사람의 예지(豫知)에 한계가 있다는 것을 고려하지 않고 있다. 즉 어떠한 행위라도 항상 완전히 알지도 못하고 또 확실하게 알지도 못하는 세계에 영향을 미치는 것이다. 만약 행위자가 자기에게 알려져 있고 또 아직은 모르지만 알려질 가능성 있는 모든 결과의 발생을 항상 예상하고, 즉 계산에 넣고 행위하여야 한다면, 그는 도대체 행위할 수가 없을 것이다. 행위자는 알려져 있고 또 아직은 알려져 있지 않은 많은 가능성 있는 일을 불확실하게나마 발생하지 않으리라고 광범위하게 믿을 수밖에 없다. 이와 같이 가능성 있는 결과의 불발생을 믿는다는 것은, 장래를 형성하는 목적적 조종 그 자체와 마찬가지로, 사람의 행위답다. 그래서 가능성이 있는 것으로는 생각되었지만 행위자가 그 불발생을 믿은 모든 수반적 결과는 목적적인 행위 관련의 내용으로부터 제외되고, 행위자가 그 발생을 계산에 넣은 수반적 결과만이 목적적인 행위 관련에 속한다.

모든 결과가 인과적으로 결정되는 인과적 관련과는 달리, 미리 생각하는 실현의사에 채입된 결과만이 목적적 관련에 속한다. 목적적 행위는 '그 자체로서' 또는 '절대적으로' 존재하는 것이 아니라, 실현의사에 의하여 설정된 결과에 관련해서만 존재한다.

치사량이 되는, 너무 강한 몰핀인 줄 모르고서 이를 주사한 간호사는 물론 목적적인 주사행위를 한 것이지만, 목적적인 살인행위를 한 것은 아니다. ─연습하느라고 나무를 쏘았던 바, 그 나무 뒤에─ 나무에 숨겨져서─ 한 사람이 있었는데, 이 사람을 죽인 자는 물론 목적적인 연습사격을 한 것이지만, 목적적인 살인행위를 한 것은 아니다. ─ 이 두 경우에 있어서 의욕된 바를 넘은 결과(사망)는 목적적 행위에 의하여 맹목적·인과적으로 야기된 것이다.

이렇게 유의적(有意的)으로 설정된 일정한 결과에의 관련이, 목적적 행위의 의미내용을 '주사(注射)' 내지 '살인', '건축', '필기' 등으로 특징지운다. 이때, 유의적으로 설정된 결과가 행위구조 전체 속에서 바로 소망(所望)된 목표이냐 혹은 단지 적용된 수단이냐 혹은 실현의사 속으로 채입된 단순한 수반적 결과이냐는 행위의 의미내용에게 있어 상관없다. 사망이 의사활동의 목표였던 경우뿐 아니라, 사망이 그 이상의 목표를 위한 (예컨대 죽은 자를 상속하기 위한) 수단을 이룬 경우나 사망이 실현의사 속으로 함께 채입된 수반적 결과였던 경우(예컨대 상술한 경우에 있어서 X의 질식사)에도 목적적인 살인행위가 된다. 그래서 하나의 목적적 행위는 유의적으로 설정된 여러 가지의 결과에의 관련을 통하여 중복된 행위의미를 가질 수 있다. 그리하여 상례(上例)에서 말한 행위는, 추구된 목표에의 관련에서는 재산침해행위이고 사용된 수단에 관하여는 자유박탈행위이고, 목표달성이라는 목적을 위하여 함께 실현된 수반적 결과에의 관련 하에서는 살인행위이다.

물론 목적적 조종은 행위의 외부적 수행 그 자체에도 미치므로, 목적적 조종의 '결과'는 단순한 거동밖에 안 되는 수도 있다. 즉, 놀이, 산보(散步), 승마, 체조, 댄스 등도 음란행위, 선서 등과 꼭 마찬가지로 목적적으로 조종된 거동이다. 그뿐 아니라 많은 우리들의 신체적 동작이 쉴새없는 연습의 결과 자동화되었다는 사실로 말미암아 행위의 목적적 조종이 약화되는 것이 아니라 반대로 지지(支持)된다. 즉 산보(散步)도 비록 우리가 이제는 어린아이와 같이 일보일보(一步一步) 마다를 조종해야 할 필요는 없다 할지라도, 목적적으로 조종된 거동이다.

끝으로 'zweckfrei 한' 거동도 있다는 사실은, 사람의 행위의 목적적 구조에 불리한 것은 아니다. 왜냐하면 이러한 표현방법에 있어서 '목적(Zweck)'은 다른 의미로 즉 거동의 효용(效用, Nutzen)이란 의미로, 사용되기 때문이다. 아이의 놀이는 확실히 '쓸모없는 (zweckfrei)' 것이지만, 아이들의 성(城)짓기나 기차놀이는 항상 목적적으로 조종된 거동이다.

마지막으로 개인적인 소견(所見)을 말해 두겠다. 본인이 1935년에 행위를 의사에 의하여 조종된, 이끌어진 사상(事象)이라고 특징지우기 위하여 「니콜라이 · 하르트만 (Nicolai Hartmann)」으로부터 '목적성'의 내용(Sache)(이것은 보다 훨씬 옛날에 있었다)이 아니라 '목적성'이라는 이름을 차용(借用)했는데, 그때 이렇게 이름을 붙임으로 말미암아 많은 오해가 생기리라고는 전혀 생각하지 못했다. 그동안에 '사이버네틱스 (Kybernetik, Cybernetics)'에서 행위의 결정적인 특성(즉 행위의 조종 및 영도(領導))에 대한 보다 훨씬 적절한 명칭이 붙여졌다. 아마도 목적적 행위론이 의사에 의하여 이끌어지거나 조종된(사이버네틱스적인) 사상(事象)으로서의 행위에 관한 이론이라고 했다면 많은 오해를 면하게 되었을 것이다. 「슈피겔(Spiegel, DAR. 68 287)」이 '선진적(先進的)인 생물(生物) 사이버네틱크적 고찰방법'에 관하여 논하고 있는 것은 타당하다.

[후기]

본고는, 목적적 행위론의 주창자요 법철학자인 한스 벨첼(Hans Welzel) 교수의 제 67회 생일(Geburtstag 3월 25일)을 축복하는 뜻에서 주저(主著)인 『독일형법(Das Deutsche Strafrecht, 11. Aufl., 1969)』 속에서 가장 핵심부분인 「행위의 기본구조(Das

Grundgefüge der Handlung, a.a. O., S. 33 ff.)』를 번역한 것이다. 여기서, 'final' 대신에 'kybernetisch'라는 표현이 낫겠다는 소견은 주목할 만하다. 그리고 『독일형법』은 이 11판(1969년)이 최종판이 되었다.

제 2 부

형법이론

8. 범죄론의 체계구성에 관한 소고[*]

I. 머 리 말

범죄론의 체계에 관하여는 종래 구성요건해당성 · 위법성 · 책임의 삼원론(三元論)의 입장이 일반적이었는데, 근년에는 기본적으로 불법 · 책임의 둘로 보는 이원론(二元論)의 입장이 나오고 있다. 그러나 평가의 단계는 구성요건해당성 · 위법성 · 책임의 삼단계로 보는 것이 보통이다. 이 문제를 어떻게 정리할 것인가가 하나의 주안점이다.

그리고 근년에 와서는 범죄론을 가벌성 내지 형벌에 관련시켜서 논하는 경향이 있다. 범죄론의 가벌성론에로의 해소경향이라고도 볼 수 있다. 이 점에 대하여는 우선은 가벌적 위법성론에 관하여 살펴 보고자 한다.

끝으로 범죄론의 체계구성에 있어서는 구성요건의 성격규명이 결정적이라고 생각되는데, 이 점을 살피면서 필자 나름대로의 범죄론의 체계를 구상해보고자 한다.

II. 범죄론의 체계구성의 개관

오늘날의 범죄론의 체계구성의 원형은 「벨링(Beling)」이 1906년에 발표한 『범죄의 이론』에서 찾을 수 있다. 즉 그는 "범죄란 구성요건에 해당하고 위법하고 유책한 …행위이다(Verbrechen ist die tatbestandsmäßige, rechtswidrige, schuldhafte … Handlung)"[1]라

---

* 이 글은 「형사법학의 현대적 과제」(동산 손해목 박사 화갑기념논문집, 1993) 31면 이하에 실린 것이다.

1 Ernst Beling, Die Lehre vom Verbrechen, 1906, S. 7.

고 정의하였으며, 구성요건을 위법성과 책임으로부터 준별(峻別)하였다.[2] 그 후 「엠.
에. 마이어(M.E.Mayer)」는 구성요건해당성과 위법성은 엄격히 구별되어야 한다[3]고 하
면서도, 구성요건해당성은 위법성의 가장 중요한 인식근거(Erkenntnisgrund)이고 이들
은 연기와 불(Rauch und Feuer)의 관계라고 하였다.[4] 그리고 「마이어」는 "범죄란 구성
요건에 해당하고 위법하고 귀책가능한 사건이다(Verbrechen ist ein tatbestandsmäßiges,
rechtswidriges, zurechenbares Geschehnis)"[5]라고 하여 삼원론을 취하였다. 小野 교수는
"1. 범죄는 형법의 각 본조 또는 기타 개개의 형벌법규에 있어서 규정되어 있는 구성요
건에 해당하는 '행위적 사실'(所爲)이다. 이것을 구성요건해당성이라고 한다.… 2. 범죄
는 위법한 행위이다. … 3. 범죄는 도의적으로 책임 있는 행위(유책한 행위)이다"[6]라고
하여 삼원론의 입장에 서는데,[7] "구성요건은 위법하고 또한 도의적으로 책임 있는 행위
의 유형(類型)이다. 즉 그것은 위법성의 유형화이다. …구성요건은 바로 가벌적인 위
법·유책행위의 법률적 정형(定型)이다"[8]라고 하면서, 구성요건을 '범죄유형'[9]이라고
한다.

한편 「메츠거(Mezger)」에 이르러서는 "범죄란 위법적－구성요건해당적, 유책적 행위
이다(Verbrechen ist rechtswidrig－tatbestandsmäßige, schuldhafte Handlung)"[10]라고 하
면서, 범죄론의 체계구성은 행위를 논외로 하면 위법성과 책임이 된다. 여기서 위법성

---

2 「벨링」은 "구성요건은 어떠한 위법성요소도 섞여져 있지 않다(dass der Tatbestand rein ist von
   allen Rechtswidrigkeitsmomenten)"(S.145), "책임은 …범죄유형의 외적 윤곽으로서의 구성요
   건과 엄격히 대조(対照)가 된다(Die Schuld … hebt sich von dem Tatbestand als dem äußeren
   Umriß des Verbrechenstypus …scharf ab)"(S. 178)라고 논술한다.

3 Max Ernst Mayer, Der allgemeine Teil des Deutschen Strafrechts, 2. unveränderte Aufl., 1923, S.
   9.

4 M.E.Mayer, a. a. O., S. 10.

5 M.E.Mayer, a. a. O., S. 13.

6 小野淸一郞, 新訂 刑法講義 總論, 1948, 83頁 以下.

7 小野 박사는 범죄론을 구성요건의 충족, 행위의 위법성 및 행위자의 도의적 책임으로 나누어
   서 설명한다(前揭書, 4頁 以下 參照).

8 小野淸一郞, 犯罪構成要件の理論, 1953, 26頁 以下.

9 小野, 理論, 25頁.

10 Edmund Mezger, Strafrecht, Ein Lehrbuch, 2. Aufl., 1933, S. 90.

은 구성요건해당적 불법(tatbestandsmäßiges Unrecht)이고,[11] 구성요건은 위법성의 바탕 (Grundlage der Rechtswidrigkeit)이 된다.[12] 그리하여 「메츠거」에 있어서는 범죄론의 체계구성에 있어서 기본적으로는 이원론의 입장이며, 다만 "구성요건에 해당하는 행위를 하는 자는 불법조각사유가 없는 한 위법하다"[13]라고 설명하므로, 위법성의 평가는 구성요건해당성과 불법조각사유 부존재의 두 단계로 행하여진다. 그리고 「하프트(Haft)」는 범죄의 기본구조에 관하여 근년 100년 동안에 일치된 바로서 [표1]과 같은 도표를 그릴 수 있다고 한다.[14] 이에 의하면 우선 범죄는 불법(Unrecht)과 책임(Schuld)으로 나누어지는데, 이 점에서 범죄론의 체계구성에 있어서 이원론의 입장이라고 본다. 다만 불법은 다시 구성요건해당성과 위법성으로 나누어지므로(행위는 논외로 함), 이 점에서는 범죄성립에 관하여 삼단계의 평가를 하게 된다.

[표1]

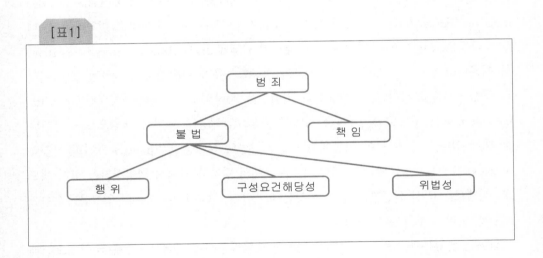

---

11 Mezger, a. a. O., S. 173.

12 Mezger, a. a. O., S. 182.

13 Mezger, a. a. O., S. 182.

14 Fritjof Haft, Strafrecht, Allgemeiner Teil, 5. Aufl., 1992, S. 13.

III. 문제점

이상으로 범죄론의 체계구성에 관한 대표적인 입장을 개관했는데, 여기서는 이와 관련된 몇가지의 문제점을 살펴 보고자 한다. 그런데 책임에 관하여는, 그 내용의 면에서는 문제가 되겠지만, 체계구성의 면에서는 별로 문제가 되지 아니한다.

1. 삼원론과 이원론

범죄론의 체계구성에 있어서「벨링」의 현대적 구성요건이론의 전개 이래로 구성요건해당성 · 위법성 · 책임의 세 평가단계를 거치도록 하는 점에서는 별로 이론(異論)이 없는 것 같다. 물론「록신(Roxin)」은 소위 부정적 구성요건요소의 이론(Die Lehre von den negativen Tatbestandsmerkmalen—보통은 소극적 구성요건요소론이라고 번역하는데, 너무 소극적으로 번역한 것 같다)이 이단계적 범죄체계(das zweistufige Verbrechenssystem)를 이룬다고 한다. 그 이유는, 이 이론이 정당화사유가 위법성을 조각하는 것이 아니라 구성요건을 조각하고, 구성요건과 위법성을 하나의 불법—총체구성요건(Unrecht—Gesamttatbestand)으로 용합(溶合)시켜서 구성요건해당적 불법과 책임으로 구분한다는 데에 있다.[15] 그러나 이 이론에서도 불법구성요건은 긍정적(positiv) 요건과 부정적(negativ) 요건으로 나누어지는 것이며, 두 단계의 평가를 거쳐서 책임평가를 하게 되므로, 실제로는 역시 삼단계의 평가를 거친다고 본다. 그리고 이 이론의 입장을 〈순수한 이원론〉이라고 보아야 할 것이다.

하여튼 삼원론과 이원론의 구별은 범죄론의 체계구성에 있어서 처음부터 구성요건해당성, 위법성 및 책임으로 나누어서 생각하느냐 또는 처음에는 불법(또는 위법성)과 책임으로 나누어서 생각하느냐에 있다고 본다. 그렇게 보면,「벨링」,「마이어」, 小野 등은 전자에 속하고,「메츠거」,「하프트」등은 후자에 속한다. 물론「메츠거」는 〈위법성〉을 구성요건해당성과 불법불조각으로 나누고「하프트」는 〈불법〉을 구성요건해당성과 위법성으로 나누는데, 이것은 평가단계를 둘로 나눈 것에 불과하다고 본다. 따라서 이 입장은

15　Claus Roxin, Strafrecht, Allgemeiner Teil, Band 1, 1992, S. 172.

책임과 더불어〈삼단계적 이원론〉이라고 부를 수 있을 것이다.

〈이원론〉과 〈삼원론〉의 차이는 '첫 평가단계에 있어서의 구성요건'의 성격규명에 있다고 본다. 즉 〈순 이원론〉에 있어서의 '그 구성요건'은 긍정적 〈불법〉구성요건이 되고, 〈삼단계적 이원론〉에 있어서의 '그 구성요건'은 〈불법〉구성요건 또는 〈불법〉유형이 될 수밖에 없을 것이다(표1 참조). 이에 반하여 〈삼원론〉에 있어서의 '그 구성요건'은 위법성·책임과 준별될 수도 있고 또는 위법유형으로도 또는 위법·책임유형으로도 파악될 수 있다고 본다. 이러한 점에서 구성요건의 성격규명을 자유로운 처지에 두는 〈삼원론〉의 입장이 범죄론의 체계구성의 방식으로는 낫다고 본다. 물론 우선 불법과 책임으로 나누는 〈이원론〉의 입장이 '(행위자의) 행위'에 대한 평가와 '(행위를 한) 행위자'에 대한 평가로 나누는 점에서는 장점이 있다고 보며, 참고로 독일의 신형법총칙에서는 문언상 '불법(Unrecht)'이라는 용어를 쓰고 있다.[16] 하여튼 「하프트」는 행위론을 논외로 하면 범죄론을 구성요건해당성(제3장), 위법성(제4장), 책임(제5장)의 셋으로 논하고 있는데, 그렇다고 하여 〈삼원론〉의 입장이 아니라 [표1]에서 알 수 있는 바와 같이 〈삼단계적 이원론〉의 입장인 것이다.

2. 가벌적 위법성론

가벌적 위법성론이란 특히 일본에서 발달한 이론인데, 처벌할 값어치가 있는 정도의 위법성을 갖추지 못한 경우에는 위법행위유형으로서의 구성요건에 해당하지 않게 되거나 또는 위법성이 조각된다고 보면서, 결국 처벌할 값어치가 있는 정도의 위법성, 즉 가벌적 위법성이 갖추어져야 범죄가 될 수 있다는 주장이다. 여기서는 피해법익의 절대적 경미성(輕微性)과 상대적 경미성이 문제가 된다.

그런데 피해법익의 〈절대적 경미성〉의 경우에는, 예컨대, 시험 중에 지우개를 잠깐 빌리기 위해서 앞 학생의 등을 손 끝으로 한 번 가볍게 친 경우에, 〈유형력(有形力)의 행사〉이지만, 그 피해법익이 너무나 경미하여 폭행죄의 〈폭행행위〉에 해당한다고 하여 처벌의 대상으로 볼 것이 아니라고 생각한다. 이 점에서 가벌성의 문제를 범죄론에 도

---

16 예컨대 제17조(금지착오), 제20조(정신장애로 인한 책임무능력), 제21조(한정책임능력) 등.

입한 것은 옳다고 본다. 그러나 피해법익의 〈상대적 경미성〉의 경우에는 위법성조각의 일반원리의 차원에서 해결할 문제라고 생각한다. 여기서는 특히 〈법익의 교량(較量)〉이 문제가 될 것이다.

3. 구성요건의 성격

구성요건(Tatbestand)이란 용어는 상당히 다의적(多義的)이지만, 여기서는 범죄성립요건의 하나로서의 구성요건해당성에 있어서의 〈구성요건〉에 관하여 살펴 보고자 한다.

먼저 구성요건이 법질서에 반하는 행위를 유형화(類型化)한 것이라는 점에서는 오늘날 별로 이론(異論)이 없을 것이다. 이러한 의미에서 구성요건을 위법행위유형(또는 불법유형)이라고 본다.

다음으로 구성요건을 책임과 관련시켜서 논할 수 있겠느냐의 문제에 관하여는 의견이 나누어질 것이다. 그런데 살인죄의 형벌감경유형인 형법 제251조의 영아살해죄에 있어서 "치욕을 은폐하기 위하거나 양육할 수 없음을 예상하거나 특히 참작할 만한 동기로 인하여"라는 요건은 책임에 관련되는 것이라고 볼 수밖에 없고 또 형법 제210조의 위조통화취득후의 지정(知情)행사죄가 형법 제207조 제4항의 위조통화행사죄보다 형이 월등하게 가벼운 것도 책임감경과 관련된 것으로 본다. 이와 같이 구성요건의 범죄개별화기능과 관련된 이러한 현상은 구성요건의 유책행위유형으로서의 성격을 인정해야 하리라고 본다. 「하프트」식인 삼단계적 이원론 체계에서는 구성요건이 불법유형으로 파악되는 것은 당연하지만 구성요건을 유책행위의 유형으로 파악하기에는 부적격이라는 점에서, 그 입장을 선호하지 않게 되는 것이다.

한편 구성요건이 〈대내적으로는〉 위법·유책한 행위의 유형인 동시에 〈대외적으로는〉 일정한 형벌(법정형)이 과하여질 행위자의 행위를 유형화한 것, 즉 범죄의 유형이라는 점을 간과해서는 안 된다고 본다. 범죄구성요건해당성의 〈해석론적 내포〉는 고정적이지만, 〈적용상의 외연〉은 어떤 종류의 또 어느 정도의 형벌을 과하도록 법정되어 있느냐에 따라 유동적이라고 본다. 즉 어떤 범죄구성요건적 사실(예컨대 절도)에 대하여 과하여질 법정형이 무거워질수록 그 해당범위는 좁아질 것이고 법정형이 가벼워질수록 그 해당범위는 넓어질 것이다.

이상에서 논한 바를 요약하면, '구성요건은 위법·유책한 행위의 유형인 동시에 일정한 형벌(법정형)이 과하여질 범죄의 유형이다'라고 성격규명을 할 수 있다.

Ⅳ. 필자의 구상

필자의 범죄론체계의 구상은 [표2]와 같다.

[표2]

범죄론체계	평가단계	평가차원	평가대상
법정형 ⇒ 구성요건	구성요건해당성 ⇩ 위법성 ⇩ 책임 (불법)		행위자의 행위
위법성		사회적 차원	(행위자의) 행위
책임		개인적 차원	(행위를 한) 행위자

이 도표를 통해서 알 수 있는 필자의 견해는 다음과 같다. ① 범죄론의 체계구성은 삼원론의 입장이다. ② 평가의 단계는 구성요건해당성·위법성·책임의 삼단계이고 또 그 순서이다. ③ 구성요건은 위법·유책한 행위의 유형인 동시에 일정한 형벌(법정형)이 과하여질 범죄의 유형이다. ④ 구성요건에 해당하고 위법한 행위는 '불법'이다.[17]

---

17 Roxin, a. a. O., S. 108 참조. 또한 일본형법학에서는 삼원론의 입장이 많으므로 〈불법〉이란 용어를 별로 쓰지 아니한데, 필요에 따라 쓰는 것이 좋다고 본다. 예컨대 〈위법일원론 대 위법

⑤ 위법성의 평가는 사회적 차원에서, 책임의 평가는 개인적 차원에서 행하여진다. ⑥ 평가의 대상에 관하여, 구성요건해당성에 있어서는 '행위자의 행위'이고, 위법성에 있어서는 '(행위자의) 행위'이고, 한편 책임에 있어서는 '(행위를 한) 행위자'이다.

Ⅴ. 맺는 말

이상으로 현재 필자가 구상하고 있는 범죄론의 체계의 개요를 소개하였다. 이것은 아직 미완성이며, 특히 책임과 가벌성의 관계의 검토는 후일로 미루었다. 만족할 만한 체계구성은 영원한 숙제가 될른지? 앞으로 더욱 노력할 따름이다.

상대성론〉으로서 대립시키고 있지만, 이것을 〈위법성일원론 대 불법상대성론〉으로 바꾼다면 양자는 양립가능하다고 본다(김종원, 「위법성과 불법·구성요건해당성에 관한 소고」, 고시연구 1992년 10월호, 26면 이하, 특히 28면 주4 참조).

9. 형법에 있어서의 행위개념에 관한 시론(試論)[*]

Ⅰ. 서 설

형법에 있어서의 행위개념에 관하여는 대체로 인과적 행위개념 · 목적적 행위개념 · 사회적 행위개념 및 인격적 행위개념으로 나누어서 논하는 것이 보통이다. 그리고서 그 중의 하나를 타당한 것으로서 받아들인다.

필자 자신도 1956학년도의 석사학위논문인 「형법에 있어서의 목적적 행위론」이래로 「벨첼」의 목적적 행위론의 입장이 타당한 것으로 보고 그의 논문을 번역하거나 요약하면서 그의 입장을 지지해 왔다. 그러다가 70년대에 들면서 〈부작위〉의 이해에 의문을 가지게 되었으며, 80년대에 들면서 새로운 방향으로 생각하기 시작했다. 즉 4개의 행위개념 가운데서 배타적으로 하나만이 옳다는 사고방식은 잘못이라고 생각하게 되었다. 즉 4개의 행위개념이 반드시 모두 동일평면 상의 배타적 택일관계에 있는 것은 아니라고 생각되었다. 이렇게 생각하게 된 것은 다음의 두 가지가 힌트가 되었다. 첫째로 「옷터(Otter)」가 「슈밋트(Eb. Schmidt)」와 「엥기쉬(Engisch)」를 '사회적(인과적 · 사회적) 행위개념(der soziale(kausal−soziale) Handlungsbegriff)'의 입장으로 분류하고 있는데,¹ 여기서 〈인과적 · 사회적〉이란 표현이 무엇인가를 시사하는 것으로 보였다. 둘째는 「바우만(Baumann)」이 '통일적 행위개념(einheitlicher Handlungsbegriff)'과 '특수화적 행위개념(spezialisierter Handlungsbegriff)'으로 대치시키는 데에² 흥미가 있었다.

그리하여 필자는 행위개념을 세 단계에서 순차적으로 고찰하는 것이 좋겠다고 생각

---

* 이 글은 익헌 박정근박사화갑기념논문집(1990년) 35면 이하에 실린 것이다.

1 Klaus Otter, Funktionen des Handlungsbegriffs im Verbrechensaufbau?, 1973, S. 10.

2 Jürgen Baumann, Einführung in die Rechtswissenschaft, 4. Auflage., 1974, S. 391.

되었다. 즉 첫째 단계는 '형법적 고찰의 대상으로서의 인간행위의 구조'에 관한 것인데, 여기서는 인과적 행위개념과 목적적 행위개념이 문제가 된다. 둘째 단계는 '형법적 규율의 대상이 될 수 있는 인간행위'에 관한 것인데, 여기서는 사회적 행위개념이 문제가 된다. 셋째 단계는 '형법학에 있어서의 행위개념'에 관한 것인데, 여기서는 통일적 행위개념과 특수화적 행위개념이 문제가 된다.

본고에서는 이러한 구상의 개요만 소개하고, 자세한 분석과 전개는 다음 기회로 미루기로 한다.

II. 행위개념의 단계적 고찰

전술한 바와 같이, 필자는 여러 행위개념을 배타적 택일관계로 보지 않고 단계적으로 고찰하는 것이 형법에 있어서의 행위개념을 이해하는 데에 도움이 된다고 생각하는데, 다음에서 그 개요만 소개하고자 한다.

1. 형법적 고찰의 대상으로서의 인간행위의 구조
– 인과적 행위개념과 목적적 행위개념 –

형법적 고찰의 대상이 되는 것은 인간의 행위인데, 그 인간행위의 구조 내지 메커니즘에 관하여는 원인–결과의 관련에서 기술 내지 설명하는 방식, 즉 기계론적인 설명방식과 목적–수단의 관련에서 기술 내지 설명하는 방식, 즉 목적론적인 설명방식이 대립하는 것으로 안다. 이것이 바로 인과적 행위개념과 목적적 행위개념의 대립이라고 생각한다.

이 점에 관하여 필자는 기계가 아닌 인간의 행위는 목표지향적 성격을 가지는 것으로 파악하는 편이 낫다고 본다. 인간행위의 목적적 조종에 있어서는 먼저 목표를 정하고 그 목표를 달성할 수단을, 수반결과를 함께 고려하면서, 선택하고 이렇게 선택된 수단을 현실세계에 적용시켜 나간다고 본다.[3] 여기서 〈한다〉는 적극적인 방식으로 행하는

---

3 Hans Welzel, Das Deutsche Strafrecht, 11. Auflage, 1969, S. 34 f. 참조.

것이 '작위'임에 반하여 〈아니한다〉는 소극적인 방식으로 행하는 것이 '부작위'라고 생각한다.[4]

2. 형법적 규율의 대상이 될 수 있는 인간행위
- 사회적 행위개념 -

형법의 상위개념은 법이고 법의 상위개념은 〈사회규범〉인데, 이 사회규범의 규율의 대상이 될 수 있는 것은 〈사회적으로 의미가 있는 또는 사회적으로 중요한 인간행위〉만이다. 그래서 형법적 규율의 대상이 될 수 있는 인간행위는 바로 〈사회적으로 의미가 있는 인간행위〉인 것은 당연하다. 필자는 이러한 행위개념이 〈사회적 행위개념〉이라고 생각한다. 사회적 행위개념을 이렇게 이해한다면, 형법학자치고 사회적 행위론자가 아닌 사람은 없을 것이고 또 자기가 사회적 행위론자라고 강조하는 것은 별로 의미가 없다고 본다. 그리고 인간은 일반적으로 사회생활을 하고 있으므로, 이 고찰단계에 있어서는 소극적으로 〈사회적으로 의미가 없는 인간행위〉는 어떠한 행위인가가 주로 문제가 된다고 본다.

여기서 유의할 것은, 〈사회적으로 의미가 있는 인간행위〉의 구조를 인과적으로 설

---

4 이 점에서 본인은 「벨첼」· 「카우프만」 식인 부작위의 구조(「벨첼」은, 작위는 목적확동의 현실적 수행이라고 보면서, 부작위는 이에 반하여 가능한 목적활동의 〈불수행〉이라고 본다.(Welzel, Das Deutsche Strafrecht, S. 31. f 참조)를 취하지 아니하며, 부작위도 「벨첼」의 〈행위구조〉 속에 넣어서 설명할 수 있으므로 그것을 보다 철저화했다고 생각한다. 그리고 〈부작위〉를 이렇게 파악하면, 그것에 대하여 규범적 평가는 할 수 있겠지만, 그것이 전적으로 규범의 면에서 파악된다고 할 필요는 없게 된다. 예컨대 어머니가 갓난 아기를 젖주지 아니함으로써 죽인 경우에, 〈불수유(不授乳)〉라는 소극적인 수단을 써서 아기를 목적적으로 죽인 것이고, 이때에 〈젖을 주어야 할〉 어머니가 젖을 주지 아니하였느냐의 문제는 작위의 경우와 마찬가지로 규범에 관련하는 문제이다. 근년에 독일에서는 범죄를 고의범(고의의 작위범)· 과실범(과실의 작위범)과 부작위범으로 나누어서 설명하는 경향에 있고 우리나라에서도 이를 따르는 경향이 보이는데, 〈부작위〉를 상술한 바와 같이 이해한다면, 범죄를 고의범과 과실범으로 나누고서, 〈전자〉를 다시 고의의 작위범과 고의의 부작위범으로, 〈후자〉를 다시 과실의 작위범과 과실의 부작위범으로 나누는 것이 합리적일 것이다(참고로 「슈트라텐베르트」는 고의의 작위범, 고의의 부작위범 및 과실범(과실의 작위범· 과실의 부작위범)으로 나눈다—Günter Stratenwerth, Strafrecht, Allgemeiner Teil I, 3. Auflage, 1981, S. 7 f.).

명할 수도 있고(인과적으로 설명하면 〈인과적 · 사회적 행위개념〉의 입장이라고 본다)[5]
또 목적적으로 설명할 수도 있으며(목적적으로 설명하면 〈목적적 · 사회적 행위개념〉
의 입장이라고 본다),[6] 한편 〈사회적으로 의미가 없는 인간행위〉의 구조를 인과적으로
설명할 수도 있고 또 목적적으로 설명할 수도 있다[7]는 점이다.

그래서 「인과적 행위론과 목적적 행위론의 합일태적 의미에 있어서의 사회적 행위
론」[8]이라는 표현은 상술한 의미에 있어서는 적절하지 않다고 본다.

3. 형법학에 있어서의 행위개념
— 통일적 행위개념과 특수화적 행위개념 —

(1) 형법학에 있어서의 〈범죄행위〉로서는 고의행위 · 과실행위 · 부작위가 문제가 되
겠는데, 여기서 이 세 가지의 상위개념으로서의 행위개념을 생각할 것인가(통일적 또
는 단일적(單一的) 행위개념) 또는 각자의 특색을 살린 행위개념을 개별적으로 생각할
것인가(특수화적 행위개념)가 논점이 된다. 〈전자〉를 취하면 보다 내용이 공허하게 되
고 또 한계가 희미하게 될 것이며, 〈후자〉를 취하면 보다 내용이 충실해지고 또 한계가
뚜렷해질 것이다.[9] 〈통일적 행위개념〉은 그 외연(外延)이 가장 넓은 행위개념이 되겠는
데, 그 대표적인 예는 「마이호퍼」의 '객관적으로 예견가능한 사회적 결과에 지향된 객관
적으로 지배가능한 모든 행태'[10]라는 표현에서 찾을 수 있다(여기서 〈사회적〉이란 표현
은 둘째의 단계에서 문제되므로, 이것을 빼면 될 것이다). 즉, '예견가능한 결과에 지향
된'에서 과실행위뿐 아니라 고의행위도 포괄하고 또 '지배가능'에서 작위뿐 아니라 부작

---

5 전술한 「슈밋트」 등의 〈인과적 · 사회적 행위개념〉은 이러한 관점에서 이해될 수 있다.

6 필자는 이러한 입장이다. 그러나 이재상 교수의 「목적적 · 사회적 행위론」은 후술과 같이, 이것
   과는 다르다고 본다.

7 예컨대 고도(孤島)에서 혼자 살고 있는 사람이 집을 지은 경우에, 그는 사회생활을 하고 있지
   아니하므로 그의 행위는 〈사회적으로 의미가 없는 인간행위〉이지만, 그 행위를 인과적으로 설
   명할 수도 있고 또 목적적으로도 설명할 수 있는 것이다.

8 이형국, 「형법총론연구 II」, 1986, V면(머리말).

9 Baumann, Einführung, S. 391 참조.

10 Werner Maihofer, Der soziale Handlungsbegriff, Festschrift für Eberhard Schmidt, 1961, S. 178.

위도 포괄한다. 〈특수화적 행위개념〉은 구체적 내용에 관심을 두는데, 참고가 될 예로
서는 「예섹」의 "그 (사회적 행위개념–필자 주)의 실질적 내용(Gehalt)은 목적성, 인과성
및 행위기대(行爲期待)라는 요소들에 있는데, 이들은 사회적 중요성이라는 상위개념에
포괄된다"[11]라는 표현을 들 수 있다. 다만 예섹은 〈형법학적〉 중요성을 〈사회적〉 중요
성으로 보는 것 같다.

필자는 통일적 행위개념과 특수화적 행위개념을 배타적 · 택일적 관계에 있는 것으로
보고 싶지 않다. 즉 형법학에 있어서 행위를 가장 넓게, 따라서 고의행위 · 과실행위 및
부작위를 모두 포괄하는 개념으로 파악하려면 '예견가능한 결과를 야기하는 지배가능
한 인간행위'라는 〈통일적 행위개념〉이 될 것이고 또 각자의 특색을 내용적으로 살리려
면 목적성 · 주의의무위반성 · 작위의무위반성으로 파악되는 〈특수화적 행위개념〉이 될
것이다.[12]

(2) 한편 〈범죄〉를 '구성요건에 해당하는 위법하고 유책한 행위'라고 정의하는 경
우에 '유책한 행위'에 착안한다면, 행위를 인격의 발현(発現)으로 보는 〈인격적 행위개
념〉[13]이 중요한 의미를 가질 것이다. 그러나 필자는 위법성까지는 사회적 차원에서 '행
위자의 〈행위〉'를 문제 삼는다면, 책임에 있어서는 개별인(個別人)의 차원에서 '행위를
한 〈행위자〉'를 문제삼는다고 본다. 이러한 입장에서는 행위자관계적인 〈인격적 행위
개념〉은 본래적 의미의 〈행위〉개념의 논의로부터 일단 제외해도 좋으리라고 생각한다.

III. 결 론

이상 고찰한 바와 같이, 필자는 〈행위개념〉의 문제는 단계적으로 고찰하는 것이 타

---

11 Hans–Heinrich Jescheck, Der strafrechtliche Handlungsbegriff in dogmengeschichtlicher
    Entwicklung, Festschrift für Eberhard Schmidt, 1961, S. 153.
12 필자는 첫째 단계에서 〈목적적 행위개념〉의 입장을 취하므로, 과실행위의 특성을 인과성에 두
    지 않고 '주의의무위반성'에 둔다.
13 김일수, 『형법총론』, 1989, 113면 이하 참조.

당하다고 생각한다. 그래서 첫째의 고찰단계인 〈형법적 고찰의 대상으로서의 인간행위의 구조〉에 관하여는 목적적 행위개념을 취하면서, 부작위도 여기에 포함하는 것으로 본다. 둘째의 고찰단계인 〈형법적 규율의 대상이 될 수 있는 인간행위〉는 사회적으로 의미 있는 인간행위라는 뜻에서 사회적 행위개념을 취하게 되는데, 이것은 당연한 일이다. 이리하여 필자는 목적적·사회적 행위개념의 입장을 취한다. 셋째의 고찰단계인 〈형법학에 있어서의 행위개념〉은 행위를 가장 넓게 파악하면 '예견가능한 결과를 야기하는 지배가능한 인간행위'라는 통일적 행위개념이 될 것이고 또 개별적인 특성을 살리려면 목적성·주의의무위반성·작위의무위반성으로 파악되는 특수화적 행위개념이 될 것이다.

끝으로 이재상 교수는 〈목적적·사회적 행위론〉의 입장에서 "목적적·사회적 행위론에 의하면 행위개념의 본질적 요소로서 사회성을 요구하며, 상위개념인 사회성에 목적성과 인과성 및 행위기대를 포함시킴으로써 행위개념은 내용 있는 개념이 되고, 행위개념 속에 고의행위와 과실행위, 작위와 부작위가 포함될 수 있게 된다"[14]라고 논술하는데, 목적성과 나란히 〈인과성〉을 드는 점에 비추어 첫째의 고찰단계에서 목적적 행위개념을 취하지 아니함이 분명하므로 필자와 동일한 〈목적적·사회적 행위개념〉의 입장이 아니고,[15] 필자의 입장에서 보면 오히려 〈특수화적·사회적 행위개념〉의 입장이라고 볼 수 있겠다.

---

14 이재상, 『형법총론』(전정판), 1990, 91면 이하.

15 이재상 교수는 "… 인간행태의 목적유형에서 출발하지 않고 인간의 모든 행태가 목적적 조종인 것은 아니라고 하는 점에서 목적적 행위론과도 차이가 있다. 그러나 이 행위론은 인간의 행태가 원칙적으로 목적활동의 수행이라는 사실을 인정하는 점에서 목적적 행위론을 배척하는 것이 아니라 오히려 목적적 행위론을 보완한 행위론이라고 할 수 있다. 이러한 의미에서 이를 목적적·사회적 행위론이라고도 할 수 있다"라고 논술한다(총론, 91면).

10. 인 과 관 계[*]

一. 서 론

　형법에 있어서의 인과관계의 문제는 모든 범죄에 있어서 일어나는 것이 아니라, 구성요건상 일정한 결과의 발생이 요구되어 있는 범죄, 즉 결과범(예컨대 살인죄 · 상해치사죄)에 있어서만 일어난다. 따라서 소위 단순거동범(예컨대 주거침입죄)에 있어서는, 인과관계의 문제가 일어나지 아니한다.

　결과범에 있어서는 구성요건에 해당하는 행위(실행행위)로 인하여 구성요건해당의 결과가 발생함으로써 비로소 그 범죄가 완성되며(즉 기수가 되며), 이때에 실행행위와 그 결과와의 사이에 소위 인과관계가 있음을 요한다. 만약 이러한 인과관계가 없으면 미수범이 문제가 됨에 불과하다. 물론 상해치사죄와 같은 결과적 가중범에 있어서는, 사망에 대한 인과관계가 없는 때에는 상해죄가 문제가 된다.

　종래에 인과관계의 문제는 조건설 · 원인설 · 상당인과관계설의 대립 하에서 다루는 것이 보통이지만, 후양설(後兩說)은 소위 조건설의 입장을 전제로 삼고서 주장되는 것이므로, 그렇게 문제를 다루는 것은 타당하지 않다고 본다. 그래서 형법상의 인과관계의 문제를 다룸에 있어서는, 우선 구성요건과의 관련 하에서 행위와 결과와의 사이에 사실상 인과관계가 있느냐를 따지고, 그것이 긍정되면 다음으로 구성요건해당성의 견지에서 그 인과관계가 의미가 있느냐 내지 중요하냐를 따져야 하리라고 본다.

---

* 이 글은 법정(1966년 5월호) 33면 이하에 실린 것이다.

二. 인과관계의 존부

형법에 있어서의 인과관계의 문제를 다룸에 있어서는, 우선 일정한 구성요건과의 관련 하에서 행위와 결과와의 사이에 사실상 인과관계가 있느냐 없느냐를 따져야 한다. 이것은 하나의 사실판단이다. 여기서는 행위와 결과와의 사이에 필연적 조건관계만 있으면, 즉 구체적으로 전자가 없었더라면 후자가 없었을 것이라고 판단되는 한, 양자 사이에는 인과관계가 인정되며, 이러한 입장을 '조건설'이라고 한다. 그래서 A가 치명상을 입히지 못했지만 B가 혈우병 환자이기 때문에 사망한 경우나 B가 그 상처에 신수(神水)를 발랐기 때문에 나쁜 균이 들어가서 사망한 경우도, A의 행위가 없었던들 B의 사망의 결과가 발생하지 아니했으리라고 판단되는 한, 양자 사이에 인과관계는 있다. 또 A는 치사량의 반의 독약을 C에게 먹이고 이어서 B도 치사량의 반의 독약을 C에게 먹여서 결국 C가 사망할 경우는, A의 행위나 B의 행위가 없었던들 C는 사망하지 않았을 것이므로, A의 행위도 B의 행위도 C의 사망에 대하여 인과관계가 있다. 물론 A가 C에게 독약을 먹였으나 독이 돌기 전에 B가 C를 사살한 경우에는 A의 행위가 없었어도 C가 사망했으리라고 판단되면, 양자 사이에 인과관계가 없다. 이를 '인과관계의 단절'이라고 한다.

三. 인과관계의 중요성의 유무

사실판단으로서 인과관계의 존재가 긍정되면, 다음으로 그 인과관계가 구성요건해당성의 견지에서 의미 있는 내지 중요한 것이냐 아니냐를 따지게 되는데, 이것은 하나의 가치판단이다.

1. 그런데 인과관계의 형법적 중요성의 문제에 관하여는 등가설(等價說), 원인설, 상당인과관계설이 대립한다고 본다.

(1) 등가설

그 행위가 없었더라면 그 결과가 발생하지 않았으리라는 필연적 조건관계만 있으면 인과관계가 있다고 하는 조건설의 입장을 그대로 받아들여서, 그 결과에 대한 모든 조건을 형법상 동등한 가치를 가진 것으로서 중요성을 인정한다. 따라서 조건설의 입장에서 인과관계가 있다고 판단되면 곧 그것이 형법상 중요한 인과관계가 된다. 물론 사실판단으로서의 인과관계의 존부의 문제와 가치판단으로서의 인과관계의 중요성의 유무의 문제를 구별하지 아니한 종래의 입장에서는, 조건설이 바로 등가설이며, 보통은 조건설이라고 불렀다.

(2) 원인설

결과에 대한 여러 조건 가운데서 일정한 기준에 맞는 조건만을 '원인'이라고 하고, 이러한 원인과 결과와의 사이에만 형법상 중요한 인과관계가 있다고 본다. 예컨대 결과의 발생에 결정적인 방향을 준 조건, 결과에 대하여 시간적으로 최종적인 조건, 결과에 대하여 가장 유력한 조건 따위를 특히 원인이라고 본다. 그래서 이 학설을 '개별화설'이라고도 부른다.

(3) 상당인과관계설

그러한 행위로부터 그러한 결과가 발생하는 것이 인류의 경험지식 전체에 비추어(경험법칙상) 일반적이라고 판단될 때에, 즉 결과발생에 상당한 조건이라고 판단될 때에, 양자 사이에 형법상의 중요한 인과관계가 있다고 본다. '일반화설'이라고도 부른다. 물론 여기서 상당성의 판단은 객관적으로 행하여지는데, 판단의 자료의 범위를 어떻게 정할 것이냐에 관하여는 다시 세 학설로 나누어진다.

ㄱ) 주관설

행위자가 행위 당시에 인식하고 있었거나 예견가능했던 사정을 상당성 판단의 자료로 삼는다.

ㄴ) 객관설

행위 당시에 존재한 모든 사정 및 행위 후의 사정이라도 예견가능한 것을 모두 상당성 판단의 자료로 삼는다.

ㄷ) 절충설

행위 당시에 일반인이 알 수 있는 사정 및 행위자가 특히 알고 있는 사정을 상당성판단의 자료로 삼는다.

2. 생각건대 등가설(소위 조건설)의 입장은 사실상의 인과관계가 있으면 곧 그것이 형법상 중요한 인과관계라고 본 것이 잘못이다. 물론 형법상 중요한 인과관계는 사실상의 인과관계의 존재를 전제로 삼지만, 그렇다고 사실상의 조건관계만 있으면 모두 동등하게 형법상의 인과관계를 인정하는 것은 지나친 것이라고 본다.

이를테면 살인의 의사로써 칼로 찔렀으나 가벼운 상처를 냈을 뿐인데 피해자가 그 상처에 소위 신수(神水)를 바름으로써 나쁜 균이 들어가서 사망한 경우에도, 등가설에 의하면 살인행위와 사망과의 사이에 조건관계가 있으므로 형법상의 인과관계가 긍정되어 살인기수가 되는데, 이 결론은 타당하지 않다고 본다. 그래서 한때 인과관계중단론이 나와서, 인과관계의 진행 중에 자연적 사실 또는 제3자의 자유로운 고의의 행위가 개입하면 이로써 인과관계가 중단된다고 주장되었으나, 조건관계만 있으면 바로 형법상의 인과관계를 인정하는 입장에서 일정한 경우에는 중단된다는 것은 자기모순이다.

원인설이 등가설(소위 조건설)에 의해서 형법상의 인과관계가 지나치게 넓게 인정되는 것을 방지하기 위해서 결과에 대한 여러 조건 가운데서 일정한 기준으로 원인이 되는 것을 선별하려는 점은 옳다고 본다. 그러나 최유력한 조건, 결정적인 조건 따위의 개념 자체가 부정확해서 이러한 기준으로는 무엇이 원인인가가 분명하지 않을 뿐 아니라, 각 조건 사이의 효력을 정밀하게 측정해서 비교하는 일은 쉬운 일이 아니고 또한 그 가운데서 하나의 원인을 선출하는 것은 일반적으로 매우 곤란하다. 결과의 발생은 반드시 한 개의 조건에만 의존하는 것이 아니므로, 형법상의 인과관계를 개별화해서 판단하는 것은 타당한 방법이라고 볼 수 없다.

상당인과관계설은 그 지향하는 바가 원인설과 같고 광의로는 원인설의 하나로 산입되지만 인류의 경험적 지식 전체에 비추어서 결과의 발생이 일반적이냐를 판단하려는 점에서, 즉 개별화해서가 아니라 일반화해서 판단하려는 점에서 원인설과 구별되며, 상당인과관계설의 입장이 타당하다고 본다. 다만 상당성 판단의 자료의 범위에 관한 세 학설 가운데서, 주관설은 행위자가 인식할 수 없었던 사정은 사회의 일반인이 인식할 수 있는 것일지라도 모두 배제하는 점에서 너무 좁고, 객관설은 행위 당시에 행위자에게도 일반인에게도 인식할 수 없었던 사정까지 포함시키므로 너무 넓고, 따라서 절충설의 입장이 타당하다고 본다.

四. 부작위와 인과관계

인과관계가 문제가 되는 결과범이 부작위에 의하여 행하여지는 경우에, 부작위 그 자체가 원인력을 가질 수 있느냐, 즉 무에서 유가 생길 수 있느냐가 문제가 되어, 이 점에 관하여 여러 학설이 대립되었다. 즉 (1) 명하여진 작위를 태만하고 있는 반면에 현실로 행하고 있는 적극적 행위가 원인이라고 보는 타행행위설(他行行爲說), (2) 작위의무를 발생케 하는 선행행위가 원인이라고 하는 선행행위설(先行行爲說), (3) 결과발생의 장애가 될 행위충동을 억압하는 심리작용 속에 원인을 구하는 간섭설, (4) 부작위에는 작위에 있어서와 같은 자연적 인과관계는 없지만, 작위의무위반이 있는 경우에는 법적 인과관계 또는 이에 준하는 준인과관계가 있다고 하는 법적 또 준인과관계설 등이 있었다. 그런데 부작위는 단순한 '무'가 아니라, 즉 아무 것도 하지 않는 것이 아니라, 규범상 기대된 일정한 작위를 하지 않는 것이다. 그래서 규범상 기대된 일정한 작위를 하였더라면 결과가 발생하지 않았겠는가를 문제 삼고서, 이것이 긍정되면 그러한 작위를 하지 않은 것이 결과발생의 원인이 되므로, 부작위와 결과와의 사이에 사실상의 인과관계가 있게 된다. 예컨대 어머니가 갓난 아이에게 젖을 주지 아니함으로써 그 아이를 죽인 경우에, 이때 규범상 기대되는 작위는 젖을 주는 것이므로, 젖을 주었더라면 아이는 죽지 않았을 것이라는 관계가 성립하면, 젖을 주지 아니한 부작위와 아이의 사망이라는 결과와의 사이에 사실상의 인과관계가 있는 것이다. 반대로 젖을 주었어도 아이는 죽었을 것이라고 판단되는 경우에는, 젖을 주지 아니한 부작위와 사망이라는 결과와의 사이에 사실상의 인과관계가 없음은 물론이다. 부작위와 결과와의 사이의 사실상의 인과관계가 긍정되면 다음으로 그 인과관계의 형법상의 중요성의 유무를 판단하면 된다. 이상과 같이, 부작위범에 있어서의 인과관계의 문제는, 작위범의 경우와 그 논리적 구조가 같다.

五. 형법 제17조의 해석론

우리 형법은 제17조에서 "어떤 행위라도 죄의 요소되는 위험발생에 연결되지 아니한 때에는 그 결과로 인하여 벌하지 아니한다"라고 규정하여, 인과관계에 관한 규정을 신설하였다.

여기서 '죄의 요소되는 위험발생'이란 구성요건에 해당하는 결과의 발생을 말한다. '연결된다'는 것은 행위와 결과발생 사이에 인과관계가 인정된다는 뜻이다. 따라서 사실상의 인과관계가 있을 뿐 아니라, 나아가서 그것이 형법상 중요한 인과관계라고 판단되어야 한다. 다만 어떠한 경우에 연결되느냐에 관하여 적극적으로 규정하고 있지 아니하므로, 그 문제는 여전히 학설 · 판례에 일임되어 있다. 그리고 "연결되지 아니한 때에는 그 결과로 인하여 벌하지 아니한다"고 규정되어 있으므로, 실행행위와 구성요건해당의 결과 사이에 인과관계가 인정되지 아니하면 기수로 벌할 수 없다. 물론 상해치사죄와 같은 결과적 가중범에 있어서 사망의 결과와의 사이에 인과관계가 인정되지 아니하면, 상해죄만이 문제가 된다. 또 과실범의 경우에 있어서 과실행위와 결과와의 사이에 인과관계가 인정되지 않으면, 과실범의 성립이 없게 된다.

이상 고찰한 바와 같이, 우리 형법은 인과관계에 관한 규정을 신설하였지만, 그리고 이 신설을 신형법의 특색의 하나로 들지만, 인과관계의 문제를 입법적으로 해결하고 있는 것이 아니라, 여전히 학설 · 판례에 일임하고 있다. 그뿐 아니라 동조의 본래의 취지로부터 이탈된 것으로 보이는 해석론까지 나오고 있음에 비추어 볼 때, 동조는 백해무익한 규정이라고 생각한다.

[추가]

우리나라나 일본에서는 보통 「상당인과관계설」이란 용어를 쓰지만, 독일에서는 Adäquanztheorie라고 하고 있는데, 종래의 표현방식대로라면 그냥 '상당설'이라고 하는 것이 좋을 것이다. 그리고 Adäquanz는 〈적합(適合)〉이라고 번역되므로, 행위가 그 결과를 발생시킴에 적합한 것이고 또 그 과정에 비추어 그 결과를 행위자에게 귀속시키는 것이 적합하다는 뜻으로 '적합설'이라고 하는 편이 더 알기 쉬울 것이다.

11. 부작위범[*]

- - - - - - - - - - - - - 머 리 말 - - - - - - - - - - - - -

    부작위범, 특히 부진정 부작위범의 문제는 오래 전부터 형법학에 있어서 가장 난해한 것의 하나로 손꼽히는 것일 뿐 아니라, 「아르민 · 카우프만(Armin Kaufmann)」의 『부작위범의 이론(Die Dogmatik der Unterlassungsdelikte)』이 출간된 1959년을 전후해서 최근 10년 동안 부작위범의 이론은 독일형법학에 있어서 가장 큰 문제거리의 하나가 되어 온 것으로 본다. 이것은 물론 독일형법초안이 부진정 부작위범을 규정하는 입법작업과도 관련이 있겠지만, 「벨첼」을 중심으로 한 목적적 행위론의 이론적 발전과 보다 더 관련이 있지 않을까 생각된다.

    최근에 있어서의 부작위범 이론의 발전에 관해서는 다른 기회에 논급하기로 하고 본고에서는 주로 종래의 부작위범 이론을 정리해 보려고 한다.

一. 의 의

[1] 작위와 부작위

    형법상 행위에는 어떤 행동을 한다는 적극적 행태(aktives Verhalten)인 '작위(Begehung, Tun)'와 어떤 행동을 하지 아니한다는 소극적 행태(passives Verhalten)인 '부작위(Unterlassung)'의 둘로 나누어진다.[1] 여기서의 부작위는 아무것도 하지 아니한다는

---

[*] 이 글은 법정(1969년 10월호) 30면 이하에 실린 것이다.

것을 뜻하지 않고, 규범상 기대된 일정한 행동을 하지 아니한다는 것을 뜻한다.[2]

[2] 작위범과 부작위범

작위범과 부작위범의 구별은 두 가지 관점에서 행하여진다.

(1) 구성요건의 규정형식

구성요건이 작위의 형식으로 규정되어 있는 범죄(예컨대 사람을 살해하는 것, 타인의 재물을 절취하는 것)를 작위범이라고 하고, 구성요건이 부작위의 형식으로 규정되어 있는 범죄(예컨대 해산명령을 받고 해산하지 아니하는 것, 퇴거요구를 받고 응하지 아니하는 것)를 부작위범이라고 한다.

(2) 범죄의 현실적인 실현형태

범죄가 현실적으로 작위에 의하여 실현되는 경우(예컨대 총을 쏘거나 목을 졸라서 사람을 죽이는 경우)를 작위범이라고 하고, 범죄가 현실적으로 부작위에 의하여 실현되는 경우(예컨대 어머니가 갓난 아이에게 젖을 주지 아니함으로써 죽이거나 퇴거요구를 받고서도 퇴거하지 아니하는 경우)를 부작위범이라고 한다.

[3] 진정 부작위범과 부진정 부작위범

범죄의 현실적인 실현형태를 기준으로 해서 구성요건이 부작위의 형식으로 규정되어 있는 범죄를 현실적으로도 부작위에 의하여 실현하는 경우(예컨대 퇴거요구를 받고 응

---

1 「벨첼」은 형법규범의 대상이 되는 것은 인간의 행태(Verhalten)인데, 이것은 목적활동의 현실적 수행인 작위(Handlung)나 가능한 목적활동의 불수행인 부작위(Unterlassung einer Handlung)일 수 있다고 한다(H. Welzel, Das Deutsche Strafrecht, 10. Aufl., 1967, S. 29). 또한 이 부작위는 "목적에 영도된 의사에 의하여 지배가능한 인간의 행태의 제2의 독립된 형태"(S. 193)라고 한다.

2 「메츠거-브라이」는 부작위범(Unterlassungstat)이 '단순히 안 하는 것(blosses Nichtstun)'이 아니라 '무엇인가를 안 하는 것(etwas nicht tun)'이요, 모든 부작위범 뒤에는 '기대된 작위'(erwartete Handlung)가 있다고 설명한다(Mezger-Blei, Strafrecht, I AT, 11. Aufl., 1965, S. 77).

하지 아니하는 퇴거불응죄를 현실로도 퇴거하지 아니함으로써 실현하는 경우)를 진정 부작위범(echte Unterlassungsdelikte)이라고 하고, 구성요건이 작위의 형식으로 규정되어 있는 범죄를 현실적으로는 부작위에 의하여 실현하는 경우(예컨대 사람을 살해하는 살인죄를 어머니가 갓난아이에게 젖을 주지 아니함으로써 살해하는 경우)를 부진정 부작위범(unechte Unterlassungsdelikte)이라고 한다. 그런데 이 부진정 부작위범을 구성요건의 규정형식을 기준으로 해서 파악하면, 이러한 의미에서의 작위범을 현실적으로는 부작위에 의하여 실현하는 경우이므로 '부작위에 의한 작위범'이라고도 한다.

二. 진정 부작위범

진정 부작위범의 경우에는 구성요건이 부작위의 형식으로 규정되어 있으므로, 현실적인 부작위가 바로 그 실행행위가 되고, 원칙적으로 결과범이 아니라 단순행위범이므로 인과관계가 문제되지 아니하고, 또 작위의무도 법문에 비추어 알 수 있으므로, 해석론상 별로 문제되지 않는다. 진정 부작위범의 경우의 예로서는, 폭행·협박 또는 손괴의 행위를 할 목적으로 다중이 집합하여 그를 단속할 권한이 있는 공무원으로부터 3회 이상의 해산명령을 받고 해산하지 아니한다는 다중불해산죄(제116조)를 현실적으로 해산하지 아니함으로써 실현하는 경우, 사람의 주거 등에서 퇴거요구를 받고 응하지 아니한다는 퇴거불응죄(제319조 제2항)를 현실적으로 퇴거하지 아니함으로써 실현하는 경우를 들 수 있다.

三. 부진정 부작위범

부진정 부작위범의 경우에는, 구성요건이 작위의 형식으로 규정되어 있으므로 현실적인 부작위가 그 실행행위가 되는가가 문제되는데, 여기서는 특히 당해 법문으로부터는 밝혀지지 않은 작위의무의 문제와 작위가능성의 문제가 일어날 것이고, 또한 부작위와 결과와의 사이의 인과관계 등이 문제가 된다. 이와 같이 부작위범의 문제는 특히 부진정 부작위범의 경우에 어려운 문제가 일어난다. 부진정 부작위범의 경우의 예로서는,

사람을 살해한다는 살인죄(제250조 제1항)을 어머니가 자기의 갓난아기에게 젖을 주지 아니함으로써 살해하여 실현하는 경우를 들 수 있다.

[1] 부진정 부작위범 이론의 전개

(1) 부진정 부작위범에 관하여는 먼저 '인과관계'의 문제가 클로즈업되었다. 즉 부작위는 무(Nichts)이므로, 무(無)인 부작위로부터 유(有)인 결과가 발생할 수 있느냐의 문제가 논의의 중심이 되었다. 그리하여 부작위 동안에 행하여진 다른 행위(Andershandeln)가 원인이라고 하는 타행행위설(Luden), 부작위에 선행하는 행위(vorausgegangene Handlung)가 원인이라고 하는 선행행위설(Krug, Glaser, Merkel), 작위에 나가려는 행동을 억압하는 동기과정 속에 원인을 구하는 간섭설(Interfernenztheorie)(Buri, Binding), 또한 부작위는 자연적 의미에 있어서 결과에 대하여 인과적이 아니지만 작위의무위반이 있는 경우에는 법적 인과관계(Rechtskausalität) 내지 준(準)인과관계(Quasikausalität)가 있다는 설(Bar, Kohler, Träger) 등이 주장되었다.

그런데 부작위는 단순한 무가 아니라, 기대된 일정한 행동(작위)을 하지 않는 것을 뜻하므로, 기대된 작위가 행하여졌다면 —이런 뜻에서 그 부작위가 없었다면— 그 결과가 발생하지 아니했으리라는 관계가 인정되면, 부작위와 결과 사이의 인과관계가 존재하는 것으로 이해되는 것이다. 예를 들면 어머니가 자기 갓난아이에게 젖을 먹이지 아니함으로써 죽인 경우에 있어서, 어머니에게 기대되는 수유(授乳)행위가 있었다면, 즉 불수유(不授乳)가 없었다면 갓난아이는 죽지 아니했으리라고 인정되는 때에는 불수유와 사망과의 사이에 인과관계가 존재하는 것으로 이해되는 것이다. 이러한 가언적(假言的) 사고방식(hypothetisches Denkverfahren)은 작위범의 경우에 있어서와 마찬가지이다. 즉 총을 쏘아서 사람을 죽인 경우에 있어서, 발포행위가 없었다면 죽지 아니했으리라는 관계가 인정되면 발포행위와 사망 사이에 인과관계가 존재하는 것으로 이해되는 것이다. 이와 같이 인과관계를 생각하는 논리구조는 부작위범에 있어서나 작위범에 있어서나 마찬가지라고 본다.[3] 그리고서 그 인과관계가 구성요건해당성에 있어서 중요한

---

3 Meger–Blei, a. a. O., S. 81 참조.

것인가가 문제되는 것이다.

(2) 그리하여 부진정 부작위범에 있어서는 다음으로 '작위의무위반'이 논의의 중심이 되었다. 왜냐하면 부진정 부작위범은 규범상 기대된 작위를 하지 않는, 즉 작위의무위반으로서의 부작위에 의하여 작위의 형식으로 규정된 범죄를 실현하는 경우인데, 진정 부작위범의 경우와는 달리, 부진정 부작위범의 경우에는 작위의무가 당해 법규에 밝혀져 있지 않기 때문이다.

(i) 그런데 이 작위의무위반을 위법성의 문제로 파악하고서, 이것이 긍정된 다음에 그 위법한 부작위가 구성요건상 작위의 형식으로 규정된 실행행위에 해당하느냐가 고려되고, 끝으로 책임을 문제삼는 입장이 아직도 우리나라에서는 다수설이라고 생각되는데,[4] 부진정 부작위범의 경우에 범죄성립요건의 순서, 즉 구성요건해당성 · 위법성의 순서가 바뀌는 것은 타당하지 못하는 것으로 본다. 또 구성요건에 해당하는 부작위는 당연히 위법성을 가지는 것이 아니라 일정한 작위의무가 있음에도 불구하고 부작위에 나아간 때에 위법성을 가지게 된다는 견해[5]가 있는데, 작위의무 없는 자의 부작위도 구성요건해당이라고 하는 것은 타당하지 못하는 것으로 본다.

(ii) 그리하여 작위의무위반을 구성요건해당성의 문제로 다루는 견해, 즉 '보증인설(保證人說 Garantenlehre)'이 주장된다.[6] 이 설을 처음으로 명백히 주장한 자는 「나글러(Nagler)」인데,[7] 그에 의하면 결과방지의 의무에 의하여 개인은 법익이 침해되지 않을 것을 법적으로 보증할 〈보증인〉이 되는 것이고, 이러한 보증인의 부작위만이 작위에

---

4 김종수, 『신고형법연습』, 1965, 19면; 박정근, 『형법총론』, 1966, 53면; 염정철, 『형법총론』, 1966, 224면, 유병진, 『신판한국형법총론』, 1957, 105면; 정영석, 『형법총론』, 1966, 99면; 정창운, 『형법학(총론)』, 1966, 120면.

5 유기천, 『형법학(총론강의)』, 1968, 103면.

6 황산덕, 『형법강의(전)』, 1965, 57면; 동취지, 남흥우, 『형법강의(총론)』, 1965, 106면; 이건호, 『형법학개론』, 1964, 61면. 또한 독일에서 있어서의 통설 · 판례이다.

7 Johannes Nagler, Die Problematik der Begehung durch Unterlassung, Der Gerichtssaal, Bd. 111(1938), S. 1 ff.

의한 구성요건 실현과 동가치가 되고 작위범의 구성요건에 해당하는 행위, 즉 실행행위가 된다는 것이다. 또 「벨첼(Welzel)」은 침해된 법익에 대한 부작위자의 보증인적 지위(Garantenstellung)를 행위자적 요소로서 구성요건 부분으로 파악하면서,[8] 부진정 부작위범을 진정 신분범이라고 본다.[9] 하여튼 보증인설의 입장에서[10] 작위의무 있는 자, 즉 보증인의 부작위만이 구성요건해당이 될 수 있을 뿐 아니라 부진정 부작위범의 경우에도 구성요건해당성 · 위법성 · 책임의 순위로 범죄의 성립을 논할 수 있게 된다.

[2] 부진정 부작위범의 특이점

이상 고찰한 바와 같이 부진정 부작위범에 있어서도, 보증인설의 입장에서 구성요건해당성 · 위법성 · 책임의 순서로 범죄의 성립을 논할 수 있음이 밝혀졌다.[11] 그런데 부진정 부작위범은 작위의 형식으로 규정되어 있는 범죄를 현실적으로 부작위에 의하여 실현하는 경우이므로, 작위범에 비하여 특히 다음의 점에 있어서 다르다고 생각한다.

첫째는 그 주체가 일정한 작위의무 있는 자, 즉 보증인적 지위에 있는 자임을 요하고 (이러한 의미에서 부진정 부작위범은 진정 신분범이다), 둘째로 그 보증인의 부작위가 구체적 사정에 비추어서 작위에 의한 구성요건실현과 동가치라고 평가되어야 한다. 이상의 두 요건은 보증인설의 입장에서 구성요건해당성의 문제로서 다루어진다.[12]

---

8 Welzel, a. a. O., S. 206.

9 Welzel, a. a. O., S. 201.

10 「나글러」의 주장 이래로 보증인설은 여러 면으로 발전되었는데, 특히 보증인적 의무 그 자체와 그 의무를 발생케 하는 법적 · 사실적인 여러 사정으로서의 보증인적 지위와를 구별하여 보증인적 지위만이 구성요건요소이요 보증인적 의무 그 자체는 구성요건요소가 아니고 그 의무에 대한 착오는 금지착오로 보는 견해가 유력하며(Armin Kaufmann, a. a. O., S. 255 f., Anm. 89 참조), 연방법원도 이 입장이다(BGH 16, 155(〈1961. 5. 29〉).

11 우리 형법 제18조도 「위험의 발생을 방지할 의무가 있(는) … 자가 그 위험발생을 방지하지 아니한 때에는 …」이라고 규정하고 있는데, 이는 보증인설의 입장에서 해석하는 것이 좋을 것이다.

12 구성요건해당성의 문제로서 중요한 인과관계에 관하여는 전술하였다. 다음으로 (일반적 · 추상적 · 유형적인) 작위의무 있는 자, 즉 보증인적 지위에 있는 자의 부작위가 법질서에 비추어 허용되지 않느냐, 즉 구체적으로 작위의무에 반하느냐는 위법성의 문제요, 끝으로 부작위자에 대한 비난가능성은 책임의 문제이다.

(1) 보증인적 지위

보증인적 지위, 즉 구성요건적 결과의 발생을 방지할 법상의 (일반적 · 추상적인) 작위의무 있는 자의 지위는 다음의 경우에 인정된다.

(i) 법령에 기인하는 경우 – 친권자의 자(子)에 대한 보호의무(민법 제913조), 친족간의 부양의무(민법 제974조), 신의성실의 원칙(민법 제2조 제1항)에 기인한 고지의무[13] 등이다.

(ii) 계약 · 사무처리 등의 법률행위에 기인하는 경우 – 고용계약에 의하여 유모가 지는 보호의무, 위임에 기인하지 않고 병자의 보호를 인수한 자의 간호의무 등이다.

(iii) 관습 · 조리에 기인하는 경우 – 여기에 속하는 것으로 다음의 몇 가지를 생각할 수 있다.
 ⓐ 관습에 기인하는 경우 – 고용인이 부조를 요할 질병에 걸린 때에는, 관습상 고용주에게 보호의무가 있다고 본다.[14]
 ⓑ 선행행위에 기인하는 경우 – 자기의 행위에 의하여 결과발생의 위험을 생기게 한 때에는, 그 발생을 방지할 의무가 있다.[15] 그 선행행위가 고의 또는 과실에 의한 것이든 아니든 위법행위든 적법행위든 또한 유책행위든 책임 없는 행위이든 상관없

---

13 매매의 목적물의 요소에 관하여 매주(買主)가 착오에 빠져 있는 경우에는, 매주(賣主)는 그 사실을 고지할 의무가 있으므로, 그 불고지에 의하여 사기죄가 성립한다(日本大審院判決 大正6年 11月 29日). 그리고 이러한 고지의무는 보통 조리에 기인한 경우로서 설명되고 있다.

14 "고용주 및 동거 근로자의 사이의 관계에 있어서 혹은 일반 관례에 따라 혹은 당사자 사이의 묵계(默契)에 의하여 고용주가 상술의 보호를 할 의무를 진 경우에 있어서는 법률상의 보호책임을 인정해야 할 것은 물론이다. … 원 판지(原 判旨)에 의하면 피고는 동거의 근로자인 소위 安太郎 등이 부조를 요할 질병에 걸렸음에도 불구하고 이 보호의 책임을 면하기 위하여 그들에 대하여 돌연 해고의 신청을 하고 즉시 강제적으로 상대방을 떠나게 함으로써 무보호의 상태에 둔 것이므로 그 소행은 유기죄를 구성함은 물론이다(日本大審院判決 大正8年 8月 30日).

15 우리 형법 제18조는 이를 입법화하였다. 동 취지, 일본형법가안 제13조 제2항 · 준비초안 제11조 제2항, 독일1913년안 제24조 · 1919년안 제16조 · 1922년 라트부르흐안 제14조 · 25년안 14조 · 27년안 22조 · 56년 14조 · 1966년 총칙택일안 제12조, 희랍형법 제15조.

다. 다만 자기의 행위에 한하는 것으로 보아야 할 것이다.[16] 그래서 실내에 사람이 있는 줄 모르고 문을 잠근 자는 사람이 들어 있는 것을 안 때로부터 개방의 의무가 있고, 자동차의 운전에 의하여 사람을 부상케 한 자는 그를 구호할 의무가 있다.[17]

ⓒ 관리자의 지위에 기인하는 경우 – 건물·사육동물 등과 같이 자기의 관리 하에 있는 것으로부터 또는 정신병자와 같이 자기의 감호 하에 있는 사람으로부터 법익침해의 위험이 발생하지 않도록 관리자 또는 감호자에게 결과발생 방지의 의무가 있다. 가옥이 발화하면, 가옥의 관리자는 발화를 소지(消止)할 의무가 있다.[18]

ⓓ 긴급구조 의무로서 타인의 생명 기타 중대한 법익이 현재의 위난에 조우하고 있는 때에 자기에게 현저한 위험이 없이 용이하게 구조할 수 있는 경우에는 이를 구조할 의무가 있다는 견해가 있지만,[19] 도덕상의 의무로서야 인정하겠지만, 바로

---

16 우리 형법 제18조 참조.

17 〈부작위의 방화〉 "피고인은 자기의 과실에 의하여 원부(原符), 책상 등의 물건이 소훼되고 있는 것을 현장에서 목격하면서, 그 기발의 화력에 의하여 위 건물이 소훼될 것을 인용하는 의사로서 피고인의 의무인 필요하고 용이한 소화조치를 취하지 아니하는 부작위에 의하여 건물에 대한 방화행위를 하고, 이로써 이것을 소훼한 것이라고 할 수 있다."(日本最高裁判所判決 昭和 33年 9月 9日). 〈부작위의 살인〉 "자기의 과실행위에 의하여 피해자에게 두개골 골절 등의 상해를 입혔으므로 그를 구호하기 위하여 최근처(最近處)의 병원에 반송(搬送)하려고 의식불명에 빠져 있는 그를 자기의 손으로 조수석에 동승시켜서 출발하였는데, 당시 그의 용태는 곧 최근처의 병원에 반송함으로써 구호하는 것이 충분히 가능하고 또 피고인에게는 그를 곧 최근처의 병원으로 반송하여 구호해서 그 생존을 유지할 의무가 있음에도 불구하고, 그를 반송하면 자기가 범인인 것이 발각되어서 형사책임을 묻게 되는 것을 겁낸 나머지, 반송의 의도를 포기하고서 적당한 장소에 유기하여 도주하려고 기도하여, 즉시 구호의 조치를 취하지 않으면 사망할지 모른다는 것을 충분히 예견하면서 그래도 부득이하다고 결의하고 아무런 구호조치를 취하지 않고 주행했기 때문에, 주행 중의 차내에서 실혈(失血) 및 외상성 쇼크에 의하여 사망하였다". 본건에 대하여 살인죄의 죄책을 지웠다(日本東京地裁判決 昭和 40年 9月 30日). 또한 부작위의 살인미수에 관하여, 서울형사지방법원판결 (1967년 5월 9일) 참조.

18 가옥관리자가 발화를 용이하게 소지(消止)할 수 있음에도 불구하고 기발의 화력을 이용할 의사에 기하여 진화에 필요한 수단을 취하지 아니한 때에는, 공(公)의 질서를 유지할 법률의 정신에 저촉하고 공공의 위험의 발생을 방지할 의무에 위반하여, 부작위에 의한 방화죄가 된다(日本大審院判決 大正 7年 12月 18日).

19 염정철, 224면; 유병진, 83면; 정영석, 99면; 정창운, 120면. 그런데 정영석 교수는 "긴급구조 의무위반의 부작위는 위법이기는 하지만, 작위로 한 것과 같은 정도의 강도성(強度性)을 인정할 수 없으므로, 결국 긴급구조의무위반의 부작위는 해당하는 구성요건이 없다(101면)"고 논술한다(동 취지, 정창운, 124면).

법상의 의무로 인정하여 부진정 부작위범의 성립을 인정할 수는 없다.[20] 다만 불구조 자체를 (진정)부작위범으로서 가볍게 처벌하는 규정을 만드는 것은 별문제이다.[21]

(2) 동가치성(同価値性)[22]

보증인의 부작위가 구체적 사정에 비추어 작위에 의한 구성요건 실현과 동가치라고 평가되기 위하여는, 결과발생방지를 위한 작위의 가능성이 있어야 한다. 여기에 있어서는 방지의 용이성도 함께 고려될 것이다. 예를 들어서 바다에서 헤엄치던 자기 아이가 갑자기 쥐가 나서 살려달라고 외쳤는데 아버지가 바닷가에서 그냥 서 있은 경우에 있어서, 아버지는 아이를 보호할 보증인적 지위에 있으면서 불구조한 것이지만, 마침 헤엄칠 줄 모르는 자라면 비록 아이가 죽었어도(사망에 대한 인용이 있어도) 총을 쏘거나 칼로 찔러서 죽인 경우와 마찬가지로 평가할 수는 없는 것이다. 즉 살인죄의 구성요건해당성이 없다고 본다.

[3] 형법 제18조(부작위범)의 규정

우리 형법은 제18조에서 부진정 부작위범에 관한 규정을 두고 있다. 즉 "위험의 발생을 방지할 의무가 있거나 자기의 행위로 인하여 위험발생의 원인을 야기한 자가 그 위험발생을 방지하지 아니한 때에는 그 발생된 결과에 의하여 처벌한다"고 규정하고 있다.

본조는 전술한 바와 같이 보증인설의 입장에서 해석하는 것이 나으리라고 생각한다.

---

20 동 취지, 백남억, 『형법총론』, 1962년, 114면.

21 독일형법 제330조 C · 1964년 오스트리아형법초안 제119조 · 희랍형법 제307조 · 불란서형법 제63조 · 폴란드형법 제247조 · 유고슬라비아형법 제147조 · 체코슬로바키아형법 제227조, 또한 우리의 경범죄처벌법 제1조 39호.

22 참고로 동가치성을 규정하는 독일 1962년초안 제13조를 소개하면 다음과 같다. "형벌법규의 구성요건에 속하는 결과를 방지하지 아니한 자는 그 결과의 불발생에 대하여 법상 보증해야 하고 또 그의 행태가 사정상 작위에 의한 법정구성요건의 실현과 동가치인 때에는 정범 또는 공범으로서 처벌된다."

여기서 '위험의 발생을 방지할 의무가 있는 자'라 함은 구성요건적 결과의 발생을 방지할 법상의 보증인적 지위에 있는 자를 말하고(또한 부진정 부작위범을 진정 신분범으로 이해하기 편하게 입법화되어 있다), '자기의 행위로 인하여 위험발생의 원인을 야기한 자'라 함은 보증인적 지위 가운데서 선행행위에 기한 경우를 예시하고 있는 것이다. 그리고 '그 위험발생을 방지하지 아니한 때'라고만 규정되어 있지만, 방지가능성(동가치성)도 함께 고려하여[23] 구성요건해당성의 문제를 다루는 것이 좋을 것이다.

---

23 참고로 일본의 개정형법준비초안 제11조 제1항은 "죄가 될 사실의 발생을 방지할 법률상의 의무 있는 자가 그 발생을 방지할 수 있었음에도 불구하고, 일부러 이를 방지하지 아니한 때에는, 작위에 의해서 그 사실을 발생시킨 자와 같다"라고 규정하고 있다. 동조 제2항은 선행행위의 경우를 규정한다.

12. 구성요건적 착오[*]

一. 총 설

1. 의의

 '구성요건적 착오'라 함은 구성요건의 객관적 사실에 관하여 행위자가 인식한 바와 현실적으로 발생한 바가 일치하지 아니한 경우를 말한다. 이러한 의미에서 행위가 법상 허용되지 아니하는 점에 관한 착오인 '금지의 착오'(위법성의 착오라고도 한다)와 구별된다. 형법에 있어서의 착오의 분류로서는 종래에 '사실의 착오(error facti; Tatsachenirrtum)'와 '법률의 착오(error juris; Rechtsirrtum)'로 나누었는데, 이러한 분류법에 의하면 착오가 〈사실〉에 관한 것이냐 〈법률〉에 관한 것이냐에 따라 구별되는 것으로도 생각될 수 있어서, 위법성을 조각하는 사정이 있는 것으로 오신한 경우, 즉 '위법성조각사유의 (사실적 전제에 관한) 착오'가 〈사실의 착오〉냐 〈법률의 착오〉냐에 대한 논쟁이 있고 또 타인의 책을 자기의 책인 줄 오신하고서 가지고 온 경우에, 이는 재물의 타인성에 관한 착오, 즉 소유권의 귀속에 관한 착오요, 따라서 민법에 관한 착오, 즉 〈법률의 착오〉라고도 볼 수 있는 것이다. 그래서 구성요건의 객관적 요소(기술적인 것이든 규범적인 것이든)에 관한 착오를 '구성요건적 착오(Tatbestandsirrtum)', 행위가 법상 허용되지 아니하는 점, 즉 위법성에 관한 착오를 '금지의 착오(Verbotsirrtum)'라고 부름으로써, 착오를 〈사실 대 법률〉이 아니라 〈구성요건 대 위법성〉의 대립관계에서 파악하는 것이 타당할 것이며, 서독의 학설·판례는 이러한 분류법을 취하고 있다. 물

론 종래의 분류법에 따른 〈사실의 착오〉와 〈법률의 착오〉는 보통 새로운 분류법에 따른 〈구성요건적 착오〉와 〈금지의 착오〉에 각각 대응하는 것이지만, 개념상의 혼란을 피하는 의미에서도 새로운 분류법에 따르는 것이 낫다고 본다.

2. 체계적 지위

고의를 책임요소라고 파악하는 종래의 범죄론체계 하에서는 착오론은 고의론의 이면(裏面)이라고 생각되었는데, 고의의 첫째 요소를 이루는 범죄(구성요건적) 사실의 인식(·인용)은 〈사실의 착오〉와 파트너를 이루고, 둘째 요소를 이루는 위법성의 의식의 문제는 〈법률의 착오〉와 파트너를 이루는 것이다. 그래서 범죄(구성요건적) 사실의 인식(·인용)만을 〈고의〉라고 파악하고서 이것을 주관적 구성요건요소라고 보는 (이러한 의미에서의 고의를 구성요건적 고의라고 한다) 범죄론체계 하에서는 논리상 당연히 〈구성요건적 착오〉의 문제는 구성요건해당성의 단계에서 다루어져야 한다. 그런데 구성요건에 해당하는 사실의 인식을 〈고의〉의 성립요소라고 파악하고서 이를 주관적 구성요건요소라고 보는 유기천 박사는 (「개고(改稿) 형법학 (총론강의)」 1971년 141면 이하 참조) 〈사실의 착오〉의 문제를 책임론에서의 '책임조각'의 장에서 다루고 있는데 (전게, 224면 이하 참조), 이는 체계적 지위를 잘못 잡은 것으로 본다.

3. 구성요건적 착오의 문제가 되지 아니하는 경우

(1) 구성요건적 착오를 다룸에 있어서는 다음의 세 경우와 구별해야 한다. ① 행위자가 구성요건적 사실의 인식 없이 그 사실을 실현한 경우, 예컨대 사람을 토끼로 오인하고서 이를 사살한 경우에, 일종의 구성요건적 사실에 관한 착오로서 광의의 구성요건적 착오라고도 볼 수 있으나, 이 경우에는 실현된 사실에 대한 〈과실범〉이 문제가 될 뿐이다. 따라서 본래적 의미의 구성요건적 착오는 행위자가 인식(·인용)한 구성요건적 사실과 발생된 구성요건적 사실이 불일치하는 경우라고 보아야 할 것이며, 따라서 행위자에게는 〈구성요건적 고의〉가 있는 경우이다. ② 행위자가 인식(·인용)한 구성요건적 사실이 실현되지 아니한 경우, 예컨대 사람을 사살하려고 쏘았는데 탄환이 빗나간 경우

내지는 더 경한 죄의 구성요건적 사실이 발생된 경우, 예컨대 사람을 사살하려고 쏘았는데 상해의 결과가 발생한 경우에는, 행위자가 의도한 죄의 〈미수범〉이 문제가 되는 것이다. ③ 행위자가 인식(·인용)한 구성요건적 사실보다 중한 구성요건적 사실이 발생하였지만, 예컨대 상해의 고의로써 쏘았는데 치사의 결과가 발생한 경우, 상해치사죄로서 〈결과적 가중범〉으로 규정하고 있는 때에는 따로 구성요건적 착오의 문제로서 다루어지지 아니한다.

(2) 형벌·가벌성·객관적 처벌조건·인적 처벌조각사유·소추조건·책임능력 등은 구성요건의 객관적 요소가 아니므로, 이들에 대한 착오는 구성요건적 착오의 문제로 다루어지지 아니한다.

4. 문제점

전술한 바와 같이 구성요건적 착오는 행위자가 인식(·인용)한 구성요건적 사실과 발생한 구성요건적 사실이 불일치하는 경우인데, 종래 주로 문제로 삼았던 점은 행위자가 인식(·인용)없이 발생시킨 구성요건적 사실에 대하여 어느 범위 내에서 〈고의〉를 인정할 것인가에 있었다(물론 고의가 인정되지 아니하는 때에는 〈과실〉이 문제가 된다). 그래서 '사실의 인식'을 책임요소로서의 고의의 첫째 요소로 삼는 체계 하에서는 〈사실의 착오〉의 문제는 '책임론'에서 다루어졌으며, 또 '사실의 인식(·인용)'을 구성요건요소로서의 고의의 내용으로 삼는 체계 하에서는 〈구성요건적 착오〉의 문제는 '구성요건론'에서 다루어지는 것이다. 그런데 구성요건적 착오는 인식(·인용) 없이 발생된 구성요건적 사실에 관한 문제뿐 아니라 인식(·인용)은 했지만 발생하지 아니한 구성요건적 사실에 관한 문제도 중요성을 가지는데, 종래에 법정적 부합설의 입장에서는 다소 소홀히 다루었지 않았나 생각된다. 이 문제에 있어서는 미수범(내지 불능범)이냐 기수범이냐가 문제가 된다. 그리고 '문제사고'적 관점에서는 오히려 이 문제가 기본이 되는 것으로 본다.

5. 다루는 방식

구성요건적 착오를 다루는 방식에는 다음의 세 가지가 있다. ① 객체의 착오, 방법의 착오, 인과관계의 착오 등으로 나누어서 그 각각에 있어서 착오를 다루는 방식인데, 주로 서독에서 행하여지며 우리나라에서는 황산덕 박사가 이런 방식으로 다루고 있다. ② 크게 동일한 구성요건 내에서의 착오(소위 구체적 사실의 착오)와 상이한 구성요건에 걸친 착오(소위 추상적 사실의 착오)로 나누어서 다루는 방식인데, 주로 일본과 우리나라에서 행하여진다. ③ 구체적 부합설·법정적 부합설·추상적 부합설로 나누어서 각각의 입장에서 구체적 사실의 착오와 추상적 사실의 착오를 다루는 방식인데, 정영석 교수가 이 방식을 취한다. 이상의 세 방식은 각각 특색이 있겠는데, 여기서는 우리나라에서 일반적으로 취하고 있는 ② 방식에 따라 살펴보기로 하겠다.

二. 구체적 사실의 착오

동일한 구성요건 내에서의 착오의 경우인 '구체적 사실의 착오'를 다룸에 있어서는 구체적 부합설·법정적 부합설·추상적 부합설이 대립되는데, 이 영역에서는 특히 전 양자의 대립이 문제가 되고 추상적 부합설은 법정적 부합설과 그 결론에 있어서 동일하게 된다.

1. 구체적 부합설

구체적 부합설은 행위자가 인식(·인용)한 바와 현실적으로 발생한 바가 구체적으로 부합하여야만 발생한 바에 대한 고의의 성립을 인정하는 입장인데, 〈객체의 착오〉의 경우, 예컨대 X인 줄 알고 쏘아 죽였는데 실은 Y였던 경우에는 '그 사람'을 죽이려고 쏘아서 '그 사람'을 죽였으므로 양자는 구체적으로 일치하고 따라서 고의가 조각되지 아니하지만, 〈방법의 착오〉의 경우, 예컨대 X를 쏘아 죽이려고 쏘아서 그 옆에 있던 Y가 그 탄환에 맞아 죽은 경우에는 X와 Y가 구체적으로 일치하지 아니하므로 X에 관하여는 살인미수, Y에 관하여는 고의는 인정될 수 없고 과실이 인정되는 때에 과실치사로 보아

두 죄의 상상적 경합이 된다고 한다(서독의 다수설). 또 〈인과관계의 착오〉의 경우, 예컨대 X를 익사시키려고 다리 위에서 떨어뜨렸는데, X는 교각에 머리를 부딪혀서 죽은 경우에 (상당)인과관계의 범위 내에서 X를 죽이려고 떨어뜨려서 그 X가 죽었으므로 착오는 중요하지 않게 된다.

2. 법정적 부합설

법정(法定)적 부합설은 행위자가 인식(·인용)한 바와 현실적으로 발생한 바가 법으로 정한 범위 내에서 부합하면 발생한 바에 대한 고의의 성립을 인정한다는 입장인데, 따라서 동일한 구성요건 내에서의 착오는 중요하지 않고 발생된 바에 대한 고의의 성립에 영향을 미치지 못한다고 본다. 그래서 〈객체의 착오〉의 경우이든 〈방법의 착오〉의 경우이든 X라는 '사람'을 죽이려고 하여 Y라는 '사람'이 죽었으므로, 형법 제250조 1항의 살인죄의 구성요건의 객체인 '사람'에 관하여 인식과 사실이 일치하게 되어 그 착오는 중요하지 않다고 본다. 따라서 (고의)살인죄의 기수를 인정하게 된다. 또 〈인과관계의 착오〉의 경우에도 (상당)인과관계의 범위내이면 그 착오는 중요하지 않다.

3. 추상적 부합설

추상적 부합설의 입장은 '구체적 사실의 착오'의 경우에 그 결론에 있어서 법정적 부합설의 입장과 같게 되는데, 그 학설은 '추상적 사실의 착오'의 경우에 진가를 발휘하므로, 거기서 살펴보기로 한다.

4. 구체적 부합설의 입장에서의 법정적 부합설에 대한 비판과 소견

(1) 법정적 부합설에 대한 비판

구체적 부합설과 법정적 부합설은 〈방법의 착오〉의 경우에 그 결론을 달리하는데, 근년에 平野 교수는 구체적 부합설의 입장에서 법정적 부합설을 신랄하게 비판하고 있다. 즉 "방법의 착오를 검토해 보자. A를 겨누어서 피스톨을 쏘았던 바 A에게는 맞지 않고 그 옆에 있던, B에게 맞아서 B가 죽었다고 하자. 법정적 부합설에서는 B에 대한

살인죄가 성립하는 점에서는 일치하고 있다. 그러나 A에 대하여 어떤 범죄가 성립하는 가는 법정적 부합설론자 사이에서 반드시 일치하고 있지 않다. 판례는 A에 대하여는 아무런 범죄도 성립하지 않는 것으로 보는 것 같다. 전혀 A에게 맞지 아니한 때에는 그래도 좋을 것이다. 그러나 A에게 중상을 입힌 때에는, A에 대하여 아무런 범죄도 성립하지 않는다고 할 수는 없을 것이다. 그런데 중상의 경우 A에 대하여 살인미수를 인정한다면, 전혀 맞지 아니한 경우에도 역시 A에 대한 살인미수를 인정하지 아니하면 일관성이 없게 된다. 현재 판례도 A가 존속이고 B가 존속이 아닌 때에는 전혀 맞지 아니하여도 존속살의 미수를 인정하고 있다. 학설에서는 B에 대한 살인과 함께 A에 대한 살인미수도 인정하는 것 같다. 양자는 관념적 경합의 관계에 서게 될 것이다. 그렇게 되는 한, 한 발(發)로 A, B 모두 죽은 때에는, 두 개의 살인죄를 인정하게 된다. 보다 철저히 따지면, A와 B가 나란히 서 있을 때, A를 겨누어서 A가 맞은 때에도, B에 대한 미수를 인정해야 할 것이다. 만약 B가 맞았더라면 살인기수가 되었을 경우이기 때문이다. 그런데 살인의 고의란 무릇 사람을 죽인다는 고의가 아니라 '사람을 한 사람 죽일 고의'이고, 말하자면 고의에게도 개수가 있지 아니할까. A만을 죽일 고의밖에 없었는데, B 혹은 더 나아가 C, D에 대한 고의가 있다고는 할 수 없지 않을까. 그렇다면 역시 구체적 부합설이 인정하는 바와 같이, A에 대한 미수와 B에 대한 과실 과를 인정할 수밖에 없는 것으로 생각된다"(平野龍一,「刑法の基礎⑩」, 法學セミナー, 1967年 1月号 25頁. 또한 同,『刑法總論Ⅰ』1972年, 176頁 參照)라고 주장한다.

(2) 소 견(所見)

平野 교수의 비판은 법정적 부합설의 입장을 반성해 보는 계기를 마련한 점에서는 일고(一考)의 가치가 있다고 본다. 설례(設例)의 경우에 〈구체적 부합설〉의 입장에서 A에 대한 (고의)살인의 미수와 B에 대한 과실치사와의 상상적 경합을 인정하는 점에 대해서는 이론적 비판의 여지가 없음에 반하여, 〈법정적 부합설〉의 입장에서는 보통 단순한 살인기수로 인정함으로써(예컨대 남흥우,『형법총론(개정판)』, 1975년, 185면 참조) B에 대한 관계에 있어서는 살인의 고의가 없었음에도 불구하고 (고의)살인의 기수를 인정하고, 이에 따라 A에 대한 관계는 다소 애매하게 된다는 이론상의 난점이 있는 것은 사실이다. 그러나 적용상의 결론에 있어서 〈구체적 부합설〉에 의하면 결국 행위자는 살인미수의 죄책을 짊에 그치나, 〈법정적 부합설〉에 의하면 살인기수의 죄책을

지게 된다. 그런데 살인미수의 죄책이란 살인행위는 있었지만 그로 인해서 사람의 사망의 결과가 발생하지 아니한 경우의 죄책인데, 설례에 있어서는 행위자가 살인의 고의로써 살인행위를 하였고 이로 인하여 (상당한 범위 내에서) 사람의 사망의 결과가 발생한 이상, 행위자에게는 오히려 살인기수의 죄책을 지우도록 하는 것이 타당하고, 따라서 〈법정적 부합설〉의 입장이 낫다고 본다. 다만 A에 대한 관계에 있어서 (고의)살인의 미수가 된다는 점을 예리하게 비판한 데에 平野 교수의 공적이 있다고 보며 또 B에 대한 관계에 있어서는 행위자에게 〈살인의 고의〉가 있고 이것을 가지고 살인행위에 나아갔고 이로 인하여 사람의 사망의 결과가 발생하였으므로, 이론상 부당하다고만 할 수는 없을 것이다(이 점이 추상적 부합설의 입장에서 함부로 〈경한 사실에 대한〉 고의를 인정하는 것과는 다르다). 이상과 같이 설례의 경우에 〈법정적 부합설〉의 입장에서는 A에 대한 (고의)살인의 미수와 B에 대한 (고의)살인의 기수의 상상적 경합을 인정하여 결국 행위자에게 살인기수의 죄책을 지우게 되는 것이다. 설명을 더 한다면 平野 교수가 취하는 〈구체적 부합설〉의 입장은 〈그 사람을 죽이려고〉 살인행위를 하여 〈그 사람이 죽었을〉 때에 '살인 기수'가 된다고 보는 데에 반하여, 〈법정적 부합설〉의 입장은 〈무릇 사람을 죽이려고〉 살인행위를 하여 〈무릇 사람이 죽었으면〉, 법에 정한 바에 부합하므로 착오는 중요하지 않고 '살인 기수'가 된다고 보는 것이다. 물론 A에 대한 관계에 있어서는 〈범법자에게 살인의 '고의'가 있었는데〉 사망의 결과가 발생하지 아니했으므로, '살인 미수'가 된다.

三. 추상적 사실의 착오

상이한 구성요건에 걸쳐서 착오가 있는 경우인 '추상적 사실의 착오'를 다룸에 있어서 역시 구체적 부합설·법정적 부합설·추상적 부합설이 대립되는데, 이 영역에서는 특히 후 양자의 대립이 문제가 된다.

1. 형법 제15조 1항의 해석론

형법 제15조 1항은 「특별히 중한 죄가 되는 사실을 인식하지 못한 행위는 중한 죄로 벌하지 아니한다」라고 규정하는데, 이것은 추상적 사실의 착오에 관한 것이다. 여기서 '특별히'라는 표현이 들어 있으므로, 본 조항은 형벌가중사유가 되는 사실을 인식하지 못한 경우에 중한 죄의 고의·기수로 처벌하지 못한다는 취지로 해석된다. 예컨대 타인을 살해하려고 총을 쏘았는데 존속이 살해된 경우에 (고의)존속살해(기수)로 처벌할 수 없다는 취지이다. 〈일반적으로도〉 경한 죄의 사실을 인식하고 중한 죄의 사실을 발생케 한 경우에도 중한 죄로 처벌할 수 없다는 점에 관하여는 이의(異議)가 없는 바이므로, 본 조항은 아무런 적극적인 의미가 없다. 그런데 황산덕 박사는 "가령 타인을 살해하려고 행위한 것이 존속을 살해하였다는 경우에 있어서 이것을 존속살해죄(250조 2항)로서가 아니라 보통살인죄(250조 1항)로서 처벌해야 한다는 것이 이 규정의 취지이다"(『형법총론』(제6정판), 1974년, 125면)라고 논술하는데, 본 조항은 존속살해죄로서 처벌해서는 안 된다는 취지이지 보통살인죄로서 처벌해야 한다는 취지는 아니라고 본다. 따라서 본 조항 하에서도 구체적 부합설의 입장에서는 설례의 경우에 보통살인죄의 미수와 과실치사죄와의 상상적 경합으로 보는 것이다(남흥우, 전게, 188면의 해석론도 의문이다).

2. 구체적 부합설

추상적 사실의 착오의 경우에 구체적 부합설의 입장에서는 인식(·인용)은 했지만 실현되지 아니한 바에 대하여는 미수범(또는 불능범)을 인정하고 발생한 바에 대하여 과실이 인정되는 때에 과실범으로 보고, 양자의 상상적 경합으로 다룬다.

3. 법정적 부합설

추상적 사실의 착오의 경우에 법정적 부합설의 입장은 원칙적으로 구체적 부합설과 동일한 태도를 취하지만, 구성요건이 〈서로 중합(重合)하는 범위 내에서는〉 그 착오가 중요하지 않다고 보고서 고의의 기수를 인정하기도 하는데, 이러한 입장을 특히 '구성요건적 부합설'이라고 한다(백남억, 『형법총론』(제3전정판), 1962년, 224면 참조). 이 입장에 의하면 타인을 살해코자 하여 자기의 존속을 살해한 경우에 보통살의 미수와 보통살의 기수('사람을 살해'코자 하여 존속인 '사람을 살해'하였으므로)와의 상상적 경합으로 결국 보통살의 기수의 죄책을 지게 되고 또 자기의 존속을 살해코자 하여 타인을 살해한 경우에 존속살의 미수와 보통살의 기수(존속인 '사람을 살해'코자 하여 '사람을 살해'하였으므로)와의 상상적 경합으로 결국, 존속살의 미수의 죄책을 지게 된다.

4. 추상적 부합설

추상적 부합설은 일본의 牧野 교수가 창출한 것인데(牧野英一, 『刑法總論』下卷(全訂版), 1959年, 577頁) 단, 岡田朝太郎 선생의 시사(示唆)에 의한 것이다(牧野英一, 『刑法硏究』第8卷, 1939年, 120頁). 적어도 죄를 범할 의사가 있고 그리고 범죄사실의 발생이 있는 경우에는 거기에 기수로서의 책임을 인정해야 하며, 다만 범의(犯意)가 사실보다도 경한 범죄에 관한 것인 때에는 그 중한 바에 따라 논할 수 없다고 한다(牧野, 『總論』下卷, 570頁). 즉 이 학설에 의하면 추상적으로 인식과 사실이 부합하는 한도에 있어서 범의의 기수를 인정하게 된다. 그래서 ① 경한 A죄의 범의로써 중한 B죄의 사실을 발생케 한 경우에는, 이미 A죄의 한도에 있어서는 범의의 성립이 있고 또 그 보다도 중한 범죄사실이 성립한 것이므로, 그 경한 범의의 한도에 있어서는 기수의 책임을 논하고, 따로 그 B죄의 관계에 있어서는 과실의 유무를 논해야 하며, 그리고 나서 처벌에 있어서는 상상적 경합으로 하나의 중한 것에 따라 처벌한다. ② 중한 A죄의 범의 하에 경한 B죄의 사실을 발생케 한 경우에는, 그 경한 사실의 범위에 있어서 범죄의 기수를 인정하고 그 중한 범의의 점에 있어서는 범죄의 불완성(미수범 또는 불능범)을 논한다. 다만 이 경우에는 상상적 경합의 조문은 적용될 수 없다. 왜냐하면 그 경한 사실에 대한 기수의 책임은 중한 인식을 기초로 삼은 것이며, 따라서 범죄의 불완성을 논하는 것과 경한 사실에 대한 기수의 책임을 묻는 기초가 동일하기 때문이다. 즉 이 경우에 하나의 중한 것에 따르는 것은 그 성질상 당연히 일방이 타방에 포괄되어 있기 때문이다(牧野, 前揭, 574頁 以下 參照).

5. 소 견

추상적 부합설에 의하면, ① 경한 죄의 고의(반사회적 의사)로써 중한 죄의 사실(반사회적 사실)을 발생케 한 경우, 예컨대 남의 창유리를 깨려고 돌을 던졌는데 그 옆에 있던 사람에 맞아 상해를 입힌 경우에, (고의)재물손괴죄의 기수와 과실치상죄와의 상상적 경합이 되고, ② 중한 죄의 고의(반사회적 의사)로써 경한 죄의 사실(반사회적 사실)을 발생케 한 경우, 예컨대 사람을 상해하려고 돌을 던졌는데 그 옆에 있던 창유리에 맞아 이것을 깬 경우에, 상해죄의 미수범(또는 불능범)과 (고의)재물손괴죄의 기수가 되어 중한 것에 따라 처단하게 된다. 그런데 ①예에 있어서 창유리가 온전하게 그대로 있음에도 불구하고 재물손괴죄의 〈기수〉를 인정하고 또 ②예에 있어서 행위자에게 창유리를 깰 의사가 없었음에도 불구하고 손괴죄의 〈고의〉를 인정한다는 것은 이론상 명백히 부당하다고 생각한다.

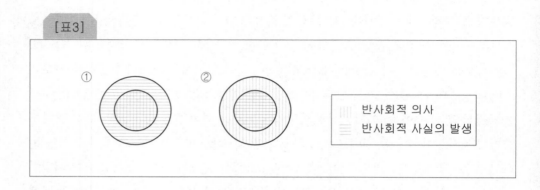

[표3]

그럼에도 불구하고 이 학설이 주장된 데에는 그 나름대로의 필요성이 있는 것으로 본다. 牧野 교수는 "추상적 부합설은 내가 생각해 낸 것이다. 이것은 주관주의를 취하는 결과 당연히 그렇게 되는 것이며 실은 주관주의를 취함으로써만 생각될 수 있다고 믿는데, 그 후 객관주의 학자 사이에도 찬성자를 얻게 되었다."(前揭, 577頁)고 논술하였는데, 그 이유를 살펴보기로 하겠다.

〈일본형법〉 하에서 설례의 경우에 법정적 부합설을 적용하여 비교해 보면 다음과 같다. ①예의 경우에는 재물손괴죄의 미수와 과실상해죄와의 상상적 경합이 되는데, 전자는 처벌규정이 없으므로 결국 후자에 의해서 500원(圓) 이하의 벌금 또는 과료가 된다. 그런데 재물을 손괴할 고의로써 그것을 손괴했던들 3년 이하의 징역으로 처벌할 수 있는데, 더 중한 사실이 발생했음에도 불구하고 형이 오히려 더 가볍게 된다는 것은 불합리하다. 추상적 부합설에 의하면 재물손괴기수의 형, 즉 3년 이하의 징역으로 처벌할 수 있다. 또 ②예의 경우에는 상해죄의 미수범(미수범의 처벌규정이 없으므로 폭행죄로 된다) 또는 불능범과 과실재물손괴(처벌규정이 없다)와의 상상적 경합이 되어서 결국 폭행죄로서 2년 이하의 징역으로 처벌할 수 있는데, 처음부터 경한 손괴의 고의로써 손괴의 사실을 발생케 했던들 3년 이하로 처벌할 수 있으므로, 역시 불합리하다. 그런데 추상적 부합설에 의하면 손괴죄의 기수의 형, 즉 3년 이하의 징역으로 처벌할 수 있다.

이상 살펴 본 바와 같이 추상적 부합설은 이론상은 부당한 면이 있지만, 일본형법 하에서 실제 적용상에는 법정적 부합설보다 타당한 결론을 낼 수가 있다. 그래서 객관주의학자로서 이에 찬성하는 자가 나오는 것으로 생각된다. 그런데 우리의 신형법에서는 상해·재물손괴 등의 미수범처벌규정을 신설함으로써 종래 법정적 부합설의 입장에서 입법의 불비로 지적되던 점을 많이 보완하였으므로, 우리 형법 하에서 군이 이론상 명백히 부당한 추상적 부합설을 취할 필요가 있을까 의문이다. 정영석 교수는 "법정적 부합설에 의하면, … 예컨대 갑에게 폭행을 가할 의사로써 투석을 하였던 바, 현실로서 을의 재물을 손괴하였을 경우에는 폭행미수와 과실손괴와의 상상적 경합관계로 될 것이다. 그러나 이 경우에 형법상 폭행미수 및 과실손괴에 대한 벌조(罰條)가 없으므로 결국 무죄로 될 수밖에 없다. … 이러한 실제상의 불합리를 구제하려고 추상적 부합설이 나오게 되었다"(『형법총론』(제3전정판) 1973년 182면 이하)라고 논술하는데, 설례의 경우에 투석 자체로써 폭행죄가 된다는 점에서는 아무도 이설이 없는 것으로 안다.

13. 과 실 범[*]

I. 서 론

종래의 과실범은 법률상으로도 실제상으로도 극히 예외적인 범죄로서 등한시되었고, 따라서 범죄론의 구성은 기본적으로 고의범을 전제로 삼았던 것이다. 이와 같이 한 구석에 밀쳐져 있던 과실범의 문제가 현대형법학에 있어서 하나의 커다란 논점으로 클로즈업되어 이제는 과실범의 〈독자적〉인 범죄론구성에로까지 발전되고 있는데,[1] 이것은 현실적인 면과 이론적인 면에서 그 이유를 찾을 수 있다. 즉 하나는 근년에 있어서의 기술문명의 급속한 발전이다. 이에 따라 사회생활이 편리해진 것은 사실이지만, 그 만큼 생명·신체 등에 대한 위험이 증대하였고, 특히 교통사고의 증가가 두드러진다. 이에 따라 과실범의 수가 근년에 와서 격증하였으므로[2] 종래에 제2차적인 의의밖에 인정

---

* 이 글은 형사법강좌 I [형법총론(상), 한국형사법학회, 1981년] 331면 이하에 실린 것이다.

1 과실범을 독자적으로 이론구성하는 것이 근년의 서독형법학의 하나의 경향이라고 말할 수 있을 것이다. 근년에 출간된 교과서만을 보더라도 이러한 입장으로는 Hans Welzel, Das Deutsche Strafrecht, 11. Aufl., 1969, S. 127~138(단, 책임론은 고의범과 함께 논함); Reinhart Maurach, Deutsches Strafrecht, Allg. Teil, 4. Aufl., 1971, S. 528~577; Paul Bockelmann, Strafrecht, Allg. Teil, 2. Aufl., 1975, S. 149~163; Hermann Blei, Strafrecht I, Allg. Teil, 17. Aufl., 1977, S. 263~274; Günter Stratenwerth, Strafrecht, Allg. Teil. I, Die Straftat, 2. Aufl., 1976, S. 297~317; Gerd Geilen, Strafrechts, Allg. Teil, 3. Aufl., 1977, S. 216~225; Johannes Wessels, Strafrecht, Allg. Teil, 9. Aufl., 1979, S. 131~140; Hans-Heinrich Jescheck, Lehrbuch des Strafrechts, Allg. Teil, 3. Aufl., 1978, S. 454~485; Maurach-Gössel-Zipf, Strafrechts, Allg. Teil, Teilband 2., 5. Aufl., 1978, S. 53~117(Gössel 담당) 등을 들 수 있다.

2 독일에 있어서 1901년(당시의 인구는 약 5,687만 명)의 제국형사통계에 의하면 과실치사의 유죄판결을 받은 자는 680명이고 과실치상의 경우는 4,612명이었는데, 1962년(당시의 서독인구는 약 5,695만 명이므로, 1901년의 전 독일인구와 거의 같다)의 연방형사통계에 의하면 과실

받지 못했던 과실범이 그 현실적인 의의를 증대하게 되었다. 또 하나는 목적적 행위론의 등장이다. 이 입장은 목적적 행위개념을 바탕삼아서 범죄론체계의 재구성을 꾀하려는 이론인데, 과실의 문제에서 난관에 부딪쳤으나 이에 대한 비판과의 대결을 통해서 과실범의 이론을 발전시켰다. 이리하여 과실범은 목적적 행위론을 둘러싼 논쟁에 있어서의 하나의 커다란 쟁점이 되었다.

본고에서는 종래의 체계 하에서의 과실을 논하면서 주로 목적적 행위론의 입장에서 이를 비판하고, 그리고서 새로운 경향의 〈과실범의 구조〉를 살펴보려고 한다.

II. 종래의 과실론에 대한 비판과 새로운 전개[3]

1. 종래의 체계 하에서의 과실의 파악

종래의 형법체계 하에서는 〈과실〉은 책임의 단계에서 고의가 부인될 때에 비로소 문제가 되었다. 즉, 전래의 형법학은 거의 전적으로 고의범을 모델 삼아서 이론구성되었다. 이 모델에 맞추어 구성요건론과 불법론이 전개되었으며, 과실은 이 체계에서 〈책임형식〉으로서만 관심이 가져졌고 〈책임〉의 장에서만 다루어졌다.[4]

여기서 책임요소로서의 과실은 두 요건으로 이루어지는 것으로서 설명된다. 첫째 요건은 〈범죄사실의 인식·인용이 없을 것〉이다. 이것은 과실의 소극적 표지(標識)이고, 고의와 구별케 한다.[5] 둘째 요건은 〈부주의가 있을 것〉이다. 이것은 과실의 적극적 표

치사의 유죄판결을 받은 자가 4,399명인데 그 가운데서 도로교통사범이 3,884명이고 과실치상의 경우는 108363명인데 그 가운데서 도로교통사범이 103112명이다(Jescheck, Aufbau und Behandlung der Fahrlässigkeit in modernen Strafrecht, 1965, S. 5). 또 벳셀스에 의하면 1900년으로부터 현재(1979년이라고 생각된다−필자 주)까지 과실치사의 유죄판결을 받은 자는 약 10배가 되었고 과실치상의 경우는 20배가 넘는다고 한다(Wessels, Allg. Teil, S. 131).

3 독일·한국 및 일본에 있어서의 과실론의 전개 및 문헌에 관하여는, 한스·하인릿히 예셰크−김종원(번역·보완), 「과실론의 발전과 현황」, 법조 1979년 12호, 1면 이하에 자세하다.

4 Wezel, Fahrlässigkeit und Verkehrsdelikte−Zur Dogmatik der fahrlässigen Delikte, 1961, S. 7.

5 물론 위법성의식필요설의 입장에서는 〈범죄사실의 인식·인용〉이 있어도 〈위법성의 의식〉이 없으면 고의가 조각되고, 「법과실(Rechtsfahrlässigkeit)」이 인정될 수 있다.

지이고, 단순한 사고(事故)와 구별케 한다. 그리고 이 〈부주의〉의 유무의 판단에 관하여 행위자표준설(주관설)·평균인표준설(객관설)·절충설이 대립한다.[6]

2. 비판과 새로운 전개 : 불법의 단계

그런데 과실을 책임의 단계에서 비로소 문제삼는 체계 하에서는 적어도 객관적 주의를 다한 행위도 법익의 침해 내지 위태라는 결과야기가 있는 한 위법이라고 판단되는데, 이것은 너무나 상식에 어긋나는 것이라 아니할 수 없다. 예를 들어서 기차운전사가 커브로 된 선로를 제한된 속력으로 또한 기적을 울리면서 진행 중인데 나무 뒤에 숨어 있던 자살기도자가 갑자기 선로 위로 뛰어든 경우에 브레이크를 걸었으나 치어 죽인 사건을 생각해 보자. 종래의 체계 하에서는 의사에 기한 신체적 동작(운전)이 있고 이로 인한 결과(사망)의 발생이 있다고 하여 위법한 것으로 보고 – 형법체계 논리상 – 책임의 단계에서 범죄사실의 인식·인용이 없으니 고의는 없고 다음으로 비로소 〈과실〉이 문제되는데 주의를 다한 것으로 인정되어 무죄가 될 것이다. 그런데 그 운전행위를 위법이라고 보는 것은, 책임은 위법성을 전제로 삼는다는 형법체계 논리에서 나온 것이지만, 상식에 너무나 어긋나는 것이다. 또한 엄격히 말해서 위법한 행위라면 그러한 운전행위는 법질서에 비추어 금지되는 것이다.

물론 객관적 주의가 위법성의 문제라는 주장은 일찍이 엑스너,[7] 엔기쉬 등에서 볼 수 있는데, 특히 엔기쉬는 주의개념을 분석하여 의식을 어느 정도 집중시키는 것, 오관(五官)을 총동원하는 것, 정신력을 긴장시키는 것, 정신·신체의 전체 기관을 상호작용시키는 것을 내면적 주의(innere Sorgfalt)라고 하고[8] 올바른 적절한 외부적 행태(行態)를 외면적 주의(äußere Sorgfalt)라고 하고서,[9] 이 외면적 주의가 위법성의 문제가 된다고 주

---

6 백남억, 『형법총론』(제3 전정판), 1962년, 197면 이하.

7 Franz Exner, Das Wesen der Fahrlässigkeit, 1910, S. 193.

8 Karl Engisch, Untersuchungen über Vorsatz und Fahrlässigkeit im Strafrecht, 1930(Neudruck, 1964), S. 271.

9 Engisch, Untersuchungen, S. 273.

장하였다.[10] 하여튼 객관적 주의를 위법성의 문제로 보는 이러한 견해의 발전에 중요한 역할을 한 것은 이른 바 '허용된 위험(das erlaubte Risiko)'의 이론이다. 이 이론에 의하면, 생활필수적인 목적[11]을 추구하는 행위는, 필요한 안전장치를 강구한 이상 비록 법익에 대한 고도의 위험에 결부되어 있고 또 이 위험이 현실화되더라도, 허용된다는 것이다. 즉 법질서는 그러한 행위의 수행을 위험성이 있음에도 불구하고 허용하므로, 그 위험이 현실화되더라도 그 행위는 단순히 책임이 없게 되는 것으로 보는 것이 아니라 적법한 것으로 본다.[12] 이 이론은 빈딩[13]에 의하여 기초지워졌고 엑스너,[14] 엔기쉬[15] 등에 의하여 발전되었는데, 오늘날 이 이론에 대한 이해나 그 범죄론체계 상의 위치에 관하여 반드시 일치하고 있지는 않다.[16]

하여튼 이와 같이 비록 결과발생이 있을지라도 안전조치, 따라서 예상되는 위험에

---

10 Engisch, Untersuchungen, S. 278.

11 엔기쉬는 법질서에 의하여 시인되는 특별한 목적으로서, 사람의 생명이나 건강의 유지(수술·구조작업)·학문의 진보(위험한 실험)·교통상의 이익(기차운전과 자동차운전)·가능한 모든 방향에로의 교육과 단련(스포츠·체조·승마)·자재의 획득(채광·공장·채석의 사업) 기타를 들고 있다(Engisch, Untersuchungen, S. 287).

12 Welzel, Fahrlässigkeit, S. 24.

13 Karl Binding, Die Normen und ihr Übertretung, Bd. 4: Die Fahrlässigkeit, 1919. S. 433 ff.

14 Exner, Wesen, S. 193 f.

15 Engisch, Untersuchungen, S. 285 ff.

16 이 이론에 관하여는 Dietrich Oehler, Die erlaubte Gefahrsetzung und die Fahrlässigkeit, Festschrift für Eb. Schmidt, 1961, S. 232 ff.; Rehberg, Zur Lehre vom "Erlaubten Risiko", 1962; Diethelm Kienapfel, Das erlaubte Risiko im Strafrecht – Zur Lehre vom sozialen Handlungsbegriff, 1966; Roeder, Die Einhaltung des sozialadäquaten Risikos und ihr systematischer Standort im Verbrechensaufbau, 1969; Maurach, Allg. Teil, S. 543 ff.; Wilhelm Preuß, Untersuchungen zum erlaubten Risiko im Strafrecht, 1974; Günter Jakobs, Das Fahrlässigkeitsdelikt, Beiheft zur ZStW Bd. 86 (1974), S. 12 ff.; Samson, Systematischer Kommentar zum Strafgesetzbuch, Bd. 1, Allg. Teil(von Rudolphi, Horn, Samson, Schreiber), 2. Aufl., 1977, S. 132 f., S. 272 등 참조. 또한 크루크는 구성요건을 조각하는 〈명하여진 위험〉(gebotenes Risiko)과 정당화하는 〈허용된 위험〉(erlaubtes Risiko)과를 구별한다(Ulrich Klug, Sozialkongruenz und Sozialadäquanz im Strafrechtssystem, Festschrift für Eb. Schmidt, 1961, S. 260). 또 히루쉬도 비슷한 방법으로 사회상당한 〈허용된 위험〉, 보다 옳게는 〈금지되지 아니한 위험〉(unverbotenes Risiko) – 왜냐하면 여기서는 구성요건해당성이 조각되고 따라서 허용(정당화)이 문제가 안 된다 – 과 단순한 〈허용된 위험〉과를 구별한다(Hans Joachim Hirsch, Soziale Adäquanz und Unrechtslehre, ZStW Bd.74 (1962), S. 93 ff.).

대한 적절한 예방조치를 강구한 이상은, 즉 객관적 주의를 다한 이상은, 위법하지 아니하다는 의견은, 종래의 체계와는 기본적으로 맞지 아니하는 것이다. 왜냐하면 종래의 형법체계는 객관적—외부적인 것은 위법성에 그리고 주관적—내부적인 것은 책임에 배당시키고서.[17] 그 체계의 바탕이 되는 '행위'는 의욕이 외계에 야기시키는 순수한 인과적 경과(Kausalvorgang)라고 파악하고,[18] 이때 의사내용은 행위개념으로부터 배제하고서 책임의 단계에서 비로서 문제삼는다.[19] 이와 같은 인과적 행위개념을 바탕삼는 종래의 체계 하에서는 유의적(有意的) 행위에 의하여 야기된 결과가 과실범의 불법에 있어서 결정적인 요소로 파악된다.[20] 그런데 허용된 위험의 이론에 의하면 비록 결과발생(결과반가치)이 있을지라도 적절한 위험예방조치가 강구되었으면, 즉 행위반가치가 없으면, 적법하게 되고, 따라서 불법이 아니다. 이와 같이 결과반가치보다는 오히려 행위반가치에 중점을 두는 허용된 위험의 이론은 종래의 체계 하에서는 별로 빛을 보지 못하였다.

이에 반하여 목적적 행위론[21]에 의하면 인간의 행위는 목적활동의 수행이라고 파악되는데, 외부적인 인과사상(因果事象 Kausalgeschehen)을 지배결정하고 이리하여 그것을 목표에로 영도하는 목적적 의사(finale Wille)는 불가결한 요인로서 행위(Handlung)에 속한다고 한다. 그리고 이러한 행위의 목적적 조종의 첫째 단계에서는 머리 속에

---

17 Welzel, Die deutsche strafrechtliche Dogmatik der letzten 100 Jahre und die finale Handlungslehre, JuS. 1966, S. 422; ders., Das neue Bild des Strafrechtssystems, 4. Aufl., 1961, S. 27; ders., Strafrecht, S. 60; Richard Busch, Moderne Wandlungen der Verbrechenslehre, 1949, S. 3 f. 참조.

18 Welzel, Bild, S. 6; ders., Strafrecht, S. 39. 참조.

19 「〈행위〉가 존재한다는 확정(Feststellung)을 위해서는 또한 행위자가 유의적으로(willentlich) 활동하였거나 내지는 활동하지 아니하였다는 확인(Gewißheit)으로 족하다. 행위자가 무엇을 의욕하였는지는, 여기서는 상관없다. 이에 반하여 의사내용(Willensinhart)은 책임의 문제로서 중요성을 가질 뿐이다」(Ernst Beling, Grundzüge des Strafrechts, 5. Aufl., 1919, S. 17). 또한 Edmund Mezger, Strafrecht, Ein Lehrbuch, 2. Aufl., 1933, S. 109.

20 예를 들면 메츠거는 과실범의 형법상의 본질적인 부분(도) 유의적 행위에 의하여 야기된 결과라고 한다(Mezger, Strafrecht I, Allg. Teil, 4. Aufl., S. 45 - Welzel, Bild, S. 8 참조).

21 목적적 행위론의 주창자는 Hans Welzel인데, 그의 주저는 Das Deutsche Strafrecht(11. Aufl., 1969)이다. 그리고 1975년에 출간된 Abhandlungen zum Strafrecht und zur Rechtsphilosophie에는 1930년으로부터 1964년까지에 발표한 16편의 주요논문이 수록되어 있다.

서 ① 목표(Ziel)의 선정(先定), ② 목표달성에 필요한 행위수단(Handlungsmittel)의 선택, ③ 수반적 결과((Nebenfolgen)의 고려가 행하여지고, 둘째의 단계에서는 선택된 행위수단을 계획적으로 현실의 세계에서 적용시킨다.[22] 그런데 이러한 행위의 전(全) 과정 가운데서 과실의 위법성판단에서 결정적인 부분은 목표설정도 아니고 (발생된 결과도 아니고) 행위수행의 방법(die Art und Weise)이다.[23] 예를 들면 서로 내다보이지 아니하는 커브에서 반대방향에서 오던 B는 올바르게 노선의 안쪽인 우측을 운행하였는데 A가 그 커브를 좌측으로 꺾었기 때문에 A와 B의 자동차 2대가 충돌하였고 이 충돌에서 A와 B가 부상한 경우에 있어서, 물론 그들 각자는 〈임의적 행동 (Willkürakt)〉(자동차운전)에 의하여 타자의 부상을 (함께) 야기하였지만, A만이 B의 부상을 위법하게 야기한 것이고 B는 A의 부상을 위법하게 야기한 것이 아니다. 과실범에 있어서 '본질적인 것(Wesentliche)'은 타자의 부상을 단순히 야기하였다는 데에 있지 아니하고 A와 B가 수행한 행위의 특별한 성질(besondere Beschaffenheit)에 있다. A의 운전의 방법이 사회생활상 필요한 주의를 지키지 아니했기 때문에 그것은 위법하고, 이에 반하여 B의 행위는 그 주의를 지켰다는 이유로 적법하다. 여기에서 과실범의 결정적인 불법요소는 단순한 결과반가치(Erfolgsunwert)에 있는 것이 아니라 행위반가치(Handlungsunwert)에 있다는 것이 밝혀진다.[24]

3. 비판과 새로운 전개 : 구성요건해당성의 단계

그 뿐만 아니라 과실을 책임의 단계에서 비로소 문제삼는 체계 하에서는, 사실은 구성요건해당성의 확정도 불가능하다. 예를 들면 유의적 행위로 인하여 사망의 결과가 발생한 경우에 이것이 (고의)살인죄에 해당하는지, 상해치사죄에 해당하는지, 폭행치사죄에 해당하는지 혹은 과실치사죄에 해당하는지의 여부가 확정될 수 없다. 책임의 단계에 가서 사망에 대한 고의가 있는지, 상해나 폭행의 고의가 있는지 혹은 사망의 결과발생에 대한 과실이 있는지가 확정됨으로써 비로소 어느 구성요건에 해당하는지가 사후적

22 Welzel, Strafrecht, S. 33 ff.

23 Welzel, Dogmatik, S. 424.

24 Welzel, Strafrecht, S. 128.

으로 확정될 수밖에 없다.

이에 반하여 목적적 행위론의 입장에서는 의사내용도 행위개념에 포함하므로, 구성요건해당성의 단계에서 고의의 유무가 결정될 뿐 아니라 행위수행의 적절성 여부도 이 단계에서 검토되어 과실의 존부가 결정된다.

III. 과실범의 구조

이상 살펴본 바와 같이 〈과실〉을 종래의 체계에 있어서와 같이 책임의 단계에서 비로소 문제삼을 것이 아니라, 위법성 그리고 구성요건해당성의 단계에서 문제삼아야 한다는 것이 밝혀졌다. 즉 과실범에 있어서도 고의범의 경우와 마찬가지로 구성요건해당성 · 위법성 및 책임의 순서로 문제 삼아야 한다는 것이 밝혀진 것이다.

1. 구성요건해당성

과실범의 전형적인 예로서 과실치사죄의 구성요건을 보면 "과실로 인하여 사람을 치사"하는 것으로 규정되어 있다(제267조). 그런데 이 규정의 문언은 타당하지 못하다. 왜냐하면 사람의 사망 등은 〈과실〉로 인해서가 아니라 〈과실행위〉로 인해서 야기되기 때문이다. 그래서 전형적인 과실결과범에 있어서의 구성요건은 과실행위와 결과 그리고 양자의 관련으로 이루어지며, 단순한 과실행위범(예시 : 업무상 과실 장물취득죄)에서는 물론 과실행위만으로 족하다.[25]

(1) 과실범의 〈구성요건적 행위〉는 과실행위인데, 이는 객관적 주의에 위반하는 비고의(非故意)의 행위이다.

1) 비고의(unvorsätzlich) 행위라 함은 고의가 인정되지 아니하는 행위를 말한다.[26] 즉

---

25 슈트라텐베르트는 〈구성요건해당성〉에서 과실행위범(fahrlässige Tätigkeitsdelikte)과 과실결과범(fahrlässige Erfolgsdelikte)으로 나누어서 논술한다(Stratenwerth, Allg. Teil I, Rn. 1086 ff.).

26 비고의성은 물론 과실의 소극적 표지이다. 벨첼은 과실(사회생활상 필요한 주의의 위반)을 위법성요소로 파악할 시기에는 구성요건요소로서 ① 법익의 침해 내지 위태와 ② 비고의적으로 법익의 침해 내지 위태를 (상당하게) 야기하는 행위수행의 목적적 조종을 요구했는데(Welzel,

범죄사실의 인식 · 인용이 없는 행위이다.

2) 객관적 주의에 위반하여야 한다.[27] 이것을 〈사회생활상 필요한 주의의 위반(die Verletzung der im Verkehr erforderlichen Sorgfalt)〉이라고도 표현한다.[28] 〈객관적 주의의 위반〉이란 구성요건의 실현의 위험이 (객관적으로) 인식가능한데 이 위험을 고려해서 객관적으로 명하여진 주의를 태만하는 것을 말한다.[29] 그리고 여기서의 위험의 인식과 명하여지는 주의의 기준(Maßstab)이 되는 자는 행위자가 놓인 구체적 상황 하에서 행위자와 동일한 사회적 역할을 맡고 있는 통찰력 있고 신중한 사람(einsichtiger und besonnener Mensch)이며,[30] 그 판단은 사전(ex ante)판단이다.[31] 그런데 근년에 와서 이미 구성요건의 단계에서 행위자의 개별적 능력을 기준으로 해서 주의위반을 판단하려는 개별적 주의위반설(die Theorie von der individuellen Sorgfaltswidrigkeit)이 대두되고 있다.[32 · 33]

ⓐ 보호법익에 대한 위험은 통찰력 있는(einsichtig) 판단에 의하면 인식가능한 것이어

Strafrecht, 6. Aufl., 1958, S. 111 ff.), 사회생활상 필요한 주의의 위반을 과실범의 구성요건적 행위의 문제로 다루게 되자 〈비고의〉라는 표현을 쓰지 않게 되었다(Strafrecht, 7. Aufl., 1960, S. 114). 그런데 과실에 관하여 "…죄의 성립요소인 사실을 인식하지 못한 행위는 …"라고 규정하고 있는 한국 형법(제14조) 하에서는 〈비고의성〉을 구성요건적 행위에서 문제삼는 것이 나으리라고 생각한다.

27 과실을 책임요소라고 파악하는 종래의 체계에 있어서 〈부주의〉에 관한 평균인표준설(객관설)의 입장과 같다고 보면 될 것이다. 그리고 한국형법(제14조)에 있어서의 "정상의 주의를 태만함…"이라는 것을 〈객관적 주의의 위반〉으로 해석하면 될 것이다.

28 이러한 표현은 독일민법 제276조에 규정하는 바 "사회생활상 필요한 주의를 위반하는 자는 과실로 행위하는 것이다"에서 온 것인데, 독일형법학에서는 이 표현을 곧잘 쓰고 있다.

29 Jescheck, Allg. Teil, S. 458. 그리고 ( ) 속의 객관적으로는 S. 468 참조.

30 Welzel, Strafrecht, S. 132; Wessels, Allg. Teil, S. 134 참조.

31 Jescheck, Allg. Teil, S. 468; Wessels, Allg. Teil, S. 134.

32 Stratenwerth, Allg. Teil I, Rn. 1097; Jakobs, Studien zum fahrlässigen Erfolgsdelikt, 1972, S. 64 ff.; ders., Fahrlässigkeitsdelikt, S. 20 ff.; Samson, Sk, S. 129 ff.; Harro Otto, Grundkurs Strafrecht, Allg. Strafrechtslehre, 1976, S. 172 ff. 이 학설에 관하여는 다른 기회에 살펴보기로 하겠다.

33 괴셀은 부주의한 회피가능한 법익침해를 객관적 구성요건, 회피가능한 법익침해의 개별적인 예견 내지 예견가능성을 주관적 구성요건으로 삼는다(Maurach–Gössel–Zipf, Allg. Teil, Teilband 2, S. 62 ff.).

야 한다. 이러한 객관적 인식가능성의 판단을 함에 있어서는 행위자가 특히 알고 있는 바(das Sonderwissen der Täters)도 고려되어야 한다.[34] 예를 들면 어떤 교차점이 위험하다거나 또는 어떤 건물로부터 일정한 시간에 국민학교 아동들이 거리에 쏟아져 나온다는 사실을 행위자가 알고 있는 경우에, 이것이 고려되어야 한다.[35 · 36]

ⓑ 그러나 통찰력 있는 판단에 의하면 법익에 대한 위험을 야기하는 모든 행위가 주의위반인 것은 아니다. 그렇지 않으면 사회생활에 있어서의 거의 모든 행위는 하지 않아야 할 것이다. 어느 정도의 위험을 수반하지 않고 교통에 관여하는 것은 전혀 불가능하다. 여기서 첫째의 관점을 제한하는 둘째의 관점, 즉 '신중한(besonnen)' 행위라는 관점이 부가된다. 즉 '사회생활상 정상적인(verkehrsnormal)' 내지 '사회상당한(sozialadäquat)' 정도를 넘는 위험행위만이 주의위반이다. 이러한 '알맞은(maßvoll) 위험'의 한계를 긋는 데에 이바지하는 것이 '신중한' 인간이라는 지도형상(Leitbild)이다.[37] 따라서 객관적으로 인식가능한 위험을 회피하도록 신중한 태도를 취한 것으로 인정되는

---

34 Welzel, Strafrecht, S. 132; Jescheck, Allg. Teil, S. 468; Wessels, Allg. Teil, S. 134; Manfred Burgstaller, Das Fahrlässigkeitsdelikt im Strafrecht, 1974, S. 64 ff.

35 Jescheck, Allg. Teil, S. 468 f.

36 福田 교수는 "행위자가 행위 시에 특히 알고 있는 사정 및 행위자가 놓인 상황에 있어서 일반통상인이면 알 수 있었을 사정을 기초로 해서 그러한 구체적 사정 하에서 일반통상인이 구성요건적 결과의 발생을 예견할 수 있었는가의 여부를 검토하여"이러한 의미에서의 객관적 예견가능성이 긍정되어야 한다고 주장한다(福田 平,「過失犯の構造について」, 刑法解釋學の基本問題, 1975年, 55頁). 또한 後註 38, 44 참조.
藤木 교수는 근년에 예견가능성의 문제에 약간의 신 전개를 시도하는데, 그는 결과회피의무에 중점을 두는 입장에서 "예견가능성에 관하여는 이것을 결과회피의무로서 어떠한 구체적 조치를 행위자에게 부담시키느냐를 판단하는 경우의 하나의 중요한 자료로서 파악하는 것이다. … 예견가능성은 구체적인 결과예견이 있으면 물론 더할 나위가 없지만, 반드시 구체적인 예견은 필요로 하지 아니하고 위험발생에 관하여 위구감(危懼感)이 있으면 족하다. …행위자에게 어떠한 부담을 과하느냐에 관하여 예견이 구체적으로 있었느냐 혹은 구체적인 예견이 가능했느냐 또는 구체적인 예견은 불가능하고 단지 일반적인 위험발생의 위구감 · 불안감이 존재함에 불과하느냐 하는 것은 행위자에게 부담시킴에 있어서의 하나의 중요한 척도가 된다."(藤木英雄, 編著,「過失犯−新舊過失論爭」, 1975年, 32~34頁〈藤木 擔當〉)라고 주장한다(또한 藤木英雄, 新版 刑法, 1978年, 122頁 以下 · 同, 刑法講義 總論, 1975年, 138頁 以下 參照). 그리고 同 編著(第3篇, 豫見可能性, 130~182頁)에서 三井 誠 교수는 위구감설을 검토 · 비판을 하고 있다. 또 福田 平 · 大塚 仁, 刑法總論 Ⅰ, 1979年, 120頁 以下(大塚 擔當)에서도 위구감설을 비판하고 있다.

37 Welzel, Strafrecht, S. 132.

한, 객관적 주의의 위반은 없다.[38]

이러한 관점에서 독일 판례는 도로교통의 기본원칙인 '신뢰의 원칙(Vertrauensgrundsatz)'을 수립하고 완성하였다. 이 원칙에 의하면 교통관여자는 그 사건의 특별한 사정에 의하여 반대의 경우를 인식할 수 없는 한, 다른 교통관여자가 자기와 마찬가지로 교통질서에 맞는 태도를 취하리라고 신뢰해도 좋다는 것이다.[39] 즉 원칙적으로는 다른 교통관여자가 교통질서에 맞지 아니하는 태도를 취함으로써 발생될 결과를 회피하도록 조치를 취하지 아니하여도 객관적 주의의 위반이 되지 아니한다. 여기서의 〈특별한 사정〉은 피해자가 부적절한 행동을 취하리라는 것을 쉽게 예견할 수 있는 경우라든가, 피해자가 노인·유아·신체장애자·만취자 등이어서 적절한 행동을 취하리라고 기대할 수 없는 경우이다.[40] 그리고 신뢰의 원칙은 스스로 교통질서에 맞는 태도를 취하는 자에게만 적용된다.[41]

신뢰의 원칙은 교통의 영역을 넘어서 다수인이 일을 분담하는 모든 공동작업에 타당한다. 즉 외과의는 수술을 함에 있어서 간호원의 올바른 조력을 신뢰하지 않을 수 없다. (외과의가 적절히 선임한) 간호인이 실수로 그에게 잘못된 주사기를 넘겨주었는데 이때 외과의가 그것까지 검사하지 못한 경우에는, 사회생활상 필요한 주의를 위반한 것은 외과의의 행위가 아니라 간호원의 행위이고, 부적절하고 위법한 것은 수술에 있어서 외과의가 분담한 행위가 아니라 간호원이 분담한 행위이다.[42]

---

38 福田 교수는 "객관的 주의의무의 내용을 구체적으로 논정하기 위하여는 먼저…객관적 예견가능성이 긍정되면, 이어서 그러한 구체적 사정 하에서 일반통상인에게 있어 그 결과를 회피함에 적합한 조치를 취할 수 있었는가가 검토되어야 한다"(福田, 刑法解釋學, 55頁)라고 논술한다. 또한 뒤의 註 44 참조.

39 Welzel, Strafrecht, S. 132 f. 또한 Wessels, Allg. Teil, S. 134 f.참조. 이 원칙이 독일에서 처음 채용된 것은 1935년 12월 9일의 제국법원 제2형사부 판결(RG 70-71) 이며, 일본에서는 1966년 12월 20일에 처음으로 最高裁判所에서 채용되었다(刑集 20卷 10号, 1212頁). 그리고 신뢰의 원칙에 관한 문헌으로는 西原春夫, 交通事故と信賴の原則(1969年)이 자세하다.

40 西原, 交通事故, 147頁 以下 參照.

41 Welzel, Strafrecht, S. 133; Hermann Mühlhaus, Die Fahrlässigkeit in Rechtsprechung und Rechtslehre–Unter besonderer Berücksichtigung des Straßenverkehrsrechts, 1967, S. 30.

42 Welzel, Strafrecht, S. 133. 또한 Stratenwerth, Arbeitsteilung und ärztliche Sorgfaltspflicht, Festschrift für Eb. Schmidt, 1961, S. 383 ff. 참조. 그리고 슈트라텐베르트는 "그것(신뢰의 원칙–필자 주)은 결코 도로교통의 영역에 한정될 것이 아니라 사회생활에 있어서 다수인의 행

ⓒ 위험에 관한 통찰력 있는 인식과 위험에 대한 신중한 태도라는 서로 관련하는 두 개의 관점에서 개개의 경우의 객관적 주의의 내용이 얻어질 수 있다. 그런데 이 내용은 일반적인 경험법칙이나 규칙으로부터 완전히(abschließend) 얻어질 수는 없으며, 〈통찰력 있고 신중한 사람이 행위자가 놓인 상황 하에서 어떠한 행위를 했을까〉라는 방법적 원리(methodisches Prinzip)로부터만 얻어질 수 있다. 상술한 신뢰의 원칙은 주의개념을 실질적으로 구체화하는 데에 있어서 중요한 역할을 한다.[43 · 44]

ⓓ 행위자의 현실의 행위가 위에서 확인되는 객관적 주의의 내용과 비교되는데, 이 주의에 맞는 적절한 행위에 못 미치는(zurückbleiben) 모든 행위는 객관적 주의에 위반하는 행위로서 과실범의 구성요건에 해당한다. 반대로 객관적 주의에 맞는 행위는 구성요건해당성이 없다. 이러한 행위의 결과로서 법익침해가 발생하여도 그것은 단순한 사고(Unglück)에 불과하다.[45]

(2) 과실결과범의 구성요건해당성에 있어서 구성요건적 행위, 즉 과실행위 이외에 법익의 침해 내지 위태로서의 일정한 〈결과〉가 요구되고 또한 양자의 관련이 문제가 된다.[46]

1) 그 결과는 과실행위와 (상당한) 인과관계가 있어야 한다.

위(die Verhaltensweisen)가 접촉하는 곳에서는 어디에서나 타당하다"(Stratenwerth, Allg. Teil. I, Rn. 1155)라고 주장하고, 벳셀스도 "동일한 것(Gleiches)이 일을 분담하는 공동작업의 경우에 타당해야 한다(예를 들면 수술, 과학적 실험, 구조작업 등에 있어서와 같이)"(Wessels, Allg. Teil, S. 135)라고 논술한다.

43 Welzel, Strafrecht, S. 133 f.

44 福田 교수는 "객관적 예견가능성과 객관적 회피가능성이 긍정되면, 여기서 비로소 사회생활상 필요한 주의의 의무부과가 가능하게 된다. 물론 이 결과의 예견 및 그 회피의 가능성이 있는 때에 항상 그 결과를 예견해야 하고 따라서 그 결과를 회피함에 적절한 조치를 취해야 한다는 주의의무가 과하여지는 것은 아니다. …구체적으로 어떠한 의무가 객관적으로 요청되어 가는 개개의 구체적 사정을 고려해서 사회적 상당성의 견지로부터 판단되어야 하는 것이다. 즉 위험행위의 사회적 유용성 · 필요성, 예상되는 위험의 개연성, 침해될 법익의 가치 등을 고려해서 구체적으로 행위자에게 어떠한 주의를 요구하는 것이 사회적으로 상당한가 라는 관점에 서서 주의의무의 내용을 구체화해 가야 한다"(福田, 刑法解釋學, 55~56頁)라고 주장한다.

45 Welzel, Strafrecht, S. 134 f. 및 Wessels, Allg. Teil, S. 135 참조.

46 의무위반과 결과와의 관계에 관하여는 Klaus Ulsenheimer, Das Verhältnis zwischen Pflichtwidrigkeit und Erfolg bei den Fahrlässigkeitsdelikten, 1965가 자세하다.

2) 그 결과는 객관적 주의의 위반이 현실화(realisieren)한 것이어야 한다. 그 결과가 주의위반의 행위에 의하여 야기되었지만 그 행위가 주의에 맞게 행하여졌어도 발생하였을 경우에는, 여기에 해당하지 아니한다.[47] 예를 들면 부주의하게 차를 모는 운전사가 갑자기 차도에 뛰어든 아이를 부상케 하였는데, 주의해서 차를 몰았더라도 아이를 부상케 했음에 틀림없을 정도로 아이가 갑자기 차도로 뛰어든 경우이다.

3) 그 결과는 규범의 보호범위(Schutzbereich der Norm) 안에 있어야 한다. 그래서 행위자의 주의위반행위에 의하여 야기된 결과가 침해된 규범의 보호범위 밖에 있는 경우에는, 그 결과는 행위자에게 귀속되지 아니한다.[48] 예를 들면 과속으로 달리던 운전수가 교차점에서 갑자기 차도 안으로 뛰어들어 온 통행인을 친 경우에, 운전수가 허용된 최고속도를 엄수했더라면 피해자가 이미 횡단해버린 후에야 사고지점에 도착했으리라는 사실은 운전수의 부담으로 사용될 수 없다. 왜냐하면 도시에 있어서의 속도제한은 운전수가 일정한 장소에 도착하는 것을 지연시킬 목적을 가지고 있는 것은 아니기 때문이다. 이 사건에 있어서 결과는, 침해된 규범의 보호범위 밖에 있으므로, 운전수에게 귀속되지 아니한다.[49 · 50]

2. 위법성

구성요건의 실현에 의하여 위법성이 징표된다. 따라서 고의범의 경우와 마찬가지로 위법성조각사유에 의하여 위법성이 조각될 수 있다.[51 · 52]

---

47 Welzel, Strafrecht, S . 136. 이것이 '적법한 대체행위(代替行爲)의 경우」(Fall des rechtmäßigen Alternativverhaltens)이다(Jescheck, Allg. Teil, S. 473 참조).

48 Jescheck, Allg. Teil, S. 474 참조.

49 예세크 · 김, 「과실론」, 19면 및 Jescheck, Allg. Teil, S. 474 f. 참조.

50 또한 록신 등이 주장하는 '위험증가원리(Prinzip der Risikoerhöhung)'도 있다(Claus Roxin, Pflichtwidrigkeit und Erfolg bei fahrlässigen Delikten, ZStW 74(1962), S. 411 ff.; ders., Gedanken zur Problematik der Zurechnung im Strafrecht, Festschrift für M. Honig, 1970, S. 133 ff.).
과실결과범에 있어서의 인과관계 내지 객관적 귀속의 문제는 다른 기회에 새로 다루고자 한다.

51 Wessels, Allg. Teil, S. 139.

52 과실범에 있어서의 정당화사유(위법성조각사유)에 관하여는 Jescheck, Allg. Teil, S. 476 ff.;

3. 책임

책임은 위법한 구성요건실현에 대한 비난가능성이다. 위법한 구성요건실현에 대하여는, 개개의 행위자가 그것을 피할 수 있었을 때, 즉 위법하게가 아니라 적법하게 행위할 수 있었을 때에, 비난될 수 있다.[53]

(1) 과실범의 책임에 있어서도 우선 행위자에게 〈책임능력〉이 있어야 함은 물론이다.

(2) 다음으로 〈주관적 주의의 위반〉이 있어야 한다. 즉 객관적 주의위반에 대하여 개개의 행위자가 그의 능력에 비추어 수행할 수 있어야 한다.

1) 객관적으로 인식가능한 구성요건실현의 위험을 행위자가 인식할 수 있어야 한다.

2) 객관적으로 명하여지는 주의를 행위자가 그의 능력에 비추어 수행할 수 있어야 한다.

(3) 셋째로 행위자에게 〈위법성의 의식의 가능성〉이 있어야 한다.

(4) 끝으로 행위자에게 〈적법행위의 기대가능성〉이 있어야 한다.

Maurach—Gössel—Zipf, Allg. Teil, Teilband 2, S. 105 ff.가 자세하다.

53 Welzel, Fahrlässigkeit, S. 30.

14. 위법성의 제문제[*]

一. 서 설

필자는 「범죄론의 체계구성」¹ 이라는 글에서 범죄론체계의 구상을 도표와 함께 밝힌 바 있는데, 그 결론은 다음과 같다. 「① 범죄론의 체계구성은 삼원론의 입장이다. ② 평가의 단계는 구성요건해당성·위법성·책임의 3단계이고 또 그 순서이다. ③ 구성요건은 위법·유책한 행위의 유형인 동시에 일정한 형벌(법정형)이 과하여질 범죄의 유형이다. ④ 구성요건에 해당하고 위법한 행위는 불법이다. ⑤ 위법성의 평가는 사회적 차원에서, 책임의 평가는 개인적 차원에서 행하여진다. ⑥ 평가의 대상에 관하여, 구성요건 해당성에 있어서는 '행위자의 행위'이고, 위법성에 있어서는 '(행위자의) 행위'이고, 한편 책임에 있어서는 '(행위를 한) 행위자'이다.」²

본고에서는 이러한 범죄론체계를 바탕삼고서 위법성에 관련된 여러 문제, 즉 위법성과 불법, 위법성과 구성요건해당성 및 위법성조각사유의 일반원리에 관한 문제를 살펴보기로 한다.

二. 위법성과 불법

우리 형법학에 있어서 종래에는 〈위법성〉이라는 용어를 일반적으로 써왔고 〈불법〉

---

* 이 글은 고시연구(1996년 8월호) 86면 이하에 실린 것이다.

1 본지, 1995년 11월호, 94면 이하.

2 「범죄론」, 101면.

이란 표현은 주관적 불법요소라는 용어에서 쓰이는 정도였는데 (물론 이것도 주관적 위법요소라고 쓰기도 했지만), 근년에 와서는 〈불법〉, 〈불법구성요건〉, 〈행위불법〉 등 눈에 많이 띄게 되었다.

보통 〈위법성〉이란 행위가 법질서에 반한다는 것을 나타내고, 〈불법〉은 구성요건에 해당하고 또 위법한 행위 그 자체를 말한다. 물론 위법성과 불법은 동의어로 쓰이기도 하는데, 독일형법학에서 전에는 〈위법성〉이란 용어 쪽을 많이 썼던 것 같지만,[3] 근년에는 〈불법〉 쪽을 위법성과 구별하여 더 많이 쓰는 것 같다. 필자는 양자를 구별하여 쓰는 것이 좋다고 생각한다.[4]

오늘날 독일형법학에서는 〈불법〉이란 용어가 많이 쓰이고 있으며, 심지어 독일의 새로운 형법전(1975년 시행)에서는 '…행위의 불법을 통찰하거나 이 통찰에 따라 행위할 능력이 없는 자…'(제20조)라는 규정을 두고 있다. 한편 일본형법학에서는 주로 〈위법성〉 내지 〈위법〉이란 용어를 쓰고 〈불법〉이란 용어는 별로 쓰지 아니할 뿐 아니라, 주관적 불법요소도 주관적 위법요소라고 표현하는 경향이 있다. 또한 〈위법일원론과 위법상대성론〉으로 대립시켜서 논하기도 한다. 위법일원론의 입장에서는, 법질서는 단일인 이상 어떤 법영역에서 위법한 행위가 형법상 정당화되는 것은 있을 수 없다고 주장한다. 이에 반하여 위법상대성론의 입장에서는, 법영역마다 법적 효과가 다른 이상 각 영역마다 독립해서 그리고 합목적적으로 위법성의 유무를 판단해야 한다고 하고, 형법 독자(獨自)의 위법성으로서 가벌적 위법성을 인정한다. 이와 관련하여 "법규범위반설은 아무래도 위법일원론이 되기 쉽다. 어느 법영역이든지 법규범이 침해된 이상 법질서 전체에 있어서 위법하다고 말하지 않을 수 없기 때문이다. 한편 법익침해설은 위법의 상대성론에 연결될 수 있다. 〈법익〉침해의 유무는 실질적으로 처벌할 정도가 되었는가라는 시점을 더해서 판정할 수 있기 때문이다. 물론 이들의 관련은 절대적이 아니고 현실의 학설은 꽤 뒤얽혀 있다. 또한 위법일원론은 하나의 법영역에서 위법이라고 된 행위가 형법상 정당화되어 가벌성이 부정되는 것을 일절 인정하지 아니하는 〈엄격한 위

---

3 예컨대 Liszt-Schmidt, Lehrbuch des Deutschen Strafrechts, Erster Band, 26. Aufl., 1932를 보면 「제2절 위법한 행위로서의 범죄」의 2에서 「위법성의 확정 · 구성요건해당성과 정당화사유」를 논하고 있다.

4 '위법성과 불법'에 관하여는 Claus Roxin, Strafrecht, Allgemeiner Teil, Band 1, 2. Aufl., 1994, S. 482 f.; Hans Welzel, Das Deutsche Strafrecht, 11. Aufl., 1969, S. 52등 참조.

법일원론〉(木村 박사)과 위법성은 법질서 전체에 있어서 통일적이라고 하면서도 그 발현형식(發現形式)에는 여러 가지의 종별(種別) 및 경중의 단계가 있기 때문에 다른 법영역에서 위법이라고 되어도 형벌을 과함에 알맞은 질·양 의 위법성(가벌적 위법성)이 없게 되는 경우를 인정하는 〈부드러운 위법일원론〉(佐伯 박사)으로 나누어진다. 그리고 구체적인 처벌범위에 관하여는 부드러운 위법일원론과 위법상대성론이 거의 일치한다고 말할 수 있다. 또한 양설이 모두 가벌적 위법성이라는 개념을 쓰기 때문에 논의가 혼란스럽게 되는 것이다"[5] 라는 논술이 있는데(여기서 가벌적 위법성과 관련시켜 논하므로 더욱 혼란스럽게 되었는데), 기본적으로는 위법성과 불법을 구별해서 불법이란 개념을 함께 씀으로써 풀어나갈 수 있지 않을까 생각된다. 즉 〈위법일원론 대 위법상대성론〉을 〈위법성일원론 대 불법상대성론〉으로 바꾼다면, 이는 양립할 수 있다고 본다. 예컨대 과실로 타인의 재물을 손괴한 행위는, 전체로서의 법질서에 위반하는 행위로서 위법성이 인정되는데, 민법상은 불법행위가 되지만, 형법상은 해당할 범죄 구성요건이 없어서 불법이 되지 아니한다. 이것을 식(式)으로 표기하면 '범죄구성요건해당행위 × 위법성 = (형법상의) 불법'이라고 쓸 수 있을 것이다. 또 법규범위반설과 법익침해설의 대립이 위법성의 단계에서의 문제인지 또는 구성요건해당성의 단계에서의 문제인지 (또는 불법의 문제인지)도 재고해 볼 만하다.[6] 하여튼 〈구성요건해당성·위법성·책임〉의 범죄구조 삼원론이 통설인 일본형법학에서 〈불법〉이란 개념이 들어갈 틈이 별로 없다고 볼 수 있으며, 이에 반하여 〈불법·책임〉의 범죄구조 이원론[7]이 일반적인 독일형법학에서는 〈위법성〉보다는 〈불법〉을 중심으로 해서 논하게 되는 것으로 보인다. 필자는

---

5 前田雅英,「實質的違法性とその阻却」(町野朔 外 6名 著, 『考える刑法』, 1986, 73頁).

6 三. 2 참조.

7 이 입장 가운데서 다수설은 〈불법〉에 관하여 다시 불법을 근거지우는 〈(불법)구성요건〉의 문제와 〈위법성〉의 문제로 나누므로 결국 〈책임〉과 더불어 범죄구조 삼원론이라고도 볼 수 있겠으나 기본적으로는 범죄구조 이원론이라고 보아야 할 것이다(Fritjof Haft, Strafrecht, Allgemeiner Teil, 6. Aufl., 1994, S. 13, Abb. 4. Struktur der Straftat 참조). 또한 김일수 교수도 Haft와 꼭 같이 도표(범죄행위의 구조)를 제시하면서 범죄행위가 〈불법과 책임〉으로 나누어지는 데 까지를 '이단계구조', 그리고 〈불법〉이 〈(행위)·구성요건해당성·위법성〉으로 나누어지는 데 까지를 〈책임〉을 포함하여 '삼단계구조'라고 추가하고서 "불법개념이 구성요건과 위법성으로 나누어져 있기 때문에 범죄체계상의 구조가 불법에 편중되어 있다" 등을 지적한다(『한국형법Ⅰ, 총론 상』, 1992, 247면 참조).

범죄구조 삼원론의 입장이 낫다고 생각하지만, 필요에 따라 〈불법〉이란 개념도 쓰는 편이 명확한 설명을 할 수 있다고 본다.

三. 위법성과 구성요건해당성

본장에서는 〈삼단계적 삼원론〉과 〈삼단계적 이원론〉의 구별[8]을 전제로 하면서, ① 형식적 위법성과 실질적 위법성, ② 행위반가치와 결과반가치, ③ 형법상의 승낙이 위법성과 구성요건해당성과 관련하여 어느 단계에서 다루어져야 할 것인지의 문제를 살펴보고자 한다. 그리고 〈가벌적 위법성〉에 관하여는 피해법익의 절대적 경미성의 경우에는 그 가벌성이 구성요건해당성의 외연의 문제로 다루어지고 피해법익의 상대적 경미성의 경우에는 위법성조각(정당화)의 일반원리에 비추어 위법성의 단계에서 다루어진다는 점은 이미 밝힌 바 있다.[9] [10]

1.형식적 위법성과 실질적 위법성

「리스트」는 〈위법한 행위로서의 범죄〉를 설명하면서 "1. 어떤 국가적 규범, 즉 법질서의 어떤 명령 또는 금지의 위반으로서의 행위는 형식적으로 위법하다. 2. 법규범을 통하여 보호된 개인 또는 전체의 생활이익에로의 공격으로서의, 따라서 법익의 침해 또는 위태로서의 행위는 실질적으로 위법하다"[11]라고 논술하여, 종래의 형식적 위법성에 대하여 처음으로 실질적 위법성을 대치시켰다.[12]

---

8 「범죄론」, 97면 이하 참조.

9 「범죄론」, 98면 이하, 100면.

10 형법각론에 있어서 불법원인급여와 횡령죄, 상대적 음란문서와 음화반포판매죄, 사회적 의례로서의 선물과 뇌물죄의 문제에 관하여 구성요건해당성과 위법성의 단계로 구별하여 논해야 한다는 점에 관하여는 이미 고찰한 바 있다(김종원, 「구성요건·위법성 구별의 형법각론적 실익」, 「노동법과 현대법의 제문제, 남관 심태식 박사화갑기념논문집」, 1983, 593면 이하).

11 Franz v. Liszt, Lehrbuch des Deutschen Strafrechts, 19. Aufl., 1912, S. 143.

12 「귄터」에 의하면 "「리스트」가 실질적 위법성의 〈발견자〉라고 일반적으로 인정되어 있다"고 한다(Hans-Ludwig Günther, Strafrechtswidrigkeit und Strafunrechtsausschluß, 1983, S. 28 - 여

여기서 형식적 위법성과 실질적 위법성에 관련된 근년의 우리나라 학자의 견해를 살펴보자.

김일수 교수는 〈의의〉에서 "형식적 위법성이란 행위의 규범에 대한 구체적인 모순·충돌을 말한다. 위법성을 행위와 규범 사이의 순수한 관계개념이라고 말할 때 이것도 형식적 위법성을 지칭하는 말이다. 이에 반해 실질적 위법성이란 행위가 규범에 의해 보호된 법익에 위해를 가함으로써 야기된 사회유해적 법익침해를 말한다"[13]라고 논술한다. 다음으로 〈연혁〉에서 "형식적 위법성과 실질적 위법성의 구별을 최초로 시도한 사람은 v. Liszt였다. 그는 형식적 위법성을 실정법적 범주로, 실질적 위법성을 형사정책적 원칙으로 파악하면서, 형식적 위법성은 법익의 침해 또는 위태화이며, 실질적 위법성은 행위의 사회적 유해성(반사회성 또는 비사회성)이라고 하였다"고 논술하면서 그 주(註)에서 v. Liszt, Lehrbuch des Deutschen Strafrechts, 21/22.Aufl., 1919, S. 132 f를 인용한 것으로 되어 있다.[14] 그런데 Liszt의 교과서 21~22판 132면을 보면 "1. 어떤 국가적 규범, 즉 법질서의 어떤 명령 또는 금지의 위반으로서의 행위는 형식적으로 위법하다. 2. 사회유해성(반사회적 또는 비사회적) 행태로서의 행위는 실질적으로 위법하다. 위법한 행위는 법규범을 통하여 보호된 개인 또는 전체의 생활이익에로의 공격 내지 법익의 침해 또는 위태이다"라고 논술하고 있는데, 「리스트」의 형식적 위법성에 관한 견해에 전혀 변동이 없으므로 김일수 교수의 이에 관한 논술은 중대한 오기라고 본다. 끝으로 〈결론〉에서 "실질적 위법성의 개념은 형사정책적·헌법적 법익개념 위에 기초하고 있기 때문에 구성요건해석과 불법의 경중구별 및 이익교량의 관점에서 위법성조각사유의 체계화와 발전에 기여하는 형사정책적 의미가 크다. 따라서 위법성에 관하여 형식적 위법성과 실질적 위법성은 서로 밀접하게 연관된 독자적인 개념으로 구분하여 파악하는 것이 옳다고 생각한다"[15]라고 논술한다.

이재상 교수는 "위법성의 본질에 관하여는 형식적 위법성론과 실질적 위법성론이 대립되고 있다. …그러면 근본적으로 형식적 위법성과 실질적 위법성을 구별할 실익이

기서는 「리스트」의 교과서, 12·13판, 1903, 140면 이하가 인용되어 있다).

13 김일수, 『총론 상』, 554면.

14 김일수, 『총론 상』, 555면.

15 김일수, 『총론 상』, 559면.

있는가, 또 실질적 위법성은 과연 위법성의 본질에 관한 이론인가를 검토해 보기로 한다. …그러나 형식적 위법성론에 의한다고 하여 위법성조각사유가 반드시 법률에 규정된 위법성조각사유에 제한되는 것은 아니며, 실질적 위법성론도 위법성을 법률외적 (法律外的) 기준에 의하여 결정할 것을 요구하는 것은 아니다. 더욱이 초법규적 위법성조각사유에 해당하는 행위는 형식적으로는 위법하지만 실질적으로 위법하지 않은 것이 아니라 어떤 의미로도 위법한 것이 될 수 없다. 보다 근본적으로 실질적 위법성의 내용에 관한 학설은 위법성과 불법을 혼동한 데에 기인하는 것이며, 위법성은 순수한 관계이고 불법은 위법성의 실질이므로 위법성의 내용적 의의는 위법성이 아니라 불법 (Unrecht)에 관한 이론이라고 하지 않을 수 없다. 따라서 형식적 위법성과 실질적 위법성은 서로 대립되는 개념이 아니고 논쟁의 실익도 없는 문제에 불과하다고 하겠다"[16]라고 논술한다. 그런데 여기서 "위법성조각사유가 반드시 법률에 규정된 위법성조각사유에 제한되는 것은 아니며"라는 논술은 독일형법 하에서는 몰라도 일반적 위법성조각사유를 규정하고 있는 우리 형법("기타 사회상규에 위배되지 아니하는 행위는 벌하지 아니한다" …제20조) 하에서는 적절한 표현인지 의문이고, 또 '초법규적 위법성조각사유에 해당하는 행위'라는 표현도 역시 마찬가지이다.

이형국 교수는 "위법성의 본질을 어떠한 측면에서 볼 것인가에 관련하여 형식적 위법성과 실질적 위법성이라는 개념이 구분된다. …이러한 양 개념이 서로 대립되고 모순되는 것이 아니라 다음과 같은 상호관계를 갖는다. 형식적으로도 위법한 행위는 위법성조각사유에 해당되지 않는 한 실질적으로 위법한 행위로 된다. …한편 형식적으로는 위법하지 아니하지만 실질적으로는 위법한 행위란 형사입법의 기준은 될 수 있겠지만 형법상 처벌대상으로 될 수 없다"[17]라고 논술한다. 그런데 여기서 〈형식적으로 위법하다〉를 〈구성요건에 해당하다〉로 대치하면 훨씬 이해하기 쉬워질 것이다. 즉 "구성요건에 해당하는 행위는 위법성조각사유에 해당하지 않는 한 위법한 행위로 된다. 한편 구성요건에는 해당하지 아니하지만 위법한 행위(예: 과실재물손괴행위)는 형법상 처벌대상으로 될 수 없다". 물론 형식적 위법성과 실질적 위법성의 문제가 이로써 전부 해결된 것은 아니다.

---

16 이재상, 『형법총론(신정판)』, 1996, 188면 이하.

17 이형국, 『형법총론』, 1990, 156면.

이 문제에 관한 필자의 견해의 요점만 쓰면 다음과 같다. 행위가 어떤 법규범에 위반된다(행위가 사람을 살해하지 말라는 규범에 위반된다)는 문제는 구성요건해당행위(살인행위)의 문제이다. 또 법익침해(사망)의 문제는 구성요건해당 결과의 문제이다. 그런데 살인행위가 있고 또 이로 인하여 사람이 사망하였어도 아직 위법하다고 볼 수는 없다. 다음으로 그 행위가 전체로서의 법질서에 위반하여야 한다. 바로 이것이 〈형식적 위법성〉이라고 본다. 여기서 법질서에 위반한다는 내용이 무엇이냐가 문제가 되겠는데, 법질서는 사회생활이 원활히 영위되도록 하는 것이므로 법질서에 위반한다는 것은 반사회성에 구할 수도 있을 것이고 우리 형법 제20조에 의하면 사회상규위배성에 구하도록 되어 있다. 이것이 바로 〈실질적 위법성〉이라고 본다.

2. 행위반가치와 결과반가치

행위반가치 · 결과반가치에 관하여, ① 좁게 지향(志向)반가치만을 행위반가치로 보는 행위반가치 일원설, ② 행위수행의 방식과 태양(態樣)의 반가치를 행위반가치로 보고 법익의 침해 · 위태를 결과반가치로 보는 행위반가치 · 결과반가치 이원론, ③ 넓게 법익의 침해 · 위태뿐 아니라 행위태양의 반가치도 결과반가치로 보는 결과반가치(일원)론으로 대별할 수 있다. 그리하여 각자가 불법 내지 위법의 본질이 그러한 행위반가치나 결과반가치에 있다고 본다.

이 문제에 관련된 근년의 우리나라 학자의 견해를 살펴보자.

김일수 교수는 행위반가치의 내용으로서 실행행위의 종류 · 방법 등 행위태양을 포함시키면서 결과반가치의 내용으로서 법익침해 · 법익위태화뿐 아니라 법익평온상태의 교란까지 넣고 있다.[18] 이 〈법익평온상태의 교란〉에 관하여 "법익침해나 법익위태화의 정도에 이르지는 않았으나 일단 법익침해에로 지향된 행위자의 주관적 범죄의사가 실행의 착수단계를 지나 객관화되면 결과발생이 애당초 불가능했던 경우라도 사회적으로 법익평온상태는 교란되고 만다. 그러나 이와 같은 법익평온상태의 교란은 법익침해나 법익위태화에 비해 가장 약한 형태의 결과반가치를 구성한다. 이런 의미에서 이것을

---

18 김일수, 『총론 상』, 522면 이하.

제3의 결과반가치라고도 부른다. 이것은 가벌적 미수와 불가벌적 예비의 구별에 유용할 뿐만 아니라 장애미수와 불능미수의 구별에도 유용하다. 특히 불능미수의 결과반가치는 바로 가장 약한 형태의 결과반가치인 법익평온상태의 교란이 적용되는 정형적인 경우이다"[19]라고 설명한다. 김일수 교수가 말하는 〈법익평온상태의 교란〉이란, 후술하는 바와 같이 인상설의 입장에서 불능범과 구분되는 (불능)미수범의 요건인 〈위험성〉을 말하는 것이다. 그리고 그것이 "가벌적 미수와 불가벌적 예비의 구별에 유용하다"는 논술은 잘 이해가 되지 아니한다. 미수와 예비는 〈실행의 착수〉의 유무로 구별되는 것이며, 가벌적·불가벌적은 미수나 예비에 대한 〈처벌법규〉의 유무로 구별되는 것이다. 또 그것이 "장애미수와 불능미수의 구별에도 유용하다"는 논술도 잘 이해가 되지 아니한다. 장애미수와 불능미수의 구별은 〈사실상 결과발생〉이 가능한 경우냐 불가능한 경우냐로 구별되는 것이지 〈위험성〉의 유무로 구별되는 것은 아니라고 본다. 김일수 교수는 우리 형법 제27조에서의 〈위험성〉표지의 내용에 관한 결론에서 "이 인상설의 위험성에 관한 내용이해가 불능미수범의 구성요건해당성의 표지가 되는 '위험성'의 내용에 합당하다고 생각한다. 다만 여기에서 말하는 인상이란 요소를 종래의 통설처럼 단지 객관적 성립요소로만 이해할 것이 아니라, '법적대적(法敵対的) 의사의 실행'이라는 행위반가치가 '법익평온상태의 교란'이라는 제3의 결과반가치와 더불어 전체로서 실질적 불법을 형성할 때 야기되는 법적 평화의 파괴, 즉 '범죄적 인상'이라는 통합된 의미로 파악해야 할 것이다"[20]라고 논술한다. 그리고 〈행위반가치와 결과반가치의 기능〉에 관하여 "모든 범죄형태는 그것이 결과범이든 거동범이든, 기수이든 미수이든 행위반가치와 결과반가치가 함께 갖추어질 때 비로소 불법구성요건에 해당한다는 평가를 받게 된다"[21]라고 논술하였는데, 행위반가치와 결과반가치가 구성요건해당성의 문제라는 점에서는 대찬성이지만, 미수에서도 결과반가치를 갖추어야 구성요건해당의 평가를 받는다는 표현에는 불찬성이다. 결과범에 있어서 결과를 결하는 경우에 미수가 생각되는데, 이 미수에 또 일종의 결과가 필요하다는 사고방식은 좀 이상하지 않은지? 이상하다고

---

19 김일수, 『총론 상』, 523면.
20 김일수, 『한국형법 Ⅱ 총론 하』, 1992, 217면.
21 김일수, 『총론 상』, 523면.

보는 입장을 〈이론적 미숙〉[22]이라고 평하는데, 그렇게 평하는 입장은 〈이론적 과숙〉이 아닐런지? 여기서 문제되는 결과반가치는 물론 미수범에서 요구되는 〈위험성〉을 말하는데, 살인의 경우를 생각해보면 살인행위의 수단이나 대상에 비추어 볼 때 사실상 사망의 결과발생은 불가능하지만 그래도 그 행위가 행위태양에 비추어 〈위험하다〉고 평가될 때 살인의 불능미수의 구성요건에 해당하게 되는 것이다(물론 실행의 착수가 있다는 조건으로), 여기서 그 행위가 살인행위로서 위험하다는 평가를 받게 되는 것이므로, 〈위험성〉은 행위반가치라고 보아야 할 것이다.

이재상 교수는 〈결과반가치론〉에 대하여 "인간의 행위는 결과반가치를 야기하기 위한 의사나 결과회피를 위한 주의의무의 위반 없이 결과가 발생하였다는 것만으로 불법이 되는 것이 아니다. 이러한 의미에서 결과반가치론은 타당하다고 할 수 없다"[23]라고 논술한다. 그리고서 〈행위반가치론〉에 대하여는 "법익보호가 형법의 가장 중요한 기능인 점을 부정할 수는 없다. 따라서 결과반가치를 불법에서 배제할 수는 없다. …그렇다고 결과반가치만으로 불법이 확정되는 것은 아니다. 형법규범이 행위를 대상으로 하고 형법의 구성요건이 일정한 행위자의 특정한 행위태양을 처벌하고 있는 이상 행위반가치도 결과반가치와 같은 의미를 가지는 불법요소가 된다고 해야 한다. 따라서 불법은 결과반가치와 행위반가치에 의하여 결정되어야 한다는 이원적·인적 불법론이 타당하다고 하지 않을 수 없다"[24]고 주장한다. 한편 〈결과반가치의 내용〉에 관하여 "통설은 보호법익에 대한 침해와 위험이 결과반가치의 내용이라고 해석하고 있다".[25] 〈행위반가치의 내용〉으로서 〈주관적 요소〉에 관하여 "고의는 규범명령에 직접 대항하는 행위의 사로서 인적 행위불법의 핵심이 된다. 따라서 고의는 행위반가치의 가장 중요한 내용이 된다고 해야 한다. …과실범에 있어서의 과실, 즉 주의의무위반도 행위반가치에 속한다. …고의·과실 이외에 목적 또는 경향과 같은 주관적 불법요소도 당연히 행위반가치의 내용이 된다".[26] 또 〈객관적 요소〉에 관하여 "행위가 가지는 일반적 위험성과 행위로

---

22 김일수, 『총론 상』, 522면.

23 이재상, 『총론』, 100면.

24 이재상, 『총론』, 103면.

25 이재상, 『총론』, 103면.

26 이재상, 『총론』, 104면.

인한 위험의 실현은 구별되어야 하므로 행위의 위험성을 규정하는 객관적 요소도 행위반가치의 내용으로 파악하는 것이 타당하다. 이에는 객관적 행위자요소와 행위의 태양이 포함된다"[27]라고 논술한다. 다만 객관적 요소에 관한 논술 끝에 붙은 '주 1'에서 "결과반가치와 행위반가치의 기능은 미수 특히 불능미수…의 경우에 문제된다. 미수범에 있어서는 행위반가치뿐만 아니라 결과반가치로서의 위험이 있어야 하며"[28]라고 논술하는데, 이원론을 취한다고 하여 항상 행위반가치와 결과반가치가 갖추어져야 하는 것은 아니고 오히려 미수범에 있어서는 법익의 침해 또는 위태로서의 결과반가치를 결하는 경우라고 설명하는 것이 이해하기 쉬우며, 이재상 교수가 〈본문〉에서 행위의 태양과 관련된 행위반가치로서의 〈행위의 위험성〉이 바로 '주'에서 말하는 미수범에 있어야 한다는 결과반가치로서의 〈위험〉이 아닌가 생각한다. 끝으로 이 교수가 이 문제를 〈구성요건〉의 장에서 다루고 있는 것에는 물론 찬성이다.

3. 형법상의 승낙

형법상 승낙의 기능은 4종으로 구별해서 논할 수 있다. ① 승낙이 있으면, 구성요건해당성이 없게 되는 경우(절도죄, 주거침입죄 등), ② 승낙여부가 구성요건해당의 여부와 관계없는 경우(13세 미만 부녀간음죄), ③ 승낙이 있으면 감경구성요건의 해당이 문제되는 경우(동의살인죄), ④ 승낙이 있으면 위법성조각사유가 되는 경우, 이 가운데서 ①에서 ③까지는 승낙이 구성요건해당성의 단계에서 다루어지고, ④만이 피해자의 승낙으로서의 위법성의 단계에서 다루어진다.

그런데 근년에는 구성요건배제사유로서의 〈양해〉와 위법성조각사유로서의 〈승낙〉으로 나누어서 설명하는 경향이 있다. 즉 이재상 교수는 "구성요건이 피해자의 의사에 반하는 때에만 실현될 수 있도록 규정되어 있는 범죄에 있어서 〈피해자〉가 그 법익의 침해에 동의한 때에는 구성요건 자체가 조각되지 않을 수 없다. …각칙 상의 개인의 자유를 보호하기 위한 죄는 대부분 여기에 해당한다. 이러한 범죄에 있어서는 범죄의 불법상황은 피해자의 의사에 반하는데 있고 〈피해자〉가 동의한 때에는 범죄가 될 수 없

---

27 이재상, 『총론』, 104면.

28 이재상, 『총론』, 105면.

다. 이와 같이 〈피해자〉의 동의가 구성요건해당성 자체를 조각하는 경우를 양해라고 한다",[29] 이형국 교수는 "구성요건의 범죄기술(記述)에 비추어 〈피해자〉의 동의(또는 찬의(贊意))가 있으면 이에 따른 행위의 위법성을 거론하기에 앞서서 그 행위가 처음부터 구성요건해당성의 문제로 되지 아니하는 경우가 있는데, 이 경우의 〈피해자〉의 동의를 양해라고 말한다"[30]라고 논술하는데, 필자가 붙인 〈 〉 속의 피해자라는 표현은 적절하지 않다고 본다. 즉 소유자 A의 양해를 얻고서 그 책을 B가 가지고 간 경우에 A를 〈피해자〉라고 부를 수 없다고 본다.

한편 김일수 교수는 "양해가 구성요건배제사유라는 점에 관해서는 이론(異論)의 여지가 없으나 승낙이 양해와는 별도로 위법성조각사유로 취급되어야 할 것인가가 문제된다. 오늘날 새로운 경향은 양해와 승낙의 체계상의 차이를 부인하고 법익향유자의 유효한 동의가 있는 경우에는 그것이 설령 양해적 성격을 가진 것이건 승낙의 성격을 가진 것이건 구별 없이 구성요건배제적 효력을 갖는다는 것이다. 새로운 경향에 따르는 입장에서는 양해와 승낙을 구별할 체계상의 실무적 이유가 없으며, 이 양자를 체계적으로 똑같이 취급할 때 그 성격상의 차이도 본질적인 것이 아니라 상대적인 것이라고 본다. 또한 양자를 엄격히 구별할 만한 일반적 기준이 없으므로 양해냐 승낙이냐는 개개 구성요건의 구조에 따라 개별적으로 판단해야 할 해석상의 문제에 불과하다는 것이다. 필자도 이 새로운 경향을 지지한다"[31]라고 논술한다. 그런데 새로운 경향의 지지도 좋지만, 종래 승낙의 경우로 생각되던 것들이 구성요건배제사유로 되겠느냐를 따져 보아야 할 것이다. 예를 들어서 A가 친구 B의 동의를 얻고서 공중 앞에서 B의 인격적 가치에 대한 사회적 평가를 떨어뜨릴 만한 사실을 적시하였다면, 아무리 동의를 얻었다 하더라도 명예훼손죄의 구성요건에는 해당한다고 보아야 할 것이며, 다만 피해자의 〈승낙〉에 의하여 위법성이 조각된다고 보아야 할 것이다.

---

29 이재상, 『총론』, 238면 이하.
30 이형국, 『총론』, 197면 이하.
31 김일수, 『총론 상』, 540면.

四. 위법성조각사유의 일반원칙

일반적으로 범죄의 성립을 논함에 있어서는, 첫째 단계로서 구성요건해당성을 논하고 나서, 둘째 단계로서 위법성을 논하고, 끝으로 셋째 단계로서 책임을 논하고 있다. 그런데 위법성을 논함에 있어서는 적극적으로 그 구성요건해당행위가 위법하느냐를 논하지 않고, 소극적으로 그 행위에 위법하지 않게 할 사유가 있느냐를 논하게 된다. 이것은 구성요건이 위법한 행위의 유형이고, 이 유형에 해당하는 행위는 우선 위법한 것으로 추정되기 때문이다. 즉 위법성의 단계에 와서는 그 구성요건해당행위에 위법하지 않게 할 사유(위법성조각사유 또는 정당화사유)가 있느냐를 따져서, 이 사유가 있으면 위법하지 않게 되고 반대로 그 사유가 없으면 위법한 것으로 확정되는 것이다.

본장에서는 위법성조각사유의 일반원리와 관련하여, 일원론과 다원론, 사회상당성설 그리고 사회상규에 위배되지 아니하는 행위에 관하여 살펴보고자 한다.

1. 일원론과 다원론

위법성조각사유의 일반원리에 관하여는 일원론과 다원론의 대립관계에서 설명하는 것이 보통이다.

이재상 교수는 "일원론은 모든 위법성조각사유의 기초가 되는 통일된 기본원리가 존재한다고 한다. 여기에는 목적설과 이익교량설이 있다"[32]고 하고서, "목적설은 …구성요건에 해당하는 행위가 국가공동생활에 있어서 정당한 목적을 위한 상당한 수단인 때에는 위법하지 않으며, 그것이 바로 모든 위법성조각사유의 기본원리라고" 하는데,[33] 이 설에 대하여는 무엇이 정당한가를 설명하지 못하므로 위법성조각사유의 해석에 아무런 도움을 줄 수 없다든가 그 내용이 너무나 형식적이고 막연하여 실제문제를 해결하는 기준이 될 수 없다든가의 비판이 가하여진다고 하고,[34] "이익교량설은 가치교량 또는 이익과 반대이익의 사회적으로 정당한 조정이라는 근본이념에 입각하여, 이익의 교

---

32 이재상, 『총론』, 192면.
33 이재상, 『총론』, 193면.
34 이재상, 『총론』, 193면.

량에 의하여 경미한 이익을 희생하고 우월한 이익을 유지하는 것은 적법하다고 한다"[35] 라고 설명하면서, "그러나 모든 위법성조각사유를 우월적 이익의 원칙에 의하여 설명하는 것은 불가능하다. 특히 정당방위와 피해자의 승낙은 이익교량에 의하여 위법성을 조각하는 것이 아니며, 이익교량설에 의하면 이를 위법성조각사유에서 제외해야 한다는 결과가 된다"[36]라고 비판한다. 한편 다원론에 관하여는 "위법성조각사유는 복수의 원리에 의하여 개별적인 위법성조각사유에 따라 그 원리를 규명하거나, 위법성조각사유를 형태별로 분류하여 그 형태에 적응하는 원리를 결합하려는 이론이다"[37]라고 설명하고서, "모든 위법성조각사유를 하나의 통일원리에 의하여 설명하는 것은 불명확한 추상적 개념을 만드는 의미밖에 없으므로 위법성조각사유의 일반원리는 다원론에 의하여 설명되어야 한다"[38]라고 주장하면서 "다원론의 대표적인 이론이 Mezger에 의하여 주장된 이원설이다. …이와 같이 위법성조각사유를 이익흠결의 원칙과 우월적 이익의 원칙이라는 일반원리로 분류하는 것이 일반적 견해로 되어 있다. 그러나 이러한 가치교량은 행위의 효과라는 결과불법만을 고려한 것이므로 위법성조각사유에 있어서는 행위불법으로서의 목적사상도 이익흠결의 원칙이나 우월적 이익과 결합되어 있다고 하겠다. 이러한 일반원리 하에서 개별적인 위법성조각사유에 따라 그 가운데 어느 원리를 특히 중시하거나, 그 결합에 의하여 근거를 설명해야 한다고 하지 않을 수 없다"[39]라고 한다. 생각건대 일원론이 다원론에 비하여 보다 추상적이고 막연하게 되는 것은 당연한 일이지만 최고의 일반원리의 하위(下位)에 개별원리를 설정하면 될 것이며, 다원론의 입장에서는 위법성의 문제가 〈사회적 차원〉에서의 문제라는 점을 고려할 여유가 없지 않을까 생각한다.

이형국 교수는 위법성조각사유의 일반원리에 관한 일원론과 다원론을 설명하고 나서 "개개의 위법성조각사유들은 여러 가지 정당화적 요소의 다양한 결합에 기초를 두고 있으므로, 일원적이든 다원적이든 어떤 일반원리에 의하여 모든 위법성조각사유를 이

---

35 이재상, 『총론』, 193면.
36 이재상, 『총론』, 193면 이하.
37 이재상, 『총론』, 194면.
38 이재상, 『총론』, 194면.
39 이재상, 『총론』, 195면 이하.

해하려는 시도는 적절한 것으로 볼 수 없다"[40]라고 주장하는데,[41] 적어도 법리상 완전히 유형화되지 아니한 위법성조각사유를 문제삼을 때에는 일원론이든 다원론이든 그 일반 원리를 전제로 삼아야 하리라고 본다.

김일수 교수는 〈일원론〉으로서는 목적설, 이익교량설 및 가치교량설, 〈다원론〉으로서는 「메츠거」의 이원설과 「야콥스」의 삼원설을 각각 논평하고서, 새로운 체계화의 시도로서 「록신」의 입장을 따른다. 즉 〈일반원리〉에 관하여는 "모든 정당화사유는 위법성조각사유의 형사정책적인 기능 면에서 먼저 '충돌하는 이익과 반대이익의 사회적으로 정당한 조절'을 목적으로 삼는다. 이것이 이른바 '갈등 상황에서의 사회조절적 이익교량'이라는 일반원리이다. …따라서 최종적인 불법배제의 판단은 구성요건해당행위의 사회적 정당성 내지 흠결된 사회적 유해성이라는 기준에 의존한다"[42]라고 논하고, 〈개별원리로서의 사회적 질서원리들〉을 ① 정당화사유를 추진하는 방향으로 작용하는 원리(추진원리) − 법의 확증(確證)원리, 자기보호원리, 정당한 이익옹호의 원리, ② 정당화사유에 일정한 제한을 가하는 원리(제한원리) − 비례성 · 균형성 원리, 국가적 강제수단 우위(優位)의 원리, ③ 정당화사유에 따라서 적극 · 소극 양면으로 작용하는 원리(공통원리) − 법익교량의 원리, 의사자유의 원리를 들고 있다.[43]

여기서 〈충돌하는 이익과 반대이익의 사회적으로 정당한 조절〉은 법질서의 기능으로 보고 위법성조각사유의 일반원리는 〈사회적 정당성 내지 흠결된 사회적 유해성〉으로 보는 편이 낮지 않을까 생각한다. 하여튼 위법성의 평가단계가 〈사회적 차원〉에서의 문제로 파악하는 것은 옳은 방향이라고 본다.

2. 사회상당성설

사회상당성을 단순히 구성요건해당성 배제사유로 볼 것인가 또는 일반적인 위법성

---

40 이형국, 『총론』, 1990, 165면.
41 참고로 이형국 교수의 『형법총론연구 Ⅰ』(1984년)에서는 '위법성조각사유의 일반원리'(일원론과 다원론)의 문제는 다루고 있지 아니하는 것으로 보인다.
42 김일수, 『총론 상』, 576면 이하.
43 김일수, 『총론 상』, 577면 이하.

조각사유로 볼 것인가는 좀 더 연구해 볼 만한 문제라고 생각한다.

이형국 교수는 "사회상당성의 이론은 「벨첼」, 「샤프슈타인」 등에 의하여 전개된 것으로서, '정상적이고 역사적으로 되어버린[44] 사회적 생활질서의 테두리 안에서' 행하는 행위는 구성요건해당성이 없다고 주장한다. 사회상당성이 있는 행위가 구성요건을 조각한다는 것이 일반적 경향이지만 이를 위법성조각사유로 보는 입장이 있고 책임의 단계에서야 비로소 문제로 삼는 견해도 있다",[45] "사회상당성론은 문언(文言)상 지나치게 넓게 파악될 수 있는 법적 구성요건을 제한하기 위한 수단으로서 독일에서 발전된 이론인데 「벨첼」에 의하여 최초로 거론되었다. 이 이론에 의하면 정상적·역사적으로 되어버린[46] 사회적 생활질서의 테두리 안에서 행하는 행위는 구성요건해당성이 없다고 한다. …사회상당성은 일부 학자에 의하여 위법성조각사유로도 이해되지만 다수의 학자들은 이를 구성요건해석에 도움을 주는 하나의 해석원칙으로 보고 있다"[47]라고 주장하는데, 여기서 일부의 학자와 다수의 학자의 분류는 우리나라에 관한 것인지가 의문이며 또 일부의 학자라도 사회상당성을 위법성조각사유로 이해하고 있다면 위법성조각사유의 일반원리에 관한 〈일원론〉에서 논급하는 것이 좋지 않을까 생각한다.[48]

김일수 교수는 "사회상당성론은 Welzel에 의해 창안·발전되어 온 이론이다. 그 내용은 '역사적으로 형성된 사회윤리적 공동생활의 질서 내'에 속한 행위는 사회적으로 상당하며, 따라서 비록 우리가 그러한 행위를 구성요건의 문언에 따라 이에 포섭시킬 수 있다 하더라도 결코 어느 구성요건에 해당될 수 없다는 것이다. 즉 사회적 상당성은 구성요건해당성 배제사유로 간주되고 있다. 그러나 Welzel은 그의 형법교과서 제4판(1954)

---

44 'geschichtlich geworden'을 '역사적으로 되어버린'이라고 해석하는데, '역사적으로 생성(生成)된'이라고 번역하는 편이 낫지 않을까 생각한다.

45 이형국, 『연구 Ⅰ』, 279면 이하. 주 63, 64(280면)에 의하면 위법성조각사유로 보는 학자는 Dreher/ Tröndle, Schmidhäuser 등이고 Welzel도 한때는 이 입장이었고 또 책임단계에서 문제삼는 학자는 Roeder 이라고 한다.

46 원문은 'der normalen geschichtlich gewordenen…Ordnung' 이므로 normal은 geschichtlich 와 동격이 아니라 gewordenen과 동격으로 보아야 하지 않을까 생각한다(주 44 참조).

47 이형국, 『총론』, 104면 이하.

48 이형국, 『총론』, 164면 참조. 참고로 우월적 이익설을 취하는 內藤 교수는 위법성조각사유에 공통되는 일반원리에 관한 대표적 학설로서 목적설, 사회적 상당성설, 법익형량설, 우월적 이익설을 논한다. (內藤謙, 『刑法講義, 總論(中)』, 1986, 306頁 以下.

에서부터 제8판(1963)까지는 이 사회적 상당성을 일종의 관습법적 정당화사유로 간주하고 있다. 그 후 Welzel은 다시 사회적 상당성론을 구성요건 제한의 '일반적 해석원리'로 파악하기에 이르렀다"[49]라고 설명하고, ① 사회적 상당성부인론, ② 해석원리로서의 사회적 상당성론, ③ 구성요건해당성 배제사유로서의 사회적 상당성론, ④ 위법성조각사유로서의 사회적 상당성론, ⑤ 책임조각사유로서의 사회적 상당성론을 검토하고 나서, "사회적 상당성은 구성요건의 문제영역에 속한다. 왜냐하면 모든 구성요건은 사회적으로 불(不)상당한 행태만을 규율하고 있기 때문이다. 여기서 사회적 상당성의 원칙은 구성요건해석의 원칙으로 사용되어 범죄유형적 행태가 아닌 사회적으로 상당한 행위가 구성요건적 행위로 평가되는 것을 어느 정도 제한할 수 있다. …구성요건 제한기능이 상대적으로 좁고 불안정한 사회적 상당성의 기준 대신 구성요건 영역에서 행위반가치의 의미를 공제함으로써 구성요건해당성을 배제시키는 보다 합리적이고 명료한 이론적 기준은 없을까? 최근 객관적 귀속론의 몇몇 척도를 가지고 사회적 상당성을 대체하려는 시도가 주목을 끌고 있다. …이러한 객관적 귀속의 원칙 중 특히 사회적 상당성이 문제되는 사례들을 객관적 귀속의 측면에서 해결하여 구성요건해당성 배제 및 가벌성 제거에 기여할 수 있는 척도로는 먼저 '위험창출행위'의 기준이다. …애당초 위험창출행위로 볼 수 없는 것은 행위반가치가 전적으로 배제되기 때문에 가벌성이 전혀 없다. 이 같은 위험의 창출이란 척도 중에서도 특히 허용된 위험의 원칙과 사회적으로 상당하고 경미한 위험의 원칙 두 가지가 종래의 사회적 상당성의 사례들을 직접 해결해주는 구체적 기준이 된다"[50]라고 주장한다. 생각건대 사회적 상당성을 구성요건해당성 배제사유로 보면서 또 구성요건해당행위를 위험창출행위로 보는 입장에서의 이론전개로 보인다. 물론 사회적 상당성론은 위법성조각사유의 일반원리로서 일원론에 관한 설명에서는 보이지 아니한다.[51]

이재상 교수는 위법성조각사유의 일반원리로서 목적설과 이익교량설을 설명하고 있는데, 사회상당성설은 목적설의 설명이 끝난 다음에 작은 활자로 논술한다. 즉 "사회상당성설은 사회생활에 있어서 역사적으로 형성된 사회윤리적 질서, 즉 사회적 상당성이

---

49 김일수, 『총론 상』, 524면 이하.
50 김일수, 『총론 상』, 542면 이하.
51 김일수, 『총론 상』, 573면 이하 참조.

위법성조각사유의 일반원리라고 한다. 사회상당성설도 넓은 의미에서는 목적설에 속하는 이론이라 하겠다. 그러나 사회상당성설에 대하여도 사회상당성설은 목적설과 그 내용에 있어서 차이가 없을 뿐 아니라, 사회적 상당성의 개념 자체가 반드시 명백한 것이 아니고 긴급행위의 경우를 사회적 상당성에 의하여 설명하는 것은 적절하지 못하다는 비판을 받고 있다"[52]라고 한다. 생각건대, 첫째로 사회상당성을 비록 소활자로나마 일원론에서 다룬 것은 잘한 것으로 보며, 둘째로 사회상당성설이 목적설과 그 내용에 있어서 차이가 없고 넓은 의미에서는 목적설에 속하는 이론이라고 하는데 오히려 목적설이 사회상당성설에 속한다고 보아야 할 것이 아닌지, 셋째로 사회적 상당성의 개념이 반드시 명백한 것이 아니라고 비판하는데 그 불명확성은 일원론이 지닌 숙명이 아닌지, 넷째로 긴급행위를 적절하게 설명하지 못한다고 비판하는데 긴급행위도 사회상당적 행위로 포괄될 수 있는 것이 아닌가 한다.[53]

3. 사회상규에 위배되지 아니하는 행위

우리 형법은 제20조(정당행위)에서 "법령에 의한 행위 또는 업무로 인한 행위 기타 사회상규에 위배되지 아니하는 행위는 벌하지 아니한다"라고 규정하고 있다. 그래서 여기서의 〈사회상규에 위배되지 아니하는 행위〉가 무엇인지, 그리고 다른 유형화된 개개의 위법성조각사유와 마찬가지로 개별의 위법성조각사유의 하나인지 또는 일반적 위법성조각사유인지가 문제가 된다.

김일수 교수는 "사회상규라 함은 공정하게 사유(思惟)하는 평균인이 건전한 사회생활을 하면서 옳다고 승인한 정상적인 행위규칙을 말한다. …형법 제20조 후단은 '기타 사회상규에 위배되지 아니하는 행위는 벌하지 아니한다'라고 규정하여 정당행위의 세 번째 구성요소를 제시하고 있다. 여기서 기타 사회상규에 위배되지 아니하는 행위란 법질서 전체의 정신이나 그 배후의 지배적인 사회윤리에 비추어 원칙적으로 용인될 수 있

---

52 이재상, 『총론』, 193면.

53 참고로 넷째의 비판에 관하여 Maurach-Zipf, S. 332을 인용하고 있는데, 우리 형법은 세 가지의 긴급행위에 대하여 모두 "상당한 이유가 있는 때에는 벌하지 아니한다"(제21조·제22조·제23조)라고 규정하여, 〈상당성〉을 입법화한 것으로 보인다.

는 행위, 즉 사회적으로 유용성(有用性)이 인정되거나 적어도 사회적 유해성을 야기하지 않는 행위를 말한다"[54]라고 설명하는데, 〈사회상규에 위배되지 아니하는 행위〉를 사회적으로 유용성이 인정되거나 적어도 사회적 유해성을 야기하지 않는 행위로 보는 점에서는 필자는 찬성하고 싶다. 그러나 "사회상규는 물론 형법에 열거된 개개의 전형적인 위법성조각사유와 내용적으로 중첩되는 면이 있지만 그 독자적인 기능은 어떤 구성요건적 행위가 비록 전형적인 위법성조각사유에 해당하지 않더라도 실질적인 위법성이 있다고 볼 수 없는 경우를 모두 포괄할 수 있는 최종적인 위법성조각사유의 기준이다"[55]라고 논술하는데, 만약 사회상규 불위배행위를 정당방위 등 형법에 열거된 개개의 전형적인 위법성조각사유들과 동렬(同列)에 있는 최종적인 위법성조각사유의 하나라고 본다면, 이에 찬성할 수는 없다고 생각한다. 꼭 알맞은 예인가는 의문이지만, 모 중학의 1학년 1반의 학생수가 60명이라고 하자. 그리고 반장은 A이고 부반장은 B·C라고 하자. 만약「A·B·C 기타 1학년 1반의 학생은 내일 등교하지 말라」는 지시가 내린 경우에, 여기서 〈기타 1학년 1반의 학생〉은 A·B·C를 제외한 57명의 1학년 1반의 학생을 가리키는 것은 틀림없지만, 그렇다고 하여 A·B·C가 1학년 1반의 학생이 아닌 것은 아니기 때문이다. 이런 의미에서 우리 형법 상에서는 사회상규 불위배성이 일반적 위법성조각사유이고 정당방위 등은 예시적(例示的) 개별적 위법성조각사유로 보는 편이 낫지 않을까 생각한다.

이재상 교수는 먼저 "형법 제20조가 '기타 사회상규에 반하지 않는 행위는 벌하지 아니한다'고 규정한 것은 사회상규가 바로 위법성조각사유의 일반적 기준이 된다는 것을 명문화한 것이다. 즉 행위가 일응 구성요건에 해당하고 개별적인 위법성조각사유의 하나에 속하지 않은 경우에도 사회상규에 위배되지 않을 때에는 위법성이 조각되어 처벌할 수 없게 된다. …이와 같이 사회상규가 일반인의 건전한 도의감 또는 사회윤리를 의미하는 개념이므로 사회상규에 위배되지 않는 행위는 법질서 전체의 정신이나 사회윤리에 비추어 용인될 수 있는 행위를 말한다고 할 수 있다. …그러나 사회상규와 사회적 상당성의 개념은 구별되지 않으면 안 된다. 사회적 상당성이 구성요건조각사유임에 반

54　김일수, 『총론 상』, 707면.

55　김일수, 『총론 상』, 710면.

하여 사회상규는 위법성조각사유의 일반원리에 해당하기 때문이다"[56]라고 논술하는데, 다원론을 지지하는 이재상 교수의 입장과 우리 형법 하에서의 사회상규를 위법성조각 사유의 일반적 기준 내지 일반원리라고 보는 견해는 모순되지 아니한지 의문이다. 그리고서 "여기서의 사회상규의 판단기준으로는 법익의 균형과 목적과 수단의 상당성을 들 수 있게 된다. 법익의 균형성, 즉 보호이익과 침해이익 사이의 법익균형성은 결과반가치의 측면에서 사회상규에 위배되는가를 판단하기 위한 중요한 기준이 된다. …행위의 측면에서 사회상규의 판단기준이 되는 것은 목적과 수단의 정당성이다"[57]라고 논술하는데, 이와 같이 법익의 균형과 목적·수단의 상당성은 구성요건에 해당하는 행위가 〈사회상규에 위배되지 아니하는가〉를 판단함에 있어서의 그 하위기준에 불과한 것이고 결국은 〈사회상규 불(不)위배성〉이 위법성조각사유의 최고의 일반원리가 되는 것이 아닌지? 이재상 교수는 "사회상규에 위배되지 않은 행위는 가장 일반적이고 포괄적인 위법성조각사유이다"[58]라고 말하고 있다.

이형국 교수는 "형법 제20조 후단은 "기타 사회상규에 위배되지 아니하니(아니하는-필자 고침) 행위는 벌하지 아니한다"라고 규정한다. 이를 동조 전단과 관련하여 살펴보면 법령에 의한 행위 또는 업무로 인한 행위는 사회상규에 위배되지 않기 때문에 벌하지 않지만, 이들 이외의 행위라 할지라도 사회상규에 위배되지 아니할 때에는 벌하지 아니한다는 취지로 이해할 수 있다. 이 때문에 사회사규는 법령에 규정되어 있는 행위뿐만 아니라 법령에 규정되어 있지 아니한 모든 행위의 위법성판단에 있어서 가장 원천적이고 일반적인 척도로 평가된다. '사회상규'는 그 어의(語義)상으로 볼 때 사회생활에 있어서 일반적으로 인정되는 일상적(또는 정상적)인 규칙을 의미하고, '사회상규에 위배되지 아니하는 행위'라는 말은 바로 이러한 규칙의 테두리를 벗어나지 아니하는 행위를 뜻하는 것이지만, 형법 제20조의 성격에 비추어 볼 때 이러한 행위는 법질서 전체의 정신이나 그 배후를 이루는 사회윤리에 비추어 용인될 수 있는 범위 내의 행위를 의미한다고 볼 수 있다"[59]라고 논술하는데, 우리 형법 하에서 위법성조각사유의 일반원리에

---

56 이재상, 『총론』, 256면 이하.

57 이재상, 『총론』, 258면.

58 이재상, 『총론』, 258면.

59 이형국, 『총론』, 171면.

관하여 〈일원론〉의 입장을 취하는 것 같이 보인다. 또 이형국 교수는 "사회상규에 위배되지 아니하는 행위는 가장 원칙적이고 포괄적인 척도를 갖는 위법성조각사유이므로 관점에 따라서는 이미 형법에 유형화되어 있는 정당방위, 긴급피난, 자구행위, 피해자의 승낙까지도 포용한다고 볼 수 있다. 그러나 제20조 후단이 포괄성을 갖는다고 하여 위법성조각이 문제되는 행위를 먼저 이 규정에 적용하려 한다면 이는 위법성조각사유를 되도록 상세하게 유형화시킨 형법의 근본정신에 합치하는 태도가 아니다. 먼저 문제되는 행위가 어떤 유형의 위법성조각사유에 해당될 수 있는가를 검토해 본 후에 그 해당사항은 없지만 실질적 관점에서 위법성조각을 검토해야 할 필요성이 남아 있다고 판단될 때, 그 행위가 제20조 소정의 '기타 사회상규에 위배되지 아니하는 행위'인가 여부를 살펴보아야 한다"[60]라고 논술하는데, 이는 당연하다고 본다. 전술한 예에서 살펴보면, 어떤 학생이 A인가 B인가 또는 C인가를 살펴본 후에 1학년 1반의 학생인가를 살펴볼 필요가 있을 때 이를 살펴 보는 것은 논리상 당연하다고 본다. 다만 유형화된 개개의 위법성조각사유를 살펴 볼 때 그것이 일반적 위법성조각사유가 유형화된 것이라는 점을 잊어서는 안 될 것이다.

五. 결 어

필자의 생각으로는 먼저, '구성요건' 요소의 해석에 있어서는 그 범죄의 보호법익을 중심으로 행하여져야 할 것이며, 구성요건해당성의 범위(외연)는 그 범죄에 과하여질 소정의 형벌(법정형)의 무게에 따라 정하여진다. 여기서 일정한 형벌(법정형)이 과하여질 행위(가벌적 행위)가 될 수 있느냐의 문제 속에 〈소위 구성요건해당성 배제사유로서의 사회적 상당성의 문제〉는 해소된다고 본다.

다음으로 '위법성'이란 어떤 행위(여기서는 구성요건해당적 행위)가 법질서에 위반되는 것을 말하는데, 법질서는 사회생활이 원활히 영위되도록 하기 위하여 존재하는 것이므로, 비록 어떤 행위가 구성요건에 해당할지라도 사회생활상 용인될 만한 행위이면,

---

60 이형국, 『총론』, 173면 이하.

따라서 사회생활에 알맞은 행위(사회상당적 행위)이면, 위법성이 조각된다고 보아야 할 것이다. 이와 같은 의미에서 〈사회적 상당성〉을 위법성조각사유의 일반원리로 보는 일원론이 타당하다고 생각한다. 이 사회상당성설은 위법성조각사유의 본질적 성격을 잘 나타내는 것으로 본다. 즉 위법성이 사회적 차원의 문제라는 점을 전면으로 부각시키면서 한편으로는 사회생활에 알맞은 행위이면 법질서에 위반하는 행위가 아니라는 점도 알 수 있게 한다. 물론 사회상당성설에 대하여는 너무 포괄적이고 막연하다는 비판을 하는데, 포괄성과 추상성은 일원론이 갖는 장점이기도 하고 또 단점이기도 하다. 즉 위법성조각사유가 본질적으로 〈사회생활에의 알맞음〉에 있다는 것을 단적으로 나타낸다는 점은 장점이라고 볼 수 있지만, 그 구성요건해당적 행위가 구체적으로 어떠한 상황에서 위법성이 조각되느냐를 판단하기가 막연하다는 점은 단점이라고 본다. 그런데 이 단점은 ① 행위목적의 정당성, ② 수단의 상당성, ③ 법익침해의 긴급성, ④ 달리는 법익보호의 방법이 없다는 보충성, ⑤ 보호된 법익과 침해된 법익과의 균형성, ⑥ 보호할 법익의 흠결 등 여러 가지를 구체적 상황 하에서 고려하여 그 행위가 사회생활에 알맞은 것인가를 판단함으로써 해결해야 한다고 생각한다. 이러한 의미에서 목적설·법익교량설 등은 〈사회상당성〉을 판단하는 하위기준이 된다고 본다.

그리고 우리 형법은 제20조에서 "사회상규에 위배되지 아니하는 행위는 벌하지 아니한다"라고 규정하여 일반적 위법성조각사유를 제시하고 있는데, 이 〈사회상규불위배성〉을 〈사회적 상당성〉으로 해석하는 것이 가장 무난할 것으로 생각한다.

[추가]

여기서 〈사회적 상당성〉이란 표현이 마음에 닿지 않는다면, 〈사회생활에의 알맞음〉을 〈사회생활 적합성(適合性)〉, 더 간단히 〈사회 적합성〉이라고 하면 좋을 것이다. 참고로 독일어의 Adäquanz를 우리나라나 일본에서 〈상당성〉이라고 번역하는데, 〈적합성〉이라고 번역하는 편이 나을 것이다.

15. 자초심신장애자의 행위에 대한 형사책임[*]

Ⅰ. 서 론

본 연구는 소위 원인에 있어서 자유로운 행위(actio libera in causa, in der Ursache freie Handlung)의 문제를 다루려고 한다. 이 문제는, 독일에서 책임무능력상태를 초래케 하여 이 상태에서 범행을 한 경우에, 범행 시에 책임능력이 없으므로 범행자를 벌할 수 없겠는데, 그러나 형사정책상으로는 벌해야 할 것이 아닌가로 다투게 되는 것이다. 예를 들어서, A가 B를 쳐서 상해를 입히고 싶은데, 그냥 치면 상해죄로 처벌될 수 있으므로, 술을 과음하여 만취된 상태를 초래하고는 이 상태에서 B를 쳐서 상해를 입혔다고 하자. 이 경우에, 한편으로는 만취된 상태 하에서, 즉 책임무능력상태 하에서 상해행위를 한 것이므로 A를 벌할 수 없다는 주장이 나올 수 있겠고, 또 다른 한편으로는 그 책임무능력상태는 A가 스스로 초래한 것이므로 A를 처벌해야 한다는 주장이 나올 수도 있다. 그런데, 이 문제는 형법상의 대원칙인 책임원리의 하나인 '행위와 책임의 동시존재원칙(Koinzidenzprinzip)'의 해석에 관한 것이라고도 볼 수 있다. 이 원칙은 여기서는 〈실행행위와 책임능력의 동시존재원칙〉이라고 할 수 있는데, 이 원칙을 엄격하게 해석해서 〈불벌〉로 볼 수도 있겠고 또 유연하게 해석해서 〈가벌〉로 볼 수도 있는 것이다. 다음으로, 여기서 유연하게 해석하는 입장 가운데의 하나의 주장은 범행(상해행위) 시에는 책임무능력(만취)상태였지만 그 상태를 초래한 원인되는 (음주)행위 시에는 자유로웠다, 즉 책임능력이 있었다는 것이다. 이 주장을 요약하면 〈원인에 있어서 자유로운 행위〉가 되는 것이고, 라틴어로 표현하면 actio libera in causa가 되는 것이다. 그런데 한정책

---

* 이 글은 『대한민국학술원 논문집(제46집 제1호, 2007년)』 157면 이하에 실린 것이다.

임능력의 경우에 형의 임의적 감경을 규정하는 독일형법 하에서는 책임무능력의 경우만을 다루어도 괜찮을 것 같이 보이므로, 〈원인에 있어서 자유로운 행위〉라는 표현으로 족하지만, 한정책임능력의 경우에 형의 필요적 감경을 규정하면서 책임무능력·한정책임능력 상태를 자초한 경우에 면책·감책하지 않도록 규정하는 한국형법 하에서는 책임무능력의 경우뿐 아니라 한정책임능력의 경우도 포함시킨다는 뜻에서 〈자초심신'장애'자의 행위〉라는 표현을 논문제목에 사용하였다. 그러나 〈원인에 있어서 자유로운 행위〉라는 표현이 일반적으로 사용되고 있으므로, 이 논문에 있어서도 원칙적으로는 그 표현을 그대로 사용하기로 한다.

본 연구는 이 문제에 관하여 〈고의범(작위범)의 학설〉을 중심으로 다루기로 한다. 먼저 이 문제에 관련된 〈입법상황〉을 살펴 보겠는데, 독일·한국·일본과 기타로서 스위스의 입법례를 알아 보겠다. 다음으로 〈학설상황〉인데, 독일·일본·한국의 것을 다루게 된다. 다만, 한국형법은 이 문제를 총칙규정에서 입법적으로 해결하고 있는데, 그 해석론을 덧붙이고자 한다.

II. 입 법 상 황

원인에 있어서 자유로운 행위의 문제에 관련해서 형법총칙에 규정을 두는 나라, 각칙에 관련규정을 두는 나라, 총칙에도 각칙에도 규정을 두는 나라, 또 총칙에도 각칙에도 규정을 두지 아니하는 나라가 있고, 한편으로, 이 문제를 다루는 폭(幅)과도 관련이 있겠는데, 한정책임능력의 경우에 형의 임의적 감경으로 하는 나라와 형의 필요적 감경으로 하는 나라가 있다. 여기서는 독일·한국·일본과 기타로서 스위스의 입법상황을 살펴 보겠다.

1. 독 일

독일에 있어서는 형법총칙에 원인에 있어서 자유로운 행위에 관한 직접적인 규정은 없다. 다만, 한정책임능력자에 대하여는 형의 임의적 감경을 규정하고 있으므로(21조), 심신미약 상태의 범행에 대하여는 원인에 있어서 자유로운 행위의 문제를 다룰 실익이 없거나 감소되리라고 본다. 한편 형법각칙에서는 제323조a가 "① 고의 또는 과실로 알코올음료 또는 기타의 마취제에 의하여 자기를 명정(酩酊)상태에 빠지게 한 자는, 그가 이 상태에서 위법한 행위를 행하였고 또한 명정에 의하여 책임무능력이었거나 이것이 배제될 수 없었기[1] 때문에 처벌될 수 없는 경우에는, 5년 이하의 자유형 또는 벌금에 처한다. ② 그 형은 명정상태에서 행하여진 범행에 대하여 정해진 형보다 무거워서는 아니된다"라고 하여 완전명정(Vollrausch)죄를 규정하고 있다. 여기서의 구성요건은 "고의 또는 과실로…마취제에 의하여 자기를 명정상태에 빠지게 하는 것"이다. 그리고 명정범행(Rauschtat)을 행하는 것(여기서는 명정상태에서 구성요건에 해당하고 위법한 행위를 행하는 것을 말한다ー필자 주)은 〈객관적 처벌조건〉에 불과하고, 제323조a의 범죄는 〈추상적 위험범〉이다.[2] 그리하여 비록 총론 상에서 원인에 있어서 자유로운 행위의 경우를 〈불벌〉로 보더라도, 제323조a가 적용될 수 있다.

2. 한 국

한국에 있어서는 독일과 달리 형법각칙에 완전명정죄와 같은 규정을 두지 아니하고 바로 총칙에서 제10조 제3항이 "위험의 발생을 예견하고 자의로 심신장애를 야기한 자의 행위에는 전2항(심신상실자와 심신미약자ー필자 주)의 규정을 적용하지 아니한다"라고 규정하여, 원인에 있어서 자유로운 행위의 경우를 입법적으로 해결하였다. 즉 심신상실자의 범행의 경우에는 처벌할 수 있게 하고 또 심신미약자의 범행의 경우에는 형을 반드시 감경하는 것은 아니게 하였다. 그리고 심신미약자의 경우에, 형의 임의적 감경으로 다루는 독일형법(21조)과는 달리, 한국형법(10조 2항)은 형의 필요적 감경으로 다루도록 규정하고 있어서, 원인에 있어서 자유로운 행위의 문제를 다룸에 있어서는 심신상실자의 경우와 함께 다루어야 할 것이다. 이리하여, 전술한 바와 같이, 심신상실자의 행위뿐 아니라 심신미약자의 행위의 경우도 함께 다룬다는 의미에서 〈자초심신장애자의 행위〉라는 표현이 나을 것이다.

---

1 '의심스러운 때에는 피고인의 이익으로(in dubio pro reo)의 원칙'에 의하여(Rudolf Rengier, Strafrecht, BT II, 4. Aufl., 2002, 41/19).

2 Maurach/Schroeder/Maiwald, Strafrecht, BT 2, 8. Aufl., 1999, §96 Rn. 4.

3. 일 본

원인에 있어서 자유로운 행위의 문제에 관하여 일본은 입법상 형법의 총칙에도 각칙에도 전혀 규정하는 바가 없다. 따라서 이 문제에 관하여 어떠한 이론구성도 가능하다고 본다. 다만, 심신모약자(心神耗弱者)의 행위는 형의 필요적 감경으로 다루어진다는 점을 고려에 넣어야 할 것이다. 물론 영향을 받을 수도 있고 안 받을 수도 있다고 본다.

4. 기타(스위스)

한국형법학이 직접으로 영향을 많이 받는 것은 독일형법학과 일본형법학이므로, 본 연구에 있어서도 양국의 것을 참고로 삼고 있는데, 원인에 있어서 자유로운 행위의 문제에 관련된 입법상황은 스위스형법이 한국형법에 유사하므로, 여기에 소개하고자 한다.

현행 스위스형법은 총칙의 제10조에서 무귀책능력(Unzurechnungsfähigkeit)자는 벌하지 아니하고, 제11조에서 한정귀책능력(verminderte Zurechnungsfähigkeit)자는 형을 감경할 수 있다고 규정하면서, 제12조에서 예외(Ausnahme) 규정을 두어 "행위자 자신이 의식의 무거운 장애(schwere Störung) 또는 침해(Beeinträchtigung)의 상태에서 가벌적 행위를 하려는 의도(Absicht)로서 그러한 상태를 초래한 때에는, 제10조와 제11조의 규정을 적용하지 아니한다"라고 하여 원인에 있어서 자유로운 행위에 관하여 총칙에서 직접적으로 규정하고 있다.[3] 여기서 무귀책능력자에 관한 규정뿐 아니라 한정귀책능력자에 관한 규정도 적용하지 않도록 하고 있다. 한편 각칙의 제263조에서 "① 자초한(selbstverschuldet) 명정(Trunkenheit) 또는 마취(Betäubung)로 인하여 무귀책능력이 되고, 그리고 이 상태에서 중죄나 경죄로 법정된 죄를 범한 자는 6월 이하의 경징역(Gefängnis) 또는 벌금(Busse)으로 처벌된다. ② 행위자가 이 자초한 상태에서 유

---

3 Roxin은 독일의 '예외모델(Ausnahmemodell)'의 문헌들을 소개하는 자리에서 "스위스형법 제12조도 예외모델의 의미의 해석(Deutung)을 시사한다(nahelegen)"라고 설명한다(Claus Roxin, Strafrecht, AT, Band Ⅰ, 4. Aufl., 2006, § 20 Rn. 57, Anm. 159). 참고로 한국형법 제10조 제3항은 스위스형법 제12조와 비슷하다.

일한 형벌로서 중징역(Zuchthaus)으로 법정된 죄를 범한 때에는, 형벌은 경징역이다"
라고 규정한다. Germann에 의하면, 행위자가 무귀책능력 상태에서 범한 죄에 대하
여는 제12조에 의하여 처벌되며, 이 상태를 자초하는 것은 제263조에 의하여 처벌되
지만 무귀책능력자가 이 상태에서 중죄나 경죄로 법정된 죄를 범하는 것은 처벌조건
(Strafbarkeitsbedingung)이라고 한다.[4] 또 Stratenwerth에 의하면, 다수설은 제263조의
구성요건을 (추상적)위험범이라고 해석하고 그 불법은 귀책능력이 배제된 위험한 상태
의 초래라고 하며, 또 통설은 중죄나 경죄로 법정된 죄를 범하는 것은 객관적 처벌조건
(objektive Bedingung der Strafbarkeit)이라고 결론지운다고 한다.[5]

　2002년 12월 13일에 스위스연방의회는 형법총칙을 중심으로 형법을 대개정하는 법
률안을 채택하였으며, 국민투표도 거쳤는데, 2007년 1월 1일부터 시행된다. 신규정에
〈원인에 있어서 자유로운 행위〉에 관련된 것도 있으므로, 여기서 소개하려고 한다. 이
문제에 관하여 현행형법은 제12조에 규정하고 있는데, 신법에서는 제19조(책임무능력
과 한정책임능력) 제4항에 규정하고 있다. 즉 "행위자가 책임무능력 또는 책임능력의
미약(Vermiderung)을 회피할 수 있었고 또 이때 이 상태에서 행하여진 범행(Tat)을 예견
할 수 있었던 경우에는, 제1항 내지 제3항은 적용되지 아니한다"이다. 그리고 한정책임
능력자에 대하여, 현행법은 형의 임의적 감경(제11조)이지만, 신법은 형의 필요적 감경
(제19조 제2항)이다. 한편 각칙의 제263조 제1항은 "…180일당 이하의 벌금형으로 처
벌된다"로 또 제2항은 "…유일한 형벌로서 자유형으로 법정된 중죄를 범한 때에는, 형
벌은 3년 이하의 자유형 또는 벌금형이다"로 바뀌었다.

Ⅲ. 학설상황

　원인에 있어서 자유로운 행위의 문제에 관한 독일 · 일본 · 한국의 학설상황과 한국형
법의 해석론을 살펴보도록 하겠다.

4　O. A. Germann, Schweizerisches Strafgesetzbuch, 9. Aufl., 1974, S. 398.

5　Günter Stratenwerth, Schweizerisches Strafrecht, BT Ⅱ, 3. Aufl., 1984, S. 219.

1. 독 일

독일형법은 한국형법과는 달리 총칙에 원인에 있어서 자유로운 행위에 관한 규정이 없다. 그리고 구(舊)규정에서는 〈범행시에(zur Zeit der Tat)〉 귀책능력이 없으면 가벌적 행위(strafbare Handlung)가 없다(제51조 제1항)고 하고, 신(新)규정[6]에서는 〈범행의 수행시에(bei Begehung der Tat)〉 책임능력이 없는 자의 행위는 책임이 없다(제20조)고 한다. 그리하여 원인에 있어서 자유로운 행위의 문제는 책임주의(Schuldprinzip)에서 나왔다고 하는 '범행과 책임능력의 동시존재원칙(Koinzidenzprinzip)'을 중심으로, 구체적으로는 〈범행의 수행시〉의 해석을 둘러싸고 학설이 나누어진다. 학설을 크게 나누면, ① 그 시기를 선행행위(음주행위)로 앞당기는 설, ② 확장해서 선행행위로부터 후행행위(상해행위)까지로 보는 설, ③ 후행행위로 보면서 동시존재원칙의 예외를 인정하는 설, 그리고 ④ 동시존재원칙을 고수하면서 불벌로 보는 설이 있다. 원인에 있어서 자유로운 행위의 문제에 대하여 총칙에서 직접적인 규정을 가지는 우리와는 다소 상황이 다르므로, 여기서는 네 가지 학설에 대한 개괄적 설명만 하고, 그 대신에 각 학설에 대한 문헌을 비교적 자세하게 소개하려고 한다. 그리고 여기서 한두 가지 덧붙여 둘 것은, 한정책임능력자에 대하여 독일형법은 형의 임의적 감경이지만 한국형법에서는 형의 필요적 감경이라는 점, 또 원인에 있어서 자유로운 행위의 문제에 관한 한국형법 총칙은 책임무능력자와 한정책임능력자에 대하여 〈함께〉 규정하고 있다는 점이다.

(1) 조기(앞당김)설(Vorverlagerungstheorie)

이 설은 구성요건모델(Tatbestandsmodell)이라고도 한다. 이 설에 의하면 비난의 대상은 책임능력 있는 상태에서 행하여진 선행행위(음주행위)이고 직접적인 실행행위(상해행위)가 아니다. 범행(Tathandlung)은 바로 음주(Trinken)이다. 이 시점에서, 즉 음주행위의 착수 시에 행위자는 아직도 책임능력이 있고, 따라서 범행과 책임(능력)의 일치(Kongruenz)가 인정된다. 이 입장의 다수는 그 논거로서 간접정범(mittelbare Täterschaft)의 법적 성격(Rechtsfigur)을 참조하도록 한다. 즉 행위자는 자신을 (책임무

---

6 1969년에 전면개정된 신형법총칙을 말하며, 1975년 1월 1일에 시행되었다.

능력의) 도구(Werkzeug)로서 이용하는 것이다.[7·8]

이 입장의 문헌으로서는, Baumann/Weber/Mitsch, Strafrecht, AT, 11. Aufl., 2003, § 19 Rn. 31 ff.; Hans Joachim Hirsch, Zur actio libera in causa, FS-Nishihara, 1998, S. 88 ff.; Eckhard Horn, Systematischer Kommentar zum Strafgesetzbuch, 1999, § 323a Rn. 28 ff.; Günter Jakobs, Strafrecht, AT, 2. Aufl., 1991, § 17 Rn. 64 ff.; Friedrich-Wilhelm Krause, Probleme der actio libera in causa, JURA 1980, S. 169 ff.; Maurach/Zipf, Strafrecht, AT 1, 8. Aufl., 1992, § 36 Rn. 57; Ingeborg Puppe, Grundzüge der actio libera in causa, JuS 1980, S. 346 ff.; Claus Roxin, Strafrecht, AT I, 4. Aufl., 2006, § 20 Rn. 56 ff.; Hans-Joachim Rudolphi, SK, 1995, § 20 Rn. 28 ff.; Ellen Schlüchter, Zur vorsätzlichen actio libera in causa bei Erfolgsdelikten, FS-Hirsch, 1999, S. 345 ff. 등이 있다.

(2) 확 장 설(Ausdehnungstheorie)

이 설에 의하면 범행(Tathandlung)을 몽땅 음주행위로 앞당기는 것은 아니다. 오히려 음주행위도 사후에 행하여진 명정상태 하의 범행도 하나의 〈범행〉(Tat)이라고 보아야 한다는 것이다. 그리하여 형법 제20조(책임무능력)에 규정된 〈범행의 수행 시에(bei Begehung des Tat)〉라는 개념을 확장하여(ausdehnend) 해석함으로써, 책임에 중요한 의미를 가지는 선행행위(Vorverhalten)도 (책임의 레벨에서) 포괄하게 되는 것이다. 그렇지만 이 말은, 행위자가 이로써 이미 음주행위의 시작으로써 형법 제22조(미수범의 개념규정)의 의미에서의 〈구성요건의 실현에로〉 직접으로 시동한다(ansetzen)는 것을, 뜻하지 아니한다. 왜냐하면 책임평가(Schuldbewertungen)와 책임귀속(Schuldzuschreibungen)은 전적으로 범행의 시점을 한정할 수는 없는 것이고, 이미 그

---

7 이상은 Bernd Heinrich, Strafrecht, AT 1, 2005, Rn. 602 참조.

8 독일형법학에 있어서의 〈원인에 있어서 자유로운 행위의 법리〉는 이 설을 배경으로 삼는다고 볼 수 있을 것이다. 즉 책임무능력상태(완전명정상태) 하의 범행(상해행위)에는 책임을 지울 수 없어서 처벌할 수 없기 때문에, 범행시기를 〈앞당겨서〉 그 책임무능력상태의 원인이 되는 행위(음주행위) 시로 보고 이 원인행위 시에는 자유로왔다, 즉 책임능력이 있었다, 따라서 처벌할 수 있다고 보는 것이다. 그리고 〈한정책임능력자〉의 경우에는 한국형법과는 달리 형의 〈임의적 감경〉이므로, 한정책임능력상태 하의 범행(상해행위)에 대하여 감경하지 않고 처벌할 수 있는 것이다.

이전에 시작할 수도 있는 것이다. 따라서 형법 제20조에서의 〈범행〉은 형법 제22조에서의 〈구성요건의 실현〉보다 넓을 수 있는 것이다.[9] 그래서 행위자는 명정상태 하의 범행이 시작할 때에 비로소 (구성요건의 실현에로) 직접으로 시동하는 것이다. 그래서 이 입장은 〈미수의 처벌〉을 음주행위의 시점에 연결시키지 아니하고 명정상태 하의 범행의 시작에 연결시킨다.[10]

이 입장의 문헌으로서는, Rolf Dietrich Herzberg, Gedanken zur actio libera in causa : Straffreie Deliktsvorbereitung als "Begehung der Tat"(§§ 16, 20, 34 StGB)?, FS-Spendel, 1992, S. 203 ff.; Günter Spendel, Leipziger Kommentar StGB, 1996, § 323a Rn. 21 ff.; ders., Actio libera in causa und Verkehrsstraftaten, JR 1997, S. 133 ff.; ders., Actio libera in causa und kein Ende, FS-Hirsch, 1999, S. 379 ff.; Franz Streng, Unterlassene Hilfeleistung als Rauschtat? JZ 1984, S. 114 ff.; ders., Schuld ohne Freiheit? ZStW 101[1989], S. 273 ff.; ders., Der neue Streit um die "actio libera in causa", JZ 1994,S. 709 ff.; ders., "actio libera in causa" und Vollrauschstrafbarkeit-rechtspolitische Perspektiven, JZ 2000, S. 20 ff.; ders., Münchener Kommentar StGB, Band 1, 2003, § 20 Rn. 114 ff. 등이 있다.

(3) 예 외 설(Ausnahmetheorie)

이 설은 책임의 영역에서 해결하려는 입장이다(책임영역해결 Schuldlösung). 이 설의 입장에서는 명정상태에서 행하여진 범행(Tat)이 그냥 그대로 본래적인 범죄구성행위(Tathandlung)인 것이다(bleiben). 원인에 있어서 자유로운 행위의 경우는 (책임무능력자의 행위는 책임이 없다는) 형법 제20조의 규범의 (관습법상 인정된) 예외(Ausnahme)라고 본다. 이 규범은 권리남용의 사상(Rechtsmissbrauchsgedanken)을 고려해서 목적론적으로(teleologisch) 제한(reduzieren)되어야 한다는 것이다. 유책하게 자기의 책임능력을 잃게 한 자는 형법 제20조를 면책의 논거로 내세울 수는 없는 것이다. 권리남용의 원리는 여러 가지 형태로 형법에 있어서 또한 바로 행위자의 부담으로(zu Lasten des

---

9 참고로 제22조는 "범행(Tat)에 관한 자기의 표상(Vorstellung)에 의하면 구성요건의 실현에로 직접으로 시동한 자는 범죄(Straftat)의 미수이다"라고 규정한다.

10 이상은 Heinrich, AT 1, Rn. 604 참조.

Täters) 적용되어야 한다. 그리하여 특히 긴급방위(Notwehr)의 도발의 경우에 긴급방위의 성립가능성이 제한되는 것이다.[11]

이 입장의 문헌으로서는, Joachim Hruschka, Der Begriff der actio libera in causa und die Begründung ihrer Strafbarkeit—BGHSt 21, 381, JuS 1968, S. 554 ff.(후에 개설함); Burkhard Jähnke, LK, 1993, § 20 Rn. 76 ff.; Kristian Kühl, Strafrecht, AT, 5. Aufl., 2005, § 11 Rn. 6 ff.; Lackner/Kühl, StGB, 25. Aufl., 2004, § 20 Rn. 25 ff.; Harro Otto, Grundkurs Strafrecht, Allgemeine Strafrechtslehre, 7. Aufl., 2004, § 13 Rn. 24 ff.; ders., Actio libera in causa, JURA 1986, S. 426 ff.; ders., BGHSt. 42, 235 und die actio libera in causa, JURA 1999, S. 217 ff.; Wessels/Beulke, Strafrecht, AT, 35. Aufl., 2005, Rn. 415 ff. 등이 있다.

⑷ 불일치설(Unvereinbarkeitstheorie)

이 입장에서는, 원인에 있어서 자유로운 행위의 법적 성격(Rechtsfigur)이 현행법(geltendes Recht)과 불일치한다고 주장한다. 〈법률 없으면 범죄 없다〉라는 죄형법정주의는 광범위하게 적용되는 것이다. 형법 제20조의 문언을 넘어서 가벌성을 확장할 수는 없는 것이다. 오히려 형법 제20조에 명문의 예외조항(Ausnahmeklausel)을 규정하는 형태로 법률을 개정할 필요가 있는 것이다. 그리하여 불일치설은 〈불가벌설〉이다. 물론 적절한 처벌(adäquate Bestrafung)을 위해서는 형법 제323조a(완전명정죄)로 족하다. 따라서 책임무능력 상태에서 죄(Straftat)를 범한 자는 이 견해에 따라 형법 제323조a에 의해서만 처벌될 수 있는 것이다.[12]

이 입장의 문헌으로서는, Kai Ambos, Der Anfang vom Ende der actio libera in causa? NJW 1997, S. 2296 ff.; Michael Hettinger, Zur Strafbarkeit der "fahrlässigen actio libera in causa", GA 1989, S. 1 ff.; Hruschka, Die actio libera in causa bei Vorsatztaten und bei Fahrlässigkeitstaten, JZ 1997, S. 22 ff.; Michael Köhler, Strafrecht, AT, 1997, S. 397 f.; Norbert Mutzbauer, Actio libera in causa, JA 1997, S. 97 ff.; Hans-Ullrich Paeffgen, Actio libera in causa und § 323a StGB, ZStW 97 [1985], S. 513 ff.;

---

11 이상은 Heinrich, AT 1, Rn. 606 참조.

12 이상은 Heinrich, AT 1, Rn. 607 참조.

ders., Nomos Kommentar zum StGB, 1995, Vor § 323a Rn. 1 ff.; Thomas Rönnau, Dogmatisch-konstruktive Lösungsmodell zur actio libera in causa, JA 1997, S. 707 ff.; ders., Strafrecht : Der volltrunkene Macho, JuS-Lernbogen 2000, L 28 ff.; Salger/ Mutzbauer, Die actio libera in causa — eine rechtswidrige Rechtsfigur, NStZ 1993, S. 561 ff.; Dirk Schweinberger, Die Rechtsfigur der actio libera in causa(zu Jerouschek, JuS 1997, 385 ff.), JuS 1998, S. 191 등이 있다.

2. 일 본

일본형법은 한국형법과는 달리 〈총칙〉에 원인에 있어서 자유로운 행위에 관한 규정이 없고 또 독일형법과는 달리 〈각칙〉에 완전명정죄에 관한 규정도 없다. 다만 〈한정책임능력자의 행위〉에 대하여는 독일형법과 같이 형의 임의적 감경이 아니라 한국형법과 같이 형의 필요적 감경이다. 그래서 한국·독일보다는 월등히 〈해석에 있어서 자유로운 입장〉이다.

일본의 학설상황에 관하여는 〈개인별로〉 살펴 보겠다.

(1) 瀧川幸辰

瀧川 교수는 1938년에 출판한 『犯罪論序說』에서 "스스로 구해서 심신상실의 상태(일시적인)를 야기하고 이를 이용해서 범죄를 행하는 경우는 〈원인에 있어서 자유로운 행위〉라고 불린다. 자기의 무책임한 행동을 이용하는 것에 귀착하고, 타인이나 도구를 사용하는 경우와 법률상의 구성이 동일하다. 즉 간접정범이다"[13]라고 주장한다.

(2) 小野清一郎

小野 교수는 1928년에 발표한 〈判例評釋〉에서 "〈원인에 있어서 자유로운 행위〉란, 말할 나위도 없이, 책임능력 없는 상태에 있어서 범죄구성요건의 충족을 함에 이르렀지만, 그 책임능력 있는 상태에 있어서의 고의 또는 과실의 행위에 원인이 있는 경우를 말

---

13 瀧川幸辰, 『犯罪論序說』, 1938年, 160頁. 1947年의 改訂版, 121頁에서도 동일하다.

한다. …나는 대체로 〈원인에 있어서 자유로운 행위〉에 관한 통설에 따르는데 … 그동
안 학문은 정책적·공리적 견지와 도의적 책임의 견지와를 조화시킬 이론적 방법을 하
나 발견했다. 그것은, 옛날에는 책임무능력의 상태에 있어서의 행위에만 착안했음에 반
하여, 새로 그 원인이 되는 책임능력 있는 상태에 있어서의 행위에 착안하여 그 고의 또
는 과실 있는 행위를 처벌의 대상으로 인정함에 이른 것이다. 즉 책임무능력의 상태에
있어서의 행위는, 예를 들면 다른 심신상실자를 이용하는 경우(간접정범)와 동일하고,
결국 범죄의 목적을 수행하는 수단에 불과하다. 참으로 처벌의 대상이 되는 행위는, 아
직도 책임능력 있는 상태 하에서 행하여진 행위 바로 그것이다. 그 행위를 범죄의 실행
이라고 보고, 그 행위 시에 도의적 책임을 인정할 수 있는 때에, 〈원인에 있어서 자유로
운 행위〉의 처벌은 형법의 일반원칙상 당연한 일이다, 라는 것이 바로 오늘날의 통설의
사고방식이다"[14]라고 주장한다.

그런데 1932년에 출판된 『刑法講義 總論』의 신정판(1948년)에서도 "〈원인에 있어서
자유로운 행위〉…와 같은 경우에는 그 도의적으로 책임 있는 원인행위 그 자체가 구성
요건에 해당하는 행위로서 평가된다. 일종의 간접정범이라고 말한다면 그렇게 말할 수
있을 것이다"[15]라고 설명하지만, 1952년에 출판된 『刑法概論』의 증정신판(1960년)에서
는 "〈원인에 있어서 자유로운 행위〉는, 자기를 책임무능력의 상태에 빠지게 하는 행위
시에 책임능력이 있어야 한다. 책임무능력의 상태에 있어서의 신체의 동정(動靜)은 그
것과의 결합에 있어서만 행위라고 생각할 수 있다"[16]라고 주장하면서, 1958년에 발표된
논문에서는 "문제가 되는 것은 미수범과의 관계에 있어서 실행의 착수를 어디에 두는가
이다(형43조). 〈실행의 착수〉는 구성요건적 행위가 개시되는 곳에 있다는 것이 내 생
각이다. 그리고 구성요건적 행위를 일방에 있어서 예비행위로부터 타방에 있어서 불능
범으로부터 구별하는 점은, 객관적으로 구성요건적 결과발생의 개연성(=위험성)이 명
백하다는 것이라고 생각한다. 그래서 이 경우(원인에 있어서 자유로운 행위의 경우-필
자 주) 술을 마신다는 것만으로는 아직 그 가능성이 명백하다고 할 수 없다. 역시 심신

---

14 小野淸一郎, 「原因に於て自由なる行爲」, 法學協會雜誌, 第46卷 第10號, 1928年 (同, 『法
   學評論 上』, 1938年, 169頁 以下).

15 小野, 『新訂 刑法講義 總論』, 1948年, 107頁.

16 小野, 『刑法槪論, 增訂新版』, 1960年, 108頁.

상실의 상태에 있어서 폭행을 시작했을 때, 비로소 폭행죄이고 상해의 결과가 발생하지 아니하면 상해죄가 되지 아니한다(상해죄는 결과가중범이다. 그 미수범은 폭행죄로 처벌된다). 살인죄에 관하여도, 역시 사람을 죽일 만한 폭행을 했을 때, 그 실행의 착수가 있다고 해야 한다. 그리고 사람을 죽이지 못한 때에, 미수범으로서 벌할 수 있다"[17]라고 설명한다. 조기설로부터 확장설로 개설한 것이 아닌가 생각된다.

(3) 團藤重光

團藤 교수는 "스스로 책임무능력의 상태 …에 빠지게 하고서 그 상태에서 범죄의 결과를 야기하는 것을 원인에 있어서 자유로운 행위라고 한다. 원인행위 시에 책임능력이 있고 또한 그 원인행위와 결과의 발생과의 사이에 인과관계가 인정되기만 하면 그 가벌성을 인정함에 조금도 곤란이 없다는 것이, 널리 인정되고 있던 견해였다. 그러나 정형설(定型說)의 견지에서는 그 원인행위가 실행행위로서의 정형을 가질 것이 요구된다. 이렇게 생각할 때에는, 원인에 있어서 자유로운 행위는 … 간접정범과 동일한 논리구조를 가진다는 것을 알게 된다. 간접정범이 타인을 도구로서 이용하는 것임에 대하여 원인에 있어서 자유로운 행위는 자기의 책임없는 상태를 도구로서 이용하는 것인 점이 다를 뿐이다. …그러면 어떤 경우에 … 정형성을 인정할 수 있겠는가. …첫째로, 자기를 전혀 변별능력이 없는 상태로 빠지게 할 것이 필요할 것이다. 그렇지 않으면 자기를 단순한 도구로 한다고는 말할 수 없기 때문이다. 따라서 단지 심신모약(心神耗弱)의 상태로 빠지게 한 정도의 경우에는, 그 원인행위를 실행행위라고 인정할 수는 없을 것이다. 이러한 경우에는, 심신모약의 상태에서의 거동이 그 자체 실행행위이고, 따라서 한정책임능력자의 행위로서 형의 감경을 인정할 수밖에 없다. 아니, 자기를 심신상실(의식상실은 아님)의 상태로 빠지게 한 경우조차도, 그 모두가 자기를 도구로 삼는다고 말할 수 있는가 없는가에 관해서도 의문의 여지가 있다. 둘째로, 자기의 변별능력이 없는 상태를 도구로서 이용하는 행위 그 자체가, 구성요건적 정형성을 구비하여야 한다. … 과실범이나 부작위범에 관하여는 원인행위에 실행행위로서의 정형성을 인정하는 것이 비교적 용이하다. 이에 반하여 고의에 의한 작위범에 관하여는 곤란한 경우가 많다. 예

---

17 小野,「故意犯と〈原因において自由な行爲〉」, 愛知學院大學論叢 法學硏究, 創刊號, 1958年, 8頁.

를 들면 만취 중에 사람을 죽일 작정으로 음주한 경우, 그 음주행위에 살인죄의 구성요
건해당성을 인정하는 것은 무리이다"[18]라고 주장한다. 團藤 교수의 견해에 대하여는,
고의의 작위범의 경우가 정형성이 있는 경우로 거의 인정되지 아니하는 점,[19] 한정책
임능력의 경우에 감형을 인정하는 점 등이 문제점으로 지적되고 있다. 그리고 團藤 교
수는 1971년에 「스스로 초래한 정신장해」라는 논문을 발표했는데,[20] 개정형법준비초안
(1961년) 제16조[21]를 중심으로 하여 원인에 있어서 자유로운 행위의 문제를 자세히 다
루고 있다.

⑷ 佐伯千仞

佐伯 교수는 1952년에 발표한 논문에서 "원인에 있어서 자유로운 행위에 관하여
도, 실행행위를 소급시키는 대신에, 실행행위와 책임능력과의 동시존재가 반드시 필
요한 것은 아니라고 생각할 여지는 없을까. 책임이란 행위의 비난가능성인데, 책임
능력·고의·과실은 이 비난가능성의 우선의 추정근거에 불과하고, 이들이 책임 자
체는 아니다. 그렇다면, 원인에 있어서 자유로운 행위의 실행행위는 무능력 시의 거
동이라고 하면서 또한 그것에 관하여 그 이전(以前)의 능력이 있을 때의 행위자의 의
사태도에 비추어 비난가능성의 유무를 묻는 것도 하등 상관이 없지 아니할까. 책임
과 행위의 동시존재라는 것은 과연 책임원리의 절대적 요청일까. 이것을 의심해 보는
것도 허용되는 것이 아닐까. 이것이 나의 이 문제에 관하여 전부터 품고 있는 의문이
다"[22]라고 하여 의문을 제기하고서, 자기의 의문을 밝히기 위하여 다음의 몇 가지를 지

---

18 團藤重光, 『刑法綱要總論』, 第三版, 1990年, 161頁 以下.

19 團藤 교수도 "원인에 있어서 자유로운 행위는 해석론으로서는 가벌성을 인정할 수 없는 경우
가 많다"고 자인하고 있다(『綱要總論』, 163頁).

20 團藤, 「みずから招いた精神障碍」, 『植松博士還曆祝賀 刑法と科學 法律編』, 1971年, 227頁
以下.

21 제16조(스스로 초래한 정신장해) "① 죄를 범할 의사로, 스스로 정신의 장해(障害)를 초래하여
죄가 될 사실을 발생시킨 자에게는, 전조의 규정(정신장해의 규정-필자 주)을 적용하지 아니
한다. ② 과실에 의하여, 스스로 정신의 장해를 초래하여 죄가 될 사실을 발생시킨 자에 대하여
과실범의 규정을 적용하는 경우에 있어서도, 전항과 동일하다." 참고로 1974년의 법제심의회
의 〈개정형법초안〉 제17조 1·2항도 동 취지(同趣旨)이다.

22 佐伯千仞, 「原因において自由なる行爲」, 日本刑法學會 『刑事法講座 第二卷』, 1952年, 308

적한다. 즉 격정적 범죄 등에 있어서 범죄유형을 직접 실현하는 소위 실행행위의 순간에는 행위자에게 책임능력이 없는 경우가 결코 적지 않다는 것, 마약중독자의 행위와 같이 책임무능력에 이르는 원인이 서서히 축적되어 가는 경우에는 통설에 따라서 실행의 시점을 정하기가 불가능은 아닐지라도 매우 곤란하다는 것, 부작위범의 경우에 (통설에 의하면-필자 주) 그 실행행위는 그 범죄에게 있어 실질을 이루는 작위의무가 발생하기 이전에 - 전철(轉轍…철도에서 열차의 진행노선을 바꾸는 것〈필자 주〉)의 작위의무는 열차가 일정한 지점에 도달했을 때에 비로소 발생한다 - 행하여지고 또한 종료해 버린다는 것을 지적한다.[23]

(5) 中 義勝

中 교수는 1955年에 발표한 논문에서 "사견(私見)에 의하면, 원인에 있어서 자유로운 행위를 둘러싼 이론적 지주(支柱)에는 세 개가 있는 것으로 생각한다. 그 하나는, 귀책을 위해서는 책임과 실행행위가 동시존재해야 한다는 원칙이고, 그 둘은, 행위의 정형성의 문제, 즉 술잔을 들어마시는 행위가 살상의 예비이냐 실행이냐, 따라서 또 취한 후의 습격은 살상의 실행이냐 또는 선행(先行)의 실행행위의 단지 과정적 태양에 불과한 것인가의 문제이고, 그 셋은, 원인에 있어서 자유로운 행위를 벌하는 것 또는 벌하지 아니하는 것이 우리의 건전한 법감정에 적합하느냐의 여부의 문제이다. 통설은 둘째의 이론적 지주의 희생으로, Katzenstein은 셋째의 이론적 지주의 희생으로, 佐伯 박사는 첫째의 이론적 지주의 희생으로, 각각 다른 두 개의 이론적 지주를 지킨 것은 이미 밝혀진 바이다. 그런데 최후의 가벌성의 문제는 적극적으로 받아들일 수밖에 없다고 생각한다. 왜냐하면, 만약 그렇게 하지 아니하면, 대다수의 범죄가 고의에 의한 원인에 있어서 자유로운 행위의 형태를 빌려서 범해지는 것을 허용하게 되어, 오히려 그 폐단에 견딜 수 없는 사태를 초래할 우려가 생기게 되기 때문이다. …예리한 눈으로 오히려 佐伯 박사가 말한 바와 같이 종래 의문시되지 않았던 바로 제일의 이론적 지주에 주목했어야 했다고 생각한다"[24]라고 논술하고서, "생각건대, 후발의 습격살상을 아무리 구

頁.

23 佐伯, 『講座 第二卷』, 308頁 以下.

24 中 義勝, 「原因において自由なる行爲」, 關西大學 法學論集(創立七十周年記念 特輯), 1955

성요건에 해당하는 실행행위라고 볼지라도, 그때 이미 행위자에게는 책임능력이 상실되어 있으므로, 이 부분만을 끊어 내어서 귀책시키기 위한 방도를 찾는 노력이 결국에는 효과없는 도로(徒勞)로 끝난다는 것은 논할 나위도 없다. 따라서 즉자적(卽自的)으로는 무책인 이 경우의 습격살상의 가책성은, 이것과 상당관계에 있는 행위자의 선행의 유책한 태도와의 관련에 구해야 한다는 것은, 바로 佐伯 박사가 지적한 대로라고 보아야 한다. 그렇다면, 이 관련의 내용은 … 누군가의 살상을 목적으로 삼는 행위자가 … 습격의 착수에 당면해서 통상 만나게 되는 규범적 억제감정을 될 수 있는 대로 쉽게 극복하고 또한 자기의 주란(酒乱)버릇을 유발하거나 자기의 조폭화를 조장시키는 등 습격행위에도 도움이 되게 하기 위해서, 대취하여 고의로 초래한 책임무능력이고 예지(豫知)된 습격살상이라는 점이다. … 즉자적으로는 책임 없는 행위도, 선행하는 그의 책임 있는 정신태도의 지배권 내에 속하는 것인 때에는, 이를 이유로 해서 후발의 행위의 귀책이 가능하게 된다고 생각해도 좋다. 다만, 이러한 귀책원리가 책임과 실행행위의 동시존재의 책임원칙과 별개의 것일까. 물론 우리의 사례에 있어서의 귀책이 책임과 실행행위의 동시존재를 이유로 해서 초래된 것이 아니란 점을 강조하면, 이것과 별개인 것은 말할 나위도 없다. 그러나 그 책임원칙이 왜 책임과 실행행위와의 동시존재를 요구하는가의 이유를 살펴서, 그 행위가 행위자의 유책한 정신적 태도에 의하여 현실로 지배되거나 또는 지배가능한 관계에 있다는 것, 환언하면 전자가 후자의 지배권 내에 속하는 것이란 점에 그 근거를 발견할 때에는, 또한 이 점을 강조할 때에는, 이것과 새로운 귀책의 원리와는 근저에 있어서 동일한 것이라고 알게 된다. 그리하여 책임원칙이 행위와 실행행위와의 동시존재를 주장한 것은 그 자체에 절대적인 의미를 인정했기 때문이 아니라, 오히려 양자가 동시에 존재함으로써 얻게 되는 행위의 도의적 인격에 의한 지배가능성, 따라서 또 그 비난가능성이라는 것에 핵심적 의의를 인정하기 때문이라고 본다. 따라서 책임원칙의 취지를 이 점에 구할 때에는, 우리의 귀책의 원리는 이것과 모순하는 것이 아니라, 오히려 긴밀히 융합하는 것이라고 해야 한다"[25]라고 주장한다.

年, 149頁 以下.
25 中, 法學論集, 160頁 以下.

(6) 平 野 龍 一

平野 교수는 1968년에 발표한 논문에서 "원인에 있어서 자유로운 행위는 자주 자기 자신을 이용하는 간접정범이라고 한다. 극단적 종속형태를 취할 때에는 바로 그대로 일 것이다. 그렇다면, 예를 들어서 술을 마시는 행위가 실행행위이고, 술을 마시면 곧 미수범이 성립하게 된다. 그러나 이것을 피하려고 해서 제한종속성설을 취하더라도, 〈자기자신에 대한 교사〉라는 개념은 너무나 일상의 개념으로부터 유리(遊離)되어 있으므로, 술을 마시는 행위는 교사이고 명정한 상태에서 단도를 번쩍 치켜 올리는 행위가 실행행위라고 하여, 행위자를 교사범으로서 처벌하는 것은 곤란할 것이다. … 앞 예에서 말하면, 책임능력은 적어도 술을 마시는 때에 존재해야 할 것이다. 그렇다면, 술을 마시는 이 행위는 실행행위는 아니지만, 정범자를 정범자로서 처벌하는 요건이 되는 행위이므로, 이를 정범행위라고 부를 수 있을 것이다. 여기서는 정범행위와 실행행위와는 분열해 있는 것이다"[26]라고 설명한다.

그리고 1975年에 출간된 『刑法 總論 Ⅱ』에서는 "원인에 있어서 자유로운 행위는 대체로 (종래는 별로 의식되어 있지 아니했지만) 두 가지의 형태를 취하게 된다. 첫째의 형태는, 원인행위자의 의사와 말하자면 비연속적으로 결과행위의 의사가 생기는 경우이다. 예를 들면, 음주ㆍ명정하면, 명정상태가 원인이 되어서 살상의 의사가 생기는 경우이다. 이 경우에, 원인행위자는 제3자에게 술을 마시게 한 경우와 마찬가지로, 명정이라는 생리적 과정을 통해서 살상의 범의가 생길 것이라고 예상하고 이를 이용할 의사는 있지만, 스스로 살상행위를 처음부터 할 의사를 가지고 있는 것은 아니다. 일본에서 종래에 원인에 있어서 자유로운 행위로서 논해지고 있는 것은, 주로 이러한 형태의 것이다. … (이러한 형태의 경우에는-필자 주) 범의의 발생과 음주행위와의 사이에 상당인과관계가 있다고는 말하기 어려운 경우가 많을 것이다. 그것은 제3자에게 술을 마시게 해서 범의가 생길 것을 기대했다고 해도, 간접정범이라고 말할 수 없는 경우가 많은 것과 마찬가지이다. 즉 이 경우에 음주행위를 처벌의 대상으로 할 수 없는 것은, 그것이 〈예비행위〉에 불과하기 때문이 아니라, 원인행위라고 말할 수 없기 때문이다. …

---

26 平野龍一,「正犯と實行」, 佐伯千仭博士還曆祝賀 『犯罪と刑罰(上)』, 1968年, 454頁 以下. 참고로 이 논문은 平野龍一, 『犯罪論の諸問題(上) 總論』, 1981年, 129頁 以下에 수록되어 있다.

둘째로, 의사가 연속하고 있는 경우, 즉 처음부터 살상의 행위를 할 고의가 있는 경우이다. 예를 들면, 살상행위를 함에 있어서 용기를 복돋우려고 술을 마시고 계획대로 상대방을 살상했는데, 살상행위 시에는 취기가 돌아서, 책임무능력 혹은 한정책임능력의 상태였다는 경우이다. …이와 같이 책임능력이 있는 상태에서의 범의가 그대로 실현된 때에는, 실행행위 시에 책임능력이 없어도, 발생한 결과에 대해서 책임을 물을 수 있을 것이다. … (한정책임능력의 경우에 관하여는—필자 주) 첫째의 형태의 경우는, 한정책임능력자에게 명정이 원인이 되어서 범의가 생기는 것을 기대하는 것은, 책임무능력자의 경우보다도 한층 우연을 기대하는 것이 되므로, 원칙적으로 원인성을 부정해야 할 것이다. 그러나 둘째의 형태의 경우는, 한정〈책임능력〉이 있음에도 불구하고 번의(翻意)하지 아니한 것도 자기의 책임이고, 〈한정〉책임능력이기 때문에 번의가 곤란하고 그 때문에 실현된 것도 자기의 의사이므로, 양자를 합해서 완전한 책임을 묻는 것은 가능하다"[27]라고 주장한다.

(7) 丸山 治

丸山 교수는 1983년에 발표한 논문에서 "원인에 책임이 있다는 것만으로 곧 후행의 결과야기행위에 책임을 지우는 것으로는 책임주의에 반할 우려가 있다. 이 경우는 원인행위 그 자체에 대한 책임을 물을 수 있을 뿐인 것이다. 그리고 이것은 법률의 규정이 없으면, 구성요건적 행위도 없게 되어 불가벌이다. 그러나 이것은 〈원인에 있어서 자유로운 행위〉의 문제가 아니다. … 그러나 실행행위 시에만 주목하면 불가벌의 행위도, 그 이전의 상황을 함께 생각한 경우에, 실행행위와 책임능력의 동시존재의 원칙에 대한 예외로서 책임비난을 하는 것이 가능하지 않을까. 이러한 예외를 인정하는 것이 신중해야 한다는 것은 당연하지만, 형사정책적인 관점에서만 그것을 인정하는 것이 아니라, 말하자면 사회적 형평의 원리라고도 할 견지에서 인정할 여지가 있을 것이다. 즉 일정한 법리가 인정되어 있는 법목적에 반해서, 형식적으로 그 적용장면이 작출(作出)되는 경우에는, 그 법리의 남용으로서 적용을 제한하는 것도 책임주의에 반하는 것이 아니다. … 책임능력의 결함성은 사물의 선악의 판단 내지 이에 기한 제어가 정상이

---

27 平野, 『刑法 總論 II』, 1975年, 302頁 以下.

아니란 것을 의미한다. 여기에 책임비난이 약화되는 계기가 있다. 그렇다면, 처음부터 범죄를 실행할 의사로 판단 내지 제어의 정상성을 결함에 이르게 한 자에게는, 이것을 결한다는 것이 그 자에게 유리한 항변으로서 허용되어서는 안 된다고 생각하는 것도 책임주의에 반하는 것은 아닐 것이다. … 형식논리를 초월하여 〈원인에 있어서 자유로운 행위〉처벌의 장애가 되는 〈동시존재의 원칙〉에 예외를 인정하여도 좋지 않겠는가. 그리하여 〈원인에 있어서 자유로운 행위〉의 이론은 〈동시존재의 원칙〉에 대한 현실적인 예외로서 파악되어야 하고, 그 당벌성의 근거가 〈법리의 남용〉에 있다는 것은, 그것을 명시하는가의 여부를 떠나서, 〈원인에 있어서 자유로운 행위〉의 가벌성을 인정하는 여러 학설의 근저(根底)에 흐르는 공통의 사상일 것이다. 그런데 이러한 사고방식은 비단 〈원인에 있어서 자유로운 행위〉에 한정되지 아니한다는 것에 주의해야 한다. … 도발방위의 경우에는 더욱 긴밀한 관계에 있다. 거기서는 소위 actio illicita in causa(원인에 있어서 위법한 행위-필자 주)의 이론과 정당방위권의 남용론과가 대립하고 있고, 전자는 방위행위 자체는 정당방위이지만 원인의 유책성에 의하여 결과에 대한 책임을 지운다고 설명된다. 그러나 이 경우에도 아마 실은 위법성조각사유를 인정하고 있는 형법의 견지에서 보아서, 의도적인 도발방위는 위법성조각사유가 의거하는 바의 일정한 법리를 남용하는 것이므로, 방위행위 그 자체의 위법성이 조각되지 아니한다고 생각해야 할 것이다. 원인의 유책성이 방위행위를 뛰어넘어서 결과에 대한 책임에 결부하는 것이 아니라, 원인에 있어서의 부정이 법리의 남용을 거쳐서 방위행위의 위법에 결합한다는 구조를 가지는 것으로 해석된다. 〈원인에 있어서 자유로운 행위〉의 경우도, 원인의 유책성이 직접 결과에 대한 책임을 생기게 하는 것이 아니라, 원인의 유책성이 법리의 남용을 통해서 실행행위 그 자체를 유책한 행위로 하는 것이다. 다만, … 이들에게 공통되는 것은, 실질적으로 정당한 근거가 없는 데도 형식적으로 이를 정비하여 일정한 범죄의 성립을 조각시키려고 하는 것에 대하여, 그 남용을 허용하지 아니한다는 사고방식이다"[28]라고 주장한다.

---

28 丸山 治, 「〈原因において自由な行爲〉に關する一考察(二完)」, 北海學院大學 法學硏究, 第 19卷 第1號, 1983年, 56頁 以下.

⑻ 安田 拓人

회피가능성설은 독일에서 Geilen,[29] Rudolphi,[30] Ziegert,[31] Krümpelmann,[32] Stratenwerth[33] 등이 주장하는데, 安田 교수는 1997년에 발표한 논문에서 "회피가능성설은, 행위의 시점에서 책임무능력이 확인되어, 고의의 원인에 있어서 자유로운 행위가 성립하지 아니하는 때에 등장한다. 회피가능성설에 의하여 책임비난이 인정되기 위해서는, 책임능력의 유지에로 향한 노력의 계기(범행의 예견가능성을 포함함) 및 노력의 가능성, 또한 노력을 하면 책임능력이 유지되었으리라는 관계가 필요하다. 이 요건은 회피할 수 있었던 금지의 착오의 경우와 동일하다"[34]라고 주장한다.

그리고 2006년에 발표한 논문에서 "회피가능성설의 사고방식은, 책임설의 사고방식 그 자체이다. 〈사람은 예견가능한 결과에 대해서 책임을 져야 한다〉(답책윤리), … 「슈트라텐베르트」가 말하는 바와 같이, 금지의 착오에 관하여 사전의 노력에 의한 회피가능성을 고려한 고의범처벌이 책임원칙위반이 아니라면, 책임무능력에 관하여도 마찬가지로 생각하는 것은 이론적으로는 충분히 가능하다. … 회피가능성설은, 이론적으로도 충분한 근거를 가질 수 있다. 책임설은, 현실로 위법성의 의식이 없어도, 위법성의 의식의 가능성이 있으면, 고의범으로서의 처벌을 인정한다. 위법성의 의식이 없는 경우에는, 위법성의 의식에 따라서 당해행위를 억제한다는 의사형성은 행하여지지 아니한다. 따라서 이 경우에는, 만약 위법성의 의식이 있었더라면 당해행위를 억제할 수 있었을 것이라는 가정적 기반에 의거하는 가정적 판단으로서의 책임판단이 행하여지는 것이다. 이것을 인정한다면, 책임능력에 대해서도, 책임능력이 유지되어 있었으면 당해행위를 억제할 수 있었을 것이라는 가정적 기반에 의거하는 가정적 판단으로서의 책임판단을 행하는 것은 가능할 것이다. 이와 같이, 책임설에 있어서의 책임판단의 기반이 어

---

29 Gerd Geilen, Zur Problematik des schuldausschliessenden Affekts, FS—Maurach, 1972, S. 173 ff.

30 Hans—Joachim Rudolphi, Affekt und Schuld, FS—Henkel, 1974, S. 199 ff.

31 Ulrich Ziegert, Vorsatz, Schuld und Vorverschulden, 1987.

32 Justus Krümpelmann, Affekt und Schuldfähigkeit, 1988.

33 Günter Stratenwerth, Vermeidbarer Schuldausschluß, GS—Arm. Kaufmann, 1989, 485 ff.

34 安田拓人,「回避しえた責任無能力狀態における故意の犯行について(二)完」, 法學論叢, 142 卷 2號, 1997年, 50頁 以下.

떤 것인가에 대하여 통찰을 한다면, 가능성설은 아무런 기이한 주장도 아니고, 책임설의 속뜻을 펼친 것에 불과하다는 것이 이해될 것이다"[35]라고 설명한다.

(9) 浅田和茂

浅田 교수는 2005년에 출간한 『刑法總論』에서 "원인에 있어서 자유로운 행위의 가벌성을 충분히 근거지우는 것은 매우 어렵다. 〈행위와 책임능력의 동시존재의 원칙〉은 책임주의의 요청이고, 그 행위를 바로 처벌의 대상으로 삼게 되는 〈실행행위〉라고 보는 것은 죄형법정주의의 요청이며, 책임주의와 죄형법정주의를 엄격히 유지하는 한, 처벌을 단념할 수밖에 없다(부정설). 죄형법정주의와 책임주의는 가장 중요한 근대형법의 기본원칙이고, 오늘날 이것을 부정하는 학설은 보이지 아니함에도 불구하고, 원인에 있어서 자유로운 행위의 가벌성을 긍정하는 설이 압도적인 것은 기묘한 현상이라고 말하지 않을 수 없다. 더구나, 원인에 있어서 자유로운 행위를 부정했다고 해서 중대한 처벌의 간격이 생기는 것도 아니다. 본래, …고의의 작위범에 대하여는, 원인에 있어서 자유로운 행위로서 이를 실행하는 것 자체, 자기가 무능력상태로 되어버리는 이상, 대체로 불가능하기 때문이다. …어떻든, 실행행위의 시점에서 책임능력에 의한 동시적 컨트롤이 가능하다는 것이, 그 행위를 처벌하는 이유가 되어야 한다"[36]라고 하여 〈부정설〉을 주장한다.

3. 한국의 학설상황

한국의 학설상황도 개별적으로 살펴 보겠는데, 이에 덧붙여서 한국형법의 해석론도 간단히 언급하겠다.

---

35 安田, 『刑事責任能力の本質とその判斷』, 2006年, 54頁 以下.
36 浅田和茂, 『刑法總論』, 2005年, 293頁 以下.

가. 학설 상황

(1) 이건호

이건호 교수는 현행형법의 시행(1953년 10월 3일) 전에 (그것도 6 · 25사변 1년 전에) 출간한 『형법강의 총론』에서 "책임능력 유무의 판단은, 행위시를 표준으로 하지 않으면 아니될 것이므로, 행위시에 심신상실의 상태에 있었던 한, 이에 기인한 모든 행위에 관하여는 형법상의 책임을 문(問)할 수 없는 것이다. 그러나 행위자가 고의로 이러한 상태를 조작하여 스스로 자신을 무능력상태에 빠지게 하여 그 사이에 일정한 범행을 한 경우, 즉 소위 「원인에 있어서 자유로운 행위(actio libera in causa)」는 이와 결론을 달리하는 것이다. 만약, 행위자가 자신을 고의로 여사(如斯)한 상태에 빠지게 하여서 소기의 위법결과를 야기시킨 경우에는 고의범을 구성할 것이고, 또 고의로 여사한 상태를 조작하여, 그 사이에 예기하지 않았으나, 예지할 수 있었던 위법결과를 발생시킨 경우에는 과실범을 구성하는 것이다. 요지(要之), 소위 원인에 있어서 자유스러운 행위는, 그 원인행위가 책임능력의 상태 하에서 행하여진 한, 형사책임을 면할 수 없는 것이다. 일설에는 여사한 행위를 벌할 것이 아니라고 하는 것을 주장하는 것도 있으나 수긍할 수 없는 것이다"[37]라고 주장한다.

(2) 남흥우

남흥우 교수는 1958년에 출간한 『형법강의(총론)』에서 "〈원인에 있어서 자유로운 행위〉가 있다. 이것은 자기를 무책임상태(만취, 수면 등의 상태)에 빠트리게 하여 범죄를 실행하는 것을 말한다. 또 이는 범죄행위와 책임능력과의 동시존재를 필요로 하지 않는 예로서 설명되는 것이다. …고의로 인한 작위범에 대하여는 이론(異論)이 있다. 즉 만취 중에 사람을 살해하려고 음주한 경우 그 음주행위에 살인죄의 구성요건해당성을 인정하는 것은 곤란하다고 한다(만일 이것을 인정하면 음주만 하고 사람을 살해하지 않았을 때에도 살인미수로 보아야 되니 이는 부당하다고 한다). 그러나 이것은 후술의 간접정범과 같은 것으로 자기자신을 도구로 사용하는 것이다. 그러니 실행행위의 문제는

---

37 이건호, 『형법강의 총론』, 1949년, 156면 이하. 그리고 이건호, 『형법학개론(총론 · 각론)』, 1964년, 147면에서도 동취지이다.

후술의 공범이론에서 밝힐 것이나 이러한 경우 유죄로 인정됨은 틀림없다"[38]라고 주장한다.

그리고 1975년의 『형법총론(개정판)』에서 "원인에 있어서 자유로운 행위에 있어서, 특히 고의범에 있어서 해석론으로서 볼 때 가벌성을 인정하기 곤란하다. 그러나 현행형법 제10조 제3항은 「위험의 발생을 예견하고 자의로 심신장애를 야기한 자의 행위」에는 책임조각을 하지 않는다고 하였다. 이리하여 통설은 이 규정으로 원인에 있어서 자유로운 행위는 모두 처벌될 수 있다고 한다. 그러나 우리의 견해로서는 전기 행위자에 있어 책임조각이 되지 않는다고 하더라도 의연(依然) 정형적(定型的)인 견지에서 그 행위가 구성요건에 해당하느냐의 여부의 검토는 별개로 하여야 된다고 본다"[39]라고 한다.

(3) 정 영 석

정영석 교수는 1961년에 출간된 『형법총론』에서 "〈원인에 있어서 자유로운 행위〉라 함은 책임능력자의 고의·과실에 의하여 스스로 일시적 심신장애의 상태 – 예컨대 이취(泥醉)·수면 등과 같이 자기의 책임없는 상태 – 를 야기시켜 그 상태를 이용하여 범죄를 실행하는 경우를 말한다. … 책임능력의 유무는 범죄행위의 시(時)를 표준으로 하여 결정할 것이므로, 심신장애상태 하의 동작은 범죄로 되지 아니하는 것은 물론이나, 심신장애상태 하의 동작을 예견하였거나(고의) 또는 예견할 수 있으면서(과실) 자기 스스로 심신장애의 상태를 야기케 한 행위 – 원인에 있어서 자유로운 행위 – 가 범죄가 되겠는가에 관하여 논의가 있다. 이에 관하여 학설로서는 행위의 시에 책임능력이 없었다는 것을 이유로 범죄의 성립을 부정하는 견해도 있으나, 금일 통설은 원인행위의 시에 책임능력이 있으면 족하다고 하고 범죄의 성립을 긍정한다. 그 논거로서는 행위자가 책임무능력상태 하에서 위법인 결과를 발생시킨 시점에 실행행위가 있다고 하지 않고 원인행위(이용행위)에 실행행위가 있다고 한다. 그러므로 원인행위의 시에는 책임능력이 있고 또 그 결과를 예견하였거나 예견할 수 있는 경우에, 설령 결과는 책임무능력상

---

38 남흥우, 『형법강의(총론)』, 1958년, 98면.

39 남흥우, 『형법총론(개정판)』, 1975년, 163면 이하. 이 인용문 바로 앞에서 "고의로 인한 작위범에 대하여는 이론(異論)이 있다. 즉 만취 중에 사람을 살해하려고 음주한 경우 그 음주행위에 살인죄의 구성요건해당성을 인정하는 것은 곤란하다"라고 논술한다.

태 하에서 발생하였다 하더라도, 그 결과를 야기케 한 데 대한 책임비난이 가하여져야 할 것이라고 한다. 결국 〈원인에 있어서 자유로운 행위〉는 자기의 책임 없는 동작을 이용하는 점으로 책임 없는 타인(또는 도구)을 이용하는 간접정범과 그 구조를 같이 한다고 할 수 있으므로 책임이 있다고 하겠다"[40]라고 주장한다.

(4) 백 남 억

백남억 교수는 1962년에 출간된 『형법총론 제3전정판』에서 "범죄실행 시에는 일시적인 심신상실이었지만 그 심신상실상태를 자의(自意)로 야기한 경우, 환언하면 심신상실의 원인을 자의로 조작해 놓고, 그 조작된 심신상실상태를 이용하여 범죄를 행한 경우(원인에 있어서 자유로운 행위)의 형사책임은 어떻게 될 것인가. …생각건대…정상적인 자가 전후불각상태 (前後不覺狀態)에 빠진 자기자신을 일종의 도구로 이용하여 범죄를 실현하는 것은 정상적인 자가 책임무능력자 기타 책임이 없는 자를 도구로 이용하여 범죄적 결과를 실현하는 이른바 간접정범(제34조 참조)과 그 이론구성이 동일한 것이므로 원인을 자유롭게 이용한 자의 행위에 대한 가벌성을 인정한 것은 이론상 당연한 것이라 할 수 있는 것이다. … 고의의 작위범 가령 만취 중에 사람을 살해할 생각으로 음주한 경우에 있어서 그 음주행위(원인행위)를 살인죄의 구성요건에 해당하는 행위(실행행위)로 인정한다면 음주는 했지만 살인에까지는 이르지 않는 경우를 살인미수로 논해야 되는 결과가 될 것이므로, 원인행위가 범죄의 실행행위로서의 정형을 구비했을 때, …음주행위(이용행위)가 살인의 실행행위로서의 정형을 구비할 정도에 이르렀을 때에 착수의 시점을 인정하고, 그 이전의 행위는 예비의 단계에 있다고 보는 것이 온당할 것이다"[41]라고 주장한다. 여기서 〈실행의 착수〉의 문제를 논한 것은 잘된 것이지만, "음주행위(이용행위)가 살인의 실행행위로서의 정형을 구비할 정도에 이르렀을 때"란, 음주행위가 아니라 살인행위(결과행위)가 사실상 시작된 때가 아닌지 의문이다.

(5) 황 산 덕

황산덕 교수는 1956년에 출간된 『형법총론강의』에서 "여기에 문제가 되는 것은 「코올

---

40 정영석, 『형법총론』, 1961년, 195면 이하. 그리고 『총론, 제5전정판』, 1983년, 172면 이하도 동취지이다.

41 백남억, 『형법총론, 제3전정판』, 1962년, 177면 이하.

라우슈,가 말하는 소위 〈행동에 있어서 부자유스러우나 원인에 있어서는 자유로운 행위〉이다. 이것은 정상적인 심신상태에 있는 자가 자유의사로써 자기 신체에 영향을 줌으로써 〈행위 시〉에 심신장애를 가져오게 하는 것을 말한다. 사감을 가진 자에게 폭행을 가하기 위하여 과도한 음주를 하고서 찾아가는 따위가 이것이다. 그러나 이것은 심신장애의 상태에 있는 자기를 〈도구〉로 삼고서 죄를 범하려는 것이므로, 비록 행위 시에는 심신장애의 상태에 있었다고 하여도, 행위 전에 취하여진 고의적인 조치로 말미암아 책임을 면할 수 없는 것이다(10Ⅲ)"[42]라고 주장한다.

(6) 유 기 천

유기천 교수는 1960년에 출간한 『형법학[총론강의]』에서 "(원인에 있어서 자유로운 행위는—필자 주) 자기의 심신상실의 상태를 이용하여 범죄를 실행하는 것을 말한다. …〈원인에 있어서 자유로운 행위〉는 그 실행행위가 책임 없는 상태의 실행행위이므로 형법상의 이른바 행위는 아니다. 왜냐하면 형법이 운위(云謂)하는 행위는 내부적인 의사와 외부적인 표현의 통일체임을 요하기 때문이다. 이런 의미에서 책임무능력상태 하의 행위는 형법상의 행위가 아니므로, 〈원인에 있어서 자유로운 행위〉를 형법상의 행위로 인정하려면 원인행위 자체를 가지고 실행행위의 착수가 있다고 해석하지 않으면 안 되고, 만약 이런 해석이 안 된다면 〈원인에 있어서 자유로운 행위〉를 형법상 인정할 수 없다는 「카첸슈타인」의 견해는 물론 일리 있는 견해이다. … 현대심리학상 의식과 무의식의 관계는 재래 개념적으로 소박하게 믿고 있던 바와 같은 일도양단적 관계가 아니라 일종의 penumbra situation(반무의식적 상태) 하에 있음이 밝혀진 이상, 오인(吾人)은 원인행위(예 음주행위)가 일방 예비단계에 불과한 것임을 인정하면서 타방 무의식상태에서 행한 실행행위를 긍정할 근거가 있다고 생각한다. … 일반적인 경우에 있어서는 원인행위 자체는 어떤 의미에 있어서든지 실행행위는 아니다. 왜냐하면 실행의 착수는 구성요건해당성이 있어야 하며, 음주행위(원인행위)를 가리켜 살인의 실행행위의 착수라고 할 수 없기 때문이다. … 형법 제10조 3항이 인정하는 〈원인에 있어서 자유로운 행위〉는 원인행위 시에는 아직 실행의 착수가 없고 반무의식적 실현이 있을 때에 범죄

---

42 황산덕, 『형법총론강의』, 1956년, 141면. 그리고 『형법총론, 제7정판』, 1982년, 198면도 동취지이다.

의 실행행위는 시작되는 것이라고 해석하여야 한다"[43]라고 주장한다.

⑺ 손 해 목

손해목 교수는 1996년에 출간한 『형법총론』에서, 〈가벌성의 근거〉에 관하여는 "원인 설정행위 시에는 책임능력이 있으며 범죄실현행위는 원인행위의 연장행위에 불과하다 고 본다. 또한 구성요건에 해당하는 범죄실현행위는 책임능력 결함상태 하에 행하였다 고 하더라도 이와 밀접·불가분의 관계에 있는 원인설정행위에는 책임능력이 존재한 다. 따라서 가벌성을 인정할 수 있다. 즉 원인설정행위와 범죄실현행위는 일체성을 가 진다고 볼 수 있다"[44]라고 설명하고 또 〈실행의 착수〉에 관하여는 "고의에 의한 작위범 의 경우는 범죄실현행위를 실행행위로 보고, 범죄실현행위의 개시를 실행의 착수로 보 아야 한다. 원인설정행위는 예비행위에 불과하다"[45]라고 주장하는데, 원인설정행위와 범죄실현행위의 〈관계〉에 있어서 책임능력의 존재시기가 문제될 때에는 그 〈일체성〉 이 강조되고 실행의 착수시기가 문제될 때에는 그 〈분리성〉이 강조되는 것은 이론적 일관성에 문제가 있는 것이 아닌지.

⑻ 이 재 상

이재상 교수는 〈가벌성의 근거〉에 관하여 "원인행위와 실행행위의 불가분적 연관에 서 책임의 근거를 인정하는 견해─원인설정행위는 실행행위 또는 그 착수행위가 될 수 없지만 책임능력 없는 상태에서의 실행행위와 불가분의 연관을 갖는 것이므로 원인설 정행위에 책임비난의 근거가 있다는 이론이다. 즉 책임비난의 근거는 책임무능력상태 에서 실행된 구성요건의 실현에 있는 것이 아니라 행위자가 스스로 자유롭지 못한 상태 에서 책임 없이 범죄를 행하게 한 원인행위에 있지만, 구성요건에 해당하는 행위가 실 행되는 결함상태가 유책한 원인행위와 불가분의 연관이 있기 때문에 이를 처벌하는 것 이 사리에 합당하다는 것이다. 이 이론에 의하면 원인에 있어서 자유로운 행위는 '행위

---

43 유기천, 『형법학[총론강의]』, 1960년, 140면 이하. 그리고 『개정 형법학[총론강의]』, 1982년, 137면 이하도 동취지이다.

44 손해목, 『형법총론』, 1996년, 612면.

45 손해목, 『총론』, 614면.

와 책임의 동시존재의 원칙'과 일치하는 것은 아니지만, 행위와 책임의 동시존재의 원칙은 반드시 엄격히 적용되어야 하는 것이 아니며 원인에 있어서 자유로운 행위는 이 원칙에 대한 예외로 인정되어야 한다고 한다. 따라서 형법 제10조는 행위가 원인에 있어서 자유로운 행위이론에 의하여 비난받지 않는 한 행위 시에 책임무능력(또는 한정책임능력)상태에 있는 자는 책임 없다(또는 감경된다)는 의미로 이해할 수 있게 된다. 독일의 통설이며, 우리나라의 다수설이다. 원인에 있어서 자유로운 행위의 가벌성을 인정하는 데 가장 적절한 이론이라고 생각된다"[46]라고 주장하고, 〈실행의 착수시기〉에 관하여는 "책임능력결함상태에서의 행위는 책임능력이 없지만 원인행위와의 불가분의 연관이 있기 때문에 … 원인행위를 근거로 가벌성을 인정할 수 있는 이상, 책임능력결함상태에서의 행위에 실행의 착수가 있다고 하는 것이 타당하다. 원인에 있어서 자유로운 행위에 있어서는 행위가 아니라 책임 있는 행위자를 범죄로 인도하는 조종과정(책임의 근거)만 앞으로 당겨지는 것이기 때문이다"[47]라고 설명한다.

그런데 "이 이론에 의하면 원인에 있어서 자유로운 행위는 '행위와 책임의 동시존재의 원칙'과 일치하는 것은 아니지만, … 이 원칙에 대한 예외로 인정되어야 한다고 한다"라고 기술하지만, 이 원칙의 예외가 되지 않게 하기 위해서 〈실행행위〉를 확장해서 〈원인행위〉에까지 〈불가분의 연관〉을 갖게 한 것이 아닌지 의문이다. 그리고 [가벌성의 근거]를 논할 때는 책임능력결함상태의 행위와 원인행위와의 〈불가분의 연관〉을 강조하더니 [실행의 착수시기]를 논할 때에는 〈불가분의 연관이 있다는 원인행위〉는 어떻게 〈분리〉되어서 행방불명이 되었는지 의문이다. 하여튼 원인행위나 불가분의 연관을 가지는 것은 책임능력결함상태이지 그 상태 하의 행위가 아니라는 점을 유의해야 할 것이다.

나. 형법의 해석론

독일 · 일본과는 달리 한국형법은 제10조 제3항에서 "위험의 발생을 예견하고 자의

---

46 이재상, 『형법총론, 제5판』, 2003년, 313면.

47 이재상, 『총론』, 315면 이하.

로 심신장애를 야기한 자의 행위에는 전2항(심신상실자와 심신미약자—필자 주)의 규정을 적용하지 아니한다"라고 규정하여, 원인에 있어서 자유로운 행위의 경우의 〈가벌성〉을 총칙에서 입법적으로 해결하였다. 여기서는 그 해석론을 간단히 살펴 보겠다.

(1) "위험의 발생을 예견하고"의 해석을 보면, 위험의 발생의 예견〈가능성〉까지 포함시켜서 고의뿐 아니라 과실도 포함시키는 견해가 있다. 그런데 이 입장은 〈위험의 발생가능성의 예견〉과 〈위험의 발생의 예견가능성〉을 혼동하는 것이 아닌가 생각된다. 즉 〈위험의 발생가능성의 예견이 있는 경우〉는 표상설(인식설)의 입장에서는 바로 고의가 있는 경우가 되고(과실이 문제될 여지는 없다), 인용설 · 감수설 등 미필적 고의를 인정하는 입장에서는 고의뿐 아니라 인식 있는 과실까지는 포함될 수 있으나 인식 없는 과실은 제외된다. 물론 〈위험의 발생의 예견가능성이 있는 경우〉라면 예견은 없으나 그 가능성이 있는 경우이므로 인식 없는 과실이 가능하다. 그래서 〈위험의 발생을 예견하고〉의 해석으로서는, ① 인식 없는 과실이 제외된다는 점, ② 과실범으로서의 원인에 있어서 자유로운 행위의 경우는 입법화를 안 해도 지장이 없다는 점 등에 비추어 〈고의로〉라고 해석하는 편이 무난할 것이다. 물론 과실범의 경우의 입법화를 반대하는 것은 아니다.

(2) "자의로 심신장애를 야기한"에 있어서 〈자의로〉의 해석이 문제가 된다. 이것을 〈고의 또는 과실로〉로 해석하는 입장도 있는데, 이것은 한국형법 제10조 3항의 해석상의 필요에서 나온 것인지 독일형법 제323조a(완전명정죄)의 영향인지 알 수 없으나, 필자는 글자 그대로의 뜻으로 이해하면 되리라고 본다. 참고로 우리의 1992년 형법초안 제21조 제3항은 "스스로 정신장애의 상태를 일으켜 고의 또는 과실로 행위한 자에 대하여는 제1항 및 제2항의 규정을 적용하지 아니한다"라고 규정하고 있다.

IV. 결 론

(1) 원인에 있어서 자유로운 행위(고의의 작위범)에 관한 학설은 크게 ① 선행행위기준설, ② 후행행위기준설, ③ 양행위불가분설 그리고 ④ 불가벌설로 나눌 수 있다고 본다. 그리고 이들 학설의 배경에는 책임주의의 요청인 범행(실행행위)과 책임(책임능력)

의 동시존재원칙 및 죄형법정주의가 엄하게 또는 약하게 깔려 있다.

학설마다 나름대로의 〈가벌성의 근거〉를 제시하고 있다. ①설은 죄형법정주의는 약하지만 동시존재원칙은 엄하게, ②설은 죄형법정주의는 엄하지만 동시존재원칙은 약하게, ③설은 죄형법정주의는 엄하지만 동시존재원칙은 약하게 그리고 ④설은 죄형법정주의와 동시존재원칙이 모두 아주 엄하게 작용하는 것으로 본다.

한국형법 제10조 제3항 하에서는 불가벌설은 논외가 되겠다. 그래서 전형적인 예로서 A가 술을 과음하여 만취된 상태에서 X를 상해하려고 작정하고 스스로 그 상태에 빠져서 X를 상해하였다고 상정하여, 나머지 셋 학설을 살펴 보겠다. 먼저 ①설은 선행행위인 음주행위를 상해의 실행행위로 보게 되는데, 이것은 상식적으로도 맞지 않을 뿐 아니라 소량의 음주로 끝난 경우에 상해죄의 미수범의 형사책임을 진다는 것도 납득되지 아니한다. 그리고 이 설은 자기자신의 행위를 도구로 이용하는 간접정범의 이론구조를 가지는 것으로 많이 설명되었는데, 한정책임능력상태의 행위의 경우도 함께 논해야 하는 것으로 해석되는 형법 10조 3항 하에서는 더욱 입지가 좁아질 것이다. 선행행위인 음주행위 시에 책임능력이 인정된다는 장점이 있다고는 하나, 음주 그 자체에 대한 형사책임이 아니라 결국 상해에 대한 형사책임이 문제된다는 점에 유의해야 할 것이다. 다음으로 ③설은 한마디로 ①설의 단점은 보완하고 장점은 살리려는 것으로 보인다. 즉 후행행위인 상해행위를 바로 실행행위로 봄으로써 ①설의 난점을 해소하고 또 상해행위와 음주행위(선행행위)와의 〈불가분성·일체성〉을 강조하여 책임능력은 선행행위 시에서 문제삼음으로써 ①설의 장점을 살리려고 한다. 그런데 음주행위(선행행위)와 〈불가분의 연관〉을 가지는 것은 상해행위(후행행위)가 아니라 만취상태(책임무능력상태)라는 점이다. 그래서 구성요건해당성은 후행행위에 관해서 논하고(불가분적 연관이 있다는 선행행위는 분리되어 온데 간데 없고), 책임능력은 후행행위와 〈불가분성·일체성〉이 인정되지 아니하는 선행행위에 관련해서 논하는 것(〈고의〉의 일관성이면 몰라도 〈행위〉의 불가분성·일체성을 논하는 것)은 논거로서는 약하지 않을까 생각한다. 끝으로 ②설은 후행행위에 관해서 구성요건해당성·위법성 및 책임을 논하자는 입장이다. 여기서 우선 구성요건해당성의 단계에서의 〈고의〉가 문제가 될 수 있다고 본다. 특히 심신상실 상태에서의 고의가 인정되겠느냐의 문제이다. 필자는 〈전의식적(前意識的)인〉 목적적 의사의 면에서 고의를 인정할 수 있지 않을까 생각한다. 예를 들어서 곤드레만드레 취한 자가 자기 집 대문까지는 어떻게 와서 초인종을 누르고서는 잠들었다고 하자, 다음날 아침에 깨고는 어떻게 집으로 왔는지 전혀 기억이 나지 않는다고 해도 어제 밤에는 〈자기 집으로 가자〉는 전의식적인 목적적 의사에 이끌려서 자기 집까지 왔다고 볼 수 있지 않을까 생각한다. 다음으로 〈책임능력〉의 문제이다. 〈범행과 책임능력의 동시존재원칙〉의 면에서 고찰하면 불일치하는 것은 틀림이 없다. 다만, 이 원칙의 배경을 살펴보면, 이 원칙은 책임주의로부터 나왔다고 하는데, 범행 〈시〉를 기준해서 책임능력이 있음에도 불구하고 위법한 행위를 했다고 해서 비난할 수 있을 때 책임을 지운다는 주장이라고 본다. 그런데 원인에 있어서 자유로운 행위의 경우에는, 책임무능력상태를, 즉 비난할 수 없는 상태를 스스로 만들어서 범행을 한 경우이다. 그래서 이러한 경우에는 '비난할 수 없다고 〈할 수 없다〉'라는 판단을 내리는 것이 타당하지 않을까. 그렇다면 '비록 책임능력은 없지만, 비난할 수 있다. 따라서 유책하다'고 결론지을 수 있을 것이다. 이러한 의미에서 이 입장이 낫다고 보며, 이 입장을 뒷받침하는 학설로 권리남용설이라든가 회피가능성설 (전술한 스위스 신형법총칙 제19조 제4항 참조) 등이 주장되고 있다. 한국형법 제10조 3항의 해석론으로서는 권리남용설의 입장이 편하지 않을까 생각한다. 참고로 필자는 이미 법정 1967년 2월호에 발표한 「실행의 착수」라는 글에서 "위험의 발생을 예견하고 자의로 책임무능력상태를 초래한 경우에는 책임무능력으로 인한 면책사유는 되지 않는다(형법 제10조 3항 참조)"(42면)라고 주장한 바 있다. 이것은 〈자초방위(自招防衛)〉의 경우에 위법성조각사유가 되지 않는 것으로부터 힌트를 얻었다.

(2) 심신미약자의 행위는 제10조 2항에서 형의 필요적 감경으로 규정되어 있는데, 동조 3항에서 심신상실자의 행위와 함께 규정하여(심신상실과 심신미약을 합친 개념으로 〈심신장애〉라는 용어를 쓴다) 상실자에 대한 「벌하지 아니한다」의 규정과 미약자에 대한 형의 필요적 감경의 규정을 「적용하지 아니한다」라고 규정한다. 그래서 원인에 있어서 자유로운 행위의 문제를 논함에 있어서는 심신미약의 경우도 함께 논해야 할 것이다. 그리하여 심신미약의 경우도 포함한다는 의미에는 〈원인에 있어서 자유로운 행위〉라는 표현은 너무 좁아서 〈심신장애자의 행위〉라는 표현이 낫다고 본다. 그래서 본 연구의 제목에서도 〈자초심신장애자〉라는 표현을 썼다. 그리고 〈자의로 심신미약을 야기한 경우〉에는 '반드시 비난의 양을 줄여야 한다고 〈할 수 없다〉'라고 하면 될 것이다.

(3) 본 연구는 원인에 있어서 자유로운 행위에 관한 문제에 있어서 특히 고의범(작위

범)의 학설에 관하여 살펴 보았다. 앞으로 판례라든가 고의의 부작위범, 과실범 그리고
서서형법의 신규정 등 더욱 연구의 폭을 넓히고자 한다.

16. 금지착오에 관한 연구[*]
−형법 제16조와 관련하여−

제1장 서 론

금지착오(禁止錯誤, Verbotsirrtum) −종래의 소위 법률의 착오−의 문제는 형법학에 있어서 가장 중요하고도 어려운 문제 가운데의 하나이며, '법의 착오는 해(害)한다(error iuris nocet)'라는 로마법 이래의 법 격언으로는 만족할 수 없으므로, 오늘날 이 문제는 입법론상뿐 아니라 이론상 크게 논쟁되고 있다.

그런데 우리나라에 있어서 이 문제는 비단 이론상의 대립에 그치지 않고 신(新)형법[1] 제16조의 해석론에 더욱 중요성을 지니고 있는 것으로 본다. 왜냐하면 신형법에서 새로 규정된 조문의 해석에 있어서 대개 그렇지만, 특히 동조의 해석에 있어서도 제각기 달리하는 바가 크기 때문이다. 예컨대 황산덕 교수는 "금지착오에 관한 형법 제16조의 규정은 책임설에 의하지 않고는 설명될 수가 없는 것이다"[2]라고 주장하는가 하면, 한편 유기천 교수는 "위법성의 인식에 관하여 고의설과 책임설이 대립되어 있음은 입법론상 의미 있는 일이지만, 해석론에서는 논할 바가 아니다. …(고의설의 입장) 혹은 …(책임설의 입장)는 형법 제16조의 해석론으로는 무의미하다"[3]라고 주장한다. 따라서 오늘날에 있어서 '한국형법학'의 최대의 과제의 하나는 〈금지착오의 이론과 관련된 형법 제16조의 해석론〉이 아닌가 생각한다.

---

[*] 이 글은 법학박사 학위논문(1975학년도 서울대학교)이다.

1 1953년 9월 18일에 법률 제293호로 공포되어 동년 10월 3일부터 시행되었다.

2 황산덕, 『형법총론』(제6정판), 1974, 206면.

3 유기천, 『개고 형법학(총론강의)』, 1971, 219면.

 본 논문에서는 서설적 고찰로서 '제2장 금지착오와 구성요건적 착오'에서 금지착오의 의의와 양 착오의 구별에 관하여 논술하고, '제3장 금지착오에 관한 비교법적 고찰'에서는 독일·스위스·오스트리아·그리스·일본·미국의 금지착오에 관한 현행법 및 초안의 규정을 살피고, '제4장 금지착오에 관한 이론적 고찰'에서는 종래의 학설대립을 간단히 언급하고서 요즈음의 학설대립인 고의설과 책임설에 관하여 비교 검토하고 이와 더불어 1952년 3월 18일의 서독연방법원의 형사연합부 결정을 비교적 자세히 소개하고 나서 종래의 학설대립 하의 위법의식가능성설이 고의설과 책임설의 학설대립 하에서는 어느 쪽에 편입될 것인가의 문제를 다루고, '제5장 형법 제16조와 금지착오'에서는 제16조가 "오인에 정당한 이유가 있는 때에 한하여 벌하지 아니한다"라고 규정하는데 여기서 〈한하여〉라는 표현이 들어감으로써 동조의 취지를 어떻게 해석해야 할 것이며 또 각 학설이 그 취지에 맞게 해석할 수 있는가를 검토하고 나서 주요한 국내학설을 검토한다.

 그런데 본 연구는 '금지착오와 형법 제16조'에 관한 모든 문제를 다루려는 것이 아니고, 금지착오에 관한 요즈음의 학설대립인 〈고의설과 책임설〉의 비교 검토와 〈위법의식가능성설〉의 편입문제 그리고 금지착오에 관한 〈형법 제16조의 취지〉의 의미를 주안점으로 삼는다.

제2장 금지착오와 구성요건적 착오

Ⅰ. 금지착오의 의의

 금지착오란 구성요건의 실현을 완전히 알고 있는 경우(따라서 구성요건적 고의가 있는 경우)에 있어서의 행위의 위법성에 관한 착오를 말한다.[4] "위법성에 관한 착오는 구

---

4 Hans Welzel, Das Deutsche Strafrecht, 11. Aufl., 1969, S. 166. 여기서의 '행위의 위법성'은 〈행위가 법상 금지되어 있다는 것(Verbotensein)〉을 뜻하는데(Johannes Wessels, Strafrecht, AT, 4. Aufl., 1974, S. 81), 특히 부작위범의 경우에는 〈명령되어 있다는 것〉(Gebotensein)을 뜻한다 (Hans Welzel, Arten des Verbotsirrtums, JZ 1953, S. 266). 「메츠거-브라이」는 금지착오를 '구성요건해당행위의 위법성에 관한 착오'라고 말한다(Mezger-Blei, Strafrecht 1, AT, 15. Aufl.,

성요건해당행위가 금지되어 있다는 것에 관련한다. 행위자는 그가 무엇을 하는가는 알고 있으나, 그것이 허용되는 것으로 잘못 알고 있는 것이다."[5] 그런데 금지착오는 행위의 위법성에 관하여 잘못 생각하는 경우뿐 아니라 그에 관한 생각이 없는 경우도 포함한다. 즉 적법하게 행위하는 것으로 적극적으로 생각하는 경우뿐 아니라 위법하게 행위한다는 생각이 없는 경우도 포함한다.[6] 이와 같이 금지착오는 위법한 행위를 하는 행위자가 그 행위에 관하여 위법하지 않는 것으로 적극적으로 오인하는 경우(위법성의 오인)뿐 아니라 위법하다는 것을 모르는 경우(위법성의 부지)도 포함하는데, 결국은 행위자에게 행위의 〈위법성의 의식〉을 결(缺)하는 경우이다.[7] 그런데 위법성의 의식(보통 불법의식이라고도 한다)에 있어서, 위반된 법규나 행위의 가벌성을 알 필요는 없고, 행위자는 자기행위가 사회질서의 요청과 모순한다는 것, 따라서 법상 금지되어 있다는 것을 아는 것으로 족하다.[8]

II. 금지착오와 구성요건적 착오

종래에 형법학에 있어서의 '착오론'은 〈사실의 착오〉(error facti, Tatsachenirrtum)와 〈법률의 착오〉(error iuris, Rechtsirrtum)로 나누어서 착오의 문제를 다루어 왔다. 그런데 요즈음에 와서는 이러한 구별이 반드시 정확한 것이 못 된다는 것이 인식되었다. 왜냐하면 종래의 구별법은 그 착오가 사실에 관한 것이냐 법률에 관한 것이냐에 따라서

1973, S. 207).

5 1952년 3월 18일의 서독연방법원 형사연합부 결정(JZ 1952, S. 336).

6 Welzel, Strafrecht, S. 166. 또한 Hans-Heinrich Jescheck, Lehrbuch des Strafrechts, AT, 2. Aufl., 1972, S. 341 참조.

7 Mezger-Blei,, Strafrecht, S. 207.

8 Jescheck, Strafrecht, S. 340. 그리고 불법의식에 관하여는 특히 Arthur Kaufmann, Das Unrechtsbewusstsein in der Schuldlehre des Strafrechts, 1949; Eberhard Schmidhäuser, Über Aktualität und Potentialität des Unrechtsbewusstseins, H. Mayer-Festschrift, 1966, S. 317 ff.; Hans-Joachim Rudolphi, Unrechtsbewusstsein, Verbotsirrtum und Vermeidbarkeit des Verbotsirrtums, 1969 (insbesondere 2. Kapitel Gegenstand und Inhalt des Unrechtsbewusstseins S. 31~115); Eckhard Horn, Verbotsirrtum und Vorwerfbarkeit, 1969(insbesondere 2. Abschnitt Das Unrechtsbewusstsein S. 18~54) 등 참조.

구별하는 것 같이 보이기 때문이다. 그래서 어떤 모임에 가서 타인의 양산을 자기의 양산인 줄 잘못 알고서 가지고 온 경우에 있어서, 이는 재물의 타인성에 관한 착오, 즉 소유권의 귀속에 관한 착오요, 따라서 민법에 관한 착오, 즉 '법률의 착오'라고 볼 수 있는 것이다. 실제로 독일 제국법원은 이러한 의미의 〈법률의 착오〉를 다시 '비형벌법규의 착오'와 '형벌법규의 착오'로 구별하여, 〈전자〉는 고의를 조각하지만 〈후자〉는 고의를 조각하지 않는다는 태도를 취하였던 것이다.[9] 그러나 종래의 구별법에 있어서 일반적으로는 행위가 법상 허용되지 않는 점에 관한 착오를 가리켜 '법률의 착오'라고 부르므로, 혼동의 우려가 있는 것이다.

그래서 요즈음 서독에서는 구성요건적 착오(Tatbestandsirrtum)와 금지착오[10]와의 구별이 일반화되고 있으며, 연방법원도 1952년 3월 18일의 형사연합부 결정에서 이 분류를 채용하였다.[11] '구성요건적 착오'는 법정구성요건의 객관적인 행위사정(그것이 사실적·기술적(記述的)인 것이든 규범적인 것이든)에 관한 착오이다. 따라서 재물·신체·인과관계와 같은 〈사실〉에 관한 착오일 뿐 아니라, 행위의 〈음란성〉·재물의 〈타인성〉 등에 관한 착오이다. 구성요건적 착오는 구성요건실현의 고의(구성요건적 고의)를 조각시키며, 그 행위자는 과실범의 처벌규정이 있는 경우에 과실범으로 처벌될 수 있다. 이에 반하여 '금지착오'는, 전술한 바와 같이, 구성요건의 실현을 완전히 알고 있는 경우(따라서 완전한 구성요건적 고의가 있는 경우)에 있어서의 행위의 위법성에 관한 착오이다.[12] 이상과 같이 양 착오는 〈사실 대 법률〉이 아니라 〈구성요건 대 위법성〉의 대립관계에서 파악하는 것이 타당하다고 본다.[13·14]

---

9 帝國法院의 判例에 관하여는 Arthur Kaufmann, Unrechtsbewusstsein, S. 46 ff. 및 후술 제4장 Ⅳ 4 (2) 참조.

10 벨첼에 의하면, '금지착오'라는 표현은 특히 「도나(Alexander Graf zu Dohna)」에 의하여 형법에서 사용되었다고 한다(Welzel, Strafrecht, S. 167).

11 JZ 1952, S. 336. 후술 제4장 Ⅳ 4 (1).

12 Welzel, Strafrecht, S. 166.

13 구성요건적 착오와 금지착오와의 구별에 관하여는, Hans Welzel, Zur Abgrenzung des Tatbestandsirrtums vom Verbotsirrtum, MDR 1952, S. 584 ff. (본 논문은 Dietrich Lang-Hinrichsen의 Zur Problematik der Lehre von Tatbestands- und Verbotsirrtum〈JR 1952, S. 184 ff.〉에 대한 비판논문이다); Richard Busch, Über die Abgrenzung von Tatbestands- und Verbotsirrtum, Mezger-Festschrift, 1954, S. 165 ff. 등 참조.

제3장 금지착오에 관한 비교법적 고찰

다음에서는 각국의 현행법 및 초안에서 금지착오(즉 법률의 착오)의 문제를 어떻게 다루는가를 살펴 보려고 한다.

I. 독 일(서독)

1. 1871년의 형법전

1871년의 '독일제국형법(Strafgesetzbuch für das Deutsche Reich)'[15]은 법률의 착오에 관하여 규정하는 바가 없다. 그리고 제59조 제1항은 "가벌적 행위를 행함에 있어서 법정의 구성요건에 속하는 행위사정 또는 형벌을 가중하는 행위사정의 존재를 알지 못한 자는 이 사정에 귀속되지 아니한다"라고 규정하는데, 이 규정은 사실의 착오에 관한 것이다.

2. 1909년 예비초안

1902년부터 시작된 형법개정사업은 전16권으로 이루어지는 '독일내외 형법비교논총(1905년 ~ 1909년)'을 완성하였으며,[16] 그동안 1906년에 구성된 위원회에 의하여 '독일형법예비초안(Vorentwurf zu einem Deutschen Strafgesetzbuch)'이 작성되어 2권의 이유서와 함께 1909년 가을에 공표되었다.[17] 동안(同案) 제61조는 "① 행위자가 비형벌법규 또는 그 적용가능성에 관하여 착오를 일으켜서 그 행위를 허용되는 것으로 생각한 때에

14　여기서는 '위법성조각사유(정당화사유)에 관한 착오'의 문제에 대하여 논급을 피하겠는데, 일반의 교과서 이외에 특히 Fritz Hartug, Irrtum über "negative Tatumstände", NJW 1951, S. 209 ff.; Hans Welzel, Der Irrtum über einen Rechtfertigungsgrund, NJW 1952, S. 564 ff.; Karl Engisch, Tatbestandsirrtum und Verbotsirrtum bei Rechtfertigungsgründen, ZStW Bd. 70 (1958), S. 566 ff.; Eduard Dreher, Der Irrtum über Rechtfertigungsgründe, Heintz-Festschrift, 1972, S. 207 ff. 등 참조.

15　그 성립과정에 관하여는, 김종원, 「1969년의 새로운 독일형법총칙을 중심으로」, 경희법학 제8권 제1호(1970), 99면 이하 참조.

16　김종원, 「독일형법총칙」, 101면; Arthur Kaufmann, Unrechtsbewusstsein, S. 199.

17　김종원, 「독일형법총칙」, 101면.

는 고의는 인정되지 않으며, 그 착오가 과실에 기인하는 한 과실이 인정된다. ② 행위자가 형벌법규에 관하여 착오가 있기 때문에 그 행위를 허용되는 것으로 생각한 때에는, 그 처벌에 관하여 미수범에 관한 규정(제76조)을 적용할 수 있다"라고 규정하는데, 제1항은 바로 제국법원의 판례를 법률상 고착시키는 것이지만, 제2항은 확실히 제국법원의 판례와는 자그마한 중요치 않는 상이(相異)가 있다.[18]

3. 1911년 대안 (對案)

직접으로 이 예비초안의 공표가 계기가 되어서 「리스트」, 「골트슈밋트」, 「칼」 및 「리리엔탈」의 4명의 학자는 「대안(Gegenentwurf)」을 작성하여 1권의 이유서와 함께 1911년에 공표하였다. 행위의 허용성에 관한 착오를 제23조에서 다루고 있는데, "행위자가 행위를 행함에 있어서 정당하다고 생각한 때에는, 고의는 인정되지 않으며 그 착오가 과실에 기인하는 한 과실이 인정된다"라고 규정한다. 그런데 여기서는 비형벌법규의 착오와 형벌법규의 착오와의 구별이 없어졌다.[19]

4. 1913년 초안

정부초안을 만들기 위하여 1911년부터 16명의 대형법위원회가 구성되어 1913년에 「형법위원회 초안(Entwurf der Strafrechtskommission)」이 작성되었지만, 제1차 세계대전의 발발로 말미암아 1920년에야 공표되었다.[20] 동 초안은 제114조 제1항에서 "행위자가 법률 또는 그 적용가능성에 관하여 착오가 있기 때문에 그 행위가 허용되는 것으로 믿고 행위한 것이 증명된 때에는, …사형 및 무기징역 대신에 3년 이상 15년 이하의 금고에, 유기의 징역 대신에 동 기간의 금고에 처한다…", 제2항에서 "착오가 용서할 수 있는(entschuldbar) 것인 때에는, 법원은 통상의 형 또는 제1항에 의하여 이를 대신할 형을 자유재량에 의하여 감경할 수 있다", 제3항에서 "사안이 특별한 사정에 의하여 처벌을 필요로 하지 않는 때에는, 형을 면제할 수 있다"라고 규정한다. 이 초안에서 형벌법

---

18 Arthur Kaufmann, Untechtsbewusstsein, S. 200.

19 동조에 관하여는, Arthur Kaufmann, Unrechtsbewusstsein, S. 200 f.; 八木 胖, 『刑法における法律の錯誤』, 1952年, 14頁 以下 참조.

20 김종원, 「독일형법총칙」, 102면; Arthur Kaufmann, Unrechtsbewusstsein, S. 201.

규의 착오와 비형법법규의 착오와의 구별을 버리면서 「용서할 수 있는 착오」라는 새로운 개념을 채용했는데, 결국 법률의 착오는 형이 감경되고 또 면제될 수도 있지만 그것이 고의를 조각하지 않는다고 본다.[21]

5. 1919년 초안

「1913년 초안」이 공표되기 전에 4명의 새 위원회가 구성되어 동 초안을 손질하다가 세계대전이 끝났는데 그 후에도 이 작업을 계속하여 1919년 가을에 끝났으며, 이 「1919년 초안(Entwurf von 1919)」은 각서와 함께 1년 후에 공표되었다.[22] 동 초안 제12조는 "① 행위자가 고의로 행위를 하여도, 법률상 또는 사실상의 착오로 인하여 그 행위를 허용되는 것으로 믿은 때에는, 형을 감경한다(제110조). ② 착오가 그에게 귀책되지 않는(unverschuldet) 때에는 벌하지 아니한다"라고 규정한다.

6. 1922년 라트브루흐초안 · 1925년 초안

1922년 가을에 법무부장관 「라트브루흐(Gustav Radbruch)」 자신이 「일반독일형법초안(Entwurf eines Allgemeinen Deutschen Strafgesetzbuches)」을 작성하여 정부에 제출했는데, 이 「라트브루흐초안」은 1952년에야 공표되었다.[23] 동 초안 제13조는 "① 행위자가 착오로 자기 행위가 허용되지 않는다는 것을 알지 못한 때에는, 고의범으로 처벌하지 아니한다. ② 그 착오가 과실에 기한 때에는 과실범에 관한 규정을 적용한다"라고 규정한다. 이 초안의 규정은 종전의 것과는 달리, 위법성의 인식을 결(缺)한 때에는 고의가 조각되고, 소위 법과실(위법성의 과실)의 경우에 과실범의 규정이 적용되도록 한다.

이 초안을 심의 · 수정하여 제국참의원에 제출된 것이 「일반독일형법정부초안(Amtlicher Entwurf eines Allgemeinen Deutschen Strafgesetzbuchs)」인데, 이 초안은 이유서와 함께 1925년 초에 공표되었으며, 최초의 정부초안이다. 동 초안 제13조에 법률의 착오에 관한 규정을 두고 있는데, 「라트브루흐초안」과 동일하다.

---

21 八木, 『法律の錯誤』, 16頁 以下. 또한 Arthur Kaufmann, Unrechtsbewusstsein, S. 201 f. 참조.

22 Arthur Kaufmann, Unrechtsbewusstsein, S. 202 f.

23 Gustav Radbruchs Entwurf eines Allgemeinen Deutschen Strafgesetzbuches, 1952 (여기에는 18면에 이르는 Eberhard Schmidt의 Einleitung이 들어 있다).

7. 1927년 초안

참의원은 「1925년 초안」에 대수정(大修正)을 가하여 1927년에 이유서 및 2권의 부록과 함께 새로운 초안을 공표했는데, 이 「1927년 초안」을 제국민의원에 제출하였다. 동 초안 제20조는 법률의 착오에 관하여 "행위자가 고의로 행위하지만 용서할 수 있는 (entschuldbar) 법률의 착오에 의하여 자기 행위의 불법성(das Unrechtmäßige)을 인식하지 못한 때에는 벌하지 아니하고(straffrei), 그 착오가 용서할 수 있는 것이 아닌 때에는 형을 감경할 수 있다(제73조)"라고 규정한다. 이와 같이 「1927년 초안」은 법률의 착오에 관하여 「1925년 초안」의 입장을 버리고 거의 「1919년 초안」의 입장으로 되돌아갔다.

8. 1930년 초안

민의원의 형법위원회의 심의에서 「1930년 초안」이 나왔으나, 이미 나치스의 대두(擡頭)로 말미암아 형법의 전면적 개정의 시기를 잃고 있었다. 동 초안 제20조 제2항은 「행위자가 고의로 행위하지만 용서할 수 있는 법률의 착오에 의하여 자기 행위의 불법성을 인식하지 못한 때에는 벌하지 아니하고, 그 착오가 용서할 수 있는 것이 아닌 때에는 행위자를 처벌하되 그 형을 감경한다」라고 규정한다. 이 규정은 「1927년 초안」과 대체로 같지만, 다만 용서할 수 있는 것이 아닌 법률의 착오는 형의 필요적 감경으로 고쳐졌는데, 이 점에 있어서 「1919년 초안」과 같게 되었다.

9. 1962년 초안

제2차 세계대전 후에 1952년부터 형법의 전면적 개정을 위한 노력이 시작되었는데, 1954년에 「대형법위원회」가 구성되어서 그 결과로서 「1958년 초안」 및 「1959년 초안(제1초안, 제2초안)」이 나왔고, 연방법무부에 의한 「1960년 초안」, 「대형법개정제주위원회(大刑法改正諸州委員會)」에 의한 「1962년 초안」이 만들어졌다.[24] 이상의 초안들에 있어서 금지착오에 관하여는 대동소이하므로, 여기서는 「1962년 초안」의 것을 살펴보고자 한다. 동 초안 제21조(금지착오)는 "행위를 행함에 있어서 아무런 불법(Unrecht)도 행하지 않는 것으로 오인한 자는, 그에게 그 착오가 비난될 수 없는 때에는, 책임 없이

---

24 김종원, 「독일형법총칙」, 103면 이하.

행위한 것이다. 그에게 그 착오가 비난될 수 있는 때에는, 그 형은 제64조 제1항에 의하여 감경될 수 있다"라고 규정한다. 이유서에 의하면 초안은 연방법원의 판례와 더불어 책임설에 편든다는 것을 밝히고 있다.[25]

10. 1966년 택일안

「1962년 초안」의 공표 후에 1963년에는 싸르대학, 1964년에는 함부르크대학, 1965년에는 프라이부르크대학에서 잇따라 「형법학자회의」가 열려서 동 초안에 대한 중견·소장학자의 비판이 많이 나오더니, 14명의 형법학자에 의한 공동제안으로 「형법택일안 총칙(Alternativ−Entwurf eines Strafgesetzbuches, Allgemeiner Teil)」이 이유서와 함께 1966년에 출간되었다.[26] 「택일안」 제20조(금지착오)는 "행위를 행함에 있어서 그 위법성에 관하여 착오한 자는 그에게 그 착오가 비난될 수 없는 때에는, 책임 없이 행위한 것이다. 그에게 그 착오가 비난될 수 있는 때에는, 그 형은 원칙적으로 제61조 제1항에 의하여 감경한다"라고 규정한다.

11. 1969년의 신형법총칙

연방민의원의 「형법개정특별위원회」가 작성한 「제2형법개정법률안」이 1969년에 민의원과 참의원에서 각각 통과되어 동년 7월 4일에 공포되었는데, 이것은 종래의 형법전의 총칙과 바꾸어지는 새로운 형법전의 총칙이며(1조~79조), 1973년 10월 1일부터 시행될 예정이었으나 연기되어서 1975년 1월 1일부터 시행되었다. 신(新)형법총칙 제17조(금지착오)는 "행위를 행함에 있어서 행위자에게 불법(Unrecht)을 행한다는 인식이 결(缺)하는 경우에, 그가 이 착오를 피할 수 없었을 때에는, 그는 책임 없이 행위한 것이다. 행위자가 그 착오를 피할 수 있었을 때에는, 그 형은 제49조 제1항에 의하여 감경될 수 있다"라고 규정한다.[27]

---

25 Entwurf eines Strafgesetzbuches (StGB) E 1962 (mit Begründung), S. 135.

26 1969년에 제2정정판이 나왔다.

27 「1962년 초안」 및 「1966년 택일안」의 규정과의 대비에 관하여는, 김종원, 「독일형법총칙」, 115 면 이하 참조. 또한 Roxin · Stree · Zipf · Jung, Einführung in das neue Strafrecht, 1974, S. 49 ff. (Walter Stree 집필) 참조.

Ⅱ. 스위스

스위스는 복잡한 연방국가인데, 1848년과 1874년의 연방헌법 하에서는 주(州)가 형법을 제정할 권능을 가지고 있었다. 그러나 1889년의 헌법 개정에 의하여 "연방은 형법의 영역에 있어서 입법권한을 가진다"(제64조의2 제2항)라는 규정이 신설됨으로써, 연방정부는 「슈토스(Carl Stooss)」에게 형법전개정의 기초작업을 위촉하였다. 그리하여 「슈토스」는 1893년에는 총칙에 대한 예비초안을, 1894년에는 총칙에 대한 수정된 예비초안과 각칙에 대한 예비초안을 공간(公刊)했다(소위 슈토스초안이다). 이 예비초안은 제1차 전문가위원회의 심의를 거쳐 1896년의 예비초안으로 결실하였다. 이 초안을 기초로 삼아서 「슈토스」의 협력을 얻어 1903년과 1908년의 예비초안이 나왔다. 이 「1908년 초안」은 제2차 전문가위원회의 심의를 거쳐 1916년의 예비초안으로 되었다. 이 초안은 「슈토스」도 참가하여 연방정부 내에서 수정되어 국회에 송부되어서 「1918년 공식 초안」이 나왔다. 이 초안에 대한 국회의 심의를 거쳐 1937년 12월 21일에 체결되고 1938년 7월 3일의 국민투표에서 근소한 차로 가결되어서 1942년 1월 1일부터 시행된 것이 현행의 「스위스형법전」이다.[28]

그런데 형법 제20조(법률의 착오)는 "행위자가 충분한 이유에 의거하여(aus zureichenden Gründen) 그 행위를 행할 권리가 있다고 생각한 때에는, 법관은 그 형을 자유재량으로 감경하거나(제66조) 또는 처벌하지 않을 수 있다"라고 규정한다.

Ⅲ. 오스트리아

종래의 형법전은 1852년에 공포되었는데, 이것은 「1803년 9월 3일의 형법전을 그 후의 법률에 의하여 보완한 신판(新版)(neue, durch die späteren Gesetze ergänzte Ausgabe)」에 불과했다. 한편 오스트리아 형법의 전통을 기초로 삼아서 「히에(Hye)」에 의

---

28 宮澤浩一,「スイス-比較法的硏究」(平場安治·平野龍一 編『刑法改正の硏究Ⅰ槪論 總則』 1972年 103頁 以下); O. A. Gemann, Schweizerisches Strafgesetzbuch, 9. Aufl., 1972, S. Ⅶ f.; Jurg Furger, Unrechtsbewusstsein, Bewusstsein der Rechtswidrigkeit, Rechtsirrtum, 1958, S. 66 ff.

하여 기초된 「1867년의 정부초안」은 하원에 제출되었으나, 심의를 받지 못했다. 다음으로 1871년의 독일형법전을 본받아서 기초된 「1874년의 정부초안」이 상원에 제출되었으나, 심의 도중(途中)인 1895년에 철회되었다. 그 후 새로운 흐름에 따른 개정작업에 의하여 「1902년의 위원회 초안」, 이를 수정한 「1909년 예비초안」이 작성되었는데, 이 초안에 대한 의견, 「1908년의 스위스초안」 및 「1909년의 독일초안」을 참작하여 다시 「1912년 초안」이 작성되어서 국회에 제출되었으나 제1차 세계대전으로 결국 심의가 중단되었다. 종전 후에는 독일초안과 동일한 「1927년 초안」이 국회에 제출되었으나, 이번에는 나치스의 대두(擡頭)로 말미암아 개정작업은 좌절되었다. 제2차 세계대전 후의 개정작업은 1953년에 시작되었는데, 1955년부터 작업에 들어간 「형법초안기초위원회」는 1962년에 「위원회초안」을 발표하였으며, 법무부는 이 초안에 약간의 수정을 가해서 1964년에 「법무부초안」을 발표하였고, 1966년에는 「제2차 법무부초안」을 발표하였다. 정부는 1968년에 새로 작성한 초안을 국회에 제출하였고, 또 이 초안을 수정한 「1971년 정부초안」을 다시 제출했는데, 국회에서 이 초안을 심의하여 1974년 1월 23일에 의결하여 새로운 형법전이 성립하였다(1975년 1월 1일 시행).[29]

신(新)형법 제9조(법률의 착오)는 "① 법률의 착오로 행위의 불법을 인식하지 못한 자는, 그 착오에 대하여 그를 비난할 수 없는 경우에는, 유책하게 행위한 것이 아니다. ② 법률의 착오는, 불법이 행위자에게도 누구에게도 쉽게 인식될 수 있는 경우 또는 행위자가 그 직업상, 업무상 혹은 기타의 사정상 해당 규정에 정통할 의무가 있었음에도 불구하고 그 규정에 정통하지 아니한 경우에는, 이를 비난할 수 있다. ③ 그 착오를 비난할 수 있는 경우에는, 행위자가 고의로 행위한 때에는 고의범에 규정된 법정형을, 행위자가 과실로 행위한 때에는 과실범에 규정된 법정형을 적용한다"라고 규정한다.

Ⅳ. 그리스

그리스에 있어서는 1834년의 형법전(1834년 공포, 동년 4월 19일 시행)이 많은 개정

---

29 Entwurf eines Strafgesetzbuches samt Erläuterungen, AT, 1964, S. 1 ff.; 內藤 謙, 『刑法改正と 犯罪論(上)』, 1974, 340頁 以下 참조.

과 보충을 겪어 왔고, 한편으로는 현대형사입법의 추세에 따라 1911년 이래로 형법개정사업이 진행되어 1924년 예비초안, 1933년 초안, 1935년 초안, 1937년 초안, 1940년 초안(1940년 10월 28일의 전쟁발발로 인하여 공표되지 못했음) 및 1949년 초안(현행 형법전이 되었음)이 작성되었으며, 드디어 1950년 8월 17일에 법률 제1942호로 공포되고 1951년 1월 1일에 시행되었다.[30] 형법 제31조(법률의 착오)는 "① 행위의 가벌성의 부지만으로는 행위의 귀책을 조각시키기에 부족하다. ② 그러나 행위자가 행위를 행할 권리가 있다고 오신하고 또 이 착오가 용서할 수 있는(verzeihlich)[31] 것인 때에는 그 행위는 행위자에게 귀책되지 아니한다"라고 규정한다.

V. 일 본

1. 1907년의 현행형법전

일본에 있어서는 프랑스의 법학자 「보아소나드(Gustave Boissonade)」를 사법성(司法省)의 법률고문으로서 초빙하여, 그가 기초한 형법초안을 원로원에서 심의·수정하여 1880년(明治 13년) 7월 17일에 「형법」으로서 공포하여 1882년 1월 1일부터 시행하였는데, 이것이 소위 「구(舊)형법」이다. 그러나 시행과 거의 때를 같이해서 전면적 개정의 시도가 진행되어 1891년부터 제국의회에 개정초안이 여러 차례 제출되었다가 드디어 1907년(明治 40년)에 제국의회에서 가결되어 동년 4월 24일에 법률 제45호 「형법」으로 공포되고 익년(翌年) 10월 1일부터 시행된 것이 현행 형법전이다.[32] 형법 제38조 제3항은 「법률을 알지 못한다고 해서 죄를 범할 의사가 없다고 할 수 없다. 단, 정황에 의하여 그 형을 감경할 수 있다」라고 규정하고 있다.[33]

---

30 D. Karanikas, Das Griechische Strafgesetzbuch, 1953, S. Ⅶ; Georgios Antoniou Mangakis, Das Unrechtsbewusstsein in der strafrechtlichen Schuldlehre nach deutschem und griechischem Recht, 1954, S. 16f. ; 김종원, 「신 희랍형법전 개관」, 법정 1960년 3월호, 85면.

31 Telemachos Philippides, Das griechische Strafgesetzbuch vom 1. 1. 1951, ZStW Bd. 69(1957), S. 586 및 Mangakis, Unrechtsbewusstsein, S. 18은 verzeihlich라고 번역하고 있는데, Karanikas, Strafgesetzbuch, S. 7는 erheblich라고 번역하고 있다.

32 吉川經夫, 「改訂 刑法 總論」, 1972, 24頁 以下.

33 본 조항의 해석론에 관하여는, 木村龜二, 「故意と法律の錯誤(草案 第20條 第2項)」, 『刑法改正と世界思潮』, 1965, 136頁 以下 참조.

2. 1940년의 형법가안

현행 형법에 대하여는 시행 후 10여 년 만에 전면적 개정의 움직임이 일어났다. 즉 1921년(大正 10년)에 정부는 그 자문기관인 임시법제심의회에 대하여 형법개정의 요부(要否)에 관한 자문을 했는데, 동 심의회는 1926년에 40항목에 걸친 「형법개정의 강령(綱領)」을 답신하였다. 정부는 이에 의거해서 사법성(司法省) 내(內)에 형법개정원안기초위원회를 설치하였는데, 여기서 「형법개정예비초안」을 작성하여 1927년에 발표하였다. 사법성은 본격적인 심의를 위해서 형법 및 감옥법 개정조사위원회(刑法竝監獄法改正調査委員會)를 설치했는데, 여기서 1931년(昭和 6년)에 먼저 총칙이, 그리고 1940년(昭和 15년)에는 각칙이 만들어졌으며, 양자를 합쳐서 「개정형법가안(假案)」이라고 한다(약간의 유보사항을 둔 미정고(未定稿)임).[34] 가안 제11조는 "① 법률을 알지 못했다고 하여 고의가 없었다고 할 수 없다. 단, 정황에 의하여 그 형을 감경 또는 면제할 수 있다. ② 법률을 알지 못한 경우에 있어서 자기의 행위가 법률상 허용되는 것으로 믿은 데에 대하여 상당한 이유가 있는 때에는 그 형을 면제한다"라고 규정한다.

3. 1961년의 준비초안

제2차 세계대전 후 1956년(昭和 31년)에 이르러서 형법개정작업이 재개되어 동년 10월에 법무성 내에 형법개정준비회가 설치되었는데, 여기서 1960년(昭和 35년) 4월에 「개정형법준비초안(未定稿)」이 발표되었다. 동 초안 제20조 제2항은 "자기의 행위가 법률상 허용되지 않는다는 것을 모르고서 범한 자는, 이에 대해서 상당한 이유가 있는 때에는, 고의로 한 것이라고는 할 수 없다"라고 규정하는데, 여기서의 "고의로 한 것이라고는 할 수 없다"가 크게 비판받았다.[35]

34　「改正刑法準備草案 附 同理由書」, 1961年 83頁; 吉川, 「總論」, 29頁 以下 참조.

35　예컨대 木村 박사는 "결론적으로 말하면, 초안 제20조 제2항의 「고의로 한 것이라고는 할 수 없다」라는 점에 관하여, 전술한 바와 같이 다수의 유력한 학자가 「이를 벌하지 아니한다」라고 해야 한다고 주장하고 있음에도 불구하고 이에 반하는 학설의 결론만을 초안 제20조 제2항이 규정하고 있는 것은, 입법기술적으로는 민주적인 것이라고 할 수 없다. 오히려 「이를 벌하지 아니한다」라고 고치는 것이, 이들 서로 대립하는 두 개의 학설의 어느 쪽으로부터도 해석이 가능하게 되어서, 민주적 입법기술로서 타당한 것이 된다고 생각된다. 그런 의미로 초안 제20조 제2항은 이 점에 관해서 꼭 수정을 필요로 한다고 본다"라고 주장한다(木村, 「故意と法律の錯

준비초안의 미정고(未定稿)에 대한 비판을 심의해서 수정을 가하여 형법개정준비회의 확정초안으로서 1961년(昭和 36년) 12월에 발표된 것이 「개정형법준비초안」이다. 동 초안 제20조 제2항은 "자기의 행위가 법률상 허용되지 않는다는 것을 모르고서 범한 자는, 이에 대해서 상당한 이유가 있는 때에는 이를 벌하지 아니한다"라고 고쳐졌다.

4. 1972년의 부회초안

1963년(昭和 38년)에 법무대신은 법제심의회에 대하여 "형법에 전면적 개정을 가할 필요가 있느냐, 있다면 그 요강을 제시하기 바람"이라는 자문을 했는데, 이 자문에 대한 조사 심의를 위하여 형사법특별부회(部會)가 설치되어서 동년 7월부터 활동을 시작하여 1971년 11월 29일에 "① 형법에 전면적 개정을 가할 필요가 있다. ② 개정의 요강은 형사법특별부회가 결정한 안에 의한다"라는 결론에 도달하였다. 그리하여 형식적인 정리를 끝내고서 1972년(昭和 47년)에 「법제심의회 형사법특별부회 개정형법초안」이 공표되었다.[36] 동 초안 제21조(법률의 착오)는 "① 법률을 알지 못했다고 해도, 그것에 의해서 고의가 없었다고는 할 수 없다. 단, 정황에 의하여 그 형을 감경할 수 있다. ② 자기의 행위가 법률상 허용되지 않는다는 것을 모르고서 범한 자는, 이에 대해서 상당한 이유가 있는 때에는, 이를 벌하지 아니한다"라고 규정하는데, 본 조는 1961년의 준비초안의 규정과 동일하다.

5. 1974년의 개정초안

1974년 5월 29일에 법제심의회의 총회에서 "형법에 전면적 개정을 가할 필요가 있다. 개정의 요강은 별첨의 「개정형법초안」에 의한다"라는 답신이 결정되어서, 그날로 법무대신에게 그 취지의 답신이 행하여졌다.[37]

이 개정초안은 부회초안 가운데서 제68조가 정하는 집행유예의 요건의 하나인 10萬

誤」, 145頁 以下).

36 『法制審議会刑事法特別部会 改正刑法草案 附 同理由書』 1972年 はしがき 참조.

37 佐藤勳平, 「刑法全頁改正に關する法制審議會答申について」, 法律のひろば 1974年 7月號, 4頁 以下; 法務省 刑事局 編, 『法制審議會 改正刑法草案の解說』, 1975年, 7頁.

圓 이하의 벌금을 20萬圓 이하의 벌금으로 고치고 또 제10장 판결의 선고유예를 모두 삭제하여 이에 관련되는 조항을 고친 것뿐이며,[38] 법률의 착오에 관한 제21조는 부회초안의 것과 동일하다.

Ⅵ. 미 국

1953년 이래로 작업을 시작한 미국법률협회(American Law Institute)는 1962년 5월 4일에 「모범형법전(The Model Penal Code)」을 공표했는데,[39] 제2.04조(부지 또는 착오) 제3항은 다음과 같이 규정한다. "다음의 경우에 있어서, 행위가 법 상 죄가 되지 아니하는 것으로 믿은 데에 상당한 이유가 있는 때(reasonable belief)에는 그 행위에 의거한 죄의 소추에 대한 항변이 된다. (a) 그 죄를 규정하는 법률 기타의 성문법규가 행위자에게 알려져 있지 않고 또 혐의 받는 행위 전에 공포되지 아니하였거나 기타 합리적으로 보아 그에게 알 수 있도록 되어 있지 아니한 경우, 또는 (b) (ⅰ) 법률 기타의 성문법규, (ⅱ) 법원의 결정·의견 또는 판결, (ⅲ) 행정관청의 명령이나 허가, 또는 (ⅳ) 그 죄를 규정하는 법의 해석·운용 또는 집행에 대하여 법상의 책임이 있는 공무원 또는 공(公)의 기관의 형식적인 해석에, 포함되어 있는 그 법에 대한 공적인 표명을 행위자가 상당한 이유가 있을 정도로 신뢰하고(in reasonable reliance) 행위하였지만 사후에 그 공적인 표명이 무효나 오류(誤謬)가 된 경우".[40]

38　佐藤,「法制審議会答申」, 4頁; 法務省 編,『改正刑法草案』, 同頁.

39　Richard M. Honig, Entwurf eines Strafgesetzbuches für die Vereinigten Staaten von Amerika (Model Penal Code), ZStW Bd. 75 (1963), S. 63 ff. 참조.

40　Herbert Wechsler, On Culpability and Crime: The Treatment of Mens Rea in the Model Penal Code, The Annals of The American Academy of Political and Social Science, Vol. 339, January 1962, p. 36. 또한 Honig, a. a. O., S. 82 f. 참조.

제4장 금지착오에 관한 이론적 고찰

Ⅰ. 서 설

금지착오는 착오로 인하여 위법성의 의식이 없는 경우이므로, 금지착오의 문제는 위법성의 의식을 어떻게 다룰 것인가의 문제와 관련한다. 그런데 이 문제는 종래에 책임요소로서의 고의의 성립에 위법성의 의식이 필요하느냐의 형태로 다루어졌으며, 이에따라 위법성의식의 불요설·필요설·가능성설 또는 이분설·법과실 준고의설 등이 대립하고 있었다. 또 요즈음에 서독(西獨)에서는 이 문제를 고의설과 책임설의 대립으로 다루고 있다. 여기서는 각 학설을 소개하면서 금지착오를 어떻게 다루는가를 살펴 볼 뿐 아니라, 고의설과 책임설을 비교 검토하고 나서, 책임설을 채택한 서독연방법원의 형사연합부 결정을 소개하고, 나아가서 종래의 학설대립 하의 위법의식가능성설이 고의설·책임설의 대립 하에서는 어느 쪽에 편입될 것인가의 문제까지 고찰하고자 한다.

Ⅱ. 종래의 학설

1. 위법의식불요설

고의의 성립에 위법성의 의식을 필요로 하지 아니한다는 설인데, 금지착오가 있다고 해서 고의가 조각되는 것으로 보지 않는다.[41] 이 설에 의하면 행위자가 위법성을 의식하지 못한 것이 불가피한 경우, 즉 귀책되지 아니하는 금지착오의 경우에도 고의범으로서의 책임을 묻게 되므로, 책임주의를 부정한다는 비판이 가해진다.

2. 이분설

자연범(自然犯)에 있어서는 고의의 성립에 위법성의 의식이 필요 없으나, 법정범(法定犯)에 있어서는 필요하다는 설인데(편의상 이분설이라고 부른다), 자연범(自然犯)에

---

41 19세기 말엽의 독일의 통설(Lucas, Heinemann, Klee, Bar, 초기의 Liszt 등)이요, 또 일본에 있어서 옛 통설(勝本, 大場, 泉二 등)이었다. 우리나라의 학설에서 이 입장을 취하는 자는 없다.

있어서는 금지착오가 있어도 고의가 조각되지 않으나 법정범(法定犯)에 있어서는 고의가 조각된다.[42] 이 설은 고의(범의)를 반사회적인 의사라고 보고서, 자연범(自然犯)에 있어서는 그 행위는 당연히 반사회적인 것이므로 그러한 행위에 나아간다는 것을 알고 행한 이상은 당연히 반사회적 의사, 즉 고의(범의)가 있다고 보며, 법정범(法定犯)에 있어서는 법률상 특히 금지되기 때문에 반사회적인 행위가 되는 것이므로 이 경우에는 위법성의 의식이 없을 때에는 반사회적 의사, 즉 고의의 성립이 없다고 한다. 그런데 자연범(自然犯)과 법정범(法定犯)의 구별이 반드시 명확하지는 않을 뿐 아니라, 자연범의 경우에는 불요설, 법정범의 경우에는 필요설에 대한 비판이 그대로 타당하게 된다.[43]

3. 위법의식필요설

고의의 성립에 위법성의 의식이 필요하다는 설인데, 금지착오의 경우에는 고의가 조각된다.[44] 이 설은 행위자가 범죄사실을 알고 있을 뿐 아니라 그 위법성까지도 의식하고 있어야 행위동기를 저지하는 반대동기가 형성되었을 터이므로 비로소 고의라는 무거운 책임비난을 가할 수 있으나, 위법성의 의식이 없으면 무거운 책임형식인 고의가 조각된다고 한다. 그런데 위법성의 의식이 없는 데에 과실이 있는 경우 – '법의 과실' 또는 '위법성의 과실'이라고 부른다 –, 즉 금지착오가 과실에 기인하는 경우는 과실범이 되지만, 그 처벌규정이 없는 한 처벌할 수 없으므로 '부당한 처벌의 흠결'이라는 형사정책적 결함이 생긴다고 비판받는다.

4. 법과실준고의설

필요설의 형사정책적 결함을 구제하기 위하여 주장된 것으로서, 고의에 위법성의 의

---

42 牧野, 八木, 이건호(구설), Kadecka 등이 주장한다.

43 이 설의 폐단을 막기 위하여 사회통념에 의한 '자연범의 법정범화'와 '법정범의 자연범화'를 주장하나(牧野英一, 『刑法總論 下卷(全訂版)』, 1959年, 594頁), 오히려 이론이 불명확하게 된다.

44 Binding, Nagler, Allfeld, Finger, Olschausen, Beling, Haelscher, Liszt, Schröder, Lang-Hinrichsen, Baumann, 小野, 瀧川, 植松, 大塚, 옥조남, 박문복, 백남억, 정영석 등이 주장한다. 이 설은 후술하는 「엄격고의설」과 동일하다.

식을 필요로 하나 위법성의 의식이 없는 데에 과실이 있는 경우(법의 과실 또는 위법성의 과실)에는 이를 고의와 동일하게 처벌하자는 설인데, 금지착오가 있으면 고의가 조각되나 그 착오가 과실에 기인하는 경우에는 고의에 준하게 된다.[45] 이 설은 왜 (법의) 과실을 고의와 동일하게 처벌하느냐의 이론적 근거가 불명확하다고 비판받을 뿐 아니라, 범죄를 고의범과 과실범으로 이대별(二大別)하고 나서 다시 과실범의 일부를 고의범에 준하게 하는 것은 이론적 자기모순이라고 본다.

5. 위법의식가능성설

고의의 성립에는 위법성의 의식은 반드시 필요치 않고 그 가능성이 있으면 된다는 설인데, 금지착오가 있어도 바로 고의가 조각되지 않고 위법성의 의식의 가능성이 있는 한 고의가 성립한다.[46][47] 그런데 이 설에 대하여는, 형법상 고의와 과실이 엄격히 구별되어 있음에도 불구하고 고의에 과실적 요소를 도입한다는 비판이 있으나, 의문이다. 이 설은 위법성의 의식이 없어도(즉 금지착오가 있어도) 바로 고의가 조각되지 않고, 위법성의 의식의 가능성이 없을 때에 (비난가능성이 없기 때문에) 비로소 고의의 책임이 조각된다고 보는 것이다.[48]

6. 결 어

이상 살펴본 바와 같이, 책임요소로서의 고의의 성립에 〈위법성의 의식〉이 필요하느냐에 관한 종래의 학설대립 하에서, 위법의식불요설은 귀책되지 아니하는 금지착오의 경우에도 고의범으로서의 책임을 묻게 된다는 점에서, 이분설은 자연범과 법정범의 구별이 반드시 명확하지 않을 뿐 아니라 불요설·필요설에 대한 비판이 그대로 타당하다는 점에서, 위법의식필요설은 금지착오가 과실에 기인하는 경우에 과실범의 처벌법규

---

45 宮本, 草野, 佐伯 등이 주장한다.

46 Merkel, M.E. Mayer, Frank, 團藤, 藤木, 남흥우, 염정철, 유병진 등이 주장한다.

47 團藤 박사는 가능성설 속에 준고의설·책임설·「메츠거」의 견해를 포함시킨다(團藤重光, 『刑法綱要 總論』(增補), 1972年 234頁 以下 참조).

48 이러한 뜻에서 가능성설은 후술하는 책임설과 통한다. 또한 「아르투어 카우프만」은 「벨첼」, 「베버」를 가능성설의 입장으로 보고 있다(Arthur Kaufmann, Unrechtsbewusstsein, S. 32).

가 있는 때에만 과실범으로 처벌할 뿐이므로 부당한 처벌의 흠결이 생긴다는 점에서, 법과실준고의설은 전술한 경우에 고의에 준하게 함으로써 그러한 흠결을 메울 수는 있으나 이론체계 면에서 난점이 있다는 점에서 각각 부당하다고 본다. 위법의식가능성설에 의하면 위법성의 의식이 없어도 그 의식의 가능성이 있는 한, 따라서 귀책될 금지착오의 경우에는, 고의범으로 책임을 지울 수 있다는 점에서 타당한 입장이라고 본다.

Ⅲ. 고의설과 책임설

고의설·책임설이라는 용어는 「벨첼」이 처음으로 사용한 것인데,[49] 양 설은 위법성의 의식이 고의의 요소냐 책임의 요소냐, 즉 금지착오가 고의에 관련하느냐 책임에 관련하느냐의 대립이요, 오늘날 서독에 있어서는 위법성의 의식 내지 금지착오에 관한 문제를 다룰 때에 일반적으로 사용되고 있으며 또 연방법원도 이를 채용하였다.[50]

1. 고의설(Vorsatztheorie)
고의설에 의하면 고의는 책임요소인데, 구성요건요소의 의식뿐 아니라 〈위법성의 의식〉도 그 내용으로 삼는다. 따라서 위법성의 의식은 고의에 속하고, 그것이 행위자에게 결(缺)하는 경우, 즉 금지착오의 경우에는 고의가 조각된다.[51]

(1) 행위자가 행위 시에 위법성의 〈현실적인〉 의식을 가질 것을 요구하는 입장을 특히 '엄격고의설(strenge Vorsatztheorie)'이라고 부르며,[52·53] 행위자가 위법성을 의식하지 못한 것이 과실에 기인하는 경우에는, 처벌법규가 있는 때에 과실범으로 처벌될 수 있

---

49 Hans Welzel, Der Irrtum über die Rechtswidrigkeit des Handelns, SJZ 1948, S. 368 ff.에서 이다(Mangakis, Unrechtsbewusstsein, S. 51 참조).

50 1952년 3월 18일의 연방법원 형사연합부 결정(후술 Ⅳ 참조).

51 Welzel, Strafrecht, S. 159 참조.

52 Jürgen Baumann, Strafrecht, AT, 5. Aufl., 1968, S. 421. 「메츠거」는 예외를 전혀 인정하지 않고(ohne jede Ausnahme) 위법성의 의식을 고의의 구성부분으로 보는 이러한 입장을 '순고의설(reine Vorsatztheorie)'이라고 부른다(Strafgesetzbuch, Leipziger Kommentar, Bd. I, 8. Aufl., 1957, S. 498).

53 Schröder, Lang–Hinrichsen, Sauer, Baumann 등이 주장한다.

다.[54] 이 입장은 전술한 위법의식필요설과 같으며 마찬가지로 형사정책적 결함을 가진다.

(2) (엄격)고의설의 형사정책적 결함을 메우기 위하여 「메츠거」는 '법배반성(Rechtsfeindschaft 법적대성)'[55] - 처음에는[56] '법맹목성(Rechtsblindheit)'이라는 용어를 썼다 - 의 이론을 주장한다. 즉 행위의 위법성에 관한 행위자의 착오가 법과 불법에 관한 건전한 견해와 일치하지 않는 행위자의 마음가짐(Einstellung)에 기인하고 이로부터 행위자를 비난할 수 있을 때에는 그 착오는 고려되지 않으며[57] 고의행위와 같이 '처벌'하여야 한다[58]고 주장한다.[59] 이와 같이 일정한 예외를 인정하는 입장을 '제한고의설(eingeschränkte Vorsatztheorie)'라고 부른다.[60][61] 이 입장에서는 금지착오가 있는 경우에 고의는 조각되지만, 법배반성이 인정되면 고의행위자와 같이 처벌되고, 법배반성이 인정되지 아니하여도 과실이 인정되면[62] 처벌규정이 있는 한 과실범으로 처벌되지만 처벌규정이 없으면 처벌할 수 없게 된다.

---

54 Baumann, Strafrecht, S. 421.

55 필자는 '법적대성'이라고 번역하는 편이 적합하다고 생각하지만, '법배반성'이란 역어(譯語)가 통용되고 있다. 그리고 법배반성의 문제를 다룬 논문으로서 Fritz Müller, Die Problematik der Rechtsblindheit oder Rechtsfeindschaft in Sinne der eingeschränkten Vorsatztheorie, 1966이 있다.

56 Edmund Mezger, Rechtsirrtum und Rechtsblindheit, Kohlrausch—Festgabe, 1944, S. 180 ff.

57 Edmund Mezger, Strafrecht Ⅰ, AT, 8. Aufl., 1958, S. 184. 또한 Mezger, Leipz—Komm., S. 499 참조.

58 Edmund Mezger, Moderne Wege der Strafrechtsdogmatik, 1950, S. 44.

59 「메츠거」는 법배반성의 이론에 의한 처벌의 근거를 행위자의 '행장책임(行狀責任 Lebensführungsschuld)'에 구한다. 즉 "행위자의 〈책임〉은 단지 직접적인 행위책임에 뿐만 아니라 행위자가 여태까지 생활해 오는 동안에 법에 관련하여 전체로서 어떠한 〈태도〉를 취해왔느냐에도 있다."(Mezger, Moderne Wege, S. 45).

60 Mezger, Leipz—Komm., S. 499. 또한 Jescheck, Strafrecht, S. 343; Wessels, Strafrecht, A. T. S. 82; Reinhart Maurach, Deutsches Strafrecht, AT, 4. Aufl., 1971, S. 462; Schönke-Schröder, Strafgesetzbuch, Kommentar, 12. Aufl., 1965, S. 412 f. 그런데 木村 박사는 「메츠거」의 이론을 엄격고의설의 설명에서 논하고 위법의식가능성설을 제한고의설이라고 한다(木村龜二, 『刑法總論』, 1959年, 309頁 以下). 또한 福田 교수도 같다(福田 平, 『刑法總論』, 1965年, 156頁).

61 Mezger, Nowakowski, Schönke 등이 주장한다.

62 「메츠거」에 의하면 〈법배반성만〉이 고의와 동치(同置)되는 것이고 기타에 있어서 단순히 (불법의식의 결여가) 〈회피가능한〉 행위는 과실에 속한다고 한다(Mezger, Moderne Wege, S. 46 f.).

2. 책임설(Schuldtheorie)

책임설은 위법성의 의식을 고의로부터 분리된 독립된 책임요소라고 본다.[63 · 64] 고의를 책임으로부터 잡아내는 목적적 행위론자는 모두 필연적으로 책임설을 취하여야 하겠지만, 통설적인 범죄론 체계를 취하는 입장에서도 위법성의 의식을 고의와 병존하는 독립된 책임요소라고 파악함으로써 역시 책임설을 주장한다.[65] 책임설에 의하면 위법성의 의식은 오로지 책임에만 관련하므로, 금지착오의 경우에 있어서 그것이 회피불가능한 때(즉 위법성의 의식의 가능성이 없는 때)에는 비난가능성이 없게 되어서 책임이 조각되지만 그것이 회피가능한 때(즉 위법성의 의식의 가능성이 있는 때)에는 비난가능성, 즉 책임이 감경된다.[66 · 67]

---

63 Jescheck, Strafrecht, S. 344. 책임설이 서독의 통설 · 판례이고 또 신형법 제17조도 이 설에 의거한다(동면).

64 「바우만」은 "책임설이란 명칭은 오해받기 쉽다. 고의설도 하나의 책임설이요, 그것도 소위 책임설보다 훨씬 엄격한 방식으로. 그래서 후설의 이름은, 그 견해에 의하면 위법성의 의식은 단지 책임의 영역에서 문제삼아지는 것이고 고의라는 책임요소의 보다 좁은 영역에서 문제 삼아지는 것이 아니라는 데에 유래한다"(Baumann, Strafrecht, A. T. S. 424)라고 논술한다.

65 Baumann, Strafrecht, A. T. S. 425 참조. 전자의 입장을 취하는 자로서는 Welzel, Weber, Maurach, Niese, Busch, Armin Kaufmann, Stratenwerth, Hirsch, 木村, 福田, 황산덕, 이건호 등이 있고(단, 福田 교수는 심리적 책임요소로서의 고의도 인정한다 — 福田,『總論』, 152頁 以下), 후자의 입장을 취하는 자로서는 Bockelmann, Eberhard Schmidt, Hartung, 平野 등이 있다.

66 Welzel, Strafrecht, S. 165 참조.

67 책임설은 다시 위법성조각사유(정당화사유)의 사실적 전제에 관한 착오(Irrtum über die tatsächlichen Voraussetzungen eines Rechtfertigungsgrundes)를 어떻게 다룰 것인가에 관하여 '엄격책임설(strenge Schuldtheorie)'과 '제한책임설(eingeschränkte Schuldtheorie)'로 대립한다. 전설에 의하면 그 착오를 단순히 금지착오로서 전술한 바에 따라 다루지만 (Welzel, Maurach, Niese, Armin Kaufmann, Hirsch 등), 후설에 의하면 고의가 조각되고 그 착오가 과실에 기인하는 경우에는 과실범의 처벌규정이 있는 한 과실범으로 처벌된다(서독판례, Weber, Busch, Stratenwerth, Engisch, Gallas, Schaffstein, Roxin, Schmidhäuser, Noll, Börker, Dreher, Wessels, Jescheck, Blei, 中 등) (Rudolphi, Systematischer Kommentar zum Strafgesetzbuch, Bd. Ⅰ. AT 〈von Rudolphi, Horn, Samson, Schreiber〉, 1975. S. 132; Wessels, Strafrecht, A. T. S. 82 ff.; Jescheck, Strafrecht, S. 348 ff.; Eberhard Schmidhäuser, Strafrecht, AT, 1970, S. 325 ff. 참조). 그러나 본 논문에서는 이 문제에 관하여 더 이상의 논급을 피한다.

3. 검토

(1) 고의설·책임설이란 용어를 처음으로 사용한 「벨첼」은 양 설을, 윤리와 법에 동등하게 타당하는 인간행위의 가치원리(Wertprinzipien)를 포괄하는, 커다란 법철학적인 관련 속에서 보아야 한다고 강조하면서, 다음과 같이 주장한다.[68] 이 관련 속에서 고의설과 책임설은 이종(異種)의 두 윤리적 원리의 평행현상에 불과하다. 즉 일방은 심정(心情)윤리(Gesinnungsethik)이고 타방은 답책(答責)윤리(Verantwortungsethik)이다.[69] 〈심정윤리〉에게 있어서는 심정의 순수성, 즉 「칸트」식으로 말하면 행위자가 행위하는 바가 옳으냐 그르냐에 상관없이 행위자가 행위하게 된 의무의식으로 족하다. 이에 반하여 〈답책윤리〉는 심정순수성의 요청을 침해하지는 않으나 그 이외에 어떠한 심정순수성, 어떠한 의무의식에도 〈앞서서〉 참된 의무의 〈확인〉, 즉 〈올바른〉 결정을 얻기 위한 노력이 있을 것을 요구한다. 심정의 순수성, 의무의식으로부터 나온 행위는 도의적 행위가치의 일면에 불과하다. 이에 〈앞〉서는 타면은 〈개개인의 윤리적 통찰능력의 범위 내에서의〉 〈객관적으로〉(sachlich) 올바른 결정에 대한 책임이다. 이러한 포괄적인 관련 하에서 고의설과 책임설의 대립을 보아야 하는데, 고의설은 법에 있어서의 심정윤리의 대응물이고 책임설은 답책윤리의 대응물이다.[70 · 71]

---

68 Hans Welzel, Aktuelle Strafrechtsprobleme im Rahmen der finalen Handlungslehre, 1953, S. 15 f. (김종원 역, 「목적적 행위론과 형법의 현실적 제문제(하)」, 법정 1958년 8월호, 48면 이하).

69 이 윤리적 대립명제는 1919년에 「막스 베버(Max Weber)」가 행한 「직업으로서의 정치」라는 강연에서 처음으로 사용되었는데, 거기서 "여기에 결정적인 논점이 있다. 우리가 밝혀야 할 것은, 윤리적으로 방향지워진 모든 행위는 근본적으로 상이한, 조정할 수 없게 대립하는, 두 개의 원리(Maximen) 하에 설 수 있다는 것이다. 즉 〈심정윤리적으로〉 또는 〈답책윤리적으로〉 방향지워질 수 있다. …우리가 심정윤리적 원리하에서 행위하느냐 —종교적으로 말하면 「기독교도는 올바르게 행위하고 그 결과를 하나님에게 맡긴다」— 또는 자기의 행위의 (예견가능한) 결과에 대하여 책임을 져야 한다는 답책윤리적 원리 하에서 행위하느냐는, 한없이 깊은 대립이다" (Max Weber, Der Beruf zur Politik, 〈Soziologie—Universalgeschichtliche Analysen—Politik, 1973, S. 174 f.〉)라고 논술하였다.

70 「벨첼」은 Die Regelung von Vorsatz und Irrtum im Strafrecht als legislatorisches Problem, ZStW Bd. 67 (1955), S. 201 f. (김종원 소개, 벨첼 「입법문제로서의 형법에 있어서의 고의와 착오의 규정」, 법대학보(서울대) 제6권, 1959년, 163면)에서도 답책윤리적인 책임개념을 주장한다.

71 「벨첼」은 책임설을 채택한 1952년 3월 18일의 연방법원 연합부 결정이 고의설의 숙명적인 결과였을 책임개념의 주관화를 방지하고 책임윤리적인 근본원칙을 관철하였다는 점에 그의 커다란 의의가 있다고 본다(Welzel, Aktuelle Probleme, S. 17. 김종원 역, 「현실적 제문제(하)」, 49면).

그리하여 책임설의 책임개념은 사람이 자기의 사회윤리적인 통찰능력의 한계 내에서 자기의 행위결의의 적법성(Rechtmäßigkeit)에 대한 책임을 지는 답책주의(Verantwortungsprinzip)에 의거하고 있음에 반하여, 고의설의 책임개념은 사람이 자기의 결의(決意)의 위법한 내용에 대하여 그 위법성을 인식하고 있는 경우에 한하여 비난될 수 있다는 인식주의(Kenntnisprinzip)에 의거하는데, 고의설은 형법이 과실행위도 처벌하는 몇 개밖에 안 되는 경우에 한해서만(nur in den wenigen Fällen) 위법성을 유책하게 알지 못하고서 행위하는 자에 대하여 과실행위를 이유로 책임을 지우고자 한다.[72][73]

생각건대 우리는 〈사회생활〉 속에서 행위하는 것이므로, 심정이 순수했다는 것만으로는 면책될 수 없고 자기의 사회윤리적인 통찰능력의 한계 내에서 그 행위결의의 정당성에 대하여 책임을 지는 것으로 보아야 할 것이므로, 답책윤리를 배경으로 삼는 책임설의 입장이 타당하다고 본다.

(2) 다음으로 형사정책적인 면에서 고의설과 책임설을 검토해 보겠는데, 여기서는 위법성의 의식의 가능성이 있는 경우, 즉 귀책될(verschuldet) 금지착오의 경우에 어느 설의 해결책이 타당한가를 살피면 될 것이다.

먼저 고의설은 이 경우에 〈법과실(法過失)〉을 인정하지만, 몇 개밖에 안 되는 과실범의 처벌규정이 있는 경우에 한하여 과실범으로 처벌되므로, 기타의 경우에는 〈귀책될〉 금지착오임에도 불구하고 〈부당하게〉 처벌 못하게 된다는 결론이 나온다.

이러한 형사정책적 결함을 메우기 위하여 「메츠거」의 〈법배반성의 이론〉이 주장되었는데, 법배반성의 경우에도 고의행위자와 같이 처벌하여야 한다는 이 주장에 대하여 「벨첼」은 "여기서 의제(擬制, Fiktion)가 행하여진다는 것이 전적으로 드러난다. 고의가 없음에도 불구하고 그 행위는 고의행위와 〈같이〉(wie) 취급된다. 형법 상의 귀책

---

72 Welzel, Strafrecht, S. 162.

73 「예섹」은 양설이 귀책될 금지착오를 처벌하려고 한다―고의설도 과실범으로서만은―는 이유를 들어서, 양설은 〈심정윤리〉 내지 〈답책윤리〉의 택일관계에서 구별될 수 없다고 주장하는데(Jescheck, a. a. O., S. 342, Anm. 15), 「벨첼」은 고의설에 의하면 행위자가 자기행위의 적법성을 주관적으로 믿기만 하면 (과실행위를 처벌하지 아니하는 한) 모든 책임으로부터 해방된다(Welzel, Strafrecht, S. 162)고 말하고 있다. 요컨대 형법이 과실행위를 처벌하는 경우를 〈ein wenig〉로 보느냐 〈wenig〉로 보느냐의 문제가 아닌가 생각되는데, 필자는 과실범의 처벌규정이 극히 드물다는 점에서 후자로 보는 것이 타당하다고 본다.

의 중심영역에서 의제가 행하여진다는 것은 실질적인 문제가 해결되지 않았다는 틀림 없는 증거(Zeichen)이다"[74]라고 비판하였다. 이에 대하여 「메츠거」는 "나는 그 자리에서 '법맹목적인' (이제 나는, 법배반적으로 행위하는, 이라고 말해야 할 것이지만) 행위자 의 행위가 고의행위와 같이 '취급'되어야 한다(「벨첼」이 말하는 것처럼)고 말한 것이 아 니라, 행위자는 고의행위자와 같이 '처벌'되어야 한다고 말했다. 이 구별은 매우 중요 하다"[75]라고 반박하였는데, 이에 대하여 「벨첼」은 다시 "물론 「메츠거」는 거기에서 의제 가 문제가 되어 있다는 데에 대해서 몹시 항의한다. 그러나 전통적으로 우리는 의제란 '일정한 구성요건(Tatbestand) (b)를 다른 구성요건 (a)가 존재하는 것과 같이 판단할 것 을 법관에게 지시하는 법원칙(Rechtssätze)'이라고 정의한다. 그런데 고의설이 법맹목성 의 경우에 정확히 이것을 요구한다. 즉 법맹목적으로 행위하는 행위자가 '고의의 법위 반을 … 한 것이 아님'에도 불구하고 그는 '고의행위자와 같이 처벌되'어야 한다. 이것 은 명백한 의제의 경우이다"[76]라고 비판하였다. 물론 「메츠거」가 「형법학의 현대적 진 로」(Moderne Wege der Strafrechtsdogmatik 1950)의 〈체계〉편에서 형법총론의 〈엄격히 이론적으로 구성된 체계〉로서 제시한 바에 의하면 「제3장 책임론 제2절 비인(非認)된 의사방향(mißbilligte Willensrichtung)」에서 (a) 고의, (b) 법배반성, (c) 과실을 들고 있 지만,[77] 고의와 과실의 책임형식만을 인정하는 현행법 하에서는 (「메츠거」의 입장에서 봄) 법배반적 행위자를 고의행위자와 같이 처벌하는 것이라고 해도 결국은 「벨첼」이 비 판하는 바와 같이 〈의제〉를 한다고 볼 수밖에 없다. 또 「슈뢰더」는 "그러나 이 경우(법 맹목성의 경우─필자 주)를 법률의 규정 없이 (ohne gesetzliche Regelung) 고의행위와 동 치(同置, gleichstellen)하는 것을 나는 가능하지 않다고 본다"[78]라고 비판하였는데, 이에 대하여 「메츠거」는 "고의행위와의 그러한 동치(同置)가 죄형법정주의에 반하고 따라서 법률의 규정 없이는 실행될 수 없다는 「슈뢰더」의 의구심(Bedenken)은 소용없는(nicht durchgreifend) 일이다. 왜냐하면 형법 제59조 제1항은 행위자가 '법정구성요건에 속하

---

74 Welzel, Der Irrtum über die Rechtswidrigkeit, S. 370.

75 Mezger, Moderne Wege, S. 44.

76 Hans Welzel, Nochmals der Verbotsirrtum, NJW, 1951, S. 577.

77 Mezger, Moderne Wege, S. 50 f.

78 Horst Schröder, Vorsatz und Schuld, MDR, 1950, S. 650.

는 … 행위사정'에 대하여 착오한 때에만, 형법 제59조 제2항의 경우를 제외하고는, 처벌하지 아니한다는 것을 강행규정하고 있을 뿐이기 때문이다. 기타의 모든 경우에 있어서는 법탐구(Rechtsforschung)는 자유이다"[79]라고 반박하였다. 그러나 법배반행위를 고의행위가 아님에도 불구하고 고의행위와 같이 처벌하자는 주장은, 법률이 고의행위만을 처벌하는 경우에 법관에게 법률의 수권(授权)없이 비고의(非故意) 행위를 고의행위 '로서'(als) 처벌할 수 있게 하는 것이므로, 하나의 의제요 또한 헌법상의 원칙인 죄형법정주의의 위반이라고 보아야 할 것이다.[80] 이상과 같이 법배반성의 이론은 그 자체가 비판받을 만하지만, 그뿐 아니라 법배반성이 인정되지 않고 귀책될 금지착오의 경우, 즉 법의 과실의 경우에 과실범의 처벌규정이 없는 한 처벌할 수 없으므로(부당한 처벌의 흠결), 형사정책적 결함이 완전히 메워지는 것은 아니다.

한편 책임설에 의하면 위법성의 의식을 고의와는 관계없이 귀책(비난가능성)에만 관련시키는데, 위법성의 의식의 가능성이 있는 경우에는 그 정도에 따라 귀책될 수 있고, 따라서 귀책될 금지착오의 정도에 따라 형을 과하면 되므로, 이 입장이 타당하다고 본다.

(3) 끝으로 범죄론체계의 면에서 살펴 보건대, 「벨첼」은 "고의설의 근본적 결함(Grundfehler)은, 위법성의 의식이 고의에 속하고 따라서 위법성의 착오는 고의를 조각케 하여 그 행위를 과실행위로 문제삼게 만든다는 데에 있다. 실은 위법성의 의식은 사실적 고의(Tatvorsatz)에가 아니라 〈책임〉에 속하고, 따라서 그 결여(缺如)는 행위의 고의성에 최소한의 변경도 가하지 아니한다"[81], "금지착오의 타당한 파악(sachgerechte Erfassung)은 목적적 행위개념에 의해서만(allein) 가능하고 - 즉 고의를 책임으로부터 분리시켜서 행위에 배당함으로써 - 또 이것은 목적적 행위개념이 (보다 낫다는-필자주) 증거물의 하나가 된다"[82]라고 주장했지만, 오늘날에 와서는 후자의 주장은 재고되어야 하리라고 본다. 물론 목적적 행위론에 의하여 (사실적) 고의를 책임으로부터 분리하여 (주관적) 불법요소 내지 (주관적) 구성요건요소라고 파악함으로써 책임론에 남아

---

79 Edmund Mezger, Unrechtsbewusstsein im Strafrecht, NJW, 1951, S. 502.

80 Welzel, Strafrecht, S. 160 참조.

81 Welzel, Der Irrtum über die Rechtswidrigkeit, S. 371.

82 Welzel, Der Irrtum über die Rechtswidrigkeit, S. 372, Anm. 14.

있는 위법성의 인식이 바로 책임요소로 파악되도록 하여 필연적으로 〈책임설〉을 취하게 되어서 금지착오를 타당하게 다룬다는 점은 시인하는 바이지만, 목적적 행위론을 취하지 아니하여도 사실적 고의를 위법성의 의식과 병존하는 책임요소라고 파악함으로써 위법성의 의식을 고의와 별개 독립의 책임요소라고 보는 경향이 있는데, 이러한 입장도 역시 〈책임설〉이다. 하여튼 책임설이란 위법성의 의식을 오로지 책임에만 관련시키는 입장이며, 여기서 사실적 고의를 구성요건요소나 불법요소로 보든 독립된 책임요소로 보든 상관없는 것이다.[83]

Ⅳ. 서독연방법원 판례와 고의설 · 책임설

독일에 있어서는 제국법원(Reichsgericht)이 소위 법률의 착오에 관하여 1945년에 그 기능이 정지되기까지 일관하여 "형벌법규의 착오는 고의를 조각하지 아니하나 비형벌법규의 착오는 고의를 조각한다"라는 태도를 고수해 왔으나,[84] 전후에 하급법원에서 이 원칙이 흔들리기 시작하였는데,[85] 서독의 최고법원으로서 1951년 12월 1일에 새로 발족한 연방법원(Bundesgerichtshof)은 이 문제에 대한 태도결정이 요망되었던 바, 1952년 3월 18일의 형사연합부 결정[86]에서 제국법원이 전통적으로 고수해 온 입장을 철저히 비판하여 이로부터의 결별을 고하고서 요즈음의 해결방안으로서의 고의설 · 책임설을 자세히 비교 검토한 후에 책임설을 채택하였으며, 이 입장이 판례로서 계속 견지되고 있다.

우리가 고의설 · 책임설의 학설대립을 검토함에 있어서는 이 결정이 크게 참고가 되므로, 여기서 이를 소개하고자 한다.

---

83 이러한 의미에서 필자는 책임설을 주장하면서도 목적적 행위론의 범죄론체계를 강조하지 아니하는 것이다. 물론 책임설이 오늘날 서독의 판례 · 통설이 된 데(이제는 입법화까지)에는 목적적 행위론의 공적이 적지 않을 것이다.

84 제국법원의 판례에 관하여는 Welzel, Strafrecht, S. 158 f.; Arthur Kaufmann, Das Unrechtsbewusstsein, S. 46 ff. 등 참조.

85 Arthur Kaufmann, Unrechtsbewusstsein, S. 210 ff. 참조.

86 BGH, Grosse Senat für Strafsachen, Beschluss von 18. 3. 1952—GSSt 2/51 ; Entscheidungen des BGH, Bd. 2, S. 194—212(여기서는 JZ 1952, S. 335—340을 참조함).

1. 사건 개요

변호사인 피고인은 W부인의 형사사건의 변호를, 보수액에 대한 합의를 보지 않고서, 맡았다. 제1회 공판기일에 변호사 B가 피고인 대신에 출정했는데, 이것은 W부인에게 미리 통지하였었다. 제1회 공판의 휴정 시에 피고인은 W부인에 대하여 50마르크를 처음에는 즉일로 나중에는 익일 오전 8시 반까지 지불할 것을, 그렇게 하지 않으면 더 이상 변호하지 않겠다고 강박하면서, 요구했다. 이 강박에 눌려서 부인은 돈을 빌렸다. 그녀가 다음날 아침에 피고인의 사무실에서 그 돈을 지불했을 때, 피고인은 그녀에게 동일한 강박을 하여 400마르크의 보수증서에 서명하도록 강요했다.

2. 경 위

함부르크 지방법원(Landgericht)은 피고인을 두 경우에 대하여 강요죄로서 형을 선고했는데, 그 판결이유에서 피고인이 W부인에 대하여 이러한 행동(Vorgehen)에 나아갈 권리가 있다고 믿었더라도 그것은 고려되지 아니하는 형벌법규의 착오(Strafrechtsirrtum)라고 판시하였다.

이 사건이 상고되어서 이를 담당하게 된 연방법원의 형사 제2부(Der 2. Strafsenat)는 근본적인 의미를 가지는 다음의 문제 —즉 (1) 형법 신(新) 제240조에 있어서, 동조 제2항의 사실의 인식뿐 아니라 그 행위가 위법하다는 의식도 책임에 속하느냐? (2) 제1문이 긍정되는 경우에, 행위자에게(제1문에서 표현된 의미에 있어서의) 위법성의 의식이 결하여도 이 결여가 과실에 기인하면, 행위자는 제240조의 경우에 있어서 유책하게 행위하는 것이냐?—에 대한 법의 형성(形成)을 위하여 형사연합부의 재판을 필요로 한다고 생각하여, 이 법률문제를 법원조직법(GVG) 제137조에 의하여 형사연합부에 재판을 구하기 위하여 제출하였다.

3. 형사연합부의 결정

형법 제240조에 있어서 행위자는 동조 제1항의 행위사정(Tatumstände) — 여기에 위법성은 포함되지 아니한다 — 을 인식하여야 하고 또 그 밖에 강요에 의하여 불법을 행한다는 의식을 가지거나 양심을 상당히 긴장시킨다면(bei gehöriger Anspannung des Gewissens) 이러한 의식을 가질 수 있어야 한다.

4. 이유의 요지

(1) 금지의 착오

위법성의 의식이라 함은, 행위자가 자기가 행하는 바가 법상 허용되는 것이 아니라 금지된다는 것을 알고 있는 것을 의미한다. 법정 구성요건에 속하는 행위사정이 없는 것으로 오인하는 경우, 즉 구성요건적 착오(Tatbestandsirrtum)의 경우에는, 행위자의 의사는 구성요건의 실현에 지향되어 있지 아니하므로, 사실적 고의(Tatvorsatz)가 결하고 따라서 행위자를 고의범으로 처벌할 수는 없다. 그 착오가 과실에 기인하는 경우에는, 과실의 구성요건실현을 처벌하는 규정이 있는 때에, 그 처벌이 가능하다. 이에 반하여 위법성의 착오(Irrtum über die Rechtswidrigkeit)는 구성요건해당행위가 금지되어 있다는 것에 관련하는데, 행위자는 자기가 행하는 바를 알고 있지만 그것이 허용되어 있는 것으로 오인하고 있는 것이다. 이러한 착오는 혹은 행위자가 금지규범의 부지(不知) 내지 오해에 의하여 그 행위를 전적으로 허용되는 것으로 생각함으로써 생길 수도 있고 혹은 행위자가 반대규범(Gegennorm)의 법적 한계를 오해하거나 반대규범의 존재를 오인한다든가 하여 행위가 원칙적으로는 금지되지만 이 경우에는 반대규범에 의하여 정당화되는 것으로 생각함으로써 생길 수도 있다. 위법성의 착오는 금지착오(Verbotsirrtum)이다.

형사 제2부에 의하여 제기된 문제, 즉 제240조의 경우에 구성요건의 인식 이외에 위법성의 의식도 필요로 하느냐 또는 어쨌든 이 의식의 가능성을 필요로 하느냐의 문제는 거꾸로 말하면 동시에 제240조의 경우에 금지착오는 행위자를 항상 면책하느냐 또는 그 착오가 행위자에게 귀책되지 아니하는 경우에만 면책하느냐의 문제를 포함하는데, 형법전에는 이 문제에 대한 답이 없다. 왜냐하면 제59조에 있어서는 구성요건적 착오만을 규정하고 있기 때문이다.

(2) 제국법원의 판례의 부정

제국법원은 착오를 다룸에 있어서 로마법 이래의 전통적인 사실의 착오와 법률의 착오와의 구별로부터 출발하였다. 사실의 착오(Tatirrtum)란 법정 구성요건의 행위사정 – '사실적인' 성질을 가진 정당화행위사정을 포함하여– 에 대한 착오이고, 법률의 착오(Rechtsirrtum)란 법규(Rechtssätze)에 대한 모든 착오이다. 후자에 있어서는 그 착오의 대상인 규범이 속하는 법 영역의 여하에 따라 형벌법규의 착오와 비형벌법규의 착오로 구별했다. 비형벌법규의 착오(außerstrafrechtlicher Irrtum)로서 첫째로 법정 구성요건의 행위사정에 속하지만 형법 이외의 영역에서의 법률관계에 관한 착오, 다음으로 형법 이외에서 규정된 정당화사유의 법적 한계에 관한 착오, 끝으로 백지법률을 보완하는 형법 이외의 규범에 관한 착오를 열거했다. 비형벌법규의 착오를 사실의 착오와 동치(同置)하여, 그것을 제59조의 규정에 의하여 다루었다(고의를 조각케 하였다—필자 주). 형벌법규의 착오(strafrechtlicher Irrtum)로서는 형벌법규(Strafgesetz)에 관한 착오를 말하는데, 이것은 형벌법규 속에 포함된 금지에 관한 착오일 수도 있고, 법규에 존재하지 아니하는 정당화사유 – 그것이 존재하는 경우에 형벌법규적 성질을 가지느냐 비형벌법규적 성질을 가지느냐는 상관없다 – 의 오인일 수도 있고 또는 형법에 규정된 정당화사유의 법적 한계에 관한 착오일 수도 있다. 이 형벌법규의 착오는 고려되지 아니하는 것으로(als unbeachtlich) 생각되었으며, 행위자는 고의의 구성요건실현으로서 항상 처벌된다.

이 판례의 입장에서 금지착오의 경우는 다음과 같이 된다. 즉 그 착오가 형벌법규의 오해에 기인하는 한, 면책되지 아니한다. 구성요건의 실현을 의식하고 또 의욕하였으면, 위법성의 의식이나 그 의식의 가능성을 필요로 하지 않고서 처벌된다. 그 착오가 비형벌법규의 오해에 기인하는 한, 면책되고 구성요건적 착오와 동일한 범위 내에서 가벌성을 배제한다.

형벌법규의 착오는 고려되지 아니하고 따라서 위법성의 의식은 그러한 한(限) 가벌성의 전제조건으로 요구될 필요가 없다는 명제는 이 문제에 대한 제국법원의 최초의 판결들이 선고되었을 당시에 독일의 형사입법의 기초를 이루었던 견해와 전적으로 일치하였다.

학계에서는 이미 초기부터 제국법원의 판례에 대한 반대가 일어났으며, 그 후 거의 이구동성(異口同聲)으로 거부하는 빛이 농후해졌다. 즉 형벌법규의 (법률의) 착오와 비형벌법규의 (법률의) 착오를 구별하는 것이 논리상 불가능하기 때문에, 판례는 자의적(恣意的)이고 또 행위자에게 귀책되지 않는 착오의 경우에 결국 책임 없는 행위를 처벌하게 된다고 하여, 판례를 비난하였다. 1919년의 대안(對案, Gegenentwurf) 이래로 독일의 형법초안들은 판례에 따르지 아니했으며, 세법과 외환법 그리고 최근의 경제형법에서 입법자는 판례를 따르지 아니하고서, 귀책될 금지착오에는 형벌을 감경하는 효과를, 귀책되지 않는 금지착오에는 형벌을 조각하는 효과를 부여하였다. 1945년 후에는 많은 하급심 판결도 제국법원의 판례를 저버리고서, 고의행위를 이유로 삼은 처벌을 혹은 위법성의 의식에 의존케 하고 혹은 이 의식의 가능성에 의존케 하였다.

　제국법원의 판례에 대한 이의(異議)에는 일리가 있다. 즉 형벌은 책임을 전제로 삼는데, 책임은 비난가능성이다. 책임이라는 반가치판단(Unwerturteil)으로써 행위자는, 그가 적법하게 행위할 수 있었고 법에 맞게(für das Recht) 결심할 수 있었음에도 불구하고 적법하지 않는 행위를 하였고 불법에 맞게(für das Unrecht) 결심하였다는 점에서 비난받는다. 책임비난의 내적 근거는, 인간은 자유롭고 책임 있는 윤리적인 자기결정을 할 자질을 부여받고 있으며 따라서 법에 맞고 불법에 반하게 결심하고 자기의 행위를 법적 당위의 규범들에 따르게 하고 또 법상 금지되어 있는 것을 회피할 능력을 가지고 있다는 점에 있다. 인간이 자유롭고 책임 있는 윤리적인 자기결정을 함에 있어서 법에 맞고 불법에 반하게 결심하기 위한 전제조건은 법과 불법을 안다는 것이다. 자기가 자유롭게 결심하는 바가 불법이라는 것을 아는 자가, 그럼에도 불구하고 그것을 행한다면, 유책하게 행위하는 것이다. 불법을 행하는 의식을, 개개의 경우에 있어서 책임능력자의 경우에도 금지규범을 모르거나 오해하기 때문에, 결하는 수가 있다. 이러한 금지착오의 경우에도 행위자는 불법에 반하게 결심할 상태에 있지 않는 것이다. 그러나 모든 금지착오가 책임비난을 조각하는 것은 아니다. 불법인식의 결여는 어느 정도까지 막을 수 있는 것이다. 인간은 자유롭고 윤리적인 자기결정을 할 자질을 부여받고 있기 때문에 항상 책임 있는 결심을 함에 있어서 법적 공동체의 일원으로서 적법하게 행위하고 불법을 피하도록 요구되어 있다. 명백히 불법이라고 생각되는 것을 행하지 아니하는 것만으로는 이 의무를 다했다고 볼 수는 없다. 오히려 그가 바야흐로 행하려고 하는 모든 것에 대하여 그것이 법적 당위의 명제에 합치하느냐의 여부를 알도록 해야 한다. 의문이 있으면 숙고하거나 문의해서 그것을 제거해야 한다. 이를 위해서는 양심을 긴장시킬 것이 필요한데, 그 긴장의 정도는 그 경우의 사정과 개인의 생활환경·직업관계(Lebens- und Berufskreis)에 따라 결정된다. 이렇게 하여 그에게 기대되는 양심의 긴장을 했음에도 불구하고 자기의 행위가 불법이라는 것을 알 수 없었을 경우에는, 그 착오는 극복할 수 없었던 것이고 그 행위는 그에게 피할 수 없었던 것이다. 이 경우에는 그에게 책임비난을 가할 수 없다. 이에 반하여 행위자가 양심을 상당히 긴장시켰더라면 자기의 행위가 불법이라는 것을 알 수 있었을 경우에는, 금지착오는 책임을 조각하지 아니한다. 다만 행위자가 상당한 양심의 긴장을 결한 정도에 따라 책임비난이 감경된다.

　위법성의 의식이란 결코 가벌성의 인식도 금지를 포함하는 법률규정의 인식도 아니다. 반면에 있어서 그 의식은, 행위자가 자기의 행위는 윤리적으로 비난받을 만하다는 것을 알고 있는 것으로는 부족하다. 오히려, 법기술적인 판단으로서는 아니지만, 자기의 사유세계(Gedankenwelt)에 상응하는 일반적 평가에 있어서 그 행위의 불법성(das Unrechtmäßige)을 인식하든가 양심을 상당히 긴장시킨다면 인식할 수 있을 것이 필요하다.

형벌법규의 착오는 가벌성을 조각하지 아니한다고 제국법원이 고수해 온 명제는 귀책되지 아니하는 금지착오의 경우에 있어서 행위자에게 책임비난을 가할 수 없음에도 불구하고 처벌하게 하고 이로써 형벌은 책임을 전제로 삼는다는 어길 수 없는 모든 형벌에 관한 원칙에 위반하게 된다.

비형벌법규의 (법률의) 착오를 제59조에 의하여 구성요건적 착오와 동일하게 다루는 것도 책임원칙의 예외 없는 적용을 보장하기에 적당하지 않다. 왜냐하면 행위자가 자기 행위의 불법성을 인식할 수 있었느냐 라는 결정적인 문제에 있어서 착오의 대상은, '비형벌법규적' 규범에 관한 착오가 형벌법규적 규범에 관한 착오보다 쉽게 생긴다는 한(限)에 있어서, 간접적으로 중요성을 가질 따름이기 때문이다. 그 밖에, 이 구별이 논리상 관철될 수 없다는 결점이 있다.

이상의 모든 결점은, 제국법원의 판례를 포기하고서 법관의 법 발견에 의하여, 고의행위를 처벌하는 경우에도 책임원칙의 관철을 보장하고 책임의 본질을 고려하는 법원칙(Rechtssätze)을 밝혀내어서 적용할 것을 촉구한다. 그리하여 금지착오를 다루기 위한, 책임원칙을 전적으로 타당케 하는 새로운 법원칙을 발전시키는 것이 판례의 권한이요 의무라는 것은 전혀 의심의 여지가 없다.

(3) 고의설과 책임설

사실적 고의를 가지고서 그러나 금지착오에 빠져서 행한 행위를 다루기 위하여 학계에서는 두 개의 해결방안이 제안되어 있다.

제1의 해결방안은 고의형(故意刑)의 조건으로서 사실적 고의 이외에 위법성의 의식을 요구한다. 여기에 있어서는 위법성의 의식은 행위사정의 인식과 병존하는 고의의 구성부분의 하나라고 파악된다. 위법성의 의식이 없으면 고의가 조각되고 또 그 결여가 피할 수 없는 경우에는 처벌할 수 없게 되고 그 결여가 피할 수 있는 경우에는 구성요건의 인식이 있음에도 불구하고 과실범의 처벌규정이 있는 때에는 과실범으로 처벌되고 과실범의 처벌규정이 없는 때에는 처벌되지 아니한다.

제2의 해결방안은 고의형(故意刑)을 과하기 위해서는, 행위자가 바야흐로 행하고자 하는 바가 불법이라는 것을 인식할 수 있으면 족하다고 본다. 귀책될 금지착오로 고의범의 구성요건을 실현하는 자는 고의범을 범한 것으로 처벌된다. 그러나 그 착오는 형벌감경사유로 고려될 수 있다. 구성요건의 완전한 인식을 가지고 있지만 귀책되지 아니하는 금지착오로 범죄구성요건을 실현하는 자는 처벌되지 아니한다. 금지착오는, 귀책되지 아니하는 경우에는 책임조각사유가 되고, 귀책될 경우에는 책임감경사유가 될 수 있다. 금지착오는 사실적 고의의 존재를 방해하지 아니한다. 위법성의 의식 내지 그 의식의 가능성은 고의와 개별 독립의 책임요소이다.

양 해결방안은 1919년 이래로 독일형법초안에서 교차적으로 채택되었다. 제1의 방안은 입법자에 의하여 제국세법 및 이제는 효력이 없는 외환법에 채입되었고, 제2의 방안은 1949년의 경제형법 및 1952년의 질서위반법에 채용되었다. 문헌에 있어서는 근년에 제2의 방안이 압도적인 승인을 얻었다. 1945년 이후의 판결에 있어서는 양 방안이 주장되었다.

제1의 해결방안은 위법성의 의식을 고의의 구성부분으로 삼기 때문에 문헌상 '고의설(Vorsatztheorie)'이라는 이름이 붙여졌는데, 이것은 구성요건적 착오와 금지착오와의 구별을 무시할 수 있다는 데에 장점을 가지는 것으로 보인다. 왜냐하면 이것은 양종(兩種)의 착오를 동일하게 제59조에 의하여 다루는데, 이에 따라 '과실의' 금지착오의 경우에는 과실범으로서만 그리고 과실에 의한 행위사정의 오인의 경우와 동일한 범위 내에서만 처벌하기 때문이다. 그러나 이 장점은 중대한 단점에 마주친다. 고의설은 행위자가 구성요건을 실현하는 순간에 불법을 행한다는 것을 알고 있는 때에만 고의형(故意刑)을 과할 수 있다. 그러나 일상생활의 경험이 가르치는 바와 같이, 그 실현 시에 불법의 의식을 결하는 경우가 많다. 많은 그리고 중대한 범죄가 강한 흥분 하에서, 격정 하에서 또는 순간적인 빠른 반동(反動) 하에서 행하여지는데, 이러한 정신상태 하에서 행위자는 평소에 알고 있는 금지가 의식에 떠오르지 아니하는 경우가 종종 있고, 자기의 행위가 불법이냐의 문제를 숙고할 상태에도 별로 놓여 있지 않다. 법관이 고의설의 요구를 진지하게 다루려면, 과실의 구성요건실현을 처벌할 수 없는 한, 그 행위자를 무죄로 해야 한다. 만약 법관이 입법자가 원하지 않는 또 형사정책적으로 견딜 수 없는 이러한 결론을 피하려면, 명백한 심리적 상태와 모순하는 확정 – 행위자는 자기행위의 위법성을 의식하고 있다 - 을 해야 하는데, 이것은 책임의 영역에서 허용될 수 없는 의제(擬制)를 하는 것이다. 마찬가지로 확신범인이나 도의심이 마비된 상습범인은, 그의 법배반적인 근본태도에 의해서 자기행위의 위법성을 의식할 수 없고 따라서 그러한 의제를 할 수 없기 때문에, 고의행위를 이유로 책임을 물을 수 없다.

고의설에 의하여 제안된 해결방안의 또 하나의 단점은, 귀책될 금지착오로 범한 고의범의 처벌이 과실행위를 처벌하는 범죄에 한정된다는 점이다. 고의에 의해서만 범하여질 수 있는 범죄가 대부분을 차지하는 경우에, 이것은 형사정책상 극히 바람직하지 아니하고 또 실질적으로(sachlich) 부당하게(nicht gerechtfertigt) 가벌성을 제한하게 한다. 「귀르트너(Gürtner)」의 초안은 법과실(Rechtsfahrlässigkeit)이라는 일반적 구성요건을 만들어내서 문제가 되는 모든 범죄에게 단일한 법정형(Strafrahmen)을 마련하여 전술한 단점을 구제하려고 했다. 이러한 규정은 구성요건적 착오와 금지착오와의 구별을 필요로 할 것이지만, 이러한 구별을 소용없게 한다는 것이 바로 고의설에 의하여 제안된 해결방안의 중요한 단점일 터인데. 귀책될 금지착오의 경우에 있어서 그 형은 과실범의 법정형으로 정해져야 하므로, 항상 책임의 정도를 충분히 참작할 수가 없다. 책임이 경미한 경우에는 원칙적으로 타당한 형의 양정이 가능하지만, 금지착오는 항상 그렇게 낮은 형이 타당할 정도로 책임을 감경케 하는 것은 아니다. 위법성을 완전히 의식하고서 구성요건을 실현하는 경우의 책임과 동일한 정도일 수도 있고 그것에 가까울 수도 있다. 이러한 때에는 고의범의 법정형의 범위 내의 형이 알맞다.

제2의 해결방안은 고의를 사실적 고의라고 파악하고 위법성의 의식은 고의와 분리된 독립된 책임요소라고 파악하기 때문에 문헌상 '책임설(Schuldtheorie)'이라는 이름이 붙여졌는데, 이것은 귀책되지 아니하는 금지착오의 경우에 처벌하지 아니하는 것은 전설(前說)과 마찬가지이지만, 귀책될 금지착오를 다루는 경우에는 고의설이 제안하는 해결방안에 수반하는 단점을 회피한다. 책임설은 귀책될 금지착오로 행한 고의행위의 처벌을 과실범에 대한 처벌규정의 존재에 의존시키지 아니한다. 따라서 법관은 처벌할 만한 자를 무죄로 할 필요가 없고, 입법자는 법과실이라는 포괄적 구성요건을 만들어 낼 필요가 없을 것이다. 책임설은 법관에게 위법성의 의식을 의제해서 유죄선고(Schuldspruch)의 이유를 붙일 필요 없이 고의행위를 그것이 있는 그대로의 고의행위로서 처벌할 것을 가능케 하고, 따라서 유죄선고는 책임비난과 일치한다. 왜냐하면 비난의 대상은, 귀책될 금지착오로 범한 고의범의 경우에 있어서 의식적으로 구성요건실현에 지향된 위법한 행위의사이며, 이에 반하여 과실범의 경우에는 행위 시에 사회생활상 요구된 주의의 태만일 따름이기 때문이다. 책임설의 해결방안은 더 나아가서, 법관에게 개개의 경우의 사정(Gestaltung)에 따라 금지착오에게 책임감경 작용을 인정할 것을 허용하면서, 형벌을 그때그때의 책임의 정도에 알맞도록 할 것을 가능케 한다. 법맹목성(Rechtsblindheit)의 경우는 – 고의설의 해결방안의 경우와 같이 – 특별한 규정을 만들어서 원칙에 모순하는 예외적 취급을 할 필요가 없다. 이것은 귀책될 금지착오의 일종(eine Spielart)이다. 확신범인의 책임은, 그가 의식적으로 공동체의 가치질서 대신에 자기 자신의 가치질서를 두고서 이 입장에서 개개의 경우에 그릇 평가한다는 데에 있다. 도의심이 마비된 상습범인은 범죄적 행장(犯罪的 行狀, kriminelle Lebensführung)으로 말미암아 윤리적 가치에 의한 감응(感應)가능성을 상실하였고 그리하여 양심을 긴장시킴으로써 불법을 인식할 능력을 상실한 것이다. 그의 책임은 행장(行狀)책임이다.

(4) 책임설의 채택

그리하여 책임설만이, 책임의 본질로부터 – 아무런 법률규정이 없어도 – 필연적으로 생기는 법 명제, 즉 구성요건에 해당하는 위법한 행위의 의식적(意識的)·유의적(有意的) 실현은, 행위자가 이 구성요건실현의 불법을 알거나 그에게 기대되는 양심의 긴장을 했다면 알 수 있었음에도 불구하고 자유로이 그것을 결심한 경우에는, 그에게 책임을 돌릴 수 있으며, 또 금지착오는 피할 수 없는 것인 때에는 책임을 조각하고 피할 수 있는 것인 때에는 책임을 감경케 하지만 사실적 고의를 배제하지 아니한다는 법 명제를 어려움 없이 또 모순 없이 전면적으로 철저히 적용하게 한다. 따라서 책임설의 해결방안이 고의설의 그것에 비하여 보다 낫다. 이 인식이, 입법자로 하여금 책임설을 경제형법과 질서위반법에 채용케 하였고 또 법관으로 하여금 법률규정이 없는 일반형법에 있어서도 책임설을 우위에 두게 함에 틀림없다. 이 법 명제는 책임의 본질로부터 생기고 따라서 일반형법에서 마찬가지로 적용되어야 하기 때문에, 이를 위하여 입법자의 관여를 필요로 하지 아니한다.

V. 위법의식가능성설과 고의설·책임설

종래에 있어서 위법성의 의식이 고의의 성립에 필요하느냐에 관한 학설 대립 하에서

의 '위법의식가능성설'이 오늘날의 고의설과 책임설의 대립 하에서는 어느 쪽에 편입될
것인가는 이론상의 흥미가 있을 뿐 아니라 우리는 이 문제를 분명히 해두어야 할 상황
에 놓여 있는 것으로 본다. 왜냐하면 고의설·책임설의 이름을 처음으로 붙인「벨첼」은
위법의식가능성설을 취하는「메르켈」,「엠·에·마이어」,「프랑크」등을 '광의의 책임설'
에 편입시키고 있음에 반하여[87][88] 우리나라의 황산덕 교수,[89] 일본의 木村 교수,[90] 福田
교수[91] 등은 위법의식가능성설을 '제한 고의설'에 편입시키고 있기 때문이다.

1. 고의설과의 관계

여기서 위법의식가능성설을 어느 쪽에 편입시키는 것이 타당하느냐의 문제를 먼저
고의설과의 관계부터 살펴 나가기로 하겠다.

전술한 바와 같이, 고의설이란 위법성의 의식이 고의의 성립요건이 되고 그 의식이
없으면 바로 고의가 조각된다는 설이다. 그런데 위법의식가능성설은 위법성의 의식이
없어도 바로 고의가 조각되지 아니하므로, 그러한 한에 있어서 가능성설은 일종의 〈고
의설〉이 될 자격을 상실한다고 보아야 옳을 것이다.「메츠거」는 기본적으로 "행위사정
의 인식과 더불어 위법성의 의식이 고의에 속한다"[92]는 입장을 취하므로, 그의 법배반
성의 이론도 일종의, 즉 제한된 〈고의설〉이라는 명칭을 얻게 되는 것이다. 이상으로써
위법의식가능성설을 고의설에 편입시키는 태도는 타당하지 않다고 본다.

2. 책임설과의 관계

그렇다면 위법의식가능성설은 바로 책임설에 편입되는 것인가. 그러나 가능성설이
고의설이 될 자격이 없다고 해서 바로 책임설에 편입된다고 속단할 수는 없다. 여기에

---

87 Welzel, Strafrecht, S. 164.

88 반대로 전술한 바와 같이(주 48)「아르투어 카우프만」은「벨첼」,「베버」를 위법의식가능성설의
    입장으로 보고 있다(Arthur Kaufmann, Unrechtsbewusstsein, S. 32).

89 황산덕,『총론』, 202면.

90 木村,『總論』, 310頁.

91 福田,『總論』, 157頁.

92 Mezger, Strafrecht, I.S. 178.

는 가능성설의 본질을 깊이 통찰할 필요가 있다고 본다.

전술한 바와 같이, 위법의식가능성설에 의하면 위법성의 의식이 없다고 해서 바로 고의가 조각되지 아니하며, 그 의식의 가능성이 있으면 고의가 성립되고 그 가능성이 없는 때에 비로소 고의가 조각된다. 이와 같이 위법성의 의식의 가능성의 유무가 고의의 존부를 결정짓는 것만은 틀림이 없지만, 여기서의 〈고의〉가 어떠한 의미를 가진 고의를 말하느냐를 냉정히 살펴보아야 할 것이다. 그러면 여기서의 고의는 과실과의 한계로서 문제되는 고의가 아니라(위법성의 의식의 가능성이 없어서 고의가 조각되어도, 이어서 과실의 존부문제는 일어나지 않는다), 책임요소로서의 고의(책임)라는 의미의 고의라고 해석하는 것이 타당할 것이다. 그렇다면 위법성의 의식의 가능성의 유무는 바로 고의의 〈책임(비난가능성)〉의 유무를 결정짓는 것이 된다. 이와 같이 위법의식가능성설에 있어서 위법성의 의식은 결국 〈책임〉의 유무에 관련되는 것이 되므로, 고의설과 책임설과의 학설대립 하에서는 책임설에 편입시키는 것이 옳다고 본다.[93]

3. 위법의식가능성설과 책임설

그런데 위법의식가능성설이나 책임설에 있어서 위법의식가능성이 있는 경우에 〈고의의 책임〉이 있다고 보는 점에서는 동일한 결론이 나온다. 이러한 의미에서 양 학설은 같다. 그러나 그 효과의 면에서는 반드시 같지 않다는 점을 주의해야 할 것이다. 즉 가능성설의 입장에서는 위법의식가능성이 있는 경우에 〈고의〉가 있다는 결론밖에 나오지 아니하지만, 책임설의 입장에서는 위법성의 의식은 고의와는 관계없이 〈책임〉의 정도(내지 양(量))의 문제로서 클로즈업되는 것이다. 즉 위법성의 의식이 없는 경우, 즉 금지착오가 있는 경우에, 그 의식의 가능성의 정도에 따라 책임이 감경되고 그 가능성이 없는 때에는 (비난의 가능성이 없게 되어서) 책임도 없게 된다.

---

93 물론 형식적으로 고찰하면 위법의식가능성설은 고의설의 일종으로도 보이겠지만(위법성의식의 가능성의 유무가 〈고의〉의 존부를 결정짓는다는 의미에서), 여기서는 실질적인 고찰이 필요하다.

제 5 장 형법 제16조와 금지착오

Ⅰ. 서 설

형법 제16조는 금지착오에 관하여 규정하고 있는데, 동조의 취지를 살피고 나서 금지착오에 관한 여러 학설이 동조의 취지에 맞게 해석할 수 있느냐를 검토하고, 끝으로 동조와 관련하여 국내학설을 검토해보고자 한다.

Ⅱ. 형법 제16조의 유래와 취지

1. 유 래

(1) 해방 후 형법전의 입법화작업은 군정시대에 발족한 「법제편찬위원회」의 형법분과위원회로부터 시작되었는데, 총칙부(總則部)는 양원일 위원(판사)이 그 요강안(要綱案)을 기초하여 형법분과위원회와 총회에서 검토되었다. 여기서의 「형법기초요강」에 의하여 법률의 착오에 관하여는 "자기의 행위가 법률상 허용된 것이라고 믿음에 대하여 상당한 이유가 있는 때는 그 형을 면제한다"는 규정을 두어서 해석상으로 문제 많던 것을 입법적으로 해결할 예정이었다.[94]

(2) 대한민국의 수립 후에 대통령령 제4호에 의하여 「법전편찬위원회 직제」가 공포되어(1948년 9월 15일) 입법화작업은 동위원회로 계승되었는데, 법전편찬위원회에 제출된 「요강」은 1948년 12월 11일에 통과되었고 김병로 위원장(총칙담당)과 엄상섭 위원(각칙담당)이 기초한 「가안」을 법률안심의위원회(김병로 위원장을 포함하여 7명으로 구성됨)에서 1949년 6월 20일부터 동년 9월 12일까지 전후 13회에 걸쳐 심의하여 「제2가안」을 완성하였고 이것을 법전편찬위원회 총회에서 동년 8월 6일부터 동년 11월 12일까지 전후 11회에 걸쳐 토의한 끝에 「법전편찬위원회 형법초안」이 결정되었다(그 후 엄상섭 위원에 의한 자구와 조문체재에 대한 검토가 있었음).[95] 동 초안은 법률의 착오에 관하여는 제16조에서 "자기의 행위가 법령에 의하여 죄 되지 아니하는 것으로 오인한

---

94 엄상섭, 「형법요강해설(1)」, 법정 1948년 9월호, 18면 이하.

95 서일교 편, 『신형법(부 참고자료)』, 1953년, 75면.

행위는 그 오인에 정당한 이유가 있는 때에 한하여 형을 감경 또는 면제할 수 있다"라고 규정하였다.[96]

(3) 정부를 통하여 국회에 제출된 「형법초안」은 1952년에 법제사법위원회에서 상당한 시일을 두고 검토하여 본회의에 상정되도록 법사위의 수정안까지 작성 완료하였으나 1953년에야 본회의에 상정되어 동년 4월 16일에 형법초안과 법제사법위원회 수정안에 대한 설명이 있었고,[97] 국회 본회의의 심의과정에서 법사위 수정안(상당히 광범위에 걸친)의 거의 전부가 채택 통과되었으며,[98] 드디어 새 형법전은 동년 9월 18일에 법률 제293호로 공포되어 동년 10월 3일부터 시행되었다. 그런데 법률의 착오에 관한 제16조는 법사위 수정안대로 "형을 감경 또는 면제할 수 있다"를 "벌하지 아니한다"로 수정되었다.[99]

2. 취 지

형법 제16조는 "자기의 행위가 법령에 의하여 죄가 되지 아니하는 것으로 오인한 행위는 그 오인에 정당한 이유가 있는 때에 한하여 벌하지 아니한다"라고 규정하고 있다. ① 동조는 금지착오(소위 법률의 착오)에 관한 것이지만, 〈죄가 되지 아니하는 것으로 오인한〉 경우이므로 소위 책임조각사유의 착오의 경우도 포함하는 것으로 본다. ② 동조는 적극적인 〈오인〉의 경우를 규정하고 있지만, 소극적인 〈부지〉의 경우, 즉 죄가 되는 줄 모르는 경우도 포함하는 것으로 해석해야 할 것이다.[100] ③ 「정당한 이유가 있

---

96 「법전편찬위원회 형법초안(1)」, 법정 1950년 4월호, 36면.

97 서일교 편, 『신형법』, 87면 이하.

98 서일교 편, 『신형법』, 「편자의 말」.

99 국회 제2독회에서 엄상섭 법제사법위원장대리는 "법제사법위원회에서는 「형을 감경 또는 면제할 수 있다」를 「벌하지 아니한다」라고 수정했습니다. 여기에 간단히 말씀드리면 형을 감경 또는 면제할 수 있다 하면은 다소간 확실하지 않습니다. 그래서 아주 이런 때에는 벌하지 않는 범위도 넣는 것이 이 형법의 명확성을 유지하는 의미에서 좋습니다. 그래서 법제사법위원회에서 「벌하지 아니한다」로 했습니다"(속기록 초)라고 설명한다(서일교 편, 『신형법』, 107면).

100 대법원은 "(형법 제16조─필자 주)는 단순한 법률의 부지의 경우를 말하는 것이 아니고 일반적으로는 범죄가 되는 행위이지만 자기의 특수한 경우에는 법령에 의하여 허락된 행위로서 죄가 되지 아니한다고 그릇 인정하고 그와 같이 그릇 인정함에 있어서 정당한 이유가 있는 경우에는 벌하지 아니한다는 뜻이다"(1961년 10월 5일 판결, 『대법원형사판례집 Ⅱ』, 어문각, 1964년, 292면)라고 판시한다.

는 때」라 함은 〈비난할 수 없는 때〉(오스트리아형법 9조 1항), 〈피할 수 없는 때〉(서독 형법 17조), 〈용서할 수 있는 때〉(그리스형법 31조 2항), 〈상당한 이유가 있는 때〉(일본 1974년 초안 21조 2항)등과 같은 것으로 본다.[101 · 102 · 103] ④ 「그 오인에 정당한 이유가 있는 때에 〈한하여〉 벌하지 아니한다」라고 규정되어 있다. 이와 같이 금지착오에 관하여는 그 오인에 정당한 이유가 있는 때에 〈한해서만〉 벌하지 않도록 규정되어 있어서,[104] 기타의 금지착오의 경우, 즉 그 오인에 정당한 이유가 없는 경우에 관하여는 〈벌하겠다〉는 것이 본조의 〈취지〉라고 생각한다. 물론 '한하여'가 없이 그냥 "그 오인에 정당한 이유가 있는 때에는 벌하지 아니한다"라고 규정되어 있다면 〈정당한 이유가 없는 때〉에 관하여는 학설 · 판례에 일임되는 것으로 보아야 할 것이다.

Ⅲ. 형법 제16조와 학설

1. 종래의 학설

(1) **위법의식불요설**   이 학설은 고의의 성립에 위법성의 의식을 필요로 하지 아니하는 입장이므로, 위법성의 의식이 없는 데에 (즉 금지착오가 된 때에) 정당한 이유가 없는 경우는 물론이요 정당한 이유가 있는 경우(즉 위법성의 의식의 결여가 불가피한 경우)도 고의가 성립하여 처벌된다. 따라서 전자의 경우에는 제16조의 취지와 합치하지만, 후자의 경우에는 제16조와 불합치하므로, 이 학설은 제16조에 맞게 해석할 수 없다

---

101   또한 1962년의 미국모범형법전 2.04조 3항, 오스트리아

102   "피고인은 국민학교 교장으로서 6학년 자연교과서에 꽃양귀비가 교과내용으로 되어 있고 경남교육위원회에서 꽃양귀비를 포함한 194종의 교재식물을 식재(植栽) 또는 표본으로 비치하여 산 교재로 활용하라는 지시에 의하여 교과식물로 비치하기 위하여 양귀비종자를 사서 교무실 앞 화단에 심(은)… 행위는 죄가 되지 아니하는 것으로 믿었다 할 것이고 이와 같은 오인에는 정당한 이유가 있다고 할 것이다"(대법원 1972년 3월 31일 판결, 이영준 편, 『판례대전』 기본육법편, 1975년, 1166면).

103   〈금지착오의 회피가능성〉에 관하여는 특히 Rudolphi, Unrechtsbewusstsein (4. Kapitel Die Vermeidbarkeit des Verbotsirrtums, S. 193–284) 참조.

104   "범죄성립에 있어서 자기의 행위가 법령상 범죄가 되지 아니한 것이라고 오인한 경우에 있어서의 법률의 착오는 범죄성립에 있어 원칙적으로 하등 소장(消長)이 없다 할 것이나 그 법령을 오인함에 있어서의 정당한 이유가 있다고 인정되는 경우에는 이를 벌할 수 없다 할 것이다"(대법원 1961년 4월 12일 판결, 나길조 편, 『형사판례류집』, 1969년, 87면).

제16조		오인 (위법의식 – 무)	
		정당한 이유 – 무	정당한 이유 – 유(한하여)
		(취지 – 처벌)	〈불처벌〉
① 불요설		처벌 ○	처벌 ×
② 이분설	자연범 – 불필요	처벌 ○	처벌 ×
	법정범 – 필요	○ ※ ×	불처벌 ○
③ 필요설 엄격고의설		〈법과실〉 ※ 처벌규정 – 유(처벌) ○ 처벌규정 – 무(불처벌) ×	불처벌 ○
④ 법과실 준고의설		〈법과실〉 처벌 ○	불처벌 ○
⑤ 가능성설		처벌 ○	불처벌 ○
⑥ 제한고의설		〈법배반성〉 처벌 ○	불처벌 ○
		〈법과실〉 ○ ※ ×	
⑦ 책임설		처벌 ○	불처벌 ○

○ = 16조에 합치, × = 16조에 불합치

(도표 ① 참조).

(2) **이분설** 이 학설은 자연범에 있어서는 위법성의 의식이 필요 없고 법정범에 있어서는 그것이 필요하다는 입장인데, 전자에 있어서는 불요설과 동일한 이유로 또 후자에 있어서는 필요설과 동일한 이유로, 제16조에 맞게 해석할 수 없다(도표 ② 참조).

(3) **위법의식필요설** 이 학설은 고의의 성립에 위법성의 의식이 필요하고, 이것이 없는 때에는 고의는 조각되고 다만 과실이 문제가 된다는 입장이다. 그런데 위법성의 의식의 결여에(즉 금지착오에) 정당한 이유가 있는 경우, 즉 과실이 없는 경우에는 범죄불성립으로 처벌할 수 없으므로, 제16조와 합치한다. 그러나 위법성의 의식의 결여에(즉 금지착오에) 정당한 이유가 없는 경우, 즉 과실이 있는 경우('법의 과실'이라고 부른다)에는 이론상 과실범은 성립하지만, 과실범의 처벌규정이 있는 때에 한하여 처벌될 뿐이요, 그 처벌규정이 없으면 처벌할 수 없으므로 제16조의 취지와 합치하지 아니한다. 이와 같이, 이 학설은 제16조의 취지와 동조(同條)에 맞게 해석할 수 없다(도표 ③ 참조).

(4) **법과실 준고의설**　이 학설은 고의의 성립에 위법성의 의식을 필요로 하되, 법의 과실이 있는 경우, 즉 위법성의 의식의 결여(금지착오)에 정당한 이유가 없는 경우에는 고의와 동일하게 처벌하는 입장인데, 이 경우에 처벌되므로 제16조의 취지와 합치한다. 또 법의 과실이 없는 경우, 즉 위법성의 의식의 결여에 정당한 이유가 있는 경우에는, 범죄불성립으로 처벌되지 아니하므로 또한 제16조와 합치한다. 이와 같이, 이 학설은 제16조와 그 취지에 맞게 해석할 수 있다(도표 ④ 참조).

(5) **위법의식가능성설**　이 학설은 고의의 성립에 위법성의 의식의 가능성으로 족하다는 입장이다. 그래서 위법성의 의식이 현실적으로 없어도 그 가능성이 있는 경우, 즉 위법성의 의식의 결여(금지착오)에 정당한 이유가 없는 경우에는 고의가 성립되어 처벌되므로 제16조의 취지와 합치하고, 위법성의 의식의 가능성이 없는 경우, 즉 그 의식의 결여에 정당한 이유가 있는 경우에는 고의가 성립되지 않을 뿐 아니라 과실성립의 여지도 없어서 처벌되지 아니하므로 제16조와 합치한다. 이와 같이, 이 학설은 제16조의 취지와 동조에 맞게 해석할 수 있다(도표 ⑤ 참조).

이상 살펴본 바와 같이, 법과실 준고의설과 위법의식가능성설이 제16조와 그의 취지에 맞게 해석할 수 있다.

2. 고의설과 책임설

(1) **엄격고의설**　이 학설은 위법의식 필요설과 동일하며, 소위 '부당한 처벌의 흠결'의 범위 내에서 제16조의 취지와 불합치하므로, 동조의 취지에 맞게 해석할 수 없다(도표 ③ 참조).

(2) **제한고의설**　이 학설은 고의의 성립에 위법성의 의식이 필요하다고 보되, 위법성의 의식이 없어도 〈법배반성〉이 있는 경우에는 고의범과 같이 처벌하자는 입장이다. 따라서 위법성의 의식이 없어도 〈법배반성〉이 있는 경우(정당한 이유가 없는 경우이다)는, 고의범과 같이 처벌되므로 제16조의 취지와 합치한다. 그러나 위법성의 의식이 없는 경우에 있어서 법배반성은 없으나 〈법의 과실〉이 인정되는 때(역시 정당한 이유가 없는 경우이다)에는 '부당한 처벌의 흠결'의 범위 내에서 제16조의 취지와 불합치한다. 물론 과실이 없는 경우, 즉 정당한 이유가 있는 경우에는, 범죄불성립으로 벌하지 아니하므로, 제16조와 합치한다. 따라서 이 학설은 제16조의 취지에 맞게 해석할 수 없

다(도표 ⑥ 참조).

　(3) **책임설**　이 학설은 위법성의 의식을 고의와 독립된 책임요소라고 보는 입장이다. 그런데 위법성의 의식의 흠결(금지착오)이 회피가능한 경우, 즉 정당한 이유가 없는 경우에는, 책임이 감경될 뿐이므로 처벌되고 따라서 이 경우에 제16조의 취지와 합치한다. 또한 그 흠결이 회피불가능한 경우, 즉 정당한 이유가 있는 경우에는, 책임(비난가능성)이 조각되므로 처벌되지 아니하고, 따라서 이 경우에도 제16조와 합치한다. 이와 같이, 이 학설은 제16조의 취지와 동조에 맞게 해석할 수 있다(도표 ⑦ 참조).

　이상 살펴 본 바와 같이, 책임설이 제16조의 취지와 동조에 맞게 해석할 수 있다.

Ⅳ. 국내학설의 검토

1. 정영석 교수의 견해

　"고의의 성립에는 행위자가 단순히 범죄사실을 인식할 뿐만 아니라 그 사실에 속하는 위법성을 인식함을 요한다"[105]라는 위법의식필요설의 입장인 정영석 교수는 "본 규정(제16조–필자 주)은 단지 형식적인 개개의 형벌법규(특히 행정적 형벌법규)의 부지로 자기의 행위가 죄가 되지 아니한다고 믿었더라도, 원칙적으로 책임이 조각되지 않고 범죄가 성립한다는 극히 당연한 취지의 규정이고, 다만 예외적으로 그 오인에 정당한 이유가 있는 때 …는 책임이 조각되어 처벌하지 아니한다고 한다"[106]라고 논술한다. 그런데 이 논지로 보아서 〈원칙적인 경우〉, 즉 그 오인에 정당한 이유가 없는 경우에는 책임이 조각되지 않고 범죄가 성립한다는, "따라서 처벌된다"는 극히 당연한 취지의 규정으로 이해하는 것 같은데, 이러한 논지에는 찬성이지만 위법의식필요설의 입장에서는 그 경우에 있어서 즉 법과실의 경우에 있어서의 〈처벌의 흠결〉을 어떻게 해석할 것인지 의문이다(전술 Ⅲ. 1. (3) 참조). 그리고 "실제에 있어서 위법성의 인식이 문제로 되는 것은 법정범(행정범)의 경우이다. 왜냐하면 자연범(형사범)에 있어서는 범죄사실을 오인하면 이를 금지하는 법률의 존재를 알지 못하였더라도 보통 그 위법성을 인식하

105　정영석, 『형법총론(제3전정판)』, 1973년, 169면.

106　정영석, 『총론』, 190면.

기 때문이다"[107]라고 주장하지만, 위법의식필요설의 입장은 그 〈보통〉의 경우가 아닌 때가 문제라고 본다.

2. 남흥우 교수의 견해

위법인식가능성설의 입장인[108] 남흥우 교수는 "요약한다면 형법 제16조는 범죄사실을 인식하였으나 그 위법성을 인식하지 못한 경우에 그 불인식이 행위자의 과실에 기인하지 않았을 때에는 책임이 조각되나 만일에 그것이 행위자의 부주의에 인한 것이라면 고의범과 동일하게 취급해야 할 것이라는 상기 (라)설 위법인식가능성설에 따라 이해하여야 할 것이다"[109]라고 주장하는데, 이 학설의 입장에서 제16조를 그 취지에 맞게 해석할 수 있다는 점은 전술하였다(Ⅲ. 1. (5) 참조). 다만, 위법인식가능성설이란 위법성의 인식이 현실적으로 없더라도 그 가능성이 있는 한 '고의'(책임요소로서의)가 성립한다는 설인 줄 이해하는데,[110] "과실로 인한 법의 착오는 책임이 조각될 수가 없고, 고의범과 동일한 책임을 지게 되는 것이다",[111] "그것(위법성의 불인식—필자 주)이 행위자의 부주의에 인한 것이라면 고의범과 동일하게 취급해야 할 것이다"[112]라는 표현은 위법인식가능성이 있는 경우가 고의범과는 별개의 일종의 과실범의 경우 같은 인상을 갖게 한다. 위법인식가능성설이 비판받는 바가 바로 고의에 과실적 요소를 혼합한다는 데에 있으므로, 〈위법인식가능성〉을 과실과 통하게 할 것이 아니라 바로 책임요소로서의 고의와 통하게 하는 것이 타당할 것이다.

3. 황산덕 교수의 견해

책임설의 입장인[113] 황산덕 교수는 "금지착오에 관한 형법 제16조의 규정은 책임설에

---

107 정영석, 『총론』, 191면.
108 남흥우, 『형법총론(개정판)』, 1975년, 192면.
109 남흥우, 『총론』, 193면.
110 남흥우, 『총론』, 191면 이하.
111 남흥우, 『총론』, 193면.
112 남흥우, 『총론』, 동면.
113 황산덕, 『총론』, 206면.

의하지 않고는 설명될 수가 없는 것이다"[114]라고 주장하는데, 전술한 바와 같이 책임설의 입장에서 제16조를 그 취지에 맞게 해석할 수 있지만(Ⅲ. 2. (3) 참조), 그 이외에도 황교수가 제한고의설에 소속케 한 법과실준고의설·위법의식가능성설[115]의 입장에서도 역시 제16조를 그 취지에 맞게 해석할 수 있다(전술 Ⅲ. 1. (4), (5) 참조)는 점을 유의해야 할 것이다.

4. 유기천 교수의 견해

유기천 교수는 (ⅰ) "현행법의 규정이 가능성설의 입장에서 입법된 것이므로, 형법 제16조의 해석에 있어서도 가능성설에 의존하는 것이 해석론과 입법론을 준별(峻別)하는 입장에서 정당하다"[116]라고 주장하는데, 전술한 바와 같이 가능성설의 입장에서 제16조를 그 취지에 맞게 해석할 수는 있으나 동조가 가능성설의 입장에서 입법화되었다고는 볼 수가 없다.[117] 그리고 (ⅱ) "위법성의 인식에 관하여 고의설과 책임설이 대립되어 있음은 입법론상 흥미 있는 일이지만, 해석론에서는 논할 바가 아니다. 과실로 인하여 위법성의 인식이 없는 경우를 과실범으로 벌할 것인가(고의설의 입장) 혹은 고의범으로 책임을 감경시킬 것인가(책임설의 입장)는 형법 제16조의 해석론으로는 무의미하다"[118]라고 논술하는데, 전술한 바와 같이 고의설의 입장은 제16조를 그 취지에 맞게 해석하지 못한다고 보지만(Ⅲ. 2. (1), (2) 참조) 책임설은 그 취지에 맞게 해석할 수 있는 것이다(Ⅲ. 2. (3) 참조). 계속해서 "형법 제16조를 정당하게 해석하려면 위법성의 인식이 불가능했으면 책임이 조각되고, 위법성 인식의 결여가 과실로 인한 때에는, 고의범으로 처벌한다고 보아야 한다. 다만 형량에 있어서 책임을 감경하려고 할 때에는 형법

---

114 황산덕, 『총론』, 동면. 황박사는「형법 제16조에 있어서의 〈정당한 이유〉」(서울대학교 법학 제 1권 제1호, 1959년)에서 "형법 제16조의 해석의 문제는 책임설의 입장에서만 완전히 해결될 수가 있다"(100면)라고 주장한 이래로, 계속하여 이 견해를 고수하고 있다.

115 황산덕, 『총론』, 202면.

116 유기천, 『총론』, 217면.

117 만약 가능성설을 입법화한다면「위법의식가능성이 있는 때(「오인에 정당한 이유가 〈없는〉 때」에 해당한다)에도 고의가 성립한다」라고 규정해야 할 것이지만, 형법 제16조는「오인에 정당한 이유가 〈있는〉 때」에 관하여 규정하고 있다.

118 유기천, 『총론』, 219면.

제53조에 의하여 감경할 수가 있을 뿐이다"[119]라고 주장하는데, 〈책임설〉에 의해서도 오인에 정당한 이유가 있는 경우(즉 위법성의 의식가능성이 없는 경우, 환언하면 착오가 불가피한 경우)에는 비난가능성, 즉 책임이 없게 되고 오인에 정당한 이유가 없는 경우(즉 위법성의 의식가능성이 있는 경우, 환언하면 착오가 회피가능한 경우)에는 비난가능하고 따라서 고의범으로 처벌되는 것이며 이 경우에 책임을 감경하려면 제53조를 적용하면 된다. 이와 같이 책임설이 제16조의 해석론으로서 무의미하다는 주장은 타당하지 않다고 본다. 또한 '위법성의 인식'을 고의와 별개·독립의 〈비난가능성의 규범적 요소〉로 파악하는 유박사의 입장[120]이야말로 〈책임설〉에 속한다고 본다. 또한 (iii) "고의설과 책임설은 위법성의 인식을 정당한 이유 하에서 가지지 못하였을 때는 그 비난가능성이 소멸된다고 보는 점에서는 일치한다. 그러나 위법성의 불인식이 과실에 의할 때에 그 책임의 감경을 과실범의 일종으로 벌할 것인가 혹은 고의범의 일종으로 벌할 것인가에 그 형식상의 차이가 있을 따름이다. 과실범이나 고의범에 대한 형벌의 종류가 반드시 준별되어 있지 않는 형법의 입장에서는, 결국 양자의 차이는 양적 차이(예컨대 징역의 연한(年限)의 차이)밖에 없다고 보지 않을 수 없다"[121]라고 주장하는데, 과실범으로 벌할 것인가 고의범으로 벌할 것인가가 형식상의 차이요 양적인 차이 밖에 없다는 것은 이해하기 곤란하다. 왜냐하면, 고의설에 의하면 법과실의 경우에 과실범의 처벌법규가 없는 한(그 처벌법규는 얼마 없음) 처벌할 수 없음(이 점에서 부당한 처벌의 흠결이 생긴다고 하여 고의설의 결정적인 결점으로 지적되고 있음)에 반하여 책임설에 의하면 책임을 감경하여, 즉 형을 감경하여 고의범으로 처벌할 수 있으므로, 양자 사이에는 실질적인 차이가 있기 때문이다. 끝으로 (iv) 「메츠거」는 소위 제한된 고의설을 주장하여, 가령 사실로서 위법성의 인식은 없었다 하여도 그 행위가 법률질서에 배반한 성격의 표현이라고 볼 수 있는 한 위법성의 인식이 있는 경우와 같이 처벌할 것이라고 하며, 법배반의 이론을 전개함으로써, 「벨첼」의 소위 엄격책임설과 대립하게 되었다. 엄격책임설은 위법성의 인식이 가능하다고 인정된 경우에 한하여 위법성의 인식이 있는 경우와 동일하게 볼 것이라고 하는 회피가능성설로 발전하게 되었다. 이에 따라 양자의 차

---

119 유기천, 『총론』, 219면 이하.

120 유기천, 『총론』, 219면 참조.

121 유기천, 『총론』, 220면 이하.

이는 오직 〈법률배반성〉이란 말과 '회피가능성'이란 말의 어의적인 문제에 불과하게 되고 말았다"[122]라고 주장하는데, 여기에는 〈법배반성의 이론〉에 대한 오해가 있지 않을까 생각한다. 왜냐하면 엄격책임설에 의하면 모든 '회피가능한' 금지착오의 경우가 고의범으로 처벌되지만, 제한고의설에 의하면 법배반성만이 고의와 동치되고 기타에 있어서 단순히 「회피가능한」 경우는 과실에 속하게 되기 때문이다.[123]

제6장 결 론

　이상 살펴본 바와 같이, 금지착오에 관한 요즈음의 학설대립인 〈고의설과 책임설〉에 관하여는 법철학적 관련 하에서 답책윤리를 배경으로 삼고 또 형사정책적 고찰 하에서 귀책될 금지착오의 정도에 따라 책임을 지울 수 있는 '책임설'이 타당하다는 것이 밝혀졌으며 또한 종래의 학설대립 하의 〈위법의식가능성설〉은 고의설과 책임설의 대립 하에서는 위법성의식의 가능성의 유무가 고의의 '책임(비난가능성)'의 유무를 결정짓는다는 뜻에서 '책임설'에 편입시키는 것이 타당하다고 밝혔다.

　그리고 금지착오에 관한 형법 제16조는 「오인에 정당한 이유가 있는 때에 한하여 벌하지 아니한다」라고 규정하는데, 여기서 〈한하여〉라는 표현이 있음으로써, 동조를 「오인에 정당한 이유가 없는 때에는 벌한다」라는 취지로 보는 것이 타당하겠고 또 이 취지에 맞게 해석할 수 있는 학설은 법과실준고의설, 위법의식가능성설 그리고 책임설이라는 것을 밝혔다. 그런데 '법과실준고의설'은 법과실을 고의에 준하게 함으로써 이론체계 상의 혼란을 초래함으로 타당치 않다. 그리고 '위법의식가능성설'은 그 의식의 가능성이 있다고 인정되는 경우, 즉 회피가능한 금지착오의 경우에 〈고의〉가 있다는 결론 밖에 나오지 아니하나, '책임설'에 의하면 이 경우에 고의범으로서 〈책임〉이 감경될 수 있는 이론적 뒷받침까지 한다는 의미에서 보다 낫다고 본다. 또한 형법 제16조는 책임설에 의하지 않고는 설명될 수 없는 것도 아니고 또 책임설이 동조의 해석론으로서 무의미한 것도 아니라는 점을 유의해야 할 것이다.

---

122 유기천, 『총론』, 221면.

123 Mezger, Moderne Wege, S. 46 f. 참조.

물론 금지착오의 문제로서는 위법성의 의식 자체의 문제, 위법성조각사유(정당화사유)의 착오의 문제, 금지착오의 회피가능성의 문제(이것은 오인에 정당한 이유가 있는 경우의 문제와 관련한다) 등이 남아 있으나, 앞으로의 연구과제로 삼으려고 한다.

[추 가 ①] 〈위법성의 착오〉에로의 명칭의 변경[124]

1. 위법성의 착오의 의의

위법성의 착오란 구성요건의 실현을 완전히 알고 있는 경우(따라서 구성요건적 고의가 있는 경우)에 있어서의 행위의 위법성에 관한 착오를 말한다. 「위법성에 관한 착오는 구성요건 해당행위가 금지되어 있다는 것에 관련한다. 행위자는 그가 무엇을 하는가는 알고 있으나, 그것이 허용되는 것으로 잘못 알고 있는 것이다」. 그런데 위법성의 착오는 위법한 행위를 하는 행위자가 그 행위에 관하여 위법하지 않는 것으로 적극적으로 오인하는 경우(위법성의 오인)뿐 아니라, 위법하다는 것을 모르는 경우(위법성의 부지)도 포함하며, 그 결과 행위자는 자기 행위의 〈위법성의 의식〉을 결하는 경우이다.

2. 위법성의 착오와 구성요건의 착오

종래의 형법학에 있어서의 '착오론'은 〈사실의 착오〉(error facti, Tatsachenirrtum)와 〈법률의 착오〉(error iuris, Rechtsirrtum)로 나누어서 착오의 문제를 다루어 왔다. 그런데 이러한 구별은 그 착오가 사실에 관한 것이냐 법률에 관한 것이냐에 따라서 구별하는 것 같이 보이기 때문에(실제로 독일의 제국법원은 이러한 구별법에 따랐지만), 요즈음에 독일에서는 구성요건의 착오(Tatbestandsirrtum)와 금지의 착오(Verbotsirrtum)와의 구별이 일반화되고 있으며, 연방법원도 1952년 3월 18일의 형사연합부 결정에서 이 분류를 채용하였다. 〈구성요건의 착오〉는 법정 구성요건의 객관적인 행위사정(그것이 사실적·기술적인 것이든 규범적인 것이든)에 관한 착오임에 대하여, 〈금지의 착오〉는 행위의 위법성에 관한 착오이다. 이와 같이 양 착오는 〈사실 대 법률〉이 아니라, 〈구성요건 대 위법성〉의 대립관계에서 파악하는 것이 타당하다고 생각하며, 이러한 의미에서

---

124 김종원, 「위법성의 착오」, 고시연구 1996년 2월호, 14면 이하.

한 걸음 더 나아가서 후자인 금지의 착오를 〈위법성의 착오〉라고 표현하는 편이 보다
알기 쉬울 것이다.

[추 가 ②] 위법의식가능성설 · 책임설의 그림[125]

위법의식가능성설과 책임설의 관계를 그림으로 나타내면 다음 그림과 같이 된다. 여
기서 〈위법성의 의식〉이 책임의 문제이고 그 의식의 가능성이 있으면 비난가능성, 즉
책임이 있다는 점에서는 〈공통된다〉는 것을 쉽게 알 수 있을 것이다. 다만 구성요건적
사실의 인식 · 인용(고의)이 위법의식가능성(책임)에 붙으면 위법의식가능성설이 되고
그것이 떨어지면 책임설이 된다고 본다.

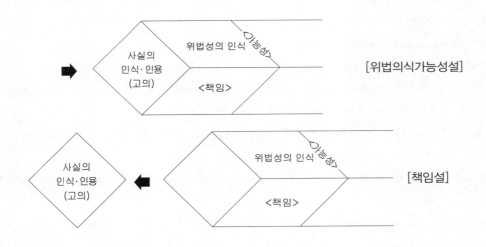

[추 가 ③] 스위스의 신형법총칙

2002년 12월 13일에 스위스 연방 의회는 〈형법 총칙〉을 전면 개정하는 「형법개정안」
을 채택하였는데, 신형법총칙은 국민투표를 거쳐 2007년 1월 1일부터 시행되었다.

---

125 김종원, 「위법성의 착오」, 22면 이하.

신총칙 제21조를 보면, 〈표제〉가 '법률의 착오(Rechtsirrtum)'로부터 '위법성의 착오 (Irrtum über die Rechtswidrigkeit)'로 바뀌었고, 「범행 시에 자기가 위법한 행위를 한다는 것을 알지 못했고 또 알 수 없었던 자는 책임없이 행위한 것이다. 이 착오를 피할 수 있었던 경우에는, 법원은 그 형을 감경한다」라고 규정한다.

〈 박사학위논문의 참고문헌 〉

[독일 문헌]

Baumann, Jürgen: Strafrecht, Allgemeiner Teil, 5. Auflage, Bielefeld 1968.

Bindokat, Heinrich: Bewusstsein der Rechtswidrigkeit, in: NJW 1962, S. 185~187.

Bindokat, Heinz: Irrungen und Wirrungen in der Rechtsprechung über den Verbotsirrtum, in: JZ 1953, S. 748~751.

Bockelmann, Paul: Strafrecht, Allgemeiner Teil, München 1973.

Busch, Richard: Moderne Wandlungen der Verbrechenslehre, Tübingen 1949.

_____: Über die Abgrenzung von Tatbestands- und Verotsirrum, in: Festschrift für Edmund Mezger, München-Berlin 1954, S. 165~181.

Dreher, Eduard: Der Irrtum über Rechtfertigungsgründe, in: Festschrift für Ernst Heinitz, Berlin 1972, S. 207~228.

Engisch, Karl: Tatbestandsirrtum und Verbotsirrtum bei Rechtfertigungsgründen, in: ZStW Bd. 70(1958), S. 566~615.

Hardwig, Werner: Pflichtirrtum, Vorsatz und Fahrlässigkeit, in: ZStW Bd. 78(1966), S. 1~29.

Hartung, Fritz: Irrtum über "negative Tatumstände," in: NJW 1951, S. 209~213.

_____: Noch einmal: "Irrtum über negative Tatumstände", in NJW 1951, S. 390.

_____: Die Entscheidung des Bundesgerichtshofes zur Frage des Verbotsirrtums, in: NJW 1952, S. 761~765.

Hirsch, Hans-Joachim: Die Lehre von den negativen Tatbestandsmerkmalen (Der Irrtum über einen Rechtfertigungsgrund), Bonn 1960.

Honig, Richard M.: Entwurf eines Strafgesetzbuches für die Vereinigten Staaten von Amerika (Model Penal Code), in: ZStW Bd. 75 (1963), S. 63~97.

Horn, Eckard: Verbotsirrtum und Vorwerfbarkeit (Eine systematische Grundlagenanalyse der

Schuldtheorie), Berlin 1969.

Jescheck, Hans─Heinrich: Lehrbuch des Strafrechts, Allgemeiner Teil, 2. Auflage, Berlin 1972.

Karanikas, D.: Das Griechische Strafgesetzbuch, Berlin 1953.

Kaufmann, Armin: Schuldfähigkeit und Verbotsirrtum, in: Festschrift für Eberhard Schmidt, Göttingen 1961, S. 319~332.

_____: Die Dogmatik im Alternativ─Entwurf, in: ZStW Bd. 80(1968), S. 34~53.

Kaufmann, Arthur: Das Unrechtsbewusstsein in der Schuldlehre des Strafrechts, Mainz 1949.

_____: Tatbestand, Rechtfertigungsgrund und Irrtum, in: JZ 1956, S. 353~358 und 393~395 [in: Schuld und Strafe, Köln─Berlin─Bonn─München 1966, S. 122~145].

_____: Die Irrtumsregelung im Strafgesetz─Entwurf 1962, in: ZStW Bd. 76(1964), S. 543~581.

Lang─Hinrichsen, Dietrich: Zur Problematik der Lehre von Tatbestands─ und Verbotsirrtum, in: JR 1952, S. 184~192.

_____: Tatbestandslehre und Verbotsirrtum, in: JR 1952, S. 302~307 und 356~358.

_____: Die irrtümliche Annahme eines Rechtfertigungsgrundes in der Rechtsprechung des Bundesgerichtshofes, in: JZ 1953, S. 362~367.

_____: Die kriminalpolitischen Aufgaben der Strafrechtsreform (Verhandlungen des dreiundvierzigsten Deutschen Juristentages, München 1960, Bd. 1 (Gutachten), 3. Teil B, Tübingen 1960.

Leipziger Kommentar: Strafgesetzbuch, Erster Band, 8. Auflage, Berlin 1957.

Mangakis, Georgios Antoniou: Das Unrechtsbewusstsein in der strafrechtlichen Schuldlehre nach deutschem und griechischem Recht, Bonn 1954.

Maurach, Reinhart: Deutsches Strafrecht, Allgemeiner Teil, 4. Auflage, Karlsruhe 1971.

_____: Das Unrechtsbewusstsein zwischen Kriminalpolitik und Strafrechtsdogmatik, in: Festschrift für Eberhard Schmidt, Göttingen 1961, S. 301~318.

Mayer, Hellmuth: Strafrecht, Allgemeiner Teil, Stuttgart─Berlin─Köln─Mainz 1967.

_____: Der Bundesgerichtshof über das Bewusstsein der Rechtswidrigkeit, in: MDR 1952, S. 392~394.

Mezger, Edmund: Strafrecht I, Allgemeiner Teil, 8. Auflage, München─Berlin 1958.

_____: Moderne Wege der Strafrechtsdogmatik, Berlin─München 1950.

_____: Unrechtsbewusstsein im Strafrecht, in: NJW 1951, S. 500~503.

Mezger─Blei: Strafrecht I, Allgemeiner Teil, 15. Auflage, München 1973.

Müller, Fritz: Die Problematik der Rechtsblindheit oder Rechtsfeindschaft im Sinne der eingeschränkten Vorsatztheorie, Diss., Hamburg 1966.

Nowakowski, Friedrich: Zur Frage des Unrechtsbewusstsein, in: ZStW Bd. 63(1951), S. 332~349.

_____: Rechtsfeindlichkeit, Schuld, Vorsatz, in: ZStW Bd. 65(1953), S. 379~402.

Philippides, Telemachos: Das griechische Strafgesetzbuch von 1. 1. 1951, in: ZStW Bd. 69(1957), 580~590.

Roxin, Claus: Die Behandlung des Irrtums im Entwurf 1962, in: ZStW Bd. 76(1964), S. 582~618.

Roxin–Stree–Zipf–Jung: Einführung in das neue Strafrecht, München 1974.

Rudolphi, Hans–Joachim: Unrechtsbewusstsein, Verbotsirrtum und Vermeidbarkeit des Verbotsirrtums, Göttingen 1969.

Rudolphi–Horn–Samson–Schreiber: Systematischer Kommentar zum Strafgesetzbuch, Bd. 1, Allgemeiner Teil, Frankfurt 1975.

Sauer, Wilhelm: Allgemeine Strafrechtslehre, 3. Auflage, Berlin 1955.

Schmidhäuser, Eberhard: Strafrecht, Allgemeiner Teil, Tübingen 1970.

_____: Über Aktualität und Potentialität des Unrechtsbewusstseins, in: Festschrift für Hellmuth Mayer, Berlin 1966, S. 317~338.

Schönke–Schröder: Strafgesetzbuch, Kommentar, 12. Auflage, München–Berlin 1965.

Schröder, Horst: Vorsatz und Schuld, in: MDR 1950, S. 646~650.

_____: Tatbestands– und Verbotsirrtum, in: MDR 1951, S. 387~390.

_____: Die Irrtum über Rechtfertigungsgründe nach dem BGH, in: MDR 1953, S. 70~73.

_____: Die Irrtumsrechtsprechung des BGH, in: ZStW Bd. 65(1953) S. 178~209.

Stratenwerth, Günter: Strafrecht, allgemeiner Teil Ⅰ, Die Straftat, Köln–Berlin–Bonn–München 1971.

Warda, Günter: Tatbestandsbezogenes Unrechtsbewusstsein, in: NJW 1953, S. 1052~1054.

_____: Zur gesetzlichen Regelung des vermeidbaren Verbotsirrtums, in: ZStW Bd. 71(1959) S. 252~280.

_____: Schuld und Strafe beim Handeln mit bedingtem Unrechtsbewusstsein, in: Festschrift für Hans Welzel, Berlin–New York 1974, S. 499~532.

Weber, Helmuth: Grundriss des Deutschen Strafrechts, 2. Auflage, Bonn 1948.

Weber, Max: Der Beruf zur Politik, in: Soziologie–Universalgeschitliche Analysen–Politik, Stuttgart 1973, S. 167~185.

Welzel, Hans: Das Deutsche Strafrecht, 11. Auflage, Berlin 1969.

_____ : Der Irrtum über die Rechtswidrigkeit des Handelns, in : SJZ 1948, S. 368~372.

_____ : Schuld und Bewusstsein der Rechtswidrigkeit, in : MDR 1951, S. 65~67.

_____ : Nochmals der Verbotsirrtum, in : NJW 1951, S. 577~579.

_____ : Anmerkung zu BGHSt. 2, S. 194ff., in : JZ 1952, S. 340~344.

_____ : Der Irrtum über einen Rechtfertigungsgrund, in : NJW 1952, S. 564~566.

_____ : Zur Abgrenzung des Tatbestandsirrtums vom Verbotsirrtum, in : MDR 1952, S. 584~590.

_____ : Arten des Verbotsirrtums, in : JZ 1953, S. 266~268.

_____ : Aktuelle Strafrechtsprobleme im Rahmen der finalen Handlungslehre, Karlsrehe 1953.

_____ : Die Regelung von Vosatz und Irrtum im Strafrecht als legislatorisches Problem, in : ZStW Bd. 67(1955) S. 196~228.

Wessels, Johannes : Strafrecht, Allgemeiner Teil, 4. Auflage, Karlsruhe, 1974.

Beschluss von 18. 3. 1952, BGH, Grosser Senat für Strafsachen, in : JZ 1952, S. 335~340.

Strafrecht (Höchstrichterliche Rechtsprechung), ausgewählt und bearbeitet von Heinrich Wiesen, Berlin–Frankfurt 1966.

Strafrecht, Allgemeiner Teil, ESJ (=Entscheidungssammlung für junge Juristen), ausgewählte Entscheidungen mit erläuternden Anmerkungen won Claus Roxin, München 1973.

Gustav Radbruchs Entwurf eines Allgemeinen Deutschen Strafgesetzbuches, Tübingen 1952.

Entwurf eines Strafgesetzbuches(StGB) E 1962 mit Begründung, Bundesratsvorlage, Bonn 1962.

Alternativ–Entwurf eines Strafgesetzbuches, Allgemeiner Teil, vorgelegt von Jürgen Baumann u.a., Tübingen 1966 ; 2 Auflage, 1969.

– 약 어 –

JR=Juristische Rundschau

JZ=Juristen Zeitung

MDR=Monatsschrift für Deutsches Recht

SJZ=Süddeutschen Juristen–Zeitung

ZStW=Zeitschrift für die gesamte Strafrechtswissenschaft

[스위스 문헌]

Furger, Jürg : Unrechtsbewusstsein, Bewusstsein der Rechtswidrigkeit, Rechtsirrtum(ein Beitrag zur

Schuldlehre des Strafrechts), Zürich 1958.

Germann, O.A.: Schweizerisches Strafgesetzbuch, 9. Auflage, Zürich 1972.

Oehen, Ferdinand: Die Entwicklung der strafrechtlichen Schuldlehre in der schweizerischen Literatur seit 1890, Hochdorf 1960.

[오스트리아 문헌]

Nowakowski, Friedrich: Das österreichische Strafrecht in seinen Grundzügen, Graz–Wien–Köln 1955.

Entwurf eines Strafgesetzbuches samt Erläuterungen, Allgemeiner Teil, Bundesministerium für Justiz 1964.

[영국 문헌]

Carvell–Green: Criminal Law and Procedure, Sweet–Maxwell 1970.

Cross–Jones: An Introduction to Criminal Law, 6th edition, Butterworths 1968.

Kennys Outlines of Criminal Law, 18th edition, edited by J. W. Cecil Turner, Cambridge Univ. Press 1962 (1964).

Smith–Hogan: Criminal Law, 3rd edition, Butterworths 1973.

[미국 문헌]

Clark–Marshall: A Treatise on the Law of Crimes, 5th edition by James J. Kearney, Callaghan–Co. 1952.

Hall, Jerome: General Principles of Criminal Law, Bobbs–Merril Co. 1947.

LaFave–Scott: Handbook on Criminal Law, West Publishing Co. 1972.

Wechsler, Herbert: On Culpability and Crime–The Treatment of Mens Rea in the Model Penal Code, in: The Annals of The American Academy of Political and Social Science, Vol. 339, January 1962, p. 24~41.

[일본 문헌]

阿部純二:「法律の錯誤に關する故意說と責任說」法學 第20卷 (1956年) 357~390頁 東北大學法學會.

_____:「西ドイツ新刑法總則における禁止の錯誤」(植松博士還曆祝賀『刑法と科學(法律編)』有斐閣 1971年 297~319頁).

植松 正:『刑法總論』靑林書院 1957年.

大塚 仁:『刑法槪說(總論)』有斐閣 1963年.

小野淸一郎:『新訂 刑法講義總論』有斐閣 1949年.

吉川經夫:『改訂 刑法總論』法律文化社 1972年.

木村龜二:『刑法總論』有斐閣 1959年.

_____:「故意と法律の錯誤(草案 第20條 第2項)」(『刑法改正と世界思潮』日本評論社 1965
　　　　年 131~146頁).

_____:『犯罪論の新構造(上)』有斐閣 1966年.

草野豹一郎:『刑法總則講義(第1分冊)』勁草書房 1951年.

佐藤勳平:「刑法全頁改正に關する法制審議會答申について」法律のひろば 1974年 7月號 帝國
　　　　地方行政學會 4~18頁.

佐伯千仞:『刑法講義(總論)』有斐閣 1972年.

瀧川幸辰:『改訂 犯罪論序說』有斐閣 1947年.

團藤重光:『刑法綱要總論(增補)』創文社 1972年.

內藤 謙:『刑法改正と犯罪論(上)』有斐閣 1974年.

中 義勝:『刑法總論』有斐閣 1971年.

_____:『輓近錯誤理論の問題點』法律文化社 1958年.

_____:『誤想防衛論』有斐閣 1971年.

平野龍一:『刑法總論 Ⅰ』有斐閣 1972年, Ⅱ 1975年.

平場安治『刑法總論講義』有信堂 1952年.

_____:「法律の錯誤」(『刑事法講座』第2卷 有斐閣 1953年 341~361頁).

平場安治・平野龍一 編:『刑法改正の研究Ⅰ 槪論 總則』東京大學出版會 1972年.

福田 平:『刑法總論』有斐閣 1965年.

_____:『違法性の錯誤』有斐閣 1960年.

藤木英雄:『刑法』弘文堂 1971年.

_____:「事實の錯誤と法律の錯誤との限界」(『刑法講座』) 3 (責任) 有斐閣 1963年 88~106
　　　　頁).

牧野英一:『刑法總論 下卷』(全訂版) 有斐閣 1959年.

宮木英脩:『刑法大綱』弘文堂 1935年.

八木 胖:『刑法における法律の錯誤』有斐閣 1952年.

安平政吉:「違法の意識と責任要素」(木村博士還曆祝賀『刑事法學の基本問題(上)』有斐閣
　　　　1958年 499~552頁).

法務省刑事局 編『改正刑法草案 附 同理由書』大藏省印刷局 1961年.

_____ :『法制審議會刑事法特別部會 改正刑法草案 附 同理由書』大藏省印刷局 1972年.

_____ :『法制審議會 改正刑法草案の解說』大藏省印刷局 1975年.

[한국 문헌]

김종원 역:「한스 · 벨첼 : 목적적 행위론과 형법의 현실적 제문제」, 법정, (상) 1957년 12월호,
　　　　27~32면, 1958년 2월호 34~37면, (하) 1958년 8월호 48~51면, 법정사.

_____ 소개:「한스 · 벨첼 : 입법문제로서의 형법에 있어서의 고의와 착오의 규정」법대학보 제6
　　　　권(1959년) 161~167면 서울대학교 법과대학.

_____ 역:「한스 · 벨첼 : 책임과 위법성의 의식」경희법학 제2권(1960년) 제1호 158~170면 경
　　　　희대학교 법률학회.

_____ :「신 희랍형법전 개관」법정 1960년 3월호 85~88면 법정사.

_____ :「형법 제16조에 관하여」법정 1962년 (상) 1월호 32~35면, (하) 5월호 68~74면, 법정
　　　　사.

_____ :「금지착오에 관하여」법정 1963년 5월호 23~26면 법정사.

_____ :「위법의식가능성설과 책임설」Fides 제12권 제3호 28~31면 서울대학교 법과대학 1966
　　　　년.

_____ :「1969년의 새로운 독일형법총칙을 중심으로」경희법학 제8권(1970년) 제1호 99~129면
　　　　경희대학교 법과대학.

_____ :「금지착오와 형법 제16조」경희법학 제9권(1971년) 제1호 57~69면 慶熙大學校 법과대
　　　　학.

남흥우:『형법총론』(개정판) 박영사 1975년.

박문복:『증정 형법총론』보문각 1960년.

백남억:『형법총론』(제3전정판) 법문사 1962년.

엄상섭:『형법요강해설 (1)』법정 1948년 9월호 18~19면 법정사.

염정철:『형법총론』한국사법행정학회 1966년.

옥조남:『정해 형법강의(총론)』범조사 1959년.

유기천:『개고 형법학(총론강의)』일조각 1971년.

유병진:『신판 한국형법총론』서울고시학회 1957년.

이건호:『형법강의(총론)』일조각 1960년.

_____ :『형법학개론』고려대학교 출판부 1964년.

이근상:『형법총론』한국도서출판사 1957년.

정영석: 『형법총론』(제3전정판) 법문사 1973년.

황산덕: 『형법총론』(제6정판) 방문사 1974년.

_____ : 『형법 제16조에 있어서의 〈정당한 이유〉』 서울대학교 법학 제1권 제1호 73~91면 서울
대학교 법과대학 1959년.

『대법원형사판례집』 어문각 Ⅰ 1963년, Ⅱ 1964년, Ⅲ 1967년, Ⅳ 1968년, Ⅴ 1971년.

나길조 편: 『형사판례류집』 육법사 1969년.

_____ : 『속 형사판례류집』 육법사 1968년.

이영준 편: 『대한민국 판례대전(기본6법편)』 한국사법행정학회 1975년.

『법전편찬위원회 형법초안(1)』 법정 1950년 4월호 36~39면 법정사.

서일교 편: 『신형법 (부 참고자료)』 대한문화사 1953년.

17. 실행의 착수론*

I. 서 설

형법학에 있어서 '실행의 착수'는 미수를 예비로부터 구별케 하는 표지(標識)가 된다. 형법 제25조 제1항이 "범죄의 실행에 착수하여 행위를 종료하지 못하였거나 결과가 발생하지 아니한 때에는 미수범으로 처벌한다"라고 규정하고 또 제28조가 "범죄의 음모 또는 예비행위가 실행의 착수에 이르지 아니한 때에는 법률에 특별한 규정이 없는 한 벌하지 아니한다"라고 규정하고 있는 바에서도 이를 알 수 있다.

독일 구형법 제43조 제1항은 "중죄 또는 경죄를 범할 결의를 이러한 중죄 또는 경죄의 실행의 착수를 포함하는 행위를 통하여 표동케 한 자는, 그 의도한 중죄 또는 경죄가 기수에 이르지 아니한 때에는, 미수범으로 처벌한다"라고 규정했으나, 1969년 7월 4일에 공포되어 1975년 1월 1일부터 시행된 신형법총칙 제22조는 "범죄에 관한 행위자의 표상에 의하면 구성요건의 실현에로 직접으로 시동(始動)한 자는 범죄의 미수가 된다"라고 규정하고 있으므로, 우리 형법에 있어서의 '실행의 착수'의 해석에 있어서는 '실행의 착수'라는 문언이 없어진 신형법 하의 해석론보다는 오히려 그 문언이 있던 구형법 하의 해석론이 참고가 될 것이다. 한편, 일본형법 제43조 본문은 "범죄의 실행에 착수하여 이를 완수치 못한 자는 그 형을 감경할 수 있다"라고 규정하므로, 그 '실행의 착수'에 관한 해석론이 직접으로 도움이 될 것이다. 참고로 진행 중인 형법개정작업에 있어서 이 부분은 현행형법과 같다.

---

* 이 글은 『범집 민건식검사 정년기념논문집』(1991년) 19면 이하에 실린 것이다.

II. 학설의 대립

'실행의 착수'에 관한 학설은 객관설 · 주관설 · 절충설로 크게 대립하고 있다.

1. 객 관 설

이것은 객관적인 행위를 표준으로 해서 실행의 착수를 정하려는 입장인데, 형식적 객관설과 실질적 객관설로 대별할 수 있다.

(1) 형식적 객관설

이 학설은 실행의 착수를 엄격히 형식적으로 법정(法定)의 '구성요건'에 관련시켜서 고찰한다. 독일에 있어서 Beling은 무엇이 실행이냐는 법정의 구성요건의 내용으로부터 객관적으로 명백해진다고 하고,[1] Hippel은 미수와 예비의 구별에 있어서 결정적인 것은 '실행의 착수'이고 "따라서 미수는 실행행위로 시작한다"고 하면서[2] "실행행위는 개개의 범죄의 구성요건적 행위(Tatbestandshandlung), 즉 논리상 이미 구성요건해당으로서 범죄구성요건에 속하는 행위(Verhalten)이다"[3]라고 설명한다. 일본에 있어서도 小野 교수는 "범죄의 '실행'이란 나의 견해로서는 범죄구성요건에 해당하는 행위이다. 그리고 그 '착수'란 범죄구성사실을 실현할 의사로써 그 실행을 개시하는 것을 말한다"[4]라고 설명하고, 團藤 교수는 " '실행'이란 바로 기본적 구성요건에 해당하는 행위이다. 그러한 행위의 개시가 실행의 착수인 것이다. … 기본적 구성요건에 해당하는 행위의 적어도 일부분이 행하여졌음이 필요하고 또한 그것으로 충분하다. 무엇이 기본적 구성요건에 해당하는 행위라고 말할 수 있는가에 대하여는 종종 곤란한 문제를 일으킨다. 그것은 각론의 과제이다"[5]라고 설명한다. 또한 우리나라에 있어서도 백남억 교수는 "결론적으로

---

1 Ernst Beling, Grundzüge des Strafrechts, 11. Aufl., 1930, S. 57 f.

2 Robert v. Hippel, Deutsches Strafrecht, Band II, 1930, S.397.

3 Hippel, Strafrechts, II, S.398.

4 小野清一郎, 『新訂 刑法講義總論』, 1948年, 182頁.

5 團藤重光, 『刑法綱要總論』, 第3版, 1990年, 354頁 以下.

말하면 '실행'은 기본적 구성요건에 해당하는 행위를 말하고 그 행위가 개시되었을 때 실행의 '착수'가 있는 것으로 보는 종래의 객관설을 그대로 수용하는 것이 제일 온당할 것이다"[6]라고 말한다.

이 입장에 의하면, 예컨대 서랍 속에 있는 물건을 훔치는 경우에 있어서 그 서랍을 여는 행위로서는 절'취'행위가 개시되었다고 보기 힘들 것이고 또 아파트의 주거침입의 경우에 있어서 입구문의 핸들을 잡고 돌리는 행위는 아직 몸의 일부가 들어가지 아니하였으므로 침'입'행위가 개시되었다고 보기 힘들 것이다. 이와 같이 이 입장에 서면 실행의 착수시기가 너무 늦게 될 우려가 있다. 그리고 우리나라에서 종래 일반적으로 '객관설'이라고 부르던 것은 이러한 '형식적 객관설'을 말한다.

(2) 실질적 객관설

이 입장은 실행의 착수를 보다 실질적으로 고찰하려는 것인데, 두 가지 경향으로 나눌 수 있다.

가) 실질적 객관설 Ⅰ

이것은 'Frank의 공식'이다. 즉, "실행의 착수는 구성요건적 행위와 필연적으로 관련하므로 자연적 파악으로는(für die natürliche Auffassung) 그 구성요건적 행위의 구성부분이라고 보이는 모든 행동에서 발견된다"[7]는 것이다.[8] 그런데 여기서의 '자연적 파악

---

6 백남억, 『형법총론』, 제3전정판, 1962, 245면.

7 Reinhard Frank, Das Strafgesetzbuch für das Deutsche Reich, Kommentar, 18. Aufl., 1931, S.87.

8 木村 교수는 프랑크의 공식을 형식적 견지의 객관설을 약간 확장한 것으로 보고(木村龜二, 『刑法總論』, 1959年, 343頁), 日沖 교수는 "예비와 미수와의 한계에 관한 유명한 프랑크의 공식은 형식적 객관설로부터 실질적 객관설에로의 말하자면 가교(架橋)를 이루는 것이라고 할 수 있을 것이다. …이 프랑크의 공식을 근거지우려는 것이 실질적 객관설의 입장이다"(日沖憲郎, 「實行の着手」, 法學敎室, 第1卷, 1961年, 117頁)라고 논술하는 바와 같이 일본에서는 프랑크의 공식을 실질적 객관설로는 보지 않고 오히려 (광의의) 형식적 객관설로 보려는 경향이 있으나(內藤謙, 『刑法講義總論』, 未遂犯─實行の着手, 法學敎室, 1989年 6月號, 72頁 參照), 독일에서는 보통 실질적 객관설의 하나로 보고 있다(Hans Welzel, Das Deutche Strafrecht, 11. Aufl., 1969, S.190; Hans-Heinrich Jescheck, Lehrbuch des Strafrechts, AT, 1969, S.344; Eberhard Schmidhäuser, Strafrecht, AT, Lehrbuch, 1970, S.491; Günter Stratenwerth, Strafrecht, AT I, Die Straftat, 2. Aufl., 1972, S.97). 프랑크의 공식에 있어서 본질적인 것은 '자연적 파악으로는'에 있으므로 실질적 객관설에 편입시키는 것이 타당하다고 본다.

으로는'이라는 표현은 우리 식으로는 '사회통념으로는'에 흡사하지 않을까 생각되는데, 독일의 제국법원은 '자연적 파악'이라는 개념을 고착시킴에 있어서 '객관적 관찰자'라는 입장을 세웠다.[9] 그리고 일본의 瀧川 교수도 "실행의 착수로서는 구성요건해당의 행위와 직접 관련하기 때문에 자연적 관찰 하에서 그 일부라고 이해될 행위…도 포함한다고 보아야 한다"[10]라고 말한다.

나) 실질적 객관설 Ⅱ

이것은 보호법익에 대한 위태화에 관련시켜서 논하는 입장이다. 즉, Mezger는 "미수행위의 이 객관적 표지는 형식적으로는 법정의 구성요건에 의하여 밝혀지지만 동시에 실질적으로는 법률에서 보호된 법익에 의하여 밝혀진다"[11]라고 논하면서, "실행의 착수에서 문제가 되는 것은 실현된 바가 이미 실행에 의하여 침해될 법익의 위태화를 뜻하느냐의 여부이다"[12]라고 말한다. 그리하여 ① Maurach는 "행위자에 의하여 실현된 행위가 일반적인 생활경험에 비추어 보호법익에 대한 직접의 위협(eine unmittelbare Bedrohung)을 나타낸 때에 미수가 된다"[13]라고 말한다. ② 平野 교수는 "미수범을 처벌하는 것은, 그 행위가 결과발생의 구체적 위험성을 가지고 있기 때문이다. 이 위험성이란 행위자의 성격의 주관적인 위험성이 아니라, 행위가 가지는 법익침해의 객관적인 위험성이다. 미수범은 추상적 위험범이 아니라 구체적 위험범이다. 그 위험이 절박한 것이라는 데에, 미수가 예비로부터 구별되는 실질적 이유가 있다. …이러한 행위(구성요건에 해당하는 행위 또는 이에 접착(接着)한 행위–필자 주)로서 결과발생의 절박한 위험을 가지는 것이, 실행의 착수이다"[14]라고 설명한다. 또 ③ 大塚 교수는 "실행행위, 즉

---

9 RG 69, 327(329).

10 瀧川辛辰, 『犯罪論序說』, 改訂版, 1947年, 184頁 以下.

11 Edmund Mezger, Strafrecht, Ein Lehrbuch, 2. Aufl.,1933, S.383.

12 Mezger, Strafrecht I, AT, Ein Studienbuch, 8. Aufl., 1958, S.205.

13 Reinhart Maurach, Deutsches Strafrecht, AT, 2. Aufl., 1958, S.396f. 단, 후술 참조.

14 平野龍一, 『刑法總論 Ⅱ』, 1975年, 313頁 以下. 內藤 교수는 平野 교수의 견해는 "형식적 한정과 실질적 판단을 결부시키려는 점에서 기본적으로 타당하다"고 하면서, '실행의 착수'에 있어서의 '실행'에 관하여는 조문의 문언에 제약된 구성요건해당행위라는 형식적 한정은 필요하고 또 '착수'에 관하여는 미수범도 기수결과발생의 '절박한 위험'이라는 결과의 발생을 필요로

범죄구성요건의 실현에 이르는 현실적 위험성을 포함하는 행위를 개시하는 것이 실행의 착수라고 보아야 한다. 단지 범죄구성요건에 밀접하는 행위가 행하여진 것만으로는 부족하다"[15]라고 말한다.[16]

이와 같이 자연적 파악이라든가 보호법익에 대한 직접의 위협이나 절박한 위험 또는 결과발생의 현실적 위험성을 기준으로 삼는 실질적 객관설은 형식적 객관설보다는 타당성 있는 방향에로의 해결책으로 보이지만, 행위자의 개별적인 범죄계획을 모르는 관찰자의 입장에서 판단하려는 점에서 아직도 비판의 여지가 있다고 본다.

2. 주 관 설

이것은 주관적인 행위자의 의사를 표준으로 해서 실행의 착수를 정하려는 학설이다. 즉, 어떤 범죄에로 지향하는 행위 속에 표명되는 의사의 질에 의해서 실행의 착수를 결정한다.[17] 牧野 교수는 "주관주의에 있어서는 범죄를 범의의 표현으로 이해하게 되고, 따라서 착수는 행위가 범죄자에게 있어서 그 범의를 수행하는 상태에 도달한 때라고 정의하게 된다. 환언하면 범의의 성립이 그 수행적 행동으로 인하여 확정적으로 인정되는

하는 결과범이라는 관점에서 실질적 내용을 생각할 필요가 있다"고 한다(未遂犯, 73頁).

15 大塚仁, 『刑法槪說(總論)改訂版』, 1986年, 156頁. 그리고 계속하여 "그런데 동시에, 실행행위가 객관면과 주관면과의 통일체인 이상, 구성요건상 필요로 하는 주관적 요소를 무시할 수 없으며, 주관설의 여러 견해에도 이 면의 인식을 강화한 의미가 인정되어야 할 것이다"라고 주장하면서 그 〈주〉에서 "최근의 서독의 학설에도 행위의 주관·객관 양면을 함께 생각하는 것이 많다"고 지적하고, Schönke-Schröder, Baumann-Weber, Maurach-Gössel-Zipf, Wessels 등을 든다(同頁). 또 大谷 교수도 "실행의 착수란 구성요건적 결과의 발생에 이르는 현실적 위험성의 야기를 말한다고 보아야 한다."(大谷實, 『刑法講義總論』, 第2版, 1989年, 337頁)라고 말한다.

16 일본에서는 '실질적 객관설'(본고에서는 실질적 객관설 II을), 위험판단의 자료로서, 행위자의 의사내용을 어디까지 고려하는가에 따라, 대별해서 세 유형, 즉 ① 행위자의 범죄계획도 고려하는 견해, ② 행위자의 고의만을 고려하는 견해, ③ 행위자의 의사내용을 고려하지 아니하는 견해로 나누어서 논술하는 경향도 있다(內藤, 未遂犯, 74頁 以下. 또한 山口厚, 「未遂犯-實行の着手」〈町野朔 外, 考える刑法, 1986年, 260頁 以下〉). 그리고 大谷 교수는 주관설·형식적 객관설·실질적 객관설 및 절충설로 나누고서, 실질적 객관설에 있어서 '현실적 위험성'의 판단자료에 관하여 행위자의 주관을 어느 범위까지 넣느냐에 관하여 역시 셋으로 나눈다(總論, 337頁 以下).

17 Stratenwerth, Strafrecht, S. 189 참조.

때에 여기에 착수가 있다고 말하게 된다"[18]라고 주장하고, 宮本 교수는 "범죄의 실행의 착수는 완성력 있는 범의의 표동(表動)이고 또 그러한 범의의 표동은 범의의 비약적 표동(상언(詳言)하면 더 한층의 비약적 긴장을 한 범의의 표동)이라고 본다"[19]라고 설명하고, 木村 교수는 "행위자의 범죄적 의사의 존재가 외부적 행위에 의하여 확실히 식별될 수 있는 상태에 도달한 때에 착수가 있다. …환언하면 그 외부적 행위가 있기 때문에 행위자의 범죄적 의사의 존재가 이의(二義)를 불허하고 취소가 불가능한 확실성을 보이는 행위가 있는 경우에 착수가 있다"[20]라고 말한다. 또한 이건호 교수도 "범죄적 의사가 확실히 행위에 의하여 표현됨에 이름을 요하는 것이다. 다시 말하면 범죄적 의사가 이를 수행하려고 하는 행위에 의하여 확실히 표현됨에 이르는 경우에 착수가 있는 것"[21]이라고 설명하고, 정영석 교수는 " '실행의 착수'는 주관설에 의하여 정하여져야 할 것이다. 즉, 범죄를 범죄적 의사의 표동(행위자의 반사회성의 징표)으로서 이해한다면 '실행의 착수'는 범의의 수행성과 확실성에 의하여 정하여져야 할 것이다. …범죄적 의사가 그 수행적 행위에 의하여 확정적으로 표현되었을 경우에 비로소 실행의 착수가 있다"[22]라고 주장한다.

그런데 이 입장은 범의가 확정적으로 표현되었는가에 따라 미수를 예비로부터 구별하려는 것이지만, 확정적인 범의의 존재를 객관적인 수행적 행위에 의존시키고 있다는 점을 간과해서는 안 될 것이다.

3. 절 충 설

이것은 객관적 및 주관적인 관점을 결합한 학설인데, 그 어느 쪽에 중점을 두느냐에 따라 객관적 절충설과 주관적 절충설로 대별된다.[23]

---

18 牧野英一, 『刑法總論, 上卷』, 全訂版, 1958年, 359頁.

19 宮本英脩, 『刑法大綱』, 1930年, 179頁.

20 木村龜二, 『新刑法讀本』, 全訂新版, 1959年, 255頁. 但, 後述 參照.

21 이건호, 『형법학개론』, 1964년, 154면 이하.

22 정영석, 『형법총론』, 제5전정판, 1985년, 218면 이하.

23 '객관적 절충설·주관적 절충설'이라는 명칭은 필자가 붙인 것이다(김종원, '실행의 착수에 관

(1) 객관적 절충설

이것은 객관적인 면에 중점을 두는 절충설인데, 두 가지로 나눌 수 있다.

가) 객관적 절충설 Ⅰ

Welzel은 "행위자가 자기의 범죄계획에 의하면 직접으로 범죄구성요건의 실현에로 시동(ansetzen)케 하는 활동으로써 미수는 시작된다"[24]라고 주장한다. 여기서 살인행위 에로의 시동, 따라서 살인미수는 총기의 발사로써 비로소 시작하는 것이 아니라 겨눔 으로써 벌써 시작하고, 그러나 총의 구입, 준비 또는 탄환장전으로써 시작하는 것은 아 니라는 것이다.[25] 그리고 "실행의 착수의 판정은 범죄계획을 모르는 가상적인 관찰자의 입장에서 행하여지는 것(일반적 객관설)이 아니라 행위자의 개별적인 계획을 기초로 하 여 행하여진다(개별적 객관설)는 점이, 항상 중요하다. 왜냐하면 범죄실현에로의 과정 (Wege)은 한없이 다양하므로, 실행의 착수는 항상 행위자의 개별적인 계획에 좌우되기 때문이다"[26]라고 설명하는데, 이와 같이 Welzel은 행위자의 개별적인 계획을 기초로 삼 는 객관설, 즉 개별적 객관설(individuell-objektive Theorie) 의 입장이다. 또한 Jescheck 은 "행위자가 자기의 전(全)계획에 의하면 직접으로 실행행위의 실현에로 시동하는 때 에 비로소 미수는 시작한다"[27]라고 주장하고, Wessels는 "통설과 마찬가지로, 행위자가 범행에 대한 자기의 표상에 의하면 구성요건의 실현에로 직접으로 시동하는 때에 '실행 의 착수'는 긍정된다. …이에 따르면…그 자체가 구성요건해당일 필요는 없지만 행위자 의 전계획에 의하면 밀접한 시간적인 연속으로 직접으로 구성요건요소의 실현에로 이 끌게 될 행위의 수행만으로 족하다"[28]라고 주장한다. 그리고 Baumann은 "행위자의 계 획을 알고서 자연적 파악에 의하면 구성요건적 행위의 구성부분이라고 보이는 행위가

하여', 경희법학, 제10권 제1호, 1972년, 40면 주25). 후술과 같이 양설로 구별하지 않는 것이 보통이다.

24 Welzel, Strafrecht, S. 190.

25 Welzel, Strafrecht, S.190.

26 Welzel, Strafrecht, S.191.

27 Jescheck, Strafrecht, S.345. 그리고 이 입장은 '최협 실질적 객관설'(die engste der materiell-objektiven Theorien)이라고 부른다.

28 Johannes Wessels, Strafrecht, AT, 2. Aufl., 1972, S.98.

있는 때에 실행의 착수가 있다"[29]라고 논술하고 또 Stratenwerth도 "—구체적인 범죄계획을 기초로 판단해서— 자연적 파악에 의하면 이미 구성요건해당의 실행행위의 구성부분이라고 보이는 활동이 있기만 하면, 미수가 된다"[30]라고 주장한다. 이상은 대체로 Frank의 공식인 '실질적 객관설 I'에 행위자의 계획을 가미한 입장이라고 볼 수 있다.

나) 객관적 절충설 II

西原 교수는 "행위자의 계획 전체에 비추어 법익침해의 위험이 절박한 것이 착수"라고 하는 절충설이 가장 타당하리라고 하고[31] 또 野村 교수도 "행위자의 소위(所爲)계획에 의하면 당해 구성요건의 보호객체에 대한 구체적 위험이 직접적으로 절박한 때에, 실행의 착수를 긍정해야 한다"[32]라고 말한다. 또한 정석규 교수도 "절충설에서 말하는 행위자의 계획 전부에서 보아 법익침해의 위험성이 절박하였는가 아닌가의 여부를 기준으로 하여 실행의 착수를 정하는 것이 가장 합당하다고 할 것이다"[33]라고 주장하고 또 성시탁 교수도 "행위자의 계획 전체에 의하면 당해 구성요건의 보호객체에 대하여 구체적 위험이 절박한 때에 실행의 착수가 있다고 하는 것이 보다 타당하다고 생각된다"[34]라고 말한다. 이상은 '실질적 객관설 II'에 행위자의 계획을 가미한 입장이라고 볼 수 있다.

그리고 정성근 교수는 "절충설은 어느 것이나 행위자의 전체 계획을 기초로 법익침해에 대한 위험성을 판단하는 점에서는 동일하다. 그러나 객관적 절충설은 구성요건이라는 형식적 기준에 의해서 위험성을 판단하는 데 대해서 주관적 절충설은 법익침해의 위험성을 가져올 수 있는 일체의 행위까지 고려하여 실질적으로 판단하는 것이다. 범죄행위의 태양이 천태만별이고 법익침해의 위험성은 구성요건적 정형적 행위에 의해서만 야기되는 것이 아니므로 법익침해에 대한 위험성 유무를 실질적으로 판단하는 주관

---

29 Jürgen Baumann, Strafrecht, AT, 5. Aufl., 1968, S.507.

30 Straftenwerth, Strafrecht, S.190.

31 西原春夫, 『刑法總論』, 1977年, 279, 282頁.

32 野村稔, 『刑法總論』, 1990年, 330頁.

33 정석규, 「실행의 착수」, 『형사법강좌 II(한국형사법학회 편)』, 1984년, 575면.

34 성시탁, 「실행의 착수」, 고시계, 1985년 5월호, 33면.

적 절충설이 타당하다고 본다"[35]라고 주장한다. 그런데 이 입장은 주관설을 기초로 삼는 절충설이 아니므로 주관적 절충설이라고 할 수 없고 오히려 '실질적 객관설 II'를 기초로 삼는 여기서의 '객관적 절충설 II'에 속한다고 보아야 할 것이다.[36]

(2) 주관적 절충설

이것은 주관적인 면에 중점을 둔 절충설이다. 즉, Schönke-Schröder는 "범죄적 의사가 행위자의 전(全)계획에 의하면 직접으로 당해 구성요건의 보호객체의 위태화에로 인도하는 행위 속에 명백히 나타난 때에, 실행행위가 있다"[37]라고 주장하면서, 자기의 견해를 "객관적 표지가 가설(架設)된 주관적인 것"[38]이라고 설명한다. 또한 Maurach도 개설(改說)하여 "미수는…원칙적으로 객관적 표지의 가설에 의하여 완화된 주관설로부터 출발한다"[39]라고 주장한다. 木村 교수도 개설하여 "주관적 객관설…에 의하면, 행위자의 '전체적 기도(Gesamtplan)'를 기초로 하여 당해 구성요건의 보호객체에 대하여 직접 위태화에 이르는 행위 속에 범죄적 의사가 명확히 표현된 때에 실행의 착수가 있다고 본다. …이 설이 타당하다"[40]라고 주장하면서 "주관적 객관설은 주관설과 객관설을 결합한 것이지만, 주관설을 기초로 삼았다는 점에 특색이 있다"[41]라고 설명한다. 황산덕 교수도 주관설의 일종으로서의 "주관적 객관설(木村 345) 또는 개별적 객관설은 행위자의 전체적 기도를 기초로 하고서 볼 때에 당해 구성요건의 보호법익을 직접적으로 위태롭게 할 만한 행위 속에 행위자의 범죄의사가 명백히 표현되어 있다고 인정되면 실행의 착수가 있는 것이라고 보는 것이다. …이것은…가장 타당한 견해가 된다고 말할 수 있다"[42]

---

35 정성근, 『형법총론(개고판)』, 1988년, 473면 이하.

36 성시탁 교수도 정 교수의 견해가 자설과 같다고 본다(성시탁, 「실행의 착수」, 33면 주 46).

37 Schönke-Schröder, Strafgesetzbuch, Kommentar, 12. Aufl., 1965, S.243.

38 Schönke-Schröder, StGB, S.244.

39 Maurach, 4. völlig neubearbeitete Aufl., 1971, S.498.

40 木村, 『總論』, 345頁.

41 木村, 『總論』, 345頁 註 4. 이어서 "벨첼은 이것을 종래의 객관설, 즉 '일반적 객관설'에 대하여 '개별적 객관설'이라고 한다"라고 말한다.

42 황산덕, 『형법총론』, 제7정판, 1982년, 255면 이하.

라고 주장한다.[43]

III. 학설의 검토

이상으로 '실행의 착수'에 관한 여러 학설을 살펴 보았다. 그런데, 〈객관설〉에 있어서, '형식적 객관설'은 실행행위개념의 형식적 엄격성을 유지할 수는 있겠으나 그 착수를 논함에 있어서 너무 좁아 구체적 타당성을 얻기 어려울 것이고, '실질적 객관설'도 행위자의 범죄계획을 모르는 관찰자의 입장에서 자연적 파악 내지 법익위태화를 기준으로 실행의 착수를 획정함에 있어서 개별적 타당성을 얻기 어려운 경우가 있을 것이므로, 객관설은 구성요건적 규제 · 자연적 파악 · 법익위태화에 중점을 두면서도 행위자의 주관적 측면을 도외시할 수는 없는 바이다. 한편 〈주관설〉에 있어서는 범죄적 의사에 중점을 두면서도 수행적 행위라는 외부적 측면을 도외시할 수 없고, 범죄적 의사의 확실성을 강조할수록 그 객관적 측면이 뚜렷해지는 것이다. 이와 같이 객관적 측면이나 주관적 측면의 어느 한 측면만을 기준으로 삼는 입장이 타당하지 않다면, 양 측면을 함께 고려하는 〈절충설〉이 타당한 해결책으로 등장하게 된다. 다만 여기서는 객관적 측면과 주관적 측면의 어느 것에 보다 중점을 두어서 실행의 착수를 획정할 것인가의 문제가 남는다. 생각건대 예비단계로부터 미수단계에로의 이행(移行)을 정함에 있어서는 객관적인 측면에 중점을 두어서 획정하는 것이 법적 안정성의 관점에서 타당하리라고 본다. 그리고 '객관적 절충설' 가운데서는 현실적인 해결의 측면에서 법익위태화에 관련시키는 '객관적 절충설 II'보다는, 행위자의 개별적인 범죄계획을 고려하면서 직접적

---

43 황 교수는 일본의 주관주의학자인 牧野 · 宮本 교수들의 견해가 "이러한 입장과 부합되는 것이라고 인정되고 있다"(동 226면)라고 말하면서, 개별적 객관설에 대한 주(註)에서는 "Welzel 191-3은 종래의 객관설을 일반적 객관설이라고 부르고, 새로이 주장되는 주관적 객관설을 '개별적 객관설'이라고 부르고 있다. 명칭은 여하간에 이것은 객관설을 기초로 하고서 주관설을 흡수시키려는 취지의 학설이다. …"(동 226면 주 1)라고 설명하는데, 황 교수의 입장은 주관설을 기초로 삼는 본고에서의 '주관적 절충설'이고 Welzel의 입장은 '실질적 절충설 I'을 기초로 삼는 본고에서의 '객관적 절충설 I'이므로, 서로 다르다고 본다. 한편 "실행의 착수는 죄를 범하려는 결의가 확정적으로 외부에 표명되었다는 것 이외의 것이 될 수 없는 것이다. 우리가 개별적 객관설에 찬성하는 것은 이러한 이유에서이다"(동 227면)라고 설명하는데, 이것은 소위 주관설에 찬성하는 이유라고 본다.

으로 범죄구성요건의 실현에로의 시동이 있거나 자연적 파악에 의하면 구성요건적 행위의 구성부분이라고 보이는 행위가 있을 때에 실행의 착수가 있다고 주장하는 구성요건관련적인 '객관적 절충설 I'이 타당하다고 본다.

그런데 '보통은' 세분하지 않고 '절충설'(주관적 객관설 또는 개별적 객관설)을 취하고 있다. ① 이형국 교수는 '절충설(주관적 객관설)'이라는 제목 하에서 "주관적 관점과 객관적 관점을 결합한 견해를 절충설 또는 주관적 객관설이라고 일컫는다. 이 설은 실행의 착수 유무판단의 척도로서 '행위자의 표상'과 '보호되는 행위객체에 대한 공격의 직접성'을 동시에 내세움으로써, 주관설이나 객관설의 어느 한 쪽에만 의존할 때 나타나는 문제점을 극복하려는 데에 이 설의 장점이 있다. …이 절충설이 여타의 다른 설에 비하여 가장 타당하다고 본다"[44]라고 주장한다.[45] ② 이재상 교수는 '주관적 객관설'이라는 제목 하에서 "실행의 착수가 있느냐에 대한 본질적인 기준은 보호되는 행위의 객체 또는 구성요건의 실현에 대한 직접적 위험이지만, 여기에 해당하느냐의 여부는 객관적으로 결정되는 것이 아니라 주관적 표준, 즉 개별적 행위계획에 의하여 결정되어야 한다는 것이다. 따라서 이를 개별적 객관설이라고도 한다. …주관적 객관설은…우리 형법의 해석에 있어서도 타당한 견해라고 하겠다"[46]라고 주장한다. ③ 김일수 교수는 '개별적 객관설'이란 제목 하에서 "소위 개별적 객관설…에 의하면 범죄의사가 범행 가운데 분명히 표명되고 범인의 주관인 범행의 전체계획에 비추어(주관적 기준) 범인의 행위가 개개 구성요건의 보호객체에 대한 직접적인 위험에 이르렀다고 볼 수 있을 때(객관적 기준) 실행의 착수가 성립한다는 것이다. …이 개별적 객관설이 가장 타당한 것으로 보인다"[47]라고 주장한다.

---

44 이형국, 『형법총론연구 II』, 1986년, 501면. 또한 동, 『형법총론』, 1990년, 275면 이하.

45 이 교수는 "die gemischt subjektiv–objektive Theorie"를 '주관적 객관설'이라고 번역하고 있는데 (『총론연구 II』, 501면), '주관·객관 혼합설'이라고 번역하는 것이 정확할 것이고, 또는 간단히 '절충설'이라고 해도 좋을 것이다. 우리나라나 일본에 있어서는 '주관적 객관설'이란 학설명이 '주관·객관 혼합설 내지 절충설'의 뜻으로 쓰일 뿐 아니라 '개별적 객관설(필자는 이것을 객관적 절충설로 봄)의 뜻으로도 또 '주관적 절충설'의 뜻으로도 쓰이고 있다.

46 이재상, 『형법총론』, 전정판, 1990년, 367면 이하.

47 김일수, 『형법총론』, 1989년, 416면.

Ⅳ. 여 론(餘 論)

참고로 "범죄에 관한 행위자의 표상에 의하면 구성요건의 실현에로 직접으로 시동한(ansetzen) 자는 범죄의 미수가 된다"라고 규정한 1975년 시행의 독일형법 제22조 하에서, Wessels는 본조가 통설인 '주관·객관 혼합설'(die gemischt subjektiv-objektive Theorie)에 부합한다고 하면서, 동설은 "행위자의 표상과 보호된 범죄객체(Tatobjekt)에 대한 침해(Angriff)의 직접성이라는 주관적 기준과 객관적 기준을 결합한 것"이라고 설명한다.[48]

[보충설명]

〈실질적 객관설 I〉, 즉 〈Frank의 공식〉에 관하여 살펴보건대, natürliche Auffassung를 우리나라와 일본의 일반적인 번역에 따라서 '자연적 파악'으로 표기하였지만, 번역 자체는 '통상적(通常的) 견해'라고 하는 것이 좋겠고, 의역(意譯)으로는 '통념', 더 나아가서는 '사회통념'으로 이해하면 좋을 것이다. 그리고 독일의 제국법원의 '객관적 관찰자'라는 표현도 이렇게 보면 이해하기 쉬울 것이다.

---

48 Wessels, AT, 19. Aufl., 1989, S. 177.

18. 중지미수[*]

I. 의 의

중지미수(중지범)라 함은 "범인이 자의로 실행에 착수한 행위를 중지하거나 그 행위로 인한 결과의 발생을 방지한" 경우를 말한다(제26조). 그런데 중지미수는 협의의 장애미수가 형의 임의적 감경(제25조), 불능미수가 형의 임의적 감면(제27조)임에 대해서 형의 필요적 감면으로 되어 있으므로, 미수범 가운데서 가장 관대한 취급을 받고 있다.

II. 본 질

중지미수에 대하여는 〈형의 필요적 감면〉으로 함으로써 왜 미수범 가운데서 가장 관대한 취급을 하느냐의 문제가 중지미수의 본질(내지 법적 성격)에 관한 문제이다. 이에 관하여는 종래에 형사정책설·법률설·결합설이 대립되어 왔고, 요즈음에는 형벌목적설·포상설(공적설·은사설)도 주장되고 있다.[1]

1. 형사정책설

법이 중지미수에 대하여 가장 관대한 취급을 한다고 규정하는 것은 이미 범죄의 실

---

* 이 글은 고시연구(1996년 5월호) 64면 이하에 실린 것이다.

1 이상의 학설들은 기본적으로 중지미수를 미수범으로서는 〈불벌〉로 취급하는 독일형법 하에서 나왔다는 점을 유의해야 할 것이다.

행에 나아간 자에게 소위 〈되돌아오기 위한 황금의 다리〉(eine goldene Brücke zum Rückzuge)[2]를 놓음으로써 범죄의 완성을 방지하려는 형사정책적인 고려에서 나온 것이라는 견해이다.[3] 이 입장에서는 중지미수를 인적(일신적) 형벌감면사유라고 본다.[4]

2. 법률설

중지미수가 가장 관대한 취급을 받는 이유를 바로 범죄론의 테두리 안에서 찾는 입장이다. 여기에는 두 학설이 있다.

(1) 위법성감소소멸설

이 설에서는 ① 주관적인 면에서 범죄실행에로의 결의(고의)가 그 행위로 하여금 위법이게 하는 요소(주관적 불법요소)라면 범죄의 중지·방지에로의 결의는 그 행위로 하여금 위법성을 감소 내지 소멸케 하는 데에 작용한다고 보는 입장과, ② 객관적인 면에서 범죄의 실행에 나아감으로써 발생되는 법익침해의 위험성이 범죄의 중지·방지로 인하여 감소 내지 소멸된다고 보는 입장[5]이 있다.

(2) 책임감소소멸설

일단 행하여진 위법행위에 대한 평가는 변경될 수 없으나, 자의로 중지·방지한 데에 대하여 행위자에 대한 책임비난이 감소 내지 소멸된다는 입장이다.[6]

---

2 Franz von Liszt, Lehrbuch des Deutschen Strafrechts, 19. Aufl., 1912, S. 215.

3 형사정책설은 범죄의 성립을 전제로 하고서 가장 관대한 취급을 하는 이유를 설명하는 데에 특색이 있다. Liszt는 '이미 처벌되게 된 행위자에게(dem bereits straffällig gewordenen Täter)' 황금교를 놓는다고 한다(Lb, S. 215).

4 박삼세 교수는 일신적 형벌감면사유라고 보면서 형사정책설을 취한다(『형법총론』, 1960년, 282면).

5 남흥우 교수는 중지범의 처벌을 필요적 감면으로 한 이유에 대하여 "정책적 고려보다 법익침해에 대한 위해가 적다는 형법이론에서 논증하여야 한다"(『형법총론(개정판)』, 1975년, 206면)라고 설명한다.

6 정영석 교수는 "중지범에 대하여 형의 필요적 감면이 인정되는 이유는 중지행위로 인하여 표출되는 행위자의 인격태도가 책임을 감소하게 하는 데 있다"(『형법총론』, 제5전정판, 1985년,

3. 결합설

결합설은 형사정책설과 법률설과의 결합을 말하는데, 여기에는 ① 형사정책설과 위법성감소소멸설, ② 형사정책설과 책임감소소멸설 및 ③ 형사정책설과 위법성·책임감소소멸설의 결합이 있다. 우리나라에는 종래에 ②의 결합설이 다수설이었다.[7] 그런데 일본에서는 기본적으로 법률설의 입장을 취하면서 〈형의 면제〉가 형사소송법상 유죄판결의 일종이라고 봄으로써(따라서 범죄의 성립을 전제로 한다) 그 점은 위법성의 소멸이나 책임의 소멸로서는 설명할 수 없으므로 결국 위법성감소설 또는 책임감소설과 (그 점을 설명하기 위한) 형사정책설과의 결합설이 유력하다.[8] 우리나라에서도 형의 면제가 유죄판결의 일종이라고 보면서 결합설, 특히 책임감소설과 형사정책설과의 결합설이 주장되고 있다.[9]

224면)라고 설명한다.

7 백남억, 『형법총론』, 제3전정판, 1962년, 258면; 염정철, 『형법총론』, 1966년, 408면; 이건호, 『형법학개론』, 1964년, 163면; 정창운, 『형법학(총론)』, 제4정판, 1966년, 271면; 황산덕, 『형법총론』, 제7정판, 1982년, 232면.

8 平野 교수는 "형의 면제를 무죄판결이라고 보는 설도 없지 아니하나, 우리 소송법 하에서는 채용하기 어렵다. 또 형의 면제는 일단 범죄가 성립하고 후에 소멸한 경우라는 해석도 있지만, 우리 법에서는 일관해서 이를 채용할 수 없다. 우리법 하에서는 위법성의 소멸을 인정할 수 없는 것이다. 따라서 위법성의 감소와 정책적 이유와의 이원적인 설명을 할 수밖에 없는 것으로 생각된다"(「中止犯」, 日本刑法學會, 『刑事法講座 第2卷』, 1952年, 406頁), 木村靜子 교수는 "책임감소에 중지범의 법적 성격을 구하는 것이 올바르다고 생각한다. 우리 현행법은 중지범의 처벌에 관하여 형의 감경 또는 면제를 인정하고 있는데, 중지범을 책임소멸의 경우라고 생각하는 것은, 여기서도 부적합하게 된다. 책임의 소멸은 범죄의 불성립을 의미하므로, 범죄의 성립을 전제로 한 형의 감경은 물론이요, 면제도, 무죄판결과 동일하지 않다고 생각하는 이상, 선고할 수 없기 때문이다. 그러면 책임감소만을 근거로 삼는 경우, 중지범에 형이 면제되는 경우를 어떻게 설명해야 할 것인가. 이에 대하여는 형의 감경의 경우에는 책임의 감소를 근거로 삼고, 형의 면제는 형사정책적 이유에 의거케 한다는 생각도 가능하다"(「中止犯」, 日本刑法學會 編集, 『刑法講座 第4卷』, 1963年, 25頁 以下)라고 주장한다.

9 성시탁, 「중지범」, 고시계, 1975년 3월호, 110면; 김봉태, 「중지미수」, 한국형사법학회 편, 『형사법강좌 Ⅱ』, 1984년, 598면 이하; 진계호, 『형법총론』, 제2개정 증보판, 1988년, 432면.

4. 형벌목적설

중지미수는 형벌의 목적, 즉 특별예방이나 일반예방의 목적에 비추어 처벌이 불필요하거나 그 필요성이 감경되는 경우라고 보는 입장이다. 즉 특별예방의 면에서는 행위자의 범죄적 의사가 범죄를 성취함에 충분히 강하지 아니했고, 또 일반예방의 면에서는 행위자가 법익의 위험성을 제거했기 때문이다.[10·11]

5. 보 상 설

법은 자의(自意)로 실행행위를 중지하거나 결과의 발생을 방지한 공적(功績)에 대하여 가벌성을 감소시키거나 소멸케 함으로써 보답한다는 입장이며,[12] 보상설, 공적설 또는 은사(恩赦)설이라고도 한다.[13]

---

10 김일수, 『형법총론』, 1989년, 430면; Hans−Heinrich Jescheck, Lehrbuch des Strafrechts, AT, 4. Aufl., 1988, S. 486; Fritjof Haft, Strafrecht, AT, 6. Aufl., 1994, S. 225 참조.

11 김일수 교수는 "판례(독일의 판례임−필자 주)의 형벌목적적 고려도 자명한 내용을 담고 있지만, 형벌목적만을 고려함으로써 귀속 자체가 불분명하게 될 위험을 떨쳐버릴 수 없다는 난점을 안고 있다. 그러므로 우리 형법상 중지미수에 대한 처벌감면의 법적 성격은 형벌목적설에 기한 책임감소에서 파악하는 것이 옳다고 생각한다"라고 논술하면서 〈형벌목적론적 책임감소설〉을 주장한다(『총론』, 431면). 그런데 Haft는 형벌목적설의 범죄체계적 지위로서 면책사유(Entschuldigungsgrund)로 파악한다(AT, S. 225).

12 Johannes Wessels, Strafrecht, AT, 24. Aufl., 1994, S. 179; 이재상, 『형법총론』, 1986년, 351면 참조.

13 이재상 교수는 "중지미수의 본질을 통일적으로 설명하면서도 형의 면제와 감경의 기준을 제시하기 위하여는 중지범이 자의로 중지한 공적에 따라 형을 감경 또는 면제함에 의하여 이를 보상하는 것이라고 해석하는 보상설(報償設)이 타당하다고 생각된다. 물론 보상의 근거는 책임의 감소일 수도 있고 형벌목적의 소멸일 수도 있다. 그러나 형의 감경의 경우는 책임의 감소이고, 면제의 경우는 형사정책적 고려만 근거가 된다고 할 수 없다.…중지미수가 책임조각·감경사유가 아니라 인적 처벌조각·감경사유라고 보아야 하는 이유도 여기에 있다."(『총론』, 352면 이하)라고 논술하다가, 전정판(1990, 379면)에서는 여전히 「형의 감경의 경우는 책임의 감소이고, 면제의 경우는 형사정책적 고려만 근거가 된다고 할 수는 없다」라고 논술하면서 끝 부분만 "따라서 중지미수는 인적 처벌조각사유에 해당하지만 형을 감경하는 경우에는 책임감경사유라고 해석하지 않을 수 없다"라고 고치고 있다. 정성근 교수는 "중지범의 성질을 이원적으로 설명하기 보다는 통일적으로 설명하는 것이 합리적이다. 이러한 의미에서 보상설(報償設)이 타당하다고 본다. 다만 보상의 구체적 내용은 경우에 따라 책임감소, 형벌목적 및 형사정책적인

6. 검 토

생각건대, 〈형사정책설〉은 중지미수의 취급에 대한 규정을 알고 있는 자에게만 그 효과를 기대할 수 있다는 난점이 있을 뿐 아니라 독일형법과 같이 미수로서는 벌하지 아니하는 제도 하에서는 몰라도 형의 감면에 그치는 (따라서 처벌도 가능한) 우리 형법의 규정 하에서 그 효과는 신통하지 않을 것이요, 도저히 〈황금의 다리〉는 될 수가 없다고 본다. 또 〈위법성감소소멸설〉을 살피건대, 이미 행하여진 위법행위에 대한 평가는 사후적으로 자의에 의하여 중지·방지했다고 해서 영향을 받지 아니한다고 본다. 그래서 일단 위법행위에로 나아갔지만 자의로 중지·방지했다는 점에서 행위자에 대한 책임비난이 감소 내지 소멸된다고 보는 〈책임감소소멸설〉이 타당하다고 본다. 그리고 〈형의 면제〉는 반드시 유죄판결의 일종이라고만 생각할 필요가 없다고 보므로,[14] 이 점을 설명하기 위해서 법률설의 입장에 서면서 형사정책설과의 〈결합설〉을 취

점을 고려하여 판단해야 할 것이다."(『형법총론』, 개고판, 1988년, 483면)라고 주장한다. 그런데 이·정 교수는 Prämientheorie를 〈보상설(報償說)〉이라고 번역하여 이 설을 지지하고 있지만, 이것은 〈포상설〉이라고 하는 편이 낫지 않을까 생각한다. 그리고 이형국 교수는 "중지미수의 법적 성격은 자의적으로 이미 착수한 범죄의 실행을 중지하거나 그 행위로 인한 결과의 발생을 방지한 노력 때문에 책임이 감소되거나 불벌로 보답되기도 하여 그 형이 감경 또는 면제 (소멸)되는 인적 형벌감면사유로 볼 수 있다"라고 논술하면서 〈은사설 혹은 공적설〉의 입장을 지지한다(『형법총론연구 Ⅱ』, 1986년, 526면. 또한 『형법총론』, 1990년, 287면. 여기서도 보상설(報償說)(은사설)의 입장을 지지한다(『총론』, 286면 이하)). 한편 Haft는 은사설(공적설·포상설)을 인적 처벌소멸사유로 본다(AT, S. 225).

[보충설명]

〈보상설〉을 취하는 학자들은 한자로는 〈報償說〉이라고 표기하는데, 〈報賞說〉이라고 표기해야 할 것이다. 우리나라의 『漢韓大字典』(全面改訂·增補版, 民衆書林, 2001年)에 의하면 〈報償〉을 "① 앙갚음을 함. ② 남에게 빚진 것을 갚아 줌"이라고 풀이하고 있고 또 日本의 『廣辭苑』(新村出 編, 第4版, 岩波書店, 1993年)에 의하면 〈報償〉은 "① 손해를 배상하는 것 ② 보복"이라고 또 〈報賞〉은 "① 칭찬하는 것, 칭송하는 것, ② 칭찬하는 뜻을 나타내기 위하여 주는 물품"이라고 풀이하고 있다. 그래서 한글로 표기할 때에는 혼동하기 쉬우니, 아예 〈포상설(襃賞說)〉이라고 하는 것도 한 방법이 될 것이다. 올림픽 선수가 입상하면 잘 했다고 칭찬하며 주는 돈이 〈포상금〉이다.

14 형사소송법 제321조 1항은 "피고사건에 대하여 범죄의 증명이 있는 때에는 형의 면제 또는 선고유예의 경우 외에는 판결로써 형을 선고하여야 한다", 동법 제322조는 "피고사건에 대하여 형의 면제 또는 선고유예를 하는 때에는 판결로써 선고하여야 한다"라고 규정하는데, 형사소송법상의 〈형의 면제의 판결〉은 유죄판결의 일종이라는 점에 대하여는 이설(異說)은 있을 수 없다고 본다. 다만, 형법상의 〈형의 면제〉도 〈모두〉 유죄의 경우로 보아야 할 것인가

할 필요는 없다고 본다.[15] 〈형벌목적설〉이 책임의 영역에서 문제삼는 입장이라면, 책임
감소소멸설은 〈범죄론적 설명〉이고 형벌목적설은 〈형벌론적 설명〉이라고 볼 수 있다.
끝으로 〈보상설(공적설·은사설)〉이 책임감소·형벌목적·정책적 고려를 생각한다면
범죄체계적인 면에서는 〈결합설〉이라고 말할 수 있을 것으로 보인다.

에 대하여는 의문이 있는 것이다. 서일교 박사는 "다수의 견해는 형의 면제를 유죄판결의 일
종으로 보아서 범죄의 성립은 있으나, 법률상 또는 재판상 형이 과하여지지 않는 경우로 보
고 있으나 이를 통일적으로 해석하기는 곤란하다. 형의 면제가 자수 또는 자백으로 인한 경우
(예컨대 형법 제90조, 동 제101조, 동 제153조, 동 제154조, 동 제175조)는 범죄의 성립은 있
으나 형사정책상 형을 면제하는 경우이므로 유죄판결의 일종으로 볼 수 있지만, 가벌적 책임
을 결하는 경우 (예컨대 형법 제21조 2항, 동 제22조 3항, 동 제23조 2항) 또는 가벌적 위법성
에 이르지 않는 경우(예컨대 형법 제26조, 동 제328조, 동 제344조)는 범죄의 성립이 없는 것
으로 본다"(『형사소송법』〈제8개정판〉, 1974년, 334면 이하; 동지(同旨), 권오병, 『형사소송법』
〈재정판〉, 1965년, 324면)라고 논술하면서, 서일교·권오병 양 박사는 중지미수에 있어서의
〈형의 면제〉를 '가벌적 위법성에 이르지 않은 경우'로서 범죄의 성립이 없는 것으로 본다. 그리
고 차용석 교수는 "일부 학설에서는 규정상 형의 면제라고 했으나 실체법적 이론에 의하면 가
벌적 위법성이 결여되거나 기대가능성이 없으며 범죄의 불성립이 되는 경우도 있다고 한다. 개
개의 실체법적 조문상의 형의 면제의 의미를 파악하는 데 있어서 학설은 나뉘어져 있지만 형의
면제의 판결은 유죄판결의 일종이라는 점에는 이론(異論)이 없는 듯하므로 어떤 형의 면제의
규정이 만약 실체법상으로 무죄의 경우라고 해석이 되면 무죄의 판결을 하여야 할 것이다"(허
형구·차용석·백형구『주해 형사소송법(하)』, 1986년, 57면)라고 논술한다.
생각건대, 형법에서는 〈원칙적으로〉 위법성조각의 경우에는 "벌하지 아니한다"(제21조의 정
당방위), 책임조각의 경우에도 "벌하지 아니한다"(제10조 1항의 심신상실자), 정책적 고려에서
불벌로 하는 경우에는 "형을 감면한다"(제52조 1항의 자수 참조), 책임감소의 경우에는 "형을
감경한다"(제10조 2항의 심신미약자)라고 규정하면서 〈예외적으로〉 책임감소소멸의 경우에는
"형을 감경하거나 〈면제한다〉"(제21조 2항의 과잉방위 참조)라고 규정한다. 그래서 형법에서
〈형의 감면〉이 규정되어 있는 경우에는 정책적 고려에서의 형의 감면인지 책임감소소멸인지
위법성감소소멸인지 또는 기타인지 〈해석론〉으로 결정해야 할 것이다(김종원, 「중지미수범
(상)」, 고시계, 1967년 9월호, 106면; 동, 「중지범」, 법정, 1968년 3월호, 43면 참조).

15 〈형의 면제〉를 꼭 유죄판결의 일종으로 볼 필요가 없다면, 〈형의 감면〉을 위법성의 단계에서
위법성감소소멸로나 책임의 단계에서 책임감소소멸로 해석가능하므로, 다음 단계인 정책적 단
계에까지 갈 필요가 없다고 본다. 참고로 「긴급방위」(제21조 1항)는 위법성조각사유인 동시에
책임조각사유로도 될 수 있겠지만, 그렇다고 〈결합설〉을 주장하는 입장은 전무하며, 앞 평가단
계인 위법성의 단계에서 위법성조각사유로 보게 되면 다음 단계에까지 갈 필요가 없는 것이다.

III. 요 건

중지미수가 인정되기 위하여는, ① 실행에 착수한 행위를 중지하거나 행위로 인한 결과의 발생을 방지할 것(착수중지와 실행방지) 및 ② 중지 · 방지가 자의에 의할 것(자의성)이 요구된다. 물론 중지미수도 미수범의 일종이므로 첫째 요건으로서 〈실행의 착수〉가 필요하지만, 「특수」미수범인 중지미수의 요건으로서는 상술한 두 개로 족하다고 본다.

1. 착수중지와 실행방지

〈착수중지〉에 있어서는 실행에 착수한 행위를 중지하면, 따라서 그 후의 실행행위를 소극적으로 하지 아니하면 되지만, 〈실행방지〉에 있어서는 실행행위의 종료 후에 그 행위로 인한 결과의 발생을 적극적으로 방지하여야 한다.[16]

그런데 우리나라에서는 일반적으로 〈착수중지–실행중지〉의 표현을 쓰고 있지만, 실행 「중지」대신에 실행 「방지」라는 표현이 보다 나으리라고 생각한다. 왜냐하면 후자의 경우는 그만 둔다는 소극적인 태도가 아니라 결과발생을 방지한다는 적극적인 태도가 요구되므로 「중지」라는 표현은 적합하지 않을 뿐 아니라, 현행형법에서 「방지」라는 표현을 쓰고 있으므로 조문에도 충실하기 때문이다.

(1) 착수중지

착수중지는 실행행위의 종료 전에 그 행위를 그만두어야 하므로, 특히 〈실행행위의 종료시기〉가 문제가 된다. 이에 관하여는 주관설 · 객관설 · 절충설이 대립한다. ① 〈주관설〉은 행위자의 의사를 표준으로 해서 종료시기를 정하려고 한다. 이 설에 의하면,

---

16 우리 형법에 있어서는 착수중지와 실행방지 간에 법적 효과를 다르게 부여하고 있지 아니하나, 스위스형법은 착수중지에 대하여 미수범으로서의 임의적 불벌(21조 2항), 실행방지에 대하여는 임의적 감경(22조 2항)을(단, 2007년 1월 1일 시행의 신총칙에서는 중지미수는 임의적 감면(23조 1항)으로 됨), 또 그리스형법은 착수중지에 대하여 미수로서는 불벌, 실행방지에 대하여는 필요적 감경(불벌도 가능)을 규정한다. 그런데 중지미수의 본질을 책임의 감소 · 소멸로 파악한다면, 착수중지는 소멸사유로 또 실행방지는 감소사유로 될 가능성이 있다고 본다.

예컨대 2발로써 사살할 의사였던 경우에는 제2탄까지 발사하여야만 실행행위는 종료하게 된다. 그래서 제1탄이 명중하였지만 마침 제3자에 의하여 사망의 결과가 방지되고 또한 행위자가 이를 알아도 제2탄을 발사하지 아니하는 한, 착수중지가 되어 중지미수가 인정될 수 있다는 불합리한 결론이 나온다.[17] 한편 ② 〈객관설〉은 행위자의 의사 여하를 불문하고 객관적으로 결과발생의 가능성 있는 행위가 있었으면 실행행위는 종료한 것으로 본다. 따라서 2발로써 사살할 의사였던 경우에는 제1탄이 명중하지 아니한 때에는 이미 실행행위가 종료한 것으로 되므로 제2탄을 발사할 수 있고 또 행위자가 이를 알면서도 그만둔 때에도, 착수중지가 되지 않아 중지미수가 인정될 수 없다는 불합리한 결론이 나온다. 그래서 ③ 실행행위의 종료시기는 행위자의 범죄계획을 고려하면서 당시의 객관적 사정과 이에 대한 행위자의 인식을 종합하여 결과발생에 필요한 행위가 끝났다고 인정되는 때라고 보는 〈절충설〉이 타당하다고 본다.[18]

그리고 실행의 수단 또는 대상의 착오로 인하여 결과발생이 불가능한 때에도(물론 위험성이 있는 행위의 경우) 그 실행을 중지하면 착수중지가 된다.

(2) 실행방지

실행방지에 있어서는 방지행위의 문제와 방지행위와 결과불발생 사이의 인과관계의 문제를 살펴보아야 한다.

---

17 이재상 교수는 "실행행위가 종료되었느냐는 행위자의 주관과 범죄계획을 떠나서 판단할 수 없다. 따라서 중지 시의 행위자의 주관을 기준으로 착수미수인가 실행미수인가를 판단해야 한다는 주관설이 타당하다고 하겠다"(『전정판』, 384면 이하)라고 주장하여, 착수행위의 종료 여부는 행위자의 의사를 기준으로 하되 그 기준시기는 착수시기가 아니라 중지시기로 보는 입장을 취한다. 또 이형국 교수는 "필자는 양자를 구분하는 취지가 자의적 중지와 방지의 합당한 구분점을 찾는 데 있고 자의성은 행위자의 표상을 떠나서는 거론될 수 없다는 관점에서 행위자의 표상에 따라 구성요건의 실현에 필요한 모든 행위를 하였으나 아직 결과가 발생하지 아니한 경우에는 실행행위가 종료된 미수, 즉 실행미수로 되고 행위자의 표상에 따르면 구성요건의 실현에 아직도 계속적인 행위를 필요로 하는 시점에서 행위가 중단된 경우에는 실행행위가 종료되지 아니한 미수, 즉 착수미수로 된다는 견해(주관설)를 타당한 것으로 생각한다."(『연구Ⅱ』, 527면 이하. 또한 『총론』, 290면)라고 논술한다.

18 동지(同旨); 김봉태, 「중지미수」Ⅱ, 602면; 김일수, 『총론』, 437면. 또 정성근교수는 "행위자의 범죄계획과 행위 당시의 객관적 사정을 모두 고려하여 법익침해의 위험성이 있는 행위가 종료되었다고 인정되면 실행행위는 종료된다고 본다. … 절충설에 따르는 것이 타당하다고 본다"(『총론』, 487면)라고 논술한다.

가) 실행행위의 종료 후에는 그 행위로 인한 결과를 방지하는 적극적인 행위가 있어야 한다. ① 이 방지행위는 그 결과의 발생을 방지하기에 〈객관적으로〉 상당한 것임을 요한다. 예컨대 독약을 먹인 경우에는 그 독약의 효과를 소멸시킬 만한 해독제를 먹여야 한다. ② 방지행위에는 〈주관적으로〉 그 결과의 발생을 방지하려는 의사(목적)가 있어야 한다. 따라서 행위자의 행위에 의하여 우연히 결과의 발생이 방지된 것으로는 부족하다. ③ 방지행위는 반드시 범인 스스로 행함을 요하지 않고 〈제3자를 통해서〉도 가능하지만, 이 경우에는 범인 스스로가 방지하는 것과 동일시될 만큼의 방지를 위한 진지한 노력이 있음을 요한다. 예컨대 독약을 먹인 후에 의사에게 부탁해서 위세척을 하게 한 경우에는 방지행위가 인정되지만, 방화한 후에 그 불기운에 놀라 이웃사람에게 잘 부탁한다고 소리치고서 달아난 경우에는 방지행위가 인정되지 아니한다.

나) 방지행위로 인하여 결과가 발생되지 아니함을 요한다. ① 방지행위가 있어도 결과가 발생하면 이제는 기수이므로 미수범의 일종인 중지미수는 인정될 수 없다(통설).[19] 다만 결과발생의 방지를 위한 진지한 노력이 있은 때에는 그 정상을 참작하여 형을 감경할 수 있다고 본다(제53조 참조). ② 결과의 발생이 처음부터 불가능한 경우에 이를 모르고서 결과발생의 방지를 위한 진지한 노력을 한 때(예컨대, 독약을 탄다는 것이 설탕을 타서 먹인 후에 해독제를 먹인 때)에는 중지미수로 인정할 것이냐에 관하여 적극설[20]과 소극설[21]이 대립한다. 생각건대, "방지한 때"라고 규정하는 현행법의 해석상 적극설은 무리인 것으로 보일 뿐만 아니라, 그러한 경우에는 제27조에 의하여 형이 감면될 수 있으므로 소극설에 찬성한다.[22] ③ 결과의 발생이 본래 가능했는데 행위자가

---

19 염정철, 『총론』, 416면 이하는 이 경우를 〈준중지미수〉라고 하고서 "중지미수와 같이 취급할 충분한 이유가 있다"라고 주장한다.

20 백남억, 『총론』, 256면; 염정철, 『총론』, 416면; 이형국, 『연구 Ⅱ』, 529면; 511면 이하(또한 『총론』, 291면); 이재상, 『전정판』, 388면.

21 박삼세, 『총론』, 281면; 정영석, 『총론』, 230면.

22 결과의 발생을 방지하지 아니하였음에도 불구하고 「방지한」 경우로 해석하는 것은 무리라고 보는 것이다. 다만 처음부터 결과의 발생이 사실상 불가능하고 또 방지를 위한 진지한 노력을 한 경우이므로, 일본 형법하에서와 같이 중지미수가 되지 아니하면 장애미수가 되어 임의적 감경 밖에 되지 아니하고 형의 면제를 할 수 없다면 결론에 있어서 부당하다는 비판도 받을 수 있을 것이다. 그러나 결과의 발생이 사실상 불가능한 경우는 제27조에 의하여 형을 감면할 수 있으므로, 무리하게 중지미수로 보지 아니하여도 형의 면제의 길은 열려 있어서 피고인에게 적극적으로 불리하다고는 생각되지 아니한다(김종원, 「중지미수론의 검토」, 고시계, 1985년 5월호,

그 결과발생의 방지를 위한 진지한 노력을 하였으나 이미 제3자에 의하여 그 결과발생이 방지된 경우(예컨대 비행기에 시한폭탄을 장치하였는데 비행기가 이륙 후 아직 폭발시간이 되기 전에 항공사에 그 사실을 알리면서 폭탄의 제거를 요청했으나 이미 그 전에 승무원에 의하여 폭탄이 제거된 경우)에 있어서 중지미수를 인정하는 적극설[23]이 주장되고 있으나 소극설을 취하고자 한다.[24]

2. 자의성

중지·방지가 〈자의(自意)로〉행하여짐을 요하며, 이 점에서 광의의 장애미수(제25조의 협의의 장애미수와 제27조의 불능미수)와 구별된다.

(1) 학 설
자의성을 어떻게 이해할 것이냐에 관하여는 네 학설이 대립한다.

1) 제1설(객관설)
이 설은 외부적 사정과 내부적 동기로 구별하여, 행위자의 의사와 관계없는 외부적 장애에 의하여 중지·방지된 경우는 장애미수이지만, 내부적 동기에 의하여 중지·방지한 경우는 모두 중지미수라고 본다.

2) 제2설(주관설)
이 설은 내부적 동기 가운데서 후회·반성·연민·동정 등의 도덕적 규범의식의 각성에 의하여 중지·방지한 경우만이 중지미수이고, 기타의 경우는 모두 장애미수라고

40면 이하 참조). 또한 정성근 교수도 "우리 형법상으로는 제27조(불능미수범)에 해당하는 상황이므로 제27조에 의해서 면제되는 경우가 많을 것이다(제27조는 임의적 감면이지만 이 경우에는 면제된다고 보아야 할 것이다)"(『총론』, 489면)라고 논술한다.

23 이형국, 『연구Ⅱ』, 529면, 513면 이하(또한 『총론』, 291면 이하).

24 이 경우에도 결과를 방지한 것은 없으므로, 중지미수는 되지 아니하는 것으로 본다. 그래서 본래 결과의 발생이 가능한 경우이므로 장애미수로 보되, 방지를 위한 진지한 노력을 했으므로 이를 참작하여 형을 감경하는 쪽을 택하는 것이 좋을 것이다.

본다.

3) 제3설(프랑크의 공식)

이 설은 소위 「프랑크의 공식(Frankische Formel)」[25]으로서 "내가 그것을 할 수는 있을 것이지만 완수하고 싶지 않는(Ich will nicht zum Ziele kommen, selbst wenn ich es könnte)" 경우가 자의에 의한 것으로서 중지미수가 되고, "내가 그것을 하려고 할지라도 완수할 수 없는(Ich kann nicht zum Ziele kommen, selbst wenn ich es wollte)" 경우가 자의에 의하지 않는 것으로서 장애미수가 된다고 본다.[26]

4) 제4설(절충설)

이 설은 동기형성의 과정을 객관적으로 관찰하여 그것이 일반의 경험상 범죄수행의 장애가 된다고 생각되는 사정에 의하느냐의 여부에 따르는 입장이다.[27] 따라서 범죄발각의 우려에 의하여 그만둔 경우에는 경험상 일반적으로 범죄의 수행을 방해하는 사정에 의한 것이므로 중지미수가 되지 않지만, 절도범인이 목적물의 가치가 낮은 것을 알고 절취를 그만둔 경우에는 범죄수행의 장애가 될 만한 사정에 의하여 그만둔 것이 아니므로 중지미수가 된다. 그리고 범죄수행의 장애가 될 만한 사정의 유무는 행위자가 생각한 바에 따르므로, 객관적으로는 범죄수행의 장애가 될 만한 사정이 없어도 행위자는 이것이 있다고 오신하고서 그만둔 경우(예컨대 낙엽이 떨어지는 소리에 불과한데, 행위자는 순경이 오는 줄 착각하고서 그만둔 경우)에는 장애미수이고, 반대로 외부적으로는 장애가 될 만한 사정이 있어도 행위자가 이것을 인식하지 않고 임의로 그만둔 경우(예컨대, 사실은 순경이 오고 있었는데, 행위자는 단순히 낙엽이 떨어지는 소리인 줄만 알고서 이것과 관계없이 그냥 그만둔 경우)에는 중지미수가 된다.

---

25 Reinhard Frank, Das Strafgesetzbuch für das Deutsche Reich, Kommentar, 18. Aufl., 1931, S. 97.

26 백남억, 『총론』, 253면; 이건호, 『개론』, 162면; 정영석, 『총론』, 228면; 이형국, 『연구 Ⅱ』, 532면(또한 『총론』, 289면); 정성근, 『총론』, 486면.

27 백남억, 『총론』, 204면; 염정철, 『총론』, 412면; 정창운, 『총론』, 270면; 김봉태, 「중지미수」, 611면; 이재상, 『전정판』, 381면.

5) 검 토

생각건대, ① 〈제1설〉을 보면, 대개 외부적 사정이 행위자의 내부적 동기를 통하여 중지·방지에 영향을 미치기 때문에, 외부적 사정과 내부적 동기를 대립시키는 것은 타당하지 않을 뿐 아니라, 중지미수를 인정하는 범위가 너무 넓게 된다. ② 〈제2설〉을 보면, 중지미수를 불처벌이 아니라 형의 필요적 감면사유로 인정하는 현행 형법 하에서, 중지·방지의 동기에 윤리성을 요구하는 것은 너무 엄격한 해석이 되어 타당하지 않을 뿐 아니라, 중지미수를 인정하는 범위가 너무 좁게 된다. ③ 또 〈제3설〉은 〈할 수 있다〉는 것이 심리적·물리적 가능성을 뜻하는지 윤리적 가능성을 뜻하는지가 명확하지 않다는 비판을 받는다. 즉 예컨대 아들이 아버지를 향해서 발포한다는 것은 심리적·물리적으로는 가능하지만 윤리적으로는 불가능할 것이므로, 총의 방아쇠에 손가락을 댔지만 발포하지 아니한 경우에 있어서 「프랑크의 공식」에 따르면 중지미수로 볼 것인지 장애미수로 볼 것인지 판단하기 어렵다. ④ 그래서 일반의 경험상 범죄수행의 장애가 될 만한 사정이 없거나 비록 있어도 행위자가 이를 인식하지 않고서, 임의로 중지·방지한 경우를 중지미수라고 보는 〈제4설〉이 타당하다고 본다.[28]

(2) 판 례

① 대법원은 "중지미수라 함은 범죄의 실행행위에 착수하고 그 범죄가 완수되기 전에 자기의 자유로운 의사에 따라 실행행위를 중지하는 것으로서 장애미수와 대칭되는 개념이나 중지미수와 장애미수를 구분하는 데 있어서는 범죄의 미수가 자의에 의한 중지냐 또는 어떤 장애에 의한 미수냐에 따라 가려야 하고 특히 자의에 의한 중지 중에서도 일반사회통념상 장애에 의한 미수라고 보여지는 경우를 제외한 것을 중지미수라고 풀이함이 일반이다"라고 판시하면서(제4설의 입장), 염산에페트린으로 메스암페타민 합성중간제품을 만드는 과정에서 그 범행이 발각되어 검거됨으로써 그 제조의 목

---

28 한편 김일수 교수는 "생각건대 자의성은 단순한 심리적 사실이 아니지만 행위자의 심정가치의 표현으로서 심리학적 해석과 관련되어 있다. 그러나 그것은 당벌성의 존재와 범위에 관련된 규범적 평가의 대상이므로 규범적 해석과도 밀접하게 연결되어 있다. 물론 심리학적 이론을 규범적 이론으로 완전히 대체하려는 시도도 오늘날 없는 것은 아니나, 심리학적 고찰방법과 규범적 고찰방법을 구체적인 사안에서 혼합하여 적용하는 것이 타당하리라고 생각한다"(『총론』, 434면)라고 논술한다.

적을 이루지 못한 사안에서, 비록 원료불량으로 인한 제조상의 애로, 제품의 판로문제, 범행탄로 시의 처벌공포 등의 사정이 있었다고 하더라도 그와 같은 사정이 있었다는 사정만으로는 이를 중지미수라 할 수 없다고 한다.[29] ② 또 대법원은 동지(同旨)의 판시를 하면서, 피고인이 피해자를 강간할 마음을 먹고 폭행한 다음 강간하려 하였으나 피해자가 다음 번에 만나 친해지면 응해주겠다는 취지의 간곡한 부탁으로 인해 그 이상 강간의 실행행위에 나가지 아니한 사안에서, 상술한 피해자의 부탁은 사회통념상 범죄실행에 대한 장애라고 여기지지는 아니하므로 이 사건 피고인의 행위는 중지미수에 해당한다고 한다.[30]

Ⅳ. 처 벌

중지미수는 "형을 감경 또는 면제한다"(제26조). 즉 형의 필요적 감면사유가 된다. 중지미수의 본질을 책임의 감소 · 소멸에 있다고 보는 입장에서는 일반적으로 착수중지의 경우가 실행방지의 경우보다 책임이 경하게 될 것이고 또 자의성에 있어서는 후회 등의 도덕적 규범의식의 각성에 의한 경우가 책임이 경한 쪽이 될 것이다. 따라서 도덕적 규범의식의 각성에 의한 착수중지의 경우가 형이 면제될 가능성이 가장 크다고 본다.

Ⅴ. 문제점

1. 예비의 중지

예비행위를 하다가 실행의 착수에 이르지 않고 자의로 중지한 경우에, 중지미수에 관한 제26조의 적용 내지 준용이 있는가의 문제이다.

---

29 대판 1985. 11. 12. 85도 2002.
30 대판 1993. 10. 12. 93도 1851.

(1) 우선 중지미수는 미수범의 일종인 이상 실행의 착수가 있은 후에 비로소 문제가 되는 것이므로, 중지미수에 관한 제26조를 실행의 착수 이전인 예비의 중지의 경우에 적용할 수는 없다.

(2) 그런데 예비행위를 하고서 실행에 착수한 후에 중지하면 중지미수로서(이 경우에 예비는 미수에 흡수된다) 형이 면제될 수도 있는데, 실행의 착수에 이르기 전에 예비행위를 중지하면 예비로서 처벌되는 것(형의 면제가 없다)은 형의 균형을 잃게 된다. 그래서 이 문제에 관하여는 형의 균형을 맞추기 위하여 ① 예비의 중지에 대하여는 중지미수에 관한 제26조를 준용하는 입장[31](중지미수의 형을 기준으로 해서 그 균형을 맞추는 방법이다), ② 예비를 범죄로 처벌하는 경우에는 중지미수에 있어서 형의 면제를 불허하는 입장[32](예비의 형을 기준으로 해서 그 균형을 맞추는 방법이다)과 ③ 자수한 때에 중지미수의 규정[33] 내지 예비죄의 자수에 대한 필요적 감면규정[34]을 준용하는 입장으로 나뉘어진다.

생각건대, ②설은 예비죄의 처벌규정이 있는 경우에 실정법에 반하여 범인에게 불이익을 준다는 점에서 타당하지 않고, ③설은 중지는 하였으나 자수하지 아니한 경우에 형의 균형을 잃게 된다는 점에서 타당하지 않으며, ①설이 타당하다고 본다.

---

31 백남억, 『총론』, 259면; 염정철, 『총론』, 416면; 정영석, 『총론』, 232면; 정창운, 『총론』, 272면; 이재상, 『전정판』, 391면; 이형국, 『연구 Ⅱ』, 487, 535면(또한 『총론』, 267면); 정성근, 『총론』, 460면; 진계호, 『총론』, 413면.

32 남흥우 교수는 "예를 들어 방화의 예비로서 성냥과 석유와 장작을 준비하려던 자가 성냥과 석유를 준비한 후 장작을 준비하기 전에 번의하여 방화의 실행에 착수하지 않았다고 해서, 과연 이것이 〈예비의 중지〉가 될 것인가는 문제이다. 범인의 주관적 심리를 기준으로 해서 보면 이것은 정작 예비의 중지라 할 수 있겠지만, 객관적으로 나타난 행위로 보자면 이것은 예비의 중지가 아니라 훌륭한 예비 그 자체인 것이다. 결코 예비의 단계에 있어서는 중지미수니 장애미수니를 논할 수 없다. 따라서 〈예비행위의 중지〉라는 개념은 부정함이 타당하다. 다만 형의 균형을 고려하여야 한다는 점에서 예비를 범죄로서 벌하는 경우에 실행의 중지에 대해서는 형의 면제를 허용하지 않는 것으로 해석함으로써 형벌의 균형을 유지하여야 될 것이다"(『총론』, 207면)라고 논술한다.

33 유기천 교수는 "특히 자수한 때에, 감경(감면-필자 주)하는 규정을 두지 않는 경우는 물론 그 이외의 경우에도 중지미수의 규정을 준용할 것이라고 해석된다"(『개정 형법학 [총론강의]』, 1980년, 262면)라고 논술한다.

34 김일수 교수는 "예비는 실제 능동적 후회의 한 표현으로 자수에 이르렀을 때에만 예비죄의 자수에 대한 필요적 감면규정을 유추적용하여 처벌의 불균형을 그 한도에서 수정하는 것이 옳다고 본다"(『총론』, 449면)라고 논술한다.

한편 대법원은 "중지범은 범죄의 실행에 착수한 후, 자의로 그 행위를 중지한 때를 말하는 것이므로, 실행의 착수가 있기 전인 예비·음모의 행위를 처벌하는 경우에 있어서는 중지범의 개념을 인정할 수 없다"[35]라고 판시하는데, 중지미수에 관한 제26조를 적용할 수는 없지만 형의 균형을 잃지 않도록 하는 방도를 강구하지 아니하는 한 부당하다고 본다.

(3) 또한 ①설의 입장에서도 제26조를 준용함에 있어서 예비죄의 형에 바로 준용하는 입장[36](예컨대 살인예비중지의 경우에는 살인예비죄의 형이 10년 이하의 징역이므로 5년 이하의 징역 또는 형면제가 된다)과 예비죄의 형이 중지미수의 형과의 균형을 잃은 범위 내에서 준용하는 입장[37](살인중지미수로서 〈형감경〉의 경우에는 무기 또는 2년 6월 이상의 징역이 되어 살인예비죄의 형인 10년 이하의 징역보다 중하므로 준용의 필요가 없고, 다만 〈형면제〉의 경우에는 균형을 잃게 되므로 준용되어서, 결국 살인예비중지의 형은 10년 이하의 징역 또는 형면제가 된다)이 대립하는데, 원래 중지미수의 형과의 불균형을 근거로 준용하자는 것이므로 〈후설〉이 타당하다고 보며 실제로는 형의 면제가 문제될 것이다.

2. 공범과 중지

(1) 공동정범과 중지

공동정범에 있어서는 그 중의 일부가 자의로 자기의 실행을 중지하거나 자기가 맡은 결과의 발생을 방지하는 것만으로는 그에게 중지미수가 인정되지 아니한다. 그가 공동자 전원의 실행을 중지시키거나 전(全)결과의 발생을 방지한 때에 비로소 그에게 중지미수가 인정된다. 물론 이때 다른 공동자는 장애미수이다.

대법원도 "중지미수가 성립하려면 범인이 임의로 범의를 중지하는 의사와 그 중지의

---

35 대판 1966. 4. 21, 66도 152(전원합의체 판결). 동지; 대판 1966. 7. 12, 66도 617; 대판 1991. 6. 25, 91도 436.

36 백남억, 『총론』, 259면.

37 이재상, 『전정판』, 391면; 이형국, 연구 Ⅱ, 487, 535면(또한 『총론』, 267면); 정성근, 『총론』, 460면; 진계호, 『총론』, 413면.

사에 기인하여 범죄실행의 중지를 함을 요하는 것인 바, 그러므로 갑·을이 어떤 범죄를 할 것을 공모하고 을로 하여금 그 범죄의 실행을 하게 한 경우에 공범자의 1인인 갑에 있어서 중지미수가 성립되려면 그 자신이 범의를 중지함으로써 족한 것이 아니요, 타 공범자인 을의 범죄실행을 중지케 하여야만 비로소 중지미수가 성립되는 것이다",[38] "피고인이 갑과 범행을 공모하여 갑은 엔진오일을 매각처분하고 피고인은 송증정리(送証整理)를 하기로 한 바, …피고인은 후에 범의를 철회하고 송증정리를 거절하였다 하여도 공범자인 갑의 범죄실행을 중지케 하였다는 것이 아님이…확정된 사실이므로, 피고인에게 중지미수를 인정할 수 없다"[39]라고 판시한다.

(2) 협의의 공범과 중지
① 정범이 자의로 중지·방지한 경우에, 그 효과는 협의의 공범(교사범·종범)에 미치지 아니한다. 따라서 정범이 실행을 중지하거나 결과발생을 방지함으로써 중지미수가 되는 경우에, 그 공범은 장애미수의 공범일 뿐이다.
② 협의의 공범이 자의로 정범의 실행을 중지케 하거나 결과발생을 방지한 경우에, 그 효과는 정범에게 미치지 아니한다. 따라서 그 경우에 공범은 중지미수의 공범이 되지만 정범은 장애미수이다.

---

38 『대판』 1954. 1. 30, 53형상 103.
39 『대판』 1969. 2. 25, 68도 1676.

19. 형법 제27조와 미수범[*]

I. 머 리 말

우리 현행형법의 총칙 가운데서, 그 해석이 가장 힘드는 조문은 제16조(법률의 착오)·제27조(불능범) 및 제34조 제1항(간접정범)의 셋이 아닌가 생각된다. 그런데 제16조에 관하여는 이미 본지 제139호 및 제143호에서 「형법 제16조에 관하여」라는 제목으로 사견(私見)을 발표한 바 있으며, 본고에서는 제27조에 관한 사견의 일단(一端)을 피력함으로써 동학제현의 비판을 받고자 한다. 물론 본고는 제27조에 관한 종합적인 논설이 아니라, 동조가 신설됨으로써 현행형법 하에 있어서의 미수범의 체계가 당연히 개편되어야 하리라고 생각됨에도 불구하고, 구태의연하게 구형법(일본형법) 하의 체계가 대체로 그대로 유지되고 있는 점을 지적하면서, 제27조에 관한 필자의 해석과 이에 의한 미수범의 체계의 개편 그리고 동조에 관한 타(他)논술의 검토를 개괄적으로 논급하려고 한다. 그리고 동조에 관한 종합적인 논설 및 제34조에 관한 논설은 다음 기회에 미루기로 한다.

II. 제27조의 해석

현행형법은 제27조에서 "실행의 수단 또는 대상의 착오로 인하여 결과의 발생이 불가능하더라도 위험성이 있는 때에는 처벌한다. 단 형을 감경 또는 면제할 수 있다"라고

---

[*] 이 글은 법정(1963년 11월호) 26면 이하에 실린 것이다.

규정하고 있다. 동(同)규정은 구형법(일본형법)에는 없는 것으로, 신형법에서 신설된 것이다. 그런데 우선 동규정의 표제는 '불능범'이라고 적혀 있으나, 그 내용은 위험성이 없음으로써 불가벌이 되는 소위 불능범을 규정한 것이 아니라 결과발생이 불가능하더라도 위험성이 있음으로써 처벌되는 '일종의 미수범'을 규정하고 있다는 점을 주의해야 할 것이다. 다음으로 동조에 규정된 미수범의 〈제1요건〉은, 실행의 수단 또는 대상의 착오로 인하여 결과의 발생이 불가능하여야 한다. 예컨대 사탕을 독약인 줄 잘못 알고 먹이거나 사체를 생명 있는 사람인 줄 잘못 알고 발포하는 경우와 같이, 「사실상」 결과발생(구성요건의 실현)이 불가능하여야 한다(CG 아래). 이 점에서 그러한 실행의 수단 또는 대상의 착오가 없음으로써 「사실상」 결과발생이 가능함에도 불구하고(CG 위) 현실적으로 결과가 발생하지 못한(BH 아래) '장애미수'와 구별된다. 그리고 〈제2요건〉은 위험성이 있어야 한다(DF 위). 여기의 위험성이란 「형법적 평가상의」 결과발생(구성요건실현)가능성을 말한다. 이 점에서 그러한 위험성이 없음으로써 형법상 범죄가 되지 못하는 소위 불능범(DF 아래)과 구별된다. 그런데 〈제1요건〉은 위험성에 관한 「사실판단」을 내리는 것이요, 따라서 CG선은 고정적이다. 이에 반하여 〈제2요건〉은 위험성에 관한 「형법적 가치판단」을 내리는 것이요, 따라서 DF선은 유동적이다. 즉 이 위험성의 유무에 관하여는 객관적 위험설(구객관설-절대불능·상대불능설)·구체적 위험설·주관적 위험설·추상적 위험설·순정(純正)주관설 등으로 대립되어 있으며, 그 어느 설을 취하느냐에 따라 CD·DE의 간격이 달라진다. 여기서 〈위험성(결과발생가능성)〉에 관한 「사실판단」과 「형법적 가치판단」과의 관계는, 〈인과관계〉에 관한 것과 대조해서 생각해 보면, 이해하기 쉬울 것이다. 즉 인과관계에 관한 「사실판단」은 조건설에 의존하여 고정적이지만, 그것에 관한 「형법적 가치판단」은 등가설·원인설·상당인과관계설(주관설·객관설·절충설)등의 어느 것에 의거하느냐에 따라 유동적인 것이다(김종원, 「인과관계」 법정 1966년 5월호 33면 이하 참조). 끝으로 제27조가 규정하는 미수범(임의적 감면)의 〈명칭〉에 관하여는, 결과발생이 사실상 불가능하더라도 형법적 평가상 위험성이 있는 미수범이므로, 「불능미수」라고 부르는 것이 타당하리라고 생각한다.

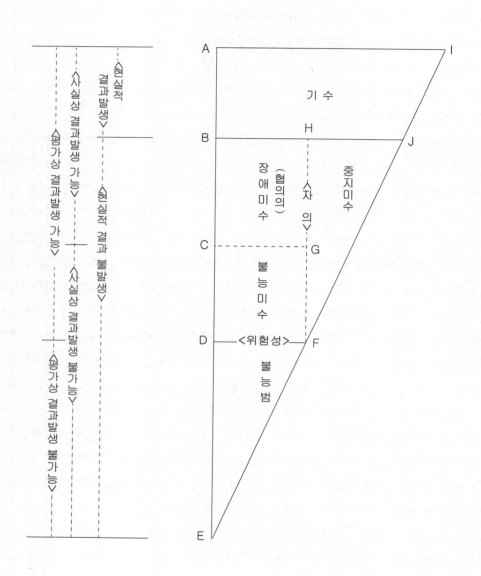

Ⅲ. 현행형법과 미수범

구형법(일본형법) 제43조는 "범죄의 실행에 착수하여 이를 완수치 못한 자는 그 형을 감경할 수 있다. 단, 자기의 의사에 의하여 이를 중지한 때에는 그 형을 감경 또는 면제한다"라고 규정하고 있었으므로, 미수범 가운데서 자의에 의하여 중지케 한 경우와 그렇지 않는 경우로 나누어지며, 전자를 중지미수(필요적 감면), 후자를 장애미수라고 일컬었다. 그런데 신형법은 제25조(1항)에서 "범죄의 실행에 착수하여 행위를 종료하지 못하였거나 결과가 발생하지 아니한 때에는 미수범으로 처벌한다"라고 미수범 일반에 관한 규정을 두면서(임의적 감경-동조 2항), 제26조에서는 "범인이 자의로 실행에 착수한 행위를 중지하거나 그 행위로 인한 결과의 발생을 방지한 때에는 형을 감경 또는 면제한다", 제27조에서는 "실행의 수단 또는 대상의 착오로 인하여 결과의 발생이 불가능하더라도 위험성이 있는 때에는 처벌한다. 단, 형을 감경 또는 면제할 수 있다"라고 각각 미수범의 특수유형을 규정하고서 그에 대한 형법상의 취급을 달리하고 있다. 그래서 현행형법 하에서는 결과가 발생하지 아니한 〈BJ 아래〉이고 또 위험성이 있는 〈DF 위〉인 미수범(BDFJ) 가운데서 우선 자의에 의하여 중지·방지함으로써 미수가 되는 중지미수(HFJ)와 그렇지 않는 광의의 장애미수(BDFH-구법상의 장애미수)로 나누어지고, 다음으로 다시 이 후자 가운데서 실행의 수단 또는 대상의 착오로 인하여 결과의 발생이 불가능한 불능미수(CDFG)와 그렇지 않는 협의의 장애미수(BCGH)로 나누어진다. 이와 같이 현행형법 하의 미수범은 임의적 감경이 되는 장애미수(협의), 필요적 감면이 되는 중지미수, 임의적 감면이 되는 불능미수의 세 종류가 있다는 점을 특히 주의해야 할 것이다.

Ⅳ. 제27조에 관련된 타 논술의 검토

다음으로는 제27조의 규정이 있음으로써 미수범의 체계에 미치는 영향에 관한 학자들의 논술을 간단히 검토해 보려고 한다.

⑴ 남흥우 교수는 "현행형법은 불능범에 관하여 새로운 규정을 신설하였다(27조). 형법 제27조에 의하면 불능범의 요건으로 첫째로 실행의 수단 또는 대상의 착오로 인하여 결과의 발생이 불가능할 것 둘째로 위험성이 없을 것이 필요하다. …다음 불능범의 처벌에 관한 입법례에는 여러 가지가 있으나 현행법은 「형을 경감 또는 면제」(27조 단서)할 수 있도록 하였다"(『형법강의(총론)』 1958년 153-4면)라고 논술하고 있는데, 제27조 본문의 반대해석에 의하여 불능범의 개념을 파악하면서 그러한 불능범에 대하여

「임의적 감면」(단서)을 한다는 것은 문제가 있다고 본다.

(2) 백남억 교수는 「현행형법과 불능범」이라는 항에서 제27조를 소개하고 나서는 「① 실행의 수단 또는 대상의 착오로 인하여 결과발생이 불가능한 것」, 「② 위험성이 없는 것」에 관하여 설명하고, 「③ 결론」에서는 "생각건대 현행형법이 실행의 수단 또는 대상의 착오로 인하여 결과가 발생하지 않는 경우에, 그것이 위험성이 없을 때에는 벌하지 아니한다고 규정한 것으로 미루어 수단의 불능 또는 대상의 불능을 제외한 여타의 사실의 흠결은 당초부터 처벌대상으로 하지 않는다는 취지인 것으로 해석된다. 그리고 현행형법은 사실의 흠결을 미수범 또는 불능범과는 별개 독립의 불가벌적인 경우로 인정하거나 또는 그것을 순전히 불능범의 한 국면으로 본 것이 아니고, 사실의 흠결로 인하여 행위 당시의 구체적 상황상 객관적 위험이 없다고 인정되는 경우를 불능범으로 보며, 그렇지 아니하는 경우를 미수범으로 보는 것이다. …그리고 현행형법 제25조의 미수범과 제27조의 이른바 「위험성이 있을 때」의 미수범은 결과발생가능성의 대소(大小) 즉, 위험성의 대소에 의한 구별이라 할 수 있으며, 이 위험성의 대소는 결국 형벌의 대소를 초래하여 보통의 미수범은 그 형이 기수범보다 감경될 수 있는데 반하여 제27조의 이른바 위험성이 있을 때의 미수(제27조 참조)는 기수범보다 형이 감경되거나 또는 면제되는 것이다"라고 논술하고 있다(이상은 『형법총론』 1962년 271-4면 참조). 그런데 우선 "미수범과 불능범은 위험성의 유무에 의해서 구별되는"(동 262면) 이상, 바로 제27조의 미수범이라고 표현하면 될 것을 제27조의 이른바 「위험성이 있을 때」의 미수범이라고 표현하는 뜻은 어디에 있는지 의문이다. 이것은 제27조의 미수범을 바로 미수범의 일종이라고 파악하는 것을 꺼리는 심정에서 나온 표현인지? 또 제25조의 미수범과 제27조의 미수범과의 구별을 위험성(결과발생가능성)의 대소에 구하는데, 임의적 감경이 되는 것과 임의적 감면이 되는 것과의 한계가 모호하지 않는지 의문이다. 끝으로 제27조의 미수는 "형이 감경되거나 또는 면제되는 것이다"라는 기술은 부정확하다.

(3) 정영석 교수는 "현행형법은 불능범에 관하여 명문의 규정을 두어 제27조에 〈생략함〉이라고 규정하여 미수범과 불능범과의 구별의 표준을 행위의 위험성의 유무에 의할 것을 명시하고 있다. 따라서 현행형법상 미수범과 불능범과의 구별은 전술한 여러 학설 중 위험설에 의하여 결정하는 것이 타당할 것이나, 다만 위험설 중에 구체적 위험설에 의할 것인가, 또는 추상적 위험설에 의할 것인가는 결국 현행형법의 해석론의 문제이다"(『형법총론』 1961년 273면)라고 논술하는데, 구체적 위험설·추상적 위험설 이외의

학설(절대적 불능·상대적 불능설이나 주관설)은 〈위험성〉의 유무에 관한 학설이 아닌지 의문이다(동 267면 참조).

(4) 유병진 변호사는 "종래는 불능범이 아니면 미수범이라고 보았으며 또 미수범은 그 형을 기수범보다 감경할 수 있음에 불과한데도 불구하고 법문에 소위 실행의 수단 또는 대상의 착오로 인하여 결과의 발생이 불가능하더라도 위험성이 있을 때는 전시(前示)와 여(如)히(=같이) 형을 감경 또는 면제할 수가 있다고 하였으므로, 결과발생이 불가능하더라도 위험성이 있는 경우는 불능범과 미수범과의 중간에 위치하는 별개의 개념을 이루고 있다고 할 것이다. 나는 이러한 위험성은 있으나 미수범이 아닌 경우를 편의상 준불능범이라고 부르고 싶다"(『한국형법(총론)』 1957년 162-3면)라고 논술하는데, 위험성이 없으면 불능범이고 위험성이 있으면 미수범이지 위험성은 있으나 미수범이 아닌 경우란 〈이론의 파탄〉이다. 왜 미수범의 일종이라고 보지 않는지 의문이다. 또한 〈준불능범〉이란 불능범에 준하는 것을 뜻하는 것으로 생각되는데, 왜 위험성이 있으면서 미수범이 되지 않고 불능범에 준해야 하는지 이해를 할 수 없다.

(5) 이건호 교수는 "현행형법은 미수범의 절에서「실행의 수단 또는 대상의 착오로 인하여 결과의 발생이 불가능하더라도 위험성이 있는 때에는 처벌한다」고 규정하여, 소위 불능범과 미수범과의 중간영역에 해당하는 별개의 개념을 두고 있다고 해석된다. 왜냐하면 불능범은 전술한 바와 같이 그 위험성이 전연(全然) 존재하지 않는 경우이고, 구성요건의 내용이 실현될 가능성 즉 위험성 또는 위험이 존재한 경우가 미수범이기 때문이다"(『형법강의(총론)』 1960년 195면)라고 논술하는데, 위험성이 있는 경우가 왜 미수범이 되지 않고 불능범과 미수범과의 중간영역이 되는지 의문이다. 그리고 "우리 형법은 그 형식상 결과가 발생하지 않았을 경우에 있어서 결과발생이 가능할 때에는 미수로 하고 결과발생이 불가능할 때에 있어서는 행위의 성질상 위험성이 없는 경우와 위험성이 있는 경우와를 구별해서 전자를 소위 불능범으로 하고 후자의 경우는 이론상으로는 미수의 범주에 속한다고 하여야 할 것이나, 실지로는 그 처벌에 있어서 미수와는 별개의 취급을 하여 형을 감경 면제할 수 있게 하였다"(동, 200면)라고 논술하는데, 〈이론상으로는 미수의 범주에 속한다고 하여야 할 것이〉라고 보면서 미수범이라고 보지 않고 불능범과의 중간영역이라고 하는 것은, 그 처벌이 미수와 다르기 때문인지? 여기서의 미수란 장애미수(협의)를 의미하는 것 같은데, 중지미수의 처벌도 이 미수와 다르니, 중지미수는 미수범이 되지 않는지 의문이다.

(6) 황산덕 교수는 "형법 제27조는…사실의 흠결이 있을지라도 위험성이 있으면 미수범으로서 처벌하고, 그리고 사실의 흠결이 있고 또한 위험성도 없으면 불능범이 되어 처벌되지 아니한다는 뜻의 규정이라는 것은 곧 짐작할 수가 있다"(『개정 형법총론』 1963년 264면)라고 논술하는데, 사실의 흠결은 행위의 주체나 상황의 흠결도 포섭하므로 그냥 사실의 흠결이라는 용어를 쓰는 것은 부정확하다. 물론 이 점에 관한 해명은 258면에 보이나, 「대체로」라는 〈애매한〉 전제하에 「실행의 수단 또는 대상의 착오로 인하여 결과의 발생이 불가능하더라도」를 「사실의 흠결이 있을지라도」라고 해석하는 것은 타당하지 않다고 본다(백남억, 『총론』, 273면 참조). "그런데 문제는 그 단서의 규정에서 생긴다. 즉…형법은 「단 형을 감경 또는 면제할 수 있다」라고 규정하였는데, 이렇게 되면 미수범에 형을 감경할 수 있는 미수범(25조 2항)과 형을 면제도 할 수 있는 미수범의 두 가지가 있는 것이 아닌가라는 의문을 가지게 된다(유기천, 304면). 그러나 미수범 처벌에 관한 입법상의 원칙이 필요적 감경에서 임의적 감경에로 변천되어 갔고, 더 나아가서는 기수범과 미수범의 차별적 대우를 철폐해야 한다는 주장까지 나오고 있음을 고려한다면, 우리 형법이 임의적 면제의 미수까지 인정한 것은 입법상의 추세를 역행한 것이라고 보는 것이 타당할 것이다"(264면)라고 논술하는데, 결국 27조의 미수범은 25조의 미수범과 동일하다고 해석하려는 것인지 알 수가 없다. 이러한 논술은 27조의 미수범을 25조의 미수범과 별개의 것으로 해석할 것인가의 〈해석론〉과 27조의 미수범에 대하여 임의적 감면으로 하는 것이 타당한 입법이냐의 〈입법론〉과를 혼동하고 있는 것같이 생각된다. 그리고 중지미수와 같이 「필요적」 감면의 미수를 인정하는 것을, 「더욱」 역행된 입법이라고 비판해야 할 것인지 의문이다.

(7) 유기천 교수는 "형법 제27조가 단서에서 「형을 감경 또는 면제할 수 있다」고 규정한 것은 무엇을 의미하는가. …소위 「위험성」이 있는 때에는 미수범이 되므로 형법 제25조 2항에 의하여 감경할 수 있는 것인데, 여기에 감경 또는 면제할 수 있다 함은 이중으로 감경 또는 면제할 수 있다는 의미인가 혹은 제25조를 적용시키지 말고 제27조만의 감경 또는 면제만을 의미하는 것인가 명백치 않다. 그러나 제27조의 경우는 「결과의 발생이 불가능한 때에라도 위험성이 있는 경우」이고(예컨대 유황으로 살인하려는 행위), 제25조는 결과의 발생이 가능하지만 그 구체적인 때에 결과를 발생하지 못한 때(예컨대 총알이 명중치 않은 경우)를 의미하므로, 형법 제27조의 미수와 형법 제25조의 미수를 구별하는 후자의 견해가 타당하다. 환언하면 현행법은 형법 제25조와 동 제27

조의 이종의 미수범을 인정하고 있다고 해석하여야 한다"(『형법학(총론강의)』1960년 304면)라고 논술하는데, 그 결론은 타당하다고 본다. 다만 제27조의 미수가 제25조의 미수와 구별된다면 적극적으로 그 미수를 논해야 할 텐데 「불능범」의 절의 말미에서 소극적으로 논하고 만 점은 아쉬운 감이 든다. 그리고 현행법은 제25조와 제27조의 2종의 미수범을 인정하는 데에 그치지 않고, 제25·26·27조의 3종의 미수범을 인정하고 있는 것이다.

V. 맺는 말

이상 고찰한 바와 같이 제27조가 규정하고 있는 바는, 미수범과 불능범과의 중간영역이나 준불능범이 아니라, 바로 미수범의 일종인 〈불능미수〉이다. 그리고 현행형법에 있어서의 미수범은 장애미수·중지미수·불능미수의 3종이라는 점을 특히 주의해야 하리라고 본다. 따라서 현행형법 하에서 미수범을 논함에 있어서는, 미수범 일반(제25조)을 논한 다음에, 구형법 하와 같이 중지범·불능범(위험성이 없는)을 논할 것이 아니라, 미수범의 특수유형으로서의 중지미수(제26조)·불능미수(제27조)를 논해야 하리라고 생각한다.

[보충설명]

이 글이 발표된 당시(1963년)에는 일본형법학의 영향을 크게 받고 있던 시기였다.

한국 형법의 교과서들은 일본 것의 편별과 마찬가지로 〈미수범〉의 장(章)을 ① 미수범, ② 중지범, ③ 불능범의 3절(節)로 나누어서 다루었는데, 여기서 제27조는 당연히 〈불능범〉의 절 속에서 해석론이 전개되었다. 물론 제27조의 표제(標題)가 「불능범」으로 되어 있지만 표제는 〈조문〉이 아니라 편의상 붙인 것에 불과하며, 〈위험성〉이 있으면 미수범이고 없으면 불능범이라고 이해되고 있었는데, 제27조는 「… 위험성이 있는 때에는 처벌한다」라고 규정되어 있으므로, 제27조가 규정하고 있는 바는 분명히 〈미수범〉이요 형이 감경 또는 면제될 수 있는 〈불능미수〉이다. 그럼에도 불구하고 〈불능범〉

이란 절(節) 속에서 불능미수인 〈미수범〉을 해석하려는 것은 처음부터 〈해석불능〉으로 보아야 할 것이다.

필자는 이 글에서 한국형법 해석학에 있어서의 〈미수범〉은 장애미수(형의 임의적 감경) · 중지미수(형의 필요적 감면) · 불능미수(형의 임의적 감면)의 3종류란 점을 밝히고, 더불어 이들 3종류의 미수범의 관계를 3각형의 날씬한 〈그림〉으로 알리고 있다.

20. 불능미수에 관한 연구[*]

I. 서 론

우리 형법은 〈미수범〉에 관하여, 제25조는 "① 범죄의 실행에 착수하여 행위를 종료하지 못하였거나 결과가 발생하지 아니한 때에는 미수범으로 처벌한다. ② 미수범의 형은 기수범보다 감경할 수 있다". 제26조는 "범인이 자의로 실행에 착수한 행위를 중지하거나 그 행위로 인한 결과의 발생을 방지한 때에는 형을 감경 또는 면제한다". 제27조는 "실행의 수단 또는 대상의 착오로 인하여 결과의 발생이 불가능하더라도 위험성이 있는 때에는 처벌한다. 단 형을 감경 또는 면제할 수 있다"라고 규정하고 있다. 그런데 이러한 규정들에 비추어 형법해석론으로서는, 미수범이 〈대외적으로는〉 ① 「위험성이 있다」는 점에서 위험성이 없는 〈불능범〉과 구별되고, ② 「실행의 착수가 있다」는 점에서 실행의 착수에 이르지 아니한 〈예비(음모)〉(제28조 참조)와 구별되고 또 ③ 「행위를 종료하지 못하였거나 결과가 발생하지 아니한」 점에서, 즉 범죄가 미완성한 점에서 범죄가 완성한 〈기수〉와 구별되며,[1] 또 〈대내적으로는〉 ④ 「자의로 행위를 중지하거나 결과의 발생을 방지했느냐」[2]의 여부에 따라 〈중지미수〉와 〈장애미수〉로 구별되고 또 ⑤ 후자인 광의의 장애미수에 있어서 「실행의 수단 또는 대상의 착오로 인하여 결과의 발생이 (처음부터) 불가능한」[3] 〈불능미수〉와 그러한 착오없이 결과의 발생이 가능했는데

---

* 이 글은 대한민국 학술원 논문집(인문·사회과학편, 제36집, 1997년 1월) 25면 이하에 실린 것이다.

1 이상의 세 가지가 미수범의 〈일반적 요건〉이다. 물론 고의의 요건도 필요하다.

2 특수미수범인 중지미수가 인정되는 〈특수요건〉이다.

3 특수미수범인 불능미수가 인정되는 〈특수요건〉이다.

미수가 된 〈협의의 장애미수〉로 구별된다. 여기서 ②와 ③의 문제는 미수범 일반론에
서, ④의 문제는 중지미수론에서 그리고 ①과 ⑤의 문제는 불능미수론에서 다루어진다.

본 연구에 있어서는 먼저 독일의 불능미수론과 일본의 불능범론이 우리의 불능미수
론에 도움을 줄 것인가를 살펴보고 나서, 다음으로 우리 형법 제27조에서 규정하는 미
수범에 관하여 그 〈성격과 명칭〉을 살피고, 미수범체계 내에서의 그의 〈지위〉를 알아
보고, 불능미수의 요건인 〈결과발생 불가능〉과 〈위험성〉의 문제를 다루면서, 특히 〈위
험성〉과 〈실행의 착수〉의 관계를 새로이 생각해 보고자 한다. 이리하여 우리 형법상의
불능미수론, 나아가서는 미수범론을 〈도형〉에 의하여 〈서로의 관계〉를 뚜렷이 밝혀 보
고자 한다.

II. 독일에 있어서의 불능미수론

(1) 독일형법학에 있어서 미수범의 처벌근거에 관하여 기본적으로 두 가지의 입
장, 즉 그 처벌근거를 행위자의 법적대(法敵対)적 의사의 표동(表動)(Betätigung des
rechtsfeindlichen Willens)에 두는 입장(주관설)과 구성요건상 보호된 법익에 대한 위험
성(Gefährlichkeit für das tatbestandlich geschützte Rechtsgut)에 두는 입장(객관설)이 있
다. 여기에 있어서 불능미수(untauglicher Versuch)[4]는 주관설에 의하면 원칙적으로 처벌
되는 것이고, 한편 객관설에 의하면 원칙적으로 처벌되지 아니한다.[5]

라이히 대법원은 1880년에 판시된 낙태의 불능미수에 관한 선례가 되는 판례
(Grundsatzentscheidung)에서, "미수에 있어서는 범죄의사(verbrecherische Wille)가 형법
의 대상이 되는 것이고, 이에 반하여 기수에서는 범죄의사에 의하여 초래된 드러난 위
법한 결과(rechtswidriger Erfolg)가 그러하다"(RGSt. 1, 439, 441)라는 입장을 취하였다.[6]

---

4 여기서는 간단히 「그 기도(Versuch)가 결코 기수가 될 수 없는 경우」라고 해 두겠다. 그리고 독
   일형법학에서는 우리 형법학이나 일본형법학에서 말하는 「불능범」이란 개념이 따로 없는데, 이
   로부터 우리의 입장에서는 혼동이 생길 수 있게 된다.

5 〈미수범의 처벌근거〉에 관한 두 입장은 불능미수뿐 아니라 〈실행의 착수〉에 관한 문제에서도
   차이를 나타낸다.

6 Thomas Weigend, Die Entwicklung der deutschen Versuchslehre, in : Hans Joachim Hirsch/

한편 1930년경에 독일형법학은 미수가 처벌되는 법적 근거는 구성요건상 보호되는 법익에 대한 위험성에 있다는 견해를 거의 이구동성으로 옹호했다.[7]

그런데, 1975년에 시행된 새로운 독일형법 총칙에서 미수범의 개념규정으로서 제22조는 "범행에 관한 행위자의 표상(表象, Vorstellung)에 의하면 구성요건의 실현에로 직접으로 시동(始動)한(ansetzen) 자는 미수를 범한 것이다", 미수범의 처벌에 관하여 제23조는 "① 중죄의 미수는 항상, 경죄의 미수는 법률이 명문으로 규정하는 때에만, 처벌한다. ② 미수범은 그 기수범보다 경하게 처벌할 수 있다(제49조 1항). ③ 행위자가 심한 몰상식(沒常識, Unverstand)으로 말미암아, 그 범행의 대상 또는 수단의 성질상 그 기도(企図, Versuch)가 결코 기수가 될 수 없는데, 될 수 있는 것으로 잘못 생각한 경우에는, 법원은 형을 면제하거나 또는 법원의 재량에 의하여 형을 감경할 수 있다(제49조 2항)"라고 규정한다. 여기서 그 기도가 결코 기수가 될 수 없는「불능미수」(심한 몰상식으로 말미암은 경우를 포함하여)를 가벌적인(strafbar) 것으로 보고 있다는 점은 주목할 만하다.[8] 이에 관하여 Roxin은 1974년에 신(新)형법을 소개하면서 "현행형법에는 규정되어 있지 아니하지만, 판례에 의해서는 훨씬 전부터 그리고 오늘날은 2·30년 전과는 달리 학설에 의해서도 거의 이구동성으로 가벌적인 것으로 인정되는 불능미수를 장래의 법은 이제 명문으로 처벌의 대상으로 삼는다"[9]라고 논술한다. 다만 불능미수를 형의 임의적 감경이 되는 가벌적인 것으로 보되, 그 착오가 심한 몰상식으로 말미암은 경우에는, 원칙적으로 형을 면제할 수 있도록 하고 예외적으로만 재량에 의하여 형을 감경할 수 있도록 규정하였다.[10] 이러한 새로운 독일형법 총칙 하에서, 순(純)주관설은 더 이상 지지할 수는 없다. 왜냐하면 구성요건 실현에로의 직접적 시동이라는 객관적 요소가 제22조로 도입되었고 또한 제23조 3항은 심한 몰상식으로 말미암는 미수의 경우에 형의 면제를 가능하게 하고 있기 때문이다".[11] 또 순(純)객관설도 시대에 뒤떨어진

Thomas Weigend (Hrsg.), Strafrecht und Kriminalpolitik in Japan und Deutschland, 1989, S.114.

7 Weigend, Versuchslehre, S.113.

8 1871년의 구독일형법에는 불능미수에 관한 규정은 없었다.

9 Roxin/Stree/Zipf/Jung, Einführung in das neue Strafrecht, 1974, S.16 (Claus Roxin).

10 Karl Lackner/Kristian Kühl, Strafgesetzbuch, 21.Aufl., 1995, S.159.

11 Hans-Heinrich Jescheck/Thomas Weigend, Lehrbuch des Strafrechts, Allgemeiner Teil, 5.Aufl.,

(überholt) 것이다. 왜냐하면 제22조는 구성요건의 실현에로의 행위자의 시동과 더불어 '범행에 관한 행위자의 표상'을 고려하고 또한 제23조 3항은 불능미수의 가벌성을 전제로 하기 때문이다.[12] 이리하여 객관 · 주관 결합설의 방향으로 가게 되는데, 그 중에서도 인상설이 통설이다.[13]

(2) 독일형법 하의 'untauglicher Versuch'와 우리 형법 하의 '불능미수'를 비교해 보면, 다음과 같다. ① untauglicher Versuch는 「행위자가 그 범행의 대상 또는 수단의 성질상 그 기도가 결코 기수가 될 수 없는데 될 수 있는 것으로 잘못 생각한 경우에 〈가벌적인 것〉이 되는 미수범」임에 반하여, 불능미수는 「실행의 수단 또는 대상의 착오로 인하여 결과의 발생이 불가능할 뿐 아니라 위험성도 있는, 따라서 결과의 발생이 가능하다고 평가되는 경우에 〈가벌적인 것〉이 되는 미수범」이다. 따라서 untauglicher Versuch 쪽이 상대적으로 그 성립의 범위가 보다 넓다고 본다.[14] ② 보통의 untauglicher Versuch는 장애미수와 마찬가지로 〈형의 임의적 감경〉이고 그 착오가 「심한 몰상식으로 말미암은 경우」에만 〈형의 임의적 감면〉임에 반하여, 불능미수는 모두 〈형의 임의적 감면〉이다. 이상과 같이 untauglicher Versuch와 불능미수는 반드시 같지 아니할 뿐 아니라, untauglicher Versuch는 보통 〈불능미수〉라고 번역되므로 오히려 혼란을 야기할 우려조차 있다.[15]

1996, S.514.

12 Jescheck/Weigend, Strafrecht, S.513.

13 "인상설은 (신형법총칙이 시행된–필자 주) 1975년까지 단지 소수의견에 의하여 옹호되었는데, 몇 년 안 가서(innerhalb weniger Jahre) 통설로 발전하였다"(Dietrich Kratzsch, Verhaltenssteuerung und Organisation im Strafrecht, 1985, S.63.).

14 독일형법상의 untauglicher Versuch로는 우리 형법학상은 〈불능미수〉가 될 수 있을 뿐 아니라, 또 〈불능범〉도 될 수 있는 것이다. [추가] Roxin은 2003년에 출간한 Strafrecht, AT, Band Ⅱ, S. 336에서 "현행법에 의하면 위험하지 않는 untaugliche Versuch도 처벌할 수 있다"라고 논술한다.

15 이형국 교수는 "우리 형법 제27조에 「위험성」이라는 표현이 없다고 할지라도 가벌성의 근거를 이론적으로 바르게 파악하는 한 그 결과에 있어 하등의 차이가 나타날 수 없을 것이다. 그러므로 「위험성이 있으면 처벌한다」는 표현은 단지 주의를 환기시키는 정도의 의미를 갖는데 지나지 아니한다. 오히려 가벌성과 동질적이고, 추상적인 용어를 사용함으로 인하여 해석상의 어려움을 가져다주는 문제점조차 있다. 이상과 같은 관점에서 필자는 당연히 가벌성을 전제로 하고 있는 불능미수범의 처벌을 현행법의 경우처럼 …형의 임의적 감면사유로 하되 행위가 심한 상

III. 일본에 있어서의 불능범론

(1) 일본에 있어서는 미수범론의 전개에 있어서 (협의의) 미수범·중지범·불능범의 순으로 논하는 것이 보통이다. 여기서 미수범(장애미수·중지미수)과 구별되는 「불능범」은 〈위험성〉이 없다는 데에 그 특색이 있다.[16]

일본에 있어서 현행형법에는 〈불능범〉에 관한 규정이 없지만, 1940년의 개정형법가안 제22조는 "결과의 발생이 불가능한 경우에 있어서 그 행위가 위험하지 않는 때에는 이를 벌하지 아니한다". 1961년의 개정형법준비초안 제23조 및 1974년의 개정형법초안 제25조는 각각 (불능범)이란 표제를 붙이고서 "행위가 그 성질상 결과를 발생시키는 것이 무릇 불능인 때에는, 미수범으로서는 이를 벌하지 아니한다"라고 규정한다.

일본에 있어서 위험성이 없는 경우에 〈불능범〉을 인정하면서, 그 불능범을 불가벌로 하는 데에는 이론(異論)이 없다. 여기서 〈위험성〉의 존부에 관한 학설의 동향을 보면, 오늘날 주관설과 객관설의 날카로운 대립은 보이지 아니하며, 주관설은 주관적 위험설을 포함하여 거의 없다시피 하고, 구체적 위험설이 대세(大勢)를 잡은 것 같이 보였다. 그러나 근년에 결과반가치론의 입장에서 구체적 위험설을 비판하여 수정하거나 객관적 위험설을 재구성하려는 움직임이 뚜렷하다. 그리하여 구체적 위험설의 입장에서도 본래적인 구체적 위험설과 위험판단의 시점을 수정하거나(사후판단의 일부원용) 판단자료를 수정하는(행위자주관의 배제) 설 등이 있고, 또 객관적 위험설의 입장에서도 본래적인 객관적 위험설과 ① 판단대상인 실재적 구체적 사실에 대하여 일정한 추상화를 인정하거나, ② 판단대상 속에 행위자주관을 인정하거나, ③ 위험판단에 관하여 과학적 판단을 그대로 채용하는 것이 아니라 일반인의 사후판단의 여지를 인정하는 설 등이 있다. 이상으로 현재의 학설의 대립상황은 구체적 위험설 대(對) 객관적 위험설을 중축

식의 부족에 기인하는 경우에는 처벌하지 아니하도록 명시하는 것이 입법론적으로 바람직하다고 본다"라고 주장하는데 (「불능미수범에 있어서의 위험성」, 고시연구 1992년 2월호, 37면), 불능미수를 불능범과 구별케 하는 「위험성이 있으면 처벌한다」는 요건을 삭제하는 것이 바람직하다는 생각이라면 필자는 반대의 입장이며, 또 〈심한 상식의 부족에 기인하는 경우〉는 학설에 따라 형의 임의적 감면사유 가운데의 면제사유로 해석하면 될 것이지 따로 명문규정을 둘 필요는 없지 아니할까 생각한다.

16 예컨대 大塚 교수는 "불능범의 본질은, 범죄를 실현할 위험성을 결한 행위라는 점에 구해야 한다"라고 말한다(大塚 仁, 『刑法槪說(總論)』, 改訂版, 1986年, 228頁 以下).

(中軸)으로 삼으면서 개별적으로는 양설(兩說)의 절충을 시도하는 견해들이 있다고 말할 수 있다.[17]

(2) 우리 형법 제27조는 가안(假案) 제22조의 영향이 엿보이는데, 우리 규정은 불능범을 규정한 것이 아니라 불능미수를 규정한 데에 차이가 있다. 그리고 일본형법학이 이론적인 면에서 〈위험성〉의 존부에 따라 미수범과 불능범을 나누는 점에서는 우리 형법의 해석론에 직접으로 참고가 되겠으나, 일본형법이 미수범을 장애미수와 중지미수의 둘로만 나누었음에 반하여 우리 형법은 〈결과발생가능성〉의 여부로 장애미수를 다시 협의의 장애미수와 불능미수로 나누고 있으므로 우리 쪽이 보다 세분된 이론전개를 할 수 있다고 본다.

IV. 한국에 있어서의 불능미수론

우리 형법에는 제27조에서 〈불능미수〉를 규정하고 있는데, 제27조의 신설과정, 제27조의 미수범의 성격과 명칭, 미수범체계 내에서의 불능미수의 지위, 불능미수의 요건 그리고 〈위험성〉과 〈실행의 착수〉의 관계를 살펴보고자 한다.

1. 제27조의 신설과정

원래 법전편찬위원회의 「형법요강」에서는 불능범에 대하여 그 행위가 위험치 아니하면 처벌하지 아니한다는 취지를 명백히 규정할 작정이었으나,[18] 그 후 동(同)위원회의 「형법초안」에서는 제27조에서 "실행의 수단 또는 대상의 착오로 인하여 결과의 발생이

---

17 〈위험성〉에 관한 학설의 동향에 관하여는, 村井敏邦, 「不能犯」(芝原·堀內·町野·西田 編集, 刑法理論の現代的展開, 總論 II, 1990年, 167頁 以下); 渡辺眞男, 「不能未遂における危險性の槪念」法學政治學論究, 第9號, 1991年, 187頁 참조.
  구체적 위험설의 판단기준 및 수정론, 순객관적 견해의 판단기준 등에 관하여는, 奧村正雄, 「不能犯論の豫備的考察 —わが國における不能犯論の現狀分析を中心に—」, 同志社法學, 32卷 5號, 1981年, 101頁 以下가 자세하다.

18 엄상섭, 「형법요강해설(1)」, 법정 1948년 9월호, 19면.

불가능한 때에는 형을 감경 또는 면제할 수 있다"로 수정하였고,[19] 이 수정안이 국회의 법제사법위원회에서는 "…불가능하더라도 위험성이 있는 때에는 처벌한다. 단 형을 감경 또는 면제할 수 있다"로 수정하였고,[20] 이 수정안이 국회 본회의에서 그대로 채택되었다. 그런데 국회 제2독회(讀會)에서의 엄상섭 법제사법위원장대리의 수정안 설명을 보면 다음과 같다: "…법전편찬위원회에서는 많이 논의가 되다가 「불가능한 때에는 형을 감경 또는 면제할 수 있다」, 이렇게 해서 위험성이 있고 없고 간에 처벌하기로 하되 형은 감경도 하고 면제도 하여서 구체적인 사정에 맞추자는 것이었는데, 이것은 결국 미신범, 즉 「자기가 증오하는 사람을 신불(神佛)에게 죽게 해달라고 기도하는 방법으로 하는 살인죄」 같은 것을 제외하고는 전부 처벌하게 되는 것으로서 가혹할 뿐 아니라 가벌미수와의 한계가 명확하지 못합니다. 그래서 「사후의 판단으로 해서 불가능하더라도 위험성이 있는 때에는 처벌한다」 이렇게 하는 것이 명확하다. 그러나 여러 가지 점으로 보아서 도저히 그 결과가 발생할 수 없다는 것이 판명되면 혹은 형을 감(減)해 주기도 하고 혹은 면제해 주기도 하자 이렇게 고친 것입니다. 따라서 위험성이 없는 경우에는 전부 처벌하지 않게 됩니다".[21]

2. 제27조의 미수범의 성격과 명칭

현행형법 제27조는 "실행의 수단 또는 대상의 착오로 인하여 결과의 발생이 불가능하더라도 위험성이 있는 때에는 처벌한다. 단, 형을 감경 또는 면제할 수 있다"라고 규정하면서, 그 표제는 〈불능범〉이라고 붙이고 있다. 그런데 본조가 규정하는 바는 「위험성이 있는 때」이므로, 표제와는 달리 불능범을 규정하고 있지는 않다는 점에는 이의(異議)가 없다. 그렇다면 어떤 성격을 지니느냐의 면에서 볼 때에, 종래의 다수설은 미수범이라고는 보되 적극적으로 그 성격을 밝히지는 못하는 것 같았고,[22] 소수설은 불능범

---

19 「법전편찬위원회 형법초안(1)」, 법정 1950년 4월호, 37면.

20 서일교 편, 『신형법(부 참고자료)』, 1953년, 113면.

21 서일교 편, 『신형법』, 113면 이하.

22 이는 교과서에서 제27조를 〈불능범〉이란 절 속에서 논하기 때문인 것으로 보이는데, 남흥우 · 백남억 · 염정철 · 유기천 · 정영석 · 정창운 · 황산덕 교수들이 이렇게 다루고 있다.

과 미수범과의 중간에 위치하는 별개의 개념을 이루는 것으로 보았다.[23]

생각건대 제27조가 규정하는 바는 「위험성이 있는 때」이므로 우리가 〈위험성〉의 유무에 의하여 미수범과 불능범과를 구별하는 입장에 서는 한, 본조는 불능범이 아니라 미수범을 규정하고 있다. 다음으로 「실행의 수단 또는 대상의 착오로 인하여 결과의 발생이 불가능하더라도」라는 요건은 그러한 착오없이 〈사실상〉 결과의 발생이 가능했음에도 불구하고 미수가 된 제25조의 협의의 장애미수와 구별케 하는 것으로 보아야 할 것이다. 필자는 동(同)조가 규정하는 바는 위험성이 있으므로 〈미수범〉이지만 실행의 수단 또는 대상의 착오로 인하여 결과의 발생이 〈불가능한〉 미수라는 뜻으로 일찍이 「불능미수」라고 명명(命名)한 바 있는데,[24 · 25] 1980년대에 들어서야 이 명칭이 정착된

---

23 유병진 판사는 "결과발생이 불가능하더라도 위험성이 있는 경우는 불능범과 미수범과의 중간에 위치하는 별개의 개념을 이루고 있다고 할 것이다"(『한국형법(총론)』, 1957년, 162면 이하), 이건호 교수는 "현행형법은…소위 불능범과 미수범과의 중간영역에 해당하는 또 하나의 개념을 두고 있는 듯이 보인다"(『형법학개론』, 1964년, 164면)라고 논술한다.

24 형법강의로는 1958년부터이고, 잡지에 발표된 것은 「법정」 1963년 11월호 26면 이하에서이다. 즉 「형법 제27조와 미수범」이라는 논제로 발표되었는데, 날씬한 삼각형의 미수범구조도(처음에는 사각형으로 구상했으나 곧 삼각형으로 바꾸었음)와 함께 남흥우 · 백남억 · 정영석 · 유병진(판사) · 이건호 · 황산덕 · 유기천 교수의 견해를 검토하고 나서 〈맺는 말〉에서 "이상 고찰한 바와 같이 제27조가 규정하고 있는 바는 미수범과 불능범과의 중간영역이나 준불능범이 아니라 바로 미수범의 일종인 〈불능미수〉이다. 그리고 현행형법에 있어서의 미수범은 장애미수 · 중지미수 · 불능미수의 3종이라는 점을 특히 주의해야 하리라고 본다. 따라서 현행형법 하에서 미수범을 논함에 있어서는 미수범일반(제25조)을 논한 다음에, 구법 하와 같이 중지범 · 불능범(위험성이 없는)을 논할 것이 아니라, 미수범의 특수유형으로서의 중지미수(제26조) · 불능미수(제27조)를 논해야 하리라고 생각한다."(29면)라고 결론지었다. 그리고 1979년에 발표된 「현행형법 하에서의 미수범의 체계」, (『법철학과 형법』〈황산덕박사화갑기념논문집〉, 238면 이하)에서 남흥우 · 박정근 · 백남억 · 염정철 · 유기천 · 유병진〈판사〉 · 이건호 · 정영석 · 황산덕 교수의 견해를 자세히 인용하면서 비판하고서, 역시 동일한 〈결론〉을 내렸다.
하여튼 필자가 제27조의 미수범을 〈불능미수〉라고 명명한 것은 상술한 바와 같이 우리 현행형법의 조문에 충실하게 명명한 것이며, 독일형법학의 untauglicher Versuch의 번역어로서 명명한 것은 결코 아니다.

25 유병진 판사는 "나는 이러한 위험성은 있으나 미수범이 아닌 경우를 편의상 준불능범이라고 부르고 싶다"(『총론』, 163면)라고 논술하여 〈준불능범〉이라고 명명하였으나, 위험성이 있으면 바로 미수범으로 보아야 하므로 타당하지 않다고 생각하며, 이건호 교수도 "논자에 따라서는 이러한 개념을 설명함에 있어서, 제27조는 불능범 외에 준불능범의 개념을 새로이 인정할 것이라고 주장하는 자도 있는 것이나 물론 그것은 적당하지 않은 설명이다"(『개론』, 164면)라고 비판한다.

것으로 본다.[26·27]

3. 제27조와 미수범체계 내에서의 지위

(1) 제27조의 의의

제27조는 신형법에서 신설된 규정인데, 만약 본문규정만 있다면 미수범을 불능범으로부터 구별케 하는 규정으로서의 소극적 의미를 가질 뿐이다(물론 구성요건의 흠결의 문제에 관한 입법적 해결의 면도 가지지만). 그러나 동(同)조 단서규정에 의하여 본문에서 규정하는 미수범은 형의 임의적 감면을 받도록 되는데, 제25조의 미수범은 형의 임의적 감경, 제26조의 미수범은 형의 필요적 감면을 받도록 되어 있다. 이와 같이 제25조 · 제26조 · 제27조에서 규정하는 미수범들이 각각 다르게 취급받도록 되어 있으므로, 결국은 제27조에 의해서 더 정확히는 동조 단서에 의해서 현행형법 하에서 미수범은 세 가지라는 결론이 나온다.[28]

---

26 정성근, 『형법총론』, 초판, 1983년; 이재상, 『형법신강』〈총론 I〉, 1984년; 이형국, 『형법총론연구 II』, 1986년; 김일수, 『형법학원론』〈총칙강의〉, 1988年 등. 그리고 불능범이 아니라 〈불능미수〉라는 절에서 제27조를 다루게 되었다.

27 〈불능미수〉라는 명칭이 (교과서 수준에서) 정착되는 데에 20년이나 걸린 것은, 우리나라에서는 종래에 일반적으로 〈불능미수〉란 용어를 〈불능범〉과 동의어로 생각했기 때문인 것으로 안다. 예컨대 "불능범(또는 불능미수)(untauglicher Versuch)이라 함은, …범죄의 구성요건의 내용을 완전히 실현할 가능성, 즉 위험성이 없어 미수범으로서도 처벌할 수 없는 경우를 말한다."(정영석, 『총론』(제4전정판), 1978년, 218면), "…구성요건의 내용이 실현될 가능성이 전연 없다면 그 행위는 벌써 가능성을 인정할 수 없는 행위인 것이다. 이러한 행위를 불능범(délit impossible) 또는 불능미수(untauglicher Versuch)라 칭한다"(백남억, 『형법총론』, 제3전정판, 1962년, 260면). "미수범과 관련하여 당연히 문제되는 것은 성질상 결과발생이 불가능한 미수즉 불능범(untauglicher Versuch)의 경우를 어떻게 취급할 것인가이다"(황산덕, 『형법총론』(제6정판), 1974년, 236면), "불능범(불능미수 untauglicher Versuch; infration impossible)이라 함은 범죄를 실현하려고 한 행위가 그 성질상 범죄를 실현할 위험성이 없으므로 형법상 범죄로서 평가되지 않는 행위를 말한다"(염정철, 『형법총론』, 1966년, 417면) 등으로 논술되고 있었다. 그런데 독일어로서의 untauglicher Versuch는 우리의 용어례로서의 〈불능범〉과 반드시 동일한 것으로 볼 수 없다(이에 관하여는 김종원, 「미수범의 체계」, 234면 이하 및 동, 「불능미수」, 『형사법강좌 II』(한국형사법학회 편), 1984년, 620면 이하 참조). 참고로 1992년의 형법개정법률안에서는 제27조의 표제가 「불능범」에서 「불능미수」로 바뀌었다.

28 황산덕 교수는 제27조 단서규정에 의해서 "미수범에는 형을 감경할 수 있는 미수범(제25조 2항)과 형을 면제할 수 있는 미수범의 두 가지가 있는 것이 아닌가라는 의문을 가지게 한다"(『형법총론』, 제7정판, 1982년, 241면)라고 의문을 제기하고서, 결론적으로는 "우리는 제27조의 미수범을 별도로 인정해야 한다는 견해에 찬성하지 않는다. …우리는 형법 제27조가 임의적 면제

그리고 또한 제27조는 미수범론의 새로운 체계까지도 요구하는 것으로 본다.

(2) 현행형법 하의 미수범 구조

제27조에 의하여 현행형법 하에서 미수범이 세 가지임이 밝혀졌는데, 그러면 서로가 어떠한 관계에 있는가를 그림에 의하여 알아보겠다.

1) 먼저 ① 미수범 일반 □CIJE(원래 제25조가 적용되는 범위이다)는 현실적인 결과발생이 없다는 점에서 결과발생이 있는 기수 □ACEB와 구분되고 또 평가상의 결과발생가능성인 위험성이 있다는 점에서 위험성이 없는 불능범 ▽IKJ와 구분된다. ② 미수범 일반 □CIJE는 자의에 의하여 미수가 되는 중지미수 ▽DJE와 자의에 의하지 않고 미수가 되는 광의의 장애미수 □CIJD로 구분된다. ③ 광의의 장애미수 □CIJD는 실행의 수단 또는 대상의 착오로 인하여 사실상 결과의 발생이 불가능한 불능미수 □FIJG와 그러한 착오없이 사실상 결과의 발생이 가능한 가능미수인 협의의 장애미수 □CFGD로 구분된다.[29]

이상에서 □CFGD가 제25조의 미수범(협의의 장애미수), ▽DJE가 제26조의 미수범(중지미수), □FIJG가 제27조의 미수범(불능미수)이다.

까지도 규정한 것은 입법적 과오를 범한 것이라고 인정하는 것이다"(『총론』, 242면)라고 주장하는데, 비록 입법적 과오를 범했다고 해도 실정법으로서 임의적 감면을 하도록 규정된 제27조의 미수범을 제25조를 적용시켜서 임의적 감경밖에 인정하지 않도록 해석할 수는 없을 것이다. 입법론을 해석론과 혼동한 것이 아닌가 생각된다. 그리고 입법자가 제27조의 미수범을 별도로 인정하여 감경뿐 아니라 면제까지 할 수 있도록 한 것은, 입법적 과오를 범한 것이 아니라, 불능미수를 가능미수(협의의 장애미수)보다 가볍게 벌하도록 한 점에서 납득할 만한 이유가 있다고 본다.

29 필자와 동일한 미수범 구조를 취하는 입장으로는, 이재상, 「불능미수에 관한 몇 가지 문제점」, 월간고시, 1989년 7월호, 71면 이하; 성시탁, 「불능미수」, 『김종원교수화갑기념논문집』, 1991년, 392면 등을 들 수 있다.

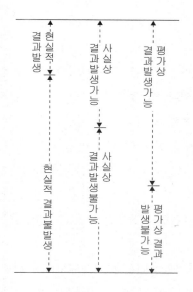

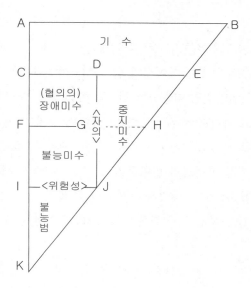

2) 그리고 이 그림과 관련해서 몇 가지 부언한다면, ① 선 FH는 결과발생가능성에 대한 사실판단을 나타낸 것이므로 고정적이지만, 선 IJ는 결과발생가능성에 대한 형법적 가치판단, 즉 위험성을 나타낸 선이므로 어느 학설을 취하느냐에 따라서 상하로 유동적이다(예컨대 순(純)주관설을 취하게 되면 가장 아래쪽으로 내려간다). ② 불능미수의 불능과 불능범의 불능을 구별할 수 있다. 즉 전자의 불능은 사실상 결과발생의 불능이지만, 후자의 불능은 이중의 불능이다. 즉 사실상의 불능일 뿐 아니라 평가상으로도 불능인데, 여기서는 평가상의 불능이라는 뜻이 본질적이다. ③ ▽GJH는 실행의 수단 또는 대상의 착오로 인하여 결과의 발생이 사실상 불가능하지만(물론 위험성은 있으나) 자의로 그 실행을 중지한 경우[30]를 나타낸다고 보는데, 학설에 따라서는 처음부터 사실상 결과발생이 불가능하지만(물론 위험성은 있으나) 자의로 알맞은 결과발생방지행위를 한 경우[31]에도 포함된다고 본다(필자는 후자의 경우를 중지미수가 아니라 불능미수

---

30 예컨대 방금 죽은 시체를 살아 있는 사람으로 오인하고서 죽이려고 총을 겨누었지만 자의로 그 만둔 경우.

31 예컨대 살인의 고의로 청산가리인 줄 잘못 알고서 설탕을 더 넣은 오렌지 주스를 먹이고 나서 (따라서 처음부터 사실상 사망의 결과발생이 불가능하다) 자의로 사망의 결과발생을 방지하기

의 문제로 보고 있지만).[32]

(3) 미수범론의 새로운 체계

우리 나라에 있어서의 〈종래의〉 미수범론의 체계는 두 가지의 미수범이 인정되는 일본형법학식의 미수범론 체계를 예외 없이 따르고 있었다. 즉 첫째로, 미수범 일반을 논하고(여기서는 주로 '실행의 착수'가 문제가 된다), 둘째로, 중지범을 설명하고(여기서는 주로 '자의성'이 문제가 된다), 셋째로, '불능범'을 논한다(이것도 '현행형법의 불능범'이란 항목으로 설명하기도 한다). 이렇게 해서는 불능미수의 설명 '불능'이라고까지 말할 수 있다. 왜냐하면 불능범 ▽IKJ를 설명하는 자리에서는 불능미수의 둘째 요건인 선 IJ(위험성)의 설명은 나오겠지만, 그 첫째 요건인 FG선의 설명은 나올 수 없기 때문이다.

그래서 세 가지의 미수범을 인정하는 우리 형법 하에서 미수범을 제대로 논하려면, 첫째로 미수범 일반을 논하고, 둘째로 중지미수를 설명하고, 셋째로는 '불능미수'를 논해야 하는 것이다. 여기서 '불능미수'의 첫째 요건(선 FG)의 설명에서 협의의 장애미수(제25조의 미수범)와 구분케 하고, 둘째 요건(선 IJ)의 설명에서 불능범과 구분케 하는 것이다.

4. 불능미수의 요건

형법 제27조 본문은 불능미수에 관하여 "실행의 수단 또는 대상의 착오로 인하여 결과의 발생이 불가능하더라도 위험성이 있는 때에는 처벌한다"라고 규정하므로, 그 요건은 다음의 둘로 나누어진다. 물론 불능미수도 미수범의 일종이므로 〈실행의 착수〉라는 요건이 필요하겠지만, 이것은 미수범의 일반적 요건이고, 특수미수범으로서의 불능미수의 요건으로는 다음의 둘로 족하다고 본다.

위하여 알맞은 해독제를 먹인 경우.

32 결과의 발생을 「방지한 바」가 없으니 중지미수라고 보기 곤란하고 또 불능미수로 보아도 형의 감경뿐 아니라 「면제」까지 가능하므로, 굳이 중지미수의 문제로 볼 필요가 없다고 생각한다.

(1) 결과의 발생의 불가능

불능미수는 "실행의 수단 또는 대상의 착오로 인하여 결과의 발생이 불가능할 것"을 요한다. 이 요건에 의하여 불능미수는 그러한 착오없이 결과발생이 가능하였지만 미수가 된 가능미수인 〈협의의 장애미수〉(제25조)와 구별된다.

1) 실행의 수단 또는 대상의 착오

실행의 「수단」 또는 「대상」의 착오가 있는 경우란, 예컨대 〈전자〉는 독약을 넣어서 먹인다는 것이 설탕을 넣어서 먹인 경우이고, 〈후자〉는 시체를 살아 있는 사람인 줄 알고 쏘는 경우이다. ① 그런데 여기서의 〈수단 또는 대상〉은 구성요건요소로서의 〈수단 또는 대상(객체)〉에 한하지 않으며, 따라서 여기서의 수단 또는 대상의 착오가 있는 경우는 수단 또는 대상(객체)에 대한 구성요건의 흠결(사실의 흠결)이 있는 경우보다 넓다고 생각한다. ② 그리고 여기서의 〈수단의 착오〉는 '구성요건의 착오(사실의 착오)'의 경우에 있어서의 〈방법의 착오〉와는 엄격히 구별되어야 한다. 즉, 〈전자〉는 수단 그 자체에 착오가 있는 경우로서, 예컨대 살인의 수단으로서 독약을 사용한다는 것이 사탕을 사용한 경우임에 반하여, 〈후자〉는 타격의 착오라고도 하는 바와 같이 예상과는 다른 객체에 작용된 경우로서 예컨대 A를 죽이려고 쏘았던 바 그 총알이 A 옆에 있던 B에게 맞은 경우이다.[33]

2) 결과발생의 불가능

「결과의 발생이 불가능하다」는 것은, 예컨대 살인하려고 사탕을 넣어서 먹이거나 시체를 산 사람으로 알고 총을 쏘는 경우에 있어서와 같이, 〈사실상〉 사망의 결과발생이 불가능한 것을 말한다(사후판단). 그리고 「중간영역설」은 여기서의 〈사실상의〉 결과발생의 가능·불능의 문제와 다음의 〈형법적 평가상의〉 결과발생의 가능·불능의 문제를 둘 다 각각 미수범과 불능범을 구별케 하는, 즉 「위험성」의 유·무의 문제로 본 데에

---

33 소위 〈주체의 불능〉의 경우에 관하여는 다른 기회에 살펴보고자 한다. 이에 관한 자세한 논문으로는, 하태훈, 「불능주체의 가별성」, 『김종원교수화갑기념논문집』, 1991년, 435면 이하가 있다.

서 나왔지 않나 생각한다.[34] 예컨대, 시체를 살아 있는 사람인 줄 잘못 알고 살인의 고의로 총을 쏜 경우에 있어서 대상의 착오로 인하여 〈사실상〉 사망이라는 결과의 발생은 불가능하지만 형법상 결과발생이 가능한 것으로 〈평가〉되면, 즉 「위험성」이 있다고 평가되면 불능미수가 된다는 것을 유의하여야 할 것이다.[35]

(2) 위 험 성

「위험성이 있을 것」이라는 요건에 의하여 불능미수는 위험성이 없는, 따라서 범죄가 될 수 없는 〈불능범〉과 구별된다. 「위험성」은 〈형법적 평가상〉의 구성요건의 실현가능성을 뜻하는데,[36] 여기서는 형법적 평가상의 결과발생의 가능성이라고 보아도 상관없을 것이다.

「위험성」의 유ㆍ무의 판단기준에 관하여 종래의 학설대립으로는 객관적 위험설ㆍ구체적 위험설ㆍ주관적 위험설ㆍ순(純)주관설을 들 수 있으나, 근년에는 인상설도 주장되고 있다.

1) 객관적 위험설(구 객관설)

결과발생의 가능성(위험성)을 순전히 객관적으로 또 구체적 사정을 추상해서 고찰하여 행위가 결과발생의 가능성이 있는 때에는 미수범이고, 그렇지 않는 때에는 불능범이라고 보는 설이다. 이 설은 행위 후에 밝혀진 행위 시의 사정도 모두 고려에 넣는 점에 특색이 있다.[37] 그런데 이 설은 보통 절대적 불능과 상대적 불능으로 나누어서 고찰된

---

34 독일형법 제23조 3항이나 일본형법초안 제25조와 그 규정방식이 다른 우리 형법 제27조의 해석론에 있어서는 〈양자〉의 구별에 관한 이론전개가 필요할 뿐 아니라 중요한 의미를 가진다고 본다.

35 이재상 교수도 "형법 제27조는 결과발생이 사실상 불가능한 경우에도 규범적 평가적으로 위험성이 인정될 때에는 불능미수로 처벌한다는 것을 명백히 한 것으로 보아야 한다. 이러한 의미에서 결과발생의 불가능은 사실적 개념이며 위험성은 평가적 개념이라고 해석할 수도 있다"라고 논술한다(「문제점」, 76면).

36 〈위험성〉은 미수범에 공통되는 요소이다.

37 內藤謙 교수는 구체적 위험설과 차이가 나는 객관적 위험설의 특색으로서 다음의 셋을 든다. 그 위험판단의 〈기저(基底)〉(기초 내지 자료)는 사전판단이 아니라 사후판단에 의하여 획정된다. 이러한 사후판단인 것의 귀결로서 위험판단의 〈기저〉는 행위 시에 행위자가 인식하고 있던 사정 및 일반인이 인식할 수 있었던 사정에 한하지 아니한다. 위험판단의 〈기준〉은 단순한

다 (이러한 의미에서 「절대적 불능·상대적 불능설」이라고도 한다). 즉 〈전자〉는 그러한 수단 내지 객체로서는 어떠한 사정 하에서도 결과발생에 적당하지 아니한 경우, 예컨대 살인의 의사로써 유황가루를 음식물에 섞어서 먹게 하거나(수단에 관한 절대적 불능), 시체를 살아 있는 사람인 줄 잘못 알고 살인의 의사로써 발포한 경우(객체에 관한 절대적 불능)임에 반하여, 〈후자〉는 수단 또는 객체가 일반적으로는 결과발생에 적당한 것이지만 특수한 경우에 있어서 우연한 사정에 의하여 부적당한 경우, 예컨대 독약을 먹였으나 그것이 치사량에 미달이거나(수단에 관한 상대적 불능) 사람을 죽이려고 심장을 향해서 쏘았으나 상대방이 방탄조끼를 입고 있은 경우(객체에 관한 상대적 불능)이다. 그래서 〈절대적 불능〉의 경우는 위험성이 없다고 하여 불능범이 되고, 〈상대적 불능〉의 경우는 위험성이 있다고 하여 미수범이 된다고 한다.

2) 구체적 위험설(신 객관설)

이 설은 행위 당시에 있어서 일반인이 알 수 있는 사정과 행위자가 알고 있는 사정을 기초로 하여 일반적 경험법칙에 비추어(또는 일반인의 견지에서) 결과발생의 가능성의 유무를 판단하는데, 그 가능성이 있으면 위험성이 있다고 하여 미수범이 되고, 그것이 부정되면 위험성이 없다고 하여 불능범이 된다.[38] 예컨대 일반인이 탄환이 재어져 있는 것으로 생각되는 권총을 행위자도 그렇게 생각하고 방아쇠를 당겼으나 실은 사전에 탄환이 빼어져 있는 경우에는 미수범이지만, 착탄거리(着彈距離) 밖에 있다는 것이 일반인에게 알 수 있는 사람을 향해서 살의로써 총을 쏜 경우에는 불능범이 된다.

3) 주관적 위험설

행위 당시에 있어서 행위자 자신이 알고 있는 사정을 기초로 하여 일반적 경험법칙에

일반인(통상인, 보통인)의 판단(사회통념)이 아니라 과학적 기초가 있는 인과법칙 내지 경험(법)칙이다(『刑法講義總論』(93回), 法學敎室 89年 10月號. 81頁 以下).

38 이재상, 『형법총론』, 신정판, 1996년, 358면 : 배종대, 『형법총론』(개정판), 1993년, 451면. 그리고 박상기 교수는 "행위 시의 상황에서는 결과발생의 현실적 가능성이 없었다고 할지라도 행위수단이나 대상 등의 착오가 없었던 정상적인 상태였다면 결과발생이 가능하였으리라는 조건에서 위험성을 인정하고 이를 토대로 처벌하는 것이 타당하다고 본다(구체적 위험설). 그렇다면 형법 제27조가 규정하는 위험성이란 결국 결과발생의 잠재적 위험성이라고 할 수 있을 것이다"라고 논술한다(『형법총론』, 제2개정판, 1997년, 373면).

비추어서(또는 일반인의 견지에서) 결과발생의 가능성을 판단하여 이것이 긍정되면 위험성이 있다고 해서 미수범이 되고 이것이 부정되면 위험성이 없다고 하여 불능범이 된다는 설이다.[39] 예컨대 사탕을 비소(砒素)인 줄 잘못 알고 먹인 경우에는 미수범이 되지만, 사탕에 살인력이 있다고 믿고서 사탕을 먹인 경우에는 불능범이 된다. 그리고 주관적 위험설을 「행위자의 위험설」[40]이라고도 부른다.[41]

4) 순주관설

범죄를 실행하려는 의사를 표현하는 행위가 있으면 이로써 범인의 위험성은 징표되었으므로, 결과발생의 객관적인 위험성의 여하를 불문하고, 미수범으로 보는 설이다. 즉 행위자가 알고 있는 사정에 의거하여 행위자가 결과발생의 가능성이 있다고 생각하였다면, 주관적으로 위험성이 있으므로 미수범이 된다고 본다. 다만, 이 설에 의해서도 저주에 의하여 사람을 죽이려고 하는 것과 같은 소위 〈미신범〉의 경우만은 예외라고 한다.[42]

5) 인상설

이 설은 법적대적(法敵對的)인 행위자의 의사의 실행이 법적 평온에 교란을 야기함으로써 법질서에 대한 일반의 신뢰를 저해시키는 법동요적 인상을 위험성으로 파악한

---

39 염정철, 『총론』, 421면; 이건호, 『개론』, 168면; 정영석, 『총론』1985년, 240면; 정성근, 『형법총론』(전정판), 1996년, 520면; 진계호, 『형법총론』(제2개정 증보판), 1988년, 446면〈과학적 지식을 가진 일반인을 표준으로 함 : 447면〉.

40 황산덕, 『총론』(제7정판), 1982년, 240면.

41 한편 행위자의 생각대로 되었다면 일반인의 판단으로 결과발생의 가능성이 있다고 인정되는 경우에 법질서에 대한 위험이 있다고 하여 미수범으로 보고 그것이 부정되면 불능범으로 보는 입장을 「법질서에 대한 위험설」 내지 「추상적 위험설」이라고 부르는데, 〈구성요건의 흠결〉의 경우에 불가벌로 보는 것 이외에는 「주관적 위험설」과 같다. 또한 양자를 동의로 쓰기도 한다.

42 유병진 판사는 "주관주의에 입각하여 행위자의 의사에 중점을 두어 생각하는 한, 이 학설(순주관설-필자 주)이 정당할 것이다"(『총론』, 161면), "불능범은 주관주의의 견지에서 이해하여 행위가 법률질서를 침해할 추상적 위험이 없는 경우를 지칭한다 할 것이다(추상적 위험설에 의함). 그러므로 행위자에 범의가 있고, 또 그 범의를 실현하려 하는 행위가 있는 이상은 법률질서를 침해할 추상적 위험이 있다 하여야 할 것인 즉 이를 불능범이라고 할 수는 없을 것이요, 따라서 초(超)자연력에 의뢰하는 미신범만이 불능범이라 할 것이다"(『총론』, 163면)라고 주장하는데, 추상적 위험설의 입장이라기보다는 순주관설의 입장이라고 보아야 할 것이다.

다.[43] 이 입장은 법공동체에 대한 법동요적 인상을 미수범 처벌을 위한 기준으로 삼음으로써 법질서에 대한 신뢰를 강화할 수 있는 일반예방적 형사정책목적에 합치할 뿐 아니라 미수의 위험성을 파악함에 있어서도 주관적 · 객관적 측면을 함께 고려하고 있는 장점도 가지고 있으므로, 이 인상설의 위험성에 관한 내용이해가 불능미수의 구성요건 해당성 판단의 표지가 되는 〈위험성〉의 내용에 합당하다고 한다.[44 · 45 · 46]

6) 검 토

이상으로써 위험성의 유 · 무의 판단기준에 관한 학설을 살펴보았는데, 「객관적 위험설」은 구체적 사정을 고려하지 않은 점에서 또 「순(純)주관설」은 미신범을 예외로 인정함으로써 자설(自說)을 관철시키지 못하는 점에서 각각 타당성이 없다고 본다. 그리고 「주관적 위험설」은 행위자가 알고 있는 사정에 한정함으로써 행위자가 경솔히 잘못 안 경우에도 그 사정만을 기준삼아서 위험성 판단을 하게 하는 점에 비판의 여지가 있다고 본다. 물론 「구체적 위험설」에 대하여는 일반인이 알 수 있는 사정과 행위자가 알고 있는 사정이 일치하지 아니하는 경우에 어느 것을 기초로 할 것인가가 불명하다는 비판이 가해지지만,[47] 그러한 경우에는 원칙적으로 일반인이 알 수 있는 사정을 기초로 삼되

---

43 김일수, 『형법총론』, 1989년, 427면.

44 김일수, 『총론』, 427면. 또한 김일수 교수는 미수범의 처벌근거에 관하여 "그(절충설-필자 주) 중에서 인상설이 가장 대표적이며 또한 타당하다. 이 이론은 물론 주관설에서 출발하지만, 여기에 범행이 일반인에게 준 인상이라는 객관적 표지를 결합시킴으로써 원칙적인 주관적 출발점을 수정 · 보완하려고 한다"(『총론』, 411면 이하)라고 논술하고 있다.

45 이형국 교수도 "이 위험(27조의 위험성-필자 주)은 결과발생의 사실상의 위험이 아니라 행위의사 속에 정향(定向)된 법익침해에의 위험과 관련하여 내려지는 형법적 가치평가로서의 위험성이며 그 실질은 일반인에게 법질서의 효력에 대한 신뢰와 법적 안정감을 동요시키는 법적대적 의지의 실행이라고 보아야 할 것이다. …이 설은 주관설에 중점을 두면서도 그 객관적인 측면을 형벌의 일반예방적 목적과 관련하여 법적 평화에 대한 법률공동체의 신뢰(일반인의 법의식)를 동요시키는 그 침해적 인상에 결부시킨다"(『연구 II』, 553면 이하; 또한 『형법총론』, 1990년, 302면)라고 논술한다.

46 손해목 교수는 "행위자가 비록 위험성을 인식하였더라도 그 위험성이 사회의 법질서를 문란케 한다는 일반인의 인식이 있어야 한다. 또한 불능미수의 가벌성은 중지미수의 경우처럼 법질서 유지라는 일반예방적 형벌의 목적도 고려되어야 한다. 이러한 점으로 미루어 봐서 이론적으로는 인상설이 가장 합리적이다"(『형법총론』, 1996년, 914면)라고 논술한다.

47 정성근, 『총론』, 519면; 진계호, 『총론』, 444면 등.

행위자가 〈특히〉 알고 있는 사정이 있으면 이것을 기초로 삼으면 될 것으로 본다. 이러한 의미에서 구체적 위험설을 지지하고자 한다.[48] 한편 착오로 결과의 발생이 〈사실상〉 불가능할 뿐 아니라 「위험성」이 있어야 비로소 불능미수로 벌하는 우리 형법 하의 「위험성」을 논하면서, 착오로 결코 기수가 될 수 없는 경우에 바로 (불능)미수범으로 벌할 수 있는 독일형법 하의 처벌근거에 관한 통설인 「인상설」을 가지고 오는 것은 처벌범위가 아주 넓게 되므로 타당하지 않다고 본다.[49 · 50]

(3) 위험성과 실행의 착수

〈위험성〉과 〈실행의 착수〉의 문제는 대개 세 가지 면에서 논해지는 것 같다. 즉 ① 불능미수와 실행의 착수, ② 불능범과 실행의 착수 및 ③ 실행의 착수와 위험성이다. 그리하여 첫째의 문제를 살피건대, 불능미수도 미수범의 1종이므로 당연히 실행의 착수가 있어야 한다.[51] 둘째의 문제를 살피건대, 불능범은 위험성이 없어서 범죄가 되지

---

48 이형국 교수는 "(1)에서 거론한 종래의 제설(위험성판단의 기준에 관한 전통적인 제학설로서 구객관설 · 사실적 불능 및 법률적 불능설 · 구성요건의 흠결론 · 구체적 위험설 · 추상적 위험설 · 주관설을 말함—필자 주)은 이미 독일에서 형법사의 한 페이지를 수식하는 데 지나지 않듯이 우리 형법 제27조의 해석에도 거의 도움을 주지 아니한다"(『연구 II』, 554면)라고 논술하는데, 독일 형법 하에서는 주관 · 객관 혼합설로서의 〈인상설〉만이 중요한 의미를 가질지 모르지만 「위험성이 있는 때에는」(제27조 본문)이라고 규정하는 우리 형법 하에서는 위험성 판단에 관한 종래의 제학설도 여전히 중요한 의미를 가진다고 본다(참고로 이 교수의 『형법총론』에서는 그 부분이 삭제되었음).

49 김일수 교수는 「인상설」이 위험성 판단의 기준에 합당한 이유를, "인상설(행위자위험설)은 행위자가 실제 인식한 사정만을 판단의 자료로 삼기 때문에 구체적 위험설보다 불능미수의 성립범위가 넓다. 그리고 통찰력 있는 평균인의 입장을 판단기준으로 삼기 때문에 추상적 위험설보다는 불능미수의 성립범위가 좁아져 합리적이기 때문이다"라고 설명한다(『형법총론』, 신정판, 1996년, 399면 이하).

50 「인상설」에 대하여는 "인상설은 위험성 판단의 기준이 매우 유동적이라는 문제점이 있다"(박상기, 『총론』, 373면), "법적 평온상태의 교란에 대한 인상 정도만 있으면 미수범의 처벌을 인정하는 것은 주관설에 치우쳐 미수범의 처벌범위를 지나치게 확대한다는 비난을 면할 수 없다"(이재상, 『총론』, 360면) 등의 비판이 있다.

51 이재상 교수는 "불능미수도 미수범이므로 행위자가 실행에 착수하였을 것을 요구하는 것은 가능미수(장애미수)의 경우와 같다. …즉 결과의 발생이 가능한 경우의 착수행위에 해당하는 행위가 있으면 불능미수의 착수도 있다고 할 수 있다"라고 논술한다(『총론』, 353면 이하).

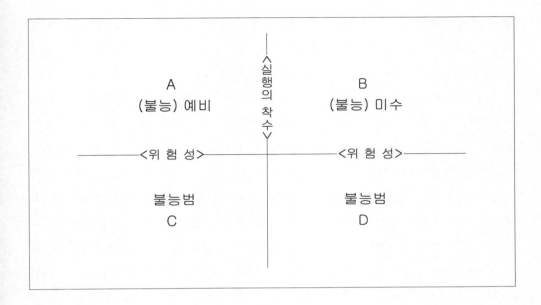

아니하므로 실행의 착수를 논할 실익은 없으나 생각할 수는 있다고 본다.[52] 셋째의 문제를 살피건대, 실행의 착수가 실질적으로는 위험성의 문제와 같다는 견해가 있는데,[53] 서로는 면(面)이 다른 문제라고 본다. 즉 〈위험성〉의 문제는 그 행위가 구성요건의 실현가능성이 있다고 평가되느냐의 문제이고, 〈실행의 착수〉의 문제는 그 위험성이 있다

---

52 정영석 교수는 "불능범도 미수범과 같이 행위자에게 범죄를 행하려는 의사가 있고 또 그 의사를 실현하기 위한 범죄실행의 착수도 있으나 범죄의 구성요건의 내용을 완전히 실현하지 못한 경우이다"라고 논술한다(『총론』, 233면).

53 "실행의 착수는 형식적으로는 예비와 미수를 구별하는 표준이 되지만 실질적으로는 불능범과 불능미수를 구별하는 표준이 된다고 할 수 있다"(이재상, 『총론』, 354면). "실행의 착수는 예비와 불능미수를 구분하는 시적 한계가 되는 동시에 그것이 범죄적 인상이라는 위험성의 한 실질적 내용인 점에서 또한 불능범과 불능미수를 구분하는 질적 한계로 된다"(김일수, 「불능미수론」, 『법학논집』, 제23집, 1985년, 14면), "실행의 착수와 불능미수의 위험성은 미수의 처벌근거에 대한 논의에서 비롯되는 것으로 양자간에 논리적 일관성이 요구되고, 따라서 양자는 말하자면 서로 「내포와 외연의 관계」에 있다고 할 수 있을 것이다. 미수범이 성립하기 위해서는 실행의 착수를 개념요소로 하며 그 결과 미수범은 위험성이 있는 경우만 처벌의 대상이 된다. 즉 실행의 착수가 인정된다는 것은 불능미수의 경우에 위험성이 있다는 의미와 다름없다."(신양균, 「불능미수의 법적 성격」, 『김종원교수화갑기념논문집』, 1991년, 412면). 그리고 신양균 교수는 "그러나 이러한 태도가 과연 타당한가는 독일형법을 토대로 한 논의가 현행형법에도 그대로 유지될 수 있는가에 달려 있으며, … 자세한 검토는 뒤로 미루기로 한다"라고 논술한다(「불능미수」, 412면).

고 평가되는 행위가 어느 단계에서 구성요건의 실현에로 시작했다고 볼 것이냐의 문제이다. 그래서 〈위험성〉의 유무에 의하여 (불능)미수범과 불능범이 구별되고 또 〈실행의 착수〉의 여부에 의하여 미수범과 예비가 구별된다. 이것을 그림으로 나타내 보겠다. 여기서 ① A와 B는 〈실행의 착수〉에 의하여 구분된다. ② B와 D는 〈위험성〉에 의하여 구분된다. ③ A와 C는 〈위험성〉에 의하여 구분된다. ④ C와 D는 〈실행의 착수〉에 의하여 구분된다고 보겠지만, 실익은 없다. ⑤ 〈A 대(對) C〉는 〈B 대(對) D〉에 대응한다. 이것을 설명하면, 다음과 같다. 갑이 돌부처를 을인 줄 잘못 알고 총으로 쏜 경우에, 학설에 따라서 살인의 위험성이 있다고 평가하여 불능미수(B)라고 하기도 하고, 살인의 위험성이 없다고 평가하여 불능범(D)이라고 하기도 한다. 그러한 경우에 갑이 돌부처를 을로 잘못 알고 죽이려고 집에 가서 총을 가지고 오는 행위(살인의 준비행위)는, 역시 학설에 따라서 살인의 예비로서 위험성이 있다고 평가하여 (불능)예비(A)라고 하기도 하고, 살인의 예비로서 위험성이 없다고 평가하여 불능범(C)이라고 하기도 하는 것이다. 이상으로 필자는 불능미수에 대응하는 〈불능예비〉, (불능)예비에 대응하는 〈불능범〉을 생각할 수 있다고 본다.

V. 결 론

이상으로 독일의 불능미수론은 우리의 불능미수론에 적극적으로 도움은 되지 않고 오히려 혼란을 야기할 우려조차 있다는 것을 알았고, 일본의 불능범론은 우리의 불능미수론의 〈위험성〉의 해석론에 참고는 되겠으나 〈결과발생가능성〉의 해석론에는 직접적으로 도움이 되지 않는다는 것을 알게 되었다.

오늘날 우리 형법 제27조의 미수범을 필자가 명명한 대로 〈불능미수〉라고 부르는 것이 일반화되어 가고 있고, 또 필자가 생각해 낸 〈미수범구조〉를 따르는 경향에 있다. 그리고 불능미수의 요건으로서의 〈결과발생가능성〉은 사실적 개념으로 또 〈위험성〉은 평가적 개념으로 구별해서 파악해야 할 것이며, 특히 〈위험성〉과 〈실행의 착수〉는 서로 면이 다르다는 것을 인식해야 할 것이다. 후자의 문제를 풀이하는 과정에서 불능미수에 대응하는 (불능)예비와 예비에 대응하는 불능범의 존재를 밝혀낸 것은 큰 소득이라고 생각한다.

21. 공모공동정범의 공동정범성[*]

Ⅰ. 서 설

「2인 이상의 자가 공모하고 그 중의 어떤 자가 그 공모한 바에 따라서 범죄의 실행에 나아간 때에는 기타의 공모자도 공동정범으로 본다」는 〈공모공동정범론〉은 우리나라와 일본의 판례법으로서 확립되어 왔으나 다수의 학설은 반대하여 왔다. 필자는 10년 전에 「공모공동정범과 형법 제34조 제2항(상·하)」이라는 논설[1]에서 일본과 우리나라의 판례·학설을 살펴 보고서 우리 형법 제30조(공동정범)의 〈해석상〉 공모공동정범도 동조(同條)에 포함될 수 있지만, 〈이론상〉은 '공동실행'을 광의로 이해할 것이냐 엄격히 이해할 것이냐에 따라 공동정범이 성립하는 범위에 광협의 차이가 있는데, 공동실행의 사실이 없는 공모자를 공동정범으로 보는 데에는 반대하였다. 그런데 "공모공동정범을 인정하지 않는 입장에서 공동실행의 사실이 없는 공모자는 단지 교사 또는 방조의 책임을 지워야 한다고 주장하면서도 한편으로는 집단범죄의 특성에 비추어 배후의 거물 내지 흑막(黑幕)이 적어도 실행정범과 마찬가지로 혹은 오히려 보다 중하게 처벌되어야 한다는 필요성을 무시할 수 없다는 점을 인정하고 있는 것이다. 그렇다면 이 점은 제34조 제2항에 의해서, 교사의 경우에는 정범에 정한 형의 장기 또는 다액에 그 2분의 1까지 가중하고 방조의 경우에는 정범의 형으로 처벌함으로써 타당하게 해결되는 것이 아닌가 생각한다"[2]라고 논술하였다.

---

* 이 글은 백남억 박사 환력기념논문집(법률 및 정치에 관한 제문제, 1975년) 131면 이하에 실린 것이다.

1 법정 1964년 11월호, 21면 이하, 12월호, 41면 이하.

2 김종원, 「공모공동정범」, 12월호, 46면.

그런데 종래에 일본과 우리나라에 있어서 〈공모공동정범〉을 근거지우는 학설로서는 공동의사주체설이 거의 유일한 것이었으나 근년에 목적적 행위지배설 이외에도 간접정범유사설 등이 나타났고 또 일본에서는 「개정형법준비초안」(1961년)과 「개정형법초안」(1972년·1974년)에서 〈공모공동정범〉의 규정을 신설하도록 하였다.

그래서 본고에서는 10년 전의 논설과의 중복을 가능한 한 피하면서 「기능적 범죄지배설(funktionelle Tatherrschaftstheorie)」의 입장에서 공동정범의 요건을 생각하고 나서 일본에서 주장되는 공동의사주체설과 간접정범유사설을 검토하고 또 일본에서의 공모공동정범의 입법화작업을 살펴보고 끝으로 국내학설을 간단히 검토하고자 한다.

II. 공동정범의 요건

1. 총 설

공동정범에 관하여 현행형법 제30조는 「2인 이상이 공동하여 죄를 범한 때에는 각자를 그 죄의 정범으로 처벌한다」라고 규정하고 있다. 이와 같이 공동정범은 「정범」의 하나의 형태이지만, 단독정범과는 달리 「공동적인」 정범이다.

공동정범의 요건으로서는, 정범으로서 개개의 구성요건상 요구되는 것(자수성·신분·목적 등) 이외에, 적어도 주관적으로는 〈공동실행의 의사〉, 객관적으로는 〈공동실행의 사실〉이 요구된다.[3·4]

---

3 구형법 제60조는 「2인 이상 공동하여 범죄를 실행한 자는 모두 정범으로 한다」라고 규정하여 〈실행한다〉라는 표현을 쓰고 있었는데, 신형법 제30조는 〈범한다〉라는 표현으로 바뀌었지만, 협의의 「공범」과 구별되는 공동 「정범」의 요건으로서 공동 「실행」을 요한다고 해석하는 것이 타당하다고 본다. 다만 「단독」실행이 아니라 「공동」실행이라는 데에 해석상 어려운 점이 많다고 생각한다.

4 우리 형법 하에서 공동정범의 주관적 요건으로서 〈공동실행의 의사〉와 객관적 요건으로서 〈공동실행의 사실〉을 요한다고 하는 입장으로는, 남흥우, 『형법강의(총론)』, 1965년, 257면; 백남억, 『형법총론』(제3전정판), 1962년, 295면 이하; 정영석 『형법총론』(제3전정판), 1973년, 235면; 황산덕, 『형법총론』(제6정판), 1974년, 235면 이하 등이 있다. 그리고 「2인 이상 공동하여 범죄를 실행한 자는 모두 정범으로 한다」라고 규정한 일본형법(제60조) 하에서도 〈공동실행의 의사〉와 〈공동실행의 사실〉을 요건으로 삼는 것이 다수의 입장이다.

2. 공동실행의 의사

공동정범의 주관적 요건으로서는 〈공동실행의 의사〉가 요구되는데, 이것은 상보상조적(相補相助的) · 분업적 · 역할분담적인 범죄실행의 의사를 말한다. 그리고 공동실행에 대한 의사의 합치를 요하므로, 편면적(片面的) 공동정범은 인정되지 않는다. 그런데 이러한 의사의 합치는 실행 전에 이루어지는 경우가 보통이지만, 공동착수 시에 또는 실행 중에 이루어지는 경우도 있다.

3. 공동실행의 사실

공동정범의 객관적 요건으로서 범죄에로의 객관적 기여(objektiver Beitrag zur Tat)가 필요하다는 데에는 아무도 부정하지 않는다. 다만 이 기여가 어떠한 성질의 것이어야 하느냐에 관하여는 의견이 대립된다.[5] 「공동의사주체설」에 의하면 공모한 바에 따른 일부의 자의 실행이 있으면 족하고 이로써 기타의 공모자도 공동정범으로 보게 되며,[6] 「주관설」에 의하면 관여자가 정범자의 의사, 즉 자기의 범죄를 한다는 의사를 가지고 무엇인가의 인과적인 범죄기여(실질적으로는 비록 그것이 계획 · 예비 · 교사나 방조에 불과할지라도)를 하면 공동정범의 인정에 충분하다고 보며,[7] 「형식적 객관설」에 의하면 구성요건해당의 행위, 즉 실행행위를 행하는 자라야 공동정범이 된다고 본다.[8] 생각건대 「공동의사주체설」은 공모사실에 치중한 나머지 범죄실행에의 관여를 경시한다는 점에서 타당하지 않고, 「주관설」은 주관적인 정범자의사에 치중하여 객관적인 기여를 경시한다는 점에서 타당하지 않고, 「형식적 객관설」은 공동실행을 단독정범의 실행행위와 동일시한다는 점에서 너무 좁다.

---

5 Günter Stratenwerth, Strafrecht, AT I, Die Straftat, 1971, S. 227.

6 草野 판사는 "범죄를 실행한다고 하는 것은 반드시 공동자의 전부가 실행행위를 분담하는 것을 요한다는 의미는 아니다. 공동자 중의 누군가가 실행에 나아가는 것을 요한다는 의미인 것이다(공동정범에 있어서의 종속성)"(草野豹一郎, 『刑法總則講義 第2分冊(未定稿)』, 1952年, 163頁 以下)라고 한다.

7 Vgl. Hans-Heinrich Jescheck, Lehrbuch des Strafrechts, AT 2. Aufl., 1972, S. 517.

8 Vgl. Johannes Wessels, Strafrecht, AT 2. Aufl., 1972, S. 88.

공동정범의 객관적 요건으로서 〈공동실행〉을 요한다고 하는 경우에 있어서, 우선 '실행'이란 구성요건해당행위를 말하므로, 그 행위를 각자가 함께 하거나 분담해서 하면 공동실행이 된다. 그런데 문제는 '단독'실행이 아니라 '공동'실행인 점에 있다. 즉 '실행'의 공동이 아니라 '공동'의 실행인 점에 있다. 그래서 객관적인 범죄기여가, 비록 구성요건해당행위의 테두리 밖이라도, '역할분담(Rollenverteilung)'이라는 가장 합목적적인 방식으로 전체 계획의 실행에 불가결한(notwendig) 부분을 이루는 것이면 족하다.[9] 이와 같이 전체 계획에 비추어 범죄구성요건의 실현에 분업적 · 역할분담적으로 불가결한 관여(여기서 기여자의 지위, 행위의 상황 등이 고려됨)로서 기여한 것이면, '공동실행'이라고 보아야 할 것이다(기능적 범죄지배설 funktionelle Tatherrschaftstheorie).[10·11] 그래서 예컨대 수인에 의하여 실행될 범죄를 계획하고 조직한 자는 비록 실행 시에 실연자(實演者)와 전화로 연결하고 있지 아니하여도 공동정범으로 보아야 한다. 즉 그 계획은 실행단계의 관여자의 행위를 미리 지시해주고 또 개개인의 역할을 정해주므로, 조직자는 범죄지배에 참여하는 것이다.[12] 이에 반하여 도구 · 무기 등을 공급하거나 범행의

---

9 Jescheck, Lehrbuch, S. 496, 516 f.

10 Tatherrschaft 라는 말을 우선은 「범죄지배」라고 번역해 두기로 한다. 먼저 Tat란 말부터 살펴 보기로 한다. 원래 Strafe(형벌, 형)의 상대말로는 Verbrechen(범죄, 죄)라는 말이 일반적으로 쓰인 것으로 아는데, 형법전에서는 Verbrechen을 중죄(重罪)의 뜻으로 쓰이므로(구형법 총칙 제1조 1항, 신형법총칙 제12조 1항), '범죄'라는 뜻으로는 1969년에 제정 · 공포된 서독의 신형법총칙 (1975년 시행) 제2장은 그 장명이 'Die Tat'라고 표기되었고, 이것은 한국형법전 총칙의 제2장 「죄」에 해당하므로, Straftat의 '준말'이라고 생각된다. 그래서 Tat는 '범죄'라고 번역할 수 있으며, 또 Tat는 보통 행위를 말하므로 범죄행위, 즉 '범행(犯行)'이라고 번역할 수 있을 것이다. 다음으로 Herrschaft 라는 말을 일반의 번역례(翻譯例)에 따라서 '지배'라고 해 두었지만, 필자로서는 불만이다. 도대체 "행위를 지배한다"라든가 "범죄를 지배한다"라는 표현이 우리 말로서는 무슨 뜻인지 알 수가 없기 때문이다. 그래서 필자 나름대로 Herr는 '주인'이라는 뜻을 가지고 또 -schaft는 〈성질 · 관계 · 신분 등〉의 뜻을 가지므로 '주인공(主人公)'이라고 번역해 보았다. 아직은 익숙치 아니하지만, '정범(正犯)'이란 〈범죄의 주인공〉을 말한다고 설명하면 조금은 납득이 될지 모르겠다. 좀 더 연구해 볼만한 문제이다. 그런데 이 글에서는 〈행위지배〉란 용어도 그냥 쓰고 있다.

11 「록신」은 공동정범의 본질을 〈기능적〉, 즉 맡아서 한 일에 따른 범죄지배("funktionell", d·h· tätigkeitsbedingte Tatherrschaft)라고 말하고서, - 전체계획에 비추어 - "실행단계에 있어서 추구된 결과의 실현을 위한 필요조건(unerlässliche Voraussetzung)을 이루는 기여를 한 관여자는 모두 공동정범자이다"라고 주장한다(Claus Roxin, Täterschaft und Tatherrschaft, 2. Aufl., 1967, S. 280).

12 Stratenwerth, Strafrecht, S. 228; ebenso Jescheck, Lehrbuch, S. 517. 이에 반하여 「록신」은 "실

기회를 알리는 것은 단순한 방조범(종범)에 불과하다.[13]

III. 공동의사주체설의 검토

(1) 일본에 있어서 〈공모공동정범의 판례〉[14]를 근거지우는 이론으로서는 草野 판사에 의하여 창창(創唱)되었다고 하는[15] 「공동의사주체설」이 근년에 이르기까지 유일한 것이었다.[16] 草野 판사가 주장하는 바로는 "무릇 사회현상은 개인의 단독행위에 의해서 발생할 뿐 아니라 또 수인의 공동행위에 의해서도 발생하는 것이다. 이 공동현상은 경제학에 있어서는 분업 또는 합동의 관계로서 연구되고, 민법·상법에 있어서는 법인 또는 조합의 제도로서 규정되어 있다. 그런데 이 현상을 형법 상에서 관찰할 때에는, 공범이라는 관념이 생기는 것이다. 왜냐하면 2인 이상의 자가 공동목적으로 향하여 합일(合一)하는 곳에 특수한 사회적·심리적 현상을 생기게 하기 때문이다. 예컨대 1인으로서는 심야에 뒷간에 갈 수 없는 겁 많은 소년이라도 2인이 되면 이를 감행할 수 있다는 것은 이를 증명하고도 남음이 있다. …생각건대 2인 이상 공동하여 죄를 범하였다고 하려면 먼저 일정한 범죄를 실현하려는 공동목적이 존재하고 그리하여 그 목적 하에 2인 이상이 동심일체가 되고나서(공동의사주체) 적어도 그 중의 1인이 범죄의 실행에 착수하였음을 요한다. 왜냐하면 공동목적이 존재하지 않는 곳에 공동이라고 하는 것은 존재할 수 없을 뿐 아니라, 공동목적 하에 일체가 된 것만으로는 아직 공동의사주체의 활

행 시의 관여자만이 공동정범자로서 범죄지배를 가질 수 있다"(Roxin, Täterschaft, S. 300)라고 주장하면서, "두목은 결국, 그가 범죄의 수행을─멀리서 일지라도─ 지도하거나 확인하는 경우에, 공동정범자이다"(Täterschaft, S. 299)라고 논술한다.

13 Stratenwerth, Strafrecht, S. 228; ebenso Jescheck, Lehrbuch, S. 517.

14 김종원, 「공모공동정범」, 11월호, 22면 이하 참조.

15 齊藤金作, 『共犯理論の硏究』, 1954年, 113頁; 西原春夫, 「共同正犯における犯罪の實行」, 『(刑事法硏究 第2卷)』, 1967年, 128頁 註2). 그러나 藤木 교수는 공동의사주체설의 기원이 서독보통법시대의 음모이론에 있다고 한다(藤木英雄, 「共謀共同正犯」, 『可罰的違法性の理論』, 1967年, 321頁; 同旨, 木村龜二, 「共謀共同正犯の再檢討」, 『刑法改正と世界思潮』, 1965年, 193頁).

16 藤木英雄, 「共謀共同正犯」, 『刑法判例百選(新版)』, 1970年, 90頁.

동이 있었다고 할 수 없기 때문이다. …2인 이상 합동하여 죄를 범하는 경우를 이상과 같이 한 개의 공동의사주체의 활동으로서 보게 되면, 그 책임의 귀속을 공동의사주체에 대하여 논할 것이냐 공동의사주체를 구성하는 개인에 대하여 논할 것이냐가 문제가 되지 않을 수 없다. 생각건대 책임의 귀속을 공동의사주체에 대하여 논하는 것도 일리가 없지 아니하지만, 원래 공범에 있어서의 공동의사주체란 범죄를 목적으로 하는 위법적 일시적 존재이므로, 그러한 자에게 책임을 인정할 수는 없다. 그래서 공범에 있어서의 책임은 결국 이를 공동의사주체를 구성하는 개인, 즉 공동자 개인에 대하여 논할 수밖에 없다. 그런데 공범현상을 공동의사주체의 활동이라고 보는 것과 책임의 귀속을 공동자 개인에 대하여 논하는 것이 조금도 모순되는 것이 아님은 민법조합의 이론으로 미루어 생각할 수 있을 것이다. 하물며 현행형법의 형벌은 자연인을 예정하고 있는 것이다"[17]라고 한다.[18] 그리고 이상의 공동의사주체설은 광의의 공범, 즉 공동정범·교사범·종범에 관한 것이다.[19]

(2) 草野 판사는 〈공동정범〉에 관하여 "공동정범이란 2인 이상 공동하여 범죄사실을 실현한 자로서 중요한 역할을 한 자를 말하는 것이다. …(1) 2인 이상 공동하였음을 요한다. …(2) 범죄를 실행함을 요한다. …여기서 범죄를 실행한다는 것은 반드시 공동자의 전부가 실행행위를 분담함을 요한다는 의미가 아니다. 공동자 중의 누군가가 실행에 나감을 요한다는 의미이다(공동정범에 있어서의 종속성). 말할 것도 없이 실행행위를 분담하는 것은 범죄의 수행에 크게 힘이 되는 것이므로 정범임은 물론이지만, 설사 실행행위를 분담하지 아니하여도 모의에 참여하는 그러한 자는 실행행위분담자에 못하지 않는 중대한 역할을 하는 자라고 보아야 할 것이다. …공범을 2인 이상에 의한 공동의사주체의 활동현상이라고 봄에 있어서는 필연적으로 상술(上述)한 바와 같이 보아야 한다",[20] 〈교사범〉에 관하여는 "교사범이란 범의가 없는 자를 교사하여 범죄를 실행시키는 것을 말한다. 실행행위 그 자체에 관여하지 않는다고는 해도, 범죄의 성립에 중

---

17 草野, 『總則』, 155頁 以下.

18 이 공동의사주체설에 대한 일본에서의 비판에 관하여는, 김종원, 「공모공동정범」, 11월호, 24면 참조.

19 草野, 『總則』, 161頁 參照.

20 草野, 『總則』, 162頁 以下.

대한 역할을 하는 자이므로, 고래(古來)로 실행행위에 나아가는 정범과 동일하게 취급되고 있다. …피교사자에 있어서 범죄를 결의하지 않는 경우는 물론이고 범죄를 결의해도 아직 실행에 나아가지 않는 경우는 교사범은 성립하지 아니한다. 왜냐하면 교사는 교사자와 피교사자로 이루어지는 공동의사주체의 성립 상의 과정행위인데, 피교사자가 교사를 응낙(應諾)함으로써 공동의사주체가 성립하고 그리하여 피교사자가 실행행위에 나아감으로써 비로소 공동의사주체의 활동이 있다고 하게 되기 때문이다".[21] 〈종범〉에 관하여는 "종범이란 공동관계에 있어서 중요하지 않는 역할을 한 자를 말한다. 환언하면 공범자 중 정범 또는 교사범이라고 보게 되지 않는 자를 말한다. … 소인원의 공범관계에 있어서는 실행행위 그 자체를 분담하는 것은 범죄의 성립상 중요한 역할을 하는 것에 틀림없지만, 그러나 실행행위 그 자체를 분담하지 아니하여도 범죄의 성립에 중요한 역할을 한 경우가 공동정범이 되고 또 교사범이 된다는 것은 이미 설명한 바와 같다. 그러므로 실행행위 그 자체를 분담하였느냐의 여부를 가지고 정범과 종범과의 구분의 유일한 표준으로 삼는 것은 타당하지 않다고 보아야 한다"[22]라고 논술하는데, 이와 같이 〈공동정범과 종범〉과의 구분은 실행행위의 분담 여부가 아니라 중요한 역할을 하느냐의 여부에 따라 결정되지만 〈공동정범과 교사범〉은 중요한 역할을 하느냐에 의하여 구분되는 것은 아니다.[23]

하여튼 草野說에 의하면 공모에 참여하는 것 자체만으로 〈중요한 역할을 했다〉고 해서 일부의 자가 실행에 나아가면 공동의사주체의 활동이 있었다고 하여 그 공모자도 공

---

21 草野, 『總則』, 167頁 以下.

22 草野, 『總則』, 173頁 以下.

23 西原 교수는 "공동의사주체설에 의하면, 공동정범과 교사범·종범과의 구별은 범죄실현에 대하여 중요한 역할을 하였느냐의 여부에 의한다고 한다[1]"(『犯罪の實行』, 167頁)라고 논술하는데, 교사범을 중요한 역할을 하지 않는 부류에 넣는 것은 타당하지 않다고 본다. 거기서 지시된 (주1)에는 草野 판사 이외에 齊藤 교수도 있는데, 그 주(註)에 의한 〈齊藤金作, 共犯理論の硏究, 174頁〉에는 "판례는 상술한 바와 같이 공동정범에 관하여 실행행위를 분담하는 공동정범자와 이를 분담하지 않는 공동정범자를 인정하고 있는데, 그렇다면 실행행위의 유무만에 의해서 공동정범자와 종범자와를 구별하는 견해는 적절하지 않다고 하지 않으면 안 된다. …나는 범죄의 성립에 대하여 중요한 역할을 하였느냐의 여부에 의하여 양자를 구별하는 견해가 옳다고 생각하는데…", 〈同, 共犯判例と共犯立法, 60頁〉에는 "나도 범죄사실의 실현에 중요한 역할을 한 자를 정범이라 하고 중요하지 않은 역할을 한 자를 종범이라고 본다"라고 논술되어 있다.

동정범으로 보는데,[24] 역할의 〈중요성〉에 대한 내용분석이 아쉬웠다.

(3) 그런데 西原 교수는 근년에[25] 草野-齊藤로 이어지는 「공동의사주체설」을 타당한 방향으로 발전시키고 있는 것으로 본다. 즉 "60조는 「범죄를 실행한」 것을 요건으로 삼고 있으나, 전술한 바와 같이, 이것은 각 개인에 대하여 실행행위의 분담을 요구하고 있는 것이 아니라, 2인 이상의 자의 공동의 행위를 전체적으로 고찰하여 그것이 특정한 범죄에 해당하는 것을 요구하고 있다는 취지로 이해해야 할 것이다. …공동정범은 공범이다. 따라서 각 공동정범자의 행위가 개별적으로 관찰한 경우에 실행행위에 해당하느냐의 여부, 즉 구성요건에 해당하느냐의 여부는 문제가 되지 아니한다. 현행법이 공동정범의 취급에 대하여 이를 「정범으로 한다」라고 하고 교사범에 대하여 「정범에 준한다」라고 하고 있다고 해서, 공범으로서의 교사범과 상이한 공동정범의 정범성을 주장하는 것은 반드시 유일가능(唯一可能)한 해석론이라고는 생각되지 않는다. 현행법이 공동정범을 정범으로 처벌하는 것은, 각 개인에게 단독범과 마찬가지의 정범적 특징이 있었기 때문이 아니라, 2인 이상의 공동작업이 범죄의 실행인 경우에는 그 각자에 대하여 범죄실현에 대한, 단독정범자 또는 직접실행자와 법적으로 동일시할 기여가 생각되기 때문이다. 이 법리는 소위 실행정범뿐 아니라 공모공동정범에 대해서도 해당한다. 예컨대 조직적인 은행강도의 경우, 은행의 입구 밖에서 고객이 들어가는 것을 방해하는 자나 전화선을 절단하는 자는 조직적인 행동의 일부라고 보는 경우에 직접 현금을 탈취하는 자나 종업원을 협박·감금하는 자와 도의적으로 어느 정도의 차이가 있을 것인가. 하물며 스스로 상세한 계획을 세워서 모의를 주최하고 역할분담·이익배당을 결정한 강도단의 수괴의 기여는 가벌성에 있어서 직접실행자의 그것 이하일 수 없다. 이들의 행위가 단순한 교사행위·방조행위와 법적 성질을 달리해야 할 것은 말할 나위도 없을 것이다. 현행법이 공동정범을 「정범으로 한다」라고 하고 교사범을 「정범에 준한다」라고 하고 종범의 형을 감경하고 있는 이유는, 이상에서 명백하리라고 생각한다.

그런데 공동정범이 모두 정범으로서 처벌되는 것은 전원이 공동의사 하에 한 몸이 되

---

24 同旨, 齊藤金作, 『刑法總論』(改訂版), 1970年, 250頁, 238頁.

25 西原春夫 교수는 1964년에 「共同正犯における犯罪の實行」라는 논문을 『現代の共犯理論』 (齊藤金作博士還曆祝賀) 119頁 以下에 발표하였는데, 그 후 자신의 『刑事法研究 第2卷』 1967年 123頁 以下에 수록하였다(본 논문에서는 후자의 것을 인용하고 있음).

어서 범죄를 실현했기 때문이며, 외면적으로 보면 공동의사주체의 활동으로서의 실행
행위가 있는 셈인데, 이것을 내면적으로 보면 거기에는 각자가 서로 타인의 행위를 이
용·지배하면서 자기의 범의를 실현한다는 사정이 간취(看取)된다. 다만, 전술한 바와
같이, 그 사정은 결코 각자가 단독정범과 마찬가지의 의미로서의 행위지배를 가져서 각
자가 각각 실행행위를 완전히 행하였다는 것을 의미하는 것은 아니다. 각자의 행위를
불쑥 그 자체를 끊어 내어서 그것을 직접 각자의 책임의 기초로 삼는 것은, 얼핏 보기에
명쾌한 것 같지만, 공동정범이라는 특수한 사회적·심리적 현상을 설명함에는 적합하
지 않다. 오히려 먼저 공동현상으로서의 공동의사주체의 활동을 생각하고서, 그 내부에
서 각자가 행한 역할을 밝히고, 이를 종합하여 각자의 책임의 기초를 확정한다는 방법
쪽이 적절하지 않을까. 공동의사주체설에 있어서도 책임의 기초는 공동의사주체의 활
동에 대하여 각자가 행한 역할이고, 결국 각자의 태도에 귀착한다. 다만 그것이 단독정
범의 경우와 다른 것은, 각자의 행위가 그 자체 절단되어서 고찰되는 것이 아니라, 공
동의사주체의 활동의 내부에 있어서의 각자의 행위의 의의(意義)가 문제되는 점에 있
다. 이것을 개인책임이라고 하느냐 단체책임이라고 일컫는가는 참으로 용어상의 문제
일 것이다. 그러나 그것이 단독정범에 있어서와 같은 개인책임도 아니고 법인의 임원
의 경우에 있어서와 같은 단체책임도 아닌 것만은 명백하다"[26]라고 하여, 일본형법 제
60조에 상응하는 공동정범의 구조를 밝히고서, 공동정범 성립의 요건으로서 첫째로 행
위자의 주관적인 의욕, 객관적인 행동(모의참가도 포함함), 공동의사주체의 활동에 대
한 그 역할(경우에 따라서는 공동의사주체 내부에 있어서의 그 지위도 포함함)을 모두
고려하고서 확정되는 〈공동범행의 의식의 형성〉으로서의 공모와 둘째로 공동의사주체
의 활동으로서 실행행위가 현실로 행하여진다는 것을 든다.[27] 그리하여 공동정범과 종
범과는 〈중요한 역할을 하였는가의 여부〉에 의하여 구분된다고 하면서 "중요한 역할이
라는 것은 공동정범이 정범으로서 처벌되는 이상 단독정범에 있어서의 실행행위와 당
벌성(當罰性)에 있어서 동(同)가치라고 평가할 수 있는 것이어야 한다. 그 평가를 행하
기 위하여는, 행위자의 주관적인 의욕, 객관적인 행동, 공동의사주체의 활동에 대한 그

---

26 西原, 「犯罪の實行」, 159頁 以下.

27 西原, 「犯罪の實行」, 163頁 以下.

의 역할, 공동의사주체 내부에 있어서의 그의 지위 등의 고려가 필요하다"[28]라고 논술
한다.

생각건대, 첫째로 공동정범을 공동현상으로 파악하는 데는 찬성이지만(이 점에 대해
서 이론(異論)은 없을 것이다) 그렇다고 하여 형법이 공동의사주체 그 자체에 대한 형
사책임을 묻고 있지 않는 이상은 구태여 〈공동의사주체〉의 활동을 생각할 필요는 없다
고 보며, 둘째로 공동정범성립의 제2요건이 공동의사주체의 활동으로서의 실행행위의
수행인데 여기서의 〈실행행위〉란 직접실행자의 실행행위만을 뜻하는지 또는 기타의
자에 있어서의 〈실행행위와 동가치라고 평가될 기여〉도 함께 고려된 광의의 실행행위
를 뜻하는지 의문이며, 셋째로 공모를 문제삼음에 있어서, 즉 공동범행의 의식의 유무
를 확정함에 있어서 〈소위 중요한 역할을 하느냐의 판단기준〉이 고려되고 이로써 공동
정범의 책임의 기초가 확정된다고 논술하는데 그렇다면 공동의사주체의 활동으로서의
실행행위의 수행이라고 말할 때의 〈활동 전의〉 공동의사주체는 중요한 역할을 할 자만
으로 이루어지고 중요한 역할을 하지 않을 방조자는 거기에 속할 수 없는 것인지 의문
이다. 하여튼 西原說은 〈중요한 역할을 하느냐〉의 문제를 분석해서 타당한 방향에로
이론전개를 하는 것으로 보지만, 공동정범이 공동현상이라고 해서 필연적으로 공동의
사〈주체〉의 활동을 생각할 필요는 없고 오히려 공동현상을 바로 〈공동〉실행의 면에서
풀이하는 편이 보다 설득력이 있지 않을까 생각한다.

Ⅳ. 간접정범유사설의 검토

(1) 일본에 있어서의 〈공모공동정범〉을 인정하는 판례는 공동의사주체설의 영향이
적지 않게 보이는데, 그 때문인지 일반적으로 공모공동정범이론과 공동의사주체설이
자칫하면 동일시되는 경향에 있었다.[29]

그런데 특히 昭和 33년(1958년) 5월 28일에 最高裁判所는 소위 練馬(네리마)사건
에 관하여 "공모공동정범이 성립하기 위하여는, 2인 이상의 자가 특정한 범죄를 행하기

---

28 西原春夫, 『刑法總論』, 1968年, 268頁.

29 藤木, 『判例百選』, 90頁.

위하여 공동의사 하에 일체가 되어서 서로 타인의 행위를 이용하여 각자의 의사를 실행에 옮기는 것을 내용으로 하는 모의를 하고, 이에 따라 범죄를 실행한 사실이 인정되어야 한다. 따라서 이와 같은 관계에 있어서 공모에 참가한 사실이 인정되는 이상, 직접 실행행위에 관여하지 않는 자라도, 타인의 행위를 말하자면 자기의 수단으로 삼아서 범죄를 행하였다는 의미에 있어서, 그 사이에 형책(刑責)의 성립에 차이가 난다고 볼 이유는 없다. 그렇다면 이 관계에 있어서 실행행위에 직접 관여하였느냐의 여부, 그 분담 또는 역할의 여하는 그 공범의 형책 자체의 성립을 좌우하는 것이 아니라고 봄이 상당하다"(刑集 12卷 8号, 1718頁)라고 판시하였다. 이 판결에 있어서도 물론「공동의사 하에 일체가 되어서」라는 표현에서는 공동의사주체설적인 관점에 입각하는 것으로 보이기도 하지만, 중요한 것은 실행하지 않는 공모자가 왜 정범으로서의 책임을 지는가를 설명함에 있어서「서로 타인의 행위를 이용하여 각자의 의사를 실행에 옮기는 것을 내용으로 하는 모의」에 참가한 이상「직접 실행행위에 관여하지 않는 자라도, 타인의 행위를 말하자면 자기의 수단으로 삼아서 범죄를 행하였다는 의미에 있어서」실행자와 다를 바가 없다고 하는 점이다. 藤木 교수에 의하면, 이것은 타인의 행위를 수단으로 삼아서 범죄를 행하는 점을 중요시해서, 공동의사주체설을 떠나, 개인책임의 견지에서 공모자의 정범성을 근거지우려는 노력의 발현이라고 보아야 할 것이고, 단지 사정을 이야기 들어서 승낙했다든가 타인의 범죄수행에 단지 가담할 뿐이라는 의사를 가지고 범행의 의논에 참가했을 뿐인 사람에 대하여는 공동정범성을 부정하는 방향을 가리키는 것이며, 결국 공모공동정범의 이론에 대하여 공동의사주체설과는 별개(別個)로 말하자면 간접정범유사(類似)의 이론을 써서 그 정당성을 근거지우려는 지향(志向)이 엿보이고 그 결과로서 공모자의 정범성의 인정에 상당한 정도의 쬠을 하는 방향을 취하는 것으로 생각되는 점에서 특히 주목할 만하다.[30] 하여튼 이 판결은 단체주의적 경향 하의 공동의사주체설의 영향보다는 오히려 개인적 책임을 중시하는 간접정범유사의 범죄수행의 방식으로 공모공동정범의 정범성을 논증하려는 데에 그 특색이 있다고 한다.[31][32] 물

---

30 藤木, 『判例百選』, 91頁.

31 藤木, 「共謀共同正犯」, 320頁, 319頁 參照.

32 "공동정범이 모두 정범으로 처벌되는 것은 전원이 공동의사 하에 한 몸이 되어서 범죄를 실현했기 때문이며, 외면적으로 보면 공동의사주체의 활동으로서의 실행행위가 있는 셈인데, 이것

론 이러한 경향에 속하는 것으로는 이미 明治44년(1911년) 10월 6일의 大審院판결[33]
이 있고, 또 昭和3년(1928년) 7월 21일의 大審院판결,[34] 昭和25년(1950년) 2월 16일
의 最高裁判所판결[35] 등이 있다.

(2) 藤木 교수는 근년에[36] "공모공동정범의 정범성을 논증함에 있어서 간접정범과의
유사성(類似性)을 강조하여, 각 공모자가 다른 공범자를 매개하여 범죄를 실행한 것으
로 인정할 수 있으므로, 공모자도 범죄를 공동으로 실행한 자라고 인정할 수 있다"[37]고
하는 〈간접정범유사설〉을 주장한다. 즉 "공모공동정범이론이 논란(論難)되어 온 소이
(所以)는 스스로 실행행위를 분담하지 않는 공모자는 정범으로서의 표지(標識)를 결한
다는 것이다. 공동정범은 바로 '정범'의 형태요, 법이 예정하는 바로는 '공동실행'이 공
동정범자의 정범성을 근거지우는 것이다"[38]라고 전제하고서, 그런데 "각자가 엄밀한 의

을 내면적으로 보면 거기에는 각자가 서로 타인의 행위를 이용 · 지배하면서 자기의 범의를 실
행한다는 사정이 간취된다"라는 입장에 서는 西原 교수(「犯罪の實行」, 161頁)는 練馬사건에
대한 最高裁判所의 판결에 대하여 "最高裁判所가 단독범에 있어서와 같은 개인책임의 원리
를 공동정범에 적용하였다고 속단해서는 안 된다. 이 판시는 종래의 판례의 견해를 변경하는
것도 아니요 공동의사주체설을 배척하는 취지의 것이라고도 생각되지 않는다."(「犯罪の實行」,
162頁)라고 주장한다.

33 "수인이 공모하여 범죄를 수행하기 위한 그 방법을 획책(劃策)하고서 공모자 중의 1인으로 하
여금 이 실행을 맡긴 때에는 그 담임자는 공동의 범의에 기(基)해서 자기와 다른 공모자를 위하
여 범죄의 실행을 한 것이고 다른 공모자는 그 1인을 사역(使役)하여 이로써 자기의 범의를 수
행한 것이라고 할 것이므로 형법 제60조에서 말하는 2인 이상 공동하여 범죄를 실행한 자에 해
당하고 단순히 타인을 교사하여 범의를 생기게 함으로써 범죄를 실행하게 하는 경우와는 공동
의 범의 및 이에 기인하는 수단실행의 유무에 관하여 상위(相違)함은 말할 나위도 없다"(刑錄
17輯, 1618頁).

34 동판결에서도 "다른 공범자를 사역하여 자기의 범의를 수행한다"는 설명이 있다(法律新聞
2904號, 15頁).

35 "강도의 공모를 한 자는 다른 공모자의 폭행 · 협박 · 강취 등의 실행행위를 통해서 자기의 범의
가 실행에 옮겨진 이상은 비록 자기는 직접 강도의 실행행위에 해당하는 행위를 하지 아니하여
도 강도의 공동정범의 죄책을 면할 수 없다."(刑集 4卷, 184頁).

36 藤木英雄 교수는 1962년에 「共謀共同正犯の根據と要件」이란 논문을 法學協會雜誌 78卷 6
號 1頁 以下, 79卷 1號 1頁 以下에 (1),(2)로서 발표하였는데, 그 후 「共謀共同正犯」이란 제
목으로 자기의 논문집인 『可罰的違法性の理論』 1967年 293頁 以下에 수록하였다(본 논문에
서는 후자를 인용하고 있음).

37 藤木, 「共謀共同正犯」, 368頁.

38 藤木, 「共謀共同正犯」, 322頁.

미로 실행행위를 분담함을 요한다고 하면, 각자는 그것만으로 당연히 정범이 되는 것이고, 특별히 공동정범의 규정을 필요로 하지 아니한다. 엄밀한 의미에서 실행의 분담을 결하는 경우에도, 이것을 타자(他者)와 공동해서 행위하는 데에서 스스로 실행행위를 한 것과 동일하게 평가할 필요가 있다는 데에 공동정범의 존재의의가 있는 것이다. 문제는 2인 이상의 행위가 결국에 있어서 전체로서 실행의 공동이라고 인정될 수 있기 위한 실질적인 표준을 발견하는 데에 있다. 이 경우에 단순한 객관적인 행동의 형식만이 아니라, 행위의 주관적 측면을 객관적 측면과 종합해서 고찰할 것이 필요하게 될 것이다"[39]라고 논술하고 나서, "정범이란 행위자에게 있어 그 과정 전체 및 그 결과가 그의 소행이라고 인정될 수 있는 경우이고, 이러한 관계는 행위자가 결과발생의 가능성 있는 수단을 계획에 따라서 조종함으로써 행위를 '수중(手中)에 넣어서' 그 결과에 이르기까지의 진행과정을 '지배'한 경우에 인정된다. 이 방법은 스스로 직접으로 수행하는 경우이든 타인을 도구로서 사용하는 경우이든 어느 쪽이라도 좋다. 이리하여 '행위지배'야말로 정범의 행위를 규정하는 실질적 표준이 된다고 하게 된다. … 이리하여 실행행위를 스스로 분담하지 않는 자라도 실질적·전체적 고찰에 의하여 공동정범이라고 인정될 수 있는 경우가 있다는 것이 이론적으로 뒷받침되었다고 말할 수 있을 것이다. …이로부터, 공모공동정범에 있어서의 공모자의 책임을 그 의사방향, 실행담당자에 대한 관계로 보아서 스스로 실행을 분담하는 것은 아니지만 실행담당자의 행위와 병합하여 실질적으로 고찰해서 결국 실행을 공동하여 한 자로서 정범성을 인정하는 이론적 방향이 열린다"[40]라고 하여 그의 입장의 방향제시를 한다. 그리고서 "원래 협의의 공동정범, 소위 실행공동정범에 있어서도 스스로 수행하지 않고 다른 공동자의 행위에 의하여 실현된 결과에 대하여 책임을 질 근거는 다른 공동자와 협력해서 서로 보충하고 서로 이용하여 공동의 목적완수에로 향해서 노력하는 데에 있다. 다만 스스로도 실행하고 있기 때문에 이것을 정범이라고 인정하는 것은 별다른 곤란이 없다. 공범의 일반적 형식으로서는 타인을 이용한다는 것만으로는 통상의 공범에 그치는 것이고 그것만으로 곧 정범을 근거지우는 것은 아니다. 그러나 또 우리는 스스로의 손에 의해서 실행행위를 하지 않고 타인을 이용해서 범죄를 실현하는 자를 간접정범으로서 정범성을 인정하는 경우

---

39 藤木, 「共謀共同正犯」, 330頁 以下.
40 藤木, 「共謀共同正犯」, 330頁 以下.

가 있다. 오히려 타인의 이용을 실행행위의 하나의 방법으로 파악하고 있다. 간접정범의 정범성은 …결국 피이용자의 행동을 자기가 규정한 방향에로 향해서 뜻대로 움직이는 것, 목적적 행위론의 논자에 의하면 목적적 행위지배를 하는 것에 의하여 근거지워진다. 공동공범, 특히 공모자의 이용행위가, 간접정범이 단독정범이라고 인정되는 것과 병행한다는 취지로, 스스로 수행한 것과 가치적으로 동일하게 평가할 수 있으면, 거기에 공모자를, 타인과 합의하고서 공동하여 서로 이용해서 결과를 실현했다는 의미에서, 공동의 실행을 한 자라고 인정하는 것이 가능하게 된다",[41] "물론 간접정범은 단독정범이므로, 공모자의 책임을 간접정범의 그것과 동일한 것으로서 설명하는 것은 타당하지 않다. 공동정범자를 이용하는 간접정범이란 것은 단독범행의 형태로서는 있을 수 없는 것이다. 그러나 2인 이상의 자가 범죄수행에 관하여 합의에 도달한 경우, 이 2인(이상의 자 – 인용자 추가)의 행동을 전체적으로 본 때에는, 간접정범에 있어서의 이용관계에 대비(對比)할 실체를 거기에서 발견할 수가 있다",[42] "여기서 내가 문제를 삼고 있는 합의란, 단순한 범죄수행의 예비적인 논의가 아니라, 참가자의 사이에 범죄를 수행할 확정적인 의사의 합치가 성립한 경우이다. 실행담당자는 이 합치한 의사에 기해서 자기의 의사로 범죄를 수행하는 것이지만, 그 의사결정의 내용은 다른 합의자와의 약속에 기해서 형성된 것이므로 그 후의 행동은 합의에 의하여 구속되며, 실행담당자는 실행하느냐의 여부를 자기의 자유의사로 다시 결정할 수는 없고 자기 마음대로 실행의 의사를 포기하는 것은 허용되지 않는다. 즉 실행담당자는 그러한 의미로 다른 공범자의 도구로서의 역할을 하는 것이다. 이리하여 그는 한편으로는 자유로운 의사에 기하여 합의에 참획(參劃)하고 또한 이를 실행하였다는 의미에 있어서 자기의 의사에 기해서 사태를 방향지우고 지배했다는 것으로 정범성이 인정되는데, 동시에 합의에 의하여 스스로의 범죄의사를 확정지웠지만 다른 합의자와의 관계에서 이제는 자기의 독단으로는 그의 의사를 번복할 수 없게 된다는 의미에서 다른 공범자에 의하여 구속·지배되는 것이다. 이것을 스스로 실행을 담당하지 않는 다른 공범자 측에서 본다면, 합의의 일원이 됨으로써 실행행위담당자의 장래의 행동을 방향지우고 지배함을 통하여 결국 실행행위담당자를 매개하여 실행하였다고 인정할 수 있는 것이다. 요컨대 공모자 사이에 범죄수

---

41 藤木, 「共謀共同正犯」, 334頁 以下.

42 藤木, 「共謀共同正犯」, 336頁.

행에 관한 합의가 성립하고 있는 때에는, 환언하면 공모의 내용을 전술한 바와 같이 이해하는 한, 공모자의 범죄관여의 형태는 교사와는 다르고 그 실체는 오히려 간접정범에 있어서의 이용행위와 질적으로 동일하다는 것이 긍정될 것이다"[43]라고 주장하고서, "이렇게 이해함으로써, 2인 이상의 자 사이에 범죄의 공동수행의 합의라는 의미의 공모가 성립하고 또한 그 가운데의 어떤 자가 합의에 기해서 실행한 때에는, 스스로 실행을 분담하지 않는 다른 공모자도 실행자를 매개하여 실행자와 공동해서 범죄를 실행한 것으로 되어, 전원이 공동정범이라고 인정받게 되는 것이다"[44]라고 결론지운다.

　이상과 같이 藤木 교수는 〈합의의 구속성〉을 강조함으로써 실행을 분담하지 않는 다른 공모자의 공범성을 논증하려고 하는데, 합의를 했다고 해서 "실행담당자는 실행하느냐의 여부를 자기의 자유의사로 다시 결정할 수는 없고 자기 마음대로 실행의 의사를 포기하는 것은 허용되지 않는다"[45]라고 까지 일반적으로 말할 수 있을지 의문이다. 하여튼 "공모공동정범도 공동정범의 하나의 형태로서 실행공동정범과 성질상 근본적으로 다른 것이 아니다"[46]라는 입장에서, "공동정범의 성립에는, 주관적으로는 범죄공동수행의 합의(공동가공의 의사)를 필요로 하고, 객관적으로는 공동의 실행의 사실을 필요로 한다"[47]고 한다면, 공모공동정범의 경우에도 두 요건, 특히 객관적 요건이 갖추어져야 한다. 물론 藤木 교수도 〈공동실행의 유무〉에 관하여 "각자가 각각 의사를 연락하고서 서로 타인을 이용하고 보충해서 공동의 범죄의사를 실현하려고 하는 경우에는, 스스로 실행행위를 분담하지 아니한 자라도 공동의 의사를 가진 공동자의 일원에 참가함으로써 범행을 그만두려고 하는 실행담당자의 반대동기 · 규범적 장해를 억압하여 실행담당자를 공동의사의 구속 하에 전원의 수족으로서 행동하게 한 점에서 스스로 수행하지 아니하여도 실행담당자와 공동하여 실행행위를 한 것이라고 할 수 있다. 또 실행을 담당하는 자도 배후에 공동자가 있다는 의식에 의하여 심리적으로 고무되어 그 의사의 실현을 용이하게 하는 지원을 받고 있는 것이다. 이와 같이 공모자와 실행담당자의

---

43 藤木, 「共謀共同正犯」, 336頁 以下.

44 藤木, 「共謀共同正犯」, 338頁.

45 藤木, 「共謀共同正犯」, 337頁.

46 藤木, 「共謀共同正犯」, 368頁.

47 藤木英雄, 『刑法』, 1971年, 144頁.

사이에는 상호의 이용·보충관계가 인정된다. 따라서 공동자의 행위를 전체로서 범죄를 공동실행한 것으로 인정할 수 있다"[48]라고 논술하는데, 공모자의 지위 등에 비추어 실행담당자가 자기 마음대로 실행의 의사를 포기할 수 없게 되어 있다든가 공모자의 객관적 행동으로 실행담당자의 반대동기·규범적 장해를 억압한다든가 하는 사정이 없이 단지 〈합의〉만에 의해서 그러한 강력한 구속력을 인정(추정?)하여 이론전개를 하는 것은 다소 무리가 아닐까 생각한다(더욱이 이 경우에 실행담당자는 책임무능력자임이 전제가 되어 있는 것은 아니다). 그리고 藤木 교수는 공모자의 범죄관여의 형태의 실체는 간접정범에 있어서의 이용행위와 질적으로 동일하다는 관점[49]에서 실행행위를 분담하지 않는 공모자의 정범성을 논증하려는 〈간접정범유사설〉을 취하고 있는데, 피이용자인 실행담당자는 간접정범의 경우와 같이 "자기의 행위가 범죄를 구성한다는 의식을 결하기 때문에 이용자의 지시대로의 행동을 하는 것에 대하여 도의적 억지력이라는 규범적 장해를 결하는 자여서 이용자의 지시대로 움직이는 입장에 있는 자"[50]가 아니기 때문에 따라서 간접정범에 있어서의 이용행위와 질적으로 동일하지 않으며, 또 공모자의 간접정범적 성격을 강조하려면 합의의 구속성의 강조로 끝나야 함에도 불구하고 "여기까지 논술해 온 바로는, 오로지 합의를 중심으로 한 의사의 면을 중시해 왔는데, 여기서 생각하지 않으면 안 되는 것은 (실행을 담당하지 않는 공모자의—필자 주) 객관적 요건, 즉 합의 이외에 결과실현에 지향된 무엇인가의 객관적 행동을 할 것을 요하는 것이 아닌가 이다. 그러나 합의는 범죄실행까지 지속하는 것이고, 합의가 계속하고 있다는 것 자체가 따로 떼어서 보면 결과실현에 지향된 일종의 정신적·방조적 행위가 속행하고 있는 것이 되므로, 설사 결과실현에 지향된 행동을 요한다고 해도 그것으로 충분하다고 할 것이다. 원래 합의가 계속하고 있다는 것은 객관적 사실이고 다만 은밀히 행하여지는 것이며, 순전한 내심의 상태는 아니다. 단, 많은 경우에 공모자 사이에는 무엇인가의 범죄수행상의 분담이 있는 것인데, 이것이 합의=공모의 성립을 추측케 하는 중요한 징표가 된다는 것은 부정할 수 없다"[51]라고 논술하여 공모자의 객관적 요건을 소

---

48 藤木, 『刑法』, 145頁.

49 藤木, 「共謀共同正犯」, 337頁.

50 藤木, 『刑法』, 141頁.

51 藤木, 「共謀共同正犯」, 338頁.

극적으로 긍정하고 있는 점에 藤木說의 문제점이 있다고 본다. 여기서 〈공모자의 무엇인가의 범죄수행상의 분담〉을 합의의 중요한 징표로서가 아니라 바로 객관적 요건으로서의 '공동실행'의 중요한 징표로서 파악해야 할 것이 아닌가 생각한다. 藤木 교수는 공동정범의 객관적 요건으로서의 〈공동실행의 사실〉에 있어서 "공모자와 실행담당자와의 사이의 상호의 이용·보충관계"[52]를 들면서 이것을 가지고 주관적인 합의의 구속성을 강조하는 시각에서 공모자의 〈정범성〉을 논증하는데, 오히려 〈실행〉에 대한 상호이용보충관계로서의 객관적 기여라는 시각에서 공모자의 〈공동정범성〉을 논증하는 방향으로 입장을 전환하는 것이 타당하리라고 본다.

V. 공모공동정범의 입법화작업

(1) 일본에 있어서 明治40年(1907年)에 제정·공포된 「현행형법」(이듬해 10월 시행)은 〈공동정범〉에 관하여 제60조에서 「2인 이상 공동하여 범죄를 실행한 자는 모두 정범으로 한다」라고 규정하면서 공모공동정범에 관하여 따로 규정한 바가 없다. 그런데 昭和2年(1927年)의 「형법개정 예비초안」 제25조에서는 「2인 이상 공동하여 범죄를 실행한 자는 모두 정범으로 한다. 타인과 통모하여 범죄를 실행함에 이르게 한 자 또한 동일하다」라고 규정하여 공모공동정범에 관한 규정을 두게 되었다. 그러나 昭和15年(1940年)의 「개정형법 가안」에서는 제25조에서 「2인 이상 공동하여 죄를 범한 자는 모두 정범으로 한다」라고 규정하여 현행형법의 〈범죄를 실행한다〉대신에 〈죄를 범한다〉라는 표현으로 바꾸었는데, 해석상 공모공동정범을 인정하기에 보다 편하게 되었다고 볼 수 있다.

(2) 1961년의 「개정형법 준비초안」 제26조(공동정범)에서는 「① 2인 이상 공동하여 범죄를 실행한 자는, 정범으로 한다. ② 2인 이상으로 범죄의 실행을 모의하고 공모자 중의 어떤 자가 공동의 의사에 기해서 이를 실행한 때에는 다른 공모자도 정범으로 한다」라고 규정함으로써 공모공동정범의 규정을 두게 되었다. 이 규정을 두게 된 근본적

---

52 藤木, 『刑法』, 145頁.

이유로서는 "공모공동정범은 판례가 법의 규정을 넘어서 만들어 낸 부당한 것이므로 명문으로 이를 긍정하는 것은 타당하지 않다는 견해, 혹은 명문을 두면 공모공동정범은 더욱 확대할 것이므로 당분간 판례의 추세를 관망하는 편이 좋다는 견해도 표명되었다. 그러나 아무런 규정도 두지 아니하면 결국 현재의 판례를 긍정하는 것이 된다. 그리고 아무리 학설이 준열(峻烈)히 이것을 비판하여도 판례가 바뀌어서 공모공동정범을 소멸케 하리라는 것은 거의 기대할 수 없다. 그렇다면 입법에 의해서 합리적인 한계를 획정하도록 노력하는 것이 타당한 방법이라고 생각되었다"[53]는 것이다. 이리하여 공모공동정범을 입법화함으로써 이(利)로운 점은 다음의 세 가지라고 한다. 즉 "① 판례는 공모공동정범을 공동정범의 규정의 해석으로서 발전시켜 왔다. 공동정범의 경우에는 공동가공(加功)의 사실이 있으므로, 공동가공의 의사는 암묵적인 것이어도 좋고 공동가공의 사실로부터 추인(推認)되는 일이 많을 것이다. 그러나 공모공동정범의 경우는 공모만이 실행을 담당하지 아니한 자에게 형책을 지우는 근거이므로, 공모는 공동가공의 의사와는 달리 더욱 명확한 내용을 가진 것이어야 한다. 공모공동정범의 규정을 두면 이러한 공모와 공동가공의 의사와의 구별을 의식케 하는 데에 도움이 될 것이다. ② 最高裁判所는 大審院 이래의 공모공동정범 개념을 승계하고는 있는데, 그 내용은 그렇게 넓은 것은 아니다. 그러나 공모공동정범의 개념이 명확히 정의되어 있지 않기 때문에, 下級裁判所 중에는 단지 범행의 계획이 누설되어서 알고 있는 정도의 사람까지 공모공동정범으로 처벌하는 것이 있다. 이러한 극단적인 확대를 방지하기 위해서도 입법은 유익하다. ③ 공모공동정범의 개념이 명확하게 되어 있지 않는 이유의 하나는 거의 모든 학설이 전면적으로 이를 부정하고서 그 내용을 검토하여 적당한 한계를 긋는 작업에 협력하고 있지 않는 점에 있다. 공모공동정범의 규정을 두면, 그 해석에 관해서 학설이 발전하여 판례가 채용될 수 있을 적당한 한계가 그어지게 될 것이다"[54](①②③은 필자가 붙인 것임).

(3) 그 후 형법의 전면개정에 관한 法務大臣의 자문에 대한 조사심의를 위해서 「법제심의회」에 「형사법특별부회」가 설치되어 昭和38年(1963年) 7月부터 昭和46年(1971

---

53 『改正刑法準備草案 附 同理由書』 1961年 112頁(「제4장 정범 및 공범」의 이유 설명은 平野龍一 교수의 담당집필임).

54 『準備草案 理由書』 112頁.

年) 11月까지 신중한 심의를 하였는데, 「정범 및 공범」의 부분은 다섯 소위원회 가운데서 제1소위원회에서 다루어졌다. 그리하여 제1소위원회에서는 공모공동정범에 관하여 준비초안의 규정 이외에 다섯 개의 별안이 제출되어 합계 여섯 안을 심의하였다.[55]

[제1안]은 준비초안의 규정이다.

[제2안]은 1960년의 준비초안(미정고·未定稿)의 규정인데, 〈모의〉가 〈공모〉로 바뀐 것이다.

[제3안]은 「2인 이상으로 범죄의 실행을 모의하여, 공모자 중의 어떤 자가 그 모의에 기해서 이를 실행한 때에는, 실행에 나가지 아니한 자는 정범에 준한다」라고 규정한 것인데, 준비초안의 규정인 제1안과 비교해 보면 〈공동의 의사에 기해서〉를 〈그 모의에 기해서〉로 바꾸고 또한 〈다른 공모자도 정범으로 한다〉를 〈실행에 나가지 아니한 자는 정범에 준한다〉라고 바꾸었는데, 〈후자〉는 「범죄를 실행한 자가 정범이다」라는 명제를 그대로 유지하려는 시도라고 본다.

[제4안]은 먼저 통상의 공동정범개념을 확대해서 「2인 이상 공동하여 범죄를 실행한 자 또는 스스로 범죄를 실행하지 아니하여도 그 실행에 중요한 행위를 한 자는 모두 정범으로 한다」(제26조)라고 하고, 공모공동정범에 관하여는 「2인 이상으로 범죄의 실행을 모의하고 공모자 중의 어떤 자가 그 모의에 기해서 이를 실행한 때에는, 다른 자는 정범에 준한다」(제26조의2)라고 한다. 이와 같이 실행자 이외에 실행에 중요한 행위를 한 자도 보통의 공동정범에 들어가므로, 소위 공모공동정범은 모의 이외에는 중요한 행위를 하지 아니한 자이고 또한 정범에 준하게 될 뿐이다.

[제5안]은 「범죄를 실행하는 것에 대하여 2인 이상의 자 사이에서 의견이 일치하고 그 중의 어떤 자가 이를 실행한 경우에 있어서, 타자(他者)가 범죄의 실행에 준하는 중요한 역할을 한 것으로 인정될 때에는, 그 자도 정범으로 한다」라고 규정하는 것인데, 이상의 여러 안 가운데서는 가장 타당한 방향에로의 제안이라고 생각한다.[56·57]

---

55 『法制審議會 刑事法特別部會 第1小委員會 議事要錄(2)』104頁 以下 참조. 그리고 당초에는 아홉 개의 안이 제출되었지만(71頁 以下) 후에 여섯 개의 안으로 정리되었다(104頁 以下).

56 伊達 교수는 이 제5안을 더욱 다듬어 나감으로써 완전한 공모공동정범 규정의 실현을 보게 되기를 희망하고 있다(伊達秋雄,「共謀共同正犯立法について」, 自由と正義 17卷 7號, 1966年, 15頁).

57 『法制審議會 刑事法特別部會 改正刑法草案 附 同說明書』(1972年)에 의하면, "심의의 과정

[제6안] 「2인 이상으로 범죄의 실행을 모의하고, 공모자 중의 어떤 자가 공동의 의사에 기해서 이를 실행한 때에는, 실행을 용이하게 하는 행위에 나아간 다른 공모자도 정범으로 한다」라고 하는 것인데, 이것은 木村 교수의 의견을 채택한 것이다.[58] 이 안은 모의 이외의 실행을 용이케 하는 행위를 요구함으로써 공모공동정범의 지나친 확대를 방지하려는 데에 특색이 있다.

이상의 여러 안을 놓고 심의하였으나 결국은 예비초안의 규정과 동일한 제1안이 채택되어서, 昭和47年(1972年)의 「법제심의회 형사법특별부회 개정형법초안」 제27조 제2항은 「2인 이상으로 범죄의 실행을 모의하고, 공모자 중의 어떤 자가 공동의 의사에 기해서 이를 실행한 때에는, 다른 공모자도 정범으로 한다」라고 규정되었다. 동 조항을 신설하는 취지를 보면, "본항에 관하여는, 공모에 의한 공동정범 그 자체를 부정하는 입장 및 본항에 의하여 공모공동정범의 성립범위를 한정하는 것은 타당하지 않다는 입장에서, 그 신설에 반대하는 의견도 있었다(제1차안 제26조 별안). 그러나 공모에 의한 공동정범을 인정하는 것은 大審院 이래의 확립된 판례이고 본항을 신설하지 않는다고 해서 판례의 생각이 바뀌어지리라고는 예상되지 않는다는 것, 최근의 판례는 공모공동정범이 성립하는 범위를 꽤 엄격히 해석하여, 예컨대 「2인 이상의 자가 특정한 범죄를 행하기 위하여 공동의사 하에 한 몸이 되어서 서로 타인의 행위를 이용하여 각자의 의사를 실행에 옮기는 것을 내용으로 하는 모의를 하고 이로써 범죄를 실행한」 경우에는 공모에 의한 공동정범이 성립하고, 이 「모의에 참가한 사실이 인정되는 이상 직접 실행행위에 관여하지 않는 자라도 타인의 행위를 말하자면 자기의 수단으로 삼아서 범죄를 행했다는 의미에 있어서 공동정범의 형책을 진다」라고 하고 있는 것이고(最判昭

에서는, 공모에 의한 공동정범의 성립요건을 될 수 있는 한 객관적으로 규정하려는 입장에서 「2인 이상의 자가 공동하여 죄를 범할 것을 모의하고, 공모자 중의 어떤 자가 공동의 의사에 기해서 이를 실행한 때에는, 모의를 지도하거나 기타 실행에 준하는 중요한 역할을 한 다른 공모자도 정범으로 한다」라고 규정하는 안도 검토되었지만(제1차안 제26조 별안 제2항), 「공동하여 죄를 범한다」라는 문언의 취지가 명백하지 않아서 넓게 해석될 우려가 있다는 것, 「실행에 준하는 중요한 역할」이란 것은 실행행위를 하지 않는 자라도 실행행위를 분담하는 것과 동등 또는 그 이상의 중요성을 가지는 역할을 했다고 인정되는 자는 공동정범이라고 해도 좋다는 생각에 의한 것인데 이러한 평가개념을 도입하는 것은 타당하지 않다는 것 등의 이유로 채용되지 아니하였다"(119頁)라고 한다.

58 木村, 「共謀共同正犯」, 221頁.

33 · 5 · 28刑集12 · 8 · 1718), 이 생각에 따라서 명문의 규정을 둠으로써 그 부당한 확대적용을 방지할 필요가 있다는 것, 명문화에 의하여 공모에 의한 공동정범이 성립하는 경우를 명확히 하는 것은 죄형법정주의의 견지로부터도 바람직하다는 것, 규정을 둠으로써 공모공동정범의 성립범위가 다소 한정된다 하더라도 교사범 또는 종범으로서 처단할 수 있으므로 범인이 부당하게 처벌을 면할 염려는 없다는 것 등의 이유에 의하여 본항을 신설하게 되었다"[59]라고 한다. 그리고 昭和49년(1974년)의『법제심의회 개정형법초안』에서도 부회초안의 규정이 그대로 유지되었다.[60]

(4) 준비초안 이래의 공모공동정범에 관한 규정, 즉「2인 이상으로 범죄의 실행을 모의하고, 공모자 중의 어떤 자가 공동의 의사에 기해서 이를 실행한 때에는, 다른 공모자도 정범으로 한다」를 살펴 보건대,〈모의〉는 죄가 될 사실에 속하여 엄격한 증명을 필요로 하게 된다는 것,[61]〈모의〉·〈공동의 의사〉의 요건에 의해서 단지 범행의 의향을 들어서 알고 있는 사람은 공모공동정범이 되지 않는다는 것 등으로 그 성립범위를 그만큼 죌 수는 있겠지만, 공모공동정범의 실질적인 존재이유가 실행행위를 배후에서 조종하거나 현장에 가서도 실행행위를 지휘하거나 망보는 거물·흑막을 실행행위자와 동등하게 경우에 따라서는 보다 무겁게 처벌하려는 데에 있는데, 전술한 규정으로는 그 취지를 적정하게 실현시키기 힘들고[62] 특히 방조의 의사를 가지고 정범자와 범죄의 실행에 관하여 의사를 통하는 소위 방조적 모의자를 초안의 규정 자체로부터 구별하기 힘드므로,[63] 공모공동정범에 관하여는 판례와 학설의 발전에 좀 더 맡기는 것이 타당하겠

---

59 『部會草案 說明書』118頁 以下.

60 昭和49年 5月 29日의 법제심의회 총회에서는「형사법특별부회 초안」가운데서 제68조가 규정하는 집행유예의 요건의 하나인 10萬員 이하의 벌금을 20萬員 이하의 벌금으로 고치고 또 제10장 판결의 선고유예를 모두 삭제하고서 이에 관련된 조항을 고치는 데에 그쳤다(佐藤勳平,「刑法全面改正に關する法制審議會答申について」, 法律のひろば 第27卷 7號, 1974年, 4頁).

61 이 점은 이미 전술한 昭和33年의 練馬사건에 대하여 最高裁判所가 "공모 또는 모의는 공동정범에 있어서 죄가 될 사실이고, 이를 인정하기 위해서는 엄격한 증명에 의해야 한다"라고 판시하였고, 또 昭和34年 8月 10日의 松川사건에 대한 제1차 상고심 판결에 의하여 재확인되었다.

62 岡野光雄,「〈共謀共同正犯〉立法化の是非」, 法律時報 1974年 6月號, 119頁 참조.

63 內藤謙,「正犯および共犯」(平場安治 · 平野龍一編『刑法改正の研究 Ⅰ 概論 總則』1972年 228頁 以下).

다.[64·65]

VI. 국내 학설의 검토

우리나라에서는 종래에 공모공동정범에 관하여는 공동의사주체설을 반대하는 입장과 찬성하는 입장으로 양분되었으나, 근년에는 공동행위주체설·간접정범유사설·기능적 행위지배설 등의 입장에서 이 문제를 다루는 학자가 나타났다.

(1) 공동의사주체설의 반대론의 학자는 다음과 같다. 먼저 백남억 교수는 "생각건대 형법 제30조는 2인 이상이 공동으로 범죄의 실행행위를 분담한 것으로 이해될 뿐만 아니라 공동의사주체설에서 말하는 책임은 일종의 단체책임인 바 그 단체책임이 결국 단체구성원인 개인에게 귀착된다는 것은 근대형법이 부르짖는 개별책임의 원칙에 배치된다 하지 않을 수 없으므로, 공동정범은 공동모의에 참여하고 나아가서 실행행위를 분담한 자에게만 성립한다고 보는 것이 온당할 것이다. 그리고 공모에 있어서 다만 실행의 분담을 결정한데 불과한 자는 실행자가 모의 시의 실행분담의 결정으로 인하여 비로소 범죄의 결의를 하도록 한 때에는 교사범의 책임을 지게 되고 또 실행자가 그 이전에 이미 범죄적 의사를 가졌더라면 종범의 책임만을 인정하면 족한 것이다",[66] 남흥우 교수는 "공동의사주체라는 것은 범죄를 목적으로 하는 위법적인 일시적인 존재이므로 이에 책임을 물을 수는 없고 책임은 각인에게 귀속되게 된다고 한다. 그러나 가령 공동의사주체라는 것을 인정한다 하여도 이를 범죄의 주체로 하는 것은 단체적 책임을 인정하는 것이 되므로 현행법의 —근대형법의— 개인책임의 이념에 위반되는 것이다. 다만

---

64 阿部純二,「刑法改正と犯罪論」, ジュリスト 1972年 2月 1日號, 42頁; 同旨, 岡野,「共謀共同正犯」, 119頁 등.

65 平野 교수는 "여태까지의 판례의 확장을 비록 일보라도 반보라도 제약하려고 해서 여기서 무리하게 타협하는 것보다는 이 타협에 의해서 도달되는 정도의 제약은 이미 판례상 확정적으로 행하여져 있기도 하므로 오히려 규정의 불요론을 견지하면서 그「모의」를 둘러싼 판례이론의 발전을 일층 심화시키고 이를 위한 엄정한 비판을 가해 나가는 편이 나으리라고 생각한다"라고 주장한다(平野龍一,「概論的批判」〈平野龍一·平場安治編『刑法改正』改訂版, 1974年, 48頁〉).

66 백남억,『총론』, 297면.

모의하였다고 하여서 이를 실행자와 같이 취급하는 것은 부당하다. 이는 그 정상(情狀)에 따라 교사범 또는 종범이 된다고 본다",[67] 정영석 교수는 "이러한 설명(공동의사주체설―필자 주)은 개인의 형사책임을 인정하는 데 있어서, 설령 공모의 사실이 있다고 하더라도 타인의 행위를 조건으로 하여 범죄의 성립을 인정하려고 하므로 근대형법의 개별책임의 원칙에 위배될 뿐만 아니라, 공동정범의 객관적 성립요건으로서 공동실행을 요구하고 있는 형법 제30조를 무시하는 결과로 된다. 더욱이 전혀 실행행위의 분담도 없는 데도 단지 모의한 사실만 있으면 모두 공동정범이라고 하는 것은 확실히 공동정범 개념의 부당한 확대이며, 또 공동정범과 교사범 또는 종범과의 개념적 구별도 불명확하게 된다고 할 수 있다. 원래 공모공동정범의 이론이 꾀하는 바는, 특히 집단범에 있어서 현실적으로 실행행위를 담당하는 자는 지위가 낮은 자이고 그 배후에 숨어 있는 거물급을 중하게 처벌하려는 데 있으나, 현행형법 제30조의 해석론으로는 무리가 있다고 하겠다. …현행형법의 해석론으로는 단순한 공모자는 그 공모의 성질에 따라 교사범 또는 종범으로서의 책임을 지울 수밖에 없다",[68] 또한 이건호 교수도 "단순히 공모의 사실만 있었고 실행의 분담이 없었다고 하면 이것을 공동정범이라고 해석하기는 곤란할 것이다. 그런데 일본 大審院 판례는 항상 이러한 경우에도 공동정범이라고 하고 있다. 그러나 공모를 하여 서로 결의만을 하였다고 하는 점에 관하여는 이것을 범죄의 실행이라고 단정할 수는 없는 것이다. 그 결의에 기인하여 실행의 담임자를 정한 것은 그 점에 있어서 교사 또는 종범으로서의 성립이 있는 것이라고 해석함이 타당할 것이다. 공모 공동정범의 개념을 인정하는 가장 중요한 입장이 소위 공범공동의사주체설이다. 공범 공동의사주체설은 하나의 독단에 불과하므로 동조할 수 없다"[69]라고 주장한다. 그런데 공동의사주체설에 반대하는 것은 타당하다고 하더라도 〈공동실행〉의 문제는 재검토가 필요하리라고 본다.

(2) 공동의사주체설의 찬성론자로서, 유병진 판사는 "공동정범의 성립에는 2인 이상이 공동하여 범죄를 실행하여야 한다. 공동정범은 2인 이상의 자가 의사연락의 공동행위를 하고 공동자의 1인이 실행행위를 하면 성립한다. 반드시 공동자 각자가 실행행위

---

67 남흥우, 『총론』, 260면.

68 정영석, 『총론』, 240면.

69 이건호, 『형법학개론』, 1964년, 185면.

를 할 필요는 없다. 예컨대 수인이 범죄실행의 공동모의(공모)를 하고 그 중의 1인이 실행행위를 할 때에는 그 공동모의가 당해 범죄의 실행상 중요한 것인 한 공동모의자의 전원을 공동정범이라 할 것이다. 이것은 공모에 의한 공동정범이라 하여 판례가 인정하는 것이다. 그것은 2인 이상의 자가 공동행위에 의하여 협력할 때에는 공동현상의 특수성인 의사의 상호강화작용과 행위의 상호보충작용이 충분히 발휘되기 때문이다. 따라서 공동자 각자의 행위가 단독범에 있어서의 실행행위에 해당하지 아니하는 경우에도 적어도 그 중의 1인이 실행행위를 하면 공동자 전원을 실행자(정범)로 함에 충분하기 때문이다. 제30조에 「2인 이상이 공동하여 죄를 범한 때에는 각자를 그 죄의 정범으로 처벌한다」고 한 것은 그러한 취지라 할 것이다. 또 소위 공동의사주체설은 여사(如斯)한 공동정범의 성립을 설명함에 충분하다」[70]라고 주장하는데, 의사의 상호강화작용과 행위의 상호보충작용을 〈공동실행〉의 시각에서 재검토함이 어떨까 생각한다. 또 정창운 교수는 공모공동정범 내지 공동의사주체설의 비판에 대하여 "오늘날은 집단범죄에 있어서 범죄실행을 담당하는 자는 대부분 지위가 얕은 소물(少物)이며 중심인물이라고 할 만한 거물은 배후에서 조종을 하고 있다. 실행자만을 처벌하여서는 처벌의 목적을 달할 수가 없을 뿐더러, 누가 실행자인가 하는 문제는 그리 중요한 것이 아니고 지도자·거물을 처벌하는 것이 요구된다. 이와 같은 필요에서라도 공동정범의 범위는 확장하여 공모공동정범을 공동정범으로서 인정할 수 있다고 본다"[71]라고 논술하는데, 반대론의 입장에서 실행자만을 처벌하려는 것도 아니고 지도자·거물을 처벌 안하려는 것도 아니므로 이러한 논박은 설득력이 없다고 본다.

(3) 공동의사주체설의 이론상의 약점을 수정하고 실제 공범현상을 직시하려는 입장이라는 소위 〈공동행위주체설〉을 주장하는 유기천 교수는 "공동행위주체설의 입장에서 보면 어느 의미에서든지 실행행위를 분담했다고 볼 수 있는 범위 내에서만 공동정범을 인정한다. 이 입장은 공동의사주체가 성립된 이상, 그 실행행위의 면을 개인행동의 국면에서 볼 것이 아니라, 공동의사주체의 실행행위라고 볼 수 있는가에 의하여 결정하자는 바요… 어떠한 의미에서든지 실행행위의 일부를 분담하였다고 볼 수 없는 공모자

---

70 유병진, 『한국형법(총론)』, 1957년, 171면.
71 정창운, 『형법학(총론)』(4정판), 1966년, 299면.

는 그 가공의 정도에 따라 교사나 방조의 책임을 지는 것이 타당하다"[72]라고 논술하는데, 〈어느 의미에서든지〉라는 점을 좀더 밝혀야 할 것이다.[73]

(4) 황산덕 교수는 목적적 행위지배설의 입장에서 "공동정범은 (가) 우선 '정범'으로서의 성질을—주관적 · 객관적으로—갖추지 않으면 안되고, 그리고 또한 (나) 각 공동자는 각각 '목적적 행위지배의 담당자'가 되지 않으면 안된다. 그리고 이와 같이 정범의 행위자로서의 성질을 구비한 2인 이상이 더 나아가 (다) 주관적으로 공동실행의 의사를 가지고 또한 객관적으로 공동실행의 행위를 분담하였을 때에 여기에 공동정범은 성립된다고 말하게 되는 것이다(Welzel 110-C). 이렇게 보아온다면, 공모공동정범도 또한 공동정범이 된다고 보지 않으면 안된다. 왜냐하면, 공동으로 범죄계획을 하고 일부인에게 그 실행을 담당하게 하는 것 속에 이미 범죄의 무조건적인 실현의사는 표명되었다고 볼 수 있기 때문이다. 그러나 목적적 행위지배가 없으므로 말미암아 공동실행의 행위를 분담하였다고 볼 수 없는 단순한 모의자 내지 상의자는 교사 또는 방조의 책임만을 지어야 할 것이다",[74] "목적적 행위지배설에 의하면 공모자가 다른 공모자로 하여금 구성요건적 행위의 전부를 실행하도록 주선하는 것은 그것 자체로서 구성요건적 행위를 직접 실행한 것은 되지 않지만, 그러나 그것으로도 충분히 목적적 지배는 있었다고 인정되며, 따라서 공모공동정범은 이것을 인정하지 않을 수 없게 된다. 판례가, 공모자 중 1인만이 실행한 경우에 관하여 「다른 공모자는 그 1인을 통하여 범의를 수행한 것이라 할 수 있으므로」 공동정범으로 논한 것이라고 말한 것은(20 · 2 · 16 조선고등법원판결) 이것을 말하는 것이라고 생각한다. 다만 단순히 모의에 참여는 하였으나 목적적 행위지배가 있었다고 볼 수 없는 경우에 한하여 교사범 또는 방조범을 인정하게 된다"[75]라고 주장하는데, 단독 「정범」이 아니라 「공동」정범을 논함에 있어서 〈목적적 행위지배〉의 유무를 가지고 공동정범의 성부(成否)의 초점으로 삼는 것은 의문일 뿐 아니라, 그 실행을 〈담당하게 하는 것〉, 구성요건적행위의 전부를 실행하도록 〈주선하는 것〉이 '공동실

---

72 유기천, 『개고 형법학(총론강의)』, 1971년, 280면 이하.

73 「공모공동정범론」에 대립하는 「실행공동정범론」의 입장에서도 '실행행위의 적어도 일부의 분담'을 요구하고 있다.

74 황산덕, 『총론』, 268면.

75 황산덕, 『총론』, 271면 이하.

행의 행위'를 〈분담하는 것〉이라고 인정되려면 좀더 설명이 필요하지 않을까 생각한다.

참고로 황 교수가 주로 의거하고 있는 「벨첼」은 공동「정범」의 면에서는 목적적 행위지배설의 입장이면서 「공동」정범의 면에서는 〈분업의 원리(Prinzip der Arbeitsteilung)〉에 입각하는데, 「공동의 범죄실행」(die gemeinsame Tatausführung)의 설명에서,[76] 공동정범자는 목적적 행위지배의 공동담당자여야 한다고 강조하고서, 각 공동정범자는 〈주관적으로는〉 공동의 범죄결의의 공동소유자여야 하고 〈객관적으로는〉 자기의 범죄기여(Tatbeitrag)를 통하여 나머지 사람의 범죄기여를 하나의 통일된 범죄에로 보완해야 한다고 주장한다. 그래서 공동의 범죄계획에 의거하여 실행행위를 행하는 자는 항상 공동정범자이지만, 객관적으로는 단지 예비자나 방조자에 불과할지라도 공동의 범죄결의의 공동소유자이면 공동정범자라고 하면서, 범죄구성요건 실현에의 객관적인 공동가공에 있어서의 마이너스가 범죄를 계획함에 있어서의 특별한 공동가공의 플러스에 의하여 메꾸어져야 한다고 주장한다. 이것은 특히 〈두목〉의 경우에 타당하다고 하면서, 범죄계획을 세우고 범죄실행자를 배당하고서 수행케 하는 자는 스스로 실행행위의 일부에 가담하지 아니하여도 공동정범자가 된다고 한다. 이리하여 범죄음모 전체와 전(全) 관여자의 객관적 및 주관적인 가공의 양을 조심스럽게 밝혀냄으로써만 공동정범의 문제는 해결될 수 있다고 주장한다.

이상과 같이 「벨첼」은 공동「정범」에 관하여는 목적적 행위지배설의 주창자이지만, 「공동」정범의 면에서는 분업적(기능성) 행위지배설의 입장이었다는 것을 알 수 있다.

(5) 김종수 변호사는 "공모공동정범의 이론적 명제의 두 개 중 제1명제인 「공모자는 모두 공동정범이다」라고 하는 데에는 반대하는 입장이다. 그러나 제2명제인 「공모자 중 중요한 역할을 한 자 내지는 행위지배, 이용행위가 있는 자는 공동정범이다」라고 하는 데에는 긍정하는 입장을 취한다"[77]라고 하여 기본적 입장을 밝히고 나서, "공모자는 타인의 행위를 이용하는 자이고 그 이용행위를 가치적으로 실행행위라고 생각할 수 있다. 간접정범에서도 타인행위이용에 정범성을 인정한다. 그래서 공동정범 특히 공모자의 이용행위가 간접정범이 단독정범이라고 인정되는 것과 병행하여 스스로 수행한 것과 가치적으로 동일하게 평가할 수 있다면 거기에 공모자를 타인과 합의한 다음 공동하

---

76 Hans Welzel, Das Deutsche Strafrecht, 11. Aufl., 1969. S. 110 f.

77 김종수, 『공모공동정범의 이론』, 1973년, 94면.

여 상호이용함으로써 결과를 실현하였다는 의미에서 공동의 실행을 한 자라고 인정할
수 있을 것이다. 여기서 합의라 함은 단순한 범죄수행을 위한 상담이 아니고 참가자 간
에 범죄를 수행하려는 확정적인 의사의 합치가 성립한 경우이다. 그래서 합의자 간에
각자의 독단으로는 그 의사를 번복시킬 수 없는 자타(自他)구속적인 상태인 것이다. 합
의의 1인이 됨으로써 실행을 담당치 않더라도 실행담당자의 장래행동을 지배하므로 결
국 실행행위 담당자를 통하여 실행한 것으로 인정된다. …결국 2인 이상자 간에 범죄
의 공동수행의 합의라는 의미에서 공모가 성립하고 또 그 중의 어떤 자가 합의에 기하
여 실행한 때에는 스스로 실행을 분담하지 않은 다른 공모자도 실행자를 개재하여 실행
자와 공동하여 범죄를 실행한 것으로서 전원을 공동정범이라고 인정할 수 있다"[78]라고
주장하는데, 이상은 대체로 藤木 교수의 간접정범유사설과 같다. 그런데 "지금까지 고
려한 것은 합의를 중심으로 한 의사의 면을 논한 것이다. 다시 그 밖에 객관적 요건이
필요하다. 즉 합의 외에 결과실현에 향해진 어떤 객관적 행동이 필요하다. 물론 합의는
범죄실행까지 지속되어야 하고 그것 자체 결과실현에 향해진 일종의 정신적 방조적 행
위인 것이다. 이와 같이 합의의 지속은 객관적 사실이고 일종의 정신적 방조이기는 하
나 이것은 은밀한 것이고 순연(純然)한 내심상태이므로 이것을 명백히 인정하기 어려
우므로 공모자는 공모라는 주관적 요건 외에 무엇인가 범죄수행을 용이케 하는 행위—
파수(把守), 지휘, 감시, 범죄수단의 입수 등 형식적 객관설의 견지에서 보면 예비·방
조에 해당하는 유형·무형의 행위—가 필요하다고 해야 할 것이다(주 181). 이것이 있
어야만 공모자가 실행자를 적극적으로 이용하고자 한 것이 징표되었다고 볼 수 있다"[79]
라고 하면서 [주 181]에서 "藤木설은 공모의 지속으로 충분하고 그 밖에 아무 행위도
필요로 하지 않는다고 한다"라고 논술하는데, 실행을 분담하지 않는 공모자의 객관적
요건을 藤木 교수보다는 〈다소〉 적극적으로 요구한다는 점에서 서로 다르고[80] 결론적

---

78 김종수, 『공모공동정범의 이론』, 99면 이하.

79 김종수, 『공모공동정범의 이론』, 100면.

80 藤木 교수도 공모자의 객관적 요건을 소극적으로 인정하고 있으며, 김 변호사가 합의의 계속
    은 〈명백히 인정하기 어려우므로〉 공모자는 무엇인가 범죄수행을 용이하게 하는 행위가 필요
    하다고 주장하면서 이것이 있어야만 공모자가 실행자를 적극적으로 이용하고자 한 것이 〈징표
    되었다〉고 볼 수 있다고 논술하는 것과 藤木 교수가 "설사 결과실현에 향해진 행동(객관적 요
    건—필자 주)을 요한다고 해도 이것(합의의 계속—필자 주)으로 충분하다고 할 수 있을 것이다.

으로는 보다 타당한 방향이라고 본다. 다만 〈공동실행〉에 있어서 간접정범적인 성격을 강화할 수록 합의의 구속성은 강조되고 공모자(실행을 담당하지 않는)의 객관적 요건은 빛을 잃게 되는 것이며(藤木설이 이러한 입장이라고 본다) 반대로 공모자의 객관적 요건을 내세울수록 간접정범적 성격은 약화된다는 점을 유의해서 후자의 시각에서의 재검토가 있어야 하지 않을까 생각한다.

(6) 심헌섭 교수는 "각자의 공동지배가 전체 계획의 범위 내에서의 자기의 기능상 불가결한 것으로 되는 한에서, 우리는 이를 한 말로 기능적 행위지배(funktionelle Tatherrschaft)라 부를 수 있다. 분업적 행동과 기능적 역할분배가 공동정범의 기초이다"[81]라고 하여 〈기능적 행위지배설〉의 입장에서, "이른바 공모공동정범의 문제는 2인 이상이 범죄의 공모를 하고 그 중 한 사람이 실행한 경우, 실행을 분담하지 않는 다른 공모자도 공동정범으로 볼 것인가를 지칭하는 것이 우리의 언어관행인 것 같다. 단순히 준비단계에서는 아직 행위지배는 없다. 여기서는 각자의 기능이 의존적으로 분할되어 있지 않고 한 기능의 붕괴가 전체계획을 망치지는 않는다. 그러한 의미에서 '공모공동정범'은 인정하기 어렵다. 그러나 이와는 달리 계획과 조직이 실행에서 계속 기능했고 더욱이 위의 두목처럼 지휘까지 한 경우에는 기능적 행위지배는 있다. 그는 공동정범임에 틀림없다",[82] "이른바 〈두목〉은 우선 조직지배를 통해서나 강요에 의해서(의사지배) 간접정범일 수 있다(형법 제34조 2항은 이 경우까지를 포함하여 명문화한 것이다). 두목은 물론 공동정범일 수도 있다. 기능적 행위지배에서 본다면, 그가 범죄계획을 꾸미며 「명령센터」를 차려 전화로나 기타 방법으로 지휘할 경우이다. 이 「명령센터」가 무너지면 전기도(全企圖)는 부서진다. 지시까지 하지는 않더라도 범죄계획을 꾸미고 조직한 경우, 즉 예비단계의 협력일지라도 그것이 실행단계에서 「계속 그 기능을 발휘한」 경우라면 긍정할 만하다. 누구나 인용하는 「공동의사주체설」은 '기능적 행위지배'에 못 미친

…단, 많은 경우에, 공모자 간에는 무엇인가의 범죄수행상의 분담(파수, 지휘, 감시, 범죄수단의 입수 등이 여기에 해당할 것이다—필자 주)이 있는 것이고, 또 이것이 합의=공모의 성립을 추측케 하는 중요한 징표가 된다는 것은 부정할 수 없다(藤木英雄,「共謀共同正犯」, 338頁)라고 논술하는 것의 사이에, 공모자의 객관적 요건에 관하여 양적인 차이를 넘는 질적인 차이를 인정할 것인가는 의문이라고 본다.

81 심헌섭,「공동정범과 기능적 행위지배」, 고시연구 1974년 9월호, 62면.

82 심헌섭,「공동정범」, 66면.

다. 준비에 대한 지배는 행위에 대한 지배가 아니다. 만약 「공동의사주체설」이 실질적
으로 이해된다면 그것은 사실 형법 제114조(범죄단체의 조직)에 의해 규제되어야 할 경
우이다"[83]라고 논술한다.

Ⅶ. 결 론

이상 고찰한 바와 같이, 공모공동정범에 관하여는 공모가 있다고 해서 그 공모에 기
한 일부의 자의 실행이 있으면 다른 공모자도 모두 공동정범으로 볼 것도 아니고 또 실
행(형식적 객관설의 의미)을 분담하지 아니했다고 해서 공동정범을 부인할 것도 아니라
고 본다. 또한 공동의사주체의 고집이나 합의의 구속성의 강조도 재검토를 요하며 더구
나 성급한 입법화는 삼가야 할 것이다.

우리가 공모공동정범의 〈공동정범성〉을 논증함에 있어서는, 어디까지나 그 요건인
공동실행의 의사(합의)와 공동실행의 사실을 중심으로 해서 논해야 할 것이다. 그리고
여기서는 〈공동실행의 사실〉이란 요건이 중요하다. 또한 형식적 객관설의 의미에 있어
서의 「실행」의 공동이 아니라 「공동」의 실행이 문제된다는 점을 유의해야 할 것이다.

그리하여 「공동실행」이 인정되려면, 전체의 범죄계획에 비추어 분업적 · 역할분담적
으로 불가결한 관련 하에서 〈실행〉에 객관적인 기여를 하여야 한다. 다만 〈실행행위
시〉에 이렇게 기여하는 경우뿐 아니라, 〈실행〉에 이렇게 기여가 되면 족하는 것으로 본
다. 이상과 같은 의미에 있어서의 〈기능적 범죄지배설〉의 입장에서 공모공동정범의 공
동정범성의 문제를 다루는 것이 타당하다고 본다.

Ⅷ. 여 론(형법 제34조 제2항과 관련하여)

우리 형법 제34조 제2항은 「자기의 지휘 · 감독을 받는 자를 교사 또는 방조하여 전항

---

83 심헌섭, 「공동정범」, 62면 이하.

의 결과를 발생하게 한 자는 교사인 때에는 정범에 정한 형의 장기 또는 다액에 그 2분의 1까지 가중하고 방조인 때에는 정범의 형으로 처벌한다」라고 규정하는데, 이 규정에 관하여는 ① 간접정범(34조1항)에 대한 특별규정이라고 보는 견해,[84] ② 교사범·종범에 대한 특별규정이라고 보는 견해[85] 및 ③ 간접정범뿐 아니라 교사범·종범에 대한 특별규정이라고 보는 견해[86]가 대립하는데, 간접정범의 경우에 한정할 필요도 없고 또한 그 경우를 배척할 이유도 없으므로 제3설이 타당하다고 본다.[87] 그래서 공동정범이 인정되는 범위 내에서 〈제34조 2항의 교사〉에도 해당하는 자는, 결국 제34조 제2항에 의하여 「정범에 정한 형의 장기 또는 다액에 그 2분의 1까지 가중」하여 처벌받도록 해야 할 것이다.[88] 그리고 이렇게 해석함으로써 공모공동정범에 있어서의 배후거물을 하수인보다 더욱 무겁게 처벌해야 한다는 요청[89]에도 적합하게 된다.[90]

---

84 김종수, 『공모공동정범』, 50면; 정영석, 『총론』, 258면 이하; 정창운, 『총론』, 314면.

85 남흥우, 『총론』, 266면, 272면 이하; 백남억, 『총론』, 305면 이하, 314면; 염정철, 『형법총론』, 1966년, 484면 이하; 유병진, 『총론』, 178, 181면; 황산덕, 『총론』, 262면 이하, 284면, 287면 이하.

86 유기천, 『총론』, 120면 이하.

87 동조항의 해석론에 관하여는 김종원, 「공모공동정범」, 12월호, 46면 참조.

88 그러나 황산덕 교수는 "여기의 지휘·감독은 반드시 법령에 의한 것에만 국한되지는 않으나 그러나 합법적인 것이라야 함은 물론이다. 그러므로 공모공동정범의 경우에 범죄를 공모한 수인 사이에 아무리 수괴와 부하의 관계가 성립되어 있다고 할지라도 그것을 여기의 지휘·감독으로 보아서는 안 된다"(『총론』, 263면), "공모는 하였으나 직접 실행에 가담하지 않는 자가 대개는 범죄의 주도적 역할을 담당하는 지휘자라고 해서 형법 제34조 2항의 규정이 여기에 적용된다고 보아서는 안 된다. 특수교사방조범에서 말하는 「지휘·감독」은 합법적인 경우만을 가리키며, 범죄를 목적으로 하는 사실상의 위세 관계는 포함시켜서는 안 되는 것이기 때문이다"(『총론』, 272면)라고 논술하는데, 여기서 〈합법적〉이란 표현 자체가 적절한지 의문이고 또 〈사실상의〉 지휘·감독의 경우도 포함되는 것으로 본다(동지, 유기천, 『총론』, 120면; 정영석, 『총론』 259면).

89 예컨대 藤木 교수는 "집단범죄의 범행의 형태로서, 종종 범죄수행 상 중요한 역할을 하는 「거물」은 스스로 실행을 담당하지 않고 배후에서 지휘하는 사례가 적지 아니한데 그러한 자야말로 직접의 하수인보다도 더욱 무겁게 벌해야 한다는 것은, 상식적인 명제로서 긍정된다. 통일적 정범개념을 취하지 아니하고 정범의 3분설에 의하여 실행행위를 중심으로 공동정범개념을 구성하려고 하는 경우에 있어서도 공모공동정범이론이 대두해 오는 실질적인 이유가 여기에 발견된다"(『공모공동정범』, 302頁)라고 논술한다.

90 필자는 10년 전에 발표한 『공모공동정범과 형법 제34조 제2항』의 〈맺는말〉에서 "우리 형법에서 제34조 제2항이 신설됨으로써 소위 공모공동정범의 문제는 〈소극적이지만 타당하게〉 해결

[보 완]

〈주 10〉에서 Tatherrschaft의 번역어에 관하여 〈행위지배〉라는 표현은 불만이고 〈범죄지배〉라고 해 두었지만, 〈범죄주인공〉이라는 표현이면 조금은 납득이 될지 모르겠다고 해 두었다. 그런데 근년에 와서는 〈범죄주역성(主役性)〉이란 표현이 낫지 않을까 생각한다.

그래서 「공동정범」에 관하여 〈공동실행〉의 범위에 관한 학설인 funktionell Tatherrschaftstheorie(기능적 - 역할분담적, 분업적 - 범죄주역성설)이라고 번역함으로

되었다고 보고 싶다."(「공모공동정범」, 12월호 46면)라고 논술한 바 있다. 필자가 이러한 결론을 내린 것은, 동조항이 〈적극적으로〉 공모공동정범의 문제를 해결하는 규정은 아니지만(이러한 의미에서 소극적이란 표현을 썼음), 동조항을 간접정범의 특수한 경우뿐 아니라 교사범·종범의 특수한 경우라고 해석함으로써 비록 공모공동정범을 인정하지 아니하는 입장에서라도(따라서 배후의 거물은 교사범 내지 종범 밖에 되지 않는다고 보더라도) 「배후의 거물을 하수인과 동등하게 또는 무겁게 처벌해야 한다는 요청」에 대하여는 동조항에 의해서 방조의 경우에는 정범의 형으로 또 교사의 경우에는 정범의 형에 2분의1까지 가중하여 처벌함으로써 〈타당하게〉해결되는 것으로 보았기 때문이다. 그리고 동 논문에서는 공모만 하고 공동실행의 사실이 없는 공모자에 대하여 공동정범을 인정하는 그러한 의미에 있어서의 공모공동정범은 부인하였지만, 〈공동실행〉을 어떻게 이해할 것인가에 관하여는 필자 자신의 견해를 보류하였다.

그런데 김종수 변호사는 필자의 전술한 결론에 대하여 "단순히 그럴까, 여러 가지 의문이 있다"(「공모공동정범」, 50면)라고 하면서 다음과 같이 비판한다. 즉 김 변호사는 동 조항이 특수간접정범을 규정하고 있다는 입장에서 공모자에게 전연 적용할 수 없다고 논술하고서(「공모공동정범」, 50면 이하), "후설(동조항이 특수교사범·특수종범을 규정한 것으로 보는 견해—필자주)에 의하면 동조문은 〈자기의 지휘감독을 받는 자를 교사 방조한〉경우에 적용되는 것으로서 조직적 집단범에 있어서 막후의 거물 내지 조종자는 자기의 지휘감독을 받는 부하의 하수행위를 이용하는 경우가 많으므로, 이러한 경우에는 동 조항의 적용이 가능할 것 같다"(「공모공동정범」, 51면)라고 인정하면서도, "그러나 공모공동정범이론의 주장자도 이러한 막후의 거물을 반드시 정범의 형보다 배나 가중처벌해야 한다는 것은 아니다"(「공모공동정범」, 51면)라고 비판하는데, 공모공동정범이론의 주장자뿐 아니라 그 반대론자까지도 막후의 거물이 하수인과 동등하게 내지는 보다 무겁게 처벌되어야 한다는 것을 인정하고 있으며 또 동 조항은 정범의 형보다 〈배〉가 아니라 〈2분의 1〉까지 가중처벌하도록 하고 있을 뿐이다. 그리고 "범죄수행에 있어 2인 이상의 자가 합의한 경우를 교사와 별개의 공동범행의 형식으로서 파악코자 하는 데에 공모공동정범 이론을 필요로 하는 실질적 이유가 있다"(「공모공동정범」, 51면 이하)라고 주장하면서 "공모공동정범이론은 이와 같이 교사적이고 방조적이면서도 이와 구별되는 공동범행형태의 집단범죄처벌의 방식으로 등장한 것이므로 이것을 다시 (특수한) 교사방조범으로 환원시켜 버린다면 김 교수가 말하는 「공모공동정범의 문제는 소극적이지만 타당하게 해결되었다」고는 볼 수 없을 것이다"(「공모공동정범」, 52면)라고 결론짓는데, 필자는 공모공동정범이 교사범·종범과 구별되는 공동범행형태임을 부인하려는 것도 아니고 또 그것은 〈무조건으로〉 (특수한) 교사방조범으로 환원시켜 버리려고 하는 것이 아님은 전술한 바에 의해서 짐작하고도 남음이 있을 것이다.

써, 〈담당할 역할〉에 비추어 〈공동의 주역성〉이 인정되면 〈공동실행〉이 있다고 하여 「공동정범」이 인정되고, 한편 〈공동의 주역성〉이 인정되지 아니하고 단순한 〈조역성(助役性)〉이 인정될 뿐이면 「종범」이 된다고 본다.

22. 공범구조론의 새로운 구상[*]

一. 새로운 구상의 계기

공범구조론에 관한 새로운 구상을 하게 된 〈계기〉는 다음의 세가지이다.

(1) 범죄의 성립요건으로서 일반적으로 ① 구성요건해당성·② 위법성·③ 책임의 셋을 들면서, 이러한 〈범죄구조〉를 가진 것으로서 「고의·작위·기수의 단독정범」을 상정(想定)하고 있다. 그런데 근년에 와서는 목적적 행위론의 입장에서 과실범에 있어서도 이러한 범죄구조를 가진다는 것이 강력히 주장되었으며, 오늘날 서독에서는 고의범과 별도로 과실범과 부작위범의 범죄구조를 논하는 것이 하나의 경향이 되고 있다. 그래서 '공범'도 범죄인 만큼 그 나름대로의 범죄구조, 즉 구성요건해당성·위법성·책임을 가진 것으로 생각할 수 있지 않을까 하는 것이 첫째의 계기이다.

(2) 〈공범의 종속성의 문제〉에 관한 공범독립성설과 공범종속성설과의 대립에 있어서 필자는 후설을 취하는데, 그 종속형태의 문제를 검토함에 있어서 10살의 소년 A가 어른 B를 시켜서 절도를 하게 한 경우에 소년 A는 물론 절도의 교사범이 성립되지 아니하지만 이것은 A가 책임무능력자이므로 절도교사자로서의 '책임'이 조각되기 때문이다. 그렇다면 A는 절도의 교사자로서 구성요건해당성과 위법성이 갖추어져 있다는 것이 전제가 되어야 할 것으로 생각되며, 이것이 둘째이면서도 결정적인 계기이다. 또한 종속형태의 문제를 여러 모로 검토한 끝에 필자는 최소종속형태의 입장, 따라서 「구성요건실현 가담설」(필자의 명명임)을 취한다.

(3) 범죄공동설과 행위공동설의 대립에 관하여는, 실질적으로는 후설과 같은 입장이

* 이 글은 법학, 제19권 1호(1978년 서울대학교 법과대학) 172면 이하에 실린 것이다.

되겠지만 필자 나름대로 「구성요건적행위 공동설 내지 구성요건실현 공동설」(필자의 명명임)을 취하게 된 것이 셋째의 계기인데, 이로써 공동정범 관계의 인부(認否)는 〈구성요건의 단계〉에서 결정된다는 것이 밝혀진다.

二. 범죄공동설과 행위공동설

양(兩)학설의 대립은 주로 공동정범에 관하여 문제삼는데, 범죄공동설이 「수인이 공동하여 특정한 범죄를 범한 경우」에만 공동정범관계를 인정하려는 입장임에 반하여 행위공동설은 「수인이 행위를 공동하여 각자의 범죄를 범한 경우」에도 공동정범 관계를 인정하려는 입장이다.

(1) 「범죄공동설」의 입장에서는 [사례 1]로서 A와 B가 공동해서 B의 부친 X를 죽인 경우에, A는 보통살인죄, B는 존속살해죄가 문제되므로 A · B 사이에 공동정범 관계가 인정될 수 없게 되어서 X가 B의 탄환에 맞아 죽은 때에는 B는 존속살해죄의 기수가 되지만 A는 보통살인죄의 〈미수〉가 되는데, 만약 X가 B의 부친이 아닌 경우에는 당연히 A는 살인죄의 〈기수〉가 되는 것과 비교해 보면, 범죄공동설은 공동정범 관계의 인정범위가 너무 좁다고 생각된다. 그래서 범죄공동설의 입장에 서면서 서로 구성요건이 중합(重合)하는 범위 내에서 공동정범 관계를 인정하려는 「부분적 범죄공동설」이 주장되기도 한다. 다음으로 [사례 2]로서 토끼 사냥에 가서 A는 멀리서 흰 옷을 입은 X를 죽이기로 작정했으나 자기는 솜씨가 부족하므로 옆에 있던 명사수 B에게 "저기 있는 흰 놈을 함께 쏘아 죽이자"고 말하자 B는 부주의하게 그것이 흰 토끼인 줄 잘못 알고서 의사의 연락 아래 함께 쏘았던 바 X가 명사수 B의 탄환에 맞아 죽은 경우에 있어서, 「범죄공동설」에 의하면 A는 살인죄, B는 과실치사죄가 문제되므로 A · B 사이에 공동정범 관계가 인정되지 않고 따라서 B는 물론 과실치사죄가 되지만 A는 살인죄의 〈미수〉가 된다. 그러나 이 경우에 A · B 서로 의사의 연락 아래 함께 쏘았고 이로 인하여 X가 죽었으므로, A · B 사이에 공동정범 관계를 인정하여 A에게 살인죄의 〈기수〉의 죄책을 지우는 것이 타당하리라고 생각한다.

그런데 「행위공동설」에 의하면 [사례 1 · 2]의 경우에 모두 A · B 사이에 공동정범 관계가 인정되므로, 타당한 결론을 낼 수 있다고 본다. 다만 「행위공동설」에 있어서의 '행위'를 흔히 전(前)구성요건적 · 전(前)법률적 · 자연적인 혹은 사실상의 행위라고도 표현하는데, 물론 이것은 〈행위의 공동〉이 바로 특정한 범죄구성요건에 해당하는 행위의 공동만을 가리키는 것이 아니라는 것을 나타내기 위한 것이겠지만, 단순한 '행위'의 공동으로 공동 '정범'관계를 인정한다는 것은 타당하지 아니하므로, 그 학설명에는 문제가 있다고 생각한다.

(2) 그래서 필자는 ① 특정한 고의범의 구성요건에 해당하는 행위의 공동, ② 상이(相異)한 고의범의 구성요건(중합하든 안 하든)에 해당하는 행위의 공동, ③ 고의범의 구성요건과 과실범의 구성요건에 해당하는 행위의 공동, ④ 과실범의 구성요건에 해당하는 행위의 공동이 있는 경우에 모두 공동정범을 인정한다는 의미에서 「구성요건적행위 공동설」이라는 명칭을 붙이고자 한다. 그리고 다음의 〈구성요건실현 가담설〉과의 관련에서는 「구성요건실현 공동설」이라는 표현이 알맞는다고 생각한다. 물론 「구성요건적행위 공동설」을 주장하기 위하여는 〈과실범〉에 있어서도 구성요건적 행위(그 내용은 과실행위지만)라는 것이 이론체계상 인정되어야 할 것이다.

(3) 이러한 「구성요건적행위 공동설」의 주장을 통해서 범죄공동설과 행위공동설과의 대립은 서로 배타적인 것이 아니라 〈후설〉이 공동정범 관계를 보다 넓게 인정한다는 것을 알 수 있다. 그리고 「구성요건적행위 공동설」의 주장은 공동정범 관계의 인정 여부가 〈구성요건의 단계〉에서 결정된다는 것을 일깨워 준다. 그래서 10살의 소년 A와 어른 B가 공동해서 X를 죽인 경우에 A · B 사이의 공동정범 관계는 이미 구성요건의 단계에서 인정되므로, 비록 책임무능력자인 A의 탄환에 맞아 X가 죽은 때에도 A는 살인죄의 〈성립〉이 없지만 B는 살인죄의 〈기수〉가 된다.

三. 공범독립성설과 공범종속성설

(1) 양학설의 대립은 주로 협의의 공범, 즉, 교사범 · 종범에서 문제되는데, 「공범독립성설」은 교사행위 · 방조행위가 있는 이상은 피교사자 · 피방조자인 정범이 실행에 나가지 아니한 때에도 이것과 독립해서 공범을 논하는 입장임에 반하여 「공범종속성설」은 피교사자 · 피방조자인 정범이 실행에 나가야 이것에 종속해서 비로소 공범을 논하는 입장이다.

일반적으로 「종속성설」의 입장에서는 독립성설에 대하여 교사행위·방조행위를 기본적 구성요건에 관한 실행행위와 동일시하여 피교사자·피방조자의 행위가 없는 경우에 교사범·종범의 〈미수범〉으로 파악하는 점을 비판하고 있다. 즉 「사람을 죽이는 것을 시키는 행위」를 「사람을 죽이는 행위」와 동일시한다고 비판한다. 그러나 예를 들어서 A가 B를 시켜서 X를 죽이게 한 경우에 있어서 독립성설이 주장하는 바는 A의 살인교사행위를 살인교사범으로 수정된 구성요건에 관한 〈실행행위〉로 보자는 것 뿐이요, A의 살인교사행위를 B의 살인행위와 동일시하자는 것이 아니라는 점은 B의 살인행위가 없는 경우에 A를 〈살인죄〉의 미수범으로 보는 것이 아니라 〈살인교사죄〉의 미수범으로 보는 것으로도 알 수 있다(즉 이 경우에 단순히 〈미수〉라 하지 않고 〈교사의 미수〉라고 부른다). 한편 「독립성설」의 입장에서는 종속성설에 대하여 이 설이 차용범죄설을 바탕삼음으로써 〈개인책임의 원칙〉에 위배된다고 비판하는데, 물론 차용범죄설을 바탕삼는 견해도 없지 않지만 책임가담설·불법가담설이나 야기·조장설 등을 내세움으로써 종속성설의 입장에서도 〈개인책임의 원칙〉에 어긋나지 않게 설명할 수 있다고 본다. 양학설의 대립에 관한 필자의 소견으로는 개인책임의 원칙에 비추어 교사자·방조자 자신의 형사책임을 문제삼아야 한다는 기본입장에 서면서 교사범·종범의 본질이 공범현상으로서 구성요건실현에로의 가담(야기·조장)이라는 데에 있다는 점에서 주된 범행자인 피교사자·피방조자의 실행행위에 종속해서 공범을 논하는 입장인 공범종속성설이 낫다고 본다.

그리고 현행형법은 양학설의 적용상의 차이가 나는 부분인 〈소위 교사의 미수〉에 관하여 제31조 2항 「교사를 받은 자가 범죄의 실행을 승낙하고 실행의 착수에 이르지 아니한 때에는 교사자와 피교사자를 음모 또는 예비에 준하여 처벌한다」, 동조 3항 「교사를 받은 자가 범죄의 실행을 승낙하지 아니한 때에도 교사자에 대하여는 전항과 같다」라는 조항을 신설하였다. 이들 조항에 대하여 「독립성설」의 입장에서는 피교사자의 실행의 착수 여부에 관계없이, 따라서 독립해서 교사자를 처벌하도록 규정하였으니 자기 측의 입장을 도입하였다든가 자기 측의 입장에서만 합리적으로 이해할 수 있다고 주장하는데, 동조항은 〈소위 교사의 미수〉의 경우에 교사자를 독립해서 처벌의 대상으로 삼고 있는 것은 틀림없지만 단지 음모·예비에 준하여 처벌하도록 규정할 뿐이지 교사「범」의 미수「범」으로서 처벌하도록 규정하고 있지 아니하므로, 그 경우를 〈교사범의 미수범〉으로 파악하는 독립성설의 입장에서는 타당하게 해석할 수 없다고 본다. 한편 「종속성설」의 입장에서는 〈소위 교사의 미수〉의 경우에 교사자를 처벌하지 말자는 주장이 아니라 교사범으로서 논할 수 없다는 주장에 불과하고 또 꼭 처벌할 필요가 있을 때에는 따로 특별규정을 두어야 한다고 주장하는데, 동조항은 교사범으로서 처벌하는 것이 아니라 특별규정으로 그 경우를 음모·예비에 준하여 처벌하는 것이므로, 결국 「공범종속성설」에 의해서 동조항을 타당하게 해석할 수 있다고 본다.

(2) 다음으로 「공범종속성설」의 입장에 서면서 그 〈종속형태〉를 살펴 보면, 우리나라에서는 피교사자·피방조자인 정범의 행위가 구성요건에 해당하고 위법까지만 하면 이에 종속해서 공범을 논하는 「제한종속형태」의 입장과 정범의 행위가 유책까지 해야 이에 종속해서 공범을 논하는 「극단종속형태」의 입장이 대립하는데, 수인이 범죄에 가담한 경우에 각자는 타자의 책임을 고려하지 않고 자기의 책임에 의하여 처벌된다는 〈책임개별화의 원칙〉에 비추어 양자의 택일관계라면 필자는 제한종속형태의 입장을 취하겠다.

그런데 우리나라에서는 피교사자·피방조자(정범)가 실행에 나가기만 하면 이에 종속해서 공범을 논하는 「최소종속형태」의 입장에 대하여 적법한 정범행위에로의 가담의 경우에도 공범을 논한다는 점에서 타당하지 않는 것으로 보고 있지만, 필자는 여기에 대하여 의문을 가지고 있다. 즉 앞서의 예를 다시 들어 보면, 10살의 소년 A가 어른 B를 시켜서 절도를 하게 한 경우에 있어서 소년 A가 절도의 교사범으로 처벌되지 아니하는 것은 그가 책임무능력자여서 「책임」이 조각되기 때문인데, 그렇다면 A에게는 절도 교사자로서의 구성요건해당성과 위법성이 있다는 것이 전제되어야 할 것이다. 여기에서 〈공범〉에 있어서도 그 나름대로의 「구성요건해당성·위법성·책임」의 범죄구조를 갖추고 있는 것으로 생각된다. 그래서 그 첫 단계로서 공범의 수정된 구성요건의 해당성을 논함에 있어서 정범 측의 '동일한' 첫 단계, 즉 구성요건의 단계와의 연결(종속)을 생각하는 것이 이론상 타당하다고 보며, 이러한 의미에서 「최소종속형태」의 입장이 타당하다고 생각한다. 그리고 이 입장은 교사자·방조자가 정범자에게 범죄의사를 가지게 하거나 정범자를 도운다는 방식으로 정범자의 구성요건실현에 가담한다는 「구성요건실현 가공설」을 바탕삼아서 〈개인책임의 원칙〉에 맞게 이론구성하며 또한 〈책임개별화의 원칙〉에도 위배되지 아니한다.

(3) 이러한 입장에서 서서 〈협의의 공범의 구조〉를 간단히 살펴 보면 다음과 같다. ① 첫째는 「수정된 구성요건」이다. 최소종속형태의 입장을 취하게 되면, 제31조 1항의 「타

인을 교사하여 죄를 범하게 한 것」, 제32조 1항의 「타인의 범죄를 방조한 것」에 있어서의 〈죄·범죄〉는 최광의의 것을 뜻하게 되고 거기에 정범 측의 구성요건이 〈대입〉되어서 비로소 개별적인 교사범·종범(살인교사범·절도종범 등)의 「수정된 구성요건」이 이룩된다. 다만 여기서의 〈대입〉의 과정에서는, 공범자의 형사책임을 문제삼는 것이므로, 그만큼의 재구성(再構成)이 가하여지는 수가 있다. 예를 들어서 A가 B를 시켜서 B부(父) X를 죽게 한 경우에는 A는 「타인 B를 교사하여 〈사람 X—A의 입장에서는 X는 자기의 부친이 아니다—을 살해하는 것〉을 범하게 한 것」이요 따라서 A는 제31조 1항·제250조 1항이 적용되어서 보통살인죄의 교사범이 되는데, A가 B를 시켜서 A부(父) Y를 죽게 한 경우에는 A는 「타인 B를 교사하여 〈자기의 직계존속 Y를 살해하는 것〉을 범하게 한 것」이요 따라서 A는 제31조 1항·제250조 2항이 적용되어서 존속살해죄의 교사범이 된다. ② 둘째는 「위법성」이다. 피교사자·피방조자의 행위와의 관련 하에서 교사행위·방조행위에 위법성조각사유가 인정되지 아니하면 그 행위는 위법하다. 예를 들어서 친구 C의 아들 Z가 거리에서 아주 나쁜 짓을 하고 있는 것을 본 A가 C에게 아들의 나쁜 버릇을 고치기 위해서 따끔하게 Z의 종아리를 몇 대 때리게 한 경우에 있어서, A는 「타인 C를 교사하여 〈사람 Z의 신체에 대하여 폭행을 가하는 것〉을 범하게 한 것」이요 따라서 A는 폭행교사자로서 수정된 구성요건에 해당하지만, 그러한 A의 폭행교사행위는 피교사자 C의 폭행행위(징계행위)와의 관련 하에서 살펴 볼 때 「사회상규에 위배되지 아니하는 행위」(제20조)로서 위법성이 조각되고 따라서 폭행교사범으로서의 범죄의 성립이 없다. ③ 셋째는 「책임」이다. 교사자·방조자에게 책임이 인정되려면 그 자에 대하여 비난할 수 있어야 한다. 즉 그 자에게 책임능력이 있고 자기행위에 대한 위법성의 의식가능성이 있고 또한 책임조각사유가 없어야 한다.

四. 결 론

광의의 공범 구조론의 구상을 요약하면 다음과 같다.

(1) 「공동정범·교사범·종범은 구성요건의 단계에서 구별된다」 즉 〈공동정범〉은 구성요건실현의 공동이란 관점에서 공동자 상호의 구성요건의 단계에서, 〈교사범〉은 구성요건실현의 야기라는 관점에서 정범자의 구성요건실현에 연결된 교사자의 수정된 구

성요건의 단계에서, 또 〈종범〉은 구성요건실현의 조장(助長)이란 관점에서 정범자의
구성요건실현에 연결된 방조자의 수정된 구성요건의 단계에서 각자의 「구성요건해당
성」이 문제되고 또한 각자는 이 단계에서 서로 구별된다.

 ⑵ 「공동정범·교사범·종범은 각자 그 범죄성립요건으로서 구성요건해당성·위법
성·책임의 세 요건이 필요하다」 즉 공동실행에로의 기여, 교사행위 및 방조행위에 위
법성조각사유가 인정되지 아니하면 〈위법성〉이 확정되고 또 책임개별화의 원리에 따
라 타자의 책임에 관계 없이 각자의 책임을 문제삼으면 된다.

23. 공동정범의 본질[*]

一. 서 설

형법 제 30조는 〈공동정범〉에 관하여 「2인 이상이 공동하여 죄를 범한 때에는 각자 (各自)를 그 죄의 정범으로 처벌한다」라고 규정하는데, 여기서 〈무엇〉을 공동으로 하는 경우에 공동정범〈관계〉가 인정되는가의 문제가 바로 '공동정범의 본질'에 관한 것이다. 이에 관하여는 '범죄공동설과 행위공동설'이 대립하는데, 이에 대한 우리나라 학자들의 견해를 살피고나서 필자의 사견(私見)을 덧붙이고자 한다.

二. 범죄공동설과 행위공동설

범죄공동설과 행위공동설은 전술한 바와 같이 공동정범은 무엇을 공동으로 하는 것 인가의 문제에 관한 학설대립이다.

(1) 범죄공동설

범죄공동설은 수인이 공동하여 〈특정한 범죄〉를 범해야 공동정범이 될 수 있다고 하 는 견해이다. 간단히 말하면 '수인일죄(数人1罪)'의 경우에만 공동정범이 될 수 있다는

---

  * 이 글은 고시연구(1974년 6월호) 21면 이하에 실린 것인데, 원래의 〈제목〉인 「범죄공동설과 행 위공동설에 관하여」를 「공동정범의 본질」로 바꾸었다.

것이다. 이 설에 의하면 수인의 공동관계는 특정한 범죄사실의 범위 내에서 인정되고 또 공동자의 고의도 동일한 범죄사실에 대한 것이어야 한다. 따라서 A는 상해의 고의로써 또 B는 강도의 고의로써 단지 폭행행위만을 공동으로 하였다면 1개의 범죄를 공동으로 범한 경우가 아니므로 A는 상해죄, B는 강도죄로서의 단독범이 문제가 될 뿐이다. 이와 같이, 이 설은 1개의 동일한 범죄에 대한 공동정범만을 인정하게 된다.

그런데 이 입장에 서면서도 구성요건이 서로 중합(重合)하는 범위 내에서 공동정범관계를 인정하는 설도 있다. 예컨대 A는 살인의 고의로써, B는 상해의 고의로써 공동하여 X에게 발사한 경우에는 상해죄의 한도로 양죄의 구성요건은 중합하므로 그 범위 내에서 공동정범관계가 인정된다. 따라서 A의 행위에 의하여 X가 사망하였으면 A는 살인죄의 기수가 되고 B는 상해치사죄가 문제되며, 만약 B의 행위에 의하여 X가 사망하였으면 B는 상해치사죄가 문제되고 A는 살인죄의 기수가 된다. 이 입장을 특히 「부분적 범죄공동설」이라고 하는데, 이와 대립하여 1개의 범죄만으로 고집하는 입장을 「완전 범죄공동설」이라고 한다.

(2) 행위공동설

행위공동설은 수인이 〈행위〉를 공동하여 각자의 범죄를 범하는 것도 공동정범이 될 수 있다고 하는 견해이다. 간단히 말하면 '수인수죄(數人數罪)'의 경우에도 공동정범이 될 수 있다는 것이다. 이 설에 의하면, 행위의 공동이라는 사실에 입각하여 공동정범을 논할 것을 주장하면서, 이러한 행위의 공동이라는 사실은 범죄사실이라는 법률상의 구성을 떠나서 생각해야 하며, 따라서 공동관계는 혹은 수개의 범죄사실에 걸쳐서 성립할 수도 있을 것이고 혹은 단지 1개의 범죄사실의 일부에 한정될 수도 있다. 또 그 수인이 동일한 고의를 가지고 있을 필요도 없고, 다만 그 공동으로 한 사실의 범위 내에서 공동책임을 논하면 된다. 예컨대 A는 단지 폭행의 고의로써 X에게 폭행을 가하고 B는 강도의 고의로써 X에게 폭행과 강취를 한 경우에 있어서 A·B가 폭행을 공동으로 하였다면 그 범위 내에서 공동정범관계가 인정되므로, A의 폭행행위로 인하여 X에서 상해의 결과가 발생하였다면 A는 폭행치상죄, B는 강도치상죄가 문제되고 또 B의 폭행행위로 인하여 X에게 상해의 결과가 발생한 경우도 마찬가지이다.

三. 각 견해의 검토(가나다순 · 경칭 생략)

(1) 남흥우 교수의 견해

남흥우 교수는 "객관주의의 형법이론은 범죄공동설을 주장하고 있다. 이에 의하면 공범은 실현된 또는 실현될 일정한 범죄를 기초로 하여 공동자는 서로 이해하여 이 예 상된 구성요건을 실현할 경우에 성립한다는 것이다. 이 설은 일정한 범죄사실을 예정하고서 공동의 관념을 적용하니 그 이론의 토대를 객관적 범죄사실에 둔 것이다. 또 이 설 은 범죄실행에 대하여 직접 및 중요한 지위에 있는 자와 간접 또는 경미한 지위에 있는 자 사이에 일반적인 차별을 두는 결과가 된다. 공범을 구별하여 정범 · 교사범 · 종범의 셋으로 나누는 현행법은 후술하는 바와 같이 이론(異論)은 있겠으나 이 입장을 취하는 것으로 본다"[1]라고 논술하는데, 현행범이 공범을 정범 · 교사범 · 종범의 셋으로 구별한 다고 해서 범죄공동설의 입장을 취하는 것으로 보는 데에는 납득하기 어렵다.

(2) 백남억 교수의 견해

백남억 교수는 범죄공동설의 입장에서 "생각건대 현행형법 상의 공범은 어떤 범죄를 공동으로 실행하거나, 교사하여 실행케 하거나, 실행을 방조한 때(제 30조 내지 제 32 조 참조)에 성립하는 것이므로, 일정한 기본적 구성요건에 해당하는 실행행위(범죄)를 공동으로 하는 것만이 진정한 의미의 공범이라 할 수 있는 것이다"라고 주장하는데,[2] 현행형법 제 30조는 공동정범에 관하여 「2인 이상이 공동하여 죄를 범한 때에는 각자 를 그 죄의 정범으로 처벌한다」라고 규정하고 있으므로 행위공동설의 입장에서 동조를 「2인 이상이 〈행위를〉 공동하여 죄를 범한 때에는 각자를 그 죄의 정범으로 처벌한다」 라고 읽을 수 있으며, 따라서 현행형법상 범죄를 공동으로 하는 것만이 「진정한 의미의 공범」이라고는 할 수 없다고 생각한다.

그리고 계속하여 "뿐만 아니라 행위공동설에 의하면 가령 A는 X를 살해할 목적으로,

1 남흥우, 『형법강의(총론)』, 1965년, 245면.
2 백남억, 『형법총론』(제3전정판), 1962년, 278면.

B는 X의 재물을 강탈할 목적으로 피차 타인(B 또는 A)의 행위(폭행 또는 협박)를 이용한 경우에 있어서 A·B를 공범으로 인정하면서 A에 대해서는 살인의 고의뿐이며 강도의 고의는 없으므로 살인죄만을 인정하고, B에 대해서는 강도의 고의뿐이며 살인의 고의는 없으므로 강도죄만을 인정하게 하게 되는 것이나, A·B를 어차피 개별적으로 처벌할 바에는 하필 이것을 공범으로 취급해야 할 이론상 및 실정법상의 근거는 전연 없는 것이라 하지 않을 수 없는 것이다"[3]라고 주장하는데, 만약 B의 폭행행위로 인하여 X가 사망하였다면 B는 어느 설에 의하든 강도치사죄가 문제되겠지만, A는 범죄공동설에 의하면 살인죄의 미수가 됨에 반하여 행위공동설에 의하면 살인죄의 「기수」가 된다는 점에서 행위공동설의 입장에서 공범(여기서는 공동정범)으로 취급하는 실익이 나타난다고 본다.

(3) 염정철 교수의 견해

염정철 교수는 「공범은 범죄를 공동으로 하는가 또는 행위를 공동으로 하는가」라는 공범의 본질에 관한 학설로서 범죄공동설·행위공동설·공동의사주체설을 설명하고 나서, "이상의 학설 중에서 범죄공동설은 1개의 범죄를 예정하고 단독으로 실현한 경우가 단독범, 수인이 실현한 경우를 공범이라 하므로 공범현상을 정확히 파악치 못하였다는 단점이 있다. 또 공동의사주체설은 공모자 중의 1인이 범죄를 실현하면 그 전원을 실행한 자라 논하는 것이므로 이것은 실정법에 근거 없는 입법론을 형법에 도입하였다는 결함이 있다. 이론적으로는 행위공동설이 타당하다"[4]라고 주장한다.

그런데 첫째로 「공범은 범죄를 공동으로 하는가 또는 행위를 공동으로 하는가」 하는 문제의 학설대립에 「공동의사주체설」을 넣는 것이 타당한가에 관하여 필자는 의문이다. 왜냐하면 필자는 공동의사주체설은 〈공동실행〉의 (객관적) 범위에 관한 학설대립의 한 학설이라고 보아야 할 것이다. 그리고 "이것(공동의사주체설)은 실정법에 근거 없는 입법론을 형법에 도입하였다는 결함이 있다"라고 주장하는데, 공동정범에 관하여 일본형법 제60조와 같이 「2인 이상 공동하여 범죄를 실행한 자는 모두 정범으로 한다」

---

3 백남억, 『총론』, 278면.
4 염정철, 『형법총론』, 1966년, 445면.

라고 규정되어 있다면 실행을 하지 아니한 자까지 공동정범으로 보는 것은 실정법에 근거 없는 것이라고 비판하는 것도 일리가 있지만, 현행형법 제30조는 「2인 이상이 공동하여 죄를 범한 때에는…」이라고 규정하고 있어서 반드시 〈실행함〉을 요구하고 있지 않으므로 공동의사주체설의 주장은 현행형법의 해석상 가능하다고 본다. 둘째로 범죄공동설은 공범현상을 정확히 파악치 못하였다고 하고 이론상으로는 행위공동설이 타당하다고 주장하는데, 그 근거의 해명이 아쉽다.

(4) 유기천 교수의 견해

유기천 교수는 "생각건대, 현행법에는 공범의 본질에 관한 명문은 없으나, 재래의 통설은…행위공동설을 취하지 않고 범죄공동설을 취하고 있다고 본다. 이는 형법 30조의 명문과 타 규정의 정신으로 보아 이러한 해석이 가능하다고 한다. 그러나 후술과 같이 공동정범에 있어서 공동행위주체설을 취하게 되면, 물론 원칙적으로 범죄공동설의 입장에 접근하지만 반드시 재래의 범죄공동설의 입장과 동일하지 않음을 알아야 한다"[5]라고 주장하고서, 공동행위주체설에 관하여 "(공동의사주체설의) 이론 상의 약점을 수정하고 실제 공범현상을 직시하자는 입장을 공동행위주체설이라 할 수 있다. … 공동행위주체설의 입장에서 보면 어느 의미에서든지 실행행위를 분담했다고 볼 수 있는 범위 내에서만 공동정범을 인정한다. 이 입장은 공동의사주체가 성립된 이상 그 실행행위의 면을 개인행동의 국면에서 볼 것이 아니라 공동의사주체의 실행행위라고 볼 수 있는가에 의하여 결정하자는 바요, 따라서 재래의 판례는 과실에 의한 공동정범을 인정하지 않았지만 적어도 공동의사주체가 성립되어 각자가 실행행위를 분담하는 이상 과실에 의한 결과를 낼 때에도 공범관계를 인정할 수 있다고 보게 된다. 이런 견지에서 망 보는 행위가 공동정범을 구성한다는 판례는 어느 정도 이해할 수 있고, 경우에 따라서는 망 보는 행위를 실행행위를 분담한 경우라고 볼 수가 있다. 그러나 어떠한 의미에서든지 실행행위의 일부를 분담하였다고 볼 수 없는 공모자는 그 가공의 정도에 따라 교사나 방조의 책임을 지는 것이 타당하다. 단, 입법론으로는 재고의 여지가 있다"[6]라고 설명한다.

---

5 유기천, 『개고 형법학(총론강의)』, 1971년, 274면.

6 유기천, 『총론』, 279면 이하.

앞서 인용한 바와 같이 유 교수는 "공동정범에 있어서 공동행위주체설을 취하게 되면, 물론 원칙적으로 범죄공동설의 입장에 접근하지만, 반드시 재래의 범죄공동설의 입장과 동일하지 않음을 알아야 한다"라고 논술하여 마치 범죄공동설과는 다소 다른 입장같이 보이지만, 공동의사주체설에 관하여 전술한 바와 같이(3 참조) 「무릇 수인이 공동하여 범죄를 행함을 공범이라 할 때에, 무엇을 〈공동〉으로 행하는 것을 의미하느냐의 문제」[7]에 관한 학설대립에 공동행위주체설을 넣는 것은 타당하지 않다고 본다. 그래서 유 교수의 입장은 공동정범의 〈본질〉에 관하여는 범죄공동설에 속하고(범죄공동설의 입장에서 과실범의 공동정범을 긍정하는 학설도 있다[8]), 공동행위주체설은 공동정범의 〈공동실행〉의 범위에 관한 학설대립의 하나라고 볼 것이 아닌가 생각한다.

(5) 이건호 교수의 견해

이건호 교수는 "생각건대 범죄라고 하는 것은 행위자의 행위 자체임에 틀림없는 것이고, 행위를 떠나 행위 이전에 범죄가 존재하는 것이라고 이해함은 논리상·실지상 불가능하다고 아니할 수 없는 것이다. 이러한 의미에서 행위 이전에 범죄의 존재를 예정하는 범죄공동설은 적당치 않는 것이고, 행위를 전제로 하여 범죄를 고찰하려고 하는 공동행위설을 가지고 공동정범을 이해함이 가장 타당하다고 생각되는 것이다"[9]라고 주장하는데, 범죄공동설은 수인이 특정한 범죄를 공동으로 범행할 때에 공동정범관계를 인정하자는 것이요 행위를 전제로하여 범죄를 고찰하는 점에서는 다를 바 없으므로 범죄공동설에 대한 이러한 비판은 타당하지 않다고 보며, 또 「공동행위설」이란 표현을 행위공동설의 오기가 아닌가 생각된다.

(6) 정영석 교수의 견해

정영석 교수는 "현행형법은 제 30조에 공동정범에 관하여 「2인 이상이 공동하여 죄

---

7 유기천, 『총론』, 270면.

8 『註釋刑法 總則(3)』 1969年 732頁(大塚 担当) 參照.

9 이건호, 『형법학개론』, 1964년, 178면 이하.

를 범한 때」라고 규정하여 공동정범을 2인 이상이 공동하여 일정한 구성요건에 해당하는 범죄를 실행하는 것으로 하고 있으므로 현행형법의 해석상으로는 구성요건적 사실(범죄)에 관계시켜 공범현상을 이해하려는 범죄공동설이 타당하다고 하겠다"[10]라고 주장하는데, 현행형법 제30조는 「2인 이상이 〈행위를〉 공동하여 죄를 범한 때」라고도 해석될 수 있으므로 현행형법의 해석론에 비추어 배타적으로 범죄공동설을 주장하는 것은 그 근거가 약한 것으로 본다(2 참조). 그리고 계속해서 "그러나, 여기에 전제로 되는 범죄는 반드시 1개의 구성요건(1개의 범죄)에 한하지 않고 그것이 구성요건적으로 중첩되어 있는 경우에는 별개의 범죄에 관하여도 그 한도 내에서는 범죄실행의 공동, 따라서 공범(공동정범)을 인정하여야 할 것이므로, 이 점으로는 범죄의 일부의 관하여 공범의 성립을 인정하는 행위공동설과 그 결론을 같이한다고 할 수 있다"[11]라고 논술하여 「부분적 범죄공동설」의 입장을 취하고 있다.

(7) 황산덕 교수의 견해

황산덕 교수는 「무엇을 공동으로 하는가」라는 소제목에서 "공범에 있어서는 무엇이 공동으로 되어 있는가. 이것은 형법전에는 규정되어 있지 않으나, 공범이론을 전개함에 있어서 항상 그 기초이론을 제공해 주는 중요한 것이라고 하여 종래부터 학자들 사이에서 많이 논의되어 왔었다"[12]라고 전제하고서, 구파의 이론가들은 객관적 입장에서 범죄공동설(객관설)을 취하고 신파의 이론가들은 주관적 입장에서 행위공동설(주관설)을 취한다고 설명한다.[13] 계속해서 "그러나 우리 형법상의 규정을 이와 같이 주관적 또는 객관적 입장의 하나만에 의하여 획일적으로 설명하는 것은 불가능하다. 가령 야간주거침입절도죄(330조)에 있어서 A는 담 넘어 주거에 침입하여 절취를 하고 그리고 지나가던 B가 밖에서 망을 보고 있었다는 경우를 예로 든다면, A를 보호함으로써 그를 「방조」하려는 의사를 가지고 있었다고 해서 B를 종범으로 처벌(32조 1항)하기로 한다면 이

---

10 정영석, 『형법총론』(제 3 전정판), 1973년, 230면.

11 정영석, 『총론』, 동면.

12 황산덕, 『형법개론』(제 6 정판), 1974년, 244면.

13 황산덕, 『총론』, 245면.

것은 B의 행위를 주관적 입장에서 파악한 것이 되고, 그리고 B의 행위가 A의 그것보다 약간 경미하다고 해서 그에 대한 형을 「정범의 형보다 감경」(32조 2항)하기로 한다면 이 것은 B의 행위를 객관적 입장에서 취급한 것이 된다(Mezger – Blei Ⅰ, § 84). 이와 같이 우리 형법은 주관적 입장에서 처벌하기로 하고 그리고 객관적 입장에서 그 형을 감경 하기로 한 것이므로, 이상과 같은 두 학설의 대립은 공범에 관한 우리 형법의 해석상으 로는 별로 큰 도움이 되지 못하는 것이다. 그러므로 공범의 본질을 파악하기 위하여는 「무엇을 공동으로 하는가」라는 식으로 문제를 제기할 것이 아니라―후술하는 바와 같이 ―정범과 공범을 어떻게 구별할 것인가 라는 각도에서 문제를 취급하여야한다"[14]라고 논술하는데, 처음부터 범죄공동설과 행위공동설과의 학설대립에 별로 관계없는 예를 들고서 "두 학설의 대립은 공범에 관한 우리 형법의 해석 상으로는 별로 큰 도움이 되 지 못하는 것이다"라고 단정하는 것은 타당한 논증이라고 볼 수 없다. 즉 B를 종범으로 처벌하게 되는 것이 반드시 '행위공동설'의 결론이 아니고 또 양 학설의 대립과 관계없 으며 또한 정범의 형보다 감경하는 것도 '범죄공동설'의 결론이 아니고 또 양 학설의 대 립과 관계없는 것이다. 양 학설의 대립의 초점은 '특정한 범죄'에 관해서만 공범, 특히 공동정범의 관계가 인정되느냐 혹은 '상이(相異)한 범죄'에 걸쳐서도 공범, 특히 공동정 범의 관계가 인정될 수 있느냐에 있다고 보아야 할 것이다.

그리고 공동정범의 「총설」에서 범죄공동설과 행위공동설을 설명한 다음, "본래 공동 정범에 있어서는―후술하는 바와 같이―공동실행의 「의사」와 공동실행의 「사실」을 모두 고려해야 하는 것인데, 사실의 면에만 치중하는 범죄공동설은 공동정범과 동시범의 구 별에 불충분하고, 그리고 반대로 의사의 면에만 중점을 두고 사실의 태양(態樣)을 무 시하는 행위공동설은 공동정범과 종범의 구별에 지장을 가져온다. 이미 공범의 본질에 관하여 말한 바와 같이 범죄공동설(객관설)과 행위공동설(주관설)은 그것으로 단독으로 는 결코 일관될 수 없는 것이므로, 우리는 그 어느 쪽에도 가담하지 않는 종합적 입장을 취한 것이지만, 공동정범에 관하여서도 그 입장은 그래도 견지된다"[15]라고 논술하는데, 범죄공동설을 취한다고 해도 공동정범의 주관적 요건이 결하는 때에는 〈동시범〉밖에 인정되지 아니하며 또 행위공동설을 취한다고 해도 〈종범〉을 인정하지 않는 것도 아니

---

14 황산덕, 『총론』, 동면.

15 황산덕, 『총론』, 264면 이하.

므로, 타당한 논술이라고 보기 힘들다.

四. 사 견 (私見)

(1) 공범은 무엇을 공동으로 하는 것인가의 문제에 관한 「범죄공동설과 행위공동설」과의 학설대립은 공동정범에서 문제 삼는 것이 좋겠지만,[16] 학자에 따라서는 협의의 공범까지도 문제 삼는다.

(2) 범죄공동설과 행위공동설의 대립은 「수인이 공동하여 〈특정한 범죄〉를 범한 경우」에만 공동정범관계를 인정할 것인가 혹은 「수인이 〈행위〉를 공동하여 각자(各自)의 범죄를 범한 경우」에도 공동정범관계를 인정할 것인가의 문제이므로, 공동정범의 요건으로서의 〈공동실행〉을 넓게 인정할 것인가 혹은 좁게 인정할 것인가의 문제와는 별개(別個)의 것으로 본다. 여기서 공동의사주체설 · 전체적 관찰설 · 공동행위주체설 등은 후자의 문제에 관련되는 학설들이다.

(3) 공동정범에 관한 형법 제30조는 범죄공동설의 입장에서나 행위공동설의 입장에서나 모두 해석이 가능하다고 본다. 특히 후설의 입장에서는 동조를 「2인 이상이 (행위를) 공동하여 (각자의) 죄를 범한 때에는 각자를 그 죄의 정범으로 처벌한다」라고 해석하게 된다.

(4) 「범죄공동설」의 입장에서는, [사례1]로서 A와 B가 공동해서 B의 아버지 X를 각자의 총으로 쏘아 죽인 경우에, A는 보통살인죄, B는 존속살해죄가 문제되므로 A · B 사이에 공동정범관계가 인정될 수 없게 되어서, X가 B의 총알에 맞아 죽은 때에는 B는 존속살해죄의 기수가 되지만 A는 보통살인죄의 '미수'가 되는데, 만약 X가 B의 아버지가 아닌 경우에는 당연히 A는 보통살인죄의 '기수'가 되는 것과 비교해 보면, 범죄공동설은 공동정범관계의 인정범위가 너무 좁다고 생각된다. 그래서 범죄공동설의 입장에 서

---

16 이상에서 참조한 우리나라 문헌 가운데서는 이건호 교수만이 「공동정범」에서 다루고 있다(『개론』, 178면 이하). 그리고 木村 교수는 "범죄공동설이냐 또는 행위공동설이냐의 문제를 광의의 공범의 본질의 문제라고 생각하는 것은 전혀 잘못된 것이고, 이 문제는 공동정범만에 고유한 문제라는 것을 특히 주의하여야 한다"라고 강조한다(木村龜二, 『犯罪論の新講造(下)』, 1968年, 248頁).

면서 구성요건이 서로 중합(重合)하는 범위 내에서 공동정범관계를 인정하려는 「부분적 범죄공동설」이 주장되기도 한다. 다음으로 [사례2]로서 토끼사냥에 가서 A는 멀리서 흰 옷을 입고 있는 X를 죽이기로 작정했으나 자기는 총솜씨가 부족하므로 옆에 있던 명사수 B에게 저기에 있는 흰 놈을 함께 쏘아 죽이자고 말하자 B는 부주의하게 그것이 흰 토끼인 줄 잘못 알고 의사연락 아래 함께 쏘았던 바, X가 B의 총알에 맞아 죽은 경우에 있어서, 범죄공동설에 의하면 B는 물론 과실치사죄가 문제되지만 A는 살인죄의 미수가 될 뿐이다(물론 B와의 관계에서 살인죄의 간접정범(기수)도 생각 할 수 있지만). 그런데 이러한 경우에는 B와의 사이게 공동정범관계를 인정하여 바로 A에게 살인죄의 기수의 죄책을 지우는 것이 타당할 것이다. 왜냐하면 A·B가 서로 의사의 연락 아래 함께 쏘았고 이로 인하여 X가 죽었으므로 A에게 살인미수를 인정하는 것도 이상하고 또 단순히 과실범을 이용(교사)한 것이라고 보기도 곤란하기 때문이다.

　그러나 「행위공동설」에 의하면 [사례 1·2]의 경우에 모두 A·B 사이에 공동정범관계가 인정되고 A는 타당하게 살인죄의 기수가 된다. 그런데 행위공동설에 있어서의 「행위」를 흔히 전(前)구성요건적·전(前)법률적·자연적인 혹은 사실상의 행위라고도 표현하는데,[17] 물론 이것은 「행위의 공동」이 바로 특정한 범죄구성요건에 해당하는 행위의 공동만을 가리키는 것이 아니라는 점을 나타내기 위한 것이겠지만, 필자는 오히려 ① 특정한 고의범의 구성요건에 해당하는 행위의 공동, ② 중합(重合)하는 구성요건에 해당하는 행위의 공동, ③ 상이(相異)한 고의범의 구성요건에 해당하는 행위의 공동, ④ 고의범의 구성요건과 과실범의 구성요건에 해당하는 행위의 공동, ⑤ 과실범의 구성요건에 해당하는 행위의 공동을 모두 포함하는 의미에서의 「구성요건적행위 공동설」이라는 명칭을 붙이고자 한다. 물론 이러한 표현을 위해서는, 과실범에 있어서도 「구성요건적 행위」(그 내용은 과실행위)라는 것이 이론체계상 인정되어야 할 것이다.[18] 그리고

17　"(행위공동설의 입장에서는—필자 주) 공범은 어떤 범죄, 즉 구성요건상의 어떤 행위를 공동으로 하는 것이 아니라 전구성요건적·전법률적 혹은 자연적인 행위를 공동으로 하는데 불과한 것이다"(백남억, 『총론』, 277면 참조), "행위공동설은 이(행위—필자 주)를 전법률적인 단순한 사실상의 행위로서 인식한다"(靑木淸相, 「犯罪共同說·行爲共同說」, 『演習刑法總論』, 1971年, 207頁).

18　Hans Welzel, Das Deutsche Strafrecht, 11. Aufl., 1969, S. 131 ff.; 황산덕, 『총론』, 128면 이하 등.

이러한 「구성요건적행위 공동설」의 주장에서 나타나는 바와 같이 종래의 범죄공동설과 행위공동설과의 대립은 서로 배척하는 것이 아니라 후설이 공동정범관계를 보다 넓게 인정한다는 것을 알 수 있다.

24. 공범의 종속성과 관련하여[*]
- 새로운 「공범구조론」의 구상 -

I. 서 론

범죄의 성립요건을 〈(행위·)구성요건해당성·위법성·책임〉 또는 〈(행위·)불법·책임〉이라고 파악하면서도, 종래의 범죄론 체계에 있어서는 이러한 〈범죄구조〉를 가진 것으로서 「고의·작위·기수의 단독정범」을 생각하였다. 그리하여 〈과실범〉은 책임론에서 고의와의 대비(対比)로서, 〈부작위범〉은 행위론 내지 구성요건론에서 작위와의 대비로서 논하여졌고, 〈미수범·공범〉은 따로 그 특성을 중심으로하여 논하여졌을 따름이었다. 그런데 근년에 와서 〈과실범〉이 구성요건 내지 불법의 단계부터 고의범과 구별되어야 한다는 주장[1]과 더불어 과실범의 독자적인 범죄구조를 논하게 되었고,[2] 또한 〈부작위범〉도 그의 독자적인 범죄구조를 따로 논하는 경향이 나타났다.[3] 그리고 〈공

---

* 이 글은 사회과학논집 제8집(정영석교수 화갑기념 특집호, 연세대학교, 1977년) 131면 이하에 실린 것이다.

1 벨첼(H. Welzel)을 중심으로 하는 목적적 행위론의 입장에서 강력히 주장되었다.

2 과실범을 고의범과 별도로 불법(구성요건·위법성)·책임의 단계로 나누어서 논하는 입장이 늘어나고 있다. 즉 Hans Welzel, Das Deutsche Strafrecht, 11. Aufl., 1969, S. 127 ff.(단, 벨첼은 불법에서는 고의범과 별도로 논하지만 책임에서는 함께 논한다); Reinhart Maurach, Deutsches Strafrecht, AT, 4. Aufl., 1971, S. 536 ff.; Günter Stratenwerth, Strafrecht, AT I, Die Straftat, 1971, S. 288 ff. 등의 목적적 행위론자뿐 아니라, Hans-Heinrich Jescheck, Lehrbuch des Strafrechts, AT, 2. Aufl., 1972, S. 435 ff.; Paul Bockelmann, Strafrecht, AT, 1973, S. 150 ff.; Johannes Wessels, Strafrecht, AT, 4. Aufl., 1974, S. 121 ff.; Hermann Blei, Strafrecht I, AT, 16. Aufl., 1975, S. 264 ff. 등이 있다. 또한 김종원, 「과실범의 구조」, 『서울대학교 법학』 제17권(1976년) 1호, 123면 이하.

3 Welzel, Strafrecht, S. 204 ff.; Maurach, Strafrecht, S. 592 ff.; Stratenwerth, Strafrecht, S. 259 ff., S. 305 f.; Jescheck, Strafrecht, S. 464 ff.; Wessels, Strafrecht, S. 132 ff.; Blei, Strafrecht, S. 277 ff.; Bockelmann, Strafrecht, S. 127, S. 146 ff.; Eberhard Schmidhäuser, Strafrecht, AT, 2.

범〉에 관하여도 최근에 독자적인 범죄구조를 논하는 경향이 나타나 있는데,[4] 필자는 필자 나름대로의 〈공범구조론〉을 전개해 보려고 한다.

그런데 본고는 특히 〈공범의 종속성〉에 관한 우리나라에서의 논의를 소개·검토하고서 공범도 형법상의 「범죄」인 이상 독자적인 범죄구조, 즉 그 나름대로의 〈구성요건해당성·위법성·책임〉이 있어야 하리라는 전제 하에서 그 첫 단계인 (확장된) 구성요건의 단계에서 정범의 구성요건실현에의 연결을 논하는 〈최소종속형태〉의 입장을 지지하면서, 공동정범·교사범·종범이 구성요건의 단계에서 구별되어야 하고 또 그 각자에 대해서 구성요건해당성·위법성·책임이 논하여져야 한다는 구상을 간략하게 서술한 것이며, 새로운 〈공범구조론〉에 관한 본격적인 연구발표는 후일에 미루는 바이다.

II. 공범의 종속성

一. 총 설

(1) 먼저 여기서의 「공범의 종속성」이란 공범개념의 정범개념에 대한 〈논리상의 종속성〉을 문제삼자는 것이 아니라는 점을 유의하여야 한다. 즉 예를 들어서 A가 B를 시켜서 X를 죽이게 한 경우에 있어서 A는 반드시 〈살인의〉 교사범이 되는 것이다. 그런데 여기서는 이러한 종속성을 논하고자 하는 것이 아니라 〈실질적인 종속성〉을 문제삼고자 한다.

(2) 다음으로, 「공범」의 종속성이라고 하는 경우에 광의의 공범(공동정범도 포함해서)을 말하느냐 또는 협의의 공범(교사범과 종범만)을 말하느냐가 문제가 된다. 그런데 보

Aufl., 1975, S. 659 ff. 등.

4 Schmidhäuser, Strafrecht, S. 532 ff.(또한 derselbe, Gesinnungsmerkmale im Strafrecht, 1958, S. 261 ff. 참조) : Klaus Lüderssen, Zum Strafgrund der Teilnahme, 1967, bes. S. 117 ff.(2. Teil : Die Haftung des Teilnehmers für eigenes Unrecht und eigenes Schuld). 이들의 견해에 대한 검토는 다른 기회로 미룬다.

통은 협의의 공범을 뜻하는 것으로 되어 있으며,[5] 여기서도 〈협의의 공범〉의 종속성에
관하여 살펴 보고자 한다.

　(3) 끝으로, 공범의 〈종속성〉의 문제는 두 가지 면에서 다루어진다. 〈첫째로〉 공범
은 정범에 종속시켜서 논해야 한다는 입장과 정범에 상관없이, 즉 정범으로부터 독립해
서 논할 수 있다는 입장, 즉 구체적으로 설명하면 적어도 정범이 실행에 나아가야 공범
을 논할 수 있다는 입장과 정범이 실행에 나갔느냐와는 상관없이 공범을 논할 수 있다
고 보는 입장으로 나누어지는데, 전자의 입장을 「공범종속성설」, 후자의 입장을 「공범독
립성설」이라고 한다. 〈둘째로〉 공범종속성설을 따르는 입장에서는 ① 〈정범(피교사・방
조자)의 실행행위(구성요건해당행위)〉에 종속해서 공범을 논하거나 〈최소종속형태〉, ②
〈정범의 위법한 실행행위〉에 종속해서 공범을 논하거나(제한종속형태), ③ 〈정범의
위법・유책한 실행행위〉에 종속해서 공범을 논하거나(극단종속형태), ④ 〈정범의 처
벌〉에 종속해서 공범을 논하는 (과장[誇張]종속형태)[6] 네 가지로 나누어서 고찰된다.[7]
여기서는 첫째를 〈종속성의 유무〉의 문제로서, 둘째를 〈종속성의 정도〉의 문제로서 다
루어진다.[8]

5　공동의사주체설을 주장하는 입장에서는 공동정범의 둘째 요건인 「범죄를 실행한다」는 것은 "반
　드시 공동자의 전부가 실행행위를 분담할 것을 요한다는 의미가 아니다. 공동자 가운데의 누군
　가가 실행에 나가는 것을 요한다는 의미이다(공동정범에 있어서의 종속성)"라고 논술한다(草
　野豹一郎 「刑法總則講義 第2分冊」 1952年 163頁 以下). 그런데 이것은 공동정범에 있어
　서의 〈실행의 착수시기〉의 문제로 논해질 수 있지 아니할까 생각한다.

6　「과장종속형태」란, 정범에게 범죄의 성립요건 이외에 그를 처벌하기 위해서 필요한 조건이 있
　는 경우에 이 조건을 충족해야만 처벌되는데, 하여튼 정범이 처벌되어야 이에 종속해서 공범을
　논하는 입장이라고 본다.

7　이러한 네 가지의 종속형태는 원래 엠・에・마이어가 생각해 낸 것이다. 즉 그에 의하면, 최
　소종속형태(minimal akzessorische Form)란 공범자의 처벌이 정범자의 법정구성요건의 실
　현에 의존한다는 입장이고, 제한종속형태(limitiert-akzessorische Form)란 공범자의 처벌
　이 정범자의 법정구성요건의 위법한 실현에 의존한다는 입장이고, 극단종속형태(extrem-
　akzessorische Form)란 공범자의 처벌이 정범자의 법정구성요건의 위법・유책한 실현에 의존
　한다는 입장이고, 과장종속형태(hyperakzessorische Form)란 공범자의 처벌이 정범자의 일신
　적 특성(persönliche Eigenschaften)에 의존한다는 입장인데, 따라서 정범자에 구비된 형벌가중
　적 및 형벌감경적 사정이 공범자의 처벌을 가중・감경케 한다는 것이다(Max Ernst Mayer, Der
　allgemeine Teil des deutschen Strafrechts, Lehrbuch, 2. Aufl., 1923, S. 391 참조).

8　벨첼은 먼저 「종속성의 내적 범위(Umfang)」의 문제로서 〈종속성의 정도〉의 문제를 다루고, 다
　음으로 「종속성의 외적 범위」의 문제로서 〈종속성의 유무〉의 문제를 다룬다(Welzel, Strafrecht,

二. 종속성의 유무

정범이 실행행위에 나아가느냐의 여부에 관계없이, 즉 독립해서 공범을 논하는 「공범독립성설」과 정범이 적어도 실행행위에 나아가야[9] 공범을 논하는 「공범종속성설」과의 대립에 관련하여 우리나라 학자들의 견해를 검토해 보기로 한다. 그리고 「범죄공동설」과 「행위공동설」이 〈공동정범의 본질〉에 관한 학설대립이라면, 「공범독립성설」과 「공범종속성설」은 〈공법의 본질〉에 관한 학설대립이라고 말할 수 있을 것이다.

(1) 공범독립성설의 입장

(a) 이론 주장

ⅰ) 정영석 교수는 "양설(공범종속성설과 공범독립성설—필자 주)의 대립은 형법의 기초이론에 있어서의 객관주의와 주관주의의 대립이 특히 공범이론에서 전개된 것이라고 할 수 있으며, 결국 범죄의 실행행위를 객관설에 의하여 이해할 것인가 또는 주관설에 의하여 이해할 것인가의 문제에 귀착된다고 하겠다('범죄실행의 착수' 참조). 공범종속성설의 이론에서는 타인인 정범자의 행위 — 실행의 착수 — 를 표준으로 하여 공범의 실행의 착수를 정하려고 하나, 첫째로 범죄의 실행행위는 행위자의 외부적 행위와 함께 종료되는데, 공범자의 실행행위는 종료하더라도 아직 착수가 없는 것이 되고, 둘째로 공범행위는 그 자체로서는 범죄성을 갖지 않고 정범으로부터 범죄성을 차용하여 옴으로써 비로소 처벌된다는 결과로 된다. 그러나, 타인의 행위의 범죄성에 의하여 자기의 행위가 범죄로 되어 처벌된다는 사상은, 근대형법이 기본으로 하는 개인책임주의의 원리에 위배된다고 하겠다. 이런 의미에서 공범의 범죄성은 공범자 고유의 것으로 생각하는 공범독립성설이 타당하다고 본다"[10]라고 주장한다. 그런데 첫째로 〈실행의 착수〉의 문제로 종속성설을 비판하고 있다. 살인사건을 예로 들어 보면, 살인의 교사 · 방조가 있은 것만으로는 아직 〈살인의 미수〉상태가 아니다. 피교사 · 방조자인 정범이 살인의 실

S. 112 ff.).

9 제31조 2 · 3항을 신설한 현행형법 하에서는 이렇게 보아야 할 것이다.

10 정영석, 『형법총론』(제3전정판), 1973년, 232면.

행행위에 나아가야 비로소 〈살인교사죄·살인방조죄〉를 문제삼자는 것이 공범종속성설의 입장이다. 둘째로 종속성설의 입장에서 공범을 정범의 구성요건실현에 가담한 죄, 불법한 정범에 가담한 죄 또는 불법·유책한 정범에 가담한 죄로서 고유(固有)의 범죄성을 가지는 것으로 본다. 그래서 이 입장이 개인책임주의에 위배된다고 볼 수 없다.

ⅱ) 이건호 교수는 "이 이론(공범독립성의 이론—필자 주)의 출발점은 범죄를 가지고 행위자 고유의 범죄적 의사의 표현이라고 이해하는 주관주의적 형법이론의 사상인 것이다. 이러한 의미 하에서 공범독립성의 이론을 공범고유범죄설이라고도 하는 것은 당연한 것이다. 공범에 관하여 종속성설을 취할 것인가 독립성설을 취할 것인가는, 이론적으로는 타인의 행위로 인한 책임이라는 것을 인정할 것인가 아닌가에 의하여 결정되는 것이다. …형법 진화의 노선은 집단적 책임으로부터 개인적 책임의 방향으로 향하고 있는 것이 사실이라고 할 수 있는 것이다. 또 생각건대 이와 같이 책임의 개별화가 추진 실현되어 개인책임의 원칙이 인정되게 됨에 이르러 비로소 형벌의 개별화는 완전히 실현될 수 있는 것이다. 그러므로 타인의 행위에 관하여 책임을 인정하는 종속성의 이론은 형법 진화의 방향에 위배될 뿐 아니라, 근대적 형법의 원리인 형벌개별화의 사상과도 모순되는 것이라고 단정하지 않을 수 없는 것이다. 그러므로 이상과 같은 의미하에서 우리는 공범독립성의 이론이 타당하다는 것을 인정하지 않을 수 없는 것이다"[11]라고 논술하는데, 공범자(교사자·방조자)의 책임의 문제는, 단순히 A가 X를 죽이는 경우의 A의 죄책이 아니라 A가 B를 시켜서 X를 죽이게 하거나 B가 X를 죽이는 것을 도우는 경우의 A의 책임이므로, B의 살인행위를 시키거나 도운다는 의미에서 B의 행위와 관련시켜서 A의 책임을 논하게 되는 것이다. 이렇게 생각한다면 공범종속성설의 입장에 선다고 해도 바로 〈개인책임의 원칙〉에 반한다고는 말할 수 없다고 본다.

(b) 현행법의 해석론

ⅰ) 이건호 교수는 "공범독립성의 이론을 취하는 경우에 정범의 행위가 실행에까지 이르지 못한 경우에도 공범의 미수를 인정할 것인가라는 문제에 관하여는 직접 공범

---

11 이건호, 『형법학개론』, 1964년, 175면 이하.

규정으로부터는 아무런 적극적인 결론을 추출(抽出)해 낼 수 있는 것이 아니고, 미수에 관한 규정과 관련하여 논정(論定)하지 않으면 아니 될 것이다. … 공범의 미수는 단순히 정범이 미수에 끝나고만 경우뿐만 아니라, 적어도 교사 또는 방조행위가 있으면 그와 동시에 성립될 수 있는 것이라고 인식되는 것이다. 다시 말하면 교사 또는 방조의 결과 정범자가 범죄를 실행하려는 결의를 함에 이르지 못한 경우에나, 또는 범죄를 행하려는 결의는 있었으나 실행에 이르지 못한 경우에 있어서도 공범의 미수는 성립되는 것이라고 이론상 단정되는 것이다. 그러나 물론 공범의 미수가 처벌됨은 형법 각 본조의 미수범의 규정에 의하여 미수가 처벌되는 경우에 한함은 더 말할 필요도 없다"[12]라고 주장하는데, 이것은 제31조 2·3항(소위 교사의 미수의 경우에 음모 또는 예비에 준하여 처벌하도록 규정한다)을 신설한 현행형법 하에서는 타당한 주장이라고 볼 수 없다.

ⅱ) 공범독립성설을 주장하는 염정철 교수는 "형법 제31조 2항(효과없는 교사)·3항(실패한 교사)에서와 같이 교사의 미수를 처벌하는 현행형법 하에서는 (공범종속성설의─필자 주) 이론적 근거가 박약하며 도리어 그 입법취지는 공범독립성설에 입각한 것이라 이해하여야 한다. … 형법은 이러한 교사의 미수의 그 가벌성을 긍정하고 있다. 이것은 교사자의 교사행위 그 자체는 정범자(피교사자)와 독립하여 성립된다는 공범독립성설의 이론을 입법화한 것이다. … 교사의 미수(협의의 교사의 미수) 그 자체를 독립적 범죄로서 처벌하는 것은 공범독립성설에 의하여서만이 합리적으로 이해할 수 있으며"[13]라고 주장하는데, 현행형법이 소위 교사의 미수의 가벌성을 긍정하는 것은 틀림없으나 그것을 공범독립성설에서 주장하는 바와 같이 교사「범」의 미수「범」으로서 처벌하도록 규정하지 않고 「음모 또는 예비에 준하여 처벌한다」라고 규정하고 있으므로, 제31조 2·3항은 공범독립성설의 이론을 입법화한 것도 아니고 또 이 설에 의해서 합리적으로 이해될 수 있는 것도 아니라고 본다.

---

12 이건호, 『개론』, 177면 이하.

13 염정철, 『형법총론』, 1966년, 448면, 466면, 469면.

(2) 공범종속성설의 입장

(a) 이론 주장

ⅰ) 백남억 박사는 "생각건대 가령 살인을 교사ㆍ방조하는 행위는 살인행위 그 자체는 아니다. 고로 교사ㆍ방조행위를 실행행위와 동일시하는 것은 죄형법정주의의 정신에 위배된다 할 수 있을 것이며, 또 교사ㆍ방조행위가 기본적 구성요건 상의 실행행위 자체가 아닐진대 교사ㆍ방조의 미수를 기본적인 범죄의 미수죄에 적용할 수도 없는 것이다. 만일 교사ㆍ방조의 정도에 그치는 행위를 처벌하려면 특별한 규정이 필요할 것이며, 그러한 특별한 규정이 없는 한, 정범의 행위가 있고 난 연후에 비로소 교사범ㆍ종범의 성립을 인정할 수가 있을 것이다. 이 점에서 공범종속성설이 타당하다고 보며"[14] 라고 논술하는데, 미수범의 절(제25조 이하)에서 규정하는 「실행」이 일반적으로는 기본적 구성요건상의 실행행위라고 해석되겠지만, 교사ㆍ방조행위가 특수적(수정된) 구성요건상의 실행행위로서 거기에 포함되는 것으로 해석된다고해서 곧 죄형법정주의의 정신에 위배된다고 볼 수는 없을 것이다. 물론 형법 제31조 2ㆍ3항의 적용을 배제까지해서 〈교사범의 미수범〉으로서 처벌하려고 한다면 별문제이다.

ⅱ) 남흥우 교수는 "종속성의 이론으로 보더라도 각자의 행위에 대하여 책임을 지는 것이지 결코 타인의 책임을 받는 것이 아니다. 다만 타인의 범죄가 성립함을 조건으로 하여 처벌되는 데 지나지 않는다. 현재의 형법은 개인적 책임을 원칙으로 하고 있다"[15] 라고 주장하면서, 정형설(定型說)의 입장에서 "교사행위ㆍ방조행위는 기본적 구성요건에 있어서의 실행행위로 볼 수는 없다. 또 정범의 행위가 없을 때 이를 기본적 구성요건에 대한 미수죄라고도 할 수 없다. … 가령 살인을 교사 또는 방조하는 행위는 정형적인 살인행위가 아니다. 이러한 교사 또는 방조행위를 실행행위로 보는 것은 범죄행위의 정형을 부인하고 죄형법정주의를 무시하는 것이므로 배척되어야 한다"[16]라고 논술하여 공범독립성설을 비판하는데, 독립성설의 입장에서는 가령 살인을 교사하는 행위를 살인행위로 보자는 것이 아니라 살인교사행위로 보고 또 정범의 행위가 없을 때에는 살인

---

14 백남억,『형법총론』(제3전정판), 1962년, 280면 이하.

15 남흥우,『형법총론』(개정판), 1975년, 223면.

16 남흥우,『총론』, 223면 이하.

죄의 미수범으로 보자는 것이 아니라 살인「교사범」의 미수범으로 보므로, 타당한 비판 인지 의문이다.

iii) 황산덕 교수는 "공범은 정범의 범죄성·가벌성이 확정된 연후에 비로소 그것의 범죄성·가벌성을 얻게 되는 것이라고 생각하지 않으면 안 된다. 이리하여 공범을, 그것의 범죄성·가벌성을 정범의 그것으로부터 빌려왔다는 의미에서, 「차용범죄」(la criminalité d'emprunt)라고 부르기도 한다. 그리고 이와 같이 정범에 대한 공범의 종속성(Akzessorietät)을 인정하는 견해를 공범종속성설이라고 부른다"[17]라고 논술하는데, 차용범죄설을 바탕삼아서 공범종속성설을 설명한다면 그야말로 공범독립성설의 입장에서 비판하는 바와 같이 그것은 개인책임의 원칙에 반하며 타당하지 않다고 보아야 할 것이다.

(b) 현행법의 해석론

ⅰ) 공범독립성설이 타당하다고 보는 정영석 교수는 실정법의 해석의 문제로서 현행형법이 어느 설에 입각하고 있는가를 살피면서 "교사범 및 종범에 관한 현행형법의 규정의 문리상으로는 교사범 및 종범의 성립이 정범에 종속한다는 것이 반드시 명료하다고 할 수 없으나, 적어도 형법 제31조 제1항, 제32조의 법문언(法文言) 중에는 교사자 또는 방조자를 처벌하려면 교사 또는 방조된 행위가 사실상 실행될 것 – 정범의 성립 – 을 실정법상 예정하고 있고, 이러한 전제가 없으면 교사범 및 종범을 처벌할 수 없음을 간접적으로 표시하고 있으며, 또 양조문은 교사범 및 종범의 가벌성에 관하여 정범과 동일한 법정형을 표준으로 할 것을 규정하고 있는 점에 비추어 현행형법은 교사범 및 종범이 성립하기 위하여는 정범(피교사자 또는 피방조자)의 범죄실행을 전제로 하는 공범종속성을 인정하고 있다고 할 수 있다"[18]고 논술하고서, 그러나 "형법 제31조 제2항 제3항의 규정은 교사범의 성립에 있어서 피교사자의 실행행위를 요건으로 하지 않고 독립하여 성립할 수 있다는 공범독립성을 어느 정도 밝힌 것이라고 할 수 있다(입법은 타협할 수 있기 때문이다). 다만 이 경우에 교사자를 미수범으로 처벌하지 않고 음모 또는 예비에 준하여 처벌한다고 규정한 것은 완전히 공범독립성설에 입각하였다고 할

---

17 황산덕, 『형법총론』(제6정판), 1974년, 246면.

18 정영석, 『총론』, 233면.

수 없으나, 주관주의의 입장에서 공범독립성에로의 방향을 시사하고 있는 것만은 사실이다"[19]라고 지적한다. 이와 같이 〈제31조 1항, 제32조〉의 해석상으로는 공범종속성이 인정되지만 〈제31조 2·3항〉의 해석상으로는 공범독립성에로의 방향이 시사된다고 보는데, 오히려 필자는 후술과 같이 〈제31조 1항, 제32조〉의 해석상으로는 공범종속성설이 공범독립성설보다 적극적으로 우위에 있다고 보기 힘들지만 〈제31조 2·3항〉의 해석상 공범종속성설이 입장이 타당하다고 본다.

ii) 남흥우 교수는 현행형법이 제31조 2·3항에서 규정하는 바 소위 「교사의 미수」에 관하여 "종속성론자의 입장에서 보면 이는 무죄가 되어야 하나 예외적으로 처벌규정을 둔 것이라고 볼 수밖에 없다"[20]라고 논술하는데, 여기서 〈무죄가 되어야 하나〉라는 표현은 〈공범이 되지 아니하나〉라고 표현하는 편이 나을 것이고, 제31조 2항에 관하여 "앞서 이를 소위 교사의 미수라고 하였으나, 독립성론의 입장에서 보면 제31조 제3항이 엄격한 의미에 있어서 교사의 미수이고 이는 교사의 기수라고 하겠다"[21]라고 논술하지만 독립성설의 입장에서는 교사의 내용이 실현되었을 때에 비로소 〈교사의 기수〉를 인정하는 것으로 안다. 또한 "제31조 제1항은 「타인을 교사하여 죄를 범하게 한 자」라고 하였다. 「범한 것」이 아니고 「범하게 한」 것이다. 또 「범하려고 한」 것도 아니고 「범하게 한」 것이다. 이는 죄를 실행한 자(정범)를 전제로 하여 규정된 것이다. 그러니 현행법도 종속성론을 본질적으로 채택한 것이라고 하겠다. 가령 독립성론을 취하였다면 「타인을 교사하여 죄를 범한 자는 정범으로 처벌한다」(제31조 1항)라고 하였으면 족할 것이다"[22]라고 주장하는데, 독립성설의 입장에서 보면 제31조 1항은 교사범의 〈기수〉의 경우를 규정하고 있다는 점과 동설도 교사범을 〈단독정범〉으로 파악하는 것이 아니라 〈공범〉으로 파악하고 있다는 점을 유의하여야 할 것이다.

iii) 황산덕 교수는 "① 교사범에 관하여 형법이 「타인을 교사하여 죄를 범하게 한 자」라고 규정하였고(31조 1항), 또한 종범에 관하여는 「타인의 범죄를 방조한 자」라고 규정하였는데(제32조 제1항), 이것은 모두 정범의 존재를 전제로 하고 이에 종속하여 공범

---

19 정영석, 『총론』, 233면.
20 남흥우, 『총론』, 225면.
21 남흥우, 『총론』, 225면 이하.
22 남흥우, 『총론』, 226면.

을 처벌하려는 취지의 규정이라고 볼 수 있으며, 더구나 ② 교사범의 처벌에 관하여 「죄를 실행한 자와 동일한 형으로 처벌한다」라고 규정하고 있는데(31조 1항), 여기의 죄의 「실행」을 미수범에서 말하는 「범죄의 실행」(25조 1항)과 별이(別異)하게 해석해야 할 아무런 이유도 없는 것이므로, 최소한도로 정범의 행위가 「실행의 착수」 정도에는 도달해야만 공범은 성립할 수 있다고 생각한다. 이러한 점에서 우리는 공범종속성설에 찬성한다"[23]라고 주장하는데, 첫째로 제31조 1항·제32조 1항은 모두 교사범·종범의 〈완성된 형태〉를 규정한 것이요 또 공범독립성설도 교사범·종범을 단독정범으로 파악하는 것이 아니라 〈공범〉으로서 파악하므로 그러한 규정에 의하여 공범종속성설의 우위를 적극적으로 내세우기는 힘들다고 보며, 둘째로 「최소한도로 정범의 행위가 〈실행의 착수〉정도에는 도달해야만 공범은 성립될 수 있다」는 명제는 후술과 같이 교사자를 죄를 실행한 피교사자(정범)와 동일한 형으로 처벌한다는 제31조 1항으로부터 추론할 것이 아니라(왜냐하면 B가 A의 교사를 받아서 X를 죽인 경우에 교사자 A는 살인죄를 실행한 B와 동일한 형인 사형·무기 또는 5년 이상의 징역에 처하여진다는 것은 공범독립성설의 입장에서도 마찬가지이기 때문이다) 소위 교사의 미수의 경우를 규정한 제32조 2·3항으로부터 추론하는 것이 타당하다고 본다.

(3) 필자의 소견

(a) 이론 주장에 대하여

ⅰ) 일반적으로 종속성설의 입장에서는 독립성설에 대하여 교사행위·방조행위를 기본적 구성요건에 관한 실행행위와 동일시하여 피교사자·피방조자의 실행행위가 없어도 교사범·종범의 〈미수범〉으로 파악하는 점을 비판하고 있는데, 예를 들어서 A가 B를 시켜서 X를 죽이게 한 경우에 있어서 독립성설이 주장하는 바는 A의 살인교사행위를 교사범으로서 수정된 구성요건에 관한 〈실행행위〉로 보자는 것뿐이지 A의 살인교사행위를 B의 살인행위와 동일시하자는 것이 아니라는 점은 B의 살인행위가 없는 경우에 A를 〈살인죄〉의 미수범으로 보는 것이 아니라 〈살인교사범〉의 미수범으로 보는 것으

---

23 황산덕, 「총론」, 246면 이하.

로도 알 수가 있다(즉 단순히 미수라 하지 않고 〈교사의 미수〉라고 부른다). 한편 독립
성설의 입장에서는 종속성설에 대하여 이 설이 차용범죄설(借用犯罪說)을 바탕삼음으
로써 개인책임의 원칙에 위배된다고 비판하는데, 물론 그러한 견해도 없지 아니하나 공
범의 처벌근거로서 책임가담설·불법가담설·구성요건실현가담설 등을 내세워 개인책
임의 원칙에 어긋나지 않게 설명할 수 있다고 본다.

ⅱ) 생각건대 필자는 물론 개인책임의 원칙에 비추어 교사자·방조자의 형사책임을
문제삼아야 한다는 기본입장에 서면서 교사범·종범의 본질이 공범현상으로서 적어도
구성요건실현에의 가담이라는 데에 있다는 점에서 〈주된 범행자〉인 피교사자·피방조
자의 실행행위에 종속해서 공범을 논하는 입장, 즉 공범종속성설이 낫다고 본다.

(b) 현행법의 해석론에 대하여

ⅰ) 〈제31조 1항·제32조〉의 규정에 관련하여 공범종속성설의 입장에서는 동조항이
정범(의 실행)을 전제로 삼는다고 주장하면서 자기의 입장을 채택한 것으로 생각하지
만, 동조항은 교사범·종범의 완성된 형태(기수)를 규정하고 있으므로, 동조항이 공범
종속성설을 적극적으로 공범독립성설보다 우위에 두는 것으로는 생각되지 아니한다.

ⅱ) 오히려 양학설의 적용상의 차이가 나는 부분을 현행법이 어떻게 다루는가를 살피
는 것이 좋을 것이다. 그렇다면 그 차이가 나는 부분은 교사범의 경우에 〈소위 교사의
미수〉인데, 현행법은 신설된 〈제31조 2·3항〉에서 〈효과 없는 교사〉의 경우는 「교사자
와 피교사자를 음모 또는 예비에 준하여 처벌한다」(2항)라고 규정하고 〈실패된 교사〉의
경우는 교사자를 마찬가지로 처벌한다(3항)라고 규정하고 있다.

이 조항에 대하여, 〈공범독립성설〉의 입장에서는 피교사자의 실행의 착수 여부에 관
계없이 따라서 독립해서 교사자를 처벌하도록 규정하고 있으니, 비록 교사범으로서가
아니라 음모·예비에 준해서이지만, 독립성설의 입장을 도입했다든가 이 입장에 의해
서만 합리적으로 이해할 수 있다고 주장한다. 그러나 동조항은 소위 〈교사의 미수〉의
경우를 독립된 처벌의 대상으로 삼는 것은 틀림없지만 단지 음모·예비에 준하여 처벌
하도록 할 뿐 교사 「범」의 미수 「범」으로서 처벌하도록 규정하고 있지 아니하므로, 그
경우를 〈교사범의 미수범〉으로 파악하는 공범독립성설의 입장에서는 타당하게 해석할
수 없다고 본다. 한편 〈공범종속성설〉의 입장에서는 소위 교사의 미수의 경우에 처벌
하지 말자는 주장이 아니라 교사범으로 논할 수 없다는 주장에 불과하고 또 꼭 처벌할

필요가 있을 때에는 따로 처벌규정을 두어야 한다고 주장하는데, 동조항은 교사범으로서 처벌하는 것이 아니라 특별규정으로서 그 경우를 음모·예비에 준하여 처벌하는 것이므로, 결국 공범종속성설에 의해서 동조항을 타당하게 해석할 수 있다고 본다.

그래서 동조항에 의하여 피교사자가 실행에 착수해야 비로소 교사범을 논할 수 있다고 보며, 이러한 의미에서 현행법 하에서는 공범종속성설이 타당한 학설이라고 생각한다. 따라서 〈소위 방조의 미수〉의 경우, 즉 방조행위는 있었지만 피방조자가 실행의 착수에 이르지 아니한 경우에는, 특별한 처벌규정이 없으므로, 방조자는 음모·예비에 준해서도 처벌될 수 없다고 본다.

三. 종속성의 정도

이상과 같이 공범종속성설을 지지하는 입장에서는 정범자(피고사자·피방조사) 측이 어느 정도의 조건을 갖추었을 때에 그 종속을 인정할 것인가에 관하여 설이 나누어지는데,[24] 우리나라에서는 극단종속형태와 제한종속형태의 양 입장이 대립하고 있다.[25]

(1) 극단종속형태의 입장

정영석 교수는 "네 개의 종속형식 중 최소한종속형식은 예컨대 친권자를 교사하여 정당하게 그 미성년자를 징계하게 하는 경우에도 교사범의 성립을 인정하게 되는 결과

---

24 엠·에·마이어는 네 형태로 나누었는데, 이에 관하여는 전주 7 참조.

25 독일에서의 통설은 1943년 5월 25일의 명령(Verordnung)까지 극단종속형태의 입장이었는데, 그 명령 이래로 제한종속형태의 입장으로 바뀌었다. 즉 종래의 「가벌적 행위(strafbare Handlung)」라는 표현이 「형이 규정된 행위(mit Strafe bedrohte Handlung)」로 바뀌었고 또 「수인이 범죄에 가담한 때에는, 각자는 타자의 책임을 고려하지 않고 자기의 책임에 따라 처벌된다」(제50조 1항)라는 책임개별화의 원칙이 새로 들어왔기 때문이다. 그리고 1969년의 서독의 신형법총칙(1975년 1월 1일 시행)에서는 「고의로 행해진 위법한 범행(vorsätzlich begangene rechtswidrige Tat)」이라고 표현함으로써 제한종속형태의 입장으로 굳혔고 또한 「각 가담자는 타자의 책임을 고려하지 않고 자기의 책임에 따라 처벌된다」(제29조)라는 책임개별화의 원칙을 역시 규정하였다. 또한 Schmidhäuser, Strafrecht, S. 537 ff. 참조.

로 되어 이론적으로나 법률적으로나 타당하지 않고, 또 초극단종속형식은 예컨대 정범
자가 친족상도의 특례의 적용을 받아 그 형이 면제되는 경우(제334조)에는 이를 교사한
자의 행위에 대하여도 형의 면제가 되어야 하므로, 지나치게 극단하여 부당하다"[26]라고
논술하는데, 전자의 예에 관련하여 〈교사범의 성립을 인정하게 되는 결과로 되어〉라는
표현은 각 종속형태에 관하여 종속이 되면 바로 〈공범이 성립한다〉라고 보는 것 같은
데 이러한 이해가 타당하지 않다는 것은 10세의 소년이 어른을 시켜서 훔치게 한 경우
에 소년에게 절도죄의 교사범의 〈성립〉을 인정할 수 없다는 점에서 쉽사리 알 수 있을
것이며 또 후자의 예의 경우는 제344조에 의하여 준용되는 제328조의 제3항(「전2항의
신분관계가 없는 공범에 대하여는 전2항을 적용하지 아니한다」)을 지적함으로써 더 뒷
받침될 것이다. 계속하여 정교수는 제한종속형식과 극단종속형식 중에 어느 형식이 현
행형법의 해석론으로서 가장 적합하겠는가를 문제삼으면서 "교사범에 관한 현행형법
제31조는 「타인을 교사하여 죄를 범하게 한 자」(동조 제1항)라고 규정하여 정범자의 행
위의 완전한 범죄성(구성요건해당의 위법·유책)을 예정하고 있고, 종범에 관한 제32
조는 「타인의 범죄를 방조한 자」(동조 제1항)라고 규정하여 정범자의 행위를 역시 완전
한 범죄로서 전제하고 있다. 이러한 점을 근거로 하면 현행형법은 '종속성의 정도'에 관
하여 극단종속형식을 취하고 있다고 하겠다. 더욱 정범자(직접 실행자)가 책임능력 또
는 책임조건(고의·과실)의 결여(缺如)로 처벌되지 않는 경우(즉, 어느 행위로 인하여
처벌되지 아니하는 경우)에도 공범의 성립을 부정하고 이른바 간접정범의 성립을 인
정한다는 명문의 규정(제34조 제1항 참조)을 두고 있는 현행형법 하에서는 공범종속성
의 정도에 관하여는 극단종속형식을 취하고 있는 것이 명백하다고 생각된다"[27]라고 주
장하는데(백남억 박사도 같은 취지이다[28]), 제한종속형태의 입장에서는 제31조 1항의
「죄」, 제32조 1항의 「범죄」를 〈광의의 범죄〉로 해석함으로써 현행형법 하에서 동(同)형
태를 취할 수 있다고 생각하며, 그리하여 책임무능력자를 교사·방조한 경우에 제31조
1항·제32조 1항의 적용이 가능하므로 이 경우에 제34조 1항에 의하여 〈이의(異議)없
이〉 공범의 성립이 부정되는 것은 아니라고 본다.

---

26 정영석, 『총론』, 234면.

27 정영석, 『총론』, 235면.

28 백남억, 『총론』, 283면 이하.

(2) 제한종속형태의 입장

ⅰ) 남흥우 교수는 "제1과 제4의 형식(최소종속형식과 과장종속형식―필자 주)은 극단적인 것이므로 문제가 되지 아니하고 다만 극단종속형식과 제한종속형식과가 문제로 된다"[29]라고 전제하고 나서 "제31조는 「타인을 교사하여 죄를 범하게 한」 자라고 또 「죄를 실행한」 자라고 하고 있고 제32조는 「타인의 범죄를 방조한」 자라고 하고 있다. 여기에 있어 「죄」 및 「범죄」를 생각하면 피교사자의 행위가 범죄의 성립요건의 전부를 구비할 것을 요구하고 있는 것으로 보이나 범죄를 「실행」케 함으로써 족하다고 한다. 그러므로 객관적으로 범죄의 「실행」이 있으면 족하고 행위자에게 그 책임을 귀(歸)할 수 있느냐는 별개의 문제인 것이다"[30]라고 논술하는데, 구형법(제61조 1항)에서는 교사범에 관하여 「사람을 교사하여 범죄를 실행하게 한 자」라고 규정되었지만 현행형법에서는 「죄를 범하게 한 자」라고 바뀌었고 다만 교사범의 처벌에 관하여는 「죄를 실행한 자」, 즉 피교사자인 정범과 동일한 형으로 처벌하도록 규정되어 있을 뿐이므로, 어떤 이론적 배경에서 나온 것인지는 몰라도 제31조 1항(과 제32조 1항) 자체에서 〈바로〉 피교사자 (·피방조자)의 범죄 「실행」이 있으면 족하다는 해석이 나오는 것은 의문이다. 그리고 만약 〈범죄의 실행이 있으면 족하다〉라는 해석이 나온다면, 오히려 제한종속형태가 아니라 최소종속형태의 입장을 취하는 편이 타당하지 않을까 생각한다.[31] 계속해서 남 교수는 "다음 이러한 이론은 제31조 제2항·제3항에서 발전되어 있다고 본다. 특히 동조 제3항은 「교사를 받은 자가 범죄의 실행을 승낙하지 아니한 때에도 교사자에 대하여는 전항과 같다」라고 하고 있음은 공범이라 함은 실행행위가 어느 것이든지 범죄의 구성요건에 해당하는 위법행위, 최소한 구성요건을 위법하게 실행하는 행위임을 요건으로 하여 성립하고 실행행위자가 있든가 없든가를 불문한다는 뜻으로 해석된다. 그러니 현행

---

29 남흥우, 『총론』, 227면.

30 남흥우, 『총론』, 227면.

31 공범독립성설의 입장을 취하는 일본의 木村 교수는 "우리 학설에서는 아무런 실정법상의 근거 없이 통설은 제한적종속성을 인정하고 있다. 실정법상은 형법 61조·62조는 공범의 요건으로서 정범의 「실행행위」, 즉 구성요건해당행위의 존재를 규정하고 있으므로, 만약 종속성을 인정한다고 하면 오히려 최소한종속형식이라고 이해하는 것이 논리적일 것이다"(木村龜二, 『刑法總論』 1959年, 391頁)라고 논술한다.

형법은 제한종속형식을 따르고 있다고 해석된다"[32]라고 주장하는데, 특히 제31조 3항의 해석으로부터 현행형법이 정범의 행위가 위법성까지 갖출 것을 요구하는 제한종속형식에 따른다는 결론이 나온다는 주장은 의문이다.

ii) 유기천 교수는, 첫째로 우리 형법이 "소위 종속성의 문제에 관하여는 일종의 절충주의를 취하고 있다"[33]라고 단정하면서, "일방에 있어서 피교사자가 그 교사에 응하지 않은 때에도 교사자는 처벌받는다"[34]는 점에서 〈독립성설〉의 입장을 받아 들인 것으로 보는 모양인데, 이 경우에 〈독립성설〉의 입장에서는 교사자를 교사〈범〉의 미수〈범〉으로 보아 〈미수범 처벌규정〉이 있으면 처벌하자고 주장하는데, 〈종속성설〉의 입장에서는 이 경우에 꼭 처벌의 필요성이 있으면 따로 〈처벌규정〉을 두어서 처벌해야 한다고 주장하는 것이며, 우리 형법은 따로 처벌규정을 신설하여 〈음모 · 예비에 준하여〉 처벌하도록 하고 있으므로, 우리 형법이 〈독립성설〉의 입장을 바로 받아 드렸다고 볼 수는 없다고 하겠다. 한편 "형법 31조 및 32조는 〈타인의 범죄에〉 가담하는 형식으로 규정하였으므로 극단적 종속형식을 취하고 있는 듯한 감(感)을 주고 있다"[35]라고 논술하는데, 형법 제 31조 1항은 교사범의 〈기수형태〉를 또 제 32조 1항은 종범의 〈기수형태〉를 규정하고 있으므로, 〈종속성설〉뿐 아니라 〈독립성설〉에서도 각자의 입장을 입법화했다고 주장할 것이다.

둘째로 "현행법상 공범은 종속성을 가지지만, 그 종속의 정도는 제한적 종속형식을 취하고 있다고 보아야 한다. … 범죄라는 개념 자체가 상대적 의의를 가지는 것이기 때문에, … 피교사자의 행위가 구성요건에 해당하고 위법한 이상 교사자와의 관계에 있어서는 범죄가 성립한 것으로 볼 수 있는 것이며, 이는 피교사자 자신의 범죄성립 여부와는 독립적으로 판단할 수 있다고 생각된다"[36]라고 논술하는데, 우리 형법에서의 「죄 · 범죄」를 넓은 뜻으로 풀이하여 제한적 종속형식의 입장에서도 현행 형법의 규정을 타당하게 해석할 수 있다는 주장에 불과하고 우리 형법이 바로 제한적 종속형식을 취하고

---

32 남흥우, 『총론』, 227면.

33 유기천, 『개고 형법학(총론강의)』, 1971년, 274면.

34 유기천, 『총론』, 275면.

35 유기천, 『총론』, 274면 이하.

36 유기천, 『총론』, 275면.

있다고 보아야 하는 근거는 보이지 아니한다. 그리고 "피교사자의 행위가 구성요건에 해당하고 위법한 이상 피교사자와의 관계에 있어서는 범죄가 성립한 것으로 볼 수 있는 것이며"[37]라고 논술하는데, 이러한 주장은 〈종속된다〉의 뜻을 「종속되어 교사자에게 범죄가 성립한다」의 뜻으로 오해하고 있는 것 같은데, 〈종속된다〉의 뜻은 「종속되어 교사자의 독자적인 형사책임을 논할 수 있다」는 것이다. 그래서 10살의 소년이 시켜서 어른이 절도를 한 경우에, 어른의 행위가 절도죄의 구성요건에 해당한다고 하여, 위법까지 한다고 하여 또는 유책까지 한다고 하여 〈종속〉되어도, 소년은 〈책임〉이 조각되어 〈범죄가 성립〉되지 아니한다. 그리고 "현행형법에는 독일형법 50조와 같은 명문은 없으나, … 형법의 규정을 가장 합리적으로 이해하는 유일의 길은, 공범은 제한적 종속형식을 취하고 있다고 보는 데에 있다"[38]라고 주장하는데, 우리 형법에 독일형법 제50조 1항과 같은 〈책임개별화의 원칙〉이 규정되어 있다 하여도, 이 원칙은 제한적 종속형식의 입장에서뿐 아니라 최소한 종속형식의 입장에서도 내세울 수 있다고 본다.

(3) 필자의 소견

ⅰ) 우리나라에서는 종속형태 가운데서 극단종속형태의 입장과 제한종속형태의 입장이 대립하고 있는데, 먼저 그 〈이론주장〉에 있어서 전자는 공범이 타인의 「범죄」에로의 가담범이라는 점을 강조하여 그 범죄는 당연히 유책까지 해야 한다고 주장하는 것이며 후자는 독일에서 1943년 이래로 입법화되었고 또 서독의 신형법총칙에서도 채택되어 시행되고 있는 「책임개별화의 원칙」[39]을 내세워서 피교사자·피방조자의 행위가 유책까지임을 요하지 않는다는 점을 강조해야 할 터인데, 특히 후자의 입장에서는 그 논거의 제시가 미약함은 유감스럽다. 만약에 극단종속형태와 제한종속형태와의 택일관계라면, 필자는 〈책임개별화의 원칙〉에 따라 제한종속형태의 입장을 택하겠다. 그리고 이렇게 되면, 공범의 처벌근거는 책임가담설에 의해서가 아니라 불법가담설에 의해서 설명해야 할 것이다.

---

37 유기천, 『총론』, 275면.
38 유기천, 『총론』, 275면.
39 전주 25 참조.

 ii) 그리고 현행형법 하에서의 〈해석론〉의 문제를 다룸에 있어서는 양 입장의 '적용상 차이'가 나는 부분, 즉 유책하지 아니한 자를 교사・방조한 경우에 현행형법상 어떻게 다루어지는가를 살펴 보아야 할 것이다. 먼저 〈제한종속형태〉의 입장에서는 교사범・종범을 논할 수 있게 되어서 제31조 제1항・제32조 1항의 적용을 받게 되는데, 여기서의 「죄」・「범죄」는 광의의 것(즉 구성요건에 해당하고 위법한 행위)으로 해석해야 할 것이다(이 점에서 다소의 핸디캡을 가지지만). 이에 반하여 〈극단종속형태〉의 입장에서는 종속이 되지 아니하므로 교사범・종범으로는 논할 수 없게 되고 다만 한축적(限縮的) 정범개념을 취하는 입장에서 이 경우를 〈간접정범〉이 된다고 하는데[40] 그래서 현행형법상에서 제31조 1항・제32조 1항의 적용은 없고[41] 제34조 1항이 적용되는 것이다. 이러한 해석과정은 무리가 없으므로 현행형법 하에서는 극단종속형태의 입장이 보다 낫다고 주장될 수도 있겠으나, 다만 제34조 1항을 적용하면 교사의 방법의 경우에는 교사범의 예에 의하여 처벌하고 방조의 방법의 경우에는 종범의 예에 의하여 처벌하므로, 결국은 제한종속형태의 입장에 의한 처벌과 같게 되는 것이다.

 iii) 그런데 〈종속성의 정도〉의 문제를 다룸에 있어서 피교사자・피방조자의 행위가 어느 정도의 요건을 갖추느냐에 따라서 이에 종속해서 「공범이 성립한다」라고 논술하는 것은 타당하지 않다고 본다. 왜냐하면 전술한 바와 같이 10살의 소년이 어른을 시켜서 절취하게 한 경우에 비록 어른의 행위가 절도죄의 구성요건에 해당한다고 하여, 위법까지 한다고 하여 또는 유책까지 한다고 하여 이에 종속되어도 소년은 절도죄의 교사범으로 범죄가 〈성립〉하는 것은 아니기 때문이다. 그래서 종속성의 정도에 따라 〈공범이 성립할 수 있다, 공범으로 논할 수 있다, 공범이 구성된다〉 등의 표현을 써야 옳을 것이다. 한편 소년이 절도죄의 교사범으로 범죄가 성립하지 아니하는 것은 자기 스스로 책임능력이 없기 때문이다.

 그러므로 이것으로 미루어 보아서 교사범・종범은 독자적인 〈범죄의 성립〉을 논해야 할 것이요, 따라서 그 나름대로의 〈구성요건해당성・위법성・책임〉을 논해야 할 것

---

40 이 경우에 극단종속형태의 입장에서는 단지 〈공범이 되지 아니한다〉는 결론밖에 나오지 아니한다는 점을 유의해야 할 것이다.

41 왜냐하면 제31조 1항・제32조 1항에서의 「죄」・「범죄」가 인정되려면 유책까지 해야 한다고 해석되기 때문이다.

으로 믿는다. 그렇다면 그 〈첫 단계〉로서 공범의 (수정된) 구성요건의 해당성을 논함에 있어서는 정범 측의 동일한 〈첫 단계〉, 즉 구성요건해당성의 단계와의 연결을 생각하는 것이 논리상 옳다고 생각하며, 이러한 의미에서 〈최소종속형태〉의 입장이 타당하다고 본다. 왜냐하면 공범 측의 첫 단계를 논함에 있어서 제한종속형태의 입장은 정범 측의 둘째 단계까지와의 연결, 극단종속형태의 입장은 정범 측의 셋째 단계까지와의 연결을 생각하는 것이므로, 양자 사이에 균형이 맞지 않기 때문이다. 그리하여 최소종속형태의 입장은, 교사자·방조자가 정범자에게 범죄의사를 가지게 한다거나 정범자를 도운다는 방식으로 정범자의 구성요건실현에 가담한다는 「구성요건실현 가담설」을 바탕삼아서[42] 「개인책임의 원칙」에 맞게 이론구성하고 또한 「개별책임의 원칙」에도 위배되지 아니한다.

(iv) 이러한 입장에서 〈공범(협의)의 구조〉를 살펴 보기로 한다.

(가) (수정된) 구성요건

최소종속형태의 입장을 취하게 되면 「타인을 교사하여 죄를 범하게 하는 것」(31조 1항), 「타인의 범죄를 방조하는 것」(32조 1항)에 있어서의 〈죄·범죄〉는 최광의(最広義)의 것을 뜻하게 되고 그 〈죄·범죄〉에 정범 측의 구성요건이 〈대입〉되어서 비로소 교사범·종범의 「확장된 구성요건」이 이룩된다(다만, 대입 과정에 있어서 공범자의 형사책임을 문제삼는 것이므로, 그만큼 구성요건은 수정·재구성되는 수가 있다). 예를 들어서 A가 B를 시켜서 X를 죽이게 한 경우에 A의 살인교사죄의 수정된 구성요건은 「타인(B)을 교사하여 〈사람(Y)을 살해하는 것〉을 범하게 한 것」이요 제31조 1항·제250조 1항이 적용된다. 또 A가 B를 시켜서 B의 부친 Y를 죽이게 한 경우에는 「타인(B)을 교사하여 〈사람(Y) − A측에서 보면 Y는 A의 부친이 아니다 − 을 살해하는 것〉을 범하게 한 것」이요 따라서 제31조 1항·제250조 1항이 적용되고 A는 보통살인죄의 교사범이다. 그런데 A가 B를 시켜서 A의 부친 Z를 죽이게 한 경우에는 「타인(B)을 교사하여 〈자기의 직계존속(Z)을 살해하는 것〉을 범하게 한 것」이요 따라서 제31조 1항·제250조 2항이

---

42 이러한 「구성요건실현가담설」(이 명칭은 필자가 붙인 것이다)을 취하면 최소종속형태의 입장에 서게 되는데, 정범자의 불법의 실현에의 가담을 생각하는 「불법가담설」(Unrechtsteilnahmetheorie)(Stratenwerth, Strafrecht., S. 233 f. 참조)을 취하면 제한종속형태의 입장에 서게 되고 또 「책임가담설」(Schuldteilnahmetheorie)을 취하면 극단종속형태의 입장에 서게 된다. 전술한 「야기·조장설」을 필자는 구성요건실현가담설의 입장에서 이해하고 싶다.

적용되고 A는 존속살해죄의 교사범이다.[43]

(나) 위법성

다음으로 교사자·방조자의 「위법성」을 살펴 보건데, 피교사자·피방조자의 행위와의 관련 하에서 교사행위·방조행위에 위법성조각사유(정당화사유)가 인정되면 위법성이 조각된다. 예를 들어서 A가 친구 B의 아들 X가 거리에서 아주 나쁜 짓을 하고 있는 것을 보고는 B에게 X의 나쁜 버릇을 고치기 위해서 따끔하게 X의 종아리 몇 대를 때리게 한 경우에 있어서, A는 「타인(B)을 교사하여 〈사람(X)의 신체에 대하여 폭행을 가하는 것〉을 범하게 한 것」이요 따라서 폭행교사죄의 (수정된) 구성요건에 해당하지만, 그러한 A의 폭행교사행위는 피교사자 B의 폭행행위와의 관련에서 고찰해 볼 때 「사회상규에 위배되지 아니하는 행위」(형법 20조)로서 위법성이 조각되고 따라서 폭행교사범으로서의 범죄가 성립되지 아니한다.

그런데 극단종속형태 내지 제한종속형태의 입장에서는 설례(設例)와 같은 경우를 들어서 최소종속형태의 입장을 비판한다. 즉 그 경우에 있어서 B의 폭행행위는 징계권의 행사로서(민법 915조) 적법하므로(법령에 의한 행위 - 형법20조), A는 적법한 행위를 교사한 것이요 따라서 A를 교사범으로 논하는 것은 타당하지 않다는 것이다. 그러나 전술한 바와 같이 최소종속형태의 입장에서도 결국은 교사범으로서의 범죄의 성립을 인정하지 아니한다. 그렇다면 처음부터 교사범으로 논하지 않도록 하는 편이 낫지 않으냐고 반문할지 모르겠는데, 전장(戰場)에서 적을 죽이는 행위가 범죄가 되지 아니하는 것은 당연하지만, 그러나 형법학상으로 고찰할 때에는 살인죄의 구성요건에는 해당하지만 위법성이 조각된다고 설명하는 것이다.

---

43 황산덕 교수는 "가령 타인을 교사하여 자기의 존속을 살해하게 하는 경우에 있어서, 정범에는 그 신분이 없고 교사자에게만 그 신분이 있는 경우에, 공범독립성설에 있어서는 존속살해죄의 교사를 인정하고 있지만, 공범종속성설에 의하면 보통살인죄의 교사로 처벌해야 한다는 것이 된다"(『총론』, 292면)라고 논술하는데, 그렇다면 〈A가 B를 교사하여 B의 부친 X를 살해하게 하는 경우에 있어서 정범에게만 그 신분이 있고 교사자에게는 그 신분이 없는 경우에, 공범독립성설에 있어서는 보통살인죄의 교사를 인정하고 있지만, 공범종속성설에 의하면 존속살해죄의 교사가 인정되어야 한다〉라는 명제가 추론되는데, 공범종속성설의 입장을 취하는 황 교수가 이 경우에 A를 보통살인죄의 교사범이 된다고 보는 「다수설의 입장에 찬성한다」(『총론』, 290면)는 것은 논리상 모순되는 것이 아닌가 생각한다.

(다) 책 임

끝으로 교사자·방조자의 「책임」이 인정되려면 그 자에 대하여 위법한 행위를 했다고 하여 비난할 수 있어야 한다. 즉 첫째로 교사자·방조자에게 책임능력이 있어야 한다. 따라서 예를 들어서 10살의 소년이 어른을 시켜서 절취하도록 한 경우에 소년은 절도교사죄의 (수정된) 구성요건에 해당하고 위법하지만 책임이 조각되어서 교사범으로서의 범죄가 성립하지 아니한다는 타당한 결론을 얻게 된다. 둘째로 자기의 교사·방조행위에 대한 위법성의 인식이나 인식가능성이 있어야 한다. 셋째로 책임조각사유가 없어야 한다.[44]

Ⅲ. 새로운 공범구조론의 구상

一. 서 설

이상과 같이 「개인책임의 원칙」 하에서 교사자·방조자는 정범자에게 범죄결의를 가지게 하거나 정신적 혹은 물질적인 방조행위를 함으로써 정범자의 구성요건실현에 가담한다는 의미에서 처벌된다는 「구성요건실현 가담설」을 바탕삼아 「책임개별화의 원칙」에도 위배되지 아니하는 〈최소종속형태〉의 입장에서 협의의 공범의 종속성의 문제를 다루어 공범 나름대로의 범죄구조, 즉 수정된 구성요건해당성·위법성·책임을 인정할 것을 주장하였다. 그런데 이러한 구상은 비단 협의의 공범에 한하지 않고 공동정범에 대해서도 타당하는 것이 아닌가 생각한다. 그리하여 광의의 공범(공동정범·교사범·종범)에 있어서의 새로운 구조론의 개요를 살펴 보려고 한다.

---

44 이상에 관하여 김종원, 「교사범」(상), 고시계 1975년 1월호, 37면 이하; 동, (중), 동년 4월호, 101면 이하 참조.

二. 공범(광의)의 구별

먼저 「공동정범 · 교사범 및 종범은 구성요건의 단계에서 구별된다」고 본다.

(1) 이러한 구상을 위해서 우선 〈공동정범 관계〉가 어느 단계에서 인정되느냐를 고찰해야 할 것이다.

그런데 공동정범의 본질에 관하여는 범죄공동설과 행위공동설이 대립되는데, 〈범죄공동설〉은 1개의 특정된 범죄를 공동으로 범하는 경우, 환언하면 특정된 구성요건에 해당하는 행위를 공동으로 행하는 경우에 비로소 공동정범 관계를 인정하므로 너무 좁고, 〈행위공동설〉에서는 흔히 전(前)구성요건적 · 전(前)법률적 · 자연적인 혹은 사실상의 행위의 공동이라고도 표현하는데 이것이 특정한 범죄구성요건에 해당하는 행위의 공동만을 가리키는 것이 아니라는 점을 나타내기 위한 것이겠지만 너무 넓은 표현이라고 생각한다. 그래서 필자는 특정한 구성요건에 해당하는 행위의 공동뿐 아니라 상이한 구성요건에 해당하는 행위의 공동도 포함하는 의미에서 「구성요건적행위 공동설(또는 실행행위공동설)」을 주장한 바 있는데[45] 「구성요건실현 공동설」이라고 불러도 좋을 것이다. 이와 같이 공동정범 관계는 〈구성요건의 단계〉에서 인정된다고 본다.

그리고 이러한 결론은 상호적인 구성요건실현에의 연결을 생각한다는 의미에서 협의의 공범의 종속성에 관한 〈최소종속형태〉의 입장에 대응한다. 그래서 만약 협의의 공범의 종속성에 관하여 〈제한종속형태〉의 입장을 취한다면 공동자의 행위가 각자 구성요건에 해당하고 또한 위법까지해야 비로소 공동정범 관계가 인정되고 또 〈극단종속형태〉의 입장을 취한다면 각자가 유책까지 해야 비로소 공동정범 관계가 인정된다는 결론이 나와야 논리상 타당하지 않을까 생각한다. 그리고 이러한 추론은 공범독립성설의 입장에서는 편면적 공동정범을 인정하고 있다는 사실[46]과도 관련한다. 그런데 공동정범 관계를 구성요건의 단계에서 인정해야 한다는 주장은 예를 들어서 10살의 소년과 어른이 함께 X를 죽이기로 하고 발사하여 X가 소년의 탄환에 맞아 죽은 경우에 어른에

---

45 김종원, 「범죄공동설과 행위공동설에 관하여」, 고시연구 1974년 6월호, 21면 이하, 특히 30면 이하. 그리고 공동정범의 본질에 관한 국내학설의 검토는 23면 이하에서 다루었다.

46 이건호, 『개론』, 182면.

게 살인기수의 죄책을 지게 한다는 타당한 결론을 내게 하고(만약 책임의 단계에서 비
로소 공동정범 관계를 인정하는 입장에서는 어른은 단독정범으로서 살인미수이다) 또 A
는 현재의 부당한 침해가 있다는 것을 알고서 방위의 의사로써 그러나 B는 그러한 사정
을 모르고 함께 X를 죽인다고 생각하여 발사하였는데 X는 A의 탄환에 맞아 죽은 경우에
B에게 살인기수의 죄책을 지게 한다는 타당한 결론을 내게 한다(만약 위법성의 단계에
서 비로소 공동정범 관계를 인정하는 입장에서는 B는 단독정범으로서 살인미수이다).

하여튼 이상 고찰한 바와 같이 공동정범 관계가 구성요건의 단계에서 인정된다고 보
는 것이 타당하다고 생각한다.

(2) 그러므로 이상 고찰한 바를 종합해 보면, 〈공동정범〉은 구성요건실현의 공동이
라는 관점에서 공동자 상호의 구성요건의 단계에서, 〈교사범〉은 구성요건실현의 야기
라는 관점에서 정범자의 구성요건실현에 연결된 교사자의 수정된 구성요건의 단계에
서 또 〈종범〉은 구성요건 실현의 조장(助長)이라는 관점에서 정범자의 구성요건실현에
연결된 방조자의 수정된 구성요건의 단계에서 각자의 구성요건해당성이 문제되는 것이
다. 이리하여 공동정범·교사범 및 종범은 「구성요건의 단계」에서 구별된다.

三. 공범의 구조

다음으로 「공동정범·교사범 및 종범은 각각 그 범죄성립요건으로서 구성요건해당
성·위법성 및 책임의 세 요건이 필요하다」고 본다.

(1) 공동정범에 있어서 각 공동자는 자기의 입장에서 공동으로 구성요건을 실현한다
는 의미에서 「구성요건해당성」이 인정되고, 공동실현에 위법성조각사유가 인정되지 아
니하면 「위법성」이 확정되고 또 책임개별화의 원칙에 따라 타(他) 공동자의 책임과 관
계없이 자기의 공동실현에의 기여에 대하여 비난받을 수 있을 때에 「책임」이 인정된다.

(2) 이상 고찰한 바를 종합해 보면, 공동정범·교사범 및 종범은 각자별로 그 나름대
로의 구성요건해당성·위법성 및 책임을 살핌으로서 개인책임의 원칙에 입각한 공동정
범자·교사자 및 방조자에 대한 타당한 형법적 평가가 가능하게 될 것이며, 이러한 공범
구조론은 근년의 경향인 과실범·부작위범의 독자적인 구조론과도 발맞추는 것이 된다.

25. 교 사 범*

1. 의 의

교사범이라 함은 「타인을 교사하여 죄를 범하게 하는」 범죄를 말한다. 교사범에 관하여, 구형법(일본형법) 제61조 제1항에서는 「사람을 교사하여 범죄를 실행시킨 자는 정범에 준한다」라고 규정하였지만, 신형법 제31조 제1항에서는 「타인을 교사하여 죄를 범하게 한 자는 죄를 실행한 자와 동일한 형으로 처벌한다」라고 규정하였다. 이와 같이 〈범죄를 실행시키다〉로부터 〈죄를 범하게 하다〉로 바뀌었는데, 신형법에서 〈죄를 범하게 하다〉는 〈죄를 실현케 하다〉, 즉 〈범죄구성요건을 실현케 하다〉로 해석하는 것이 타당하다고 본다. 그리고 여기서의 〈범죄구성요건의 실현〉에 있어서는, 정범자 (피교사자) 측에게, 〈행위범〉의 경우에는 실행행위가 요구되고 〈결과범〉의 경우에는 실행행위뿐 아니라 그로 인한 결과의 발생까지 요구된다.[1,2]

이와 같이 해석한다면 신형법 하에서도 피교사자의 〈실행〉을 요한다는 것을 알 수 있으며, 또한 동 조항에서 교사범은 「죄를 실행한 자와 동일한 형으로 처벌한다」라는 규정을 타당하게 해석할 수 있다고 본다. 그리고 이론상으로도 정법과 공법(협의)과의 구별에 있어서 〈실행을 기준〉으로 삼는 것이 타당하다고 본다.[3] 그래서 공범(협의) 가

---

* 이 글은 고시계(1975년 1월호 37면 이하, 4월호 101면 이하, 6월호 99면 이하)에 실린 글들을 종합한 것이다.

1 예컨대 〈주거침입죄를 범하다〉라고 할 때에는 주거침입행위가 요구될 뿐이지만, 〈살인죄를 범하다〉라고 할 때에는 살해행위뿐 아니라 그로 인한 사망의 결과발생까지 요구된다.

2 〈범죄구성요건의 실현〉에 있어서 실행행위나 결과(인과관계 포함)뿐 아니라 신분범의 경우의 신분, 목적범의 경우의 목적 등도 요구된다.

3 〈실행〉이라기 보다는 〈범죄구성요건 실현〉이라는 표현이 보다 정확할 것이다. 하여튼 여기서

운데서 교사범은 타인에게 범죄의 결의를 생기게 한다는 점에서 실행자의 결의의 존재를 전제로 해서 그 실행을 돕는 〈종범〉(방조범)과 구별된다.

2. 구 성 요 건

교사범의 일반구성요건으로서는 ① 타인으로 하여금 죄를 범하도록 교사할 것, ② 이 교사에 따라 피교사자가 범죄의 결의를 할 것, ③ 피교사자가 이 결의에 따라 죄를 범할 것의 셋이 필요하다. 그리고 교사의 대상이 되는 개별적인 범죄와의 관련 하에서 교사범의 개별적 구성요건으로 수정된다.[4]

(1) 타인으로 하여금 죄를 범하도록 교사할 것[5]

ⅰ) 피교사자인 「타인」은 특정한 사람이어야 한다. 특정해 있으면 다수인이어도 상관없다. 그러나 불특정인을 대상으로 할 때에는 선동이 문제가 될뿐이다. 그리고 이 타인은 반드시 책임능력자일 필요는 없다.[6·7]

〈실행〉을 기준으로 삼는다고 해서 형식적 객관설을 취한다는 뜻은 아니며 필자는 Tatherrschaft설(범죄지배설이라고 번역해 두겠는데, 물론 보통은 행위지배설이라고 번역되고 있다)의 입장이 타당하다고 본다. 이 Tatherrschaft설도 다기(多岐)하게 나누어져 있는데, 필자는 범죄구성요건실현의 주인공(Herr)이 되는 자를 정범으로 본다는 뜻에서의 Tatherrschaft설이 타당하리라고 보며, 이 문제에 관하여는 다른 기회에 논하기로 하겠다.

4 예컨대 살인죄를 범하도록 교사한 경우에는 살인교사죄의 구성요건으로, 또 절도죄를 범하도록 교사한 경우에는 절도교사죄의 구성요건으로 수정된다. 이러한 교사죄의 개별적 〈구성요건〉에로의 수정에 있어서는 피교사자 측도 〈구성요건〉의 단계에서 관련되며, 이러한 의미에서 필자는 소위 최소종속형태의 입장이 타당하리라고 본다. 그리고 개별적 구성요건에서의 수정에 있어서는 교사자의 입장에서 재편성된다(후술 〈교사범과 신분〉 참조). 그리고 최소종속형태의 입장을 취함으로써 교사범에 있어서도 (수정된) 구성요건·위법성·책임의 단계로 타당하게 그 형사책임을 논할 수 있으리라고 본다(이 점은 〈공범의 종속성〉이란 제목으로 다른 기회에 상론하고자 한다).

5 소위 공범독립성설의 입장에서는 이 요건만 갖추어지면 교사범은 성립될 수 있는 것으로 본다(이건호, 『형법학개론』, 1964년, 175면 이하 — 적어도 교사범의 미수범으로).

6 과장종속형태(誇張從屬形態)뿐 아니라 극단종속형태의 입장에서도 책임능력자일 것이 요구

ⅱ) 교사의 대상이 되는 「죄」는 특정한 범죄임을 요하며, 막연히 범죄일반을 교사하는 것은 여기에 해당되지 않는다.

ⅲ) 「교사」라 함은 타인으로 하여금 죄를 범할, 즉 적어도 범죄를 실행할 결의를 생기게 하는 것이다. 타인에게 일정한 범죄를 실행할 결의를 생기게 함에 상당한 행위이면 족하고, 그 수단·방법에는 제한이 없다. 즉 명령·촉탁·협박·기망·감언·유도·애원·이익제공 등 여러 가지의 수단·방법이 가능하다. 그리고 교사에 있어서는 반드시 개개의 행위에 대해서 구체적으로 지시할 필요는 없다.

ⅳ) 교사는 〈고의〉에 의해야 한다. 과실에 의한 교사는 인정되지 않는다.[8] 과실에 의한 교사를 처벌하는 명문의 규정이 없을 뿐 아니라(14조 참조) 교사라는 개념상 이렇게 해석해야 할 것이다. 그런데 교사자의 고의에 관하여는 피교사자에게 범죄실행의 결의를 생기게 해서 실행에 나가게 할 의사로 족하다는 설[9]과 피교사자를 통하여 범죄의 구성요건을 실현시키려는 의사(따라서 구성요건적 결과의 발생에 대한 인식·인용을 요한다고 본다)가 필요하다는 설[10]이 대립한다. 양학설의 차이는 처음부터 피교사자의 범죄를 미수에 그치게 할 의사로써 교사하는 경우에 생기는데, 후설에 의하면 교사자의 고의를 결하므로 교사범은 성립되지 않고 따라서 불가벌이라고 하지만, 적어도 피교사자에게 범죄실행의 결의를 생기게 해서 실행에 나가게 할 의사로서 교사한 이상 교사범의 고의를 인정할 수 있고 따라서 미수범의 교사범으로 문제 삼는 것이 타당하다는 의미에서 전설에 찬성한다.

된다. 그러나 공범독립성설은 물론이요 최소종속형태나 제한종속형태의 입장에서도 반드시 책임능력자임을 요하지는 않는다.

7 자기의 지휘·감독을 받는 자를 교사한 경우에는 형이 가중된다(34조 2항).

8 반대로 과실에 의한 교사를 인정하는 학설도 있다(이건호, 『개론』, 188면).

9 남흥우, 『형법강의(총론)』, 1965년, 264면 참조; 백남억, 『형법총론』(제3전정판), 1962년, 202면.

10 염정철, 『형법총론』, 1966년, 464면; 유기천, 『개고 형법학(총론강의)』, 1971년, 288면; 정영석, 『형법총론』(제3전정판), 1973년, 247면; 황산덕, 『형법총론』(제6정판), 1974년, 277면.

(2) 교사에 따라 피교사자가 범죄의 결의를 할 것

피교사자가 범죄실행의 결의를 하지 않게 된 경우, 즉 범죄의 실행을 승낙하지 아니한 경우에는 교사범은 성립될 수 없으며 교사자는 단지 음모 또는 예비에 준하여 처벌될 다름이다(32조 3항). 그리고 과실범에 대한 교사범은 인정되지 않으며 간접정범이 문제될 뿐이다.[11] 이미 범죄를 결의하고 있는 자에 대하여는 거듭 교사할 수는 없고, 기껏해야 그 결의를 강화했다는 뜻으로 방조가 문제됨에 불과하다. 그리고 교사행위와 피교사자의 결의와의 사이에는 상당인과관계가 있어야 한다.

(3) 피교사자가 이 결의에 따라 죄를 범할 것

피교사자가 적어도 범죄의 〈실행행위〉에 나갈 것을 요한다고 본다(공범종속성설). 따라서 범죄실행을 승낙하고서 실행의 착수에 이르지 아니한 때에는 교사범은 성립될 수 없으며, 교사자와 피교사자는 음모 또는 예비에 준하여 처벌된다(31조 2항). 여기서 피교사자의 행위는 적어도 구성요건에 해당함으로써 족한 것으로 보며(최소종속형태), 위법까지 해야 한다든가(제한종속형태),[12] 유책까지 해야 할 필요(극단종속형태)[13]는 없다. 그리고 피교사자의 범죄가 기수가 된 경우에는 기수범의 교사범, 미수에 그친 경우에는 미수범의 교사범의 문제가 된다.

3. 위 법 성

타인으로 하여금 죄를 범하도록 교사하는 행위에 위법성조각사유(정당화사유)가 인

---

11 제34조 1항에서 「…과실범으로 처벌되는 자를 교사…하여…」하고 규정하고 있는데, 이러한 뜻의 〈교사〉는 교사범에서 말하는 교사가 아니라 〈일정한 행위에로의 결의를 가지게 하는 것〉의 뜻으로 해석해야 한다.

12 남흥우, 『총론』, 253면; 황산덕, 『총론』, 283면.

13 백남억, 『총론』, 284면; 정영석, 『총론』, 243면.

정되지 않으면, 위법성이 확정된다. 그러나 위법성조각사유가 인정되는 경우, 예컨대 A가 길에서 이웃 친구 B의 아이가 아주 못된 짓을 하고 있는 것을 보고는 그 친구에게 따끔하게 종아리를 몇 대 때려서 아이의 행실을 고치라고 말함으로써 그 아이가 아버지로부터 매를 맞은 경우에 있어서 A의 행위는 폭행교사죄의 구성요건에 해당하지만(최소종속형태의 입장) 그 교사행위는 사회상규에 위배되지 아니하므로(형법 제20조) 위법하지 않고 따라서 범죄가 성립하지 아니한다.[14]

4. 책 임

교사범으로서의 범죄가 성립되기 위해서는 교사자에 대한 비난가능성, 즉, 책임이 인정되어야 한다. 그러기 위해서는,

(1) 교사자는 책임능력이 있어야 한다.[15]

(2) 교사자는 자기의 교사행위에 대하여 적어도 위법성의 의식가능성을 가져야 한다.

---

14 보통은 제한종속형태 내지 극단종속형태의 입장에서 설례와 같은 경우를 들어서 최소종속형태의 입장을 비판한다. 즉, 그 경우에 있어서 B의 폭행행위는 징계권의 행사로서(민법 제915조) 적법하므로(법령에 의한 행위—형법 제20조), A는「적법행위」를 교사한 것이요 따라서 A를 교사범으로 논하는 것은 타당하지 않다는 것이다. 그러나 최소종속형태의 입장에서도 A가 폭행교사죄의「구성요건」에 해당한다는 것뿐이지, A의 교사행위가 위법성이 조각되어서 결국 폭행교사범으로서의「범죄」는 성립되지 않는다고 보는 것이다.

15 따라서「공범의 종속성」에 관하여 예컨대「제한종속형태」를「정범의 행위가 구성요건에 해당하고 위법하기만 하면 공범이 성립한다」,「극단종속형태」를「정범의 행위가 구성요건에 해당하고 위법·유책하기만 하면 공범이 성립한다」는 입장이라고 설명하는 것은 잘못이라고 본다. 왜냐하면「공범이 성립한다」는 것은 교사의 경우에는「교사범이 성립한다」는 뜻인데, 비록 피교사자인 정범의 행위가 구성요건에 해당하고 위법하여도 또는 유책하여도「교사자」가 책임무능력자이면「교사범으로서의 범죄」가 성립되지는 않기 때문이다. 따라서「공범이 성립될 수 있다」든가「공범이 구성된다」(공범의 구성요건에 해당한다는 뜻으로)라고 표현하는 것이 타당하다고 본다. 상술의 비판은 10살의 소년이 어른을 시켜서 절도를 하게 하는 경우를 생각하면 납득이 갈 것이다.

자기의 교사행위가 위법하지 않는 것으로 오인한 때에는 그 오인에 정당한 이유가 있으면 비난가능성, 즉 책임이 없어서 범죄가 성립되지 않고 따라서 처벌되지 아니한다(형법 제16조).

(3) 책임조각사유가 없어야 한다.

5. 처 벌

교사자는「죄를 실행한 자와 동일한 형으로 처벌한다」(형법 제31조 1항). 여기서 동일한「형」이라 함은 동일한「법정형」을 뜻한다. 따라서 선고형은 정범과 달라도 상관없다. 또 정범이 처벌되느냐는 교사범의 처벌에 영향을 미치지 아니한다. 필자와 같이 최소종속형태의 입장을 취하면 제한종속형태나 극단종속형태의 입장보다 교사범의 성립범위가 넓어지지만 그만큼 간접정범의 성립범위가 좁아지는데, 현행형법 제34조 1항은「간접정범」에 관하여 교사(광의)의 경우에는「교사의 예에 의하여 처벌한다」고 규정한다.

6. 특수한 교사

현행형법 제34조 2항은「자기의 지휘·감독을 받는 자를 교사…하여 전항의 결과를 발생하게 한 자는 교사인 때에는 정범에 정한 형의 장기 또는 다액에 그 2분의 1까지 가중하여…처벌한다」라고 규정하는데, 이 규정에 관하여는 ① 간접정범(제34조 1항)에 대한 특별규정이라고 보는 견해,[16] ② 교사범에 대한 특별규정이라고 보는 견해,[17] ③ 간접정범뿐 아니라, 교사범에 대한 특별규정이라고 보는 견해[18]가 대립하는데, 간접정

---

16 정영석,『총론』, 258면.
17 남흥우,『총론』, 266면; 백남억,『총론』350면 이하; 염정철,『총론』484면 이하; 이건호,『개론』196면; 황산덕,『총론』248면.
18 유기천,『총론』, 292면.

범의 경우에 한정할 필요도 없고 또한 그 경우를 배제할 이유도 없으므로 제3설이 타당하다고 본다.[19] 하여튼 「자기의 지휘·감독을 받는 자」를 교사한 경우에 형이 가중되는 특수교사범을 인정하는 점에서는 제2설과 제3설이 일치하며, 이 입장이 다수설이다.

7. 교사와 착오

교사범에 있어서의 착오의 문제는 여러 가지가 있는데, 여기서는 다음의 몇가지 경우를 살펴 보려고 한다.

(1) 교사내용과 실행한 바와의 사이에 착오가 있는 경우

교사자의 교사내용과 피교사자의 실행한 바가 일치하지 아니하는 경우인데, 법정적 부합설(구성요건부합설)의 입장에서 살펴보겠다.

ⅰ) 동일한 구성요건내의 착오

교사자의 교사내용과 피교사자가 실행한 바가 구체적으로 일치하지 아니하여도 양자가 동일한 구성요건의 범위 내에 있는 한, 그 착오는 중요하지 않다. 따라서 예컨대 A가 B에게 X의 시계를 절취할 것을 교사했는데 B가 X의 만년필을 절취한 경우에 A는 절도 교사범이 되고 또 A가 B에게 X집을 방화할 것을 교사하였는데 B가 X집에 연소시킬 목적으로 Y집에 방화하여 이를 소훼하였지만 X집을 소훼하지 못한 경우에도 A는 방화교사범이 된다. 이와 같이 교사함에 있어서 범행의 일시·장소·방법·객체 등이 지정되었다고 하여도 피교사자의 범행이 교사자가 지정한 바와 차이가 나도 동일한 구성요건의 범위 내에 있고 또한 교사와 실행행위와의 사이에 상당인과관계가 인정되는 한 교사범이 된다.

---

19 동조항의 해석론에 관하여는 김종원, 「공모공동정범과 형법 제34조 제2항 (하)」, 법정 1964년 12월호, 46면 참조.

ii) 상이(相異)한 구성요건에 걸친 착오

교사자의 교사내용과 피교사자가 실행한 바와의 불일치가 상이한 구성요건에 걸치는 경우에는, 원칙적으로 그 착오는 중요하다. 그래서 예컨대 A가 B에 대하여 X에 대한 원한을 풀고 싶으니 X를 살해해달라고 부탁하였던 바 B는 X집을 방화한 경우에 있어서, A의 교사행위와 B의 실행행위와의 사이에 비록 상당인과관계가 있다고 해도(상이한 구성요건에 걸친 착오의 경우에는 교사행위와 실행행위와의 사이의 상당인과관계 그 자체가 부인되는 일이 많겠는데, 이와 같이 인과관계가 부인되는 때에는 착오의 문제가 일어나지 아니한다), A는 살인죄의 교사범도, 방화죄의 교사범도 되지 아니한다. 다만 현행형법 하에서 A는 살인죄의 음모 또는 예비에 준하여 처벌된다(형법 제31조 2항).

다만 구성요건이 상이하여도 서로 중합(重合)하는 부분에 있는 때에는 그 중합하는 한도 내에서 착오는 중요하지 않다. 따라서 예컨대 ① 절도를 교사했는데 피교사자가 강도를 범한 경우에는, 절도죄의 교사범이 된다. ② 강도를 교사했는데 피교사자가 (단순)절도를 범한 경우에는, 피교사자가 강도의 실행의 착수에 이르지 아니한 점에 대하여는 소위 강도교사의 미수로서 형법 제31조 2항에 의하여 강도의 음모 또는 예비에 준하여 처벌되고(7년 이하의 징역) 또 교사내용인 강도와 실행행위인 절도가 절도의 한도 내에서 중합하는 점에 대하여는 (단순)절도죄의 교사범이 되는데(6년 이하의 징역 또는 5만원 이하의 벌금) 양자는 상상적 경합관계이므로 결국 강도의 음모 또는 예비에 준하여 처벌된다.

iii) 결과적 가중범의 경우

피교사자의 실행이 결과적 가중범으로 되었을 경우에는, 교사자가 그(형벌가중적) 결과의 발생에 대하여 과실이 인정되는 때에만(제15조 2항 참조) 결과적가중범의 교사범으로서의 죄책을 진다.[20] 예컨대 상해를 교사했는데, 피교사자가 상해치사죄를 범한 경우이다.

---

20 황산덕 교수는 "경한 죄를 교사하였는데 결과적가중범을 실행한 경우에는 - 경한 죄의 범위 내에서는 - 교사자와 피교사자의 고의는 일치하였으므로 중한 결과의 발생에 대하여 교사자도 그 책임을 져야한다고 생각한다(日昭和 6·10·22"(272면)라고 논술하는데, 형법 제15조 2항 하의 해석론으로서는 타당하지 않다고 본다.

(2) 피교사자의 책임능력에 관하여 착오가 있는 경우

피교사자가 책임능력이 있는 줄 알고 교사했는데 책임무능력자인 경우와 반대로 피교사자가 책임능력이 없는 줄 알고 교사했는데 책임능력자인 경우의 두 가지가 있는데, 최소종속형태의 입장을 취하는 한 피교사자의 책임능력에 관한 착오는 중요하지 않고, 두 경우 모두 교사범이 된다.[21 · 22]

(3) 피교사자가 다시 교사를 한 경우

예컨대 A가 B에게 범죄의 실행을 할 것을 교사했는데 피교사자 B가 스스로 실행에 나가지 아니하고 다시 제삼자인 C에게 교사하여 실행에 나가게 한 경우이다(보통은 「교사의 교사」의 경우로서 논하여진다). 이 경우는 소위 인과관계에 관한 착오의 한 경우인데, A의 교사행위와 C의 실행행위와의 사이에 상당인과관계가 인정되는 한 A는 교사범이 된다고 본다.

8. 교사의 교사

구형법 제61조 2항은 「교사자를 교사한 자 역시 같다」라고 규정했는데, 현행형법에는 이에 관한 규정이 없다. 〈교사자를 교사한다〉는 것은, A가 B에게 C를 교사해서 범

---

21 이러한 착오를 보통 「교사범과 간접정범과의 착오」라고 하는데, 이 문제를 다룬 자세한 논문으로는, 大塚仁, 「間接正犯と敎唆犯との錯誤」, 現代の共犯理論(齊藤金作博士還曆祝賀), 1964年, 83頁 以下가 있다.

22 유기천 교수는 "A가 B를 책임능력자인 줄 알고 교사하였는데, B가 책임무능력자였다고 하여 간접정범이 되는 것은 아니다*619(이런 때에는 B는 처벌을 받지 않으나, A는 교사자로서 처벌을 받는다〈제한적종속형식을 취하기 때문이다〉). 그러나 이 문제는 이론상의 문제뿐이고, 실제에 있어서는 모두 34조의 적용을 받으므로 실제상의 문제는 일어나지 않는다"(『총론』, 289면)라고 논술하는데, A가 교사범으로서 처벌받는다는 것은 제31조 1항의 적용을 받는 것이지(이 경우에 동조항의 「죄」는 광의로 해석된다) 제34조(1항—필자 주)의 적용을 받는 것은 아니라고 본다.

죄를 실행시킬 것을 교사하는 경우뿐 아니라 보통은 A가 B에게 범죄의 실행에 나갈 것을 교사했는데 B는 다시 C에게 교사하여 범죄의 실행에 나가게 하는 경우(전술한 소위 인과관계에 관한 착오의 경우)까지 포함시켜서 이해하고 있으며, 이를 〈간접교사〉라고도 한다.[23] 전(前)사례의 경우에 A가 교사범이 되는 것은 물론이고, 후(後)사례의 경우도 전술한 바와 같이 A의 교사행위와 C의 실행행위와의 사이에 상당인과관계가 인정되는 한 A는 교사범이 된다고 본다.[24] 그리고 교사의 교사의 교사인 재(再)간접교사(또는 그 이상도)도 실행행위와의 사이에 상당인과관계가 인정되는 한 교사범이 된다고 본다.[25]

9. 방조의 교사

구형법 제62조 2항은 「종범을 교사한 자는 종범에 준한다」라고 규정하였는데, 현행 형법에는 이에 관한 규정이 없다. 생각건대 A의 범행을 방조할 의사 없는 B로 하여금 그 방조의 결의를 갖게 하여 방조행위에 나아가게 하는 C는, 이로써 A의 범행을 방조한 것이 되므로, 종범이라고 보아야 할 것이다.[26]

---

23 團藤 교수는 "「간접교사」 — 넓게 말하면 「간접공범」(mittelbare Teilnahme) — 이라는 용어는 다의적으로 쓰이는데, 정확히는 「간접정범」에 대응하는 경우 — 예컨대 범죄를 교사하는 편지를 그 사정을 모르는 자에게 부탁해서 피교사자에게 전하게 하는 경우 — 에 한정되어어야 하리라고 생각한다. 이러한 의미에서의 간접교사가 교사가 되는 것은 물론이다"(團藤重光, 『刑法綱要總論增補』(1972年 314頁)라고 논술한다.

24 동지(同旨), 유기천, 『총론』, 292면; 이건호, 『개론』, 191면. 반대설: 남흥우, 『총론』, 283면(교사자를 교사한 자는…처벌할 수 없는 것으로 해석한다); 백남억, 『총론』, 304면(교사자의 교사자에 대한 책임을 불문에 붙이고 있는 것이라고 해석하는 것이 타당할 것이다); 정영석, 『총론』, 244면(간접교사의 가벌성은 부정되어야 할 것으로 본다); 황산덕, 『총론』, 283면(간접교사는 인정하지 않는 것이 옳다고 생각한다). 현행형법은 물론 「교사의 교사」에 관한 구형법 제61조 2항과 같은 규정은 두지 않았지만 제31조 2항을 신설하였으므로 불벌 내지 불문에 붙인다는 반대설은 재고를 요한다고 본다.

25 동지, 이건호, 『개론』, 191면; 유기천, 『총론』, 292면은 간접교사는 인정하지만 재간접교사는 인정하지 않는다.

26 동지, 유기천, 『총론』, 297면(단, 유기천 교수는 "해석상 동일하게 보아야 한다"라고 논술하는데, 구형법의 동규정은 「종범에 준한다」라고 규정되어 있지만 〈바로〉 종범이라고 보는 것이 타

10. 예비의 교사

예비의 교사가 문제되는 것은, 타인에게 죄를 범하도록 교사하였던 바 피교사자의 행위가 실행의 착수에 이르지 않고 예비의 단계에 머물렀고 또 당해 예비가 처벌되도록 규정되어 있는 경우이다. 그런데 이론상으로 공범독립성설의 입장에서는 교사범의 미수범이 될 것이지만, 공범종속성설의 입장에서는 ① 예비죄의 교사범을 인정하는 설, ② 예비죄의 교사범을 인정하지 않는 설 등으로 대립하겠다. 그런데 현행형법에서는 신설된 제31조 2항이 「교사를 받은 자가 범죄의 실행을 승낙하고 실행의 착수에 이르지 아니한 때에는 교사자와 피교사자를 음모 또는 예비에 준하여 처벌한다」라고 규정함으로써 입법적으로 해결한 것으로 본다. 즉 예비죄의 교사범은 인정되지 않고 교사자는 〈음모 또는 예비에 준하여〉 처벌되는 것이다.[27]

11. 교사와 신분

(1) 교사와 (범죄)구성적 신분

ⅰ) 구성적 신분자의 범행(진정신분범)에 비신분자가 교사로서 가담한 경우에는, 비신분자는 진정신분범의 교사범이 된다(33조 본문).

ⅱ) 구성적 신분자가 비신분자에게 교사로서 가담한 경우에는, 신분자는 간접정범으로서 제34조 제1항의 적용을 받고 비신분자는 범죄에 대한 인식·인용이 있는 경우에는 진정신분범의 종범이 된다.

당할 것이다): 반대설(불가벌설), 백남억, 『총론』, 321면; 황산덕, 『총론』, 287면.

27 유기천 교수는 교사범의 제3의 구성요건으로서의 「실행정범이 있음을 요한다」를 설명하면서 "여기의 실행이라 함은 반드시 엄격한 의미의 그것은 아니다. 피교사자가 그 교사에 의하여 예비 또는 음모에 나아가도 여기의 실행이다"(『총론』, 288면)라고 논술하는데, 현행형법 제31조 제2항 하에서 이러한 주장을 하는 것은 타당하지 않다고 본다.

(2) 교사와 (형벌)가감적신분

ⅰ) 가감적 신분자의 범행(부진정신분범)에 비신분자가 교사로서 가담한 경우에는, 비신분자는 통상의 범죄의 교사범이 되고[28] 그 형으로 처벌된다(33조 단서).[29] 그러나 반대설[30]에서는 비신분범의 교사범이 되지만(33조 본문 적용) 통상의 형으로 처벌된다(동조 단서)고 해석한다. 예컨대 A가 B를 시켜서 B의 부친 X를 살해케 한 경우에, B는 물론 존속살해죄의 정범이지만 A는 보통살인죄의 교사범이 되고[31] 또 보통살인죄의 형으로 처벌된다. 그러나 반대설의 입장에서는, A가 존속살해죄의 교사범이 되고 다만 보통살인죄의 형으로 처벌될 뿐이라고 본다.

ⅱ) 가감적 신분자가 비신분자의 범행에 교사로서 가담한 경우에는, 신분자는 부진정신분범의 교사범이 된다(또한 그 형으로 처벌됨). 예컨대 A가 B를 시켜서 A의 부친 X를 살해케 한 경우에, B는 물론 보통살인죄의 정범이지만, A는 존속살해죄의 교사범이 된다(또한 존속살해죄의 형으로 처벌됨).[32] 반대설은 이 경우에 A는 보통살인죄의 교사범이 된다고 본다.

(3) 교사와 소극적 신분

ⅰ) 교사와 범죄불구성적 신분
㈎ 범죄불구성적 신분을 가진 자의 행위(예컨대 의료법 25·65조에 의한 무면허자 의료업무금지 위반죄의 면에서 본 의사의 의료행위)는 범죄를 구성하지 아니하므로, 이

28　형법 제33조 본문의 「신분관계로 인하여 성립될 범죄」를 진정신분범에 한하는 것으로 해석하는 입장에서는 부진정신분범에 교사로써 가담하는 비신분자는 당연히 통상의 범죄의 교사범이 될 뿐이고, 동조 본문의 적용은 없다.

29　따라서 그 입장에서는 제33조 단서는 주의규정에 불과하게 된다.

30　제33조 본문의 「신분관계로 인하여 성립될 범죄」를 진정신분범뿐 아니라 부진정신분범도 포함하는 것으로 해석하는 입장이다.

31　A는 「타인(B)을 교사하여 죄[자기의 직계존속이 아닌 사람(X)을 살해하는 것]를 범하게 한」 것이므로, 보통살인죄의 교사범의 구성요건에 해당한다.

32　A는 「타인(B)을 교사하여 죄[자기의 직계존속(A의 부친 X)을 살해하는 것]를 범하게 한」 것이므로, 존속살해죄의 교사범의 구성요건에 해당한다.

에 비신분자(예컨대 무면허자)가 교사로써 가담하여도 범죄가 되지 아니함은 물론이다.

(ㄴ) 범죄불구성적 신분을 가진 자(예컨대 의사)가 이러한 신분이 없는 자의 범행(예컨대 무면허자 의료업무금지 위반행위)에 교사로서 가담한 경우에는, 제33조 본문의 취지에 비추어 그 범죄의 교사범이 된다고 본다.

ii) 교사와 책임조각적 신분

(ㄱ) 책임조각적 신분자(예컨대 형사미성년자)의 범행에 비(非)신분자가 교사로서 가담한 경우에는, 비신분자는 교사범이 된다(최소종속형태의 입장). 공범독립성설과 제한종속형태의 입장에서도 교사범이 되지만, 극단종속형태의 입장에서는 간접정범이 된다(34조 1항).

(ㄴ) 책임조각적 신분자가 비신분자의 범행에 교사로써 가담한 경우에는 신분자는 교사범의 구성요건에는 해당하지만 결국 책임이 조각되므로 교사범으로서의 범죄가 성립하지 아니한다.

iii) 교사와 형벌조각적 신분

(ㄱ) 형벌조각적 신분자의 범행에 비신분자가 교사로서 가담한 경우에는, 비신분자는 그 죄의 교사범이 되고 형벌이 조각되지 아니한다(328조 3항 · 365조 2항 단서 등 참조). 예컨대 A가 B를 시켜서 B의 부친 X의 시계를 훔치게 한 경우에, B는 형벌이 조각되지만 A는 절도죄의 교사범이 되고 또 형벌이 조각되지 아니한다.

(ㄴ) 형벌조각적 신분자가 비신분자의 범행에 교사로서 가담한 경우에는 신분자는 동죄의 교사범이 되고 또 형벌이 조각되지 않는 것으로 본다. 예컨대 A가 B를 시켜서 A의 부친 X의 시계를 훔치게 한 경우에, A는 절도죄의 교사범이 되는데, A는 피해자 X와의 관계에서는 형벌조각적 신분자이지만 피교사자 B와의 관계에서는 형벌조각적 신분자가 아니므로, 결국 A는 형벌이 조각되지 않는다고 보는 것이다. 물론 반대설에서는 신분자는 동죄의 교사범이 되지만, 형벌이 조각된다고 본다.

12. 교사와 중지미수

(1) 피교사자의 중지

피교사자가 자의(自意)로 실행행위를 중지·방지한 경우에는, 피교사자는 중지미수가 되지만 교사자는 장애미수의 교사범이 된다.

(2) 교사자의 중지

교사자가 자의로 피교사자의 실행행위를 중지케 하거나 결과발생을 방지한 경우에는, 피교사자는 장애미수가 되지만 교사자는 중지미수의 교사범이 된다.

26. 종 범*

1. 의 의

종범이라 함은 「타인의 범죄를 방조하는 것」(형법 제32조 1항)을 말한다. 즉 그 자체는 범죄의 (공동)실행이 되지 아니하는 행위에 의해서 타인(정범)의 범죄를 도우는 것이다. 그래서 종범은 스스로 공동실행을 하지 아니한 점에서 〈공동정범〉과 구별되고, 또 실행자의 결의의 존재를 전제로 해서 그 실행을 유형적(有形的)·무형적으로 돕는다는 점에서 아직 범죄의 결의를 하고 있지 않는 자에 대하여 범죄의 결의를 생기게 하는 〈교사범〉과 구별된다.

2. 구 성 요 건

종범의 일반적 구성요건으로는, ① 타인의 범죄에 대한 방조행위가 있을 것, ② 피방조자가 범죄를 실행할 것의 둘이 필요하다. 그리고 방조의 대상이 되는 개별적인 범죄와의 관계 하에서 종범의 개별적 구성요건으로 수정된다.[1]

---

* 이 글은 고시계(1977년 6월호 30면 이하, 동년 8월호 66면 이하)에 실린 글들을 종합한 것이다.

1 예컨대 살인죄를 방조한 경우에는 살인종범의 구성요건으로, 또 절도죄를 방조한 경우에는 절도종범의 구성요건으로 수정된다. 이러한 종범의 개별적 〈구성요건〉에로의 수정에 있어서는 피방조자 측도 〈구성요건〉의 단계에서 관련되며, 이러한 의미에서 필자는 소위 최소종속형태의 입장(구성요건실현관여설)이 타당하다고 본다. 그리고 개별적 구성요건에서의 수정에 있어서는 〈방조자의 입장〉에서 재편성된다. 또한 최소종속형태의 입장을 취함으로써 종속에 있어서도 (수정된) 구성요건·위법성·책임의 단계로 타당하게 그 형사책임을 논할 수 있으리라고 본다(이상에 관하여는, 김종원, 「공범의 종속성과 관련하여-새로운 「공범구조론」의 구상」, 사

(1) 타인의 범죄에 대한 방조행위가 있을 것[2]

ⅰ) 피방조자인 「타인」은 특정한 사람이어야 한다. 특정해 있으면 다수인이어도 상관없다. 그리고 이 타인은 반드시 책임능력자일 필요는 없다.[3]

ⅱ) 방조의 대상이 되는 「범죄」는 특정한 범죄임을 요한다.

ⅲ) 「방조」라 함은 그 자체는 범죄의 (공동)실행이 되지 아니하는 행위에 의하여 타인(정범)의 범죄를 돕는 것이다. ① 방조의 방법은, 흉기의 대여, 범죄의 장소의 제공 등과 같은 유형적·물질적 방법이든 조언·격동 등과 같은 무형적·정신적 방법이든 불문이다. ② 방조행위는 작위 이외에 부작위에 의해서도 가능하다.[4] 즉 법상 정범자의 범죄를 방지할 작위의무 있는 자가 그 의무에 위반하여 방지에 나가지 아니한 경우에 부작위에 의한 종범이 된다. ③ 방조행위는 시간적으로 정범의 실행행위 시에 행하여지든 실행행위 전에 행하여지든 상관없다. 정범의 범죄가 결과범인 때에는 실행행위가 종료된 후에도 구성요건적 결과가 발생하기 전에는 종범이 될 수 있다. 예컨대 A가 X를 죽이려고 총을 쏘아 중상을 입혔는데 X의 생명을 구하려고 달려가는 의사를 B가 저지한 경우에는, B는 살인의 종범이 된다. 하여튼 정범의 범죄종료 후에는 종범은 성립되지 아니한다.[5] 따라서 정범의 범죄가 종료한 후에 범인을 은익하거나 증거를 인멸하는 것은 〈사후종범〉이라고 부르기도 하지만, 그 범죄 자체를 도운 것이 아니므로 정확한 의미에서의 종범이 아니며 현행형법상 독립된 범죄유형(151조·155조)으로 규정하고 있

회과학논집(연세대학교 사회과학연구소) 제 8집, 1977년 131면 이하 참조).

2 공범독립성설의 입장을 취하는 이건호 교수는 종범성립의 객관적 요건으로 〈방조의 사실〉만을 들고 있다(『형법학개론』, 1964년, 193면).

3 극단종속형태, 과장종속형태의 입장에서는 책임능력자일 것이 요구되지만, 공범독립성설, 최소종속형태, 제한종속형태의 입장에서는 반드시 책임능력자임을 요하지 아니한다.

4 통설: 남흥우, 『형법총론』(개정판), 1975년, 240면; 염정철, 『형법총론』, 1966년, 477면; 이건호, 『개론』, 194면; 유기천, 『개고 형법학(총론강의)』 1971년 296면, 정영석, 『형법총론』(제3개정판), 1973년 248면; 황산덕, 『형법총론』(제6정판), 1974년, 285면.

5 범죄가 기수가 된 후에는 종범이 성립되지 않는 것으로 보는 입장-남흥우, 『총론』, 241면; 염정철, 『총론』, 478면, 유기천, 『총론』, 296면(범죄의 목적달성 후라 표현함); 정영석, 『총론』, 249면; 실행종료후(백남억, 『형법총론』(제3개정판), 1962년, 311면), 정범의 행위후(황산덕, 『총론』, 285면)라는 표현도 있지만, 실제적으로는 범죄종료 후를 말하는 것이 아닌가 생각된다.

다. 그러나 사전에 범행 후의 은닉·인멸을 미리 약속하는 것은 정신적으로 범죄를 도운 것이므로 여기의 방조행위에 해당한다. ④ 방조행위라고 인정되기 위하여는 방조의 의사로써, 즉 〈고의〉로 행하여야 하며, 과실로 인한 방조는 인정되지 아니한다.[6] 여기서의 방조의 의사란 타인(정범)의 범죄를 도운다는 의사인데, 정범의 실행행위를 돕는다는 의사로 족하다고 본다.[7] 정범의 구성요건적 결과에 대한 인식·인용까지 필요로 한다는 설도 있다.[8] ⑤ 종범의 성립에는 피방조자가 방조를 받는다는 것을 몰라도 상관없다고 본다. 이러한 의미에서 〈편면적(片面的) 종범〉이 인정된다.[9] 일반적으로는 편면적 공범이 인정되는가가 문제가 되는데, 공동정범에 있어서는 형법 제30조가 2인 이상이 〈공동하여〉 죄를 범할 것을 요구하고 있으므로 그 주관적 요건으로서 상호적인 의사의 연결이 있어야 한다는 것이 통설이다.[10] 종범에 있어서, 형법 제32조 1항이 단지 타인의 범죄를 〈방조〉할 것을 요구하고 있는데, 여기서는 방조자와 피방조자와의 사이의 의사의 연결까지 요구한다고 볼 수 없다.

(2) 피방조자가 범죄를 실행할 것

피방조자가 적어도 범죄의 〈실행행위〉에 나갈 것을 요한다(공범종속성설). ① 이 경우에 방조행위가 실행행위(내지 결과발생)를 도왔다는 의미에서의 〈인과관계〉가 인정되어야 한다. 예컨대 강도를 방조할 의사로써 칼을 빌렸는데 범인이 이것을 현장에 가지고 가지 아니한 경우에는, 빌린 행위에 의하여 정범의 범죄의사가 강화되었다는 사실이 없는 한, 인과관계가 없으므로 종범이 성립하지 아니한다. ② 여기서의 피방조자의 행위는 구성요건에 해당하는 것으로 족하다(최소종속형태), 학설에 따라서는 위법까지

---

6 동지(同旨): 정영석,『총론』, 248면; 황산덕,『총론』, 286면. 단, 염정철 교수는 "방조는 고의는 물론 과실에 의하여서도 할 수 있다. 따라서 과실에 의한 방조도 가능하다"(『총론』, 479면)라고 주장한다.

7 동지: 남흥우,『총론』, 241면.

8 염정철,『총론』, 479면.

9 통설: 백남억,『총론』, 312면; 염정철,『총론』, 478면. 이건호,『개론』, 193면; 유기천,『총론』, 295면; 정영석,『총론』, 248면; 황산덕,『총론』, 286면.

10 이건호 교수는 편면적 공동정범을 인정한다(『개론』, 182면).

해야 한다(제한종속형태), 유책까지 해야 한다(극단적종속형태)고 요구하게 된다. ③ 피방조자의 범죄는 고의범이어야하며, 과실범인 때에는 형법 제34조 1항의 간접정범이 문제가 될 뿐이다.[11] ④ 피방조자의 범죄가 기수가 될 경우에는 기수범의 종범, 미수에 그친 경우에는 미수범의 종범이 문제가 된다.

3. 위 법 성

타인의 범죄를 방조하는 행위에 위법성조각사유(정당화사유)가 인정되지 아니하면 위법성이 확정된다.

4. 책 임

종범으로서 범죄가 성립하기 위해서는 방조자에 대한 비난가능성, 즉 책임이 인정되어야 한다. 그러하기 위해서는,

(1) 방조자는 책임능력이 있어야 한다.

(2) 방조자는 자기의 방조행위에 대하여 적어도 위법성의 의식가능성을 가져야 한다.

자기의 방조행위가 위법하지 않는 것으로 오인한 때에는 그 오인에 정당한 이유가 있으면 비난가능성, 즉 책임이 없어서 범죄가 성립되지 않고 따라서 처벌되지 아니한다(형법 제16조).

(3) 책임조각사유가 없어야 한다.

---

11 단, 염정철 교수는 "정범자의 행위는 고의 또는 과실에 의하든 불문이다"(『총론』, 480면)라고 주장하는데, 현행형법 하에서 의문이다.

5. 처 벌

종범의 형은 정범의 형보다 감경한다(형법 제32조 2항). 즉 필요적 감경이다. 여기서의 정범의 「형」은 법정형을 뜻한다. 정범이 처벌되느냐는 종범의 처벌에 영향이 없다. 그리고 필자와 같이 최소종속형태의 입장을 취하면 제한종속형태나 극단종속형태의 입장보다 종범의 성립범위가 넓어지지만 그만큼 간접정범의 성립범위가 좁아지는데, 현행형법 제34조 1항은 〈간접정범〉에 관하여 방조의 경우에는 「방조의 예에 의하여 처벌한다」라고 규정하고 있다.

6. 특수한 방조

현행형법 제34조 2항은 「자기의 지휘·감독을 받는 자를 … 방조하여 전항의 결과를 발생하게 한 자는 … 방조인 때에는 정범의 형으로 처벌한다」라고 규정하는데, 이 규정에 관하여는 ① 간접정범(제34조 1항)에 대한 특별규정이라고 보는 견해(특수간접정범설),[12] ② 종범에 대한 특별규정이라고 보는 견해(특수종범설),[13] ③ 간접정범뿐 아니라 종범에 대한 특별규정이라고 보는 견해(결합설)[14]가 대립하는데 간접정범의 경우로 한정할 필요도 없고 또한 그 경우를 배제할 이유도 없으므로 제3설이 타당하다고 본다. 하여튼 「자기의 지휘·감독을 받는 자」를 방조한 경우에 형이 가중되는 특수종범을 인정하는 점에서 제2설과 제3설이 일치하며, 이 입장이 다수설이다.

---

12 정영석, 『총론』, 258면.

13 남흥우, 『총론』, 245면; 백남억, 『총론』, 314면; 염정철, 『총론』, 484면 이하; 이건호, 『개론』, 196면; 황산덕, 『총론』, 287면 이하.

14 유기천, 『총론』, 120면, 292면 참조.

7. 교사범 · 공동정범과의 구별

종범에 있어서의 방조행위가 조언 · 격려 등의 무형의 정신적 방법으로 행하여지는 경우에는 주로 교사범과의 구별이 문제가 되고 또 유형적 방법으로 행하여지는 경우에는 공동정범과의 한계가 문제가 된다.

(1) 교사범과의 구별

교사범과 무형적 종범과의 구별은, 〈전자〉가 아직 범죄실행의 결의를 하고 있지 아니한 자에게 실행의 의사를 생기게 하는 경우임에 대해서 〈후자〉는 이미 범죄실행의 결의를 하고 있는 자에 대하여 그 결의를 강화시키는 경우이다.

(2) 공동정범과의 구별

공동정범과 유형적 종범과의 구별에 관하여는 종래 ⅰ) 자기를 위해서 하는 의사로써 하느냐 타인을 위해서 하는 의사로써 하느냐에 따라 구별하려는 〈주관설〉과 ⅱ) ① 결과실현에 대하여 원인을 준 자는 정범이고 조건을 준 자는 종범이라는 설, ② 범죄완성에 중요한 행위를 한 자는 정범이고 경미한 행위를 한 자가 종범이라는 설, ③ 실행행위를 한 자이냐에 따라 구별하는 설 등의 〈객관설〉이 대립되었다. 그런데 주관설은 살인청부업자의 경우에 돈을 받고 타인을 위하여 살인하므로 종범이 된다는 결함이 있다고 비판받으며, 또 객관설에 있어서 ① 원인조건구별설은 조건으로부터 원인을 구별하는 것이 반드시 쉽지 않다는 비판을 받으며, ② 중요행위여부설도 그 구별의 기준이 명확하지 않다는 비판을 받는데, ③ 기본적으로는 실행행위를 행하는 자가 정범이고 실행행위를 돕는 자가 종범이라고 보는 실행행위표준설이 타당하다고 생각하였다. 그러나 이 학설은 너무 형식적인 기준을 내세우고 있어서, 오늘날 독일에서 유력해진 〈기능적 범죄지배(행위지배)설〉의 입장[15]을 받아들여서, 비록 방조행위같이 보일지라고 전체계

---

15 김종원, 「공모공동정범의 공동정범성」, 백남억박사환력기념논문집, 1975년, 135면 이하 참조.

획에 비추어 범죄구성요건의 실현에 분업적·역할분담적으로 불가결한 관련으로서 기여한 것이면 「공동실행」이라고 보아야 할 것이고 따라서 공동정범이 되고 종범이 아니라고 본다(물론 공동실행의 의사가 있어야 한다).

8. 교사범·공동정범과의 경합

공동정범·교사범·종범의 세 공범형식은 모두 기본적 구성요건의 실현에 가담하는 행위형태를 나타내는 것이므로, 이들이 경합하는 때에는 각각 경합하는 공범형식을 합일해서 생각하여 경한 공범형식은 중한 공범형식에 또 종속적인 공범형식은 주된 공범형식에 흡수되는 것이 원칙이다. 따라서 방조자가 또한 교사자인 경우에는 교사범으로서 처단되고, 방조자가 또한 공동정범자인 경우에는 공동정범으로서 처단된다.

9. 소위 방조의 미수와 예비의 방조

(1) 소위 방조의 미수

소위 방조의 미수란 방조행위는 있었는데 피방조자가 범죄의 실행에 착수하지 아니한 경우이다. 그런데 이론상으로는 공범독립성설의 입장에서는 종범의 미수범이 될 것이고 공범종속성설의 입장에서는 종범으로 논할 수 없다. 현행형법은 소위 교사의 미수의 경우에 교사범의 미수범을 인정하지 않고 특별규정을 두어서 교사자를 「음모 또는 예비에 준하여 처벌한다」고 규정하고 있을 뿐이고(31조 2·3항), 소위 방조의 미수의 경우에는 특별한 처벌규정이 없으므로 방조자는 음모·예비에 준해서도 처벌할 수 없다고 본다.[16]

---

16 김종원, 「공범의 종속성과 관련하여 - 새로운 「공범구조론」의 구상 -」, 사회과학논집(연세대 사회과학연구소) 제8집(정영석 교수 회갑기념 특집호), 1977년 140면.

(2) 예비의 방조

예비의 방조로서 특히 문제가 되는 것은 예비의 단계에서 방조행위를 했는데 결국 피방조자가 실행의 착수를 하지 아니하였고 또한 그 예비가 처벌되는 경우이다. 이 경우에도 상술한 바와 같이 형법 제31조 2항에 비추어 방조자는 예비에 준하여 처벌할 수 없다고 본다.[17]

10. 방조와 착오

(1) 방조자의 인식과 실행내용과의 착오

방조자가 인식한 바와 피방조자가 실행한 바가 일치하지 아니하는 경우인데, 법정적 부합설(구성요건적 부합설)의 입장에서 살펴 보겠다.

i) 동일한 구성요건 내의 착오

방조자가 인식한 바와 피방조자가 실행한 바가 구체적으로 일치하지 아니하여도 양자가 동일한 구성요건의 범위 내에 있는 한, 그 착오는 중요하지 않다. 따라서 예컨대 A는 B가 X를 죽이는 줄 알고 총을 빌려 주었는데 B는 Y를 죽인 경우에, A는 살인죄의 종범이 된다.

ii) 상이한 구성요건에 걸친 착오

방조자가 인식한 바와 피방조자가 실행한 바와의 불일치가 상이한 구성요건에 걸치는 경우에는, 원칙적으로 그 착오는 중요하다. 예컨대 A는 B가 절도를 하는 줄 알고 잘하라고 격려했는데 B는 방화를 한 경우에, A는 절도죄의 종범도 되지 않고 또한 방화죄

---

17 유기천 교수는 방조범의 제2의 요건으로서의 「정범의 실행행위가 있음을 요한다」를 설명하면서 "여기서의 실행이라 함은 반드시 엄격한 의미의 그것이 아니라, 정범자가 예비·음모의 정도의 행위인 때에도 종범은 성립할 수 있다"(297 면)라고 논술하는데·교사범의 경우(288면)와 마찬가지로 현행형법(31조 2항) 하에서는 타당한 것으로 보기 어렵다.

의 종범도 되지 아니한다. 다만 구성요건이 상이하여도 서로 중합하는 부분이 있는 때에는 그 중합하는 한도 내에서 착오는 중요하지 않다. 따라서 예컨대 ① 절도를 하는 줄 알고 격려했는데 피방조자가 강도를 범한 경우에는, 절도죄의 종범이 된다. ② 강도를 하는 줄 알고 격려했는데 피방조자가 절도를 범한 경우에는, 절도죄의 종범이 된다.

(2) 공범형식 간의 착오

① 범죄실행의 결의가 없는 줄 알고 교사했는데 상대방은 이미 그 결의를 하고 있어서 단지 그 결의를 강화하는 효과가 난 경우, 즉 교사의 의사로 방조의 결과를 발생시킨 경우와 ② 이미 범죄실행의 결의를 하고 있는 줄 알고 그 격려를 했는데 이로 인해서 범죄실행의 결의를 하게 된 경우, 즉 방조의 의사로 교사의 결과가 발생한 경우에는, 모두 경한 공범형식인 종범이 된다고 본다.

11. 교사의 방조와 방조의 교사

(1) 교사의 방조

교사자를 방조한 자에 관하여 처벌규정은 없는데, 교사범의 종범이 가능하다는 견해도 있지만,[18] 불가벌이라고 보는 것이 좋겠다.[19] 왜냐하면 현행형법(32조 1항)은 구형법과는 달리 종범을 「정범을 방조한 자」라고 규정하지 않고 「타인의 범죄를 방조한 자」 하고 규정하고 있으므로 교사범의 종범도 가능한 것 같이 보이지만, 제32조 2항에서 「종범의 형은 정범의 형보다 감경한다」고 규정하여 피방조자로서 〈정범자〉, 즉 실행행위자를 전제로 삼고 있으며 또한 이론상 종범은 정범에의 종속성을 가지는 것으로 파악하는 것이 타당하다고 생각하기 때문이다.

---

18 염정철, 『총론』, 481면.

19 동지; 남흥우, 『총론』, 242면; 황산덕, 『총론』, 287면.

(2) 방조의 교사

구형법 제62조 2항은 「종범을 교사한 자는 종범에 준한다」라고 규정하였는데, 현행형법에는 이에 관한 규정이 없다. 생각건대 C의 범죄를 방조할 의사 없는 B로 하여금 그 방조의 결의를 갖게 하여 방조행위에 나아가게 하는 A는, 이로써 실질적으로 보아 C(정범)의 범죄를 방조한 것이 되므로, 종범이라고 보아야 할 것이다.[20]

12. 방조의 방조

방조의 방조가 종범으로서 처벌되느냐에 대하여 명문의 규정이 없지만, 종범의 방조행위는, 예컨대 X를 죽이려는 C를 돕기 위하여 권총을 구하는 B에게 권총을 입수케 도와 준 A와 같이, 간접적으로 C(정범)에 대한 방조라고 인정되는 경우에는 종범이 된다고 본다.[21]

또한 재간접방조(또한 그 이상도)도 종범이 될 수 있다고 본다.[22]

13. 방조와 신분

(1) 방조와 (범죄)구성적 신분

ⅰ) 구성적 신분자의 범죄(진정 신분범)에 비신분자가 방조로서 가담한 경우에는, 비신분자는 진정 신분범의 종범이 된다(33조 본문).

---

20 동지; 유기천, 『총론』, 297면(단, 유 교수는 "해석상 동일하게 보아야 한다」라고 논술하는데, 구형법의 규정은 「종범에 준하다.」라고 규정되어 있지만 〈바로〉 종범이라고 보는 것이 타당할 것이다. 반대설(불가벌설): 백남억, 『총론』, 312면; 황산덕, 『총론』, 287면.

21 동지; 염정철, 『총론』, 481면; 반대설(불가벌설): 남흥우, 『총론』, 242면; 황산덕, 『총론』, 287면.

22 동지; 염정철, 『총론』, 481면.

ⅱ) 구성적 신분자가 비신분자에게 방조로서 가담한 경우에는, 신분자는 간접정범으로서 제34조 1항의 적용을 받고 종범의 예에 의하여 처벌된다.

(2) 방조와 (형벌) 가감적 신분

ⅰ) 가감적 신분자의 범죄(부진정 신분범)에 비신분자가 방조로서 가담한 경우에는, 비신분자는 통상의 범죄의 종범이되고,[23] 그 형으로 처벌된다(33조 단서).[24] 그러나 반대설[25]에서는 비신분범의 종범이 되지만(33조 본문) 통상의 형으로 처벌된다(동조 단서)고 해석한다.

ⅱ) 가감적 신분자가 비신분자의 범죄에 방조로서 가공한 경우에는, 신분자는 부진정 신분범의 종범이 된다(또한 그 형으로 처벌된다).

(3) 방조와 소극적 신분

ⅰ) 방조와 범죄불구성적 신분
① 범죄불구성적 신분을 가진 자의 행위(예컨대 의료법 25ㆍ65조에 의한 무면허자 의료업무금지 위반죄의 면에서 본 의사의 의료행위)는 범죄를 구성하지 아니하므로, 이에 비신분자(예컨대 무면허자)가 방조로서 가담하여도 범죄가 되지 아니함은 물론이다. ② 범죄불구성적 신분을 가진 자(예컨대 의사)가 이러한 신분이 없는 자의 범죄(예컨대 무면허자 의료업무금지 위반행위)에 방조로서 가담한 경우에는, 제33조 본문의 취지에 비추어 동죄의 종범이 된다고 본다.

---

23 형법 제33조 본문의 「신분관계로 인하여 성립될 범죄」를 진정 신분범에 한하는 것으로 해석하는 입장에서는 부진정 신분범에 방조로서 가담하는 비신분자는 당연히 통상의 범죄의 종범이 될 뿐이고 동조 본문의 적용은 없다.

24 따라서 이 입장에서는 제33조 단서는 주의규정에 불과하게 된다.

25 제33조 본문의 「신분관계로 인하여 성립될 범죄」를 진정 신분범뿐 아니라 부진정 신분범도 포함하는 것으로 해석하는 입장이다.

ii) 방조와 책임조각적 신분

① 책임조각적 신분자(예컨대 형사미성년자)의 범죄에 비신분자가 방조로서 가담한 경우에는, 비신분자는 종범이 된다(최소종속형태의 입장), 공범독립성설과 제한종속형태의 입장에서도 종범이 되지만, 극단종속형태의 입장에서는 간접정범이 된다(34조 1항). ② 책임조각적 신분자가 비신분자의 범죄에 방조로서 가담한 경우에는 신분자는 종범의 구성요건에는 해당하지만 결국 책임이 조각되므로 종범으로서의 범죄가 성립하지 아니한다.

iii) 방조와 형벌조각적 신분

① 형벌조각적 신분자의 범죄에 비신분자가 방조로서 가담한 경우에는 비신분자는 동죄의 종범이 되고 형벌이 조각되지 아니한다(328조 3항·365조 2항 단서 등 참조). ② 형벌조각적 신분자가 비신분자의 범죄에 방조로서 가공한 경우에는 신분자는 동죄의 종범이 되고 또 형벌이 조각되지 않는 것으로 본다. 예컨대 B가 A의 부친 X의 시계를 훔치는 것을 도운 A는 절도죄의 종범이 되는데, A는 피해자 X와의 관계에서는 형벌조각적 신분자이지만 피방조자 B와의 관계에서는 형벌조각적 신분자가 아니므로 결국 A는 형벌이 조각되지 않는다고 보는 것이다. 물론 반대설에서는 신분자는 동죄의 종범이 되지만 형벌이 조각된다고 본다.

14. 방조와 중지미수

(1) 피방조자와 중지

피방조자가 자의로 중지·방지한 경우에는, 피방조자는 중지미수가 되지만 방조자는 장애미수의 종범이 된다.

(2) 방조자의 중지

방조자가 자의로 피방조자의 실행행위를 중지케 하거나 결과발생을 방지한 경우에는, 피방조자는 장애미수가 되지만 방조자는 중지미수의 종범이 된다.

27. 공범과 신분[*]

1. 서 설

행위자의 일정한 신분이 범죄의 성부(成否)·과형의 여부·형량의 가감에 영향을 미치는 경우가 있다. 이러한 신분 있는 자가 단독으로 범죄행위를 행한 경우에는 문제가 없지만, 이러한 신분 있는 자와 신분 없는 자가 공범관계를 이루는 경우에 각자를 어떻게 다룰 것인가가 바로 「공범과 신분」의 문제이다.

이에 관하여 형법 제33조는 「신분관계로 인하여 성립될 범죄에 가공한 행위는 신분관계가 없는 자에게도 전3조의 규정을 적용한다. 단, 신분관계로 인하여 형의 경중이 있는 경우에는 중한 형으로 벌하지 아니한다」라고 규정하고 있다. 그런데 공범과 신분의 문제는 이 조문 하나로 모두 해결되는 것은 아니지만, 이 조문을 중심으로 하여 다루어 보려고 한다.

2. 신분의 개념과 종류

1) 신분의 개념

여기서의 신분은 「남여의 성별, 내외국인의 구별, 친족관계 또는 공무원인 자격뿐 아니라 널리 일정한 범죄행위에 있어서의 범인의 인적 관계인 특수한 지위나 상태」를 가

---

* 이 글은 법정(1976년 1월호) 51면 이하에 실린 것이다.

리킨다(통설).

상술한 신분은 형법상 세 가지로 구분된다.

(1) 구성적 신분

일정한 신분이 있어야만 비로소 범죄가 구성되도록 되어 있는 경우에 이를 (범죄)구성적 신분이라고 한다. 따라서 그러한 신분이 없는 경우에는 아무런 범죄도 구성하지 않게 된다. 그리고 이러한 구성적 신분을 요구하는 범죄를 「진정(순정) 신분범」이라고 부른다. 그 예로서 단순수뢰죄(129조 1항)·업무상 비밀누설죄(317조)·허위진단서 작성죄(233조)·단순횡령죄(355조 1항)·단순배임죄(355조 2항)·위증죄(152조 1항) 등이 있다.

(2) 가감적 신분

일정한 신분이 있음으로써 형벌이 가중 또는 감경되는 경우에 이를 (형벌)가감적 신분이라고 한다. 이러한 신분이 없어도 범죄를 구성하는 점에서 구성적 신분과 다르다. 그리고 이러한 가감적 신분이 규정된 범죄를 「부진정(불순정) 신분범」이라고 부른다. 그 예로서 존속살해죄(250조 2항)·상습도박죄(246조 2항) 등이 있다.

(3) 소극적 신분

여기에는 3종이 있다. ① 불구성적 신분 − 예컨대 의사 등이 아니면 의료행위를 하지 못하도록 되어 있는 것을 위반하는 경우인 무면허자 의료행위금지 위반죄(의료법 25·66조)에 있어서의 의사인 자격, ② 책임조각적 신분 − 예컨대 14세 미만(9조). ③ 형벌조각적 신분 − 328조 1항에 규정된 직계혈족·배우자 등의 친족관계.

3. 형법 제33조의 해석론

형법 제33조는 〈공범과 신분〉에 관한 문제의 전부에 대하여 규정하고 있는 것이 아니라, 그 가운데서 진정 신분범 또는 부진정 신분범에 신분관계 없는 자가 가담한 경우에 대하여 규정하고 있다.

1) 본문의 해석론

형법 제33조 본문은 「신분관계로 인하여 성립될 범죄에 가공한 행위는 신분관계가 없는 자에게도 전3조(공동정범 · 교사범 · 종범 — 필자 주)의 규정을 적용한다」라고 규정하는데, 이 본문은 신분범에 가담한 비신분자의 〈범죄구성〉의 문제를 다루고 있다. 여기서는 〈신분관계로 인하여 성립될 범죄〉란 진정 신분범만을 말하느냐 이와 함께 부진정 신분범도 포함되느냐와 〈전3조의 규정의 적용〉에 관련하여 진정 신분범의 경우에 비신분자에게 공동정범의 규정이 적용되느냐가 문제가 된다.

〈전자〉의 문제에 관해서는 진정 신분범에 한(限)한다고 보는 입장[1]과 부진정 신분범도 포함된다고 보는 입장[2]이 대립하는데, 단서가 부진정 신분범에 관한 규정임에 비추어 〈규정형식상으로는〉 그 본문에 부진정 신분범도 포함하는 것으로 해석하는 것이 타당할 것이다. 그러나 형벌가감적 신분은 범죄의 구성 여부에 영향을 미치지 않고 형벌의 양에 영향을 미치는데, 이에 관해서는 단서에서 규정하고 있으므로, 〈규정내용 상으로도〉 또 〈규정해석상으로도〉 본문에서는 부진정 신분범을 포함시킬 필요가 없는 것으로 본다.

〈후자〉의 문제에 관하여는 구형법 제65조 1항에서 「공범으로 한다」라고 규정함으로써 여기의 〈공범〉이 공동정범을 포함하는 광의의 공범을 뜻하느냐 그것을 제외하는 협의의 공범을 뜻하느냐에 관하여 학설이 대립되었다. 그런데 신형법에서는 「전(前)3조의 규정을 적용한다」라고 규정함으로써 전3조에는 공동정범도 포함하므로 입법적으로 해결한 것으로 보인다.[3] 물론 본문에 관하여 〈진정 신분범 한정설〉을 취하면, 비신분자

---

1 유기천, 『개고 형법학[총론강의]』, 1971년 299면 · 이건호, 『형법학개론』, 1964년, 199면 · 황산덕, 『형법총론』(제6정판), 1974년, 290면.

2 백남억, 『형법총론』(제3전정판), 1962년, 316면 · 염정철, 『형법총론』, 1966년, 489면 · 정영석, 『형법총론』(제3전정판), 1973년, 254면 · 대판(大判) 1961년 8월 2일(실자(實子)와 함께 남편을 살해한 처는 존속살해죄의 공동정범이다).

3 법전편찬위원회 형법초안 제33조 본문은 「신분관계로 인하여 성립될 범죄를 교사 또는 방조한

에 대하여 「전3조의 규정」을 적용해야 하므로 공동정범의 규정도 적용되는 것으로 해석할 수밖에 없다. 그런데 본문에 관하여 〈부진정 신분범 포함설〉을 취하게 되면, 보통은 「전3조의 규정」을 적용하는데, 「전3조의 규정의 적용」을 보게 되는 것은 부진정 신분범의 경우만이요 진정 신분범의 경우는 「전2조의 규정」의 적용으로 된다는, 즉 공동정범의 규정의 적용은 없다는 해석이 가능하게 된다는 견해도 있다.[4]

이상 살펴 본 바와 같이 「신분관계로 인하여 성립될 범죄」는 진정 신분범에 한하고 또 「전3조의 규정을 적용한다」에는 공동정범의 규정도 포함하는 것이며, 본문은 비신분자에 대하여 진정 신분자와의 공동정범도 인정하자는 데에 큰 의의가 있는 것으로 생각한다. 그리고 입법론상으로는 신형법 제33조가 본문과 단서로 나누는 것을 구법과 같이 제1항과 제2항으로 나누어서 규정하는 것이 좋겠으며, 또 구법과 같이 「공범으로 한다」라고 규정함으로써 비신분자에 대하여 진정 신분자와의 공동정범을 인정하느냐의 여부를 학설·판례에 맡기는 것이 바람직하지 않을까 생각한다. 그리고 진정 신분범에 대한 비신분자인 공범에게 형의 임의적 감경도 고려해 볼 만하다.

2) 단서의 해석론

형법 제33조 단서는 「신분관계로 인하여 형의 경중이 있는 경우에는 중한 형으로 벌하지 아니한다」라고 규정하는데, 단서는 부진정 신분범에 가담한 비신분자에 대한 〈과형(科刑)〉의 문제를 다루고 있다.

먼저 「부진정 신분범(형벌가감적 신분범)과 공범」의 문제에 있어서는 〈형벌가중적 신분〉의 경우와 〈형벌감경적 신분〉의 경우로 나누어서 다루어야 하겠는데, 〈전자〉에 관하여는 많이 논급하고 예시(例示)하면서도 〈후자〉에 관한 논급·예시는 별로 없다.[5]

행위는 신분관계 없는 자에게도 전2조의 규정을 적용한다」라고 규정하였다.

4 백남억, 『총론』, 316면.

5 황산덕 교수는 "(구형법 제65조 2항 하에서는—필자 주) 신분으로 말미암아 형이 감경되는 경우에 신분 없는 자의 가공행위는 그것보다 무거운 통상의 형으로 처단되어야 한다고 해석되었다. 그러나 우리 형법은 「중한 형으로 벌하지 아니한다」라고 규정하였으므로 둘 중의 경한 형으로만 처벌해야 하는 것이 된다. 엄연한 형법의 규정이 있음에도 불구하고 구형법을 따라 「통상의 형」을 과해야 한다는 주장이 있으나 찬성할 수 없다"(『총론』, 291면 이하)라고 주장하는데, 찬성

여기서 「부진정 신분범」이란 그 신분으로 인하여 형이 중하게 되거나 또는 경하게 되는 범죄를 말하는데, 저33조 단서는 〈형벌가중적 신분〉의 경우에 비신분자에게 「중한 형으로 벌하지 아니한다」라고 규정한 것으로 해석된다. 그래서 〈형벌감경적 신분〉의 경우에 관하여는 형법에 규정한 바는 없으나 〈단서의 취지〉에 비추어서 비신분자에게는 〈통상의 형〉을 가하는 것으로 해석된다. 왜냐하면 〈형벌가중적〉 신분범에 가담한 비신분자에 대하여는 특별히 형벌을 가중할 이유가 없어서 〈통상의 형〉을 과하는 것인데, 이러한 취지에서 보면 〈형벌감경적〉 신분범에 가담한 비신분자에 대하여는 특별히 형벌을 감경할 이유가 없으니, 역시 〈통상의 형〉을 과하는 것으로 해석해야 앞뒤가 맞게 되는 것이다.

그리고 입법론상으로는 구법과 같이 비신분자에게는 「통상의 형을 과한다」라고 규정하는 것이 좋겠다.

4. 구성적 신분과 공범

1) 공동정범

구성적 신분자와 비신분자가 공동정범의 관계에 있는 경우에는 비신분자도 진정 신분범의 정범이 된다(33조 본문).

2) 협의의 공범

(1) 구성적 신분자의 범죄(진정신분범)에 비신분자가 교사·방조로써 가공한 경우에 비신분자는 진정 신분범의 공범이 된다(33조 본문).

(2) 구성적 신분자가 비신분자에게 교사·방조로써 가공한 경우에 신분자는 (신분 없는 도구를 이용한) 간접정범으로서 교사 또는 방조의 예에 의하여 처벌한다(34조 1항).

___

할 수 없다.

5. 가감적 신분과 공범

1) 공동정범

가감적 신분자와 비신분자가 공동정범의 관계에 있는 경우에는 신분자는 부진정 신분범의 정범이 되지만, 비신분자는 통상의 범죄의 정범이 되고 또한 그 형도 통상의 형이다(33조 단서). 그러나 부진정신분범 포함설에 의하면 비신분자는 부진정 신분범의 정범이 되지만(33조 본문) 통상의 형으로 처벌된다고 해석한다(단서). 예컨대 A와 B가 공동하여 A의 부친 X를 살해한 경우에, A는 존속살해죄의 정범이 되지만 B는 보통살인죄의 정범이 되고 또한 동죄의 형으로 처벌한다. 그러나 부진정신분범 포함설에 의하면, B도 존속살해죄의 정범이 되지만 보통살인죄의 형으로 처벌한다.

2) 협의의 공범

(1) 가감적 신분자의 범죄(부진정신분범)에 비신분자가 교사 · 방조로써 가공한 경우에 비신분자는 통상의 범죄의 공범으로서 처벌된다(33조 단서). 그러나 부진정신분 포함설에 의하면, 비신분자는 부진정 신분범의 공범이 되지만(33조 본문) 통상의 형으로 처벌된다고 해석한다(단서). 예컨대 A가 B를 교사하여 B의 부친 X를 살해하게 한 경우에, A는 보통살인죄의 교사범으로서 처벌된다.[6] 그러나 부진정신분범 포함설에 의하면 A는 존속살해죄의 교사범이 되지만 보통살인죄의 교사범의 형으로 처벌된다.

(2) 가감적 신분자가 비신분자의 범죄에 교사 · 방조로써 가공한 경우에, 신분자는 부진정 신분범의 공범으로서 처벌된다. 예컨대 A가 B를 교사하여 A의 부친 X을 살해하게 한 경우에, B는 물론 보통살인죄의 정범이지만 A는 존속살해죄의 교사범이 된다.[7][8]

---

6 A는 「타인(B)을 교사하여 죄(사람 X를 살해하는 것)를 범하게 한」것이므로 보통살인죄의 교사범이 된다.

7 A는 「타인(B)을 교사하여 죄(자기의 직계존속 X를 살해하는 것)를 범하게 한」것이므로 존속살해죄의 교사범이 된다.

8 염정철, 『총론』, 490면 · 유기천, 『총론』, 301면 · 이건호, 『개론』, 200면 · 정영석, 『총론』, 254면.

반대설은 이 경우에 A는 보통살인죄의 교사범이 된다고 본다.[9·10]

6. 소극적 신분과 공범

1) 불구성적 신분과 공범

(1) 범죄불구성적 신분을 가진 자(예컨대 의사)가 이러한 신분이 없는 자(무면허자)의 범죄에 공동정범 · 교사범 · 종범으로서 가공한 경우에는 제33조 본문의 취지에 비추어 동(同)범죄의 광의의 공범이 된다.

(2) 범죄불구성적 신분을 가진 자의 행위(예컨대 의사의 의료행위)는 범죄를 구성하지 아니하므로 이에 가공하여도 범죄가 되지 않음은 물론이다.

2) 책임조각적 신분과 공범

(1) 책임조각적 신분을 가진 자와 비신분자와 공동정범의 관계에 있는 경우에 신분자는 책임이 조각되어 범죄가 성립되지 않지만 비신분자는 책임이 조각되지 않는다.

(2) 책임조각적 신분자의 범행에 비신분자가 교사 · 방조로써 가공한 경우에 비신분자는 교사범 · 종범이 된다(최소 · 제한종속형태의 입장). 물론 극단종속형태의 입장에서는 간접정범으로서 교사 · 방조의 예에 의하여 처벌한다(34조 1항). 공범독립성설의 입장에서는 교사범 · 종범이 된다.

(3) 책임조각적 신분을 가진 자가 비신분자의 범죄에 교사 · 방조로써 가공한 경우에 신분자는 교사범 · 종범의 (수정된) 구성요건에는 해당하지만 책임이 조각되므로 범죄가 성립되지 않는다. 예컨대 12세 되는 A가 어른 B를 교사하여 절도를 범하게 한 경우

---

9 백남억, 『총론』, 317면.

10 황산덕 교수는 "공범독립성설에 있어서는 존속살해죄의 교사를 인정하고 있지만, 공범종속성설에 의하면 보통살인죄의 교사로 처벌해야 한다는 것이 된다"(292면)라고 주장하지만, 종속성설에 의하면 반드시 보통살인의 교사가 되는 것은 아니라고 본다.

에, A는 절도죄의 교사범의 (수정된) 구성요건에는 해당하지만 14세 미만자로서 책임이 조각되어 절도죄의 교사범의 성립이 없다.[11]

3) 형벌조각적 신분과 공범

(1) 형벌조각적 신분을 가진 자와 비신분자가 공동정범의 관계에 있는 경우에 신분자는 물론 형벌이 조각되지만 비신분자는 형벌이 조각되지 않는다(328조 3항·365조 2항 단서 등 참조). 예컨대 A와 B가 공동하여 A의 부친 X의 시계를 절취한 경우에, A는 형벌이 조각되지만 B는 형벌이 조각되지 않는다.

(2) 형벌조각적 신분자의 범죄에 비신분자가 교사·방조로써 가공한 경우에, 비신분자는 동죄의 공범이 되고 형벌이 조각되지 않는다(328조 3항·365조 2항 단서 등 참조). 예컨대 A가 B를 교사하여 B의 부친 X의 시계를 절취하게 한 경우에, B는 형벌이 조각되지만 A는 절도죄의 교사범이 되고 형벌이 조각되지 않는다.

(3) 형벌조각적 신분자가 비신분자의 범죄에 교사·방조로써 가공한 경우에 신분자는 동죄의 공범이 될 뿐 아니라 형벌이 조각되지 않는다고 본다. 예컨대 A가 B를 교사하여 A의 부친 X의 시계를 절취하게 한 경우에, A는 절도죄의 교사범이 성립할 뿐 아니라 피교사자 B와의 관계에서는 형벌을 조각할 사유가 없다고 본다. 반대설에 의하면 신분자는 동죄의 공범이 되지만 형벌이 조각된다고 본다.

---

11 필자는 공동정범·교사범·종범의 각각에 대한 (수정된) 구성요건해당성·위법성·책임의 범죄성립요건을 고려해야 하리라고 본다.

28. 유기천 「형법학(각론강의) 상」(서평)[*]

一.

1. 우리 신형법이 시행된 지 벌써 10년을 헤아리게 되었건만 그 동안 「한국형법」의 해석학의 수준은 별로 이렇다 할 발전을 보지 못하였고 특히 〈각칙〉에 관하여는 이미 10여 종의 교과서가 나왔건만 더욱 그 느낌이 절실하던 차에, 우리나라 형법학계의 제1인자로서 자타가 공인하지 않을 수 없는 유기천 교수께서 「형법학(총론강의)」에 이어 2년 반 만인 지난 봄에 「형법학(각론강의) 상」이라는 일대역작을 발표하신 것은 너무 늦은 감이 없지 않으나 학계뿐 아니라 실무계를 위하여도 커다란 경사라 아니 할 수 없다. 솔직히 말해서 우리나라의 형법학이 아직도 일본형법학의 영향에서 벗어나지 못하고 그 속에 빠져 헤매고 있는 이때에, 독특한 방법론과 세계적인 시야를 지닌 유 교수께서 그 풍부한 학식을 종횡무진하게 구사하여서 세계수준을 자랑할 업적을 이룩하신 점은 우리나라에 있어서 더욱 그 의의가 크다고 할 것이다.

2. 우선 본서의 특색을 크게 살펴 보건대, 첫째로 본서는 〈서설〉과 〈개인법익을 보호하는 형벌법규〉의 두 편으로 이루어져 있음에도 불구하고 483면에 달하는 거작이라는 점에서 양적인 특색을 들지 않을 수 없다. 다만 그 반 가까이가 〈주(註)〉이고, 그 대부분이 일본판례를 소개하고 있는 점은 총론과 마찬가지이다. 하루 빨리 우리의 판례가 많이 보충되는 날을 저자와 더불어 희원하고 싶다. 여기에는 대법원판사 제위의 의욕적인 학문적 노력이 크게 기대된다. 둘째로 본서의 설명방법에 있어서는 입법론(de lege ferenda)과 해석론(de lege lata)과를 구별하고 있는 점이 특색이다. 전자에 있어서는 비

---

* 이 글은 법학 제5권 1·2호(서울대학교, 1963년) 118면 이하에 실린 것이다.

교입법적 고찰을 비롯하여 개개의 범죄의 연혁과 신형법의 개개조문이 외국의 어느 조문을 계수하였느냐를 밝히고 있다. 이를 통하여 우리 신형법이 대체로 일본의 「개정형법가안」을 계수하였음을 알 수 있다. 후자에 있어서는 〈일반적 고찰〉에서 보호법익을 비롯하여 기본적 구성요건, 행위의 태양(態樣) · 객체 · 주체 · 위법성, 책임요소 등을 논하고 〈개별적 고찰〉에서 각개범죄를 논한다. 셋째로 내용면에 있어서의 특색은 총론과의 관련 하에서 형법의 종합적이고 입체적인 이해를 기도하고 있는 점이다. 넷째로 내용면에 있어서의 특색을 또 하나 든다면, 종래의 우리나라의 해석서를 보면 일본형법학의 영향을 너무 많이 받고 있는 감이 드는데, 본서는 본격적으로 최신의 독일형법학의 영향을 받고 있다는 점이다. 일본형법학으로부터의 탈피가 절실이 요청되는 이때에, 우리 형법학을 세계수준에의 길로 영도하고 있다는 점에서 본서는 그 의의가 크다. 끝으로 본서에서 사항색인, 외국어색인, 판례색인을 부록으로 싣고 있는 점을 특색으로 들어야 하겠다. 이로써 본서의 이용가치는 배가되리라 본다. 다만 조문색인까지 덧붙였더라면 완전한 것이 되지 않았나 하는 아쉬움이 느껴진다.

二.

1. 우선 「제1편 서론」은 〈형법각론의 본질론〉과 〈형법각칙의 개관〉으로 이루어진다. 〈전자〉에 있어서는, 먼저 "재래의 형법학은 각론을 취급함에 있어서 큰 맹점에 사로잡혀 있었음을 지적하지 않을 수 없다. …각론 자체의 이론과, 각론과 총론과의 관계에 관하여는 등한시하여 왔던 것이다"(29면)라고 지적하고 나서, "각론의 규정이 그 어떤 문화가치의 표현에 불과한 것과 마찬가지로 총론의 규정 역시 그 사회의 문화형(文化型)의 표현인 점에 아무런 질적인 차이가 없고 차이가 있다고 한다면 그것은 다만 양적인 것임에 지나지 않"(31면)는다는 전제 하에서 "각론 · 총론의 관계를 형제에 비유하기보다는 비유가 허용된다면 차라리 부자의 관계에 있다고 보고 싶다"(32면)라고 논술한다. 다음으로 총론과의 관련 하에서 법적 구성요건의 분석 · 언어의 상징적 분석을 통한 구성요건적 사실의 검토 및 종합적인 구성요건해당성의 판단을 논하고 나서, "모든 특별구성요건은 서로 긴밀한 연관을 가져 일반구성요건과의 종적 연관이 있을 뿐만 아니라 다른 특별구성요건과 횡적 연관을 갖고 있는 것이다. 각론상의 구성요건은 이를 대

별하면 기본적 구성요건과 수정적 구성요건으로 구분하고 후자는 가중적 구성요건과 감경적 구성요건으로 구별되나, 이 모든 기본형태의 그 뜻이 위법요소가 가중 또는 감경되는 것인지 혹은 책임요소가 가중 또는 감경되는 것인지 이러한 총론적 의의를 이 각론의 여러 규정의 분석에서 명백히 이해하지 않는 한 각론 상에 일어나는 여러 가지 문제를 정확히 해득할 수 없는 것이다"(37면)라고 하여 각론의 연구에 좋은 시사를 주면서 "각론을 위하여 존재하는 총론의 체계를 각론의 체계와 연결시키는 입체적 운용을 함으로써 비로소 참된 형법의 해석을 위한 본래의 사명을 다할 수 있다"(38면)고 주장한다. 이상과 같이 형법각론의 연구방법론에 관한 저자의 독특하고도 타당한 논술은 「유기천 형법학」의 특색인 동시에 저자의 학문적 깊이를 나타내는 부분이라고 생각된다. 〈후자〉에 있어서는, 그 〈개관〉에서 현행형법 각칙을 국가의 법익을 보호하는 형벌법규·사회적 법익을 보호하는 형벌법규 및 개인의 법익을 보호하는 형벌법규로 나누어, 그 특색을 개관하면서 이를 비판한다. 그리고서 〈입법론〉에서는, 현행법에서 첫째로 한국민의 고유한 도덕관념이 표시되었고 둘째로 봉건적인 사고방법이 산재하여 있고 셋째로 독일 나찌스의 전체주의적인 사고방법이 일본형법가안을 통하여 그 명맥을 유지하고 있다는 점을 지적하고 나서 "과연 한국사회에 있어서 어떠한 입법이 가장 타당하겠느냐 하는 문제는 이를 간단히 볼 수 없다. 여기에 있어서는 두 가지 면을 구별하여야 한다. 첫째로 우리 국민이 무엇을 원하고 있는가 하는 그 사실의 발견과 둘째로 무엇이 가장 우리의 지향하는 자유사회의 이념에 타당한 문제인가 하는 점이다. …본서에 있어서는 오직 후자의 입장 즉 순전히 우리의 지향하려 하는 기본적인 최고가치로서의 자유사회라는 가설 밑에서 어떠한 입법이 우리에게 좀 더 좋은 가치를 가지는 입법이냐 하는 것에 관하여는 그 개별적인 죄장(罪章)에 따라서 검토하지 않으면 안 될 것으로 생각된다"(49-50면)라고 끝맺고 있다. 그런데 본서에서 언급이 보류된 첫째 문제(49면 참조), 즉 〈우리 국민이 무엇을 원하고 있는가〉의 문제를 법사회학적 방법으로 밝혀냄으로써 한국사회에 알맞고 타당한 「입법론」이 완성되는 날을 고대하는 바이다.

2. 다음으로 각론의 서술순서에 관하여 "본서에 있어서는 개인적 법익을 보호하는 형벌법규부터 검토하기로 한다. 왜냐하면 본서의 최고기본가치로 조정(措定)하는 「자유사회」의 입장에서 보면 우리는 인간의 존엄성이 가장 최고의 가치임을 인정치 않을 수 없다는 의미에서 인간의 존엄성을 직접적으로 침해하는 개인의 법익을 보호하는 형벌법규에서 출발하는 것이 당연한 순서라고 생각되기 때문이다"(51면) 라는 논술은, 저자

의 기본적 입장에 비추어 타당한 결론이라고 본다.

三.

   방대한 본서의 내용을 일일이 소개하면서 검토하려면 너무 지면이 많이 들 것 같으므로, 다음에서는 주로 필자가 이견(異見)을 가지는 〈부분〉을 중점적으로 발췌하여 검토를 가하려고 한다.

   1. [사람의 시기(始期)]에 관하여   종래에 일관하여 일부노출설을 견지해 오던 저자가, 본서에서 비로소 진통설에 대한 비판을 그대로 유지하면서 이 학설과는 구별된다는 〈분만개시설〉을 주장하고 있다. 즉 "① 의학적 견지에서 볼 때에 진통을 느낄 때에 태아는 벌써 태아가 아니라고 하는 의학적 견해는, 법률학은 의학이 아니므로 사회과학의 하나인 법률학과 의학과를 혼동하는 의미에서 부당하고, ② …분만될 시기를 반드시 진통기와 일치시킬 근거는 없다. 분만이 개시되지 아니하면서도 진통이 있을 수 있을 뿐만 아니라(소위 künstliche Wehen) 또는 진통의 중단(Aussetzen der Wehen)도 가끔 일어나는 현실로 보아 명확(明確)을 요하는 법률의 입장에서는 진통설을 무비판적으로 받아들일 수 없기 때문이다(★ 879. Maurach, BT S. 13 참조)"(58면)라고 하여 진통설을 비판하고서 분만개시설을 취하는 한편, "어떤 학자는 진통설과 분만개시설을 동일시하는 경향도 있으나 엄격히 따지면 양자는 구별되어야 한다. 여기서의 분만개시설이라 함은 분만이 개시되었다는 증거가 충분한 경우를 말한다. 따라서 단순히 진통만 가지고는 개시되었다고 볼 수 없으나, 그 진통이 태아가 태반에서부터 이탈되는 것을 의미하는 이른바 Presswehen이 있는 경우에는 분만이 개시된 것이라고 볼 수 있는 것이다"(59면)라고 설명한다. 그런데 이 문제에 관한 R. Maurach, Deutsches Strafrecht, Bes. Teil, 2. Aufl., 1956, S. 13을 보면 "Nach h.L. beginnt das selbständige Leben des Kindes mit dem Einsetzen der zur Ausstossung führenden Presswehen; trotz einer gewissen Unsicherheit dieses Zeitpunktes(küstliche Wehen; Aussetzen der Wehen) verdient diese Auffassung den Vorzug gegenüber den den Grenzpunkt auf einen späteren Termin verlegenden Meinungen, weil sie umfassenderen Schutz gewährt"라고 논술되어 있다. 즉 독일의 통설은 배출(排出)에로 이끄는 Presswehen(압박진통)의 시작을 아이의

독립된 생명(Leben)의 시기(始期)라고 보는데, 이 견해는 확실히 그 시점이 명확하지 않음에도 불구하고 (예컨대 künstliche Wehen, Aussetzen der Wehen의 경우) 보다 넓은 보호를 할 수 있게 한다는 점에서 그 한계점을 보다 늦은 시기에 설정하는 견해들보다 낫다는 것이다. 이와 같이 Maurach는 Presswehen을 기준으로 삼는 통설(학설상 이 견해를 보통 진통설이라고 부른다)의 약점이 künstliche Wehen, Aussetzen der Wehen의 경우라고 자인하는데, 이러한 진통설의 약점을 비판하고서 분만개시설을 취한다는 저자가 마찬가지로 Presswehen을 기준으로 삼고 있는 것은 자기모순이 아닌지, 명칭만 바꾼다고 하여 그 약점이 제거되는 것은 아니라고 본다. 물론 필자도 저자와 마찬가지로「진통의 개시」라는 간단한 설명으로는 불충분하지 않을까 생각하지만, "그 진통이 태아가 태반에서부터 이탈되는 것을 의미하는 이른바 Presswehen이 있는 경우에는 분만이 개시된 것이"(59면)라고 설명하거나 "규칙적인 진통을 동반하면서 태아가 태반으로부터 분리되기 시작한 때, 즉 분만이 개시된 때"(김종원,『형법각론(상권)』, [3] 二)라고 설명하는 한, 그 명칭을 분만개시설이라고 부르든 진통설이라고 부르든 상관 없으리라고 본다. 다만『분만 중』(형법 251조 참조)이란「분만의 개시로부터 그 완료까지」를 뜻하므로 형식적인 면에서는 분만개시설이란 명칭이 낫겠고, 이에 반하여 일부노출설 · 전부노출설 · 독립호흡설과 더불어 출산의 과정과 관련시키는 의미(실질적인 면)에서는 진통설이란 명칭이 나으리라고 생각한다.

  2. [존속살해죄의 위헌성 여부]에 관하여 "자유사회의 가설 밑에 있어서는 인간의 존엄성과 인격의 존중이 대전제로 되어 있는 이상 인간은 자기의 자유를 초월하는 어떤 이유에서든지 제약을 받는 것을 인정할 수 없는 것이다. 인간은 출생케 할 자유는 가지지만 출생하는 자유는 가지지 아니한다. 출생하게 하는 자는 자유를 가지므로 여기에 대한 제한은 자유를 근거로 한 법적 규정이므로 타당하지만, 출생된 자는 자유를 가지지 못하고 이를 기초로 한 어떤 제약이든지 헌법에 이른바 신분적인 요소에서 법의 강제성이 발생되는 것이라고 판단하지 않을 수 없는 것이다. 이런 의미에서 …직계 비속에 대한 책임을 가중하는 250조 2항의 규정은 역시 본질적으로 헌법에 위배된다고 보지 않을 수 없는 것이다"(68면)라고 논술하고 있다. 즉 직계 비속이라는 신분은 자유로이 취득한 것이 아니므로 이를 기초로 한 차별취급은 위헌이라는 주장이다. 그런데 〈신분〉이라는 말의 본래의 의미는 사람이 자기의 자유의사에 의한 것이 아니라 출생과 같은 자연적 사실에 의하여 취득한 사회적 지위를 말하는 것이지만, 오늘날에 있어서 〈사

회적 신분〉이라고 할 때에는 본래의 엄격한 의미에서가 아니라 그 지위의 취득 상실이 그 사람의 의사에 의하느냐를 불문하고 비교적 영속적으로 고정(固定)된 사회적 지위라고 보아야 할 것이다. 헌법 8조 1항의 취지는 모든 사람의 인격의 평등을 전제로 하여 불합리한 기준에 의한 차별취득을 금지하려는 것이므로, 거기서의 〈사회적 신분〉이라는 것은 엄격히 해석할 것이 아니라 불합리한 차별취급의 기준이 되는 사회적 관계라고 넓게 해석해야 할 것이다. 따라서 예컨대 공무원의 지위와 같은 것은 자유의사에 의하여 그 지위를 취득하였고 또 언제라도 자유의사에 의하여 그만둘 수 있으므로 물론 엄격한 의미에서 신분이라고 말할 수 없지마는, 만약 공무원에게는 소득세를 면제한다든가 공무원에게는 선거권을 부여하지 않는다는 법률이 제정되었다면, 이는 일반인과 비교하여 볼 때에 불합리한 차별취급이라고 보아야 하며 이러한 차별취급은 공무원이라는 사회적 신분에 기인하는 것이므로 헌법 8조에 의하여 금지되는 것이고 따라서 위헌이 된다. 또한 헌법 8조에 의한 사회적 신분에 기한 차별취급의 금지는 절대적인 것이라고 볼 수 없다. 기준이 가장 명확한 남녀의 성별에 기한 차별취급의 금지를 살펴 본다면, 예컨대 여자에게만 인정되는 생리휴가의 특권을 규정한 근로기준법 59조를 아무도 헌법 8조 위반이라고는 생각하지 않을 것이다. 이와 같이 그 차별취급이 합리적인 한 헌법 8조 위반이라고는 볼 수 없고 그 금지는 어디까지나 상대적인 것이다. 본론에 돌아와서 존속살해죄의 문제를 생각해 볼 때에, 저자와 같이 단지 그 신분의 취득에 있어서 〈자유〉가 있느냐 없느냐에 따라서 그 신분에 기한 차별취급이 합헌이냐 위헌이냐를 논할 것이 아니라 사회적 신분(광의)에 기한 차별취급이 〈합리적〉이냐 아니냐에 따라서 합헌이냐 위헌이냐를 논하는 것이 타당하리라고 본다. 이러한 견지에서 볼 때에, 존속살해를 보통살해와 구별하여 형을 가중하는 것이 존속의 법익을 보통인의 법익보다 강하게 보호하는 점에 있다면 이 차별취급의 근거를 합리적으로 설명하기 어려울 것이지만, 그 근거가 비속의 패륜성(悖倫性)에 있다면 합리적인 근거가 없다고 할 수 없을 것이다. 이러한 의미에서 필자는 적극적으로 위헌이라고 생각하지 않는다. 다만 구체적으로는 비속 측에 동정할 만한 충분한 사정이 있는 경우에, 존속살해죄의 법정형의 하한(下限)은 「무기징역」이므로 형사정책의 면에서 타당한 형의 양정(量定)을 할 수 없는 경우가 생기게 되는데, 이 점에서 보아 동죄를 삭제하는 것이 바람직하다고 생각한다(김종원 『각론(상)』, [5] 二 1 참조).

3. [영아살해죄]에 관하여 "본조는 출산 때문에 심신의 균형이 상실된 비상적인 정신

상태로 말미암아 살인을 감행하게 된 경우로서 이는 심리학적으로 그 근거가 있고… 그 책임을 감경하는 데에 본조의 근본적인 의의가 있는 것이다"(70면)라고 설명하고 있으나, 우리 형법의 영아살해죄는 독일법계나 영미법계와 같이 분만에 의하여 초래되는 정신장해에 중점을 두지 않고 〈로마법계〉와 같이 가족의 명예의 구제와 같은 특별한 사유에 중점을 두어 책임을 감경한다고 보는 것이 타당하리라고 생각한다(Dieter König, Die Tötungsdelikte, Materialien zur Strafrechtsreform, 2. Band, Rechtsvergleichende Arbeiten, Ⅱ Besonderer Teil, 1955, S. 215 ff 참조). 그리고 "현행법의 조문은 다소 상상할 수 있는 일정한 동기를 열거하고 있으나 실제에 있어서 이러한 열거는 그다지 의미를 갖지 않는 것으로 생각된다. …열거한 일정한 태양(態樣)은 형법 53조에 의하여 감경할 수 있다"(69-70면)라고 주장하는데, 형법 53조의 감경을 하여도 (보통)살인죄의 하한은 2년 6월밖에 되지 않으나 영아살해죄의 하한은 1월이라는 점에서 일정한 동기가 단순히 형법 53조의 감경사유와는 〈다른 의미〉를 가진다고 보아야 할 것이며, 또한 저자와 같은 사고방식에 따르면 출산으로 인한 비정상적인 정신상태는 형법 10조 2항에 의하여 감경할 수 있는 것이 아닌지 의문이다. 하여튼 필자는 전술한 바와 같이 그 일정한 동기가 커다란 의미를 가지는 것으로 생각한다. 다음으로 "본조의 「직계존속」이라 함은 입법의 과오이고… 그 생모에 국한한다고 보아야 한다는 것은 상술한 본조의 근본정신에서 당연히 오는 결론인 것이다"(71면)라고 주장하는데, 전술한 바와 같이 본조에 대한 저자의 기본적 태도에 찬성할 수 없을 뿐 아니라 그 결론으로 직계존속을 생모에 국한하는 해석 역시 찬성할 수 없다. 우리 형법이 본죄의 주체를 〈직계존속〉이라고 규정하고 있다는 것이, 저자의 기본적 태도가 본조의 해석으로서 부당하다는 반증이 되리라고 생각한다. 참고로 본죄의 주체와 관련하여 비교입법적으로 고찰해 보면 독일법계(오지리·독일·네덜란드(和蘭)·노르웨이·덴마크(丁抹)·폴란드(波蘭)·스위스(瑞西)·체코슬로바키아·그리스(希臘)·루마니아·유코슬라비아·독일 1960년 초안) 및 영미법계는 생모이고, 베로기·룩셈부르크·브라질도 마찬가지이다. 이들 이외의 로마법계에 있어서의 주체는 생모 이외에, 코스타-리카·우루과이·베네주에라 및 아르젠틴은 그의 형제자매, 스페인(西班牙)·코스타-리카·우루과이·베네주에라·아르젠틴 및 칠레는 그의 양친, 베네주에라 및 칠레는 다른 존속친도, 이태리는 가까운 친족이다. 그리고 불란서는 피해자가 신생아이면 영아살해이다(이상은 D. König, Materialien 2. Bd. II BT S. 216 참조). 또한 "동일한 생명이 살해되었음에도 불구하고 그 책임이 감경되어야 하는 근거는 본조를 현대국가의 영아살해입법의 하나라고 봄으로써만 가능한 것이다"(70면)라고 주장하는데, 독일법계·영미법계의 나라만 현대국가이고 로마법계의 나라는 현대국가가 아닌지 의문이다.

　　4. [중상해죄]에 관하여　　저자는 본죄를 단지 결과적 가중범이라고 설명하는데, 규정형식 상으로는 단순상해의 〈결과적 가중범〉이지만 해석상 중상해의 〈고의범〉도 포함하는 것으로 보아야 할 것이다. 왜냐하면 예컨대 야구시합에 이기기 위하여 고의로 상대팀의 투수의 팔을 분질러 불구로 만든 경우도 본죄에 해당한다고 해석해야 할 것이기 때문이다(김종원 『각론(상)』, [7] 三 2 참조). 그리고 "본죄의 경우는 상해의 의사를 가지고 무거운 결과를 낸 경우 뿐만 아니라 폭행의 의사를 가지고 상해하여도 그 상해가 상술한 세 가지의 무거운 결과를 낸 경우에는 역시 동일한 원리가 해당된다고 하는 것이 타당하다고 생각한다"(87면)라고 설명하는데, 본죄의 성립에는 적어도 단순상해의 고의는 필요로 하며 단지 폭행의 고의를 가지고 중상해의 결과를 발생시킨 경우에는 폭행치상죄가 문제가 될 뿐이다.

　　5. [특수폭행죄]에 관하여　　"일반개념상으로는 흉기가 더 무거운 것 같이 보이나 형법상 사용되는 표현으로 따지면 「위험한 물건」은 이 「흉기」 보다 더 무겁게 보지 않을 수 없는 것이다. 왜냐하면 흉기는 331조, 334조 등에서 보는 바와 같이 「흉기를 휴대하거나 2인 이상이 합동하여 운운」하는 범죄를 행할 때에 그 형을 가중하는 것으로 되어 있음에 반하여 본조의 소위 「위험한 물건」이라 함은 「단체 또는 다중의 위력을 보이는」 경우로서 서로 병행함으로 2인 이상보다도 단체 또는 다중의 위력이 더 크므로 균형상 흉기보다도 여기의 위험한 물건이 더 무거운 것이라고 보지 않을 수 없다"(93–4면)라고 설명하는데, 필자의 해석으로는 2인 이상 합동하는 경우는 반드시 〈2인 이상〉의 공동실행행위를 요함(더욱이 저자는 시간적 장소적인 협동까지 요구함)에 반하여 단체·다중의 〈위력〉을 보이는 경우는 〈1인〉의 실행행위로 족하다고 보므로 이러한 의미에서는 오히려 흉기가 위험한 물건보다 더 무거운 경우라고 보아야 할 것이다. 또한 "이 용어의 출처를 보면 독일형법 223조 a의 Waffe(흉기)와 위험한 물건(gefährliches Werkzeug)으로부터 온 번역이다. 독일법의 경우에는 양자를 동일하게 취급하고 있음에도 불구하고…"(94면)라고 설명하고 있다. 그런데 독일형법 223조 a를 보면 "mittels einer Waffe, insbesondere eines Messers oder eines anderen gefährlichen Werkzeuges"라고 규정되어 있으며, 양자를 동일하게 취급은 하고 있으나 흉기는 특수개념이요 위험한 도구는 일반

개념이다. 따라서 전자는 후자보다 좁은 개념임을 알 수 있다. 우리의 「폭력행위 등 처벌에 관한 법률」 3조 1항, 「군형법」 50, 51, 56, 57, 60, 61조 등에 있어서도 『흉기 기타 위험한 물건』이라고 규정되어 있다. 그래서 "현행법에 있어서 331조의 「흉기」와 본조의 「위험한 물건」을 대조하여 볼 때에 우리는 양자를 엄격히 구별하여, 「흉기」보다도 본죄의 「위험한 물건」이 더 무거운 것이라고 해석하기는 곤란하지만 적어도 「흉기」보다도 가볍게 보아서는 아니 된다고 생각한다"(94-95면)라고 설명하지만, 필자는 〈거꾸로〉 흉기를 적어도 위험한 물건보다도 가볍게 보아서는 아니 된다고 생각한다. 그리고 "위력을 보이기 위하여는 단체 또는 다중이 현장에 있음을 요한다고 해석하여야 한다. 이는 합동범(331조 2항, 334조 2항 등 참조)에 있어서와 대조하며 볼 때에 당연히 동일한 해석을 하여야 하기 때문이다"(96면)라고 설명하는데, 이는 타당하지 않다고 생각한다. 왜냐하면, 첫째로 「보이는 것」은 단체 또는 다중이 아니라 그의 〈위력〉이고 여기서 보인다는 뜻은 〈견(見)〉이 아니라 〈시(示)〉라는 것을 주의해야 할 것이요 (따라서 보인다고 함은 인식시킨다는 뜻이요, 그 방법은 시각에 작용시키든 청각에 작용시키든 촉각에 작용시키든 불문이다), 둘째로 소위 합동범은 절도 등을 2인 이상이 공동실행하는 경우임에 반하여 본죄는 폭행을 단체 또는 다중과 공동실행하는 것이 아니라 단체 또는 다중의 위력을 〈인식〉시키고서 폭행을 하는 경우이기 때문이다. 따라서 폭행의 현장에 단체 또는 다중이 있음을 요하지 않는다고 본다. 또한 다중과는 달리 단체는 그 구성원이 현실로 동일 장소에 집합해 있음을 요하지 않는 점에서도, 그 부당성은 더욱 명백할 것이다.

6. [유기죄]에 관하여 "유기죄는 생명·신체를 보호법익으로 하는 위험범"(124면)이요, "구체적 위험범으로 해석하는 것이 타당하다"(125면)고 주장하면서 "그 이유는 첫째로 독일의 라이히 재판소 판례가 행위자가 유기한 후에 그 옆에 숨어서 누가 구제해 가는 것까지 확인한 다음에 집으로 돌아오는 행위를 구체적으로 위험성이 없기 때문에 유기죄를 구성하지 않는다고 해석하였으며, 둘째로는 구체적으로 위험을 초래하지 않는 행위는 대체로 벌할 근거가 없다고 생각되기 때문이다"(동면)라고 설명한다. 그런데 첫째 이유로서 독일판례가 구체적 위험범으로 해석하였다는 것을 드는데 추상적 위험범이냐 구체적 위험범이냐는 어디까지나 우리 현행법의 해석의 문제이지 독일형법의 해석의 문제가 아니요, 둘째 이유로서 〈전적으로〉가 아니라 〈대체로〉 벌할 근거가 없다는 것은 경우에 따라서 벌할 근거가 있다고 해석되므로, 이와 같이 구체적 위험범

으로 해석하는 이유는 설득력이 부족하다고 본다. 필자는 생명에 대한 (구체적인) 위험이 발생한 경우에 형을 가중하는 (존속)중유기죄(271조 3·4항)의 규정이 신설된 것으로 보아 (존속)단순유기죄(271조 1·2항)는 추상적 위험범이라고 해석하는 것이 타당하다고 생각하며, 통설도 마찬가지이다(박삼세·서일교·염정철·유병진·이건호·이근상·정영석·정창운·황산덕). 요부조자(要扶助者)에 관하여 "대취(大醉)하여 지각을 잃고 있는 사람도 질병에 속한다(RG 5, 393, 참조)"(219면)라고 설명하는데, 요부조원인을 「연소·불구 또는 질병」에 한정하고 있는 독일형법(221조 1항) 하의 판례를 그대로 직수입함은 타당하지 않다고 본다. 참고로 요부조원인을 「노유·불구 또는 질병」에 한정하고 있는 일본형법(217조 또한 218조 참조) 하에서 예컨대 江家義男, 『刑法各論』(昭和 31年) 215頁는 "의학상으로는 병자라고 칭할 수 없는 자일지라도, 예컨대 명정자(酩酊者)나 산부(産婦)와 같은 자는, 병자에 포함한다고 해석해야 한다"라고 설명하고 있다. 또한 저자는 불구자까지도 질병에 포함시키고 있다. 그러나 〈기타 사정〉이라는 일반조항이 있는 신형법 하에서는 대취나 불구 등을 여기에 포함시키면 되는 것이고, 독일·일본형법 하와 같이 질병을 너무 넓게 해석할 필요는 없다고 본다.

7. [학대죄]에 관하여 273조 1항을 〈아동학대죄〉라고 명명하고 있는데, 「자기의 보호 또는 감독을 받는 사람」이 반드시 아동에 한하는 것은 아니므로 타당하지 않다고 본다. 그리고 "여기에 「학대」라 함은 반드시 육체적으로 고통을 가하는 행위뿐만 아니라 정신적으로 차별대우를 하는 행위도 포함하고 후자의 경우가 더 여기에 의미를 가지게 된다"(130-1면), "전자(학대-필자 주)는 정신적인 침해가 되지만 후자(277조의 가혹한 행위-필자 주)는 육체적인 침해가 되는 것이다"(★1010)라고 설명하는데, 필자는 학대죄가 생명·신체의 안전을 보호법익으로 삼는 위험범인 유기의 죄의 장 안에 규정되어 있는 점에 비추어 〈학대〉를 가혹한 행위(125·277조)보다 좁은 개념으로 파악하여 생명·신체의 안전을 위태롭게 할 육체적인 고통을 주는 처우라고 해석하는 것이 낫지 않을까 생각한다. 물론 이때 폭행은 제외된다. 그래서 예컨대 사람이 일상생활을 영위함에 있어서 보통 필요로 하는 정도의 주식(住食)을 급여하지 않는다든가 필요로 하는 정도의 휴식·수면 등을 허용하지 않는 것(예컨대 과로케 하거나 혹사하는 것) 등을 말한다. 이에 반하여 가혹한 행위는 육체적 또는 정신적인 고통을 주는 일체의 행위를 말한다고 본다. 이러한 의미에서 저자와는 달리 해석하고자 하는 바이다(김종원 『각론(상)』, [14] 六 4 및 [21] 三 2 참조).

8. [강요죄]에 관하여 "현행법이 강요죄를 제37장 권리행사 방해죄의 한 형태로써 324조에 규정함은 체계론상 아이디어의 혼동이라 하지 않을 수 없다. 왜냐하면 제7장 의 이른바 권리라 함은 재산상의 권리를 말하는 것이며, 324조의 권리는 반드시 재산 의 권리에 국한되지 않을 뿐만 아니라 대부분이 재산 외에 인격적인 권리 의무에 관한 침해를 다루는 것이기 때문이다"(143면)라고 주장하면서 소위 강요죄를 〈권리행사방해 죄〉로부터 떼어서 협박죄와 나란히 설명하는 것은, 타당하다고 본다(김종원『각론(상)』, [18] 一 참조). 참고로 우리 신형법이 주로 참조했던 일본형법 가안에 있어서도 제46장 에 권리행사를 방해하는 죄를 따로 규정하면서도 강요죄는 제36장 협박의 죄 속에 규 정하였다.

9. [영리목적 인취죄와 약취강도죄]에 관하여 "영리의 목적이란 반드시 엄격히 해석 할 필요는 없고 넓게 해석할 여지가 있으므로 피인취자(被引取者)를 석방해 주는 대금 (대상(代償)의 오식(誤植)이 아닌지)으로 돈을 얻을 목적으로서 피인취자를 인취한 경 우도 본죄(영리목적 인취죄-필자 주)에 해당한다고 해석된다. 행위자가 한 걸음 더 나 아가 피인취자의 보호자에게 편지를 발송하여 만약 일정한 대금을 보내지 않을 때에는 피인취자에게 해악이 올 것이라는 통고를 하기에 이르는 경우에는 별죄(약취강도죄- 필자 주)를 구성한다"(161-2면)라고 설명하는데, "본조(약취강도죄-필자 주)는…288 조〈일정한 목적을 위한 약취유인죄〉를 포함하고 본죄가 해당할 때에는…288조는 법조 경합으로서 본죄에 흡수되는 것이다"(289면)라는 입장에서 전례(前例)와 후례(後例)와 의 사이에 약취강도죄와 관련하여 어떠한 질적 차이가 있는지 의문이다. 석방의 대상 으로 재물(돈도 재물임)을 취득할 목적을 가지고 약취하면 약취강도죄의 실행의 착수가 있다고 보아야 할 것이다(미수범을 처벌함-342조). 그리고 약취강도죄에 있어서의 "약 취는 물론 협의의 약취가 아니요 유인까지 포함한 의미이다"(289면)라고 해석하는데, 이는 약취와 유인을 명확히 구별하는 현행법의 입장(제31장 참조)에 반하는 금지된 유 추해석일 뿐 아니라 동죄를 폭행·협박을 수단으로 삼는 〈단순강도죄로써〉 논한다는 취지에 비추어서는 부당하다고 본다.

10. [모욕죄의 보호법익]에 관하여 저자는 이것을 〈명예감정〉(주관적 가치)이라고 보 는 입장에서 〈외부적 명예〉(외부적 가치)라고 보는 통설을 비판 또는 반박한다. 첫째로 "모욕죄에 있어서는 사실의 적시(摘示)가 없고, 따라서 사실의 지적이 없는 명예훼손 행위라고 하는 것은 외부적 가치의 내용에 들어갈 수 없으니 외부적 가치에 대한 침해

는 이론상 불가능한 것이요"(192면)라고 비판하는데, 예컨대 다중 앞에서 X는 도둑놈이라고 모욕하였다면 (이 경우에는 사실의 적시가 없으므로 명예훼손이 아니라 모욕이다–대법원 판결 1961년 2월 24일 참조) 이는 X의 인격적 가치에 대한 사회적 평가로서의 외부적 명예를 침해하는 것이 되므로, 그 비판은 타당하지 않다고 본다. 둘째로 "현행법이 두 경우(명예훼손과 모욕–필자 주)에 모두 공연성(公然性)을 요구하고 있다는 것은 반드시는 그 근거가 되지 아니한다. 개인의 감정에 있어서도 개인 대 개인으로 공격하는 경우와 다중 앞에서 공격하는 경우에 개인에게 주는 모욕의 결과가 달라지는 것은 췌언(贅言–쓸데없는 군더더기 말–필자 주)을 요치 않는 것이기 때문에…"(동면)라고 반박하는데, 공연성이 없는 개인 대 개인의 모욕이 있는 경우에 형법은 그 모욕받은 자의 명예감정을 보호하지 않는다는 점에서도 단순히 명예감정을 모욕죄의 보호법익이라고 보는 입장이 타당하지 않음을 알 수 있다. 셋째로 "유아(幼兒)나 정신병자 또는 법인이 모욕죄의 보호의 객체가 될 수 없다고 하는 것은 오류이다. 모욕죄(는)…위태범이다. 따라서 구체적으로 누가 침해를 당한다는 사실을 전제할 필요는 없으며 그러한 가능성만을 추상화하여 입법한 것이기 때문에 법인, 정신병자나 유아에 대한 모욕죄를 입법정책상 벌할 수 있다고 생각이 된다…"(동면)라고 반박하는데, 모욕죄가 위태범이라고 하여도 법익의 주체는 구체적으로 특정되어야 하며 명예감정설의 입장에서는 특별규정이 없는 한 명예감정이 없는 법인 등에 대하여는 법익의 침해가능성이 없으므로 벌할 수 없는 것이 아닌지 의문이다. 하여튼 필자는 명예훼손죄와 모욕죄와의 본질적인 구별을 파악하는 점에서는 명예감정설이 낫지만, 현행형법이 모욕죄에 있어서 명예훼손죄와 마찬가지로 공연성(면전성(面前性)이 아니라)을 요건으로 삼는다는 점, 사실의 적시는 필요로 하지 않는 다는 점 및 명예감정이 없는 소아·정신병자·단체 등을 모욕할 경우에도 형법적 보호가 필요하다는 점을 고려하여 통설이 타당하다고 본다.

　11. [명예훼손죄]에 관하여　"현행법의 해석상 명예훼손죄가 해제조건부 범죄로 되어 있으니 만큼 피해자의 일정한 의사표시를 요하는 것이다. 그러므로 피해자가 의사표시를 할 수 없는 경우 예를 들면 어느 도인(道人)이라든가 어느 지방 사람에게 대하여 막연히 명예를 훼손하는 것은 실체법상으로는 범죄가 되나 절차법상 이를 처벌할 도리가 없는 것이다"(198면)라고 설명하는데, 이는 전혀 타당하지 않다고 본다. 왜냐하면 첫째로 명예훼손죄가 해제조건부 범죄(보통 반의사 불론(벌)죄라고 부른다)로 되어 있기 때문에 피해자의 일정한 의사표시를 요하고 따라서 피해자가 의사표시를 할 수 없는 경우

에는 절차법상 이를 처벌할 도리가 없다고 설명하는데, 「고소가 있어야 논」하는 〈친고죄〉가 아니라 「피해자의 명시한 의사에 반하여 논할 수 없」는 〈반의사 불론죄〉에 있어서는 처벌을 희망하는 피해자의 의사표시가 없어도 소추할 수 있고 따라서 처벌할 수 있으며, 단지 피해자가 명시적으로 처벌을 희망하지 아니 한다는 의사표시를 하거나 처벌을 희망하는 의사표시를 철회한 경우에 한하여 공소는 제기할 수 없거나 기소 후인 때에는 공소기각의 판결을 선고하여야 하고 따라서 처벌할 수 없게 될 따름이요, 둘째로 어느 도인이나 어느 지방 사람에 대하여 막연히 명예를 훼손하는 경우에 실체법 상으로는 범죄가 된다고 설명하는데 명예의 주체인 사람은 특정한 것임을 요할 뿐 아니라 사실의 적시는 막연히가 아니라 구체적이어야 하므로 그 경우에는 범죄를 구성하지 아니 하는 것으로 보기 때문이다.

12. [비밀침해죄]에 관하여 "비밀장치란 말은 독일형법 299조에 이른바 verschlossen 이라는 말을 번역한 것이라고 해석"(210면)된다고 설명하는데, verschlossen의 역어는 〈봉함(封緘)한〉이라고 보는 것이 좋으리라고 생각되며 동면의 몇 행 아래에 「봉함(verschlossen)」이라는 기술이 보인다. 그리고 유 교수는 독일형법의 verschlossen에 관한 해석(H. Welzel, Das Deutsche Strafrecht, 7. Aufl., 1960, S. 285 참조)에 따라 목적물 자체를 비밀장치한 경우만을 의미한다고 보고 비밀장치된 다른 용기 속에 목적물을 넣는 경우는 포함하지 않는다고 한다(동면). 그러나 구형법과는 달리 〈기타 비밀장치〉라는 일반조항을 두어 널리 비밀을 보호하려는 신형법 하의 해석으로는 너무 좁다고 생각한다.

13. [신용훼손죄 · 업무방해죄 · 경매입찰방해죄]를 광의의 재산죄로서 설명하는 것이 본서의 편별(編別)상의 특색이다. 즉 "본장(형법 제34장—필자 주)의 죄는 인격적 법익을 보호하는 형벌법규가 아니고 인격과 대립되는 재산을 보호하는 것이 궁극의 목적으로 되어 있다. 그리고 재산을 보호하려는 목적을 위한 수단으로써 경제기업체의 활동인 업무, 경제상 가지는 일정한 기업가의 신용, 기업체가 행하는 경매입찰의 공정을 보장하는 데 그 정신이 있기 때문이다. 따라서 이는 인격적 법익을 보호한다기보다는 재산적 법익에 관련되는 것이 많다고 생각되므로 제34장은 재산적 법익을 보호하는 형벌법규 중에 들어감이 타당하다고 본다"(229-30면)라고 주장하면서, 재산 자체를 보호하는 형벌법규와 재산을 보호하기 위한 수단으로서 재산에 관련되는 법익을 보호하는 형벌법규로 나누어, 전자를 협의의 재산죄, 후자를 광의의 재산죄라고 부른다. 다만 업무방

해죄에 있어서의 「업무」는 반드시 경제적 업무에 한하지 않고 널리 사회적 활동으로서의 업무를 의미한다는 점을 주의해야 할 것이다.

14. [절도죄]에 관하여 그 보호법익은 소유권이라고 주장하면서(257면), 이에 대립하여 점유권을 보호법익으로 보는 입장은 소유권 이외의 제한물권을 보호법익으로 삼는 권리행사방해죄를 따로 규정한 현행법 하에서는 구법과 현행법을 혼동한 오류라고 논박한다(동면 ★ 1240 참조). 그런데 다른 곳에서는 "절도죄는 소유권이라는 재산권 이외에 Gewahrsam(형법 상의 점유−필자 주)이란 사회적 기능을 보호하는 보호법익이 내포되어 있다"(231면)고 논술하는가 하면 한편으로는 "절도행위의 객체는 점유이다" (260면)라고 주장한다. 필자의 생각으로는 「절취」란 타인이 점유하는 타인의 재물을 탈취하는 것을 말하고 따라서 그 행위태양은 타인의 〈점유〉를 침해하는 데에 특징이 있으므로 이러한 의미에서 〈점유〉를 제2차적인 보호법익이라고 보아도 좋을 것이요. 또한 절취〈행위〉의 객체는 타인의 〈재물〉이지 〈점유〉는 될 수가 없다고 본다. 왜냐하면 보호법익(보호의 객체)은 가치적 관점에서 파악된 개념으로서 관념적 대상이요, 이와는 달리 행위의 객체는 생리적 · 물리적 관점에서 파악된 개념으로서 감각적 대상이기 때문이다. 다음으로 "절도죄의 보호법익이 보호받는 정도는 위태범이라고 보아야 한다. 왜냐하면 이미 「마우라하」에 의하여 지적된 바와 같이 절도죄에 있어서는 피해자가 민법상 재산의 침해를 받을 수가 없는 것이 사실이다"(257면) 라는 논술은 타당하다고 생각하지만 "피해자의 점유가 침해되지 않을 경우에도 형법이 절도죄의 기수를 인정하는 경우가 있는 것을 고려할 때에… 절도죄는 위태범이라고 보는 것이 타당하다"(257−8 면)라는 논술에는 찬성할 수 없다. 왜냐하면 절도죄는 타인의 점유를 침해하여 재산을 자기(또는 제3자)의 점유로 옮긴 때에 기수가 되기 때문이다. 그리고 〈점유의 개념〉을 Welzel S. 294 f에 따라 ① 물리적 요소, ② 사회규범적 요소, ③ 정신적 요소로 나누어 설명하는 것(260면 이하)은 타당하다고 본다.

15. [부동산절도와 경계선침범] 부동산 절도에 관하여는 "토지의 경계선을 침범하는 경우는 구법 시대에 상당한 이론(異論)이 있었으나 현행법은 370조에 경계침범죄를 따로 규정을 하였으므로 입법적으로 해결이 되었다. 따라서 현행법의 해석상 절도죄의 행위의 객체는 동산에 국한한다고 생각된다"(264−5면)라고 설명하고, 다른 한편으로 경계침범죄의 해석론에서는 "만약 영득의 의사를 가지고 경계침범의 행위를 하였을 경우 이를 어떻게 해석할 것인가 하는 문제이다. 일본법에 있어서는 최근에 입법으로 이러

한 경우를 해결하였다. 현행법상은 특별한 규정이 따로 없으므로 대(大)는 소(小)를 겸한다는 논리법칙에 의하여 영득의 의사를 가지고 경계침범의 행위를 함으로써 자기가 그 토지를 소유자로서 행사하겠다는 의사를 가지고 행한 증거가 있는 경우에는 본조(경계침범죄—필자 주)에 해당한다고 해석된다. 왜냐하면 그러한 경우에는 이른바 부동산의 절도이지만 부동산절도는 329조(절도죄—필자 주)에 포함되지 않기 때문이다"(451면)라고 설명하고 있다. 그런데 이상의 두 설명에 관하여는 약간의 의문이 없을 수 없다. 즉 첫째는 경계침범에 의한 부동산절도에 관하여 전자에서는 현행법상 입법적으로 해결이 되었다고 주장하고서(따라서 「절도죄」의 행위의 객체는 동산에 국한한다고 주장함) 후자에서는 현행법상 특별한 규정이 따로 없다고 말하는 것은, 전후모순되는 것은 아닌지, 둘째로 전자에서는 절도죄의 객체가 동산에 국한되는 (따라서 부동산을 포함하지 못하는) 것은 370조(경계침범죄)의 규정이 있기 때문이라고 논증하고 후자에서는 경계침범에 의한 부동산절도가 경계침범죄에만 해당되는 것은 부동산절도가 329조(절도죄)에 포함되지 않기 때문이라고 논증하는 것은, 일종의 순환논증이 아닌지. 필자는 독일 · 서서 · 희랍 등의 형법과 같이 절도죄의 객체를 동산에 한정하고 있지 않는 우리 형법의 해석으로서는 절도죄의 객체인 재물에서 부동산을 제외할 이유는 없다고 보며, 경계침범에 의한 부동산절도의 경우에는 경계침범죄와 절도죄와의 상상적 경합이 된다고 본다.

16. [불법영득의 의사]   저자는 Welzel S. 296을 따라 절도죄의 주관적 구성요건으로서의 고의에 「불법영득의 의사」를 포함시키며(269면), 또한 "★ 1265. 독일에 있어서는 절도의 경우에 영득의 의사를 가지고 초과주관적 요소라고 해석하는 경향이 많이 있었으나(Mezeger, BT S. 124) 최근에는 보통의 고의와 동일하고 반드시 초과주관적 요소를 가진 범죄가 아니라고 보고 있다. Welzel S. 296 참조"(동면)라고 설명한다. 그런데 독일에서는 〈최근에도〉 영득의 의사를 고의와 별도로 설명하는 것이 보통이며 (Mezger, Strafrecht, BT. 7. Aufl. 1960. S. 125-7; Schönke-Schröder, Strafgesetzbuch, Kommentar, 9. Aufl., 1959, § 242 Ⅶ; Maurach, S. 184 ff 참조), 또 영득의 의사를 고의에 포함시키려면 Welzel(S. 293 참조)과 같이 절도죄를 「절취에 의하여 타인의 재물을 영득하는 범죄라고」 파악하여 그 주관적 구성요건을 Zueignungsvorsatz(영득고의)로서 설명하는 것이 보다 이론적으로 철저하지 않을까 생각한다. 다음으로 영득의 의사를 "소유자를 배제하고 소유권의 내용을 행사하겠다는 의사"(274면)라고 정의하면서

"단순히 파괴할 의사만 가지고 취득하거나 잠깐 이용만 하겠다는 의사로써 재물을 취득한 때에는 영득의 의사의 개념에 들어가지 않는다고 보아야 할 것이다"(273면)라고 설명한다. 그런데 첫째로 〈파괴할 의사〉란 처분의 의사요 따라서 이는 소유권의 내용을 행사하겠다는 의사가 아닌지(소유권의 내용에는 처분의 권능도 포함한다). 그러므로 이 경우에 영득의 의사를 부인하는 것은 타당하지 않다고 본다(특히 저자는 "경제적 용도에 의한 이용에 한정할 필요가 없다"〈272면〉고 보는 입장이다). 다만 자기의 점유 하에 옮기지 않고 그 자리에서 파괴하는 것은 절도행위가 없으므로 절도죄가 되지 아니하고 단순히 손괴죄가 됨에 불과하다고 본다. 둘째로 〈잠깐 이용만 하겠다는 의사〉, 즉 일시사용의 의사를 곧 영득의 의사가 아니라고 말하는 것은 타당하지 않다고 본다. 이 경우에는 권리자의 배제의 완전성 여부를 따져 보아야 한다고 생각한다. (김종원 『각론(상)』, [38] 4 참조).

17. [강도와 공갈] "강도적인 행위가 있고 그 결과로 영득도 있었지마는 그 영득이 과연 강도적 원인에 기하여 인과관계로 인한 결과인지가 미상(未詳)한 경우이다. 강도의 고의를 가지고 상대방의 의사를 억압할 정도의 폭행 또는 협박을 하였지만… 피해자가 완전히 의사의 억압을 당하지 아니하고 다소의 하자있는 의사만을 일으킨 경우에는… 오직 강도의 미수가 있을 뿐이라고 하는 설도 있다. 그러나 대는 소를 겸하는 원칙에 의하여 강도행위는 공갈행위를 겸하므로 그 결과가 공포심에 의한 재물의 이전이 있은 이상 공갈죄의 기수와 강도죄의 미수의 상상적 경합이 된다고 보는 견해가 타당하다"(279면)라고 주장하는데, 만약 그러한 사고방식에 따른다면 예컨대 살해행위는 상해행위를 겸하므로 살해행위로 인하여 상해의 결과가 발생했음에 불과한 경우에는 상해죄의 기수와 살인죄의 미수의 상상적 경합이 된다고 보아야 할 것이므로, 타당하지 않다고 본다. 필자는 갈취의 결과가 발생함에 불과한 때에는 강도미수라고 보는 견해가 타당하다고 생각한다.

18. [야간주거침입절도죄]에 관하여 "본죄는 단순절도죄(329조)에 두 가지 종류의 행위상황이 가미됨으로써 위법성이 가중되는 경우이다. 첫째는 「야간」이라 하는 일정한 기간을 요하는 점이요, 둘째는 「사람의 주거…」란 행위상황이다. 전자는 시간적인 제한이요, 후자는 장소적인 제한이다. 이러한 일정한 법정(法定)의 시간적·장소적 제한 하에서 절도행위가 행하여질 때에는 이를 10년 이하의 징역에 처한다는 것이다"(289면)라고 설명하는데, 이는 우리 형법을 독일형법과 혼동한 해석이 아닌가 생각한다. 즉 독

일형법 243조 1항 7호와 같이 「행위자가 절도의 목적으로 잠입하였거나 동일한 목적으로 숨어 있던, 사람이 거주하는 건물 안에서 야간에 절도가 행하여지는 경우(wenn der Diebstahl zur Nachtzeit in einem bewohnten Gebäude… begangen wird)…」에, 즉 〈절취〉가 야간에 일정한 장소에서 행하여진 경우에 형을 가중하도록 규정되어 있다면 그러한 해석을 하게 될 것이지만, 우리 형법은 〈야간에〉라는 시간적 제약을 받는 주거침입죄와 절도죄와의 결합범인 것이다. 다음으로 "본죄의 야간은 행위 시에 야간이면 족하므로 주거에 들어갈 때에는 주간이었으나 절도를 하는 것이 야간인 때에도 본죄에 해당한다. 반대로 야간에 주거에 들어갔으나 절도할 때에는 주간인 경우에 본죄에 해당하지 않는 것"(290면)이라고 설명하면서 Maurach, BT S. 200(2. Aufl., S. 196)을 참조하는데, 〈후자의 해석〉은 타당하지 않다고 본다. 왜냐하면 전술한 독일형법 하라면 그러한 해석이 타당하겠지만(따라서 Maurach를 참조하는 것도 의미가 있겠지만), 우리 형법에 있어서의 본죄는 〈야간에 침입하여 절취하는 것〉이며 그래서 절취행위뿐 아니라 침입행위도 본죄의 실행행위이므로 「(침입)행위시에 야간이면 족하기」 때문이다. 이와 같이 필자는 침입과 절취가 모두 야간에 행하여진 경우뿐 아니라 어느 한쪽이 야간에 행하여진 경우도 본죄를 구성한다고 해석하는 것이다. 그리고 "본죄는 일정한 장소에 침입한 후에 절도함을 말하므로 침입하지 않고 길가에서 문을 열고 손을 넣어 방안의 물건을 절취하는 것은 본죄에 해당하지 않는다"(291면)라고 설명하는데, 역시 찬성할 수 없다. 왜냐하면 문을 열고 방안으로 손을 넣는 행위는 침입행위이며 그리고서 절취행위를 하면 본죄에 해당하기 때문이다. 그리고 필자는 본죄의 착수시기는 침입하기 시작한 때이며, 그 기수시기는 물론 절취행위가 완료한 때이고 이 경우에 침입의 미수·기수를 불문한다고 본다.

19. [합동범]에 관하여　"합동범은 공동정범과 구별되며 필요적 공범의 하나인 것이다"(291면)라고 설명하는데, 필자는 소위 합동범은 공동정범과 같고 형만이 가중된다고 생각하며, 이러한 의미에서 보통의 필요적 공범을 「진정」 필요적 공범(주체가 복수가 아니면 범죄가 구성되지 않으니까)이라고 부른다면 소위 합동범은 「부진정」 필요적 공범(주체가 단수라도 범죄는 구성되지만, 복수가 됨으로써 형이 가중되는 것이니까)이라고 부를 수 있을 것이다. 다음으로 "행위자는 모두 때와 장소를 같이 하여 현장에 있음을 요한다고 해석된다. 여기에 이른바 「합동」의 개념은 총론에 있어서의 공범(공동의 오식이 아닌지-필자 주)의 개념보다 좁은 것이다"(291-2면)라고 설명하는데, 필자

는 「합동」이라는 개념을 축소해서 해석할 필요는 없다고 생각한다. 즉 신형법은 집단적인 절도 · 강도 · 도주를 중요시하여 이에 대한 강력한 대책을 강구하기 위하여 형을 가중하고 이러한 가중적 공동정범(특별범)을 총칙상의 공동정범과 구별하는 의미에서 「공동」 대신에 「합동」이라는 말을 사용한 것으로 생각한다. 참고로 가중적 공동정범을 규정한 「폭력행위 등 처벌에 관한 법률」(1961년) 2조 2항은 「2인 이상이 공동하여」라고 표현하고 있다. 끝으로 "대법원판례도 그러한 해석을 하고 있다"라고 주장하면서 1960년 2월 29일의 판례를 인용하는데(292면), 이 판례가 과연 합동범에 있어서 현장성을 요한다는 법률판단인지 의문이며, 이미 1956년 5월 1일의 판례에서 명백히 "범인이 동일한 장소에서 공동으로 범죄를 수행한 경우에 한하여 합동이라 할 수 있다는 논자는 독단적 견해이다"라고 판시한 바 있을 뿐 아니라 1960년 6월 15일의 소위 절도 합동범의 사안에 관한 판례에서도 "무릇 2인 이상의 자가 범죄의 실행을 통모하고 각기 소임을 수행함으로써 소기의 결과를 완성하였을 때에는 설령 직접 실행행위를 분담한 자가 아닐지라도 정범의 죄책을 면할 수 없다"라고 판시하고 있는 것으로 보아, 대법원은 소위 합동범의 경우에도 공모공동정범의 이론을 적용하고 있음이 분명하다.

20. [점유이탈물횡령죄] 「유실물 · 표류물」에 관하여 "판례에 의하면… 고분 내의 목관 기타의 물건은 여기의 이른바 표류물에 해당한다고 본다"라고 설명하면서 [日大判: 昭和 8 · 3 · 9]를 인용하는데(384면), 이는 부정확할 뿐 아니라 부당하다고 본다. 왜냐하면 첫째로 일본 대심원의 판례는 우리나라의 판례가 아니므로 〈판례에 의하면〉이라는 표현은 부정확하다고 본다(또한 당시에 조선에 있어서의 제3심인 조선고등법원의 판례도 아님). 둘째로 〈표류물에 해당한다고 본다〉라는 설명은 전혀 오류이며 (日本刑法 254조의 「기타 점유를 떠난 타인의 물건」에 해당한다고 본다―「고분 내의 물건」을 표류물이라고는 볼 수 없다). 셋째로 매장물을 횡령한 자에 관한 처벌규정(360조 2항)을 따로 마련한 우리 신형법 하에서 그러한 처벌규정이 없는 일본형법 하의 판례를 그대로 원용함은 부당하다고 보기 때문이다.

21. [소위 이중매매]에 관하여 "여기의 「타인의 사무를 처리하는 자」란 부작위범에 있어서의 작위의무자와 그 범위가 동일하므로, 신의성실의 원칙상 매수인에게서 대금 전액을 받고 다만 등기의무만 남았을 때에는, 역시 타인의 사무를 처리하는 자의 입장에 있다고 해석하지 않을 수 없다"라고 설명하면서, 그 경우에 배임죄를 구성한다고 해석하고 있다(395면 ★1556). 그런데 매수인에게서 대금 전액을 받고 단지 등기의무만이

남았을 경우에 배임죄의 주체가 된다는 결론에는 찬성이지만, 부동산매매의 문제에 있어서 성실의무에만 초점을 둔다면 채권계약, 따라서 채무의 단계에 있을 경우에도 배임죄의 주체가 될 수 있는 것이 아닌지 의문스럽다. 또한 이 경우에도 배임죄가 성립될 수 있다면, 동죄의 가벌성의 범위가 지나치게 넓혀지는 것이며 "만약 배신설을 극단으로 적용할 때에는 단순한 채무불이행자는 모두 배임죄라고 보게 된다. 그러나 이러한 극단의 결론이 부당함은 췌언을 요치 않는다"(392면)라는 저자의 주장과도 모순되리라고 생각한다. 그래서 그러한 문제에 있어서는 단순히 자기의 사무이냐 또는 타인의 사무라고 보아야 할 것이냐에 초점을 두어서 논정되어야 하리라고 생각한다. 그리고서 〈물건적 합의〉가 있을 때에는, 즉 대금(代金)이 완급되고 또 등기서류가 매수인에게 교부되어 사회관념상 소유권을 매수인에게 이전하는 의사가 당사자 사이에서 표명되었다고 인정될 때에는, 아직 소유권은 자기에게 있다고 하더라도 그 중요한 권능(權能)인 처분권이 매수인과의 관계에서 구속을 받는 이상(물론 제3자에 대한 관계에서 구속을 받는 것은 아니다), 이제는 그 목적물에 관한 재산상의 사무는 매수인과의 〈공동의 사무〉요, 따라서 단순히 자기의 사무라고 볼 수 없고 〈타인의 사무〉라고 볼 수도 있는 것이다(김종원,『각론(상)』, [45] 一 참조).

22. [배임죄의 주관적 구성요건]에 관하여 "배임죄는 자기 또는 제3자의 이익을 위한 목적이 있는 것을 요한다. 구법시대에는 상술한 바와 같이 자기 또는 제3자의 이익을 위하는 것과 또는 본인에게 손해를 가한다는 두 가지 목적이 필요하였다. 그러나 현행법은 본인에게 손해를 가할 목적이란 훼기적(毀棄的)인 요소는 없고 오직 자기 또는 제3자의 이익을 목적으로 한다는 규정만을 둔 것이다"(403-4면)라고 기술하고 있는데, 신형법을 〈오독〉한 것이 아닌가 생각한다. 즉 신형법에서는 가해의 목적뿐 아니라 이득의 목적에 관한 규정도 없다. 신형법 하에서 주관적 요소인 〈고의〉는 ① 실행행위 〈임무에 위배하는 행위〉에 대한 인식·인용과 ② 결과(임무위배자가 재산상의 이익을 취득하거나 제3자로 하여금 이를 취득하게 하여 본인에게 손해를 가하는 것)에 대한 인식·인용이다.

23. [경계침범죄]에 관하여 "실질적으로 부동산 자체를 보호하려고 하는 것이다. 그러므로 본죄의 보호법익은 소유권에 있다"(448면)·"부동산을 직접 따로 보호하는 규정을 두지 않는 현행법의 입장에서는 본죄는 본질적으로 부동산의 소유권을 보호하는 것이 목적으로 되어 있음을 알 수 있다"(★1690)라고 논술하는데, 찬성할 수 없다. 왜냐

하면 첫째로 본죄는 토지에 관한 것이므로 건물까지 포함하는 〈부동산〉이라는 용어를 쓰는 것은 정확하지 못하며, 둘째로 실질적으로 보호하려는 것은 부동산 자체가 아니라 토지에 관한 권리관계라고 보는 것이 타당할 것이며, 셋째로 영득죄가 아닌 본죄를 본질적으로 부동산의 소유권을 보호하는 것으로 보는 것은 타당하지 않다고 생각하며 (필자는 본죄가 토지에 관한 권리의 범위를 표시하는 경계의 명확성을 보호하려는 것이라고 본다), 넷째로 현행법상 재물죄에 있어서 재물로부터 부동산을 제외하는 것으로 해석할 필요가 없다고 생각하므로 부동산을 직접 보호하는 규정이 없다는 주장은 타당하지 않다고 보기 때문이다.

四.

이상으로써 본서에 대한 논평을 마치기로 하는 바, 지면관계로 본서의 특색에 대한 논평을 골고루 다루지 못한 것이 유감이며 또한 객관성 있는 서평이 되지 못하고 필자의 주관적인 서평으로 끝마친 것이 아닌지 염려된다. 그리고 필자의 오해로 말미암는 저자의 진의에 어긋나는 논평이 하나라도 섞여 있지 않는지 퍽이나 마음에 거리낀다. 만약 잘못된 것이 있으면 너그러운 교시를 바라는 바이다.

하여튼 유기천 교수의 『형법학(각론강의) 상』은 총론과 더불어 한국형법학의 〈비약적인〉 발전의 계기를 마련하였다고 확신하며, 또한 본서에 대한 〈철저한〉 비판을 통하여 한국형법학의 이론적 수준이 크게 상승하리라고 확언하는 바이다.

[후기]

서른 하나의 나이에 선배의 강청에 의하여 쓰게 된 이 글이 필자의 일생에 있어서 〈운명의 서평〉이 된 것으로 생각한다. 당시의 최고의 법학학술지에 기고하는 것이어서 연구논문 이상으로 최선을 다하여 쓴 이 작품이 필자에게 〈마이너스〉 방향으로 작용한 것은 틀림이 없게 보이는데, 다른 한편으로 〈플러스〉 방향으로 작용한 면도 있지 않았을까 생각할 수도 있을 것 같다. 그러니 "인생이란 참으로 묘(妙)한 것"이라고 느껴진다.

29. 한국형법(각칙)해석론의 재검토[*]

머 리 말

우리 신형법이 시행된 지 벌써 10년이 넘었건만, 그 해석론은 아직도 「틀」이 잡히지 못한 것이 아닌가 생각된다. 물론 그 동안 대학교수·실무가들이 저마다 해석서를 낸 것이 수십 종이 되고 또 학술지나 잡지에 발표한 논문·논술의 수에 이르러서는 헤아릴 수 없을 정도의 다수인 줄 알고 있다. 그럼에도 불구하고 「한국형법 해석론」은 아직도 공통된 〈광장〉을 마련하지 못하고 있는 것이 아닌가 생각된다. 그 2대 원인으로서는 집 필자들이 일본 내지 독일의 형법해석학의 수입에 급급한 나머지 우리 형법에 입각한 주 체적인 해석론의 전개를 소홀히 하는 점과 남의 글에 대한 객관적인 비판을 꺼리는 점 을 들 수 있을 것이다. 이러한 점은 앞으로 반드시 시정되어야 할 것으로 믿는 바이다. 특히 「각칙」의 해석론에 있어서는, 일본형법에 없는 조문 내지 그것과 다른 조문에 관 한 해석에 재검토를 요할 것이 많다. 본고는 이러한 점에 유의하면서 우견(愚見)을 엮 은 것이다. 이전에 단편적으로 발표한 것과 다소 중복되는 것이 없지 아니한데, 이 점 독자의 양해를 구하면서, 많은 재비판을 바라마지 않는 바이다.

[약어표]

박삼세 (『형법각론』 1959년)

---

[*] 이 글은 법정(1964년 1월호 37면 이하와 2월호 66면 이하)에 실린 글들을 합한 것이다.

서일교 (『형법각론』 1963년)

염정철 (『형법각론강의』 1959년)

유기천 (『형법학(각론강의) 상』 1963년)

유병진 (『신판한국형법각론』 1957년)

이건호 (『형법각론』 1960년)

이근상 (『형법각론』 1957년)

정영석 (『형법각론』 1961년)

정창운 (『형법학각론』 1960년)

황산덕 (『형법각론』 1961년)

1. 행위의 객체와 보호법익

행위의 객체(보통 범죄의 객체라고 부른다)를 보호법익(보호의 객체)과 혼동하는 기술이 보이는데, 양자는 개념상 구별해야 할 것이다. 즉 전자는 감각적 대상으로서 생리적 · 물리적 관점에서 파악된 개념(신체 · 신서 · 재물 등)임에 반하여, 후자는 관념적 대상으로서 가치적 관점에서 파악된 개념(생명 · 비밀 · 재산 등)이다. 따라서 살인죄의 「객체」를 〈사람의 생명〉이라고 하는 기술(서일교 17면 · 이건호 256면)), 업무상 비밀누설죄의 「객체」를 〈업무처리상 또는 직무상 지득한 타인의 비밀〉이라고 하는 기술(서일교 89면 · 이건호 376면 · 유기천 상 214면 · 황산덕 106면)), 명예훼손죄의 「객체」를 〈사람의 명예〉라고 하는 기술(이건호 355면 · 황산덕 85면), 신용훼손죄의 「객체」를 〈사람의 신용〉이라고 하는 기술(황산덕 96면 · 이건호 368면), 업무방해죄의 「객체」를 〈사람의 업무〉라고 하는 기술(황산덕 96면 · 이건호 368면) 등이 있는데(이상은 몇 가지만 예시한 것이지만), 재고를 요한다. 법문상의 〈목적어〉가, 반드시 바로 그 범죄의 객체가 되는 것은 아니다.

2. 사람의 시기(始期)

살인죄의 객체인 사람의 시기에 관하여는, 신설된 영아살해죄의 객체가 〈분만 중 또는 분만직후의 영아〉인 점을 논거로 하여(즉 분만 중이란 분만의 개시부터 그 완료까지를 의미하므로), 진통설(분만개시설)이 우리나라의 통설이다(박삼세 10면 · 서일교 18면 · 유기천 상 59면 · 유병진 195면 · 이건호 254면 · 이근상 165면 · 정영석 235면 · 정창운 23면 · 황산덕 15면). 그런데 일부노출설을 지지하는 염정철 교수는 "금일의 통설 판례는 일부노출설에 입각하고 있다"(259면)라고 주장하고(염 교수가 참고하였다는 국내문헌 여덟 가운데서 다섯이 진통설의 입장임) 또한 정영석 교수도 "형법상 사람의 시기에 관하여는…일부노출설이 통설 · 판례이다"(234면, 또한 236면 참조)라고 논술하고 있으나(유 교수 다음으로 최근의 저서라고 볼 수 있음), 우리나라의 학설 · 판례를 조사해 보지도 않고 덮어 놓고 〈일본〉의 것을 우리나라의 것으로 원용(援用)하는 태도는 부당하다고 본다. 그리고 유기천 교수는 "분만될 시기를 반드시 진통기와 일치시킬 근거는 없다. 분만이 개시되지 아니하면서도 진통이 있을 수 있을 뿐만 아니라(소위 künstliche Wehen) 또는 진통의 중단(Aussetzen der Wehen)도 가끔 일어나는 현실로 보아 명확을 요하는 법률의 입장에서는 진통설을 무비판적으로 받아 들일 수 없기 때문이다(★879, Maurach, BT S. 13 참조)"(58면)라고 진통설을 비판하고서 분만개시설을 취하는 한편, "어떤 학자는 진통설과 분만개시설을 동일시하는 경향도 있으나 엄격히 따지면 양자는 구별되어야 한다. …그 진통이 태아가 태반에서부터 이탈되는 것을 의미하는 이른바 Presswehen이 있는 경우에는 분만이 개시된 것이라고 볼 수 있는 것이다"(★882)라고 설명한다. 그런데 이 점에 관한 R. Maurach, Deutsches Strafrecht, 2. Aufl., 1956, S. 13의 기술의 요지는 "독일의 통설은 배출에로 이끄는 Presswehen의 시작을 사람의 시기라고 보는데, 이 견해는 확실히 그 시점이 명확하지 않음에도 불구하고(예컨대 künstliche Wehen, Aussetzen der Wehen의 경우) 보다 넓은 보호를 할 수 있게 한다는 점에서 다른 견해보다 낫다"는 것이다. 이와 같이 Maurach는 Presswehen을 규준으로 삼는 통설(학설상 이 견해를 보통 진통설이라고 부른다)의 약점이 künstliche Wehen, Aussetzen der Wehen의 경우라고 자인하는데, 이러한 진통설의 약점을 비판하고서 이와 구별되는 분만개시설을 취한다는 유 교수가 마찬가지로 Presswehen을 규준으로 삼고 있는 것은 자기모순이 아닌지. 명칭만 바꾼다고 하여 그 약점이 제거되는 것은 아니라고 본다. 그리고 그 명칭에 관하여는, 「분만중」(251조 참조)이란 「분만의 개시로부터 그 완료까지」를 뜻하므로 형식적인 면에서는 〈분만개시설〉이란 명칭이 낫겠고 이에 반하여 일부노출설 · 전부노출설 · 독립호흡설과 더불어 출산의 과정과 관련시키는 의미(실질적인 면)에서는 〈진통설〉이란 명칭이 나으리라고 생각한다.

3. 존속살해죄의 직계존속

존속살해죄의 객체인 「자기 또는 배우자의 직계존속」에 있어서의 〈직계존속〉의 개념은, 법률상(즉 민법상)의 의미로 이해하고 사실상의 그것을 포함하지 않는다고 보는 것이 우리나라의 통설이다(서일교 21면 · 염정철 262면 · 유기천 상 62면 · 유병진 197면 · 이건호 258면 · 이근상 168면 · 정영석 238면 · 정창운 25면 · 황산덕 18면). 따라서 양자가 양친을 죽이고 계자(전처의 출생자)가 계모를 죽이고 서자(혼인외의 출생자—인지후의 비적출자)가 적모(부의 배우자)를 죽인 경우(민법 772-4조 참조) 또는 타가에 입양한 자가 실친을 죽인 경우에는 존속살해가 되지만, 인지 또는 준정(민법 855조 2항 참조) 이전의 사생자(혼인외의 출생자)가 그 생부를 죽인 경우 또는 내연의 처 또는 부가 부 또는 처의 친을 죽인 경우에는 보통살인(형법 250조 1항)이 된다. 그런데 타가에 입양한 자가 실친을 죽인 경우를 보통살인이라고 보는 견해가 있지만(서일교 22면 · 이근상 168면 · 정영석 238면 · 정창운 25면), 이것은 반대설이라기 보다는 〈그릇된 견해〉라고 보아야 할 것이다. 왜냐하면 친족법상 타가에 입양한 친생자녀와 실부모와의 친자관계는 그대로 존속하기 때문이다(정광현, 『신친족상속법요론』, 1958년, 196면 및 237면, 김주수/김용한, 『신친족상속법』, 1960년, 61면 및 213면 참조).

4. 영아살해죄

신형법에서 신설된 영아살해죄에 관하여, 염정철 교수는 "본죄의 형이 보통살인죄에 비하여 경하나 이것은 직계존속의 명예와 체면이 영아의 생명보다 귀중하다는 봉건적 · 가족주의적 사상의 잔재에 불과하다. 본죄는 존속살해죄와 같이 존 · 비속을 차별하는 것이므로 부당한 입법규정이라 하지 않을 수가 없다"(264면), 박삼세 교수도 "우리 영아들의 생명권이 지나치게 경시된 것 같다"(16면)라고 주장하는데, 이러한 주장은 본죄의 입법취지를 오해한 것으로 생각된다. 즉 본죄를 신설한 것은, 영아의 생명을 경시하려는 것이 아니라, 보통살인죄의 법정형의 하한을 높이는 대신에 직계존속이 「특히 참작할 만한 동기로 인하여」 영아를 살해한 경우, 즉 행위자의 책임이 감경되는 경우를 유형화하여 보통살인죄보다 형을 감경하려는 것이다. 환언하면 객체의 가치를 낮게 취급한 것이 아니라, 행위자(주체)의 책임이 감경되는 경우를 유형화한 것이다(동 취지, 서일교 24면·유기천 상 70면·이건호 259면·정창운 26면·황산덕 19면). 그런데 서일교 처장은 "본조의 규정은 출산으로 인한 산모의 정신이상에 의한 영아살해를 보통살인과 구별하여 이를 경하게 벌하는 길을 열기 위한 것이다"(26면), 유기천 교수는 "어디까지나 본조는 출산 때문에 심신의 균형이 상실된 비정상적인 정신상태로 말미암아 살인을 감행하게 된 경우로서 이는 심리학적으로 그 근거가 있고…그 책임을 감경하는 데에 본조의 근본적인 의의가 있는 것이다"(70면)라고 설명하고 있으나, 우리 형법의 영아살해죄는 독일법계나 영미법계와 같이 주체를 산모에 한정하거나 출산으로 인한 산모의 정신이상(장애)에 중점을 두지 않고 로마법계와 같이 가족의 명예의 구제와 같은 특별한 사유에 중점을 두어 책임을 감경한다는 점에 주의하여야 할 것이다(Dieter König, Die Tötungsdelikte, Materialien zur Strafrechtsreform, 2. Bd. Rechtsvergleichende Arbeiten, Ⅱ Besonderer Teil, 1955, S. 215ff 참조). 또한 유 교수는 주체에 관하여 "본조의 「직계존속」이라 함은 입법의 과오이고 사실은 모친에 국한하여야 한다.…직계존속은 그 생모에 국한한다고 보아야 한다는 것은 상술한 본조의 근본정신에서 당연히 오는 결론인 것이다"(71면)라고 주장하는데, 전술한 바와 같이 유 교수의 본조에 대한 기본적 태도에 찬성할 수 없을 뿐 아니라 그 결론으로 직계존속을 생모에 국한하는 해석 역시 찬성할 수 없다. 우리 형법이 본죄의 주체를 「직계존속」이라고 규정하고 있다는 것이 유 교수의 기본적 태도가 본조의 해석으로서 부당하다는 반증이 되리라고 생각한다. 그리고 유 교수는 "현행법의 조문은 다소 상상할 수 있는 일정한 동기를 열거하고 있으나 실제에 있어서 이러한 열거는 그다지 의미를 갖지 않는 것으로 생각한다. …열거한 일정한 태양(態樣)은 형법 53조에 의하여 감경할 수 있다"(69-70면)라고 주장하는데, 형법 53조의 감경을 하여도 (보통)살인죄의 하한은 2년 6월밖에 되지 않으나 영아살해죄의 하한은 1월이라는 점에서 일정한 동기가 단순히 형법 53조의 감경사유와는

〈다른 의미〉를 가진다고 보아야 할 것이며 또한 유 교수와 같은 사고방식에 따르면 출산으로 인한 비정상적인 정신상태는 형법 10조 2항(심신미약자)에 의하여 감경할 수 있는 것이 아닌지 의문이다. 하여튼 필자는 전술한 바와 같이 이러한 일정한 동기가 바로 책임감경 사유인 점에서 본조에 있어서 〈커다란 의미〉를 가지는 것으로 생각된다. 끝으로「분만 직후」에 관하여, 분만 후 상당한 일수가 경과한 경우까지 포함시키는 견해(이건호 260면 · 이근상 169면 · 염정철 265면), 어느 정도의 일수로 보는 견해(박삼세 15면), 상당한 시간 내를 의미할 것인 바 분만 후 일주일 전후도 포함시키는 견해(유병진 198면), 심지어는 영아로서 취급할 수 있으면 무방하다는 견해(정창운 27면)까지 있는데, 〈직후〉라는 개념을 너무 넓게 해석하는 것으로 본다. 물론 그 시점을 확정할 수는 없지만,「분만으로 인한 흥분상태가 계속하고 있는 동안」이라고 보는 것이 좋지 않을까 생각한다(동 취지, 유기천 상 71면 · 황산덕 20면). 참고로 노르웨이형법 234조는「분만중 또는 분만 후 24시간 이내에」라고 규정함으로써 입법적으로 해결하고 있다.

5. 자살관여죄의 미수범

자살을 교사 · 방조하였고 피교사자 · 피방조자가 자살행위를 하였으나 실패한 경우에 교사자 · 방조자가 자살관여죄의 미수범이 된다는 점에 있어서는 이론(異論)이 없다. 다만 자살의 교사 · 방조행위는 있었으나 자살행위가 없었을 경우에 관하여는 미수범의 성부(成否)에 대한 견해가 갈라진다. 그런데 황산덕 교수는 미수범이 되지 않는다는 견해를 취하면서(25면), 그 이유를 "실패된 교사 · 방조에 있어서 피교사자 · 피방조자의 행위가 죄가 될 수 있는 경우에도 우리 형법은 그 교사자 · 방조자를「음모 또는 예비에 준하여」처벌하게 하였는데(31조2 · 3항), 본래 죄가 될 수 없는 자살을 교사 · 방조하여 그것이 실패로 돌아갔을 경우에는, 그 형은 음모나 예비보다 더 무거울 수 없다고 보지 않으면 아니된다"(25면)라고 설명한다. 살펴보건대 우선 31조 2 · 3항은 이른바 〈교사의 미수〉에 관한 규정일 뿐이요 〈방조의 미수〉에 관한 규정은 아니므로 31조 2 · 3항의 인용은 부정확하고 또 "그 형은 음모나 예비보다 더 무거울 수는 없다"라는 주장은 무슨 형과 무슨 형과의 비교인지 잘 알 수가 없을 뿐 아니라 형의 비교로서 미수범이 되느냐의 여부가 결정될 수 없다고 본다. 또한 "본죄 〈자살관여죄〉는 정범에 종속한 공범이 아니라, 법률이 규정한 독립된 범죄인 것이며"(23면)라고 주장하면서, 31조 2·3항을 논거로 삼는 것도 잘 납득이 안 된다. 하여튼 자살관여죄의 미수범이 되느냐의 여부는 오로지 동죄의 실행의 착수가 있느냐에 의하여 결정되는 것인데, 동죄의 실행행위(구성요건해당행위)는 피교사자·피방조자의 자살행위가 아니라 자살의 교사·방조행위인 것이다. 따라서 이러한 행위가 있는 이상은 비록 자살의 결과발생뿐 아니라 자살행위가 없더라도 동죄의 미수범이 된다고 보아야 한다(동 취지, 서일교 26면·유기천 상 76·77-8면).

6. 중상해죄의 성격

본죄의 성격에 관하여는 기껏해야 결과적 가중범이라고 하는 견해가 있을 정도이지만(염정철 276면·유기천 상 86면), 예컨대 야구시합에 이기기 위하여 고의로 상대방의 투수의 팔을 분지러 불구로 만드는 경우도 본죄에 해당한다고 해석해야 할 것이다. 그래서 본죄는 규정형식상으로는 단순상해의 「결과적 가중범」(독일형법 224조·서서형법 123조 2항·일본형법가안 344조·희랍형법 310조·유고형법 141조 4항〈과실중상해〉·독일형법1960년안 149조 2항·일본형법준비초안 274조)으로 보이나, 해석상 중상해의 「고의범」(독일형법 225조·서서형법 122조 1항·희랍형법 310조 3항·유고형법 141조 1항·독일형법1960년안 147조 1항)도 포함하는 것으로 본다. 따라서 전자는 중상해에 대한 예견가능, 즉 과실이 있음으로써 족하고(15조 2항 참조. 소위 「과실에 의한 결과적 가중범」), 후자는 중상해에 대한 고의가 있는 경우이다(소위 「고의 있는 결과적 가중범」). 입법론상은 다른 입법례와 마찬가지로 양자를 나누어서, 즉 그 법정형에 차등을 두어서, 규정할 것이 요청된다. 그리고 후자인 중상해의 고의범의 미수는, 따로 처벌규정이 없으므로, 단순상해의 결과가 발생한 때에는 257조 1항에 해당하고 이 결과도 발생하지 아니한 때에는 257조 3항에 해당한다.

7. 특수폭행죄

「단체 또는 다중의 위력을 보여 사람(자기 또는 배우자의 직계존속)의 신체에 대하여 폭행을 가하는 것」이 특수폭행죄의 1태양인데, 이에 관련하여 유기천 교수는 "위력을 보이기 위하여는 단체 또는 다중이 현장에 있음을 요한다고 해석하여야 한다. 이는 합동범에 있어서와 대조하여 볼 때에 당연히 동일한 해석을 하여야 하기 때문이다"(96면)라고 설명하고 있으나, 이는 타당하지 않다고 본다. 왜냐하면, 첫째로, 「보이는 것」은 단체 또는 다중이 아니라 그의 〈위력〉이고 여기서 보인다는 뜻은 〈見〉이 아니라 〈示〉라는 것을 주의해야 할 것이요, 둘째로 소위 합동범은 절도 등을 2인 이상이 공동실행하는 경우임에 반하여 본죄는 폭행을 단체 또는 다중과 공동실행하는 것이 아니라 단체 또는 다중의 위력을 〈인식〉시키고서 폭행을 하는 경우이기 때문이다. 따라서 폭행의 현장에 단체 또는 다중이 있음을 요하지 않는다고 본다. 특히 다중과는 달라서 단체는 그 구성원이 동일장소에 집합해 있음을 요하지 않는 점에서, 그 부당성은 더욱 명백할 것이다. 다음으로 「위험한 물건을 휴대하여」 폭행하는 것이 또한 특수폭행죄의 1태양인데, 〈흉기〉와 관련하여 유기천 교수는 "일반개념상으로는 흉기가 더 무거운 것 같이 보이나 형법상 사용되는 표현으로 따지면 「위험한 물건」은 이 「흉기」보다 더 무겁지 않을 수 없는 것이다. 왜냐하면 흉기는 331조, 334조 등에서 보는 바와 같이 「흉기를 휴대하거나 2인 이상이 합동하여 운운」하는 범죄를 행할 때에 그 정을 가중하는 것으로 되어 있음에 반하여 본조의 소위 「위험한 물건」이라 함은 「단체 또는 다중의 위력을 보이는」 경우로서 서로 병행하므로 2인 이상보다도 단체 또는 다중의 위력이 더 크므로 균형상 흉기보다도 여기의 위험한 물건이 더 무거운 것이라고 보지 않을 수 없다"(93-4면)라고 설명한다. 그런데 필자의 해석으로는 2인 이상 합동하는 경우는 반드시 〈2인 이상〉의 공동실행행위를 요함(더욱이 유 교수는 시간적 장소적인 협동까지 요구함)에 반하여 단체 또는 다중의 위력을 보이는 경우는 〈1인〉의 실행행위로 족하다고 보므로, 이러한 의미에서 오히려 흉기가 위험한 물건보다 더 무거운 것이라고 보아야 한다. 또한 유 교수는 "현행법에 있어서 331조의 「흉기」와 본조의 「위험한 물건」을 대조하여 볼 때에 우리는 양자를 엄격히 구별하여, 「흉기」보다도 본죄의 「위험한 물건」이 더 무거운 것이라고 해석하기는 곤란하지만, 적어도 「흉기」보다도 가볍게 보아서는 아니된다고 생각된다"(95면)라고 설명하지만, 필자는 〈거꾸로〉 흉기를 적어도 위험한 물건보다도 가볍게 보아서는 아니된다고 생각한다. 하여튼「폭력행위 등 처벌에 관한 법률」3조 1항, 「군형법」50 · 51 · 56 · 57 · 60 · 61조 등에서「흉기 기타 위험한 물건」이라고 규정되어 있는 바와 같이(또한 독일형법 223조a 참조), 흉기 대 위험한 물건과의 관계는 특수개념 대 일반개념과의 관계임을 주의해야 할 것이다.

8. 단순유기죄의 요(要)부조 원인

구형법에서는「노유 · 불구 · 질병」으로 한정하였으나, 신형법에서는「노유 · 질병」을 예시하고서「기타 사정」이라는 일반조항을 두게 되었다. 그런데 유기천 교수는 "대취(大醉)하여 지각을 잃고 있는 사람도 질병에 속한다(RG 5, 393 참조)"(129면)라고 설명하고 있으나, 요부조 원인을「연소 · 불구 또는 질병」에 한정하고 있는 독일형법(221조 1항) 하의 판례를 그대로 직수입함은 타당하지 않다고 본다. 참고로 요부조원인을「노유 · 불구 또는 질병」에 한정하고 있는 일본형법(217조, 또한 218조 참조) 하에서, 江家 교수는 "의학상으로는 병자라고 칭할 수 없는 자일지라도, 예컨대 명정자(酩酊者)나 산부와 같은 자는, 병자에 포함한다고 해석해야 한다"(『刑法各論』1956年 215頁)라고 설명하고 있다. 그리고 유 교수는 불구자까지도 질병에 포함시키는데(동면), 일반조항이 있는 신형법 하에서는 질병을 너무 넓게 해석할 필요가 없다고 본다.

9. 체포 · 감금죄의 미수범

체포 · 감금은 다소의 시간 계속함으로써 체포 · 감금죄가 기수가 된다는 점에서는 이론(異論)이 없다. 그래서 〈일시적인 구속〉은 폭행죄를 구성한다는 견해가 많은데(서일교 61면 · 염정철 307면 · 유병진 228면 · 이건호 303면 · 이근상 195면 · 정영석 280면 · 황산덕 57면), 이러한 견해는 미수범의 처벌규정이 없는 구형법 내지 일본형법 하에서는 타당하지만, 미수범 처벌규정을 신설한 신형법 하에서는 타당하지 않다는 점을 주의해야 할 것이다. 즉 체포 · 감금의 고의가 있는 한, 체포 · 감금행위가 다소의 시간 계속되지 못한 경우에는, 그 미수범이 되는 것이다.

10. 체포 · 감금 치사상죄

황산덕 교수는 "사람의 사상(死傷)은 체포 · 감금의 결과로서 발생된 것이라야 한다. 만일 체포 · 감금 후에 구타하든가 기타 가혹한 행위를 하였기 때문에 피해자가 사망한 것이라고 한다면 체포 · 감금죄와 상해치사죄의 병합죄가 된다"(59면)라고 설명하는데, 이러한 설명은 구형법 내지 일본형법 하의 해석이면 몰라도 신형법 하의 해석으로서는 타당하지 않다고 본다. 왜냐하면, 병합죄라는 용어 자체가 구형법(일본형법) 상의 용어일 뿐 아니라, 281조의 체포 · 감금 치사상죄는 중체포감금 치사상의 경우도 포함하므로 사람의 사상은 반드시 체포 · 감금의 결과로서 발생된 것임을 요하지 아니하고 체포 · 감금 후(물론 자유박탈의 계속 중)의 가혹한 행위로 인한 경우에도 이른바 체포감금치사상죄가 성립하기 때문이다.

11. 협박죄의 기수

구형법(일본형법)에서는 협박죄의 미수범 처벌규정이 없었으므로 협박행위(공포심을 일으키게 할만한 해악의 고지), 즉 보호법익인 의사의 자유(혹은 법적 안전의 의식)를 위태롭게 하는 행위가 있음으로써 협박죄의 성립이 있었으나(이러한 의미에서 구법에 있어서의 협박죄는 위태범이었다), 신형법에서는 미수범처벌규정을 따로 두고 있으므로 협박죄(기수)가 성립하려면 협박행위(해악의 고지)로 인하여 상대방이 현실로 공포심을 일으켰음, 즉 의사의 자유(혹은 법적 안전의 의식)가 침해되었음을 요한다(동설, 박삼세 83면 · 서일교 67면 · 유기천 상 144면 · 정창운 68면 · 황산덕 61면). 반대설로는 염정철 311면 · 유병진 232면 · 이근상 199면 · 정영석 284면이 있는데(서일교 67면은 반대설을 통설 · 판례라고 기술하는데, 무엇을 근거로 하고 있는지 알 수가 없다), 재고를 요하리라고 본다. 이 입장에서 기수를 설명하는 것을 보면, "본죄는 (피해자가—필자 주) 해악의 고지를 인식할 수 있는 정도로 표시하면 기수로 된다"(염정철 312면) · "상대방이 이(가해의 통고—필자 주)를 각지할 수 있는 상태로 되었을 때에 기수로 된다"(정영석 285면)라고 설명하고 있다.

12. 국외이송 인취매매죄의「국외」

국외이송 목적의 인취매매죄에 있어서의「국외」를 대한민국 영역 외라고 해석하는 것이 우리나라의 통설이다(박삼세 98면 · 서일교 76면 · 염정철 319면 · 유기천 상 165면 · 이건호 322면 · 이근상 208면 · 정영석 294면 · 정창운 75면 · 황산덕 71면). 그런데 일본형법은「일본국 외에 이송할 목적으로」라고 제한적으로 규정되어 있으므로 당연히 일본국영역 외라는 해석이 나오지만, 단순히「국외에 이송할 목적으로」라고 규정하고 있는 우리 신형법 하에서는 그렇게 좁게 해석할 필요가 없다고 생각한다. 그래서 외국에서 대한민국으로 또는 외국에서 외국으로 이송할 목적이 있는 경우에도 본죄에 해당시킴으로써 형법 6조의 〈보호주의〉를 살릴 수 있게끔,「피해자의 거주국 영역외」라고 해석하는 것이 타당하다고 생각한다. 참고로 일본의 형법가안 379조 · 형법준비초안 304조는「거주국 외에」라고 고쳤으며 또한 우리 형법 5조 등에서는「대한민국 영역 외」라는 표현을 사용하고 있다는 점을 주의해야 할 것이다.

13. 위계간음과 준강간죄

의사가 환자인 소녀를 치료행위로 오신케 하여 간음한 경우에 준강간죄에 해당한다는 견해가 있는데(서일교 80면 · 염정철 327면 · 유병진 241면 · 이건호 328면. 동 취지, 유기천 상 177면), 〈위계에 의한 간음〉에 관한 처벌규정이 없던 구형법(일본형법) 하에서는 준강간죄(동 178조 후단)에 해당시키는 것도 일리가 있겠지만(日本大審院 大正 15年 6月 25日 判決), 미성년부녀 위계간음죄(302조 전단)를 신설한 신형법 하의 해석으로서는 이 죄에 해당한다고 보는 것이 타당할 것이다(동 취지, 박삼세 113면 · 이근상 214면). 정창운 교수는 의사가 자기를 신뢰하는 처녀에 대하여 치료를 가장하여 간음하는 경우는 준강간죄에 해당하고(80면), 의사가 소녀의 국부를 치료하는 것과 같이 착오에 빠지게 하여 간음하는 경우는 미성년부녀 위계간음죄에 해당한다고 보는데(82면), 의문이다. 위계에 의한 간음은 302조 이외에도 303조 · 304에 처벌규정을 신설하고 있다.

14. 명예훼손과 사실의 진실성 · 공익성

형법 310조는 「제307조 제1항의 행위(공연히 사실을 적시하여 사람의 명예를 훼손하는 행위)가 진실한 사실로서 오로지 공공의 이익에 관한 때에는 처벌하지 아니한다」라고 규정되어 있고, 이것은 실체법상 위법성조각사유를 규정한 것으로 보는 것이 우리나라의 통설이다. 또한 이 규정에 의하여 절차법상은 사실의 진실성과 공익성에 관한 거증책임이 당연히 피고인에게 전환되는 것으로 보는 것이 우리나라의 통설이라고 해도 좋을 것이다(박삼세 151면 · 서일교 106면 · 염정철 339면 · 유기천 상 195면 · 정영석 317면 · 정창운 106면 · 황산덕 90면). 그런데 일본형법 제230조의2 제1항은 「전조 제1항의 행위가 공공의 이해에 관한 사실에 해당하고 그 목적이 오로지 공익을 도모함에 있는 것으로 인정하는 때에는 사실의 진부를 판단하여 진실한 것이 증명된 때에는 이를 벌하지 아니한다」라고 규정되어 있으므로 이 규정은 절차법(형사소송법)상은 그 거증책임을 피고인에게 전환시키는 것으로 보아야 할 것이지만(독일형법 186조〈üble Nachrede〉는 「…이 사실이 진실한 것으로 증명되지 아니한 때에는…로 처벌한다」라고 규정하고 있다), 우리 형법은 이것과 그 규정형식이 다르다는 점을 주의해야 할 것이다. 그래서 형법 310조는 위법성조각사유를 규정한 것에 불과하다고 보아야 할 것이며, 위법성조각사유인 사실의 부존재 또는 존재의 거증책임이 어느 쪽에 있느냐는 형사소송법상의 일반원칙에 의하여 결정되어야 할 것이다. 그런데 위법성조각사유인 사실의 존재에 관하여 피고인에게 거증책임이 있다고 보는 견해도 있으나, 범죄의 성립이 불명(不明)임에도 불구하고 처벌하는 것은 인권보장상 부당할 뿐 아니라 형소 325조의 취지에도 반하는 것으로 해석되므로 위법성조각사유인 사실의 부존재에 관하여 검사에게 거증책임이 있다고 보는 견해가 타당하다고 생각한다. 따라서 통설과는 반대되는 결론이 된다.

15. 권리행사를 방해하는 죄의 체계적 지위

신형법은 「권리행사를 방해하는 죄」를 「절도와 강도의 죄」 바로 앞에 제37장으로서 규정하고 있다. 그래서 우리나라의 거의 전부의 해석서에서는 제37장의 죄를 「재산죄」

앞에서 다루고 있는데, 이 점은 재검토의 필요가 있으리라고 본다.

우선 구형법과 비교하여 보건대 구형법에 있어서는 242조 「자기의 재물이라 할지라도 타인의 점유에 속하거나 또는 공무소의 명에 의하여 타인이 간수한 것인 때에는 본장의 죄(절도 및 강도의 죄)에 관하여는 타인의 재물이라고 간주한다」, 251조(242조를 사기 및 공갈의 죄에 준용함), 252조 2항 「자기의 물건이라 할지라도 공무소로부터 보관이 명하여진 경우에 있어서 이를 횡령한 자도 같다」, 262조 「자기의 물건이라 할지라도 압류를 받거나 물권을 부담하거나 또는 임대한 것을 손괴 또는 상해한 때에는 전3조(사문서훼기·건조물손괴·기물손괴죄)의 예에 의한다」는 규정이 있었으나 신형법에서는 일본형법 가안을 본떠서 이들의 준용규정을 통합하여 142조(공무상 보관물의 무효) 및 제37장(권리행사를 방해하는 죄)로 나누어서 규정하였다(단, 후자에 있어서 사기 및 공갈의 죄에 준하는 규정이 없는 것은 입법의 미비라고 보아야 할 것이다). 그런데 여기서 주의해야 할 것은, 일본가안에 있어서의 「권리의 행사를 방해하는 죄」라는 장은 제46장으로서 「손괴의 죄」의 다음으로 규정되어 있다는 점이다(동장이 최후의 장이다). 각칙의 체계상은 「재산죄」에 속하는 것으로 해석된다. 그런데 우리의 입법자는 이러한 일본가안의 장별방식을 받아 드릴 뿐 아니라 〈한걸음 더 나아가서〉 강요죄(가안 402조)에도 「…권리의 행사를 방해한 자」라고 되어 있으므로 〈과잉통합정신을 발휘하여〉 이것까지 합해서 「권리행사를 방해하는 죄」라는 장을 만들어 부득이 「절도와 강도의 죄」의 앞 장에 자리를 마련한 것 같다. 필자로서는 이론적인 검토가 결여된 입법이 아니었던가 생각된다. 남은 길은 해석론에 의하여 「주된 보호법익」에 따라 제자리로 도로 돌려 주어야 할 것이다. 그럼에도 불구하고 우리형법의 해석론에 있어서는 유감스럽게도 유기천 교수를 제외하고는 대체로 이론적인 검토에 입각한 재편성을 시도하고 있지 않은 것 같다.

제37장(권리행사를 방해하는 죄)을 살펴 보건대, 324조(폭력에 의한 권리행사방해) 및 326조(중권리행사방해) 전단은 행동의 자유를 그 주된 보호법익으로 삼고 또 기타는 재산권을 주된 보호법익으로 삼고 있음을 알 수 있다. 따라서 전자는 〈강요의 죄〉로서 「자유에 대한 죄」 속에 또 후자는 〈권리행사를 방해하는 죄〉로서 「재산에 대한 죄」 속에 편입시키는 것이 타당할 것이다(김종원 『형법각론 상권』[18] 1 및 [50] 1 참조). 참고로 최근의 일본형법 준비초안에서는 현행 형법(즉 우리의 구형법)의 체재로 복귀하였다. 그 이유로는 "형법 각본조의 죄는 보기에 따라서는 모두 권리행사를 방해하는 죄이

며 특히 가안이 예정하는 수개의 경우에 한해서 별도의 범죄유형을 만드는 것은 이론상
으로도 법문의 체재상으로도 상당하지 않다는 견지에서 준비초안에서는 가안 제46장
은 전부 이를 삭제하고 그 대신 각각 적당한 장소에 필요에 따라 동 취지의 규정을 두기
로 하였다"(「개정형법 준비초안 이유서」 1961년 293면)라고 설명한다.

16. 부동산절도와 경계침범죄

절도죄의 객체인 재물에서 부동산이 제외되느냐에 관하여는 우리나라에서는 포함
설(박삼세 186면·염정철 379면·이건호 385면·이근상 244면·정영석 356면·정창
운 126면·황산덕136·142면)과 제외설(서일교 133면·138면·유기천 상 254면·유
병진 276면)로 나누어져 있다. 그런데 이 문제는 특히 소위 부동산절도가 절도죄를 구
성하느냐로 「클로즈업」되며 신형법에서 신설된 경계침범죄와의 관련 하에서 새로운 문
제를 제공하고 있다. 이 점에 관하여 살펴 보건대 유기천 교수는 부동산절도에 관하여
는 "토지의 경계선을 침범하는 경우는 구법시대에 상당한 이론(異論)이 있었으나 현행
법은 370조에 경계침범죄를 따로 규정하였으므로 해결이 되었다. 따라서 현행법의 해
석상 절도죄의 행위의 객체는 동산에 국한한다고 생각된다"(264-5면)라고 설명하고
(물론 유 교수는 절도죄의 요건으로서 「불법영득의 의사」를 필요로 하는 입장이다-269
면), 다른 한편으로 경계침범죄의 해석론에서는 "만약 영득의 의사를 가지고 경계침범
의 행위를 하였을 경우 이를 어떻게 해석할 것인가 하는 문제이다. 일본법에 있어서는
최근에 입법으로 이러한 경우를 해결하였다. 현행법상은 특별한 규정이 따로 없으므로
대는 소를 겸한다는 논리법칙에 의하여 영득의 의사를 가지고 경계침범의 행위를 함으
로써 자기가 그 토지를 소유자로서 행사하겠다는 의사를 가지고 행한 증거가 있는 경우
에는 본조(경계침범죄-필자 주)에 해당한다고 해석된다. 왜냐하면 그러한 경우에는 이
른바 부동산의 절도이지만 부동산절도는 329조(절도죄-필자 주)에 포함되지 않기 때문
이다"(451면)라고 설명하고 있다. 그런데 이상의 두 설명에 있어서 전자에서는 절도죄
의 객체가 동산에 국한되는 (따라서 부동산이 제외되는) 것은 370조(경계침범죄)의 규
정이 있기 때문이라고 논증하고(또한 254면에서도 "현실적으로 토지를 침범하는 경우
로서 이는 경계침범죄(370조)가 여기에 해당하므로 현행법상은 따로 절도로 논하지 않

음이 명백하다"라고 설명하고 있다) 후자에서는 경계침범에 의한 부동산절도가 경계침범죄에서만 해당되는 것은 부동산절도가 329조(절도죄)에 포함되지 않기 때문이라고 논증하는 것은 일종의 순환논증이 아닌지. 그리고 서일교 처장은 구저(『형법강의각론』 3정판 1961년)에서는 "이 견해(포함설－필자 주)에서는 부동산이 부동산 자체로서 절취행위의 객체가 될수 있다는 사례로서 예컨대 전재지(戰災地)와 같은 데에서 이웃 땅과의 경계선을 이동하여 타인의 토지의 일부를 취입하는 경우와 같은 유형적(有形的) 점유침해를 절도에 속하는 것이라고 주장하나 이러한 행위에 대하여는 신형법은 손괴죄의 견지에서 이를 규정하고 있다(370조). 이러한 점으로 보아서도 부동산에 대한 절도는 신형법에서도 이를 인정하지 않는 것으로 보아야 한다"(127면)라고 적극적으로 주장하였으나, 신저(『형법각론』 1963년)에서는 "…이러한 행위에 대하여는 손괴죄(370조)의 견지에서 이를 규제할 수 있지 않을까"(139면)라고 소극적인 주장으로 바꾸었다.

필자는 독일 · 서서 · 희랍 등의 형법과 같이 절도죄의 객체를 동산(가동물건)에 한정하고 있지 않는 우리형법의 해석으로서는 절도죄의 객체인 재물에서 부동산을 제외할 이유는 없다고 보며(이러한 의미에서 포함설에 찬성한다), 경계침범에 의한 부동산절도의 경우에는 경계침범죄와 절도죄와의 상상적 경합이 된다고 본다. 경계침범죄가 신설되었다고 해서 부동산의 절도죄가 논외가 된다는 주장(유기천 상 254 · 264면 참조)은 전혀 부당하다고 생각한다(25 참조). 일본형법에서 1960년에 경계표손괴죄(262조의2)가 신설되면서 부동산침탈죄(235조의2)도 함께 신설되었다는 사실은 그 부당성을 실증하고도 남음이 있을 것이다.

17. 야간주거침입절도죄

신형법은 330조에 야간주거침입절도죄를 신설하였다. 그런데 본죄의 성격에 관하여 유기천 교수는 "본죄는 단순절도죄(329조)에 두 가지 종류의 행위상황이 가미됨으로써 위법성이 가중되는 경우이다. 첫째는 「야간」이라 하는 일정한 기간을 요하는 점이요, 둘째로 「사람의 주거, 간수하는 저택, 건조물이나 선박 또는 점유하는 방실」이란 행위상황이다. 전자는 시간적인 제한이요 후자는 장소적인 제한이다. 이러한 일정한 법정의 시간적 · 장소적 제한 하에서 절도행위가 행하여질 때에는 이를 10년 이하의 징역에 처한다는 것이다"(289면)라고 설명하는데, 이는 우리형법을 독일형법과 혼동한 결과가 아닌지. 즉 독일형법 243조 1항 7호와 같이 「행위자가 절도의 목적으로 잠입하였거나 동일한 목적으로 숨어있던 사람이 거주하는 건물 안에서 야간에 절도가 행하여지는 경우(wenn der Diebstahl zur Nachzeit in einem Gebäude… begangen wird)」에 형을 가중하도록 규정되어 있다면 그러한 설명을 하게 될 것이지만, 우리 형법은 〈야간에〉라는 시간적 제한을 받는 주거침입죄와 절도죄와의 「결합범」인 것이다. 「야간」의 개념에 관하여는 범죄지에 있어서의 일몰 후로부터 일출 전까지로 보는 천문학적 파악설(서일교 146면 · 염정철 384면 · 이건호 402면 · 정영석 366면 · 정창운 141면 · 황산덕 141면 · 大塚仁『特別刑法』(法律學全集) 96頁 · 日本最高裁判所判決 昭和 28年 12月 18日. 또한 독일의 판례 · 다수설임)과 그 토지에서 일반으로 인정되는 밤의 안정기간(ortsübliche Zeit der Nachtruhe)이라고 보는 심리학적 파악설(독일의 소수설. 유기천 상 290면 · 대판 1961년 11월 16일)로 나누어지는데, 전설에 찬성한다. 참고로 영미의 「콤몬 · 로」상 burglary에 있어서의 야간이란, 사람의 용모를 식별할 만한 일광이 있는 때까지는 아직 시작하지 아니하고 그만큼의 일광이 있는 때에 끝난다. 그런데 이제 영국은 1916년의 절도법(Larceny Act) 46조에 의하여 오후 9시부터 오전 6시까지의 기간이라고 규정되었고 또 미국에서는 예컨대 텍사스주의 제정법은 일몰 후 30분으로부터 일출전 30분까지라고 고정하고 있다(이상 Clark—Marshall, A treatise on the law of crimes, 5. ed. 1952, §412; Kenny—Turner, Outlines of criminal law, 17. ed. 1958, §215 참조). 다음으로 유 교수는 "본죄의 야간은 행위 시에 야간이면 족하므로 주거에 들어갈 때에는 주간이었으나 절도를 하는 것이 야간인 때에는 본죄에 해당한다. 반대로 야간에 주거에 들어갔으나 절도할 때에는 주간인 경우에는 본죄에 해당하지 않는 것"(290면)이라고 설명하면서 Maurach, BT S.200을 참조하는데 〈후자의 해석〉은 타당하지 않다고 본다. 왜냐하면 전술한 독일형법 하라면 그러한 해석이 타당하겠지만(따라서 Maurach를 참조하는 것도 의미가 있겠지만), 우리 형법에 있어서의 본죄는 〈야간에 침입하여 절취하는 것〉이며 그래서 절취행위뿐 아니라 침입행위도 본죄의 실행행위이므로 「〈침입〉 행위 시에 야간이면 족하기」때문이다. 이와 같이 필자는 침입과 절취가 모두 야간에 행하여진 경우뿐 아니라 어느 한쪽이 야간에 행하여진 경우도 본죄에 해당한다고 본다(동 취지, 황산덕 140頁 · 大塚 96頁 · 日最判 前揭). 또한 유 교수는 "본죄는 일정한 장소에 침입한 후에 절도함을 말하므로 침입하지 않고 길가에서 문을 열고 손을 넣어

방 안의 물건을 절취하는 것은 본죄에 해당하지 않는다"(291면)라고 설명하는데, 타당하지 않다고 본다. 왜냐하면 문을 열고 방 안으로 손을 넣는 행위는 침입행위이며 그리고서 절취행위를 하면 본죄에 해당하기 때문이다. 그리고 필자는 본죄의 착수시기는 침입하기 시작한 때이며 그 기수시기는 물론 절취행위가 완료한 때이고 이 경우에 침입의 미수·기수를 불문한다고 본다.

18. 합 동 범

신형법은 「2인 이상이 합동하여」 절도죄·강도죄 및 도주죄를 범한 경우에 특수절도죄(331조 2항 후단)·특수강도죄(334조 2항 후단)·특수도주죄(146조 후단)로서 단순한 절도죄(329조)·강도죄(333조)·도주죄(145조 1항)보다 형을 가중하고 있는데, 이들을 보통 「합동범」이라고 부른다. 그런데 이에 관하여는 세 가지 해석이 있다. 즉 ① 「합동」의 개념 속에는 공동정범과 공모공동정범의 이론이 함께 포함되었다고 보아야 할 것이므로 신형법에 있어서 공모공동정범이 실제 적용을 보게 되는 것은 합동을 규정한 3개 범죄에만 한하게 된다는 견해(김종수 「신형법상의 공모공동정범의 이론」 법정 79호 11면), ② 신형법 부칙 제10조 제10호에 의하여 폐지된 「도범(盜犯) 등의 방지 및 처분에 관한 법률」의 제2조 제2호 「2인 이상 현장에서 공동하여 범한 때」를 「2인 이상 합동하여」라고 규정하여 채입한 것이므로 「합동범」은 「2인 이상 현장에서 공동하여 범한 자」로 해석하는 견해(서일교 147-8면. 동 취지, 염정철 385면·유기천 상 292면·이건호 404면·정영석 367면·김용식 「신형법론(각론)」 317면)-따라서 소위 공모공동정범의 이론은 「합동범」에서는 적용되지 않게 된다(정영석 동면·동 취지, 유병진 285면) 및 ③ 총칙상의 공동정범과 동일하게 해석하는 견해(황산덕 141면)가 있다. 생각건대 ①·②설은 「합동」이라는 새로운 용어에 너무 구애되어 혹은 확장적으로(즉 공모공동성으로) 혹은 축소적으로(즉 현장성으로) 해석하려는데 둘다 타당하지 않다고 본다. 오히려 집단적인 절도·강도·도주를 중요시하여 이에 대한 강력한 대책을 강구하기 위하여 형을 가중하고 이러한 「가중적 공동정범」(특별죄)을 총칙상의 공동정범과 구별하는 의미에서 「공동」 대신에 「합동」이라는 말을 사용한 것으로 해석한다. 따라서 ③설이 타당하다고 본다. 마찬가지로 ③설의 입장에 서는 황산덕 교수는 ②설에 관하여 "그러나 2인 이상이 공모하고 또한 현장에서 공동하여 절도죄를 범하면 공동정범이 되어 6년 이하의 징역에 처하여지는 데 반하여 오로지 현장에서만 공동하면 합동범이 되어 1년 이상 10년 이하의 징역에 처하여지는 것이 되어 형의 균형상 불합리하다"(141면)라고 비판하는데, 이 비판은 ②설에 대한 〈전적인 오해〉라고 본다. 왜냐하면 ②설에 있어서도「공동실행의 의사」를 필요로 함은 물론이다. 참고로 가중적 공동정범을 규정한「폭력행위 등 처벌에 관한 법률」(1961년) 제2조 제2항은「2인 이상이 공동하여」라고 표현하고 있다.

19. 준(準)강도죄의 미수

「절도와 강도의 죄」에 있어서의 미수범처벌을 규정한 제342조에 제335조(준강도)가 빠져 있다는 이유로 준강도죄의 미수범을 인정하지 않는 견해(이근상 257면 참조)가 있으나, 그「예에 의할」단순강도 · 야간주거침입강도 · 특수강도죄(335조 참조)의 미수범은 처벌되므로(342조), 따라서 본죄의 미수범도 처벌된다고 해석된다(통설, 박삼세 216면 · 서일교 155면 · 염정철 392면 · 유병진 289면 · 이건호 412면 · 정영석 373면 · 정창운 148면 · 황산덕 148면 · 권문택「준강도의 미수」법정 151호 56면). 그렇다면 준강도죄의 기수 · 미수는 무엇을 규준으로 정하여지느냐에 관하여는 ① 절도의 기수 · 미수에 따라 정하여야 한다는 견해(통설, 서일교 155면 · 염정철 392면 · 유기천 상 286면 · 유병진 289면 · 이건호 412면 · 정영석 372면 · 황산덕 148면)와 ② 절도의 기수 · 미수를 불문하고 폭행 · 협박의 기수 · 미수에 따라 정하여야 한다는 견해(권문택 55면)가 대립한다. 생각건대 본죄는 재산죄와 신체 · 자유에 대한 죄와의 결합범인데, 그「주된 보호법익」은 재산이므로 이를 규준으로 삼는 ①설이 타당하다고 생각한다.

20. 약취강도죄

신형법은 약취강도죄(사람을 약취하여 그 석방의 대상(代償)으로 재물을 취득하는 죄―336조)를 신설하였는데, 이는 약취죄와 공갈죄와의 결합범으로서의 성질을 가지고 있는 것으로 해석된다. 여기서 「약취」란 폭행·협박으로 현재의 생활관계로부터 자기 또는 제3자의 사실적 지배 하에로 옮기는 것임은 물론이다. 그런데 "유인에 관하여는 규정이 없으나 광의로 약취에 포함시켜서 생각할 수가 있는 것이다" (황산덕 148면·동 취지, 유기천 상 289면)라는 견해가 있으나, 이는 약취와 유인을 명확히 구별하는 현행법의 입장(제31장 참조)에 반하는 〈금지된 유추해석〉일 뿐 아니라 본죄를 폭행·협박을 수단으로 삼는 〈단순강도죄로써 논한다〉는 취지에 비추어서도 부당하다고 본다. 또한 신형법은 재물의 취득만 규정하고 「기타 재산상의 이익」의 취득을 규정하지 아니하는데, 이는 입법론상 재고를 요한다. 하여튼 「유인」의 문제도 포함하여 입법론상은 일본형법 준비초안 302조가 참고되리라고 생각한다. 즉 동조는 「① 석방의 대상을 요구할 목적으로 사람을 약취하거나 또는 유인한 자는 2년 이상의 유기징역에 처한다. ② 약취되거나 유인된 자를 석방할 대상을 요구한 자도 전항과 같다」라고 하여 「약취 및 유인의 죄」의 장 속에 규정되어 있다.

21. 매장물횡령죄

매장물은 엄격한 의미에서는 점유이탈물이라고 할 수 없지만 이에 준하는 것으로 해석하여 매장물의 횡령을 점유이탈물 횡령죄로서 다루어 왔으나, 신형법은 점유이탈물 횡령죄(360조1항)와 구별하여 매장물횡령죄(동조 2항)를 따로 신설함으로써 입법적으로 해결하였다. 그런데 유기천 교수는 "판례에 의하면…고분 내의 목관 기타의 물건은 여기의 이른바 표류물에 해당한다고 본다"라고 설명하면서 [日大判 昭和 8년 2월 9일]를 인용하는데(384면), 부정확할 뿐 아니라 부당하다고 본다. 왜냐하면 첫째로 日本 大審院의 판례는 우리나라의 판례가 아니므로 「판례에 의하면」이라는 표현은 부정확하다고 보며(日本 大審院의 판례를 「판례」 내지 「구법시대의 판례」라고 표현하는 것이 도처에서 발견됨), 둘째로 "표류물에 해당한다고 본다"라는 설명은 전혀 오류이며(일본형법 254조의 「기타 점유를 떠난 타인의 물건」에 해당한다고 본다 ─ 「고분 내의 물건」은 매장물이며, 표류물이라고는 볼 수 없다), 셋째로 매장물횡령에 관한 특별규정(360조 2항)을 신설한 우리 신형법 하에서 그러한 특별규정이 없는 일본형 법하의 판례를 그대로 수용함은 부당하다고 보기 때문이다.

22. 배임죄의 주관적 요건

구형법에서는 배임죄에 관하여 「타인을 위하여 그 사무를 처리하는 자가 자기 혹은 제3자의 이익을 꾀하거나 또는 본인에게 손해를 가할 목적을 가지고 그 임무에 위배한 행위를 하여 본인에게 재산상의 손해를 가한 때」(247조)라고 규정함으로써 「목적범」이었다. 또한 「이익죄」이지만 재산상의 이익을 취득함을 요하지 않는 점에서 「이득죄」는 아니었다. 그러나 신형법에서는 동죄에 관하여 「타인의 사무를 처리하는 자가 그 임무에 위배하는 행위로써 재산상의 이익을 취득하거나 제3자로 하여금 이를 취득하게 하여 본인에게 손해를 가한 때」(355조 2항)라고 규정함으로써, 이제는 「목적범」이 아니고 또 「이익죄」인 동시에 「이득죄」가 되었다. 그럼에도 불구하고 유기천 교수는 배임죄의 〈주관적 구성요건〉을 설명하면서 "배임죄는 자기 또는 제3자의 이익을 위한 목적이 있는 것을 요한다. 구법시대에는 상술한 바와 같이 자기 또는 제3자의 이익을 위하는 것과 또는 본인에게 손해를 가한다는 두 가지 목적이 필요하였다. 그러나 현행법은 본인에게 손해를 가할 목적이란 훼기적인 요소는 없고 오직 자기 또는 제3자의 이익을 목적으로 한다는 규정만을 둔 것이다"(403-4면)라고 기술하는데, 이는 신형법을 〈오독〉한 것으로 보인다.

23. 배임수재죄의 미수

신형법은 배임수재죄(357조 제1항—배임증재죄〈동조 2항〉도 마찬가지임)를 신설하고 그 미수범의 처벌규정을 두고 있다. 그런데 "단순한 약속·요구는 본죄를 구성하지 않는다"(서일교 191면·이건호 452면·정창운 86면. 황산덕 182면〈불충분하다〉)라는 설명과 더불어 본죄의 미수범은 "있을 수 없다"(서일교 192면)·"상상하기 곤란하다"(황산덕〈왜냐하면 취득을 약속 또는 요구하는 것은 죄가 될 수 없기 때문이다〉·박삼세 282면)라는 주장이 있지만, 그러한 요구·약속이 있으면 취득행위의 실행의 착수가 있다고 보아야 할 것이요 그리고서 취득하지 못하면 미수범이 된다고 해석된다(동 취지, 유기천 상 407면. 그리고 이근상 293면 및 정영석 425면은 약속만으로는 미수에 불과하다고 설명한다).

다음으로 공무원의 수뢰죄에는 미수범 처벌규정이 없는 것과 비교하여 "입법론상 의문이 있다"(서일교 192면). "그 균형을 잃고 있다"(황산덕 182면)라는 논평이 있는데, 이것은 너무나 피상적인 것이요 또 지나치게 형식적인 것이다. 왜냐하면 미수범 처벌규정이 없는 수뢰죄나 상법상의 특별배임죄(630조 1항)에 있어서는 수수 이외에 「요구 또는 약속」이 구성요건적 행위로 규정되어 있다는 것을 간과하고 있기 때문이다(유기천 상 407면 참조).

24. 경계침범죄

신형법은 370조로서 경계침범죄를 신설하였다. 본죄에 관하여 유기천 교수는 "실질적으로 부동산 자체를 보호하려고 하는 것이다. 그러므로 본죄의 보호법익은 소유권에 있다"(448면). "부동산을 직접 따로 보호하는 규정을 두지 않는 현행법의 입장에서는 본질적으로 부동산의 소유권을 보호하는 것이 목적으로 되어 있음을 알 수 있다"(주 1690)라고 논술하는데, 찬성할 수 없다. 왜냐하면 첫째로 본죄는 토지에 관한 것이므로 건물까지 포함하는 부동산이라는 용어를 사용하는 것은 정확하지 못하며, 둘째로 실질적으로 보호하려는 것은 부동산 자체가 아니라 토지에 관한 권리관계라고 보는 것이 타당할 것이며, 셋째로 영득죄가 아닌 본죄를 본질적으로 부동산의 소유권을 보호하는 것으로 보는 것은 타당하지 않다(공범상의 관계에 기인하는 토지의 경계—예컨대 경상남도와 북도와의 경계를 인식불능케 하는 경우도 본죄를 구성한다〈449면 및 김종원『각론(상권)』[49] 64 참조〉고 생각하며(필자는 본죄가 토지에 관한 권리를 표시하는 경계의 명확성을 보호하려는 것이라고 본다), 넷째로 현행법상 재물죄에 있어서 재물로부터 부동산을 제외할 필요가 없다고 생각하므로(16 참조) 부동산을 직접 보호하는 규정이 없다는 주장은 타당하지 않다고 보기 때문이다.

[미완]

30. 구성요건 · 위법성 구별의 형법각론적 실익[*]

Ⅰ. 서 설

벨링이 1906년에 『범죄의 이론』에서 현대적 구성요건론을 전개한 이래로,[1] 범죄의 성립요건을 구성요건 · 위법성 · 책임으로 볼 것인가(3원론) 또는 불법 · 책임으로 볼 것인가(2원론)가 크게 대립하고 있다. 여기에 있어서는 특히 구성요건과 위법성과의 관계가 문제가 된다. 즉 구성요건과 위법성을 적극적으로 구별할 것인가 또는 양자를 포함해서 불법으로 볼 것인가가 문제되는 것이다. 우리나라와 일본에서는 종래부터 3원론이 통설이고 필자도 이 입장을 취하고 있는데, 서독에 있어서는 일단 불법과 책임으로 나누면서도 불법의 〈내부〉에서는 구성요건과 위법성을 구별해서 다루는 것(3단계적 2원론)이 다수설의 입장인 것 같다.

그런데 필자가 이상하게 생각하는 것은 형법총론에서는 구성요건해당성과 위법성을 구별하는 입장에 서면서 각론에서는 총론에서의 입장과 무관계하게 해석론을 전개하고 있는 것같이 느껴지는 점이다. 무릇 총론이라는 것은 「각론을 위한」 일반적 고찰일 터이므로, 총론에서의 구별설의 실익이 당연히 각론에서 나타나야 한다고 믿는다. 그래서 본고에서는 형법각론에서 구별설의 실익이 나타나는 몇 가지 문제에 관하여 고찰하고자 한다.

---

[*] 이 글은 남관 심태식 박사 화갑 기념논문집(노동법과 현대법의 제문제, 법문사, 1983) 593면 이하에 실린 것이다.

[1] 벨링 이래의 구성요건론의 변천에 관하여는 Heinrich Schweikert, Die Wandlungen der Tatbestandslehre seit Beling, 1957이 자세하다.

Ⅱ. 불법원인급여와 횡령죄

(단순)횡령죄(355조 1항)는 「타인의 재물을 보관하는 자가 그 재물을 횡령하거나 그 반환을 거부하는 죄」인데, 여기서 「보관한다」는 것은 위탁관계에 기하여 점유하는 것을 말하며, 위탁계약이 법률상 무효 또는 취소되어도 그것에 기하여 인도된 물건의 점유는 여전히 위탁관계에 기인하는 것이다.

그런데 위탁관계가 불법이기 때문에 민법 제746조(불법원인급여)에 의하여 위탁자가 반환청구권을 가지지 못하는 경우, 예컨대 공무원에게 증뢰할 재물을 맡기거나 금제품을 구매할 자금을 맡긴 경우에, 그 재물을 영득하면 횡령죄가 성립하느냐가 다투어지고 있다. 즉 ① 정영석 교수는 "민법상 불법원인에 기한 위탁관계가 보호되지 아니하는 것은 반드시 형법상 범죄의 성립을 부정하는 것으로는 되지 아니한다. 왜냐하면, 형법상의 관계는 민법상의 효과와는 별개로 형법의 견지에서 고찰하여야 하기 때문이다. 또 보관자가 민법상 반환의무를 부담하지 아니한다고 해서, 곧 소유자는 그 소유권을 상실하고 보관자가 소유권을 취득하는 것으로는 되지 아니하며, 그 보관하는 재물은 의연(依然) 타인의 재물이라고 할 수 있으므로, 횡령죄의 본질이 위탁에 기한 배신성에 있는 이상, 이 경우에도 횡령죄의 성립을 인정하여야 할 것이다. 따라서 긍정설이 타당하다고 본다"[2]라고 논술하고, 유기천 교수는 "소극설은 (ㄱ) 민법상으로도 반환의무를 부담하지 않는 것이 아니요(민법상 의무 있는 일종의 자연채무이다), 소송법상 소추가 불가능한 것뿐이므로 결국 민법의 정신을 오해한 것이다. (ㄴ) 본죄의 본질이 「마우라하」가 지적하는 바와 같이 재산범죄에 있어서는 민법상의 침해 여부는 문제가 되지 아니하고(특히 절도죄와 횡령죄를 위태범으로 취급하는 정신을 볼 때), 형법 독자적인 목적에 의하여 해결하여야 하는 점을 망각하고 있다. 따라서 적극설이 타당하다"[3]라고 논술하여 적극설의 입장을 취하며,[4] ② 이에 반하여 서일교 처장은 "횡령죄의 성부(成否)는 형법의 견지에서 목적론적으로 해석되어야 할 것으로 본다. 일방에 있어서는 민법상 반환을 요하지 않는 것으로 하면서, 타방(他方) 반환을 거부하면 횡령죄를 구성한다는 것

---

2 정영석, 『형법각론(제4전정판)』, 1983년, 354면.
3 유기천, 『형법학[각론강의 상]』, 1970년, 301면.
4 동 취지 : 염정철, 『형법각론강의』, 1959년, 415면; 이근상, 『형법각론』, 1957년, 279면.

은 불합리한 결과가 되며 전술한 바와 같이 법질서 전체의 통일을 파괴하는 것인 동시에 소유권은 의연히 급여자에 있다 할지라도 그 소유권의 내용은 공허한 것이며 법률의 보호대상으로 되지 않는다. 뿐만 아니라 급여수령자에 반환의무는 면제되지만 처분행위는 할 수 없다는 것은 급여수령자(보관자)는 위탁취지인 불법목적으로 그 물건을 사용하는 이외에 사용할 수 없는 불합리한 결과가 되므로 소극설이 타당하다"[5]라고 논술하고, 이건호 교수는 "불법원인급부에 대하여는 반환청구권이 인정되지 않는 것이므로 보관자가 급부물에 대하여 행하는 처분행위는 법률상 허용된 방임행위라고 이해되므로 급부자에 반환청구권이 인정되지 않는 범위 내에서는 급부물에 대하여는 횡령죄의 성립을 부정하여야 한다는 견해가 타당하다"[6]라고 논술하여 소극설의 입장을 취한다.[7] 생각건대, 위탁관계(비록 민법 제103조 〈반사회질서의 법률행위〉에 의하여 무효라도)에 기하여 점유하는 타인의 재물을 영득하는 것은 형법상 횡령죄의 구성요건에 해당하는 행위지마는(적극설은 이 점을 강조한다), 민법상 보관자가 그 재물에 대한 반환의무가 없는 경우에는 그것을 반환하지 않고 영득하여도 허용되는 것이므로 전체로서의 법질서에 위배되지 아니하는 행위가 되고 따라서 형법상 그러한 경우의 영득행위는 위법하지 않게 됨으로써(소극설은 이 점을 강조한다), 결국 횡령죄의 성립은 없다고 본다.[8] 이와 같이 구성요건해당성의 문제와 위법성의 문제를 구별해서 고찰함으로써 타당한 해결을 얻을 수 있다고 본다.

참고로 민법에 있어서 불법원인으로 소유권을 이전한 자가 소유권에 기하여 그 반환을 청구할 수 있느냐의 문제에 관하여, 곽윤직 교수는 물권행위의 무인론(無因論)에 따르면 원인행위가 불법으로 무효이더라도 소유권의 이전은 유효하고 따라서 소유권에 기한 반환청구권이 발생할 여지는 없고 부당이득이 되지만 제746조에 의하여 그 반환을 청구하지도 못하게 되지만, 유인론(有因論)에 따르면 원인행위가 사회질서에 위반하여 무효이면 물권행위도 무효가 되고 소유권은 이전하지 않은 것이 되어 급부자

5 서일교, 『형법각론』, 1963년, 179면 이하.

6 이건호, 『형법학개론』, 1964년, 556면.

7 동 취지: 남흥우, 『형법강의(각론)』, 1965년, 205면; 황산덕, 『형법각론(제5정판)』, 1978년, 313면.

8 김종원, 『형법각론 상 (제3정판)』, 1973년, 229면.

는 소유권에 기한 반환청구권을 가지게 되나 그 권리를 행사할 수 있느냐에 관하여 종래의 판례는 제746조는 소유권에 기한 물권적 청구권 즉 반환청구권의 행사를 방해하지 않는다는 입장을 취했는데(대판 1960.9.15. [4293 민상 57], 대판 1977.6.28. [77 다 728]) 부당이득을 이유로 하는 때에는 반환청구를 인정하지 않으면서 소유권을 이유로 하는 때에는 이를 인정한다면 도저히 그 목적을 달성할 수 없게 된다고 하면서 제746조는 급부자가 물권적 청구권을 행사해서 복구하려는 경우에도 적용된다고 해석하는 것이 타당하며 또 제746조에 의하여 인정되지 않는 급부는 법률적으로도 종국적으로 수령자에게 귀속한다고 새겨야 한다고 주장한다.[9] 그런데 대법원은 최근에 다음과 같이 판례변경을 했다. 즉 "민법 746조는 비록 채권편 부당이익의 장에 규정되어 있기는 하나 이는 일반적으로 사회적 타당성이 없는 행위의 복구가 부당이득의 반환청구라는 형식으로 주장되는 일이 많기 때문이고 그 근본에 있어서는 단지 부당이득제도만을 제한하는 이론으로 그치는 것이 아니라 보다 큰 사법(私法)의 기본이념으로 군림하여 결국 사회적 타당성이 없는 행위를 한 사람은 스스로 불법한 행위를 주장하여 복구를 그 형식 여하에 불구하고 소구(訴求)할 수 없다는 이상(理想)을 표현하고 있는 것이다. 따라서 급여를 한 사람은 그 원인행위가 법률상 무효라 하여 상대방에게 부당이득을 원인으로 한 반환청구를 할 수 없음은 물론 급여한 물건의 소유권은 여전히 자기에게 있다고 하여 소유권에 기한 반환청구도 할 수 없는 것이고 그리하여 그 반사적 효과로서 급여한 물건의 소유권은 급여를 받은 상대방에게 귀속하게 되는 것이다"(1979. 11.13 [79 다 483]).

III. 상대적 음란문서와 음서반포판매죄

음서반포판매죄(243조)는 「음란한 문서, 도화, 기타 물건을 반포, 판매 또는 임대하거나 공연히 전시하는 죄」인데, 본죄의 성립과 관련하여 「상대적 음란문서」의 개념이 하나의 논점으로 되고 있다.

---

9 곽윤직, 『채권각론(전정판)』, 1979년, 555면 이하.

이것은 「빈딩」이 제창한 바로서 부수사정의 여하에 따라서 문서의 음란성에 대한 평가는 다를 수 있다는 생각인데, 독일의 판례는 이에 따라서, 성교를 취급한 논문을 일간신문에 게재했다는 이유로 유죄로 하고(RGSt 27 · 114) 또 어떤 예술작품을 미술관에서 전람하는 것은 관람자가 한정되어 있어서 괜찮다고 하면서 그것을 복제하여 반포하는 것을 벌한 일이 있다(RGSt 37 · 314). 또 團藤 교수는 상대적 음란문서의 개념의 입장에서 "가령 일반의 독자의 비속한 흥미를 끌기 위해서 묘사되었으면 음란일 수 있는 사항이라도 이를 과학적 연구를 위하여 전문의 과학자 사이에서만 발표하는 것은 완전히 헌법이 보장하는 범위 내에 있고 또한 이러한 경우에는 형법의 의의에 있어서도 하등 음란성을 띠는 것이 아니다. 거꾸로 말하면 동일한 연구발표라도 과학적 연구의 목적을 일탈하는 태양(態樣)으로 일반독자에게 공표할 때에는 헌법이 보장하는 범위도 일탈하게 되고 또 형법상의 의의에 있어서도 음란성을 띠는 수가 있게 되는 것이다"[10]라고 주장하고[11] 또 「차타레이 사건」에 관하여 일본의 東京地裁는 로렌스 작품인 「차타레이 부인의 연인」의 방역(邦譯)이 영문학 특히 로렌스를 연구하는 사람들에게 있어서는 가치 있는 것이고 소위 춘본(春本)과는 달라서 본질적으로는 음란문서라고 인정되지 않는다고 하여, 그 역자(譯者)에 대하여는 그 역서를 올바르게 읽어주는 자를 독자로 상정하고 있었다고 해서 무죄로 하면서, 출판자(出版者)에 대하여는 이것을 연구자에게만 주는 것으로 하지 않고 당시의 소위 카수토리 잡지(저속한 대중잡지—필자 주) 등이 횡행(橫行)하고 있는 혼란된 사회정세 하에 있어서 사실상 대부분의 독자로서 청소년을 대상으로 삼아서 구매하기 쉽도록 상하 2권으로 분책(分冊)하여 발매한 점이나 선정적인 광고방법을 사용한 점 등으로 보아서 음란문서판매죄로 문의하였는데 (昭 27.1.18 裁判所時報 99.1), 이것은 실질상 상대적 음란문서의 개념을 고려한 것으로 본다.[12]

---

10 團藤重光, 『註釋刑法(4) 各則(2)』, 1965年, 286頁.

11 宮澤 교수는 "團藤 교수에 의하여 우리나라에 소개되어 오늘날에도 아직 우리 형법학에서 그렇게 믿어지고 있는 「상대적 음란문서」의 개념은 독일의 판례상도 학설상도 예술작품의 취급, 과학적인 설명은 발표의 방식 여하에 따라서는 「음란문서」가 될 수 있는 경우가 있다는 것을 설명하는 수단으로서 〈유력했다〉는 것은 사실이다. 그러나 오늘날의 서독에서는 이미 버려져 버린 「과거의 학설」이다"라고 주장한다(宮澤浩一, 『現代社會相と內外刑法思潮』, 1976年, 336頁).

12 그러나 항소심 및 상고심은 모두 이 개념을 부인하고, 음란문서이냐의 여부는 그 문서 자체에

생각건대, 동일한 작품이 학자·미술가에 한정해서 공개되느냐 일반대중에게 보여 지느냐에 따라서 음란하지 않기도 하고 음란하기도 한다는 것은 타당하지 않으며, 구성 요건상 음란하다고 판단되는 작품이라도 독자·관람자의 선택, 선전방법 등의 반포·판매·공연전시의 방법 여하에 따라 그 작품이 가지는 성격과 관련하여 위법성이 조각 되는 경우가 있을 것이다. 예컨대 성교에 관한 과학적 서술을 의학잡지에 게재하는 것은 그 자체가 비록 음란하다고 판단되더라도 의학자만을 독자로 삼음으로써 그 학문성과 관련하여 위법성이 조각된다고 본다.[13] 이와 같이 「상대적 음란문서」의 개념은 부정하는 것이 좋겠으며, 거기서 문제되는 바는 구성요건의 단계와 위법성의 단계로 나누어서 다루어져야 할 것이다.

Ⅳ. 사회적 의례로서의 선물과 뇌물죄

뇌물죄(129조 이하)에 관하여는 사회적 의례(儀礼)로서의 선물과 뇌물과의 관계가 문제가 되는데, 이에 관한 기본적인 입장으로서 ① 사회적 의례로서의 선물이라 할지라도 직무행위의 대가로서의 의미를 가지는 한 뇌물이라는 견해와 ② 비록 직무행위의 대가로서의 의미를 가질지라도 관습상 승인되는 사교적 의례로서의 한도를 넘지 않는 것은 뇌물이 아니라는 견해가 있다.

이에 관한 국내 학자들의 주장을 보면, 유기천 교수는 "뇌물이라 함은 직무에 관한 행위의 대가로서의 불법한 이익을 말한다. 따라서 뇌물과 사회적 의례로서의 선물과의 구별은 먼저 직무행위에 대한 대가로서 인정되느냐 않느냐에 따라서 결정되는 것이다. 이러한 대가관계가 인정되는 경우에는 사회적 의례의 명목을 빌렸다 하여도 뇌물로 되

음란의 요소가 포함되어 있느냐의 여부로 결정해야 한다고 판시하면서 역자·출판자의 쌍방을 유죄로 하였다(東京高判 昭 27.10.10 高集 5·13·2429, 最判 昭 32.3.13 集 11·3·997). 그리고 最判 昭 48.4.12 集 27·351은 "문서의 음란성의 유무는 그 문서 자체에 관해서 객관적으로 판단해야 하고, 현실의 구독층의 상황 혹은 저자나 출판자로서의 저술·출판의도 등 당해문서 밖에 있는 사실관계는 문서의 음란성의 판단의 기준 밖에 두어져야 한다"라고 판시하여, 그 개념을 명확히 부정하였다.

13 김종원, 풍속을 해하는 죄(『주석 형법각칙(상)』, 1982년, 424면).

는 것은 물론이다. 그러나 제1설의 입장을 취하더라도 직무행위와의 대가관계가 인정
되는 경우에도 증여물이 사회의식에 있어서 관습적으로 승인되어 있는 한도의 것이고
또 직무의 공정을 해할 염려가 없다고 인정되는 경우에는 뇌물성을 부정함이 옳다고 본
다"[14]라고 논술하는데, 대가관계가 인정되면 뇌물성이 인정된다고 하면서 관습적으로
승인되는 한도 내이면 뇌물성이 부정된다는 것은 모순되는 주장이라고 본다. 황산덕 교
수는 "사교상의 관례 · 의례로서 행하여지는 선물일지라도 공무원의 직무에 관하여 수
수되는 경우에는 뇌물이 된다. …직무에 관한 행위에 대한 대가로서 인정될 수 없는 단
순한 사교상의 의례는 물론 뇌물이 되지 않으나 …그러나 지나치게 다액의 향응은 사교
적 의례에 속하지 않으므로 뇌물로 되지 않으면 안 된다"[15]라고 논술하는데, 뇌물성을
대가관계로 결정하는 것인지 사교적 의례성으로 결정하는 것인지 의문이다.

생각건대, 적어도 직무행위와 대가관계에 있는 것인 한 사회적 의례로서의 선물의
명목을 갖추더라도 뇌물이라고 보아야 한다. 이러한 의미에서 ①설이 타당하다. 그런
데 비록 대가관계가 인정되어 뇌물이라 할지라도 오늘날의 사회의식에 있어서 관습상
승인되는 사회적 의례로서의 한도를 넘지 아니하는 선물을 수수(收受) 등 하는 행위는
「사회상규에 위배되지 아니하는 행위」(20조)로서 위법성이 조각된다고 보아야 할 것이
다. 여기서 행위자가 직무행위와 대가관계에 있는 줄은 알았지만 관행상 승인되는 한도
내의 것이라고 오인한 경우에는, 그 수수 등 하는 행위는 위법하지만 「그 오인에 정당한
이유가 있는 때에 한하여」 책임이 조각되어 처벌되지 아니한다(16조). 이상과 같이 직
무행위와 대가관계에 있는 이익을 수수 등 하는 경우에 비록 그것이 사교적 의례로서의
선물의 수수 등이라 할지라도 뇌물을 수수 등 한 것으로 되어 뇌물죄를 구성하지만, 그
것이 관습상 승인되는 한도를 넘지 않는 것이면 위법성이 조각되어 뇌물죄가 성립하지
아니한다.[16] 따라서 ①설은 구성요건해당성의 면에서의 뇌물에 관한 견해이고, ②설은
위법성에 연관되는 견해이며, 서로 차원이 다르다고 본다.

---

14 유기천, 『각론』, 307면.

15 황산덕, 『각론』, 51면.

16 김종원, 뇌물죄(하), 고시계, 1968년, 12월호, 78면.

V. 결 어

이상 몇 가지 문제를 검토한 바와 같이, 형법총론에서는 구성요건과 위법성을 구별하는 입장을 취하면서 막상 각론의 해석론 전개에 있어서는 일차원적 해결을 시도함으로써 일면적(一面的)이거나 모순된 결론을 내고 있는 점을 비판하였다. 우리는 총론과 각론의 유기적인 밀접성을 항상 염두에 두고서, 총론의 이론체계를 구축함에 있어서는 각론적 문제해결의 유용성(有用性)을 고려해야 할 것이고 각론의 해석론 전개에 있어서는 총론의 이론체계의 도움을 받아야 할 것이다. 이리하여 각론을 위한 총론, 총론을 바탕삼는 각론이 되어 상부상조관계가 이룩되는 곳에 형법학의 커다란 발전을 기약할 수 있을 것이다.

31. 방화죄의 기수시기[*]

一. 서 설

방화죄는 「불을 놓아 건조물 기타 일정한 물건을 소훼(燒毀)하는 것」을 내용으로 삼는데, 본죄의 기본적 성격은 공중의 생명 · 신체 · 재산을 해할 가능성, 즉, 공공의 위험에 있다. 또한 방화죄에 있어서는 화력에 의한 재산침해를 동반하는 것이 일반인데, 형법이 자기의 소유물에 대한 방화죄의 특칙을 두어서 타인의 소유물에 대한 방화의 경우에 비하여 가볍게 처벌하고 있는 것은, 공공의 안전뿐 아니라 피해자의 재산적 법익도 함께 보호하려는 취지라고 본다. 따라서 방화죄는 공공위험죄로서의 기본적 성격과 함께 부차적으로는 재산죄로서의 성격도 가지는 것으로 본다.[1]

그런데 방화죄의 구성요건은 원칙적으로 「불을 놓아」 일정한 객체를 소훼하는 것을 요건으로 삼고 있는데(164조, 165조, 166조 1항), 소훼하여 「공공의 위험을 발생하게 하는 것」까지를 요건으로 삼는 것도 있다(166조 2항, 167조). 전자에 있어서는 「소훼」라는 결과의 발생으로 범죄가 기수가 되며 구성요건에 해당하는 사실이 있는 경우에 법률상 추상적 위험이 있는 것으로 의제됨(추상적 위험범)에 반하여, 후자에 있어서는 구체적으로 「공공의 위험이 발생함」으로써 범죄가 완성(기수)된다(구체적 위험범).

그래서 방화죄의 기수시기에 관하여는 「소훼」와 더불어 구체적인 「공공의 위험의 발

---

* 이 글은 고시계(1971년 9월호) 25면 이하에 실린 것이다.

1 통설 · 남흥우, 『형법강의(각론)』, 1965년, 244면; 박삼세, 『형법각론』, 1959년, 330면; 서일교, 『형법각론』, 1963년, 285면; 염정철, 『형법각론강의』, 1959년, 159면; 유기천, 『형법학(각론강의) 하』, 1967년, 19면; 유병진, 『신판한국형법각론』, 1957년, 103면 이하; 이건호, 『형법학개론』, 1964년, 336면; 정영석, 『형법각론』(제2전정판), 1965년, 127면; 황산덕, 『형법각론』(제3신판), 1970년, 87면; 공공위험죄설:이근상, 『형법각론』, 1957년, 81면.

생」도 함께 살펴보는 것이 좋겠다.

二. 소 훼

방화죄에 있어서 원칙적으로는 「불을 놓는」 실행행위와 이로 인한 일정한 객체의 「소훼」라는 결과발생을 요구하고 있는데 (164조~166조 1항), 이러한 방화죄(추상적 위험범)에 있어서의 기수시기는 물론 〈소훼〉이다.

이러한 〈소훼〉를 어떻게 이해할 것이냐에 관하여는 학설이 나누어진다.

① 독립연소설－불이 매개재료를 떠나 목적물에 옮겨서 독립해서 연소를 지속할 수 있는 상태에 이르는 때에 소훼가 있다는 설이다(이근상 82면, 朝高判 1917년 3월 31일 4권 53면·대법원 1949년 4월 26일 판결 『주석 한국 판례집 형사법Ⅰ』 1965년 143면, 일본의 판례, 독일의 판례·통설.[2]

② 공공위험 발생설－연소상태가 공공의 위험을 발생시킬 정도에 이르렀을 때(유병진, 107면) 내지 공공의 위험을 발생케 할 정도로 그 목적물건에 불이 붙어 연소를 시작한 때(이건호 337면)에 소훼가 있다는 설이다.

③ 중요부분 연소개시설－목적물의 중요한 부분이 연소가 개시한 때에 소훼가 있다는 설이다(남흥우 247면, 박삼세 332면, 황산덕 91면).

④ 일부손괴설－화력에 의하여 목적물이 손괴죄에 있어서 요구되는 정도로 손괴(일부손괴)되면 소훼가 있다고 보는 설이다(대법원 1961년 5월 15일 판례).[3]

⑤ 효용상실설－화력에 의하여 목적물의 중요한 부분이 상실하여 그 본래의 효용을 상실한 때에 소훼가 있다는 설이다(서일교 290면, 염정철 163면, 유기천 하 25면, 정영석 134면).

먼저 〈독립연소설〉에 관하여 살펴보건대, "본죄(방화죄－필자 주)는 공공위험죄이며

---

2 독일형법 306·308조는 「불을 놓는다」(in Brand setzen)라는 표현으로 규정되어 있다.

3 "방화죄에 있어서 기수의 기준이 되는 소위 소훼는 화력에 의하여 목적물의 일부가 손괴된 때를 말하는 것이고 반드시 목적물의 전부가 손괴되거나 그 본질적 효용을 상실할 때를 말하는 것이 아니라 할 것이다"(나길조 편, 『형사판례류집』, 1969년, 249면).

이미 독립의 연소력을 발생한 경우에 있어서는 그 목적물의 존재효용을 상실함에 이르지 않았다 할지라도 공공의 위험을 발생한 것이라 할 것이므로 후설(독립연소설—필자 주)이 타당하다고 생각한다"(이근상 82면)라고 설명하는 바와 같이, 독립연소설은 공공위험죄로서의 방화죄의 기본적 성격을 기준으로 하여 어떠한 상태에 이르른 때에 공공의 위험이 발생한 것으로 볼 것인가라고 생각하여 독립연소 시를 바로 그때라고 봄으로서 본죄의 기수, 즉, 소훼가 있다고 생각하는 것이다. 그런데 추상적 위험범으로서의 방화죄에 있어서는, 「공공의 위험의 발생」이 구성요건요소가 아닐 뿐더러 그 구성요소에 해당하는 사실이 있는 경우에는, 즉, 소훼라는 결과발생뿐 아니라 방화라는 실행행위가 있는 경우에도 법률상 추상적 위험이 있는 것으로 의제되므로,[4] 비록 방화죄의 기본적 성격이 공공위험죄에 있다 할지라도 추상적 위험범으로서의 방화죄에 있어서 그 기수시기인 소훼의 개념을 정함에 있어서 공공의 위험발생에 결부시키는 것은 타당하지 않다고 본다. 또한 독립연소설에 대하여는, 근년에 내화식(耐火式)인 건물의 수가 증가하고 있지만 아직은 상당수가 목조이므로 방화되면 쉽게 인화하여 곧 독립연소에 이르는 우리나라의 건축사정 하에서 독립연소설을 취하면 방화죄의 미수(174조), 특히 중지미수가 인정될 여지가 거의 없게 된다는 점도 비판이 가하여지고 있다.[5]

〈공공위험발생설〉에 대하여도 독립연소설에 대한 비판이 그대로 타당하다.

〈중요부분 연소개시설〉은 기본적으로는 독립연소설의 입장을 취하면서 여기에 한정(限定)을 가하여 구체적 타당성을 얻으려는 설인데, "물건의 중요한 부분의 소실이라고 하는 것과는 달리 중요한 부분의 연소개시라는 것이 무엇을 가리키는지 반드시 명백하지 않다"(團藤重光, 『刑法綱要各論』, 169頁)라는 비판이 가하여진다.

---

4 일반적으로 독립연소 시에 공공의 위험이 있는 것으로 생각하지만, 〈추상적인 위험〉은 이미 방화의 실행행위 시에 있다고 보아야 할 것이다.

5 團藤 교수는, 종래에 의문을 유보하면서도 일부손괴설을 취하는 것으로 보였는데 (團藤重光 『刑法(改訂版)』, 1955年, 261頁), 최근에는 독립연소설에 따라 판례를 지지하게 되었다. 그 이유 중의 하나로서 "지금 다시 생각해보면, 「소훼」는 방화죄뿐 아니라 실화죄의 요건이기도 하다. 방화죄에 대하여는 미수도 처벌하므로 방화행위가 있는 이상 소훼의 결과가 발생하지 아니하여도 처벌의 가능성이 있지만, 실화죄는 소훼의 결과를 발생하지 아니하는 한 불가벌이다. 그리고 효용상실설이나 중간설(중요부분연소개시설·일부손괴설—필자 주)은 아마 실화죄의 성립범위를 너무도 좁히는 것이 아닐까 생각한다.…독립연소설은 실화죄에 대해서도 타당한 결론을 보인다"(同, 『刑法綱要各論』, 1964年, 168頁 以下)라고 설명하는데, 독립연소의 정도밖에 안 되는 실화를 굳이 처벌할 필요가 있을지 의문이다.

〈일부손괴설〉은 추상적 위험범인 방화죄의 기수시기인「소훼」의 개념을 이해함에 있어서 방화죄의 재산죄적 성격을 고려하여 손괴의 정도에 이르른 것을 요구한다는 태도는 일리 있으나, 화력에 의한 손괴가 보통의 손괴에 비하여 형이 너무 무거운 점에 비추어[6] 비록 공공위험의 면을 계산에 넣는다 하더라도 소훼를 단순한 손괴의 정도로 해석하는 것은 너무 약하므로 적어도 손괴의 죄에 있어서의「파괴」(367조)의 정도로는 해석해야 할 것이다.[7]

생각건대, 방화죄가 기본적으로는 공공위험죄적 성격과 부차적으로는 재산죄적 성격을 가지는 범죄이지만,「불을 놓아 일정한 객체를 소훼하는 것」을 요건으로 삼는 추상적 공공위험죄로서의 방화죄에 있어서 그 기수시기(소훼)는 재산죄의 면에서 정하는 것이 타당하다고 본다. 이것은 마치 소유권을 그 본질적인 보호법익으로 삼으면서 제2차적으로는 점유도 보호법익으로 삼는 절도죄에 있어서(김종원,『형법각론 상권』, 1965년, 180면) 그 기수시기는 점유의 이전에 구하는 것과 같다고 생각한다. 그리고 기수시기인「소훼」를 재산훼손의 면에서 파악하는 것은, 구형법(일본형법)은 소「燬」(불이 이글이글하다)라고 표현했는데 신형법이 소「毁」(무너지다)로 바꾼 점에서도 더욱 뒷받침될 것이다.[8] 다만 그 훼손을 어느 정도로 볼 것이냐에 관하여는 일부손괴설과 효용상실설이 대립하겠는데, 전술한 바와 같이 손괴죄의 형과의 비교를 통해서 목적물의 중요한 부분이 소실하여 그 본래의 효용을 상실한 때에 소훼가 된다고 보는 입장이 보다 낫겠다. 그리고 효용상실설을 취한다고 해서 공공위험죄적 성격을 경시하는 것은 결코 아니며,[9] 추상적 공공위험죄로서의 방화죄에 있어서는 소훼라는 결과발생 시에 비로소 추

---

6 참고로, 재물손괴죄(366조)의 형이「3년 이하의 징역 또는 1만 5천원 이하의 벌금」임에 비하여, 현주건조물방화죄(164조)가「무기 또는 5년 이상의 징역」, 공용건조물방화죄(165조)가「무기 또는 3년 이상의 징역」, 일반건조물방화죄(166조 1항)가「2년 이상의 징역」이다.

7 참고로「공공에 공하는 건조물을 파괴한 자는 10년 이하의 징역 또는 10만 원 이상의 벌금에 처한다」(167조)임에 대하여,「불을 놓아…공익에 공하는 건조물…를 소훼한 자는 무기 또는 3년 이상의 징역에 처한다」(165조)이다.

8 유기천 교수는 "현행법은 구법의「소훼(燒燬)」를 버리고「소훼(燒毁)」라는 용어를 사용했는데, 이는 형법이 독립연소설을 포기하고 효용상실설을 채택하였음을 의미하는 것이다"(924면)라고 논술하는데, 이렇게 단정할 성질의 것인지 의문이다. 참고로「燒燬」라는 표현을 쓰는 일본형법 하에서 독립연소설·중요부분연소개시설·일부손괴설·효용상실설이 팽팽히 맞서고 있다.

9 보통 독립연소설은 방화죄의 공공위험죄로서의 면을, 효용상실설은 재산침해의 면을 중시하는 것으로 설명되고 있다.

상적인 공공위험이 인정되는 것이 아니라 방화라는 실행행위 시부터 추상적인 공공위험은 인정되는 것이다.

三. 공공의 위험의 발생

방화죄 가운데는 「불을 놓아」 일정한 객체를 소훼하여 「공공의 위험을 발생하게 하는 것」을 요건으로 삼는 것이 있는데(166조2항, 167조), 이러한 범죄에 있어서는 구체적으로 공공의 위험이 발생함으로써 비로소 그 범죄가 완성(기수)된다(구체적 공공위험범). 그래서 이러한 방화죄에 있어서는, 그 범죄의 완성(기수) 시기는 소훼가 아니라 「구체적인 공공의 위험발생이므로, 효용상실설에서 이해하는 〈소훼〉 이후에 완성될 수 있을 뿐 아니라 그 정도에 이르기 전에 완성될 수도 있다는 점을 주의해야 할 것이다.

1. 〈공공의 위험〉이라 함은 공중의 생명·신체·재산 침해의 가능성을 말한다. 그런데 공공성에 관하여는, ① 불특정 또한 다수라고 하는 설, ② 특정 또는 다수라고 하는 설, ③ 특정·불특정을 불문하고 다수라고 하는 설이 대립되는데, 우리나라의 통설은 ②설이고(남흥우 244면, 박삼세 329면, 서일교 290면, 염정철 167면, 유기천 하 20면, 정영석 140면, 황산덕 87면) 또한 타당하다고 본다.

2. 공공의 위험의 〈발생〉에 관하여는, 당해 구체적 상황에서의 일반인의 객관적인 판단에 의거해야 한다. 따라서 자연적·물리적 관점에서 위험이 없는 경우에도 일반인의 감각에서 위험이 느껴지는 때에는 공공의 위험의 발생이 있는 것으로 된다.

32. 형법제정 50주년과 한국형법학의 과제[*]

I.

한국형법 제정·시행 50주년을 맞이하여 한국형법학이 해야 할 기본적인 일이 무엇인가를 깊이 생각해 보는 것도 아주 중요한데, 여기서는 필자가 평소에 생각하는 바를 적어 보려고 한다.

II.

한국형법학이 해야 할 일을 생각함에 있어서는, 그에 앞서 한국형법학이 놓인 현황을 객관적으로 인식할 필요가 있다고 본다. 여기에 있어서는 두 가지 면에서 생각할 수 있다.

하나는 기본적으로 독일형법학 식의 〈사고도구〉로 무장되어 있다. 예를 들면, 오늘날의 한국형법학을 논하면서 「구성요건」이란 말을 뺄 수는 없을 것이다. 또 범죄론의 체계를 생각할 때, 구성요건해당성·위법성·책임 또는 불법·책임이라는 독일식인 사고도구를 쓴다. 공범을 논할 때, 최소종속형태·제한종속형태·과장종속형태라는 표현도 써왔다. 개념 내지 학설에 있어서 대부분이 그렇다. 물론 모두가 그런 것은 아니다. 불능범이라든가 범죄공동설·행위공동설 등은 불란서형법학 식인 것이 일본형법학을

＊ 이 글은 형사법연구(제20호, 2003년 겨울) 1면 이하에 실린 것이다. 또한 이 논문은 2003년도 한국형사법학회 추계학술회의(2003. 9. 26)에서 발표한 내용을 기초로 작성한 것이다.

통해서 들어 온 것으로 안다.

또 하나는 우리가 쓰고 있는 〈용어〉는 거의 일본에서 번역된 것이다. 「구성요건」이란 말도 그렇다. 일본에서 처음에는 '타토베수탄토'라고 쓰기도 했으나, '범죄구성요건'이라고 쓰다가 현재는 보통 '구성요건'이라고 쓴다. 예를 들자면 한이 없을 것이다.

이상과 같이 한국형법학의 현황은, 〈사고도구〉는 주로 독일식이고 〈용어〉 그 자체는 주로 일본식이다.

Ⅲ.

이러한 현황 하에서 한국형법학이 해야 할 일은 우선 〈일본식 번역어의 재검토〉이다.

'소극적 구성요건요소론'이란 것이 있는데, 일본에서 negativ란 독일어를 너무 소극적으로 번역한 것이 아닌가 생각한다. 그러한 요소가 있으면 구성요건해당성이 없게 되는 것이므로, 바로 「부정적」이라고 번역하는 편이 낫지 않을까 생각한다. 그리고 Mangel am Tatbestand의 역어로 일본에서 '사실의 흠결'이란 말과 '구성요건의 흠결'이란 말 두 가지가 쓰이고 전자 쪽이 보다 많이 쓰이는 것 같은데, 구성요건요소의 흠결의 경우를 뜻하므로, 원어대로 〈구성요건의 흠결〉이란 표현이 낫다고 본다.

한편 일본에서는 Unrecht를 '위법'이라고 번역하기도 하고 또 Unwert를 '무가치'라고 번역하는데, 우리나라에서 '불법', '반가치'라고 번역하는 것은 잘된 일이라고 본다.

Ⅳ.

다음으로 한국형법학이 참으로 해야 할 일은 〈한국형법에 맞는 형법학의 수립〉이라고 본다. 해방 후 상당한 기간 동안(교과서 수준에서는 1980년대 전반경까지) 일본식 형법학에 너무 치우치더니, 1980년대 후반경에 들어온 후로는 독일식 형법학에 너무 치우치는 것이 아닌가 생각된다. 물론 전술한 바와 같이, 독일형법학 식인 사고도구, 때로는 일본형법학 식인 사고도구를 쓸 수밖에 없을지 모르나, 설계도만큼은 한국형법전에 바탕을 둔 〈우리의 설계도〉를 그려야 할 것이다. 비록 독일제나 일본제 도구를 쓴다고 해도, 독일형법학이나 일본형법학의 설계도를 그대로 가져와서 〈우리의 집〉을 지을 수는 없다고 본다. 여기에 있어서는 먼저 독일이나 일본의 형법전과 한국형법전을 비교·검토하여, 같은지 다른지 또 다른 경우에는 달라도 해석을 같게 할 수 있는지 다르게 해석해야 하는지 심중히 살펴보아야 할 것이다. 그리고 한국형법의 해석론에 유익하고 도움을 주는 외국의 이론이나 학설은 〈잘 소화해서〉 얼마든지 받아들여야 하며, 그러한 것은 많이 받아들일수록 좋다고 본다. 그러나 우리의 해석론에 도움을 주지 아니하거나 방해가 되는 것은 참고사항에 그치게 하거나 배척해야 할 것이다.

이상은 너무 추상적인 주장이어서 좀 구체적인 사항을 몇 가지 들어 이하에서 살펴보려고 한다.

(1) 〈일반적 위법성조각사유〉에 관하여, 독일형법전에는 규정하는 바가 없으나, 한국형법전에는 「…사회상규에 위배되지 아니하는 행위는 벌하지 아니한다」(20조)라는 규정이 있고, 이것을 일반적 위법성조각사유를 규정한 것으로 보는 입장이 다수설이다. 따라서 〈위법성조각사유(정당화사유)의 일반원리〉에 관하여, 이에 관한 규정이 없는 독일에서는 일원설이든 다원설이든 주장할 수 있겠으나, 우리나라에서는 일원설을 취할 수밖에 없지 않을까 생각한다.

(2) 〈원인에 있어서 자유로운 행위〉의 문제는 자초심신상실자가 범죄 시에는 책임능력이 없는 상태여서 처벌할 수 없지만 스스로 책임무능력상태를 야기하는 시점에서는 자유로웠다. 즉 책임능력이 있었다는 경우에 이를 근거로 처벌할 수 있겠는가라는 문제라고 생각한다.

독일에서는 형법총칙에 원인에 있어서 자유로운 행위에 관한 직접적인 규정은 없다. 또한 한정책임능력자에 대하여는 형의 임의적 감경을 규정하고 있어서(21조) 우리와는 달리 반드시 형을 감경할 필요는 없으므로, 심신미약상태의 범행에 대하여는 소위 원인에 있어서 자유로운 행위의 문제를 논한 실익이 없는 것으로 본다. 한편 형법각칙에서는 제323조a가 「① 고의 또는 과실로 알코올음료 또는 기타의 마취제에 의하여 자기를 명정(酩酊)상태에 빠지게 한 자는, 그가 이 상태에서 위법한 행위를 행하였고 또한 명정에 의하여 책임무능력이었거나 이것이 배제될 수 없었기 때문에 처벌될 수 없는 경우에는 5년 이하의 자유형 또는 벌금에 처한다. ② 그 형은 명정상태에서 행하여진 행위에 대하여 정해진 형보다 무거워서는 아니된다」라고 하여 〈완전명정죄〉를 규정하고 있다. 그래서 비록 총론의 차원에서 원인에 있어서 자유로운 행위의 경우를 불가벌로 보아도(불가벌설) 제323조a의 적용을 문제삼을 수 있다.

한편 우리나라에 있어서는 형법총칙에서 제10조 3항이 「위험의 발생을 예견하고 자의(自意)로 심신장애를 야기한 자의 행위에는 전2조(심신상실자와 심신미약자—필자 주)의 규정을 적용하지 아니한다」라고 규정하여, 소위 원인에 있어서 자유로운 행위의 경우를 입법적으로 해결하였다. 즉 심신상실자의 범행의 경우에는 처벌할 수 있도록 또 심신미약자의 범행의 경우에는 반드시 형을 감경할 필요가 없도록 또 규정한 것이다. 여기서 독일형법(임의적 감경)과는 달리 심신미약자의 범행에 대하여 형의 필요적 감경을 규정하는 한국형법(제10조 2항) 하에서 자의로 심신미약의 상태에 빠진 자의 범행의 경우에도 소위 원인에 있어서 자유로운 행위에 포함시켜야 하지 않겠느냐의 문제도 입법적으로 해결되었다. 따라서 우리나라에서 소위 원인에 있어서 자유로운 행위를 논함에 있어서는 심신미약자의 범행의 경우도 포함시켜야 할 것이다. 그런데 〈원인에 있어서 자유로운 행위〉라는 말은 독일형법 하에서 심신상실자의 범행의 경우만을 생각하여 만들어진 것인데, 한국형법 하에서 심신미약자의 범행의 경우를 포함시키기에는 너무 좁아 부적합하다고 본다. 필자는 오선주 교수 정년기념논문집(2001년)에 기고한 「소위 원인에 있어서 자유로운 행위에 관한 소고」에서 「〈원인에 있어서 자유로운 행위〉라는 표현은 매우 적절하지 않다고 생각되므로 앞으로 고치는 것이 바람직하다」(89면)라고 주장한 바 있는데, 〈원인에 있어서 자유로운 행위〉라는 표현 대신에 한국형법 제10조 3항의 문언을 살려서 「자초(自招)심신장애자의 행위」라는 표현으로 고치는 것이 옳다고 본다.

(3) 〈제27조〉가 신설되어 「실행의 수단 또는 대상의 착오로 인하여 결과의 발생이 불가능하더라도 위험성이 있는 때에는 처벌한다. 단, 형을 감경 또는 면제할 수 있다」라고 규정 되었다.

필자는 1963년 「법정」 11월호에 「형법 제27조와 미수범」이란 글을 발표했는데, 그 당시의 교과서들은 미수범의 장에서 미수범·중지범·불능범의 절로 나누어 설명하면서 제27조는 〈불능범〉의 절 속에서 해석하는 것이 일반적 경향이었다(남흥우·백남억·유기천·이건호·정영석·황산덕 교수 등). 이와 같이 미수범의 장에서 미수범·중지범·불능범으로 나누어서 설명하는 것은 일본식 형법학에 따른 것이며, 일본은 지금도 보통 이렇게 다루고 있다. 〈위험성〉의 유무에 의하여 미수범과 불능범을 구별하는 것이 일본이나 한국의 형법학의 태도인데, 27조가 「…위험성이 있는 때에는 처벌한다.…」라고 규정하고 있으므로 그 조문이 규정하는 바는 불능범이 아니라 〈미수범〉임이 분명하다. 물론 조문의 〈표제〉는 불능범으로 되어 있으나, 이것은 어디까지나 표제일 뿐 조문 그 자체는 아니다.

필자는 지금부터 꼭 40년 전인 1963년의 글에서 남흥우 · 백남억 · 정영석 · 유병진 · 이건호 · 황산덕 · 유기천 제(諸)교수 · 변호사의 견해들을 인용 · 비판하고 나서, 날씬한 삼각형의 도면과 함께 "이상 고찰한 바와 같이 제27조가 규정하고 있는 바는, …바로 미수범의 1종인 「불능미수」이다. 그리고 현행형법에 있어서의 미수범은 장애미수 · 중지미수 · 불능미수의 3종이라는 점을 특히 주의해야 하리라고 본다. 따라서 현행형법 하에서 미수범을 논함에 있어서는, 미수범 일반(제25조)을 논한 다음에, 구형법 하와 같이 중지범 · 불능범(위험성이 없는)을 논할 것이 아니라, 미수범의 특수유형(類型)으로서 중지미수(제26조) · 불능미수(제27조)를 논해야 하리라고 생각한다"라는 결론을 낸 바 있다. 교과서 수준으로 이 결론이 받아들여진 것은 그 20년 후인 80년대에 들어와서인 줄 알고 있는데, 오늘날에는 당연한 것으로 인정되고 있다. 그 글에서 필자가 제27조의 미수범에게 〈불능미수〉란 이름을 처음으로 붙였는데, 이것은 동조의 문언에 충실하게 따른 것뿐이다. 즉 첫째 요건인 「…결과의 발생이 불가능하더라도」에서 〈불능〉을 따고, 둘째 요건인 「…위험성이 있는 때」이므로 〈미수범〉이어서, 합하여 「불능미수」라고 창명한 것이다. 그리고 불능미수란 이름을 공개한 1963년 당시에(물론 강의에서는 그 전부터 쓰고 있었음), 1969년에 공포되고 1975년 1월 1일부터 시행된 독일의 신형법총칙상의 untauglicher Versuch(불능미수라고 번역되고 있음)에 관하여 아는 바가 있을 리 없었다. 오히려 untauglicher Versuch는 〈불능범〉의 독일어로 인식되어 있기도 해서(유기천, 형법학[총론강의], 1960년, 292면에서 「제3절 불능범(untauglicher Versuch)」라고 쓰고 있고, 정영석, 형법총론, 1961년, 266면에서 "불능범(또는 불능미수)(untauglicher Versuch)이라 함은, …위험성이 없어 미수범으로서도 처벌할 수 없는 경우를 말한다"라고 논술하고 있음), 제27조의 미수범을 교과서 수준에서 〈불능미수〉라고 받아들이는 데에 20년이나 걸리게 한 저해요인이 되기도 했다고 본다.

독일의 신형법총칙 제22조에는 〈미수범의 개념규정〉을 규정하고, 제23조에는 〈미수범의 처벌〉에 관하여 「① 중죄의 미수는 항상 처벌되고, 경죄의 미수는 법률이 명문으로 규정하는 때에만 처벌한다. ② 미수범은 그 기수범보다 경하게 처벌될 수 있다(제

49조1항). ③ 행위자가 심한 몰상식(grober Unverstand)으로 말미암아, 그 범행의 대상 또는 수단의 성질상 그 기도(Versuch)가 결코 기수가 될 수 없는데 될 것으로 잘못 생각한 경우에는 법원은 형을 면제하거나 또는 법원의 재량에 의하여 형을 감경할 수 있다(제49조 2항)」라고 규정한다. 여기서 주의할 것은 독일의 신형법총칙상의 〈불능미수 untauglicher Versuch〉는 「행위자가 그 범행의 대상 또는 수단의 성질상 그 기도가 결코 기수가 될 수 없는데 될 것으로 잘못 생각한 경우」인데(우리 형법상의 불능미수의 첫째 요건인 「실행의 수단 또는 대상의 착오로 인하여 결과의 발생이 불가능하더라도」에 해당하는 것으로 본다), Udo Ebert의 형법총론, 제3판, 2001년, 126면의 도표에 명확히 표시된 바와 같이, 그 착오가 〈심한 몰상식으로 인한 경우〉와 〈보통(normal)의 경우〉로 나누어져, 〈심한 몰상식의 경우〉는 23조 3항에 의하여 〈임의적 면감(免減)〉이 되고 〈보통의 경우〉는 가능미수 tauglicher Versuch의 경우(우리의 협의의 장애미수의 경우)와 마찬가지로 23조 1·2항에 의하여 〈임의적 감경〉이 된다는 점이다. 이와 같이 한국형법 하의 〈불능미수〉와 독일형법 하의 〈untauglicher Versuch〉는 요건도 같지 않고 처벌도 다르다는 것을 유의해야 할 것이다.

(4) 〈간접정범〉에 관하여는 보통 한국형법 제34조 1항에 규정된 것으로 본다. 즉 「어느 행위로 인하여 처벌되지 아니하는 자 또는 과실범으로 처벌되는 자를 교사 또는 방조하여 범죄행위의 결과를 발생하게 한 자는 교사 또는 방조의 예에 의하여 처벌한다」라고 규정하고 있다.

먼저 〈정범개념 우위성〉에 관하여 살펴보고자 한다. 정범개념의 우위성이란 정범과 공범의 관계에 관하여 간접정범을 포함한 정범개념이 먼저 정해져야 한다는 주장인 것으로 알고 있다. 그런데 독일형법과 같이 교사범(26조)·방조범(27조)에 〈앞서서〉 제25조(정범)에서 제1항에 「스스로 범죄를 범하는」 직접정범과 「타인을 통하여 범죄를 범하는」 간접정범을, 또 제2항에 공동정범을 규정하고 또 피교사·방조자가 「고의로 위법한 범행」을 한 경우에 교사범·방조범이 인정되는 제한종속형태로 입법적으로 한정하고 있다면, 정범개념의 우위성이 주장될 법도 하다. 그러나 한국형법은 교사범(31조)·종범(32조)을 규정한 〈후(後)〉에 제34조 1항에서 간접정범을 규정하고 또 공범종속형태의 어느 입장을 취할지는 입법상 자유롭게 되어 있다. 이러한 입법 하에서는, 한축적(限縮的) 정범개념을 취하면 스스로 범죄구성요건에 해당하는 행위를 실행하는 자만이 정범이 될 수 있고, 그리고 나서 정범에로의 종속성에 따라 교사범·종범, 즉 공범이 정해지는 것이다. 그런데 스스로 범죄구성요건에 해당하는 행위를 실행하지 아니하여 정범이 되지 못하고 또 정범에로의 종속이 되지 않는다고 하여 공범도 되지 못하지만(종속형태에 관하여, 독일은 제한종속형태로 고정되어 있지만, 자유로운 입장을 취하는 우리나라에서는 어느 종속형태를 취하느냐에 따라 공범이 되지 못하는 범위가 달라짐), 그래도 처벌의 필요성이 있다고 인정되는 경우에, 공범의 차원에서는 해결되지 못하여 정범의 차원에서 해결하려는 것이 〈간접정범〉이라고 본다. 그래서 정범개념의 우위성을 주장한다고 해도 그 정범은 스스로 범죄구성요건에 해당하는 행위를 실행하는 〈직접정범〉만을 가리킨다고 보아야 할 것이다.

다음으로 독일형법에서와 같이 「타인을 통하여 범죄를 범하는 것」이 간접정범이라고 한다면 그것은 타인을 이용하여 범죄를 범하는 것이 되고, 이것은 타인을 교사·방조하여 범죄를 범하는 것과 그 실질에 있어서 별로 다를 바가 없지 않을까 생각한다. 그래서 정범에로의 종속형태의 여하에 따라 〈공범〉이 되기도 하고 공범이 못 되어서 〈간접정범〉이 되기도 한다면, 입법에 의하여 종속형태의 여하(如何)에 따라 공범이 되든 또는 간접정범이 되든 〈처벌〉에 있어서는 동일하게 해주는 것도 일리가 있다고 본다. 간접정범에 관한 한국형법 제34조 1항이 「…자를 교사 또는 방조하여 범죄행위의 결과를 발생하게 한 자는 교사 또는 방조의 예에 의하여 처벌한다」라고 규정한 것을 이런 취지로 이해할 수 있다. 예를 들어서, A가 10살 되는 B를 시켜서 절도를 하게 한 경우에, 제한종속형태에 의하면 A는 절도죄의 〈교사범〉이 되지만 극단종속형태에 의하면 교사범은 되지 못하고 〈간접정범〉이 되겠는데, 교사범은 정범의 형과 같게 처벌되고(제31조 1항) 또 교사에 의한 간접정범은 교사의 예에 의하여 처벌되므로(제34조 1항), 결국 〈처벌〉에 있어서는 동일하게 된다. 또 A가 10살 되는 B를 도와서 절도를 하게 된 경우에, 제한종속형태에 의하면 A는 절도죄의 〈종범〉이 되지만 극단종속형태에 의하면 종범은 되지 못하고 〈간접정범〉이 되겠는데, 종범은 정범의 형보다 반드시 감경되고(제32조 2항) 또 방조에 의한 간접정범은 방조의 예에 의하여 처벌되므로(제34조 1항), 결국 〈처벌〉에 있어서는 동일하게 된다. 이런 의미에서 한국형법 제34조 1항이 규정 그 자체는 복잡하지만 〈입법은 타협이다〉라는 면에서 보면 〈최우수작품〉이라고 볼 수 있을 것 같다.

끝으로 제34조 1항에서 「어느 행위로 인하여 처벌되지 아니하는 자」의 범위는 최소종속형태·제한종속형태·극단종속형태·과장종속형태로 갈수록 넓어지고, 즉 간접정범이 인정될 범위가 넓어지는 것이고, 반대로 〈그만큼(보각의 관계 또는 보완의 관계)〉 교사범·종범, 즉 공범이 인정될 범위는 좁아진다. 그리고 「과실범으로 처벌되는 자」를 이용하는 경우도 간접정범이 되는데, 과실이 인정되지만 처벌규정이 없거나 과실이 인정되지 아니하는 자는 결국 「어느 행위로 인하여 처벌되지 아니하는 자」에 포함시켜야 할 것이다.

그래서 우리 형법 하에서는 「교사·방조행위를 하였으나 고의 있는 피교사·방조자와의 관계에서 〈종속성〉이 인정되지 아니하여 교사·방조범이 될 수 없는 경우에 또 피교사·방조자에게 〈과실〉이 있거나(처벌규정이 있든 없든) 과실이 없는 경우에 그 교사·방조자를 모두 〈간접정범〉으로」 보아서 처벌해야 할 것이다. 그리하여 필자는 우리 형법 하에서는 〈공범종속성 관련적·과실유무자 이용적 간접정범론〉을 주장하고자 한다.

V.

한국형법제정 50주년을 맞이한다는 면에서는 〈형법개정〉을 빼놓을 수는 없다고 본다.

1975년 국가모독죄가 신설되었다가 삭제되었고, 1985년에 법무부에 형법전의 전면개정을 위한 「형사법개정 특별심의위원회」가 발족하여 7년 만인 1992年에 「형법개정초안」이 만들어져서 「형법개정법률안」으로 국회에 제출되었으나, 결국 1995年 가서야 주로 각칙에서 어느 정도 개정되었을 뿐이다.

「형사법개정 특별심의위원회」의 소위원회 위원장으로서 형법개정작업에 주도적 역할을 담당했던 필자로서는 앞으로 형법전의 전면개정이나 적어도 총칙만의 전면개정은 있어야 하지 않을까 생각한다. 이 방향으로도 우리 형법학계가 노력해야 할 것이다.

제 3 부
형법의 개정, 외국형법

33. 1969년의 새로운 독일형법 총칙을 중심으로[*]

I. 서 설

1871년에 만들어진 독일형법전은 1969년 7월 4일의 「제2차 형법개정법」에 의하여 총칙부분에 관하여 전면적인 개정을 보았으며, 이것은 1973년 10월 1일에 시행하게 되었다. 각칙부분도 조만간에 전면적으로 개정될 것이므로, 서독에 있어서는 약 1세기 만에 새로운 형법전을 갖게 되는 셈이다. 본고에서는, 그 동안의 형법개정사업을 개관하고나서, 신형법총칙 가운데의 중요한 규정들을 소개하면서 이에 관련된 현행형법 · 62년초안 · 66년택일안, 기타 다른 나라들의 입법례를 함께 살펴보기로 하겠다. 그리고 취급범위는 범죄론에 한하고, 형벌 · 보안처분론에 관하여는 다른 기회로 미루기로 한다.

II. 형법개정사업의 개관¹

1. 현행형법의 성립

1867년의 북독일연방 헌법은 제4조 제13호에서 형법을 통일할 권한과 요청을 규정하였다. 그리하여 연방수상 비스마르크(Bismarck)는 1868년 6월 17일에 프로이센의 법무부 장관 레온하르트(Leonhardt)에게 형법초안의 작성을 지시하였고, 이 작업은 후임

---

* 이 글은 경희법학 제8권 제1호(1970년) 99면 이하에 실린 것이다.

1 Eberhard Schmidt, Einführung in die Geschichte der deutschen Strafrechtspflege, 2. Aufl., 1951, S. 336 ff.; Jürgen Baumann, Strafrecht, Allgemeiner Teil, 3. Aufl., 1964, S. 36 ff.;

장관 프리드베르크(Friedberg)에게 계승되었다. 그 결과, 1810년의 불란서 형법(Code pénal)의 영향을 받은 1851년의 프로시아 형법을 기초로 삼으면서도, 많은 점에서 본질적으로 개정된, 연방형법 제1초안이 1869년 6월 31일에 연방수장에게 제출되었다. 이 제1초안은 연방참의원(Bundesrat)에 의하여 설치된 위원회의 심의에 회부되었는데, 동 위원회는 1864년 12월 31일에 심의의 결과를 제2초안으로서 보고하였고, 이 제2초안이 연방참의원의 심의를 거쳐서 제3초안으로서 1870년 2월 14일에 연방민의원(Bundestag)에 제안되었다. 민의원에서 제1독회(1870년 2월 22일), 제2독회(동년 2월 28일부터 4월 8일까지), 제3독회(동년 5월 21일 시작)를 거쳐, 드디어 1870년 5월 25일에 절대다수의 찬성으로「북독일연방 형법(Strafgesetzbuch für den Norddeutschen Bund)」이 가결되었다. 이 형법전은 1870년 5월 31일에 공포되었고, 1871년 1월 1일부터 북독일연방 영역에 시행하게 되어 있었다. 그런데 그동안 독일제국(das Deutsche Reich)으로 발전함으로써, 남독일에도 그 적용범위를 넓힐 필요가 생겼다. 이에 따른 약간의 수정을 가하여 1871년 5월 15일에「독일제국 형법(Strafgesetzbuch für das Deutsche Reich)」으로서 다시 공포되었다. 이것은 엘자스 · 로트린겐에는 1871년 10월 1일부터, 바이에른, 빌템베르크 및 바덴에는 1872년 1월 1일부터 시행되었다.

2. 형법개정사업의 약사

(1) 제2차 세계대전 전까지

독일제국 형법은 시행후 약 10년 만에 벌써 전면적 개정의 기운이 엿보였다. 즉 독일

Mezger-Blei, Strafrecht, Ⅰ, Allgemeiner Teil, 11. Aufl., 1965, S. 11 ff. ; Gustav Radbruchs Entwurf eines allgemeinen Deutschen Strafgesetzbuches, 1952, S. 47 ff.; Gerhard Simson, Strafrechtsentwicklung und Strafgesetzentwurf Deutschlands in schwedischer Sicht, ZStW. Bd. 75(1963) S. 682 ff.; Entwurf eines Strafgesetzbuches E 1962 (mit Begründung), S. 93 ff.; Richard Hohler, Die Strafrechtsreform-Beginn einer Erneuerung, NJW, 1969, H. 29, S. 1225 ff. ; 西原春夫,『刑事法研究』第1卷, 1967年, 4頁 以下, 阿部純二,「西ドイツの新刑法總則について」, 法律時報 1969年 9月号, 108頁 以下 ; 內藤謙,「西ドイツ刑法改正事業の新段階 (1)」, ジュリスト 1969年 10月 15日号 134頁 以下; 김종원,「독일형법개정과 목적적 행위론」, 법조 8권(1959년) 2호, 45면 이하; 김종원,「형법개정사업에 관한 소고」, 법조 14권(1965년) 4 · 5호, 23면 이하 등 참조.

은 통일 후 급격히 산업을 발전시켜 자본주의 경제가 발달하였는데, 이로 인하여 소위 사회문제가 생겨 범죄, 특히 누범·소년범죄가 크게 증가함으로써 종래의 전통적인 형법이론이 범죄대책으로서 무력하다는 비판을 받게 되었고, 한편으로는 자연과학의 급속한 발달이 그 방법론을 형법학에도 영향을 미치게 한 결과, 신파(근대학파)가 대두하게 됨으로써 형법개정의 움직임은 「형법학파의 항쟁」으로 표면화되었다.

그리하여 형법개정사업은 1902년에 당시의 법무부 서기관장(Staatssekretär des Reichsjustizamts) 니버딩(Nieberding)이 제26회 독일법조회의의 석상에서 형법개정에 관한 자문을 한 것으로부터 시작한다. 그는 동년 7월 16일에 구파의 비르크마이어(Birkmeyer), 봣화(Wach), 카알(Kahl), 신파의 리스트(Liszt), 리리엔탈(Lilienthal), 조이퍼트(Seuffert), 절충파의 칼커(Calker), 프랑크(Frank) 등 8명의 형법학자로 구성되는 「자유학술위원회(freies wissenschaftliches Komitee)」의 소집을 발기하였고, 동위원회는 동년 11월 28일에 베를린에서 개최되었다(조이퍼트가 동년 11월 23일에 사망하였으므로, 힛펠(Hippel)이 대신하였다). 동위원회의 임무는, 문제되는 모든 형법상의 자료를 비교입법적으로 서술하고 이 사업의 성과를 비판적으로 평가함으로써 독일의 입법을 위한 제안을 만들어내는 데에 있었다. 그리하여 독일 대학의 형법학자를 거의 총망라한 약 50명(단, 빈딩(Binding)은 이 공동사업에서 빠졌다)의 협력을 얻어서 전 16권(총칙 6권, 각칙 9권, 총목록 1권)의 『독일내외형법비교논총(Vergleichende Darstellung des Deutschen und Ausländischen Strafrechts)』(1905~1909년)을 완성하였으며, 이것이 그 후의 형법개정사업에 많은 도움을 주었다.

그동안 5명의 고위법률실무가로 구성된 위원회가 프로이센 법무부장관 루카스(Lucas)의 사회 하에 1906년 5월 1일부터 1909년 4월 20일까지 117회의 회의를 거듭하여 「독일형법 예비초안(Vorentwurf zu einem Deutschen Strafgesetzbuch)」을 작성하였는데, 이것이 2권의 이유서와 함께 1909년 가을에 공표되었다. 그리고 1911년에는 골트슈미트(Goldschmidt), 카알, 리리엔탈 및 리스트의 4명의 학자가 이 예비초안에 「대한대안(Gegenentwurf)」을 이유서와 함께 공표하였다.

한편 정부초안을 만들기 위하여 법무부 서기관장 리스코(Lisco)에 의하여 소집된 대형법위원회(실무가와 3명의 학자〈카알, 프랑크, 힛펠〉를 포함하여 16명으로 구성됨)가 1911년 4월 4일부터 1913년 9월 27일까지 프로이센 법무부장관 루카스(1912년 12월 이후는 카알)의 사회 하에 282회의 회의를 거듭하여 1913년의 「형법위원회 초안

(Entwurf der Strafrechtskommission)」을 작성하였으나, 제1차 세계대전의 발발로 말미암아 동초안은 공표되지 못하였고 또한 개정사업도 중단되었다.

전후에는 제사정(諸事情)이 변경되었으므로 1918년 봄에 법무부 서기관장 크라우제(Krause)는 요엘(Joël), 에버마이어(Ebermayer), 코르만(Cormann), 붐케(Bumke)의 4인으로 구성되는 소위원회에게 「위원회 초안」에 대한 필요한 수정을 위촉하였는데, 그 4두위원회는 1918년 4월 15일부터 1919년 11월 21일까지에 새로운 「1919년 초안(Entwurf von 1919)」을 작성하였으며, 이것은 의견서(Denkschrift) 및 「1913년 위원회초안」과 함께 1920년 말에 공표되었다.

그 후 1922년 가을에 법무부장관 라트브루흐(Radbruch) 자신이 「공통독일형법초안(Entwurf eines Allgemeinen Deutschen Strafgesetzbuchs)」(여기서 allgemein이라 함은, 오지리(墺地利)와 공통된 것임을 뜻한다)을 작성하여, 정부에 제출하였는데, 이 라트브루흐 초안은 1952년에야 공표되었다(이 책은 연방법무부 장관 델러(Dehler)의 서문, 에·슈미트(E. Schmidt)의 서론, 초안조문 및 고멘트, 총 87면으로 이루어진다). 2년 후인 1924년 가을에 비로소 정부는 라트브루흐 초안을 심의하였는데, 이것에 철저한 수정을 가하여 동년 12월 12일에 새로운 초안을 작성하고서 동월 17일에 제국참의원(Reichsrat)에 제출하였으며, 1925년 초에 「공통독일형법 정부초안(Amtlicher Entwurf eines Allgemeinen Deutschen Strafgesetzbuchs)」으로서 이유서와 함께 공표되었다. 이 1925년초안이 최초의 정부초안이다. 참의원은 동초안에 대수정을 가하여 1927년 4월 13일에 최후의 위원회를 마치고 5월 10일에 이유서 및 2권의 부록과 함께 새로운 초안을 공표했으며, 이 「1927년초안」은 5월 14일에 제국민의원(Reichstag)에 제출되었다. 그리하여 민의원의 형법위원회의 심의에서 「1930년초안」이 나왔으나, 당시에 이미 나치스의 대두를 맞이한 독일의 정국은 벌써 형법의 전면적 개정의 시기를 잃고 있었다.

그 후 나치스 시대에 들어서는 정부에 의한 형법위원회가 1933년 11월 3일부터 1936년까지 107회의 회의를 거듭하였는데, 1933년의 「보고자초안(Referentenentwurf)」을 기초로 하여 제1독회에서 「1934년초안」을, 제2독회에서 「1936년초안」을 작성하였으나 공표되지 아니하였다. 이에 관하여는 법무부장관 귀르트너(Gürtner)편 「장래의 독일형법(Das kommende deutsche Strafrecht)」(총칙·각칙 1934~1936년)으로 알 수 있다.

(2) 제2차 세계대전 이후

1945년부터 관리위원회(Kontrollrat)가 형법의 전면적인 수정에 착수하였으나, 성과를 거두지 못하였다. 그 후 독일연방공화국(서독)이 수립됨으로써, 1952년에 형법의 전면적인 개정을 위한 노력이 다시 시작되었다. 초대 법무부장관 데러(Dehler)는 먼저 프라이부르크에 있는 「외국국제형법연구소(Institut für ausländisches und internationales Strafrecht)」에 대하여 형법개정예비사업의 하나로서 비교법적 연구를 위촉하였는데, 이 성과가 「형법개정자료(Materialien zur Strafrechtsreform) 제2권 비교법적 저작(Rechtsvergleichende Arbeiten)」인데 「제1부 총칙(24항목)」이 1954년에, 「제2부 각칙(30항목)」이 1955년에 출간되었다. 또 형법개정상의 주요문제점에 관하여 형법학자들에게 자문하였는데, 이에 대한 의견서를 모은 것(21항목)이 「형법개정자료 제1권 형법학자들의 의견서(Gutachten der Strafrechtslehrer)」인데 1954년에 출간되었다. 그리고 「형법개정자료 제3권」은 1925년초안, 「제4권」은 1927년초안, 「제5권」은 1930년초안, 「제6권」은 1927년의 행형법초안 2개, 「제7권」은 형법시행법초안과 1930년의 행형법을 수록하였는데, 이들은 모두 1954년에 출간되었다.

한편 제2대 법무부 장관 노이마이어(Neumayer)는 1954년에 「대형법위원회(Grosse Strafrechtskommission)」를 소집하였는데, 동 위원회는 8명의 형법교수(메츠거Mezger, 에 · 슈밋트, 벨첼Welzel, 예세크escheck, 복켈만Bockelmann, 지버츠Sieverts, 랑게Lange, 갈라스Gallas)를 포함하여 고위 판 · 검사, 주법무부 직원, 변호사회의 대표자, 전(全) 정파에서 선정된 연방민의원 의원으로 구성된다. 동 위원회는 5개년계획으로 형법초안을 작성하도록 되어 있었는데, 1954년 4월 6일에 첫 회합인 조직회의를 열었고, 동년 6월 29일부터 실질적인 심의를 시작하였다. 1956년 12월 7일에 잠정적인 형법총칙초안(소위 「1956년 형법총칙초안」)이 작성되었으며(1958년에 이유서와 함께 공표되었음), 초안의 제1독회는 준비회합을 포함하는 208회의 회합과 29회의 회의 끝에 1958년 10월 23일에 마쳤다. 이 제1독회의 결의는 법무부에 의하여 약간 수정되어서 1959년에 총칙과 각칙을 합한 형법초안(소위 「1959년 제1초안」)으로서 공표되었다. 한편 대위원회의 제2독회는 계속되어, 1959년 6월 19일까지에 29회의 회합과 3회의 회의를 열어서, 드디어 5개년에 걸친 심의의 막을 내렸다. 이 성과도 1959년에 공표되었는데, 이것이 소위 「1959년 제2초안」이다. 그리고 1959년의 양 초안에는 이유서가 없다.

1960년에 연방법무부는 대형법위원회의 성과를 기초로 형법초안을 작성하여(소위 「1960년초안」), 법무부 장관 셰퍼(Schäffer)가 연방정부에 제안하였다. 이에 따라 연방정부는 동년 9월 8일에 동 초안을 의결하고서, 연방참의원에 제출하였다. 그런데 참의원은 이미 회기의 말기에 있었기 때문에 충분한 심의를 할 수 없어서 결의를 보류하고, 11월 3일에 이를 연방민의원에 회부하였다. 그러나 민의원도 그 심의를 할 여유가 없어서, 결국 회기종료와 함께 1960년초안은 폐안이 되어 버렸다.

한편 1959년 7월에 각 주법무부의 대표자에 의하여 구성된 「대형법개정 제주(諸州) 위원회(Länderkommission für die grosse Strafrechtsreform)」가 설립되어서, 동년 9월 29일부터 특히 1959년 제2초안 및 1960년초안을 중심으로 심의를 진행시켜서 1962년 1월 12일까지 85회의 회합과 17회의 회의를 거듭한 끝에(총칙에 관하여는 23회의 회합과 5회의 회의, 각칙에 관하여는 62회의 회합과 12회 회의) 새로운 형법초안(소위 「1962년초안」)을 작성하였다. 동 초안은 동년 6월 13일의 각의(閣議)에서 의결되어, 동월 22일에 연방참의원에 제출되었고, 참의원은 7월 13일의 제248차 회의에서 이 법안을 심의하여 이에 대한 태도결정(Stellungsnahme)을 하였다. 그래서 연방정부는 10월 3일의 각의(閣議)에서 참의원의 태도결정을 심의하여 이에 대한 대립의견(Gegenäusserung)을 기초하고서, 이 법안에 첨부하여 10월 4일에 연방민의원에 제출하였다. 민의원은 1963년 3월 28일의 제70차 회의에서 그 법안의 제1독회를 행하여, 이를 법무위원회(Rechtsausschuss)에 위임하였다. 법무위원회는 1963년 5월 3일의 제51차 회의에서 「형법」소위원회(Unterausschuss "Strafrecht")를 설치하여 법안의 심의를 맡게 하였다. 그런데 1963년 12월 4일에 연방민의원의 제98차 회의에서 「형법」소위원회는 법무위원회와는 독립된 「형법」특별위원회(Sonderausschuss "Strafrecht")로 재편성되었다. 이 특별위원회는 연방민의원 직속이며, 법무위원회의 결의를 생략하기 위한 조치였다.

「형법」특별위원회(기민(基民) 7명, 사민(社民) 6명, 자민(自民) 2명으로 모두 15명)는 기독교민주동맹의 귀데(Güde)의원의 사회 하에, 「형법」소위원회가 1963년 5월 3일부터 시작한 심의를 이어받아 1965년 6월 30일까지의 초안의 총칙에 관하여 전후 총 56회의 회합을 거듭하여, 총칙의 중요문제에 관한 6월 30일자의 보고서(Bericht)를 발표하고 그 임무를 마쳤다.

제5입법기간에 들어선 후, 1966년 1월 13일의 제14차 회의에서 「1962년초안」이 의원제출법안으로서 다시 연방민의원에 상정되었고, 제1독회 후에 「형법개정특별위원회

(Sonderausschuss für die Strafrechtsreform)」(기민(基民) 6명, 사민(社民) 6명, 자민(自民) 1명으로 모두 13명)에 넘겨졌다. 이 형법개정특별위원회는 역시 귀데 의원의 사회 하에 101회 회합을 거듭하였다.

한편 1962년초안이 공표된 후, 1963년에 자르대학, 1964년에 함부르크대학, 1965년에 프라이부르크대학에서 잇달아 개최된 「형법학자회의」에서 62년초안에 대한 중견·소장학자의 비판이 많이 나오더니, 14명의 형법학자(바우만Baumann, 브라우넥Brauneck, 하낙Hanack, 알투르·카우프만Arthur Kaufmann, 크루크Klug, 람페Lampe, 렌크너Lenckner, 마이호퍼Maihofer, 놀Noll, 록신Roxin, 루돌프·슈밋트Rudolf Schmitt, 한스·슐츠Hans Schultz, 슈트라텐베르트Stratenwerth, 슈트레Stree, 이들 가운데 놀과 슐츠는 스위스학자임)의 공동제안으로 「형법택일안·총칙(Alternativ-Entwurf eines Strafgesetzbuches, Allgemeiner Teil)」이 이유서와 함께 1966년에 출간되었다. 그런데 1968년에 이 택일안이 자유민주당의 의원에 의하여 연방민의원에 상정되었고, 동년 1월 23일의 제149차 회의에 있어서의 제1독회 후에, 형법개정특별위원회에 넘겨졌다.

형법개정특별위원회는 1962년초안과 택일안에 관하여 연방법무부·학계·주법무당국·행형위원회 등 관계자들의 의견을 널리 참고하여 3년여에 걸친 상세한 심의를 한 후, 1969년 4월 23일에 「제1형법개정법초안(Entwurf eines Ersten Gesetzes zur Reform des Strafrechts)」과 「제2형법개정법초안(Entwurf eines Zweiten Gesetzes zur Reform des Strafrechts)」, 각자에 대한 이유서를 포함하는 「제1보고서」와 「제2보고서」를 공표하였다.

3. 신형법총칙의 제정

형법개정특별위원회가 작성한 두 초안은 1969년 5월 7일의 연방민의원의 제2독회에서 심의되었고, 5월 9일의 제3독회에서는 「제1형법개정법」은 256표 대 61표, 「제2형법개정법」은 317표 대 2표(기권 1표)로써 모두 가결되었다. 동년 5월 30일에 두 초안은 연방참의원에 상정되어, 역시 다수로써 가결되었다.

1969년 6월 25일부로 공포된 「제1형법개정법」은 신형법총칙 가운데서 형사정책적으로 특히 중요한 것 그리고 현행각칙 가운데서 긴급하게 개정을 필요로 하는 것을 현행형법의 부분개정형식으로 규정하고 있으며, 일부는 1969년 9월 1일에 또 나머지는 1970년 4월 1일에 시행되었다.

한편 1969년 7월 4일부로 공포된 「제2형법개정법」은 현행형법의 총칙과 바뀌어지는 새로운 형법총칙인데(1조~79조), 1973년 10월 1일부터 시행된다. 그리고 각칙은 제5 입법기간에 제정되지 못했으며, 제6입법기간으로 미루어졌다.

Ⅲ. 신형법총칙의 중요규정을 중심으로

신형법총칙은, 제1장 형법(Das Strafgesetz), 제1절 효력범위(Geltungsbereich), 제2절 용어례(Sprachgebrauch), 제2장 범죄(Tat), 제1절 가벌성의 기초(Grundlagen der Strafbarkeit), 제2절 미수범(Versuch), 제3절 정범과 공범(Täterschaft und Teilnahme), 제4절 긴급방위와 긴급피난(Notwehr und Notstand), 제5절 의회에서의 발언과 보고의 불가벌성(Straflosigkeit parlamentarischer Äusserungen und Berichte), 제3장 범죄의 법적 효과(Rechtsfolgen der Tat), 제1절 형벌(Strafen), 제2절 형의 양정(量定)(Strafbemessung), 제3절 다수의 법률위반의 경우의 형의 양정(量定)(Strafbemessung bei mehreren Gesetzesverletzungen), 제4절 형의 집행유예(Strafaussetzung zur Bewährung), 제5절 형의 선고유예(Verwarnung mit Strafvorbehalt) 형의 면제(Absehen von Strafe), 제6절 개선보안처분(Massregeln der Besserung und Sicherung), 제7절 추징과 몰수(Verfall und Einziehung), 제4장 고소(Strafantrag), 수권(Ermächtigung), 형의 청구(Strafverlangen), 제5장 시효(Verjährung), 제1절 소추시효(Verfolgungsverjährung), 제2절 집행시효(Vollstreckungsverjährung)로 구성되어 있다.

그런데 여기서는 범죄론 가운데의 몇 가지의 중요한 규정, 즉, 부진정 부작위범(부작위에 의한 작위범), 사실의 착오(행위사정의 착오), 법률의 착오(금지의 착오), 결과적 가중범, 미수범의 정의, 긴급피난에 관한 규정을 소개하면서, 이와 관련된 현행형법, 62년초안, 택일안은 물론이고 기타 스위스형법, 그리스형법, 체코슬로바키아형법, 유고슬로바키아형법, 프랑스형법, 중화민국형법, 일본형법, 일본개정형법가안, 일본개정형법준비초안, 한국형법 등의 규정도 아울러 살펴보려고 한다.[2]

---

2 신형법총칙에 관하여는 Zweites Gesetz zur Reform des Strafrechts (2. StrRG) vom 4. Juli 1969, Bundesgesetzblatt, 1969, Nr. 56, S. 717 ff.; 內藤謙,「西ドイツ刑法改正事業の新段

1. 부진정 부작위범

제13조(부작위에 의한 작위범)[3]

① 형벌법규의 구성요건에 속하는 결과를 방지하지 아니한 자는, 그가 그 결과의 불발생을 법적으로 보증해야 하고 또 그 부작위가 작위에 의한 법정(法定)구성요건의 실현과 대등한 경우에 한하여, 본법에 의하여 처벌한다.

② 그 형은 제49조 제1항에 의하여 감경할 수 있다.

(1) 현행형법에는 「부진정 부작위범」에 관한 규정이 없는데, 신형법 총칙에서 신설되었다.

(2) 62년초안은 제13조(부작위에 의한 작위범)에서 「형벌법규의 구성요건에 속하는 결과를 방치하지 아니한 자는 그가 그 결과의 불발생을 법적으로 보증해야 하고 또 그의 행태(Verhalten)가 사정상 작위에 의한 법정구성요건의 실현과 동가치인 경우에, 정

階 (2)(3)」, ジュリスト, 1969年 11月 15日号, 146頁 以下, 12月 1日号 89頁 以下; 62년 초안에 관하여는 Entwurf eines Strafgesetzbuches E 1962(mit Begründung); 택일안에 관하여는 Alternativ − Entwurf eines Strafgesetzbuches, Allgemeiner Teil, 1966; 스위스형법에 관하여는 O.A. Germann, Schweizerisches Strafgesetzbuch, 6. Aufl., 1956; 그리스형법에 관하여는 D. Karanikas, Das Griechische Strafgesetzbuch, 1953; Telemachos Philippides, Das griechische Strafgesetzbuch vom 1. 1. 1951, ZStW. Bd. 69(1957), S. 580 ff.; 체코슬로바키아형법에 관하여는 Erich Schmied, Das Tschechoslowakische Strafgesetzbuch, 2. Aufl., 1958; 유고슬라비아형법에 관하여는 August Munda, Das Jugoslawische Strafgesetzbuch, 1952; 프랑스형법에 관하여는 Petits Codes Dalloz, Code Pénal, 1961; 중화민국형법에 관하여는 張知本 篇『最新六法全書』1963 년; 일본개정형법가안에 관하여는 木村龜二編「體系刑法事典」1966年 708頁 以下; 일본개정형법준비초안에 관하여는『改正刑法準備草案 附 同理由書』1961年 등등 참조.

3　§ 13 (Begehen durch Unterlassen)

(1) Wer es unterlässt, einen Erforg abzuwenden, der zum Tatbestand eines Strafgesetzes gehört, ist nach diesem Gesetz nur dann strafbar, wenn er rechtlich dafür einzustehen hat, dass der Erfolg nicht eintritt, und wenn das Unterlassen der Verwirklichung des gesetzlichen Tatbestandes durch ein Tun entspricht.

(2) Die Strafe kann nach § 49 Abs. I gemildert werden.

범자 또는 공범자로서 처벌된다」고 규정하는데, 이것을 신규정과 비교해보면 다음과 같다.

(ㄱ) 62년초안이 「사정상 … 동가치이다」(den Umständen nach … gleichwertig ist)라고 규정한 부분을 「대등하다」(entspricht)라고 고쳤는데, 이것은 제2항에서 형의 임의적 감경규정을 신설한 것과 관련한다. 특별위원회는 부작위가 작위에 의한 구성요건의 실현과 〈동가치〉이면, 형의 임의적 감경을 인정할 여지가 없게 된다고 본 것이다.

(ㄴ) 62년초안은 「정범자 또는 공범자로서(als Täter oder Teilnehmer) 처벌된다」라고 규정하는데, 신총칙에서는 「정범자 또는 공범자로서」를 삭제하고 그 대신 「본법에 의하여 (nach diesem Gesetz) 처벌된다」라고 고쳤다. 그 이유는 부작위범에 있어서 정범과 공범과의 구별이 가능하냐의 논쟁에 개입하지 않기 위해서이다.

(ㄷ) 신총칙은 제2항으로서 형의 임의적 감경규정을 신설하였다. 특별위원회는, 다른 사정이 동일하다면 구성요건해당의 결과를 방지하지 아니하는 부작위는 작위에 의한 그 결과의 초래보다 가벼운 것이 보통이므로 임의적 감경으로 해야 한다는 학설을 받아들인 것이다.

(3) 택일안은 제12조(부작위에 의한 작위범)에서 「1. 법규 상의 혹은 임의로 인수한 법적 의무에 의거하여, 일반 또는 피해자에 대하여 구성요건에 속하는 결과가 발생하지 않도록 배려하여야 했음에도 불구하고 또는 2. 그 결과의 발생에 대한 절박한 위험을 야기했음에도 불구하고, 그 결과를 방지하지 아니한 자는, 그의 행태의 불법이 행위의 사정상 작위에 의한 작위범의 불법과 대등하는 경우에 한하여, 당해 구성요건에 의하여 처벌한다」[4]라고 규정하는데, 이것을 신규정과 비교하면 다음과 같다.

(ㄱ) 택일안에서는 보증인적 지위 내지 작위의무의 발생사유를 열거하는데, 신규정은

4　§ 12 (Begehen durch Unterlassen)

Wer es unterlässt, den znm Tatbestand gehörenden Erfolg abzuwenden, obwohl er

1. auf Grund einer gesetzlichen oder freiwillig übernommenen Rechtspflicht gegenüber der Allgemeinheit oder dem Geschädigten dafür zu sorgen hat, dass der Erfolg nicht eintritt, oder

2. eine nahe Gefahr für den Eintritt des Erfolges geschaffen hat,

ist nach dem betreffenden Tatbestand nur dann strafbar, wenn das Unrecht seines Verhaltens nach den Umständen der Tat dem Unrecht der Begehung durch Tun entspricht.

62년초안과 마찬가지로 그 발생사유를 열거하지 아니한다. 특별위원회는 그 발생사유를 망라적으로 법규상 확정하는 것이 어려울 뿐 아니라, 발생사유의 개개에 대하여 학설상 논쟁이 있다는 점을 생각하여, 택일안의 입장을 따르지 아니했다.

(ㄴ) 택일안에서도 「대등하다」(entsprechen)라는 표현을 쓰고 있는데(단, 신규정에서는 「그 부작위가 작위에 의한 법정구성요건의 실현과 대등하다」는 표현이지만, 택일안에서는 「그 행태의 불법이 행위의 사정상 작위에 의한 작위범의 불법과 대등하다」는 표현임), 신규정과 같은 형의 임의적 감경규정은 없다.

(4) 다른 나라들의 입법례를 살펴보겠다.[5]

(ㄱ) 1950년 8월 17일의 그리스형법 제15조(부진정 부작위범)는 「법률이 범죄의 성립에 일정한 결과의 발생을 요구하는 경우에, 부작위자가 그 결과의 발생을 방지할 특별한 법적 의무를 지니는 때에는, 그 결과의 불방지(不防止)는 작위에 의한 결과야기와 동일시된다」라고 규정한다.

(ㄴ) 1950년 7월 12일이 체코슬로바키아형법(단, 1961년의 신형법을 참조 못함) 제75조 제2항은 「사정상 그리고 그의 제관계(諸關係)상 행위자에게 의무지워진 그러한 활동의 부작위도 행위로 이해된다」라고 규정한다.

(ㄷ) 1951년 3월 2일의 유고슬라비아형법 제13조는 「 ① 가벌적 행위는 작위에 의해서도 부작위에 의해서도 범하여질 수 있다. ② 행위자가 수행하도록 의무지워진 행위의 수행을 하지 아니한 경우에, 가벌적 행위는 부작위에 의하여 범하여진다」라고 규정한다.

(ㄹ) 1930년 10월 19일의 이탈리아형법 제40조는 「 ① 가벌적 행위의 성립에 필요한 가해적 또는 위험한 결과(der schädigende oder gefährliche Erfolg)가 작위 또는 부작위로 인한 것이 아닌 경우에는, 법률에 의하여 가벌적 행위라고 규정된 범행을 했다고 해서 처벌할 수 없다. ② 법상의 방지의무가 있는 경우에 결과를 방지하지 아니하는 것은, 그 결과를 야기한 것과 같다」라고 규정한다.

---

5 또한 Nikollaos K. Androulakis, Studien zur Problematik der unechten Unterlassungsdelikte, 1963, S. 195 ff. 참조.

(ㅁ) 1935년 1월 1일의 중화민국형법 제15조는 「① 일정한 결과의 발생에 대하여 법률상 방지할 의무가 있고 방지할 수 있는데 방지하지 아니한 경우에는, 적극적 행위로 인하여 결과를 발생한 것과 동일하다. ② 자기의 행위로 인하여 일정한 결과의 발생의 위험을 야기한 경우에는, 그 발생을 방지할 의무를 진다」[6]라고 규정한다.

(ㅂ) 1907년 4월 24일의 일본형법에는 부진정 부작위범에 관한 규정이 없지만, 1940년 3월 19일의 개정형법가안 제13조는 「① 죄가 될 사실의 발생을 방지할 법률상의 의무 있는 자가 그 발생을 방지하지 아니한 때에는 작위에 의하여 그 사실을 발생시킨 자와 동일하게 벌한다. ② 작위로 인하여 사실 발생의 위험을 발생케 한 자는 그 발생을 방지할 의무를 진다」라고 규정하고, 1961년 12월 20일의 개정형법준비초안 제11조(부작위에 의한 작위범)는 「① 죄가 될 사실의 발생을 방지할 법률상의 의무 있는 자가, 그 발생을 방지할 수 있었음에도 불구하고, 일부러 이를 방지하지 아니한 때에는, 작위에 의하여 그 사실을 발생시킨 자와 동일하다. ② 자기의 행위에 의하여 사실발생의 절박한 위험을 발생시킨 자는, 그 발생을 방지할 의무가 있다」라고 규정한다. 그런데 현재 진행 중에 있는 개정작업에 있어서, 특별부회의 제1소위원회는 「부작위에 의한 작위범」에 관한 규정을 두는 A안과 규정을 두지 아니하는 B안을 작성하였는데, 특별부회 제12회 회의(1968년 3월 26-27일)에서 B안은 부결되고 규정을 두기로는 가결되었지만, A안의 규정내용에 대하여는 재검토하기로 하고 결정은 유보되었다.

(ㅅ) 1953년 9월 18일의 한국형법 제18조(부작위범)는 「위험의 발생을 방지할 의무가 있거나 자기의 행위로 인하여 위험발생의 원인을 야기한 자가 그 위험발생을 방지하지 아니한 때에는 그 발생된 결과에 의하여 처벌한다」라고 규정한다.

---

6 第15條
  ① 對於一定結果之發生法律上有防止之義務能防止而不防止者與因積極行爲發生結果者同
  ② 因自己行爲致有發生一定結果之危險者負防止其發生之義務

2. 사실(행위사정)의 착오

제16조(행위사정의 착오)[7]

① 범행 시에 법정구성요건에 속하는 사실을 알지 못한 자는, 고의로 행한 것이 아니다. 과실범으로서의 가벌성에는 영향이 없다.

② 범행 시에 보다 경한 법률의 구성요건을 실현할 사정으로 착오한 자는, 고의범으로서 보다 경한 법규에 의해서만 처벌될 수 있다.

(1) 현행형법은 제59조에서 「① 가벌적 행위를 행한 시에 법정구성요건에 속하거나 가벌성을 가중하는 행위사정의 존재를 알지 못한 자에게는 이 사정이 귀책되지 아니한다. ② 과실로 행하여진 행위를 처벌하는 경우에는, 부지(不知) 자체가 과실에 의한 것이 아닌 때에만, 이 규정이 적용된다」[8]라고 규정하고 있다.

(2) 62년초안 제19조(행위사정의 착오)는 신규정과 동일하다. 다만 제20조(정당화적 또는 면책적 사정에 관한 착오) 「① 행위 시에 행위를 정당화하거나 또는 면책케 할 사정을 착오한 자는, 고의범으로 처벌하지 아니한다. ② 그러나, 그에게 그 착오가 비난될 수 있고 또 법률이 과실범의 처벌규정을 두는 경우에는, 과실범으로 처벌한다」[9]라는

---

7 § 16 (Irrtum über Tatumstände)

(1) Wer bei Begehung der Tat einen Umstand nicht kennt, der zum gesetzlichen Tatbestand gehört, handelt nicht vorsätzlich. Die Strafbarkeit wegen fahrlässiger Begehung bleibt unberührt.

(2) Wer bei Begehung der Tat irrig Umstände annimmt, welche den Tatbestand eines milderen Gesetzes verwirklichen würden, kann wegen vorsätzlicher Begehung nur nach dem milderen Gesetz bestraft werden.

8 § 59

(1) Wenn jemand bei Begehung einer strafbaren Handlung das Vorhandensein von Tatumständen nicht kannte, welche zum gesetzlichen Tatbestand gehören oder die Strafbarkeit erhöhen, so sind ihm diese Umstände nicht zuzurechnen.

(2) Bei der Bestrafung fahrlässig begangener Handlungen gilt diese Bestimmung nur insoweit, als die Unkenntnis selbst nicht durch Fahrlässigkeit verschuldet ist.

9 § 20 (Irrtum über rechtfertigende oder entschuldigende Umstände)

규정은, 신총칙에서 채택되지 아니했다.

(3) 택일안 제19조(행위사정의 착오) 제1항은 「범행 시에 법정(法定)의 행위사정에 관하여 착오하거나 또는 행위의 불법을 조각할 사정을 착오한 자는, 고의로 행위한 것이 아니다. 과실범으로서의 가벌성에는 영향이 없다」[10]라고 하여 불법조각사정의 착오의 경우도 함께 규정하지만, 신규정은 이를 채택하지 않고 62년초안 제19조 제1항의 표현을 그대로 쓴다. 택일안 동조 제2항은 신규정과 같다.

(4) 다른 나라들의 입법례를 살펴 보겠다.

(ㄱ) 1937년 12월 21일의 스위스형법 제19조(사태에 관한 착오)는 「① 행위자가 사태에 관한 오인 하에서 행위한 경우에는, 재판관은 행위자에게 유리하게 행위자가 표상한 사태에 따라서 그 행위를 판단한다. ② 행위자가 의무에 맞는 주의를 하였더라면 그 착오를 피할 수 있었을 경우에는, 과실범에 대한 처벌규정이 있는 때에는, 과실로서 처벌한다」[11]라고 규정한다.

(ㄴ) 그리스형법 제30조(사실의 착오)는 「① 행위자가 실행 시에 구성요건적 사정(Tatbestandsumstände)의 부지(不知) 하(下)에 있었던 경우에는, 그 행위는 행위자에게 귀책되지 아니한다. 단, 이 행위사정의 부지가 행위자의 과실에 기인(起因)하는 경우에는, 그 행위는 행위자에게 과실범으로서 귀책된다. ② 형벌가중적 행위사정을 행위자가

---

(1) Wer bei Begehung der Tat irrig Umstände annimmt, welche die Tat rechtfertigen oder entschuldigen würden, wird nicht wegen vorsätzlicher Begehung bestraft.
(2) Er wird jedoch wegen fahrlässiger Begehung bestraft, wenn ihm der Irrtum vorzuwerfen ist und das Gesetz auch fahrlässiges Handeln mit Strafe bedroht.

10 § 19 (Irrtum über Tatumstände)
(1) Wer bei Begehung der Tat über einen gesetzlichen Tatbestand irrt oder irrig Umstände annimmt, welche das Unrecht der Tat ausschliessen würden, handelt nicht vorsätzich. Die Strafbarkeit wegen fahrlässiger Begehung bleibt unberührt.

11 § 19 (Irrige Vorstellung über den Sachverhalt)
(1) Handelt der Täter in einer irrigen Vorstellung über den Sachverhalt, so beurteilt der Richter die Tat zugunsten des Täters nach dem Sachverhalte, den sich der Täter vorgestellt hat.
(2) Hätte der Täter den Irrtum bei pflichtgemässer Vorsicht vermeiden können, so ist er wegen Fahrlässigkeit strafbar, wenn die fahrlässige Verübung der Tat mit Strafe bedroht ist.

알지 못한 경우에도, 마찬가지로 그 행위사정은 그에게 귀책되지 아니한다」라고 규정한다.

(ㄷ) 유고슬라비아형법 제9조(사실의 착오)는 「① 가벌적 행위를 행한 시에 법률에 규정된 요소를 알지 못한 자 또는 사실상 존재한다면 행위가 허용되었을 사정이 존재하는 것으로 오인한 자는 형법상 귀책되지 아니한다. ② 행위자가 과실로 인하여 이러한 착오에 빠진 경우에는 법률이 이에 대하여 형법적 책임을 규정하는 때에는, 과실범으로 귀책된다」라고 규정한다.

(ㄹ) 일본형법 제38조 제2항은 「죄가 본래 중해야 할 것인데 범할 때에 알지 못한 자는 그 중한 것에 따라서 처단할 수 없다」라고 규정하고, 개정형법가안 제10조는 「① 죄가 될 사실을 알지 못하고서 범한 자는 고의가 있다고 할 수 없다. ② 죄가 본래 중해야 할 것인데 범할 때에 알지 못한 자는 그 중한 것에 따라서 처단할 수 없다」라고 규정하고, 개정형법준비초안 제19조(사실의 부지·착오)는 「① 죄가 된 사실을 알지 못하고서 범한 자는 고의로 했다고 할 수 없다. ② 중한 죄가 될 사실이 있는데도, 범할 때 그 중한 사정을 알지 못한 자는, 그 중한 죄에 의해서 처단할 수 없다」라고 규정한다.

(ㅁ) 한국형법 제15조 제1항(사실의 착오)은 「특별히 중한 죄가 되는 사실을 인식하지 못한 행위는 중한 죄로 벌하지 아니한다」라고 규정한다.

3. 법률(금지)의 착오

제17조(금지의 착오)[12]

행위 시에 행위자에게 불법을 행한다는 인식이 결하는 경우에, 그가 이 착오를 피할 수 없을 때에는, 그는 책임없이 행위한 것이다. 행위자가 그 착오를 피할 수 있은 때에는, 그 형은 제49조 제1항에 의하여 감경될 수 있다.

---

12 § 17 (Verbotsirrtum)

   Fehlt dem Täter bei Begehung der Tat die Einsicht, Unrecht zu tun, so handelt er ohne Schuld, wenn er diesen Irrtum nicht vermeiden konnte. Konnte der Täter den Irrtum vermeiden, so kann die Strafe nach § 49 Abs. 1 gemildert werden.

(1) 현행형법에는 「금지(법률)의 착오」에 관한 규정이 없는데, 신형법총칙에서 신설되었다.

(2) 62년초안은 제21조(금지의 착오)에서 「행위 시에 아무런 불법도 행하지 않는 것으로 오인한 자는, 그에게 그 착오가 비난될 수 없는 때에는, 책임없이 행위한 것이다. 그에게 그 착오가 비난될 수 있는 때에는, 그 형은 제64조 제1항에 의하여 감경될 수 있다」[13]라고 규정하는데, 신규정과 비교하면 다음과 같다.

(ㄱ) 62년초안에서는 「아무런 불법도 행하지 않는 것으로 착오한 자는」이라고 규정되었는데, 신규정에서는 「행위자에게 불법을 행한다는 인식이 결하는 경우에 그가」라고 바뀌었다. 이것은 62년초안의 규정방식이 행위자가 자기의 행위는 위법하지 않은 것으로 적극적으로 착오한 경우에 관한 것이므로, 행위자가 자기의 행위가 위법한 줄 모르는 소극적인 착오의 경우도 포함시키도록 한 것이다. 그리고 「인식」(Einsicht)이란 표현을 쓴 것은 책임능력에 관한 제20조의 규정과 보조를 맞추기 위한 것이다. 참고로 동조(심신장애로 인한 책임무능력)는 「행위 시에 병적인 심신의 장애 … 로 인하여 행위의 불법을 인식하거나(einzusehen) 이 인식(Einsicht)에 따라서 행위할 능력이 없는 자는 책임 없이 행위한 것이다」라고 규정한다.

(ㄴ) 62년초안에서는 「그에게 그 착오가 비난될 수 없는 때에는」이라고 규정되었는데, 신규정에서는 「그가 이 착오를 피할 수 없은 때에는」이라고 바뀌었다. 특별위원회의 견해로는, 이것은 실질적인 수정이 아니라 책임능력에 관한 규정과의 내적 관련성을 명백히 하기 위한 것이다. 그리고 신총칙의 규정방식의 장점은, 첫째는 행위자에게 그 착오가 비난될 수 없는 이유를 나타내는 것이고, 둘째는 62년초안의 비난가능성이란 표현보다 재판관에 의한 도덕화의 위험이 없다는 것이다.

(ㄷ) 62년초안에서 비난할 수 있는 금지착오의 경우에 형의 임의적 감경을 규정하는 것과 마찬가지로, 피할 수 있는 금지착오의 경우에 형의 임의적 감경을 규정한다.

---

13 § 21 (Verbotsirrtum)

   Wer bei Begehung der Tat irrig annimmt, kein Unrecht zu tun, handelt ohne Schuld, wenn ihm der Irrtum nicht vorzuwerfen ist. Ist ihm der Irrtum vorzuwerfen, so kann die Strafe nach § 64 Abs. 1 gemildert werden.

(3) 택일안은 제20조(금지의 착오)에서 「범행 시에 행위의 위법성에 관하여 착오한 자는, 그에게 그 착오가 비난될 수 없는 때에는, 책임 없이 행위한 것이다. 그에게 그 착오가 비난될 수 있는 때에는, 그 형은 원칙적으로 제61조 제1항에 의하여 감경한다」[14]라고 규정하는데, 신규정과 비교하면 다음과 같다.

(ㄱ) 택일안은 「행위의 위법성에 관하여 착오한 자는」이라고 표현하여, 금지착오의 경우에는 반드시 「불법」을 행한다는 의식을 결하는 것이 아니라 행위의 「위법성」의 의식을 결한다는 점을 내세웠으나, 신규정은 「행위자에게 불법을 행한다는 인식이 결하는 경우에」라고 표현하여, 그 점에서는 62년초안 식인 방식을 택하였다.

(ㄴ) 택일안은 62년초안과 마찬가지로 「비난될 수 있는」 착오냐로 문제삼지만, 신규정은 「피할 수 있는」 착오냐로 문제삼는다. 그리고 택일안은 비난될 수 있는 착오의 경우에 「원칙적인 필요적 감경」으로 하고 있으나, 신규정은 피할 수 있는 착오의 경우에 62년초안과 마찬가지로 「임의적 감경」으로 한다.

(4) 다른 나라들의 입법례를 살펴 보겠다.

(ㄱ) 스위스형법 제20조(법률의 착오)는 「행위자가 충분한 이유에 의거하여 행위를 할 권리가 있다고 생각한 경우에는, 재판관은 그 형을 자유재량으로 감경하거나(제66조) 또는 처벌하지 않을 수 있다」[15]라고 규정한다.

(ㄴ) 그리스형법 제31조(법률의 착오)는 「① 행위의 가벌성의 부지만으로는 행위의 귀책(Zurechnung)을 조각하기에 부족하다. ② 그러나, 행위자가 행위를 행할 권리가 있다고 오신하고 또 이 착오가 용서할 수 있는(verzeihlich) 것인 경우에는, 그 행위는 행위자에게 귀책되지 아니한다」라고 규정한다.

(ㄷ) 유고슬로바키아형법 제10조(법률의 착오)는 「법원은, 정당한 이유에 의거하여

---

14 § 20 (Verbotsirrtum)

　　Wer bei Begehung der Tat über ihre Rechtswidrigkeit irrt, handelt ohne Schuld, wenn ihm der Irrtum nicht vorzuwerfen ist. Ist ihm der Irrtum vorzuwerfen, so ist die Strafe in der Regel nach § 61 Abs. 1 zu mildern.

15 § 20 (Rechtsirrtum)

　　Hat der Täter aus zureichenden Gründen angenommen, er sei zur Tat berechtigt, so kann der Richter die Strafe nach freiem Ermessen mildern(Art. 66) oder von einer Bestrafung Umgang nehmen.

그러한 행위가 금지되어 있다는 것을 알지 못하고 가벌적 행위를 한 행위자를 보다 경하게 처벌할 수 있다. 법원은 또한 처벌을 안 할 수도 있다」라고 규정한다.

(ㄹ) 중화민국형법은 제16조에서 「법률을 알지 못했다고 하여 형사책임이 면제될 수 없다. 단, 그 사정에 비추어 그 형을 감경할 수 있고, 그 행위가 법률에 의하여 허용되는 것으로 믿는 데에 정당한 이유가 있는 경우에는 그 형을 면제 할 수 있다」[16]라고 규정한다.

(ㅁ) 일본형법 제38조 제3항은 「법률을 알지 못했다고 해서 죄를 범할 의사가 없었다고 할 수 없다. 단, 정상에 의하여 그 형을 감경할 수 있다」라고 규정하고, 개정형법가안 제11조는 「① 법률을 알지 못했다고 해서 고의가 없다고 할 수 없다. 단, 정상에 의하여 그 형을 감경 또는 면제할 수 있다. ② 법률을 알지 못한 경우에 있어서 자기의 행위가 법률상 허용되는 것으로 믿은 데에 대하여 상당한 이유가 있는 때에는 그 형을 면제한다」라고 규정하고, 개정형법준비초안 제20조(법률의 부지·착오)는 「① 법률을 알지 못했다고 해도 이로써 고의가 없었다고 할 수 없다. 단, 정상에 의하여 그 형을 감경할 수 있다. ② 자기의 행위가 법률상 허용되지 아니한다는 것을 알지 못하고서 범한 자는, 이에 대하여 상당한 이유가 있는 때에는, 이를 벌하지 아니한다」[17]라고 규정한다.

(ㅂ) 한국형법 제16조(법률의 착오)는 「자기의 행위가 법령에 의하여 죄가 되지 아니하는 것으로 오인한 행위는 그 오인에 정당한 이유가 있는 때에 한하여 벌하지 아니한다」라고 규정한다.

---

16 第16條
不得因不知法律而免除刑事責任但按其情節得減輕其刑如自信其行爲爲法律所許可而有正當理由者得免除其刑.

17 개정형법준비초안의 「미정고(未定稿)」 제20조 제2항은 「자기의 행위가 법률상 허용되지 아니한다는 것을 알지 못하고서 범한 자는, 이에 대하여 상당한 이유가 있는 때에는, 고의로 한 것이라고 할 수 없다」라고 규정하였으나, 「확정고(確定稿)」에서 「이를 벌하지 아니한다」로 바뀌었다.

4. 결과적 가중범

제18조(특별한 행위결과의 경우의 가중형)[18]

법률이 행위의 특별한 결과에 보다 중한 형을 결부시키는 경우에, 이 결과에 관하여 적어도 과실이 인정되는 때에 한하여, 그 형이 정범자나 공범자에게 과하여진다.

(1) 현행형법은 「결과적 가중범」(erfolgsqualifizierte Delikte)에 관하여 제56조에서 「법률이 행위의 특별한 결과에 보다 중한 형을 결부시키는 경우에, 행위자가 그 결과를 적어도 과실로 초래한 때에 한하여, 그 형을 과한다」[19]라고 규정한다.[20]

(2) 62년초안 제22조는 신규정과 같고, 택일안 제16조 제3항은 신규정에서의 「이 결과에 관하여 적어도 과실이 인정되는 때에 한하여」라는 부분을 「행위자가 이 결과를 과실로 초래한 때에 한하여」라고 규정하여 「적어도」라는 표현이 없다.

(3) 다른 나라들의 입법례를 살펴 보겠다.

(ㄱ) 그리스형법 제29조(결과책임)는 「법률이 일정한 결과를 초래한 행위에 대하여 보다 중한 형을 규정하고 있는 경우에, 이 결과가 행위자의 과실에 기인하는 때에는, 그 형을 과한다」라고 규정한다.

(ㄴ) 유고슬로바키아형법 제8조 제1항은 「가벌적 행위로부터 보다 중한 결과가 발생하였고 이에 대하여 법률이 보다 중한 형을 규정하는 경우에, 이 결과가 행위자의 과실

---

18 § 18 (Schwerere Strafe bei besonderen Tatfolgen)

Knüpft das Gesetz an eine besondere Folge der Tat eine schwerere Strafe, so trifft sie den Täter oder den Teilnehmer nur, wenn ihm hinsichtlich dieser Folge wenigstens Fahrlässigkeit zur Last fällt.

19 § 56

Knüpft das Gesetz an eine besondere Folge der Tat eine höhere Strafe, so trifft diese den Täter nur, wenn er die Folge wenigstens fahrlässig herbeigeführt hat.

20 동조는 1953년 8월 4일의 법률에 의하여 삽입되었다.

탓으로 돌려질 수 있는 때에는, 보다 중한 형을 과한다」고 규정한다.

(ㄷ) 중화민국형법 제17조는 「범죄가 일정한 결과를 발생케 함으로써 그 형을 가중하는 규정이 있는 경우에, 행위자가 그 발생을 예견할 수 없은 때에는, 이를 적용하지 아니한다」[21]라고 규정한다.

(ㄹ) 일본형법은 「결과적 가중범」에 관한 규정이 없지만, 개정형법가안 제12조는 「결과로 인하여 형을 가중할 죄에 있어서 그 결과의 발생을 예견할 수 있은 경우에 한하여 중한 것에 따라 처단한다」라고 규정하고, 개정형법준비초안 제21조(결과적 가중범)는 「결과의 발생에 의하여 형을 가중하는 죄에 있어서, 그 결과를 예견하는 것이 불능이었던 때에는, 가중범으로서 처단할 수 없다」라고 규정한다.

(ㅁ) 한국형법 제15조 제2항은 「결과로 인하여 형이 중한 죄에 있어서 그 결과의 발생을 예견할 수 없었을 때에는 중한 죄로 벌하지 아니한다」라고 규정한다.

5. 미수범의 정의

제22조(개념규정)[22]

범행에 관한 자기의 표상(表象)에 의하면 구성요건의 실현으로 직접으로 시동(始動)한 자는 범죄의 미수이다.

(1) 현행형법 제43조는 「① 중죄 또는 경죄를 범할 결의를 이러한 중죄 또는 경죄의 실행의 착수를 포함하는 행위에 의하여 실증한 자는, 의도된 중죄 또는 경죄가 기수에 이르지 아니한 때에는, 미수범으로 처벌한다. ② 그러나 경죄의 미수범은, 법률이 명문으로 규정하는 경우에만, 처벌한다」[23]라고 규정한다.

---

21 因犯罪致發生一定之結果而有加重其刑之規定者如行爲人不能預見其發生時不適用之

22 § 22 (Begriffsbestimmung)

Eine Straftat versucht, wer nach seiner Vorstellung von der Tat zur Verwirklichung des Tatbestandes unmittelbar ansetzt.

23 § 43

(2) 62년초안 제26조(개념규정)는 「① 범행을 완성시키려는 고의를, 실행의 착수를 이루거나 행위사정에 관한 자기의 표상에 따르면 그 착수를 이룰 행위에 의하여 실증하였지만, 기수에 이르지 아니한 경우에는, 범죄의 미수이다. ② 실행의 착수는, 행위자가 구성요건의 실현을 시작하거나 직접으로 그것에로 시동(始動)하는 행위에 의하여 이루어진다」[24]라고 규정하는데, 신규정은 이에 비하여 아주 간략하게 표현하고 있다.

(3) 택일안 제24조(개념규정)는 「자기의 범행계획에 의하면 범죄의 실현에로 직접으로 시동한 자는, 범죄의 미수를 범한 것이다」[25]라고 규정하는데, 「자기의 범행계획에 의하면」이라는 부분이 특히 신규정과 다르다.

그리고 택일안은 미수의 형을 필요적 감경으로 했는데(제25조 제2항), 신규정(제23조 제2항)은 현행법(제44조 제1항)·62년초안(제27조 제2항)과 마찬가지로 임의적 감경이다.

(4) 다른 나라들의 입법례를 살펴 보겠다.

(ㄱ) 1810년 2월12일의 프랑스형법 제2조(1832년 4월 28일의 법률에 의하여 개정됨)는 「실행의 착수에 의하여 표명된 중죄의 미수는, 행위자의 의사와 무관계한 사정에 의하여 중지되거나 또는 그 결과가 발생하지 아니한 경우에 한하여, 중죄 그 자체로 본

---

(1) Wer den Entschluss ein Verbrechen oder Vergehen zu verüben, durch Handlungen, welche einen Anfang der Ausführung dieses Verbrechens oder Vergehens enthalten, betätigt hat, ist, wenn das beabsichtigte Verbrechen oder Vergehen nicht zur Vollendung gekommen ist, wegen Versuches zu bestrafen.

(2) Der Versuch eines Vergehens wird jedoch nur in den Fällen bestraft, in welchen das Gesetz dies ausdrücklich bestimmt.

24 § 26 (Begriffsbestimmung)

(1) Eine Straftat versucht, wer den Vorsatz, die Tat zu vollenden, durch eine Handlung betätigt, die den Anfang der Ausführung bildet oder nach seiner Vorstellung von den Tatumständen bilden würde, jedoch nicht zur Vollendung führt.

(2) Den Anfang der Ausführung bildet eine Handlung, durch die der Täter mit der Verwirklichung des Tatbestandes beginnt oder unmittelbar dazu ansetzt.

25 § 24 (Begriffsbestimmung)

Den Versuch einer Straftat begeht, wer nach seinem Tatplan zu ihrer Verwirklichung unmittelbar ansetzt.

다」[26]라고 규정한다.

(ㄴ) 스위스형법은 제21조 제1항(착수미수)에서 「행위자가 중죄 또는 경죄의 실행을 시작한 후에 그 가벌적 활동이 종료하지 아니한 때에는, 그 형을 감경할 수 있다(제65조)」,[27] 제22조 제1항(실행미수)에서 「가벌적 활동은 종료하였지만 중죄 또는 경죄의 기수에 필요한 결과가 발생하지 아니한 때에는, 행위자를 감경된 형으로 처벌할 수 있다(제65조)」[28]라고 규정한다. 그리고 제21조 제2항은 「착수중지」, 제22조 제2항은 「실행방지」를 규정한다.

(ㄷ) 그리스형법 제42조(미수범의 개념과 처벌)은 「① 중죄 또는 경죄를 범할 결의를 최소한 실행의 착수를 이루는 행위에 의하여 실증한 자는, 중죄 또는 경죄가 기수가 되지 아니한 때에는, 감경된 형으로 처벌한다(제83조). ② 전항에 규정된 감경된 형이 행위자로 하여금 앞으로 가벌적 행위를 못하게 하는 데에 충분하지 않다는 견해를 법원이 가지는 때에는, 사형을 제외하고는 기수범에 규정된 형에 처할 수 있다. ③ 법률에 3월 이하의 경징역(Gefängnis)이 규정된 경죄의 미수범은, 처벌하지 않을 수 있다」라고 규정한다.

(ㄹ) 유고슬로바키아형법 제16조(미수범의 처벌)는 「① 고의의 가벌적 행위의 범행을 시작하였으나 기수가 되지 아니한 자는, 기수범이 법률에 의하여 5년의 중징역 또는 보다 중한 형으로 규정된 때에는, 미수범으로 처벌한다. 기타의 가벌적 행위에 관하여는, 법률이 미수범 처벌규정을 두는 때에만, 처벌한다. ② 미수범의 형은 기수범보다 감경할 수 있다」라고 규정한다.

(ㅁ) 체코슬로바키아형법 제5조(미수범)는 「① 행위자가 법률에 규정된 결과를 초래할

---

26 Art. 2.

  Toute tentative de crime qui aura été manifestée par un commencement d'exécution, si elle n'a été suspendue ou si elle n'a manqué son effet que par des circonstances indépendantes de la volonté de son auteur, est considérée comme le crime même.

27 § 21 ① (Unvollendeter Versuch)

  Führt der Täter, nachdem er mit der Ausführung eines Verbrechens oder eines Vergehens begonnen hat, die strafbare Tätigkeit nicht zu Ende, so kann er milder bestraft werden (Art. 65).

28 § 22 ① (Vollendeter Versuch)

  Wird die strafbare Tätigkeit zu Ende geführt, tritt aber der zur Vollendung des Verbrechens oder des Vergehens gehörende Erfolg nicht ein, so kann der Täter milder bestraft werden (Art. 65).

고의로써 시작한 사회적 위험행위는, 이 결과가 발생하지 아니한 때에는, 범죄의 미수이다. ② 미수는 범죄 자체와 마찬가지로 처벌하지만, 형의 양정(量定)(Strafbemessung)에 있어서는 법률에 규정된 결과가 발생하지 않게 된 사정과 사유 그리고 그 행위가 이 결과를 초래할 가능성이 얼마나 컸느냐가 고려된다」라고 규정한다. 그리고 동조 제3항은「중지범」을 규정한다(불벌).

(ㅂ) 중화민국형법 제25조는「① 범죄행위의 실행에 착수하여 이루지 못한 때에는, 미수범이다. ② 미수범의 처벌은 특별한 규정이 있는 때에 한한다」[29]라고 규정하고 또한「미수범의 처벌은 기수범의 형보다 감경할 수 있다」(제26조본문)라고 규정한다.

(ㅅ) 일본형법 제43조 본문은「범죄의 실행에 착수하여 미수가 된 자는 그 형을 감경할 수 있다」고 규정하고, 개정형법가안 제21조도 동일한 규정이고, 개정형법준비초안 제23조(미수범)는「① 범죄의 실행에 착수하여 미수가 된 자는, 미수범이라 한다. ② 미수범을 벌하는 경우는, 각 본조(本条)에서 정한다. ③ 미수범은, 그 형을 감경할 수 있다」라고 규정한다.

(ㅇ) 한국형법 제25조(미수범)는「① 범죄의 실행에 착수하여 행위를 종료하지 못하였거나 결과가 발생하지 아니한 때에는 미수범으로 처벌한다. ② 미수범의 형은 기수범보다 감경할 수 있다」라고 규정한다.

6. 긴급피난

제34조(정당화적 긴급피난)[30]

　생명·신체·자유·명예·재산 또는 기타의 법익에 대한, 달리 피할 수 없는, 현재의 위난하에서, 그 위난을 자기 또는 타인으로부터 피하기 위하여 행위를 한 자는, 충돌하는 이익, 특

29　第25條
　　己着手於犯罪行爲之實行而不遂者爲未遂犯
　　未遂犯之處罰以有特別規定者爲限

30　§ 34 (Rechtfertigender Notstand)
　　Wer in einer gegenwärtigen, nicht anders abwendbaren Gefahr für Leben, Leib, Freiheit, Ehre, Eigentum oder ein anderes Rechtsgut eine Tat begeht, um die Gefahr von sich oder einem anderen abzuwenden, handelt nicht rechtswidrig, wenn bei Abwägung der widerstreitenden

히 관계되는 법익과 그것에 닥치는 위험도를 저울질해서 보호된 이익이 침해된 이익을 본질적으로 능가하는 때에는, 위법하게 행위한 것이 아니다. 이것은, 그 행위가 위난을 피할 적절한 수단인 때에 한하여, 적용된다.

제35조(면책적 긴급피난)[31]

① 생명·신체 또는 자유에 대한, 달리 피할 수 없는, 현재의 위난 하에서 그 위난을 자기·친족 또는 기타의 자기와 밀접한 관계에 있는 자로부터 피하기 위하여 위법한 행위를 한 자는, 책임 없이 행위한 것이다. 이것은, 사정상, 특히 행위자가 그 위난을 스스로 야기했기 때문에 또는 행위자가 특별한 법적 관계에 있기 때문에, 행위자에게 그 위난을 감수할 것이 기대될 수 있는 때에는, 적용되지 아니한다. 단, 특별한 법적 관계를 고려한 경우가 아니고서 행위자가 그 위난을 감수했어야 한 때에는, 그 형은 제49조 제1항에 의하여 감경할 수 있다.

② 행위자가 행위 시에 제1항에 의하여 면책될 사정을 오인한 경우에는, 그가 그 착오를 회피할 수 있은 때에 한하여, 처벌한다.

그 형은 제49조 제1항에 의하여 감경한다.

(1) 현행형법 제54조는 「행위가, 정당방위의 경우 이외로서, 다른 방법으로는 제거할 수 없는, 자기책임이 아닌 긴급상태 하에서, 행위자 또는 친족의 생명 또는 신체에 대

Interessen, nahmentlich der betroffenen Rechtsgüter und des Grades der ihnen drohenden Gefahren, das geschützte Interesse das beeinträchtigte wesentlich überwiegt. Dies gilt jedoch nur, soweit die Tat ein angemessenes Mittel ist, die Gefahr abzuwenden.

31 § 35 (Entschudigender Notstand)

(1) Wer in einer gegenwärtigen, nicht anders abwendbaren Gefahr für Leben, Leib oder Freiheit eine rechtswidrige Tat begeht, um die Gefahr von sich, einem Angehörigen oder einer anderen ihm nahestehenden Person abzuwenden, handelt ohne Schuld. Dies glit nicht, soweit dem Täter nach dem Umständen, namentlich weil er die Gefahr selbst verursacht hat oder weil er in einem besonderen Rechtsverhältnis stand, zugemutet werden konnte, die Gefahr hinzunehmen ; jedoch kann die Strafe nach § 49 Abs. 1 gemildert werden, wenn der Täter nicht mit Rücksicht auf ein besonderes Rechtsverhältnis die Gefahr hinzunehmen hatte.

(2) Nimmt der Täter bei Begehung der Tat irrig Umstände an, welche ihn nach Absatz 1 entschuldigen würden, so wird er nur dann bestraft, wenn er den Irrtum vermeiden konnte. Die Strafe ist nach § 49 Abs. 1 zu mildern.

한 현재의 위난을 구하기 위하여 행하여진 때에는, 벌하지 아니한다」[32]라고 규정하는데, 보통 이 형법적 긴급피난을 초법규적인 면책적 긴급피난과 함께 책임조각사유라고 파악하면서 한편으로 정당화(위법성조각)사유로서 민법적 긴급피난 및 초법규적 긴급피난을 인정하고 있다.[33]

(2) 62년초안을 신규정과 비교해보면, (ㄱ) 「정당화적 긴급피난」에 관한 초안 제39조 제1항은 신총칙 제34조와 같지만,[34] 초안 동조 제2항 「행위자가 행위 시에, 그 행위를 제1항에 의하여 정당화할 사정을 오인한 경우에, 그에게 그 착오가 비난될 수 있는 때에 한하여, 처벌한다. 그 형은 제64조 제1항에 의하여 다음의 기준으로 감경한다. 1. 중징역 대신에 3월 이상 5년 이하의 경징역으로 한다. 2. 경징역형의 가중된 하한 대신에 법률 상의 하한으로 한다. 3. 경징역형의 상한은 5년을 넘지 못한다. 제20조[35]는 적용하지 아니한다」[36]라는 규정은 신총칙에서 채택되지 아니했다. 즉 특별위원회는, 「정당화적 긴급피난에 관한 착오는 정당화사유에 관한 착오로서 구성요건의 착오냐 금지의 착오냐가 문제가 되어 있으므로, 학설ㆍ판례에 일임하는 것이 좋다고 본 것이다.

(ㄴ) 62년초안은 「면책적 긴급피난」에 관하여 제40조 제1항에서 「생명ㆍ신체 또는 자

---

32 § 54

  Eine strafbare Handlung ist nicht vorhanden, wenn die Handlung ausser dem Falle der Notwehr in einem unverschuldeten, auf andere Weise nicht zu beseitigen den Notstande zur Rettung aus einer gegenwärtigen Gefahr für Leib oder Leben des Täters oder eines Angehörigen begangen worden ist.

33 § Schönke—Schröder, Strafgesetzbuch, Kommentar, 12. Aufl., 1965, S. 385; Hans Welzel, Das Deutsche Strafrecht, 11. Aufl., 1969, S. 83 ff., S. 179 ff. 참조.

34 정확히 말하면, 신규정은 「보호된 이익이 침해된 이익을」인데, 초안은 「그에 의하여(von ihm) 보호된 이익이 침해된 이익을」이다.

35 「정당화적 또는 면책적 사정에 관한 착오」를 규정하고 있다.

36 (2) Nimmt der Täter bei Begehung der Tat irrig Umstände an, welche die Tat nach Absatz 1 rechtfertigen würden, so wird er nur dann bestraft, wenn ihm der Irrtum vorzuwerfen ist. Die Strafe ist nach § 64 Abs. 1 mit folgender Massgabe zu mildern :
  1. An die Stelle von Zuchthaus tritt Gefängnis von drei Monaten bis zu fünf Jahren.
  2. An die Stelle der erhöhten Mindestmasses einer Cefängnisstrafe tritt das gesetzliche Mindestmass.
  3. Das Höchstmass einer Gefängnisstrafe darf fünf Jahre nicht übersteigen.
  § 20 ist nicht anzuwenden.

유에 대한, 달리 피할 수 없는, 현재의 위난 하에서, 그 위난을 자기·친족 또는 기타의 자기와 밀접한 관계에 있는 자로부터 피하기 위하여 위법한 행위를 한 자는, 위협된 법익에 대한 위난을 감수할 것을 그에게 기대할 수 없을 때에는, 책임 없이 행위한 것이다」라고 규정하는데, 신총칙은 기대불가능성으로 인한 면책적 긴급피난의 〈무한정적인〉 인정을 수정하였다. 즉 행위자가 스스로 위난을 야기했다거나 특별한 법적 관계에 있다거나 기타 이와 마찬가지의 중요한 사정 하에서는, 면책적 긴급피난을 인정하지 아니한다. 다만, 법적 관계 이외의 경우에는, 형의 임의적 감경을 인정한다.

또한 62년초안은 「면책적 긴급피난에 관한 착오」에 대하여 제40조 제2항에서 「행위자가 행위 시에, 그 행위를 제1항에 의하여 면책할 사정을 오인한 경우에, 그에게 그 착오가 비난될 수 있는 때에 한하여, 처벌한다. 그 형은 제64조 제1항에 의하여 다음의 기준으로 감경한다. 1. 중징역 대신에 제64조 제1항 제4호의 테두리 안에서 6월 이상의 경징역으로 한다. 2. 경징역형의 가중된 하한 대신에 법률 상의 하한으로 한다. 제20조는 적용하지 아니한다」라고 규정하는데, 신총칙 제35조 제2항은 기본적으로는 62년초안의 태도를 따르면서 복잡한 해결을 피하고 통상의 필요적 감경에 의하도록 했다. 또 62년초안에서의 「그에게 그 착오가 비난될 수 있는 때에 한하여」라는 표현을 「그가 그 착오를 회피할 수 있은 때에 한하여」라고 고친 것은, 「금지의 착오」에 있어서와 같은 취지이다.

(3) 택일안을 신규정과 비교해 보면,

(ㄱ) 「정당화적 긴급피난」에 관하여 택일안 제15조는 「① 생명·신체·자유·명예·재산 또는 기타의 법익에 대한 현재의 위난을 피하기 위하여 필요한 행위를 행한 자는, 모든 사정, 특히 충돌하는 법익을 저울질해서 그에 의하여 보호된 이익이 문제되는 법익의 침해가 감수되어야 하는 정도를 능가하는 때에는, 위법한 행위를 한 것이 아니다. ② 적법한 긴급피난행위에 관한 기타의 규정에는 영향이 없다」[37]라고 규정하는데, 이것

---

37 § 15 (Rechtfertigender Notstand)
 (1) Wer eine Tat begeht, die erforderlich ist, um eine gegenwärtige Gefahr für Leben, Leib, Freiheit, Ehre, Eigentum oder ein anderes Rechtsgut abzuwenden, handelt nicht rechtswidrig, wenn bei Abwägung aller Umstände, namentlich der widerstreitenden Rechtsgüter, das von ihm wahrgenommene Interesse derart überwiegt, dass der Eingriff in das betroffene Rechtsgut

은 신총칙 제34조와 대차(大差)가 없지만 보다 단순화된 것이다.

(ㄴ)「면책적 긴급피난」에 관하여 택일안 제23조는「생명·신체 또는 자유에 대한 현재의 위난을 자기·친족 또는 기타의 자기와 밀접한 관계에 있는 자로부터 피하기 위하여 위법한 행위를 한 자는, 행위의 사정상 그에게 다른 행태를 기대할 수 없는 때에는, 책임 없이 행위한 것이다. 그에게 다른 행태를 기대할 수 있는 때에는, 그 형은 제61조 제1항에 의하여 감경할 수 있다」[38]라고 규정하는데, 전술한 바와 같이 신총칙 제35조 제1항은 무한정적인 기대불가능성을 수정한다. 또한 기대가능성 있는 경우에 관하여, 신규정도 형의 임의적 감경을 인정하되 특별한 법적 관계가 있는 경우를 제외한다. 그리고「면책적 긴급피난에 관한 착오」에 대하여 택일안은 따로 규정을 두지 않지만, 신총칙은 제35조 제2항에 규정을 둔다.

(4) 다른 나라들의 입법례를 살펴보겠다.

(ㄱ) 그리스형법도 긴급피난을 이분한다. 즉 제25조(정당화사유로서의 긴급피난)는「① 자기 또는 타인 또는 재산에 대한, 자기 책임이 아닌, 현재의 그리고 다른 방법으로는 피할 수 없는 위난을 피하기 위하여 행하여진 행위는, 야기된 해(害)가 당할 뻔한 해보다 종류와 가치에 비추어 현저히 작을 때에는, 위법하지 않다. ② 이 규정은 닥쳐오는 위난에 직면할 의무가 있는 자에게 적용하지 아니한다. ③ 제23조의 규정은 여기에도 준용된다」, 제32조 (책임조각사유로서의 긴급피난)는「① 자기 또는 자기의 재산 또는 자기의 직계친족, 형제자매나 배우자에 대한, 자기 책임이 아닌, 현재의 그리고 다른 방법으로는 피할 수 없는 위난을 피하기 위하여 행하여진 경우에, 야기된 해가 당할 뻔한 해에 종류와 가치에 비추어 상응하는 때에는, 그 행위는 행위자에게 귀책되지 아니한다. ② 제25조 제2항, 제3항의 규정은 준용된다」라고 규정한다.

---

hingenommen werden muss.

(2) Sonstige Vorschriften über rechtmässige Notstandshandlungen bleiben unberührt.

38 § 23 (Entschuldigender Notstand)

Wer eine rechtswidrige Tat begeht, um eine gegenwärtige Gefahr für Leben, Leib oder Freiheit von sich, einem Angehörigen oder einer anderen ihm nahestehenden Person abzuwenden, handelt ohne Schuld, wenn ihm ein anderes Verhalten nach den Umständen der Tat nicht zugemutet werden kann. Ist ihm ein anderes Verhalten zuzumuten, so kann die Strafe nach § 61 Abs. 1 gemildert werden.

(ㄴ) 일본형법 제37조는 「① 자기 또는 타인의 생명·신체·자유 혹은 재산에 대한 현재의 위난을 피하기 위하여 부득이해서 행한 행위는, 그 행위로부터 발생한 해가 그 피하려고 한 행의 정도를 넘지 않는 경우에 한하여, 이를 벌하지 아니한다. 단, 그 정도를 넘은 행위는, 정상에 의하여 그 형을 감경 또는 면제할 수 있다. ② 전항의 규정은 업무상 특별한 의무 있는 자에게는 이를 적용하지 아니한다」라고 규정하고, 개정형법가안 제19조는 「① 자기 또는 타인의 이익에 대하여 급박하고 달리 피할 방법이 없는 중대한 위난을 피하려고 한 행위는 그때에 있어서의 정황에 비추어 상당한 때에는 죄가 되지 아니한다. ② 전항의 규정은 업무 있는 자에게는 이를 적용하지 아니한다. ③ 전조 제2항 및 제3항의 규정은 본조의 피난행위에 이를 준용한다」라고 규정하고, 개정형법준비초안 제14조(긴급피난)는 「① 자기 또는 타인의 법익에 대하여 달리 피할 방법이 없는 급박한 위난이 발생한 경우에, 그 위난을 피하기 위하여 부득이해서 행한 행위는, 이로 인하여 발생한 해가 피하려고 한 해의 정도를 넘지 아니한 때에는, 이를 벌하지 아니한다. ② 피난행위가 그 정도를 넘은 경우에는, 전조 제2항의 규정을 준용한다」라고 규정한다.

(ㄷ) 한국형법 제22조(긴급피난)는 「① 자기 또는 타인의 법익에 대한 현재의 위난을 피하기 위한 행위는 상당한 이유가 있는 때에는 벌하지 아니한다. ② 위난을 피하지 못할 책임이 있는 자에 대하여는 전항의 규정을 적용하지 아니한다. ③ 전조 제2항과 제3항의 규정은 본조에 준용한다」라고 규정한다.

[보 완]

〈형벌편〉 부분은 김종원, 「서독의 새 형법전(총칙)」, 법정 1975년 10월호, 187면 이하에 실린 것으로 보완한다.

Ⅳ. 형벌 편

(1) 자유형의 단일화
자유형은 구형법에서는 중징역형(Zuchthausstrafe―제14조)·경징역형(Gefängnisstrafe―

제16조) · 구금(Einschliessung—제17조) · 구류(Haft—제18조)의 4종이었고, 62년초안에서는 중징역(Zuchthaus) · 경징역(Gefängnis) · 구류(Strafhaft)의 3종(제43조)이었는데, 새 총칙(제38조)은 택일안 제36조와 마찬가지로 「자유형」(Freiheitsstrafe)의 1종만을 인정한다(무기 또는 15년 이하 1월 이상). 그 주된 이유는, 실무에 있어서는 중징역과 경징역 사이에 현실적으로 구별되지 않고, 중징역이라는 낙인을 찍음으로써 수형자의 효과 있는 사회복귀를 곤란케 하며, 단일화에 의하여 행형의 합리적 운용을 가능케 한다는 데에 있다.

(2) 자유형의 하한(下限)

자유형의 하한에 관하여, 구형법은 1일(구류로서—제18조), 62년초안은 1주(구류로서—제47조)로 하고 있지만, 새 총칙은 택일안의 6월(제36조)을 채택하지 않고 1월로 하고 있다(제38조 2항). 이와 같이 새총칙은 6월 미만의 단기자유형을 완전히 폐지하는 택일안의 제안을 채택하지 아니했는데, 그 이유로서는 법익보호의 면도 무시할 수 없고, 벌금형이 모든 경우에 자유형의 임무를 대신할 수 없으며, 또 1960년 8월에 런던에서 개최된 「제2회 국제연합 범죄방지 및 범죄자처우에 관한 회의」도 그 결의에서 단기자유형의 완전한 폐지가 아니라 그 점차적인 적용제한을 실제적인 해결로서 제시하고 있다는 것이다.

(3) 단기자유형의 예외적 적용

새총칙은 단기자유형을 과하는 것을 극히 예외적인 경우에 한하고 있다. 즉 「법원이 6월 미만의 자유형을 선고하는 것은, 범행 또는 범인의 인격에 존재하는 특별한 사정에 의하여 범인을 감화시키기 위해서 또는 법질서를 보호하기 위해서 자유형을 선고하는 것이 불가결한 경우에 한한다」(제47조 1항)라고 규정한다. 이것은 자유형과 벌금형이 택일적으로 규정되어 있는 경우에 관한 것이다. 「법률이 벌금형을 규정하지 아니하거나 자유형에 병과해서만 과하도록 규정하고 있고 또 6월 이상의 자유형이 적당하지 아니하는 경우에, 제1항에 의한 자유형의 선고가 불가결이 아닌 때에는, 법원은 벌금형을 선고한다」(제47조 2항 전단)라고 규정한다.

(4) 일수정액벌금제(日數定額罰金制)의 채택

새총칙(제40조 이하)은 62년초안 제51조 이하와 동취지의 일수정액(Tagessatz)의 벌금제도를 채택한다. 즉 벌금형은 일수정액으로 선고되는데, 「일수」는 5일 이상 360일 이하이고, 1일의 「정액」은 범인의 일신적 · 경제적(수입 · 재산 등) 사정을 고려하여 2마르크 이상 1000마르크 이하가 된다(제40조). 단기자유형에 대신하는 것으로서 중요성을 가지게 되는 벌금형을 합리화하려는 것이다.

(5) 양형(量刑)의 기본원칙

새총칙은 제46조 제1항 전단에서 62년초안 제60조 제1항과 동취지로 「범인의 책임이 형벌의 양정의 기초가 된다」라고 규정하여 책임주의의 원칙을 밝히면서, 동항 후단에서는 「사회에 있어서의 범인의 장래의 생활에 영향을 주리라고 기대되는 형벌의 제효과(諸效果)가 고려되어야 한다」라고 규정하여 양형에 있어서 특별예방적 효과를 고려할 것을 표현하고 있다.

V. 보안처분 편

새총칙에서의 「개선보안처분(Massregeln der Besserung und Sicherung)」은 정신과치료시설에로의 수용, 금절(禁絶)시설에로의 수용, 사회치료시설에로의 수용, 보안감치수용, 지도관찰, 운전면허의 박탈, 직업금지의 7종인데(제61조), 앞 4가지가 자유박탈처분이고 뒤 3가지는 자유박탈을 수반하지 않는 처분이다.

(1) 균형성의 원칙

새총칙은 보안처분이 인권에 미치는 영향을 고려하여 제62조에 「균형성의 원칙(Grundsatz der Verhältnismässigkeit-비례성의 원칙이라고도 함)」을 규정한다. 즉 「개선보안처분은, 그것이 범인에 의하여 행하여진 범행 및 범인이 행할 것으로 예상되는 범행의 의미(Bedeutung)와 대비(対比)하여 또한 범인으로부터 발생되는 위험의 정도와 대비하여 균형을 잃는 경우에는, 이를 명해서는 안 된다」.

(2) 정신과 치료시설에로의 수용

정신장애 범죄인에 대한 처분인데, 구형법(제42조b) · 62년초안(제82조)에 있어서의 「치료간호 시설에로의 수용」에 해당한다. 즉 「책임무능력(제20조) 또는 한정책임능력(제21조)의 상태에서 위법한 범행을 행한 자의 경우에 그러한 상태로 인하여 중대한 위법한 범행을 그가 행할 것이 예상되고 따라서 그가 공공(公共)에게 위험하다는 것이 범인과 그의 범행에 대한 전체적 평가로 밝혀지는 때에는, 법원은 정신과 치료시설에로의 수용을 명한다」(제63조).

(3) 금절(禁絶)시설에로의 수용

알콜 · 마취제중독 범죄인에 대한 처분인데, 그 요건은 62년초안 제83조와 동일하다. 즉 「알콜음료 또는 기타의 마취제를 과도하게 복용하는 버릇(Hang)이 있는 자가, 명정(酩酊)상태에서 범한 위법한 범행을 이유로 또는 그 버릇에 귀인(歸因)하는 위법한 범행을 이유로 유죄의 선고를 받거나 또는 단지 그의 책임무능력이 증명되었거나 책임무능력의 의심이 배제될 수 없기 때문에 유죄가 선고되지 않는 경우에, 그가 그의 버릇(Hang)으로 인하여 중대하고 위법한 범행을 행할 위험이 있는 때에는, 법원은 금절시설에로의 수용을 명한다」(제64조 1항). 그리고 개선을 목적으로 하는 처분이므로, 「금단치료가 처음부터 가망없는 것으로 보이는 때에는, 그 명령은 내려지지 않는다」(제64조 2항).

(4) 사회치료시설에로의 수용

[참고] 이 제도는 시행도 못 해보고 1985년에 폐지되었다.

(5) 보안감치수용

새로이 범행을 할 위험성이 높은 누범 · 상습범인에게 보안감치를 명한다(제66조).

(6) 지도관찰

지도관찰은, 유죄의 선고를 받은 자가 자유로운 생활을 하면서 범죄를 범하지 않도록 도우고 돌봐주는 처분이다(제68조~제68조g). 택일안은 그 불필요를 주장하였지만,

새총칙은 구형법의 경찰관찰(제38조)·62년초안의 보안관찰(제91조 이하)에 비하여 원조와 보호의 면을 강화하고 있다.

(7) 운전면허의 박탈

자동차운전자의 의무위반으로 위법행위가 행하여진 경우에, 그가 자동차의 운전에 부적격이라는 것이 밝혀진 때에는, 법원은 운전면허를 박탈한다(제69조 1항).

(8) 직업금지

일정한 조건이 갖추어진 때에는, 법원은 직업 등에의 종사를 금지할 수 있다(제70조).

[참고]

전면개정된 「독일형법 총칙」은 1975년 1월 1일에야 시행하게 되었다.

34. 일본개정형법 준비초안에 관하여*
— 특히 총칙편을 중심으로 —

Ⅰ. 서 설

　일본에 있어서는 昭和35년(1960년) 4월 27일부로 「개정형법준비초안(미정고 未定稿)」이라는 것이 공표되었다. 제1편 총칙 17장 128조, 제2편 각칙 42장 247조, 전375조로 구성된 방대한 「준비초안」은, 그 「머리말」에서 밝히고 있는 바와 같이, 昭和31년(1956년) 10월에 법무성 형사국 내에 설치된 「형법개정준비회」에 의한 3년 반 동안의 노력의 결과 하나의 「시안(試案)」으로서 발표된 것이며, 학자, 실무가를 비롯하여 일반 국민의 비판을 받을 것을 목적으로 하여 공표된 것이다. 이번에 발표된 「개정형법준비초안」은 장래 작성될 「형법개정에 관한 법무성 원안(原案)의 자료가 되는 예비적인 초안」이라는 성격을 가지는 것이며, 이러한 초안을 작성하게 된 형법개정의 필요성에 관하여는 "이제 현행형법 제정 후 50년을 경과하여 그동안에 있어서의 사회정세 및 국민감정의 추이, 법률제도의 변천, 형법학설, 형사판례 및 형사정책사상의 발전 등으로 보아, 이를 현대의 요청에 적합한 것으로 하기 위하여 전면적으로 재검토할 필요에 부딪쳐 있기 때문이라"고 한다.

　그런데 「개정형법준비초안」의 의의를 이해하기 위하여는 일본에 있어서의 형법개정의 역사를 살펴볼 필요가 있으리라고 생각되므로, 여기서 개관하기로 하겠다. 주지하는 바와 같이 「현행형법전」은 明治40년(1907년)에 공포되고 明治41년 10월 1일부터 시행되어 오늘에 이르렀다. 그 당시는 일ㆍ러전쟁 후에 있어서의 자본주의 발흥기를 배경으로 하여 사회적으로는 비교적 평온한 시기였다. 그러나 大正시대에 들어서자 노동운동

---

* 이 글은 법정학보 제4집(이화여자대학교, 1961년 2월호) 37면 이하에 실린 것이다.

이 서서히 활발해져서 파업도 행하여지고 또 쏘련혁명의 영향도 있어서 사정이 변화되었다. 이러한 배경의 변화 및 기타 제1차 세계대전 전후의 제(諸)외국의 형법개정운동에 자극되어서 형법개정이 문제가 되었고, 大正 10년(1921년) 10월에 정부로부터 「임시법제심의회」에 대하여 형법개정의 가부에 관한 「자문」이 있었으며, 이로부터 형법의 개정에 착수하게 되었다. 동심의회는 大正 15년(1926년) 11월에 「형법개정의 강령(綱領)」 40항목을 의결하여 정부에 답신하였고, 이에 따라 昭和2년 1월 사법성(司法省) 내에 「형법개정원안기초위원회」가 설치되어 동년(1927년) 3월에 「형법개정예비초안」이 완성되었다. 다시 동년 6월에 본격적인 형법개정작업에 이바지하기 위하여 새로이 「형법 및 감옥법개정조사위원회」가 사법성 내에 설치되고, 동위원회는 昭和6년(1931년) 9월에 「형법 및 감옥법조사위원회 총회결의 및 유보조항(형법총칙)」을 발표하였고, 이어서 昭和15년(1940년) 3월에는 각칙부분의 검토가 끝나 그 결과를 발표하였으며, 정식으로는 총칙부분과 각칙부분을 합쳐서 「개정형법가안(假案)」이라는 형식으로 동년 4월에 발표하였다. 그러나 동년 10월에 태평양전쟁의 돌입을 앞두고 다른 위원회와 더불어 동개정위원회가 해소됨으로써, 형법개정작업은 일시 중단되었다. 전술한 형법개정의 착수 후에는 大正12년에 관동대진재(大震災)가 일어났고 大正14년에는 치안유지법이 제정되었고 昭和6년에는 만주사변이 일어났는데 이를 계기로 하여 군국주의 · 국수주의적 경향이 농후해졌다. 그 후 昭和12년에는 중일전쟁이 일어났고 드디어 昭和16년에는 태평양전쟁에 돌입하게 되었던 것이다. 따라서 처음부터 '아국(我國)고유'의 도덕 및 미풍양속'이라든가 '본방(本邦)의 순풍미속' · '충효 기타의 도덕'이라는 것을 지도이념으로 삼아서 발족한 형법 개정작업은 「개정형법가안」에 이르러 전술한 사회적 · 정치적 배경의 영향을 받아, 특히 그 각칙에서는 국수주의적 색채가 농후하게 되었다. 그러나 일본의 패전과 더불어 제2차 세계대전은 끝났으며, 그 다음해에 기본적 인권의 보장을 기초로 하는 자유주의 · 민주주의적 헌법이 제정되자 이에 따라 昭和22년에는 형법의 부분적인 개정이 이루어졌지만, 현행형법에 대한 전면적 개정의 과제는 여전히 남겨졌다.

이러한 가운데 昭和31년(1956년) 7월에 법무성 특별고문으로 취임한 小野淸一郎 교수에 대하여 법무대신(法務大臣)으로부터 형법개정에 관하여 고려할 사항에 대한 자문이 있었는데, 이를 기회로 동년 10월에 법무성 형사국 내에 「형법개정준비회」가 설치되었던 것이다. 동준비회는 형사국장을 회장으로 하고 법무대신이 위촉한 재경(在京)

의 학자 및 실무가 10여 명으로 구성되었는데, 전전(戰前)에 있어서의 형법개정작업의 귀중한 유산인 「개정형법가안」을 기초로 하고 여기에 필요한 수정을 가할 것을 목표로 하여 小野 고문을 의장으로 삼고서 동년 10월 2일부터 昭和35년 3월 9일까지 합계 121회에 걸친 토의를 거듭한 끝에 동년 4월 27일에 또 하나의 시안(미정고)으로서 「개정형법준비초안」을 발표하였다. 특히 준비초안 전체의 특색으로서는 종전 후의 방침에 따라 상용한자를 쓰고 또 平假名〈히라가나〉·구어체로 씀으로써 가급적 일반인에게도 쉽게 이해할 수 있도록 노력한 점이다.

본고에서는 「개정형법준비초안」의 총칙편의 중요문제에 관하여 비판적인 검토를 시도하였으며, 각칙편에 관하여는 개괄적 고찰에 그치고 후일 다른 기회에 자세한 검토를 하려고 한다.

II. 총칙편의 중요문제

(1) 「부작위에 의한 작위범」에 관한 초안 제11조는 현행형법에는 없는 규정이며, 동조가 가안 제13조를 기초로 하고 있음이 명백하다(한국형법 제18조 참조). 그런데 동조 제1항은 「죄가 될 사실의 발생을 방지할 법률상의 의무 있는 자가 그 발생을 방지할 수 있음에도 불구하고 일부러 이를 방지하지 아니한 때에는, 작위에 의하여 그 사실을 발생시킨 자와 같다」라고 하여 작위의무 있는 자가 부작위에 의하여 결과를 발생시킨 경우에 이를 작위범과 마찬가지로 취급한다는 취지를 규정하고 있다. 다만 문제는 「일부러」 결과의 발생을 방지하지 아니한 경우에 한하여 부작위에 의한 작위범이 성립한다고 해석되는 규정으로 되어 있다는 점이다. 여기서 「일부러(ことさらに)」라는 의미는 이미 발생된 위험성을 적극적으로 이용할 의사를 가지고 라고 해석되므로, 따라서 과실이 있는 경우는 물론이요 미필적 고의가 있는 경우까지 부진정 부작위범의 성립을 배제하게 된다. 그러나 이러한 결론은 타당하지 않고, 부진정 부작위범은 확정적 고의가 있는 경우뿐 아니라 미필적 고의나 과실이 있는 경우에도 고의범 또는 과실범으로 성립되어야 할 것으로 생각하므로 제1항의 「일부러」는 삭제되어야 하리라고 본다(부진정 부작위범을 규정한 가안 제13조 제1항, 그리스 형법 제15조·한국형법 제18조·독일형법 59년안 제14조 제1항도 초안 제11조 제1항과 같은 규정방식을 취하고 있지 않다). 또

제2항은 작위의무 가운데서 특히 자기의 선행행위에 의한 작위의무를 명문화하여「자기의 행위에 의하여 사실발생의 절박한 위험을 발생시킨 자는 그 발생을 방지할 의무가 있다」라고 규정하여, 가안에는 없는「절박한」이라는 말을 첨가하고 있다. 여기서「사실발생의 절박한 위험」이라는 말도 사실발생의 위험이 시간적으로 절박해 있다는 의미인지 사실발생의 위험의 정도가 높다는 의미인지 명확치 못하다. 그런데 선행행위에 의한 작위의무의 요건인 결과발생의 위험은 어느 정도 높음을 요하지만 결과발생이 시간적으로 절박해 있음을 필요로 하지 아니하므로「절박한」이라는 말은 삭제하고「위험」의 성질을 해석에 맡기는 것이 타당할 것이다.

(2)「정당방위」에 관하여는 초안 제13조에 규정하고 있다. 먼저 제1항에서 현행법·가안에 이어 여전히「급박」이라는 말을 사용하고 있음은 의문이며,「현재」라는 말로 바꾸는 것이 타당하리라 생각한다(독일형법 제53조 제2항·한국형법 제21조 제1항 참조). 木村 교수는「급박」을 보다 넓은「현재」라는 개념으로 해석하고 있다(木村龜二,「刑法總論」〈1959年〉257頁 以下 참조). 또 현행법에서의「권리」, 가안에서의「이익」을 바꿔어 초안에서는「법익」이라는 말을 사용하는 것은 타당하다. 다면 현행법에서의「부득이한」을 가안에서「정황에 비추어 상당한」이라고 고쳐진 것이 초안에서는 다시「부득이한」으로 환원된 것은 의문이다. 물론 방위행위에 관하여「필요성」을 규정한 입법(독일형법 제53조·그리스형법 22조·유고형법 제11조 등)과「상당한」을 규정한 입법(스위스형법 제33조·체코형법 제8조·한국형법 제21조)이 있지만, 일본의 개정형법작업에 있어서 강령, 예비초안 및 가안이 일관하여 상당성을 규정하도록 하고 있었을 뿐 아니라 학설상도 상당성의 방향으로 해석하는 경향이 있으므로「상당성」으로 규정하는 것이 타당하리라고 생각한다. 다음으로 제2항은「과잉방위」에 관하여 규정하고 있는데, 원칙적으로는 임의적 감경만 인정하고(현행형법 및 가안은 임의적 면제까지 인정함. 한국형법 제21조 제2항 참조),「그 행위가 정신의 충격 또는 흥분한 나머지 행하여진 것으로, 행위자를 비난할 수 없는 때에는」이를 벌하지 아니한다(대체로 가안 제18조 제3항을 답습하고 있음. 독일형법 제53조 제3항, 한국형법 제21조 제3항 참조). 의문이 있으나 대체로 타당하리라고 본다. 다만 초안 제13조의 정당방위의 규정과 동초안 제353조의 도범(盜犯) 등의 방지에 관한 규정과의 관계가 정비되어야 할 것이다.

(3)「긴급피난」에 관하여는 초안 제14조에 규정되어 있다. 제1항에서는 현행형법상

의 「생명 · 신체 · 자유 · 재산」 및 가안의 「이익」 대신에 「법익」이라는 말을 사용하는데, 타당하다고 본다(한국형법 제22조 제1항 참조). 현행형법 및 가안에 있어서의 「현재」가 초안에서 「급박」이란 표현으로 바뀐 것은 의문이다. 그리고 초안에서 「달리 피할 방법이 없는 … 위난 … 을 피하기 위해 부득이하여 행한」이라는 표현(가안도 대체로 마찬가지)은 현행형법에서의 단지 「부득이하여 행한」 보다 보충성을 명확히 규정하고 있다. 다만 여기서는 가안과 같은 「상당성」이 규정되어 있지 않으나(물론 가안에서는 보충성의 규정이 따로 있으므로 거기서의 상당성은 결국 균형성을 의미한다고 해석됨), 긴급피난에 있어서의 「상당성」이 보충성과 균형성을 엄격히 요구한다고 본다면 균형성에 관하여 「이로 인하여 발생한 해가 피하려고 한 해의 정도를 초과하지 아니한 때에는 이를 벌하지 아니한다」라는 초안과 같은 규정방식도 실질적으로는 무방하리라 생각한다. 제2항의 「과잉피난」에 관하여는 전술한 과잉방위의 경우와 마찬가지이다. 그런데 초안은 현행법 제38조 제2항 및 가안 제19조 제2항에서 「업무상 특별한 의무 있는 자」에 대하여 긴급피난의 규정을 적용하지 아니한다는 취지를 밝힌 규정을 삭제하고 있으나, 그러한 취지의 규정은 그냥 두고 해석에 의하여 구체적 타당성을 도모하는 것이 보다 나으리라고 생각한다(보존하고 있는 입법례로는 희랍형법 제25조 제2항 · 제33조 제2항, 한국형법 제22조 제2항).

(4) 「원인에 있어서의 자유스러운 행위」의 가벌성은 학설 · 판례가 시인하여 왔는데, 이번 초안 제16조에 신설되었다. 특히 고의범의 경우뿐 아니라 과실범의 경우도 동제15조(소위 심신상실 · 모약(耗弱))의 규정을 배제한다. 원인에 있어서의 자유스로운 행위에 관한 입법례는 그 수가 적을 뿐 아니라 형식도 구구한데, 스위스형법 제12조 · 이태리형법 제92조 제2항 · 한국형법 제10조 3항은 고의범의 경우에 관하여만 규정하고 유고형법 제6조 제3항은 고의범 · 과실범의 쌍방에 관하여 규정한다.

(5) 「금지의 착오」, 즉 소위 법률의 착오에 관하여는 초안 제20조 제2항이 「자기의 행위가 법률상 허용되지 아니한다는 것을 모르고 범한 자는, 그것에 관하여 상당한 이유가 있는 때에는, 고의로 한 것이라 할 수 없다」라고 규정하였다. 본항은 위법성의 의식 내지 그 의식의 가능성을 고의의 요건이라고 보는 「고의설」(Vorsatztheorie)의 입장을 밝힌 것이다. 그러나 이 고의설에 대립되는 「책임설」(Schuldtheorie)의 입장에서는 위법성

의 의식 내지 그 의식의 가능성이 고의의 요건이 아니라 책임의 요건이라고 보는데, 금지(위법성)의 착오로서 그 착오에 상당한 이유가 있는 때라 함은, 위법성의 의식의 가능성까지 없는 것을 의미하고 금지의 착오를 피할 수 없는 경우를 말하므로, 따라서 고의는 있어도 책임 그 구체가 조각되어 범죄가 성립되지 않는다고 한다. 그런데 초안은 금지의 착오에 상당한 이유가 있는 경우에 관하여「고의로 한 것이라 할 수 없다」라고 규정하여 단지 고의가 조각됨에 그치고 다시 과실범의 성립의 문제가 남는 것 같은 인상을 주지만, 실제로는「상당한 이유가 있는 경우」란 소위「위법성의 과실」이 없는 경우라고 해석되므로 과실범의 성립의 문제는 일어나지 않는다. 그러므로 초안 제20조 제2항은 고의「책임」을 조각한다는 해석도 성립할 수 있게 된다. 따라서 동항은 고의설의 입장뿐 아니라 책임설의 입장에서도 해석이 가능하게 된다. 이상으로 알 수 있는 바와 같이 서로 대립하는 양학설 가운데서 일방에 가담하는 인상을 주는 동항의「고의로 한 것이라 할 수 없다」라는 규정방식은 입법기술상 비민주적이므로 타당하지 않으며,「그 형을 면제한다」(가안 제11조 제2항 참조)라고 규정하든지 일보 더 나아가「벌하지 아니한다」(한국형법 제16조 참조)라고 규정하는 것이 타당할 것이다.

또한 비교입법적으로 보면 한국형법 제16조는 정당한 이유에 의하여 자기의 행위가 법령에 의하여 죄가 되지 아니하는 것으로 오인한 때를 불벌이라 하고, 유고형법 제10조는 상당한 이유에 의하여 금지된 것을 알지 못한 때를 형의 필요적 감면이라 하고, 그리스형법 제31조 제2항은 위법성에 관한 용인할 수 있는(verzeihlich)〈중요한 erheblich 이라고도 번역되어 있음〉 착오에 대하여 책임조각이라 하고, 독일형법 1958년안 제20조는 위법성에 관한 비난할 수 없는 착오에 대하여 책임조각이라 하고, 또 헝가리형법 제14조는 상당한 이유에 의하여 행위의 사회적 위험성에 관한 착오가 있는 때에는 벌하지 않고 상당한 이유가 없는 때에는 무조건 형을 감경한다.

 (6)「결과적 가중범」에 관하여서 초안 제21조에 신설되어 있는데,「그 결과를 예견하는 것이 불능이었던 때에는, 가중범으로서 처단할 수 없다」라고 소극적으로 규정하고 있다(한국형법 제15조 제2항 참조. 가안 제12조는 소극적으로 규정하고 있다). 그러나 일보 전진하여 독일형법 제56조, 독일형법 1958년안 제21조, 희랍형법 제29조, 체코형법 제4조 제2항, 유고刑法 제8조 제2항과 같이 중한 결과에 대하여 과실을 요구하는 편이 좋을 것이다.

(7) 「불능범」에 관하여는 초안 제23조에 규정되었는데, 예비초안, 가안, 준비초안으로 초안이 나올 때마나 불능범개념의 입법화가 시도되지만 그 표현은 그때마다 바뀌어져 있다. 즉 예비초안 제23조는 「결과의 발생이 불능임에도 불구하고 자연법칙의 현저한 무지로 인하여 범죄를 실행하려고 한 자는 미수범으로서는 벌할 수 없다」라고 규정되고, 가안 제22조는 「결과의 발생이 불능인 경우에 있어서 그 행위가 위험한 것이 아닌 때에는 이를 벌하지 아니한다」라고 규정되고, 또 준비초안 제23조는 「행위가 그 성질상 결과를 발생함이 일반으로 불능한 것이었던 때에는 미수범으로는 이를 벌하지 아니한다」라고 규정되어 있다. 이러한 사정은 불능범개념의 입법화의 곤란성과 미수범으로부터 구별하기 위한 규준으로서의 위험성개념의 이해의 다양성을 여실히 나타내고 있다.

그런데 준비초안 제23조에 있어서, 우선 「행위가 그 성질상 … 」이라고 규정되어 있으므로 여기에는 객체의 불능의 경우도 포함하느냐가 문제된다. 물론 입안자는 행위의 상황 일반이라는 의미로 수단뿐 아니라 객체도 포함시켜서 해석하는 모양이지만, 뚜렷이 밝히는 편이 좋겠다. 다음으로 「일반으로(およそ)」라는 말은 독일어의 überhaupt에 상당할 것이며, 이는 일반인의 견지에서라는 의미로 객관적으로라고 해석된다. 그래서 초안의 규정에서는 결과발생의 불능에 관하여 이를 규정하고 있으므로, 결과발생의 유무에 관하여는 행위자의 주관적 판단을 배제하고 객관적 규준에 따라 판단함을 요하고 객관적 위험성이 없는 경우를 불능범으로 한다는 의미로 해석될 따름이다. 이러한 의미에서 극단적인 주관설은 배제된다. 그런데 객관적 위험성의 유무의 판단의 기초가 되는 사정의 범위를 어떻게 해석하느냐에 관하여는 논급이 없다. 따라서 일단은 위험성의 판단의 기초인 사정을 객관적으로 존재하는 사정이라고 보는 객관설로부터도, 행위자가 인식한 사정이라고 보는 주관설로부터도 해석이 가능하다. 그러나 「일반으로」라고 말을 「행위가 그 성질상」이라는 점까지 관련시켜서 위험판단의 객관성을 행위까지 소급시킨다면 객관설적 해석에 유리한 근거를 제공케 될 것이므로 「일반으로」라는 표현은 삭제하는 편이 좋으리라 생각한다. 또 이왕 그 표현을 삭제할 바에는 가안의 규정방식이 보다 나을 것 같다. 끝으로 「미수범으로는 이를 벌하지 아니한다」라는 규정은 성립한 사실이 다른 범죄를 구성할 때에는 그 범죄로서 벌한다는 취지로 해석되는데, 이는 당연한 일이므로, 단순히 「이를 벌하지 아니한다」라고 규정하는 것으로 족할 것이다.

(8) 「중지범」에 관하여는 초안 제24조 제1항에 규정되어 있는데, 동조 제2항은 「행위자가, 결과의 발생을 방지함에 족한 진지한 노력을 한 때에는, 다른 사정에 의하여 결과가 발생하지 아니한 경우에 있어서도, 전항과 같다」고 하여 중지범으로 다루도록 규정하고 있다. 본항은 결과발생을 방지할 만한 「진지한 노력」만 있으면, 그로 인하여 결과가 방지되지 않고 다른 사정에 의하여 방지되어도, 즉 노력과 결과불발생 사이에 인과관계가 없어도, 미수상태에 그치는 한, 노력 자체를 높이 평가하여 중지범으로 취급한다는 취지이다. 그러나 노력과 결과불발생 사이에 인과관계가 없음에도 불구하고 중지미수와 마찬가지로 다루는 것은 의문이다. 따라서 동조 제2항은 삭제하는 것이 타당할 것이고, 그 〈노력〉은 책임이나 양형의 단계에서 참작하면 될 것이다.

(9) 「간접정범」에 관하여 초안 제25조 제2항은 「정범이 아닌 타인을 이용하여 범죄를 실행한 자도, 정범으로 한다」라고 규정한다(물론 제25조 제1항은 「스스로 범죄를 실행한 자는, 정범이다」라고 하여 직접정범을 규정하고 있다). 거기서 정범이 아닌 타인을 이용한다는 것은, 이를테면 목적범에 있어서 목적 있는 자가 목적은 없으나 고의 있는 자를 이용하는 경우나 신분 있는 자, 즉 공무원이 신분 없는 자, 즉 비공무원을 이용하는 경우에 해당한다. 왜냐하면 이들의 경우에 있어서 이용되는 자는 구성요건의 요소라고 말하는 목적범의 「목적」이나 신분범의 「신분」이 없으므로 구성요건적 행위, 즉 실행행위란 있을 수 없고 따라서 만약 초안 제25조 제1항의 정범개념을 구성요건적 행위, 즉 실행행위를 하는 자라고 본다면 그 자들은 정범이 아니기 때문이다. 따라서 이 자들을 이용한 자는 정범이 아닌 타인을 이용한 것이므로 제2항에 의한 간접정범이 되며, 이 점에 있어서는 이론(異論)이 없다. 그러나 고의는 있지만 비난가능성이 없기 때문에 책임이 조각되는 타인의 행위를 이용한 경우는, 제1항의 정범개념을 전기(前記)와 같이 해석한다면, 이용된 자의 행위는 실행행위이므로 그 자는 정범이 되고 따라서 제2항의 간접정범의 성립이 없다. 또 과실범이 처벌되는 경우에 있어서 타인의 과실행위를 이용한 경우도 이용된 타인은 과실범으로서의 정범이므로 제2항의 간접정범의 성립이 없다. 물론 이러한 결론을 취하는 학설도 없지 않으나 보통은 이들의 경우에 간접정범을 인정하고 있다. 따라서 간접정범개념을 입법화한다고 해도 「정범이 아닌 타인」을 이용하는 경우에 한정하는 점은 아직도 의문의 여지가 있다고 본다.

(10) 「공모공동정범」에 관하여 초안 제26조 제2항은 「2인 이상으로 범죄의 실행을 공모하고, 공모자의 어떤 자가 공동의 의사에 기(基)하여 이를 실행한 때에는, 다른 공모자도 또한 정범으로 한다」라고 규정하고 있는데, 이는 동조 제1항에서의 소위 실행공동정범의 규정과 대응하는 것이다. 소위 공모공동정범의 개념은 구형법 하의 판례로부터 발달하여 온 것이며, 이것을 일반화한 것은 昭和11년(1936년) 5월 28일의 大審院 聯合部 判決이요 이는 오늘날의 최고재판소(最高裁判所)에서도 계속하여 인정되고 있다. 그런데 초안 제26조 제2항이 규정하는 〈공모공동정범〉의 규정을 보면 우선 〈범죄실행의 공모(共謀)〉가 있어야 한다. 다음으로 〈공모자 중의 일부의 자의 실행〉이 있으면, 공모자 전원(全員)이 공동정범이 된다. 그러나 동조 제1항 「2인 이상 공동하여 범죄를 실행한 자는 모두 정범으로 한다」의 해석으로는 〈범죄실행의 공모〉가 있고 또 〈공동실행에의 참여〉가 있는 자 만이 공동정범이 된다. 이렇게 되면, 초안 제26조에 의하여 〈공동실행〉이 있어야 하는 〈공동정범〉과 〈공동실행〉이 필요 없는 〈공동정범〉과 〈공동실행〉이 필요 없는 〈공동정범〉이 인정되는데, 이러한 모순되는 입법은 피하는 것이 좋겠고 그 활로(活路)는 〈공동실행〉의 해석론에서 찾아야 할 것으로 본다. 이런 의미에서 제2항은 삭제하는 것이 좋겠다.

(11) 「징역·금고의 단일화」의 문제에 관하여는, 준비초안의 「머리말」에서 "징역·금고를 단일화하느냐의 여부에 관하여, 위원 간에 의견이 나누어져, 양자의 단일화를 가(可)라고 하는 의견이 조금 다수였지만, 단일화된 자유형의 명칭 및 그 내용을 어떻게 규정하느냐는, 형의 근본관념에 관련되는 문제이므로, 이 점에 관하여 충분한 토의를 다하려면, 아직 상당한 시간을 요하는 것으로 생각된다"라고 설명하고서, 우선 구별론의 입장을 취하고 있다. 그러나 초안의 총칙에 있어서 형의 경중(輕重)에 관하여 현행법과 같이 금고의 장기가 징역의 장기의 2배를 초과하는 때에만 금고 쪽이 중하다는 규정이 없어지고 유기금고의 장기가 유기징역의 장기를 초과하는 때에도 금고 쪽이 중하다든가(제33조 단서), 금고형도 누범의 적용상 고려된다든가(제59조 제1항) 또는 각칙에 있어서 내란죄에도 징역이 선택형으로 들어왔다든가(129조) 업무상과실치사상·중과실치사상에도 징역이 선택형으로 들어온(제284조) 사실에 비추어, 양자를 구별할 의미가 대체로 상실되지 않았나 생각한다. 다만 단일화한다고 해도 그 명칭과 내용 그리고 구류를 포함시키느냐의 제문제가 일어날 것이다.

(12)「형의 적용의 일반기준」에 관하여 초안 제47조는, 제1항에서 「형은 범인의 책임에 따라 양정하지 않으면 안 된다」라고 규정하여 〈책임주의의 원칙〉을 선언하고, 제2항에서 「형의 적용에 있어서는, 범인의 연령, 성격, 경력 및 환경, 범죄의 동기, 방법, 결과 및 사회적 영향과 더불어 범죄 후에 있어서의 범인의 태도를 고려하여, 범죄의 억제 및 범인의 교정에 이바지할 것을 목적으로 하지 않으면 안 된다」라고 규정하여 〈형사정책적 고려〉를 중요시할 것을 강조하고, 제3항에서 「형의 종류 및 분량은, 법질서의 유지에 필요한 한도를 넘어서는 안 된다. 사형의 적용은 특히 신중히 하지 않으면 안 된다」라고 규정하여 소위 〈겸억(謙抑)주의〉를 나타내고 있다. 대체로 필요한 사항은 지적되어 있는 것으로 보인다.

(13)「벌금·과료의 적용」에 관하여는, 초안 제48조에서 「벌금 또는 과료의 양정에 관하여는, 범인의 자산, 수입, 기타의 경제상태도 고려에 넣지 않으면 안 된다」라고 규정하고 또 초안 제49조 제1항에서 「벌금 또는 과료를 적용함에는, 1일분의 금액을 정하고, 전액을 일할(日割)로 하여, 며칠 분의 벌금 또는 과료라는 형식으로 선고할 수 있다」라고 규정함으로써, 재산형이 가지는 본질적인 난점, 즉 빈부의 차에서 오는 수형자에 대한 효과의 상이(相異)를 시정하려는 기도는 주목할 만하다. 즉 제48조에 의하여 벌금 또는 과료의 양정에 관하여는 범인의 경제상태를 고려에 넣어야 하므로, 특히 공범 같은 경우에 범죄사실로서는 동일한 것에 관여하였으되 A는 부자이고 B는 가난하다면 A는 5만円, B는 1만円의 선고를 받을 수 있는데, 이것만 보면 마치 A는 B의 5배나 나쁜 일을 한 것같이 생각된다. 그러나 제49조를 활용하여 A는 1일분의 금액 1천円의 50일분으로 5만円, B는 1일분의 금액 2백円의 50일분으로 1만円이 될 수 있으므로, 금액에는 차이가 있으나 50일분이라는 점에서는 동일한 것이다(초안 제49조 제2항은 1일분의 금액을 2백円 이상 천円 이하의 범위 내로 한정하고 있다).

여기서 제49조는 소위 Tagesbusse라는 제도를 채용한 것으로 생각되는데, 이 제도는 일방으로는 총칙에서 1일분의 벌금의 금액의 범위를 정해 두고 타방으로는 각칙에서 이 죄에 대하여 며칠분 이하의 벌금이라는 식으로 규정해 두고서 법원은 이 피고인에게는 며칠분의 벌금, 단 이 경우의 1인분은 얼마라는 식으로 선고하는 것이다. 그런데 초안에서는 각칙의 벌금은 그냥이고 다만 그 선고방식을 일할(日割)로 하여 며칠분의 벌금이라는 형식으로 선고할 수 있게 되었다. 이렇게 되면 동일한 법정형이 어떤 사람에게는 백일분이 되고 그와 공범관계에 있는 다른 범인에게는 50일분의 벌금도 되므로, 법정형이 가지는 의미가 피고인의 재산상태에 따라서 달라지는 것이다. 따라서 이왕 Tagesbusse제도를 채용하려면 철저히 채용하는 것이 타당하리라 생각한다.

(14) 「누범」에 관하여는 초안 제59조 이하에 규정되어 있는데, 우선 누범의 개념에 관하여 현행형법 및 가안에서는 형의 집행을 마친 것이 요건이었으나 초안에서는 확정재판으로 족하도록 되어 있어 형의 선고의 감명력(感銘力)을 중시한 것으로 생각되며, 가안과 마찬가지로 금고까지 고려하고 있다. 또 형의 2배 가중이 재량적으로 된 점은 가안과 같다. 그뿐 아니라 초안 제61조에서 「6월 이상의 징역에 처하여진 누범자가, 다시 죄를 범하여, 누범으로서 유기의 징역으로서 처단할 경우에 있어서, 범인이 상습자라고 인정되는 때에는, 이를 상습누범으로 한다」라고 하여 〈상습누범〉을 설정하고, 동 제62조 제1항에서 「상습누범에 대하여는, 부정기형을 선고할 수 있다」라고 하여 부정기선고형을 규정하고 있다. 이 경우의 부정기선고형은 동조 제3항에서 「처단형의 범위 내에서 장기와 단기를 정하여 이를 선고한다. 단, 처단형의 단기가 1년 미만인 때에는, 이를 1년으로 한다」라고 규정하는 바와 같이 상대적 부정기선고형이다. 여기서의 부정기형은 단지 처단형의 범위 내에서 선고하게 하는 점, 그 선고가 재량적인 점이 가안과 다르다.

그런데 현행형법상은 누범(재범이든 3범 이상이든)에게 형을 가중함에 그치나, 초안에서는 보통의 누범에게는 형을 가중하는 행위주의로, 또 상습누범에게는 부정기형을 선고하는 행위자주의로 임함으로써 형사정책적 견지를 철저화시키는 점이 주목된다. 다만 상습범인을 특정한 범죄에 한정하는 것이 낫지 않을까 생각한다.

(15) 「선고유예」에 관하여는 초안 제84조 이하에 규정하고 있다. 즉 그 요건으로는 「전에 금고 이상의 형에 처하여진 일이 없는 자에 대하여, 6월 이하의 징역 혹은 금고, 3만円 이하의 벌금 또는 구류 혹은 과료를 선고해야 할 경우에 있어서, 제47조에 규정하는 형의 적용에 관한 일반기준의 취지를 고려하여, 판결의 선고를 유보하는 것이 상당할 정상(情狀)이 있는 때에는, 6월 이상 2년 이하의 기간, 그 선고를 유예할 수 있는데(제84조), 6월 이하의 징역 혹은 금고를 1년 이하의 징역 혹은 금고로 또 3만円 이하의 벌금을 오만 환 이하의 벌금으로 완화하는 편이 기소유예와 집행유예와의 중간영역

을 차지하는 선고유예의 존재의의를 살리는 것이 되지 않을까 생각한다. 또 선고를 유예함에 있어서는 보호관찰과의 또는 손해배상과의 부수처분을 할 수 있으며(제85조), 선고유예의 기간 내에 범한 죄에 의하여 형에 처하여진 때, 보호관찰의 순수(順守)사항을 순수하지 않고 그 정상이 중한 때 및 법원이 명한 손해배상을 이행하지 않을 때에는 판결을 선고할 수 있다(제86조). 그리고 무사히 유예기간을 경과한 때에는 면소의 선고가 확정한 것으로 간주한다(제87조).

(16) 「보안처분」에 관하여는 초안 제109조 이하에서 규정하고 있는데, 가안에서는 감호처분·교정처분·노작(勞作)처분·예방처분의 4종을 규정하였지만, 초안에서는 실질상 전 양자만을 채용하여 명칭을 고친 「치료처분」과 「금단처분」과의 2종을 규정한다. 그런데 가안의 노작처분과 예방처분은 기본적 인권의 보장과 관련하여 의문이 많으므로 초안의 입장이 타당하리라고 생각한다.

치료처분(제110조)은 정신에 장해(障害)가 있는 자가 「금고 이상의 형에 해당하는 행위」를 행하였음을 전제조건으로 한다. 따라서 경범죄법 위반은 제외된다. 그리고 「제15조의 규정을 적용하는 경우」, 즉 책임무능력자로서 무죄가 되든가 혹은 한정책임능력자로서 형이 감경되는 경우에 한하여 치료처분에 부(付)할 수 있다. 다음으로 초안은 「장래 다시 금고 이상의 형에 해당하는 행위를 할 우려가 있고, 보안상 필요하다고 인정될 때에는, 치료처분에 부하는 취지의 선고를 할 수 있다」라고 규정한다. 여기서 가안과 같이 단순히 「공안상 필요하다고 인정할 때」에 그치지 않고 행위자가 「장래 다시 금고 이상의 형에 해당하는 행위를 할」 위험성까지 함께 고려하는 초안의 입장은, 보안처분도 인신의 자유를 구속한다는 점에서는 형벌과 마찬가지의 효과를 가지는 것이므로 개인의 자유의 보장을 신중히 고려하는 면에서 타당하다고 본다.

금단처분(제115조)은, 「지나친 음주 또는 마취제 혹은 각성제 사용의 버릇이 있는 자가 그 중독 때문에 금고 이상의 형에 해당하는 행위를」 하였음을 전제조건으로 한다. 그런데 여기서 음주의 경우를 예를 들어보더라도 음주의 버릇 있는 자가 명정(酩酊)상태에서 위법행위를 행하였다는 점이 중요한 것이지 음주가 「과도」냐 아니냐는 중요하지 않으므로 「지나친」이라는 말은 삭제하는 것이 타당하리라고 본다. 다음으로 「그 버릇을 제거하지 않으면 장래 다시 금고 이상의 형에 해당하는 행위를 할 우려가 있는 때에는, 금단처분에 부(付)하는 취지의 선고를 할 수 있다」라고 규정하는 것은 타당하리라고 본다.

III. 각칙 편의 개괄적 고찰

　형법각칙의 체계는, 법익3분법을 기초로 하여 국가적 법익에 대한 죄, 사회적 법익에 대한 죄 및 개인적 법익에 대한 죄의 순서에 따라 규정되어 있다. 근년의 형사입법례 중에는 그리스형법이나 독일형법 1959년 초안과 같이 개인적 법익에 대한 죄로부터 사회적 법익에 대한 죄, 국가적 법익에 대한 죄의 순서로 규정하는 것도 있으나, 초안은 일본 및 외국의 종래의 일반적 경향에 따른 것이다. 그런데 개인의 존엄에 중점을 두는 민주주의국가에 있어서는, 형법전에 있어서도 개인적 법익에 대한 죄부터 규정하는 것이 타당하리라고 생각한다.

　다음으로 공직선거법, 폭발물취급벌칙, 폭력행위등처벌법, 도범등방지법 등의 형사특별법을 정비하여 형법전 속으로 흡수하고 있다. 개개의 범죄는 대체로 가안에 규정된 것이 채용되었고 초안에서 창안된 것은 비교적 적다. 형벌에 있어서는, 현행형법에서 재산에 대한 죄의 형에 비하여 너무 낮았던 생명, 신체, 명예, 정조 등의 인적 법익에 대한 죄의 형이 조금 인상되었다.

　끝으로 한두 가지만 더 부언한다면, 초안 제132조 · 제139조에 있어서 내란죄, 외환원조죄(外患援助罪)의 교사 및 방조를 독립범으로, 또 제271조에 있어서 살인죄의 교사를 독립범으로 규정하고 있는데, 이 점은 총칙의 공범규정과의 관련에 있어서 특수한 의미를 가지며 최소한도 그러한 중대한 범죄의 공범을 독립범으로서 처벌하는 것은 필요한 일이 아닌가 생각한다.

　또 초안은 현행형법에 규정된 「자기 또는 배우자의 직계존속」을 객체로 삼는 경우에 형이 가중되는 죄, 즉 제200조의 존속살해죄, 제205조 제2항의 존속상해치사죄 및 제220조 제2항의 존속체포 · 감금죄를 전부 폐지하였다. 이들의 현행형법의 규정에 관하여는 위헌이냐 합헌이냐가 논쟁되었고 최고재판소가 합헌이라는 판결을 내렸지만 이 최고재판소의 견해의 타당성에 관하여는 이견(異見)이 없지 않다. 비교법적으로 보아서 오늘날 존속살의 규정을 가지고 있는 입법은 불란서형법 · 벨기에형법 · 한국형법 정도이며(독일형법에서는 1941년에 존속살을 규정한 제215조가 삭제되었다). 형사정책적 견지에서 보아서도 존속살에 있어서는 오히려 피해자 측에 아주 악질인 경우가 많고 따라서 구체적으로 타당한 형의 적용을 할 수 없는 경우가 많았던 것이다. 이러한 의미에서 준비초안이 존속범죄에 대한 가중형의 규정을 폐지함으로써 가안에서도 실행 못한 것을 실현한 점은 현명하고도 타당하다고 생각한다.

[추 가]

(1) 개정형법 준비초안(확정고)

「준비초안」의 〈미정고〉가 공표된지 1년 반이 지나서 昭和36년(1961년) 12월에 〈확정고〉가 공표되었다. 〈미정고〉와 다르게 된 총칙부분 몇 가지를 간단히 소개하겠다.

① 제16조의 표제가 「원인에 있어서 자유로운 행위」로부터 「스스로 초래한 정신장해」로 바뀌었다. ② 제28조(종범) 제1항에서 「정범을 방조한 자」가 「정범을 보조(補助)한 자」로 바뀌었다. ③ 결국 〈징역·금고 존치안〉과 〈징역·금고 단일화 (구금형)안〉의 두 가지가 규정되었다(후자는 〈별안-別案〉이 되어서). ④ 「일할(日割)에 의한 벌금·과료의 선고」를 규정한 제49조는 삭제되었다.

(2) 개정형법초안

일본의 형법개정작업은 법제심의회로 넘어갔는데, 심의회는 형사법특별부회를 설치하여 昭和38년(1963년) 7월 6일부터 昭和46년(1971년) 11월 29일까지에 「부회안」이 만들어졌다. 이 부회안을 심의한 법제심의회 총회는 昭和49년(1974년) 5월 29일의 총회에서 〈판결의 선고유예〉에 관련된 규정들의 전면삭제와 형의 집행유예의 요건 중의 〈벌금액의 변경〉만 하여 「부회안」을 채택하였다.

이 「개정형법초안」이 〈현행형법〉과 다른 점은 다음의 것들이다. ① 일반 국민에게 알기 쉬운 현대어로 썼다. ② 죄형법정주의 및 처벌불소급의 원칙을 형법전의 모두(冒頭)에 규정하였다(제1조, 제2조 제1항). ③ 부작위에 의한 작위범(제12조), ④ 일반적 위법성조각사유인 「기타 법률상 허용된 행위」(제13조), ⑤ 스스로 초래한 정신의 장해(제17조), ⑥ 불법(不罰)이 되는 법률의 착오(제21조 제2항), ⑦ 결과적가중범(제22조), ⑧ 불능범(제22조), ⑨ 간접정범(제26조 제2항), ⑩ 공모공동정법(제27조 제2항), ⑪ 형의 적

용에 있어서의 일반기준(제48조), ⑫ 보호관찰(제12장), ⑬ 보안처분으로서의 치료처분
과 금절(禁絶)처분(제15장) 등에 관한 규정을 신설하였다(총칙부분만 소개함).

35. 일본의 새 형법전에 관하여[*]

I. 머 리 말

일본에서는 금년(1995년) 6월 1일부터 새 형법전이 시행되었다. 이렇게 말하면 전면 개정으로 생각되지만, 존속범 가중규정 및 농아자(聾啞者)규정의 삭제 이외에는 조문의 평이화(平易化)·현대용어화이므로, 형식적으로는 전면개정이라고 볼 수 있지만 실질 적으로는 일부개정에 불과하다. 그래서 국회에 제출된 법률안의 명칭도 「형법의 일부를 개정하는 법률안」으로 되어 있었다. 그래서 5월 말까지의 것을 「현행구법」, 6월 1일 부터 의 것을 「현행신법」이라고 부르고, 현행구법 이전의 것을 「구형법」이라고 부르기로 한다.

본고에서는 현행구법의 제정배경과 현행구법시대의 일부개정과 개정작업을 간단히 살펴보고 나서 현행신법의 제정배경과 그 내용을 소개하려고 한다. 그리고 필요에 따라 개별적으로 우리의 「형법개정법률안」(1992년 7월 6일, 국회에 제출됨)에 관하여도 언급 하고자 한다.

II. 현행 구법

1. 제정의 배경

明治 초에 서구식 법전을 제정할 필요를 느낀 정부는 明治6년(1873년)에 프랑스의

---

* 이 글은 고시계(1995년 7월호). 75면 이하에 실린 것이다 .

뽀아소나드 교수를 초빙하였는데, 그가 기초한「일본형법초안」이 明治10년에 완성되었고 이것이 원로원에서의 심의·수정을 거쳐 明治13년(1880년)에 太政官布告 36호「형법」으로서 공포되고 동15년(1882년) 1월 1일부터 시행되었다. 이것을「구형법」이라고 말할 수 있겠다. 그리고 형법전의 기초방침에 있어서「프랑스의 형법으로써 기초로 삼고」라는 원칙이 표명되어 있으므로, 이 구형법은 불란서 식인 형법전임을 알 수 있다.

시민사회의 바탕이 없던 당시의 일본에게 있어 구형법은 맞지 아니했으며, 전면개정의 움직임이 그 시행과 거의 때를 같이 하여 시작되었다. 그리하여 明治24년(1891년)에 제1회 제국의회에 개정초안이 제출되었고, 그 후에도 동34년, 동35년, 동36年에 3회에 걸쳐서 제출되었으나 모두 심의미료(未了)가 된 끝에 드디어 동40년(1907년)의 제23회 제국의회에서 가결·성립되어 동년 4월 24일 법률45호「형법」으로서 공포되고 다음 해인 41년(1908년) 10월 1일부터 시행되었는데, 이것이「현행구법」이 되겠다. 이 형법전은 독일형법전의 영향을 많이 받은 것이며, 법관에게 재량의 여지가 많은 것이 특색이 된다.

2. 일부의 개정

후술하는 바와 같이 현행구법에 대한 전면개정작업은 大正10년(1921년)에 시작되는데, 동년에 업무상 횡령죄의 법정형이 인상되었다. 두 번째로는 昭和16년(1941년)에 안녕질서에 대한 죄의 신설을 비롯하여 뇌물죄의 규정의 정비강화, 강제집행 부정면탈죄와 경매입찰방해·담합죄의 신설 등의 폭넓은 개정이 있었다. 세 번째는 제2차 세계대전 직후인 昭和22년(1947년)에 새로운 일본국헌법의 제정에 따라 또 형사정책적인 고려에 따라 필요하게 된 개정이 있었다. 즉 형법 제2편 제1장「황실(皇室)에 대한 죄」의 전부 등의 삭제, 안녕질서에 대한 죄의 삭제, 처의 간통만을 처벌하는 간통죄의 삭제, 공정한 언론의 자유를 확보하기 위한 사실증명에 관한 규정의 신설, 형의 집행을 유예할 수 있는 범위의 확대, 연속범 규정의 삭제 등이다. 네 번째는 昭和28년(1953년)의 개정인데, 재차의 집행유예를 인정하고 또 집행유예기간 중에 보호관찰에 부하는 제도를 신설하였다. 다섯 번째는 昭和29년(1954년)의 개정인데, 첫번의 집행유예자에 대하여도 보호관찰에 부하는 길을 열었다. 여섯 번째는 昭和33년(1958년)의 개정인데, 증인등 위협(威脅)죄·알선증수뢰죄·흉기준비집합죄의 규정의 신설되었다. 일곱 번째는 昭和35년(1960년)의 개정인데, 부동산침탈죄·경계표손괴죄의 규정이 신설되었다. 여덟번째는 昭和39년(1964년)의 개정인데, 약취유괴죄의 규정이 강화되었다. 아홉번째는 昭和43년(1968년)의 개정인데, 병합죄(경합범)에 대한 규정이 일부 수정되고 또 업무상과실 치사상죄의 법정형이 강화되었다. 열 번째는 昭和55년(1980년)의 개정인데, 수뢰죄의 법정형이 인상되었다. 열한번째는 昭和62년(1987년)의 개정인데, 형법의 적용범위에 관하여 세계주의적인 관점이 들어오고 또 소위 컴퓨터범죄의 처벌규정이 신설되었다. 마지막으로 열두번째는 평성(平成)3년(1991년)의 개정인데, 벌금액의 인상 등에 관한 것이었다.

3. 전면개정작업

현행구법에 대하여는 시행 후 10여 년 만에 그 전면개정의 움직임이 일어났다. 즉 大正10년(1921년) 11월에 총리는 임시법제심의회에 대하여 미풍양속의 유지, 인신 및 명예의 보호의 강화 및 형사정책상의 요청에 비추어 형법개정이 필요하다고 하고 그 개정의 강령(綱領)을 자문하였다. 이에 대하여 동심의회는 大正15년(1926년) 1월에 이르러 40항목에 걸친「형법개정의 강령」을 답신했다. 정부는 이 답신에 의거하여 사법성(司法省) 안에 형법개정원안기초위원회를 설치하였다. 그리하여 당시의 사법성 泉二新熊 형사국장이 중심이 되어 빠르게 원안(原案)을 만들어 다음 해인 昭和2년(1927년)에「형법개정예비초안」으로서 발표하였다. 사법성은 이 예비초안을 본격적으로 심의하도록「형법및감옥법 개정조사위원회」를 설치하였다. 이 위원회에서 牧野英一교수 등이 중심이 되어 심의한 결과 昭和6년(1931년)에는 먼저 총칙이 발표되고 동 15年(1940년)에는 각칙을 포함시켜「개정형법가안」이 미정고로서 공표되었다.

제2차 세계대전 후 昭和31년(1956년)에 이르러 형법의 전면개정작업이 재개되었다. 즉 동년 10월에 법무성 안에 그 성의 小野淸一郎 특별고문을 의장으로 삼고 재경(在京)의 형법학자 및 판·검사 등 10수 명으로 구성되는「형법개정준비회」가 설치되었다. 준비회는 昭和35년(1960년) 4월에 이르러「개정형법준비초안(미정고−未定稿)」을 공표하였고, 미정고에 대한 비판을 다수 받아들여「확정고」가 昭和36년(1961년) 12월에 발표되었다.

昭和38년(1963년) 5월에 법무대신은 법제심의회에 대하여 형법의 전면개정의 요부 및 개정의 필요가 있으면 그 요강에 관하여 자문하였다. 동 심의회는 이 자문에 답하기 위하여 형사법특별부회를 설치하여 심의케 했는데, 특별부회는 昭和47년(1972년) 12월에 법제심의회 회장에게 전면적 개정의 필요가 있다는 것과 개정요강을 보고하면서, 이것을 「법제심의회 형사법 특별부회 개정형법초안」으로서 공표하였다. 이를 받아 법제심의회는 昭和47년 4월부터 특별부회초안에 대한 총회심의를 시작하여 昭和49년(1974년) 5월 29일의 총회에서 「(1) 형법에 전면적 개정을 가할 필요가 있다. (2) 개정의 요강은 본 심의회가 결정한 개정형법초안에 의한다」라는 결정을 하고 그날로 법무대신에게 답신했는데, 이것이 「법제심의회 개정형법초안」이다. 이 개정초안에서 실질적으로 수정된 것은 특별부회초안 총칙 제10장 「판결의 선고유예」의 규정을 삭제한 정도였다.

한편 처음에는 특별부회에 참가했다가 중도에 탈퇴한 平場安治·平野龍一 양 교수를 중심으로 형법연구회가 조직되어 昭和45년(1970년) 경부터 개정초안반대운동을 벌였는데, 昭和58년(1983년) 10월 10일에 島根大學에서 열린 일본형법학회에서 「형법연구회시안(미정고)」이 토의자료로 제출되었다. 또 일본변호사연합회도 昭和49년(1974년) 2월에 「형법〈개정〉저지실행위원회」를 조직하였으며 동년에 「〈형법개정초안〉에 대한 의견서」를 발표하여 (동, 제2판, 昭54) 반대의 태도를 나타내었다. 그 후 昭和56년(1981년) 7월부터 昭和59년(1984년) 6월까지 日辯連과 法務省과의 사이에 형법개정문제에 관한 「의견교환회」가 23회에 걸쳐 열린 바 있다. 그 후로는 개정초안을 기초로 삼는 안이 국회에 제출될 가능성은 적은 것으로 생각되었다. 그리고 일본의 〈육법전서〉에서 「개정형법초안」이라고 하는 것은 이 범제심의회의 초안을 말한다.

III. 현행신법

1. 제정의 배경

현행구법은 明治40년(1907년)에 제정된 법률이고 그동안 12회에 걸친 일부개정이 있었으나, 법문은 당초 그대로의 가따까나가 섞인 한문조의 낡은 문체이고 그뿐 아니라 난해한 용자(用字)·용어가 적지 않다. 그래서 일찍부터 일반 국민이 법문을 읽어서 내용을 이해하기가 어렵다는 지적이 있었다.

물론 형법의 표기를 평이(平易)한 것으로 고치는 시도는 개정형법준비초안에 이어 개정형법초안에서도 행하여졌는데, 이 초안에 관하여는 그 내용에 대한 반대의견이 만만치 아니하여, 이 초안에 의거한 개정법률안의 국회제출은 힘드는 상황이어서 형법의 표기의 평이화의 실현이 늦어지고 있었다.

그러던 중 平成2년(1990년) 12월에 법무성은 松尾浩也 교수에게 형사국장 명의로 「현행형법의 구어화(口語化)시안에 관하여」라는 제목의 조사위탁을 하였다. 보고서의 작성 중인 平成3년(1991년) 3월 12일과 동년 4월 9일에 중의원 및 참의원의 각 법무위원회는 부대결의로서 〈형벌법령의 현대용어화〉에 정부가 노력할 것을 요구하였다. 물론 그 부대결의에는 벌금형이 선택형으로 규정되어 있지 아니하는 재산범 및 공무집행방해죄 등의 범죄에 대하여 벌금형을 선택형으로 도입할 것을 검토할 것, 존속살 중벌규정을 재검토할 것 등등이 요구되어 있었다. 동년 6월에 松尾 교수로부터 甲·乙 두 가지의 안으로 된 조사보고서가 제출되었다. 여기서 甲안이란 것은 현행법의 조문을 될 수 있는 대로 존중하고 용어·용자의 수정을 어느 선 이하로 그치게 한 것이고, 乙안이란 것은 다소 대담하게 용어·용자를 현대적으로 고친 것이다. 그 후 법무성은 「松尾시안」에 대한 각계의 의견을 듣고 축조적(逐條的)인 검토를 하였는데, 平成5년(1993년) 2월에 「형법현대용어화 시안(참사관실 검토안)」이 만들어졌다. 한편 일본변호사연합회에서도 동년동월에 昭和58년(1983년)시안을 수정한 「현행형법현대용어화·일변연(日辯連)안」을 공표하였다. 그리하여 平成6년(1994년) 6월에 법무대신은 법제심의회에 대하여 "표기의 평이화 등을 위하여 형법을 별첨(別添) 대조표와 같이 고치는 것에 관하여 의견을 듣고 싶다"라는 자문을 하였다. 이때 개정작업이 공식적으로 〈평이화〉라고 성격지워졌으며 또 평이화「등」이라고 된 것은 존속가중규정의 폐지가 부가(附加)되어 있었기 때문이다.

법제심의회는 형사법부회(福田平 부회장)에 안건을 넘겼고, 부회는 平成6년 7월에서 동7년(1995년) 1월까지 6회에 걸쳐 심의를 하였다. 이 심의과정에서 「고소를 기다려서 논한다」, 「소요」, 「장물」 등의 표현이 평이화되었으며 또 개정의 범위에 관하여 일부의 위원은 존속가중규정의 삭제에 더해서 죄형법정주의 규정의 신설, 음아자(瘖啞者)의 행위에 관한 규정의 삭제, 공무집행방해죄에의 벌금형의 신설, 강도치상죄의 법정형의 하한의 인하, 「아편연(阿片煙)에 관한 죄」의 장의 삭제, 음행(淫行)권유죄의 삭제의 검토, 「타태(墮胎)의 죄」의 장의 삭제의 검토, 재산범의 법정형에의 벌금형의 추가 등등 10항목에 관한 검토가 제안되었으나 표기(表記)의 평이화를 빨리 실현할 것을 목적으로 삼는 이번의 개정에서는 존속가중규정의 삭제와 음아자의 행위에 관한 규정의 삭제만을 개정하도록 하였다. 이러한 심의결과가 동년 2월 13일에 법제심의회 총회에 보고되고, 이것이 동일에 그대로 승인되어 법제심의회의 답신이 되었다.

법무성은 이 답신에 따라 법률안 작성작업을 진행시켰는데, 약간의 수정을 가하여 지난 3월 14일에 「형법의 일부를 개정하는 법률안」으로서 국회에 제출되었다. 중의원에서는 4월 13일 본회의에서 가결되었고, 참의원에서는 4월 28일 본의회에서 가결되어 법률로서 성립하였다. 그리고 이 법률은 5월 12일에 平成7년 법률 제91호로서 공포되었고, 平成 7년(1995년) 6월 1일부터 시행되었다.

2. 내 용

(1) 표기의 평이화

가) 기본방침

형법전의 조문을 가능한 한 충실히 현대용어화하여 평이화하고 내용의 변경을 수반하는 개정은 행하지 아니하는 것이 기본방침이다. 구체적으로는 다음과 같다. ① 한문조의 낡은 문체를 현대문으로 바꾼다. ② 가따까나를 히라가나로 바꾸고, 구독점 및 탁점ㆍ반탁점을 붙인다. ③ 오꾸리 가나(한자 옆에 가나를 붙여서 발음부호의 역할을 하게 하는 것)를 붙인다. ④ 원칙적으로 상용한자(常用漢字) 이외의 한자는 쓰지 아니한다. ⑤ 현저히 난해한 말은 될 수 있는 대로 알기 쉬운 말로 바꾼다. ⑥ 각 조문에 표제(標題)를 붙인다. 우리의 형법개정작업에 있어서도 「형법개정의 기본방향」 제7항이 「형법체계와 용어를 재정리한다」인데, 여기서의 〈용어의 재정리〉는 한마디로 용어의 평이화를 말한다.

나) (불)변경어구(語句)

「법률안 참고자료」에 의하면 검토항목은 총169항목인데 변경항목은 133항목이고 기본적으로 현행대로 둔 항목은 36항목이다.

현행구법과 현행신법 사이에서 변경되거나 검토는 되었지만 변경되지 아니한 어구에 관하여 몇 가지만 살펴보겠다.

① 공무원의 정의(7조 1항)

공무원의 정의인 「관리, 공리, 법령에 의하여 공무에 종사하는 의원(議員), 위원(委員) 기타의 직원」을 「국가 또는 지방공공단체의 직원 기타 법령에 의하여 공무에 종사하는 의원, 위원 기타의 직원」으로 바꾸었다. 이것은 현재의 공무원제도에 없는 개념인 「관리, 공리」는 바꾸어야 하겠다는 것, 형법상의 공무원의 내용을 실질적으로 정의할 수 있다는 것, 「국가 또는 지방공공단체의 직원」이 「법령에 의하여 공무에 종사하는 직원」의 예시적인 것이라고 이해하기 쉽다는 것, 구법의 규정에 의한 「공무원」의 범위에 관한 해석이 그대로 쉽게 적용된다는 것 등의 이유로 신법의 표현으로 결정되었다. 우리 형법에는 공무원의 정의규정은 없다.

② 금고(禁錮(9조 등))

「禁錮」에 관하여는 「錮」가 상용한자 이외의 한자라는 점에서 「禁固」로 고치는 것이 어떠하냐라는 의견도 있었으나, 「禁錮」는 주형의 명칭이고 형사법의 기초적인 부분을 구성하고 있을 뿐 아니라 다른 법령의 벌칙규정이나 결격사유의 규정 등에서 많이 쓰이고 있고 법령용어로서 이미 정착되어 있다는 것, 「禁固」는 음(音)만 딴 것이지만 「禁錮」는 한자 고유의 의미(錮는 가둔다는 뜻이 있음)를 살린다는 것, 형법에 있어서의 「禁錮」라는 표기를 「禁固」라고 고치면 다른 법령에 있는 수백의 규정을 고칠 필요가 있다는 것, 형의 내용에 변경이 있다는 오해를 일으킬 수 도 있다는 이유에서, 구법과 마찬가지로 「禁錮」라고 하되 「錮」는 상용한자 이외의 한자이므로 발언가나를 붙이도록 했다. 우리의 형법안도 그대로 「禁錮」이다.

③「죄 본래 중해야 하는데…」(38조 2항)

「죄 본래 중(重)해야 하는데 범할 때 알지 못한 자는 그 중한 바에 따라 처단할 수 없다」는 규정은 구법 가운데서 가장 난해(難解)한 조문이고, 이것을 평이한 표현으로 고칠 필요가 있었다. 이것은 객관적으로는 중한 죄에 해당해야 할 행위를 하고 있음에도 행위 시에 중한 죄에 해당하게 될 사실이 있다는 것을 알지 못한 경우의 처단에 관한 규정이라는 것을 명확히 해야 한다는 점을 고려하여, 「중한 죄에 해당해야 할 행위를 하였는데, 행위 시에 그 중한 죄의 해당하게 될 사실을 알지 못한 자는, 그 중한 죄에 의하여 처단할 수는 없다」라고 고쳐졌다.

④「고소를 기다려서 논한다.」(42조 2항)

「고소를 기다려서 논한다」는 「고소가 없으면 공소를 제기할 수 없다」라고 바뀌었다. 우리 형법안도 「고소가 있어야 논한다」가 「고소가 있어야 공소를 제기할 수 있다」로 바뀌었는데, 그 취지는 같다.

⑤「정부를 전복(顚覆)하거나…」(77조)

내란죄의 목적에 관하여 「정부를 전복하거나 또는 방토(邦土)를 참절(僭竊)하거나 기타 조헌(朝憲)을 문란할 것」이라는 것은 매우 고풍(古風)스러운 표현인데, 이것을 「국가의 통치기구를 파괴하거나 또는 그 영토에 있어서 국권을 배제하여 권력을 행사하거나 기타 헌법이 정하는 통치의 기본질서를 괴란(壞亂)할 것」이라고 바꾸었다. 우리 형법안에서도 「국토를 참절하거나 국헌을 문란할 목적」을 「대한민국 영토의 전부 또는 일부에서 국가권력을 배제하여 권력을 행사하거나 헌법에 의하여 인정된 국가의 기본질서를 변혁할 목적」으로 고쳤다.

⑥「장물」(256조)

「장물」에 관하여 난해하다는 의견이 있어서 검토한 결과 「도품(盜品) 기타 재산에 대한 죄에 해당하는 행위에 의하여 영득된 물건」으로 고치고, 이와 더불어 제2편 제39장의 장명(章名)도 「장물에 관한 죄」에서 「도품 등에 관한 죄」로 바뀌었다. 우리 형법안에서는 그대로이다.

(2) 존속가중규정의 삭제

존속살해를 규정한 제200조에 관하여는 昭和48년(1973년) 4월 4일에 최고재판소에서 법정형이 통상의 살인죄에 비교하여 현저히 무거워서 불합리한 차별적 취급을 하는 것으로 인정되어 위헌의 판단이 내려졌는데, 이번의 개정에서 위헌 상태를 해소할 필요도 있고 또 위헌판결 후 약22년에 걸쳐 통상살인의 규정이 적용되어 온 실정을 참작하여 동조를 삭제하기로 하였다. 그리고 이것과의 균형을 고려하여 존속상해치사, 존속유기 및 존속체포감금의 존속가중규정도 함께 삭제되었다. 우리의 형법안에서는 존속살의 법정형을 「사형, 무기 또는 7년 이상의 징역」으로 완화했으며, 기타의 존속에 대한 범죄도 형을 완화하고 있다.

(3) 음아자의 행위에 관한 규정의 삭제

현행구법 제40조는 「음아자(瘖瘂者)의 행위는 이를 벌하지 아니한다. 또는 그 형을 감경한다」라고 규정하는데, 청력 또는 발성능력을 결하기 때문에 정신적인 발육이 늦어지는 일이 많다는 점을 고려하여 그렇게 규정된 것이다. 그러나 근년의 농아교육의 진보·확충 등의 사정에 비추어 보면 오늘날에 있어서는 책임능력에 관한 일반규정을 적용하면 되고 동조를 존치할 이유는 없어졌다고 생각되어 동조를 삭제하였다. 우리의 형법안에서도 마찬가지이다.

[후 기]

관련 자료를 급송해주신 慶應義塾大學 法學部의 加藤久雄·太田達也 양 교수께 감사드린다.

36. 형법개정에 관한 연구[*]
– 범죄론을 중심으로 –

I. 머 리 말

1. 연구의 목적 · 필요성

(1) 현행형법전은 1953년 9월 18일에 법률 제293호로 공포되어 동년 10월 3일부터 시행되었다. 그 후 30여 년이 지나면서 고도산업화 · 정보사회에로의 발달, 국제화 · 세계화에로의 약진, 이에 따른 의식구조의 변화, 그리고 형법과 형사정책의 이론의 발전, 세계 여러 나라의 형법개정작업의 추진 내지 성취 등을 감안하여, 1985년에 법무부는 '형사법개정특별심의위원회'를 발족시켜서 형법전의 전면적인 개정작업을 한 결과 7년 만인 1992年에 '형법개정법률안'을 만들어 국회에 제출하였으나, 성사되지 아니하였다.

그후 1995년에 이르러 형법각칙에는 상당한 정도의 개정이 이루어졌으나, 총칙에서는 〈형벌론〉의 영역에서 성인범에 대한 보호관찰제도, 사회봉사명령제도, 수강명령제도 등이 도입되는 정도에 그쳤다.

(2) 본 연구는 앞으로 닥쳐올 형법총칙의 개정에 대비하여 〈범죄론〉의 영역을 중심으로 하여 그 중요개정사항에 관해서 비교법적 측면, 이론적 측면 및 해석론적 측면을 살피고 나서 개정제안과 그 이유를 밝히고자 한다.

---

[*] 이 글은 학술원논문집 제43집(인문 · 사회과학편, 대한민국학술원, 2004) 443면 이하에 실린 것이다.

2. 비교법적 자료

기본적인 비교법적 자료로서는 다음의 것들을 참조한다. ① 獨逸 — Entwurf eines Strafgesetzbuches, E 1960, mit Begründung; Entwurf eines Strafgesetzbuches, E 1962(mit Begründung); Alternativ—Entwurf eines Strafgesetzbuches, Allgemeiner Teil, 2. Auflage, 1969; Schönke/Schröder, Strafgestzbuch, Kommentar, 26. Auflage, 2001; Deutsches Strafgesetzbuch vom 15. Juli 1969(nur Allgemeiner Teil, in Kraft getreten am 1. Januar 1975 nach dem Stand vom 22. August 2002); Tröndle/Fischer, Strafgesetzbuch und Nebengesetze, 51. Auflage, 2003; Nomos, Kommentar zum Strafgesetzbuch, Band 1 und 2, 2003; Münchener Kommentar zum Strafgesetzbuch, Band 1, §§ 1–51, 2003. ② 墺地利 — Foregger—Fabrizy, Strafgesetzbuch, Kurzkommentar, 7. Auflage, 1999; Österreiches Strafgesetzbuch vom 23. Januar 1974 (in Kraft getreten am 1. Januar 1975) nach dem Stand vom 1. Oktober 2002; Friedrich Nowakowski, Das Österreichische Strafrecht in seinen Grundzügen, 1955; Otto Triffterer, Österreichisches Strafrecht, Allgemeiner Teil, 2. Auflage, 1994; Helmut Fuchs, Österreichisches Strafrecht, Allgemeiner Teil Ⅰ, 5. Auflage, 2002. ③ 瑞西 — O.A.Germann, Schweizerisches Strafgesetzbuch vom 21. Dezember 1937, in Kraft seit 1, Januar 1942, 9. Auflage, 1974; Schweizerisches Strafgesetzbuch vom 21. Dezember 1937 (Stand am 22. Dezember 2003); Peter Noll, Schweizerisches Strafrecht, Allgemeiner Teil Ⅰ, 1981; Hans Schultz, Einführung in den allgemeinen Teil des Strafrechts, Erster Band, 4. Auflage, 1982; Günter Stratenwerth, Schweizerisches Strafrecht, Allgemeiner Teil Ⅰ, 2. Auflage, 1996. ④ 西班牙 — Das Spanische Strafgesetzbuch vom 23. Dezember 1944, 1955; Das spanische Strafgesetzbuch vom 23. November 1995 (in Kraft getreten am 25. Mai 1996) nach dem Stand vom 31. Dezember 2001, Deutsche Übersetzung von Markus Hoffmann, 2002. ⑤ 伊太利 — Das italienische Strafgesetzbuch vom 19. Oktober 1930 (in Kraft getreten am 1. Juli 1931, Stand von 1. Januar 1969), Übersetzt von Roland Riz, 1969; Johanna Bosch, Strafrechtsreform in Italien, ZStW(1976), S. 140ff. ⑥ 佛蘭西 — 法務大臣官房司法法制調査部編, フランス刑法典, 法務資料 第448號, 1991年; 法務大臣官房司法法制調査部編, フランス新刑法典(改訂版)(1994年3月1日 施行), 法務資料 第

452號, 1995年; (韓國)法務部, 프랑스新刑法(原文 揭載), 1996年, ⑦ 瑞典 - Das schwedische Kriminalgesetzbuch vom 21. Dezember 1962, nach dem Stand vom 1. Dezember 2000, Deutsche Übersetzung Karin Cornils/Nils Jareborg, 2000, ⑧ 丁抹 - Das dänische Strafgesetz vom 15. April 1930, nach dem Stand vom 1. Juli 2001, 2. Auflage, Deutsche Übersetzung von Karin Conils/Vagn Greve, 2001, ⑨ 土耳其 - Das Türkische Strafgesetzbuch vom 1. März 1926, nach dem Stand vom 31. Januar 2001, 2. Auflage, Deutsche Übersetzung von Silvia Tellenbach, 2001, ⑩ 露西亞 - Strafgesetzbuch der Russischen Sozialistischen Föderativen Sowjet-Republik vom 27. Oktober 1960 in der Fassung vom 6. Mai 1963, in deutscher Übertragung Teresa Pusylewitsch, 1964; Strafgesetzbuch der Russischen Föderation angenommen von der Staatsduma am 24. 5. 1996, gebillgt vom Föderationsrat am 5. 6. 1996, (in Kraft getreten am 1. 1. 1997), Deutsche Übersetzung von Friedrich-Christian Schroeder/Thomas Bednarz, 1998, ⑪ 美國 - American Law Institute, Model Penal Code(1962), 1985, ⑫ 英國 - Blackstone's Statuts on Criminal Law, 2001/2002, 11th Edtion, P. R. Glazebrook, 2001, ⑬ 日本 - 久禮田益喜, 昭和 15年 改正刑法假案 註釋, 法律時報 1960年 7月號 臨時增刊, 334頁 以下; 刑法改正準備會, 改正刑法準備草案 附 同理由書, 1961年; 法制審議會刑事法特別部會, 改正刑法草案 附 同說明書, 1972年; 法制審議會, 改正刑法草案 解說, 1975年; 刑法研究會試案(未定稿), 刑法學會討議資料(1983年10月); 改正日本刑法(1995年5月12日 法律 第91號, 1995年 6月1日 施行), ⑭ 中國 - 平野龍一・浅井 敦 編, 中國の刑法と刑事訴訟法(註釋있으나, 1979年의 舊刑法임 - 筆者註), 1982年; 中華人民共和國刑法, 全理其 (日語)飜譯, 1997年; (韓國)法務部, 中國刑事法(原文揭載), 1997年, ⑮ 台灣 - 陶百川・玉澤鑑・劉宗榮・葛克昌 編纂, 最新綜合六法全書, 2004年, ⑯ 한국 - 서일교 편, 신형법(부 참고자료), 1953년; 한국형사정책연구원, 형법, 형사법령제정자료집(1), 1990년; 법무부, 형사법개정특별심의위원회 회의록[제1권]~[제8권], 1987~1988년; 법무부, 형법개정법률안 제안이유서 - 형사법개정자료(ⅩⅣ) -, 1992년.

II. 한국형법의 제정과 개정

한국형법은 1953년에 제정되었는데, 372조로 이루어진 것이었다. 1985년부터 92년까지 전면개정작업이 있었으며, 1995년에 이르러 주로 각칙에서 상당한 개정이 이루어졌다.

1. 한국형법의 제정

해방후 형법전의 입법화작업은 군정시대에 발족한 「조선법제편찬위원회」의 형법분과위원회로부터 시작되었는데, 총칙부분은 양원일 위원이, 각칙부분은 엄상섭 위원이 그 요강안을 기초하여, 형법분과위원회와 총회에서 순차로 의결케 되었다.[1,2]

대한민국의 수립 후에 대통령령 제4호에 의하여 「법전편찬위원회 직제」가 공포되어 (1948년 9월 15일) 입법화작업은 동위원회로 계승되었는데, 법전편찬위원회에 제출된 「요강」은 1948년 12월 11일에 통과되었고, 김병로 위원장(총칙담당)과 엄상섭 위원(각칙담당)이 기초한 「가안」을 법률안심의위원회(김병로 위원장을 포함하여 7명으로 구성됨)에서 1949년 6월 20일부터 동년 9월 12일까지 전후 13회에 걸쳐 심의하여 「제2가안」을 완성하였고, 이 심의의 계속 중에도 먼저 심의가 끝난 총칙부터 법전편찬위원회 총회에 제출되었는데, 제2가안은 총회에서 동년 8월 6일부터 동년 11월 12일까지 전후 11회에 걸쳐 토의된 끝에 「법전편찬위원회 형법초안」이 결정되었다(그 후 엄상섭 위원에 의한 자구와 조문체제에 대한 검토가 있었음).[3] 그 후 정부를 통하여 국회에 제출된 「형법초안」[4]은 1952년에 법제사법위원회에서 검토되어 수정안[5]이 작성되었고, 1953년

---

1 서일교 편, 『신형법(부 참고자료)』, 1953년, 75면.

2 「조선법제편찬위원회기초요강(2)」로서 법정 1948년 7월호, 45면 이하에 게재되어 있다(이것이 한국형사정책연구원, 『형법』, 형사법령제정자료집(1), 1990년, 3면 이하에 전재되었다). 또한 엄상섭, 「형법요강해설(1)」, 법정, 1948년 9월호, 18면 이하; 「동(2)」, 법정 동년 10월호, 12면 이하 참조.

3 서일교 편, 『신형법』, 75면. 또한 「법전편찬위원회 형법초안(1)」, 법정 1950년 4월호, 36면 이하(제1편 총칙); 「동(2)」, 법정 동년 5월호, 31면 이하(제2편 각칙 제6장 폭발물에 관한 죄까지) – 6·25로 인하여 중단된 것 같다 –.

4 「형법초안(1)」, 법정 1951년 9월호, 29면 이하; 「동(2)」, 법정 동년 10월호, 25면 이하(총칙이 끝

에 본회의에 상정되어 4월 16일에 형법초안과 법사위수정안에 대한 설명이 있었고,[6] 본 회의의 심의과정[7]에서 법사위수정안(상당히 광범위에 걸친)의 거의 전부가 채택되면서 통과되었으며,[8] 드디어 새 형법전은 동년 9월18일에 법률 제293호로 공포되어 동년 10월 3일부터 시행되었다.[9][10]비록 그 내용은 일본의 개정형법가안[11]의 영향을 많이 받은 것이지만, 우리의 형법전이 새로 마련되었다는 점에서 그 의의가 크다고 본다.

2. 한국형법의 구성

한국형법은 제1편 총칙과 제2편 각칙으로 나누어지며, 총 372조와 부칙으로 이루어진다.

〈총칙〉은 제1장 형법의 적용범위(1~8조), 제2장 죄(9~40조), 제3장 형(41~82조) 및 제4장 기간(83~86조)으로 이루어진다. 그런데 〈죄〉의 장은 제1절 죄의 성립과 형의 감면(9~24조), 제2절 미수범(25~29조), 제3절 공범(30~34조), 제4절 누범(35~36조) 및 제5절 경합범(37~40조)으로 나누어진다. 그리고 〈형〉의 장은 제1절 형의 종류와 경중(41~50조), 제2절 형의 양정(51~58조), 제3절 형의 선고유예(59~61조), 제4절 형의 집행유예(62~65조), 제5절 형의 집행(66~71조), 제6절 가석방(72~76조), 제7절 형의 시효(77~80조), 제8절 형의 소멸(81~82조)로 나누어진다.

〈각칙〉은 제1장 내란의 죄(87~91조), 제2장 외환의 죄(92~104조), 제3장 국기에 관한 죄(105~106조), 제4장 국교에 관한 죄(107~113조), 제5장 공안을 해하는 죄

나고 각칙이 시작된다);「동(3)」, 법정 동년 11월호, 31면(제6장 폭발물에 관한 죄 제129조까지),「형법초안」의 전조문은 한국형사정책연구원, 『형법』, 15면 이하에 게재되어 있다.

5 「법사위 수정안」은 한국형사정책연구원, 『형법』, 95면 이하에 게재되어 있다.

6 서일교 편, 『신형법』, 87면.

7 제15회 정기국회와 제16회 임시국회의 본회의속기록은 한국형사정책연구원, 『형법』, 159면 이하에 게재되어 있다.

8 서일교 편, 『신형법』, 편자의 말.

9 「현행형법·정부초안 조문대비표」가 한국형사정책연구원, 『형법』, 563면 이하에 있다.

10 형법의 제정경위에 관하여는 신동운, 「제정형법의 성립경위」(한국형사법학회, 『형사법연구』, 제20호, 2003 겨울, 9면 이하)가 자세하다.

11 총칙은 1931년에, 각칙은 1940년에 각각 미정고로 발표되었다.

(114~118조), 제6장 폭발물에 관한 죄(119~121조), 제7장 공무원의 직무에 관한 죄(122~135조), 제8장 공무방해에 관한 죄(136~144조), 제9장 도주와 범인은닉의 죄(145~151조), 제10장 위증과 증거인멸의 죄(152~155조), 제11장 무고의 죄(156~157조), 제12장 신앙에 관한 죄(158~163조), 제13장 방화와 실화의 죄(164~176조), 제14장 일수와 수리에 관한 죄(177~184조), 제15장 교통방해의 죄(185~191조), 제16장 음용수에 관한 죄(192~197조), 제17장 아편에 관한 죄(198~206조), 제18장 통화에 관한 죄(207~213조), 제19장 유가증권, 우표와 인지에 관한 죄(214~224조), 제20장 문서에 관한 죄(225~237조), 제21장 인장에 관한 죄(238~240조), 제22장 풍속을 해하는 죄[12](241~245조), 제23장 도박과 복표에 관한 죄(246~249조), 제24장 살인의 죄(250~256조), 제25장 상해와 폭행의 죄(257~265조), 제26장 과실사상의 죄[13](266~268조), 제27장 낙태의 죄(269~270조), 제28장 유기의 죄[14](271~275조), 제29장 체포와 감금의 죄(276~282조), 제30장 협박의 죄(283~286조), 제31장 약취와 유인의 죄(287~296조), 제32장 정조에 관한 죄[15](297~306조), 제33장 명예에 관한 죄(307~312조), 제34장 신용, 업무와 경매에 관한 죄(313~315조), 제35장 비밀침해의 죄(316~318조), 제36장 주거침입의 죄(319~322조), 제37장 권리행사를 방해하는 죄(323~328조), 제38장 절도와 강도의 죄(329~346조), 제39장 사기와 공갈의 죄(347~354조), 제40장 횡령과 배임의 죄(355~361조), 제41장 장물에 관한 죄(362~365조), 제42장 손괴의 죄(366~372조)로 이루어진다.

3. 한국형법의 개정작업

법무부는 1984년 12월 31일의 「형사법개정특별심의위원회 규정(規程)」에 의거하여 1985년 6월 21일에 형법전의 전면적 개정을 위한 「형사법개정특별심의위원회」를 발족시켰다. 이 위원회는 법무부차관을 위원장으로 하고 전·현직 교수 12명, 판사·검

---

12 1995년 개정으로(1996년7월1일 시행)「성풍속에 관한 죄」로 바뀌었다.
13 1995년 개정으로(1996년7월1일 시행)「과실치사상의 죄」로 바뀌었다.
14 1995년 개정으로(1996년7월1일 시행)「유기와 학대의 죄」로 바뀌었다.
15 1995년 개정으로(1996년7월1일 시행)「강간과 추행의 죄」로 바뀌었다.

사·변호사 각 6명, 합계 30명의 위원으로 구성되었다. 그리고 동시에 형법개정의 기초
작업을 맡는 교수 4명, 판사·검사·변호사 각 1명, 합계 7명의 「소위원회」도 발족시켰
다(필자가 위원장이 됐다).

　형법개정작업의 첫째 단계는 〈형법개정의 기본방향〉의 설정인데, 1985년 11월에 이
를 위한 세미나를 열고서 소위원회안을 마련하여 동년 12월 20일에 개최된 형사법개정
특별심의위원회의 제2차 전체회의에서 그 안을 수정·채택하였는데, 그 골자는 다음과
같다. ① 헌법정신을 반영한다. ② 형법이론에 비추어 범죄론 규정을 재검토한다. ③
가치관·윤리관의 변화에 따른 비범죄화를 고려한다. ④ 사회정세의 변화에 따른 범죄
화를 고려한다. ⑤ 형사정책적 요청에 따라 형벌제도를 개선한다. ⑥ 형법과 특별법의
관계를 재조정한다. ⑦ 형법체계와 용어를 재정리한다.

　형법개정작업의 둘째 단계는 〈형법개정요강〉의 작성인데, 이를 위하여 1986년에 들
어와서 소위원회의 위원은 교수 2명, 판사·검사·변호사 각 1명이 추가되어 합계 12
명이 되었다. 소위원회에서 총칙의 검토를 동년 12월 초순까지 끝마치고서, 동년 12월
15일의 제3차 전체회의에서 형법총칙의 요강에 대한 소위원회의 검토결과를 필자가 보
고하였다. 그리고서 1987년 2월부터 1988년 7월 하순까지 형법각칙에 대한 소위원회
의 검토가 끝나, 동년 11월 14일의 제4차 전체회의에서 필자가 이에 대한 결과보고를
하였다.

　형법개정작업의 셋째 단계는 〈형법개정시안〉의 작성인데, 3개의 기초소위원회에서
각각 1989년 2월부터 11월 사이에 요강에 의거한 시안을 작성했으며, 1989년 11월부
터 1991년 5월 사이에 시안에 대한 법무부의 〈검토안〉이 만들어졌고, 이에 따라 1991
년 6월부터 9월 사이에 조정소위원회[16]에서 시안과 검토안에 대한 〈조정안〉이 만들어
졌다. 여기서 조정되지 못한 13개 항에 관하여 10월 19일과 26일의 기초소위원회 합동
회의에서 다수결로 단일안으로 확정하여, 11월 23일의 제6차 전체회의에서 〈형법개정
시안〉을 채택하였다. 이 시안에 대한 각계의 의견을 묻고 조정소위원회의 조정을 거쳐
1992년 3월 30일의 제7차 전체회의에서 〈개정시안〉이 마련되었다.

　형법개정작업의 넷째 단계는 〈형법개정안〉의 확정이다. 전술한 시안이 동년 4월 8일

16　조정소위원회는 필자가 사회를 맡고 이재상 교수, 권광중 판사 및 김진환 검사(검찰국 제2과
　　장)으로 구성되었다.

에 〈입법예고〉되고 4월 29일과 30일에 〈공청회〉가 열렸다. 그 후 공청회에서의 의견과 각 행정부처의 의견을 조정소위원회에서 조정하여, 5월 27일의 제8차 전체회의의 최종 심의를 거쳐 전문 405조의 〈형법개정안〉이 확정되었다.

1985년 6월에 형사법개정특별심의위원회가 발족된 후 실로 7년에 걸친 형법개정작 업이었다. 이 개정안은 법제처에서 일부 조정되어 6월에 국무회의에서 〈형법개정법률 안〉[17]으로 의결되고, 동년, 즉 1992년 7월 6일 국회에 제출되었다. 국회에서는 11월에 법제사법위원회에 넘겨졌는데, 법사위에서는 11월 3일에 형법안심사소위원회를 구성 하였고, 이 소위는 8회에 걸친 회의를 열어 축조심의를 하였다. 여기서 제시된 중요쟁 점사항에 대하여 2회의 공청회(「형법총칙편」과 「낙태죄 및 간통죄」에 관한)를 열었지만, 마무리하지 못하였다.

4. 한국형법의 일부개정

1953년에 제정된 한국형법은 1975년 3월 25일 법률 제2745호로 「제104조의2」가 신 설되었다. 그러나 이 규정은 1988년 12월 31일 법률 제4040호로 삭제되었다.

1992년에 국회에 제출된 〈형법개정법률안〉은 무산되었지만, 그 후 1995년 12월 1일 에 이르러 법사위의 형법안심의소위원회는 그 법률안 가운데서 시급히 개정되어야 할 부분을 발췌·정리한 〈형법중개정법률안(대안)〉을 제출키로 합의하였고, 동일에 법제 사법위원회는 소위원회에서 제출한 〈대안〉을 위원회안으로 채택하였다. 1995년 12월 2일에 국회 본회의는 법사위에서 마련한 안을 원안의결하였으며, 이 〈형법중개정법률〉 이 1995년 12월 29일에 법률 제5057호로서 공포되었다. 이 법률은 1996년 7월 1일부 터 시행하였는데, 보호관찰·사회봉사·수강명령에 관한 개정규정만은 1997년 1월 1 일부터 시행하였다. 이번 형법개정은 주로 각칙쪽에 대폭적으로 이루어졌는데, 개정의 중요점은 다음과 같다. ① 보호관찰 등의 제도를 도입하였다. 즉 성인범에 대한 보호관 찰제도, 사회봉사명령제도 및 수강명령제도를 도입하였다. ② 신종범죄를 신설하였다. 즉 컴퓨터관련범죄, 인질관련범죄 등을 신설하였다. ③ 법정형을 조정하였다. 즉 사형

---

17 이 법률안에 대하여는 법무부, 『형법개정법률안 제안이유서』, 형사법개정자료(ⅩⅣ), (1992年 10월)가 나와 있다.

을 삭제하거나 추가하고, 징역형을 하향 또는 상향으로 조정하고, 선택형으로서의 벌금형을 추가하고, 재산형을 원화·현실화하고, 결과적 가중범에 있어서 치사와 치상의 법정형에 차등을 두었다. ④ 과실범의 처벌규정을 증설하였다. ⑤ 용어·표현을 정리하였다.

또한 절취 등으로 불법취득한 타인명의의 신용카드를 사용하여 현금자동인출기에서 현금을 인출한 경우에, 신설된 컴퓨터 등 사용사기죄(제347조의2)가 된다는 설, 절도죄가 된다는 설 및 그 어느 죄도 되지 아니한다는 설이 대립하였는데, 이 문제를 입법적으로 해결하려고 2001년 12월 29일(법률 제6543호)의 형법개정에 의하여 제347조의2에 「권한없이 정보를 입력·변경하여」라는 요건이 추가되었다.

현행형법 제37조(경합범)는 사후적 경합범의 요건으로 「판결이 확정된 죄」라고만 규정하여 그 범위를 제한하지 않고 있어서, 오히려 피고인에게 불리하게 작용될 뿐 아니라 법원의 입장에서도 인력의 낭비를 초래하는 측면이 있었는데, 2004년 1월 20일(법률 제7077호)의 형법개정에 의하여 「판결이 확정된 죄」를 「금고이상의 형에 처한 판결이 확정된 죄」로 고쳐서 그 범위가 축소되었다(공포한 날부터 시행됨).

III. 중요개정사항

여기서는 제1편 총칙 가운데서 〈제1장 형법의 적용범위와 제2장 죄〉에서의 중요개정사항에 관하여 비교법적·해석론적인 바탕 위에서 입법론적인 고찰을 하고자 한다.

1. 죄형법정주의

죄형법정주의는 보통 「법률 없으면 범죄 없고, 법률 없으면 형벌 없다」라는 표어로 표시되는데, 어떠한 행위가 범죄가 되고 또 이에 대하여 어떠한 형벌이 과하여지느냐는 미리 성문의 법률로써 규정해 두어야 한다는 것이다. 그런데 이 형법의 대원칙이 헌법에는 규정되어 있으나 현행형법에는 규정이 없으므로, 형법전의 모두(冒頭)에 규정해야 할 것이 아닌가가 문제가 된다.

(1) 비교법론

각국의 〈죄형법정주의〉에 관한 규정을 살펴보고자 한다. ① 獨逸 – 1949년의 기본법 제103조 2항이 「행위가 행하여지기 전에 가벌성(Strafbarkeit)이 법률로 규정되어 있는 경우에 한하여 그 행위는 처벌될 수 있다」라고 규정했는데, 이 규정이 1953년 8월 4일의 법률에 의하여 그대로 형법 제2조 1항에 들어왔고 또 그대로 1969년 7월 4일의 제2차 형법개정법률(신형법총칙-1975년 1월 1일 시행, 2002년 8월 22일 현재)의 제1조가 되었다. ② 墺地利 – 1974년 1월 23일의 형법(1975년 1월 1일 시행, 2002년 10월 1일 현재) 제1조는 「① 명확하게 법률적으로 범죄의 대상이 되고 또 범행 시에 이미 형벌을 과한다고 규정되어 있은 행위를 이유로 해서만 형벌 또는 예방처분이 과하여져도 좋다」라고 규정한다.[18] ③ 瑞西 – 1937년 12월 21일의 형법(1942년 1월 1일 시행, 2003년 12월 22일 현재) 제1조는 「법률이 명확하게 형벌을 과한다고 규정하고 있는 행위를 한 자만이 처벌될 수 있다」라고 규정한다. ④ 西班牙 – 1995년 11월 23일의 형법(1996년 5월 25일 시행, 2001년 12월 31일 현재) 제1조는 「① 그 범행 전에 법률로써 범죄(Straftat) 또는 위경죄(違警罪 Übertretung)라고 규정되지 아니하는 작위(Handlung) 또는 부작위(Unterlassung)는 처벌되지 아니한다. ② 보안처분은 사전에 법률에 의하여 확정된 조건이 현존하는 때에만 과하여질 수 있다」라고 규정한다. ⑤ 伊太利 – 1930년 10월 19일의 형법(1931년 7월 1일 시행, 1967년 10월 2일 현재) 제1조는 「누구든지 그 가벌성이 명확하게 법률에 규정되어 있지 아니하는 행위를 이유로 해서 처벌되거나 또는 법률에 확정되어 있지 아니하는 형벌이 과하여지거나 하지 아니한다」라고 규정한다. ⑥ 佛蘭西 – 기본되는 부분은 1992년 7월 22일에 공포되고 전부 합해서 1994년 3월 1일에 시행된 신형법(1994년 7월 29일 현재) 제111-3조는 「① 누구든지, 구성요건이 법률에 의하여 규정되어 있지 아니하는 중죄 또는 경죄로 처벌되지 아니하며, 구성요건이 명령에 의하여 규정되어 있지 아니하는 위경죄로 처벌되지 아니한다. ② 누구든지, 범죄가 중죄 또는 경죄인 경우에는 법률에 의하여 미리 규정되어 있지 아니하는 형

---

18 원문은 "Eine Strafe oder eine vorbeugende Maßnahme darf nur wegen einer Tat verhängt werden, die unter ausdrückliche gesetzliche Strafdrohung fällt und schon zur Zeit ihrer Begehung mit Strafe bedroht war"이며, 형사법개정특별심의위원회, 오스트리아형법, 1985년, 3면에서는 "① 형벌 또는 예방처분은, 명백히 법률로서 정하여진 형벌규정에 해당되고 이미 범행시에 형벌이 규정된 행위를 이유로 하여서만 선고되어야 한다"라고 번역하고 있다.

벌로 처벌되지 아니하며, 범죄가 위경죄인 경우에는 명령에 의하여 미리 규정되어 있지 아니하는 형벌로 처벌되지 아니한다」라고 규정한다. ⑦ 瑞典 - 1962년 12월 21일의 형법(1965년 1월 1일 시행, 2000년 12월 1일 현재)에는 죄형법정주의의 규정은 없고 1964년의 동법의 시행법(Einführungsgesetz) 제5조 1항은「누구든지 범행 시에 형벌을 과한다고 규정되어 있지 아니한 행위를 이유로 해서 유죄판결을 받아서는 아니된다」라고 규정한다.[19] ⑧ 丁抹 - 1930년 4월 15일의 형법(1933년 1월 1일 시행, 2001년 7월 1일 현재) 제1조는「그 가벌성이 법률로 규정되어 있는 행위 또는 그러한 행위와 완전히 동등하게 취급될 수 있는 행위에 대해서만 형벌이 과하여질 수 있다. 제9장에 언급된 법적 효과[20]에 관하여 준용된다」라고 규정하는데, 제한적이지만 유추가 허용된다. ⑨ 土耳其 - 1926년 3월 1일의 형법(2001년 1월 31일 현재) 제1조는「① 누구든지 법률이 명확히 범죄라고 지시하지 아니하는 행위를 이유로 해서 처벌될 수 없다. 마찬가지로 누구든지 법률에서 미리 규정된 바와 다른 형벌로써 처벌될 수 없다」라고 규정한다. ⑩ 露西亞 - 1996년 5월 24일의 국회채택, 1996년 6월 5일의 연방의회승인의 로서아연방형법(1997년 1월 1일 시행) 제3조는「① 행위의 범죄성 및 그 가벌성과 기타의 형법상의 효과는 이 형법에 의해서만 규정된다. ② 형법의 유추적용은 허용되지 아니한다」라고 규정한다. ⑪ 美國 - 합중국헌법수정 제5조는「누구든지 법률의 적정한 절차에 의하지 아니하면(without due process of law) 생명 · 자유 · 재산을 박탈당하지 아니한다」라고 규정하는데, 절차법적 측면에서 죄형법정주의의 실질을 나타낸 것으로 본다. ⑫ 日本 - 현행형법에는 규정이 없지만, 1946년 11월 3일의 헌법(1947년 5월 3일 시행) 제31조는「누구든지 법률이 정하는 절차에 의하지 아니하면 그의 생명 혹은 자유가 박탈되거나 또는 기타의 형벌이 과하여지지 아니한다」라고 하여, 절차법적인 측면에서 죄형법정주의가 규정된 것으로 본다.[21] 1940년의「개정형법가안」및 1961년의「개

---

19 Das schwedische Kriminalgesetzbuch, Deutsche Übersetzung und Einführung von Karin Cornils und Nils Jareborg, 2000, S. 9(Einführung).

20 정신병 등으로 책임무능력인 경우에는 처벌할 수 없는데 , 이 경우에는 법원은 〈다른 처분〉을 명할 수 있다(68 · 16조 참조).

21 團藤 교수는 "신헌법에서는 새로 영미법계의 형식으로 이 원칙이 표현되었다. 즉 …31조에서…라고 규정되었는데, 〈적정한〉이란 말은 없지만 〈적정한 절차〉의 조항에 유래하는 것임은 분명하다. 또한 미국에 있어서의 〈법〉의 적정한 절차라는 것은 반드시 제정법에 한하지 아니하나 본조에서 〈법률〉이라는 것은 제정법, 그것도 국회에서 법률의 형식으로 제정된 협의의 법률

정형법준비초안」에서도 죄형법정주의의 규정이 없으나, 1974년의 「개정형법초안」 제
1조는 「법률의 규정에 의하지 아니하면 어떠한 행위도 이를 처벌할 수 없다」라고 규정
하여, 모두에서 죄형법정주의를 선언하게 되었다. 이 초안의 〈해설〉을 보면 「우리 구형
법 제2조에도 「법률에 정조(正條)없는 자는 어떠한 소위(所爲)라 할지라도 이를 벌할
수 없다」라는 규정이 있었다. 현행형법은, 구헌법 제23조에 「일본신민은 법률에 의하
지 아니하고서 …처벌을 받지 아니한다」라는 규정이 있은 것을 고려해서, 죄형법정주
의의 원칙에 관하여는 특별히 규정을 두지 아니했다. 그러나 일본국헌법에는 죄형법정
주의에 관한 직접의 규정이 없고, 절차면에 관한 제31조 및 소급처벌의 금지에 관한 제
39조에 의하여 간접적으로 이 원칙을 나타내고 있음에 불과하므로, 개정안에서는 본조
를 신설하여 죄형법정주의의 원칙을 직접으로 규정하기로 하였다. … 심의의 과정에서
는 보안처분에 관하여도 법정주의의 원칙을 규정하는 것의 당부가 검토되었는데, 형과
보안처분은 본질적으로 상이한 것이고, 그 적용에 있어서도 양자를 동일하게 규정하는
것은 적절하지 않다는 취지에서, 보안처분에 관하여는 본조에 규정하지 아니하고 제2
조 제4항 단서에 신법의 소급적용을 제한하는 규정을 둠에 그치도록 하였다」라고 설명
한다.[22][23] 1983년의 「형법연구회시안」 제1조는 「어떠한 행위도 행위 전에 정하여진 법
률의 규정에 의하지 아니하면 이를 벌할 수 없다」라고 규정한다.[24] ⑬ 中國 – 1979년 7
월 1일 제5기 전국인민대표대회 제2차회의에서 채택되어 동년 7월 6일에 전국인민대

을 뜻한다. 이런 의미에서 영미법계와 대륙법계가 결합되어 있다고 해도 좋다"(團藤重光,『刑
法綱要總論』, 第3版, 1990年, 46頁)라고 설명한다.

22 法制審議會,『改正刑法草案の解説』, 1975년, 23頁 以下.

23 초안 제2조 4항은 「보안처분에 관하여는 신법을 적용한다. 단, 그 요건 및 수용기간에 관하여
는 제2항의 규정(범죄후 형의 변경 기타 형에 관한 법률의 변경이 있은 때에는, 행위자에게 가
장 이익되는 것을 적용한다–필자 주)을 준용한다」라고 규정하는데, 그 〈해설〉을 보면 "보안처
분에 관하여 소위 신법주의를 원칙으로 한 것은, 보안처분이 행위자의 현재에 있어서의 사회적
위험성에 대응해서 보안 및 치료를 위하여 필요한 조치를 취하는 것이고, 따라서 보안처분에
관한 법률의 변경이 있은 때에는 신법을 적용하는 것이 합목적적이기 때문이다. 그러나 보안처
분은 인신의 자유를 제한한다는 실질을 수반한다는 것은 말할 나위도 없으므로, 행위시 이후에
제정된 법률에 의하여 보안처분의 적용범위가 확장되거나 그 수용기간이 연장된 경우에까지
행위자에게 불리한 신법을 적용하게 되면 인권보장의 견지에서 보아 적절하지 아니하므로, …
신구양법 가운데서 행위자의 자유의 제한이 적은 쪽을 적용하도록 하였다"라고 설명한다(法制
審議會,『改正刑法草案の解説』, 27頁).

24 「시안」에는 보안처분에 관한 규정이 없다.

표대회 상무위원회 위원장령 제5호로 공포되고 1980년 1월 1일부터 시행된 중화인민공화국형법 제79조는 「본조의 각칙에 명문의 규정이 없는 범죄는 본조각칙의 가장 유사한 조문에 비추어서 범죄를 확정하여 형벌을 선고할 수 있다. 단, 최고인민법원에 보고하여 허가를 받아야 한다」라고 규정하는데, 단서에 의한 제약을 받는 유추허용의 규정이다. 그런데 기초과정에서 「본법각칙 또는 기타의 법률에 명문의 규정이 없는 행위는 범죄가 되지 아니하고 처벌을 받지 아니한다」는 취지를 명문화하자는 수정의견이 나왔다고 한다.[25] 1997년 3월 14일에 제8기 전국인민대표대회 제5차회의에서 수정(전면개정)되고 동년 10월 1일부터 시행된 새로운 중화인민공화국형법 제3조는 「법률의 명문규정에 의하여 범죄행위가 되는 경우에는, 법률에 의하여 범죄의 인정 및 처벌을 행한다. 법률의 명문규정에 의하여 범죄행위가 되지 아니하는 경우에는, 범죄의 인정 및 처벌을 할 수 없다」고 하여 죄형법정주의를 규정하게 되었다. ⑭ 台灣 - 1935년 1월 1일에 국민정부가 공포하고 동년 7월 1일에 시행된 형법(2003년 6월 25일 현재) 제1조는 「행위 시의 법률에 명문의 규정이 있는 경우에 한하여 그 행위는 처벌된다」[26]고 하여 죄형법정주의를 규정한다. ⑮ 韓國 - 군정시대에 형법의 입법화작업을 한 조선법제편찬위원회에서 작성한 「형법요강」에는 제1편 총칙 제1장 법례에 (1)로서 죄형법정주의를 규정하도록 되어 있었고[27] 또 동 위원회의 엄상섭 위원도 「형법요강해설」에서 "〈죄형법정주의〉를 법례의 장두에 선언하기로 하였다. 이것은 현대형법으로서는 당연한 일이고 우리 헌법 제23조에도 규정된 바이니 구태여 이 조문을 둘 필요가 없을 듯하며 총회에서 그러한 의견을 가진 위원들도 상당히 있었으나 이러한 조문을 둔다고 하여서 해될 것이 없을 뿐더러 소위 개인의 가장 큰 기본권인 자유권에 대한 「마구나·칼터」를 명백하게 형법 제1조로 규정하는 것을 형법운용상의 대정신을 뚜렷하게 형법전에 나타내 두는 것도 효과가 있을 것이라는 이유하에서 원안이 지지되었다"[28]라고 설명하였다. 여기서 〈우리 헌법〉이란 1948년 7월 12일에 제정되고 동년 7월 17일에 공포·시

---

25 平野龍一·淺井 敦 編, 『中國の刑法と刑事訴訟法』, 1982年, 7頁.

26 「行爲之處罰以行爲時之法律有明文規定者爲限」.

27 「조선법제편찬위원회 기초요강(2)」, 법정, 1948년 7월호, 45면(한국형사정책연구원, 『형법』, 6면).

28 엄상섭, 형법요강해설(1), 법정, 1948년 9월호, 18면(신동운·허일태 편저, 『효당 엄상섭 형법논집』, 47면 이하).

행된 〈제헌헌법〉을 말한다. 동헌법 제23조는「모든 국민은 행위시의 법률에 의하여 범죄를 구성하지 아니하는 행위에 대하여 소추를 받지 아니하며 …」라고 규정하여 〈소급처벌의 금지〉의 원칙을 나타내고 있는데, 이것은 죄형법정주의의 파생적 원칙의 하나인 것이다. 이왕 죄형법정주의의 헌법규정을 하나만 든다면 제9조 1항「…법률에 의하지 아니하고는 … 처벌 … 을 받지 아니한다」를 들었어야 했을 것이다. 하여튼 제헌헌법 시행 후에 만들어진 1949년의「법전편찬위원회 형법초안」[29]에서도 그후 정부를 통하여 국회에 제출된「형법초안」[30]에서도 또 1953년 9월 18일에 법률 제293호로 공포되고 동년 10월 3일부터 시행된 현행형법에서도 직접의 죄형법정주의의 규정은 보이지 아니한다. 한편 헌법 차원에서는 1948년의 제헌헌법 이후에는 1962년 헌법 제10조 1항에서「…누구든지 법률에 의하지 아니하고는 … 처벌을 받지 아니하며 …」, 1972년의 유신헌법 제10조 1항에서「…누구든지 법률에 의하지 아니하고는 … 처벌 …과 보안처분을 받지 아니한다」, 1980년 헌법 제11조 1항에서「…누구든지 법률에 의하지 아니하고는 … 처벌과 보안처분을 받지 아니하며…」, 1987년 현행헌법 제12조 1항에서「… 누구든지 … 법률과 적법한 절차에 의하지 아니하고는 처벌 · 보안처분 … 을 받지 아니한다」라고 규정한다. 그리고 1992년의 형법개정법률안 제1조는「법률에 의하지 아니하고는 누구든지 형벌 또는 보안처분을 받지 아니한다」라고 규정하여, 모두(冒頭)에서 죄형법정주의를 선언한다. 제안이유서를 보면, "본조는 형법의 대원칙인 죄형법정주의를 형법전의 모두에 신설한 것이다. 현행형법에는 죄형법정주의에 대한 직접적 규정은 없으나 현행헌법 제12조 제1항에「누구든지 … 법률 …에 의하지 아니하고는 처벌 · 보안처분…을 받지 아니한다」라고 규정하여 죄형법정주의를 선언하고 있다. 그런데 죄형법정주의는 형법의 대원칙이므로 역시 형법전의 모두에도 선언하는 것이 좋다고 본 것이다. 죄형법정주의의 조문화과정에서 처음에는「법률에 의하지 아니하고는 어떠한 행위도 범죄로 되지 아니하며 처벌되지 아니한다」라고 하여 '법률 없으면 범죄 없고, 법률 없으면 형벌 없다'라는 원칙을 충실히 표현했으나, 그후 이를 단순화하여「법률에 의하지 아니하고는 어떠한 행위도 벌하지 아니한다」라고 조정되었다가, 조문상 주어가 없어 의미가 불명하다는 지적과 헌법에 맞추어 개정안의 총칙 제4장에 도입한 보안처분에 관한 법

---

29 법전편찬위원회 형법초안(1), 법정, 1950년 4월호, 36면 이하.
30 형법초안(1), 법정, 1951년 9월호, 29면 이하; 한국형사정책연구원,「형법」, 15면 이하.

정주의도 함께 규정하는 것이 타당하다는 고려에 따라 「법률에 의하지 아니하고는 누구도 형벌 또는 보안처분을 받지 아니한다」로 고쳤는데, 최종적으로 더욱 헌법의 표현에 가깝게 하여 「법률에 의하지 아니하고는 누구든지 형벌 또는 보안처분을 받지 아니한다」로 확정하였다"[31]라고 설명한다.

(2) 입법론

입법론적인 면에서 보면, 다음과 같은 것들이 문제가 될 것이다.

첫째로 죄형법정주의의 규정을 두고 있는 현행헌법 하에서 하위법인 형법에 또다시 그것을 규정할 필요가 있겠는가? 둘째로 규정을 둔다면 실체법적 측면으로 규정할 것인가 절차법적 측면으로 규정할 것인가? 셋째로 실체법적 측면으로 규정한다면, 〈법률 없으면 범죄 없고, 법률 없으면 형벌 없다〉식으로 조문화할 것인가 보다 단순화하여 〈법률 없으면 형벌(처벌) 없다〉식으로 조문화할 것인가? 넷째로 형벌과 함께 보안처분도 규정할 것인가? 다섯째로 헌법규정을 많이 참작할 것인가? 등이다.

이들에 관하여 살펴 보건데, 첫째로 헌법에 규정이 있어도 죄형법정주의는 형법의 대원칙이므로 형법에 규정을 두는 것은 바람직하다고 본다. 형사절차상의 인권보장규정이 헌법에도 많이 있고 또 형사소송법에도 물론 많이 있다. 이러한 현상은 형사소송법상의 인권보장규정들 가운데서 아주 중요한 것들은 상위규정인 헌법의 차원에서 더욱 강하게 보장해 준다고 생각하면 될 것이다. 그리고 형법에 죄형법정주의를 규정하는 것이 일반적 경향이다. 둘째로 죄형법정주의는 실체법인 형법상의 대원칙이므로, 실체법적 측면으로 규정하는 것이 바람직하다. 특히 미국과 일본이 헌법에서 절차법적 측면으로 규정하는데, 일본은 헌법제정과정에서 미국의 영향을 많이 받은 것으로 생각되며 1974년의 개정형법초안에서는 실체법적 측면으로 규정하고 있다. 셋째로 〈법률 없으면 범죄 없고, 법률 없으면 형벌 없다〉식이냐 〈법률 없으면 형벌(처벌) 없다〉식이냐의 문제에서 한 마디로 전자는 친절하고 후자는 간명하다고 말할 수 있겠다. 전자의 입법례가 많이 보이지만, 대원칙이므로 입법은 간명하게 하고 해석은 자세하게 하면 되지 않을까 생각한다. 넷째로 보안처분도 형벌과 함께 형사처분이므로, 그것의 법정주의

---

31 법무부, 『형법개정법률안 제안이유서』, 22면.

도 필요하리라고 본다. 다만 보안처분은 전적으로 장래의 위험성 때문에 과하여지는 것이므로, 형법의 적용에 있어서는 재판시주의를 취하되 피고인의 불이익을 피하기 위한 예외규정은 있어야 할 것이다. 다섯째로 가능하면 헌법규정과 보조를 맞추는 것이 바람직하다.

이상을 함께 고려하여 다음과 같이 죄형법정주의의 규정을 형법전의 모두에 신설할 것을 제안한다. 「법률에 의하지 아니하고는 누구든지 형벌·보안처분을 받지 아니한다」. 여기서 헌법에서는 〈처벌〉이란 용어를 쓰고 있으나 보안처분에 대치되는 용어로는 〈형벌〉이라고 하는 것이 정확할 것이며, 이 점에서 개정법률안과 같다. 다만 개정법률안에서는 「형벌 또는 보안처분을 받지 아니한다」라고 규정하는데, 그러면 둘 가운데서 하나는 받아도 된다는 것이 아닌가 하는 의문이 생긴다. 그래서 〈형벌·보안처분〉이라고 표기하였다. 이렇게 하면 〈형벌을 받지 아니한다〉, 〈보안처분을 받지 아니한다〉, 〈형벌과 보안처분를 받지 아니한다〉로 해석되는 것이 아닌가 생각한다. 참고로 우리 현행법 하에서는 형벌만을 받게 할 수도 있고 보안처분만을 받게 할 수도 있고[32] 또 형벌과 보안처분을 병과할 수도 있다.[33]

2. 인과관계

행위뿐 아니라 결과의 발생까지 요구하는 〈결과범〉에 있어서는 구성요건에 해당하는 행위와 구성요건에 해당하는 결과와의 사이에 인과관계가 인정되어야 범죄가 완성되었다, 즉 기수가 되었다고 본다. 그런데 인과관계에 관한 규정을 두고 있는 입법례는 극히 드문데, 우리 형법은 제17조에서 이에 관한 규정을 두고 있다.

(1) 비교법론

① 伊太利 – 형법 제40조는 「① 아무도, 행위의 가벌성이 죄우되는(abhängen) 유해하거나 위험한 결과가 행위자의 작위나 부작위로 야기된 것이 아닌 경우에는, 그 가벌성이 법률에 의하여 미리 규정되어 있는 행위를 이유로 해서 처벌될 수 없다. ② 결과

---

32 사회보호법 15·20조.
33 사회보호법 23조.

방지의 법적 의무가 있음에도 불구하고 결과를 방지하지 아니하는 것은 결과를 야기하는 것과 마찬가지이다」, 제41조는 「① 선재적, 동시적 또는 사후참가적 원인이 함께 작용한 경우에는, 비록 이들의 원인이 행위자의 작위나 부작위와 관련이 없다(unabhängig sein)고 해도, 작위나 부작위와 결과와의 인과관계를 배제시키지 아니한다. ② 사후참가적 원인은, 그것만으로 결과의 야기에 충분했던 경우에만, 인과관계를 배제시킨다. 이 경우에, 선행된 작위나 부작위 그 자체가 가벌적 행위가 되는 때에는, 이를 위하여 예정된 형이 선고된다. ③ 전술한 규정들은, 선재적, 동시적 또는 사후참가적 원인이 타인의 불법행위(unerlaubte Handlung)인 경우에도, 적용된다」라고 규정하는데, 인과관계에 관한 외국의 입법례로는 유일한 것으로 생각한다. ② 美國 – 1962년 5월 24일에 와싱톤, 디. 시에서 열린 미국법조협회의 1962년 연례대회에서 채택된 모범형법(Model Penal Code)의 공식초안 제2.03조는 「① 다음의 경우에는 행위는 어떤 결과의 원인이다. (a) 그 행위가 문제되는 결과에 선행하고 또 그 결과는 해당행위가 없었더라면 발생하지 아니했을 때, 그리고 (b) 행위와 결과와의 관계가 본법 또는 범죄를 규정하는 법률에 의하여 부과된 추가적인 인과적 필요조건을 충족하는 때」라고 규정한다.

(2) 해석론

한국형법 제17조는 〈인과관계〉에 관하여 「어떤 행위라도 죄의 요소되는 위험발생에 연결되지 아니한 때에는 그 결과로 인하여 벌하지 아니한다」라고 규정하는데, 입법례로서는 드문 경우이다. 본조의 해석론을 살펴보면 다음과 같다. ① 황산덕 교수는 "본래 인과관계의 문제에 관해서는, … 인과적 연관의 「유무」를 확인하는 문제와 형사책임 귀속의 「범위」를 가려내는 문제의 둘을 구별하지 않으면 안 된다. 전자의 문제는 논리적 인과개념에 의해 처리될 수 있고, 그리고 후자의 문제는 정규적인 형법적 심사를 통해서 비로소 확정될 수 있다. … 「어떤 행위라도」는 「행위와 결과와의 사이에 아무리 인과관계가 있을지라도」의 뜻으로 읽는다. … 다음에 「죄의 요소되는 위험」은 「구성요건적 사실의 중심이 되는 부분」이라고 보는 것이 옳다. 따라서 이러한 「위험발생에 연결」된다는 것은 그러한 행위가 구성요건에 해당한다는 것을 의미한다. 그러므로 이상을 종합할 때에, 이 규정을 「어떤 행위가 비록 결과에 대한 원인이 되어 있을지라도 그것이 구성요건에 해당함으로써 형법적 심사의 기초를 제공해 주는 행위가 아닐 때에는 그 결과로 인해서 벌하지 않는다」라는 뜻으로 읽을 수 있음을 인정하게 된다"[34]라고 해석한다. 인과관계의 문제가 인과적 연관의 〈유무〉를 확인하는 문제와 형사책임의 귀속의 〈범위〉를 가려내는 문제의 둘로 구별해야 한다는 점은 찬성이다. 그런데 「어떤 행위라도」라는 문언만을 가지고 「행위와 결과와의 사이에 아무리 인과관계가 있을지라도」라고 해석하여 단번에 전자의 문제를 해결하려는 태도는 의욕과잉이 아닌가 생각된다. 「죄의 요소되는 위험발생에 연결되지 아니하는 때」를 행위가 구성요건에 해당하지 아니하는 때로 해석하는데, 본조의 이 부분이 단순히 원인되는 〈행위〉에만 관계되는 것은 아닐 것이다. 끝으로 그 행위가 구성요건에 해당하는 것이 아닐 때에는, 애초에 그 요건은 형법상 문제가 되지 아니하고 또 「그 결과로 인하여 벌하지 아니한다」도 무의미할 것이다. 구성요건에 해당하는 〈행위〉가 있고 또 구성요건에 해당하는 〈결과〉가 발생한 경우에, 〈비로소〉 형법상 인과관계의 문제가 제기되는 것이다. ② 남흥우 교수는 "이 규정(제17조-필자 주)은 법익침해 또는 침해의 위험발생을 요하는 범죄에 있어서 행위(작위)와 결과 간에 요구되는 인과관계가 결여된 때에는 그 결과를 행위자의 소행으로 볼 수 없고 따라서 범죄가 성립되지 아니함을 명시한 규정이다. … 본조의 규정은 「어떤 행위라도 구성요건에 해당하지 아니한 때에는 그 결과로 인하여 벌하지 아니한다」라는 뜻으로 읽게 된다"[35]라고 해석한다. 여기서 법익침해 또는 침해의 위험발생을 요하는 범죄, 즉 〈결과범〉에서 인과관계가 문제된다는 지적은 타당한 지적이다. 그러나 「죄의 요소되는 위험발생에 연결되지 아니한 때에는」이라는 문언을 "구성요건에 해당하지 아니한 때에는"으로 해석한 점은 전술한 바와 같이 타당하지 않다고 본다. 끝으로 「그 결과로 인하여 벌하지 아니한다」라는 부분을 "그 결과를 행위자의 소행으로 볼 수 없고 따라서 범죄가 성립되지 아니함을 명시한 규정이다"라고 해설한다. 여기서 "그 결과를 행위자의 소행으로 볼 수 없다는 규정이다"라고만 했으면 좋았을텐데, "따라서 범죄가 성립되지 아니함을 명시한 규정이다"라고 덧붙여서 설명한 점은 문제가 있다고 본다. 즉 결과범의 경우에 행위는 있고 결과의 요건이 갖추어지지 아니하면, 바로 범죄가 성립되지 아니하는 것이 아니라 미수범 처벌규정이 있는 한 미수범으로 범죄가 성립되어서(정확하게는 범죄로 구성되어서) 처벌되는 것이다. 또한 「그 결과로 인하여 벌하지 아니한다」

---

34 황산덕, 『형법총론』(제7판), 1982년, 61면 이하.
35 남흥우, 『형법총론』(개정판), 1975년, 101면 이하.

라는 규정은 이 취지라고 보아야 할 것이다. ③ 정영석 교수는 제17조에 관하여 "이 규정의 내용은 어떤 행위가 죄의 성립요소로 되는 위험발생에 연결될 때 비로소 인과관계를 인정할 수 있다는 취지로 해석된다. 여기서 '죄의 요소되는 위험발생'이란 구성요건의 내용으로 되어 있는 결과에 대한 위험발생, 즉 결과발생의 위험을 의미한다고 이해된다. 따라서 본조는 어떤 행위와 결과 사이에 단순히 논리적으로 조건관계의 연결이 있다고 하여 곧 인과관계를 인정하려는 것이 아니고, 결과발생의 위험이라는 사회심리적인 표준에 의하여 형식적·논리적인 조건설의 인과관계에 일종의 제약을 가하려는 데 그 취지가 있다고 본다. … 현행형법 해석상으로는 인과관계를 위험관계조건설로 이해함이 타당하지 않을까 생각한다"[36]라고 해석한다. 여기서 문제되는 것은 [결과에 대한 위험발생]=[결과발생의 위험]이 타당하냐이다. 그런데 [결과발생의 위험이 있다]는 것은 〈결과발생의 위험성이 있다〉, 즉 〈결과발생의 가능성이 있다〉는 뜻으로 이해됨에 반하여 [결과에 대한 위험발생이 있다]는 것은 〈결과에 대한 위험이 현실적으로 발생되었다〉라고 이해되는 것이 아닌가 생각한다. 따라서 「위험발생」을 결과발생의 위험으로 해석하는 것은 의문이다. ④ 손동권 교수는 "이 조문은 그 표제어와는 달리 인과관계와 객관적 귀속의 모두를 그 내용으로 포함하고 있다. 즉 「어떤 행위라도 ~ 그 결과로 인하여」의 의미는 "행위와 결과 사이에 (조건적 또는 합법칙적) 인과관계가 있더라도"로, 「죄의 요소되는 위험발생에 연결되지 아니한 때에는」의 의미는 "객관적으로 그 결과를 행위자의 행위작품으로 규범적 귀속을 시킬 수 없으면"으로, 「그 결과로 인하여 벌하지 아니한다」의 의미는 "고의결과범에 있어서는 기수범으로 처벌하지 아니하고, 과실범에서는 과실범의 성립이 없다"로 해석되어야 한다"[37]라고 설명하고 있다. 먼저 〈표제어〉에 관련해서 살펴보면, 객관적 귀속론을 취하는 입장에서는 「행위와 결과와의 관계」에 있어서 〈행위〉가 그 결과의 원인이라고 볼 수 있겠는가(행위의 Kausalität)의 문제와 그 결과를 행위(자)에게 귀속시킬 수 있겠는가(결과의 Zurechnung)의 문제가 제기된다고 본다면, 이 두 문제를 합쳐서 〈인과관계〉의 문제라고 말할 수 있지 않을까 생각한다. 이런 의미에서 표제어를 그대로 써도 괜찮으리라고 본다. 다음으로 「어떤 행위라도 ~ 그 결과로 인하여」를 〈행위·결과·인〉이라는 단어가 보인다고 하여 「행위와

---

36 정영석, 『형법총론』(제5전정판), 1983년, 117면 이하.
37 손동권, 『형법총칙론』, 2001년, 109면. 동 취지: 박상기, 『형법총론』(제5판), 2002년, 104면.

결과 사이에 인과관계가 있더라도」로 해석하려는 것은 너무나 〈억지해석〉이 아닌가 생각한다. 손 교수 본인이 해석하고 있는 바와 같이 〈그 결과로 인하여〉는「그 결과로 인하여 벌하지 아니한다」라는 문장의 일부분이며 이 문장은 인과관계가 있다 · 없다에 관한 것이 아니라 결과를 귀속시킬 수 없는 경우의 형법상의 효과에 관한 것이다. ⑤ 이재상 교수는 "형법 제17조에 있어서 인과관계의 확정은 합법칙적 조건설에 의하여 결정하고 그 중요성은 객관적 귀속이론으로 수행하는 것이 타당하다고 생각한다. 그렇다면 형법 제17조의「어떤 행위라도」란「행위가 시간적으로 뒤따르는 외계의 변화와 연결되고 그 행위와 합법칙적으로 결합되어 구성요건적 효과로 실현되었다 하더라도」를 의미하며,「죄의 요소되는 위험발생에 연결되지 아니한 때에는 벌하지 아니한다」는「그 행위가 법률상 허용될 수 없는 위험을 발생하였고 그 위험이 구성요건에 해당하는 결과로 실현되지 아니한 때에는 벌하지 아니한다」라고 이해하여야 할 것이다"[38]라고 해석하고 있다. 여기서「어떤 행위라도」에 있어서「행위」란 한 마디로 〈외계의 변화와의 연결〉 · 〈구성요건적 효과로서의 실현〉까지 의미할 수 있는지 의문이고 또「그 결과로 인하여」라는 문언이 탈락하여 단순히「벌하지 아니한다」로 되어 있어 유감이다. ⑥ 손해목 교수는 "행위와 결과 간의 관계는 처음에 합법칙적 조건관계로서 다루고, 동시에 그 결과가 형법상 행위자에게 귀속하느냐 하는 것은 객관적 귀속관계로서 결정하는 것이 합리적인 견해라는 것은 전술하였다. … 첫째로,「죄의 요소되는」이라고 하는 것은 범죄의 구성요건요소를 가리킨다. 둘째로,「위험발생」이라고 하는 것은 협의의 위험(위험성)을 말하는 것이 아니고, 광의의 위험을 의미한다. 따라서 모든 결과범(침해범 · 구체적 위험범)의 결과발생으로 해석하는 것이 옳다. 셋째로, 죄의 요소되는 위험발생에「연결되지 아니한 때」라고 하는 것은 반대로 해석하면「연결되는 때는」이라고 하여, 행위와 구성요건적 결과 사이의 인과성과 귀속성을 모두 인정하는 규정으로 해석이 된다. 따라서 행위와 결과 간의 인과적 연결(인과연관)은 물론이고, 행위자의 위험창출행위와 위험실현 사이에 연결(위험연관)이 있어야 함을 의미하는 것이다. 법률의 해석상 문제가 되는 것은 학설에 의존할 수밖에 없다"[39]라고 해석한다. ⑦ 김종원-필자는 객관적 귀속론이 우리나라에 도입되지 아니했던 약 40년 전인 1965년과 1966년에 〈인과관계〉에

---

38 이재상, 『형법총론』(제5판), 2003년, 156면.
39 손해목, 『형법총론』, 1996년, 280면 이하.

관한 글을 발표한 바가 있다.[40] 여기서는 1966년에 발표한 글에 따라 그 내용을 살펴보기로 한다. 첫째로 〈서론〉에서는 "형법에 있어서의 인과관계의 문제는, 모든 범죄에 있어서 일어나는 것이 아니라, 구성요건상 일정한 결과의 발생이 요구되어 있는 범죄, 즉 결과범(예컨대 살인죄 · 상해치사죄)에 있어서만 일어난다. 따라서 소위 단순거동범(예컨대 주거침입죄)에 있어서는 인과관계의 문제가 일어나지 아니한다. 결과범에 있어서는 구성요건에 해당하는 행위(실행행위)로 인하여 구성요건해당의 결과가 발생함으로써 비로소 그 범죄가 완성되며(즉 기수가 되며), 이때에 실행행위와 그 결과와의 사이에 소위 인과관계가 있음을 요한다. 만약 이러한 인과관계가 없으면, 미수범의 문제가 됨에 불과하다. 물론 상해치사죄와 같은 결과적 가중범에 있어서는, 사망에 대한 인과관계가 없는 때에는 상해죄가 문제가 된다. 종래에 인과관계의 문제는 조건설 · 원인설 · 상당인과관계설의 대립 하에서 다루는 것이 보통이지만, 후(後)양자는 소위 조건설의 입장을 전제로 삼고서 주장되는 것이므로, 그렇게 문제를 다루는 것은 타당하지 않다고 본다. 그래서 형법상의 인과관계의 문제를 다룸에 있어서는, 우선 구성요건과의 관련 하에서 행위와 결과와의 사이에 사실상 인과관계가 있느냐를 따지고, 그것이 긍정되면 다음으로 구성요건해당성의 견지에서 그 인과관계가 의미가 있느냐 내지 중요하냐를 따져야 하리라고 본다"라고 주장한다. 둘째로 〈인과관계의 존부〉에서 "형법에 있어서의 인과관계의 문제를 다룸에 있어서는, 우선 일정한 구성요건과의 관련 하에서 행위와 결과와의 사이에 사실상 인과관계가 있느냐 없느냐를 따져야 한다. 이것은 하나의 사실판단이다. 여기서는 행위와 결과와의 사이에 필연적 조건관계만 있으면, 즉 구체적으로 전자가 없었더라면 후자가 없었을 것이라고 판단되는 한, 양자 사이에는 인과관계가 인정되며, 이러한 입장을 〈조건설〉이라고 한다. …", 셋째로 〈인과관계의 중요성의 유무〉에서 "사실판단으로서의 인과관계의 존재가 긍정되면, 다음으로 그 인과관계가 구성요건해당성의 견지에서 의미 있는 내지 중요한 것이냐 아니냐를 따지게 되는데, 이것은 하나의 가치판단이다. 그런데 인과관계의 형법적 중요성의 문제에 관하여는, 등가설 · 원인설 · 상당인과관계설이 대립한다고 본다"라고 설명하고서, 상당인과관계설 가운데서 절충설의 입장이 타당하다고 본다. 여기서 본 바와 같이 중요설의

---

40 김종원, 「형법에 있어서의 인과관계」, 고시계, 1965년 4월호, 33~38면; 동, 「인과관계」, 법정, 1966년 5월호, 33~34면.

틀 속에서 종래의 학설대립을 포용하였다. 그리고 인과관계의 문제를 〈인과관계의 존부〉의 단계와 〈인과관계의 중요성의 유무〉의 단계로 나누어서 고찰하는 태도는 오늘날 이 문제를 〈결과에 대한 행위의 원인성(Kausalität)〉과 〈행위(자)에 대한 결과의 객관적 귀속(Zurechnung)〉으로 나누어서 고찰하는 태도와 비슷한 것으로 생각되며, 후자의 문제가 가치적·규범적 판단의 영역이란 점도 일치한다. 물론 상당인과관계설은 일반적 기준에 관심이 있고, 객관적 귀속론은 개별적 기준에 치중하는 것 같다. 다만 고의범은 구성요건적 결과에 지향된 범죄이고 과실범은 구성요건적 결과에 지향된 범죄가 아니므로, 과실범의 형사책임의 〈범위〉를 획정함에 있어서는 고의범의 경우보다 더 좁게 그어야 할 것이다. 그래서 상당인과관계설에 의한 범위 내에서 〈부주의〉가 결과에 현실화되었을 것, 즉 부주의했기 때문에 그 결과가 발생하였다고 생각되는 범위까지 좁혀야 할 것이다. 거꾸로 말하면 주의했어도 그 결과가 발생했으리라고 생각되는 경우는 형사책임을 지울 수 없다고 보는 것이다. 또 단순거동범이라는 표현은 〈행위범〉이라고 바꾸는 것이 좋지 않을까 생각한다. 넷째로 〈부작위의 인과관계〉에서 "부작위범에 있어서의 인과관계의 문제는, 작위범의 경우와 그 논리적 구조가 같다"고 본다. 끝으로 〈형법 제17조의 해석론〉에서 "… 여기서 「죄의 요소되는 위험발생」이란 구성요건에 해당하는 결과의 발생을 말한다. 「연결된다」는 것은 행위와 결과발생 사이에 인과관계가 인정된다는 뜻이다. 따라서 사실상의 인과관계가 있을 뿐 아니라, 나아가서 그것이 형법상 중요한 인과관계라고 판단되어야 한다. 다만 어떠한 경우에 연결되느냐에 관하여 적극적으로 규정하고 있지 아니하므로, 그 문제는 여전히 학설·판례에 일임되어 있다. 그리고 「연결되지 아니한 때에는 그 결과로 인하여 벌하지 아니한다」고 규정되어 있으므로, 실행행위와 구성요건해당의 결과 사이에 인과관계가 인정되지 아니하면 기수로 벌할 수 없다. 물론 상해치사죄와 같은 결과적 가중범에 있어서 사망의 결과와의 사이에 인과관계가 인정되지 아니하면, 상해죄만이 문제가 된다. 또 과실범의 경우에 있어서 과실행위와 결과와의 사이에 인과관계가 인정되지 않으면, 과실범의 성립이 없게 된다"고 설명한다. 조건설 또는 합법칙적 조건설을 취하면서 객관적 귀속론을 취하는 입장에서는 (합법칙적) 조건관계가 인정될 때 〈연결된다〉가 되고 결과가 귀속된다고 인정될 때 또한 〈연결된다〉가 될 것이고 그 반대의 경우에는 (합법칙적) 조건관계가 인정되지 않으면 〈연결되지 아니한다〉로 되어 끝나고 (합법칙적) 조건관계가 인정되어 우선 〈연결된다〉가 되어도 결과가 귀속되지 아니하면 〈연결되지 아니한다〉가 되는 것이다. 이것은 상당인과관계의 입장에서도 마찬가지이다.

(3) 입법론

〈인과관계〉에 관한 입법론으로서는, 인과관계에 관한 규정을 외국의 거의 전부의 입법례와 같이 두지 않을 것이냐의 문제와 만약 존치한다면 고칠 것이 있느냐의 문제가 다루어져야 할 것이다. 그런데 첫째 문제는 이왕 인과관계의 규정을 가지고 있으니까 삭제할 필요는 없다고 본다. 다만 해석에 혼선을 야기하고 있으니 조금은 고치는 것이 좋겠다. 이미 둘째 문제의 결론이 나왔는데, 어떻게 고칠 것이냐가 남게 된다. 그렇다면 제17조에서 혼선을 야기시키는 원인은 〈죄의 요소되는 위험발생〉이란 부분이다. 특히 〈위험발생〉이 주범이라고 본다. 무릇 〈인과관계〉란 원인과 〈결과〉와의 관계를 말하는데, 원인행위에 연결될 부분이 결과가 아니라 〈위험발생〉이라고 표현되어 있어서 혼선이 야기되는 것이라고 본다. 즉 「어떤 행위라도」만 가지고 또는 「어떤 행위라도 ~ 그 결과로 인하여」라는 문언으로, 행위와 결과와의 사이의 (합법칙적) 조건관계를 설명하려는 무리한 해석이 나오는 것이다. 그리고 〈결과〉란 여기서는 결과범에서의 결과를 말하는 것이고 보통 「법익의 침해와 법익침해의 구체적인 위험발생」으로 이해하고 있다. 그래서 〈결과〉라고 표기해야 할 곳에 〈위험발생〉으로 되어 있으니 이중으로 혼선이 야기되는 것은 당연하다고도 볼 수 있다. 또 이렇게 하면 「그 결과로 인하여」도 살아난다. 그리고 〈죄의 요소인〉의 부분도 〈범죄구성요건인〉으로 고치는 것이 낫지 않을까 생각한다.

이상을 종합하여 〈인과관계〉에 관한 규정은 「어떤 행위라도 범죄구성요건인 결과에 연결되지 아니한 때에는 그 결과로 인하여 벌하지 아니한다」라고 고치는 것이 좋겠다. 참고로 1992년의 형법개정법률안 제10조는 「어떠한 행위라도 범죄의 요소인 위험발생에 연결되지 아니한 때에는 그 결과로 인하여 벌하지 아니한다」라고 규정하여, 지엽적인 개정에 그치고 있다.

3. 부작위에 의한 작위범

형법상 범죄를 작위범과 부작위범으로 나눌 수 있는데, 이 구별은 두 가지 기준에서 행하여진다. 첫째로 〈구성요건의 규정형식〉에 의한 구별이고, 둘째로 〈범죄의 현실적인 실현형태〉에 의한 구별이다. 이에 따라 첫째의 기준에 의하여, 구성요건이 작위의 형식으로 규정되어 있는 범죄(예컨대 사람을 〈살해하는 것〉)를 작위범이라고 하고, 부작위의 형식으로 규정되어 있는 범죄(예컨대 해산명령을 받고 〈해산하지 아니하는 것〉)를 부작위범이라고 한다. 한편 둘째의 기준에 의하면, 범죄가 현실적으로 작위에 의하여 실현되는 경우(예컨대 〈목을 졸라서〉 사람을 죽이는 경우)를 작위범이라고 하고, 현실적으로 부작위에 의하여 실현되는 경우(예컨대 어머니가 젖먹이에게 〈젖을 주지 아니함으로써〉 죽이는 경우)를 부작위범이라고 한다. 이리하여 〈범죄의 현실적인 실현형태〉를 기준으로 해서, 구성요건이 부작위의 형식으로 규정되어 있는 범죄를 현실적으로도 부작위에 의하여 실현하는 경우(예컨대 해산명령을 받고 해산하지 아니하는 다중불해산죄를 현실적으로도 해산하지 아니함으로써 실현하는 경우)를 〈진정부작위범〉이라고 하고, 구성요건이 작위의 형식으로 규정되어 있는 범죄를 현실적으로는 부작위에 의하여 실현하는 경우(예컨대 사람을 살해하는 살인(영아살해)죄를 현실적으로는 어머니가 젖먹이에게 젖을 주지 아니함으로써 그를 살해하는 경우)를 〈부진정 부작위범〉이라고 한다. 그런데 이 부진정 부작위범을 〈구성요건의 규정형식〉을 기준으로 해서 파악하면, 이러한 의미의 작위범을 현실적으로는 부작위에 의하여 실현하는 경우이므로 〈부작위에 의한 작위범〉이라고도 한다.

(1) 비교법론

① 獨逸 − 독일에 있어서는 1871년의 형법에는 〈부작위에 의한 작위범〉에 관한 처벌규정이 없었다. 그 후 1913년 위원회초안 제24조는 「부작위에 의하여 결과가 발생한 경우에는, 결과의 발생을 작위에 의하여 방지하도록 법적으로 의무지워진 자만이 처벌된다. 이 의무는 자기의 행위에 의하여 결과발생의 위험을 발생케 한 자에게도 있다」라고 처음으로 규정하였으며, 1919년 초안도 이에 따랐다. 1927년 초안도 제22조가 「① 결과의 회피를 하지 아니한 자는 그 결과의 발생을 방지할 법률상의 의무가 있는 경우에 한하여 처벌한다. ② 일정한 결과가 발생할 위험을 자기의 작위에 의하여 발생케 한 자는 그 결과를 회피케 할 의무가 있다」라고 규정하였다. 그러나 1930년 초안은 〈부작위에 의한 작위범〉의 규정을 두지 않았다. 제2차 세계대전 후 서독에서는 1954년에 「형법개정을 위한 대위원회」가 구성되어 형법개정작업이 시작되었는데, 1956년 초안 제13조는 「① 결과의 회피를 하지 아니한 자는, 법률에 의하여 결과방지의 의무가

있고 또한 사정상 결과불발생을 보장했어야 한 경우에 한하여, 작위(Tun)에 의하여 결과를 초래한 정범자 또는 공범자와 구성요건해당의 면에서 동등하다(tatbestandsmäßig gleich stehen). ② 결과방지의무는 자기의 행태(Verhalten)를 통하여 결과발생의 높은 (nahe) 개연성을 초래하였든가 절박한(drohend) 결과를 발생시키지 않을 보증을 인수한 자에게도 있다」라고 규정하는데, 1959년 초안 제14조도 동일한 내용이다. 1960년 초안 제13조는 「형벌법규의 구성요건에 속하는 결과의 회피를 하지 아니한 자는, 결과의 불발생을 법상 보증하여야 하고 또한 자기의 행태가 사정상 작위에 의한 법정구성요건의 실현과 동가치인(gleichwertig) 경우에는, 정범자 또는 공범자로서 처벌한다」라고 규정하는데, 1962년 초안 제13조도 동일한 내용이다. 1969년의 신형법총칙은 독일 입법사상 처음으로 〈부작위에 의한 작위범〉의 규정을 형법전에 신설하였다. 즉 제13조는 「① 형벌법규의 구성요건에 속하는 결과의 회피를 하지 아니한 자는, 그 결과의 불발생을 법상 보증하여야 하고 또한 그 부작위가 작위에 의한 법정구성요건의 실현에 대등(対等)하는(entsprechen) 경우에 한하여, 본법에 의하여 처벌한다. ② 형은 제49조 제1항에 의하여 감경될 수 있다」라고 규정한다. ② 墺地利 — 1974년의 형법 제2조는 「법률이 결과의 초래에 대하여 형을 과한다고 규정하고 있는 경우에, 법질서에 의하여 자기에게 특별히 부과되어 있는 의무에 따라 결과를 회피할 사정이 있고 또한 결과회피의 부작위가 작위에 의한 법정구성요건(gesetzliches Tatbild)의 실현과 동일시될 수 있음 (gleichzuhalten sein)에도 불구하고, 결과의 회피를 하지 아니한 자도 처벌한다」라고 규정한다. ③ 日本 — 현행형법에는 〈부작위에 의한 작위범〉에 관한 규정은 없다. 1940년의 개정형법가안 제13조는 「① 죄가 될 사실의 발생을 방지할 법률상의 의무 있는 자가 그 발생을 방지하지 아니한 때에는, 작위에 의하여 그 사실을 발생케 한 자와 동일하게 벌한다. ② 작위에 의하여 사실발생의 위험을 발생케 한 자는 그 발생을 방지할 의무를 진다」라고 규정한다. 1961년의 개정형법준비초안 제11조는 〈부작위에 의한 작위범〉이라는 표제를 붙여서 「① 죄가 될 사실의 발생을 방지할 법률상의 의무가 있는 자가 그 발생을 방지할 수 있었음에도 불구하고 일부러 이를 방지하지 아니한 때에는, 작위에 의하여 그 사실을 발생시킨 자와 동일하다. ② 자기의 작위에 의하여 사실발생의 절박한 위험을 발생케 한 자는, 그 발생을 방지할 의무가 있다」라고 규정한다. 1974년의 개정형법초안 제12조도 〈부작위에 의한 작위범〉이라는 표제를 붙여서 「죄가 될 사실의 발생을 방지할 책임을 지는 자가 그 발생을 방지할 수 있었음에도 불구하고 일부러 이를 방지하지 아니함으로써 그 사실을 발생케 한 때에는, 작위에 의하여 죄가 될 사실을 발생케 한 자와 동일하다」라고 규정하는데, 〈선행행위에 의한 작위의무〉 사항이 빠졌다. 그리고 1983년의 형법연구회시안에서는 〈부작위에 의한 작위범〉에 관한 규정이 빠졌다. ④ 台灣 – 1935년의 형법 제15조(부작위범)은 「① 일정한 결과의 발생에 대하여 법률상 방지할 의무가 있고 방지할 수 있음에도 방지하지 아니한 자는, 적극적 행위에 의하여 결과를 발생케 한 자와 동일하다. ② 자기행위로 인하여 일정한 결과의 위험을 발생케 한 자는, 그 발생을 방지할 의무를 진다」라고 규정한다.

(2) 입법론

한국형법 제18조는 〈부작위범〉이라는 표제를 붙이고 「위험의 발생을 방지할 의무가 있거나 자기의 행위로 인하여 위험발생의 원인을 야기한 자가 그 위험발생을 방지하지 아니한 때에는 그 발생된 결과에 의하여 처벌한다」라고 규정한다.

부작위에 의한 작위범 (소위 부진정 부작위범)에 관한 입법론으로서는, 첫째로 이에 관한 규정을 둘 것인가, 둘째로 작위의무 내지 보증인의 지위의 근거를 열거할 것인가, 특히 선행행위에 의한 경우를 규정할 것인가, 셋째로 동가치성, 대등성 내지 방지가능성의 요건을 규정할 것인가, 넷째로 감경규정을 둘 것인가, 다섯째로 표제는 어떻게 할 것인가 등이 문제가 된다.

생각건대, 첫째로 〈부작위에 의한 작위범〉의 규정은 두는 것이 좋겠다. 구성요건의 규정형식의 면에서 보면, 〈한다〉는 작위범과 〈아니한다〉는 부작위범의 둘이 있게 된다. 〈… 한다〉는 범죄를 〈… 아니한다〉에 의해서 실현한다는 것은 형식적으로는 이해하기 힘들다. 그래서 〈부작위에 의한 작위범〉이 어떠한 조건 하에서 〈작위에 의한 작위범〉과 마찬가지로 처벌되는지를 법률규정으로 명시하는 편이 낫다고 본다. 둘째로 작위의무 내지 보증인의 지위의 근거를 열거할 것인가의 문제는 이론적으로 형식설과 실질설(기능설)의 대립도 있고 해서 학설·판례에 일임하는 것이 좋겠다. 특히 〈선행행위〉에 관하여 한국형법은 「자기의 행위로 인하여 위험발생의 원인을 야기한」이라는 규정이 있는데, 적법한 선행행위에 의하여 위험을 야기한 경우에도 작위의무가 있느냐, 예컨대 교통법규에 맞게 행위한 자동차운전자가 유책한 사고의 피해자를 구조할 법적 의무를 가지느냐가 문제가 된다. 이 문제 역시 적극적으로 규정을 둘 것이 아니라 학설·판례에 일임하는 것이 좋겠으며, 독일·일본에서 보듯이 두지 않는 경향에 있다.

셋째로 동가치성의 입법화는 일리가 있다고 본다. 한국형법에는 이에 관한 규정이 없는데, 규정을 두는 것이 좋겠다. 표현으로서는 〈동가치성〉·〈동일시〉가 낫겠지만, 다음에서 문제삼는 〈감경〉과 관련해서 살펴보아야 할 것이다. 즉 만약 〈형의 감경〉을 인정한다면 〈동가치성·동일시〉라는 표현은 적절하지 않는 것으로 보이며, 오히려 〈대등성〉 정도가 무난하리라고 본다. 그래서 이러한 추상적 개념보다는 〈방지할 수 있었음에도 불구하고〉라는 표현이 보다 구체적이면서 실용적이고 이해하기 편하리라고 생각한다. 넷째로 감경규정에 관해서 살펴보면, 〈작위에 의한〉 경우는 스스로 인과과정을 형성하여 결과가 발생하도록 하는 것임에 반하여 〈부작위에 의한〉 경우는 결과발생에로의 인과적 진행을 막아야 할 자가 막지 아니하는 것이므로, 〈작위에 의한〉 경우보다 형이 감경될 수 있도록 하는 것이 바람직하다. 다섯째로 〈표제〉에 관하여 살펴보면, 〈부작위범〉·〈부진정 부작위범〉·〈부작위에 의한 작위범〉을 생각할 수 있다. 먼저 〈부작위범〉이란 표현은 소위 진정부작위범도 포함하는 개념이므로 너무 넓고, 〈부진정 부작위범〉이란 표현은 〈가짜부작위범〉이라고 오해받기 쉽고 또 〈부작위에 의한 작위범〉이란 표현은 다소 생소할 것이다. 마지막 것은 조금만 설명을 하면 이해하지 않을까 생각되어서 이것을 택하고자 한다.

이상을 종합하여 〈부작위에 의한 작위범〉이란 표제 아래 「결과의 발생을 방지하여야 할 자가 그 결과의 발생을 방지할 수 있었음에도 불구하고 이를 방지하지 아니한 때에는 그 발생된 결과에 따라 처벌한다. 이 경우에 형을 감경할 수 있다」라고 규정하고 싶다. 그리고 이 규정은 1992년의 형법개정법률안 제15조의 규정과 같다.

4. 피해자의 승낙

(1) 피해자의 승낙의 범죄론체계 상의 지위

형법상 승낙의 기능은 4종으로 구별해서 논할 수 있다. ① 승낙이 있으면, 구성요건해당성이 없게 되는 경우(절도죄, 주거침입죄 등), ② 승낙여부가 구성요건해당의 여부와 관계없는 경우(13세미만부녀 간음죄), ③ 승낙이 있으면 감경구성요건의 해당이 문제되는 경우(동의살인죄), ④ 승낙이 있으면 위법성조각사유가 되는 경우이다. 이 가운데서 ①에서 ③까지는 승낙이 구성요건해당성의 단계에서 다루어지고, ④만이 피해자의 승낙으로서 위법성의 단계에서 다루어진다.

그런데 근년에는 구성요건배제사유로서의 〈양해〉와 위법성조각사유로서의 〈승낙〉으로 나누어서 설명하는 경향이 있다. 즉 ① 이재상 교수는 "구성요건이 피해자의 의사에 반하는 때에만 실현될 수 있도록 규정되어 있는 범죄에 있어서 〈피해자〉가 그 법익의 침해에 동의한 때에는 구성요건 자체가 조각되지 않을 수 없다. … 각칙상의 개인의 자유를 보호하기 위한 죄는 대부분 여기에 해당한다. 이러한 범죄에 있어서는 범죄의 불법상황은 피해자의 의사에 반하는 데 있고 〈피해자〉가 동의한 때에는 범죄가 될 수 없다. 이와 같이 〈피해자〉의 동의가 구성요건해당성 자체를 조각하는 경우를 양해라고 한다".[41] ② 이형국 교수는 "구성요건의 범죄기술(犯罪記述)에 비추어 〈피해자〉의 동의(또는 찬의)가 있으면 이에 따른 행위의 위법성을 거론하기에 앞서서 그 행위가 처음부터 구성요건해당성의 문제로 되지 아니하는 경우가 있는데, 이 경우의 〈피해자〉의 동의를 양해라고 말한다"[42]라고 논술하는데, 필자가 붙인 〈 〉속의 피해자라는 표현은 적절하지 않다고 본다. 즉 소유자 A의 양해를 얻고서 그의 책을 B가 가지고 간 경우에 A를 〈피해자〉라고 부를 수 없다고 본다. 한편 ③ 김일수 교수는 "양해가 구성요건배제사유라는 점에 관해서는 이론의 여지가 없으나 승낙이 양해와는 별도로 위법성조각사유로 취급되어야 할 것인가가 문제이다. 오늘날 새로운 경향은 양해와 승낙의 체계상의 차이를 부인하고 법익향유자의 유효한 동의가 있는 경우에는 그것이 설령 양해적 성격을 가진 것이건 승낙의 성격을 가진 것이건 구별 없이 구성요건배제적 효력을 갖는다는 것이다. 새로운 경향에 따르는 입장에서는 양해와 승낙을 구별할 체계상의 실무적 이유가 없으며, 이 양자를 체계적으로 똑같이 취급할 때 그 성격상의 차이도 본질적인 것이 아니라 상대적인 것이라고 본다. 또한 양자를 엄격히 구별할 만한 일반적 기준이 없으므로 양해냐 승낙이냐는 개개 구성요건의 구조에 따라 개별적으로 판단해야 할 해석상의 문제에 불과하다는 것이다. 필자도 이 새로운 경향을 지지한다"[43]라고 논술한다. 그런데 새로운 경향의 지지도 좋지만, 종래 승낙의 경우로 생각되던 것들이 구성요건배제사유로 되겠느냐를 따져 보아야 할 것이다. 예를 들어서 A가 친구 B의 동의를 얻고서 공중 앞에서 B의 인격적 가치에 대한 사회적 평가를 떨어뜨릴 만한 사실을 적시하

41　이재상, 『총론』, 2003년, 264면 이하.
42　이형국, 『형법총론(제3판)』, 2003년, 166면 이하.
43　김일수, 『한국형법 I 「총론 상」』, 1992년, 540면.

였다면, 아무리 동의를 얻었다 하더라도 명예훼손죄의 구성요건에는 해당한다고 보아야 할 것이며, 다만 피해자의 〈승낙〉에 의하여 위법성이 조각된다고 보아야 할 것이다.

(2) 입법론

〈피해자의 승낙〉에 관하여 형법총칙에서 규정하는 외국입법례를 아직 보지 못하였는데(초안으로도), 한국형법 제24조는 「처분할 수 있는 자의 승낙에 의하여 그 법익을 훼손한 행위는 법률에 특별한 규정이 없는 한 벌하지 아니한다」라고 규정하고 있다.

입법론적으로 이에 관한 규정을 둘 것이냐가 우선 문제가 되고, 둔다면 개정할 점이 있느냐가 문제가 되고, 끝으로 표제도 문제가 될 것으로 본다. 생각건대, 첫째 〈피해자의 승낙〉에 관한 외국입법례가 찾기 힘들다고 해도 우리 입법의 특색으로 삼을 수도 있을 것이다. 둘째로 조문내용에 관하여 개정작업과정에서 「처분할 수 있는 자의 승낙에 의하여 그 법익을 훼손한 행위는 벌하지 아니한다. 다만, 법률에 특별한 규정이 있는 때에는 그러하지 아니한다」라는 안과 「처분할 수 있는 자의 승낙에 의하여 그 법익을 훼손한 행위는 상당한 이유가 있는 때에는 벌하지 아니한다」라는 안이 대립하였다. 〈전자〉는 현행형법 제24조에서의 「법률에 특별한 규정이 없는 한」를 단서에 돌린 것이며, 〈후자〉는 정당방위·긴급피난·자구행위에 있어서와 마찬가지로 〈상당성〉을 규정함이 타당하고 또한 〈피해자의 승낙에 의한 행위〉는 위법성조각사유로서 위법성의 단계에서 다루어짐에 반하여 「법률에 특별한 규정이 있는 때」는 동의살인죄와 같이 승낙에 의하여 형이 감경되는 경우로서 구성요건의 단계에서 다루어지므로 여기서 빼자는 것이다. 양안이 끝까지 대립하였으나, 〈전자〉가 채택되었다.[44] 그런데 〈후자〉의 안이 실질적으로 개정안 제20조(현행형법 제20조와 동일함)와 내용이 동일하게 되어 입법의 필요성이 의문시된다는 점을 살펴보건대, 제20조에서의 〈사회상규에 위배되지 아니하는 행위〉와 〈처분할 수 있는 자의 승낙에 의하여 그 법익을 훼손한 행위로서 상당한 이유가 있는 때〉와의 관계는 〈일반과 예시〉 또는 〈일반과 개별〉 내지 〈일반과 특별〉의 관계에 있는 것이다. 피해자의 승낙에 관한 예시적·개별적인 조문이 있음으로 해서, 정당방위나 긴급피난의 경우와 같이, 처분할 수 있는 법익은 어떤 것인가?, 승낙능력은?,

---

44 법무부, 『형법개정법률안 제안이유서』, 37면 이하.

하자 있는 의사도 가능한가?, 승낙이 외부에 표시되어야 하는가?, 승낙의 시기는? 등이 이 경우의 상당성의 판단의 자료가 되어 독자적으로 자세히 검토가 되는 것이다. 이러한 의미에서 〈후자〉의 안에 찬성한다. 참고로 총칙에 일반조항이 없는 독일형법은 각칙 제228조에서 「피해자의 승낙을 받고 신체침해를 한 자의 행위는 그 행위가 승낙에도 불구하고 양속(良俗, die guten Sitten)에 반하는 때에만 위법하다」라고 규정하고 있다.[45] 끝으로 표제는 〈피해자의 승낙〉보다 〈피해자의 승낙에 의한 행위〉라는 표현이 정확할 것이다. 왜냐하면 위법성의 조각이 문제가 되는 것은 〈승낙〉 그 자체가 아니라 승낙에 의한 〈(법익훼손)행위〉이기 때문이다.

이상으로 표제는 〈피해자의 승낙에 의한 행위〉라고 하고 「처분할 수 있는 자의 승낙에 의하여 그 법익을 훼손한 행위는 상당한 이유가 있는 때에는 벌하지 아니하다」라고 규정하는 것이 좋겠다.

5. 위법성의 착오

형법상의 착오는 종래에 〈사실의 착오〉와 〈법률의 착오〉로 대치시켜서 논해 왔는데, 제2차 세계대전 후에 〈구성요건의 착오〉와 〈금지의 착오〉로 대치시키는 경향이 나왔다. 그런데 구성요건의 객관적 사실에 관하여 행위자가 인식한 바와 현실적으로 발생된 바가 일치하지 아니하는 경우를 〈구성요건의 착오〉라고 부른다면, 위법한 행위를 하는 자가 자기행위가 위법한 줄 모르거나 위법하지 아니한 것으로 오인한 경우는 〈위법성의 착오〉라고 부르는 편이 낫지 않을까 생각한다. 독일형법학에서는 이러한 명칭은 별로 쓰지 아니한다.

(1) 비교법론

① 獨逸 – 1871년의 형법에는 〈법률의 착오〉에 관한 규정은 없었다. 1909년초안 제61조는 「행위자가 비형벌법규 또는 그 적용에 관하여 착오했기 때문에 행위가 허용되는 것으로 믿은 때에는, 고의는 없다. 착오가 과실에 기인하는 때에는 과실이 있을 뿐

---

45 이 문제에 관하여 280면에 이르는 연구서가 있다. Harald Niedermair, Körperverletzung mit Einwilligung und die Guten Sitten – Zum Funktionsverlust einer Generalkausel, 1999.

이다」, 1911년대안(対案) 제23조는 「행위자가 행위의 수행에 있어서 정당하다고 믿은 때에는, 고의는 없다. 착오가 과실에 기인하는 때에는, 과실이 있을 뿐이다」라고 규정하였고, 1913년초안에서는 〈법률의 착오〉는 양형에서 고려될 뿐이었다. 1919년초안 제12조는 「행위자가 고의로 행위하였지만, 법률 또는 사실의 착오에 기하여 그 행위는 허용된다고 믿은 때에는, 그 형을 감경할 수 있다. 착오가 자기에게 책임이 없는 (unverschuldet) 때에는, 벌하지 아니한다」라고 규정하였는데, 1925년초안 제13조는 「행위자가 착오에 의하여 자기의 행위가 허용되지 아니한다는 것을 인식할 수 없었던 때에는, 고의행위로서 처벌할 수 없다. 착오가 과실에 기인하는 때에는, 과실행위에 관한 규정을 적용한다」라고 규정하였지만, 1927년초안 제20조는 「행위자가 고의로 행위하는 경우에도, 용서받을 수 있는(entschuldbar) 법률의 착오에 의하여 자기의 행위가 불법이라는 것을 인식할 수 없었던 때에는, 벌하지 아니한다. 착오가 용서받을 수 없는 것인 때에는, 형을 감경할 수 있다」라고 규정하였고, 1930년초안 제20조도 거의 비슷했다. 제2차 세계대전 후 1952년 3월 18일의 연방대법원 형사연합부 결정이 〈책임설〉을 채용한 이래로 1956년초안부터 1969년의 신형법총칙까지 모두 책임설을 채용하였다. 즉 1956년초안 제20조는 「행위의 수행 시에 불법을 행하는 것이 아닌 것으로 오인한 자는, 그 착오가 자기에게 있어 비난될 것이 아닌 때에는, 책임이 없다. 그 착오가 자기에게 있어 비난될 것인 때에는, 형은 제65조 제1항에 의하여 감경될 수 있다」라고 규정하였는데, 1960년초안 제21조도 감경이 적용될 조항이 제64조 1항으로 된 것 외에는 동일내용이고, 또 1962년초안 제21조도 이번에는 〈ohne Schuld ist〉가 〈ohne Schuld handelt〉로 된 것 이외에는 동일내용이다. 1966년대안(代案) 제20조는 「행위의 수행 시에 위법성에 관하여 잘못 생각한(irren) 자는, 그 착오가 자기에게 있어 비난될 것이 아닌 때에는, 책임 없이 행위한 것이다. 그 착오가 자기에게 있어 비난될 것인 때에는 형은 통례적으로(in der Regel) 제61조 제1항에 의하여 감경한다」, 1969년의 신형법총칙 제17조는 「행위의 수행 시에 행위자에게 불법을 행한다는 인식(Einsicht)이 없는 경우에, 그가 이 착오를 피할 수 없었을 때에는, 책임 없이 행위한 것이다. 행위자가 이 착오를 피할 수 있었을 때에는, 형은 제49조 제1항에 의하여 감경할 수 있다」라고 규정하였다. ② 墺地利 - 1974년의 형법 제8조는 「① 행위의 불법을 법률의 착오로 인하여 인식하지 못한 자는, 그 착오가 자기에게 있어 비난될 것이 아닌 때에는, 유책하게 행위한 것이 아니다. ② 법률의 착오는, 그 불법이 행위자에게나 누구에게나 쉽게 인식가능했던 경우 또는 행위자가 자기의 직업상, 업무상 혹은 기타의 사정상 관련규정에 정통할 의무가 있었음에도 불구하고 정통해 있지 아니했을 경우에, 비난되어야 한다. ③ 그 착오가 비난되어야 하는 경우에는, 행위자가 고의행위를 한 때에는 고의범에게 정해진 법정형이, 그가 과실행위를 한 때에는 과실범에게 정해진 법정형이 적용되어야 한다,라고 규정한다. ③ 瑞西 – 1937년의 형법 제20조는 「행위자가 충분한 이유를 가지고 그 행위를 할 권리가 있다고 생각한 경우에는, 법관은 자유재량으로 형을 감경하거나(제66조) 또는 형을 면제할 수 있다,라고 규정한다. ④ 日本 – 1907년형법 제38조 제3항은 「법률을 알지 못하였다고 하여 죄를 범할 의사가 없다고 할 수 없다. 단, 정상에 따라 그 형을 감경할 수 있다,, 1940년의 개정형법가안 제11조는 「① 법률을 알지 못했다고 하여 고의가 없다고 할 수 없다. 단, 정상에 의하여 그 형을 감경 또는 면제할 수 있다. ② 법률을 알지 못한 경우에 있어서 자기의 행위가 법률상 허용된 것이라고 믿은 데에 대하여 상당한 이유가 있는 때에는 그 형을 면제한다,, 1961년의 개정형법준비초안 제20조 및 1974년 개정형법초안 제21조는 「① 법률을 알지 못했다고 해도 이로서 고의가 없었다고는 할 수 없다. 단, 정상에 의하여 그 형을 감경할 수 있다. ② 자기의 행위가 법률상 허용되지 아니한다는 것을 모르고 범한 자는, 이에 대하여 상당한 이유가 있는 때에는, 벌하지 아니한다,라고 규정한다. ⑤ 台灣 – 1935년의 형법 제16조는 「법률을 알지 못했다고 하여 형사책임을 면제할 수 없다. 단, 그 정상을 감안하여 그 형을 감경할 수 있다. 그 행위가 법률이 허가하는 것으로 믿고 또 그렇게 믿는 데에 정당한 이유가 있는 때에는, 그 형을 면제할 수 있다,라고 규정한다.

(2) 입법론

한국형법 제16조는 〈법률의 착오〉라는 표제를 붙이고 「자기의 행위가 법령에 의하여 죄가 되지 아니하는 것으로 오인한 행위는 그 오인에 정당한 이유가 있는 때에 한하여 벌하지 아니한다,라고 규정한다.

여기서 〈개정점〉을 살펴보면 다음과 같다. 첫째로 본조에서 「자기의 행위가 위법한 줄 모르거나 위법하지 아니한 것으로 생각하고 위법한 행위를 한 경우,를 규정하려면, 표제를 〈법률의 착오〉가 아니라 〈위법성의 착오〉라고 바꾸어야 할 것이다. 따라서 둘째로 「법령에 의하여,라는 문언은 불필요하다고 본다. 셋째로 「죄가 되지 아니하는 것으로, 라는 표현은 〈위법하지 아니함으로써 죄가 되지 아니하는 것으로〉와 〈유책하지 아니함으로써 죄가 되지 아니하는 것으로〉의 두 가지로 해석할 수 있어서 위법성의 착오의 경우뿐 아니라 책임조각사유에 관한 착오의 경우도 함께 규정한 것으로 볼 수 있겠는데, 표제에 맞추어 〈위법성의 착오〉의 경우만을 조문화하는 것이 좋겠다. 넷째로 「오인한」 이라는 표현은 적극적으로 위법하지 아니한 것으로 그릇 인식한 경우만을 가리키는 것으로 해석되기 쉬우므로[46] 소극적으로 위법한 줄 모르는 경우까지 포함시키는 표현으로 고치는 것이 좋겠다.

이상을 종합해 보면, 표제는 〈위법성의 착오〉로 고치고 「자기의 행위가 위법한 줄 모르거나 위법하지 아니한 줄로 생각하고 위법한 행위를 한 자는 그 오인에 정당한 이유가 있는 때에 한하여 벌하지 아니한다」로 규정하는 것이 좋겠다.

Ⅳ. 맺음말

1. 이상으로 〈중요개정사항〉을 정리하면 다음과 같다.

(1) 〈죄형법정주의〉에 관하여는 형법전의 모두에 「법률에 의하지 아니하고는 누구든지 형벌·보안처분을 받지 아니한다」라고 규정하는 것이 좋겠다.

(2) 〈인과관계〉에 관하여는 현행형법 제17조는 「어떤 행위라도 죄의 요소되는 위험발생에 연결되지 아니한 때에는 그 결과로 인하여 벌하지 아니한다」라고 규정하고 있는데, 「어떤 행위라도 범죄구성요건인 결과에 연결되지 아니한 때에는 그 결과로 인하여 벌하지 아니한다」라고 개정하는 것이 좋겠다.

(3) 〈부작위에 의한 작위범〉에 관하여는 현행형법 제18조는 〈부작위범〉이란 표제를 붙이고 「위험의 발생을 방지할 의무가 있거나 자기의 행위로 인하여 위험발생의 원인을 야기한 자가 그 위험발생을 방지하지 아니한 때에는 그 발생된 결과에 의하여 처벌한다」라고 규정하고 있는데, 〈부작위에 의한 작위범〉이란 표제 아래 「결과의 발생을 방지

---

46 대법원은 "(형법 제16조-필자 주)는 단순한 법률의 부지의 경우를 말하는 것이 아니고 일반적으로 범죄가 되는 행위이지만 자기의 특수한 경우에는 법령에 의하여 허용된 행위로서 죄가 되지 아니한다고 그릇 인정하고 그와 같이 그릇 인정함에 있어서 정당한 이유가 있는 경우에는 벌하지 아니한다는 뜻이다"(1961년 10월 5일 판결, 4294형상 208)라고 판시한다.

하여야 할 자가 그 결과의 발생을 방지할 수 있었음에도 불구하고 이를 방지하지 아니한 때에는 그 발생된 결과에 따라 처벌한다. 이 경우에 형을 감경할 수 있다」라고 개정하는 것이 좋겠다.

(4) 〈피해자의 승낙〉에 관하여는 현행형법 제24조는 「처분할 수 있는 자의 승낙에 의하여 그 법익을 훼손한 행위는 법률에 특별한 규정이 없는 한 벌하지 아니한다」라고 규정하고 있는데, 〈피해자의 승낙에 의한 행위〉라는 표제 아래 「처분할 수 있는 자의 승낙에 의하여 그 법익을 훼손한 행위는 상당한 이유가 있는 때에는 벌하지 아니한다」라고 개정하는 것이 좋겠다.

(5) 〈위법성의 착오〉에 관하여 현행형법 제16조는 〈법률의 착오〉라는 표제를 붙이고 「자기의 행위가 법령에 의하여 죄가 되지 아니한 것으로 오인한 행위는 그 오인에 정당한 이유가 있는 때에 한하여 벌하지 아니한다」라고 규정하고 있는데, 표제는 〈위법성의 착오〉로 고치고 「자기의 행위가 위법한 줄 모르거나 위법하지 아니한 줄로 생각하고 위법한 행위를 한 자는 그 오인에 정당한 이유가 있는 때에 한하여 벌하지 아니한다」라고 개정하는 것이 좋겠다.

2. 기타의 〈개정점〉으로서는, ① 제9조의 표제인 〈형사미성년자〉를 〈책임연령〉으로, ② 제10조의 표제인 〈심신장애자〉를 〈정신장애〉로, ③ 제13조의 표제인 〈범의〉를 〈고의〉로, ④ 제15조의 표제인 〈사실의 착오〉를 〈구성요건의 착오〉로, ⑤ 제21조(정당방위)에서의 「…부당한 침해…」를 「…위법한 침해…」로, ⑥ 제27조의 표제인 〈불능범〉을 〈불능미수〉로, 이에 따라 ⑦ 제26조의 표제인 〈중지범〉을 〈중지미수〉로, ⑧ 제30조(공동정범)에서의 「…죄를 범한 때에는…」을 「…죄를 실행한 때에는…」으로, ⑨ 제31조(교사범)에서의 「…죄를 범하게 한 자…」를 「…죄를 실행하게 한 자…」로, ⑩ 제33조(공범과 신분)에서의 〈본문과 단서〉를 〈제1항과 제2항〉으로 고치는 것이 좋겠다.

37. 공범규정에 대한 형법개정의 일고찰[*]

I. 머리말

이 글은 〈공범〉규정에 대한 형법개정에 관하여 〈필자의 생각〉을 말하려고 하는 것이다. 다루는 내용은 ① 정범·공범의 체계, ② 정범개념, ③ 공동정범, ④ 공범, ⑤ 간접정범, ⑥ 공범과 신분의 문제이다. 논점 하나하나가 큰 논문 깜이지만, 여기서는 〈형법개정〉이란 데에 초점을 맞추어서 이에 필요한 범위 안에서 외국의 이론적 배경, 입법례, 한국형법규정의 해석론, 개정론 등을 살펴보고자 한다.

II. 정범·공범의 체계

1. 이론적 배경

여러 사람이 범죄에 관여한 경우에 어떻게 규정할 것인가라는 입법정책의 문제에 관하여, 정범의 1원체계와 정범·공범의 2원체계가 있다.

〈정범의 1원체계〉에 있어서는 구성요건의 실현에 원인적(인과적)으로(ursächlich, kausal) 기여한 모든 사람(직접실행자든 교사자나 방조자든)은 정범(자)이며 원칙적으로 동일한 취급을 받게 되는데,[1] 〈정범·공범의 2원체계〉에 있어서는 기본적 구성요건에

---

* 이 글은 형사정책연구 제18권 제3호(약천 정해창 선생 고희기념논문집, 한국형사정책연구원, 2007년 가을호) 291면 이하에 실린 것이다.

해당하는 행위를 하는 사람을 정범(자)이라고 하고 그 행위를 시키거나 도운 사람을 공
범(자)이라고 하여 구별되면서 반드시 동일한 취급을 받지 아니한다.

생각건대, 범죄의 주인공과 이에 가담한 사람(교사자와 방조자)과는 그 역할이 다르
므로, 구별하여 취급하는 것이 타당하다고 본다.[2]

2. 입법례

〈정범·공범의 2원체계〉의 입법례는 뒤에서 소개되므로, 여기서는 〈정범의 1원체
계〉의 입법례를 몇 개 소개하려고 한다.

(1) 오스트리아 형법(1974년 1월 23일, 1975년 1월 1일 시행, 2006년 7월 1일 현재)
12조(모든 관여자의 정범자로서의 취급)

직접의 범행자뿐 아니라, 타인으로 하여금 범행을 결의하게 하거나 그 밖에 범행자
의 실행을 도운, 모든 사람도 가벌적 행위(die strafbare Handlung)를 한 것이다.[3]

(2) 이탈리아 형법(1930년 10월 19일, 1931년 7월 1일 시행, 1967년 10월 2일 현재)
110조(다수인의 가벌적 행위에의 관여)

다수인이 동일한 가벌적 행위에 관여한 경우에는, 이들 가운데 각자는 이 가벌적 행
위에 정해진 형벌을 받는다. 다만, 다음의 조항의 규정[4]에 해당할 때에는, 이에 따른다.

---

1 Egmont Foregger/Ernst Eugen Fabrizy, Strafgesetzbuch, Kurzkommentar, 7. Aufl., 1999, §12
  Rn. 2 참조.

2 〈정범의 1원체계〉에 관하여 독일문헌으로는 Kai Hamdorf, Beteiligungsmodelle im Strafrecht
  - Ein Vergleich von Teilnahme- und Einheitstätersystemen in Skandinavien, Österreich und
  Deutschland, 2002, 447 S., 일본문헌으로는 高橋則夫, 共犯體系と共犯理論, 1988年이 참고
  가 될 것이다. 그리고 高橋 교수는 〈統一的 正犯體系〉라는 표현을 쓰고 있다.

3 13조(관여자의 자립적 가벌성)는 「범죄에 다수인이 관여한 경우에, 이들 가운데 각자는 자기의
  책임(Schuld)에 의하여 처벌되어야 한다」라고 규정한다.

4 111조는 책임능력이 없는 자 또는 일신적 사정으로(infolge persönlicher Verhältnisse oder
  Eigenschaften) 처벌되지 아니하는 자로 하여금 가벌적 행위의 범행에로 결의케 한 경우에 형을
  가중하도록 규정하고, 112조는 형벌가중의 사정을 규정하고, 114조는 형벌감경의 사정을 규정
  하고, 또 116조와 117조는 예외적으로 형이 감경되는 경우를 규정한다.

(3) 덴마크 형법(1930년 4월 15일, 1933년 1월 1일 시행, 2001년 7월 1일 현재)

23조 ① 어떤 범죄에 교사, 조언 또는 범행을 통하여 함께 기여한 자에게는 모두 그 범죄에 규정되어 있는 형벌법규가 적용된다. 그다지 중요하지 아니하는 기여를 함에 불과한 자 또는 이미 확실한 결의를 강화시킴에 불과한 자에게는 형벌이 감경될 수 있다. 또한 범죄가 미수가 되거나 기도된 기여가 실패한 경우에도 마찬가지이다.

III. 정범개념

1. 이론적 배경

정범이 무엇이냐의 문제는 두 가지 시각에서 살펴볼 수 있다고 생각한다. 하나는 〈대외적 시각〉에서 보는 것인데, 공범(교사범·방조범)과의 구별을 살펴 보는 것이다. 또 하나는 〈대내적 시각〉에서 보는 것인데, 먼저 직접정범과 간접정범으로 구별하고 또 직접정범은 단독정범과 공동정범으로 구별하는 것을 살펴 보는 것이다.

여기서 〈대외적 시각〉에서의 문제는 결국 정범과 공범과의 구별이지만, 두 가지로 나누어서 살필 수 있다. 즉 하나는 정범과 공범은 본질적으로 어떻게 다르냐의 문제와 공범의 종속성에 따라 정범과 공범의 범위가 달라지는 것이 아니냐의 문제가 있다. 그런데 후자의 문제는 V에서 다루어지게 될 것이다.

또 〈대내적 시각〉에서 결국은 단독정범·공동정범 및 간접정범이 문제가 되는데, 단독정범은 여기(III)서, 공동정범은 IV에서 그리고 간접정범은 VI에서 다루어진다.

그래서 〈정범개념〉의 문제는 정범이 공범과 본질적으로 어떻게 다르냐를 다루게 되는데, 이 문제는 여러 사람이 범죄에 관여한 경우에 각자가 범죄실현에 기여한 〈역할〉이 어떻게 다르냐로 정할 수밖에 없다고 본다. 그렇다면 범죄를 실행한 자와 범죄의 실행을 시키거나 도운 자로 나눌 수 있다고 본다. 여기서 〈범죄를 실행한 자〉가 바로 정범자이다. 그리고 실질적으로 살핀다면, 정범자는 바로 〈범죄의 주인공〉[5]이다.

---

5 필자는 32년 전에 즉 1975년 3월에 출간된 「백남억박사환갑기념논문집」(131~165면)에 〈공모공동정범의 공동정범성〉이란 글을 기고한 바 있다. 이 글의 〈주 11〉(136면)에서 "Tatherrschaft

그리고 정범 내에서 간접정범보다는 직접정범이, 그리고 직접정범 안에서는 공동정범 보다는 단독정범이 보다 〈기본형〉이다. 그리하여 〈직접의 단독정범〉이 정범 가운데서 가장 기본적인 유형이라 할 수 있다. 이 〈직접의 단독정범〉은 스스로 범죄를 실행하는 것이다.

2. 입법례

형법전에 〈정범개념〉으로 규정되는 것은 〈직접의 단독정범〉을 말한다고 보면 될 것이다.

(1) **독일 형법**(1969년 7월 4일〈총칙만〉, 1975년 1월 1일 시행, 2007년 3월 1일 현재)
25조(정범) ① 범죄(Straftat)를 스스로(selbst) … 행하는 자는 정범자로서 처벌된다.

(2) 일 본
ⅰ) 개정형법준비초안(1961년 12월)
25조(정범) ① 스스로 범죄를 실행한 자는, 정범이다.

라는 말을 「범죄지배」라고 번역해 두기로 한다. 먼저 Tat란 말은 종래에 〈소위(所爲)〉라고도 번역되었지만, 여기서는 사실적인 면보다는 형법적인 면에 치중하여 〈범죄〉라고 번역해 보았다. … Tat를 〈범행〉이라고 번역할까도 생각했지만, Begehung이라는 말이 따로 있고 또 결과가 포함되지 않는다는 난점이 있다. 참고로 1969년에 제정·공포된 서독의 신 형법총칙(1975년 1월 1일 시행) 제2장은 Die Tat(범죄)라고 이름붙이고 있다. 또한 우리말로서의 범죄란 뜻으로는 Verbrechen(형법전 상으로는 중죄를 뜻함)이란 표현보다는 Straftat라는 표현이 많이 쓰인다. 다음으로 Herrschaft라는 말을 〈지배〉라고 번역해 두었지만, 필자로서는 차라리 여기서는 〈주인공성(主人公性)〉이라고 이해하고 싶다. 그리고 필자는 「공범의 종속성」뿐 아니라 여기서의 「공동정범관계」도 〈범죄구성요건의 단계〉에서 문제삼고자 하는 입장이므로, Tatherrschaft를 범죄지배라고 번역했지만 결국은 〈범죄구성요건실현의 주인공성 – 공동정범의 경우는 공동주인공성〉의 뜻으로 이해하고자 한다. 이러한 이해는 「간접정범」의 정범성을 논함에 있어서 Tatherrschaft를 이해함에 도움이 되리라고 본다. 그래서 Tatherrschaft를 단지 〈행위지배〉라고 번역하는 데에는 불만이다. … "라고 논술하였다. 당시에는 Tatherrschaft를 예외없이 〈행위지배〉라고 번역하고 있었는데(일본에서는 〈행위지배〉라는 번역어가 이제 정착된 것으로 보임), 단번에 〈범죄주인공성〉이라고 바꾸면 딴 것으로 오해받기 쉬우므로 반만 바꾸었다. 그러나 이제는 본래 생각한 대로 〈범죄주인공성〉이란 표현을 쓰기로 하겠다. 다만, 〈범죄주인공성〉이란 용어가 Tatherrschaft에서 온 것은 사실이지만, 필자는 구 용어를 필자 나름대로 쓰고자 한다.

ⅱ) 개정형법초안(1974년 12월)

26조(정범) ① 스스로 범죄를 실행한 자는, 정범이다.

3. 개정론

한국형법은 정범에 관한 규정은 없지만 공동정범(30조)·간접정범(34조 1항)의 규정을 두면서, 그 절(節)의 명칭은 〈공범〉으로 되어 있다. 물론 여러 사람이 범죄에 관여하는 경우가 공범이라고 한다면, 나름대로의 설명은 된다. 그러나 〈직접의 단독정범〉에 관한 규정을 함께 둔다면, 이제는 그 절의 명칭은 현행 독일형법이나 일본초안과 같이 〈정범과 공범〉으로 고쳐야 할 것이다. 그래서 문제는 〈단독정범〉의 규정을 둘 것이냐에 있다고 본다.

생각건대, 교사범·방조범과는 달리 공동정범·간접정범은 〈정범〉으로 분류하는 것이 좋겠고, 그렇다면 이들의 가장 기본형인 〈직접의 단독정범〉도 함께 규정하는 것이 더욱 좋다고 보며, 이렇게 되면 그 절의 명칭도 〈정범과 공범〉으로 바꾸어야 할 것이다. 그리고, 공범도 〈죄를 범하는 것〉이므로, 정범을 규정할 경우에 〈범죄를 실행한다〉는 표현을 쓰는 것이 낫겠다.

결국 〈직접의 단독정범〉은 「스스로 범죄를 실행한 자는 정범으로 처벌한다」라고 규정하는 것이 좋겠다. 물론 그 절의 명칭도 〈정범과 공범〉으로 바뀌게 된다. 참고로 92년 형법초안도 절명을 〈정범과 공범〉으로 바꾸고 〈정범〉규정도 이와 같이 두었다.

Ⅳ. 공동정범

1. 이론적 배경

(1) 범죄공동설과 행위공동설

공동정범에 관하여는 〈무엇을 공동으로 하는 경우에 공동정범관계가 인정되는가〉가 문제되는데, 이것을 보통 〈공동정범의 본질〉의 문제라고 한다. 이에 관하여는 범죄공동설과 행위공동설이 대립하고 있다. 〈전설〉은 수인이 공동하여 특정한 범죄를 실행한 경우에만 공동정범관계를 인정하자는 입장이고 〈후설〉은 수인이 행위를 공동하여 각자의 범죄를 실행한 경우에도 공동정범관계를 인정하자는 입장이다.

그런데 〈범죄공동설〉의 입장에서는, [예]로서 A와 B가 공동해서 B의 아버지 C를 죽인 경우에, A는 보통살인죄, B는 존속살해죄가 문제되므로 A · B 사이에 공동정범관계가 인정될 수 없게 되어서 C가 B의 탄환에 맞아 죽은 때에는 B는 존속살해죄의 기수가 되지만 A는 보통살인죄의 〈미수〉가 되는데, 만약 C가 B의 아버지가 아닌 경우에는 당연히 A는 살인죄의 〈기수〉가 되는 것과 비교해 보면, 범죄공동설은 공동정범관계의 인정범위가 너무 좁다고 생각된다. 그래서 범죄공동설의 입장에 서면서 구성요건이 서로 중합하는 범위 내에서는 공동정범관계를 인정하는 〈부분적 범죄공동설〉이 주장되기도 한다. 이 입장에서는 [예]의 경우에 A는 보통살인죄, B는 존속살해죄가 문제가 되지만, 「사람을 살해한다」는 범위 내에서는 서로 중합(重合)하므로 이 범위 내에서는 공동정범관계가 인정되어, B의 탄환에 맞아 C가 죽은 때에는, B는 물론 존속살해죄의 기수이지만 A는 보통살인죄의 〈기수〉가 된다. 한편 〈행위공동설〉의 입장에서는 [예]의 경우에 A · B 사이에 공동정범관계가 인정되는데, B의 탄환에 맞아서 C가 죽은 때에는, B는 물론 존속살인죄의 기수이지만 A도 보통살인죄의 〈기수〉가 된다. 이와 같이 이 학설이 타당한 결론을 낸다고 본다.[6]

---

6 필자는 33년 전에, 즉 1974년의 「고시연구」 6월(21~31면)에 〈범죄공동설과 행위공동설에 관하여〉라는 글을 발표하여 처음으로 〈구성요건적행위공동설〉을 주장하였다. 즉, "그런데 행위공동설에 있어서의 〈행위〉를 흔히 전구성요건적 · 전법률적 · 자연적인 혹은 사실상의 행위라고도 표현하는데, 물론 이것은 〈행위의 공동〉이 바로 특정한 범죄구성요건에 해당하는 행위의 공동만을 가리키는 것이 아니라는 점을 나타내기 위한 것이겠지만, 필자는 오히려 특정한 구성요건에 해당하는 행위의 공동, 중합하는 구성요건에 해당하는 행위의 공동, 상이한 고의범의 구성요건에 해당하는 행위의 공동, 고의범의 구성요건과 과실범의 구성요건에 해당하는 행위의 공동, 과실범의 구성요건에 해당하는 행위의 공동을 모두 포함하는 의미에서의 〈구성요건적 행위공동설(또는 실행행위공동설)〉이라는 명칭을 붙이고자 한다. 물론 이러한 표현을 위해서는, 과실범에 있어서도 〈구성요건적 행위(그 내용은 과실행위이다)〉라는 것이 이론체계상 인정되어야 할 것이다. 그리고 이러한 〈구성요건적행위공동설〉의 주장에서 나타나는 바와 같이 종래의 범죄공동설과 행위공동설과의 대립은 서로 배척하는 것이 아니라 후설이 공범관계, 특히 공동정범관계를 보다 넓게 인정한다는 것을 알 수 있다" (31면). 그후 1984년에 이르러 「한국형사법학회 편, 형사법강좌 Ⅱ, 형법총론(하)」에 실린 〈공범의 구조〉(649~684면)에서 행위공동의 5유형은 "① 특정한 고의범의 구성요건에 해당하는 행위의 공동, ② 상이한 고의범의 구성요건(중합하든 안 하든)에 해당하는 행위의 공동, ③ 고의범의 구성요건과 과실범의 구성요건에 해당하는 행위의 공동, ④ 특정한 과실범의 구성요건

(2) 공동실행

범죄공동설과 행위공동설의 대립은 〈공동정범관계〉의 범위의 문제인데, 필자는 〈후설〉을 타당하다고 본다. 다음으로 공동정범이 되려면, 그 요건을 갖추어야 한다. 여기에는 〈공동실행의 사실〉이라는 객관적 요건과 〈공동실행의 의사〉라는 주관적 요건이 있다.

이 자리에서는 객관적 요건인 〈공동실행의 사실〉을 중심으로 살펴 보고자 한다. 여기서도 좁게 보려는 입장에서는 〈특정한 범죄의 실행〉의 공동으로 이해할 것이고, 넓게 보려는 입장에서는 〈공동의〉 범죄실행으로 이해할 것이다. 필자는 공동정범은 단독범죄가 아니라 공동범죄라는 점에서 여기서도 넓게 〈공동의〉 실행으로 이해하는 쪽이 낫다고 보는데, 이 입장에서는 망보기도 공동실행에 넣는 〈전체적 관찰설〉로부터 2인 이상이 범죄를 공모하고나서 그 일부의 자가 그 실행에 나가면 공모자 전원을 공동의 실행을 한 것으로 보는 〈공동의사주체설〉까지 있다. 필자는 그 중간이라고 생각되는 funktionelle Tatherrschaftstheorie가 낫지 않을까 생각한다. 이 입장은 전체계획에 비추어 범죄의 실현에 분업적 · 역할분담적으로 불가결한 관련(기여자의 지위, 행위의 상황 등이 고려됨)으로 기여한 것이면, 〈공동의〉 실행이라고 보는 것이다.[7] 보통은 이것을 기능적 행위(또는 범행)지배설이라고 부르지만, 전술한 바와 같이 필자는 〈기능적(분업적 · 역할분담적) 범죄주인공성설〉이라고 부르고 싶다. 그래서 〈공동의 범죄주인공성〉이 인정될 때, 〈공동정범〉이 인정되는 것이다.

2. 입법례

(1) 독일 형법

25조(정범) ② 다수인이 범죄를 공동으로(gemeinschaftlich) 행하는 경우에는, 각자는 정범자로서 처벌된다(공동정범자 Mittäter).

에 해당하는 행위의 공동, ⑤ 상이한 과실범의 구성요건에 해당하는 행위의 공동"(661~662면)으로 정리되었다.

7 김종원, 공모공동정법의 공동정범성, 135~136면.

(2) **일본 형법**(1907년 4월 24일, 1908년 10월 1일 시행; 2005년 5월 12일〈평이화〉, 동년 6월 1일 시행)

60조(공동정범) 2인 이상 공동하여 범죄를 실행한 자는, 모두 정범으로 한다.[8]

3. 해석론 및 개정론

(1) 〈공동정범〉을 입법화함에 있어서는 범죄공동설의 입장에서도 행위공동설의 입장에서도 해석이 가능하도록 해야 할 것이다. 그래서 「2인 이상이 공동하여 범죄를 실행한 때에는, 각자를 정범으로 처벌한다」라고 규정하면 될 것이다.[9] 즉 범죄공동설의 입장에서는 「2인 이상이 공동하여 (특정한) 범죄를 실행한 때에는, 각자를 (특정한 범죄의) 정범으로 처벌한다」라고 해석하면 될 것이고, 한편 행위공동설의 입장에서는 「2인 이상이 (행위를) 공동하여 (각자의) 범죄를 실행할 때에는, 각자를 (각자의 범죄의) 정범으로 처벌한다」라고 해석하면 될 것이다.

(2) 〈공모공동정범〉의 규정을 둘 것인가의 문제가 있다. 즉 2인 이상이 범죄의 공모(共謀)를 하고서 공모자의 일부만이 그 범죄의 실행을 한 경우에 나머지 공모자도 공동정범으로 보는 규정을 둘 것인가이다. 참고로 일본의 개정형법준비초안(1961년) 26조(공동정범) 2항 및 개정형법초안(1974년) 27조(공동정범) 2항은 「2인 이상으로 범죄의 실행을 모의하고, 공모자의 어떤 자가 공동의 의사에 의거하여 그것을 실행한 때에는, 다른 공모자도 또한 정범으로 한다」라고 규정한다.

생각건대 공모공동정범의 이론의 본질적인 결함은 공모자의 일부가 공모한 범죄의 실행을 하면 나머지 공모자는 〈실행을 안 해도〉 공동정범으로 인정하는 점에 있다고 본다. 즉 그 설명에 문제가 있다고 보는 것이다. 공동정범에서 요구되는 〈실행〉은 〈단독의 실행〉에서 요구되는 실행으로 좁게 이해할 것이 아니라 〈공동의 실행〉으로 넓게 이해하여야 할 것이다. 따라서 전체의 범죄계획에 비추어 범죄의 실현에 분업적·역할분담적으로 불가결한 관련으로 기여하였으면 〈공동의〉 실행이 있다고 평가되는 것이

---

8 개정형법준비초안 26조 1항과 개정형법초안 27조 1항도 동일하게 규정하고 있다.
9 한국 92년 형법개정법률안 31조도 마찬가지이다.

다. 즉 〈분업적 · 역할분담적인 범죄주인공성〉이 인정되면 공동정범이 될 수 있는 것이다. 따라서 따로 공모공동정범을 인정할 필요는 없다고 본다.[10]

그리고 한국형법 34조2항은 「자기의 지휘 · 감독을 받는 자를 교사 또는 방조하여 전항[11]의 결과를 발생하게 한 자는 교사인 때에는 정범에 정한 형의 장기 또는 다액에 그 2분의 1까지 가중하고 방조인 때에는 정범의 형으로 처벌한다」라고 규정하고 있다. 「이 규정에 관하여는 ① 간접정범(34조 1항)에 대한 특별규정이라고 보는 견해, ② 교사범 · 종범에 대한 특별규정이라고 보는 견해 및 ③ 간접정범뿐 아니라 교사범 · 종범에 대한 특별규정이라고 보는 견해가 대립하는데, 간접정범의 경우에 한정할 필요도 없고 또한 그 경우를 배제할 이유도 없으므로 제3설이 타당하다고 본다」.[12] 생각건대 이 규정은 공모공동정범의 이론을 〈실무적으로〉 해결하려고 입법한 것으로 보인다. 필자는 43년 전인 1964년에 〈법정(法政)〉 11 · 12월호에 〈공모공동정범과 형법제34조 제2항, (상) 21~24면, (하) 41~46면〉이란 글을 발표했는데, 여기서 「필자는 제2항, 즉 자기의 지휘 · 감독을 받는 자를 교사 또는 방조하는 경우에 형을 가중한다는 규정을 소위 공모공동정범과 관련해서 재음미해 볼 만하지 않을까 생각하다. … 소위 공모공동정범을 인정하지 않는 입장에서 공동실행의 사실이 없는 공모자는 단지 교사 또는 방조의 책임을 지워야 한다고 주장하면서도 한편으로는 집단범죄의 특성에 비추어 배후의 거물(巨物) 내지 흑막(黑幕)이 적어도 실행정범과 마찬가지로 혹은 오히려 보다 중하게 처벌되어야 한다는 필요성을 무시할 수는 없다는 점을 인정하고 있는 것이다. 그렇다면 이 점

---

10 필자는 32년 전(1975년)에 발표한 〈공모공동정범의 공동정범성〉이란 글에서 다음과 같은 〈결론〉을 냈다. 즉 「우리가 공모공동정범의 〈공동정범성〉을 논증함에 있어서는, 어디까지나 그 요건인 공동실행의 의사(합의)와 공동실행의 사실을 중심으로 해서 논해야 할 것이다. 그리고 여기서는 〈공동실행의 사실〉이란 요건이 중요하다. 또한 형식적 객관설의 의미에 있어서의 〈실행〉의 공동이 아니라 〈공동〉의 실행이 문제된다는 점을 유의해야 할 것이다. 그리하여 〈공동실행〉이 인정되려면, 전체의 범죄계획에 비추어 역할분담적으로 불가결한 관련 하에서 〈실행〉에 객관적인 기여를 하여야 한다. 다만 〈실행행위 시〉에 이렇게 기여하는 경우뿐 아니라, 〈실행〉에 이렇게 기여가 되면 족하는 것으로 본다. 이상과 같은 의미에 있어서의 〈기능적 범죄지배설〉의 입장에서 공모공동정범의 공동정범성의 문제를 다루는 것이 타당하다고 본다.」

11 34조 1항(간접정범) 「어느 행위로 인하여 처벌되지 아니하는 자 또는 과실범으로 처벌되는 자를 교사 또는 방조하여 범죄행위의 결과를 발생하게 한 자는 교사 또는 방조의 예에 의하여 처벌한다」.

12 김종원, 공모공동정범의 공동정범성, 163면.

은 제34조 제2항에 의해서, 교사의 경우에는 정범에 정한 형의 장기 또는 다액에 그 2
분의 1까지 가중하고 방조의 경우에는 정범의 형으로 처벌함으로써 타당하게 해결되는
것이 아닌가 생각한다」(하 46면)라고 논술하면서, 〈맺는말〉에서 「필자는 우리 형법에서
제34조 제2항이 신설됨으로써 소위 공모공동정범의 문제는 〈소극적이지만 타당하게〉
해결되었다고 보고 싶다」(하 46면)라고 결론지었다. 그리고 약 10년 후에 발표된 〈공모
공동정범의 공동정범성〉에서 「필자가 이러한 결론을 내린 것은, 동 조항이 〈적극적으
로〉 공모공동정범의 문제를 해결하는 규정은 아니지만(이러한 의미에서 소극적으로 라
는 표현을 썼음), 동 조항을 간접정범의 특수한 경우뿐만 아니라 교사범 · 종범의 특수
한 경우라고 해석함으로써 비록 공모공동정범을 인정하지 아니하는 입장에서도 (따라
서 배후의 거물은 교사범 내지 종범밖에 되지 않는다고 보더라도) 〈배후의 거물을 하수
인(下手人)과 동등하게 또는 더 무겁게 처벌해야 한다는 요청〉에 대하여는 동 조항에
의해서 방조의 경우에는 정범의 형으로 또 교사의 경우에는 정범의 형에 2분의 1까지
가중하여 처벌함으로써 〈타당하게〉 해결되는 것으로 보았기 때문이다. 그리고 동 논문
에서는 공모만 하고 공동실행의 사실이 없는 공모자에 대하여 공동정범을 인정하는 그
러한 의미에 있어서의 공모공동정범은 부인하였지만, 〈공동실행〉을 어떻게 이해할 것
인가에 관하여는 필자의 견해를 보류(保留)하였다」(164면 〈주 90〉)라고 논술하면서, 이
글에서 〈공동실행〉에 관하여 〈넓게〉 이해하는 입장(funktionelle Tatherrschaftstheorie)을
취했기 때문에 「공동정범이 인정되는 범위 내에서 〈제34조 2항의 교사〉에도 해당하는
자는, 결국 제34조 2항에 의하여 〈정범에 정한 형의 장기 또는 다액에 그 2분의 1까지
가중〉하여 처벌받도록 해야 할 것이다. 그리고 이렇게 해석함으로써 공모공동정범에
있어서의 배후거물을 하수인보다 더욱 무겁게 처벌해야 한다는 요청에도 적합하게 된
다」(163~164면)라고 주장하였다. 한편 〈공동실행〉을 넓게 이해하는 입장에서는, 공동
정범이 인정되는 범위 내에서 〈제34조 2항의 방조〉에도 해당하는 자에게는 「정범의 형
으로 처벌한다」는 동 조항은 실익이 없지만, 〈공동실행〉에 해당하지 아니하나 〈동 조항
의 방조〉에 해당하는 자에게는 동 조항이 의미가 있다고 본다. 이것이 〈공동실행〉을 넓
게 이해하는 입장의 현행법에 대한 〈해석론〉이다. 한편 〈개정론〉으로서는, 34조 2항은
폐지하는 것이 좋다고 본다. 왜냐하면 〈공동실행〉을 넓게 이해함으로써 공동의 범죄주
인공으로 평가되는 지휘 · 감독자로서의 방조자는 〈정범으로 처벌〉되는 것이고 또 그
러한 교사자는 〈양형〉의 단계에서 고려하면 된다고 본다.

V. 공범

1. 이론적 배경

(1) 확장적 정범개념과 축한적 정범개념

확장적 정범개념과 축한적 정범개념의 대립은 정범을 넓게 이해할 것이냐 좁게 이해할 것이냐와 이에 따라서 〈공범규정〉을 어떻게 이해할 것이냐와 관련한다. 먼저 〈확장적 정범개념〉은 범죄의 실현에 조건을 제공한 자는 모두 정범이라고 본다. 다만, 교사자·방조자는 공범규정에 의하여 정범으로서가 아니라 공범으로서 처벌되는데, 이러한 의미에서 공범규정은 형벌축소사유가 된다. 다음으로 〈축한적 정범개념〉은 〈자기의 손에 의하여〉 범죄를 실행하는 자만이 정범이라고 본다. 그리고 교사자·방조자는 공범규정에 의하여 처벌하도록 규정되어 있기 때문에 비로소 처벌되는 것이며, 이러한 의미에서 공범규정은 형벌확장사유가 된다. 그리고 양설은 〈간접정범〉의 문제에 영향을 미친다. 생각건대 범죄의 주인공인 정범은 범죄를 시키거나 도우는 자가 아니라 〈스스로〉 범죄를 실행하는 자라야 할 것이므로, 후설이 타당하다고 본다.

(2) 공범의 독립성·종속성

ⅰ) 공범독립성설과 공범종속성설

〈공범독립성설〉은 정범이 실행행위에 나가느냐의 여부에 관계없이, 즉 이것과 독립해서 공범을 논하는 입장이고, 〈공범종속성설〉은 정범이 적어도 실행행위에 나아가야 비로소 공범을 논하는 입장이다.

종속성설의 입장에서는 독립성설에 대하여 교사행위·방조행위를 기본적 구성요건에 관한 실행행위와 동일시한다고 비판하는데, 예를 들어서 A가 B를 시켜서 C를 죽이게 한 경우에 있어서 독립성설이 주장하는 바는 A의 살인교사행위를 교사범으로서 수정된 구성요건에 관한 〈실행행위〉로 보자는 것뿐이지 A의 살인교사행위를 B의 살인행위와 동일시하자는 것이 아니라는 점은 B의 살인행위가 없는 경우에 A를 〈살인죄〉의 미수범으로 보는 것이 아니라 〈살인교사죄〉의 미수범으로 보는 것으로도 알 수 있다. 한편 독립성설의 입장에서는 종속성설에 대하여 이 설이 차용범죄설을 바탕삼음으로써 개인책임의 원칙에 위배된다고 비판하는데, 물론 그러한 견해도 없지 아니하나 공범의 처벌근거로서 책임가담설·불법가담설·야기조장설 등을 내세워 개인책임의 원칙에 어긋나지 않게 설명할 수 있다고 본다. 생각건대 필자는 물론 개인책임의 원칙에 비추어 교사자·방조자의 형사책임을 문제 삼아야 한다는 기본입장에 서면서 교사범·방조범의 본질이 공범현상으로서 적어도 타인의 범죄실행에의 가담이라는 데에 있다는 점에서 주된 범행자, 즉 범죄주인공인 피교사자·피방조자의 실행행위에 종속해서 공범을 논하는 입장, 즉 〈공범종속성설〉이 낫다고 본다.

ii) 종속성의 정도

종속성의 정도의 문제는 네 가지 단계로 나누어서 논한다. 즉 ① 〈정범의 실행행위〉에 종속해서 공범을 논하는 입장(최소종속형태), ② 〈정범의 위법한 실행행위(불법)〉에 종속해서 공범을 논하는 입장(제한종속형태), ③ 〈정범의 위법·유책한 실행행위〉에 종속해서 공범을 논하는 입장(극단종속형태), ④ 〈정범의 처벌〉에 종속해서 공범을 논하는 입장(과장종속형태)으로 나누어진다.[13]

〈공범의 종속형태〉에 관하여 우리나라에서는 종래부터 극단종속형태의 입장과 제한종속형태의 입장이 대립해 왔다. 〈전자〉는 공범이 타인의 〈범죄〉에로의 가담범이라는 점을 강조하여 그 범죄는 당연히 유책까지 해야 한다고 주장해야 할 것이며, 〈후자〉는 〈책임개별화의 원칙〉을 내세워서 피교사자·피방조자의 행위가 유책까지임을 요하지 아니한다는 것을 강조해야 할 것이다. 만약에 극단종속형태와 제한종속형태와의 택일관계라면, 필자는 〈책임개별화의 원칙〉에 따라서 제한종속형태의 입장을 택하겠다. 그리고 이렇게 되면, 공범의 처벌근거는 책임가담설에 의해서가 아니라 불법가담설에 의해서 설명해야 할 것이다. 그런데 필자는 교사범·방조범에 있어서도 각자 나름의 〈범

---

13 이러한 네 가지의 종속형태는 M.E.Mayer가 생각해 낸 것이다. 즉 그에 의하면, ① 최소종속형태(minimal akzessorische Form)란 공범의 처벌(Bestrafung der Teilnahme)이 정범자의 법정구성요건(gesetzlicher Tatbestand)의 실현에 의존한다는 입장이고, ② 제한종속형태(limitiert-akzessorische Form)란 공범의 처벌이 정범자의 법정구성요건의 위법한 충족에 의존한다는 입장, ③ 극단종속형태(extrem-akzessorische Form)란 공범의 처벌이 정범자의 법정구성요건의 위법·유책한 충족, 즉 주범(Haupttat)의 완전한 범죄성(volle Verbrechenscharakter)에 의존한다는 입장, ④ 과장종속형태(hyperakzessorische Form)란 공범의 처벌이 정범자의 일신적 특성(persönliche Eigenschatten)에 의존한다는 입장(따라서 정범자에게 있는 형벌가중적 및 형벌감경적 사정이 공범자의 처벌을 가중·감경케 한다)으로 나눈다(Max Ernst Mayer, Der allgemeine Teil des deutschen Strafrechts, Lehrbuch, zweite unveränderte Auflage, 1923, S. 391).

죄성립요건〉으로서 구성요건해당성·위법성·책임의 세 요건이 필요하다고 본다. 그렇다면 교사자·방조자의 범죄성립요건의 첫째 단계인 〈구성요건해당성〉을 논함에 있어서 피교사자·피방조자 측, 즉 정범 측도 자기의 범죄성립요건의 첫째 단계인 〈구성요건해당성〉과 연계(종속)시켜서 논해야 〈균형 맞게〉 합리성 있게 될 것이다. 〈살인교사죄〉를 예로 들어서 설명하면, 교사죄의 구성요건은 「타인을 교사하여 〈죄〉를 범하게 하는 것」인데, 이 〈죄〉에 피교사자 측의 구성요건인 「사람을 살해하는 것」이 대입(代入)되는 것이다. 구체적으로 예를 들면, B가 A를 교사하여 A의 아버지 X를 죽이게 한 경우에, B는 「타인(A)를 교사하여 〈사람(C–C는 B의 존속이 아니다)을 살해하는 것〉을 범하게 한 것」이므로, 존속살해죄이다. 그러나 B가 A를 교사하여 B의 아버지 Y를 죽이게 한 경우에는, B는 「타인을 교사하여 〈자기의 직계존속인 Y를 살해하는 것〉을 범하게 한 것」이므로, B는 〈존속살해교사죄〉가 된다. 물론 A는 보통살인죄이다. 이러한 의미에서 〈정범의 실행행위〉에 종속해서 공범을 논하는 입장(최소종속형태)이 타당하다고 보며, 그 처벌근거는 〈구성요건실현 가담설〉에 두어야 할 것이다.[14] 그리고 〈최소종속형태〉의 입장에서도 당연히 〈책임개별화의 원칙〉은 지켜진다.

2. 입법례

(1) 독일 형법

26조(교사) 타인으로 하여금 그 자가 고의로 행한 위법한 범행(Tat)[15]을 하도록 고의

---

14 이러한 생각은 필자가 발표한 「교사범」(상, 고시계, 1975년 1월호, 37~40면; 중, 1975년 4월호, 101~103면; 하, 1975년 6월호, 99~106면), 「종범」(상, 고시계, 1977년 6월호, 30~33면; 하, 1977년 8월호, 66~72면), 「공범의 종속성에 관련하여 –새로운 「공범구조론」의 구상」, 사회과학논집(연세대학교 사회과학연구소), 제8집, 정영석교수회갑기념 특집호, 1977, 131~148면, 「공범구조론의 새로운 구상」법학(서울대) 19권 1호(1978년), 172-176면, 「공범의 구조」, 680~684면 등에서 나타나 있다. 여기서 〈새로운 공범구조론의 구상〉은 첫째로 「공동정범·교사범 및 종범(방조범)은 구성요건의 단계에서 구별된다」, 둘째로 「공동정범·교사범 및 종범(방조범)은 각자 그의 범죄성립요건으로서 구성요건해당성·위법성 및 책임의 세 요건이 필요하다」는 것이다. 그리고 〈교사범〉·〈종범〉의 글에서는 각각 ① 구성요건, ② 위법성, ③ 책임의 3단계로 나누어서 설명을 해 보았다.

15 1871년 5월 15일의 독일제국형법(Strafgesetzbuch für das Deutsche Reich) – 1872년 1월 1일 시행 – 48조1항에는 「가벌적 행위(strafbare Handlung)」라는 문언이 있었으나 1943년 5월 29일

로 시킨 자는, 교사자로서 정범자와 동일하게 처벌된다.

27조(방조) ① 타인이 고의로 행한 위법한 범행[16]에 고의로 도움을 준 자는, 방조자로서 처벌된다.

② 방조자에 대한 형은 정범자의 법정형(法定形, Strafdrohung)에 따른다. 그 형은 49조 1항에 의하여 감경된다.

29조(관여자의 독립적 처벌) 각 관여자는 타인의 책임(Schuld)을 고려하지 않고 자기의 책임에 따라 처벌된다.[17]

(2) **스위스 형법**[18](2002년 12월 13일〈총칙만 전면개정〉, 2003년 4월 3일 국민투표, 2007년 1월 1일 시행)

24조(교사) ① 타인으로 하여금 그 자가 행한 중죄(Verbrechen) 또는 경죄(Vergehen)를 행하도록 고의로 시킨 자는, 정범자에게 적용되는 법정형(Strafandrohung)에 의하여 처벌된다.

25조(방조) 중죄 또는 경죄에 고의로 도움을 준 자는, 형이 감경된다.[19]

의 명령(Verordnung)에 의하여 「형이 규정된 행위(mit Strafe bedrohte Handlung)」로 개정되었는데, "그 개정은 극단종속성으로부터 제한종속성에로의 이행(移行, Übergang)을 초래하였다" (Schönke-Schröder, Strafgesetzbuch, Kommentar, 7. Aufl., 1954, S. 189)고 한다. 그리고 1969년의 총칙의 전면개정에 의하여 「고의로 행한 위법한 범행」으로 규정되면서 제한종속성으로 굳어졌는데, 전면개정 전에 「형이 규정된 행위」의 규정 하에서는 최소종속성으로도 충분히 해석 가능했다고 본다.

16 1871년의 독일제국형법 49조 1항에는 「중죄 또는 경죄의 행위 시에」라는 문언이었으나 1943년의 명령에 의하여 「중죄 또는 경죄로서 형이 규정된 행위 시에」라고 개정되었는데, 48조 1항의 상황과 마찬가지이다. 그리고 1969년의 총칙의 전면개정에 의하여 제한종속성으로 굳어졌다.

17 1943년 5월 29일의 명령에 의하여 50조(자기 책임을 짐 Einstehen für eigene Schuld)가 신설되었는데, 그 1항은 「수인이 범죄에 관여한 경우에는, 각자는 타인의 책임(Schuld)을 고려하지 않고 자기의 책임에 따라 처벌된다」라고 규정했다.

18 스위스의 신형법총칙에 공범에 관한 규정은 있지만, 〈정범〉에 관한 규정은 없다. 이것은 구형법총칙에서도 마찬가지이다.

19 방조범의 형은, 구총칙에서는 임의적 감경이었는데(25조), 신총칙에서는 필요적 감경이 되었다.

(3) 일본 형법

61조(교사) ① 사람을 교사하여 범죄를 실행시킨 자에게는, 정범의 형을 과한다.

62조(방조) ① 정범을 방조한 자는, 종범으로 한다.

63조(종범감경) 종범의 형은, 정범의 형을 감경한다.

3. 해석론 및 개정론

(1) 한국형법 31조 1항은 〈교사범〉에 관하여 「타인을 교사하여 죄를 범하게 한 자는 죄를 실행한 자와 동일한 형으로 처벌한다」라고 규정한다. 여기서 〈공범독립성설〉의 입장에서는 피교사자가 실행에 나아갔느냐에 관계없이, 즉 그것과 독립해서 교사행위가 있으면 바로 교사범을 논하는 입장이고, 이에 반하여, 〈공범종속성설〉은 피교사자가 적어도 실행행위에 나아가야 비로소 교사범을 논하는 입장이다. 그런데 교사범의 조문은 피교사자로 하여금 「죄를 범하게 한」 경우에 「죄를 실행한 자와 동일한 형으로 처벌한다」라고 규정하고 있다. 그래서 〈공범종속성설〉의 입장에서는 교사범의 규정을 자기의 입장에서 해석해야 한다고 주장한다. 그러나 필자는 교사범을 규정한 31조 1항은 교사범의 〈기수형태〉를 규정한 것으로 본다. 그렇다면 〈공범독립성설〉의 입장에서도 타당하게 해석할 수 있는 것이다.

그런데 양학설의 〈적용상의 차이〉가 나는 부분은 〈소위 교사의 미수〉이다.[20] 이 부분에 관하여 현행형법은 31조 2 · 3항을 신설하였다. 즉 〈효과 없는 교사〉의 경우에 대하여는 동조 2항에서 「교사를 받은 자가 범죄의 실행을 승낙하고 실행의 착수에 이르지 아니한 때에는 교사자와 피교사자를 음모 또는 예비에 준하여 처벌한다」라고 규정하

---

20 교사행위가 있은 경우에, ① 피교사자가 범죄의 실행을 승낙하고 실행에 착수하여 기수가 된 때, ② 피교사자가 범죄의 실행을 승낙하고 실행에 착수하여 미수가 된 때, ③ 피교사자가 범죄의 실행을 승낙하고 실행의 착수에 이르지 아니한 때(예비 · 음모의 단계에 이르른 때를 포함한다), ④ 피교사자가 범죄의 실행을 승낙하지 아니한 때의 네 가지로 나누어서 생각해 볼 수 있다. 여기서 공범독립성설의 입장에서나 공범종속성설의 입장에서나 ①을 〈교사범의 기수범〉, ②를 〈교사범의 미수범〉이라고 하여 〈적용상의 차이〉가 없다. 그러나 공범독립성설의 입장에서는 ②뿐만 아니라 ③ · ④도 〈교사범의 미수범〉이라고 보지만, 공범종속성설의 입장에서는 ③(효과 없는 교사) · ④(실패된 교사)를 〈소위 교사의 미수〉라고 하여 피교사자의 실행의 착수가 없기 때문에 〈교사범〉을 인정하지 아니한다. 이와 같이 양 학설의 적용상의 차이는 ③ · ④에서 나타난다.

고, 〈실패된 교사〉의 경우에 대하여는 동조 3항에서 「교사를 받은 자가 범죄의 실행을 승낙하지 아니한 때에도 교사자에 대하여는 전항과 같다」라고 규정하고 있다. 이 조항에 대하여, 〈공범독립성설〉의 입장에서는 피교사자가 실행의 착수를 안해도, 즉 이와 독립해서 교사자를 처벌하도록 규정하고 있으니, 비록 미수범으로서가 아니라 음모·예비에 준해서이지만, 독립성설의 입장을 도입했다고 주장한다. 그러나 필자의 생각으로는 동 조항이 소위 교사의 미수의 경우에, 즉 피교사자의 실행의 착수가 없는 경우에, 교사자를 처벌의 대상으로 삼는 것은 틀림없지만, 단지 음모·예비에 준하여 처벌하도록 할 뿐이고 교사〈범〉의 미수〈범〉으로서 처벌하도록 규정하고 있지 아니하므로, 그 경우를 〈교사범의 미수범〉으로 파악하는 공범독립성설의 입장에서는 타당하게 해석할 수 없다고 본다. 한편 〈공범종속성설〉의 입장에서는 소위 교사의 미수의 경우에 처벌하지 말자는 주장이 아니라 교사범으로서는 논할 수 없다는 주장에 불과하고 또 꼭 처벌할 필요가 있을 때에는 따로 처벌규정을 두어야 한다고 주장하는데, 필자의 생각으로는 동 조항이 교사범으로서 처벌하는 것이 아니라 특별규정으로서 그 경우를 음모·예비에 준하여 처벌하는 것이므로, 결국 공범종속성설에 의해서 동 조항을 타당하게 해석할 수 있다고 본다.

그러나 〈입법론〉의 면에서 보면, 소위 교사의 미수의 경우에, 〈독립성설〉의 입장에서는 〈미수범으로서 처벌하자〉는 입장이고 〈종속성설〉의 입장에서는 〈특별규정이 없으면 처벌할 수 없다〉는 입장인데, 입법자는 양 입장을 절충하여 〈음모·예비에 준하여 처벌한다〉는 특별규정을 두어 입법적으로 해결한 것으로 본다. 〈입법은 타협이다〉라는 말을 실무적으로 실천한 것으로 생각한다. 이런 의미에서 동 조항은 그대로 살리는 것이 좋겠다.

그리고 〈소위 방조의 미수〉의 경우, 즉 방조행위는 있었지만 피방조자가 실행의 착수에 이르지 아니한 경우에는, 특별한 처벌규정이 없으므로 처벌되지 아니하는 것으로 본다.

(2) 다음으로 〈공범의 종속형태〉와 관련하여 살펴보겠다.

독일의 현행형법은 〈책임개별화의 원칙〉(29조)을 내세우면서 교사·방조에 관하여 〈타인의 위법한 범행(Tat)〉에로의 관여(26·27조)를 규정하고 있다. 그러나 한국형법은 「타인을 교사하여 〈죄를 범하게 한〉 자는 …」(31조 1항), 「타인의 〈범죄를 방조한〉 자는 …」(32조 1항)라는 식으로 〈죄 또는 범죄〉라는 문언으로 규정하고 있다. 여기서 〈범죄〉란 형법이론상으로 「범죄구성요건에 해당하고 위법·유책한 행위」라고 정의하고 있으므로, 〈극단종속형태〉의 입장을 입법화한 것으로 보인다. 그렇지만 〈광의의 범죄〉는 「범죄구성요건에 해당하고 위법한 행위」라고 정의할 수 있으므로, 〈제한종속형태〉의 입장에서 해석할 수 있다. 그뿐 아니라 〈최광의의 범죄〉는 「범죄구성요건에 해당하는 행위」라고도 정의할 수 있으므로, 〈최소종속형태〉의 입장에서 해석할 수도 있다. 이와 같이 독일형법과는 달리 우리 형법은 〈열린 입법방식〉을 취하고 있다고 보는데, 원칙적으로 입법은 여러 입장에서 해석이 가능한 〈열린 입법방식〉이 낫다고 본다. 그리고 정범행위와 공범행위를 구별하는 면에서는 전자를 〈범죄를 실행한다〉, 후자를 〈범죄를 교사·방조한다〉라고 하는 것이 좋겠다.

끝으로 〈책임개별화의 원칙〉을 입법화할 것인가의 문제가 있는데, 〈열린 입법방식〉의 면에서 입법화하지 않는 것이 좋다고 본다. 물론 〈이론〉의 면에서 제한종속형태나 최소종속형태를 취하는 입장에서 〈책임개별화의 원칙〉을 내세워 극단종속형태의 입장을 비판하는 것은 상관없다고 본다.

VI. 간접정범

1. 이론적 배경

(1) 확장적 정범개념·축한적 정범개념과 간접정범

전술한 바와 같이, 〈확장적 정범개념〉의 입장에서는 범죄의 실현에 조건을 제공한 자는 모두 정범이라고 보면서, 교사자·방조자도 원래 정범인데 공범규정에 의하여 비로소 공범으로 처벌될 뿐이라고 한다. 따라서 이 입장에 의하면, 범죄의 실현에 조건을 제공한 자 가운데서 공범규정에 의하여 공범이 되는 자 이외의 자는 당연히 정범이고, 간접정범의 문제는 일어나지 아니한다. 이에 반하여 〈축한적 정범개념〉의 입장에서는, 자기의 손에 의하여 범죄를 실현하는 자 만이 정범이 되는 것이고 또 공범규정에 해당하는 교사자·방조자만이 공범이 되는 것이다. 거꾸로 말하면, 이 입장에서는 〈타인의 행위를 도구로 이용하여〉 처벌할 만한 행위를 한 경우에, 행위자는 자기의 손으로 범행을 한 것이 아니므로 〈정범〉이 될 수 없고 또 종속형태 여하에 따라서는 공범규정에 해당하지 아니하여 〈공범〉이 될 수도 없게 된다(물론 확장적 정범개념을 취하는 입장에서는 당연히 정범이다). 그래서 축한적 정범개념의 입장에서는, 이러한 경우의 〈처벌의 흠결〉을 매우기 위하여 〈간접정범〉의 개념이 필요하게 된다고 설명한다.

(2) 공범종속형태와 간접정범

축한적 정범개념을 취하는 경우에, 공범종속형태의 어느 것을 취하느냐에 따라 〈간접정범〉이 인정될 범위가 달라진다고 본다. ① 〈최소종속형태〉를 취하는 입장에서는, 타인의 〈범죄구성요건에 해당하는 고의행위〉를 이용하는 때에는 교사범·방조범이 될 수 있으므로, 공범이 인정될 범위가 가장 넓다. 그러나, 소위 〈목적 없는 고의 있는 도구〉나 〈신분 없는 고의 있는 도구〉를 이용하는 때에는, 피이용자의 행위에 범죄구성요건해당성이 인정되지 아니하여 이용자는 교사범이나 방조범이 될 수 없고 간접정범이 인정되는데, 간접정범으로서는 가장 좁은 범위로 인정된다. ② 〈제한종속형태〉를 취하는 입장에서는, 타인의 〈범죄구성요건에 해당하고 또한 위법한 고의행위〉를 이용하는 때에 교사범·방조범이 될 수 있으므로, 공범이 인정될 범위가 그만큼 좁아진다. 그러나 〈범죄구성요건에 해당하지 아니하거나 위법성이 조각되는 고의행위〉를 이용하는 자는 교사범이나 방조범이 될 수 없고 간접정범이 인정되는데, 간접정범으로서는 그만큼 넓은 범위로 인정된다. ③ 〈극단종속형태〉를 취하는 입장에서는, 타인의 〈범죄구성요건에 해당하고 위법하고 또한 유책한 고의행위〉를 이용하는 때에 교사범·방조범이 될 수 있으므로, 공범이 인정될 범위가 그만큼 더 좁아진다. 그러나 〈범죄구성요건에 해당하지 아니하거나 위법성이 조각되거나 또는 책임이 조각되는 고의행위〉를 이용하는 자는 교사범이나 방조범이 될 수 없고 간접정범이 인정되는데, 간접정범으로서는 그만큼 더 넓은 범위로 인정된다. ④ 〈과장종속형태〉를 취하는 입장에서는, 타인의 〈범죄구성요건에 해당하고 위법하고 유책하고 또한 처벌되는 고의행위〉를 이용하는 때에 교사범·방조범으로 처벌될 수 있으므로, 공범으로 처벌될 범위가 그만큼 더더욱 좁아진다. 그러나 〈범죄구성요건에 해당하지 아니하거나 위법성이 조각되거나 책임이 조각되거나 또는 일신적 형벌조각사유로 형벌이 조각되는 고의행위〉를 이용하는 자는 교사범이나 방조범으로 처벌될 수 없고 간접정범이 인정되는데, 간접정범으로서는 그만큼 더더욱 넓은 범위로 인정된다. 공범이 인정되는 범위와 간접정범이 인정되는 범위를 〈각도(角度)〉로 표현한다면, 공범이 인정되는 각(角)과 간접정범이 인정되는 각의 합(合)이 2직각(直角), 즉 180도을 이루는 〈보각(補角)의 관계〉라고 말할 수 있다. 즉 최소·제한·극단·과장의 종속형태로 될수록 〈공범이 인정되는 각〉은 144도에서 108도, 72도, 36도로 좁아지는데 〈간접정범이 인정되는 각〉은 36도에서 72도, 108도, 144도로 그만큼 넓어진다. 그리고 이러한 이해를 〈고의 있는 타인의 행위를 이용하는 공범종속성 의존적(依存的) 간접정범개념〉이라고 말할 수 있을 것이다. 물론 간접정범개념에는 또 하나의 〈고의 없는 타인의 행위를 이용하는 간접정범개념〉이 있다.[21]

2. 입법례

(1) 독일 형법

25조(정범) ① 범죄(Straftat)를 … 또는 타인을 통하여(durch) 행하는 자는 정범자로서 처벌된다.

(2) 일본

i) 개정형법준비초안

25조(정범) ② 정범이 아닌 타인을 이용하여 범죄를 실행한 자도, 정범으로 한다.

ii) 개정형법초안

26조(정범) ② 정범이 아닌 타인을 이용하여 범죄를 실행한 자도, 정범으로 한다.

3. 해석론 및 개정론

(1) 한국형법 34조(간접정범, …)는 「① 어느 행위로 인하여 처벌되지 아니하는 자 또는 과실범으로 처벌되는 자를 교사 또는 방조하여 범죄행위의 결과를 발생하게 한 자는

---

21 김종원, 「형법제정 50주년과 한국형법학의 과제」, 한국형사법학회, 형사법연구, 제20호(2003년 겨울), 8면에서는 〈공범종속성 관련적·과실유무자 이용적 간접정범론〉이라는 표현을 썼다. 그리고 「이 논문은 2002년도 한국형사법학회 동계학술회의(2002. 12. 11)에서 발표한 내용을 기초로 작성한 것임」(1면)으로 되어 있는데(頭註), 〈2003년도 한국형사법학회 추계학술회의(2003. 9. 26)〉의 오기(誤記)이다(동 제20호, 390면 참조).

교사 또는 방조의 예에 의하여 처벌한다」라고 규정하고 있다. 먼저 〈해석론〉을 살펴보 겠다.

확장적 정범개념을 취하는 입장에서는 범죄의 실현에 조건을 제공한 자로서 공범규 정에 의하여 공범으로 처벌되지 아니하면 당연히 정범으로 처벌되는데, 따로 〈간접정 범〉이란 표제를 붙여서 규정한 것으로 보아 축한적 정범개념을 전제로 삼는 것으로 보 인다. 그리고 이러한 생각을 더욱 뒷받침해 주는 것은 조문의 규정순서이다. 즉 맨 먼 저에 〈공동정범〉(제30조)을, 다음에 〈교사범과 종범〉(31조와 32조)을 그리고 맨 끝에 〈간접정범〉(34조 1항)을 규정하고 있다.

현행조항은 〈피교사·방조자〉(피 이용자)를 「어느 행위로 인하여 처벌되지 아니하 는 자」와 「과실범으로 처벌되는 자」의 둘로 나누고 있다. 필자는 〈간접정범〉을 〈고의 있 는 타인의 행위를 이용하는 공범종속성 의존적 간접정범개념〉과 〈고의 없는 타인의 행 위를 이용하는 간접정범개념〉의 둘로 나누어서 논하는 입장이다. 먼저 〈고의 있는 타 인의 행위를 이용하는 공범종속성 의존적 간접정범〉의 경우를 살펴보면, ① 최소종속 형태의 입장에서는 〈목적 없는 고의 있는 도구〉나 〈신분 없는 고의 있는 도구〉의 경우 와 같이 피이용자 측의 행위에 범죄구성요건해당성이 없는 때에, ② 제한종속형태의 입 장에서는 피이용자 측의 행위에 범죄구성요건해당성이나 위법성이 없는 때에, ③ 극단 종속형태의 입장에서는 피이용자 측의 행위에 범죄구성요건해당성이나 위법성이나 유 책성(有責性)이 없는 때에, ④ 과장종속형태의 입장에서는 피이용자 측의 행위에 범죄 구성요건해당성이나 위법성이나 유책성이나 가벌성(可罰性)이 없는 때에, 「어느 행위 로 인하여 처벌되지 아니하는」 경우에 해당한다고 보게 된다. 이와 같이 최소종속형태 의 단계로부터 과장종속형태의 단계로 넘어갈수록 간접정범이 인정될 범위는 넓어진 다. 다음으로 〈고의 없는 타인의 행위를 이용하는 간접정범〉의 경우는 세 가지로 나눌 수 있다. 즉 ① 과실이 인정되고 그에 대한 과실범처벌규정이 있는 때, ② 과실이 인정 되지만 그에 대한 과실범처벌규정이 없는 때 그리고 ③ 과실이 인정되지 아니하는 때이 다. 여기서 ②와 ③은 「어느 행위로 인하여 처벌되지 아니하는」 경우에 해당되고, ①은 바로 「과실범으로 처벌되는」 경우에 해당된다.

34조 1항(간접정범)은 「…자를 교사 또는 방조하여 범죄행위의 결과를 발생하게 한 자는 교사 또는 방조의 예에 의하여 처벌한다」라고 규정하고 있다. 그런데 피교사·방 조자에로의 종속형태의 여하에 따라 〈공범〉이 되기도 하고 또는 공범이 못 되어서 〈간접정범〉이 되기도 한다면, 〈입법〉에 의하여 종속형태의 여하에 따라 공범이 되든 또는 간접정범이 되든 〈처벌〉에 있어서는 동일하게 해주는 것도 일리(一理)가 있다고 보며, 동규정을 이러한 〈취지〉로 이해할 수 있다고 본다. 예를 들어서, A가 10살 되는 B를 시켜서 절도를 하게 한 경우에, 제한종속형태에 의하면 A는 절도죄의 〈교사범〉이 되지만, 극단종속형태에 의하면 교사범은 되지 못하고 절도죄의 〈간접정범〉이 되겠는데, 교사범은 정범의 형과 같게 처벌되고(31조 1항) 또 교사에 의한 간접정범은 교사의 예에 의하여 처벌되므로(34조 1항), 결국 〈처벌〉에 있어서는 동일하게 된다. 또 A가 10살 되는 B를 도와서 절도를 하게 된 경우에, 제한종속형태에 의하면 A는 절도죄의 〈종범〉이 되지만 극단종속형태에 의하면 종범은 되지 못하고, 〈간접정범〉이 되겠는데, 종범은 정범의 형보다 반드시 감경되고(32조 2항) 또 방조에 의한 간접정범은 방조의 예에 의하여 처벌되므로(34조 1항), 결국 〈처벌〉에 있어서는 동일하게 된다. 이런 의미에서 34조1항의 규정 그 자체는 복잡하지만, 〈입법은 타협이다〉라는 면에서 보면 〈최우수작품〉이라고 볼 수 있을 것 같다.

(2) 다음으로 〈개정론〉의 면에서 간접정범의 규정을 살펴보기로 한다.

간접정범에 있어서의 〈피이용자〉에 관하여 「어느 행위로 인하여 처벌되지 아니하는 자 또는 과실범으로 처벌되는 자」라고 규정하는 데에는 다소 어색한 점(〈어느 행위로 인하여〉라는 부분)이 없지 아니하나 대체로 무난하다고 본다. 〈이용방법〉에 관하여 「…자를 교사 또는 방조하여」라는 표현은 공범적 빛깔이 강하므로, 그냥 「…자의 행위를 이용하여」라고 규정하면 될 것이다. 「범죄행위의 결과를 발생하게 한」이란 표현은 〈기수형태〉를 나타내려고 한 것 같은데, 그냥 「범죄를 실행한」이라고 표현하여 〈정범〉 규정답게 규정하는 것이 좋겠다. 〈처벌〉에 관하여 「…자는 교사 또는 방조의 예에 의하여 처벌한다」라고 규정하는 것은 정범처벌규정으로 부적합하므로, 「…자는 정범으로 처벌한다」라고 규정해야 할 것이다. 그리고 〈방조의 방법으로 이용한〉 경우와 전술한 〈입법은 타협이다〉의 면을 함께 고려한다면, 「다만, 형을 감경할 수 있다」라는 단서규정을 두는 것이 바람직하다.

Ⅶ. 공범과 신분

1. 이론적 배경

(1) 범죄구성적 신분과 형벌가감적 신분

일정한 신분이 있어야만 비로소 범죄가 구성되도록 되어 있는 경우에, 이것을 〈범죄구성적 신분〉이라고 한다. 따라서 그러한 신분이 없는 경우에는, 아무런 범죄도 구성하지 않게 된다. 그리고 이러한 범죄구성적 신분을 요구하는 범죄를 〈진정신분범〉이라고 부른다. 그 예로서 단순수뢰죄(129조 1항) · 허위진단서작성죄(233조) · 위증죄(152조 1항) 등이 잇다.

일정한 신분이 있음으로써 형벌이 가중 또는 감경되는 경우에, 이것을 〈형벌가감적 신분〉이라고 한다. 이러한 신분이 없어도 범죄를 구성하는 점에서 범죄구성적 신분과 다르다. 그리고 이러한 형벌가감적 신분이 규정된 범죄를 〈부진정신분범〉이라고 부른다. 그 예로서 존속살해죄(250조 2항) · 상습도박죄(246조 2항) 등이 있다.

(2) 진정신분범과 공범

범죄구성적 신분이 있는 자와 비신분자(非身分者)가 〈공동정범〉의 관계에 있는 경우에, 비신분자도 진정신분범의 정범이 될 수 있다고 보는 입장과 될 수 없다고 보는 입장으로 나누어진다. 필자는 범죄구성적 신분이 없는 자는 비록 공동정범의 〈관계〉에 있다고 해도 공동〈정범〉은 되지 아니한다고 본다. 다음으로 범죄구성적 신분자의 범죄(진정신분범)에 비신분자가 〈교사 · 방조〉로서 가공(加功)한 경우에 비신분자는 진정신분범의 공범이 된다.

(3) 부진정신분범과 공범

형벌가감적 신분자와 비신분자가 〈공동정범〉의 관계에 있는 경우에, 신분자는 부진정신분범의 정범이 되지만 비신분자는 통상의 범죄의 정범이 되고 또한 그 형도 통상의 형이라는 견해도 있고, 비신분자도 부진정신분범의 정범이 되지만 통상의 형으로 처벌된다는 견해도 있다. 예를 들어 A와 B가 공동하여 A의 아버지 C를 살해한 경우에 있어서, 〈전설〉에 의하면 A는 존속살해죄의 정범이 되지만 B는 보통살인죄의 정범이 되고 또한 동죄의 형으로 처벌된다고 주장하고, 〈후설〉에 의하면 B도 존속살해죄의 정범이 되지만 보통살인죄의 형으로 처벌된다고 주장한다. 필자는 〈전설〉이 타당하다고 보며, 〈후설〉에 의하면 형벌감경적 신분범의 경우에 문제가 생기는 것이 아닌가 생각한다.

2. 입법례

(1) 독일 형법

28조(특별한 일신적 요소) ① 정범자의 가벌성을 근거지우는 특별한 일신적 요소 (besondere persönliche Merkmale)(14조 1항)가 공범자(교사자 또는 방조자)에게 결하는 때에는, 공범자의 형은 49조 1항에 의하여 감경된다.

② 특별한 일신적 요소가 형을 가중·감경 또는 조각하는 것으로, 법이 규정하고 있는 때에는, 그 요소가 있는 관여자(정범자 또는 공범자)에게만 적용된다.

(2) 일 본

ⅰ) 현행형법

65조(신분범의 공범) ① 범인이 신분에 의하여 구성될 범죄행위에 가공한 때에는, 신분이 없는 자라도 공범으로 한다.

② 신분에 의하여 특히 형의 경중이 있는 때에는, 신분이 없는 자에게는 통상의 형을 과한다.

ⅱ) 개정형법초안(1974년)

31조(공범과 신분) ① 신분에 의하여 구성하는 범죄에 가공한 때에는, 신분이 없는 자라도 공범으로 한다. 다만, 그 형을 경감할 수 있다.

② 신분에 의하여 형에 경중이 있는 때에는, 신분이 없는 자에게는 통상의 형을 과한다.

3. 해석론 및 개정론

(1) 형법 33조(공범과 신분) 본문은 「신분관계로 인하여 성립될 범죄에 가공한 행위는 신분관계가 없는 자에게도 전3조의 규정을 적용한다」라고 규정하는데, 여기서 「전3조

의 규정」이란 30조(공동정범)·31조(교사범)·32조(종범)의 규정을 말한다. 본문에서의 〈신분관계로 인하여 성립될 범죄〉란 진정신분범만을 말하느냐 부진정신분범도 포함하느냐와 〈전3조의 규정의 적용〉에 관련하여 진정신분범의 경우에 비신분자에게 공동정범의 규정이 적용되느냐가 문제가 된다.

〈전자〉의 문제에 관해서는, 진정신분범에 한정한다고 보는 입장과 부진정신분범도 포함한다고 보는 입장이 대립하는데, 단서가 부진정신분범에 관한 규정임에 비추어 〈규정형식상으로는〉 그 본문에 부진정신분범도 포함하는 것으로 해석하는 것이 타당할 것이다. 그러나 형벌가감적 신분범은 범죄의 구성 여부에 영향을 미치지 않고 형벌의 양에 영향을 미치는데, 이 점에 대해서는 단서에서 규정하므로 〈이론상으로는〉 본문에서는 부진정신분범을 포함시키지 아니하는 것으로 보는 입장이 타당하리라고 생각한다.

〈후자〉의 문제에 관하여는 구형법 65조 1항에서 「공범으로 한다」라고 규정함으로써 여기서의 〈공범〉이 공동정범을 포함하는 광의의 공범을 뜻하느냐 그것을 제외하는 협의의 공범을 뜻하느냐에 관하여 학설이 대립하였다. 그런데 신형법에서는 「전3조의 규정을 적용한다」라고 규정함으로써 전3조에는 공동정범도 포함하므로 입법적으로 해결한 것으로 보인다.

형법 33조 단서는 「신분관계로 인하여 형의 경중이 있는 경우에는 중한 형으로 벌하지 아니한다」라고 규정하는데, 단서는 부진정신분범에 가공한 비신분자의 〈과형(科刑)〉에 관한 규정이다. 본문에서 〈진정신분범 한정설〉을 취하는 입장에서는, 형벌가감적 신분은 오로지 그 신분이 있는 자에게만 영향을 미치는 것이므로 단서는 당연한 규정이며, 또 구법과 같이 「통상의 형을 과한다」가 아니라 「중한 형으로 벌하지 아니한다」라고 규정하였으므로 단서는 〈형벌가중적 신분〉이 규정된 부진정신분범에 가공한 비신분자에 대하여는 〈단서의 취지〉에 비추어 〈통상의 형〉을 과해야 할 것이다. 이에 반하여 본문에서는 〈부진정신분범 포함설〉을 취하는 입장에서는, 부진정신분범에 가공한 비신분자는 본문적용에 의하여 부진정신분범의 광의의 공범이 되지만, 단서적용에 의하여 〈형벌가중적 부진정신분범〉의 경우에 그 공범의 처벌은 진정신분범 한정설과 결론을 같게 한다. 그러나 〈형벌감경적 부진정신분범〉의 경우에는 문제가 있다고 본다.

(2) 〈개정론〉의 시각에서 보면 범죄구성적 진정신분범의 문제와 형벌가감적 부진정신분범의 문제를 확연히 나누는 의미에서 〈본문과 단서〉의 관계로 규정할 것이 아니라 〈제1항과 제2항〉의 관계로 규정하는 것이 좋겠다. 「전3조의 규정을 적용한다」라고 규정하는 것보다 구법의 입법방식과 같이 「공범의 규정을 적용한다」라고 고쳐서 〈공동정범〉의 규정도 적용할 것이냐의 문제는 학설·판례에 맡기는 것이 좋겠다. 「중한 형으로 벌하지 아니한다」라는 규정은 형벌가중의 경우만 생각하고 형벌감경의 경우를 간과한 것 같은데, 구법과 같이 「통상의 형으로 처벌한다」라고 규정하면 될 것이다. 그리고 범죄구성적 신분범에 가공한 비신분자의 형은 감경할 수 있도록 하는 것이 좋겠다.

Ⅷ. 맺음말

〈공범규정〉에 관하여는 다음과 같이 고치는 것이 좋겠다.

(1) 〈장명〉은 「정범과 공범」이라고 고친다.

(2) [첫째 조(条)]는 표제를 (정범)으로 하고, 〈1항〉을 「스스로 범죄를 실행한 자는 정범으로 처벌한다」로, 〈2항〉을 「2인 이상이 공동하여 범죄를 실행한 때에는, 각자를 정범으로 처벌한다」로 고친다.

(3) 〈공모공동정범〉에 관한 규정은 두지 아니하며, 〈현행 34조 2항(특수한 교사·방조에 대한 형의 가중)〉은 폐지한다.

(4) 〈교사범〉에 관하여는 원칙적으로 현행조항을 살린다. 즉 [둘째 조항] 표제를 (교사범)으로 하고, 〈1항〉은 「타인을 교사하여 범죄를 실행하게 한 자는, 범죄를 실행한 자와 동일한 형으로 처벌한다」라고 하고, 〈2항〉은 「교사를 받은 자가 범죄의 실행을 승낙하고 실행의 착수에 이르지 아니한 때에는 교사자와 피교사자를 음모 또는 예비에 준하여 처벌한다」, 〈3항〉은 「교사를 받은 자가 범죄의 실행을 승낙하지 아니한 때에도, 교사자에 대하여는 전항과 같다」라고 하여 그대로 둔다.

(5) 〈종범〉에 관한 [셋째 조]는 표제를 〈방조범〉으로 바꾸고, 「타인의 범죄의 실행을 방조한 자는, 범죄를 실행한 자의 형보다 감경하여 처벌한다」라고 규정한다.

(6) 〈책임개별화의 원칙〉에 관한 규정은 두지 아니한다.

(7) 〈간접정범〉에 관한 [넷째 조]는 「어느 행위로 인하여 처벌되지 아니하는 자 또는

과실범으로 처벌되는 자의 행위를 이용하여 범죄를 실행한 자는 정범으로 처벌한다. 다만, 형을 감경할 수 있다」라고 고친다.

(8) 〈공범과 신분〉에 관한 [다섯째 조] 는 「① 신분에 의하여 구성되는 범죄에 신분 없는 자가 가담한 때에는 공범의 규정을 적용한다. 다만, 신분 없는 자의 형은 감경할 수 있다. ② 신분에 의하여 형의 경중이 있는 경우에 신분 없는 자는 통상의 형으로 처벌한다」라고 고친다.

〈참고문헌〉

Max Ernst Mayer, Der allgemeine Teil des deutschen Strafrechts, Lehrbuch, zweite unveränderte Auflage, Carl Winters Universitätsbuchhandlung, 1923.

Schönke—Schröder, Strafgesetzbuch, Kommentar, 7. Aufl., C. H. Beck, 1954.

Kai Hamdorf, Beteiligungsmodelle im Strafrecht — Ein Vergleich von Teilnahme— und Einheitstätersystemen in Skandinavien, Österreich und Deutschland, Max—Planck—Institut für ausländisches und internationales Strafrecht, 2002.

Egmont Foregger/Ernst Eugen Fabrizy, Strafgesetzbuch, Kurzkommentar, 7. Aufl., Manzsche Verlags — und Universitäts buchhandlung, 1999.

高橋則夫, 共犯體系と共犯理論, 成文堂, 1988.

김종원, 「공모공동정범과 형법제34조2항(상)」, 법정 1964년 11월호, 1964.

_____, 「공모공동정범과 형법제34조2항(하)」, 법정 1964년 12월호, 1964.

_____, 「범죄공동설과 행위공동설에 관하여」, 고시연구 1974년 6월호, 1974.

_____, 「공모공동정범의 공동정범성」 백남억박사환갑기념논문집, 1975.

_____, 「교사범(상)」, 고시계 1975년 1월호, 1975.

_____, 「교사범(중)」, 고시계 1975년 4월호, 1975.

_____, 「교사범(하)」, 고시계 1975년 6월호, 1975.

_____, 「공범과 신분」, 법정 1976년 1월호, 1976.

_____, 「종범(상)」, 고시계 1977년 6월호, 1977.

_____, 「종범(하)」, 고시계 1977년 8월호, 1977.

_____, 「공범과 종속성에 관련하여 —새로운 「공범구조론」의 구상」, 사회과학논집(연세대학교 사회과학연구소), 제8집, 정영석교수회갑기념특집호, 1977.

_____, 「공범구조론의 새로운 구상」, 법학(서울대학교) 제19권 1호(통권 39호), 1978년 8월.

_____, 「공범의 구조」, 『형사법 강좌 Ⅱ, 형법총론(하)』, 한국형사법학회 편, 1984.

_____, 「형법제정 50주년과 한국형법학의 과제」, 형사법연구 제20호, 한국형사법학회, 2003.

제 4 부

나와 학회와 학계

38. 〈대담〉 김종원 교수의 삶과 학문[*]

(성균관대학교 법학연구소는 동천 김종원 교수님의 정년에 즈음하여 『성균관법학』제7호를 선생님의 정년기념호로 간행함을 계기로 해서 교수님과의 대담을 마련하고 그 내용을 게재하기로 하였다)

참석자 : 김종원(성균관대학교 법과대학 교수)

　　　　임 웅(성균관대학교 법과대학 교수)

대담일시 : 1996.10.17.(목) 오후 3시

대담장소 : 법학연구소

기록 : 김형남(성균관대학교 법학연구소 조교)

(이하 ○표 : 임 웅 교수, ◎표 : 김종원 교수)

임웅 : 선생님 안녕하셨습니까? 지난달 말에 약 3개월간의 독일유학을 마치시고 돌아오신 후 노독이 풀리셨는지 모르겠습니다. 제가 1968년에 서울법대에 입학한 후 선생님으로부터 형법 강의를 듣게 된 인연이 있었고, 1983년에는 선생님께서 봉직하고 계신 성균관대학교에 부임하여 선생님을 모신 지 얼마 지난 것 같지도 않은데 벌써 10여년의 세월이 흘러, 내년 2월이면 선생님께서 정년퇴임을 하신다니 만감이 교차합니다. 교수에게는 정년이 없다고들 하고 선생님께서도 계속 강의와 학문 연구에 진력하시겠습니다만, 이제 정년을 맞이하셔서 학자 생활의 큰 매듭을 지우시는 시점에서 선생님의 감회와 후학에게 남겨주실 좋은 말씀을 청해 듣고자 오늘 대담의 자리를 마련

---

* 이 글은 성균관법학 제7호, 1996년, xiv면 이하에 실린 것이다.

했습니다.

1. 법대진학의 동기

○ 먼저 선생님이 법과대학에 진학하시게 된 동기를 듣고 싶습니다.

◎ 본인은 중학 6년제 하에서 경남중학을 졸업하였습니다. 당시에는 5학년이 되면서 문과와 이과로 나누어졌는데, 과목 가운데서는 수학을 제일 좋아했지만 막연히 문과를 택했습니다. 그리고서 대학진학에 있어서는 문학에 취미도 없었고 경제학에 관심도 없었고 또 꼭 판·검사가 되고 싶은 생각도 없었으므로, 그 당시 가장 인기가 있던 서울 문리대 정치학과에 가볼까 생각하고 있었습니다. 그런데 대학입시를 얼마 앞두고서 당시 경남중학의 후원회장이던 선친께서 안용백 교장선생님과 함께 서울에 다녀오셨습니다. 돌아오셔서는 서울에서 김준원 씨(전임(前任) 경중 후원회장, 대법관대리, 대한변호사협회장 역임)를 만났는데, 서울법대가 좋다고 꼭 거기에 보내라고 하더라는 말씀이었습니다. 그래서 그냥 서울법대로 입학원서를 내었습니다.

2. 대학생활과 대학원진학

○ 6.25를 겪으신 선생님의 대학생활은 어떠했는지? 그리고 대학원에 진학하셔서 형법을 전공하시게 된 동기가 궁금합니다.

◎ 본인의 대학생활은 정상적인 대학생활이 아니었습니다.

우선 학년초가 원래 4월이었습니다마는, 8월에 해방되었기 때문에(당시 중학 2학년이었음) 9월에 학년초로서 재출발하게 되었습니다. 마침 우리가 졸업하게 되는 해가 과도기로서 5월 3일에 졸업하게 되었고, 서울법대 개학은 6월 12일(월)이었습니다. 그리고 2주일 후에 6.25가 터졌습니다. 지금 생각해 보니 대학생활다운 대학생활은 바로 그 2주만이었습니다.

당시는 한 강좌라고 하여 1시간 50분의 강의였습니다. 그리고 첫 강좌는 예외없이 참고문헌의 소개였습니다. 그런데 들어오시는 교수님마다 근 2시간 동안 꼬박 독일어나 영어로 저자명과 문헌명을 칠판 가득히 쓰고는 지우고 또 가득히 쓰고는 지우고 하셔서, 대학공부가 예사롭지 않구나 생각하여 겁을 먹은 생각이 납니다. 특히 김증한 교수님은 중급독일어를 가르치셨는데, 해석을 못하는 학생들은 수업이 끝날 때까지 세워두었습니다.

정말 요행히 결과적으로 다행히 6월 27일 밤에 마지막 기차로 대전까지 갈 수 있었고, 거기서 다시 기차편으로 그 다음날 아침에 고향인 부산으로 오게 되었습니다. 임시수도인 부산에서 전시연합대학을 거쳐 서울법대의 단독수업을 받게 되었습니다. 그런데 교사는 대신동에 있는 운동장 바로 뒷편에 위치한 천막이었습니다. 땅바닥 위에 세운 것이고 긴 나무판자가 걸상이었습니다. 여름에는 그 속은 사우나탕이었고, 겨울에는 겨우 센 바람만 막아줄 뿐이었습니다. 더욱이 4학년 2학기에는 환도에 맞추어 서울에 와서 졸업시험만 보고, 4개월 앞당겨서 졸업했습니다. 따지고 보니 입학식과 졸업식만 확실히 서울에서 한 〈서울대〉졸업생이 된 셈입니다.

대학원에 들어가서 형법을 전공하게 된 이유를 굳이 찾는다면, 대학시절에 이리스회(형사법연구회)에 들어 있었다는 것이 되겠습니다.

3. 학자의 길 / 교수생활

○ 1957년에 대학원을 마치시고 대학강단에 서게 되시면서 학자의 길을 줄곧 걸어 오셨는데, 그 역정을 간략히 듣고 싶습니다. 특히 그 애환은 어떠하셨는지요?

◎ 먼저 대학원 과정을 이야기 하면, 우리 기는 3번의 학기에 등록하고 27학점을 따면 석사학위논문 제출자격이 있고, 계속하여 3번의 학기에 더 등록해서 합계 70학점을 따면 박사학위논문 제출자격이 있었습니다. 그러나 6번 등록하여(3년) 70학점 이상을 따고는 석사학위를 받아 나가는 것이 상례였고, 본인도 역시 70학점만 따고 그렇게 하였습니다. 그리고 본인의 다음 기부터 석사과정과 박사과정이 분리된 것으로 알고 있습니다.

그 후 1년 동안은 한국법학원의 (유급)연구생이었고, 1958년도부터 서울법대에서는 독어원강을, 이화여대에서는 형법을 강의했습니다. 그리고서 1959년에는 경희대의 전임이 되었고 1974년에는 한양대로 옮겼고 또 1977년에는 성대로 옮겼는데, 만 20년이 되는 내년(1997년) 2월에 정년퇴직하게 됩니다. 그러니 대학강단에는 39년 동안 서는 셈이 됩니다.

돌이켜 보면, 대학교수의 황금시대는 1950년대 후반이 아니었나 생각됩니다. 당시에는 대학교수의 양교전임(兩校專任)이 허용되었으며, 명동에 있는 바(bar)에서는 대학교수가 가장 환영받던 시기였습니다. 물론 본인은 아직 병아리였으므로, 이러한 혜택은 받지 못했습니다마는.

그러나 1960년대는 대학교수의 수난시대였다고 말할 수 있겠습니다. 5·16 군사혁명 이후에는 대학정원도 엄격하게 지켜지기 시작했고, 법과가 폐지되는 대학도 나오게 되었습니다. 예를 들어, 그때 홍익대 법과가 폐지된 것으로 알고 있습니다. 또 국립대의 경우, 부산대와 경북대 간에 있어서 법과는 부대 쪽을 폐지하고 상과는 경대 쪽을 폐지하는 식의 통폐합이 있었는데, 이것은 1년 후엔가 원상복귀가 되었습니다. 그뿐 아니라 대학교수의 정년을 65세에서 60세로 단축시켰다가 1년 후엔가 환원하기도 했습니다. 들은 바로는, 은사이신 서울대의 정광현 교수님이 정(正) 교수로 계시다가 본의 아니게 퇴임되고는 1년 후엔가 TO관계로 전임강사로 복귀하셨다고 합니다. 물론 그 후에 정교수가 되셨다고 합니다만. 그뿐 아니라 1965년에 대학교수들이 한일회담반대서명을 하였다 하여 각 대학에서 2명씩 정치교수로 낙인찍어 파면시킨 일도 있었습니다. 그리고 60년대는 봉급도 아주 박해서, 월급날이 가불날이 되기도 했습니다.

1970년대에 들어와서 우리나라가 조금씩 경제적으로 나아지면서 생활도 조금씩 나아졌습니다. 그리고 1980년대에 와서는 생활하는 데에 걱정을 하지 않게 되었고, 1990년대에 들어와서는 조금이나마 여유를 가지게 된 것으로 생각합니다.

돌이켜 생각해 보면, 교수생활이 화려하지는 않았지만 맑고 또 장수형(長壽型)이란 점에 장점도 있었다고 봅니다. 물론 훌륭한 제자를 많이 둔 것은 최대의 복이라고 생각합니다.

4. 목적적 행위론

○ 형법학에 있어서 선생님께서 끼치신 크나 큰 업적은 무엇보다도 목적적 행위론의 소개와 전파에 있다고 봅니다. 이와 관련한 선생님의 노력과 독일의 목적적 행위론의 주창자인 Hans Welzel 교수님과의 관계를 좀 들려 주실 수 있겠습니까?
◎ 본인이 목적적 행위론에 관심을 가지게 된 것은 정말 우연이었다고 생각합니다. 대학원에 들어갔을 당시에는 환도(還都) 이듬해라 새로운 독일법서는 단 한 권도 찾아

볼 수 없었습니다. 대학원 2학년이 되자 학위논문을 써야 할 터인데, 일본책만 보고 논문을 쓰고 싶지는 않고… 고민이었습니다. 그러던 차에 우연히 중앙도서관에서 福田 平 교수님의 「目的的行爲論につにて」라는 논문을 읽게 되었는데, 책임요소로만 보아오던 고의를 주관적 위법요소로 파악한다는 점이 본인에게는 커다란 〈신선한 충격〉을 주었던 것입니다.

그래서 곧 미국에 계시던 유기천 교수님께 부탁드려서 필요한 독일문헌을 2학기 초에 여러 권 입수하게 되었습니다. 당장 2학기의 노용호 강사님의 리포트로서 Busch의 「현대 범죄론의 변천」을 요약하여 제출하였고, 여기에 「목적적 행위론 서설」이란 부제를 붙쳐서 법대학보 제3권 1호에 실렸습니다. 3학년이 되자 학위논문의 테마를 「목적적 행위론」으로 정하고서, Welzel 교수님이 1949년의 「목적적 행위론을 둘러싸고」라는 논문에서 주장한 바, 고의를 책임요소로부터 불법요소로 옮김으로써 규범적 책임론은 순화되었고 또 주관적 불법요소론은 충실화되었다는 점을 밝히고자 하였습니다. 논문제목은 원래 「목적적 행위론」으로 되어 있었는데, 심사위원이신 정광현 교수님의 가르침에 따라 「형법에 있어서의」를 덧붙쳤고, 부제로서 「Welzel의 이론을 중심으로」를 붙쳐서, 1956학년도의 석사학위논문이 되었습니다. 이 논문은 독일어가 많이 들어가는 것이므로, 본인이 〈직접〉 밤에는 철필로 원지를 긁고 낮에는 교무과에 가서 등사하여 만들었습니다. 그 후 법대학보 제4권 1호에 서론부분의 방대한 〈주(註)〉가 삭제된 채 실렸습니다.

Welzel 교수님께는 본인이 〈1958년에〉 수제본(手製本) 석사학위논문을 보내드린 것 같습니다. Welzel 교수님이 보내주신 첫 편지는 1958년 8월 13일 부(附)이고, 두 번째는 1959년 1월 3일 부인데 여기에 Welzel 교수님의 약력과 업적이 적혀 있습니다. 이 석사학위논문은 Welzel 교수님의 제자인 정종욱 교수를 거쳐 현재 Freiburg에 있는 '막스 플랑크 외국·국제형법연구소'의 도서관에 있는데(Nr. 136401), 본인이 알고 있는 유일한 완전본입니다. Welzel 교수님은 자기의 논문들을 일일이 찢어서 오리지널로 보내주셨으며 교과서도 마지막 11판까지 보내주셨습니다. 본인은 1960년대까지 Welzel 교수님의 논문들을 번역·초역하거나 목적적 행위론을 소개하는 일을 꽤 많이 한 셈입니다. 그리고 1977년에 돌아가실 때까지 매년 생일에는 꼭 축하하는 글과 함께 홍삼정차를 보내드렸습니다.

Welzel 교수님은 1966년 봄에 동부인해서 우리나라에 오셨습니다. 그런데 하나

에피소드를 이야기하자면, 원래 명예법학박사학위를 유기천 교수님이 총장으로
계시는 서울대에서 드리기로 되어 있었는데, 갑자기 변경된 것 같습니다. 그래서
Welzel 교수님은 일요일에 오시게 되어 있었는데, 금요일 오후 늦게 본인에게 연락
이 와서 본인이 학과장으로 재직하고 있는 경희대에서 받도록 해달라는 것이었습니
다. 다음날인 토요일 오전에 조영식 총장님을 뵙고 말씀드렸더니 문교부장관의 사
전승인을 받는 조건으로 승낙해 주셨습니다. 겨우 택시를 잡아타고 중앙청에 도착
하니 1시 반 경이었습니다마는, 권오병 장관님이 막 귀가하려고 차에 오르려는 순간
이었습니다. 한마디로 승인을 받고는 다음날 Welzel교수님에게 완전한 체한스케줄
을 드릴 수가 있었습니다. 운이 좋으려니깐, 권 장관님과는 전부터 잘 아는 사이였
습니다.

Welzel 교수님이 귀국하시고는 곧 5월 10일 부의 편지에서 … Ich hoffe sehr, daß
Sie im nächsten Jahre als Humbold−Stipendiat nach Deutschland kommen können…
라고 써 보내고서 독일 유학의 길을 열어 주셨는데, 여러 가지 사정으로 가지 못한
것을 지금도 미안하게 생각하고 있습니다. Welzel 교수님으로부터의 편지는 현재 찾
아낸 것이 14통인데, 마지막인 1975년 4월 2일 부의 편지에 …Wie mag es Ihnen
gehen? Sehr gerne hätte ich wieder mal ein Gespräch mit Ihnen, aber der Weg ist
etwas zu weit. Ob Sie wohl mal nach Deutchland kommen können? Ich würde
mich sehr darüber freuen… 라고 적혀 있습니다. 그리고 1977년 5월 5일에 별세하
셨습니다.

그런데 묘하게도 이번에 Welzel 교수님의 제자인 Göttingen 대학의 Schreiber 총장
이 스승의 원을 풀어주었습니다. Schreiber 총장은 자기의 교수직의 대리인(Vertreter)
으로서 본인을 금년 7월 초부터 3개월간 초청해 주었으며, 분에 넘치는 후대를 해주
었습니다.

5. 학문활동

○ 학문의 세계는 바다에 비유될 만큼 넓고도 깊습니다. 선생님께서 헤쳐오신 학문의
바다는 어떠하였는지요?

◎ 그동안에는 남의 잠수함의 모퉁이에 앉아서 물위도 떠다녀 보고 물속도 조금 들어가

본 것 같습니다. 그러나 그 바다가 얼마나 넓은지 또 얼마나 깊은지 아직은 도무지 짐작할 수가 없습니다. 근년에 와서야 겨우 어설픈 자신의 통통배가 만들어질 듯합니다. 그것을 타고 바다가 얼마나 넓은지 떠나 볼까 합니다.

6. 형법학의 의의와 방법론 등

○ 형법학은 법학 중에서도 특히 난해한 영역으로 알려져 있습니다. 이 형법학을 누구보다도 오랫동안 천착해 오시면서 느끼신 형법학의 의의와 방법론 내지 학문하는 자세 등을 일러 주셨으면 고맙겠습니다.

◎ 상당히 어려운 질문이라고 생각됩니다. 형법학을 공부한지는 40년이 훨씬 넘었습니다마는, 아직도 잘 모르겠다고 대답하는 것이 정답일 것 같습니다. 형법이란 가장 간단히 대답하면 범죄와 형벌에 관한 법이라고 말할 수 있으므로, 이러한 법을 연구하는 것이 형법학이라고 일단 말할 수 있겠습니다. 그리고 범죄론은 근년에 불법론과 책임론으로 나누어서 살피는 경향이 있는데(사실 본인은 구성요건해당성, 위법성, 책임으로 나누어서 논합니다마는), 내용적으로는 불법론은 사회생활상의 문제이고 책임론은 개개인의 문제이므로 결국 사회와 사람에 관한 문제를 다룬다고도 볼 수 있겠습니다. 그러니 아주 어렵기도 하고 또 흥미롭기도 합니다. 그리고 형벌은 국가적 제재 가운데서 가장 강력한 것이므로, 각자의 인생관과도 결부되는 문제라고 생각됩니다.

　형법학의 방법론이라고 하면 아주 어렵게 생각됩니다마는, 근년에 너무 평가하는 쪽에 치중하는 경향이 있습니다. 본인은 평가받는 〈사람의 행위〉에 대한 분석, 본질 파악도 못지 않게 중요하다고 봅니다. 요컨대 형법학은 〈사람의 행위〉에 대하여 평가하는 하나의 학문분야라고 생각합니다. 그리고 형법학을 연구하는 자세에 관하여 앞으로 〈한국〉형법학을 어떻게 발전시켜 나갈 것인가의 문제로 파악해서, 평소에 생각하는 바를 말씀드릴까 합니다. 한국형법학에게 현재 주어진 바는 독일형법학 식의 〈사고의 도구〉와 일본형법학 식인 〈번역용어〉라고 생각합니다. 하나 예를 들면, 오늘날의 한국형법학에 있어서 「구성요건」이란 용어를 빼고서는 그것을 논할 수 없다고 생각합니다. 그런데 이 용어는 독일어인 Tatbestand를 일본에서 그렇게 번역한 것입니다. 이러한 상황 하에서 앞으로 우리가 할 일은 첫째로 일본식 번역용어가 타당한지 하나 하나 검토해야 하겠습니다. 예를 들어서 Mangel am Tatbestand는 일본에서는 일반적으로 사실의 흠결이라고 쓰고 있는데 구성요건의 흠결이라고 쓰는 편이 낫겠습니다. 둘째로 독일제의 도구를 가지고 집(한국형법학)을 짓는 것은 부득이 하다고 해도 설계도까지 독일제를 쓰는 것은 문제입니다. 독일제의 〈사고의 도구〉를 쓰되 〈설계도〉는 우리 형법전을 바탕삼아서 우리 풍토에 맞도록 그려서, 집을 지어야 합니다.

7. 성균관대학교에서의 20년 회고

○ 선생님께서는 1977년 3월에 성균관대학교에 부임하셨으니까 정년까지 꼭 20년 동안 본교에서 봉직하시게 되므로, 학자로서의 완숙기를 성대에서 보내신 것으로 판단됩니다. 또 1980년부터 1984년까지는 성균관대학교 2부처장과 법대학장 등의 보직도 역임하셨습니다. 성균관대학교로 오시게 된 인연과 성균관학교에서 보내신 20년간의 회고담을 듣고 싶습니다.

◎ 성대로 옮기게 된 것은 심현섭 교수가 서울대로 가게 된 것이 계기가 된 셈입니다. 성대에 와서 느낀 바는 굉장히 자유스러운 곳이라는 점입니다. 생각해보니 성대에서 교수생활의 반 이상을 지내는 셈입니다. 대내적으로는 2부처장(야간부 교학처장)과 법대학장을 지냈습니다만, 대외적으로는 한국형사법학회장을 10년가량, 법무부의 형사법개정특별심의위원회 소위원장을 7년가량 했고 또 일본형법학회의 총회에서의 강연으로 명예회원이 된 것을 비롯하여 그동안 일본에는 여섯 번 가서 학술발표를 했습니다. 또 독일에도 두 번 갔다 왔습니다. 돌이켜 생각해보니 성대 20년은 교수로서 가장 바쁘게 활동한 셈이고 보람도 있었습니다. 다만 연구생활의 면에서 너무 소홀했다는 점이 아쉽습니다. 이점은 앞으로 조용히 보충하려고 합니다.

8. 한국형사법학회 회장으로서의 활동

○ 1977년부터 1987년까지 10년간 선생님께서는 한국형사법학회 회장으로 계시면서 형법학자들의 핵심적 논문집인 「형사법강좌 I · II」의 발간사업을 수행하셨고 빈약한 재정에 학회의 어려운 살림살이를 꾸려 가시면서 우리 형법학계를 위하여 오랫

동안 진력해 주시는 등, 선생님을 형법학계의 산증인이라고 말씀드려도 과언이 아니겠습니다.

　이 자리에서 그 동안의 숨은 이야기와 더불어 한국형사법학회의 발전을 위하여 선생님께서 품고 계씬 좋은 의견도 들려 주시기 바랍니다.

◎ 한국형사법학회는 1957년 5월 17일의 발기인회, 5월 21일의 준비위원회를 거쳐서 6월 22일에 창립총회를 열어 이화여대 법대학장이신 이태희 선생님을 회장으로 모셨습니다. 본인은 준비과정부터 참여하여 간사를 맡았습니다. 10년 후에 상임이사가 됐고 또 10년 후인 1977년에는 회장이 되어 1987년까지 10년 동안 그 일을 했습니다.

　학회와 관련된 숨은 이야기를 몇가지 해보겠습니다. 회장이 된지 아직 1년도 되지 아니한 1978년 10월 1일에, 이날이 일요일이었던 것으로 기억합니다마는, Jescheck 교수님이 오시게 되어 있었습니다. 그런데 그 이틀 전인 금요일까지 학회돈은 한푼도 없었습니다. 아주 난감했는데, 마지막으로 본인의 대학 3년 후배인 문교부의 이대순 실장(당시에는 고등교육국장을 거쳐서 기획관리실장이 되어 있었던 것으로 기억됨)에게 가서 부탁했습니다. 담당인 학술진흥과장에게 연락했는데, 그때가 9월 말이라 학회지원금은 없고 예비비인가는 남은 것이 있었던 모양입니다. 그래서 이 돈을 쓰려면 장관의 승낙이 필요했습니다. 그러자 이 실장이 잠깐 기다려 달라고 말하고는 장관실에 들어갔습니다. 그때 시계를 보니 오후 5시였습니다. 반시간이나 기다려도 나오지 않아서 걱정을 했는데, 얼마 안 있어 나오더니 승낙을 받았다는 것이었습니다. 그래서 100만원의 지원금을 받게 되었습니다. 그러나 지원금은 Jescheck 교수님이 떠난 후에야 받았습니다. 그러니 여기저기서 돈을 꾸어서 썼습니다. 잘 나가다가 끝에가서 큰 실수를 할뻔 했습니다. 토요일 오후에 형사법학회가 열리게 되어 있어서, 거기에 필요한 돈만 준비했습니다. 11시가 넘어서야, 다음날 일요일에 귀국하게 되어 있었는데, 호텔 요금의 준비가 전혀 되어 있지 않다는 것을 알았습니다. 토요일은 은행이 1시까지 문을 열므로, 15만원 정도의 돈을 꾸노라 혼이 났습니다. Jescheck 교수님에게는 본인이 학과장으로 있던 성대에서 명예법학박사학위를 드렸습니다. Jescheck 소장님께서는 귀국 후 곧 Max-Planck연구소에서 연구하도록 초청장을 보내주셨는데, 본인이 차일피일 하다가 결국 1984년에야 가게 되었습니다. 그리고 이대순 실장은 본인이 회장으로 있던 1987년에 체신부 장관으로 있으면서 형사법학회에 컴퓨터범죄 연구비로 1000만원을 배정해 주었고, 이듬해에도 또 그렇게 해주었습니다. 또 1982년에는 Kaiser 교수님이 오셨습니다. 원래 초청자(체재비 부담자)는 한국국제문화협회이고 주최자는 한독법학회였습니다. 세미나 개최 1주일을 앞두고 동 학회 간사로부터 프로그램은 인쇄에 들어갔다고 하면서 Kaiser교수님의 체재비를 형사법학회에서 부담해 달라는 것이었습니다. 동 학회의 회장은 은사이신 김종한 교수님이셔서 크게 반발은 못하고 큰 걱정이었습니다. 그래서 한국국제문화 협회에 찾아가 전에 성균관대 법정대 교수여서 안면이 조금 있던 김규택 이사장께 부탁했더니, 의외로 쾌히 승낙을 해 주었습니다. 그런데 실무담당 과장을 만났더니 체재비 지출은 곤란하다는 것입니다. 즉 피초청자가 바뀐 경우에는 여기서 새 사람 에게 초청장이 나가고 또 새 사람이 이에 대한 승낙서를 보내야 하고, 이에 대한 결 제가 나야 체재비가 지급된다는 것이었습니다. 듣고보니 일리가 있었습니다. 그래 서 이사장에게 가서 의논했습니다. 이사장은 다시 그 과장을 부르더니, 문제가 생 기면 자기가 책임질 터이니 시키는 대로 하라고 특명을 내렸습니다. 그리고서 체재 비는 물론이고 렌트카도 내주고 코리아하우스에서 점심도 대접해 주고 그뿐 아니라 밤에 거기서 하는 한국춤 공연 입장권도 여러 장 주었습니다. 그래서 회장으로서 크 게 체면을 세울 수 있었습니다.

회장이 되고서 세 가지 일을 해야 하겠다고 생각했습니다. 첫째는 형사법강좌의 발행이고, 둘째는 형사법연구지의 발행이며, 셋째는 지방대학에서의 세미나 개최였 습니다. 그런데 첫째와 둘째는 동시이행이 힘들겠는데, 전자는 수익성이 있고 후자 는 수익성이 없으므로, 먼저 전자부터 시작하려고 했습니다. 그리하여 형사법강좌 의 제1권으로서 「형법총론(상)」을 계획하여 제목을 정해서 집필자를 공모했더니 인 기제목에 편재해 있었는데, 원칙적으로 원로급을 우선하여 배당했습니다. 「형법총 론(하)」의 경우에는 집필자를 선정하는 데에 많은 시간이 걸렸습니다. 물론 세 사람 정도의 선정위원을 위촉하는 방법이 좋겠지만, 가령 한 제목에 다섯 명이 지망하는 경우에 갑론을박 끝에 한 사람이 선정되고 그 내막이 나머지 지망자들에게 알려지 면 불만을 갖게 될 가능성이 있고, 나아가 학회의 인화를 깰 우려가 있으므로, 욕을 들어도 혼자 듣기로 하고 단독밀행을 했습니다. 그리고 두 권의 교정은 서울에 있는 회원만 초교를 보도록 하고 재교, 삼교는 본인이 혼자서 보았으며, 지방회원 것은 초교부터 모두 혼자서 보았습니다. 제3권인 각론편을 내야 할 시기에는 회원수가 급격히 늘어나서 집필자 선정이 매우 어려울 것 같아 감히 속간을 못했습니다. 본인이 회장을 그만둔 후에 「형사법연구(학회지)」가 꾸준히 발간되어서 정말 고맙게 생각하고 있습니다. 그리고 연말에 있는 정기총회와 발표회를 여러 번 우리나라의 최고급 호텔인 롯데호텔에서 했습니다. 남이 보면 호화판 학회라고 볼지 모르겠습니다마는, 실은 중학 1학년 때부터 아주 친한 친구인 조동래 군이 거기 사장이어서 최대한의 편익을 도모하고 나서는 형사법강좌를 출판해 준 박영사의 안원옥 사장님께 가서 경비의 결제를 부탁드렸습니다. 물론 그 전부터 우리 학회가 초빙하는 외국교수는 롯데에 모시도록 했습니다. 한편 지방대학 세미나 건은 1975년 10월에 정석규 학장님의 배려로 청주대학에서 연 바가 있지만, 이것을 활성화하려고 마음먹었습니다. 성대법과 출신인 문교부의 최열곤 국장님께 특별히 부탁하여 50만원의 학회지 원금을 얻어서 1978년 10월 하순에 광주의 조선대에서 〈한국형법의 재검토〉에 관한 세미나를 열었고, 1985년에는 이기호 교수의 도움을 받아 경찰대에서 〈행위반가치론과 결과반가치론〉에 관한 세미나를 열었고, 1986년에는 본인의 고교 2년 선배이신 정수봉 총장님의 특별배려로 동아대에서 〈한국형법총칙의 개정〉에 관한 세미나를 열었습니다. 이 지방대학 세미나가 활성화되어 매년 열리고 있는 것을 볼 때, 정말 기쁘게 생각하고 있습니다.

학회에 바라고 싶은 것은 앞으로 더욱 더욱 〈인화와 연구〉에 힘써 달라는 것이고, 하나만 덧붙인다면 형사법강좌의 속간이 되겠습니다.

9. 형법개정작업의 주도

○ 1985년 6월부터 1992년 5월까지 선생님께서는 법무부 형사법개정특별심의위원회 소위원회 위원장 직을 맡으시면서 오랫동안 형법개정작업을 주도해 오셨고, 1995년에는 형법의 일부개정안이 국회를 통과하여 현재 시행되고 있습니다. 저간의 형법개정작업과 관련하여 들려 주실 이야기나 에피소드가 많을 것으로 생각됩니다.

◎ 1984년에 본인이 독일의 Freiburg에 있을 때, 한국에 있어서의 형법의 전면개정작업이 다음해 1월초부터 시작되고 또 본인이 위원장 직을 맡는다는 이야기를 들었습니다. 그래서 그해 12월 하순에 귀국하였습니다. 그리고서 이 개정작업이 법무부의 검찰국 제2과에서 담당한다는 것을 알았고 또 담당검사를 만나서 여러 가지 이야기를

나누었습니다. 발족시기는 봄에 있는 검사이동이 끝난 후가 되겠다고 했는데, 결국 6월에야 발족하게 되었습니다. 구성원은 차관이 당연직으로 위원장이 되고, 그 밖에 30명을 예정하고 있었습니다. 그 중에서 교수는 처음에는 15명으로 예정됐는데, 결국 12명으로 됐고 그 중에서 현직은 9명이 됐습니다. 그리고 본인은 개정작업을 실질적으로 이끌어가는 소위원회의 위원장으로 내정되어 있다는 것이었습니다. 개정작업의 방법을 물었더니, 현행조문을 놓고 한 조문 한 조문 개정 여부를 따져 나간다는 것이었습니다. 그래서 일부개정이면 몰라도 전면개정이므로, 다르게 해야 한다고 강력히 주장했습니다. 즉 첫째로 형법개정의 기본방향을 설정하고, 둘째로 개정요강을 만들고, 셋째로 요강에 의거하여 조문화하고, 넷째로 그 시안에 이유서를 붙여서 공표하고, 다섯째로 공청회와 각계의 의견을 들어서 초안을 만들어야 한다고 주장했습니다.

드디어 1985년 6월에 형사법개정특별심의위원회가 발족했고, 같은 날에 7명으로 구성되는 소위원회도 발족하여 본인이 그 위원장이 됐습니다. 위원회 주최의 세미나에서 본인이 발표한 기본방향을 바탕으로 해서 소위원회안이 만들어졌고, 그 해 12월의 전체회의에서 이것에 약간의 수정을 가하여 일곱 항목의 〈기본방향〉이 정해졌습니다.

1986년에 들어가서 소위원회가 12명으로 확대되고 4명씩의 세 개의 분과로 나누어서 〈요강〉을 만들었습니다. 원래 본인이 생각한 요강은 많아야 60개 정도 였는데, 3개 분과에서 만든 것을 합치니깐 183항목이나 되었습니다. 그해 8월부터 매주 한 번씩 소위원회를 열어 요강을 검토했는데, 총칙의 요강은 그해 12월에 본인이 전체회의에 보고했고, 각칙의 요강은 2년후인 1988년 11월에 전체회의에 보고했습니다. 요강작성이 2년이나 오래 걸린 것은 조문내용을 생각하면서 요강을 만들었기 때문입니다. 그래서 요강을 결정하기가 힘들었으며, 하나 하나 표결에 붙였습니다.

1989년에는 한 해 동안 요강에 의거한 〈시안〉을 만들었습니다. 그리고 1년 반 동안 소식이 없었는데, 나중에 알고 보니깐 법무부에서 시안에 대한 검토가 있었던 모양입니다. 1991년 6월부터 3개월 동안 본인을 포함한 3명의 위원과 법무부 검찰2과장을 포함한 3명의 검사가 시안과 법무부 측의 검토안을 놓고 〈조정안〉을 만들었습니다. 한 더위 속에서 매주 한두 번씩 모였는데, 보통은 4시간 정도였지만 오후 8시까지 도시락을 먹으면서 6시간을 계속 토의한 때도 여러 번 있었습니다. 이 기간이 가장 고되었던 것으로 생각합니다. 그리하여 그해 11월에 전체회의에서 〈형법개정시안〉이 채택되었고, 이 시안에 대한 각계의 의견을 물어 1992년 3월의 전체회의에서 〈개정시안〉이 확정되었습니다. 형법개정작업이 시작된 지 실로 7년 만입니다. 이 법률안은 국무회의를 거쳐 7월 6일에 국회에 제출되었습니다.

개정작업을 하면서 느낀 점은 학자 측에서는 비교적 진보적인 제안을 해도 실무자 측에서는 상당히 보수적인 태도를 취한다는 것입니다. 그래서 「입법은 타협이다」라는 말이 있는가 봅니다. 그리고 새로운 제도를 도입하려고 해도, 그 적절한 예가 일수벌금제가 되겠습니다마는, 〈현실적으로〉 타당한가를 생각할 때 주저스럽곤 했습니다.

「형법개정법률안」이 그후 어떻게 되었는가는 모두 잘 알고 있으므로, 여기서는 언급을 피하겠습니다. 이번에 독일에 있을 때 담당검사로부터 전화가 두 번 왔습니다. 본인의 귀국을 기다려서 전체회의를 열겠다는 것이었습니다. 물론 안건내용도 이야기해 주었습니다. 본인은 9월 29일에 귀국했습니다마는, 10월 2일에 전체회의가 열렸고, 보안처분을 제외한 총칙부분을 다시 국회에 내기로 했습니다. 11월 중에는 국회에 제출되리라고 봅니다.

10. 법학교육의 개혁

○ 작년에 우리나라의 법학교육을 미국식 Law School 제도로 개혁하려는 시도가 현재로서는 불발로 그치고 말았습니다마는, 아직도 법학교육개편의 당위성이 제기되곤 합니다. 선생님의 오랜 강단경험에 비추어 보아 바람직한 법학교육의 모습은 어떠한 것으로 보고 계시는지요?

◎ 작년에 〈값싼 양질의 법률서비스〉를 제공케 한다는 캐치프레이즈를 내걸고 사법개혁의 돌풍이 불어 닥치더니 장애미수가 되었고, 금년에는 법과전문대학원을 만든다는 교육개혁의 강풍이 불어오더니 본인이 독일에 간 사이에 역시 장애미수가 된 것 같습니다. 본인은 처음부터 미국식 Law School 제도를 도입한다는 것은 성공하기 어려울 것으로 보았습니다. 우리는 대륙법계에 속하는데, 갑자기 미국식 제도를 도입하는 것은 무리라고 생각했습니다.

우리 현실의 바탕 위에서 〈이상적인〉 법학교육제도를 굳이 말하라고 한다면, 본인은 법조인코스와 법무사코스로 나누는 것이 바람직하다고 봅니다. 〈법조인코스〉는 6년제로 하는데, 2년은 예과이고 4년은 본과입니다. 먼저 예과1년에서는 철학, 사상사, 윤리학, 논리학, 심리학, 자연과학(개론), 의학 등 인간의 문제와 기초학문을, 2년에서는 사회학, 정치학, 경제학, 행정학, 회계학 등 사회에 관한 문제를 가르칩니다. 그리고 예과 2년 동안 영어, 독어, 불어, 일어 중에서 적어도 두 가지는 회화까지 되도록 하되, 부담을 줄이기 위해서 입시에서 영어를 필수로 하고 독어, 불어, 일어는 택일로 합니다. 본과 1·2년에는 7법(七法)과 법철학을 가르치고 또 미국헌법, 독일민법, 일본형법 등을 원어로 가르칩니다. 본과 3년에서는 연습과 판례평석을 하고, 4년에서는 판결문 작성 등 실무교육을 합니다. 한편 본과 3·4년에서 선택과목으로 국가배상법, 환경법, 지적 소유권법, 국제거래법, 의사법(醫事法), 세법 등을 1년 단위로 또는 학기단위로 개설하여 3분의 2 이상을 듣도록 합니다. 그리고 이러한 법조인 코스를 마친 사람만 법조시험에 응시하도록 하고, 80퍼센트 정도의 합격율을 내도록 합니다. 그런데 〈양질의 법조인〉 양성은 이것으로 끝난 것이 아니라, 이것은 시작에 불과하다고 봅니다. 한편 타 전공자는 일정수만 본과 1년에 학사편입시킵니다.

〈법률서비스〉의 면에서 보면, 돈이 없는 사람은 법률구조공단에 가고, 조금 있는 사람은 국립의 법무법인(Law Firm)에 가고, 여유가 있는 사람은 사설의 법무법인에 가면 된다고 봅니다. 여기서 강조하고 싶은 것은 국립의 법무법인을 여러 곳에 될 수 있는 대로 많이 설립해서 합리적인 수임료를 받도록 하는 것입니다. 그리고 이 법인에서는 10년 계약을 하여 전문분야를 정해서 2년 정도 외국유학까지 보내면서 전문분야만을 다루도록 합니다. 10년이면 전문법조인이 되리라고 봅니다. 그리고 노동법원, 조세법원, 환경법원 등 전문법원을 만들어서 이러한 전문법조인을 법관으로 받아들이고, 또 대법원에서도 우수한 전문법관을 전문대법관으로 임명하면 전문성 있는 좋은 판례가 형성되리라고 봅니다.

한편 〈법무사코스〉는 4년제로 하고, 현재의 법학교육에서 법무사에 필요한 실무교육을 시켜서 법무사시험에 다소의 혜택을 주어, 많은 사람이 법무사의 자격을 따도록 하면 좋을 것입니다.

11. 외국학자와의 교류

○ 선생님께서는 일찍이 독일학자들(Welzel, Jescheck, Schreiber, Kaiser, Eser 교수 등)과 교류해 오셨고, 1984년 한 해 동안은 독일 Jescheck 소장(초청 당시) 초청으로 'Max-Planck 외국·국제형법연구소'에서 연구하셨으며, 이번에는 Schreiber 총장 초청으로 Göttingen 대학에 다녀오셨는데, 무엇보다도 일본학자들도 감탄하는 뛰어난 일본어실력과 일본문화에 대한 이해로 일본 형법학자들(團藤, 平野, 西原, 宮澤, 松尾, 福田, 西田, 野村, 三井, 山口, 井田, 山中, 加藤, 只木 교수 등)과도 두터운 친분을 유지하고 계십니다. 학문의 국제화에 관하여 충고의 말씀을 듣고 싶습니다.

◎ 학문의 국제화에 앞서 필요한 것은 〈사람의 국제화〉라고 생각합니다. 여기에 있어서 가장 중요한 것은, 어떤 인연으로 외국학자를 알게 되었을 경우에, 〈참된 정으로 또한 따뜻한 마음으로〉 대하는 태도라고 생각합니다. 피부 빛깔이 달라도 말이 달라도 〈정〉으로 얼마든지 통할 수 있다고 믿습니다. 따뜻한 정이 흐르는 인간관계의 바탕 위에 학문의 국제화의 길은 활짝 열릴 것입니다.

여기서 일본의 형법학자들과의 교류관계를 잠깐 이야기 하겠습니다. 시작은 정종욱 교수가 본인을 宮澤浩一 교수에게 소개하여, 宮澤 교수가 만들어낸 「西獨刑法學·學者編」을 본인에게 보내게 한 것입니다. 이 책은 1978년에 출간되었는데, 서독의 형법교수를 총망라하여 그들의 약력과 업적을 정리한 책으로 독일형법학의 연구에 아주 귀중한 자료가 되는, 738면이나 되는 큰 책입니다. 그 이듬해가 아닌가 생각됩니다마는, 1982년 3월에 宮澤 교수가 우리나라에 왔습니다. 1980년부터 매년 검사 1명씩 慶応大에 파견하는 프로그램이 진행 중이어서 그 해가 3년째가 되어 법무부의 고위인사와 만나는 것(장·차관, 검찰국장을 만났음)과 교정시설을 보는 것, 우리의 형법학자들과 만나는 것, 관광하는 것 등 다목적으로 내한한 것 같습니다. 형사법학회를 열어서 강연을 듣기도 했습니다. 宮澤 교수는 귀국 후 두 잡지에 방한기(訪韓記)를 썼는데, 본인에 관한 것만 소개하겠습니다. 〈法學敎室〉에는 "나의 개인적 수확으로서 최대의 것은 김종원 교수와 친구가 된 것이다. 서울 체재 중, 거의 매일 만나고, 마지막 밤에는 초대되어 서재를 보게 되었다. 그의 개인장서에는 일본·독일의 볼만한 체계서(体系書)·주석서·모노그라피가 거의 모아져 있고, 1970년 이후의 서독의 축하논문집은 전부라고 해도 좋을 정도로 갖추어져 있었다.

나의 〈西獨刑法學〉에 복켈만의 행위개념에 관한 논문(1972년)이 빠져 있다고 하면서 복사해 주었다. 나의 서독형법학 연구의 작업이 아직 완전하지 않다는 것을 무언(無言) 속에 가르쳐 주었다. 학문의 길은 엄(嚴)하다"(「韓國の旅」, 法學敎室, 1982年 5月号, 96頁). 또 〈三田評論(慶応大가 三田에 있음)〉에는 "서울 체재 중, 성균관대학의 김종원 교수와 매일같이 만나고, 마지막 밤에는 자택에 초대받았는데, 거기서 훌륭한 서재의 서가를 보게 되었다. 일본의 형법학자 가운데서도 이만큼 일본과 서독의 체계서·모노그라피·축하논문집을 개인장서로서 가지고 있는 사람은 그다지 많지 않으리라고 생각될 정도의 질·양 모두 훌륭한 문고(文庫)였다. 일본의 학자는 앞으로 이러한 이웃나라의 호학지사(好學之士)와 학문적 교류를 거듭할 필요가 있다"(「韓國見たまま」, 三田評論, 1982年 5月号(第825号), 108頁)라고 적었습니다.

宮澤 교수의 소개로 1983년 10월에 松江에서 열린 일본형법학회에서 「韓國刑法學から見た日本刑法學」이란 제목으로 일본어로 강연을 하게 되었고, 강연 후 명예회원으로 추대되었습니다. 발표일 저녁의 만찬 때 메인테이블에 있었는데, 어떤 나이 든 회원이 본인 앞으로 오더니 절을 하면서 사죄한다는 것입니다. 본인이 국가대표자격으로 일본에 온 것은 아니니 무엇이라 말해야 할지, 매우 당황스러웠습니다. 나중에 알고보니 「刑法に於ける期待可能性の思想」을 쓴 유명한 佐伯千仞 선생님이었습니다. 그 다음날 아침에 호텔식당에서 東京大의 西田典之·山口厚 교수와 인사하였고, 出雲大社 등의 관광시에는 都立大의 형소법의 田宮 裕 교수와 버스에서 쭉 동석을 하여 친하게 되었고 나중에 교과서가 나오자 본인에게 보내주었습니다.

東京에 돌아온 다음날 오전에 東京大 총장실로 平野 龍一 총장님(日本刑法學会 理事長)을 예방하였습니다. 한참 이야기를 나누고 있는데, 갑자기 비서를 불러 방명록을 가지고 오라고 시키더니 본인더러 쓰라는 것이었습니다. 쓸 준비가 전혀 안 되어 있어서 순간 당황했는데, 거기를 보니까 영미인은 영어로, 독일인은 독일어로 쓰고 있어서 〈나는 한글로〉라고 마음먹고 「귀 대학의 …」로 시작하여 끝의 이름까지 전부 한글로 썼습니다. 그런데 다시 보니까 누가 썼는지 모를 것 같아 한글이름 밑에 괄호해서 한자로 이름을 적었습니다. 그리고는 교수연구실 건물로 가서 松尾浩也 교수를 만나 이야기를 나누었습니다.

그날 오후에 일본형사법 학계를 대표하는 최고 원로이신 團藤重光 선생님을 최고재판소로 예방했습니다. 약속시간에 손님이 와 있어서 비서가 대법정·소법정 등을 구경시켜 주었습니다. 그 후 1990년에는 團藤 선생님의 자택을 방문하였습니다. 그때 2층으로 가자고 하셔서 따라 갔는데, 서랍에서 편지 3통을 꺼내셨습니다. Cesare Lombroso, Franz von Liszt 그리고 Roscoe Pound의 편지였습니다. Lombroso 것은 백지가 되었는데 Lombroso라는 글자만이 황색이 되어 겨우 알까 말까이고, Liszt 것도 상당히 바랬고, Pound 것만이 완전했던 것으로 기억합니다. 그리고 小野淸一郎 선생님의 세로로 쓰신 붓글씨가 인상에 남아 있습니다. 그리고 금년(1996년) 1월에 한 번 더 자택을 예방했습니다. 그런데 團藤 선생님을 본받아서 본인도 대학원생들을 학기말에 집에 오도록 하여 Welzel 교수님의 편지 등을 보이곤 했습니다.

松江에서 학회가 시작되기 1주일 전에 東京에 갔는데, 宮澤 교수가 자기가 맡은 早稻田大學 대학원의 강의시간을 본인이 쓰도록 하였습니다. 早大까지는 井田良 교수(당시는 조수였음)가 안내해 주었으며, 먼저 西原春夫 총장을 예방하였습니다. 강의 후에는 西原 총장과 宮澤 교수와 본인 셋이서 총장접대실에서 형법에 관련된 이야기를 나누었으며, 셋이서 早大 구내에 있는 成文堂서점에 들렸습니다. 西原 총장이 본인보고 마음대로 책을 고르라고 해서 다섯 권 정도 골랐는데 더 고르라고 해서 두 권 정도 더 골랐으며, 사장에게 자기 앞으로 계산하라고 했습니다.

早大의 野村 稔 교수는 Freiburg에서 또 獨協大의 只木 誠 교수는 Göttingen에서 만나 알게 되었습니다.

12. 학술원 회원으로의 피선

○ 선생님께서 작년 7월에 한국의 석학들이 모인 대한민국 학술원의 회원이 되신 것을 축하드리면서, 그 소감을 듣고 싶습니다.

◎ 뜻밖에 그런 영광을 얻게 되어서 어리둥절할 따름입니다. 본인은 자기를 학자라고는 생각하지 않고 교사라고 생각하고 있습니다. 그리고 학자다운 업적도 낸 것이 없습니다. 그런데 우연히 그렇게 된 모양입니다. 하여튼 본인이 평소에 존경하는 은사급의 법학계 원로님들을 모시게 되었으니, 모임에 가서는 항상 긴장됩니다. 과분한 타

이틀에 조금이라도 보답이 되도록, 앞으로 열심히 공부하겠습니다.

13. 가 정

○ 선생님께서는 남달리 화기애애한 가정을 영위하시는 것으로 잘 알려져 있고 또 다양한 취미와 뛰어난 건강으로 인생을 즐겁게 사시는 모범을 보여주고 계십니다. 특별한 비결이나 생활신조라도 있으신지요? 이 기회에 공개적인 비법전수를 부탁드립니다.

◎ 생활신조라는 것은 별로 생각해 보지 않았습니다마는, 굳이 말하라고 하면「성실히 대과 없이 살자」정도가 되겠습니다. 화기애애한지 아닌지 잘 모르겠습니다마는, 집 사람과 본인은 성격이 정반대 방향이므로, 부조화 속의 조화인지도 모르겠습니다. 좋게 말해서 취미가 다양하다고 하겠지만, 본인은 아무것에나 곧잘 관심을 가지는 잡학파(雜學派)에 속하는 것으로 알고 있습니다. 근년에는 江上波夫 교수의 기마민족설에 바탕을 둔 일본고대사에도 또 야구나 일본의 大相撲(씨름)·演歌에도 관심을 갖고 있습니다. 하여튼 이것저것에 관심을 가지다 보니 인생이 다채롭게 보이고, 확실히 건강에는 좋은 것 같습니다.

14. 정년의 감회와 남기시고 싶은 말씀

○ 선생님께서 대학의 전임이 되신 것은 1959년입니다만 이미 1958년 봄에 대학강단에 서셨습니다. 이제 정년을 맞이 하시어 40년에 가까운 교수생활에 큰 획을 그으시면서 감회가 크실 것으로 생각됩니다. 그 감회의 일단을 피력해 주시고, 제자 및 후학에게 남기실 말씀을 청해 듣고 싶습니다. 또 정년 후의 학문연구계획도 잡혀 있으신지요?

◎ 햇수로 40년의 교수생활이라기 보다는 햇수로 40년의 강단생활이라는 표현이 적절할 것 같습니다. 빈약한 연구여건과 생활여건 속에서 이 대학 저 대학 낮이고 밤이고 뛰어다니면서 과도기적 인생을 살아왔다는 점에서 감회가 깊습니다. 조용히 연구실에 앉아서 차분히 외국원서를 펼치며 깊은 사색에 잠기는 그러한 연구생활을 맛보지 못한 것이 아쉽습니다.

사랑하는 제자·후학들에게는 지나간 역사 속에서 많은 훌륭한 교훈을 배우면서 또 각자가 맡은 바를 착실히 성심껏 다하면서 앞으로 앞으로 힘차게 긍지를 가지고 나아가 달라는 말을 남기고 싶습니다.

그리고 정년 후의 계획이라면, 본인이 납득할 수 있는 형법체계를 구상하는 것이라고 말할 수 있겠습니다.

임웅 : 선생님! 그동안 좋은 말씀 들려주셔서 감사합니다. 들려주신 말씀을 귀감으로 삼아서, 저희 제자들이 좀 더 분발하고 노력할 것을 다짐하겠습니다. 그리고 저희 후학들의 자랑이라 할 만큼 선생님께서는 건강하십니다만 더욱 연부역강하셔서, 앞으로도 계속 저희들을 열정으로 지도해주시고 형사법학계에 큰 업적을 남겨주시기를 바라면서 이만 대담을 마치겠습니다.

39. 한국형사법학회 30년[*]

한국형사법학회가 발족한 것은 1957년 6월 22일이므로, 금년 6월이면 창립 40주년이 된다. 그런데 본 학회에 관한 옛날의 기록이 별로 남아 있지 아니하는 상황에서, 본고에서는 필자가 회장직을 그만둔 1987년까지의 30년 동안에 관하여 본인이 아는 바와 겪은 바를 적을까 하는데, 아무래도 필자의 〈주관적인〉 회고담이 될 것 같다. 그리고 근년의 10년 동안의 학회동향에 관하여는 대부분 회원 여러분이 잘 알고 있을 것이므로, 여기서는 생략하기로 한다.

Ⅰ. 제 1 기 (1957년~1967년)

한국형사법학회의 발기인회는 1957년 5월 17일에 한국법학원에서 열렸는데, 강서룡(검사)·김기두(서울대)·김홍수(검사)·남흥우(고려대)·노용호(동국대)·문인구(검사)·유병진(판사)·이건호(고려대)·이용훈(검사)·이태희(이화여대)·장대영(판사)·정영석(연세대)·황산덕(서울대)의 여러분(가나다순)과 김종원이 모여서, 필자의 개회선언에 이어 노용호 씨를 임시의장으로 선출하고 이태희씨로부터 경과보고가 있고 또 규약안을 채택하고 나서, 강서룡·계창업(변호사)·김기두·김홍수·남흥우·신동욱(성균관대)·유병진·이건호·이태희·정영석의 여러분을 창립총회의 준비위원으로 선출하였다. 그리하여 한국형법학회는 동년 5월 21일의 준비위원회를 거쳐서, 동

---

* 이 글은 형사법연구 제9호(한국형사법학회, 1997년) 9면 이하에 실린 것이다.

년 6월 22일에 한국법학원에서 창립총회를 열어,[1] 이태희 씨를 초대회장으로 선출하였다. 그리고 상무이사는 김기두·계창업, 이사는 남흥우·정영석·신동욱·정락진(홍익대)·옥조남(신흥대·현 경희대)·김홍수·고재필(단국대)·기세훈·백남억(대구대)·염정철(부산대)·조창섭(판사)·장대영·김종수(검사)·강서용·최대교(변호사), 감사는 이건호·옥황남의 여러분이 맡았고 간사는 김종원이 맡았다. 본학회가 한국법학원에서 창립되었고 또 이태희 씨가 학회의 창립준비를 주도한 것은 다음과 같은 연유가 있는 것으로 생각된다. 즉, 본 학회는 한국비교법학회(회장 엄민영·창립 1957년 5월 25일)·민사법연구회(회장 이희봉·창립 1957년 6월 1일)·한국공법학회(회장 유진오·창립 1957년 7월 18일)·한국법철학회(회장 유진오·창립 1957년 9월 19일)·한국상사법연구회(회장 최태영·창립 1957년 9월 28일) 등과 더불어 법학자와 법조인을 총망라한 연구기관인 한국법학원(창립 1956년 7월)의 산하단체로 발족하였다는 점[2] 그리고 이태희 씨는 서울지검장을 역임한 검사출신일 뿐 아니라[3] 당시 이화여대 법정대학장이었으며 한국법학원 창립에 깊이 관여하였고 1958년 10월 당시 법학원의 부회장인 점을 들 수 있다. 그리고 이태희 씨는 창립 후 10년 동안 회장직을 맡게 된다.

학회의 첫째 사업은 「월례연구발표회」의 개최인데, 제1회 김기두 교수 「형법이론의 기저에 있어야 할 것」(1957년 10월 5일), 제2회 이건호 교수 「Mens Rea의 형법적 의의」(11월 2일), 제3회 계창업 변호사 「담합입찰에 대한 처벌의 한계」(12월 7일), 제4회 정영석 교수 「명예훼손죄에 있어서의 위법성조각」(1958년 1월 10일), 제5회 김종원 「목적적 행위론」(2월 15일), 제6회 김기두 교수 「아세아범죄회의 참석귀환보고」(3월 22일), 제7회 남흥우 교수 「죄형법정주의에 대한 고찰」(5월 24일), 제8회 박문복 교수 「소위 공모공동정범에 관한 고찰」(6월 13일), 제9회 유기천 교수 「한국문화와 형사책임」(6월 28일), 제10회 김성배 교수 「부작위범에 관한 재검토」(7월 18일) 등으로 계속되었으나 4·19와 5·16으로 학회활동은 침체되었다. 그리고 학회의 둘째 사업은 「형사법강좌」의 발간인데, 박영사에서 출판하기로 하고 형법총론에 관한 논제와 집필자를 정하고서

---

1 한국형사법학회 편, 「형사법강좌」 I 및 II의 〈서〉에서 학회창립일자가 5월 22일로 되어 있는데, 6월 22일로 바로잡는다.

2 그래서 창립 후 학회모임은 한국법학원에서 행하여졌는데, 1970년대 종반부터 독립하게 되었다.

3 4·19 후 민주당 정권 하에서 검찰총장을 역임하게 된다.

필자가 반 이상의 원고를 수집하였으나, 역시 4 · 19로 중단되고 말았다.

제1기에 있어서 외국학자의 내한으로는 1965년에 독일의 「그륀발트(Gerald Grünwald)」 교수가 형사법학회에서 강연했는데, 뭐니 뭐니 해도 세계적인 법철학자요 또 목적적 행위론의 주창자인 독일의 「벨첼(Hans Welzel)」 교수가 본 학회 초청으로 1966년 4월 24일에 내한하여 본 학회를 비롯하여 서울대 · 연세대 · 부산대 · 경북대 · 경희대에서 목적적 행위론과 법철학에 관한 강연을 했고 또 필자가 재직하던 경희대에서 명예법학박사학위를 받았다. 여기서 하나 뒷이야기를 한다면, 원래 명예박사학위는 유기천 교수가 총장으로 있는 서울대에서 수여하기로 되어 있었는데, 갑자기 변경된 모양이었다. 그래서 「벨첼」 교수는 일요일에 내한하는데, 금요일 오후 늦게 필자에게 연락이 와서 필자가 재직하는 경희대에서 받도록 해 달라는 것이었다. 그래서 다음날인 토요일 오전에 조영식 총장에게 부탁했더니 문교부장관의 사전양해를 얻는 조건으로 승낙해 주었다. 겨우 택시를 잡아타고서 중앙청에 도착하니 벌써 1시 반경이었지마는, 운이 좋으려니까 권오병 장관이 막 차에 오르려는 순간이었다. 한마디로 양해를 얻고는, 다음날 「벨첼」 교수에게 완전한 체한스케줄을 알릴 수 있었다.

Ⅱ. 제2기 (1967년~1977년)

1967년 10월 26일의 정기총회에서 황산덕 교수가 회장으로 취임하였고 김종원도 상임이사의 한 사람이 되었으며, 이날은 김기두 교수의 박사학위축하회도 겸했다. 회장직은 그 후 1977년 12월까지 남흥우 교수 · 신동욱 교수 · 김기두 교수 · 이건호 교수 · 김종수 변호사 · 이건호 교수로 이어졌다.

그 사이에 성시탁 교수의 「고의와 위법성의 인식」(1969년 11월 29일), 김기두 교수의 「일본형법학회 근황」(1973년 6월 30일), 정종욱 교수의 「독일형법에 관한 소고」(1974년 12월 14일), 「헤르만(Joachim Herrmann)」 교수의 「독일형법개정의 발전과 목표」(1975년 9월 25일), 김종원의 「금지착오에 관하여」(1976년 4월 30일), 「슈라이버(Hans-Ludwig Schreiber)」 교수의 「형사소송의 사회학과 심리학」(1976년 10월 16일), 「카이저(Günter Kaiser)」의 「형사정책에 관한 것」(1977년)등의 발표가 있었다. 그런데 제2기에 있어서의 학회사업으로 특기할 것은 1975년 11월 11일에 청주대학 정석규 학장(회원임)의 초청으로 학회로서는 처음으로 지방대학에서 학술발표회를 가졌다는 점이다. 그때 손해목 교수의 「간접정범에 관하여」와 차용석 교수의 「소년비행에 관하여」라는 발표가 있었다.

III. 제 3 기 (1977년~1987년)

1977년 12월에 김종원이 회장직을 맡게 되었다. 그런데 학회의 사업으로서 세 가지를 하고 싶었다. 첫째는 「지방대학에서의 학술발표회」의 활성화, 둘째는 「형사법강좌」의 발간, 셋째는 「학회지」의 발간이었다. 그러나 세 가지의 병행은 너무 무리인 것 같았고 또 셋째는 경제적인 부담이 크므로 둘째를 성공적으로 끝낸 후가 좋겠다고 생각하였다.

회장이 된 이듬해가 마침 형법시행 25주년이 되고 해서 지방대학에서 학술발표회를 한번 크게 열어 보고 싶었다. 그래서 성대 법과 출신인 문교부의 최열곤 국장에게 부탁하여 50만원의 학회지원금을 얻어서 1978년 10월 28일에 조선대학교에서 「한국형법의 재검토」라는 주제 하에 〈형법시행25주년기념 학술대회〉를 열었다. 그날 오도기 교수의 「한국형법의 기본성격에 대한 법제사적 고찰」, 김종원의 「형법총칙의 재검토」, 권문택 교수의 「형법각칙의 재검토」라는 발표가 있었으며,[4] 박철웅 총장을 비롯하여 오재환 교수 · 오도기 교수 등 많은 분의 도움을 받았다.

그보다 앞서 동년 10월 1일에 독일의 「예셰크(Hans−Heinrich Jescheck)」 교수가 본 학회의 초청으로 내한하였는데, 10월 7일에 본학회에서 「독일, 한국 및 일본에 있어서의 과실론의 발전과 현황」이란 강연[5]을 하였고 또 김종원이 재직하는 성균관대학교에서 명예박사학위를 받았다. 여기서 뒷이야기를 한다면, 김종원이 회장이 되기 전에 초청이 되었던 모양인데, 「예셰크」 교수는 일요일에 내한하였지만 그 이틀 전인 금요일까지 학회돈은 한푼도 없었다. 그래서 아주 난감했는데, 마지막으로 김종원의 대학 후배인 문교부의 이대순 기획실장에게 가서 간곡히 부탁했다. 그때가 9월 말이라 학회지원금은 없고 예비비인가는 남아 있었던 모양이었다. 그런데 이것을 쓰려면 장관의 승낙이

---

4 발표내용은 사법행정, 1979년 1월호 6~32면에 실려 있다.

5 「과실론」의 발전과 현황」이란 제목으로 김종원이 역보하여 법조, 第28권(1979년)제12호, 1~20 면에 실려 있는데, 김종원이 각주부분을 대폭적으로 보충하였다.

필요하다고 하면서 장관실로 들어갔다. 그때 시계를 보니 오후 5시였다. 반 시간을 기다려도 오지 않아서 걱정을 했는데, 드디어 나오더니 승낙을 받았다는 것이었다. 그래서 100만 원의 지원금을 받게 되었다. 물론 바로 100만 원이 나온 것은 아니고, 다음날인 토요일 오전까지 사용내역을 자세히 적은 신청서를 내라는 것이었고 밤샘해서 만든 것을 갖다 주었는데, 돈은 결국 「예셰크」교수가 귀국한 후에 받게 되었다. 학회에는 예비비조차 없던 상황이고 보니, 매일 여기저기서 돈을 꾸어서 매워 나갔다.[6] 그런데 잘 나가다가 끝에 가서 큰 실수를 할 뻔했다. 토요일 오후에 형사법학회가 열리게 되어 있어서 거기에 필요한 돈만 준비하고 있었다. 11시가 넘어서야, 다음날인 일요일에 귀국하게 되어 있는데, 호텔 요금의 준비가 전혀 되어있지 않았다는 것을 알았다. 토요일은 은행이 1시까지 문을 열기 때문에, 15만원 정도의 돈을 또 꾸노라 혼이 났다. 그리고 이대순 실장은 김종원이 회장으로 있던 1987년에 체신부 장관으로 있으면서 형사법학회에 컴퓨터범죄에 관한 연구비로 1,000만 원을 배정해 주었고, 이듬해에도 그렇게 또 해 주었다.

한편으로는 「형사법강좌」의 발간사업을 추진했다. 제1권으로서 「형법총론(상)」을 계획하여 제목을 정해서 집필자를 공모했더니 인기제목에 편재해 있었는데, 원칙적으로 원로급을 우선하여 배당하였고 1981년 3월에 나왔다. 제2권으로서 「형법총론(하)」의 경우에는 집필자 선정에 고생했지만, 이것도 1984년 3월에 나왔다. 〈나왔다〉고 하니 쉽게 나온 것 같지만, 집필자 선정이 상당히 힘들었는데, 원고수집이 더 힘들었고, 교정은 정말로 힘들었다. 교정은 서울에 있는 회원들만 초교를 보도록 하고 재교 · 삼교는 김종원이 혼자서 보았으며, 지방회원 것은 아예 김종원이 혼자서 삼교까지 전부 보았다. 그것도 단순히 교정으로 그친 것이 아니라 의심스러운 때에는 일일이 원전을 찾아서 대조하여 꼭 필요하다고 판단될 경우에는 고치기도 하였다. 상 · 하권을 합하면 865면이나 되니, 교정량이 보통이 아니었다. 그것도 대부분 남의 원고이니 교정 보기 더 힘이 들었다. 그리고 이 자리에서 채산을 떠나서 이러한 학술서적을 출판해준 (고) 안원옥 회장과 안종만 사장에게 감사드린다.

1982년에는 宮澤浩一 교수가 내한하여 학회에서 강연을 하였다. 그런데 宮澤 교수

---

6 참고로 '78년 당시의 월급액은 잘 기억나지 않으나(50만 원 전후), '74년 1월의 월급액은 정교수로서 10만 원이었다.

는 우리 측의 질문이 너무 직선적이라고 하면서 일본에서는 그렇게 하지 아니한다고 하였다. 宮澤 교수의 주선으로 이듬 해인 1983년 10월에 일본형법학회에서 「한국형법학에서 본 일본형법학」이란 논제로 김종원이 강연한 바 있는데, 일반적으로 일본인의 질문은 완곡한 것이었다. 즉, 한 사람의 예외도 없이, 이러이러한 것들을 잘 배웠다고 하고는 무엇이 이해가 잘 안 되는데 「오시에떼 구다사이」(가르쳐 주십시오)라고 하는 것이다. 우리 나라에서도 한번 생각해볼 만한 일이 아닐는지, 그 해에는 「카이저」 교수가 두 번째로 내한하여 우리 학회에서도 강연을 하였다. 그런데 이때의 뒷이야기를 해둘까 한다. 원래 초청자(체재비 부담 자)는 한국국제문화협회이고 주최자는 한독법학회였다. 세미나 개최 1주일을 앞두고 그 학회 간사로부터 프로그램은 인쇄에 들어갔다고 하면서 「카이저」 교수의 체재비를 형사법학회에서 부담해 달라는 것이었다. 그래서 한국국제문화협회에 찾아가서 안면이 조금 있던 김규택 이사장께 부탁드렸더니, 의외로 쾌히 승낙해 주었다. 체재비는 물론이고 렌트카도 내주고 코리아하우스에서 함께 점심을 대접해 주고 그뿐 아니라 밤에 거기서 하는 한국춤 공연의 입장권까지도 여러 장 줬다. 그래서 회장으로서 크게 체면을 세울 수 있었고 또 「카이저」 교수도 한국방문이 크게 추억에 남았으리라 생각한다.

1984년 3월 31일에 학회에서 「카우프만(Arthur Kaufmann)」 교수의 「비전문가에 병행하는 평가」라는 강연이 있었고, 동년 10월 20일에는 역시 학회에서 「록신(Claus Roxin)」 교수의 「책임에 있어 아직 무엇이 더 남아 있는가」라는 강연이 있었으며, 「록신」 교수에게는 한양대학교에서 명예법학 박사학위가 수여되었다.

1985년 3월 30일에는 학회에서 「에저(Albin Eser)」 교수의 「위법조각과 책임조각」이라는 강연이 있었다. 이때의 뒷이야기를 잠깐만 하면, 1주일의 체재비가 문제되었는데, 대학의 2년 선배인 문교부의 정희채 차관에게 부탁해서 130만 원의 지원금을 얻어 해결할 수가 있었다. 동년 6월 8일에는 학회에서 莊子邦雄 교수의 「벨첼의 목적적 행위론과 미수·기수동치론」이란 강연이 있었다. 그런데 필자에게 통역을 하라고 해서 생전 처음으로 일본어 통역을 해보았다. 동년 10월 20일에 이기호 교수의 도움으로 용인에 있는 경찰대학에서 차용석 교수의 「결과반가치론과 행위반가치론」, 김종원의 「행위반가치론과 결과반가치론」의 발표가 있었다. 이때의 뒷이야기를 하면, 경찰대학 측에서 참가자와 숙박자들을 사전에 알려달라고 했다. 그래서 통지서에 참가 여부와 숙박 여부를 알려달라고 했으나 응답회원은 불과 열서넛 명 정도밖에 없었다. 그래서 도별로 연락회원을 정해서 확인하도록 했다. 각각의 총수를 알고서 경찰대에 그 수를 〈시외통화〉로 알렸더니, 이름을 하나하나 불러 달라는 것이었다. 참가자가 40여 명이나 되고 숙박자가 30여 명이나 되는데, 다시 이들을 일일이 알아낸다는 것도 어려운 일이고 해서, 그럼 그만두겠다고 말하고는 전화를 끊어 버렸다. 그랬더니 조금 후에 전화가 와서 각각의 총수만으로 되겠다고 해서 그대로 진행시켰다.

1986년 7월 18일에 부산에 있는 동아대학교의 후원으로 〈한국형법총칙의 개정〉에 관한 세미나를 열게 되었다. 즉, 허일태 교수의 「서독형법총칙의 검토」, 정석규 교수의 「일본형법초안총칙의 검토」, 김종원의 「형법개정작업의 진행현황과 우리 형법총칙개정의 문제점」의 발표가 있었다. 이때의 뒷이야기를 좀 간단히 하자면, 당시 동아대 정수봉 총장은 필자의 고교 2년 선배였다. 그래서 1주일 전에 부산에 내려가서 타진을 해보았더니, 리셉션만 해주겠다는 이야기였다. 그러나 비서실장인 김효전 교수의 도움도 있고 하여, 결국은 숙식비도 부담해 주어서 정 총장에게 정말 고맙게 생각한다.

1986년 3월 28일의 총회에서 회장직은 박정근 교수가 맡게 되었으며, 이날 신동운 교수의 「독일법과 한국법에 있어서의 기소의무와 기소편의주의」, 배종대 교수의 「보안처분에 있어서의 비례성의 원칙」의 발표가 있었다.

Ⅳ. 맺는 말

지방대학의 학술발표회는 이제 연례행사로 정착되어서 기쁘고, 학회지인 「형사법연구」가 매년 여러 번 간행되고 있어서 더욱 기쁜데, 앞으로 「형사법강좌」도 속간되었으면 좋겠다.

40. 새 천년을 맞는 한국 형법학의 발전방향 [*]

I. 머 리 말

새 천년을 맞이하여 한국 형법학의 발전방향을 생각함에 있어서 우선은 형법의 기본법전인 〈형법전〉의 재정비가 바람직하고 다음으로 우리 형법전의 바탕 위에 독일·일본 등의 형법학을 참조하면서도 우리에게 알맞은 〈한국 형법학〉의 수립을 위한 방향설정이 중요하다고 본다.

이와 더불어 새 천년에는 〈사람의 생명〉의 문제, 〈환경〉의 문제 등이 형법과 관련하여 더욱 크게 다루어지리라고 본다. 그리고 본고에서는 문제점을 지적하는 정도로 살펴나가려고 한다.

II. 형법전의 재정비

(1) 현행 형법전은 1953년 9월 18일에 법률 제293호로 공포되어 같은 해 10월 3일부터 시행되어 왔는데, 1975년에 국가모독죄가 신설되었으나 그 후 삭제되었다.

(2) 법무부는 1985년 6월에 형법전의 전면적 개정을 위한 「형사법개정특별심의위원회」를 발족시켰다. 형법개정작업의 첫째 단계는 〈형법개정의 기본방향의 설정〉인데, 그 골자는 다음과 같다.

---

* 이 글은 법조 통권 520호(2000년 1월호), 177면 이하에 실린 것이다.

① 헌법정신을 반영한다. ② 형법이론에 비추어 범죄론 규정을 재검토한다. ③ 가치관·윤리관의 변화에 따른 비범죄화를 고려한다. ④ 사회정세의 변화에 따른 범죄화를 고려한다. ⑤ 형사정책적 요청에 따라 형벌제도를 개선한다. ⑥ 형법과 특별법의 관계를 재조정한다. ⑦ 형법체계와 용어를 재정리한다.

둘째 단계인 〈형법개정요강의 작성〉, 셋째 단계인 〈형법개정시안의 작성〉, 넷째 단계인 시안에 대한 법무부의 〈검토안의 작성〉, 다섯째 단계인 시안과 검토안과의 〈조정안의 작성〉을 거쳐서, 1992년 3월에 「형법개정안」이 마련되었다.

이 개정안이 〈공청회〉를 거쳐서 같은 해 5월에 405조의 「형법개정초안」으로 확정되었다.

1985년 6월에 형사법개정특별심의위원회가 발족한 후 실로 7년에 걸친 형법개정작업이었다. 이 개정초안은 법제처에서 극히 일부가 고쳐져서 6월에 국무회의에서 「형법개정법률안」으로 의결되고, 7월에 국회에 제출되었다.

(3) 국회로 넘겨진 「형법개정법률안」을 심의하기 위하여 법제사법위원회는 1992년 11월 3일에 형법안심사소위원회를 구성하였는데, 소위는 8회에 걸친 회의를 열어 축조심의를 하였고, 여기서 제시된 중요쟁점사안에 대하여 2회의 공청회(「형법총칙편」과 「낙태죄 및 간통죄」)를 열었다.

그러다가 임기 막바지에 이른 1995년 12월 1일에 소위는 시급히 개정되어야 할 부분을 발췌·정리한 「형법중 개정법률안(대안)」을 제출키로 합의하였고, 같은 날에 법사위는 소위에서 제안한 법안을 위원회안으로 채택하였다. 그 다음 날인 12월 2일에 국회 본회의는 법사위에서 마련한 안을 원안의결하였으며, 이 「형법중 개정법률」이 12월 29일에 법률 제5057호로서 공포되었다.

이 법률은 1996년 7월 1일부터 시행되었는데, 보호관찰·사회봉사·수강명령에 관한 규정만은 1997년 1월 1일부터 시행되었다.

(4) (1995년 말의 일부개정은 대부분 각칙에 관한 것이었으므로 총칙편의 개정이 요망되었는데, 1996년 10월에 형사법개정특별심의위원회에서 〈보안처분〉 부분을 제외한 총칙편만의 「형법개정안」이 확정되었다.

그 후 11월 19일에 국무회의의 의결을 거쳐서, 11월 21일에 총칙편만의 「형법중개정법률안」이 국회에 제출되었는데, 3년이 지나 임기 막바지에 왔으나 이에 관한 보도는 없는 것으로 안다.

(5) 우리의 형법전은 6·25사변 당시 임시수도 부산에서 제정·공포·시행된 것이다. 다행이 몇 년 전에 각칙은 상당한 부분이 개정되었으나, 총칙은 거의 그대로이다.
① 오늘날의 입법의 경향을 보면, 형법의 대원칙인 〈죄형법정주의〉를 형법전의 선두에 장식하고 있다. ② 형법의 장소적 적용범위에 관한 〈세계주의〉규정을 많이 나열하는 입법추세에 있는데, 우리는 각칙과의 연결을 통하여 겨우 몇 개 찾아낼 정도이다. ③ 〈부진정 부작위범〉에 있어서 부작위의 작위와의 동가치성 내지 대등성을 해석에 의하여 보완하고 있는데, 이상은 입법화가 바람직하다. ④ 〈농아자〉의 행위에 대하여 형의 필요적 감경을 하도록 되어 있는데, 농아자를 바로 한정책임능력자로 보는 것으로서 이에 관한 규정의 삭제가 요망된다. ⑤ 제27조는 「… 위험성이 있는 때에는 처벌한다」라고 규정하면서 〈위험성이 없는 경우〉인 「불능범」이라는 표제를 붙이고 있는데, 시급히 「불능미수」로 고쳐야 할 것이다. ⑥ 〈공범과 신분〉에 관하여 본문과 단서로 규정하고 있는데, 제1항과 제2항으로 고치는 것이 바람직하다. ⑦ 1996년에 국회에 제출된 총칙편만의 「형법중 개정법률안」은 〈보안처분〉 부분이 제외된 것인데, 이 보안처분은 현행 사회보호법상의 「보호처분」과 대동소이한 것이고 오히려 기본법인 형법전에로의 도입이 바람직하다고 보며, 또한 근년의 입법의 추세이기도 하다. ⑧ 〈간통죄〉의 존폐문제에 관하여는 1991년 11월 23일의 심의위원회 전체회의의 표결결과 3분의 2가 폐지쪽이었고 그래서 삭제하기로 했으나, 마지막 전체회의에서는 국회에서 부활될 지도 모른다고 보아, 처벌규정은 두되 2년 이하의 징역을 1년 이하의 징역으로 완화하고 선택형으로 벌금형을 추가하는 절충안이 채택되었다. 간통죄는 삭제하거나 절충안대로 완화하는 것이 좋겠다. ⑨ 〈친고죄〉에 관하여, 종래의 형법전에서는 「… 고소가 있어야 논한다」라는 식으로 규정하였으나, 형법개정초안에서는 좀더 명확하게 「… 고소가 있어야 공소를 제기할 수 있다」라는 식으로 규정하기로 했다. 그래서 1995년의 형법일부개정에서는 후자 식으로 개정되었는데(296조, 306조, 312조 1항, 318조 등), 간통죄에 관하여는 「… 배우자의 고소가 있어야 논한다」(241조 2항)라는 전자 식의 규정이 그대로 남아 있다. 형법 기본법인 형법전에 동일사항에 관하여 두 가지의 상이한 규정방식이 병존한다는 것은 있을 수 없는 일이며, 시급히 고쳐야 할 것이다.

(6) 이상 살펴본 바와 같이 총칙편을 전면적으로 개정할 것은 물론이고 각칙편의 나머지 부분에 대하여 개정할 필요가 있는가를 검토하여 필요한 개정도 함께 함으로써, 새 천년에는 보다 나은 새 형법전의 바탕 위에서 한국 형법학이 발전해 나가야 할 것이다.

Ⅲ. 한국 형법학의 발전방향

(1) 새 천년을 맞이하여 한국 형법학의 발전방향을 생각함에 있어서는 먼저 한국 형법학의 현재 주어진 상황을 살펴보고 그리고 나서 앞으로의 발전방향을 정해야 할 것이다.

(2) 그러면 〈현재 한국 형법학의 상황은 어떠한가〉. 이것은 두 가지 면에서 생각할 수 있다고 본다.

하나는 기본적으로 독일형법학 식의 〈사고의 도구〉를 쓰고 있다고 본다. 예를 들면 오늘날의 한국 형법학을 논하면서 「구성요건」이란 말을 뺄 수는 없을 것이며, 이 말을 영어로 번역하기는 힘들 것이다. 그리고 범죄를 생각할 때 구성요건해당성 · 위법성 · 책임 또는 불법 · 책임이라는 독일식인 사고의 도구를 쓴다. 공범을 논할 때, 최소종속형태 · 제한종속형태 · 극단종속형태 · 과장종속형태란 표현도 써왔다. 이론 내지 학설의 이름도 대부분 그렇다.

또 하나는 우리가 쓰고 있는 〈용어〉는 거의 일본에서 번역된 것이다. 구성요건이란 말도 그렇다. 일본에서 처음에는 타토베수탄토라고 쓰기도 했으나 범죄구성요건이라고 쓰다가 현재는 보통 구성요건이라고 쓴다. 예를 들자면 한이 없을 것이다.

(3) 이러한 현황을 감안하여 앞으로의 발전방향을 살펴볼 때, 근본적으로는 역시 두 가지 면을 생각할 수 있다.

하나는 〈일본식 번역어의 재검토〉이다. 앞서 말한 바와 같이, 우리가 현재 쓰고 있는 형법용어는 거의가 일본에서 번역된 것이다. 앞으로의 우리 형법학의 올바른 발전을 위해서는 이러한 용어들을 하나하나 다시 살펴 보아야 할 것이다.

소극적 구성요건론이란 말이 있는데, 여기서는 negativ란 독일어를 너무 소극적으로 번역한 것이 아닌가 생각한다. 그러한 요건이 있으면 구성요건해당성이 없게 되는 것이므로, 바로 「부정적」이라고 번역하는 것이 낫지 않을까 생각한다. Mangel am Tatbestand의 역어로 사실의 흠결이란 말과 구성요건의 흠결이란 말 두 가지가 쓰이는데, 구성요건요소의 흠결의 경우를 뜻하므로, 구성요건의 흠결이란 표현이 낫다고 본다.

물론 최근에 와서는 독일에서 박사학위를 받은 학자들이 많아져서 다행이라고 생각하지만, 간혹 자기식인 역어를 씀으로써 용어 사용에 다소 혼란도 보이는데, 보다 나은 방향에로의 진통이라고 볼 수도 있을 것이다. 한편 일본에서는 Unrecht를 위법이라고 번역하기도 하고 또 Unwert를 무가치라고 보통 번역하는데, 우리 나라에서 불법, 반가치라고 번역하는 것은 잘된 일이라고 본다.

또 하나는 〈우리 형법학의 수립〉이라는 점을 좀 더 생각해야 하리라고 본다. 해방 후에는 일본 형법학에 너무 치우치더니 근년에는 독일 형법학에 너무 치우치는 것이 아닌가 생각한다. 물론 앞서 말한 바와 같이, 기본적으로 독일 형법학 식인 사고의 도구를 쓸 수밖에 없을지 모르겠으나, 설계도는 우리 형법전에 바탕을 둔 〈우리의 설계도〉를 그려야 할 것이다. 비록 독일제의 도구를 쓴다고 해도, 독일의 설계도를 그대로 가져와서 〈우리의 집〉을 지울 수는 없다고 본다. 여기에 있어서는 먼저 독일 형법전과 우리 형법전을 비교·검토하여 같은지 다른지 또는 달라도 해석을 같게 할 수 있는지, 다르게 해석해야 하는지를 살펴보아야 할 것이다.

〈일반적 위법성조각사유〉에 관하여, 독일형법에는 규정하는 바가 없으나, 우리 형법 하에서는 「 … 사회상규에 위배되지 아니하는 행위는 벌하지 아니한다」(20조)라는 규정이 있고, 이것을 일반적 위법성조각사유를 규정한 것으로 보는 입장이 통설이다. 따라서 「위법성조각사유(정당화사유)의 일반원리」에 관하여 독일에서는 일원설이든 다원설이든 주장할 수 있겠으나, 우리나라에서는 통설의 입장을 취하는 한 일원론을 취할 수밖에 없지 않을까 생각한다.

〈교사범〉에 관하여 우리 형법은 「타인을 교사하여 죄를 범하게 한 자는 죄를 실행한 자와 동일한 형으로 처벌한다」(31조 1항)라고 규정하는데, 독일 형법은 「고의로 타인으로 하여금 고의로 범하여진 위법한 행위를 하게끔 한 자는 교사자로서 정범자와 동일하게 처벌한다」(26조)라고 규정한다. 방조자도 동취지이며 형의 필요적 감경이다(27조

1·2항). 이와 같이 독일 형법은 피교사자·피방조자, 즉 정범자의 행위를 「고의로 범하여진 위법한 행위」로 한정하고 있으므로, 그만큼 공범론도 서로 다르게 전개될 수 있다고 본다. 참고로 독일 형법은 「각 관여자는 타자의 책임을 고려하지 않고 자기의 책임에 따라 처벌된다」(29조)라는 책임개별화 원칙도 규정하고 있다.

한편 일본의 형법전과 해석론도 우리에게 참고가 될 것이다. 일본도 독일 형법학을 받아들이고 우리도 독일 형법학을 받아들이는 입장이므로 바로 독일 것을 받아들이면 되지 일본 것은 볼 필요가 없다고 생각하는 사람이 있을지 모르겠으나, 일본이 어떻게 받아들여서 소화하는가를 아는 것이 우리에게 참고가 된다.

그뿐 아니라 독일의 영향을 받지 아니한 것도 있다는 것도 알아야 할 것이다. 즉 〈불능범〉이란 개념은 독일 형법학에는 없고 불란서 형법학의 영향을 받은 것으로 아는데(일본은 명치유신 후 처음에는 불란서 형법 식인 형법전을 가졌다〈明治15年 시행〉가 그 후에 독일 형법전 식인 형법전을 갖게 되었는데〈明治41年 시행〉, 형법학도 당연히 불란서 형법학의 영향을 먼저 받았다), 오늘날 우리 나라에서도 위험성이 있으면 미수범이고 위험성이 없으면 불능범이라는 표현을 쓰고 있으며, 여기서의 〈위험성〉이란 용어는 우리 형법전 제27조에 나온다. 또 〈범죄공동설·행위공동설〉이란 학설도 독일 형법학에는 없고 불란서 형법학에서 온 것으로 안다.

그리고 구성요건의 착오에 관한 〈추상적 부합설〉은 일본에서 만들어진 학설이고, 〈가별적 위법성론〉도 일본에서 나온 이론이다. 그뿐 아니라 우리의 현행 형법전은 일본의 형법가안의 영향을 많이 받은 것이고 또 이번의 형법개정작업에 이어서 독일의 현행 형법과 일본의 1974년 형법초안을 주로 참조했는데 후자의 것이 더 참조가 되었다.

이것은 법의식 내지 법감정이 독일보다는 일본에 더 통하는 것이 많기 때문이 아닌가 생각한다. 따라서 새 천년에는 독일 형법학뿐 아니라 일본 형법학으로부터도 쓸 만한 것을 소화해서 받아들여 우리에게 알맞은 우리의 형법학을 만들어 나가야 할 것이다.

(4) 앞으로 우리 형법학, 특히 범죄론에 있어서 계속해서 다루어질 문제는 불법(구성요건해당성과 위법성)의 영역에서는 〈행위반가치론과 결과반가치론〉이고 책임의 영역에서는 〈책임과 예방〉이 아닌가 생각한다. 여기서는 이 문제들을 간단히 살펴보고자 한다.

먼저 첫째 문제를 살펴보면, 독일에서는 「불법에 있어서의 행위반가치와 결과반가치」

정도인데, 일본에서는 「행위반가치론 대 결과반가치론」의 대립의 양상을 보여 마치 종래의 주관주의 범죄이론 대 객관주의 범죄이론과 같은 대립을 보인다. 한마디로 말하면, 행위반가치론은 행위중심의 사고이고 결과반가치론은 법익(침해·위태) 중심의 사고라고 할 수 있을 것이다. 후자는 결과반가치가 없으면 처벌 없다고 주장하여 이 입장이 인권보장면에서 낫다고 하는데, 전자는 행위의 태양을 중시함으로써 법익의 침해·위태를 야기하는 경우에 모두 처벌하는 것은 아니라고 하여 인권보장면에서 못지 않다고 한다. 여기서 어려운 문제는 행위반가치론에서의 「행위반가치」와 결과반가치론에서의 「결과반가치」가 확연히 구별되지 않고 겹쳐질 수 있는 것이다. 즉 결과반가치론에서 말하는 「결과반가치」는 행위반가치에 해당하는 것을 포함할 수 있기 때문이다. 〈미수범〉을 예로 들어 보면, 어느 입장에서는 미수범에 〈위험성〉이 필요하다고 보는데, 행위반가치론의 입장에서는 결과발생에 〈위험한〉 행위가 있었지만, 즉 위험성이란 행위반가치가 있었지만, 결과가 발생하지 아니한 것이 미수범이라고 보는 데 반하여, 결과반가치론의 입장에서는 행위의 결과인 〈위험성〉이라는 결과반가치가 인정되는 때에 미수범이 된다고 본다. 즉 이 입장에서는 미수범을 〈미수결과〉를 필요로 하는 결과범의 일종이라고 본다.

일본에서는 행위반가치론과 결과반가치론의 대비를 주로 〈위법성의 단계〉에서 다루는데, 필자의 생각으로는 행위반가치와 결과반가치는 〈구성요건해당성의 단계〉에서 다루어질 문제이고 「행위반가치」는 행위로 하여금 구성요건에 해당하게 하는 것을 말하고 「결과반가치」는 법익에 대한 침해 내지 위태라고 보면 되지 않을까 한다. 하여튼 「구성요건에 해당하는 행위」가 있는가와 「구성요건에 해당하는 결과」가 있는가가 구성요건해당성의 단계의 중요문제라고 보면 되지 않을까 생각한다.

한편 두 이론은 〈형법의 기능〉과도 관련한다. 결과반가치론은 형법의 법익보호기능을 강조하는데, 이에 반하여 행위반가치론은 형법의 행위규율기능을 강조하는 것으로 보면 되겠다. 예를 들면, 형법은 「사람을 살해한 자는 사형, 무기 또는 5년 이상의 징역에 처한다」라고 규정하고 있다. 이를 통하여 형법은 사람의 생명이라는 〈법익〉을 보호한다고 말할 수 있을 것이다. 그렇다고 살인 〈행위〉를 하든 안 하든 상관없다고 말할 수는 없을 것이다. 결국 형법은 살인행위를 하지 않도록 규율함으로써 사람의 생명이라는 법익을 보호하는 것이다. 한쪽만의 기능을 강조할 수는 없지 않을까 생각한다.

다음으로 둘째 문제인 〈책임과 예방〉은 독일에서 다루어지고 있는 것인데, 그 해결은 쉽지 아니할 듯 하다. 필자는 아직 이 문제에 관하여 깊이 생각해 본 바가 없기 때문에 논할 자격이 없다고 생각하지만, 이 문제의 개요만 지적해 두고자 한다. 〈책임과 예방〉의 문제에는 크게 세 가지의 주장이 있다고 본다.

첫째는 책임비난만을 생각하는 입장이다. 이 입장은 의사자유 내지 타(他) 행위가능성을 전제로 하고서 행위자를 표준으로 한 책임비난을 생각하거나, 또는 의사자유 내지타 행위가능성은 증명이 불가능하다는 전제에 서서 평균인을 기준으로 하여 평균인이면 할 수 있었을 텐데 행위자가 하지 않았다는 사회적인 책임비난을 생각한다.

둘째는 책임비난과 예방목적을 조화시키는 입장이다. 이 입장은 책임 대신에 답책성(答責性)을 생각하여 형벌을 한계지운다는 의미에서의 책임은 필요하나 답책성이 인정되느냐는 일반예방 내지 특별예방의 필요성에 의하여 결정된다고 하고, 책임이 있어도예방의 필요성이 없으면 면책이 가능하다고 한다.

셋째는 책임을 예방으로 바꾸자는 입장이다. 이 입장은 책임 그 자체가 형사정책적으로 구성되어야 하는 것이고 이 형사정책적 요소로서 오로지 예방이 생각된다고 한다.

하여튼 이 문제는 의사자유 내지 타 행위가능성의 문제를 바탕에 깔면서 책임과 예방목적, 책임과 가벌성, 책임과 양형의 문제가 뒤섞인 것이어서 그 해결이 간단치 않는데, 많은 시간이 필요할 것 같다.

Ⅳ. 사람의 생명의 문제

(1) 사람의 생명의 문제는 사람의 출생과 사망이 문제가 되겠지만, 지면관계로 후자의 문제만 간단히 살펴보고자 한다.

(2) 사람의 〈사망〉에 관하여 형법에서는 특히 살인죄의 객체인 사람의 「종기(終期)」의 문제로 다루어진다. 이 문제에 관하여 종전에는 호흡종지설과 맥박종지설이 대립하여 후설(심장사설)이 통설이었다.

그리고 의사 측에서는 임상적으로 ① 호흡의 정지, ② 심장의 정지, ③ 동공산대(瞳孔散大)·대광반사소실(対光反射消失)을 종합하여 사망을 판정해 왔다(3징후설). 여기서의 세 징후는 사람의 생명활동의 기본을 유지시키는 심장·폐·뇌의 세 기관의 기능정지를 나타내는 것인데, 이들의 정지는 시간적으로 거의 상반(相伴)해서 나타나고 또 외부적으로 판단하기 쉬운 것이다.

그런데 근년에 의료기술의 진보에 의하여 뇌기능이 전적으로 정지되고 따라서 자발호흡도 정지되는 상태(소위 뇌사상태) 하에서 인공호흡기의 부착에 의하여 인위적인 호흡의 유지로 심장이 상당한 시간 동안 고동할 수 있게 함으로써, 세 징후의 발생에 커다란 시간적 차등이 생기게 되었다. 이리하여 뇌기능이 전적으로 정지되었을 때(당연히 폐기능도 정지됨) 사람이 사망한 것으로 판단해야 할 것인가(뇌사설)가 문제가 되는 것이다.

(3) 독일에서는 뇌사설이 통설인데, 최근에는 뇌사설을 비판하거나 문제시하는 경향도 보인다. 일본에서는 (일률)뇌사설, 심장사·폐장사·뇌사택일설, 뇌사·심장사택일설, 심장사 원칙·뇌사보완설, 종합판정설 내지 삼징후설, 심장사설, 뇌사선택설 등이 주장되고 있다.

그리고 우리 나라에서는 뇌사설, 뇌사·심장사택일설, 심폐사일반·뇌사예외설, 맥박종지설(심장사설), 심폐사설 등이 주장되고 있다.

(4) 독일에서는 「장기의 제공·적출 및 이식에 관한 법률」이 1997년 6월 25일에 성립하여 같은 해 12월 1일부터 시행되었다.

이 장기이식은 정면으로 사람의 사망을 정의하는 규정을 두지 아니하지만, 「적출 전에 장기제공자에 있어서 대뇌·소뇌 및 뇌간의 전기능의 최종적이고 회복불능한 소실이 의학적 지식의 수준에 합치되는 절차에 따라 확인된 것이 아닌 때에는」 장기의 적출은 허용되지 아니한다고 규정하고 있다. 따라서 독일의 입법자는 사실상 전(全)뇌기능의 최종적 소실의 시점을 기준으로 하여 장기의 적출을 허용하고 있으므로, 뇌사설에 유리한 입법이라고 본다.

일본에서는 「장기의 이식에 관한 법률」이 1997년 6월 17일에 국회에서 성립하여 같은 해 7월 16일에 법률 제104호로 공포되고 3개월의 후인 10월 16일부터 시행되었다.

이 장기이식법은 두 개의 사망의 개념 내지 기준을 인정하는데, 이 법률은 「뇌사선택설」에 입각한 것으로 본다. 즉 이 학설은, 뇌사상태는 아직 사망하지는 않았으나 사망하고 있는 상태라고 보면서, 일반의 경우의 사망은 3징후로 인정하지만, 환자가 자기결정에 의하여 뇌사상태에서의 장기제공을 전제로 하여 뇌사판정을 받고 가족도 이를 거부하지 아니하는 때에 한하여 뇌사를 사망이라고 한다는 견해이다.

그리고 이 법률은 시행 3년 후에 시행상황을 감안하여 전반적인 검토를 하여 그 결과에 의거하여 필요한 조치를 강구하도록 하는 규정을 두고 있다.

우리 나라에서는 「장기등 이식에 관한 법률」이 1999년 2월 8일에 공포되었는데, 1년 후인 2000년 2월 8일부터 시행된다.

이 법률은 「"살아있는 자"라 함은 사람 중에서 뇌사자를 제외한 자를 말하며, "뇌사자"라 함은 이 법에 의한 뇌사판정기준 및 뇌사판정절차에 따라 뇌 전체의 기능이 되살아 날 수 없는 상태로 정지되었다고 규정된 자를 말한다」라고 규정하고 있는데, 뇌사자를 살아 있는 사람과 함께 〈사람〉으로 보고 있으므로, 이 법률이 시행되면 뇌사를 사람의 사망으로 보는 「뇌사설」을 주장하기는 어렵지 않을까 생각한다.

(5) 필자는 「사망」이라 함은 생명현상을 유지하는 뇌기능 · 호흡기능 · 순환기능이 불가역적으로 정지한 것을 말하고(사망의 개념), 이들 세 기능이 모두 불가역적으로 정지한 때에 비로소 사망한 것으로 보는 것(사망의 시점—3징후설)이 좋겠다. 다만 뇌사를 사람의 사망으로 보는 것이 입법의 추세라고 볼 수 있으므로, 우리의 장기이식법도 앞으로 재검토되어야 하지 않을까 생각한다.

V. 환경문제

(1) 새 천년에는 환경문제가 훨씬 더욱 심각하게 되리라는 것은 틀림이 없다. 규모도 국가규모를 넘어서 지구규모로 더욱 예민하게 될 것이다. 환경문제는 앞으로 태어날 자손을 위해서도 결코 소홀히 해서는 안 되는 것이다.

우리 헌법 제35조 1항은 「모든 국민은 건강하고 쾌적한 환경에서 생활할 권리를 가지며, 국가와 국민은 환경보전을 위하여 노력하여야 한다」라고 선언하고 있다. 이에 따라 환경정책기본법을 비롯하여 자연환경보전법, 수질환경보전법, 먹는물관리법, 대기환경보전법, 토양환경보전법, 해양오염방지법, 환경개선비용부담법, 소음 · 진동규제법, 폐기물관리법, 오수 · 분뇨 및 축산폐수의 처리에 관한 법률 등이 만들어졌다. 그리고 한편으로는 환경범죄의 처벌에 관한 특별조치법도 만들어졌다.

(2) 환경범죄 내지 공해범죄의 대상이 되는 상황은 다음의 세 단계로 구분해서 생각할 수 있다.

첫째는 환경오염행위를 하는 것이다. 둘째는 환경이 오염되는 것이다. 셋째는 공중의 생명 또는 신체에 위험을 발생시키는 것이다.

여기서 형사규제방식은 첫째 단계에 대하여 행하는 〈환경오염행위처벌형〉과 셋째 단계까지를 포함시키는 〈공중건강위험발생처벌형〉이 있다. 그런데 독일 형법전에 규정된 것은 〈환경오염행위처벌형〉이고, 일본의 1970년의 「사람의 건강에 관련하는 공해범죄의 처벌에 관한 법률」 및 1974년의 개정형법초안이나 우리 나라의 1991년의 「환경범죄의 처벌에 관한 특별조치법」 및 1992년의 형법초안에 규정된 것은 〈공중건강위험발생처벌형〉이다.

(3) 환경범죄를 행정형법(행정적 형벌법규)으로 규정하려면 환경오염행위처벌형으로 규정해야 할 것은 당연하다. 그런데 형사형법으로 규정하려면 어떻게 해야 할 것인가는 간단치가 않다. 여기에는 크게 두 가지가 문제가 된다. 하나는 〈환경오염행위처벌형〉으로 규정할 것인가 또는 〈공중건강위험발생처벌형〉으로 규정할 것인가 이고, 또 하나는 〈형법전〉에 규정할 것인가 〈특별형법〉으로 규정할 것인가이다.

(4) 첫째로 〈행위처벌형〉은 추상적 위험범으로 되고 인과관계의 문제는 일어나지 아니하는데, 〈위험발생처벌형〉은 물론 구체적 위험범으로 되고 인과관계라는 어려운 문제가 생긴다. 그리고 〈위험발생처벌형〉의 보호법익은 공중의 건강이므로 당연히 사회적 법익에 속하게 되는데, 〈행위처벌형〉의 보호법익은 환경 그 자체가 될 가능성이 많으나 여기에는 생활환경뿐 아니라 자연환경도 포함되므로 (우리의 환경정책기본법 참조) 환경을 사회적 법익이라고 보기는 어려울 것이다.

둘째로 〈형법전〉에 규정하면 환경범죄가 중대한 범죄라는 것을 널리 일깨우는 데에 효과가 클 것이고, 〈특별형법〉으로 규정하는 경우에는 누범특별가중규정·양벌규정·인과관계 추정규정 등을 넣기가 편할 것이다. 그리고 「소위 행정종속성」은 〈행위처벌형〉의 경우에 강하게 나타나고(독일 형법전), 또 〈특별형법〉의 경우도 나타날 수 있다(우리 특별조치법).

현재 특별형법으로 규정되어 있는 〈위험발생처벌형〉의 환경범죄를 그대로 둘 것인지, 그것을 형법전에서 규정할 것인지 또는 형법전에서 〈행위처벌형〉으로 규정할 것인지는, 신중히 검토해 보아야 할 것이다.

VI. 맺으면서

제목은 근사하게 내걸었으나 이에 걸맞는 내용을 채우지 못하고, 우왕좌왕하다가 용두사미로 끝난 것 같다. 사람의 생명에 관련된 출생의 문제도 빠지고, 더욱이 정보화사회의 문제까지는 다루어 보려고 했으나 이것도 할애하게 되었다.

법은 사회생활을 올바르게 규율하는 것이 임무라고 한다. 가장 강력한 제재수단을 가진 형법은 그런 만큼 함부로 나서지 않는 것이 좋다고 한다. 물론 일리 있는 말이다. 그런데 사회변화의 속도는 갈수록 빨라지고 있으며, 새 천년에는 얼마 만큼의 가속도가 붙을지 누구도 예측할 수 없을 것이다.

원래 법은 사회발전에 뒤따라 간다고 하지만, 발전속도가 빠를 때에는 법도 걸음을 재촉해야 할 것이다. 그런데 우리 입법부는 너무 한가한 것은 아닌지? 새 천년에는 사회와 법과의 틈새가 걷잡을 수 없을 정도로 벌어질 것이 아닌가 걱정된다.

범죄의 다양화·조직화·광역화 현상에 형법이 적절히 대응해 갈 수 있을지 모르겠다. 형사정책적 형법학, 적극적 일반예방주의가 더욱 적극적으로 주장될른지 모르겠다. 하여튼 사회가 어떻게 변하든, 한국형법학은 독일의 풍토와 독일인의 입맛에 맞는 형법학이 되어서도 안 되고 일본의 풍토와 일본인의 입맛에 맞는 형법학이 되어서도 안 되며 오직 한국의 풍토와 한국인의 입맛에 맞는 형법학이 되어야 한다는 것은 변함이 없어야 할 것이다.

41. 한국형법사 Ⅰ[*]

Ⅰ. 머리말

먼저 「일반적 고찰」에서는 「전기」· 「제1기」· 「제2기」로 나누어서 살펴보겠다. 「전기」는 우리나라에 근대적인 사법제도와 법학교육이 시작된 해, 즉 법관양성소가 설립된 1895년부터 일제시대를 거치면서 1945년에 해방되기까지이다. 그리고 「제1기」와 「제2기」와의 구분은 그렇게 확연하지는 않다. 여기서는 〈교과서〉를 중심으로 하여 주로 일본형법학의 영향이 큰 시기와 주로 독일형법학의 영향이 큰 시기로 나누어서, 중복적인 기준으로서 〈1980년대 전반〉이라고 내세웠다. 그리고 해석학으로서의 형법학의 주된 연구대상은 〈형법전〉이므로 형법의 제정 및 개정에 관하여도 살펴보고 또 형법연구단체에 대하여도 언급하고자 한다. 다음으로 「개별적 고찰」에서는, 중요한 논점을 다루려고 한다.

Ⅱ. 일반적 고찰

1. 전기(1895년~1945년)

전기는 1895년부터 1945년까지 사이로서 〈태동기〉라고 이름붙일 수 있겠다. 여기서

---

[*] 이 글은 『한국의 학술연구(인문·사회과학편 제4집, 대한민국학술원, 2003)』 411면 이하에 실린 것이다. 〈제목〉을 「형법(Ⅰ-1)」으로부터 「한국형법사 Ⅰ」로 바꾸었다.

는 재판소구성법이 공포 · 시행되고 법관양성소가 설립된 1895년이 그 시발점이 되겠는데, 형법대전(刑法大全)의 공포 · 시행, 장도(張燾)의 『형법총론』의 출간, 그 다음으로 일제시대의 도래를 그 특징으로 들 수 있겠으며, 아직은 형법연구의 태동상태라고 볼 수 있겠다.

(1) 조선왕조 시대에는 여러 가지의 법전이 나왔는데,[1] 1905년(광무9년) 4월 29일에 법률 제2호로 공포된 「형법대전」[2]의 시행으로 조선시대의 보통법적인 성격을 가지고 있던 대명률(大明律)을 비롯하여 종전에 시행되었던 모든 율례(律例)는 폐지되었다. 형법대전은 조선왕조의 마지막 일반형법전이며 법률기초위원회의 최대입법사업의 하나였는데, 근대적 형법전인 일본형법전을 계수하지 아니하고 대전회통(大典会通)과 대명률, 그리고 1894년(甲午년) 이후의 신반률(新頒律)을 참작하여 제정한 것이다. 전문 680조의 방대한 법전으로서 그 속에는 순수한 형사조문 뿐 아니라 민사관계 등 모든 법조문이 함께 포함되어 있었는데, 1908년에는 대폭 개정되어 416조의 형사조항만 남게 되었다.

(2) 최초의 법학전문교육기관인 법관양성소가 1895년에 설립됨으로써[3] 근대적인 한국법학이 싹트기 시작하였다. 또 1905년에는 보성전문학교가 설립되어 사학법학이 큰 맥을 이루게 되었으며,[4] 기타의 신식학교에서도 형법을 강의하게 되었다.[5]

---

1 이에 관한 개관으로는 오도기, 『한국형법의 기본성격에 대한 법제사적 고찰』, 사법행정 1979년 1월호, 10면 이하; 동, 「한국형법사」, 한국형사법학회 편, 『형사법강좌 Ⅰ』, 박영사, 1981년, 27면 이하 등이 있다. 특히 구한국시대의 형사입법에 관하여는 박병호, 「구한국시대의 형사입법의 연혁」, 법제월보 1965년 11월호, 104면 이하가 자세하다.

2 「형법대전」에 관하여는 박병호, 「형법입법」, 111면; 최종고, 『한국법학사』, 박영사, 1990년, 492면; 동, 『법사와 법사상』, 박영사, 1980년, 536면 이하 등 참조.

3 법관양성소에 관하여는 박병호, 「한국법학교육의 기원 ─법관양성소제도와 경성제대─」, 고시계 1995년 4월호, 87면 이하 참조. 보다 자세한 글로는 최종고, 『법학사』, 81면 이하.

4 보성전문학교에 관하여는 최종고, 「한국사학법학의 전통」, 고시계 1995년 4월호, 100면 이하 참조.

5 기타 학교에 있어서의 법학교육에 관하여는 최종고, 「사학법학」, 103면 이하; 동, 「법학사」, 119면 이하 참조.

이 당시에 형법학자로서 가장 두각을 나타낸 사람은 장도이다.[6] 그는 일본에서 수학한 바 있는데, 주로 법학통론과 형법을 강의하였고 판사·변호사가 되기도 했다. 또한 「신구형사법규대전」과 588면이나 되는 방대한 「형법론 총칙」을 저술하였다. 이 형법총론은 일본 형법학자 岡田의 책을 바탕으로 삼으면서 군데군데 한국의 고유한 문제와 법적 상황을 언급하고 있으며 또 비교법적 고찰도 하고 있다.[7]

(3) 1910년의 한일합병 후 1911년에 조선총독부제령(制令) 제11호 「조선형사령」에 의하여 일본형법이 의용되었다. 또 일제시대에는 사학(私學)과 법학전문학교[8] 이외에 1926년에 경성제국대학(법문학부)이 새로 등장하게 되었는데(예과는 그 2년 전에 개설됨),[9] 이 성대(城大)의 개교로 일본형법학이 직수입되기 시작하였다.

2. 제1기 (1945년~1980년대 전반)

제1기는 1945년부터 1956년까지인 〈혼돈기〉, 1957년부터 1967년까지인 〈정돈기〉와 1968년부터 1980년대 전반까지인 〈발동기〉로 나누어진다.

(1) 혼돈기(1945년~1956년)

그 첫째 기간은 1945년부터 56년까지의 사이로서 〈혼돈기〉라고 이름붙일 수 있겠다. 1945년에 해방된 후, 1948년의 대한민국 정부의 수립, 1950년의 6·25 동란의 발발,

---

6 장도의 경력과 형법총론에 관하여는 최종고, 「법학사」, 343면 이하 참조.

7 이 「형법론 총칙」은 서론과 범죄론(총론·범죄성립요소·범죄종별) 그리고 형벌론(총론·형지분류·형지적용·형지집행·형지제멸 刑之濟滅)으로 이루어진다.

8 법관양성소가 1909년에 법학교로, 1911년에는 경성전수(專修)학교로, 1916년에는 경성전문학교로, 1922년에는 경성법학전문학교로 그 명칭이 바뀌었다. 이에 관하여는 박병호, 「한국법학교육」, 91면 이하; 최종고, 「법학사」, 434면 이하 참조.

9 경성제대에 관하여는 박병호, 「한국법학교육」, 96면 이하; 최종고, 「법학사」, 447면 이하 참조. 또한 경성제대에 관한 자세한 연구서로는 정선이, 「경성제국대학 연구」, 문음사, 2002년(총230면)이 있다. 이 책에 의하면, 법문학부의 강좌 가운데서 법에 관한 것은 헌법·행정법·민법·민사소송법·형법·형사소송법·국제공법·국제사법·나마법·법리학·법제사이다(110면).

1953년의 환도, 그 후 교수들의 두 대학 겸직허용, 연구도서의 빈곤 등으로 학문활동은 제대로 궤도에 오르지 못하였으며, 혼돈상태였다고 특징지을 수 있을 것이다.

1) 그래도 이 시기에 있어서의 커다란 성과는 새 형법전의 제정·시행을 들 수 있겠다.

해방후 형법전의 입법화작업은 군정시대에 발족한 「조선법제편찬위원회」의 형법분과위원회로부터 시작되었는데, 총칙부분은 양원일이, 각칙부분은 엄상섭이 그 요강안을 기초하여, 형법분과위원회와 총회에서 순차로 의결케 되었다.[10] 동 위원회의 「형법기초요강」[11]에 관한 엄상섭의 「해설」[12] 가운데서 몇 가지만 소개하면, "〈죄형법정주의〉를 법례(法例)의 장두에 선언하기로 하였다. 이것은 현대형법으로서는 당연한 일이고 우리 헌법 제23조에도 규정된 바이니 구태여 조문을 둘 필요가 없을 듯하며 총회에서 그러한 의견을 가진 위원들도 상당히 있었으나 이러한 조문을 둔다고 하여서 해될 것이 없을 뿐더러 소위 개인의 가장 큰 기본권인 자유권에 대한 〈마구나·칼터〉를 명백하게 형법 제1조로 규정하여 형법운용 상의 대정신을 뚜렷하게 형법전에 나타내 두는 것도 효과가 있을 것이라는 이유 하에서 원안이 지지되었었다".[13] "「죄로 될 사실을 아지(알지의 오식이다) 못하고 범한 사람은 고의 있다고 할 수 없다」는 명문 소위 〈사실의 착오〉에 대한 규정을 둘 것이고 「자기의 행위가 법률상 허용된 것이라고 믿음에 대하여 상당한 이유가 있을 때는 그 형을 면제한다」는 규정을 두어서 해석론상으로 문제 많던 것을 입법적으로 해결할 예정이며 소위 〈결과적 가중범〉에 대하여 그 결과발생을 예견할 수 있는 경우에만 성립될 것을 법문화할 것이고 〈부작위범〉에 관하여 명백한 조문을 설치할 것 등이 현행형법에 비한 특색이다", "현행법에서는 위법성이 없는 행위를 「벌치 아니한다」라고 규정하였으나 「죄로 안 된다」라고 규정하여서 그 이론상 근거를 조문상에도 반영시킬 것이고 정당방위와 긴급피난의 성립요건으로서 현행법은

---

10 서일교 편, 『신형법(부록 참고자료)』, 대한출판문화사 1953년, 75면.

11 「조선법제편찬위원회 기초요강(2)」로서 법정, 1948년 7월호, 45면 이하에 게제되어 있다(이것이 『형사법령제정자료집(1) 형법』, 한국형사정책연구원, 1990년, 3면 이하에 게재되었다).

12 엄상섭, 「형법요강 해설(1)」, 법정, 1948년 9월호, 18면 이하; 「동(2)」, 법정 동년 10월호, 12면 이하. 그리고 이 「해설」은 신동운·허일태 편저 『효당 엄상섭 형법논집』, 서울대학교 출판부, 2003년, 45면 이하에 수록되어 있다.

13 엄상섭, 「해설(1)」, 18면.

〈필요성〉이 요구되나 〈상당성〉 정도로 이를 완화하여서 종래의 불합리를 제거하려 한다(본지에 발표된 요강에서는 〈자구행위〉도 위법성이 결여한 것으로 규정할 것이 게기(揭記)되었으나 총회에서 부결하였다. 그 이유는 위원 대다수가 자구행위의 개념을 정확하게 파악치 못함에 있는 듯 하였다)", "불능범에 대하여 그 행위가 위험치 아니하면 처벌치 아니한다는 지(旨)를 명백히 규정하여서 불능범에 관한 해석 상의 학설의 구구함을 정리할 것과 중지미수에 관하여 명확한 규정을 둘 것이 신형법의 이 장(미수범—필자 주)하에서의 특색이다", "현행형법 제60조에는 「2인 이상 공동하여 범죄를 실행한 사람 … 」이라고 되어 있으므로 〈실행〉에 가담하여야만 정범이 된다는 뜻으로 해석되기 쉬우므로 그래서는 정범의 범위가 너무 협소한 까닭에 신법에서는 「2인 이상 공동하여 죄를 범한 사람은 다 공동정범으로 한다」라고 규정할 예정이다", "전체주의적 처벌을 (받을—필자 보완) 특수공범은 범인의 신분에 의하여 구성할 범죄에 가담한 사람은 그 신분이 없더라도 공동책임의 원리를 살려서 공범의 책임을 진다는 것이고 개인주의적 처벌을 받을 특수공범은 강학상 간접정범 또는 과실범에 가담한 사람도 공범의 예에 의하여 처벌받는다는 것이다"[14]라고 설명한다. 한편 장승두는 「〈형법요강〉을 논함」[15]에서 "본 요강을 전체적으로 고찰할 때, 대개 다음의 두 가지 특색을 가지고 있다고 볼 수 있다. 즉, 一은 신파의 방위주의, 교육형주의 이론을 삼입(滲入)시켜 현행형법에 비하여 형사정책적인 고려에 있어 일단의 진전을 기도한 점이며, 二는 자유형법적인 성질과 권위형법적인 성질을 적당히 절충안배하여, 개인적 가치의 보호에도 충분한 주의를 하는 동시에 국가적 사회적 법익의 보호에도 적지 않은 고려를 한 점이다. 본 요강이 가지고 있는 이 두 가지 특색에 대하여 좌(左)에 약간의 고찰을 하여 볼 까 한다"[16]라고 논술한 다음, 필자가 앞에 소개한 엄상섭의 중요개정점 등을 열거하고서 "여사한(이와 같은—필자 주) 개정은 어느 것이나 적절한 것이라고 하겠으며, 대체로 일본의 형법개정강령(1926년 임시법제심의회 결의), 형법개정가안(1931년 형법 및 감옥법개정조사위원회 총회 결의)에 의거한 것으로 보인다. 본 요강의 총칙을 개관하면 대체로 주관주의

---

14 엄상섭, 「해설(1)」, 19면.

15 장승두, 「〈형법요강〉을 논함(1)」, 법정 1949년 1월호, 19면 이하; 「동(2)」, 법정 동년 2월호, 24면 이하.

16 장승두, 「〈형법요강〉을 논함(1)」, 39면.

내지 교육형의 입장을 많이 고려에 둔 것으로 볼 수 있으며, 주관주의를 전통적인 객관주의에 대하여 원활히 형법에 삼입시키려는 기술적인 노작(勞作)이 세계형법개정에 있어서의 안목으로 되어 있는 것으로 보아 대체로 세계형사입법의 추세에 순응한 것으로 볼 수 있다"[17]고 주장한다.

대한민국의 수립 후에 대통령령 제4호에 의하여 「법전편찬위원회 직제」가 공포되어 (1948년 9월 15일) 입법화 작업은 동 위원회로 계승되었는데, 법전편찬위원회에 제출된 「요강」은 1948년 12월 11일에 통과되었고, 김병로 위원장(총칙담당)과 엄상섭 위원(각칙담당)이 기초한 「가안」을 법률안심의위원회(김병로 위원장을 포함하여 7명으로 구성됨)에서 1949년 6월 20일부터 동년 9월 12일까지 전후 13회에 걸쳐 심의하여 「제2가안」을 완성하였고, 이 심의의 계속 중에도 먼저 심의가 끝난 총칙부터 법전편찬위원회 총회에 제출되었는데, 제2가안은 총회에서 동년 8월 6일부터 동년 11월 12일까지 전후 11회에 걸쳐 토의된 끝에 「법전편찬위원회 형법초안」이 결정되었다(그 후 엄상섭 위원에 의한 자구와 조문체제에 대한 검토가 있었음).[18] 그 후 정부를 통하여 국회에 제출된 「형법초안」[19]은 1952년에 법제사법위원회에서 검토되어 수정안[20]이 작성되었고, 1953년에 본회의에 상정되어 4월 16일에 형법초안과 법사위수정안에 대한 설명이 있었고,[21] 본회의의 심의과정[22]에서 법사위수정안(상당히 광범위에 걸친)이 거의 전부가 채택되면서 통과되었으며,[23] 드디어 새 형법전은 동년 9월 18일에 법률 제293호로 공포되어

---

17 장승두, 「〈형법요강〉을 논함(1)」, 41면.

18 서일교 편, 『신형법』, 75면. 또한 「형법편찬위원회 형법초안(1)」, 법정 1950년 4월호, 36면 이하(제1편 총칙); 「同(2)」, 법정 동년 5월호, 31면 이하(제2편 각칙 제6장 폭발물에 관한 죄까지) −6·25로 인하여 중단된 것 같다−.

19 「형법초안(1)」, 법정 1951년 9월호, 29면 이하; 「동(2)」, 법정 동년 10월호, 25면 이하(총칙이 끝나고 각칙이 시작된다); 「동(3)」, 법정 동년 11월호, 31면(제6장 폭발물에 관한 죄 제129조까지), 「형법초안」의 전조문은 『형법』, 한국형사정책연구원, 15면 이하에 게재되어 있다.

20 「법사위 수정안」은 『형법』, 한국형사정책연구원, 95면 이하에 게재되어 있다.

21 서일교 편, 『신형법』, 87면.

22 제15회 정기국회와 제16회 임시국회의 본회의속기록은 형법, 한국형사정책연구원, 159면 이하에 게재되어 있다.

23 서일교 편, 『신형법』, 편자의 말.

동년 10월 3일부터 시행되었다.[24] 비록 그 내용은 일본의 개정형법가안[25]의 영향을 많이 받은 것이지만, 한국형법해석학의 바탕이 새로 마련되었다는 점에서 그 의의가 크다고 본다.

2) 이 시기의 우리 형법학은 한마디로 일본형법학 식인 객관주의와 주관주의의 대립의 양상을 띄고 있었다. 이것은 당시의 대학교수들이 대부분 일본에 유학하여(또는 일부는 경성제국대학에서) 일본형법학을 배웠기 때문에 당연한 일이라고 생각된다.

신형법이 시행되기 전에 나온 저서로는 1947년에 나온 황성희의 「〈현행〉형법요설」(등룡각)이 처음인 것 같고, 1948년에 나온 것으로 김남영의 「형법(총론·각론)」(삼중당)을 들 수 있다. 학계에서는 1949년에 심현상의 「형법총론」(건민문화사)과 이건호의 「형법강의 총론」(청구문화사), 1950년에 심현상의 「형법각론」(천문사)이 나왔다. 또 1950년에 장승두의 「형법요강(총론·각론)」(청구문화사), 1952년에 김두일의 「형법」(광지사), 송명관·최대용의 「형법강의 전(全)」(법률신문사)도 나왔다. 여기서 이건호의 입장을 살펴보면, "응보형론의 가치를 고찰해 보건대, 첫째, 그것은 형벌의 근거를 자연적 본능에 구하는 점에서 원시적 사회에 있어서 형벌을 설명함에는 편리하겠으나, 합리화·목적화된 현대문화국가의 형벌의 근거를 설명함에는 부족하다고 아니할 수 없는 것이다. … 둘째로, 응보형론의 정의는, 개인적·등가적 정의이며, 이런 경우에는 필연적으로 범죄와 형벌 사이에 등가적 관계가 확립될 것이 요청되는 것이나, 이와 같은 죄형균형의 원칙은 사실상 정확히 실현할 수는 없다고 함이 타당한 것이다. 또 이와 같은 응보적 정의는 … 개인과 사회와의 연대성을 무시하는 점에서 불충분한 것이라고 하는 비난을 면할 수 없는 것이다. 셋째로, 형벌의 내용을 해악 또는 고통으로 하자는 주장은, 인도에 반하며, 문화의 이념에 반하는 것이라고 생각하지 않을 수 없는 것이다. … 이러한 의미에서 응보형론은, 그 어떠한 견지에서 이것을 볼지라도, 합리적 근거를 가지고 있지 못하다는 것을 우리는 단정할 수밖에 없는 것이다. 목적형론에 있어서는, 개인의 가치는 개인이 사회의 일원(一員)인 한에서 이를 인정하는 것이나, 다시 나아가 개인 이외에 사회의 독자적 가치성도 이를 시인하는 것이다. … 따라서 목적형론의 기초가 되는 것은, 응보형론에 있어서와 같은 개인주의적 정의가 아니고, 말하자면 사

---

24 「현행형법·정부초안 조문대비표」가 『형법』, 한국형사정책연구원, 563면 이하에 있다.

25 총칙은 1931년에, 각칙은 1940년에 각각 미정고로 발표되었다.

회적 정의·국가적 정의인 것이다. … 범죄에 대한 형벌의 임무는 범인으로 하여금 다시 사회에 통용되는 인간이 되도록 사회화하며 교육하는 데 있다고 하는 것이다. 따라서 형벌은 응보에 있어서와 같이 쓸데없이 범인에 해악고통을 가하는 데 시종하지 않고, 적극적·인도적 의의를 가지고 문화적 사명을 완수할 수 있는 것이라고 하는 합리적 근거를 가질 수 있게 되는 것이다"(28~30면), "형벌의 중점을 범죄의 외부적 사실에 두는 학설을 객관주의라고 하는 것이다. … 범죄행위가 행위자의 의사와 성격에 의하여 결정된다고 해석한다면, 형벌의 대상을 단순히 범죄의 외부적 사실에 둘 수는 없는 것이다. 이리하여 형벌은 범죄행위 이외에 다시 범죄인의 반사회적 성격을 대상으로 하지 않으면 아니되는 것이다. … 이와 같이 형벌의 중점을 행위자의 내부적·주관적 사실에 두는 학설을 주관주의 또는 인격주의라고 하는 것이다"(36~37면)라고 주장하고서, 〈실행의 착수〉에 관하여는 "주관설에 있어서는 … 범죄적 의사가 확실히 행위에 의하여 표현됨에 이름을 요하는 것이라고 해석하는 것이다. 환언하면 범죄적 의사가 이를 수행하려고 하는 행위에 의하여 확실히 표현됨에 이르는 경우에 착수가 있는 것이라고 보는 것이다"(197면), 〈공범〉에 관하여 "종속성설을 취할 것인가 독립성설을 취할 것인가는 이론적으로는 타인의 행위로 인한 책임이라는 것을 인정할 것인가 아닌가에 의하여 결정되는 것이다. … 근대형법에 있어서는 범죄를 가지고 행위자의 반사회적 의사의 표현이라고 이해하여, 행위자 개인이 자기의 행위에 관하여 책임을 부(負)함을 원칙으로 함에 이르렀다. 즉 형법 진화(進化)의 노선은 집단적 책임으로부터 개인적 책임의 방향으로 향하고 있는 것이 사실이라고 할 수 있는 것이다. … 타인의 행위에 관하여 책임을 인정하는 종속성의 이론은 형법 진화의 방향에 배치될 뿐 아니라 근대적 형법의 원리인 형벌 개별화의 이상과도 모순되는 것이라고 단정하지 않을 수 없는 것이다. 그러므로 이상과 같은 의미 하에서 우리는 공범독립성의 이론이 타당하다는 것을 인정하지 않을 수 없는 바이다"(220~221면)라고 논술한다.

신형법이 시행된 이후에 있어서 대표적인 형법학자로는 서울대의 유기천, 고려대의 이건호·남흥우, 연세대의 정영석을 들 수 있다. 유기천은 일본의 東京대학 출신으로 객관주의 학자인 小野淸一郎의 강의를 들어서인지 이 당시에는 객관주의적 입장이라고 보인다.[26] 이에 반하여 일본의 東北대학 출신인 이건호는 木村龜二의 제자답게 전

---

26 "사유컨대 죄형법정주의 하에 있는 형법의 해석론으로는 일방에 있어서 형벌적 간섭의 범위를

술한 바와 같이 주관주의의 입장이었다. 한편 京城대학 출신인 남흥우는 절충적이면서도 객관주의적인 입장이고 京都대학 출신인 정영석은 절충적이면서도 주관주의적인 입장이라고 생각된다. 이들 이외에도 1954 · 55년 경의 형법담당교수로는 국민대 · 동국대의 김두일, 중앙대의 박용원, 홍익대의 정락진, 대구대의 백남억, 이화대의 이태희, 전남대의 기세훈, 성균관대의 신동욱, 신흥대(현 경희대)의 옥조남, 경북대의 박삼세 등을 들 수 있다.

　신형법을 해설한 저서로는 1953년에 김용진의 『신형법해의』(지구사), 박상일의 『신형법』(문향출판사), 서일교의 『신형법』(법률평론사), 1954년에 강서룡의 『신형법요의』(법제신보사), 김용식의 『신형법』(인문각), 이근상의 『신형법각론』(일한도서출판사), 1955년에 김용식의 『〈대한민국〉신형법각론』(보문각), 1956년에 유병진의 『한국형법총론』(서울고시학회), 이건호의 『형법강의(총론)』(일조각), 서일교의 『형법각론』(제1문화사) 등이 나왔다.

(2) 정돈기(1957~1967년)

　둘째 시기는 1957년부터 67년까지의 사이로서 〈정돈기〉라고 이름붙일 수 있겠다. 이 시기의 특색으로는 한국형사법학회의 창립, 목적적 행위론의 등장, 교과서의 대량출판, 4 · 19와 5 · 16으로 인한 학계침체, Welzel의 내한 등을 들 수 있다.

　1) 정돈기의 인적인 면에서의 특색은 〈한국형사법학회〉의 발족이다. 동학회의 발기인회는 1957년 5월 17일에 한국법학원에서 열렸는데, 강서룡(서울지검) · 김기두(서울대) · 김홍수(법무부) · 남흥우(고려대) · 노용호(동국대) · 문인구(서울지검 · 이화대) · 유병진(서울지법) · 이건호(고려대) · 이용훈(서울지검) · 이태희(이화대) · 장대영(서울

주관적 징표에 의하여 지나치게 확대함은 삼가야 하므로 주관주의의 지나친 적용은 금물이오 타방 법과 도덕을 준별하여야 하는 의미에서 객관주의는 원리적으로 타당하나 원시적인 결과책임을 탈피하지 못한 객관주의는 응당 합리하게 수정되어야 할 것이다"(형법강의안 1, 1951년, 24면)라고 논술하고서, 특히 〈공범의 본질〉에 관하여 "현행법의 해석론으로서는 객관주의 범죄론의 입장에서 범죄공동설과 … 공범종속성설에 의하지 않을 수 없다"(동 2, 1951년 58면)라고 주장한다. 이 『강의안』은 프린트 판인데, (1)은 서론부터 정당방위까지 60면이고, (2)는 긴급피난부터 죄수론까지 96면이고, (4)는 재산죄에 있어서 횡령 · 배임죄까지 101면이다. 그리고 (3)은 나오지 아니한 것 같다.

지검)·정영석(연세대)·황산덕(서울대)과 김종원이 모여서 김종원의 개회선언에 이어 노용호를 임시의장으로 선출하고 이태희로부터 경과보고가 있고 규약안을 채택하고 나서, 강서룡·계창업(서울변)·김기두·김홍수·남흥우·신동욱(성균관대)·유병진·이건호·이태희·정영석을 창립총회의 준비위원으로 선출하였다. 그리하여 한국형사법학회는 동년 5월 21일의 준비위원회를 거쳐서, 동년 6월 22일에 한국법학원에서 창립총회를 열어 이태희를 초대회장으로 선출하였다. 당시 이화여대 법정대 학장인 이태희는 본학회의 창립준비를 주도했으며, 약 10년간 본학회의 회장직을 맡았다. 학회가 창립된 후에는 거의 매월 학술발표회를 가졌으나[27] 4·19와 5·16으로 학회활동은 침체되었으며, 「형사법강좌」의 발간준비도 중단되었다.[28]

2) 이 시기에 있어서 한국형법학계의 하나의 발전은 〈목적적 행위론의 도입〉이라고 생각한다.

김종원은 1956년에 출간된 서울대의 「법대학보」(제3권 1호, 225면 이하)에 「범죄론의 현대적 변천」이라는 글을 실었다. 그것은 Richard Busch의 Moderne Wandlungen der Verbrechenslehre, 1949를 초역한 것인데(제7절 제외), 〈목적적 행위론 서설〉이라는 부제를 붙여서 1955학년도 제2학기의 리포트로서 노용호(강사)에게 제출했던 것이다. 이어서 1956학년도의 석사학위논문인 「형법에 있어서의 목적적 행위론 - Hans Welzel의 이론을 중심으로 -」(1957년)가 「법대학보」(제4권 1호, 1957년, 97~132면)에 실렸다. 이 논문은 결론에서 "목적적 행위론은 실증주의 내지 신「칸트」주의를 그의 철학적 배경으로 삼는 자연주의적 내지 인과적 행위개념 및 이를 기초로 한 형법체계를 비판·극복함으로써 존재론적·사물논리적인 목적적 행위개념을 파악하고 이를 기초로 하여 새로운 형법체계를 구성하려는 것이다. … 이상 고찰한 바와 같이 목적적 행위론은 규범적 책임론과 주관적 불법요소론의 확립으로 인하여 혼미(混迷)된 형법체계를 양자의

---

27 제1회 김기두 「형법이론의 기저(基底)에 있어야 할 것」(1957. 10. 5), 제2회 이건호 「Mens Rea 의 형법적 의의」(11. 2), 제3회 계창업 「담합입찰에 대한 처벌의 한계」(12.7), 제4회 정영석 「명예훼손죄에 있어서의 위법성조각」(1958. 1. 10), 제5회 김종원 「목적적 행위론」(2. 15), 제6회 김기두 「아세아범죄학회참석 귀환보고」(3. 22) 등.

28 「형사법강좌」는 박영사에서 출판하기로 하여 형법총론 부분을 김종원이 반이상 수집하였으나, 4·19로 중단되었다.

철저화 내지 발전화에 의해서 〈사실에 맞고 모순이 없는 형법체계〉에로 개수(改修)하는 것이며, 목적적 행위론의 앞으로의 발전은 기대되는 바가 매우 크다"(131~132면)라고 끝맺임하고 있는데, 이것이 우리나라에 있어서 목적적 행위론에 관한 최초의 포괄적인 모노그리피라고 생각한다. 이 논문이 계기가 되어서 Welzel과 알게 되어 자기가 발표한 논문들과 형법교과서를 김종원에게 거의 모두 보내 주었는데, 김종원은 그 가운데서 여러 편을 번역 내지 초역하여 발표하였을 뿐 아니라[29] 목적적 행위론을 소개하는 글을 많이 발표하였다.[30]

1948년에 고려대 교수로서 국제사법과 법철학의 강의부터 시작하고 1952년에 서울대로 옮긴 京城대학 출신의 황산덕은 대학강단에 선지 8년 만인[31] 1956년 4월부터 형법강좌도 맡게 되었는데,[32] 강의시작과 동시에 메츠거식인 『형법총론강의』를 현 법문사의 전신인 위성(葦聲)문화사에서 출판하였고[33] 이듬해인 1957년에는 목적적 행위론자인 Welzel의 『형법체계의 신형상(新形象)』을 번역·출판하였고,[34] 1960년에는

---

29 번역한 것으로는 「목적적 행위론과 형법의 현실적 제문제(상·중·하)」(법정, 1957년 12월호, 1958년 2, 8월호), 「목적적 행위론과 과실행위」(이화여대 법정학보, 제2권, 1958년), 「입법문제로서의 형법에 있어서의 고의와 착오의 규정」(법대학보〈서울대〉, 제6권 1호), 「책임과 위법성의 인식」(경희법학, 제2권 1호), 「형법과 철학」(법정, 1965년 5월호), 「목적적 행위론」(법정, 1967년 4, 6월호), 「책임론의 발전」(사법행정, 1967년 6월호) 등이 있다.

30 「목적적 행위론」(법정, 1960년 2월호), 「한스 벨첼의 목적적 행위론」(법정, 1964년 3, 4, 6월호), 「한스 벨첼과 목적적 행위론 - 그의 내한에 즈음하여(1, 2)」(법정, 1966년 3, 4월호) 등이 있다.

31 만약 8년 전에 대학강의를 시작할 때 형법강좌를 맡았더라면, 틀림없이 객관주의학자나 주관주의학자로 시작했을 것이다. 그런데 사실은 황산덕은 처음에 행정법강좌를 원했다고 한다.

32 동료교수인 김증한은 "황 교수의 형법담당이 쉽게 이루어진 것은 당시에 황 교수가 서울법대 교무과장을 맡고 있었기 때문이다. … 교무과장의 재량의 범위가 매우 넓었던 것이다"(「한국법학 40년」, 사법행정 1981년 8월호, 7면)라고 설명한다. 당시에 유기천이 재미(在美) 중이었고 또 김기두마저 도미(渡美)한 후였다. 따라서 형법담당 교수가 완전히 공석 중이었으며 그렇지 아니했더라면 아무리 교무과장이라도 유기천의 동의 없이 형법을 맡을 수는 없었을 것으로 생각한다.

33 〈머리말〉에서 "집필에 있어서는 현재 독일형법학계의 지도자로 있는 뮌헨대학의 메츠거 교수의 1954년도 5정판 형법교과서(E. Mezger, Strafrecht, Ⅰ, 1954)에 의거하였으므로 … "라고 서술하고 있다. 따라서 당연히 고의·과실은 「책임형식(책임단계)」(142면 이하)에서 논하고 있다.

34 Hans Welzel, Das neue Bild des Strafrechtssystems—Eine Einführung in die finale Handlungslehre, 3. Auflage, 1957을 번역한 것이다. 동역서(박영사)에서 Finalität ist darum—bildlich gesprochen—"sehend", Kausaliät "blind"(S. 3)를 "그러므로—형상적으로 표현하면—목적성은 「개안(開眼)적」(sehend)이고 인과성은 「맹목적」(blind)

Mezger · Welzel · 木村의 색채가 보이는 『형법총론』을 출판하였다. 여기서 〈木村의 색채〉가 보이는 예로는 〈실행의 착수〉에 관하여 Schönke - Schröder의 영향을 받은 木村의 「주관적 객관설」(木村龜二, 『刑法總論』,[35] 有斐閣, 1959年, 345頁 以下)을 받아들인 점이다. 그런데 木村은 자기의 「주관적 객관설」[36]과 Welzel의 「개별적 객관설」이 같은 것으로 잘못 알고 있는데,[37] 황산덕은 이 잘못된 부분까지도 받아 들이고 있다. 즉 황산덕은 「주관적 객관설(木村 345면 - 주11) 또는 개별적 객관설(Welzel 167 - 주12)」 (251면)이라고 하고서 木村의 학설내용을 받아들이고 또 주12(황산덕 255면)에서 "〈벨첼〉은 종래의 객관설을 일반적 객관설이라고 부르고, 새로이 주장되는 주관적 객관설을 〈개별적 객관설〉이라고 부르고 있다. 명칭은 여하간에 이것(Welzel의 개별적 객관설-필자 주)은 객관설을 기초로 하고서 주관설을 이에 흡수시키려는 취지의 학설이다"라고 설명한다. 여기서 Schönke - Schröder, 木村, 황산덕의 학설내용은 〈일종의 주관설〉임에 반하여 Welzel의 학설내용은 〈일종의 객관설〉이란 점을 주의해야 할 것이다. 황산덕은 1960년의 『형법총론』에서도 여전히 고의·과실이 책임론에서 다루어졌는데, 1963년의 「개정판」에 가서야 "초판에서 취하였던 범죄론체계를 수정하여 목적적 행위론의 그것에 완전히 맞추기로 하여"[38] 고의·과실을 구성요건의 단계에서 다루고 있다.

목적적 행위론에 관한 논문으로는 노융희의 「목적적 행위론과 그 백·본」(정치대학 10주년 학술지, 제1권, 1957년, 5월), 백남억의 「목적적 행위론과 형법상의 제문제」(법제월보, 창간호, 1958년) 및 「목적적 행위론」(고시계, 1962년 7월호), 정창운의 「현대형

이라 할 수가 있다"(15면)라고 번역하는데, 「따라서-비유해서 말하면-목적성은 〈선견(先見)적〉이고 인과성은 〈맹목적〉이다」라고 번역하는 편이 낫지 않을까 생각한다. 왜냐하면 목적성은 단순히 눈을 뜨고 하는 것이 아니라, 저기에 가자고 마음먹고서 거기에 가는 것을 말하며 미리 목표를 정하고서 그것이 이룩되게 하는 것이기 때문이다.

35 종래의 일본의 대표적인 주관주의 학자였던 木村龜二가 목적적 행위론을 가미한 이 총론책에 관하여는, 김종원이 법정, 1960년 1월호에 작은 활자로 5면에 걸쳐(75~79면) 비교적 자세히 소개하였다.

36 김종원이 보기에는, 木村의 〈주관적 객관설〉은 "주관설과 객관설을 결합한 것이지만 주관설을 기초로 한 것이라는 점에 특색이 있다"는 것이므로(『總論』, 345頁 〈註4〉), 마땅히 〈객관적 주관설〉이라고 명명했어야 옳았을 것이다.

37 木村은 「벨첼은 이것(木村의 주관적 객관설-필자 주)을, 종래의 객관설 즉 〈일반적 객관설〉에 대립시켜서 〈개별적 객관설〉이라고 말한다」(『總論』, 345頁 以下 〈註4〉)라고 논술한다.

38 『개정 형법총론』, 1963년, 〈개정판 서문〉 8면.

법학과 목적적 행위론」(법정, 1962년 3월호), 김성배의 「한스 · 벨첼 교수의 목적적 행위론과 법철학」(법정, 1964년 1월호) 들이 발표되었는데, 특히 이건호는 「형법 제13조와 목적적 행위론」(사회과학, 제2권, 1958년 3월)을 발표하여 이 이론을 지지하게 되었고 1964년의 『형법학개론』(고려대학교 출판부)에서 목적적 행위론의 체계를 취하였다. 하여튼 목적적 행위론의 등장으로 독일형법학에 관심을 갖게 된 점은 우리 형법학계의 커다란 발전이라고 생각한다.

3) 1961년경까지에 많은 교과서들이 나오게 되었다. 1957년에는 이근상의 『형법총론』(일한도서출판사), 이건호의 『형법각론』(일신사), 유병진의 『한국형법각론』(서울고시학회), 1958년에는 남흥우의 『형법강의(총론)』(경기문화사), 동국대 정창운의 『형법학총론』(박영사), 부산대 염정철의 『형법총론대의』(국제신보사 출판부), 1959년에는 성균관대 박문복의 『형법총론』(법정사), 옥조남의 『정해 형법강의(총론)』(범조사), 염정철의 『형법각론강의』(신아사), 박삼세의 『형법각론』(태백사), 1960년에는 유기천의 『형법학(총론강의)』(박영사), 백남억의 『형법총론(개정판)』(법문사), 정창운의 『형법학각론』(박영사), 1961년에는 정영석의 『형법총론』(삼중당) · 『형법각론』(삼중당), 황산덕의 『형법각론』(법문사), 1963년에는 유기천의 『형법학(각론강의)(상)』(박영사), 1965년에는 김종원의 『형법각론(상)』(법문사), 1966년에는 박정근의 『형법총론』(법문사), 1967년에는 유기천의 『형법학(각론강의)(하)』(일조각) 등이 나왔다.

이 시기의 대표적인 교과서 몇 권만 간단히 살펴보고자 한다. ① 백남억은 이미 1955년에 문성당에서 『형법총론』을 출간한 바 있으나 1960년에 그 〈개정판〉을, 또 1962년에 〈제삼 전정판〉을 법문사에서 냈는데, 맨 후저가 많이 읽혀졌으므로 이 책의 내용을 살펴보겠다. 먼저 〈구성요건〉을 위법 · 유책행위의 유형으로 보고(135면), 〈책임론〉에 있어서는 도의적 책임론의 입장에 서면서 이 "도의적 책임은 단적인 도의적 비난을 지칭하는 것이 아니라 윤리적 · 도의적 비난이 그 근저를 이루고 있는 법적 비난을 의미한다"(173면)고 주장하며, 〈긴급피난〉에 관하여는 책임조각설에 의거하는 것이 제일 온당한 것으로 생각하고(208면), 〈사실의 착오〉에 관하여는 구성요건적 부합설이 무리없이 해결할 수 있다고 보며(229면), 〈실행의 착수〉에 관하여는 "〈실행〉은 기본적 구성요건에 해당하는 행위를 말하며, 그 행위가 개시되었을 때 실행의 〈착수〉가 있는 것으로 보는 종래의 객관설을 그대로 수용하는 것이 제일 온당할 것이다"(245면)고 보고,

〈공범의 공동성〉에 관하여는 "일정한 기본적 구성요건에 해당하는 실행행위(범죄)를 공동으로 하는 것만이 진정한 의미의 공범이라 할 수 있는 것이다"(278면)라고 주장하여 범죄공동설(객관설)을 취하며, 〈공범의 독립성·종속성〉에 관하여는 공범종속성설이 타당하다고 보고(281면), 〈종속성의 정도〉에 관하여는 "현행형법은 극단종속형식을 취하고 있는 것이 명백한 것이라 하겠다"(284면)라고 보므로, 〈객관주의〉의 입장이라고 하겠다. ② 남흥우의 『총론』을 보면, 〈책임성〉에 있어서 "행위책임론은 구체적 인간을 파악하지 못하였다고 하겠다. 이는 순전히 인간을 자유의사를 가진 추상적 이성인이라고 생각하였는데 실제 구체적인 인간은 자유의사의 소유자이면서도 환경의 지배를 받는다는 것을 망각한 것이다. … 성격에다 책임의 근거를 두면 이는 환경 즉 사회에서 조성된 것 또는 숙명적으로 가진 것이니까 사실 이에 대하여는 비난할 수 없는 것이다. 도리어 사회 자체가 책임의 근거가 된다. … 도의적 책임론의 입장을 취하면서 해당 행위뿐 아니라 그 배후에 있는 인격에 책임을 두는 것이다"(89면)라고 주장하고, 〈사실의 착오〉에 관하여는 "법정적 부합설만이 타당한 이론인 것이다"(128면)라고 하며, 〈실행의 착수〉에 관하여는 「객관설과 주관설은 양극단에 서 있어 그 이론에서 나오는 결론은 전연 반대일 것이라고도 생각할는지 모른다. 그러나 실제문제를 해결하는 데 있어서는 동일한 결론에 귀착하는 것이다」(137면)라고 설명하고, 〈공범의 성질〉에 관하여 "객관주의의 형법이론은 범죄공동설을 주장하고 있다. … 공범을 구별하여 정범, 교사범, 종범의 셋으로 나누는 현행법은 … 이 입장을 취하는 것으로 본다"(156면)라고 주장하며, 〈공범론에 있어서의 종속성설과 독립성설〉에 관하여는 "나는 현행형법의 해석론으로서 〈원칙으로〉 교사범 및 종범이 정범의 실행의 착수를 조건으로 하여 처벌되는 범위, 교사범 및 종범의 책임이 정범의 실행행위의 정도를 한도로서 인정되는 범위에서 종속성을 시인한다"(161면)라고 하고서, 〈종속성의 정도〉에 관하여는 "현행형법은 제한종속형식을 따르고 있다고 해석된다"(164면)라고 서술하고 있는데, 〈절충적이면서도 객관주의의 입장〉이라고 하겠다. ③ 정영석의 『총론』을 보면, 〈책임의 본질〉에 관하여 "도의적 책임론은 자유의사를 전제로 하는 추상적인 책임론인데 대하여, 사회적 책임론은 사회방위의 입장으로 실증적인 책임론이라는 점에 각각 특징이 있고, 규범적 책임론은 종래의 자유의사라는 관념을 피하여 규범적 비난가능성을 중시하는 데 특징이 있고, 인격책임론은 도의적 책임론의 입장에 서면서 해당행위뿐만 아니라 그 배후에 있는 인격을 책임의 기초로 하는 데 특징이 있다. 요컨대, 책임이론에 관한 학설의 대립

은 결국 형법의 기초이론으로서 응보형주의 및 객관주의와 목적형주의 및 주관주의와
의 대립에 귀일(歸一)한다고 할 것이다. 다만 여기에, 어떠한 책임론의 입장에 서든지
형법은 살아 있는 인간을 규율하는 규범이므로, 형이상학적으로 평등한 자유의사를 가
지는 추상적인 이성인을 전제로 하는 책임론은 있을 수 없고, 또 법률로서의 형법은 국
가적 사회적 규범으로서 당연히 윤리적인 요소를 그 근저로 하고 있으므로, 인간의 주
체성을 부정하여 책임을 윤리적으로 전혀 무색한 것으로 하는 책임론도 있을 수 없다
는 점에 유의하여야 할 것이다"(191면)라고 서술하며, 〈실행의 착수〉에 관하여는 "객관
설은 타당하지 않고, 따라서 〈실행의 착수〉는 주관설에 의하여 논정하여야 할 것이다.
즉 범죄를 범죄적 의사의 표동(행위자의 반사회성의 징표)으로서 이해한다면, 〈실행의
착수〉는 범의의 수행성과 확실성에 의하여 논정되어야 할 것이다"(249면)라고 주장하
고, 〈공범의 종속성·독립성〉에 관하여 [초판(1961년, 283면)]에서는 "양설(공범종속
성설과 공범독립성설)의 대립은 형법의 기초이론에 있어서의 객관주의와 주관주의와의
대립이 특히 공범이론에서 전개된 것이라고 할 수 있으며, 결국 범죄의 실행행위를 객
관설에 의하여 이해할 것인가 또는 주관설에 의하여 이해할 것인가의 문제에 귀착된다
고 하겠다(〈범죄실행의 착수〉 참조)"까지 기술되어 있으나, 법문사 출판인 [제3 전정판
(1973년, 232면)]·[제4 전정판(1978년, 232면)]·[제5 전정판(1983년, 247면)]에서는
이어서 「공범종속성설의 이론에서는 타인인 정범자의 행위 – 실행의 착수 –를 표준으로
하여 공범의 실행의 착수시기를 정하려고 하나, 첫째로 범죄의 실행행위는 행위자의 외
부적 행위와 함께 종료되는데, 공범자의 실행행위는 종료하더라도 아직 착수가 없는 것
으로 되고, 둘째로 공범행위는 그 자체로서는 범죄성을 갖지 않고 정범으로부터 범죄성
을 차용하여 옴으로써 비로소 처벌된다는 결과로 된다. 그러나, 타인의 행위의 범죄성에
의하여 자기의 행위가 범죄로 되어 처벌된다는 사상은 근대형법이 기본으로 하는 개인
책임주의의 원리에 위배된다고 하겠다. 이런 의미에서 공범의 범죄성은 공범자 고유의
것으로 생각하는 공범독립성설이 타당하다고 본다"라는 부분이 보충되었는데,[39] "현행
형법(제31조 제1항, 제32조 제1·2항—필자 보충)은 교사범 및 종범이 성립하기 위하여
는 정범(피교사자 또는 피방조자)의 범죄실행을 전제로 하는 공범종속성을 인정하고 있

---

39 [개정판(1966년, 법문사)]부터 보충되었는지는 확인하지 못하였다.

다고 할 수 있다. 그러나 … 형법 제31조 제2항·제3항의 규정은 교사범의 성립에 있어서 피교사자의 실행행위를 요건으로 하지 않고 독립하여 성립할 수 있다는 공범독립성설을 어느 정도 천명한 것이라고 할 수 있다(입법은 타협할 수 있기 때문이다). 다만 이경우에 교사자를 미수범으로서 처벌하지 않고 음모 또는 예비에 준하여 처벌한다고 규정한 것은 완전히 공범독립성에 입각하였다고는 할 수 없으나, 주관주의의 입장에서 공범독립성에로의 방향을 시사하고 있는 것만은 사실이다"(284면 이하)라고 하여 현행형법 하에서의 해석론을 전개하고나서, "위에서 고찰한 바와 같이 현행형법의 해석상으로는 일응 공범종속성이 긍정된다고 하여도, 다시 교사범 및 종범이 성립하기 위하여는 정범(피교사자 또는 피방조자)의 행위는 어느 정도로 범죄의 성립요건을 구비하는 것이 필요하겠는가"(285면)라는 〈종속성의 정도〉에 관하여 현형형법은 제31조 1항과 제32조 1항의 규정에 비추어 "극단종속형식을 취하고 있다고 하겠다"(286면)라고 결론내고 있는데, 〈절충적이면서도 주관주의의 입장〉이라고 본다. 이상으로 제1기에 있어서의 형법이론 전개의 바탕이 되는 〈객관주의 대 주관주의〉의 시각에서 대표적인 형법학자의 견해를 살펴보았다.

유기천은 도미유학 후에 무의식의 세계를 도입하는 새로운 형법이론을 구상하면서 『형법학(총론강의)』를 집필하였으며,[40] 1964년 4월에 일본형법학회에서 「비교형법의 기본문제」라는 논제로 강연을 하였다. 그리고 형법학의 박사 제1호는 외국박사로는 1958년에 「한국문화와 형사책임」이란 논문으로 미국의 예일대에서 받은 유기천이라고 생각되고, 국내박사로는 1961년에 「형사책임구조의 본질에 관한 일고찰」이란 논문으로 고려대에서 받은 이건호이며,[41] 국내형법박사 제2호는 1966년에 「정당방위의 체계적 연구」라는 논문으로 동국대에서 받은 정창운이다. 그런데 유기천의 「한국문화와 형사책

---

[40] Welzel은 「형법과 철학」(이 논문은 1930년에 발표된 것이지만, 1964년의 Vom Bleibenden und vom Vergänglichen in der Strafrechtswissenschaft의 부록으로 27면 이하에 실려 있는데, 김종원의 번역문이 법정, 1965년 5월호, 59면 이하에 실려 있다)에서 특히 Freud에 의해서 발전된 심층심리학(Tiefenpsychologie)이 그 핵심에 있어서 형법상 중요하다는 것을 Gotthold Bohne가 그리고 요즈음 Edmund Mezger도 지적하였다고 논술하면서 1927년에 발표된 Bohne의 「정신분석학과 형법」을 주에서 소개하였다(김종원 역, 62면).

[41] 황산덕은 국내 제1호 법학박사이지만(서울대, 1960년 9월), 논제는 「최근 자연과학의 발달이 법철학에 미치는 영향」이므로 법철학에 관한 것이다.

임 - 법률학의 과학적 방법의 한 적용 -」(사상계, 1958년 9월호)[42]에 대하여 황산덕은 「지성의 방향」(신태양, 1958년 10월호)에서 "미국사람의 눈에 우리 한국을 아프리카 토인과 같은 수준의 문화밖에는 가지고 있지 못한 야만민족으로 보여줌으로써 그는 박사가 된 것이다. … 지식은 있으나 그는 어디까지나 무지(無知)한 사람인 것이다"라고 논박하였고, 이에 대하여 유기천은 「한국과 문화의 문제 - 〈지성의 방향〉을 박함 -」(신태양, 1958년 11월호)에서 「무지를 폭로한 자는 과연 누구?」라고 반박했는데, 이 논쟁에 대하여 한국문화의 전문가인 부산대 교수 이정학이 「한국문화의 바른 인식을 위하여 - 유기천씨의 학위논문 〈한국문화와 형사책임〉을 논함 - (상·중·하)」(신태양, 1959년 3·4·5월호)에서 유기천의 한국문화론을 조목조목 자세히 논박하고 결론에서 " … 씨가 그 논문에서 취급한 한국문화나 한국민족의 성격 등에 대한 견해는 너무나 비(非)학문적이고 너무나 사실과 틀리는 것이 많았음은 참으로 유감된 일이었다. 나의 이 글은 … 주되는 목적은 한국문화에 대한 잘못된 인식을 다소라도 시정할 수 있을까 하는 의도에서였다. … "라고 서술하였는데, 당시 학계에서 크게 화제가 되었다.[43]

4) 끝으로 1966년 봄에 세계적인 법철학자요 또 목적적 행위론의 주창자인 독일의 Hans Welzel이 내한하여 경향 각지에서, 즉 형사법학회, 서울대, 연세대, 경북대, 부산대, 경희대에서 목적적 행위론과 법철학에 관한 강연을 했으며, 김종원이 학과장으로 있던 경희대에서 명예법학박사학위를 받은 것은 특기할 만하다. 그 1년 전에는 역시 독일의 Gerald Grünwald가 형사법학회에서 강연한 바 있다.

(3) 발동기(1968년~1980년대 전반)

셋째 기간은 1968년부터 1980년대 전반(前半)까지의 사이로서 〈발동기〉라고 이름 붙일 수 있겠다. 이 시기의 특색으로는 외국 박사들이 귀국하기 시작한 점과 국내에서 박사학위논문들이 많이 나온 점 그리고 제1기의 총결산으로서 『형사법강좌 Ⅰ·Ⅱ』가 나온 점을 들 수 있으며, 우리 형법학계가 새로운 발전에로의 발동이 걸렸다고 본다.

---

42 학위논문의 전반(前半) 요약이며, 이 글은 미완이다.

43 이 논쟁에 관련된 4편의 글은, 손세일 편 『한국논쟁사 Ⅲ 정치·법·경제편』, 1976년, 210~275면에 실려 있다. 단, 이정학의 논문에서의 주는 모두 생략되어 있다.

1) 독일의 Bonn대학에서 Welzel의 지도로 「라드부르흐에 있어서의 법철학적 상대주의의 진로」라는 테마로 1967년에 박사학위를 취득한 정종욱은 10년 만에 귀국하여, 1968년에는 부산대, 69년에는 중앙대의 교수로 재직하다가 귀국한 지 1년 반 만에 다시 독일로 돌아간 것은 애석한 일이었다. 프라이부르크의 막스 · 프랑크 국제외국형법연구소 동아세아담당 연구원으로 재직하면서 몇 번 귀국하여 형사법학회와 대학에서의 강연을 통하여 최신의 독일형법학계의 동향을 전해주었으나, 정말 애석하게도 1982년 6월 22일에 독일의 프라이부르크에서 타계하였다.[44] 1985년에 H-H. Jescheck · 김종원 · 西原春夫 · H-L. Schreiber의 공동편집으로 된 『정종욱 교수 추도문집』이 나왔는데, 독일교수들(11명)은 논문을, 한국(13명) · 일본(23명) · 대만(1명)의 교수들은 추도문을 내었다. 정종욱과 서울법대 동기생인 성시탁도 대학졸업 후 바로 도일(渡日)하여 明治대학에서 修士학위를 받은 후 박사과정에서 木村龜二의 지도로 「고의와 위법성의 인식」이라는 테마로 1968년에 박사학위를 취득하여 10수년 만에 귀국하고서, 1969년에 단국대에, 71년부터는 외국어대에 재직하였다. 스승을 따라 목적적 행위론의 입장인 줄로 안다. 박동희는 독일의 Bonn대학에서 G. Grünwald의 지도로 「한국형법에 있어서의 강도죄와 공갈죄」라는 테마로 1971년에 박사학위를 받고 귀국하여 건국대에 재직하였다. 심재우는 1966년에 도독하여 W. Maihofer의 지도로 「저항권과 인간의 존엄」이라는 테마로 1973년에 박사학위를 받고 귀국하여, 74년부터 고려대에서 형법과 법철학의 강좌를 맡았다. 심재우가 특히 Maihofer의 사회적 행위론을 적극적으로 소개한 것은 특기할 만하다.[45] Maihofer의 사회적 행위개념에 관한 기본이 되는 논문은 그가 1953년에 발표한 「범죄체계에 있어서의 행위개념」인데, 이 논문에 관하여는 김종원이 이미 1960년 4월호의 〈법정〉에서 자세히 소개한 바가 있다(61~65면).

2) 형법에 관한 박사학위논문으로는, 백남억의 「단독범죄론의 기본구조」(영남대, 1970년), 서일교의 「조선왕조형사제도의 연구」(중앙대, 1972년), 김종수의 「공모공동정범이론에 관한 연구」(건국대, 1973년) 등이 나오다가, 구제박사학위논문 제출마감이

---

44 타계한 다음 해인 1983년에 13편의 유고를 모아 「한독법학논고 - 정종욱박사유고집」이 간행되었다.

45 「사회적 행위론」, 법조, 1975년 7월호.

1975년 2월 말까지로 됨에 따라, 학위논문이 2·3년 사이에 많이 나오게 되었다. 즉 권문택의 「형법상 피해자 측면에 관한 연구」(중앙대, 1974년), 손해목의 「간접정범에 관한 연구」(단국대, 1975년), 염정철의 「공범과 신분의 그 법적 구조에 관한 연구」(동국대, 1975년), 정석규의 「미수범에 관한 연구」(충남대, 1975년), 김종원의 「금지착오에 관한 연구」(서울대, 1976년), 이수성의 「형법상의 책임개념」(서울대, 1976년), 오도기의 「대명률과 경국대전 형전의 실체법적 비교 연구」(조선대, 1977년) 등을 들 수 있다. 이들은 외적인 반강요에 의한 느낌이 있지만, 이를 계기로 학문활동이 활발해졌고 또한 학문연구의 무드가 잡히면서 후배양성도 활발해졌다. 그 후로도 이재상의 「보안처분의 연구」(서울대, 1978년), 정성근의 「공모공동정범론에 관한 연구」(성균관대, 1980년), 최근혁의 「근대형법사조에 관한 연구」(동국대, 1980년), 정진연의 「과실의 공동정범에 관한 연구」(성균관대, 1982년), 임웅의 「형법상의 법익개념에 관한 연구」(서울대, 1982년), 김선수의 「형사책임능력에 관한 연구」(동아대, 1984년) 등이 나왔다. 한편 1974년부터 77년까지 3년간 일본의 日本大에 유학한 박정근은 「인격책임의 신이론」이란 테마로 1981년에 日本大에서 박사학위를 받았다.

3) 이 시기에 나온 〈형법교과서〉로는, 박동희의 『형법학총론』(법문사, 1977년), 진계호의 『신고 형법총론』(대왕사, 1980년)·『신고 형법각론』(대왕사, 1983년), 정성근의 『형법총론』(법지사, 1983년)·『형법각론(상)·(하)』(법지사, 1985·1990년), 차용석의 『형법총론강의[1]』(고시연구사, 1984년)[46] 등을 들 수 있다. 그리고 〈논문집〉으로는 『석정 정창운 교수 회갑기념 논문선집』(1966년), 김종수의 『형사법연구(상) – 형법 편』(법전출판사, 1978년), 염정철의 『형법연구 제1·2권』(법전출판사, 1980년), 정영석의 『형사법의 제문제』(법문사, 1982년), 권문택의 『형법학연구』(박영사, 1983년) 등이 나왔다. 또 〈축하·기념논문집〉으로는 『백남억 박사 환력기념 논문집』(법문사, 1975년), 『정영석 교수 회갑기념 특집호』(사회과학논집〈연세대〉, 제8집, 1977년), 『재인 김종수 박사 회갑축하 논문집』(1979년), 『법철학과 형법 – 황산덕 박사 화갑기념』(법문사, 1979년), 『현대형사법론 – 김기두 교수 화갑기념』(경문사, 1980년), 『형사법의 제문제 – 양촌 신

---

46 1988년에 『형법총론강의』가 나왔다. [1]은 위법성론까지였는데, 책임론이 추가되었다.

동욱 박사 정년기념 논문집』(삼영사, 1983년), 『형사법학의 제문제 - 권문택 교수 화갑기념 논문집』(1983년) 등이 나왔다.

4) 형사법학회는 1975년 10월에 정석규 학장의 주선으로 청주대학에서 학술발표회를 가졌는데, 이것이 학회가 지방대학에서 세미나를 여는 첫번째가 된다. 그리고 독일의 Joachim Herrman(1975년), Hans-Ludwig Schreiber(1976년), Günther Kaiser(1977년) 등이 학회에서 강연을 했다. 1978년에는 학회초청으로 독일형법학계의 거봉인 Hans-Heinrich Jescheck이 내한하여 학회에서 강연을 하였고 성균관대에서 명예법학박사학위를 수여하였다. 또한 동년에 조선대에서 〈한국형법의 재검토〉에 관한 세미나를 열었다. 1982년에는 일본의 慶應대학의 宮澤浩一의 강연이 있었고 또한 학회초청으로 내한한 독일의 Günther Kaiser의 강연이 있었다. 1984년에는 Arthur Kaufmann과 Claus Roxin 의 강연이 있었고, Roxin에게는 한양대학에서 명예법학박사학위를 수여하였다. 1985 년에는 학회초청으로 내한한 Albin Eser의 강연이 있었고 또 일본의 東北대학의 莊子邦雄의 강연도 있었다. 또한 동년에 경찰대에서 〈행위반가치론과 결과반가치론〉에 관한 세미나가 있었다. 〈행위반가치론〉에 관하여는 김종원이, 〈결과반가치론〉에 관하여는 차용석이 발표하였다. 1986년에는 동아대에서 〈한국형법총칙의 개정〉에 관한 세미나가 있었다. 지방대학에 가서 세미나를 여러 번 연 것도 특색이겠지만, 독일 교수뿐 아니라 일본교수도 우리 학회에서 강연을 한 것이 특색이 되겠다. 역으로 1983년에는 김종원이 회장 자격으로 일본형법학회에 가서 「한국형법학에서 본 일본형법학」이란 테마로 강연을 하였고 명예회원이 되었다.[47] 이와 같이 80년대에 들어와서 독일뿐 아니라 일본과도 학계교류가 빈번해진다는 것은 좋은 일이라 생각한다. 그리고 형사법학회 편 (編)으로 1981년에 『형사법강좌 I (형법총론 상)』(박영사)을, 84년에는 『동 II (형법총론 하)』(박영사)를 발간했는데,[48] 형법학연구에 하나의 커다란 결실을 냈다고 평가하고 싶

---

47 2003년 4월 20일 현재로 일본형법학회의 〈명예회원〉수는 35명인데, 독일 20명, 미국 10명, 불란서 · 스위스 · 벨기에 · 이스라엘 · 한국 각 1명이다. 김종원은 유일한 동양인이고 24번째로 명예회원이 되었는데, 그 앞에 명예회원이 된 사람 가운데 12명이 서거하였다(日本刑法學會 編, 『日本刑法學會50年史』有斐閣, 2003年, 134頁).

48 I, II의 〈서(序)〉에서 형사법학회의 창립일이 1957년 5월 22일로 적혀 있는데, 동년 6월 22일로 바로잡는다.

고 〈제1기〉의 총결산이라고 본다. 이것은 형법총론의 중요 테마를 회원들이 분담집필한 것이다. 〈상권〉에는 형법의 의의·목적·기능(황산덕), 한국형법사(오도기), 죄형법정주의(김기두), 형법학파의 논쟁(정영석), 한시법(정성근), 형벌권의 제한(심재우), 행위론(심헌섭), 구성요건론(정영석), 법인의 형사책임(권문택), 부작위범(박상원), 인과관계(성시탁), 위법성의 이론(남흥우), 가벌적 위법성론(임웅), 정당방위(이형국), 오상과잉방위(차용석), 긴급피난(이형국), 자구행위(권문택), 피해자의 승낙(이형국), 초법규적 위법조각원리(손해목), 노동형법(임종률), 과실범(김종원), 신뢰의 원칙(차용석), 결과적 가중범(박상원)이 실렸고, 〈하권〉에는 형법학에 있어서의 자유의사론(남흥우), 책임능력(차용석), 원인에 있어서 자유로운 행위(이형국), 고의(박동희), 구성요건적 착오(명형식), 금지착오(김종원), 기대가능성(진계호), 예비죄(권문택), 실행의 착수(정석규), 중지미수(김봉태), 불능미수(김종원), 정범과 공범의 구별(심재우), 공범의 구조(김종원), 간접정범(차용석), 공동정범(정성근), 공모공동정범(김종수), 교사범(정성근), 공범과 신분(권문택), 형벌의 본질(심재우), 사형(신진규), 양형론(박은정), 보안처분(박재윤)이 실렸다.

3. 제2기(1980년대 전반 ~)

제2기의 시작은 교과서 수준에서 본격적으로 독일형법학의 영향을 받기 시작한 때로부터인데, 제1기의 끝과 겹치게 된다.

(1) 개화기(1980년대 전반~2002년)

이 기간은 1980년대 전반부터 2002년까지의 사이로서 〈개화기(開花期)〉라고 이름 붙일 수 있겠다. 이 시기의 특색으로는, 형법에 관하여 외국에서 박사학위를 받고 귀국한 사람이 많아졌다는 점, 형법교수가 많아졌다는 점, 독일형법학의 영향을 받은 교과서가 많이 나왔다는 점, 독일뿐 아니라 일본과의 학문적 교류도 활발해졌다는 점, 형법전의 전면적 개정작업이 행하여졌고 형법전의 일부개정이 있었다는 점, 형사판례연구회와 비교형사법학회가 새로 발족하였다는 점 등을 들 수 있겠다.

1) 이 기간에 외국에서 형법으로 박사학위를 받고 귀국한 교수들을 소개하면, 좀 더 앞서지만 〈독일〉에서 귀국한 연세대의 이형국(형법 제34조의 정당화적 긴급피난에 있어서의 이익형량과 적합성심사, 하이델베르크대, 1978년), 그리고 고대의 김일수(형법에 있어서의 인간존엄의 의미, 뮌헨대, 1983년), 동아대의 허일태(무죄자소추죄(형법 제344조), 빌츠부르크대, 1984년), 고대의 배종대(형법의 처분법에서의 비례성의 원칙, 프랑크푸르크대, 1984년), 연세대의 박상기(사후적 가담범, 굇틴겐대, 1986년), 서강대의 최우찬(정당방위와 사회상규, 프라이부르크대, 1986년), 한양대의 김영환(형법상 책임원칙의 의문성과 필연성, 뮌헨대, 1986년), 건국대의 손동권(현행법에 의한 양심범의 처벌의 문제성, 본대, 1989년), 고대의 하태훈(불능미수의 형법적 취급, 쾨른대, 1990년), 서울대의 이용식(독일과 한국의 형법에서의 면책사유, 프라이부르크대, 1991년), 인천대의 류인모(중지미수에서의 자의성과 그 이론적 의미, 굇틴겐대, 1991년), 아주대의 조상제(결과적 가중범의 가중처벌근거, 본대, 1991년), 고려대의 이상돈(형법상의 유추금지, 프랑크프루트대, 1991년), 연세대의 전지연(독일과 한국의 형법 하의 자살관여죄의 간접정범, 굇틴겐대, 1992년), 영남대의 성낙현(횡령죄의 영득, 킬대, 1992년), 선문대의 한정환(규범적 구성요건요소와 역착오, 본대, 1993년), 중앙대의 김성천(정당방위와 법문화, 비레펠트대, 1993년), 이화대의 정현미(안락사와 형법, 프라이부르크대, 1994년), 인하대의 조훈(형법의 시간적 적용범위, 본대, 1994년), 동의대의 김학태(기능적 책임론의 한계, 잘란트대, 1995년), 경희대의 안경옥(사기죄에 있어서의 손해산정의 원칙과 사기죄의 기수시기, 킬대, 1995년), 경희대의 서보학(1995년 한국개정형법전과 독일형법전의 법효과부분에 대한 비교연구, 쾨른대, 1996년), 경남대의 하태영(적극적 일반예방의 관점에서 본 피고인에게 불리한 판례변경, 할레대, 1996년), 홍익대의 오상원(책임의 기초와 한정책임능력, 튀빙겐대, 1998년), 계명대의 임상규(양형의 합리화, 굇틴겐대, 2000년), 숙명대의 이경렬(연속범에 관한 독일연방대법원 40.138 이후 Tateinheit의 정확한 이해와 이중기소의 적용범위, 쾨른대, 2002년), 항공대의 황호원(정당방위에 있어서의 도발행위, 마인쯔대, 2002년) 등이 있으며, 〈불란서〉에서 귀국한 백원기(어떤 범죄의 정범에게 기여된 간접적 공범행위에 관하여, 파리 제2대, 1989년) 등이 있다.

한편 형법에 관하여 국내에서 박사학위를 받은 사람은, 수원대의 양화식(정당방위의 사회윤리적 한계에 관한 연구, 성균관대, 1986년), 단국대의 박양빈(고의의 범죄론상 체계적 지위, 국민대, 1986년), 전주대의 진계호(형벌의 본질에 관한 연구, 원광대, 1987년), 청주대의 오선주(가벌적 위법성 이론에 관한 연구, 성균관대, 1987년), 성신대의 조준현(부작위범의 범죄체계론에 관한 연구, 서울대, 1987년), 단국대의 강영철(신뢰의 원칙에 관한 연구, 중앙대, 1987년), 호서대의 이보영(과실공동정범의 이론에 관한 연구, 단국대, 1987년), 한양대의 오영근(범죄인의 사회적 처우에 관한 연구, 서울대, 1988년), 한남대의 신치재(기대가능성 이론에 관한 연구, 중앙대, 1989년), 전북대의 신양균(형법상 인과관계와 객관적 귀속, 연세대, 1989년), 동의대의 정행철(구체적 위험범에 관한 연구, 경희대, 1989년), 대전대의 김용세(범죄론체계에 있어서 행위개념의 의의에 관한 연구, 충남대, 1989년), 전남대의 노용우(형사책임능력에 관한 연구, 서울대, 1989년), 해양대의 이경호(과실범의 현대적 조명과 과제, 부산대, 1989년), 배재대의 김용욱(과실범에 있어서 객관적 주의위반행위와 결과와의 관련에 관한 연구, 연세대, 1989년), 동아대의 김상호(치료감호제도에 관한 연구, 경남대, 1989년), 성균관대의 박광민(정당화사유의 일반이론에 관한 연구, 성균관대 1990년), 광운대의 박상열(사기죄에 있어서 부작위에 의한 기망에 관한 연구, 연세대, 1990년), 외국어대의 이훈동(정당화사정의 착오에 관한 연구, 외국어대, 1991년), 목원대의 정대관(부진정 부작위범에 관한 연구, 성균관대, 1991년), 건국대의 이승호(우리나라의 보안처분류 제재체계에 대한 비판적 검토 - 처분대상자의 관점에서, 서울대, 1991년), 강릉대의 오경식(다수참가범죄의 미수에 관한 연구, 연세대, 1992년), 강원대의 윤용규(형법상의 기대가능성이론에 관한 연구, 고려대 1992년), 경희대의 정영일(과실범에 있어서의 인적 불법론에 관한 연구, 서울대, 1992년), 호남대의 김영옥(사형제도에 관한 연구, 전주대, 1992년), 서원대의 천종철(결과적 가중범에 관한 연구, 연세대, 1993년), 안동대의 문채규(부진정 부작위범의 가벌성요건에 관한 고찰, 고려대, 1993년), 성균관대의 김성돈(책임개념의 기능화와 적극적 일반예방이론, 성균관대, 1993년), 충남대의 김재봉(주관적 정당화요소에 관한 연구, 서울대, 1996년), 경북대의 천진호(금지착오에 있어서 정당한 이유, 경북대, 1996년), 건국대의 박상진(위법성 착오와 책임조각의 한계, 중앙대, 1999년), 국민대의 한상훈(원인에 있어서 자유로운 행위와 책임귀속에 관한 연구, 서울대, 2000년), 가톨릭대의 김태명(정당방위의 요건으로서 상당성에 관한 연구, 서울대, 2000년), 동양대의 이상윤(형법상 책임과 형벌목적의 관계에 관한 연구, 외국어대, 2000년) 등이다.

이상으로 국내외에서 많은 형법연구자가 박사학위를 받았는데, 이제는 박사학위가 있어야 대학교수가 될 수 있게 되었다. 또 1981년의 교육혁명으로 대학의 문이 넓어지면서 대학교수의 문도 넓어져 자연히 형법교수의 수도 많아졌다는 점이 특기할 만하다. 이와 같이 연구자의 수가 많아짐으로써 서로 경쟁심도 생기고 학구열도 고조되는 것으로 생각한다.

2) 이러한 분위기 속에서 독일형법학의 영향을 받은 교과서들이 나오기 시작한다. 즉 1984년에 이재상의『형법신강(총론Ⅰ)』(박영사), 이형국의『형법총론연구Ⅰ』(법문사), 1985년에 이재상의『형법신강(각론Ⅰ)』, (박영사), 1986년에 이형국의『형법총론연구Ⅱ』(법문사), 이재상의『형법총론』(박영사), 1988년에 김일수의「형법학원론(총칙강의)』(박영사), 이재상의『형법신강(각론Ⅱ)』, (박영사), 1989년에 김일수의『형법총론』(박영사), 이재상의『형법각론』(박영사), 1990년에 이형국의「형법총론』(법문사), 1992년에 배종대의『형법총론』(법문사), 김일수의『한국형법Ⅰ(총론 상)』·『한국형법Ⅱ(총론 하)』(박영사), 1994년에 김일수의『한국형법Ⅲ(각론 상)』·『한국형법Ⅳ(각론 중)』(박영사), 박상기의『형법총론』(박영사), 배종대의『형법각론』(홍문사), 1995년에 김일수의『한국형법Ⅴ(각론 하)』(박영사)가 나왔다. 이상 다섯 학자들의 첫 저서 출간 당시의 연령을 보면, 이형국이 40대의 중반일 뿐 나머지는 40대 초였다는 점에 비추어 1980년대 후반에 들면서 우리 형법학계도 이제 젊은 세대가 이끌어 간다는 것을 실감할 수 있다. 이형국의 〈총론연구〉는 두 권으로 총852면인데, 김일수의 〈총칙강의〉는 단권으로 1282면에 이르는 초대작이고 한국형법의 〈총론 상·하〉는 1526면, 〈각론 상·중·하〉는 1952면이어서 총3478면의 초초대작이다. 하여튼 이재상·이형국·김일수에 의하여 최근의 독일형법이론이 체계적으로 도입되기 시작하고 배종대, 박상기가 이에 가세함으로써, 우리 형법학계는 바야흐로 독일형법학의 본격적인 직수입시대를 맞이하게 되었다. 이리하여 총론교과서는 독일의 경향에 따라 고의범, 과실범 및 부작위범의 세 군(群)으로 나누어 논하게 되었고(미수범과 공범은 논외로 함), 불법개념, 객관적 귀속, 행위반가치와 결과반가치, 고의의 이중적 지위, 정당방위에 있어서의 사회윤리적 제한, 책임과 예방, 미수범의 처벌근거, 공범의 처벌근거, 형벌목적과 범죄론 등이 논점으로 부각되었다. 그 후 1996년에 김일수의『형법각론』(박영사), 박상기의『형법각론』(박영사), 손해목의『형법총론』(법문사), 1997년에 이형국의『형법각론연구Ⅰ』(법문

사), 1998년에 안동준의『형법총론』(학현사), 김성천/김형준의『형법총론』(동현출판사), 1999년에 임웅의『형법총론』(법문사), 2000년에 김성천/김형준의『형법각론』(동현출판사), 2001년에 손동권의『형법총칙론』(율곡출판사), 신동운의『형법총론』(동국전산), 정성근/박광민의『형법총론』(삼지원), 임웅의『형법각론』(법문사), 2002년에 오영근의『형법총론』(대명출판사), 정성근/박광민의『형법각론』(삼지원) 등이 나왔다. 〈판례〉에 관한 것으로는, 신동운의『판례백선 형법총론』(1995년, 경세원) ·『판례백선 형법각론 I (국가적 법익)』(1999년 경세원) 등 많은 책이 나왔다.

〈주석서〉로서는 김종원 편집대표의『주석 형법총칙 (상)』(1988년, 한국사법행정학회) ·『동 (하)』(1990년, 동 학회), 김윤행 집필대표의『주석 형법각칙 (상)』(1982년, 한국사법행정학회) ·『동 (하)』(1980년, 동 학회) 그리고 이회창 편집대표의『〈제3판〉주석형법 (Ⅲ) [각칙(1)]』·『동 형법 (Ⅳ) [각칙(2)]』·『동 형법 (Ⅴ) [각칙(3)]』(1997년, 한국사법행정학회)가 대표적인 것이다.

[번역서]로, ① 심재우 편역의『책임형법론 – 형법상의 책임원칙에 관한 논쟁』(1995년, 홍문사)은 Arthur Kaufmann, H. Joachim Hirsch, H.-J. Rudolphi, W. Hassemer, G. Jakobs, M. Baurmann의 논문을, ② 이재상 · 김영환 · 장영민 편역의『인과관계와 객관적 귀속』(1995년 박영사)은 R. Honig, C. Roxin, Armin Kaufmann, Arthur Kaufmann, K. Ulsenheimer, I. Puppe의 논문을, ③ 이재상 · 장영민 편역의『형법상의 착오』(1999년, 박영사)는 J. Krümpelmann, I. Puppe, M. Hettinger, C. Prittwitz, D. Herzberg, M. Maiwald, C. Roxin, H.-U. Paeffgen, Arthur Kaufmann, K. Engisch, E. Dreher의 논문을, ④ 배종대 · 이상돈 편역의『형법정책 – 법치국가와 형법』(1998년, 세창출판사)은 Winfried Hassemer의 논문들을 번역한 것이다. 이상과 같이 중요논점 별로 독일의 대표적 학자의 논문들을 모아서 번역한 것은 아주 잘된 일이라고 생각된다.

그리고 이 시기에 나온 〈축하 · 기념논문집〉으로는『형법학의 제문제 – 유기천 박사 고희기념』(1988년, 박영사),『법철학과 형법의 제문제 – 석우 황산덕 박사 추모논문집』(1989년, 방문사),『현대의 형사법학 – 익헌 박정근 박사 화갑기념』(1990년, 법원사),『법학연구 제1권 제1호 – 정암 최근혁 박사 화갑기념』(1990년, 충남대학교 법학연구소),『김종원 교수 화갑기념 논문집』(1991년, 법문사),『형사법학의 현대적 과제 – 동산 손해목 박사 화갑기념 논문집』(1993, 법문사),『형사법학의 과제와 전망 – 계산 성시탁 교수 화갑기념 논문집』(1993년, 한국사법행정학회),『석우 차용석박사화갑기념논문집 상권·하권』(1994년, 법문사),『범죄와 형벌 및 교정이론에 관한 제문제 - 증봉 김선수 교수 정년퇴임기념 논문집』(1996년, 대왕사),『현대형사법론 - 죽헌 박양빈 교수 화갑기념 논문집』(1996년, 법문사),『공범론과 형사법의 제문제 - 심경 정성근 교수 화갑기념 논문집 상·하』(1997년, 삼영사),『현대형사법의 쟁점과 과제 - 동암 이형국 교수 화갑기념 논문집』(1998년, 법문사),『법치국가와 형법(심재우 선생 정년기념 논문집)』(1998년, 세창출판사),『형사법과 세법 - 학당 명형식 교수 화갑기념 논문집』(1998년, 참한),『한일형사법의 과제와 전망 - 수운 이한교 교수 정년기념 논문집』(2000년, 화성사),『한국형사법학의 새로운 지평 - 유일당 오선주 교수 정년기념 논문집』(2001년, 형설출판사),『박재윤 교수 정년기념 논문집』(2002년, 경일문화사),『형사판례의 연구 Ⅰ·Ⅱ - 지송 이재상 교수 화갑기념 논문집』(2002년, 박영사) 등이 있다.

3) 한국형사법학회는 1988년 말에 학회지인『형사법연구』를 창간하였는데, 2002년 말까지 제18호를 내었다(단 제16호는 특집호까지 두 권이다). 이로써 논문발표의 자리를 마련하였으니 학회활동이 더욱 활발해졌다. 또 〈외국교수초청강연회〉도 빈번하다. 즉 平野龍一(1989년 12월), Hans Joachim Hirsch(1990년 9월), Günther Jakobs(1992년 10월), Hans-Heinrich Schreiber(1993년 9월), Friedrich Christian Schroeder(1993년 10월), 西田典之(1993년 10월), Hirsch(1994년 4월), Erich Samson(1994년 11월), Klaus Marxen(1995년 3월), Kristian Kühl(1995년 10월), Hans Lilie(1997년 9월), Kurt Seelmann(2001년 10월) 등의 강연이 있었으며, 특히 2001년 9월에는「형법에 있어서의 생명보호」라는 대주제 아래 Claus Roxin(獨), Vincenzo Militello(伊), Munoz Conde(스페인), Wilfried Bottke(獨), Barbara Huber(獨), Kurt Schmoller(오스트라리아), Bernd Schünemann(獨), Rainmo Lahti(핀란드), Shizhou Wang(中), 松宮孝明(日), 山中敬一(日), 井田良(日)의 외국학자들과 한국학자들의 〈국제형법학술대회〉가 있었다. 한편 〈지방학술연구발표회〉도 정착된 것 같아 반갑다. 즉 강원대(1990년 6월), 원광대(1991년 6월), 경남대(1992년 6월), 조선대(1993년 5월), 영남대(1994년 6월), 전주대(1995년 4월), 청주대(1996년 5월), 한남대(1997년 6월), 전북대(1997년 10월), 호남대(1998년 6월), 강원대(1998년 10월), 부산대(1999년 6월), 경북대(2000년 6월), 목포대(2000년 11월), 순천대(2001년 6월), 수안보(2002년 7월), 전남대(2002년 10월)에서 열렸다.

우리가 형법을 연구함에 있어서 살아 있는 법이라고도 하는 판례의 연구는 불가결한 것이다. 형사판례의 연구에 뜻을 모은 대학교수 · 판사 · 검사 · 변호사들이 1992년 2월에 「형사판례연구회」를 발족시켜서 매월 한 번씩 모임을 가져, 학자와 실무자가 한 건씩의 형사판결을 이론적으로 깊이 있게 평석하여온 지 10년이 넘었다. 그리고 1년분을 정리하여 매년 한 권씩 형사판례연구회 편, 『형사판례연구』(박영사)를 내고 있는데, 2002년까지 10권이 나왔다. 앞으로 이 모임이 더욱 발전해 나가기 바란다.

또 하나의 형사법의 학회가 탄생하였다. 1998년 8월 22일에 부산의 동아대학에서 창립총회를 연 「한국비교형사법학회」이다. 학술활동도 활발하여 발족한 지 약 4년 반 동안에 〈학술논문발표회〉를 15회나 가졌다. ① 1999년 1월(경북대), ② 1999년 8월(부산의 동의대), ③ 2000년 1월(영남대), ④ 2000년 4월(경북대), ⑤ 2000년 8월(부산의 아리랑호텔), ⑥ 2000년 10월(동의대), ⑦ 2000년 11월(순천대), ⑧ 2001년 1월(대전의 목원대), ⑨ 2001년 4월(경북대), ⑩ 2001년 8월(진주의 경상대), ⑪ 2001년 11월(전북대), ⑫ 2002년 1월(서울의 광운대), ⑬ 2002년 4월(원주의 상지대), ⑭ 2002년 8월(부산의 해양대), ⑮ 2002년 11월(경북대)에서 열렸다. 또 학회지인 「비교형사법연구」(법문사)도 2002년까지 7권이 나왔는데, 7권째인 제4권 제2호는 883면이나 되는 거작이다. 아무튼 학술활동의 장이 배로 넓어진 것은 고무적이다.

한일교류관계에 관련하여 덧붙인다면, 1988년 10월에 일본의 東京대학에서 〈일한법학회〉 주최로 형법과 형사소송법에 관한 발표 · 토론회가 있었다. 우리 측에서는 김종원, 성시탁, 차용석, 이형국, 이재상, 신동운, 서거석 그리고 東京대에 유학 중인 박양식이, 그리고 일본 측에서는 平野龍一, 松尾浩也, 西原春夫, 宮澤浩一 등 20여 명이 참가했는데, 형법 파트로는 김종원의 「한국형법의 개정과 문제점」, 성시탁의 「한일형법의 비교적 고찰」의 발표와 이형국의 코멘트, 그리고 西原春夫의 「일본에 있어서의 형법개정의 현황과 문제점」의 발표가 있고 나서 토론에 들어갔다. 이번 기회에 우리의 형사법이 일본에서 〈직접적으로〉 소개되었는데, 한일교류의 면에서 큰 성과가 있었다고 본다. 그리고 1995년 5월에 연세대의 이형국 · 박상기, 성균관대의 김종원 · 정성근 · 임웅 및 김기춘과 慶應대의 宮澤浩一 · 加藤久雄 · 平良木登規男 · 安富潔 · 井田良 · 太田達也(형사법담당의 교수 전원), 中央대의 渥美東洋 · 椎橋隆幸이 참가한 「한일형사법의 현대적 조망」에 관한 심포지움이 연세대에서 열렸는데, 형법 · 형사소송법 및 형사정책에 관하여 양측에서 발표자와 지정토론자를 한 사람씩 내도록 되어 있었다. 형법분야는 정성근이 「위법성 의식의 제문제」, 井田良가 「위법성조각사유의 전제사실에 대한 착오」에 관하여 발표하였다.

　4) 이 기간에 있어서 형법전의 전면적 개정작업이 시작된 점도 특기할 만하다. 법무부는 1984년 12월 31일의 「형사법개정특별심의위원회 규정(規程)」에 의거하여 1985년 6월 21일에 형법전의 전면적 개정을 위한 「형사법개정특별심의위원회」를 발족시켰다. 이 위원회는 법무차관을 위원장으로 하고 전·현직 교수 12명, 판사·검사·변호사 각 6명, 합계 30명의 위원으로 구성되었다. 그리고 동시에 형법개정의 기초작업을 맡는 교수 4명, 판사·검사·변호사 각 1명, 합계 7명의 「소위원회」도 발족시켰다(김종원이 위원장이 됐다).

　형법개정작업의 첫째 단계는 〈형법개정의 기본방향〉의 설정인데, 1985년 11월에 이를 위한 세미나를 열고서 소위원회안을 마련하여 동년 12월 20일에 개최된 형사법개정특별심의위원회의 제2차 전체회의에서 그 안을 수정·채택하였는데, 그 골자는 다음과 같다. ① 헌법정신을 반영한다. ② 형법이론에 비추어 범죄론 규정을 재검토한다. ③ 가치관·윤리관의 변화에 따른 비범죄화를 고려한다. ④ 사회정세의 변화에 따른 범죄화를 고려한다. ⑤ 형사정책적 요청에 따라 형벌제도를 개선한다. ⑥ 형법과 특별법의 관계를 재조정한다. ⑦ 형법체계와 용어를 재정리한다.

　형법개정작업의 둘째 단계는 〈형법개정요강〉의 작성인데, 이를 위하여 1986년에 들어와서 소위원회의 위원은 교수 2명, 판사·검사·변호사 각 1명이 추가되어 합계 12명이 되었다. 소위원회는 3분과, 즉 형법총칙을 검토하는 제1분과, 형법각칙의 개인적 법익에 대한 죄를 검토하는 제2분과, 국가적·사회적 법익에 대한 죄를 검토하는 제3분과로 나누어서 동년 6월까지 검토를 끝마쳤는데, 제1분과가 43항목, 제2분과가 72항목, 제3분과가 68항목, 합계 183항목에 걸친 것이었다. 동년 8월부터 소위원회에서 총칙의 검토를 시작하여 동년 12월 초순까지 끝마치고서, 동년 12월 15일의 제3차 전체회의에서 형법총칙의 요강에 대한 소위원회의 검토결과의 보고가 있었다. 그리고서 1987년 2월부터 1988년 7월 하순까지 형법각칙에 대한 소위원회의 검토가 끝나, 동년 11월 14일의 제4차 전체회의에서 이에 대한 결과보고가 있었다.

　형법개정작업의 셋째 단계는 〈형법개정시안〉 작성인데, 3개의 기초소위원회에서 각각 1989년 2월부터 11월 사이에 요강에 의거한 시안(試案)을 작성했으며, 1989년 11월부터 1991년 5월 사이에 시안에 대한 법무부의 〈검토안〉이 만들어졌고, 이에 따라

1991년 6월부터 9월 사이에 조정소위원회에서 시안과 검토안에 대한 〈조정안〉이 만들어졌다. 여기서 조정되지 못한 13개 항에 관하여 10월 19일과 26일의 기초소위원회 합동회의에서 다수결로 단일안으로 확정하여, 11월 23일의 제6차 전체회의에서 〈형법개정시안〉을 채택하였다. 이 시안에 다한 각계의 의견을 물어 조정소위원회의 조정을 거쳐 1992년 3월 30일의 제7차 전체회의에서 〈개정시안〉이 마련되었다.

형법개정작업의 넷째 단계는 〈형법개정안〉의 확정이다. 전술한 시안이 동년 4월 8일에 〈입법예고〉되고 4월 29일과 30일에 〈공청회〉가 열렸다. 그 후 공청회에서의 의견과 각 행정부처의 의견을 조정소위원회에서 조정하여, 5월 27일의 제8차 전체회의의 최종 심의를 거쳐 전문 405조의 〈형법개정안〉이 확정되었다.

이 〈개정안〉의 내용을 범죄론을 중심으로 하여 아주 간단히 소개한다. ① 〈죄형법정주의〉에 관한 규정을 제1조에 두었다. ② 〈착오〉를 구성요건적 사실에 관한 착오인 〈구성요건의 착오〉(제12조)와 〈위법성의 착오〉로 나누어 그 성격을 명확히 하였는데, 특히 후자를 「자기의 행위가 위법하지 아니한 것으로 오인하고 한 행위」라고 규정하였다(제23조). ③ 〈결과적 가중범〉에 관하여 중한 결과의 발생에 대하여 과실이 없는 때에는 가중범으로 벌하지 않도록 규정하였다(제14조). ④ 〈부작위범〉에 관하여 '(현실적으로는) 부작위에 의한 (규정형식 상의) 작위범'에 있어서 결과발생의 방지가능성을 조건으로 처벌하도록 하되, 형을 감경할 수 있도록 하였다(제15조). ⑤ 〈심신장애〉라는 표현은 〈心身장애〉로 오해받기 쉬우므로, 〈정신장애〉로 바꾸었다(제21조). ⑥ 〈소위 원인에 있어서 자유로운 행위〉에 관하여는 「스스로 정신장애의 상태를 일으켜 고의 또는 과실로 행위」한 것으로 규정을 보완하였다(제21조 3항). ⑦ 〈형사미성년자〉라는 표제는 마치 형사법상의 미성년자가 14세 미만자로 오해받기 쉬우므로, 〈책임연령〉으로 고쳤다(제22조). ⑧ 〈미수범〉에 있어서의 표제에 관하여 중지범을 중지미수로(제26조), 불능범을 불능미수로(제27조) 고쳤다. 특히, 후자에 있어서 「위험성이 있는 때」이므로, 불능〈미수〉임은 당연하다. ⑨ 제3절 〈공범〉을 〈정범과 공범〉으로 바꾸었다. 그리하여 〈정범〉에 관하여 「스스로 범죄를 실행한 자」인 단독(직접)정범(제30조 1항)과 「정범으로 처벌되지 아니하는 자 또는 과실범으로 처벌되는 자를 이용하여 범죄를 실행한 자」인 간접정범(제30조 2항)을 규정하였다. ⑩ 〈공모공동정범〉에 관한 규정은 두지 않고 또 현행형법 제34조 2항은 삭제하기로 하였다. ⑪ 〈공범과 신분〉에 관하여는 범죄구성적 신분에 관련되는 경우와 형벌가감적 신분에 관련되는 경우를 제1항과 제2항에 규정하고, 구성적 신분범죄에 가담한 비신분자에 대하여 처벌하되 형을 감경할 수 있게 하고, 가감적 범죄에 가담한 비신분자에 대하여는 통상의 형으로 처벌하도록 규정하였다(제34조). ⑫ 〈사형제도〉는 유지하도록 되었으며(제36조), 〈일수(日數)벌금형제도〉는 두지 않기로 하였다. ⑬ 〈보안처분〉으로 보호감호, 치료감호 및 보호관찰의 3종을 인정하였다(제92조). ⑭ 〈각칙〉은 개인적 법익에 대한 죄, 사회적 법익에 대한 죄 및 국가적 법익에 대한 죄의 순서로 규정하였다. ⑮ 〈간통죄〉는 존치하되, 2년 이하의 징역을 1년 이하로 완화하고 선택형으로 벌금형을 추가하였다(제325조 1항).

1985년 6월에 형사법개정특별심의위원회가 발족된 후 실로 7년에 걸친 형법개정작업이었다. 이 개정안은 법제처에서 일부 조정되어 6월에 국무회의에서 〈형법개정법률안〉[49]으로 의결되고, 동년, 즉 1992년 7월 6일 국회에 제출되었다. 국회에서는 11월에 법제사법위원회에 넘겨졌는데, 법사위에서는 11월 3일에 형법안심의 소위원회를 구성하였고, 이 소위는 8회에 걸친 회의를 열어 축조심의를 하였다. 여기서 제시된 중요쟁점사항에 대하여 2회의 공청회(「형법총칙편」과 「낙태죄 및 간통죄」에 관한)를 열었지만, 마무리하지 못하였다.

그 후 1995년 12월 1일에 이르러 법사위의 형법안심의 소위원회는 시급히 개정되어야 할 부분을 발췌·정리한 〈형법중 개정법률안(대안)〉을 제출키로 합의하였고, 동일에 법제사법위원회는 소위원회에서 제출한 〈대안〉을 위원회안으로 채택하였다.

1995년 12월 2일에 국회 본회의는 법사위에서 마련한 안을 원안결의하였으며, 이 〈형법중 개정법률〉이 1995년 12월 29일에 법률 제5057호로서 공포되었다. 이 법률은 1996년 7월 1일부터 시행하였는데, 보호관찰·사회봉사·수강명령에 관한 개정규정만은 1997년 1월 1일부터 시행하였다.

이번 형법개정은 주로 각칙 쪽에 대폭적으로 이루어졌는데, 개정의 중요점은 다음과 같다. ① 보호관찰 등의 제도를 도입하였다. 즉 성인범에 대한 보호관찰제도, 사회봉사명령제도 및 수강명령제도를 도입하였다. ② 신종범죄를 신설하였다. 즉 컴퓨터관련범죄, 인질관계범죄 등을 신설하였다. ③ 법정형을 조정하였다. 즉 사형을 삭제하거나 추가하고, 징역형을 하향 또는 상향으로 조정하고, 선택형으로서의 벌금형을 추가하고,

---

49 이 법률안에 대하여는 법무부 발행의 『형법개정법률안 제안이유서』(1992년 10월)가 나와 있다.

재산형을 원화(化) · 현실화하고, 결과적 가중범에 있어서 치사와 치상의 법정형에 차등을 두었다. ④ 과실범의 처벌규정을 증설하였다. ⑤ 용어 · 표현을 정리하였다. 그런데 절취 등으로 불법영득한 타인명의의 신용카드를 사용하여 현금자동인출기에서 현금을 인출한 경우에, 신설된 컴퓨터 등 사용사기죄(제347조의 2)가 된다는 설, 절도죄가 된다는 설 및 그 어느 죄도 되지 아니한다는 설이 대립하였는데, 이 문제를 입법적으로 해결하려고 2001년 12월 29일의 형법개정에 의하여 제347조의2에 「권한 없이 정보를 입력 · 변경하여」란 요건이 추가되었다.

그리고 형법개정에 관하여는 박사학위논문으로서 김기춘의 「형법개정에 관한 연구」(서울대 1984년)가 있다.

42. 한국형법사 Ⅱ[*]

머 리 말

본고는 형법학의 〈개별적 고찰〉[1]을 하고자 한다. 다만, 지면의 제약으로[2] 중요하다고 생각되는 논점을 가려서[3] 원칙적으로 교과서 수준에서 학설대립의 상황을 개관하려고 한다. 참고문헌의 소개는 생략한다. 그리고 일본형법학의 영향을 많이 받은 1980년경까지를 〈전반기〉로 보고, 독일형법학의 영향을 본격적으로 받아들인 1980년경 이후를 〈후반기〉로 보아서 고찰하고자 한다.

Ⅰ. 인 과 관 계

(1) 전반기에 있어서의 학설상황은 상당인과관계설이 우세하다.

① 이건호는 "조건설은 행위와 결과와의 사이에 인과관계가 있느냐 없느냐(유무)를 결정하는 것을 목적으로 하는 것이고, 상당인과관계설은 형법상 중요한 인과관계의 범위를 결정할 것을 목적으로 하는 것이다. … 형법의 목적은 사회와 개인과의 조화에 의

---

* 이 글은 한국의 학술연구(법학Ⅱ, 인문 · 사회과학편 제11집, 대한민국학술원, 2010) 449면 이하에 실린 것이다. 〈제목〉을 「제6편 형사법학 제1장 형법학」으로부터 「한국형법사 Ⅱ」로 바꾸었다.

1 〈일반적 고찰〉은 『한국의 학술연구 법학』(대한민국학술원, 2004), 411~437, 즉 「41. 한국형법사 Ⅰ」에 있다.

2 200자 원고지 100매다.

3 구성요건론 · 위법성론 · 책임론 · 미수범론 · 공범론의 영역에서 한 개씩 골라내었다.

하여 사회적 질서를 유지하는 데 있는 것이다. 그런데 상당인과관계설의 주관설은 그 상당성의 판단기초가 되는 사실의 범위를 오직 행위자가 인식한 또 인식할 수 있었던 사실에 한정하므로 개인의 입장을 편중함에 반하여, 객관설은 주의 많은 제3자라면 인식할 수 있었던 사실까지도 판단의 기초를 삼으려고 하는 점에서 개인의 입장을 충분히 존중한다고 할 수 없는 것이다. 그런데 절충설에 의하면 행위자가 인식한 사실 및 행위자가 주의 많은 제3자였더라면 인식할 수 있었던 사실을 기초로 하려고 하는 것이므로, 사회와 개인 양자의 입장을 적당히 고려하고 있는 것이다. … 형법상 인과관계의 범위를 결정함에는 상당인과관계설의 절충설에 의함이 가장 타당하다"[4]라고 주장하고, 남흥우[5] · 정창운[6] · 옥조남[7] · 박삼세[8] · 염정철[9] 등도 같은 입장이다. ② 백남억은 "형법상의 인과관계는 단순한 물리적인 인과관계가 아니고 형법적으로 중요한 인과관계인 것이다. … 형법상의 인과관계이론은 결국 구성요건적 인과관계설에 귀착되는 것이다. 따라서 그것은 행위자의 주관적 요소를 배제하고 순수한 객관적 견지에서 관찰하는 객관적 상당인과관계설에 의거하는 것이 이론적으로 제1 온당한 것이라 할 것이다"[10]라고 주장한다. ③ 황산덕은 "올바른 형법적 고찰을 하기 위하여는 「상당한」이라는 애매한 중간 개념을 개입시키지 말고, 단적으로 논리적 인과개념에 의하여 인과관계의 유무를 확정하고는, 그러한 행위에 대하여 정규적인 형법적 고찰(즉 구성요건해당성, 위법성 및 책임의 3단계의 고찰)을 함으로써 형사책임의 유무를 확정짓도록 하려는 조건설의 입장을 취하지 않으면 아니될 것이다"[11]라고 주장하고, 유병진은 "형벌을 도의적 응보라고 보지 아니하는 견지에서 볼 때에는 반드시 상당인과관계설을 취할 필요가 없다. 적어도 그 행위가 없었더라면 그 결과는 발생하지 않았을 것이라고 인정되는 이상 행위

4 이건호, 『형법강의(총론)』(일조각, 1960), 89~90.

5 남흥우, 『형법강의(총론)』(경기문화사, 1958), 66.

6 정창운, 『형법학(총론)』(진명문화사, 1966), 129.

7 옥조남, 『정해 형법강의(총론)』(범조사, 1959), 75.

8 박삼세, 『형법총론』(태백사, 1960), 141.

9 염정철, 『형법총론대의』(국제신보사, 1958), 347.

10 백남억, 『형법총론(제3 전정판)』(법문사, 1962), 105.

11 황산덕, 『형법총론』(법문사, 1960), 69.

자는 그 결과에 대하여 책임을 부담하여야 할 것이다. 즉 근본적으로는 조건설이 타당하다고 보아야 할 것이다"[12]라고 주장한다. ④ 기타 정영석은 위험관계조건설[13]을, 유기천은 목적설[14]을 박문복은 인과관계무용론[15]을 주장한다.

(2) 후반기에 있어서는 독일형법학에서 유력하게 된 〈객관적 귀속의 이론〉이 본격적으로 도입되면서 상당인과관계설과 대립하게 된다.

(ㄱ) 이재상은 "인과관계의 확정은 합법칙적 조건설에 의하여 결정하고 그 중요성은 객관적 귀속이론으로 수행하는 것이 타당하다고 생각한다"[16]라고 주장하면서, 객관적 귀속의 판단기준을 다음과 같이 설명한다. 즉 "(1) **위험의 창출 또는 증가** 행위자는 행위의 객체에 대하여 허용되지 않는 위험을 창출하거나 증가시켜야 한다. 따라서 위험감소의 경우나 허용된 위험을 창출한 때에는 객관적 귀속이 부정된다. … (2) **허용되지 않는 위험의 실현** 결과귀속은 행위자에 의하여 창설되거나 증가된 허용되지 않는 위험이 결과에 실현되었을 것을 전제로 한다. 1) **위험이 실현되지 않은 경우** 행위자가 위험을 창설한 경우에도 결과가 그 위험의 실현으로 발생한 것이 아니라 우연에 의하여 발생한 때에는 행위자에게 귀속될 수 없다. … 2) **객관적 지배가능성** 위험의 실현으로 인한 결과의 발생은 객관적으로 지배가능한 것이어야 한다. 지배가능성은 결과에 대한 조종가능성과 예견가능성을 내용으로 한다. … 3) **과실범의 결과귀속** 과실범에 있어서 주의의무위반으로 인하여 발생한 결과는 주의의무를 다하였다고 하여도 같은 결과가 발생하였을 것으로 인정되는 때에는 객관적으로 귀속되지 않는다. … (3) **규범의 보호범위** 허용되지 않는 위험이 실현되어 결과가 발생한 때에도 구체적인 경우에 구성요건의 범위나 규범의 보호목적에 포함되지 않는 때에는 결과가 객관적으로 귀속될 수 없다"[17]라고. 그리고 합법칙적 조건

---

12 유병진, 『한국형법(총론)』(고시학회, 1957), 118.

13 정영석, 『형법총론』(삼중당, 1961), 130.

14 유기천, 『형법學(총론강의)』(박영사, 1960), 158.

15 박문복, 『형법총론』(법정사, 1959), 245.

16 이재상, 『형법신강(총론Ⅰ)』(박영사, 1984), 91.

17 이재상, 『형법총론(제6판)』(박영사, 2009), 153~156(앞으로 『총론』은 이 책을 말한다.)

설과 객관적 귀속론의 입장을 취하는 학자는 이형국[18] · 김일수/서보학[19] · 손해목[20] · 정성근/박광민[21] · 임웅[22] · 신동운[23] · 박상기[24] · 손동권[25] · 정영일[26] · 김성천/김형준[27] · 이상돈[28] · 김성돈[29]이고, 안동준은 객관적 귀속론 만을 취한다.[30]

(ㄴ) 한편 이에 대립하는 입장을 보면, ① 상당인과관계설로 족하거나,[31] ② 객관적 상당인과관계설로 일원화하거나,[32] ③ 조건설과 절충적 상당인과관계설을 취하거나[33] [34] 또는 조건설과 객관적 상당인과관계설을 취하되 객관적 귀속이론으로 상당설을 보충하게 한다.[35]

(ㄷ) 그런데 객관적 귀속이론을 취하는 김일수/서보학은 "객관적 귀속이론은 결과귀속을 위한 세분화된 관점들을 여러 사례에 대비하여 제시함으로써 매우 정교하고 실

---

18 이형국, 『형법총론(제3판)』(법문사, 2003), 106.

19 김일수/서보학『형법총론(새로 쓴 제9판)』(박영사, 2003), 198.

20 손해목, 『형법총론』(법문사, 1996), 280.

21 정성근/박광민, 『형법총론(제3판)』(삼지원, 2006), 158.

22 임웅, 『형법총론(개정판 보정)』(법문사, 2007), 129~134.

23 신동운, 『형법총론』(법문사, 2001), 132.

24 박상기, 『형법총론(제5판)』(박영사, 2002), 104.

25 손동권, 『형법총론(제2개정판)』(율곡출판사, 2007), 120 · 126. 단, "조건설 내지 합법칙적 조건설"이라 한다.

26 정영일, 『형법총론(제3판)』(박영사, 2010), 140.

27 김성천/김형준, 『형법총론』(동현출판사, 1998), 139.

28 이상돈, 『형법강의』(법문사, 2010), 209.

29 김성돈, 『형법총론(제2판)』(성균관대학교 출판부, 2009), 181.

30 안동준, 『형법총론』(학현사, 1998), 71.

31 오영근, 『형법총론(제2판)』, (대명출판사, 2002), 173, 191.

32 배종대, 『형법총론(제9개정판)』(홍문사, 2009), 227.

33 성시탁, 「인과관계」『형사법강좌 I』(한국형사법학회, 1981), 170, 179.

34 김종원은 일찍이 〈인과관계〉를 사실판단의 문제인 〈인과관계의 존부(存否)〉와 형법적인 가치판단의 문제인 〈인과관계의 중요성(重要性)〉두 단계로 나누어서, 첫째 단계에서는 조건설을 취하고 둘째 단계에서는 절충적 상당인과관계설을 취하였다(「형법에 있어서의 인과관계」 법정 1965년 4월호 33-38, 109).

35 차용석, 『형법총론강의』(고시연구사, 1988), 310, 325~330, 337.

용적인 이론으로 비춰지는 것이 사실이다. 그러나 자세히 들여다 보면 객관적 귀속이론이 내세우는 여러 가지 귀속의 관점들은 이미 그동안의 범죄론에서 형사책임의 귀속을 위해 논의된 것들을 용어를 달리하여 제시한 것들이 많고 이로 인해 범죄체계론 상으로도 적지 않은 혼란과 비효율을 야기하고 있음을 알 수 있다"[36]라고 이 이론을 평가하고 있다.

II. 위법성조각사유의 일반원리

위법성조각사유의 일반원리에 관한 논의는 후반기에 본격화된 것으로 보이므로, 이 시기의 학설대립 상황을 살펴본다. 그리고 형법 제20조의 〈기타 사회상규에 위배되지 아니하는 행위는 벌하지 아니한다〉가 독립적 위법성조각사유인지 일반적 위법성조각사유인지도 살펴보겠다.

(1) 〈일반원리〉에 관련해서는 일원론·다원론과 개별화론 내지 부정론이 대립한다.

(ㄱ) 〈일원론〉의 입장을 보면, ① 김일수/서보학은 사회조절적 이익교량을,[37] ② 정성근/박광민은 사회적 이익형량을,[38] ③ 정영일은 목적의 정당성과 수단의 상당성을,[39] ④ 오영근은 사회상규성을,[40] ⑤ 김종원은 사회적 상당성을[41] 위법성조각사유의 일반원리로 든다.

(ㄴ) 〈(추상적) 다원론〉의 입장을 보면, ① 배종대는 우월이익의 원칙과 이익흠결의 원칙의 둘을,[42] ② 이재상은 이익흠결의 원칙과 우월적 이익의 원칙 그리고 목적사상의

---

36 김일수/서보학, 『총론』, 209.

37 김일수/서보학 『총론』, 303.

38 정성근/박광민, 『총론』, 203.

39 정영일, 『총론』, 204.

40 오영근, 『총론』, 319.

41 김종원, 「위법성조각사유의 일반원리에 관한 소고」, 『석우차용석박사화갑기념논문집 상권』(법 문사, 1994), 180.

42 배종대, 『총론』, 302.

셋을[43] 위법성조각사유의 일반원리로 든다. 몇 개로 추상화했다고 해서 〈추상적〉이라고 했다.

(ㄷ) 〈개별화론 내지 부정론〉으로서, ① 손해목은 "정당화사유의 정당화원리는 각 위법조각사유의 특징에 따라 개별적으로 인정되어야 한다"[44]라고, ② 손동권은 "각 위법성조각사유에 대해서 개별적으로 고유한 위법성조각의 근거를 찾는 것이 상기한 일원론이나 이원론보다는 더 바람직한 방법론인 것으로 판단된다"[45]라고, ③ 임웅은 "개개의 위법성조각사유의 특성에 상응하여 그 중 하나를 중시하거나 또는 여럿을 결합하여 일정한 위법성조각사유의 개별적 판단원리로 삼는「개별설」이 타당하다고 본다"[46]라고, ④ 이형국은 "일원적이든 다원적이든 어떤 일반원리에 의하여 모든 위법성조각사유를 이해하려는 시도는 적절한 것으로 볼 수 없다"[47]라고, ⑤ 신동운은 "개별적 위법성조각사유들에 대하여 나름대로의 독자성을 인정하지 않으면 안 된다"[48]라고, ⑥ 박상기는 "개별적인 위법성 조각사유가 각각 상이한 요소를 내용으로 하기 때문에 위법성조각사유를 관통하는 기본근거를 논하는 것은 타당하지 않다"[49]라고 주장한다.

(ㄹ) 예를 들어서 정당방위가 문제가 될 만한 살인사건이 발생한 경우에 일반원리에 관하여 〈사회적 상당성〉의 일원론을 취하는 입장에서는, 방위자 A의 행위가 〈바로〉 사회적으로 상당한 행위인가를 판단하겠다는 것은 아니다. 먼저 그런 상황 하의 A의 살인행위가 사회생활상 용인될 만한가를 일반인의 입장에서 판단한다는 기본방침 하에서, 침해의 부당성과 현재성의 원칙, 방위행위의 보충성의 원칙, 방위의사의 원칙, 보호된 법익과 침해된 법익의 알맞은 교량의 원칙 등의 중간원칙들이 감안되는 것이다. 개별화론 내지 일반원리부정론은 일반원리는 필요없고 중간원칙들을 동원해서 해결하면 된다는 입장 같은데, 당해 사건이 적용될 만한 개별적인 위법성조각사유가 입법화되어 있지

---

43 이재상, 『총론』, 217.

44 손해목, 『총론』, 403.

45 손동권, 『총론』, 165.

46 임웅, 『총론』, 192.

47 이형국, 『총론』, 136.

48 신동운, 『총론』, 241.

49 박상기, 『총론』, 151.

아니한 경우에 기본방침 없이, 즉 바다로 가는지 산에 오르는지도 모르고 중간원칙들을 어떻게 동원할 것인지. 그리고 제20조의 〈사회상규 불위배성〉을 일반적 위법성조각사유로 인정한다면, 그 해석론을 전개함에 있어서 일원론을 취하는 것이 논리상 당연하지 않는지 의문이다.

(2) 형법 제20조의 "기타 사회상규에 위배되지 아니하는 행위는 벌하지 아니한다"라는 규정을 〈일반적 위법성조각사유〉로 볼 것인지에 관하여 살펴보겠다.

(ㄱ) 전반기에 있어서 이건호[50], 남흥우[51], 정창운[52], 박삼세[53], 황산덕[54], 정영석[55] 등이 일반적(포괄적 또는 총괄적) 위법성조각사유로 보고 있다.

(ㄴ) 후반기에 있어서도 다수는 일반적 조각사유로 보지만, 이와 다른 소수도 있다. 즉, ① 이재상[56], 손해목[57], 정성근/박광민[58], 임웅[59], 안동준[60], 신동운[61], 정영일[62], 오영근[63], 김성천/김형준[64], 김성돈[65] 등은 일반적 위법성조각사유로 본다. 그러나 ② 김일수/서보학은 사회상규를 독립되고 최종적인 위법성조각사유로 보고[66], 배종대는 독립

---

50 리건호, 『총론』, 128.

51 남흥우, 『총론』, 84.

52 정창운, 『총론』, 161.

53 박삼세, 『총론』, 170.

54 황산덕, 『총론』, 163.

55 정영석, 『총론』, 151.

56 이재상, 『총론』, 285 · 287.

57 손해목, 『총론』, 438.

58 정성근/박광민, 『총론』, 208.

59 임웅, 『총론』, 208.

60 안동준, 『총론』, 134.

61 신동운, 『총론』, 315.

62 정영일, 『총론』, 260.

63 오영근, 『총론』, 327.

64 김성천/김형준, 『총론』, 238.

65 김성돈, 『총론』, 258.

66 김일수/서보학, 『총론』, 378.

적이고 보충적인 것으로 보고[67], 이상돈은 개별적이고 보충적인 것으로 보며[68], 한편 박상기는 "사회상규는 제20조 내에서 상위개념이면서 동시에 병렬적인 개념이 된다"[69]고 주장한다.

III. 원인에 있어서 자유로운 행위

〈원인에 있어서 자유로운 행위〉의 문제란, 범행(상해행위) 시에는 책임무능력(만취) 상태였지만 그 상태를 초래한 원인되는 (음주)행위 시에는 자유로웠다, 즉 책임능력이 있었다는 경우에, 범행 시에 책임능력이 없었으므로 행위자를 처벌하지 말 것인지, 또는 범행 시에 책임능력이 없었음에도 불구하고 처벌할 것인지, 이 경우에는 그 가벌성의 근거는 무엇인가의 문제이다. 이에 관하여 우리 형법 제10조 3항은 "위험의 발생을 예견하고 자의로 심신장애를 야기한 자의 행위에는 전2항의 규정을 적용하지 아니한다"라고 규정한다. 즉 심신상실에 대한 불벌, 심신미약에 대한 형의 필요적 감경을 하지 않는다는 규정이다. 그리고 한정책임능력(심신미약)의 경우를 포함시키는 우리 형법 하에서는 〈자초심신장애자의 행위〉라는 표현이 낫다고 본다. 그런데 여기서의 논의의 초점은 심신상실자의 행위이다.

(1) 전반기에 있어서 가벌성의 근거와 관련하여 이건호[70], 남흥우[71], 정창운[72], 옥조남[73], 정영석[74] 등은 원인행위기준설을 취하고, 자기를 도구로 이용한 간접정범의 구조로

---

67 배종대, 『총론』, 322.

68 이상돈, 『형법강의』, 376.

69 박상기, 『총론』, 162.

70 이건호, 『총론』, 149.

71 남흥우, 『총론』, 98.

72 정창운, 『총론』, 195.

73 옥조남, 『총론』, 133 이하.

74 정영석, 『총론』, 196.

설명하기도 한다.

(2) 후반기에 들어서는, (ㄱ) 〈원인행위기준설〉, 즉 원인행위를 실행행위로 보는 견해는 필자가 조사한 교과서 가운데서는 김일수/서보학[75]뿐이다. 즉 "자신을 책임능력흠결상태에 빠뜨려 범행의 도구로 이용하는 자유로운 원인행위에서 가벌성의 근거를 찾는 일치설(특히 구성요건모델)이 책임원칙의 요청에 합치한다"라고 주장한다. (ㄴ) 나머지는 모두 〈원인행위 · 실행행위 불가분설〉, 즉 원인설정행위는 실행행위가 될 수 없지만 책임능력 없는 상태에서의 실행행위와 불가분의 연관을 갖는 것이므로 원인설정행위에 책임비난의 근거가 있다는 이론을 취하고 있다. 즉 이재상[76], 이형국[77], 손해목[78], 정성근/박광민[79], 임웅[80], 안동준[81], 신동운[82], 박상기[83], 배종대[84], 손동권[85], 정영일[86], 오영근[87], 김성천/김형준[88], 이상돈[89], 김성돈[90]의 견해이다. (ㄷ) 김종원은 2007년에 『자초심신장애자의 행위에 대한 형사책임』[91]이란 글을 발표하였는데, 〈후행행위기

---

75 김일수/서보학 『총론』, 413.

76 이재상, 『총론』, 315.

77 이형국, 『총론』, 191.

78 손해목, 『총론』, 612.

79 정성근/박광민, 『총론』, 317.

80 임웅, 『총론』, 286.

81 안동준, 『총론』, 155.

82 신동운, 『총론』, 351(책임모델-348 이하).

83 박상기, 『총론』, 228(원인설정행위와 실행행위의 결합설).

84 배종대, 『총론』, 437(원인행위와 실행행위의 결합에 있다고 보는 견해).

85 손동권, 『총론』, 278.

86 정영일, 『총론』, 297.

87 오영근, 『총론』, 459.

88 김성천/김형준, 『총론』, 347.

89 이상돈, 『형법강의』, 411.

90 김성돈, 『총론』, 354 이하(예외 모델).

91 김종원, 「자초심신장애자의 행위에 대한 형사책임」, 『학술원논문집-인문 · 사회과학편 제46집 제1호』(대한민국학술원, 2007), 184 이하.

준설〉을 주장하였다. 즉 그 〈결론〉에서 " … 먼저 ①설(선행행위기준설—필자 주)은 선행행위인 음주행위를 상해의 실행행위로 보게 되는데, 이것은 상식적으로도 맞지 않을 뿐 아니라 소량의 음주로 끝난 경우에 상해죄의 미수범의 형사책임을 진다는 것도 납득되지 아니하다. … 다음으로 ③설(양행위불가분설—필자 주)은 한마디로 ①설의 단점은 보완하고 장점은 살리는 것으로 보인다. 즉 후행행위인 상해행위를 바로 실행행위로 봄으로써 ①설의 단점을 해소하고 또 상해행위와 음주행위(선행행위)와의 〈불가분성 · 일체성〉을 강조하여 책임능력은 선행행위 시에서 문제삼음으로써 ①설의 장점을 살리려고 한다. 그런데 음주행위(선행행위)와 〈불가분의 관련〉을 가지는 것은 상해행위(후행행위)가 아니라 만취상태(책임무능력상태)라는 점이다. 그래서 구성요건해당성은 후행행위에 관련해서 논하고(불가분적 연관이 있다는 선행행위는 분리되어 온데 간데 없고) 책임능력은 이것과 〈불가분성 · 일체성〉이 인정되지 아니하는 선행행위에 관련해서 논하는 것(〈고의〉의 일관성이면 몰라도 〈행위〉의 불가분성 · 일체성을 논하는 것)은 논거로서는 약하지 않을까 생각한다. 끝으로 ②설(후행행위기준설—필자 주)은 후행행위에 관련해서 구성요건해당성 · 위법성 및 책임을 논하자는 입장이다. … 〈책임능력〉이 문제이다. 〈범행과 책임능력의 동시존재원칙〉의 면에서 고찰하면 불일치하는 것은 틀림이 없다. 다만, 이 원칙의 배경을 살펴보면, 이 원칙은 책임주의로부터 나왔다고 하는데, 책임주의란 범행 〈시〉를 기준해서 책임능력이 있음에도 불구하고 위법한 행위를 했다고 해서 비난할 수 있을 때 책임을 지운다는 주장이라고 본다. 그런데 원인에 있어서 자유로운 행위의 경우에는, 책임무능력상태를, 즉 비난할 수 없는 상태를 스스로 만들어서 범행을 한 경우이다. 그래서 이러한 경우에는 「비난할 수 없다고 〈할 수 없다〉」라는 판단을 내리는 것이 타당하지 않을까. 그렇다면 「고(故)로, 비록 책임능력은 없지만, 비난할 수 있다. 따라서 유책하다」고 결론지을 수 있을 것이다. 이러한 의미에서 이 입장이 낫다고 보며, 이 입장을 뒷받침하는 학설로 권리남용설이라든가 회피가능성설 등이 주장되고 있다"라고 논술하였다. 참고로 필자는 이미 법정 1967년 2월호의 「실행의 착수」라는 글에서 "위험의 발생을 예건하고 자의로 책임무능력상태를 초래한 경우에는 책임무능력으로 인한 면책사유는 되지 않는다(형법 제10조 3항 참조)"(42면)라고 주장한 바 있다. 이것은 〈자초방위〉의 경우에 위법성조각사유가 인정되지 않는 것으로부터 힌트를 얻었다.

Ⅳ. 형법 제27조(불능범)의 성격

현행형법 제27조는 「실행의 수단 또는 대상의 착오로 인하여 결과의 발생이 불가능하더라도 위험성이 있는 때에는 처벌한다. 단 형을 감경 또는 면제할 수 있다」라고 규정하면서, 그 조문의 표제를 〈불능범〉이라고 붙이고 있다. 이 조문의 성격에 관하여 전반기에서는 이견이 분분했으나, 후반기에 이르러 〈불능미수〉로 이해하는 쪽으로 정착이 된 것으로 본다.

(1) (ㄱ) 전반기에 있어서 특징적인 것은 제27조를 〈불능범〉이란 제목(장·절·항) 안에서 다루고 있다는 점이다. ① 남흥우는 〈제3절 불능범 (5) 현행형법과 불능범〉 안에서 "현행형법은 불능범에 관하여 새로운 규정을 신설하였다(27조). 형법 제27조에 의하면 불능범의 요건으로 첫째로 실행의 수단 또는 대상의 착오로 인하여 결과의 발생이 불가능할 것, 둘째로 위험성이 없을 것이 필요하다. … 다음 불능범의 처벌에 관한 입법례에는 여러 가지가 있으나 현행법은 「형을 감경 또는 면제」(27조 단서)할 수 있도록 하였다"[92]라고 논술한다. ② 백남억은 〈제6 불능범 (5) 현행형법과 불능범〉 안에서 "생각건대 현행형법이 실행의 수단 또는 대상의 착오로 인하여 결과가 발생하지 않는 경우에, 그것이 위험성이 없을 때에는 벌하지 아니한다고 규정한 것으로 미루어 수단의 불능 또는 대상의 불능을 제외한 여타의 사실의 흠결은 당초부터 처벌대상으로 하지 않는다는 취지인 것으로 해석된다. … 현행형법 제25조의 미수범과 제27조의 이른바 「위험성이 있을 때」의 미수범은 결과발생가능성의 대소 즉, 위험성의 대소에 의한 구별이라 할 수 있으며, 이 위험성의 대소는 결국 형벌의 대소를 초래하여 보통의 미수범은 그 형이 기수범보다 감경할 수 있는데 반하여 제27조의 이른바 위험성이 있을 때의 미수(제27조 참조)는 기수범보다 형이 감경되거나 또는 면제되는 것이다"[93]라고 논술한다. ③ 정영석은 〈제4절 불능범〉 안에서 "현행형법상 불능범에 관한 제27조는 그 규정의 형식 내용으로 보아 불능범을 적극적으로 인정하려는 것이 아니고, 종래 객관주의이론의 입장에서 광범하게 인정하였던 불가벌의 불능범에 대하여 주관주의이론의 입장에서 불능

---

92 남흥우, 『총론』, 153~154.

93 백남억, 『총론』, 273~274.

범을 극히 제한하려는 취지의 규정으로 이해함이 타당하다. 즉 실행의 수단 또는 대상의 착오로 인하여 결과발생이 절대적으로 불가능하더라도(객관주의이론의 입장에서는 이 경우에 곧 불능범으로 된다) 행위의 위험성이 인정되는 경우에는 모두 미수범으로 처벌하는 주의를 채택하고, 다만 이 경우에는 보통미수와는 달리 법관의 재량에 의하여 형의 감경뿐만 아니라 특히 면제까지 할 수 있음을 인정하고 있다"[94]라고 논술한다. ④ 황산덕은 〈제2 불능범〉 안에서 "형법 제27조는 … 사실의 흠결이 있을지라도 위험성이 있으면 미수범으로서 처벌하고, 그리고 사실의 흠결이 있고 또한 위험성도 없으면 불능범이 되어 처벌되지 아니한다는 뜻의 규정이라는 것은 곧 짐작할 수가 있다. 그런데 문제는 그 단서의 규정에서 생겨난다. 즉, 사실의 흠결이 있을지라도 위험성이 있음으로 말미암아 미수범으로 처벌되는 경우에 관하여 형법은「단 형을 감경 또는 면제할 수 있다」라고 규정하였는데, 이렇게 되면 미수범에 형을 감경할 수 있는 미수범(25조 2항)과 형을 면제도 할 수 있는 미수범의 두 가지가 있는 것이 아닌가라는 의문을 가지게 한다 (유기천, 304). 그러나 미수범 처벌에 관한 입법상의 원칙이 필요적 감경에서 임의적 감경으로 변천되어 갔고, 더 나아가서 기수범과 미수범의 차별적 대우를 철폐해야 한다는 주장까지 나오고 있음을 고려한다면, 우리 형법이 임의적 면제의 미수까지를 인정한 것은 입법상의 추세를 역행한 것이라고 보는 것이 타당할 것이다"[95]라고 주장하는데, 미수범의 처벌에 관한 입법상의 원칙이 필요적 감경에서 임의적 감경으로 변천된 것은 〈(협의의) 장애미수〉에 관해서 이다. ⑤ 유기천은 〈제3절 불능범(untauglicher Versuch)〉 안에서 "현행법의 해석론으로 형법 제27조를 어떻게 해석할 것인가? … 여기에「위험성」이란 구성요건해당성이 있는 경우에 한한다고 보아야 한다"[96]라고 해석하는 데 다소 아쉬움이 남는 해석이고, "소위「위험성」이 있는 때에는 미수범이 되므로 형법 제25조 2항에 의하여 감경할 수 있는 것인데, 여기에 감경 또는 면제할 수 있다 함은 이중으로 감경 또는 면제할 수 있다는 의미인가 혹은 제25조는 적용시키지 말고 제27조만의 감경 또는 면제만을 의미하는 것인가 명백치 않다. … 형법 제27조의 미수와 형법 제25

---

94 정영석, 『총론』, 273~274.

95 황산덕, 『개정 형법총론』(법문사, 1963 - 이하 이 책을 인용함), 264.

96 유기천, 『총론』, 302~303.

조의 미수를 구별하는 후자의 견해가 타당하다"[97]라고 주장하는데, 양자는 〈일반─특수의 관계〉이므로 당연하다고 본다. ⑥ 박삼세는 〈제4절 불능범〉 안에서 "현행형법 제27조는 … 명문으로써 가벌성 있는 불능범을 인정함과 동시에 그 요건을 명백히 한 것이다. … 현행형법 제27조는 불능범에 관하여 위험성 있는 경우와 위험성 없는 경우를 구별하여 전자는 처벌하고(미수범으로), 후자는 불벌한다는 절충적 입장에서 불능적 미수범을 규정한 것이라고 이해되어야 할 것이다"[98]라고 논술하는데, 제27조가 규정하는 바에 대하여 〈가벌성 있는 불능범〉과 〈불능적 미수범〉이라는 성격이 전혀 다른 두 가지로 표현하고 있는데, 아직 개념정리가 덜 된 듯 하다. ⑦ 유병진은 〈제3절 불능범〉 안에서 "종래는 불능범이 아니면 미수범이라고 보았으며 또 미수범은 그 형을 기수범보다 감경할 수 있음에 불과한데도 불구하고 조문에 소위 실행의 수단 또는 대상의 착오로 인하여 결과의 발생이 불가능하더라도 위험성이 있을 때에는 전시와 여(如)히 형을 감경 또는 면제할 수 있다고 하였으므로 결과발생이 불가능하더라도 위험성이 있는 경우는 불능범과 미수범과의 중간에 위치하는 별개의 개념을 이루고 있다고 할 것이다. 나는 이러한 위험성은 있으나 미수범이 아닌 경우를 편의상 준불능범이라고 부르고 싶다"[99]라고 주장하는데, 〈결과발생가능성(위험성)〉이 긍정되면 미수범이고 이것이 부정되면 불능범이란 기준 하에서 현행형법 제27조 본문을 보면, 첫째 요건이 "결과의 발생이 불가능할 것"이므로 미수범이 될 수가 없고, 둘째 요건이 "위험성이 있을 것"이므로 불능범이 될 수가 없으므로, 결국 제27조가 규정하는 바는 불능범과 미수범의 중간에 위치하는 것으로 본 것 같다. 그런데 〈결과발생가능성(위험성)〉은 사실판단일 수도 있고 또 형법적 가치판단일 수도 있는 것이며, 미수범과 불능범을 구별케 하는 것은 형법적 가치판단으로서의 〈위험성〉이다. ⑧ 이건호는 〈제3항 불능범〉 안에서 "현행형법은 미수범의 절에서 「실행의 수단 또는 대상의 착오로 인하여 결과의 발생이 불가능하더라도 위험성이 있는 때에는 처벌한다」라고 규정하여, 소위 불능범과 미수범과의 중간영역에 해당하는 별개의 개념을 두고 있다고 해석된다. … 우리 형법은 그 형식상 결과가 발생하지 않았을 경우에 있어서 결과발생이 가능할 때에는 미수로 하고 결과발생이 불가능

---

97 유기천, 『총론』, 304.

98 박삼세, 『총론』, 293.

99 유병진, 『총론』, 162~163.

한 때에 있어서는 행위의 성질상 위험성이 없는 경우와 위험성이 있는 경우와를 구별해서 전자를 소위 불능범으로 하고 후자의 경우는 이론상으로는 미수의 범주에 속한다고 하여야 할 것이나, 실지로는 그 처벌에 있어서 미수와는 별개의 취급을 하여 형을 감경면제할 수 있게 하였다"[100]라고 논술하는데, 〈이론상으로는 미수에 속한다고 하여야 할 것이〉라고 보면서 미수범이라고 보지 않고 불능범과의 중간영역이라고 하는 것은, 그 처벌이 미수와 다르기 때문인지? 여기서의 미수란 장애미수(협의)를 뜻하는 것 같은데, 중지미수의 처벌도 이 미수와 다르니 중지미수도 미수범이 되지 아니하는지 의문이다.

(ㄴ) 이상 살펴본 바와 같이, 제27조의 해석론이 혼란에 빠진 것은 제27조에 주되는 원인이 있다고 본다. 즉 그 조문에는 「위험성이 있는 때」라고 하여 〈미수범〉을 규정해 놓고 '표제'는 〈불능범〉이라고 해 두어 모순을 범하고 있기 때문이다. 그런데 〈표제〉란 그 조문의 내용을 한눈에 알기 쉽게 편의상 붙인 것이며, 조문의 해석에는 아무런 영향도 미치지 아니하는 것으로 안다. 참고로 92년 형법개정안에서는 동일 조문의 제27조에서 표제를 〈불능미수〉로 고쳤다.

(ㄷ) 김종원은 1963년에 「형법 제27조와 미수범」[101]이란 글을 발표하여, 위험성(평가상의 결과발생가능성)이 없는 〈불능범〉과 구별되고 또 자의로 중지한 〈중지미수〉와 구별되고 또한 사실상 결과발생이 가능했는데 미수가 된 (협의의) 〈장애미수〉와도 구별되는 제27조의 〈불능미수〉를 날씬한 삼각형의 도형 안에서 나타내고, 〈맺는 말〉에서 다음과 같이 주장했다. 즉 "제27조가 규정하고 있는 바는, 미수범과 불능범과의 중간영역이나 준불능범이 아니라 바로 미수범의 일종인 「불능미수」이다. 그리고 현행형법에 있어서의 미수범은 장애미수·중지미수·불능미수의 3종이라는 점을 특히 주의해야 하리라고 본다. 따라서 현행형법 하에서 미수범을 논함에 있어서는, 미수범 일반(25조)을 논한 다음에, 구형법 하와 같이 중지범·불능범(위험성이 없는)을 논할 것이 아니라, 미수범의 특수유형으로서의 중지미수(제26조)·불능미수(제27조)를 논해야 하리라고 생각한다"라고. 그래도 전반기를 지나면서까지도 교과서의 수준에서는 변함이 없었다. 그 주되는 원인은 〈불능범〉의 독일어를 untauglicher Versuch라고 쓰고 있는데,[102]

---

100   이건호, 『총론』, 195, 200.

101   김종원, 법정 1963년 11월호, 26~29.

102   예컨대 유기천의 1982년판의 266면 〈제3절 불능범 § 61 [一] 불능범의 의의〉에서의 "불능범

그것을 번역하면 〈불능미수〉가 되는 것이다.

(2) 후반기에 들어서면서 점차로 제27조가 규정하는 바를 〈불능미수〉로 보면서 미수범의 종류가 (장애)미수·중지미수·불능미수의 셋이라는 입장이 대세를 차지하게 된다. 이것은 불능미수(untauglicher Versuch)를 가벌적인 것으로 인정하는 독일의 신형법 총칙이 1969년에 공포되고 75년 1월 1일부터 시행된 것과도 관련이 크리라고 본다.[103]

(ㄱ) 이 입장의 학자로는 이재상[104]·이형국[105]·김일수/서보학[106]·손해목[107]·정성근/박광민[108]·임웅[109]·안동준[110]·박상기[111]·배종대[112]·손동권[113]·정영일[114]·오영근[115]·김성천/김형준[116]·이상돈[117] 등이다.

(untauglicher Versuch)이라 함은 … ", 황산덕의 1982년판의 235면 〈§ 32. 불능범 (1)불능범〉에서의 "본래부터 결과발생이 불가능하였던 미수, 즉 불능범(untauglicher Versuch) … ", 정영석의 1985년판의 233면 〈제4절 불능범 1. 불능범의 의의〉에서의 "불능범(또는 불능미수) (untauglicher Versuch)이라 함은 … ". 등이다.

103 Roxin은 "현행형법에서는 규정되어 있지 아니하지만 판례에 의해서는 훨씬 전부터 그리고 오늘날은(1974년 현재임—필자 주) (수십 년 전과는 달리) 학계에 의해서도 거의 이구동성으로 가벌적인 것으로 인정되는 불능미수(untauglicher Versuch)를 장래의 법은 이제 명문으로 처벌의 대상으로 삼는다"라고 논술한다(Roxin · Stree · Zipf · Jung, Einführung in das neue Strafrecht(Claus Roxin), (C.H.Beck, 1974), 16).

104 이재상, 『총론』, 357 이하.

105 이형국, 『총론』, 219 이하.

106 김일수/서보학『총론』, 508 이하.

107 손해목, 『총론』, 814.

108 정성근/박광민, 『총론』, 364 이하.

109 임웅, 『총론』, 330 이하.

110 안동준, 『총론』, 174 이하.

111 박상기, 『총론』, 330 이하.

112 배종대, 『총론』, 487 이하.

113 손동권, 『총론』, 432.

114 정영일, 『총론』, 327 이하.

115 오영근, 『총론』, 510 이하.

116 김성천/김형준, 『총론』, 397 이하.

117 이상돈, 『총론』, 473 이하.

(ㄴ) 한편 ① 신동운은 "불능범은 미수범의 한 유형이다. 따라서 불능범에 해당하려면 일반적인 미수범의 성립요건을 먼저 갖추어야 한다. 미수범처벌규정의 존재, 범행결의 및 실행의 착수는 불능범의 경우에도 당연히 요구되는 세 가지 요건이다. 불능범은 미수범 가운데서도 범죄불성립의 효과까지 인정될 수 있는 특수유형이다. 또한 불능범은 그 위험성이 인정되더라도 형의 임의적 감면이 허용된다. … 불능범이란 실행수단 또는 실행대상의 착오로 인하여 결과의 발생이 처음부터 불가능한 미수범을 통칭한다. 이 경우의 불능범을 〈광의의 불능범〉이라고 할 수 있다. … 현재 학계에서는 객관적으로 결과발생이 불가능하고 주관적으로도 행위자에게 위험성이 인정되지 않는 경우를 가리켜서 〈불능범〉이라고 지칭하고 있다. … 그 불능범을 본서에서는 〈협의의 불능범〉이라고 부르기로 한다"[118]라고 논술한다. 여기서 〈위험성〉이 있으면 미수범이고 위험성이 없으면 불능범이라는 일반의 견해와는 달리, 위험성이 있는데도 불능범으로 보고 위험성이 없는데도 미수범으로 보는 것은 납득하기 어렵고, 또 독일형법의 untauglicher Versuch를 〈불능범〉으로 이해하고서 이런 주장을 하는지 우리 형법 제27조의 〈불능범〉이란 표제에 집착해서 이런 주장을 하는지 알 수가 없다. ② 김성돈은 "불능미수가 가벌적인가 불가벌적인가를 평가하는 핵심적인 지표는 '위험성'이다. … 결과의 발생이 불가능하고 위험성이 없는 불능미수는 불가벌이지만, 위험성이 있는 불능미수는 처벌된다. 다만 위험성이 있더라도 결과발생이 사실상 불가능했던 점을 감안하여 형벌을 감면할 수 있다(임의적 감면사유)"라고 논술하는데,[119] 독일형법학에서는 〈불능범〉이란 개념이 없지만 우리 형법학에서는 있으니까 이 개념을 쓰는 편이 이해하기 편하지 않을까 생각한다.

V. 공동정범의 본질

무엇을 공동으로 하는 경우에 공동정범 관계가 인정되는가의 문제가 바로 〈공동정범의 본질〉에 관한 것인데, 여기에는 보통 범죄공동설과 행위공동설이 대립하는 것으로

118　신동운, 『총론』, 478~480.
119　김성돈, 『총론』, 417 · 423.

이해되고 있다. 그리고 이 범죄공동설과 행위공동설의 대립은 협의의 공범(교사범·종범) 관계에서도 문제가 될 수 있으나, 여기서는 주로 공동정범 관계에 초점을 맞추어서 살펴보도록 하겠다.

(1) 전반기에 있어서 범죄공동설·행위공동설은 객관주의·주관주의의 대립 하에서 주장되었다.

(ㄱ) 남흥우는 "객관주의의 형법이론은 〈범죄공동설〉을 주장하고 있다. … 공동정범은 일정한 〈범죄〉를 공동하여 〈실행〉하는 것이다. … 그러니 공동정범은 일정의 기본적 구성요건에 해당하는 실행행위를 공동하여 행하는 것이다(범죄공동설)"[120]라고 논술하여 박삼세[121]와 더불어 범죄공동설을 취하는데, 정영석[122]·백남억[123]·옥조남[124]·박문복[125]은 부분적 범죄공동설을 취한다. 부분적 범죄공동설이란 원칙적으로 범죄공동설의 입장이지만 상호간에 구성요건적으로 중첩하는 범위 내에서는 공동실행, 즉 공동정범 관계를 인정하는 설이다. 예컨대 A와 B가 공모하여 A의 부친 X을 죽이기로 하여 함께 총을 쏘았는데 A의 총알은 빗나가고 B의 총알에 X가 맞아 죽은 경우에, 〈사람을 살해한다〉는 범위 내에서 양자의 구성요건이 중첩하여 그 범위 내에서 공동정범 관계가 인정되므로(이 범위 내에서 행위공동설의 입장과 같게 된다), B는 물론 보통살인죄의 기수이지만 A는 족속살해죄의 미수가 아니라 기수의 죄책을 지게 된다.

(ㄴ) 한편 이건호는 "범죄공동설은 1개의 범죄사실을 예정하고 이에 대한 수인의 가공을 공범이라고 해석하는 객관설의 이론이고 공동행위설은 공범을 가지고 수인이 공동의 행위에 의하여 범죄를 행하는 것이라고 해석하는 주관설의 이론인 것이다. … 행위를 전제로 하여 범죄를 고찰하려고 하는 공동행위설을 가지고 공동정범을 이해함이

---

120 남흥우, 『총론』, 156·167.
121 박삼세, 『총론』, 300.
122 정영석, 『총론』, 281.
123 백남억, 『총론』, 278·295.
124 옥조남, 『총론』, 205·231.
125 박문복, 『총론』, 308·331.

가장 타당하다고 생각되는 것이다"[126]라고 논술한다.

(ㄷ) 기타 ① 정창운은 "공범의 본질에 대하여는 대척적(對蹠的)인 학설이 있다. 범죄 공동설과 행위공동설 및 공동의사주체설이 그것이다. … 공동의사주체설은 공범을 이 해하는데 특수한 사회적 심리현상인 공동의사주체의 활동이라고 지적한다. 「 … 2인 이 상이 공동하여 범죄를 하는 경우는 단독범보다 위험성이 다대하여 가공(可恐)한 바가 있다. 이와 같이 공동목적 하에 이심별체인 각자가 동심일체가 되어(공동의사주체) 그 중의 1인이 범죄실행에 착수하는 경우에 공범의 성립이 있다」(草野)라고 한다. … 특 히 형법 공범규정 중 제30조, … 제31조 제2·3항, … 제34조 … 에 상도하면, 주관적 인 행위공동설의 독립성설과 객관적인 범죄공동설의 종속설과를 절충한 공동의사주체 설의 이해에서 입법상의 타협을 시도한 것이라고 보지 아니할 수 없다."[127]라고 논술하 는데, 범죄공동설과 행위공동설은 〈무엇을 공동하여〉 하는 경우에 공동정범 내지 공범 관계를 인정할 것인가에 관한 학설대립임에 반하여 공동의사주체설은 〈공동실행의 범 위〉에 관한 학설인 것이다. ② 유기천은 "재래의 통설은 … 범죄공동설을 취하고 있다 고 본다. … 후술과 같이 공동정범에 있어서 공동행위주체설을 취하게 되면 물론 원칙 적으로 범죄공동설의 입장에 접근하지만, 반드시 재래의 범죄공동설의 입장과 동일하 지 않음을 알아야 한다. … 공동행위주체설의 입장에서 보면 어느 의미에서든지 실행 행위를 분담했다고 볼 수 있는 범위 내에서만 공동정범을 인정한다"[128]라고 논술하는 데, 공동의사주체설의 입장이 〈공모공동정범〉을 인정한다면 공동행위주체설의 입장 은 〈실행공동정범〉을 인정한다고 볼 수 있겠고 역시 공동행위주체설도 〈공동실행의 범위〉에 관한 학설이다.

(ㄹ) 김종원은 1974년에 「범죄공동설과 행위공동설에 관하여」[129]라는 글을 발표하여 〈구성요건적 행위공동설〉을 주장했다. 즉 "범죄공동설과 행위공동설의 대립은 공범관 계, 특히 공동정범관계를 어느 범위로 인정할 것이냐의 문제이며, 공동정범의 성립과 관련하여 〈공동실행〉을 좁게 해석할 것이냐 넓게 이해할 것이냐 혹은 공모자 중의 일

---

126 이건호, 『총론』, 208.

127 정창운, 『총론』, 284~289.

128 유기천, 『총론』, 311·318.

129 김종원, 고시연구 1974년 6월호, 21~31. 특히 30~31.

부의 실행으로 족하느냐 따위의 문제와는 별개의 것으로 본다. … 범죄공동설은 1개의 특정된 범죄를 공동으로 범하는 경우, 환언하면 특정된 구성요건에 해당하는 행위를 공동으로 행하는 경우(보다 넓게 인정하는 입장에서는 중합되는 구성요건에 해당하는 행위를 공동으로 행하는 경우까지 포함시켜서) 비로소 공동정범 관계를 인정하는데, 이것은 너무 좁다고 생각한다. 예컨대 토끼사냥에 가서 A는 멀리서 흰 옷을 입고 있는 X를 죽이기로 작정했으나 자기는 솜씨가 부족하므로 옆에 있던 명사수 B에게 저기 있는 흰 놈을 함께 쏘아 죽이자고 말하자 B는 부주의하게 그것이 흰 토끼인 줄 잘못 알고 의사연락 아래 함께 쏘았던 바, X가 B의 총알에 맞아 죽은 경우에 있어서, 범죄공동설에 의하면 B는 물론 과실치사가 되지만 A는 살인죄의 미수가 될 뿐이다. … 그러나 행위공동설에 의하면 A·B사이에 공동정범 관계가˚인정되고 A는 살인죄의 기수가 된다. 그런데 행위공동설에 있어서의 〈행위〉를 흔히 전(前)구성요건적·전(前)법률적·자연적인 혹은 사실상의 행위라고도 표현하는데, … 필자는 오히려 특정한 구성요건에 해당하는 행위의 공동, 중합하는 구성요건에 해당하는 행위의 공동, 상이한 고의범의 구성요건에 해당하는 행위의 공동, 고의범의 구성요건과 과실범의 구성요건에 해당하는 행위의 공동, 과실범의 구성요건에 해당하는 행위의 공동을 모두 포함하는 의미에서의 〈구성요건적 행위공동설(또는 실행행위공동설)〉이라는 명칭을 붙이고자 한다. 물론 이러한 표현을 위해서는, 과실범에 있어서도 〈구성요건적 행위〉(그 내용은 과실행위이다)라는 것이 이론체계상 인정되어야 할 것이다. 그리고 이러한 〈구성요건적 행위공동설〉의 주장에서 나타나는 바와 같이 종래의 범죄공동설과 행위공동설과의 대립은 서로 배척하는 것이 아니라 후설이 공범관계, 특히 공동정범 관계를 보다 넓게 인정한다는 것을 알 수 있다"라고.

　(2) 후반기에 들어서는 범죄공동설·행위공동설이란 용어조차 없는 독일형법학의 영향을 받아 양 학설대립은 하향곡선을 그리는 것으로 보인다(牧野英一의 교과서에는 양 학설의 외국어를 프랑스어로 표기하고 있다).

　(ㄱ) 범행지배이론 내지 행위지배이론으로 해결하자는 입장이 있다. 즉, ① 김일수/서보학은 "오늘날 공동정범을 둘러싼 논쟁은 '무엇을 공동으로 하는가'의 문제에 집착했던 범죄공동설과 행위공동설의 논쟁에서 범행지배론의 관점에 따라 '공동정범을 어떠한 조건과 어떤 범위 내에서 인정할 것인가'라는 문제로 옮겨졌다. 따라서 공동정범

의 본질문제도 이 범행지배이론으로 해결하는 것이 바람직하다"[130], ② 안동준은 "공동정범의 본질을 구명하기 위해 … 공동정범을 공동정범이 되게 만드는 … 기능적 행위지배이론을 적용함이 타당하다"[131], ③ 배종대는 "공동정범의 본질 문제도 주관과 객관의 대립을 극복한 행위지배이론에 의해서도 해결할 수 있다."[132], ④ 손동권은 "양설의 결함을 구제하고 공동정범의 성립범위를 합리화해 주는 견해가 요청되는데, 이것이 바로 기능적 범행지배설이다"[133], ⑤ 오영근은 "공동정범의 본질을 가장 잘 나타내주는 것은 기능적 범행지배설이라고 할 수 있다. … 과실범의 공동정범을 인정해서는 안 된다. 다만 서로 다른 고의범 사이에서는 기능적 범행지배를 인정할 수 있을 것이다."[134] ⑥ 김성천/김형준은 "공동정범이 정범이 되는 이유는 기능적 행위지배가 있기 때문이다. … 범죄공동설과 행위공동설 가운데 한 가지를 꼭 선택해야 할 이유는 없다고 생각한다."[135] ⑦ 김성돈은 "무엇을 공동으로 하는가 하는 물음과 관련하여 ① 공동의 객체가 '범죄'라고 하는 범죄공동설 … 과 ③ 공동의 객체가 '행위'라고 하는 행위공동설 … 등이 대립하여 왔다. 그러나 형법 제30조의 해석론에서는 … 공동의 '방법'에 관해서도 초점을 맞추어야 한다. … '2인 이상이 공동하여'라는 규정내용을 '2인 이상이 기능적인 행위지배를 통하여'라고 해석하면서 공동정범의 본질을 … 행위공동설이나 범죄공동설 혹은 그 수정설 가운데 어느 하나를 선택하는 태도는 기능적 행위지배설이 등장하기 전에 존재하였던 과거의 협소한 학설에 대한 위령제를 지내고 있는 태도에 지나지 않는다고 할 수 있다"[136] 등이다.

그런데 다른 방법으로 설명하자면, 범죄공동설과 행위공동설의 대립은 〈수인1죄(数人1罪)〉의 경우에만 공동정범관계를 인정할 것인가 〈수인수죄(数人数罪)〉의 경우에도 공동정범관계를 인정할 것인가의 문제이고(만약 공동정범관계가 인정되지 아니하면

---

130 김일수/서보학『총론』, 590~591.

131 안동준, 『총론』, 228.

132 배종대, 『총론』, 561.

133 손동권, 『총론』, 496.

134 오영근, 『총론』, 629.

135 김성천/김형준, 『총론』, 501.

136 김성돈, 『총론』, 576.

〈몇 개의 단독범이나 동시범의 관계〉가 된다), (기능적) 범행지배설은 공동정범관계가 인정되고 난 다음에 공동정범의 요건인 〈공동실행〉이 인정될 것인가의 문제에 관한 학설들(실행공동정범설 · 실행분담설 · 중요역할설 · 전체적 관찰설 · 공동의사주체설 등) 가운데의 하나인 것이다. 참고로 김종원은, 〈공동정범의 본질〉에 관하여는 구성요건적 행위공동설을 취하지만, 공동정범의 요건인 〈공동실행〉의 해석에 관하여는 기능적 범죄지배설을 취하고 있다.[137] 그리고 〈위령제〉건은 〈살아 있는 사람〉을 관(棺) 속에 넣고 위령재를 지낸다는 것인지?

(ㄴ) 양학설의 무익론이 있다. ① 이형국은 "결과적으로 이들 학설이 공동정범의 본질을 설명함에 있어 중요한 의미를 가지고 있다고 생각하기 어려우며 따라서 필연적으로 두 학설 중 어느 하나를 선택해야 할 이유도 없다고 본다."[138] ② 박상기는 "공동정범의 본질이란 결국 공범과의 구별을 통해 밝혀지는 것이므로 정범과 공범의 구별에 관한 이론 외에 행위공동설과 범죄공동설을 주장하는 것은 무익한 일이다"[139]라고 논술하는데, 공동정범과 단독범 내지 동시범과의 구별의 문제는 어떻게 할 것인지 의문이다.

(ㄷ) 여전히 양학설의 대립을 인정하는 입장이 있다. ① 범죄공동설의 입장은 신동운[140]이고, ② 행위공동설의 입장은 임웅,[141] 정영일[142]이고, ③ 구성요건적 행위공동설의 입장은 김종원 이외에 이재상,[143] 정성근/박광민[144]이다.

---

137   김종원, 「공모공동정범의 공동정범성」, 『백남억박사환력기념논문집』(법문사, 1975), 136.

138   이형국, 『총론』, 284.

139   박상기, 『총론』, 407.

140   신동운, 『총론』, 556.

141   임웅, 『총론』, 403.

142   정영일, 『총론』, 394.

143   이재상, 『총론』, 458.

144   정성근/박광민, 『총론』, 529.

■약 력

1931년 10월 25일(음 9월 15일) 경상남도 부산시 초량동에서 출생함

1938년 4월 부산초량국민학교 입학

1944년 3월 상 국민학교 졸업

1944년 4월 부산제2중학교(해방후 경남중학교로 개칭됨) 입학

1950년 5월 상 경남중학교 6년 졸업

1950년 6월 서울대학교 법과대학 법률학과 입학

1954년 3월 상 대학 졸업

1954년 4월 서울대학교 대학원 법학과 입학

1957년 3월 상 대학원 3년 수료

1957년 3월 법학석사학위(서울대) 취득

1957년 4월 ~ 58년 3월 한국법학원 (유급)연구원

1958년 4월 ~ 61년 8월 서울대학교 법과대학 강사

1958년 4월 ~ 61년 8월 이화여자대학교 법정대학 강사

1959년 9월 ~ 64년 2월 경희대학교 법정대학 전임강사

1963년 3월 ~ 82년 2월 서울대학교 법과대학 강사

1964년 3월 ~ 65년 3월 경희대학교 법정대학 조교수

1965년 3월 ~ 69년 4월 상 대학 부교수

1966년 1월 [법정]지 편집위원

1967년 10월 ~ 77년 12월 한국형사법학회 상임이사

1969년 5월 ~ 74년 1월 경희대학교 법정대학 교수

1970년 7월 제12회 사법시험 2차시험위원

1971년 3월 ~ 74년 1월 경희대학교 법정대학 법률학과장

1973년 6월 제2회 군법무관 임용시험 2차시험위원

1973년 7월 제15회 사법시험 2차시험위원

1974년 1월 ~ 77년 2월 한양대학교 법정대학 교수

1974년 1월 ~ 77년 2월 위 대학 법률학과장

1974년 4월 제15회 행정고등고시 2차시험위원

1976년 2월 법학박사학위(서울대) 취득

1977년 3월 ~ 97년 2월 성균관대학교 법정대학(법과대학) 교수

1977년 12월 ~ 87년 3월 한국형사법학회 회장

1978년 2월 ~ 80년 1월 성균관대학교 법정대학 법률학과장

1979년 3월 ~ 99년 12월 법무부 법무자문위원회 위원

1980년 4월 제22회 사법시험 2차시험위원

1980년 11월 ~ 82년 3월 성균관대학교 이부(교학)처장

1981년 12월 ~ 82년 2월 위 대학교 법정대학장

1982년 3월 ~ 84년 2월 위 대학교 법과대학장

1983년 9월 ~ 88년 12월 법제처 정책자문위원회 위원

1983년 10월 ~ 현재 일본형법학회 명예회원

1984년 3월 ~ 12월 독일 막스 · 플랑크 외국국제형법연구소(프라이부르크) 형법연구

1985년 1월 ~ 89년 9월 [고시계]지 편집위원

1985년 6월 ~ 86년 10월 법무부 형사법개정특별심의위원회 소위원회 위원장

1986년 5월 ~ 87년 6월 헌정제도연구위원회 위원

1987년 3월 ~ 현재 한국형사법학회 고문

1987년 8월 제31회 행정고시 2차시험위원

1991년 7월 [사법행정]지 편집위원

1995년 7월 ~ 현재 대한민국학술원 회원

1996년 7월 ~ 9월 독일 겟팅겐대학 객원교수

1996년 8월 ~ 98년 8월 학술원 인문 · 사회과학부 제4분과(법학) 회장

1997년 3월 ~ 현재 성균관대학교 명예교수

1997년 3월 ~ 2000년 2월 경희대학교 법과대학 객원교수

2006년 8월 ~ 08년 8월 학술원 인문 · 사회과학부 제4분과(법학) 회장

2011년 8월 ~ 13년 8월 학술원 인문 · 사회과학부 회장

■주요 업적

- 소유권사상사(Richard Schlatter, Private Property — The History of an Idea — 의 초역), 법정 1955 년, 11월호
- 현대범죄론의 변천 — 목적적 행위론 서설 — (Richard Busch, Moderne Wandlungen der Verbrechenslehre의 초역), 법대학보(서울대) 제3권 1호(1956년 7월)
- 현행독일형법전(총칙)상·하(번역), 법조 제5권(1956년) 4–7합병호, 제6권(1957年) 1호
- 형법에 있어서의 목적적 행위론 — Hans Welzel의 이론을 중심으로, 법학석사학위논문(서울대) 1956학년도 : 법대학보(서울대) 제4권 1호(1957년 7월)
- 전후독일형법전의 개정, 법정 1957년 6월호
- 목적적 행위론과 형법의 현실적 제문제(상·중·하)(Hans Welzel, Aktuelle Strafrechtsprobleme im Rahmen der finalen Handlungslehre의 번역), 법정 1957년 12월호, 1958年 2·8월호
- 목적적 행위론에 관하여, 저스티스(한국법학원) 제2권 1호(1958년 1월)
- 목적적 행위론(발표), 한국형사법학회(제5회 발표회) 1958년 2월
- 벨첼의 목적적 행위론(1·2), 고시계 1958년 12월호, 1959년 3월호
- 목적적 행위론과 과실행위(Hans Welzel, Die finale Handlungslehre und fahrlässige Handlungen의 번역), 법정학보(이화여대) 제2집(1958년 12월)
- 법학(고병국·엄민영 편집대표) 하권(공동집필), 1959년 2월
- 독일형법개정과 목적적 행위론(Hans Welzel, Wie würde sich die finalistische Lehre auf den Allgemeinen Teil eines neuen Strafgesetzbuches auswirken?의 소개), 법조 제8권(1959년) 2호
- 서독의 치안입법, 국회보 제24권(1959년 5월)
- 입법문제로서의 형법에 있어서의 고의와 착오의 규정(Hans Welzel, Die Regelung von Vorsatz und Irrtum im Strafrecht als legislatorisches Problem의 소개), 법대학보(서울대) 제6권(1959년) 1호
- 木村龜二, 刑法總論(소개), 법정 1960년 1월호
- 자연법의 영원한 회귀(Heinrich Rommen, Die ewige Wiederkehr des Naturrechts의 제1부 제7장 의 번역), 법정학보(이화여대) 제3집(1960년 2월)
- 목적적 행위론, 법정 1960년 2월호
- 사물의 본성의 법이론적 문제(Günter Stratenwerth, Das rechtstheoretische Problem der "Natur der Sache"의 소개), 법정 1960년 2월호

- 신 희랍형법전 개관, 법정 1960년 3월호
- 책임과 위법성의 의식(Hans Welzel, Schuld und Bewusstsein der Rechtswidrigkeit의 번역), 경희법학 제2권 1호(1960년 3월)
- 범죄체계에 있어서의 행위개념(Werner Maihofer, Der Handlungsbegriff im Verbrechenssystem의 소개), 법정 1960년 4월호
- 한스 · 벨첼(위대한 법학자), 법정 1960년 8월호
- 친족상도, 법정 1961년 1월호
- 일본개정형법준비초안에 관하여, 법정학보(이화여대) 제4집(1961년 2월)
- 인적 처벌조각사유, 고시계 1961년 6월호
- 살인죄에 관하여, 법정 1961년 11월호
- 형법 제16조의 해석의 검토, 경희법학 제4권 1호(1961년 12월)
- 형법 제16조에 관하여(상 · 하), 법정 1962년 1 · 5월호
- 구성요건적 착오, 고시계 1962년 1월호
- 과실행위의 행위성, 법정 1962년 4월호
- 명예에 관한 죄, 고시계 1963년 2월호
- 상해 · 폭행죄에 관하여, 법정 1963년 2월호
- 절도 · 강도죄에 관하여, 법정 1963년 4월호
- 불법영득의 의사, 고시계 1963년 4월호
- 금지의 착오에 관하여, 법정 1963년 5월호
- 희랍형법전(총칙)상(번역), 법제월보 제5권(1963년) 5호
- 영아살해죄, 사법행정 1963년 6월호
- 한시법적 공백형벌법규(판례연구), 사법행정 1963년 8월호
- 형법각론의 몇 가지 문제 — 유기천 [형법학]의 비판 —, 사법행정 1963년 10월호
- 형법 제27조와 미수범, 법정 1963년 11월호
- 구성요건해당성과 위법성(Hans Welzel, Das neue Bild des Strafrechtssystems의 제2장의 번역), 경희법학 제5권 1호(1963년 11월)
- 장물에 관한 죄, 고시계 1963년 11월호
- 유기천, 형법학(각론강의)상(서평), 법학(서울대) 제5권 1 · 2호(1963년 12월)
- 목적적 행위론, 고시계 1964년 1월호
- 한국형법(각칙)해석론의 재검토(상 · 중), 법정 1964년 1 · 2월호

- 풍속을 해하는 죄, 사법행정 1964년 2월호
- 형법 제310조에 관한 몇 가지 문제, 법조 제13권(1964년) 3호
- 한스 · 벨첼의 목적적 행위론 – 그의 근본적 입장과 행위개념 – (Hans Welzel, Das neue Bild des Strafrechtssystems, 4. Aufl.의 머리말과 행위개념 부분의 번역)(상 · 중 · 하), 법정 1964년 3 · 4 · 6월호
- 과실범이론의 새로운 고찰, 법정 1964년 5월호
- 국제형법, 사법행정 1964년 5월호
- 통화에 관한 죄, 고시계 1964년 5월호
- 공범과 착오, 사법행정 1964년 6월호
- 승계적 공동정범, 사법행정 1964년 7월호
- 정당방위, 법정 1964년 8월호
- 살인죄 및 임신중절에 관한 비교입법적 자료, 법학(서울대) 제6권 1호(1964년 9월)
- 정조에 관한 죄, 법정 1964년 9월호
- 문서에 관한 죄(1 · 2), 사법행정 1964년 9 · 10월호
- 현행형법 하에 있어서의 미수범체계, 고시계 1964년 10월호
- 교사범과 간접정범과의 구별, 사법행정 1964년 11월호
- 공모공동정범과 형법 제34조 제2항(상 · 하), 법정 1964년 11 · 12월호
- 금지착오와 형법 제16조(발표), 제1회 한국법률학교수대회(서울대학교 법학연구소 주최) 1964년 12월
- 1죄와 수죄의 구별, 법정 1965년 1월호
- 도박과 복표에 관한 죄, 사법행정 1965년 1월호
- 낙태의 죄 , 법정 1965년 3월호
- 유기의 죄, 사법행정 1965년 3월호
- 손괴의 죄, 고시계 1965년 3월호
- 공무집행방해죄에 있어서의 직무집행의 적법성, 법정 1965년 4월호
- 대물방위에 관하여, 사법행정 1965년 4월호
- 형법에 있어서의 인과관계, 고시계, 1965년 4월호
- 형법과 철학(Hans Welzel, Strafrecht und Philosophie의 번역), 법정 1965년 5월호
- 형법개정사업에 관한 소고 – 독일 및 일본의 과정을 살피면서 –, 법조 제14권 4 · 5호(1965년 5월)

- 형법 제336조의 입법론적 비판 – 현행형법의 문제점 –, 법전월보 제11권(1965년) 6월호
- 형법각론(상권), 법문사 1965년 7월
- 횡령죄의 몇 가지 문제점, 사법행정 1965년 8월호
- 실행의 착수, 고시계 1965년 10월호
- 과실범, 고시계 1965년 11월호
- 위법의식가능성설과 책임설, Fides(서울법대) 제12권 3호(1966년 2월)
- 한스 · 벨첼과 목적적 행위론 – 그의 내한에 즈음하여 – (1 · 2), 법정 1966년 3 · 4월호
- 인과관계, 법정 1966년 5월호
- 안락사에 관한 고찰, 법제월보 제8권(1966년) 6호
- 고소, 법정 1966년 8월호
- 위증의 죄, 사법행정 1967년 1월호
- 실행의 착수, 법정 1967년 2월호
- 공소제기의 방식과 효과, 고시계 1967년 4월호
- 목적적 행위론 입문(내한 시에 강연한 Hans Welzel, Einführung in die finale Handlungslehre의 정종욱교수와의 공역), 사법행정 1967년 4월호
- 목적적 행위론(Hans Welzel, Die finale Handlungslehre의 번역)(상 · 하), 법정 1967년 4 · 6월호
- 책임론의 발전(Hans Welzel, Die Entwicklung der Schuldlehre in Deutschland in den letzten hundert Jahren의 번역), 사법행정 1967년 6월호
- 긴급피난의 본질, 법정 1967년 9월호
- 중지미수범(상 · 중 · 하), 고시계 1967년 9 · 10 · 11월호
- 공무집행방해죄, 사법행정 1967년 10월호
- 필요적 공범, 고시계 1968년 2월호
- 중지범, 법정 1968년 3월호
- 명예에 관한 죄, 고시계 1968년 4월호
- 알선장물죄에 관하여(상 · 하), 사법행정 1968년 8 · 9월호
- 무고죄, 법정 1968년 10월호
- 1962년 독일형법초안(Hans Welzel, Der Entwurf 1962 des deutschen Strafgesetzbuches의 번역), 법조 제17권(1968년) 10호
- 뇌물죄(상 · 하), 고시계 1968년 10 · 12월호
- 공범과 신분 · 위증죄, 법정 1969년 2월호
- 고의의 위치와 목적적 행위론(상 · 하), 고시연구 1969년 6 · 9월호

- 과실범의 구조, 법정 1969년 8월호
- 부작위범, 법정 1969년 10월호
- 장물에 관한 죄(상·하), 고시계 1970년 4·7월호
- 인공임신중절과 형법(발표), 제1회 경희법학세미나 [인공임신중절과 모자보건법] 1970년 6월
- 1969년의 새로운 독일형법총칙을 중심으로, 경희법학 제8권 1호(1970년 7월)
- 인공임신중절과 모자보건법(案), 법정 1970년 7·8월호
- 문서에 관한 죄(상·중·하), 고시계 1970년 12월호, 1971년 2·3월호
- 행위의 목적적 구조(Hans Welzel, Das Deutsche Strafrecht의 [행위의 기본구조]부분의 번역), 새법정, 사법행정(1971년 4월호)
- 금지착오와 형법 제16조, 경희법학 제9권 1호(1971년 5월)
- 존속살해죄, 고시계 1971년 7월호
- 형법각론의 재검토(1·2), 새법정 1971년 8·9월호
- 대담식 형법세미나, 새법정 1971년 9월호
- 형법각론(상) 개정판, 법문사 1971년 9월
- 방화죄의 기수시기, 고시계 1971년 9월호
- 독일에 있어서의 보안처분제도, 경희법학 제9권 2호(1971년 12월)
- 죄형법정주의(상·하), 고시계 1972년 4·5월호
- 공해범죄의 처벌에 관한 입법문제(발표), 제4회 경희법학세미나 [공해문제에 관한 법적 검토] 1972년 4월
- 입법문제로서의 공해죄에 관하여, 사법행정 1972년 6월호
- 한국의 낙태입법과 인구정책(발표), [인구와 법률에 관한 회의](한국인구정책연구소 주최) 1972년 9월
- 실행의 착수에 관하여, 경희법학 제10권 1호(1972년 12월)
- 보안처분제도에 관한 비교법적 연구(문교부보고논문), 1972년
- 형법각론(상) 제3정판, 법문사 1973년 4월
- 신사회방위론, Fides(서울법대) 제18권 2호(1973년 11월)
- 범죄공동설과 행위공동설에 관하여, 고시연구 1974년 6월호
- 인공임신중절의 법적 규제에 관한 연구(가족계획연구원 보고논문), 1974년 7월
- 형사피고인, 고시연구 1974년 10월호
- 교사범(상·중·하), 고시계 1975년 1·4·6월호
- 긴급피난(상·중·하), 고시연구 1975년 4·5·6월호

- 공모공동정범의 공동정범성, 백남억박사환력기념논문집 1975년
- 형법 제27조, 법정 1975년 8월호
- 서독의 새 형법전(총칙), 법정 1975년 10월호
- 금지착오에 관한 연구 – 형법 제16조와 관련하여 –, 법학박사학위논문(서울대), 1975학년도
- 공범과 신분, 법정 1976년 1월호
- 과실범의 구조, 법학(서울대) 제17권 1호(1976년 6월)
- 금지착오에 관하여(발표), 한국형사법학회(국민대) 1976년 7월
- 과실범의 구조에 관하여, 법정 1976년 12월호
- 공범의 종속성과 관련하여 – 새로운 [공범구조론]의 구상 –, 사회과학논집(연세대) 제8집 정영
  석교수회갑기념특집호 1977년 1월
- 공범의 종속성, 법정 1977년 3월호
- 구성요건적 착오, 법정 1977년 4월호
- 실행의 착수, 법정 1977년 5월호
- 피해자학, 성대신문 제735호(1977년 5월 7일)
- 공동정범의 본질, 법정 1977년 6월
- 종범(상·하), 고시계 1977년 6·8월호
- 한시법에 관하여(상·중·하1·하2), 월간고시 1977년 10·11·12월호, 1978년 2월호
- 신고 형법총론(공저), 한국사법행정학회 1978년 3월
- 공범구조론의 새로운 구상(발표), [한국법학 30년] 심포지움(서울대 법학연구소 주최) 1978년
  3월 : 법학(서울대) 제19권 1호(1978년 8월)
- 형법총칙의 재검토(발표), 한국형법의 재검토 – 형법시행25주년기념 학술대회 – 한국형사법학
  회(조선대) 1978년 10월 : 사법행정 1979년 1월호
- 환경오염에 의한 공해의 형사적 규제, 환경법연구(한국환경법학회) 창간호 1979년 3월
- 새로운 공범구조론의 체계적 연구(문교부보고논문) 1979년
- 새로운 공범구조론의 체계(상·중·하), 사법행정 1979년 6·7·8월호
- 현행형법하에서의 미수범의 체계 – 형법 제27조와 관련하여 –, 법철학과 형법 석우황산덕박사
  화갑기념논문집 1979년
- 과실범의 발전과 현황(Hans–Heinrich Jescheck, Entwicklung und Stand der Lehre von
  Fahrlässigkeit in Deutschland, Korea und Japan의 번역), 법조 제28권(1979년) 12호
- 주석 형법각칙(하)(공저), 한국사법행정학회 1980년 3월
- 공해의 형사적 규제, 법무부 법무자문위원회 논설집 제4집(1980년 7월)

• 과실범, 형사법강좌 Ⅰ 형법총론(상) 한국형사법학회 편 1981년 3월

• 주석 형법각칙(상)(공저), 한국사법행정학회 1982년 3월

• 형법총칙(범죄론)의 입법론적 고찰, 법률연구(연세대) 제2집 정영석교수정년퇴임기념(1982년 6월)

• 형법총칙(범죄론)의 해석론적 재검토, 고시계 1983년 6월호

• 한국형법학에서 본 일본형법학(일어로 발표), 일본형법학회(松江) 1983년 10월

• 구성요건 · 위법성 구별의 형법각론적 실익, 노동법과 현대법의 제문제 남관심태식박사화갑기념 논문집 1983년

• 결과무가치론과 행위무가치론(平野龍一 선생의 논문의 번역)(상 · 중 · 하), 고시계 1983년 12월 호, 1984년 1 · 2월호

• 금지착오, 형사법강좌 Ⅱ 형법총론(하) 한국형사법학회 편 1984년 3월

• 불능미수, 형사법강좌 Ⅱ 형법총론(하) 한국형사법학회 편 1984년 3월

• 공범의 구조, 형사법강좌 Ⅱ 형법총론(하) 한국형사법학회 편 1984년 3월

• 과실범(형법교실), 고시계 1985년 4월호

• 중지미수론의 검토, 고시계 1985년 5월호

• 정종욱 학형을 추모하면서, Hans − Heinrich Jescheck / 김종원 / 西原春夫 / Hans − Ludwig Schreiber 편 정종욱교수추모문집, 1985년 6월

• 구성요건의 착오(1 · 2)(형법교실), 고시계 1985년 6 · 7월호

• 독일형법상의 환경범죄(발표), 한국환경법학회 1985년 7월

• 범죄공동설과 행위공동설(형법교실), 고시계 1985년 8월호

• 공범의 종속성(1 · 2 · 3 · 4)(형법교실), 고시계 1985년 9 · 10 · 11 · 12월호

• 행위반가치론과 결과반가치론(발표), 한국형사법학회(경찰대) 1985년 10월

• 우리형법개정의 기본방향(발표), 형사법개정세미나(법무부 형사법개정특별심의위원회 주최) 1985년 11월

• 형법학의 중요문제와 형법의 개정(신동운교수와의 대담), 고시계 1985년 12월호

• 형법개정의 기본방향과 문제점, 사법행정 1985년 12월호

• 공범과 신분(1 · 2 · 3)(형법교실), 고시계 1986년 1 · 2 · 3월호

• 형법학의 현대적 쟁점과 과제, 고시계 1986년 6월호(별책부록)

• 형법개정작업의 진행현황과 우리형법총칙개정의 문제점(발표), [형법총칙의 개정]세미나 한국형 사법학회(동아대) 1986년 7월

• 신고 형법각론(공저), 한국사법행정학회 1986년 4월

- 실행의 착수(형법교실), 고시계 1986년 9월호
- 중지미수(1·2·3)(형법교실), 고시계 1986년 10·11월호, 1987년 3월호
- 한시법, 고시계 1987년 1월호
- 불능미수(1·2)(형법교실), 고시계 1987년 6·7월호
- 위법성의 착오(1·2·3)(형법교실), 고시계 1987년 8·9·11월호
- 뇌물죄, 고시계 1987년 10월호
- 한국형법개정의 기본방향과 문제점, 성균관법학 창간호 1987년
- 컴퓨터범죄와 이에 대한 현행형법의 대응에 관한 연구(공동연구) 통신정책연구소 보고논문 1987년 12월
- 부작위범(1·2·3)(형법교실), 고시계 1988년 2·4·7월호
- 공모공동정범에 관련하여, 고시계 1988년 6월호
- 주석 형법총칙(상)(공저), 한국사법행정학회 1988년 7월
- 한국형법의 개정과 문제점(일어로 발표), 일한법학회(동경대) 1988년 10월
- 한국형사법개정요강의 총칙안에 관하여(일어로 발표), 제9회 한일국제학술대회 [한·일형법학의 현황과 인권](한일법학회 주최) 1988년 11월 : 한일법학연구 제8집(1989년 6월)
- 한국형사법학40년(발표), 전북대법대창립40주년기념학술대회 [한국법학 40년의 전개](전북대 법학연구소 주최) 1988년 12월
- 컴퓨터범죄에 관한 비교법적·입법론적 연구(공동연구), 통신개발연구원 보고논문 1988년 12월
- 형법총칙의 개정방향, 사법행정 1989년 3월호
- 죄형법정주의(1)(형법교실), 고시계 1989년 8월호
- 형법개정작업의 현황, 고시계 1990년 4월호
- 형법개정의 기본방향과 전망(형법총칙)(발표), 한국형사법학회(강원대) 1990년 6월
- 형법에 있어서의 행위개념에 관한 시론, 현대의 형사법학, 익헌 박정근 박사 화갑기념 1990년 9월
- 주석 형법총칙(하)(공저), 한국사법행정학회 1990년 12월
- 형법에 있어서의 행위개념에 관한 검토, 법학연구(충남대) 제1권 1호(최근혁 박사 화갑기념) (1990년 12월)
- 고의론(상), 월간고시 1991년 4월호
- 위법성에 관한 제문제(이재상교수와의 대담), 고시계 1991년 5월호
- 실행의 착수론, 형법학과 법학의 제문제, 범집민건식검사정년기념논문집 1991년 9월
- 형법개정작업과 개정시안총칙(발표), [형법개정안에 관하여](부산대 법학연구소 주최) 1991년

12월
- 형법개정시안의 해설과 검토(범죄론), 사법행정 1992년 6월호
- 위법성과 불법 그리고 불법구성요건, 한터이철원교수화갑기념논문집 1993년
- 사람의 죽음과 형법, 사법행정 1993년 5월호
- 범죄론의 체계구성에 관한 소고, 형사법학의 현대적 과제 동산손해목박사화갑기념 19993년 11월
- 구성요건해당성과 위법성에 관한 소고, 형사법학의 과제와 전망 계산 성시탁 박사 화갑기념 1993년 12월
- 한국형법의 과제와 전망, 형사법연구(한국형사법학회) 제6호 1993년 12월
- 위법성조각사유의 일반원리에 관한 소고, 석우 차용석 박사 화갑기념 논문집 상권 1994년 10월
- 일본의 새 형법전에 관하여, 고시계 1995年 7월호
- 한국형법연구 100년, 한국법학교수회편 법학교육과 법학연구, 1995년 8월
- 범죄론의 체계구성, 고시연구 1995년 11월호
- 형법에 있어서의 행위개념, 고시연구 1995년 12월호
- 위법성의 착오, 고시연구 1996년 2월호
- 형법의 전면개정작업과 일부개정, 고시계 1996년 2월호
- 실행의 착수, 고시연구 1996년 3월호
- 중지미수, 고시연구 1996년 5월호
- 불능미수, 고시연구 1996년 6월호
- 위법성의 제문제, 고시연구 1996년 8월호
- 한국형사법학회 30년, 형사법연구(한국형사법학회) 제9호 1996년 12월
- 형법총칙안의 개정경위에 관하여(발표), 한국형사법학회(헌재) 1996년 12월 : 형사법연구 제9호 1996년 12월
- 불능미수에 관한 연구, 대한민국학술원논문집, 인문 · 사회과학편 제36집, 1997년
- 사람의 죽음과 형법, 성균관법학 제10호 1999년
- 새천년을 맞는 한국형법학의 발전방향, 법조 2000년 1월호
- 소위 원인에 있어서 자유로운 행위에 관한 소고, 유일당오선주교수정년기념논문집, 2001년
- 사형제도를 생각해 본다, 대한민국학술원통신, 2003년 2월 3일호
- 한국의 대학 – 현황과 전망 –(일어로 발표), 日本 熊本學院大學 外國事情硏究所 초청, 2003년 4월 11일
- 새로운 공범구조론의 전개(일어로 발표), 日本 慶應義塾大學 法學部 大學院, 2003년 5월 27일

- 형법제정 50주년과 한국형법학의 과제(발표), 기념세미나 기조강연, 2003년 9월 26일 : 형사법연구 제20호(2003 겨울)
- 형법사 Ⅰ, 한국의 학술연구 법학 형법, 대한민국학술원 2003년
- 형법개정에 관한 연구 - 범죄론을 중심으로 -, 대한민국학술원 논문집(인문·사회과학편) 제43집 2004년
- 한국형법학 60년의 회고와 전망, 고시계 2006년 7월호
- 한국에 있어서의 법학전문대학원의 구상(일어로 발표, 東京 日本學士院) 2006년 9월 21일) : 제1회 한·일 학술포럼문집(日語文도 있음), 2006
- 공범규정에 대한 형법개정의 일고찰, 약천 정해창선생고희기념논문집 2007년
- 자초심신장애자의 행위에 대한 형사책임, 대한민국학술원논문집 인문·사회과학편, 제46집 제1호 2007년
- 형법사 Ⅱ, 한국의 학술연구 법학 Ⅱ 형법학, 대한민국학술원 2010년
- 국민참여재판제도에 관하여 - 일본의 제도를 참조하면서, 대한민국학술원통신 2011년 1월 1일호
- 형법학에 있어서의 몇 가지 문제(행위개념, 불능미수, 공동정범의 본질 등)-한국형사정책연구원 주최, 2013년 10월 28일 발표